Torsten T. Will

C++
Das umfassende Handbuch

Liebe Leserin, lieber Leser,

mit dem Standard C++11 hat die Programmiersprache einen großen Schritt in die Zukunft gemacht. C++ ist nun eine moderne Programmiersprache, die ihre Stärken hinsichtlich leistungsstarkem, nachhaltigem und effizientem Code voll ausspielt. C++14 und C++17 brachten weitere Verbesserungen und Aktualisierungen.

Mit dem neuen Standard hat sich auch eine neue Art, in C++ zu programmieren, etabliert. »Modern C++« heißt das Schlagwort, das auch das Motto dieses Buches ist. Torsten Will, ein ausgewiesener C++-Experte, möchte Ihnen zeigen, wie Sie mit diesem neuen C++ programmieren und dabei guten, nachhaltigen Code schreiben. Dazu hat er an den passenden Stellen eigene Kapitel eingefügt, in denen er Ihnen Richtlinien, Techniken und Tipps für gutes Coden an die Hand gibt.

Die Grundlagen kommen dabei nicht zu kurz: Ausführlich geht er auf den Sprachkern und die objektorientierte Programmierung in C++ ein. In dem Teil über die Standardbibliothek erfahren Sie, welche Bordmittel C++ mitbringt und wie Sie diese nutzen, um effizient zu programmieren. Abgerundet wird das Buch durch ein eigenes Kapitel zur GUI-Entwicklung mit Qt.

Natürlich bleibt das alles nicht graue Theorie: Zahlreiche größere und kleinere Beispielprojekte geben Ihnen konkrete Vorschläge für die Umsetzung in eigene Projekte. Den Code können Sie von der Verlagswebsite herunterladen: *www.rheinwerk-verlag.de/4250*.

Sollten Sie nach der Lektüre des Buches noch Fragen haben, Lob oder Kritik äußern wollen, dann wenden Sie sich an mich. Ich freue mich über Feedback.

Ihre Almut Poll
Lektorat Rheinwerk Computing

almut.poll@rheinwerk-verlag.de
www.rheinwerk-verlag.de
Rheinwerk Verlag · Rheinwerkallee 4 · 53227 Bonn

Auf einen Blick

TEIL I
Grundlagen 27

TEIL II
Objektorientierte Programmierung und mehr 251

TEIL III
Fortgeschrittene Themen 481

TEIL IV
Die Standardbibliothek 591

TEIL V
Über den Standard hinaus 933

Impressum

Wir hoffen, dass Sie Freude an diesem Buch haben und sich Ihre Erwartungen erfüllen. Ihre Anregungen und Kommentare sind uns jederzeit willkommen. Bitte bewerten Sie doch das Buch auf unserer Website unter **www.rheinwerk-verlag.de/feedback**.

An diesem Buch haben viele mitgewirkt, insbesondere:

Lektorat Almut Poll, Anne Scheibe
Fachgutachten Martin Guddat
Korrektorat Claudia Lötschert
Herstellung Norbert Englert
Typografie und Layout Vera Brauner
Einbandgestaltung Mai Loan Nguyen Duy
Satz Torsten T. Will
Druck C.H.Beck, Nördlingen

Dieses Buch wurde gesetzt aus der TheAntiquaB (8,85 pt/13 pt) mit LATEX.
Gedruckt wurde es auf chlorfrei gebleichtem Offsetpapier (80 g/m²).
Hergestellt in Deutschland.

Das vorliegende Werk ist in all seinen Teilen urheberrechtlich geschützt. Alle Rechte vorbehalten, insbesondere das Recht der Übersetzung, des Vortrags, der Reproduktion, der Vervielfältigung auf fotomechanischen oder anderen Wegen und der Speicherung in elektronischen Medien.

Ungeachtet der Sorgfalt, die auf die Erstellung von Text, Abbildungen und Programmen verwendet wurde, können weder Verlag noch Autor, Herausgeber oder Übersetzer für mögliche Fehler und deren Folgen eine juristische Verantwortung oder irgendeine Haftung übernehmen.

Die in diesem Werk wiedergegebenen Gebrauchsnamen, Handelsnamen, Warenbezeichnungen usw. können auch ohne besondere Kennzeichnung Marken sein und als solche den gesetzlichen Bestimmungen unterliegen.

Bibliografische Information der Deutschen Nationalbibliothek:
Die Deutsche Nationalbibliothek verzeichnet diese Publikation in der Deutschen Nationalbibliografie; detaillierte bibliografische Daten sind im Internet über *http://dnb.d-nb.de* abrufbar.

ISBN 978-3-8362-4360-5

1. Auflage 2018
© Rheinwerk Verlag, Bonn 2018

Informationen zu unserem Verlag und Kontaktmöglichkeiten finden Sie auf unserer Verlagswebsite **www.rheinwerk-verlag.de**. Dort können Sie sich auch umfassend über unser aktuelles Programm informieren und unsere Bücher und E-Books bestellen.

Inhalt

Vorwort 23

TEIL I Grundlagen

1 Das C++-Handbuch 29

1.1	**Neu und Modern**	30
1.2	**»Dan«-Kapitel**	30
1.3	**Darstellung in diesem Buch**	31
1.4	**Verwendete Formatierungen**	31
1.5	**Sorry for my Denglish**	32

2 Programmieren in C++ 35

2.1	**Übersetzen**	36
2.2	**Übersetzungsphasen**	36
2.3	**Aktuelle Compiler**	38
	2.3.1 Gnu C++	38
	2.3.2 Clang++ der LLVM	38
	2.3.3 Microsoft Visual Studio	38
2.4	**Entwicklungsumgebungen**	39
2.5	**Die Kommandozeile unter Ubuntu**	40
	2.5.1 Ein Programm erstellen	41
	2.5.2 Automatisieren mit Makefile	43
2.6	**Die IDE »Microsoft Visual Studio Community« unter Windows**	44
2.7	**Das Beispielprogramm beschleunigen**	46

3 C++ für Umsteiger 49

4 Die Grundbausteine von C++ 55

4.1	Kommentare	58
4.2	Die »include«-Direktive	58
4.3	Die Standardbibliothek	58
4.4	Die Funktion »main()«	59
4.5	Typen	59
4.6	Variablen	60
4.7	Initialisierung	60
4.8	Ausgabe auf der Konsole	61
4.9	Anweisungen	61
4.10	Ohne Eile erklärt	62
	4.10.1 Leerräume, Bezeichner und Token	64
	4.10.2 Kommentare	65
	4.10.3 Funktionen und Argumente	66
	4.10.4 Seiteneffekt-Operatoren	67
	4.10.5 Die »main«-Funktion	68
	4.10.6 Anweisungen	70
	4.10.7 Ausdrücke	72
	4.10.8 Zuweisungen	74
	4.10.9 Typen	75
	4.10.10 Variablen – Deklaration, Definition und Initialisierung	80
	4.10.11 Initialisieren mit »auto«	81
	4.10.12 Details zur »include«-Direktive und »include« direkt	81
	4.10.13 Eingabe und Ausgabe	83
	4.10.14 Der Namensraum »std«	83
4.11	Operatoren	85
	4.11.1 Operatoren und Operanden	86
	4.11.2 Überblick über Operatoren	87
	4.11.3 Arithmetische Operatoren	87
	4.11.4 Bitweise Arithmetik	88
	4.11.5 Zusammengesetzte Zuweisung	91
	4.11.6 Post- und Präinkrement sowie Post- und Prädekrement	92
	4.11.7 Relationale Operatoren	92
	4.11.8 Logische Operatoren	93
	4.11.9 Pointer- und Dereferenzierungsoperatoren	94
	4.11.10 Besondere Operatoren	95
	4.11.11 Funktionsähnliche Operatoren	96
	4.11.12 Operatorreihenfolge	97

4.12	**Eingebaute Datentypen**	98
4.12.1	Übersicht	99
4.12.2	Eingebaute Datentypen initialisieren	101
4.12.3	Ganzzahlen	101
4.12.4	Fließkommazahlen	112
4.12.5	Wahrheitswerte	125
4.12.6	Zeichentypen	127
4.12.7	Komplexe Zahlen	129
4.13	**Undefiniertes und unspezifiziertes Verhalten**	132

5 Guter Code, 1. Dan: Lesbar programmieren — 135

5.1	**Kommentare**	135
5.2	**Dokumentation**	136
5.3	**Einrückungen und Zeilenlänge**	137
5.4	**Zeilen pro Funktion und Datei**	138
5.5	**Klammern und Leerzeichen**	139
5.6	**Namen**	140

6 Höhere Datentypen — 143

6.1	**Strings und Streams**	144
6.2	**Der Zeichenkettentyp »string«**	144
6.2.1	Initialisierung	145
6.2.2	Funktionen und Methoden	146
6.2.3	Andere Stringtypen	147
6.3	**Streams**	148
6.3.1	Eingabe- und Ausgabeoperatoren	149
6.3.2	»getline«	151
6.3.3	Dateien für die Ein- und Ausgabe	151
6.3.4	Manipulatoren	153
6.3.5	Der Manipulator »endl«	153
6.4	**Behälter und Zeiger**	155
6.4.1	Container	155
6.4.2	Parametrisierte Typen	155
6.5	**Die einfachen Sequenzcontainer**	156
6.5.1	»array«	156

7

Inhalt

	6.5.2	»vector«	158
6.6	Algorithmen		161
6.7	Zeiger und C-Arrays		161
	6.7.1	Zeigertypen	162
	6.7.2	C-Arrays	162

7 Funktionen
163

7.1	Deklaration und Definition einer Funktion		164
7.2	Funktionstyp		165
7.3	Funktionen verwenden		165
7.4	Eine Funktion definieren		167
7.5	Mehr zu Parametern		168
	7.5.1	Call-by-Value	168
	7.5.2	Call-by-Reference	169
	7.5.3	Konstante Referenzen	170
	7.5.4	Aufruf als Wert, Referenz oder konstante Referenz?	170
7.6	Funktionskörper		172
7.7	Parameter umwandeln		173
7.8	Funktionen überladen		175
7.9	Default-Parameter		177
7.10	Beliebig viele Argumente		179
7.11	Alternative Schreibweise zur Funktionsdeklaration		179
7.12	Spezialitäten		180
	7.12.1	»noexcept«	180
	7.12.2	Inline-Funktionen	181
	7.12.3	»constexpr«	182
	7.12.4	Gelöschte Funktionen	182
	7.12.5	Spezialitäten bei Klassenmethoden	182

8 Anweisungen im Detail
185

8.1	Der Anweisungsblock	188
8.2	Die leere Anweisung	190
8.3	Deklarationsanweisung	191

8.4	Die Ausdrucksanweisung	192
8.5	Die »if«-Anweisung	193
8.6	Die »while«-Schleife	195
8.7	Die »do-while«-Schleife	197
8.8	Die »for«-Schleife	198
8.9	Die bereichsbasierte »for«-Schleife	200
8.10	Die »switch«-Verzweigung	202
8.11	Die »break«-Anweisung	206
8.12	Die »continue«-Anweisung	207
8.13	Die »return«-Anweisung	207
8.14	Die »goto«-Anweisung	209
8.15	Der »try-catch«-Block und »throw«	210
8.16	Zusammenfassung	212

9 Ausdrücke im Detail
213

9.1	Berechnungen und Seiteneffekte	214
9.2	Arten von Ausdrücken	215
9.3	Literale	216
9.4	Bezeichner	216
9.5	Klammern	217
9.6	Funktionsaufruf und Index-Zugriff	218
9.7	Zuweisung	218
9.8	Typumwandlung	220

10 Fehlerbehandlung
221

10.1	Fehlerbehandlung mit Fehlercodes	223
10.2	Was ist eine Ausnahme?	226
	10.2.1 Ausnahmen auslösen und behandeln	227
	10.2.2 Aufrufstapel abwickeln	228
10.3	Kleinere Fehlerbehandlungen	229
10.4	Weiterwerfen – »rethrow«	229

Inhalt

10.5	**Die Reihenfolge im »catch«**	230
	10.5.1 Kein »finally«	231
	10.5.2 Exceptions der Standardbibliothek	231
10.6	**Typen für Exceptions**	232
10.7	**Wenn eine Exception aus »main« herausfällt**	233

11   Guter Code, 2. Dan: Modularisierung · 235

11.1	**Programm, Bibliothek, Objektdatei**	235
11.2	**Bausteine**	236
11.3	**Trennen der Funktionalitäten**	237
11.4	**Ein modulares Beispielprojekt**	238
	11.4.1 Namensräume	241
	11.4.2 Implementierung	242
	11.4.3 Die Bibliothek nutzen	247
11.5	**Spezialthema: Unity-Builds**	249

TEIL II   Objektorientierte Programmierung und mehr

12   Von der Struktur zur Klasse · 253

12.1	**Initialisierung**	255
12.2	**Rückgabe eigener Typen**	256
12.3	**Methoden statt Funktionen**	257
12.4	**Das bessere »drucke«**	260
12.5	**Eine Ausgabe wie jede andere**	262
12.6	**Methoden inline definieren**	263
12.7	**Implementierung und Definition trennen**	264
12.8	**Initialisierung per Konstruktor**	265
	12.8.1 Member-Defaultwerte in der Deklaration	267
	12.8.2 Konstruktor-Delegation	268
	12.8.3 Defaultwerte für die Konstruktor-Parameter	269
	12.8.4 »init«-Methode nicht im Konstruktor aufrufen	270
	12.8.5 Exceptions im Konstruktor	271

12.9	**Struktur oder Klasse?**	271
	12.9.1 Kapselung	273
	12.9.2 »public« und »private«, Struktur und Klasse	273
	12.9.3 Daten mit »struct«, Verhalten mit »class«	273
	12.9.4 Initialisierung von Typen mit privaten Daten	274
12.10	**Zwischenergebnis**	275
12.11	**Verwendung eigener Datentypen**	276
	12.11.1 Klassen als Werte verwenden	278
	12.11.2 Konstruktoren nutzen	281
	12.11.3 Typumwandlungen	282
	12.11.4 Kapseln und entkapseln	284
	12.11.5 Typen lokal einen Namen geben	288
12.12	**Typinferenz mit »auto«**	291
12.13	**Eigene Klassen in Standardcontainern**	294

13 Namensräume und Qualifizierer 297

13.1	**Der Namensraum »std«**	297
13.2	**Anonymer Namensraum**	301
13.3	**»static« macht lokal**	303
13.4	**»static« teilt gern**	303
13.5	**»static« macht dauerhaft**	306
	13.5.1 »inline namespace«	308
13.6	**Zusammenfassung**	309
13.7	**Const**	310
	13.7.1 Const-Parameter	311
	13.7.2 Const-Methoden	312
	13.7.3 Const-Variablen	313
	13.7.4 Const-Rückgaben	314
	13.7.5 Const zusammen mit »static«	318
	13.7.6 Noch konstanter mit »constexpr«	319
	13.7.7 Un-Const mit »mutable«	322
	13.7.8 Const-Korrektheit	323
	13.7.9 Zusammenfassung	324
13.8	**Flüchtig mit »volatile«**	324

14   Guter Code, 3. Dan: Testen
327

14.1   Arten des Tests
327

14.1.1   Refactoring
329

14.1.2   Unittests
329

14.1.3   Sozial oder solitär
331

14.1.4   Doppelgänger
333

14.1.5   Suites
334

14.2   Frameworks
335

14.2.1   Arrange, Act, Assert
337

14.2.2   Frameworks zur Auswahl
338

14.3   Boost.Test
339

14.4   Hilfsmakros für Assertions
343

14.5   Ein Beispielprojekt mit Unittests
346

14.5.1   Privates und Öffentliches testen
347

14.5.2   Ein automatisches Testmodul
348

14.5.3   Test compilieren
351

14.5.4   Die Testsuite selbst zusammenbauen
351

14.5.5   Testen von Privatem
355

14.5.6   Parametrisierte Tests
356

15   Vererbung
359

15.1   Beziehungen
360

15.1.1   Hat-ein-Komposition
360

15.1.2   Hat-ein-Aggregation
360

15.1.3   Ist-ein-Vererbung
361

15.1.4   Ist-Instanz-von versus Ist-ein-Beziehung
362

15.2   Vererbung in C++
362

15.3   Hat-ein versus ist-ein
363

15.4   Gemeinsamkeiten finden
364

15.5   Abgeleitete Typen erweitern
366

15.6   Methoden überschreiben
367

15.7   Wie Methoden funktionieren
368

15.8   Virtuelle Methoden
370

15.9   Konstruktoren in Klassenhierarchien
372

15.10	Typumwandlung in Klassenhierarchien	373
15.10.1	Die Vererbungshierarchie aufwärts umwandeln	373
15.10.2	Die Vererbungshierarchie abwärts umwandeln	374
15.10.3	Referenzen behalten auch die Typinformation	374
15.11	Wann virtuell?	375
15.12	Andere Designs zur Erweiterbarkeit	376

16   Der Lebenszyklus von Klassen

379

16.1	Erzeugung und Zerstörung	380
16.2	Temporary: kurzlebige Werte	382
16.3	Der Destruktor zum Konstruktor	383
16.3.1	Kein Destruktor nötig	385
16.3.2	Ressourcen im Destruktor	385
16.4	Yoda-Bedingung	387
16.5	Konstruktion, Destruktion und Exceptions	389
16.6	Kopieren	390
16.7	Zuweisungsoperator	393
16.8	Streichen von Methoden	396
16.9	Verschiebeoperationen	398
16.9.1	Was der Compiler generiert	402
16.10	Operatoren	403
16.11	Eigene Operatoren in einem Datentyp	406
16.12	Besondere Klassenformen	411
16.12.1	Abstrakte Klassen und Methoden	411
16.12.2	Aufzählungsklassen	412

17   Guter Code, 4. Dan: Sicherheit, Qualität und Nachhaltigkeit

415

17.1	Die Nuller-Regel	415
17.1.1	Die großen Fünf	415
17.1.2	Hilfskonstrukt per Verbot	416
17.1.3	Die Nuller-Regel und ihr Einsatz	417
17.1.4	Ausnahmen von der Nuller-Regel	418

17.2	**RAII – Resource Acquisition Is Initialization**	420
17.2.1	Ein Beispiel mit C	420
17.2.2	Besitzende Raw-Pointer	422
17.2.3	Von C nach C++	423
17.2.4	Es muss nicht immer eine Exception sein	425
17.2.5	Mehrere Konstruktoren	426
17.2.6	Mehrphasige Initialisierung	426
17.2.7	Definieren, wo es gebraucht wird	427
17.2.8	Nothrow-new	427

18 Spezielles für Klassen
429

18.1	**Darf alles sehen – »friend«-Klassen**	429
18.2	**non-public-Vererbung**	434
18.2.1	Auswirkungen auf die Außenwelt	435
18.2.2	Nicht-öffentliche Vererbung in der Praxis	437
18.3	**Signatur-Klassen als Interfaces**	439
18.4	**Multiple Vererbung**	443
18.4.1	Multiple Vererbung in der Praxis	444
18.4.2	Achtung bei Typumwandlungen von Zeigern	448
18.4.3	Das Beobachter-Muster als praktisches Beispiel	450
18.5	**Rautenförmige multiple Vererbung – »virtual« für Klassenhierarchien**	452
18.6	**Literale Datentypen – »constexpr« für Konstruktoren**	456

19 Guter Code, 5. Dan: Klassisches objektorientiertes Design
459

19.1	**Objekte in C++**	461
19.2	**Objektorientiert designen**	462
19.2.1	SOLID	462
19.2.2	Seien Sie nicht STUPID	480

TEIL III   Fortgeschrittene Themen

20   Zeiger   483

20.1	**Adressen**	484
20.2	**Zeiger**	485
20.3	**Gefahren von Aliasing**	487
20.4	**Heapspeicher und Stapelspeicher**	489
	20.4.1 Der Stapel	489
	20.4.2 Der Heap	490
20.5	**Smarte Pointer**	492
	20.5.1 »unique_ptr«	494
	20.5.2 »shared_ptr«	498
20.6	**Rohe Zeiger**	501
20.7	**C-Arrays**	506
	20.7.1 Rechnen mit Zeigern	506
	20.7.2 Verfall von C-Arrays	507
	20.7.3 Dynamische C-Arrays	509
	20.7.4 Zeichenkettenliterale	510
20.8	**Iteratoren**	511
20.9	**Zeiger als Iteratoren**	513
20.10	**Zeiger im Container**	513
20.11	**Die Ausnahme: wann das Wegräumen nicht nötig ist**	514

21   Makros   517

21.1	**Der Präprozessor**	518
21.2	**Vorsicht vor fehlenden Klammern**	521
21.3	**Vorsicht vor Mehrfachausführung**	522
21.4	**Typvariabilität von Makros**	523
21.5	**Zusammenfassung**	526

22   Schnittstelle zu C

527

22.1	Mit Bibliotheken arbeiten	528
22.2	C-Header	529
22.3	C-Ressourcen	532
22.4	»void«-Pointer	532
22.5	Daten lesen	533
22.6	Das Hauptprogramm	534
22.7	Zusammenfassung	535

23   Templates

537

23.1	**Funktionstemplates**		538
	23.1.1	Überladung	539
	23.1.2	Ein Typ als Parameter	540
	23.1.3	Funktionskörper eines Funktionstemplates	540
	23.1.4	Zahlen als Templateparameter	542
	23.1.5	Viele Funktionen	543
	23.1.6	Parameter mit Extras	544
	23.1.7	Methodentemplates sind auch nur Funktionstemplates	546
23.2	**Funktionstemplates in der Standardbibliothek**		547
	23.2.1	Iteratoren statt Container als Templateparameter	548
	23.2.2	Beispiel: Informationen über Zahlen	550
23.3	**Eine Klasse als Funktion**		551
	23.3.1	Werte für einen »function«-Parameter	552
	23.3.2	C-Funktionspointer	553
	23.3.3	Die etwas andere Funktion	555
	23.3.4	Praktische Funktoren	558
	23.3.5	Algorithmen mit Funktoren	559
	23.3.6	Anonyme Funktionen alias Lambda-Ausdrücke	560
	23.3.7	Templatefunktionen ohne »template«, aber mit »auto«	564
23.4	**Templateklassen**		565
	23.4.1	Klassentemplates implementieren	565
	23.4.2	Methoden von Klassentemplates implementieren	566
	23.4.3	Objekte aus Klassentemplates erzeugen	568
	23.4.4	Klassentemplates mit mehreren formalen Datentypen	570
	23.4.5	Klassentemplates mit Non-Type-Parameter	571
	23.4.6	Klassentemplates mit Default	573
	23.4.7	Klassentemplates spezialisieren	574

23.5	**Templates mit variabler Argumentanzahl**	576
23.6	**Eigene Literale**	580
	23.6.1 Was sind Literale?	581
	23.6.2 Namensregeln	582
	23.6.3 Phasenweise	582
	23.6.4 Überladungsvarianten	583
	23.6.5 Benutzerdefiniertes Literal mittels Template	584
	23.6.6 Roh oder gekocht	587
	23.6.7 Automatisch zusammengefügt	588
	23.6.8 Unicodeliterale	588

TEIL IV   Die Standardbibliothek

24   Container

593

24.1	**Grundlagen**	594
	24.1.1 Wiederkehrend	594
	24.1.2 Abstrakt	595
	24.1.3 Operationen	596
	24.1.4 Komplexität	597
	24.1.5 Container und ihre Iteratoren	598
	24.1.6 Algorithmen	600
24.2	**Iteratoren-Grundlagen**	601
	24.2.1 Iteratoren aus Containern	602
	24.2.2 Mehr Funktionalität mit Iteratoren	603
24.3	**Allokatoren: Speicherfragen**	605
24.4	**Container-Gemeinsamkeiten**	607
24.5	**Ein Überblick über die Standardcontainer-Klassen**	608
	24.5.1 Typaliase der Container	609
24.6	**Die sequenziellen Containerklassen**	612
	24.6.1 Gemeinsamkeiten und Unterschiede	614
	24.6.2 Methoden von Sequenzcontainern	615
	24.6.3 »vector«	618
	24.6.4 »array«	631
	24.6.5 »deque«	636
	24.6.6 »list«	639
	24.6.7 »forward_list«	642
24.7	**Assoziativ und geordnet**	647
	24.7.1 Gemeinsamkeiten und Unterschiede	648

24.7.2	Methoden der geordneten assoziativen Container	649
24.7.3	»set«	651
24.7.4	»map«	663
24.7.5	»multiset«	670
24.7.6	»multimap«	674

24.8 Nur assoziativ und nicht garantiert 678

24.8.1	Gemeinsamkeiten und Unterschiede	682
24.8.2	Methoden der ungeordneten assoziativen Container	684
24.8.3	»unordered_set«	685
24.8.4	»unordered_map«	693
24.8.5	»unordered_multiset«	698
24.8.6	»unordered_multimap«	703

24.9 Container-Adapter 706

24.10 Sonderfälle: »string«, »basic_string« und »vector<char>« 707

24.11 Sonderfälle: »vector<bool>«, »array<bool,n>« und »bitset<n>« 708

| 24.11.1 | Dynamisch und kompakt: »vector<bool>« | 708 |
| 24.11.2 | Statisch: »array<bool,n>« und »bitset<n>« | 708 |

24.12 Sonderfall: Value-Array mit »valarray<>« 711

25   Container-Unterstützung   721

25.1 Algorithmen 721

25.2 Iteratoren 723

25.3 Iterator-Adapter 723

25.4 Algorithmen der Standardbibliothek 724

25.5 Liste der Algorithmusfunktionen 726

25.6 Kopie statt Zuweisung – Werte in uninitialisierten Speicherbereichen 740

25.7 Eigene Algorithmen 741

26   Guter Code, 6. Dan: Für jede Aufgabe der richtige Container   745

26.1 Alle Container nach Aspekten sortiert 745

26.1.1	Wann ist ein »vector« nicht die beste Wahl?	745
26.1.2	Immer sortiert: »set«, »map«, »multiset« und »multimap«	746
26.1.3	Im Speicher hintereinander: »vector«, »array«	746

	26.1.4	Einfügung billig: »list«	747
	26.1.5	Wenig Speicheroverhead: »vector«, »array«	748
	26.1.6	Größe dynamisch: alle außer »array«	749

26.2 Rezepte für Container ... 750

	26.2.1	Zwei Phasen? »vector« als guter »set«-Ersatz	751
	26.2.2	Den Inhalt eines Containers auf einem Stream ausgeben	752
	26.2.3	So statisch ist »array« gar nicht	753

26.3 Iteratoren sind mehr als nur Zeiger ... 756

26.4 Algorithmen je nach Container unterschiedlich implementieren ... 758

27 Streams
761

27.1 Ein- und Ausgabekonzept ... 761

27.2 Globale, vordefinierte Standardstreams ... 762

27.3 Methoden für die Aus- und Eingabe von Streams ... 764

| | 27.3.1 | Methoden für die unformatierte Ausgabe | 764 |
| | 27.3.2 | Methoden für die (unformatierte) Eingabe | 765 |

27.4 Fehlerbehandlung und Zustand von Streams ... 768

| | 27.4.1 | Methoden für die Behandlung von Fehlern bei Streams | 769 |

27.5 Streams manipulieren und formatieren ... 771

	27.5.1	Manipulatoren	772
	27.5.2	Eigene Manipulatoren ohne Argumente erstellen	777
	27.5.3	Eigene Manipulatoren mit Argumenten erstellen	779
	27.5.4	Format-Flags direkt ändern	780

27.6 Streams für die Dateiein- und Dateiausgabe ... 782

	27.6.1	Die Streams »ifstream«, »ofstream« und »fstream«	783
	27.6.2	Verbindung zu einer Datei herstellen	783
	27.6.3	Lesen und Schreiben	788
	27.6.4	Wahlfreier Zugriff	795

27.7 Streams für Strings ... 796

27.8 Streampuffer ... 801

28 Standardbibliothek – Extras
805

28.1 »pair« und »tuple« ... 805

| | 28.1.1 | Mehrere Werte zurückgeben | 806 |

Inhalt

28.2	**Reguläre Ausdrücke**	812
28.2.1	Matchen und Suchen	813
28.2.2	Ergebnis und Teile davon	813
28.2.3	Gefundenes Ersetzen	814
28.2.4	Reich an Varianten	814
28.2.5	Iteratoren	815
28.2.6	Matches	816
28.2.7	Optionen	816
28.2.8	Geschwindigkeit	816
28.2.9	Standardsyntax leicht gekürzt	817
28.2.10	Anmerkungen zu regulären Ausdrücken in C++	818
28.3	**Zufall**	821
28.3.1	Einen Würfel werfen	822
28.3.2	Echter Zufall	824
28.3.3	Andere Generatoren	824
28.3.4	Verteilungen	826
28.4	**Mathematisches**	830
28.4.1	Brüche und Zeiten – »<ratio>« und »<chrono>«	830
28.4.2	Numerik mit »<numeric>«	843
28.4.3	Vordefinierte Suffixe für benutzerdefinierte Literale	847
28.5	**Systemfehlerbehandlung mit »system_error«**	849
28.5.1	»error_code« und »error_condition«	851
28.5.2	Fehlerkategorien	855
28.5.3	Eigene Fehlercodes	855
28.5.4	»system_error«-Exception	857
28.6	**Laufzeit-Typinformationen – »<typeinfo>« und »<typeindex>«**	858
28.7	**Hilfsklassen rund um Funktoren – »<functional>«**	862
28.7.1	Funktionsobjekte	862
28.7.2	Funktionsgeneratoren	866
28.8	**Ausblick auf C++17**	869
28.8.1	»variant«	869
28.8.2	»optional« und »any«	870
28.8.3	»string_view«	871
28.8.4	»filesystem«	872
28.8.5	Spezielle mathematische Funktionen	872
28.8.6	»sample«	873
28.8.7	»search«	874
28.8.8	»byte«	874

29 Threads – Programmieren mit Mehrläufigkeit 875

29.1 C++-Threading-Grundlagen 876
29.1.1 Einer Threadfunktion Parameter übergeben 881
29.1.2 Einen Thread verschieben 886
29.1.3 Wie viele Threads starten? 888
29.1.4 Welcher Thread bin ich? 891

29.2 Gemeinsame Daten 891
29.2.1 Daten mit Mutexen schützen 892
29.2.2 Data Races 895
29.2.3 Interface-Design für Multithreading 896
29.2.4 Sperren können zum Patt führen 901
29.2.5 Flexibleres Sperren mit »unique_lock« 903

29.3 Andere Möglichkeiten zur Synchronisation 904
29.3.1 Nur einmal aufrufen mit »once_flag« und »call_once« 904
29.3.2 Sperren zählen mit »recursive_mutex« 907

29.4 Im eigenen Speicher mit »thread_local« 908

29.5 Mit »condition_variable« auf Ereignisse warten 909

29.6 Einmal warten mit »future« 914
29.6.1 Ausnahmebehandlung bei »future« 919
29.6.2 »promise« 921

29.7 Atomics 924

29.8 Zusammenfassung 930

29.9 Ausblick auf C++17 932

TEIL V Über den Standard hinaus

30 Guter Code, 7. Dan: Richtlinien 935

30.1 Guideline Support Library 936

30.2 C++ Core Guidelines 937
30.2.1 Motivation 937
30.2.2 Typsicherheit 938
30.2.3 Nutzen Sie RAII 940
30.2.4 Klassenhierarchien 942
30.2.5 Generische Programmierung 945
30.2.6 Lassen Sie sich nicht von Anachronismen verwirren 948

31 GUI-Programmierung mit Qt — 951

31.1	Ein erstes Miniprogramm	955
	31.1.1 Kurze Übersicht über die Oberfläche von Qt Creator	956
	31.1.2 Ein einfaches Projekt erstellen	957
31.2	Objektbäume und Besitz	966
31.3	Signale und Slots	967
	31.3.1 Verbindung zwischen Signal und Slot herstellen	967
	31.3.2 Signal und Slot mithilfe der Qt-Referenz ermitteln	970
31.4	Klassenhierarchie von Qt	987
	31.4.1 Basisklasse »QObject«	987
	31.4.2 Weitere wichtige Klassen	987
31.5	Eigene Widgets mit dem Qt Designer erstellen	990
31.6	Widgets anordnen	996
	31.6.1 Grundlegende Widgets für das Layout	996
31.7	Dialoge erstellen mit »QDialog«	1000
31.8	Vorgefertigte Dialoge von Qt	1008
	31.8.1 »QMessageBox« – der klassische Nachrichtendialog	1008
	31.8.2 »QFileDialog« – der Dateiauswahldialog	1009
	31.8.3 »QInputDialog« – Dialog zur Eingabe von Daten	1011
	31.8.4 Weitere Dialoge	1015
31.9	Eigenen Dialog mit dem Qt Designer erstellen	1015
31.10	Grafische Bedienelemente von Qt (Qt-Widgets)	1031
	31.10.1 Schaltflächen (Basisklasse »QAbstractButton«)	1031
	31.10.2 Container-Widgets (Behälter-Widgets)	1033
	31.10.3 Widgets zur Zustandsanzeige	1034
	31.10.4 Widgets zur Eingabe	1035
	31.10.5 Onlinehilfen	1036
31.11	Anwendungen in einem Hauptfenster	1037
	31.11.1 Die Klasse für das Hauptfenster »QMainWindow«	1037
31.12	Zusammenfassung	1048

| Cheat Sheet | 1052 |

| Index | 1055 |

Vorwort

C++ ist eine moderne Programmiersprache. Wenn man sie richtig benutzt. Dieses Handbuch soll Ihnen dabei helfen, in C++ so zu programmieren, dass Sie von dem Programm auch in vielen Jahren noch etwas haben – dass Ihr Programm *nachhaltig* ist.

Aber selbstverständlich spricht nichts dagegen, wenn Sie Ihr Programm »traditionell« schreiben. Das heißt, kurz zusammengefasst, für mich, dass Ihr Programm mehr nach C aussieht, als es aussehen könnte. Daran ist nichts falsch, oh nein. Einige der besten Programme sind in C geschrieben. Dennoch, wenn Sie *heute* ein Projekt anfangen und sich für eine in Maschinencode übersetzte Programmiersprache entscheiden, dann nehmen Sie doch besser C++. Denn in der Sprache tut sich etwas – oder besser, hat sich was getan. Sie haben mit C++14 (und ganz frisch C++17) eine Sprache, die Sie auf die aktuellen Arten und Weisen darin unterstützt, *gute* Programme zu schreiben. Das heißt, Ihre Programme sind schnell, fehlerresistent, wartbar. Sie können produktiv programmieren.

Für dieses Buch habe ich lange überlegt, wie man C++ am besten vermittelt. Bjarne Stroustrup hat auf dem C++Con 2017 eine Keynote gehalten, die genau dieses Thema zum Kern hatte. Und er sagte dort Dinge, die, so finde ich, weltbewegend sind. Zumindest, was die C++-Welt angeht. Denn er sagte: »Wir (Lehrenden) haben bis C++98 schlechte Arbeit geleistet, Leuten C++ beizubringen.« Und er habe sich Gedanken gemacht, warum das so war. Er schließt sich mit dabei ein und resümiert, dass die meisten C++-Bücher lang, eintönig und langsam sind. Sie brächten »bottom-up 1990-C++« bei und benutzen dabei C++11-Syntax. Und das sei verkehrt. Nun habe ich dieses Buch angefangen zu schreiben, lange bevor Bjarne Stroustrup diese Keynote gehalten hat. Und gerade deshalb fühle ich mich im ausklingenden Jahr 2017 in der Art und Weise, wie dieses Buch am Ende des Arbeitsprozesses nun aussieht, bestätigt. Denn ich sehe das genauso und habe mich von Grund auf bemüht, es anders zu machen.

Zum Beispiel werden Sie in diesem Buch Zeiger erst weit hinten erklärt bekommen. Das ist sehr gewagt. Zeiger sind wichtig, in C++ dreht sich vieles um Adressen – aber seit C++11 eben nicht alles. Viel wichtiger ist es, das Konzept hinter Zeigern zu verstehen, manifestiert in Iteratoren. Wenn man es schafft, das technische Ding des Zeigers in seine konzeptionellen Bestandteile zu zerlegen, dann kann man sie an anderer Stelle neu zusammensetzen und Neues, zuvor nicht Dagewesenes erschaffen. Ich möchte immer das Warum in den Vordergrund gestellt sehen.

Stroustrup sagt in seiner Keynote, dass das neue C++ unter anderem Ressourcensicherheit in den Vordergrund stellt. Er fragt, welches Buch stelle RAII deswegen in den Vordergrund? Es seien wenige. Der Begriff RAII wird Ihnen in diesem Buch mehrmals begegnen. Er kritisiert, dass viele Bücher Typsicherheit, Abstraktion, Klassendesign und generische Programmierung nicht einmal erwähnen. Dieses Buch tut es.

Mir sind aber auch Genauigkeit und Sorgfalt wichtig, und darum gibt es auch hier einen eher technischen Teil, der sich um die Syntax und Semantik der kleinen und großen C++-Konstrukte kümmert. Diese kann man in einem Handbuch nicht überspringen. In einem einzelnen Projekt reicht es vielleicht, eine einzelne Regel zu kennen, welche Defaultoperationen man für eine Klasse definieren sollte. In einer Architektur und für das Verständnis des Warums muss man aber wissen, welche Defaultoperationen es gibt und wie sie miteinander interagieren. Was passiert, wenn man eine, keine, einige oder alle definiert? Solche Aneinanderreihungen können ausarten und trocken werden. Mein Ansatz ist daher, dass ich Ihnen die Dinge in drei Bissgrößen vermittle: Der erste Überblick ist in wenigen Seiten erledigt und gibt Ihnen das erste Gefühl für ein C++-Programm. Es folgt die größere Schleife, in der ich auf nahezu jedes Sprachelement kurz eingehe, damit Sie die Interaktionen verstehen: Sie lernen Ausdrücke, Typen, Anweisungen, Variablen und die Standardbibliothek kennen. Erst in der dritten Runde gehe ich in einzelnen Kapiteln auf alle diese Elemente im Detail ein. Dort finden Sie die Dinge mit Hintergrund und Interaktion mit der Welt erklärt: Bits, Bytes, Big-Endian, Fließkommaformate, Exceptions, Klassen und so weiter und so fort.

Unter dem »und so fort« befindet sich ein Thema, das mir besonders am Herzen liegt: Container. Die Kapitel über vector, map und Konsorten waren mir in der Form, die sie jetzt haben, besonders wichtig. Die Container der Standardbibliothek werden unterschätzt und durchweg zu wenig eingesetzt. Warum? Zurück zu Bjarne: Weil wir es nicht gut genug vermittelt haben. Ich bemühe mich hier um einen anderen Ansatz. Statt nur aufzuzählen, welche Container es gibt und was für Schnittstellen und Eigenschaften sie haben (was ich auch tue), beschreibe ich mehr die Gemeinsamkeiten und Unterschiede anhand der Konzepte dahinter. Sie müssen sich zu Beginn nicht alle Methoden von vector merken, da hilft Ihnen die IDE ohnehin. Sie sollen sich merken, was die Container können, was sie nicht können und wann Sie welchen wählen sollten. Und genau zu Letzterem habe ich deshalb noch ein eigenes Kapitel geschrieben. Wenn ein Problem gegeben ist, können Sie mit einer Referenz doch nur *dann* den richtigen Container finden, wenn Sie alle Containerbeschreibungen gelesen und verinnerlicht haben. Ich gehe andersherum vor: Ich beschreibe typische Probleme und stelle Ihnen Kriterien vor, nach denen Sie die passenden Container auswählen können.

Und das stellt mich immer noch nicht zufrieden. Wer C++ kann, kann nicht automatisch programmieren. Wer das neue C++ aber richtig anwendet, der hat verstanden, worum es geht. Und weil »worum es geht« nicht nur in C++ wichtig ist, sondern auch in anderen Programmiersprachen, war es mir wichtig, dass Sie auch über den Tellerrand hinausschauen. Die eingestreuten Dan-Kapitel beschäftigen sich mit Dingen, die überall in der Softwareentwicklung vorkommen. Egal, ob Sie Java, PHP oder SQL programmieren. Sie müssen testen, Ihren Code modularisieren, und in den meisten Fällen schadet es nicht, OOP zu kennen. Auf diese Punkte gehe ich ein und wende sie mit C++ an. Sie können jene Kapitel bis zu einem gewissen Grade auch auf andere Programmiersprachen übertragen und auf Ihren Weg als Programmierer und/oder Architekt mitnehmen.

Ich hoffe, dass ich Ihnen mit diesem Buch bei der Arbeit mit C++ helfe. Und wenn dieses Buch Ihnen hilft, C++ anzuwenden, dann wird durch Ihre Arbeit auch C++ besser.

November 2017, Bielefeld

Torsten T. Will

TEIL I
Grundlagen

Sie benötigen einen Compiler oder eine IDE, müssen wissen, wie beide funktionieren und was der Computer mit Ihrem Programm macht.

Dann erfahren Sie, wie die Sprache C++ aufgebaut ist und wie Sie die verschiedenen Bausteine zu einem lauffähigen Programm zusammensetzen.

Kapitel 1
Das C++-Handbuch

Mit diesem Buch auf Ihrem Schreibtisch (denn für Ihre Hände ist es wohl zu schwer) hoffe ich, Ihnen ein Werk zu liefern, dass für Sie die Brücke zwischen Lehrbuch und Referenz darstellt. Ich möchte Ihnen umfassend den Weg zum Programmieren mit C++ ebnen, bis zu dem Punkt, an dem Sie wissen, wo Sie weiter nachschlagen können. Das ist vielleicht ein etwas seltsames Ansinnen, aber ich gehe hier bewusst zwei Kompromisse ein: Erstens hoffe ich, dass Sie schon ein wenig über Programmieren im Allgemeinen wissen und vielleicht schon erste Erfahrungen mit der »Denkweise« des Computers gesammelt haben. C++ selbst müssen Sie noch nicht unbedingt kennen, hier setzt dieses Buch auf. Zweitens gibt es zu jedem Sprachelement viele Details, Einsatzmöglichkeiten und Interaktionen mit anderen Sprachelementen – und von diesen *sehr, sehr* viele – sodass ich Ihnen zwar jedes Sprachelement beschreibe, aber nur bis zu einer gewissen Tiefe. Ich bette die Beschreibungen aber in einen Kontext ein, der Ihnen dabei hilft, ein Verständnis zu entwickeln. Der reine Text des Sprachstandards von C++ inklusive der dazugehörigen Standardbibliothek umfasst über 1400 Seiten – eng gedruckt und formal aufgeschrieben. Ein Werk wie das vorliegende Buch kann nicht anders, als Ihnen diese auf etwa 1000 Seiten verständlich aber umfassend aufzubereiten, um dann durch eine umfassende Referenz an anderer Stelle ergänzt zu werden. Ich empfehle Referenzseiten (*http://cppreference.com*), Foren (*http://stackoverflow.com*) und Suche (*http://google.com*, *http://bing.com*) im Internet.

Ich habe dieses Buch so aufgebaut, dass Sie zunächst das Werkzeug, mit dem Sie arbeiten, besser kennenlernen werden. Sie bekommen also Antworten auf die Fragen, was ein Compiler bzw. eine Entwicklungsumgebung ist und wie Sie beides einrichten. Dann erhalten Sie einen schnellen Überblick aus der Vogelperspektive, damit Ihnen die Lektüre der späteren Kapitel leichter fällt.

Dann wird es ausführlicher. Zunächst lernen Sie den Sprachkern kennen: Wie ist ein C++-Programm aufgebaut und was für Elemente enthält Ihr Code. Hier geht es also hauptsächlich um Syntax und Semantik, Sie sehen außerdem die eingebauten Datentypen und erfahren, wie der Computer mit ihnen rechnet.

Es folgt eine umfassende Beschreibung der Standardbibliothek mit all ihren Werkzeugen, aber auch den Konzepten, die für ihren effektiven Einsatz wichtig sind. Zu guter Letzt werden Sie einen Blick etwas über den Tellerrand hinauswerfen und lernen über weitere wichtige Bibliotheken, bekommen einige Tipps, wie Sie selbst eine Bibliothek entwerfen, und setzen am Schluss Qt (GUI-Toolkit zur plattformübergreifenden Programmierung) ein, um selbst ein Fensterprogramm zu schreiben.

1 Das C++-Handbuch

1.1 Neu und Modern

Bei all dem, lernen Sie durchgehend das *neue* C++ kennen. Fragen Sie jetzt »warum neu?«, dann antworte ich Ihnen: Weil beginnend mit C++11 für C++ ein *neues* Zeitalter angefangen hat. C++ ist runderneuert worden, und wird es immer noch. Mit C++11 und C++14, und bald mit C++17 und den geplanten Erweiterungen, ist es in C++ möglich geworden, so zu programmieren, dass man verständlichere, fehlerfreiere und nachhaltigere Programme schreibt – wenn, ja *wenn*, man die Elemente richtig einsetzt.

Im englischen Sprachraum wird für die neue Art, in C++ zu programmieren, der Begriff *modern* verwendet. Im deutschen passt der nicht so ganz und hat eine leicht andere und daher nicht ganz passende Konnotation. Ich nehme daher lieber *neu* als Begriff, den Sie in diesem Buch daher an der einen oder anderen Stelle finden werden.

Aber was macht diese *neue* oder *moderne* C++-Programmierung aus?

▶ Sie können kompakter programmieren, weil der Compiler Ihnen viel Ballast abnehmen kann. *Typinferenz* mit auto und das bereichsbasierte for sind Beispiele dazu.

▶ Sie schreiben sichereren Code, wenn Sie die *vereinheitlichte Initialisierung* mit {…} bevorzugen, weniger *rohe Zeiger* verwenden und die *Container* und *Algorithmen* der Standardbibliothek verwenden und nicht zuletzt RAII verinnerlichen (siehe Kapitel 17, »Guter Code, 4. Dan: \newline Sicherheit, Qualität und Nachhaltigkeit«).

▶ Werden Sie effizienter, durch *Verschieben* statt Kopieren, ohne etwas dafür tun zu müssen, außer Dinge wegzulassen (siehe Kapitel 17, »Guter Code, 4. Dan: \newline Sicherheit, Qualität und Nachhaltigkeit«).

▶ Nutzen Sie neue C++-Konstrukte als Alternative zu weniger sicheren C-Mitteln.

Wenn ich in diesem Buch Beispiele präsentiere, so sollen sie instruktiv und sinnvoll sein; dennoch einfach, kurz und in der Buchform übersichtlich. Ganz wichtig ist mir aber Praxisnähe. Und da kann es passieren, dass ich das eine oder andere *Muster* verwende, dass für das Beispiel vielleicht nicht nötig gewesen wäre. So wird Ihnen zum Beispiel das *Pimpl-Pattern* in Kapitel 11, »Guter Code, 2. Dan: Modularisierung«, begegnen. Im Unterschied zu Mustern wie RAII, die eher im neuen C++ wichtig sind, wird deren Erklärung meist knapp ausfallen, denn hier tendiert meine Abwägung zu »kurz«. Alle etablierten Patterns und Idiome gehören durchaus auch in ein Buch, im Fokus dieses Buchs sind jedoch die neuen.

1.2 »Dan«-Kapitel

An strategischen Stellen habe ich besondere Kapitel eingebaut, die sich weniger mit C++ an sich beschäftigen, Ihnen bei der Programmierung mit C++ aber dennoch helfen werden. Die Themen sind allgemeingültiger Natur der Softwareentwicklung wie Modularisierung, Testen und Ressourcenmanagement, aber konkret angewandt im Kontext von C++.

Diese »Dan«-Kapitel stehen an Stellen im Buch, die themennah zu den umliegenden Kapiteln gehören. Sie sind aber bewusst weit gefasst und bauen nicht nur auf den vorhergehenden Kapiteln auf. Sie haben mehr generellen Handbuchcharakter und laden dazu ein, sich auch später noch praxisnahe Tipps abzuholen. Beim sequenziellen Durcharbeiten ist der eine oder andere Vorgriff akzeptiert und durchaus gewollt.

Besonderes Augenmerk möchte auf Kapitel 30, »Guter Code, 7. Dan: Richtlinien«, lenken, das die meisten praktischen Tipps enthält, wenn es auch sehr kompakt ist.

1.3   Darstellung in diesem Buch

In diesem Buch verwende ich durchgehend C++11 und C++14 als Standard, wenn ich Ihnen Dinge erkläre. Eigentlich unterstützen alle neuen C++-Compiler den Großteil der Features. Wenn Sie in einer Umgebung arbeiten, die einen alten Compiler bedingt, müssen Sie auf einige nützliche Dinge aus dem C++-Sprachkern verzichten und haben nur Zugriff auf einen sehr eingeschränkten Teil der Standardbibliothek. Sehen Sie in der Dokumentation zu Ihrem alten Compiler nach, was Sie nutzen können, und schauen Sie bei *boost* nach, ob Ihre Standardbibliothek damit zu erweitern ist.

Dinge, die Sie vielleicht erst in den neuesten C++-Versionen ab C++-17 finden werden, werde ich im Text erwähnen und im Quellcode besonders markieren.

1.4   Verwendete Formatierungen

Listings enthalten die folgenden Elemente:

```cpp
#include <iostream>              // cout
#include <memory>                // make_shared

int main() {                     // ein Kommentar
  std::cout << "Blopp\n";        // hervorgehoben
  Typ feh-ler(args);             // Zeile mit einem Fehler
  if constexpr(sizeof(int)==4)   // C++17-Features
      std::cout << "Standardmaschine\n";
  for(;;) break;  // andere Hervorhebung, zur Unterscheidung oder wenn besser zu sehen
}
```

Listing 1.1 Ein kleines Formatbeispiel

Kasten

Kästen enthalten wichtige Dinge, die Sie sich besonders merken sollten.

> **Balken**
>
> Mit einem Balken sind Einschübe markiert, die meist weitergehende Hinweise enthalten. Am Anfang des Kapitels ist jeweils ein *Kapiteltelegramm* für die eingeführten Begriffe im Balken gesetzt.

Wenn ich einen Namen für eine Symbolfolge im Text verwende, bemühe ich mich, direkt dahinter auch die Symbolfolge anzugeben. Beim Lesen anderer Bücher hätte ich das manchmal hilfreich gefunden. Ich setze das Symbol dann nicht extra zwischen Zitatklammern »«, was ich in vielen Fällen überladen und manchmal sogar verwirrend finde. Hier ein Beispiel: Sie schreiben Strings in doppelte Anführungszeichen ", verwenden eine Referenz &, nutzen runde Klammern () und spitze Klammern <> und setzen ein Komma , zwischen Parameter.

Beispiel-Material zum Download

Unter *https://www.rheinwerk-verlag.de/4250* finden Sie die Programmbeispiele und Listings zum Herunterladen.

Wenn Sie Fragen oder Bemerkungen haben oder Ihnen eine Diskussion hilft, erreichen Sie mich auf *http://cpp11.generisch.de* oder per E-Mail an *torsten.t.will@gmail.com*.

1.5   Sorry for my Denglish

Wenn man über Programmieren redet oder schreibt, entsteht zwangsläufig ein Konflikt darüber, ob man Englisch oder Deutsch oder beides verwenden sollte. Manche deutschen auf Teufel-komm-raus ein, was dann die unmöglichsten Wortkonstrukte ergibt. Ich erinnere mich anderswo noch an die Übersetzung des »Joysticks« in der Anleitung eines Computerspiels ...

Ich persönlich bevorzuge das andere Extrem, bleibe lieber beim englischen Begriff, denn der ist in seiner Bedeutung meistens klarer definiert, wie zum Beispiel bei »smarten« Zeigern – die Übersetzung mit »schlau« oder Ähnlichem trifft es nicht so ganz.

Für viele Dinge gibt es aber inzwischen auch fest verankerte deutsche Vokabeln, wie zum Beispiel das Muster, dem inzwischen geläufigen Begriff für »Pattern«. Auch den »Zeiger« bevorzuge ich gegenüber »Pointer«.

Für manche Dinge muss man aber wirklich Begriffe festlegen. Besonderes im Umfeld mancher C++-eigenen Bezeichnungen, möchte ich mich bemühen, einen festen Begriff anderen vorzuziehen, die vielleicht präzisere Übersetzungen oder ein seltsamer deutsch-englischer Mix wären:

- *Destruktor* bleibt Destruktor
- *Kopierkonstruktor* statt Copy-Konstruktor, Copy-Constructor, Copy-C'tor `T(const T&)`
- *Verschiebekonstruktor* statt Move-Konstruktor, »Movator« oder `T(T&&)`
- *Kopieroperator* oder *Zuweisungsoperator* statt Kopier-Zuweisungsoperator, Copy-Operator, Copy-Assign-Operator oder `T::operator=(const T&)`
- *Verschiebeoperator* statt Verschiebe-Zuweisungsoperator, Verschiebe-Operator, Move-Operator, Move-Assign-Operator oder `T::oprtator=(T&&)`

Ansonsten bemühe ich mich vor allem um eine eindeutige Sprache. Sollte mir die Gratwanderung der Eindeutigkeit und Ästhetik mal nicht gelingen, bitte ich das zu entschuldigen.

Kapitel 2
Programmieren in C++

C++ ist eine Programmiersprache für viele Zwecke. Generell kann man sie für nahezu alles einsetzen. Durch ihren Fokus auf Performance und Interoperabilität findet man sie häufig in der Systemprogrammierung. Betriebssysteme, Treiber und andere maschinennahe Programme sind besonders häufig in C++ geschrieben.

Vielleicht kommen Sie von Java, C# oder JavaScript. Dann kennen Sie sich mit programmieren an sich schon aus. Dennoch will ich Ihnen einige Besonderheiten von C++ nahebringen, die Ihnen auf den ersten Blick vielleicht nicht klar sind.

▶ **C++ wird in Maschinencode übersetzt.**
JavaScript wird interpretiert, Java in einen Zwischencode übersetzt, der dann interpretiert wird. C++ wird vom Compiler direkt in die Sprache übersetzt, die die Maschine spricht.[1]

▶ **C++ ist typsicher.**
C ist in diesem Maße nicht typsicher, ebenso wenig wie Python oder JavaScript.

▶ **C++ ist generisch.**
Sie schreiben mit Templates allgemeingültige Vorgehensweisen für mehrere Datentypen. Das ist in C schwerer. In Java haben Sie *Generics*, die aber nicht so mächtig sind. Das prototypbasierte Klassenkonzept von JavaScript und Python erlaubt ähnliche Ergebnisse, geht aber einen anderen Weg.

▶ **C++ erlaubt Metaprogrammierung.**
Sie können Programme schreiben, die zur Compilezeit ausgeführt werden.

▶ **C++ ist ISO-Standard.**
Das heißt, ein weltweit internationales Komitee entscheidet über die Sprache. Hinter Java steht hauptsächlich Oracle, hinter Python die »Community«, in der der »wohlwollende Diktator auf Lebenszeit«, Guido van Rossum, das letzte Wort hat.

Der wichtigste Unterschied ist jedoch, dass Sie in C++ das Beste der unterschiedlichsten Paradigmen auswählen *können*, um Ihr Ziel zu erreichen. Sie *müssen* aber keinem der Paradigmen folgen. Wollen Sie Objektorientierung durch Vererbung und dynamischen Polymorphismus wie in Java, gibt es dies auch in C++, Sie können aber auch ganz ohne programmieren. Koppeln Sie lieber statisch über *Traits*, was man informell *statischen Polymorphismus* nennen könnte, geht dies auch in C++ und wird in der Standardbibliothek zu Hauf angewandt, aber Sie können stattdessen auch *virtuelle Methoden* ausreizen. Sie mögen funktionale Ansätze, dann sind Sie bei C++ mit Funktoren und Lambdas besser

---

1 Zumindest ist das der übliche Weg. Der Standard schreibt dies nicht vor, und es gibt C++-Varianten, die das anders machen.

aufgehoben als bei Java, können aber auch darauf verzichten. Sie können sogar viel der Ausführungzeit in die Compilierzeit verschieben und so dem Benutzer Wartezeit ersparen, indem Sie dem Compiler mit *Metaprogrammierung* mehr Aufgaben übertragen – Sie können aber auch darauf verzichten, wenn Ihnen das nicht wichtig ist.

2.1 Übersetzen

Wenn Sie ein C++-Programm schreiben, dann heißt das, Sie schreiben *Quellcode* als Text, den C++-Werkzeuge in ein ausführbares Programm übersetzen. Wir reden bei diesen Werkzeugen häufig vom *Compiler*, doch in Wirklichkeit sind damit mehrere Tools gemeint. Ich möchte in diesem Abschnitt präzise sein und Ihnen die Aufgaben der unterschiedlichen Werkzeuge nennen. Später werde ich sie wieder unter dem eigentlich nicht ganz richtigen Begriff »Compiler« zusammenfassen.

Diese unklare Benennung liegt unter anderem auch daran, dass heutzutage die Werkzeuge selten noch getrennte Programme sind. Häufig sind es nur noch *Phasen* eines einzigen Programms. Und tatsächlich spiegelt auch Abbildung 2.1 nur einen vereinfachten Ablauf wieder. Außen vor habe ich die Optimierungen gelassen sowie die Tatsache, dass ein Programm, wenn Sie es ausführen, noch zusätzliche Bibliotheken verwendet (dynamische Bibliotheken).

Dieser ganze Prozess wird entweder aus der *integrierten Entwicklungsumgebung* (IDE) angestoßen, oder man führt ihn von Hand auf der Kommandozeile aus. Wobei »von Hand« hier übertrieben ist, denn sehr häufig verwendet man auch hier ein Werkzeug, ein *Buildtool* (in etwa: Bauwerkzeug). Sehr verbreitet sind »Makefiles«. Das sind Textdateien, in denen steht, welche Komponenten zum Programm gehören.

Später im Kapitel werden wir ein kleines Programm sowohl mit einer IDE bauen als auch auf der Kommandozeile ausführen und uns dafür eines Makefiles bedienen.

2.2 Übersetzungsphasen

Um aus dem Quellcode, den Sie schreiben, letztendlich ein ausführbares Programm zu machen, führt die Compilersuite mehrere Phasen aus. Heutzutage ist es häufig nur noch ein Programm, das alle diese Phasen ausführt. Eventuell teilt man noch in Frontend und Backend auf. Früher wurden die Phasen mehr oder weniger von getrennten Programmen ausgeführt. Die wichtigsten Phasen sind:

▶ **Präprozessor**
Liest die Include-Dateien und expandiert Makros.

▶ **Lexer und Parser**
Übersetzt die Zeichenfolgen in *Token*, gruppiert also Zeichen zu semantischen Einhei-

ten und erkennt dabei zum Beispiel, ob es sich um einen String, eine Zahl oder eine Funktion handelt.

▶ **C++-Semantik**
Macht aus Templates echte Funktionen und Klassen und aus Klassen deren Instanzen.

▶ **Zwischenrepräsentation (»Intermediate Representation« oder »IR«)**
Erzeugt einen maschinennahen, aber dennoch plattformunabhängigen Code und optimiert diesen auf hoher Ebene.

▶ **Codegeneriererung (»CG«)**
Erzeugt plattformabhängigen Maschinencode in Assemblersprache und optimiert auf niedriger Ebene.

▶ **Objektdateien**
Übersetzt die Assemblersprache in maschinenlesbare Bytefolgen, gibt diese in Objektdateien und statische Bibliotheken aus und fügt Debuginformationen hinzu.

▶ **Zusammenfügen (»Linken«)**
Erstellt eine ausführbare Datei oder dynamische Bibliothek aus Objektdateien und Bibliotheksdateien.

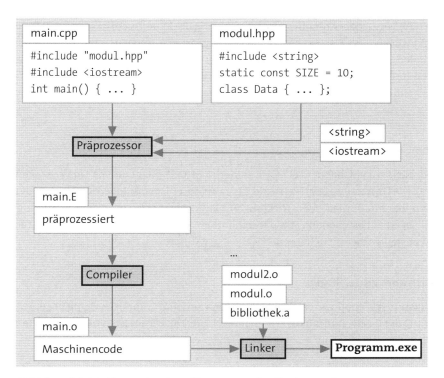

Abbildung 2.1 Die Phasen der Compilierung vom Quellcode zum Programm

2.3   Aktuelle Compiler

Kommen wir zurück zu dem, was meistens mit *Compiler* gemeint ist: die gesamte Werkzeugkette vom Präprozessor bis zum Linker. Hinzu kommt, dass die *Standardbibliothek* integraler Bestandteil von C++ ist. Wenn Sie also einen Compiler auf Ihrem System installieren, dann erhalten Sie auch immer eine Standardbibliothek dazu.

Mit wohlgemeinter Absicht bezieht sich dieses Buch zu großen Teilen auf den aktuellen Standard, der unter dem Namen C++14 bekannt ist. Bei dieser Generalüberholung hat die Sprache viel Potenzial bekommen, um eine rundere, sicherere, konsistentere und nicht zuletzt auch einfacher zu erlernende Sprache zu sein. Wenn Sie die C++14-Möglichkeiten nutzen, werden Sie die Sprache schneller erlernen und besser einsetzen können, als das zum Beispiel noch mit den Vorläuferversionen bis C++98 der Fall gewesen wäre.

C++ macht mit einem aktuellen Compiler auf jeden Fall mehr Spaß. Zum Glück sind die meisten Compiler mehr oder weniger auf dem neusten Stand.

2.3.1   Gnu C++

Der C++-Compiler *g++* aus der *Gnu Compiler Collection* (*GCC* genannt) ist der auf den meisten Plattformen verfügbare Compiler. Er ist gleichzeitig die Experimentierwiese, um neue Dinge auszuprobieren, sodass Sie hier beinahe immer zuerst die neuen Features implementiert finden. Auf Linux ist GCC meist die erste Wahl. GCC ist zwar weit verbreitet, hat aber den Ruf, eine sehr komplexe Codebasis zu haben. Die kompilierten Programme fallen gegenüber kostenpflichtigen Compilern, was die Geschwindigkeit angeht, etwas zurück.

2.3.2   Clang++ der LLVM

Was die Codebasis angeht, hat der *LLVM* mit seinem C++-Compiler namens *Clang++* einen besseren Ruf. Die Umsetzung der C++11- und C++14-Features ist vorbildlich. Clang++ ist der Standardcompiler für die MacOS-Entwicklung. Für Linux steht er kostenlos zur Verfügung, muss jedoch zu einer bestehenden Standardbibliothek hinzuinstalliert werden, sodass Sie den g++ am besten vorher installieren.

2.3.3   Microsoft Visual Studio

Die Compilersuite des Windows-Herstellers steht den anderen Compilern wenig nach, was die Umsetzung des C++14- und auch C++17-Standards angeht. Die meisten und wichtigsten Features sind enthalten.

2.4   Entwicklungsumgebungen

Es gibt für Sie zwei hauptsächliche Möglichkeiten, C++-Programme zu entwickeln:

▶ **Kommandozeile**

Sie arbeiten auf der Kommandozeile und rufen den Compiler und andere Werkzeuge von Hand auf. Später nutzen Sie dann Hilfsmittel wie Makefiles, um diese Aufgaben zu automatisieren. Ich empfehle, den Weg über die Kommandozeile zumindest auszuprobieren. Zum einen lernt man dabei auch andere nützliche Dinge über Programme und das Programmieren. Zum anderen lassen sich Abläufe auf der Kommandozeile besser automatisieren – und um das Automatisieren geht es uns beim Programmieren ja letzten Endes.

▶ **Integrierte Entwicklungsumgebung**

Sie verwenden eine sogenannte IDE (*Integrated Development Environment*; dt. *Integrierte Entwicklungsumgebung*). Gerade im späteren Programmieralltag kann eine auf einen persönlich zugeschnittene IDE die Produktivität immens erhöhen. Auf der anderen Seite kann eine IDE einen Anfänger mit ihrer Feature-Flut auch erschlagen. Es gibt Assistenten, die den Einstieg zu beschleunigen versuchen. Ob das klappt, hängt von Ihrer Persönlichkeit ab. Wenn Sie mit der Kommandozeile absolut nicht vertraut sind, können Sie hiermit einen Versuch wagen.

In manchen Fällen gibt die Wahl des Compilers die IDE vor. Wenn Sie sich für Microsoft entscheiden, dann ist *Visual Studio* Ihre IDE. Die schon sehr umfangreiche Basisversion mit *Visual Studio Community* ist kostenlos. Die Editionen *Professional* und *Enterprise* sind kostenpflichtig. Zur Drucklegung dieses Buchs war die Version *Visual Studio 2017* aktuell. Auf die werde ich mich im Verlauf dieses Buchs beziehen, sie enthält die Version 14.1 des C++-Compilers. Sehen Sie sich auf der Webseite von Visual Studio[2] die Optionen an.

Auf dem Mac ist das von Apple gelieferte XCode der De-facto-Standard. Damit haben Sie die Wahl zwischen einer exzellenten IDE und einer Sammlung an Werkzeugen für die Kommandozeile. Bei Apple[3] können Sie diese herunterladen. Die aktuelle Version des C++-Compilers basiert auf der Version 4.0 des LLVM-Backends.[4] Zur Drucklegung des Buchs war noch die 3.9-Version aktuell, auf die ich mich meist beziehe.

Sowohl unter Unix als auch unter Windows und auf dem Mac steht Ihnen als Alternative auch die *Gnu Compiler Collection* zur Verfügung. Der C++-Compiler heißt *g++* und steht aktuell in der Version 7.1 zur Verfügung, und 8.0 steht in den Startlöchern. Während des Schreibens dieses Buchs war das noch 6.2, dagegen sind die Beispiele getestet. Sie bedienen ihn in erster Linie von der Kommandozeile aus, er integriert sich aber auch in IDEs wie Eclipse mit CDT, Netbeans, KDevelop, Code::Blocks, dem Qt Creator und anderen. Manche von diesen Tools gibt es sogar für mehrere Plattformen. Wenn Sie mit dem g++ unter

---

2 *https://www.visualstudio.com/vs/community*
3 *https://developer.apple.com/xcode*
4 *https://en.wikipedia.org/wiki/Xcode*

Windows entwickeln wollen, dann schauen Sie nach der MinGW-Integration und ob Sie sie getrennt herunterladen müssen oder ob sie schon mitgeliefert wird (*Minimal Gnu for Windows*).

> **Linux Subsystem unter Windows 10**
>
> Seit Oktober 2017 gibt es unter Windows 10 optional ein *Linux Subsystem* (WSL). Sie können dann eine Bash Shell starten und haben darin dieselben Befehle zur Verfügung, wie zum Beispiel unter Ubuntu – inklusive des Installationsbefehls apt-get. So können Sie sich unter Windows dann einen gcc und viele andere Dinge nachinstallieren. Das Thema ist für dieses Buch noch zu frisch, als dass ich Ihnen eine umfangreiche Anleitung liefern könnte.

Eine durchgehend kommerzielle, aber interessante Lösung ist JetBrains *CLion*. Die IDE ist sehr durchdacht und lehnt sich an das erfolgreiche IntelliJ Idea an, was es für manche Java-Entwickler interessant macht. Der eigene Compiler ist, was die Standards angeht, etwas hinterher, doch kann man einen installierten GCC- oder Clang-Compiler konfigurieren.

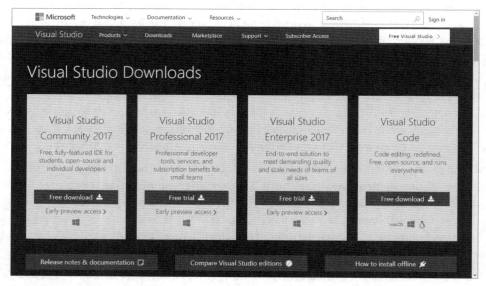

Abbildung 2.2 Aktuelle Microsoft-Produkte für die C++-Entwicklung

2.5 Die Kommandozeile unter Ubuntu

Exemplarisch für die Entwicklung mit der Kommandozeile gebe ich Ihnen eine Kurzanleitung für die aktuelle Langzeitversion von Ubuntu, einer weitverbreiteten Linux-Distribution. Wenn Sie ein anderes Linux verwenden, sind die Kommandos vielleicht anders.

Sie installieren den g++ und einige nützliche Werkzeuge so:

```
sudo apt-get install g++ make
```

Den Programmcode geben Sie in einem Editor ein, und da beginnt die wirkliche Qual der Wahl. Wenn Sie eine IDE verwenden, dann ist der Editor mit dabei. Ohne IDE geben Sie Ihr Programm in einem beliebigen allgemeinen Texteditor ein. Texteditoren gibt es wie Sand am Meer.

Ich schlage hier nur drei vor, die unterschiedlichen Anforderungen gerecht werden: *jedit*, *gedit* und *kate*. Weil jedit in Java geschrieben ist, gibt es ihn wiederum auf allen Plattformen. Die Wahl zwischen gedit und kate sollten Sie abhängig davon abhängig machen, ob Sie als Desktop Gnome oder KDE einsetzen. Probieren Sie einfach aus, was mit

```
sudo apt-get install gedit
sudo apt-get install kate
```

weniger Pakete automatisch installieren würde, und wählen Sie den Editor.

Wenn Sie in ein Team mit mehreren Entwicklern kommen, erkundigen Sie sich, ob *Emacs* oder *Vim* eingesetzt wird. Dabei handelt es sich um unter Programmierern sehr verbreitete Texteditoren, die aber eine steile Lernkurve haben. Wenn Sie Kollegen haben, die Ihnen beim Einstieg helfen, dann wählen Sie ruhig einen dieser beiden Editoren.

```
sudo apt-get install emacs
sudo apt-get install vim
```

2.5.1   Ein Programm erstellen

Wie gesagt, zur IDE kommen wir gleich, wenn wir exemplarisch das Microsoft Developer Studio unter Windows besprechen. Jetzt gehen Sie den Weg einmal zu Fuß.

Öffnen Sie eine Kommandozeile, manchmal auch Terminal oder Konsole genannt. Dazu finden Sie im Menü sicherlich einen Eintrag. Bei Ubuntu mit Gnome können Sie auch $\boxed{\text{Strg}}$ + $\boxed{\text{Alt}}$ + $\boxed{\text{T}}$ drücken. Es sollte sich ein neues Fenster mit einem blinkenden Cursor öffnen, das eine Kommandozeile ähnlich wie diese zeigt, das sogenannte Prompt:

```
towi@havaloc:~$
```

Im weiteren Verlauf dieses Buchs werde ich towi@havaloc:, das für Benutzer- und Rechnernamen steht, und meist auch Tilde ~ für das aktuelle Arbeitsverzeichnis nicht mehr extra erwähnen. Mit dem Prompt $ meine ich, dass Sie dahinter ein Kommando eingeben sollen. Üben Sie einmal, ein neues Verzeichnis zu erstellen und dieses zu betreten.

```
~$ mkdir quellcode
~$ cd quellcode
```

Nun sollte Ihr Prompt das Verzeichnis beinhalten, in das Sie gewechselt sind:

```
~/quellcode$
```

2 Programmieren in C++

Da es so viele Linux-Geschmacksrichtungen gibt, ist es durchaus möglich, dass Ihre Anzeige anders aussieht, obwohl Sie alles richtig gemacht haben. Sie können mit pwd überprüfen, in welchem Verzeichnis Sie gerade stehen.

Öffnen Sie nun den Editor Ihrer Wahl. Sie können das über die Menüs erledigen oder auf der Kommandozeile gleich den Namen der Datei angeben, die Sie bearbeiten wollen. Fügen Sie noch ein Ampersand & an, damit Sie trotz geöffnetem Editor weitertippen können (sollten Sie das vergessen, drücken Sie in der Kommandozeile ⎡Strg⎤ + ⎡Z⎤ und tippen Sie danach den Befehl bg, gefolgt von ⎡↵⎤, ein). Ich selbst bin ein Emacs-Nutzer, Sie setzen hier Ihren Lieblingseditor ein:

```
$ emacs modern101.cpp &
```

Tippen Sie den folgenden Quellcode in das Editorfenster. Sie sollten irgendwo erkennen, dass Sie wirklich modern101.cpp bearbeiten.

```cpp
// modern101.cpp : Fibonacci-Konsole
#include <iostream>
int fib(int n) {
    return n<2 ? 1 : fib(n-2) + fib(n-1);
}
int main() {
    std::cout << "Die wievielte Fibonacci-Zahl? ";
    int n = 0;
    std::cin >> n;
    std::cout << "fib(" << n << ")=" << fib(n) << "\n";
}
```

Listing 2.1 Jede Fibonacci-Zahl ist die Summe der beiden Zahlen davor.

Speichern Sie und übersetzen Sie diesen Quellcode in das ausführbare Programm modern101.x:

```
$ g++ modern101.cpp -o modern101.x
```

Hier ist g++ der Compiler. Mit modern101.cpp geben Sie die Quelldatei an. Haben Sie mehrere Quelldateien, die Sie zu einem Programm zusammensetzen wollen, geben Sie hier mehrere *.cpp-Dateien an. Mit -o modern101.x teilen Sie diesem Compiler den gewünschten Ausgabedateinamen mit. Wenn Sie den vergessen, ist das nicht schlimm, dann landet das fertige Programm bei g++ in a.out.

Probieren Sie es aus:

```
$ ./modern101.x
Die wievielte Fibonacci-Zahl? 33
fib(33)=3702887
```

Ihr erstes C++-Programm – herzlichen Glückwunsch!

Übrigens: Unter Windows werden Sie ausführbare Programme normalerweise mit der Endung *.exe versehen. Unter Linux ist eine Endung für ausführbare C++-Programme eher unüblich. Zur Verdeutlichung erzeuge ich hier Linux-Programme, aber mit der Endung *.x – eine Praxis, die ich auch in der »wirklichen Welt« zuweilen pflege. Ob Sie mir das nachmachen oder nicht, bleibt Ihnen überlassen.

Wenn Sie interessiert, wie Sie das Programm beschleunigen können, blättern Sie zu Abschnitt 2.7, »Das Beispielprogramm beschleunigen«, vor.

2.5.2   Automatisieren mit Makefile

Da es aber mühselig ist, den Compiler auf diese Art immer wieder aufzurufen, erstellen Sie sich am besten ein Makefile, in dem die nötigen Befehle verzeichnet sind. Starten Sie dazu wieder einen Editor oder wählen Sie DATEI · NEU im Menü, und speichern Sie danach die Datei unter Makefile:

```
$ emacs Makefile &
```

Der Inhalt der Datei ist dann simpel:

```
# -*- Makefile -*-
all: modern101.x
modern101.x: modern101.cpp
  →  g++ modern101.cpp -o modern101.x
# aufräumen:
clean:
  →  rm -f *.x *.o
```

Die Kommentarzeilen mit # sind nicht essenziell. Achten Sie *unbedingt* darauf, dass die eingerückten Zeilen nicht mit Leerzeichen, sondern einem *Tabulator* anfangen, das deute ich hier mit → an. Auf alle Details gehe ich hier nicht ein, aber die beiden Zeilen

```
modern101.x: modern101.cpp
  →  g++ modern101.cpp -o modern101.x
```

sagen make: Wenn du modern101.x erstellen sollst, dann benötigst du dazu modern101.cpp; um es zu erstellen, führe den Befehl g++ modern101.cpp -o modern101.x aus.

Wenn Sie nun

```
$ make
```

ausführen, dann wird bei der all:-Regel nachgeschaut, was Sie alles gebaut haben wollen. Dort können Sie andere Regeln auflisten, die make dann nacheinander ausführt. Nun sollten Sie wieder Ihr Programm gebaut bekommen. Eventuell merkt make, dass sich nichts geändert hat, dann hilft ein make clean (Aufräumregel ausführen) oder make -B (tu so, als hätte sich alles geändert).

Sie können auch mit make all, make modern101.x oder make clean eine der anderen Regeln ausführen lassen. Das ist alles schon sehr praktisch.

2.6 Die IDE »Microsoft Visual Studio Community« unter Windows

Der Download[5] der Edition *Visual Studio Community* gliedert sich in zwei Schritte. Zunächst laden Sie nur ein Download-und-Installierungsprogramm herunter. Nach dem Start können Sie wählen, für welche Komponenten Sie sich interessieren. In Abbildung 2.3 sehen Sie eine Auswahl für simple C++-Projekte. Es steht Ihnen frei, hier mehr zum Experimentieren auszuwählen.

Wenn Sie die Auswahl bestätigen, geht es mit Download und Installation los. Beim ersten Start fragt Sie *Visual Studio* noch nach Ihrer »Lieblingsumgebung«. Hier wählen Sie sinnvollerweise Visual C++.

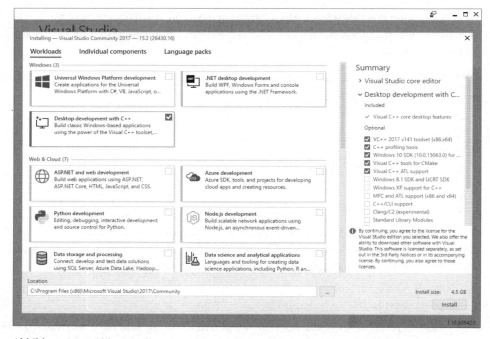

Abbildung 2.3 Wählen Sie die gewünschten C++-Komponenten zur Installation aus.

Wenn diese Hürde genommen ist, begrüßt die IDE Sie mit einem Startbildschirm. In IDEs dreht sich meist alles um *Projekte*.

▶ Beginnen Sie mit FILE • NEW • PROJEKT...
▶ Wählen Sie in dem Assistenten INSTALLED • TEMPLATES • VISUAL C++ • WIN32 • WIN32-CONSOLE-APPLICATION.

---

5 *http://www.visualstudio.com/downloads*

2.6 Die IDE »Microsoft Visual Studio Community« unter Windows

- Tragen Sie als Name Modern101 ein.
- Überprüfen Sie, ob Ihnen der Speicherort Location gefällt. Der Haken Create directory for solution sollte gesetzt bleiben.

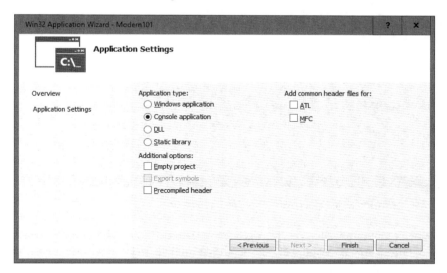

Abbildung 2.4 So erstellen Sie das Grundgerüst einer Konsolenanwendung.

- Klicken Sie auf OK, um zum eigentlichen Assistenten zu gelangen.
- Sie gelangen zu den Application Settings (siehe Abbildung 2.4).
- Stellen Sie sicher, dass als Anwendungstyp Console application ausgewählt ist. Damit bekommen Sie das Grundgerüst für ein Programm mit einem Textfenster. Die anderen Möglichkeiten ergäben ein grafisches Windows-Programm oder Bibliotheken, die später Teil eines anderen Programms werden.
- In den Additional options lassen Sie Empty projekt und Precompiled header frei. Letztere beschleunigen den Compiliervorgang erheblich, basieren aber möglicherweise auf nicht portablen Erweiterungen im Microsoft-Compiler.
- Die Checkboxen für weitere header files benötigen Sie zunächst nicht. Sowohl die MFC als auch die ATL sind Microsoft-spezifisch.
- Nach dem Klick auf Finish erstellt die IDE Ihnen das Grundgerüst des Programms.

Sie erhalten ein Grundgerüst von Projekt-, Quell-, Header- und Dokumentationsdateien im Projektverzeichnis.

Sie können mit dem vom Assistenten erstellten Quellcode beginnen. Eventuell enthält dieser das plattformspezifische _tmain statt main und die Dateien stdafx.h und stdafx.cpp. Wenn Sie _tmain sehen, ersetzen Sie dies bitte durch main. Die Dateien stdafx.h und stdafx.cpp können Sie für dieses Miniprojekt löschen. Ersetzen Sie dann im Editor den Inhalt der Datei Modern101.cpp durch den Text aus Abbildung 2.5.

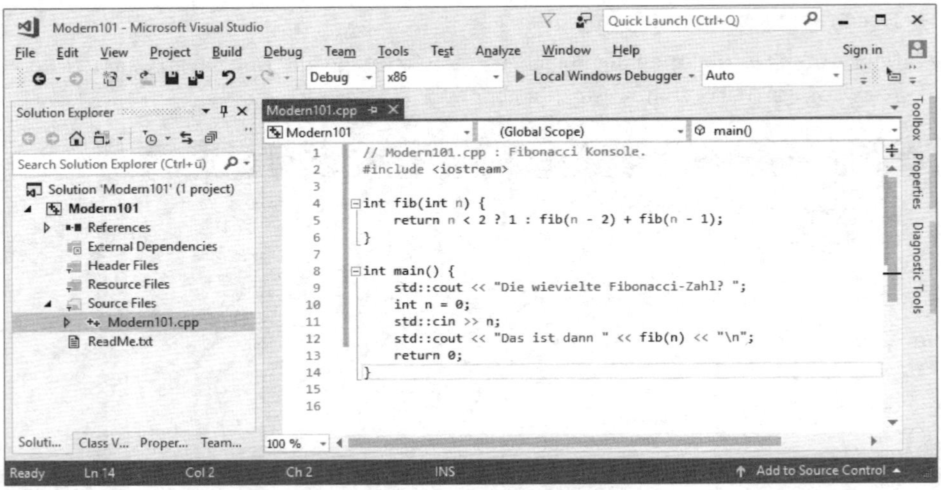

2 Programmieren in C++

Abbildung 2.5 Das Grundgerüst einer Win32-Konsolenapplikation

Wählen Sie den Menüpunkt DEBUG • START WITHOUT DEBUGGING und bestätigen Sie den Bau des Programms mit YES. Wenn alles geklappt hat (und Sie sich beim Abtippen nicht vertan haben), dann erscheint nach kurzer Übersetzungszeit ein schwarzes Konsolenfenster und erwartet von Ihnen die Eingabe einer Zahl. Herzlichen Glückwunsch, Sie haben Ihr erstes C++-Programm geschrieben. Geben Sie 42 ein, und die Antwort 433494437 sollte nach einiger Zeit auf dem Bildschirm erscheinen (siehe Abbildung 2.6).

```
C:\WINDOWS\system32\cmd.exe
Die wievielte Fibonacci-Zahl? 42
Das ist dann 433494437
Press any key to continue . . .
```

Abbildung 2.6 Ein selbst erstelltes Konsolenprogramm unter Windows

Auf meinem Computer dauert die Berechnung etwa eine Minute. Sie können auch mit einer kleineren Zahl wie 20 starten. Wenn Sie eine größere Zahl als 45 wählen, sprengen Sie die Fähigkeiten des Programms und bekommen unsinnige Ausgaben.

Ein Hinweis: Die Zahlenbereiche beziehen sich auf eine Win32-Applikation auf einem 64-Bit-Windows. Auf anderen Plattformen mögen die Grenzen andere sein.

2.7 Das Beispielprogramm beschleunigen

Wenn Ihnen das Programm zu lange läuft, dann *tabulieren* Sie die Zwischenergebnisse. Das bedeutet, Sie speichern sie in einer tabellenartigen Datenstruktur ab. Der nullte Eintrag

2.7 Das Beispielprogramm beschleunigen

bekommt das Ergebnis von fib(0), der erste das Ergebnis von fib(1) etc. Wenn Sie mit fib(n) den *n*-ten Eintrag in der Tabelle berechnen wollen, rufen Sie nicht fib(n-1) und fib(n-2) auf, sondern schauen stattdessen in die Tabelle. Dann erhalten Sie die Ergebnisse schneller, als Sie gucken können. Erstellen Sie ein neues Projekt oder modifizieren Sie das Programm:

```cpp
// modern102.cpp : Fibonacci-Konsole
#include <iostream>
#include <map>
int fib(int n) {
    static std::map<int, int> table{};
    table[n] = n<2 ? 1 : table[n-2] + table[n-1];
    return table[n];
}
int main() {
    std::cout << "Wie viele Fibonacci-Zahlen? ";
    int n = 0;
    std::cin >> n;
    for (int i = 0; i <= n; ++i)
        std::cout << "fib(" << i << ")=" << fib(i) << "\n";
}
```

Listing 2.2 Eine zügig erstellte Tabelle von Fibonacci-Zahlen

Wenn Sie hier zum Beispiel 50 eingeben, sehen Sie, dass die Ergebnisse ab 46 auch mal negativ sind – ein Zeichen für einen Überlauf.[6] Das heißt, die Zahlen werden für dieses Programm zu groß und das Programm liefert Unsinn. Einen Überlauf in einem Programm zu haben, ist normalerweise keine gute Idee. Daher werden Sie in Abschnitt 4.12, »Eingebaute Datentypen«, lernen, worauf Sie achten müssen und wie Sie sie vermeiden.

---

6 Wieder: Auf anderen Plattformen als 32-/64-Bit-Windows-10 haben Sie vielleicht andere Grenzen.

Kapitel 3
C++ für Umsteiger

Dieses Kapitel richtet sich vor allem an Umsteiger von Java oder C#, aber auch Umsteiger höheren Sprachen, vor allem OO-Sprachen, profitieren ebenso wie Auffrischer, deren C++-Kenntnisse länger zurückliegen. Ich gebe einen allgemeinen Überblick über Eigenheiten von C++, die Umsteiger überraschen oder ihnen Schwierigkeiten machen.

Alle anderen Leser können dieses Kapitel überspringen, Überblick und Einstieg werden im Anschluss geboten.

Die folgenden Elemente sind Beispiele, die viele Entwickler wiedererkennen sollten:

▶ **Anweisungen**
Programme werden Anweisung für Anweisung eine nach der anderen ausgeführt – zumindest pro Thread, zumindest im Modell. Es gilt die Faustregel, dass Semikolons Anweisungen voneinander trennen. Anweisungen können zu Blöcken zusammengefasst werden.

▶ **Ausdrücke**
Ein Ausdruck besteht rekursiv wieder aus Ausdrücken bis runter zu unteilbaren Einheiten wie Literalen oder Variablen. Arithmetische Ausdrücke enthalten zum Beispiel mathematische Berechnungen. In C++ kann jedem Ausdruck ein exakter Typ zugeordnet werden.

▶ **Funktionen alias Methoden**
Damit ein Programm nicht eine lange Spaghetti ist, kann man wiederverwendete Bereiche in Funktionen auslagern. Wenn eine Funktion als ersten Parameter ein Objekt nimmt, ist es eine Methode. Formal sind in C++ aber nur die Funktionen auch wirklich Methoden, wenn sie in der Deklaration der Klasse aufgeführt werden.

▶ **Funktionsaufrufe**
Ein Funktionsaufruf nimmt Parameter und liefert ein Ergebnis zurück. Was innerhalb der Funktion passiert, ist teilweise außen unsichtbar.

▶ **Parameter**
Funktionen bekommen Parameter. In C++ entscheidet die Funktion darüber, ob der Parameter als Wert (*by-value*) oder als Referenz (oder Zeiger) (*by-reference*) übergeben werden soll, nicht der Aufrufer.

▶ **Rückgaben**
Gleiches gilt für die Rückgabe aus Funktionen. Das Ergebnis kann einer Variablen zugewiesen oder innerhalb eines Ausdrucks weiterverwendet werden. Die Funktion entscheidet, ob die Rückgabe als Wert eine unabhängige Kopie ist oder eine Referenz.

3 C++ für Umsteiger

Manche Dinge mögen dem erfahrenen Programmierer auf den ersten Blick bekannt vorkommen, haben im Detail jedoch wichtige konzeptionelle Unterschiede. Wenn zum Beispiel der Java-Entwickler hier mit den falschen Verständnisvorraussetzungen kommt, dann könnte er später verwirrt sein und böse Überraschunegn erleben. Daher will ich ein paar Dinge kurz erwähnen, die Stolperfallen sein könnten:

▶ **Stack und Heap statt Garbage Collection**
Es ist sicher keine Überraschung, wenn ich Ihnen sage, dass es in C++ kein automatisches Aufräumen der Objekte gibt. Betrachten Sie dies nicht als Nachteil, leben Sie den Vorteil. Trennen Sie zwischen Dingen, die auf dem *Stack* automatisch vom Compiler verwaltet werden, wenn der Block verlassen wird, und denen, die Sie auf dem *Heap* mit new anfordern und für die Sie die Verantwortung fürs Wegräumen übernehmen. Schluren Sie nicht herum, nutzen besser *RAII* (siehe Kapitel 17, »Guter Code, 4. Dan: \newline Sicherheit, Qualität und Nachhaltigkeit«).

▶ **Virtuelle versus echte Maschine**
Und es ist ebenso bekannt, dass Java-Code, einmal zu class-Dateien übersetzt (dank der *virtuellen Maschine*, der *JVM*) auf allen Plattformen läuft (»write once, run anywhere«). C++-Code müssen Sie für jede Plattform getrennt übersetzen, denn die Ausgabe des Compilers ist direkt ausführbarer Maschinencode (»write once, compile anywhere«). Das ist zwar dem Standard nach nicht Bedingung, doch normalerweise der Fall.

▶ **C++-char versus Java-char**
Der C++-char ist normalerweise 8 Bit breit und kommt auf Systemen signed und unsigned vor. Ohne die entsprechende Auszeichnung können Sie sich deshalb nur auf einen Wertebereich von 0 bis 127 verlassen. Nur wenn Sie signed char schreiben, dann entspricht er dem Java-byte. Dem Java-char entspricht eher der C++-short und garantiert der int16_t. Letzterer muss nicht vorhanden sein, ist es aber de facto.

▶ **Funktionsobjekte versus. Lambdas**
Auf den ersten Blick sind Java-Lambdas den C++-Lambdas ähnlich. Bei genauerem Hinsehen sind die anonymen Funktionsobjekte in C++ abgerundeter. In Java muss zur Aufrufzeit in der JVM noch etwas Aufwand betrieben werden, um dynamisch ein Funktionsobjekt zu erzeugen. In C++ hat der Compiler die Funktion komplett ausgelagert und ihr nur einen unsichtbaren Namen gegeben. Das Binden an lokale Variablen ist jedoch ähnlich, wenn auch nicht identisch, siehe Call-by-Value- und Call-by-Reference-Unterschiede.

▶ **Werte/Referenzen in C++ versus Java u. a.**
Alles, was Object ist, ist in Java eine Referenz. In C++ ist alles ein Wert und wird für Parameter und Rückgaben kopiert. Ausschließlich bei spezieller Vorsorge mit & und ∗ kann eine Funktion stattdessen explizit Referenzen und Zeiger anfordern.

▶ **Werte statt Zeiger werfen**
In C++ schreiben Sie nicht throw new X(...) sondern nur throw X(...). Sollten Sie das nicht tun, handeln Sie sich mittelfristig Ärger ein. Sie müssten zum Beispiel die Exception-Objekte selbst wieder wegräumen. Und das geht gar nicht immer, wie zum

50

Beispiel im `catch(...)` (*catch-all*). Und was ist mit einem Weiterwerfen? Sie sollten sich lieber auf die C++-Mechanismen verlassen, bei denen garantiert ist, dass eine `Exception`-Instanz so lange existiert, wie sie benötigt wird. Die Ausnahme von dieser Regel ist, wenn ein Framework es von Ihnen verlangt, weil es `Exception`-Instanzen als Zeiger wirft. Dann halten Sie sich natürlich an das, was das Framework verlangt. Lesen Sie in dessen Dokumentation nach, ob Sie im `catch` die `Exception` wegräumen sollen.

▶ **`const` versus `final`**
Weil in Java alle Objekte Referenzen sind, bezieht sich das Java-`final` auch nur auf diese Referenz. Sie wissen sicherlich, dass Sie dessen Inhalt trotz `final` wild verändern können, wenn die Schnittstelle das zulässt (was zum Glück bei Dingen wie `Integer` nicht der Fall ist). Weil in C++ zunächst alles ein Wert ist, schützt ein `const` auch den Inhalt. Im Zusammenhang mit Referenzen und Zeigern haben Sie sogar noch mehr Kontrolle, wie Sie in Listing 3.6 und dessen Erklärung sehen werden.

▶ **Templates versus Generics**
Beides verwendet spitze Klammern, und doch sind sie völlig unterschiedlich. In Java entsteht pro Generic nur eine einzige Funktion oder Klasse, Ihnen werden nur die Typumwandlungen abgenommen, zum Beispiel für die Rückgabe aus Methoden. Entweder ist das einzige, was Sie über den Typparameter wissen, dass er ein `Object` ist oder dass er ein bestimmtes Interface implementiert. Ein Generic gilt daher immer für eine bestimmte Gruppe von Objekten. In C++ ist ein Template stattdessen eine Schablone, die vom Compiler erst einmal nur parsebarer C++-Code sein muss, mehr nicht. Erst bei der Verwendung legen Sie den Typ der Parameter fest, und C++ setzt diese dann ein – und generiert in diesem Moment (zur Compilezeit) die wirkliche Funktion. Und das können dann pro Typ unterschiedliche Funktionen werden.

▶ **Interface-Konzepte in C++ und Java**
In C++ gibt es *multiple Vererbung* ohne Einschränkung. Und da dem Wort »multiple« nach Terry Pratchett nie etwas Gutes folgt,[1] wollten sich auch die Java-Erdenker diesen spezifischen Teufel nicht ins Haus holen. Aber ganz ohne geht es auch nicht, denn dann wäre Objektorientierung unmöglich. In Java gibt es deshalb die implementationslosen[2] `interface`-Deklarationen. Ein sinnvolles Konzept, das dem Missbrauch der multiplen Vererbung Einhalt gebietet und es schwerer macht, überkomplizierte Schnittstellenhierarchien zu designen. In C++ ist es andersherum: Die Einschränkung, sich nicht zu verdesignen, muss vom Entwickler kommen, nicht von der Sprache. Als sinnvolle Einschränkung kann man damit anfangen, von Java die Idee zu übernehmen: Also zum Beispiel, *wenn* multipel zu erben, dann darauf zu achten, dass maximal eine der Elternklassen Implementierungen beisteuert und der Rest nur sogenannte *Signaturklassen*

---

1 *Guards! Guards!*, Terry Pratchett, »The noun doesn't matter after an adjective like multiple, nothing good ever follows multiple«
2 default-Implementierungen von Java 8 einmal ignorierend

3   C++ für Umsteiger

sind – also Klassen, die nur *pur virtuelle Methoden* enthalten. So nennt man in C++ *abstrakte Methoden*, also *virtuelle* Methoden, die statt einer Implementierung null zugewiesen haben.

▶ **Standardbibliothek und J2EE**
Wenn Sie Java komplett installieren, bekommen Sie eine riesige API mit dazu, mit Bibliotheken, die so ziemlich alle Lebensbereiche abdecken. In C++ ist das nur eingeschränkt der Fall. Die Standardbibliothek gibt Ihnen zwar ein solides Fundament, bei vielen wichtigen Dingen sind Sie aber auf Drittanbieter angewiesen. Aber zum einen ist dies im Laufe der letzten Sprachversionen C++11, C++14 und C++17 immer seltener, zum anderen werden erstaunlicherweise Java-Applikationen heutzutage in der Praxis dennoch immer größer und größer. Aber es stimmt: Netzwerkkommunikation und viele andere Dinge fehlen in der C++-Standardbibliothek sehr. Noch.

Hier sind einige Beispiele, bei denen sich Java und C++ unterscheiden.

In Java benötigen Sie für das Erzeugen einer neuen Instanz ein new. Die Instanz wird auf dem Heap erzeugt:

```java
Data data = new Data(5);
Data mehr = new Data(6);
data = mehr;
mehr.value = 7;
System.out.println(data.value); // auf jeden Fall 7
```

Listing 3.1 Ein kleines Java-Beispiel mit den allgegenwärtigen Objektreferenzen.

data und mehr sind *Referenzen*. Tatsächlich sogar eher wie Zeiger in C++, denn sie können data auch den Nullzeiger null zuweisen, was bei Referenzen in C++ nicht ginge. Die Zuweisung data = mehr bewirkt, dass nun data und mehr die gleiche Instanz referenzieren. In C++ schreiben Sie stattdessen eher:

```cpp
Data data{5};
Data mehr{6};
data = mehr;
mehr.value = 7;
cout << data.value << '\n'; // immer noch 6
```

Listing 3.2 In C++ hat man statt Referenzen erst einmal Werte.

Hier sind data und mehr getrennte Werte. Unter der Voraussetzung, dass mehr{6} die Initialisierung mehr.value=6 zur Folge hatte, ist auch nach der Zuweisung von mehr.value=7 in data.value immer noch die 6 enthalten.

Und wenn Sie in C++ Heap und Zeiger mit new verwenden, um das Java-Verhalten nachzubilden, dann vergessen Sie nicht, dass Sie keine *Garbage Collection* haben, sondern den

Heap irgendwie wieder freigeben müssen. Nutzen Sie dafür entweder eine Hilfsklasse wie shared_ptr (empfohlen) oder ein explizites delete:

```cpp
auto data = make_shared<Data>(5);
auto mehr = make_shared<Data>(6);
data = mehr;
mehr->value = 7;
cout << data->value << '\n'; // jetzt auch 7
```

Listing 3.3 Modernes C++ mit Heapspeicher nutzt Hilfsklassen wie »shared_ptr«.

Das ist schon sehr »modern«, Sie können es aber auch »purer« haben. Hier sehen Sie das Ganze ohne die von make_shared erzeugten Wrapper-Objekte.

```cpp
Data* dataOwner = new Data(5);
Data* data = dataOwner;
Data* mehr = new Data(6);
data = mehr;
mehr->value = 7;
cout << data->value << '\n'; // jetzt auch 7
/* selbst wegräumen */
delete mehr;
delete dataOwner;
```

Listing 3.4 Ohne moderne C++-Mittel muss man besonders auf den Zeigerbesitz achten.

Aber, ach je, hier sehen Sie schon, welchen Ärger man sich einhandeln kann, wenn man selbst aufräumen muss. delete data wäre am Ende falsch gewesen, denn data zeigt auf mehr, und das ist schon weggeräumt. Die Zuweisung data = mehr ist der Bösewicht, der data verdeckt hat. Freigabe nicht mehr möglich. Nur deshalb gibt es dataOwner, um den ursprünglichen Zeiger später freigeben zu können.

Deshalb ist es in C++ nützlich, sich bei Zeigern das Konzept des *Besitzes von Zeigern* zu eigen zu machen: Rohe Zeiger gehören immer jemandem, der für das Wegräumen zuständig ist. Entweder ist das derjenige, der das Objekt mit new erzeugt hat, oder der Besitz wird transferiert. Das kann man »im Kopf« machen, sich von Werkzeugen wie der *Guideline Support Library* (*GSL*, siehe Kapitel 30, »Guter Code, 7. Dan: Richtlinien«) helfen lassen, selbst Wrapperklassen schreiben oder einfach immer die mitgelieferten Hilfsmittel wie shared_ptr und unique_ptr verwenden.

Hier wähle ich ein final, das in Java bedeutet, der Referenz kann nichts Neues zugewiesen werden:

```java
final Data data = new Data(5);
data.value = 7;          // das ist okay
data = new Data(6);      // dies verhindert final
```

Listing 3.5 In Java blockiert »final« nur die Referenz.

3   C++ für Umsteiger

In C++ ist const viel differenzierter einzusetzen:

```
Data const * data = new Data(5);
data->value = 7;          // dieses const schützt Data
data = new Data(6);       // Zeiger neu zuweisen ist okay
Data * const mehr = new Data(8);
mehr->value = 9;          // jetzt okay
mehr = new Data(10);      // Referenz ist geschützt
```

Listing 3.6 »const« kann den Wert oder die Referenz schützen.

So lässt sich in C++ sowohl die Referenz oder der Zeiger als auch der Inhalt, also der Wert, schützen. Man kann auch beides kombinieren zu Data const * const. Was geschützt ist, erkennen Sie daran, *hinter* wem das const steht:

▶ Data * const mehr – Der Zeiger bzw. die Referenz ist geschützt.

▶ Data const * data – Der Wert Data ist geschützt.

▶ const Data * data – Hierbei handelt es sich um eine alternative Schreibweise für **Data** const * data.

▶ Data const * const mehr – Sowohl Wert also auch Zeiger sind geschützt.

Außerdem gibt es noch Varianten von const: const-Methoden dürfen ihr eigenes Objekt nicht verändern, constexpr erzwingt, dass der Ausdruck schon zur Übersetzungszeit vom Compiler berechnet werden kann.

Kapitel 4
Die Grundbausteine von C++

Kapiteltelegramm

► `main`
Der Einstiegspunkt in jedes Programm

► `#include`
Einbinden anderer Programmteile und Bibliotheken

► **Variable**
Name für einen Speicherbereich, der einen Wert aufnehmen kann

► **Initialisierung**
Dies ist der Wert, den eine Variable bei ihrer Entstehung haben soll. Bei eingebauten Typen ist die Initialisierung bei der Definition besonders wichtig, da eine Variable sonst einen undefinierten Zustand erhält.

► **Zuweisung**
Die Veränderung des Inhalts einer Variablen mittels = (engl. *Assignment*)

► `return`
Das Verlassen einer Funktion; in main das Ende des Programms

► **Kommentar**
Anmerkung des Programmierers, die der Compiler nicht auswertet

► **Anweisung**
Ein Programm ist die prinzipiell sequenzielle Abarbeitung unterschiedlicher Anweisungen (engl. *Statements*).

► **Ausdruck**
Eine Folge von Operationen auf Operanden für Zuweisungen oder Ähnliches (engl. *Expression*)

► **Block**
Eine Gruppe von Anweisungen zwischen geschweiften Klammern

► **Typ oder Datentyp**
Für den Compiler hat jeder Ausdruck einen Typ.

► **Standardbibliothek**
Teil des C++-Standards und damit mit dem Compiler geliefert. Alles, was nicht pure Syntax oder Semantik oder ein eingebauter Datentyp ist, liefert die Standardbibliothek.

► **Eigene Funktion**
Mit einer eigenen Funktion lagern Sie Code an eine andere Stelle aus. Dies ist die Basis für Übersichtlichkeit und Wiederverwendbarkeit.

4 Die Grundbausteine von C++

▶ **Funktionsparameter**
Gibt »dem Ding« lokal einen eigenen Namen innerhalb einer Funktion.

▶ **Seiteneffekt-Operator**
Operator, der den Wert einer Variablen verändert, aber keine Zuweisung ist

▶ **int und bool**
Zwei elementare (eingebaute) und einfache Typen

▶ **Vereinheitlichte Initialisierung**
Eine eindeutige Schreibweise für den ersten Wert einer Variablen oder eines Default-Parameters (engl. *Unified Initialization*)

▶ **Token**
Für den Compiler die kleinsten Bausteine des Programmtexts

▶ **Bezeichner**
Namen von Programmelementen (engl. *Identifier*), also Variablen, Typen, Funktionen etc.

▶ **for-Anweisung**
Dies ist eine Möglichkeit, um die Wiederholung von Anweisungen zu implementieren.

▶ **if-Anweisung**
Diese verwenden Sie, um Verzweigungen umzusetzen.

▶ **Zuweisung**
Ein sehr spezieller und nützlicher *Ausdruck*, um den Wert einer Variablen zu ändern

▶ **Operator**
Meist ein Symbol, das zwischen zwei Operanden steht (oder vor einem); funktioniert wie eine Funktion mit den Operanden als Argumente

▶ **Operand**
Argument für einen Operator

▶ **arithmetischer Operator**
Dient zum klassischen Rechnen mit +, -, *, /, % sowie dem bitweisen Rechnen mit |, &, ~, << und >>

▶ **relationaler Operator**
Größer-als, kleiner-als, gleich, Kombinationen davon und ungleich: >, <, ==, <=, >=, !=.

▶ **logischer Operator**
Verknüpft boolesche Werte: &&, || und !

▶ **Zuweisungsoperator oder zusammengesetzte Zuweisung**
Der Zuweisungsoperator ist das Gleichheitszeichen =. Eine zusammengesetzte Zuweisung kombiniert = mit einem arithmetischen Operator.

▶ **Binärsystem**
Das Stellenwert-Zahlensystem des Computers mit Nullen und Einsen

▶ **Eingebauter Typ**
Ein Typ, der Ihnen ohne #include zur Verfügung steht

4 Die Grundbausteine von C++

▶ **Ganzzahltyp**
Einer der eingebauten Typen short, int, long, long long; jeweils signed oder unsigned

▶ **Fließkommatyp**
Einer der eingebauten Typen double, float und long double

▶ **Zeichentyp**
Meistens char, aber mit internationalen Zeichen auch wchar_t, char16_t und char32_t; alles eingebaute Typen

▶ **Zeichenkette**
Als Literal const char[], zusammen mit C oft const char*, in C++ string; jeweils auch eventuell mit einem der anderen Zeichentypen

▶ **Wahrheitswerttyp**
Der eingebaute Typ bool mit seinen Literalen true und false

▶ **Typinferenz mit auto**
Bei der Definition einer Variablen den Typ vom Compiler aus dem Typ des Ausdrucks der Initialisierung ermitteln lassen

▶ **Überlauf**
Der Versuch, den Wert eines Typs über seinen Wertebereich hinaus zu verändern; ein Überlauf kann sowohl im positiven als auch im negativen Bereich passieren.

▶ **Literal**
Ein im Quelltext direkt genannter Wert

▶ **using und typedef**
Definieren einer Typabkürzung

In diesem Kapitel machen wir einen ganz schnellen »Rundflug« über ein einfaches C++-Programm. Dadurch lernen Sie die wichtigsten Elemente kennen und haben ein besseres Verständnis für die Dinge, die ich in den nächsten Kapiteln erkläre.

Hier ist also ein einfaches C++-Programm.

```cpp
#include <iostream>                          // Module/Bibliotheken einbinden
int main()                                   // main() ist der Beginn des Programms
{
    int wert = 100;                          // Variable mit Anfangswert
    std::cout << "Teiler von " << wert << " sind:\n";       // Ausgabe von Text
    for(int teiler=1; teiler <= wert; teiler = teiler+1) // Schleife von 1 bis 100
    {                                        // hier beginnt der Wiederholungsteil
        if(wert % teiler == 0)               // Test für eine bedingte Ausführung
            std::cout << teiler << ", ";     // nur bei positivem Test
    }                                        // Ende der Schleife
    std::cout << "\n";                       // einmalige Ausgabe
    return 0;                                // bedeutet in main() Programmende
}                                            // Ende von main()
```

Listing 4.1 Ein sehr einfaches C++-Programm

57

Wenn Sie dieses Programm übersetzen und laufen lassen, dann erhalten Sie die Ausgabe

```
Teiler von 100 sind:
1, 2, 5, 10, 20, 25, 50, 100,
```

auf dem Bildschirm. An diesem einfachen Programm können Sie schon viele grundlegende und wichtige Dinge von C++ sehen.

4.1 Kommentare

Wie Sie sehen, habe ich hier Programmtext und erklärende Worte gemischt. Die Zeilen beginnen immer mit Programmtext, dann folgt manchmal ein Doppel-Schrägstrich //, und dann kommen die erklärenden Worte – der *Kommentar*. In C++ können Sie hinter // beliebigen Text schreiben, der Compiler ignoriert diesen (oder, um genau zu sein, interpretiert ihn ähnlich wie ein Leerzeichen) bis auf wenige Ausnahmen. So können Sie anderen Programmierern, sich oder der Nachwelt Ihre Intentionen mitteilen, die zu der aktuellen Programmzeile führten.

4.2 Die »include«-Direktive

Die allererste Zeile des Beispiels lautet:

```
#incude <iostream>
```

Mit #include machen Sie dem Compiler bekannt, dass Sie Elemente eines Moduls in dieser Datei verwenden wollen. Der Name zwischen den Klammern ist der Name einer *Header-datei*, in der sich die Deklarationen jenes Moduls befinden.

4.3 Die Standardbibliothek

Das spezielle Modul iostream binde ich ein, weil sich in ihm std::cout befindet. cout benötigt das Programm, um die Bildschirmausgaben zu erzeugen. Das Modul iostream ist Teil der *Standardbibliothek* und wird mit dem Compiler mitgeliefert.

Alle Namen der Standardbibliothek beginnen mit std, gefolgt vom *Bereichsauflösungs-operator* :: (engl. *Scope Resolution Operator*). Das ist ein grässlicher, wenn auch präziser Begriff, den niemand verwendet – der Name Doppel-Doppelpunkt (engl. *Double Colon*) tut es auch.

Ich gehe später auf die Möglichkeiten, den Bezeichner std zu verwenden, noch genauer ein. Mit der Standardbibliothek an sich beschäftigt sich ein Großteil des Buchs.

4.4 Die Funktion »main()«

Betrachten wir nun die Zeile, in der main steht:

```
int main()
```

Dies definiert eine *Funktion* mit einem besonderen Namen. Die main-Funktion ist immer der Einstiegspunkt in ein C++-Programm – es geht nicht ohne, und es kann nie zwei geben. Wenn Ihr System das Programm ausführt, dann wird main() aufgerufen.

Ansonsten bietet eine Funktion in C++ die Möglichkeit, dass Sie von einer andere Stelle des Programms zu dieser Funktion springen und später wieder an den Aufrufort zurückkehren. Funktionen können Argumente entgegennehmen – das sind die *Funktionsparameter* – und ein Ergebnis zurückgeben (siehe Kapitel 7, »Funktionen«).

Konkret lesen Sie die Definition dieser main-Funktion so:

▶ main soll eine Zahl zurückgeben – einen Wert vom Typ int, um genau zu sein.

▶ Der Name der Funktion ist main.

▶ Das leere runde Klammerpaar () bedeutet, dass die Funktion keine Parameter erhält.

▶ Dann folgt, was die Funktion eigentlich macht. Dieser *Funktionskörper* steht immer zwischen zwei geschweiften Klammern {…}.

Andere Funktionen als main könnten beliebige andere Typen zurückgeben.

Welchen Wert main zurückgibt, bestimmt das erste return, dem der Computer beim Programmablauf begegnet. Hier wird das in jedem Fall return 0 sein. Der Rückgabewert ist also immer 0.

Je nach Betriebssystem kann der Rückgabewert ausgewertet werden. Soll Ihr Programm Argumente auf der Kommandozeile bekommen können, dann wären die runden Klammern für die Parameter nicht leer. Sie sehen später, was Sie dafür anstellen müssen.

4.5 Typen

In C++ hat fast alles einen Typ, zum Beispiel Variablen und Zwischenergebnisse. Der Typ legt fest, welche Eigenschaften das Konstrukt hat und welche Werte es aufnehmen kann.

In Listing 4.1 wird nur int als Typ konkret genannt. Alles andere erschließt sich der Compiler selbst. Im Programm werden mit int wert und int teiler zwei *Variablen* mit diesem Typ eingeführt. Immer, wenn Sie sich im Verlauf Ihres Programms auf diese Variablen beziehen, müssen Sie deren Typ int berücksichtigen. Auf die genauen Eigenschaften von int werde ich noch eingehen. Für den Moment ist es ausreichend, zu wissen, dass int für eine »Ganzzahl« steht.

4 Die Grundbausteine von C++

4.6 Variablen

Eine *Variable* ist der Name für einen Speicherbereich, der einen Wert aufnehmen kann. Ja, in C++ muss eine Variable immer einen Typ haben. Wenn Sie eine Variable das erste Mal verwenden, müssen Sie dem Compiler ihren Typ mitteilen. Der Typ begleitet die Variable, solange sie lebt, und kann nicht mehr geändert werden.

Im Programm verwende ich zwei *Variablen*. wert repräsentiert die Zahl, deren Teiler ich ausgebe, und teiler ist die Zahl, mit der ich prüfe, ob sich eine Division ohne Rest durchführen lässt. Zunächst definiere ich wert. Ab dem Zeitpunkt kann ich wert verwenden, was auch gleich für die Ausgabe geschieht:

```
int wert = 100;                              // Variable mit Anfangswert
std::cout << "Teiler von " << wert << " sind:\n";   // Ausgabe von Text
```

Weil wert vom Typ int ist, können Sie diese Variable nur für Ganzzahlen verwenden – das heißt sie in Berechnungen verwenden oder verändern.

Die andere Variable ist teiler in der for-Schleife:

```
for(int teiler = 1; teiler <= wert; teiler = teiler+1)  // Schleife von 1 bis 100
```

Für sie gilt Ähnliches wie für wert – außer dem Namen gibt es zwei Unterschiede:

▶ teiler wird tatsächlich im Programmablauf verändert: Bei teiler = … wird ihr eine neue Zahl zugewiesen.

▶ Sie ist nur innerhalb von for bekannt.

Der *Gültigkeitsbereich* einer Variablen (engl. *Scope*) beschränkt sich auf ihren Block, danach ist sie buchstäblich »weg«. Und zwar so »weg«, dass Sie außerhalb des for eine *neue* andere Variable teiler definieren könnten. Die kann dann auch einen ganz anderen Typ haben. In Listing 8.4 (Seite 189) finden Sie ein Beispiel.

4.7 Initialisierung

Das Gleichheitszeichen = erfüllt im Beispielprogramm zwei Zwecke, die oft miteinander vermischt werden. Weil die Unterscheidung aber so wichtig ist, möchte ich Sie schon früh dafür sensibilisieren.

Sie sehen im Beispiel die folgenden Gleichheitszeichen:

```
int wert = 100;
int teiler = 1;
teiler = teiler+1;
```

Die ersten beiden Zeilen sind jeweils die *Initialisierung* einer im gleichen Atemzug definierten Variablen. Dieser Zeitpunkt, zu dem Sie auch ihren Typ festlegen, ist ihre *Deklaration*. Nur bei der Deklaration können Sie etwas initialisieren.

In der letzten Zeile ist die Variable schon deklariert. Somit weisen Sie einer bestehenden Variablen einen *neuen* Wert zu – daher sprechen wir von einer *Zuweisung*. Bei einer Zuweisung können Sie den Typ der Variablen nicht ändern. Sind die Typen unterschiedlich, kann der Compiler in gewissen Grenzen eine Konvertierung vornehmen.

Zuweisung versus Initialisierung

Das Gleichheitszeichen bei der Deklaration ist immer eine *Initialisierung*.

Nur wenn die Variable woanders deklariert wurde, ist es eine *Zuweisung*.

4.8 Ausgabe auf der Konsole

Mit dem `#include <iostream>` haben Sie den Teil der Standardbibliothek importiert, der für die Ein- und Ausgabe zuständig ist. Die Ausgabe auf die Konsole geschieht mittels des Operators `<<`.

```
std::cout << teiler << ", ";
```

Links steht mit `std::cout` die aus `<iostream>` stammende Variable, die für die Ausgabe auf der Konsole steht. Rechts von jedem `<<` stehen die Dinge, die Sie ausgeben wollen. Wie Sie sehen, können Sie `<<` ähnlich verketten wie ein normales Plus + und somit mehrere Dinge nacheinander ausgeben.

Manches Auszugebende lässt sich schwer in Quellcode schreiben. Dafür sieht C++ dann besondere Mechanismen vor. Eine Möglichkeit ist das *escapen* bestimmter Zeichen mit einem *Backslash* \ (umgekehrter Schrägstrich). Wollen Sie einen Zeilenvorschub ausgeben, schreiben Sie zum Beispiel `"\n"` in den Quellcode.

4.9 Anweisungen

Die geschweiften Klammern {…} von `main()` halten eine Gruppe von *Anweisungen* zusammen – sie definieren einen *Anweisungsblock*. Sie bilden die Begrenzung dessen, was für `main()` ausgeführt wird:

```
int main()
{
    ...
}
```

Dazwischen stehen Anweisungen, die nacheinander ausgeführt werden (engl. *Statements*). Anweisungen sind wichtige Grundelemente in C++, und es gibt unterschiedliche Arten. Zu erkennen, was eine Anweisung ist und welcher Art sie ist, wird Sie mit C++ schnell voranbringen. In den nächsten Abschnitten werden Sie alle kennenlernen. An dieser Stelle zeige ich Ihnen, welche Anweisungen Sie in Listing 4.1 finden:

- Die *Deklaration* `int wert = 100;` macht die Variable `wert` bekannt und initialisiert sie mit einem Anfangswert – zusammengenommen manchmal *Initialisierungsanweisung* genannt.

- Bei `cout << "Teiler von " << wert << " sind:\n";` handelt es sich um einen *Ausdruck*, der etwas auf der Konsole ausgibt.

- Dann folgt eine *for-Schleife*. Sie wird verwendet, um andere Anweisungen wiederholt auszuführen. Ich gehe später genauer auf die `for`-Anweisung ein, hier achten Sie bitte auf die Besonderheit, dass der Teil, der wiederholt werden soll, wieder in *geschweiften Klammern* {…} hinter dem `for` steht.

- Denn die beiden Klammern, die zum `for` gehören, sind mit ihrem Inhalt eine *zusammengesetzte Anweisung* oder auch ein *Anweisungsblock*. Darin ist wieder eine Serie von Anweisungen enthalten, die von den umschließenden Klammern zusammengehalten wird. Diese Gruppierung von Anweisungen hat in mehrerlei Hinsicht eine besondere Bedeutung. Einerseits können sie so gemeinsam durch die `for`-Schleife wiederholt werden, und andererseits bildet diese Gruppierung einen *Gültigkeitsbereich* für darin enthaltene Variablen.

- Bei `if(wert % teiler == 0)`… handelt es sich um eine `if`-Anweisung, eine *Verzweigung*. Es wird eine Bedingung getestet, und die dann folgende *Anweisung* `std::cout << teiler << ", ";` wird nur ausgeführt, wenn diese Bedingung wahr ist. Wie bei der `for`-Schleife des Beispiels hätten wir hier auch einen Anweisungsblock in {…} folgen lassen können.[1] Zur Demonstration folgt dem `if` nur eine einzelne Anweisung. So konnte ich mir die umgebenden {…} für einen Anweisungsblock sparen.

- Die *Return-Anweisung* `return 0;` schließt diese Aufzählung ab.

Anweisungen setzen sich aus *Ausdrücken* zusammen. Ein Ausdruck kann zur Laufzeit als Ergebnis einen Wert haben. Zur Übersetzungszeit kennt der Compiler für jeden Ausdruck dessen Typ. Wir gehen später sehr detailliert auf Ausdrücke ein. Hier nur einige Beispiele aus dem Programm:

- `wert % teiler` berechnet den Modulo, also den Rest einer Division.
- `… == 0` prüft die Gleichheit zweier Werte.
- `teiler+1` ist das Ergebnis einer Addition.
- `teiler = …` auch eine Zuweisung ist ein Ausdruck.

4.10 Ohne Eile erklärt

Nachdem Sie im vorigen Abschnitt ein Beispielprogramm von vorne bis hinten gesehen haben, gehe ich jetzt etwas mehr ins Detail. Sie sehen die ersten formalen Definitionen und lernen, die wichtigen Sprachelemente zu erkennen.

---

1 Das wäre guter Stil gewesen.

4.10 Ohne Eile erklärt

Bauen wir Listing 4.1 ein wenig aus und werfen wir einen genaueren Blick auf die Elemente, die wir schon kennen:

```cpp
#include <iostream>                            // für std::cin, std::cout, std::endl
#include <string>                              // std::stoi

void berechne(int n) {                         // eine eigene Funktion
    using namespace std;                       // für std::cout und std::endl
    /* Teiler ausgeben */
    cout << "Teiler von " << n << " sind:\n";
    for(int teiler=1; teiler <= n; ++teiler) { // statt teiler=teiler+1
        if(n % teiler == 0)
            cout << teiler << ", ";
    }
    cout << endl;
}

int main(int argc, const char* argv[]) {       // Argumente für main
    /* Zahl ermitteln */
    int wert = 0;
    if(argc<=1) {
        std::cout << "Geben Sie eine Zahl ein: ";
        std::cin >> wert;                      // In Variable wert lesen
        if(!cin) {                             // prüfen, ob lesen klappte
            return 1;                          // Fehler bei Benutzereingabe
        }
    } else {
        wert = std::stoi(argv[1]);
    }
    berechne(wert);                            // Funktionsaufruf
    return 0;
}
```

Listing 4.2 Dieses Programm fragt den Benutzer nach einer Zahl.

Zu Beginn sehen Sie einiges Neues: Ich habe nun eine eigene Funktion berechne eingeführt. Sie bekommt einen *Parameter* vom Typ int, den ich innerhalb der Funktion unter dem Namen n anspreche.

Auch main() hat auf einmal zwei Parameter, nämlich int argc und const char* argv[]. Damit kann der Benutzer das Programm schon auf der Kommandozeile mit der Zahl aufrufen, für die die Berechnung durchgeführt werden soll. Dabei enthält argc die Anzahl der Argumente, die Sie mit argv[...] abfragen können. Da argv[0] immer den Namen des aufgerufenen Programms enthält, steht der erste Parameter in argv[1] etc.

Wenn der Benutzer das Programm ohne Argumente aufruft, muss er bei std::cin >> wert etwas eingeben.

4 Die Grundbausteine von C++

`std::stoi(argv[1]);` wandelt das erste Mal einen Datentyp um, nämlich hier einen textuellen Wert (`const char*`) in eine Zahl (`int`). Dann rufe ich mit `berechne(wert)` die eigene Funktion `berechne` mit der Variablen `wert` auf.

4.10.1 Leerräume, Bezeichner und Token

Neben den für den Compiler (so gut wie) bedeutungslosen Kommentaren gibt es noch das Leerzeichen, den Tabulator und den Zeilenwechsel, die der Compiler beim Lesen des Quellcodes stark vereinfacht: Alle diese *Leerräume* (engl. *Whitespaces*) werden »kollabiert« und jeweils nur noch als ein »Trenner« betrachtet. Es ist also somit egal, ob Sie `return 0;` oder `return   0   ;` schreiben, Zeilenwechsel oder gar Leerzeilen einbauen.

Eine kleine Anmerkung zum Zeilenwechsel: Unter diesen Oberbegriff fallen die verschiedenen Varianten, die auf den unterschiedlichen Betriebssystemen existieren. Wenn Sie im Editor einen Zeilenwechsel sehen, dann landen in der Textdatei unter Windows und Linux unterschiedliche Bytesequenzen, und bei einem alten Mac war es noch eine andere. Während Linux den Wert 13 (CR, »Carrige Return«, Wagenrücklauf) wegspeichert, sind es unter Windows die beiden Werte 13 und 10 (zusätzlicher LF, »Line Feed«, Zeilenvorschub). Die meisten Editoren kommen heute mit beidem klar. Aber dieser Unterschied ist der Grund, warum Sie beim programmgesteuerten Öffnen von Dateien immer angeben müssen, ob Sie eine Binärdatei oder eine Textdatei öffnen wollen.

Letztendlich ist nur wichtig, dass der Compiler die kleinsten Programmeinheiten sauber voneinander getrennt bekommt – die *Token*. Handelt es sich um Namen (von Variablen oder Funktionen etc.), dann ist die Grenze klar, nämlich dort, wo der Name aufhört: Das erste Zeichen, das nicht für einen Namen taugt, ist dann die Grenze. In Namen (oder genauer: *Bezeichnern*) kommen Buchstaben und Ziffern sowie der Unterstrich _ vor. Nur eine Ziffer darf nicht am Anfang stehen. Somit sind `hallo`, `Tag`, `GoodDay`, `w3lc0me` und `moin_moin` alles mögliche Bezeichner. Dagegen sind `Hanni-Nanni`, `3Fragezeichen`, `Fuenf Freunde` und `Tim&Struppi` aber nicht als ein einzelner Name verwendbar. Sollten Sie Umlaute wie in `Bärenbrücke` verwenden wollen, prüfen Sie, ob Ihr Compiler dies kann – hier hat der Standard Spielraum gelassen. Sollte Ihr Programm von unterschiedlichen Compilern übersetzt werden müssen, verzichten Sie besser auf Umlaute im Programmtext.

Neben dem Leerraum kann ein Wort auch von Sonderzeichen wie Klammern oder Satzzeichen begrenzt sein. Die meisten dieser Zeichen sind jeweils ein Token, und Sie können beliebig Leerräume zwischen diesen Token einstreuen, ohne die Bedeutung des Programms zu verändern. Es gibt allerdings ein paar Kombinationszeichen, die nur dann ihre Bedeutung erhalten, wenn sie zusammengeschrieben werden – und so als ein Token gelten. Achten Sie hauptsächlich auf `>>` und `<<` sowie auf `++` und `--`, mit denen ursprünglich Rechenoperationen durchgeführt wurden, die in C++ aber teilweise weitere Bedeutungen bekommen haben. Geht es um Wahrheitswerte, werden Ihnen `&&`, `||` sowie `==` und `!=` begegnen. Daneben sind `->` und `::` noch wichtig, mit denen Sie in verschachtelten Datenstrukturen navigieren. Alle anderen (Sonder-)Zeichen sind ein eigenes Token. Das sind also zum Beispiel `+ - * / = % , . ( ) [ ] { } < > : ;`.

Der Hauptgrund, warum Sie wissen sollten, wo die Token in Ihrem Quelltext sind, ist, dass Sie Leerräume weglassen und einfügen können, ohne den Sinn des Programms zu verändern. Denn zwischen Token können Sie beliebige Leerzeichen, Tabulatoren und Zeilenwechsel einfügen.

Ausnahmen sind die *Literale*: Mit diesen schreiben Sie einen festen Wert direkt in den Quellcode. Das kann eine Ganzzahl wie 100, eine Fließkommazahl wie 99.95 oder ein Text wie "Donald E. Knuth" sein – und zu all diesen gibt es jeweils noch Varianten in der Schreibweise. Ich gehe in der Besprechung der jeweiligen Datentypen in Abschnitt 4.12, »Eingebaute Datentypen«, detailliert auf deren Literale ein. Literale können teilweise so aussehen, als bestünden sie aus mehreren Token, zählen aber als ein einziges.

```
#           include <iostream>       // # muss am Zeilenanfang stehen
int             main(
    ){
    std::cout
<<"Dies ist "
        "Text mit <Klammern>\n"      // String-Literal unterbrochen durch neue Zeile
        ;

    /*Typ:*/ int
    /*Variable:*/ ein_Wert
    /*Init:*/ = 100;                  // innere Kommentare

std::cout<<ein_Wert<<"\n";}          // keine Leerzeichen
```

Listing 4.3 Ein sehr außergewöhnlich formatiertes Stück Quellcode

Die kniffligen Fälle sind ganz klar, wenn etwas aus mehreren Bezeichnern zusammengesetzt wird. So gibt es den *Bereichsauflösungsoperator* :: zum Beispiel in std::sin(). Mit Templates gibt es Paare von spitzen Klammern <…>, zum Beispiel in numeric_limits<int>::max() oder map<int,string>. Alle Elemente sind einzelne gültige Bezeichner, aber erst zusammen ergeben sie eine Einheit.

4.10.2 Kommentare

Sie haben den Kommentar mit // schon kennengelernt. Sollte der Raum bis zum Ende der Zeile einmal nicht reichen, dann können Sie einen Kommentar auch über mehrere Zeilen gehen lassen, indem Sie ihn mit /* beginnen und mit */ beenden. Zum Beispiel so:

```
int main() {
    /* Mein erstes Programm. Es wurde
        geschrieben von Max Muster.*/
    return /* Die Null des Erfolgs */ 0;
}
```

Listing 4.4 Kommentare mit »/*« und »*/« können über mehrere Zeilen gehen oder eine Programmzeile auch unterbrechen.

4 Die Grundbausteine von C++

Und weil ein solcher Kommentar durch ein */ begrenzt ist, kann es mit dem Programm-code danach in derselben Zeile weitergehen, wie Sie in der Zeile mit return 0; sehen.

Innerhalb des Kommentars dürften auch // vorkommen. Wenn Sie hauptsächlich // für Kommentare in Ihrem Programm verwenden, können Sie auf diese Weise einfach ganze Codeblöcke deaktivieren, indem Sie den Bereich mit /* und */ umschließen – und durch das Entfernen wieder aktivieren. Der Compiler würde auch Kombinationen wie /* /* oder // */ schlucken, doch vermeiden Sie besser alle derartigen Einbettungen: Das verwirrt den Leser und Sie selbst.

In den Beispielen dieses Buchs verwende ich /*…*/-Kommentare bevorzugt, wenn ich den Programmcode selbst durch Text ergänzen will – ohne Bezug auf dieses Buch. So leite ich zum Beispiel in Listing 4.2 mit

```
/* Teiler ausgeben */
...
```

und

```
/* Zahl ermitteln */
...
```

Programmabschnitte ein.

4.10.3 Funktionen und Argumente

Lassen Sie sich nicht davon verwirren, dass die Variable beim Aufruf wert heißt, aber in der Funktion berechne dann n genannt wird. Wie in der Mathematik werden Funktionen so definiert, dass sie ihre *Parameter* mit Namen versehen, unter denen Sie sie dann verwenden – womit sie jedoch aufgerufen werden, ist eine völlig andere Sache. Sie können in der Mathematik ja auch Funktionen haben wie $f(x) = x^2 + 2$, $\sin(x)$ oder

$$\text{Zinseszins(Euro, Jahre, Zins)} = \text{Euro} \times \left(1 + \frac{\text{Zins}}{100}\right)^{\text{Jahre}}$$

die alle ihre eigenen Namen vergeben, um sie in der Formel zu verwenden. Beim Aufruf müssen Sie diese Namen dann nicht verwenden:

▶ $g(z) = z^3 - 2 \times f(z)$ – für eine schöne Kurve – z wird zu x in f(x).

▶ $\sin(\pi)$ – hier ist x die Zahl π.

▶ Zinseszins(1000, 12, 3) – Euro bekommt in der Funktion den Wert 1000, Jahre erhält 12 und Zinsen 3.

Zurück zu der C++-Funktion aus Listing 4.2. Zur Erinnerung, sie sieht wie folgt aus:

```
void berechne(int n) {                         // eine eigene Funktion
    using namespace std;                       // für std::cout und std::endl
    /* Teiler ausgeben */
    cout << "Teiler von " << n << " sind:\n";
    for(int teiler=1; teiler <= n; ++teiler) {   // statt teiler=teiler+1
```

66

```
        if(n % teiler == 0)
            cout << teiler << ", ";
    }
    cout << endl;
}
```

Listing 4.5 Eine eigene C++-Funktion

In der Funktion selbst habe ich im Vergleich zu Listing 4.1 ab /* Teiler ausgeben */ alles beinahe identisch gelassen. Sie finden eigentlich nur im Inkrement-Teil der for-Schleife mit ++teiler eine alternative Schreibweise zu teiler = teiler + 1. Bisher haben Sie die *Zuweisung* verwendet. Hier wird mit ++teiler ein *Seiteneffekt-Operator* verwendet, um den Wert von teiler zu verändern.

4.10.4 Seiteneffekt-Operatoren

In Listing 4.5 habe ich ++teiler verwendet, um die Variable um eins zu erhöhen.

Es handelt sich hierbei um den *Präfix-Operator* ++, der im Normalfall eine Variable um eins erhöht (»inkrementiert«). Das ist ein *Ausdruck*, dessen Wert der um eins erhöhte Wert der Variablen ist. Dieser Ergebniswert des Ausdrucks ist im Update-Teil der for-Schleife unwichtig, doch Sie können den Wert auch innerhalb eines komplexeren Ausdrucks verwenden, wie bei:

```
#include <iostream> // cout
int main() {
    int basis = 2;
    int index = 10;
    int zahl = 3 * (basis + ++index) - 1;   // zuerst wird index erhöht
    std::cout << zahl << '\n';               // Ausgabe: 38
}
```

Listing 4.6 Präfixoperatoren werden vor der Berechnung ausgeführt.

Hier wird index zunächst um eins erhöht und der neue Wert 11 in der weiteren Berechnung verwendet.

Wenn man den Wert einer Variablen innerhalb eines Ausdrucks verändert, dann ist dies ein *Seiteneffekt*. Verändern Sie niemals zweimal dieselbe Variable innerhalb einer Anweisung mit Seiteneffekten!

```
int wert = 0;
std::cout << ++wert << ++wert << ++wert;
```

Der Compiler wird es zulassen, aber das Programm kann auf unterschiedlichen Systemen unterschiedliche Ergebnisse haben. Auf einem Mac habe ich hier mal »0123« bekommen, auf einem Linux-System »0321« – und beides ist richtig.

Wie Sie in Kapitel 9, »Ausdrücke im Detail«, sehen werden, können Sie sich auf die Reihenfolge der Auswertung von Ausdrücken nicht immer verlassen. Daher dürfen Sie solche Konstrukte nicht verwenden. In C++ wird diese kleine Unannehmlichkeit in Kauf genommen, da es dem Compiler Flexibilität erlaubt, die zu besserer Performance führt.

In Tabelle 4.1 habe ich die Seiteneffekt-Operatoren aufgeführt.

Ich empfehle, dass Sie, wenn Sie die Wahl haben, die ersten beiden Varianten bevorzugen (»Präfix-Operatoren«). Denn im Allgemeinen sind die letzten beiden Varianten (»Postfix-Operatoren«) aufwendiger, weil der Computer sich den alten Wert in einer temporären Variablen merken muss.

Operator	Beschreibung
++var	Wie gesehen, erhöht var um eins und liefert den neuen Wert zurück.
--var	Verringert var um eins und liefert den neuen Wert zurück.
var++	Erhöht var um eins und liefert den *alten* Wert zurück.
var--	Verringert var um eins und liefert den alten Wert zurück.

Tabelle 4.1 Präfix- und Postfix-Seiteneffekt-Operatoren

Daneben gibt es noch die Familie der *Seiteneffekt-Zuweisungen*. Alle arithmetischen Operationen stehen in diesen Varianten zur Verfügung – alle sind Ausdrücke und haben somit einen Wert, den Sie als Teil eines größeren Ausdrucks verwenden können. Üblicherweise werden sie jedoch nicht als Ausdruck, sondern wie eine einfache Zuweisung als Anweisung verwendet:

```cpp
#include <iostream>
int main() {
    int var = 10;
    var += 2;
    var *= 3;
    var /= 4;
    var -= 5;
    std::cout << var << "\n"; // ergibt 4
}
```

Neben -, +, * und / gibt es noch einige andere, auf die ich in Abschnitt 4.11, »Operatoren«, näher eingehe.

4.10.5 Die »main«-Funktion

Lassen Sie mich kurz das kleinere Beispielprogramm noch weiter vereinfachen, sodass fast nur noch main und return übrig bleiben:

```
int main() {
    if(2 < 1) return 1;     // ein return
    return 0;               // anderes return
}                           // Ende von main
```

Listing 4.7 Ein Programm, das nur aus »main« und »return« besteht

Nun sehen Sie, dass main auch nur eine Funktion ist – aber eine *spezielle* Funktion: Jedes ausführbare C++-Programm muss genau eine main-Funktion haben, denn hier beginnt die Ausführung des Hauptteils dessen, was Ihr Programm tun soll.

Ohne main() wissen Compiler und Computer nicht, wo sie in das Programm einsteigen sollen. Nur wenn Sie ein Modul oder eine Bibliothek schreiben, werden Sie kein main() haben. Wenn Sie anschießend alle Bausteine zu einem fertigen Programm zusammenfügen, dann enthält einer der Bausteine – und zwar *genau einer* – ein main().

Vereinfacht gesagt, beginnt die Ausführung Ihres Programms mit der ersten Zeile von main(), direkt nach der öffnenden geschweiften Klammer {. Es gibt jedoch allerlei Aufgaben, die schon vorher für Sie erledigt wurden. Die Initialisierung globaler Variablen ist eine davon.

Läuft Ihr Programm fehlerfrei durch, dann läuft es, bis es auf eine der return-Anweisungen in main() stößt. Sollten Sie kein return in main() schreiben, dann endet es mit der passenden zu main() gehörenden schließenden geschweiften Klammer }. Die Zahl hinter dem return ist der *Rückgabewert* der Funktion. Weil es sich bei main() um eine spezielle Funktion handelt, die letztlich vom umgebenden Betriebssystem aufgerufen wird, hat dieser Wert eine besondere Bedeutung. Auf Unix-Systemen bedeutet eine 0, dass das Programm erfolgreich durchgelaufen ist, und andere Programme können dies überprüfen. Und auch unter Windows können bestimmte Programme durch den Rückgabewert von main() anderen Programmen den Erfolg signalisieren. Während es Konvention ist, dass 0 für Erfolg steht, stehen alle Werte ungleich 0 für den Misserfolg. Darüber hinaus kann man keine allgemeingültigen Regeln nennen, außer dass der am häufigsten verwendete Wert für Misserfolg 1 ist. Auch bei dem möglichen Wertebereich gibt es zwischen den Systemen große Unterschiede, sodass man mit Werten zwischen 0 und 127 auf der sicheren Seite ist.

Ebenfalls speziell in main() ist, dass Sie die 0 von return 0 auch weglassen können. Sie können sogar die ganze Zeile weglassen, dann endet das Programm, wenn die schließende geschweifte Klammer von main() erreicht ist. Beides ist in main() möglich – aber nur hier und nirgendwo anders.

Wo wir schon bei den Besonderheiten von main sind: Es gibt noch eine weitere. Wie Sie in Listing 4.2 und Listing 4.7 sehen, kann man main in einer kurzen und einer langen Form deklarieren:

▶ `int main()` oder

▶ `int main(int argc, const char* argv[])`

Die erste Art verwenden Sie, wenn Sie kein Interesse an den Aufrufparametern des ausführbaren Programms haben. Mit der zweiten Variante können Sie herausfinden, ob der Benutzer Ihr Programm mit Argumenten aufgerufen hat, und können diese auswerten.

Nehmen wir an, Ihr Programm heißt `teiler.exe`, dann kann ein (Windows-)Benutzer das Programm zum Beispiel so aufrufen:

`$ teiler.exe 1001`

Dann wird `argc` den Wert 2 haben, und mit `argv[1]` können Sie auf die 1001 zugreifen.

Es gibt nur diese beiden Möglichkeiten, um `main` zu definieren. Die ()-Form ist eine Abkürzung, für den Fall, dass Sie für die Aufrufparameter des Programms nicht interessieren.

4.10.6 Anweisungen

Lassen Sie uns näher auf das eingehen, was zwischen den {…} unserer beiden Funktionen steht: die *Anweisungen*. Sie wissen schon, dass diese *nacheinander* ausgeführt werden. Das unterscheidet sie von *Ausdrücken*, denn für die kann der Compiler zaubern, wie er möchte. Moderne Compiler und Computer, auf denen Ihr Programm läuft, machen im Hintergrund die verrücktesten Dinge mit Ihrem Programm, vor allem, um es schneller ablaufen zu lassen. Die einzige Einschränkung für diese Transformationen ist, dass diese die *Bedeutung* des Programms nicht verändern dürfen. Und diese Bedeutung ist, dass die Anweisungen Ihres Programms nacheinander ausgeführt werden. Das ist genau der Unterschied zu *Ausdrücken*, die nicht auf diese Art in einer bestimmten Reihenfolge ausgeführt werden. Denken Sie sich bei denen besser, dass der Ausdruck einen Wert annimmt oder der Computer sie *auswertet*, aber nicht wörtlich *ausführt*.

Als Faustregel gilt, dass eine Anweisung an ihrem Semikolon ; zu Ende ist. Die häufigste Ausnahme von dieser Regel ist der *Anweisungsblock*: die in geschweifte Klammern eingeschlossene Folge von Anweisungen.

Hier sehen Sie zur Erinnerung einen Ausschnitt aus unserem Beispielprogramm:

```
for(int teiler=1; teiler <= n; ++teiler)   // for-Schleife
{                                           // Beginn des Schleifenblocks
    if(n % teiler == 0)
        std::cout << teiler << ", ";
}                                           // Ende des Schleifenblocks
```

Listing 4.8 Hier setzen Sie nur die äußeren geschweifte Klammern.

Um es noch einmal deutlich zu machen: Bei der `for`-Schleife handelt es sich um *eine einzelne* Anweisung, die von `for` bis `}` reicht. Das Gleiche gilt für die `if`-Verzweigung: Im folgenden Listing gehören der Bedingungsteil `if(argc<=1)` und der Verzweigungsteil bis zur letzten `}` integral zusammen und bilden gemeinsam *eine einzelne* Anweisung:

```cpp
if(argc<=1) {                                    // Beginn der if-Anweisung
    std::cout << "Geben Sie eine Zahl ein: ";
    std::cin >> zahl;
    if(!cin) {
        return 1;
    }
} else {
    wert = std::stoi(argv[1]);
}                                                // Ende der if-Anweisung
```

Listing 4.9 So sieht es aus, wenn Sie alle geschweiften Klammern setzen.

Warum ist das wichtig? Weil somit klar ist, wo man die Schleife verwenden kann und wie weit sie reicht. Formal hat eine for-Schleife immer das folgende Format:

for(*Schleifenvariablendefinition*) *Anweisung*

Und eine der formalen Möglichkeiten für eine if-Verzweigung ist:

if(*Bedingung*) *Anweisung*

Und da beides jeweils selbst eine Anweisung darstellt, ist klar, dass ich im Beispiel mit dem for einige Klammern auch hätte weglassen können. Denn Anweisungen können wiederum Anweisungen enthalten. Zum Beispiel enthält der Anweisungsblock des for eine einzige Anweisung, nämlich das if:

```cpp
for(int teiler=1; teiler <= wert; ++teiler)
    if(wert % teiler == 0)
        std::cout << teiler << ", ";
```

Listing 4.10 Das »if« ist eine Anweisung und benötigt eigentlich keine geschweiften Klammern.

Das hat die gleiche Bedeutung wie:

```cpp
for(int teiler=1; teiler <= n; ++teiler) {
    if(n % teiler == 0)
        std::cout << teiler << ", ";
}
```

Doch ist es guter Stil, die geschweiften Klammern bei if und for nicht wegzulassen. Richtig guter Stil und ebenfalls gleichbedeutend wäre es gewesen, auch für das if die {…} des Anweisungsblocks zu verwenden:

```cpp
for(int teiler=1; teiler <= wert; ++teiler) {
    if(wert % teiler == 0) {
        std::cout << teiler << ", ";
    }
}
```

Listing 4.11 Setzen Sie besser auch einzelne Anweisungen in geschweifte Klammern.

Und noch etwas deutlicher: Es gibt unterschiedliche Schreibweisen dafür, *wo* die Klammern gesetzt werden. Manche bevorzugen sie als letztes Zeichen in der Zeile mit dem if oder for, andere setzen sie in eine eigene Zeile. Wie Sie schon bei der Besprechung der Leerzeichen gelesen haben, spielt es keine Rolle, ob Sie zusätzliche Zeilenwechsel einfügen. Für welche der Möglichkeiten Sie sich entscheiden, ist gleichgültig, es ist aber sicherlich vorteilhaft, einen Stil konsequent zu verwenden.

Ans Ende einer Anweisung gehört zwar ein Semikolon, es sollte aber nicht nach den geschweiften Klammern eines Anweisungsblocks. Da müssen Sie etwas aufpassen, denn unnötige Semikolons erzeugen eine *leere Anweisung*. Das ist in den meisten Fällen harmlos: Zum Beispiel sind zwischen den ;;;; drei leere Anweisungen ohne jegliche Auswirkung. Aber ein Semikolon nach einem if führt dazu, dass die leere Anweisung zum if gehört und es beendet. Im folgenden Beispiel gehört so cout << "kleiner"; nicht mehr zum if und wird nun immer ausgeführt.

```
if(wert<10) ;      // Eine kritische leere Anweisung
    std::cout << "kleiner";
```

Geben Sie also besser keine zusätzlichen Semikolons ein. Achten Sie auch darauf, dass Sie nach den {…} eines Anweisungsblocks kein ; setzen. Auch wenn es keine direkten Auswirkungen hat, vermeiden Sie besser das folgende überflüssige Semikolon:

```
if(wert<10) {
    std::cout << "kleiner";
} ;                        // Auch harmlose leere Anweisungen vermeiden
std::cout << "weiter";
```

Etwas ärgerlich ist, dass ich Ihnen in Kapitel 12, »Von der Struktur zur Klasse«, über struct und class erzählen werde, dass Sie deren Definition mit einem Semikolon abschließen *müssen*. Als Vorgriff: Sie werden also struct Typ {… }; schreiben, und das Weglassen des Semikolons wäre hier ein Fehler. Der Grund ist, dass es sich um eine *Definition* handelt, die immer mit einem Semikolon abgeschlossen wird – es ist keine *Anweisung*.

4.10.7 Ausdrücke

Zu den Anweisungen gesellen sich die *Ausdrücke* (engl. *Expressions*). Ausdrücke kommen an ziemlich vielen Stellen in C++-Programmen vor – nicht zuletzt sind sie Teile von Anweisungen, aber auch an vielen anderen Stellen erlaubt, die keine Anweisungen sind.

Ein Ausdruck ist »eine Folge von *Operatoren* und *Operanden*, die eine Berechnung ausführen«. Das ist so trocken, dass es nur aus dem Text des C++-Sprachstandards kommen kann. Doch was bedeutet das?

Es bedeutet, dass etwas wie 3+4 ein Ausdruck ist; 3 und 4 sind die Operanden, + der Operator. Es kann auch komplizierter werden, wie zum Beispiel in (3+4)*PI/sin(x), wo es mehrere Operatoren und Operanden gibt. Jeder Operand muss selbst wieder ein gültiger Ausdruck sein, und ein Ausdruck ist nur dann *gültig*, wenn er auch komplett ist – 1+2+3+ ist *kein*

Ausdruck, denn dem letzten + fehlt sein Operand, genauso wenig, wie 3+4) ein Ausdruck ist, denn es fehlt eine Klammer.

An diesem Beispiel sehen Sie, dass Ausdrücke aus kleineren Ausdrücken aufgebaut sind. Brechen Sie (3+4)*PI/sin(x) auseinander, sind darin folgende Ausdrücke enthalten:

- (3+4) * PI / sin(x)
- (3+4) * PI und sin(x)
- (3+4), PI zum einen, x und sogar sin zum anderen
- 3+4
- 3 und 4

Abbildung 4.1 Alle Teilausdrücke in einem Ausdruck

In Beispielprogramm 4.2 und in Listing 4.1 finden Sie allerlei Ausdrücke, von denen ich hier nur einige auflisten kann:

- 100 ist ein *Zahlenliteral* – eine Zahl, die direkt in den Quellcode geschrieben ist.
- "Teiler von " ist ein *Textliteral* – ein Text direkt im Quellcode.
- std::cout << "Teiler von " – ist ein Ausdruck, der auf dem Bildschirm ausgibt.[2]
- wert % teiler berechnet den Rest der Division wert / teiler.
- wert % teiler == 0 prüft, ob dieser Rest 0 war und somit teiler ein Teiler von wert ist.
- 0 als Teil von return 0; ist ein Ausdruck, der die Rückgabe von main() »berechnet«.

An ein paar Stellen haben wir etwas anderes als einen Ausdruck, und darauf will ich hier kurz eingehen. int wert = 100 ist *kein* Ausdruck, sondern eine *Deklaration* (int wert) mit einer *Initialisierung* (= 100). Die Initialisierung rechts von = muss jedoch ein Ausdruck sein. Auch return 0 ist kein Ausdruck, sondern eine return-Anweisung. Sie besteht aus dem besonderen Wort (*Schlüsselwort*) return und in diesem Fall dem Ausdruck 0.

Eine der Haupteigenschaften von Ausdrücken ist, dass jeder einen genau festgelegten *Typ* hat, und das gilt auch für jeden Teilausdruck. Und da Typen in C++ sehr wichtig sind, ist auch das Verständnis der Typen von Ausdrücken ein wichtiger Schritt zum Erfolg mit C++.

> **Mehr zu Anweisungen und Ausdrücken**
>
> Weil Anweisungen und Ausdrücke so elementare Sprachelemente sind, widmen wir ihnen ein späteres Kapitel (Kapitel 8, »Anweisungen im Detail«). Hier haben Sie eine erste Einführung und einen Überblick erhalten.

---

[2] oder in eine Datei schreibt

4.10.8 Zuweisungen

Einer der wichtigsten Ausdrücke ist in C++ die *Zuweisung*. Ich habe die Zuweisung nicht bei der Aufzählung der Anweisungen erwähnt. Das war kein Versehen.

Es gibt nur wenige Zuweisungen in Listing 4.2, abgesehen von den Initialisierungen, und zwar:

```
wert = std::stoi(argv[1]);
```

Listing 4.12 Eine Zuweisung aus dem Ergebnis eines Funktionsaufrufs

Und bevor ich ++teiler in die for-Schleife geschrieben habe, stand dort:

```
teiler = teiler + 1
```

Listing 4.13 Eine Zuweisung als Ergebnis einer Berechnung

In Listing 4.12 wird wert das Ergebnis eines Funktionsaufrufs zugewiesen. Listing 4.13 enthält eine Berechnung, deren Ergebnis die Variable teiler zugewiesen bekommt. Entscheidend ist, dass die Variable der Zuweisung zuvor schon existierte und nun einen neuen Wert erhält. Dies geschieht mittels des Gleichheitszeichens: Auf der linken Seite befindet sich das Ziel der Zuweisung und auf der rechten ein Ausdruck für den neuen Wert der Variablen.

Aber: Eine Zuweisung fällt in die Kategorie der *Ausdrücke*, und Sie können sie somit überall einsetzen, wo Ausdrücke erlaubt sind. Dass eine Zuweisung wie eine Anweisung verwendet wird, ohne weiter in einem größeren Ausdruck eingebettet zu sein, ist eigentlich ein Spezialfall – im Falle von Zuweisungen aber durchaus häufig, wie Sie in den Listings 4.12 und 4.13 sehen.

In dem folgenden Beispiel wird die Verwendung einer Zuweisung als Ausdruck deutlicher:

```
#include <iostream>
int main() {
    int a = 3;
    int b = 7 + (a = 12) + 6;    // enthält eine Zuweisung
    std::cout << a << std::endl;
}
```

Listing 4.14 Eine Zuweisung ist ein Ausdruck mit dem Typ der zugewiesenen Variablen.

Hier ist a = 12 die Zuweisung. Dieser Ausdruck hat bei der Ausführung den Wert 12 und für den Compiler den Typ von a, also int. Die Variable b wird also mit der Berechnung 7 + 12 + 6 initialisiert.

Sie sollten sich hieran kein Beispiel nehmen und nun nicht überall Zuweisungen als Ausdrücke verwenden. Die Zuweisung wird dann zu einem Ausdruck mit *Seiteneffekt*, wenn außer dem Haupteffekt – b zu verändern – noch eine weitere Variable ihren Wert ändert. Wir zeigen Ihnen später die wenigen Stellen, an denen dies in C++ üblich und daher beim Lesen und Verstehen keine Überraschung ist.

4.10   Ohne Eile erklärt

Wert versus Referenz

In manchen Programmiersprachen ist jede Variable nur eine *Referenz* auf ein Objekt. Dies gilt zum Beispiel in Smalltalk für alle Variablen und in Java für alles, was von `Object` abgeleitet ist. Dort verändert eine Zuweisung nicht das Objekt selbst, sondern weist nur eine weitere Referenz zu. Wenn Sie in Java zum Beispiel `String s = "a"; String t = "b";` haben, dann ist `s = t;` eine Zuweisung. Nun »zeigen« `s` und `t` auf das gleiche `String`-Objekt. Das ist in C++ anders: Eine Zuweisung geschieht immer an den *Wert* einer Variablen. Wenn Sie in C++ `string s = "a"; string t = "b";` haben, dann *kopiert* die Zuweisung `s = t;` die *Werte* der Variablen. Ohne weitere Vorkehrungen arbeiten Sie in C++ also immer mit Werten, nicht mit Referenzen. Ja, Sie können in C++ auch mit Referenzen arbeiten, müssen das aber dann kenntlich machen. Vorgriff: Sie verwenden dann & für Referenzen und ∗ für Zeiger und Adressen.

4.10.9   Typen

In C++ hat fast alles einen *Typ*. Variablen und Konstanten haben einen Typ, ebenso Parameter und auch Funktionen, Daten, Klassen und Ausdrücke. Typen sind überall.

Der Typ legt fest, wie viel Speicher der Computer für eine Variable oder das Zwischenergebnis eines Ausdrucks bereitstellen muss, welche Art Werte dieser aufnehmen kann, wie diese Werte im Speicher zu interpretieren sind und welche Operationen darauf erlaubt sind. Letzteres ist die Stärke von C++. Denn die Hauptarbeit des Compilers besteht darin, die Typinformation zu verarbeiten. Zunächst ermittelt er den Typ und findet die Dinge heraus, die darauf erlaubt sind. Das können Funktionsaufrufe, Operationen oder Umwandlungen sein. Was hat der Programmierer gemeint? Wenn der Compiler das herausfindet, wendet er seine Auswahl an und legt damit den Typ für den Ausdruck fest zu.

Deshalb gehören Typ und Wert immer zusammen – sie ergänzen sich. Konzeptionell existiert der Typ nur zur Übersetzungszeit, als Werkzeug für den Compiler. Wenn Sie das übersetzte Programm starten (*Laufzeit*), sind die Typen verschwunden, und es existieren nur noch die Werte.[3] Ihr Programm manipuliert also die Werte und der Compiler die Typen. Durch seine Berechnungen stellt der Compiler sicher, dass die gewünschten Operationen auf den Werten in das Programm geraten.

Man kann für jeden (Teil-)Ausdruck dessen genauen Typ ermitteln. Dieser hängt von dem Operator und seinen Operanden ab. Manchmal ist das Ermitteln des Typs leicht, manchmal nicht, aber es geht immer. Wenn es schwierig ist, kann man sich beim Computer Hilfe holen. Das richtige Programm dafür ist der C++-Compiler! Denn dieser »rechnet« mit den Typen der Ausdrücke, und zwar nach den Regeln, die der C++-Standard und Ihr Programm vorgeben.

---

3   Das ist nicht ganz korrekt, denn der Compiler behält für bestimmte Sprachfeatures Laufzeit-Typinformation (RTTI) im Programm. Das kann man meistens abschalten. Es hilft jedoch, wenn Sie sich das hier so vorstellen.

4   Die Grundbausteine von C++

Wenn Sie schon andere Programmiersprachen kennen, dann sind Ihnen vielleicht weniger stringente Typkonzepte als das von C++ bekannt. Manche Sprachen (wie Python, PHP oder JavaScript) ignorieren sie fast komplett und fahren in ihrer jeweiligen Domäne gut damit. Andere Sprachen (wie Java oder C) haben Typen, sehen deren Nutzen aber etwas anders. In C++ können Sie Typen viel eher dazu verwenden, sich vom Compiler helfen zu lassen, ein korrektes Programm zu schreiben.

Steht im Programm zum Beispiel irgendwo 100+99, dann ist das für den Compiler ein *Operator* + mit zwei *Operanden* 100 und 99 jeweils vom Typ int. Nach den Regeln, die der Compiler eingebaut hat, ergibt ein + mit zwei int-Operanden wieder ein Wert vom Typ int, und somit hat der Gesamtausdruck auch den Typ int. An dieser Stelle rechnet der Compiler also nicht mit den konkreten Zahlen 100 und 99 und weiß auch noch nichts von der Bedeutung von +, sondern er wendet nur Wissen »über« Operanden und Operator an – deren Typen.

Wenn Sie in der Schule im Physikunterricht den richtigen Lehrer gehabt haben, könnte Ihnen das vielleicht bekannt vorkommen. Um beim Umgang mit langen Formeln zu überprüfen, ob Ihr Ergebnis wahrscheinlich richtig war, konnten Sie statt auf den konkreten Zahlen auf den Maßeinheiten und Größen rechnen (»Dimensionsanalyse«). Kam dabei die falsche Maßeinheit heraus, hatten Sie einen Fehler gemacht (in der Rechnung oder bei der Überprüfung). [4]

Zum Beispiel ist:

$$\text{Kraft in } [\text{kg} \times \text{m/s}^2] = \frac{\text{Masse in } [\text{kg}] \times \text{Länge in } [\text{m}]}{\text{Zeit in } [\text{s}^2]}$$

Wollen Sie nun bei gegebener Masse 8 kg, Länge 12 m und 4 s wissen, wie viel Kraft wirkt, dann rechnen Sie $8 \times 12/\underset{\sim}{4} = 24$ und gleichzeitig kg × m/s... und merken dadurch: »Hoppla, mit den Sekunden stimmt was nicht!« Richtig wäre gewesen $8 \times 12/4^2 = 6$ mit der Probe $\text{kg} \times \text{m/s}^2$ – das passt.

Ähnlich macht es der Compiler. Die Regeln der Rechnung auf Typen geben Sie durch die Klassen, Funktionen und Templates Ihres Programms vor. Diese werden ergänzt durch die Standardbibliothek und andere Bibliotheken, die Sie verwenden, sowie durch die fest eingebauten Regeln. Und genau wie die Dimensionsanalyse Ihnen in der Physikklausur geholfen hat, kann Ihnen der Compiler mit seiner Überprüfung der Typ-Rechenregeln helfen, ein korrektes Programm zu schreiben:

```
#include <vector>
class Image {
    std::vector<char> data_;
public:
    void load(const char* filename); // lädt Bilddaten
};
```

---

[4] *Conversion of Units of Measurement*, Gordon S. Novak Jr., *http://www.cs.utexas.edu/users/novak/units95.html*, IEEE Trans. on Software Engineering, vol. 21, no. 8 (August 1995), pp. 651-661, [2014-01-31]

4.10 Ohne Eile erklärt

```cpp
class Screen {
public:
    void show(Image& image);          // image sollte const sein
};
void paint(Screen &screen, const Image& image) {
    screen.show(image);
}
int main() {
    Image image {};
    image.load("peter.png");
    Screen screen {};
    paint(screen, image);
}
```

Listing 4.15 Der Compiler hilft, korrekte Programme zu schreiben, indem er die Typen überprüft.

Das Pendant zu einem vergessenen »hoch 2« ist in C++ vielleicht ein fehlendes const: Der Bildschirm Screen hat eine Methode show, mit der er ein Bild malt. Man sollte meinen, dabei würde das Bild image nicht verändert. Somit ist es wahrscheinlich, dass nicht Image&, sondern const Image& als Typ des Parameters von show hätte stehen müssen.

Ein vergessenes const allein ist noch nicht kritisch, wohlgemerkt. Was würde aber passieren, wenn jemand »aus Versehen« in show image.load("paul.png"); aufrufen würde – das würde das Bild verändern. Mit dem const am Parameter kann das nicht passieren: Der Compiler meldet und einen Fehler.

Diese Ressource *Typsicherheit* sollten Sie nutzen, wo immer Sie können. Sie stellt einen der mächtigsten Vorteile von C++ gegenüber dem guten alten C dar. Dort waren (und sind) die auf Typen möglichen Transformationen viel eingeschränkter – und die Überprüfungen sehr viel lapidarer.

> ### Erste einfache Typen
>
> Ohne dass Sie es besonders bemerkt hätten, hatten Sie schon in den kleinen Beispielen, die wir besprochen haben, mit allerlei Typen zu tun. Die wichtigsten behandeln wir jetzt.

Der Typ »int«

int ist in diesem Kapitel ein Repräsentant all jener Typen, mit denen Sie in C++ *Ganzzahlen* darstellen, also negative ganze Zahlen, die Null und positive. Ein Computer hat aber Beschränkungen, was seinen Zahlenbereich angeht. Mit int stehen Ihnen je nach System unterschiedlich viele *Bits* zur Verfügung. Sollten Sie auf einem aktuellen System arbeiten, dann sind es wahrscheinlich 32 Bit, es könnten aber auch 16, 64 oder eine ganz andere Zahl sein. Mit 32 Bit kann int ganze Zahlen von etwa −2 Milliarden bis +2 Milliarden speichern. Mit Listing 23.8 (Seite 551) können Sie es genau herausfinden. Wollen Sie andere Zahlenbereiche abdecken, dann sollten Sie sich die Verwandten char und short sowie long und long long in Abschnitt 4.12, »Eingebaute Datentypen«, einmal genauer anschauen.

4 Die Grundbausteine von C++

Der Typ »bool«

Während eine int-Variable sehr viele Zustände annehmen kann, ist eine bool-Variable auf einen von zwei Zuständen festgelegt, nämlich true oder false, für »wahr« oder »falsch.«

Vergleiche sind Ausdrücke, deren Ergebnis vom Typ bool ist, und Sie können ihr Ergebnis, anstatt es direkt zu verwenden, in einer Variablen dieses Typs speichern:

```cpp
#include <iostream>                      // cout
int main(int argc, const char* argv[]) {
    bool mitParametern = argc > 1;       // Vergleichsergebnis zwischengespeichert
    if(mitParametern) {                  // ... und verwendet
        std::cout << "Sie haben das Programm mit Parametern aufgerufen.\n";
    }
    return 0;
}
```

Listing 4.16 Variablen vom Typ »bool« können das Ergebnis eines Vergleichs zwischenspeichern.

Die Typen »const char*« und »std::string«

Diese beiden sehr unterschiedlichen Typen haben den gleichen Zweck: Ihre Variablen stellen Zeichenketten dar. Das heißt also Text, Nachrichten, Meldungen, Namen etc. Je nach Aufgabe bietet sich mal die »Pointervariante« const char* an, die ihre Herkunft von C nicht leugnen kann, und mal die »Klasse« std::string aus der *C++-Standardbibliothek*.

Wenn es nur um die Ausgabe einer fixen Zeichenkette geht, dann arbeiten Sie meist mit const char*, denn in dieser Form tauschen viele Programmteile Zeichenketten untereinander. Sie haben den Parameter zu main schon gesehen, den ich in Listing 4.16 zum Beispiel argv genannt habe. Dort liefert das System möglicherweise mehrere Programmargumente in Form von const char*-Zeichenketten ins Programm hinein. Und auch wenn Sie in den Programmtext direkt eine Zeichenkette mit "..." hineinschreiben, dann legt der Compiler dieses »Zeichenketten-Literal« als const char* im Speicher ab.[5] Wenn Sie diesen Text nur ausgeben wollen, wie in

```cpp
std::cout << "Sie haben das Programm mit Parametern aufgerufen.\n";
```

dann brauchen Sie sich darum jedoch nicht weiter zu kümmern.

Für die meisten darüber hinausgehenden Fälle empfehle ich Ihnen, dass Sie stattdessen std::string verwenden. Wenn Sie Zeichenketten speichern, kopieren oder manipulieren wollen, ist dies die beste Wahl. Vor allem in Bezug auf die Speicherverwaltung – das dynamische Anlegen immer neuer Zeichenketten – fällt der C++-Klasse std::string deutlich leichter.

Zwar verwendet man der Einfachheit halber auch bei der Initialisierung von string einfach ein const char*-Literal, aber seit C++14 können Sie auch ein s an ein "..."-Literal anhängen

---

5   Genauer gesagt, ist es ein const char[], aber das ist sehr ähnlich.

und machen es somit zu einem echten string-Literal. Dazu müssen Sie jedoch in dem Block irgendwo `using namespace std::literals` oder einer der Alternativen stehen haben:

```cpp
#include <string>
#include <iostream>
int main() {
    std::cout << "C-Zeichenkettenliteral\n";
    // using std::literals::string_literals::operator""s;
    // using namespace std::string_literals;
    // using namespace std::literals::string_literals;
    using namespace std::literals;
    std::cout << "Echter string\n"s;
}
```

Listing 4.17 So können Sie einen C++-»string« als Literal in den Quellcode schreiben.

Das macht selten einen großen Unterschied, kann aber manchmal wichtig sein.

Weil Sie `std::string` so häufig verwenden werden (zumindest in diesem Buch), erlauben Sie mir, dass ich diesen Namen einfach mit `string` abkürze.

Parametrisierte Typen

Manche Typen enthalten spitze Klammern <...> in ihrem Namen. Sie haben

```cpp
std::vector<char>
```

im Beispiel gesehen. Auch wenn das anders aussieht als `int`, `bool` oder `string`, so handelt es sich doch bei dem *ganzen Konstrukt* um einen einzigen Typ. Der Teil in den Klammern ist dabei ein Parameter, um den Gesamttyp zu bilden. Hier ist `vector` der umgebende oder Haupttyp, und `char` ist der Parameter. Zusammen sind die beiden ein »vector von char«.

Sie könnten auch einen `vector<int>` bilden und erhalten so einen anderen Typ. Das ist zum Beispiel wichtig, wenn der Compiler entscheiden soll, welche Funktionen zur Auswahl stehen oder was das Ergebnis einer Operation ist. Wie ich schon erwähnt habe, rechnet der Compiler in der Übersetzungsphase auf Typen, erst zur Laufzeit rechnet das Programm auf den Werten.

Eines ist hier besonders wichtig: Bei den parametrisierten Typen muss das, was innerhalb der spitzen Klammern steht, immer schon zur Übersetzungszeit feststehen. Logisch, wenn der Compiler doch zur Übersetzungszeit auf Typen rechnet und das gesamte Konstrukt Haupttyp-Klammern-Parameter den Typ ausmacht. Wenn Sie sich das merken, werden Sie bei Experimenten nicht verwundert sein. So gibt es zum Beispiel auch den parametrisierten Typ `std::array<...>`, der als zweiten Parameter eine Zahl bekommt. Die Zahl muss eine Konstante sein.[6] Sie können `std::array<int,5>` schreiben, aber nicht `int n=5; std::array<int,n>`. `n` ist eine Variable und kann als solche nicht Teil des Typs sein.

---

6 oder etwas, was der Compiler schon ausrechnen kann, wie 3+4.

4 Die Grundbausteine von C++

> **Merke**
>
> Ein Typ muss zur Compilezeit feststehen.

4.10.10 Variablen – Deklaration, Definition und Initialisierung

Es ist ein Unterschied, ob Sie schreiben:

- `int wert;` – eine *Deklaration*
- `wert = 0;` – eine *Zuweisung*
- `int wert = 0;` – eine *Definition* mit *Initialisierung*

Außerdem gibt es Variablen, die Sie nach deren Einführung nicht mehr verändern können. Sie sind unveränderbar – und heißen dann eigentlich *Konstanten*. Bis auf diesen Fakt sind für den Compiler Konstanten *auch* Variablen, also »mengenlehremäßig« eine Teilmenge davon. Diesen können Sie niemals mehr etwas neu zuweisen, daher haben Sie nur die Wahl, sie bei der Deklaration mit einem Wert zu initialisieren. Auf const gehe ich später noch genauer ein, aber Sie können den Hauptzweck dieses Zusatzes sicher erraten:

```
int main() {
    const int fest = 33;  // Initialisierung als Konstante
    fest = 80;            // Eine Zuweisung ist unmöglich
}
```

Listing 4.18 Manchen Variablen können Sie nichts zuweisen, Sie können sie nur initialisieren.

Es gibt noch eine weitere Möglichkeit, wie Sie Zuweisung und Initialisierung voneinander unterscheiden können bzw. selbst unterscheid*bar* machen können. Mit C++11 wurde die *vereinheitlichte Initialisierung* eingeführt (engl. *Unified Initialization*). An allen Stellen, an denen Sie Variablen initialisieren, können Sie statt des = nun geschweifte Klammern verwenden.

```
int index = 1;         // alter Stil, sieht wie eine Zuweisung aus
int zaehler { 1 };     // C++11-Stil, eindeutig eine Initialisierung
int counter = { 1 };   // Beim C++11-Stil ist das »=« optional und wird ignoriert
```

Listing 4.19 Statt dem »»=«« können Sie »{...}« zur Initialisierung verwenden.

Eine Verwechslungsgefahr gab es zuvor nämlich nicht nur bei der Zuweisung, sondern auch bei einer Hand voll anderer C++-Konstrukte.

> **Altes Gleichheitszeichen oder vereinheitlichte Initialisierung?**
>
> Die neue Initialisierung mit {...} beherrschen alle aktuellen Compiler. Sie haben also die Wahl. Der »alte Stil« wird sich nicht ausmerzen lassen (und es ist diskussionswürdig, ob das überhaupt sinnvoll wäre), aber Sie sollten den neuen Stil überall dort verwenden, wo Sie nicht nur einen einfachen Datentyp wie int initialisieren. Das rüstet Sie für die kniffligen Fälle.

80

4.10.11 Initialisieren mit »auto«

Ein Wort noch zur Initialisierung. Die besteht immer aus:

▸ dem Typ der Variablen, die Sie initialisieren

▸ dem Namen der Variablen

▸ einem Ausdruck für den ersten Wert der Variablen

Oft ist der Typ des Ausdrucks derselbe wie der Typ der Variablen. Manchmal lassen Sie den Compiler noch eine *implizite Umwandlung* durchführen. Häufig können Sie sich aber die Arbeit sparen, den Typ des Ausdrucks noch einmal zu nennen. Sie können stattdessen auto verwenden. Der Compiler nimmt dann den Typ des Ausdrucks, um den Variablentyp zu bestimmen – man nennt das *Typinferenz*.

```
auto zahl = 10;
auto wert = 3.1415 * sin(alpha);
for(auto it = container.begin(); ... ) ...
```

zahl wird hier ein int, wert ein double und it ist von dem Typ, den begin() zurückliefert, wahrscheinlich ein iterator der Variablen container.

auto legt den Typ der Variablen fest, als hätten Sie den Typ explizit hingeschrieben. Es ist mitnichten so, dass auto ein eigener veränderlicher Typ ist. Einmal festgelegt, behält die Variable ihren Typ.

Der Compiler ermittelt den Typ int für val. Eine spätere Zuweisung eines Textliterals ist ein Fehler:

```
auto val = 12;
val = "Name";
```

Wie auto genau funktioniert, erfahren Sie in Abschnitt 12.12, »Typinferenz mit auto«.

4.10.12 Details zur »include«-Direktive und »include« direkt

Die Includes beginnen immer mit einen Doppelkreuz #. Ein solches Zeichen am Anfang einer Zeile steht für eine Anweisung an den *Präprozessor*. Wenn Sie sich an Abbildung 2.1 erinnern, kennen Sie diese Phase der Übersetzung schon.

Die Datei, die hier per #include genannt wird, wird vom Präprozessor fast wie per Kopieren-und-Einfügen an diese Stelle in Ihr Programm eingefügt. Der Effekt ist, dass alle Deklarationen aus jener Datei nun Teil Ihres Programms sind.

Es gibt noch andere Präprozessor-Direktiven, doch #include ist für Sie die wichtigste. Für die restlichen siehe Kapitel 21, »Makros«.

Sie sollten Includes immer zuoberst in Ihre Quelldateien schreiben. In Listing 4.2 habe ich zwei davon verwendet:

```
#include <iostream>     // cin, cout
#include <string>       // stoi
```

Beide, `<iostream>` und `<string>`, sind Teil der *C++-Standardbibliothek*. Sie enthalten also Dinge, die nicht Teil der *Kernsprache* sind. Etwas wie `int` ist immer und auf allen Systemen vorhanden, ohne dass Sie einen Include benötigen. Die Standardbibliothek wird meistens vorhanden sein – und davon gehen wir in diesem Buch aus –, aber nicht immer.

Da Sie mit einem `#include` viele Bezeichner in den aktuellen Quellcode einführen, ist es hilfreich, einen Kommentar hinzuzufügen, welche davon Sie hier verwenden. Dadurch kann der Leser bei einem ihm unbekannten Bezeichner mittels einer einfachen Suche in der Datei herausfinden, wo dieser herkommt. Manche Modulnamen sind selbsterklärend: `#include <vector>` importiert `vector`, das muss man nicht erklären.

Die Includes der Standardbibliothek erkennen Sie daran, dass der Name keine Endung wie `.h` oder Ähnliches hat. Es ist Konvention, dass nur *Headerdateien* der Standardbibliothek ohne Endung verwendet werden.[7] Wenn Sie selbst welche erzeugen, dann hängen Sie ein `.h`, `.hpp`, `.H`, `.hh` oder `.hxx` an. Das `.h` sieht man in der Praxis am häufigsten, auch wenn manche Programmierer dies weniger gerne sehen, da sich der Header dann von außen nicht von C-Headern unterscheidet. `.hpp` wird dann oft als Alternative gewählt. Egal, welche Endung Sie nehmen, beim `#include` nennen Sie diese:

```
#incude <iostream>          // Modul der Standardbibliothek
#incude <asteroids.h>       // Modul eines Drittanbieters
#incude "meinModul.hpp"     // Modul des aktuellen Projekts
#incude "algo/meinModul.h"  // in einem Unterverzeichnis
```

In spitzen Klammern schreiben Sie den Namen der Headerdatei, wenn die Datei auf Ihrem System *installiert* ist – der Compiler soll danach suchen. Verwenden Sie die Anführungszeichen "…", wenn die Headerdatei Teil Ihres aktuellen Projekts ist und nicht irgendwo installiert. Manche Compiler suchen dann zuerst im aktuellen Projekt nach der Datei.

Don'ts für Includes

Achten Sie bei der Nennung des Dateinamens auf Groß- und Kleinschreibung, denn diese wird auf manchen Systemen beachtet, lieber Windows-Benutzer! Sollte sich die Headerdatei in einem Unterverzeichnis befinden, dann verwenden Sie immer / zur Trennung:

```
#incude "MEINMODUL.H"  // nicht gut, wenn die Datei »meinModul.h« heißt
#incude "algo\meinModul.h"        // auch unter Windows »/« verwenden
#incude "c:/projekt/meinModul.h"  // keine absoluten Pfadangaben
#incude "../algo/meinModul.h"     // keine relativen Pfade mit »..«
```

Statt den absoluten Pfad oder `..` zu nutzen, sollten Sie entweder die Headerdateien woanders in Ihrem Projekt ablegen oder/und müssen die Suchpfade für Headerdateien in den Optionen des Compilers anpassen. Das erleichtert Ihnen das Verschieben Ihres Projekts und dessen Umorganisation, falls nötig.

---

7 Sie werden jedoch bekannte Bibliotheken finden, die ebenfalls keine Endung verwenden, wie zum Beispiel die Qt-Bibliothek.

4.10 Ohne Eile erklärt

Noch eine Anmerkung zu Klammern versus Anführungszeichen: Ursprünglich bedeuteten <…> gegenüber "…", dass der Header möglicherweise Teil des Compilers ist und gar nicht als Datei vorliegt. Es hat sich aber durchgesetzt, dass die Klammern auch dann verwendet werden, wenn es sich einfach um eine Headerdatei handelt, von der erwartet wird, dass sie von Ihnen auf dem System installiert wurde. Verwenden Sie daher "…" nur für Dateien, die Teil Ihres Projekts sind und Vorrang gegenüber anderen Bibliotheken haben sollen.[8]

4.10.13 Eingabe und Ausgabe

Jetzt kennen Sie alle wichtigen Elemente des Programms, bis auf – so würden manche sagen – die wichtigsten. Denn was ist ein Programm ohne *Eingabe* und *Ausgabe*?

Sie haben schon gesehen, dass << als Operator für die Ausgabe verwendet wird. Und außerdem wurde #include <iostream> auch wegen std::cout mit eingebunden. Hier folgt ein Ausschnitt aus Listing 4.2, bei dem es hauptsächlich um die Ausgabe geht:

```
std::cout << "Teiler von " << n << " sind:\n";
for(int teiler=1; teiler <= n; ++teiler) {
    if(n % teiler == 0)
        std::cout << teiler << ", ";
}
std::cout << std::endl;
```

Sie sehen, dass Sie mehrere << einfach aneinanderreihen können. Genauer gesagt, ist std::cout << "Teiler von " ein Ausdruck, der als Nebeneffekt die Ausgabe erledigt und danach wieder std::cout zurückliefert. So wird danach effektiv std::cout << n ausgeführt, wieder mit der Ausgabe und dem Ergebnis std::cout. Zu guter Letzt kommt der dritte Operator der Anweisung zum Zuge, und std::cout << " sind:\n" wird ausgeführt. An dem ist besonders, dass er einen Zeilenwechsel enthält (engl. *Newline*). In C++-Zeichenketten wird dieser durch \n dargestellt. Genau dieser Zeilenwechsel ist innerhalb der Schleife bei der Ausgabe weggelassen – daher erscheinen die Zahlen in einer Zeile.

Mit std::cout << std::endl gibt das Programm den Zeilenwechsel am Ende der Liste aus. Doch hoppla, wo ist das \n? Diesmal steht im Listing ein besonderes Element von std::cout, der *Manipulator* std::endl. Dieser sorgt für den Zeilenwechsel und zusätzlich garantiert er, dass das System die Ausgaben nicht puffert – es erzwingt, dass alles wirklich auf dem Bildschirm erscheint, was Sie bisher ausgegeben haben. Denn (Bildschirm-)Ausgabe ist zeitintensiv, und das System bemüht sich, so viele Schritte wie möglich zusammenzufassen und auf einmal zu erledigen. Mit std::endl stellen Sie sicher, dass das System hier alles Angefallene wirklich ausgibt.

4.10.14 Der Namensraum »std«

Nun bleibt noch eine Sache, die ich Ihnen erklären muss, bevor wir tiefer in die einzelnen Themen eintauchen. In Listing 4.2 sehen Sie ein using namespace std. Mit diesem Hilfsmittel sparen Sie sich das std:: vor Bezeichnern, das Sie sonst gebraucht hätten:

---

8 Ob das mit dem Vorrang klappt, hängt aber vom jeweils verwendeten Compiler ab.

83

4 Die Grundbausteine von C++

```cpp
#include <iostream>                              // für std::cin, std::cout, std::endl
#include <string>                                // für std::stoi
void berechne(int n) {
    using namespace std;                         // für std::cout und std::endl
    /* Teiler ausgeben */
    cout << "Teiler von " << n << " sind:\n";    // cout statt std::cout
    for(int teiler=1; teiler <= n; ++teiler) {
        if(n % teiler == 0)
            cout << teiler << ", ";              // cout statt std::cout
    }
    cout << endl;
}
```

Listing 4.20 Sie können einen Namensraum einbinden, um Programmtext kürzer zu machen.

Normalerweise prüft der Compiler zu jedem Bezeichner, ob dessen Name lokal oder auf den äußeren Ebenen existiert. Zum Beispiel ist teiler eine lokale Variable und n ist ein Parameter innerhalb der Funktion. Würden Sie ohne das using dann cout verwenden, würde der Compiler prüfen, ob es eine lokale Variable oder einen Parameter mit diesem Namen gibt, dann, ob eine globale Variable cout existiert, und Ihnen anschließend mit einem Fehler melden, dass dem nicht so ist – dass der Bezeichner also unbekannt ist.

Mit dem using wird zu jedem Bezeichner, der nicht gefunden werden konnte, probiert, ob es mit einem vorangestellten std:: funktionieren würde. So können Sie sich einige Tipparbeit sparen, wenn Sie sonst viele std:: tippen würden.

Das using namespace wirkt sich innerhalb des Bereichs aus, in dem es auch definiert ist – im Beispiel also nur innerhalb der Funktion berechne. Sie können ein solches using namespace auch global schreiben, dann ist der Wirkungsbereich größer:

```cpp
#include <iostream>
#include <string>
using namespace std; // wirkt sich global aus; klappt, ist aber kritisch
void berechne(int n) {
    /* Teiler ausgeben */
    cout << "Teiler von " << n << " sind:\n";
    // ...
}
// ... auch in weiteren Funktionen ...
```

Listing 4.21 »using namespace« können Sie auch global verwenden, sollten es aber selten tun.

Klingt das nun so verlockend, dass Sie using namespace … ständig einsetzen wollten? Tun Sie das nicht! Durch ein using namespace … wissen Sie nämlich ab jetzt nicht mehr, wo die Bezeichner Ihres Programms herkommen. Wenn Sie zum Beispiel die Standardbibliothek noch nicht kennen und auf ein frei stehendes cout stoßen, woher sollen Sie nun wissen, dass es eigentlich std::cout ist?

84

> ### Vermeiden Sie globales »using namespace«
>
> Verwenden Sie kein using namespace … auf globaler Ebene in einer Datei. Zu jedem Bezeichner fragt sich der Leser, wo dieser nun herkommt, und er hat auch mit einer Suche in der aktuellen Datei keine Chance, das herauszufinden.
>
> Innerhalb eines Blocks, zum Beispiel lokal in einer Funktion, wie ich es in Listing 4.20 gezeigt habe, ist ein using namespace … jedoch nicht verpönt. Der Bereich, in dem man sich fragt, aus welchem Namensraum ein Bezeichner kommt, ist eingeschränkt genug. Und die Wahrscheinlichkeit, dass mehrere using namespace gleichzeitig aktiv sind, ist geringer.

Doch es gibt eine Lösung: Holen Sie sich nicht alle Bezeichner eines Namensraums, sondern nur die Bezeichner, die Sie benötigen:

```cpp
#include <iostream>              // cin, cout, endl
using std::endl;                 // gilt global in dieser Datei
void berechne(int n) {
    using std::cout;             // gilt lokal in dieser Funktion
    /* Teiler ausgeben */
    cout << "Teiler von " << n << " sind:\n";
    for(int teiler=1; teiler <= n; ++teiler) {
        if(n % teiler == 0)
            cout << teiler << ", ";
    }
    cout << endl;
}
```

Listing 4.22 Holen Sie sich mit »using« einzelne Bezeichner.

Das Einbeziehen von Bezeichnern in dieser Art und Weise bereitet wenig Probleme. Taucht irgendwo in der Datei mal ein allein stehendes cout auf, findet der Leser den Ursprungsnamensraum mit einer einfachen Suche innerhalb der Datei.

> ### In diesem Buch
> Da die Listings in diesem Buch selten lang und unübersichtlich werden, passt die Regel mit den Ausnahmen hier. Es spart Raum und Wiederholung, zu Beginn nach den Includes ein using … zu schreiben. Daher werde ich vor allem std::cout, std::endl und std::string abkürzen, andere Bezeichner jedoch weiter mit std:: ausschreiben, damit Sie wissen, woher sie kommen.

4.11   Operatoren

Sehr häufig bestehen Ausdrücke aus ein- und zweistelligen Operatoren, wie zum Beispiel 3+4, es könnte aber auch ein Ausdruck wie !isBad && (x >= x0) && (x <= x1) auftauchen.

4 Die Grundbausteine von C++

Mit solchen Aneinanderreihungen von Operatoren und Operanden können Sie in C++ eine Menge bewegen. Da Sie nun über Variablen, Typen und Ausdrücke eine Menge wissen, sollen Sie die möglichen Operatoren kennenlernen.

Exemplarisch erkläre ich Operatoren hauptsächlich anhand der Typen int und bool, damit Sie das Repertoire erst einmal kennenlernen. Aber viele Operatoren sind auch auf andere Typen anwendbar. Das sind durchaus eingebaute Typen, wie zum Beispiel float, aber auch solche der Standardbibliothek, wie std::string und std::stream.

In C++ können Sie eigene Typen definieren, die Operatoren ebenfalls unterstützen. Dass diese dann auch etwas machen, was für die eingebauten Typen gilt, liegt in Ihrer Hand. Wir erwarten zum Beispiel, dass + eine Addition ausführt – wie bei einem int. Die Klasse string verwendet + aber zur Konkatenation, was noch »additionsartig« ist. Aber Sie können, wenn Sie wollen, eine Klasse Image schreiben, die mit + auf string sich in eine Datei speichert. (Bitte tun Sie das nicht!) Das behandeln wir an geeigneter Stelle. Hier werden Sie zunächst erfahren, welche Operatoren es überhaupt gibt.

Operatoren für eingebaute Typen können nicht überschrieben werden

Wenn ich also in diesem Kapitel die Rolle der Operatoren beschreibe, dann meine ich die auf den eingebauten Typen. In C++ können Sie diese nicht verändern. Ein + für int gibt es schon, und Sie als Programmierer können dessen Bedeutung nicht verändern. An einigen Stellen gehe ich auf die Typen der Standardbibliothek ein, doch für vieles muss die Referenz herhalten.

4.11.1 Operatoren und Operanden

Ein *Operator* ist etwas, das sich so ähnlich verhält wie eine Funktion, ohne aber eine zu sein. Die meisten Operatoren schreiben Sie mit Symbolen, wie zum Beispiel + oder <<. Viele haben zwei Argumente und heißen deshalb zweistellig oder binär (engl. *Binary Operators*). Diese Argumente stehen dann als *Operanden* rechts und links vom Operator, wie in 3+4 oder cout << name. Es gilt also die Reihenfolge:

Operand Operatorsymbol Operand

Wenn sie einstellig, unär, sind (engl. *Unary Operators*), steht der Operator vor dem Operanden wie in -4 oder seltener auch danach wie in idx++:

Operatorsymbol Operand Operand Operatorsymbol

Es gibt ein paar Ausnahmen. So ist zum Beispiel sizeof() eigentlich auch ein Operator. In diesem Kapitel präsentiere ich Ihnen aber vor allem die klassischen Operatoren.

4.11.2 Überblick über Operatoren

Man kann die Operatorsymbole in einige Gruppen einteilen:

▶ **arithmetische Operatoren**
Dies sind die vier Grundrechenarten +, -, *, / sowie % für den Divisionsrest (Modulo). Das Vorzeichen können Sie mit den unären Operatoren + und - beeinflussen.

▶ **bitweise Arithmetik**
Zahlen können Sie mit |, &, ^, ~, << und >> bitweise miteinander verknüpfen.

▶ **zusammengesetzte Zuweisung**
Neben dem = gibt es auch die Zuweisungen, die gleichzeitig eine andere Operation ausführen (engl. *Compound Assignments*) +=, -=, *=, /=, %=, >>=, <<=, &=, ^= und |=.

▶ **Inkrement und Dekrement**
Die beiden einstelligen Operatoren ++ und -- gibt es jeweils in einer vorangestellten und einer nachgestellten Variante (Präfix und Postfix). Bevorzugen Sie möglichst die Präfixvariante, denn die kommt ohne temporäre Variable aus.

▶ **relationale Operatoren**
Relationale Operatoren führen einen Vergleich aus und liefern einen Wahrheitswert bool zurück: ==, <, >, <=, >= und !=. Wenn Sie mit der Standardbibliothek arbeiten, sind == und < die wichtigsten, denn viele Algorithmen benutzen nur diese beiden, um nötigenfalls die anderen herzuleiten. Das ist wichtig, wenn Sie eigene Datentypen für die Standardbibliothek fit machen wollen.

▶ **logische Operatoren**
&&, || und ! verknüpfen Wahrheitswerte zu komplexeren Ausdrücken.

▶ **Pointeroperator und Dereferenzierungsoperator**
Mit den unären Operatoren &, * sowie den binären Operatoren -> und . adressieren und dereferenzieren Sie. Das heißt, Sie holen eine Adresse, machen aus einer Adresse ein Datum oder greifen in eine Struktur hinein. Sie werden später den Einsatz im Detail sehen.

▶ **besondere Operatoren**
Mit ? und : zusammen können Sie einen Entweder-Oder-Ausdruck schreiben. Das Komma , kann als Sequenzoperator in Ausdrücken verwendet werden.

▶ **funktionsähnliche Operatoren**
Streng genommen gehören auch einige Sonderlinge zu den Operatoren, die echte Namen haben und wie Funktionen verwendet werden. Das sind die Typumwandlungen wie (int)wert sowie sizeof() und einige andere.

4.11.3 Arithmetische Operatoren

Sie können in C++ ganz normal mit Zahlen rechnen. Neben den Grundrechenarten +, -, * und / gibt es noch % für den Divisionsrest. Wenn Sie keine Klammern verwenden, gilt Punkt- vor Strichrechnung.

4 Die Grundbausteine von C++

```cpp
#include <iostream>

int main() {
    std::cout << "3+4*5+6=" << 3+4*5+6 << "\n";          // Punkt vor Strich; = 29
    std::cout << "(3+4)*(5+6)=" << (3+4)*(5+6) << "\n";  // Klammern; = 77
    std::cout << "22/7=" << 22/7 << " Rest " << 22%7 << "\n"; // 22/7 = 3 Rest 1
    for(int n=0; n < 10; ++n) {
        std::cout << -2*n*n + 13*n - 4 << " ";            // mit unärem Minus
    }
    std::cout << "\n";
    // Ausgabe: −4 7 14 17 16 11 2 −11 −28 −49
}
```

Listing 4.23 Arithmetische Operatoren in der Anwendung

Was hier für `int` gezeigt wurde, geht mit allen Ganzzahltypen. Und außer bei % funktioniert es auch mit allen Fließkommatypen (`float` etc.). In der Standardbibliothek finden Sie `std::complex<>`, mit dem Sie diese Operatoren ebenfalls anwenden können.

Den Plus-Operator + verwenden viele Typen zum Zusammenfügen. Sie können zum Beispiel aus

```cpp
std::string vor="Hans";
std::string nach="Huber";
```

mit `vor+" "+nach` den neuen String `"Hans Huber"` machen.

4.11.4 Bitweise Arithmetik

Die bitweise Arithmetik sieht wahrscheinlich zu Anfang etwas seltsam aus.

```cpp
int a = 41;      // dezimale 41
int b = a & 15;  // ergibt 9
```

Die Erklärung ist, dass Zahlen im Computer ja als Folge von 0 und 1 dargestellt werden – eben als »Bits«. Die dezimale 41 ist in Bit-Darstellung 101001 – »binär«.

Binärsystem

Weil im Dezimalsystem 10 die Basis ist, schreiben wir »vierhundertzwölf« als 412 als Abkürzung für $4 \times 10^2 + 1 \times 10^1 + 2 \times 10^0 = {}_{10}412$. Für den Computer mit der Basis 2 ist das $1 \times 2^8 + 1 \times 2^7 + 0 \times 2^6 + 0 \times 2^5 + 1 \times 2^4 + 1 \times 2^3 + 1 \times 2^2 + 0 \times 2^1 + 0 \times 2^0$ oder abgekürzt ${}_2110011100$. Die unten stehende 10 bzw. 2 illustriert, in welchem Zahlensystem die Zahl dargestellt ist.

Jede Umwandlung vom Dezimalsystem in ein anderes erfolgt einfach mittels wiederholter Division durch die Basis und dem Notieren des Rests, bis der Wert Null erreicht ist. Um zum Beispiel ${}_{10}412$ ins Binärsystem umzuwandeln, dividieren Sie wiederholt durch 2:

```
412 / 2 = 206, Rest 0
206 / 2 = 103, Rest 0
103 / 2 =  51, Rest 1
 51 / 2 =  25, Rest 1
 25 / 2 =  12, Rest 1
 12 / 2 =   6, Rest 0
  6 / 2 =   3, Rest 0
  3 / 2 =   1, Rest 1
  1 / 2 =   0, Rest 1
```

Die Reste lesen Sie von unten nach oben und schreiben sie als Binärfolge erst einmal auf. Die unterste 1 repräsentiert also die höchste Stelle: $_2$1 1001 1100.

Das geht natürlich auch einfach in C++. Listing 4.24 ist teilweise ein Ausblick auf Dinge, die Sie in C++ noch kennenlernen, aber ich dachte mir, dass an dieser Stelle die beste Darstellung des Algorithmus im Programmcode ist.

```cpp
#include <iostream>

void printBin(int x) {
    while(x>0) {              // fertig?
        int a = x/2;         // Division durch 2
        int b = x%2;         // Modulo, Rest der Division
        std::cout << x <<" / 2 = " << a << ", Rest " << b<<'\n'; // Ausgabe
        x = a;
    }
}

int main() {
    printBin(412);
}
```

Listing 4.24 Programmierbeispiel für die Umwandlung einer Ganzzahl in eine Bitfolge

Das können jedoch nur die wenigsten Leute im Kopf. Ich selbst rechne für kleinere Zahlen im Kopf andersherum: Im Kopf ziehe ich von oben beginnend so lange die 2er-Potenzen 32, 16, 8, 4, 2 und 1 ab, bis ich bei null angekommen bin. In $_{10}$25 passt 16, dann 8, dann 1, das ergibt in binär $_2$1 1001.

Der Computer rechnet bei einem `int` oft mit 32 Bit. Daher füllt er vorne mit 0 auf, also für $_{10}$412 also $_2$0000 0000 0000 0000 0000 0001 1001 1100.

Die Arithmetik ist nun die bitweise Kombination der im Zweiersystem geschriebenen Zahlen. Wenn Sie sich die 1 als »wahr« denken und die 0 als »falsch«, dann können Sie bitweise die Operationen für *Und*, *Oder* und *Exklusiv-Oder* (*Xor*) selbst durchführen. Der Einfachheit halber beschränke ich mich für das Beispiel in Tabelle 4.2 auf 4 Bit für vorzeichenlose Ganzzahlen.

Operation	Binär	Dezimal
a	1001	9
b	0011	3
Und a & b	0001	1
Oder a | b	1011	11
Xor a ^ c	1010	10
Nicht ~b	1100	12

Tabelle 4.2 Bitweise Arithmetik mit einem (hypothetischen) vier Bit breiten »unsigned int«

Negative Ganzzahlen und das Zweierkomplement

Bei vorzeichenbehafteten Ganzzahlen, also zum Beispiel (signed) int, repräsentiert das höchstwertige Bit das Vorzeichen; 0 steht für eine positive Zahl, 1 für eine negative. Ist das Vorzeichen positiv, steckt wie gehabt in den restlichen Bits der Wert der Zahl.

Ist es jedoch negativ, ändert sich die Interpretation der Wertbits. Diese speichert der Computer im *Zweierkomplement*. Um die Bitdarstellung einer negativen binären Zahl in eine Dezimalzahl umzuwandeln, gehen Sie wie folgt vor:

▶ Invertieren Sie alle Wertbits,

▶ wandeln Sie diese wie sonst in eine Dezimalzahl um,

▶ addieren Sie eins und

▶ setzen Sie das negative Vorzeichen.

Die Wertbits von $_2 1100$ sind $_2 100$, invertiert also $_2 011$. Dies entspricht $_{10} 3$, was nach der Addition von eins den Wert $_{10} 4$ ergibt. Insgesamt repräsentiert $_2 1100$ im Zweierkomplement also $_{10} -4$.

Das Zweierkomplement nutzt den Wertebereich der Datentypen optimal aus und hat sich für Berechnungen mit dem Computer als am praktischsten erwiesen. Übrigens: Ein Nebeneffekt dieser Darstellung ist, dass die kleinste darstellbare negative Zahl stets einen um eins größeren Betrag hat als die größte darstellbare positive Zahl. Der Bereich der 16 möglichen Werte für 4 Bit geht von -8 bis 7. Bei 8 Bit geht der Bereich von -128 bis 127 etc.

Die Operatoren << und >> sollten Sie nun auch nicht mehr erschrecken: Schieben Sie die Bitdarstellung des ersten Operanden einfach um die Anzahl Bits des zweiten Operanden nach links oder rechts. Im Computer ist das identisch damit, als würden Sie ebenso oft mit zwei multiplizieren oder dividieren:

▶ 345 << 3 ist wie 345*2*2*2 und ergibt 2760.

▶ 345 >> 3 ist wie 345/2/2/2 und ergibt 43.

Sobald Sie solche Zahlenmagie benötigen, müssen Sie sich mit der Zahlendarstellung im Computer noch einmal beschäftigen, siehe Abschnitt »Physische Repräsentation von Ganzzahlen« in Abschnitt 4.12.3. Bis dahin merken Sie sich, dass C++ diese Operationen hat.

Operatoren für Streams

Die Ein- und Ausgabedatenströme der Standardbibliothek (engl. *Streams*) verwenden die eigentlich für bitweise Arithmetik vorgesehenen Operatoren << und >> zum Schreiben und Lesen. Das haben Sie für std::cout und std::cin schon in vielen Listings gesehen.

In C++ werden << und >> heutzutage weit häufiger für Streams verwendet als für echte Bitarithmetik.

4.11.5 Zusammengesetzte Zuweisung

Wenn Sie einen arithmetischen Operator anwenden, dann entsteht ein neuer Wert. Wenn der Ausdruck komplizierter als nur ein einzelner Operator ist, ist dieser nur ganz kurz – temporär – vorhanden. Es werden dann innerhalb eines Ausdrucks ständig neue *Tempwerte* erzeugt und wieder verworfen. Um das zu vermeiden, gibt es alle arithmetischen Operatoren in Varianten, die stattdessen eine Variable direkt verändern.

Sie können statt int a = 3; a = (a * 4 + 7 - 3)/4; auch Folgendes schreiben:

```
int a = 3;
a *= 4;
a += 7;
a -= 3;
a /= 4;
```

In beiden Fällen enthält a dann den Wert 4. Sie sollten aber lange Rechnungen auf diese Weise vermeiden, denn der Code wird doch schnell unübersichtlich. Die Tempwerte einzusparen, ist nur in den seltensten Fällen wirklich ein großer Gewinn.

Auch die Operatoren der Bitarithmetik können Sie auf diese Weise anwenden.

```
#include <iostream>          // hilft bei der Ausgabe von Zahlen als Bitfolge
#include <bitset>
int main() {
    int a = 0;
    for(int idx=0; idx<8; idx++) {
        a <<= 2;             // um zwei Bit nach links schieben: "...100"
        a |= 1;              // unterstes Bit setzen: "...1"
    }
    std::cout << std::bitset<16>(a) << "\n"; // 0101010101010101
    std::cout << a << "\n";          // 21845
}
```

4   Die Grundbausteine von C++

Somit sind die verfügbaren *zusammengesetzten Zuweisungen* (engl. *Compound Assign-ments*):

▸   die standard-arithmetischen +=, -=, *=, /= und %=

▸ und die binär-arithmetischen |=, &=, ^=, <<= und >>=

4.11.6   Post- und Präinkrement sowie Post- und Prädekrement

Zu den unären Operatoren ++ und -- habe ich eigentlich das Wichtigste schon gesagt. Ich fasse es noch einmal zusammen:

▸   Bei ++zahl wird zahl zunächst um eins erhöht, bei --zahl um eins erniedrigt. Das Ergebnis dieser Berechnung können Sie im umgebenden Ausdruck weiterverwenden. Weil die Operation hier zuerst ausgeführt wird, ist dies die »Prä«-Variante.

▸   Wenn Sie den Operator nachstellen, wenden Sie die »Post«-Variante an. Der Wert des Ausdrucks (zum Beispiel zahl++) ist dann der Wert der Variablen vor der Veränderung. Sie wird erst am Ende der gesamten Anweisung wirklich ausgeführt. Bis dahin muss der Computer sich den neuen Wert irgendwo merken. Das verbraucht möglicherweise Speicher und Zeit. Deswegen ist es generell besser, sich die »Prä«-Varianten anzugewöhnen.

▸   Noch wichtiger ist, dass Sie niemals zwei dieser Operatoren auf der gleichen Variablen innerhalb einer Anweisung anwenden. Der Compiler lässt das zu, das Ergebnis ist aber nicht definiert.

4.11.7   Relationale Operatoren

Sie können Werte auch miteinander vergleichen. Sehr häufig benötigen Sie == für Gleichheit und != für deren Gegenteil. Zahlen können Sie natürlich auch auf kleiner und größer mit < und > vergleichen sowie in Kombinationen mit gleich: <= und >=.

Das Ergebnis eines solchen Vergleichs ist ein »wahr« oder »falsch«, also true oder false, und somit vom Typ bool. In Schleifen- und if-Bedingungen verwendet man diese dann besonders gerne. Sie können das Ergebnis aber auch in einer bool-Variablen zwischenspeichern oder aus einer Funktion zurückgeben:

```
// als Bedingungen:
if(x < 10) ...
for(int idx=0; idx < 12; ++idx) ...
while(it != end) ...
// zwischenspeichern:
bool isLarge = value >= 100;
// zurückgeben:
bool isPositive(int a) {
    return a > 0;
}
```

92

4.11.8 Logische Operatoren

Wenn Sie wissen wollen, ob x zwischen 100 und 200 liegt, dann müssen Sie beide relationalen Ausdrücke x>100 und x<200 prüfen, und es müssen beide zutreffen. Das könnten Sie mit zwei aufeinanderfolgenden ifs machen. Doch um Ausdrücke vom Typ bool miteinander zu kombinieren, gibt es die *logischen Operatoren*: Sie haben jeweils zwei Operanden und liefern wieder bool zurück. Wenn die Operanden u und v jeweils bool-Ausdrücke sind, dann ist

▶ u && w »wahr«, wenn u und v beide true sind,

▶ u || w »wahr«, wenn u oder v true sind, und

▶ ! u »wahr«, wenn u false ist.

Wenn Ihnen das komplett neu ist, finden Sie in Tabelle 4.9 eine ausführliche Darstellung. So können Sie dann den Ausdruck kombinieren:

```
if( x > 100 && x < 200 ) ...
```

Kurzschluss-Auswertung

Die obige if-Anweisung ist in der Tat äquivalent zu den verschachtelten if-Anweisungen:

```
if(x > 100)
    if(x < 200)
        ...
```

Beachten Sie, dass der Vergleich x < 200 nur dann ausgewertet wird, wenn x > 100 auch tatsächlich true war. Falls x zum Beispiel 2 ist, wird x < 200 nicht erreicht.

Das ist dann wichtig, wenn der zweite Vergleich nur dann Sinn ergibt (oder ausgeführt werden darf), wenn der erste positiv war. Zum Beispiel:

```
if( y != 0 && x/y > 5 ) ...
```

»Und« ist immer »und«, »oder« ist immer »oder«

Wenn Sie später eigene Typen definieren, dann werden Sie lernen, dass Sie auch die Operatoren darauf selbst definieren können. Dazu gehören auch die logischen Operatoren.

Definieren Sie jedoch *niemals* einen logischen Operator so um, dass er etwas anderes macht, als die intuitive Berechnung auszuführen. Denn im Zusammenspiel mit der Kurzschluss-Auswertung wären böse Überraschungen vorprogrammiert: Teile Ihres Ausdrucks werden überraschenderweise ausgeführt.

Wenn Sie für einen eigenen Typ && oder || überladen, gibt es dort keine Short-Circuit-Auswertung. Auf anderen Typen als bool wird ein Ausdruck immer ganz ausgewertet.

Sie wissen sicherlich, dass man niemals durch null teilen darf. Wenn also in x/y die Variable y den Wert 0 hat, dann tun Sie etwas Verbotenes. Wenn Sie dies jedoch vorher prüfen, dann kann nichts mehr schiefgehen. In C++ wird

▶ in u && v der Ausdruck v nur dann ausgewertet, wenn u »wahr« ist, und

▶ in u || v der Ausdruck v nur dann ausgewertet, wenn u »falsch« ist.

Die Kurzschluss-Auswertung wird im Englischen *Short-Circuit Evaluation* genannt.

Alternative Token

Noch eine kleine Anmerkung zum !-Operator: Ich persönlich finde ihn im Quelltext etwas schwer zu sehen. Trotz seiner Unauffälligkeit kehrt er schließlich die ganze Bedeutung des Ausdrucks komplett um. Es ist Geschmackssache, aber ich greife ab und zu auf einen Syntax-Trick zurück. Sie können das ! durch das Wort not ersetzen. So wird zum Beispiel aus while(!file.eof())… in Listing 10.1 (Seite 224) while(not file.eof())…

Man nennt dies *alternatives Token*, und es gibt ein paar davon – am nützlichsten finde ich das not. Ich mag Ihnen gar nicht alle nennen, nicht dass Sie anfangen, sie dann überall einzusetzen. Wenn Sie neugierig sind, schauen Sie in der Sprachreferenz unter »alternative Token« oder den verwandten »Di- und Trigraphen« nach.

Wie gesagt, das ist nicht jedermanns Geschmack, und Sie sollten sich dazu in Ihrem Team absprechen. Vom breiten Einsatz dieser Zeichenkombinationen kann ich eher abraten, weil sie wirklich sehr selten eingesetzt werden. Ihre Leser könnten verwirrt werden.

4.11.9 Pointer- und Dereferenzierungsoperatoren

Sie haben schon gesehen, dass wir Methoden mit einem Punkt . aufrufen, zum Beispiel bei string:

```
void checkName(std::string& name) {
    if( name.length() ) ...
}
```

Sie werden später sehen, wenn wir Zeiger und C-Arrays besprechen, dass Sie statt der Referenz & auch einen *Zeiger* (engl. *Pointer*) auf diese Variable verwenden können:

```
void checkName(std::string* pname) {   // Pointer auf einen string
    if( (*pname).length() ) ...
}
```

Wenn der Typ Ihrer Variable string* und nicht string& oder string ist, dann ist sie nur »indirekt« mit dem Wert verbunden. Um zum Wert zu kommen, verwenden Sie den einstelligen *-Operator *pname. Der Methodenaufruf lautet dann (*pname).length(). Da das jedoch etwas umständlich ist, gibt es den zweistelligen ->-Operator als kürzere Form:

```cpp
void checkName(std::string* pname) {
    if( pname->length() ) ...
}
```

Erwähnenswert ist das alles vor allem, weil beide Dereferenzierungsoperatoren (das unäre * und das binäre ->) auf eigenen Typen selbst definiert werden können. Sie zu kennen, ist also nicht nur für Zeiger und C-Arrays wichtig.

Tatsächlich sind Zeiger nur eine sehr spezielle Form von Indirektion. Die Standardbibliothek ist durchzogen von *Iteratoren* – der Verallgemeinerung des Zeigerkonzepts. Sie werden bei den Containern und Algorithmen auf Iteratoren stoßen und dort * und -> wie selbstverständlich anwenden (siehe Kapitel 24, »Container«, und Kapitel 20, »Zeiger«).

4.11.10 Besondere Operatoren

Da wir hier Operatoren besprechen, müssen auch zwei Sonderlinge erwähnt werden.

Es gibt einen einzigen ternären (dreistelligen) Operator ? :, der eine if-else-Abfrage als Ausdruck ermöglicht. Er hat die Form

Bedingungs-Ausdruck ? Wenn-Ausdruck : Sonst-Ausdruck

Je nachdem, ob die Bedingung zu »wahr« oder »falsch« ausgewertet wird, ist entweder der »Wenn-Ausdruck« oder der »Sonst-Ausdruck« das Gesamtergebnis. Beachten Sie, dass deswegen die beiden Teile vom gleichen Typ sein müssen, damit der Compiler den Typ des Gesamtausdrucks festlegen kann.

```cpp
int main() {
    for(int w1 = 1; w1 <= 6; ++w1) { // 1..6
        for(int w2 = 0; w2 < 10; ++w2) { // 1..6
            int max = w1 > w2 ? w1 : w2;   // ternärer Operator
        }
    }
}
```

Hier wird max der größere der beiden Werte w1 und w2 zugewiesen.

Das Komma kann als *Sequenzoperator* in Ausdrücken verwendet werden. Wenn Sie mehrere Ausdrücke in runde Klammern (...) schreiben und mit Kommas trennen, dann wertet der Compiler die Ausdrücke von links nach rechts aus, behält aber nur das Ergebnis des letzten Ausdrucks als Gesamtergebnis.

Für zwei Ausdrücke sieht das also so aus:

(Ausdruck-1 , Ausdruck-2)

Der Compiler berechnet zunächst »Ausdruck-1« und danach »Ausdruck-2«. Das Ergebnis des ersten Ausdrucks versickert, sodass der Gesamtausdruck den Wert und Typ des zweiten Ausdrucks erhält:

4 Die Grundbausteine von C++

```
int main() {
    int a = 0;
    int b = 0;
    for(int w1 = 1; w1 <= 6; ++w1) { // 1..6
        for(int w2 = 0; w2 < 10; ++w2) { // 1..6
            int max = w1 > w2 ? (a+=b , w1) :( b+=1 , w2); // Sequenzoperator
        }
    }
}
```

Listing 4.25 Mit Kommas in Klammern können Sie mehrere Ausdrücke verketten.

Wenn w1 > w2 ist, dann wird der Ausdruck (a+=b, w1) ausgewertet. Zwar wird w1 als Ergebnis für max zurückgegeben, aber zuvor wird noch a+=b ausgeführt. Im Falle von w <= w2 wird w2 aus (b+=1, w2) der Variablen max zugewiesen, nachdem noch b+=1 ausgewertet wurde.

Ich habe absichtlich ein besonders »skurriles« Beispiel für den Sequenzoperator gewählt, denn erstens fällt es schwer, ein sinnvolles Beispiel zu finden, und zweitens sollten Sie dieses Spezialkonstrukt meiden wie der Darth Vader den Vulkan. Es gibt Ausnahmen, in denen der Einsatz sinnvoll ist, nämlich dort, wo nur ein einzelner Ausdruck erlaubt ist und es sonst komplizierter würde. Das kann zum Beispiel in dem Inkrementierungsteil von for-Schleifen der Fall sein:

```
#include <iostream>
int main() {
    int arr[] = { 8,3,7,3,11,999,5,6,7 };
    int len = 9;
    for(int i=0, *p=arr; i<len && *p!=999; ++i, ++p) { // erst ++i, dann ++p
        std::cout << i << ":" << *p << " ";
    }
    std::cout << "\n";
    // Ausgabe: 0:8 1:3 2:7 3:3 4:11
}
```

Listing 4.26 In »for«-Schleifen kann das Sequenzkomma nützlich sein.

Beachten Sie, dass in einer Deklaration int a, b, c; das Komma nicht der Sequenzoperator ist. Das gilt auch für den Deklarationsteil der for-Schleife, int i=0, *p=arr, bei dem das Komma nur die Deklarationen voneinander trennt.

Auch das Komma, das Funktionsargumente in func(x,y,z) oder Listenelemente in {1,2,3} trennt, ist nicht der Sequenzoperator.

4.11.11 Funktionsähnliche Operatoren

Auch wenn sie nicht so aussehen, so gehören auch die folgenden Fälle zu den Operatoren:

▶ `(typ)wert`

In `(int)wert` versucht der Compiler, `wert` in einen `int` umzuwandeln, egal, welchen Typ `wert` hat. Wenn ihm das nicht möglich ist, meldet er einen Fehler. Ansonsten wird `wert` »passend gemacht«, was seine Gefahren hat. So kann zum Beispiel bei der Umwandlung von `long` zu `short` Information verloren gehen, ohne dass Sie es merken. Diese Schreibweise der *Typumwandlung* (engl. *Type Cast*) nennt sich »C-Style-Cast«. Das C++-Pendant `static_cast<int>(wert)` ist meist besser geeignet.

▶ `sizeof`

Mit **sizeof**`(typ)` und **sizeof**`(wert)` können Sie die Größe eines Typs oder einer Variablen in `char`-Einheiten herausfinden. Ein `sizeof(char)` liefert immer 1.

▶ `new` **und** `delete`

`new` `Klasse{}` und **delete** `var` verwenden Sie, um dynamischen Speicher zu verwalten, wie Sie in Kapitel 20, »Zeiger«, sehen werden.

▶ `throw`

Mit **throw** `ExceptionClass{};` lösen Sie eine Ausnahme aus, was in Kapitel 10, »Fehlerbehandlung«, erklärt wird.

4.11.12 Operatorreihenfolge

Wenn Sie in einem Ausdruck mehrere Operatoren verwenden – möglicherweise unterschiedliche –, dann werden diese in einer bestimmten Reihenfolge ausgewertet.

So, wie Sie von einem ordentlichen Taschenrechner verlangen können, dass er bei 3+4*5+6 die Regel *Punkt- vor Strichrechnung* beachtet und das korrekte Ergebnis von 29 produziert, so beherrscht C++ dies auch. Darüber hinaus haben auch alle anderen Operatoren eine *Präzedenz* – je höher ein Operator in dieser Rangfolge ist, desto früher wird er im Vergleich zu anderen Operatoren ausgewertet.

Merken Sie sich diese einfache Reihenfolge, die mit der stärksten Bindung beginnt:

▶ multiplikative: *, / und %

▶ additive: + und -

▶ Streamoperatoren: << und >>

▶ Vergleiche <, <=, > und >=

▶ Gleichheit == und !=

▶ logische, in dieser Reihenfolge: &&, ||

▶ Zuweisungen mit =, aber auch alle zusammengesetzten wie +=.

So können Sie so manchen komplexen Ausdruck schreiben, ohne mit Klammern die Bedeutung korrigieren zu müssen:

```
bool janein = 3*4 > 2*6 && 10/2 < 13%8;
```

spart Ihnen die Klammern:

```
bool janein = (((3*4) > (2*6)) && ((10/2) < (13%8)));
```

4 Die Grundbausteine von C++

Beachten Sie, dass der Streamausgabeoperator << loser bindet als normale Arithmetik mit + und ∗. Haben Sie aber Vergleiche in der Ausgabe, benötigen Sie Klammern um den Vergleich:

```
std::cout << 2*7 << x+1 << n/3-m << "\n"; // Keine Klammern zwischen << nötig
std::cout << (x0 >= x1) << (a<b || b<c);  // Klammern: << würde enger binden
```

Aber was passiert, wenn mehrere Operatoren der gleichen Präzedenz nebeneinanderstehen? In Ausdrücken wie 10-5-2 wird das linke - zuerst ausgewertet, denn - ist *linksassoziativ* – als wäre der Ausdruck ((10-5)-3) geklammert. Das Ergebnis ist also 2. Alle zweistelligen arithmetischen, booleschen und vergleichenden Operatoren sind linksassoziativ, sodass Sie intuitiv damit rechnen können. Manchmal wird dies auch *links-nach-rechts-assoziativ* oder *LR-assoziativ* genannt.

Die Gruppe der Zuweisungsoperatoren wiederum ist durchgehend *rechtsassoziativ*, weswegen der Compiler für x += y += z += 1 erwartungsgemäß (x += (y += (z += 1))) ausführt und zuerst z um 1 inkrementiert, um sich dann nacheinander mit den anderen Variablen zu beschäftigen. Würde der Ausdruck (((x += y) += z) += 1) ausgewertet, dann würde x mehrmals einen neuen Wert erhalten, denn x += y gibt ja auch x zurück, und darauf würde dann += z ausgeführt – y würde nicht verändert. Und noch einmal würde x zurückgeliefert, und += 1 inkrementierte dieses um 1 anstatt z zu erhöhen.

Meistens funktioniert die Präzedenz und Assoziativität intuitiv und wie erwartet. Im Zweifelsfall klammern Sie besser, denn spätere Leser stellen sich wahrscheinlich die gleichen Fragen wie Sie.

4.12   Eingebaute Datentypen

Bisher haben Sie Typen nur im Überflug kennengelernt – und drumherum dabei genau so viel fundamentales C++, wie zum Verständnis bisher nötig war.

Auf diesen Grundlagen baut dieses Kapitel auf. Sie wissen nun genug über die Sprache, um die umfassenden Erklärungen aller eingebauten Typen verstehen.

In diesem Kapitel lernen Sie, welche Datentypen Ihnen in C++ zur Verfügung stehen, wenn Sie kein #include in Ihrem Programm nutzen bzw. die nicht *Standardbibliothek* verwenden: Welches sind die *eingebauten Datentypen*, und was kann man mit ihnen machen?

Achten Sie im folgenden Beispiel auf die Typen der Variablen und Funktionsparameter:

```
#include <iostream>    // cin, cout für Eingabe und Ausgabe

void eingabe(unsigned &gebTag_,
             unsigned &gebMonat_,
             unsigned &gebJahr_,
             unsigned long long &steuernummer_,
             double &koerperlaenge_)
```

```
{
    /* Eingaben noch ohne gute Fehlerbehandlung... */
    std::cout << "Geb.-Tag: "; std::cin >> gebTag_;
    std::cout << "Geb.-Monat: "; std::cin >> gebMonat_;
    std::cout << "Geb.-Jahr: "; std::cin >> gebJahr_;
    std::cout << "Steuernummer: "; std::cin >> steuernummer_;
    std::cout << "Koerperlaenge: "; std::cin >> koerperlaenge_;
}
int main() {
    /* Daten */
    unsigned gebTag_ = 0;
    unsigned gebMonat_ = 0;
    unsigned gebJahr_ = 0;
    unsigned long long steuernummer_ = 0;
    double koerperlaenge_ = 0.0;
    /* Eingabe */
    eingabe(gebTag_, gebMonat_, gebJahr_, steuernummer_, koerperlaenge_);
    /* Berechnungen */
    // ...
}
```

Listing 4.27 Hier werden einige neue Datentypen verwendet.

Ich habe hier die folgenden Datentypen eingesetzt:

▶ unsigned und unsigned long long als Vertreter der *Ganzzahl-Datentypen*

▶ double zum Speichern einer (Fließ-)Kommazahl

▶ die Variablen std::cin und std::cout, deren Typ nicht explizit erwähnt wird

Die erste wichtige Unterscheidung zwischen diesen ist, ob ein Datentyp eingebaut ist oder nicht.

4.12.1 Übersicht

Wenn Sie kein #include verwenden, dann steht Ihnen eine sehr begrenzte Menge an Datentypen zur Verfügung. Sie können zum Beispiel mit class Typen hinzudefinieren oder mit typedef Aliase erzeugen, aber Ihre Auswahl ist dann sehr übersichtlich:

▶ **Ganzzahlen – int, short, long, long long, jeweils signed oder unsigned**
Ganzzahlen speichern Zahlen ohne Komma also zum Beispiel 3, -12 und 987654321. Die unterschiedlich großen Varianten speichern entweder vorzeichenbehaftet oder vorzeichenlos jeweils einen Zahlenbereich. Überlegen Sie bei jeder Anwendung, welche Variante Sie benötigen. Im Zweifel ist int eine gute Wahl. Nach der Wahl des Typs müssen Sie vor allem darauf achten, dass Sie den Zahlenbereich des Typs einhalten, um einen gefährlichen *Überlauf* zu vermeiden.

▶ **Fließkommazahlen** – `double`, `float` und `long double`
Für manche Dinge sind Ganzzahlen ungeeignet. Verwenden Sie `double`, um Kommazahlen wie `3.14`, `-0.00001`, `6.281e+26` zu speichern. Doch auch deren Raum ist begrenzt, selbst wenn er groß ist. Ihr größtes »Problem« ist aber die *Genauigkeit* – selbst einen Wert von $1/3$ können Sie nicht exakt speichern. Verwenden Sie Fließkommazahlen immer mit Vorsicht.

▶ **Wahrheitswerte** – `bool`
Mit `bool` gibt es einen Datentyp zum Speichern von Wahrheitswerten. Ein `bool` ist entweder `true` oder `false`. Sie haben diesen Typ in `if`-Anweisungen und Ähnlichem schon oft verwendet. Auch wenn für `bool` eigentlich ein einziges Bit zum Speichern ausreichen würde, ist dieser Datentyp mitnichten platzsparender als `char`.

▶ **Zeichentypen** – `char`, `char16_t` und `char32_t`
In C++ gibt es an wenigen Stellen eine wirkliche Unterscheidung zwischen Zahlen und Zeichen, sodass Sie auch den Zeichentyp `char` als Zahl verwenden können. Dieser bildet die kleinste Einheit, und wenn Sie mit `sizeof(x)` nach der wirklichen Größe eines Typs oder einer Variablen fragen, dann ist es die Anzahl an `char`-Einheiten, die Ihnen zurückgegeben wird. Zum Zeichentyp wird `char`, weil Sie in `char`-Sequenzen Zeichenketten speichern – entweder als Array in `char[]` oder in `string` aus der Standardbibliothek. Da `char` nicht für internationale Zeichen ausgelegt ist (Unicode), gibt es `char16_t`, `char32_t` und das etwas veraltete `wchar_t`. Beispiele für Zeichen sind `'a'`, `'Z'` sowie internationale (»Unicode«-)Zeichen.

▶ **Referenzen** – `&`
Indirektionen mit `&` auf eine andere Variable. So können Sie dieselbe Variable dann unter einem anderen Namen ansprechen. Änderungen an der Referenz verändern tatsächlich das Original. Eine Referenz verweist, solange sie existiert, immer auf dieselbe Variable. Eine Referenz kann nicht auf »nichts« verweisen.

▶ **Zeiger und C-Arrays** – `*` und `[ ]`
Indirektionen mit `*` auf eine Variable als Speicheradresse; im Falle eines C-Arrays als `[ ]` mit Längeninformation. Die Zeichenkette wie `"Ihr Name"` ist ein Beispiel für `char[9]`[9] und wird an Funktionen als `char*` übergeben. Wir besprechen diese erst später, in Kapitel 20, »Zeiger«. Im Unterschied zu Referenzen mit `&` können Zeiger verändert werden, sodass sie auf eine andere Variable verweisen. Verweisen Sie auf `nullptr`, steht das für den Verweis auf »nichts«.

Im Quellcode werden Daten durch Variablen (oder Ähnliches) oder Literale repräsentiert. Wenn das compilierte Programm aber läuft, sieht das ganz anders aus. Dann benötigen die Daten eine physische Repräsentation. Im Prozessor, wo mit ihnen gerechnet wird, und im Speicher, wo sie geladen, gespeichert und verändert werden. Speicher kann hier vieles bedeuten: vom schnellen Register über den Zwischenspeicher Cache, den Haupt-

---

9 Solche Zeichenketten sind intern mit einem Ende-Zeichen abgeschlossen, daher ist die Arraylänge 9, nicht die sichtbaren 8 Zeichen.

speicher, Grafikkartenspeicher, die Festplatte oder im weiteren Sinne auch Netz oder Cloud.

Jeder Datentyp hat eine physische Repräsentation, die der Prozessor versteht. In diesem Kapitel gehen wir auf diese Repräsentation kurz ein, denn C++ ist auch eine Sprache, die nah an dieser Repräsentation dran ist und diese direkt manipulieren kann.

4.12.2 Eingebaute Datentypen initialisieren

Einer der wichtigsten Unterschiede dieser Datentypen im Vergleich zum Großteil der anderen – nicht eingebauten – Datentypen ist, dass Sie die Variablen dieser Typen *initialisieren müssen*! Schreiben Sie zum Beispiel int x = 7; oder int x{7};. Wenn Sie die Initialisierung mit 7 weglassen, wird x gar nicht initialisiert. Sein anfänglicher Wert ist dann zufällig, was Folgen haben kann.

Wollen Sie es nicht dem Zufall, sondern dem Compiler überlassen, einen »guten« Wert für die Initialisierung auszusuchen, dann schreiben Sie ein Paar leere geschweifte Klammern {} hinter die Variable. Die Faustregel ist, dass dann mit null oder etwas Äquivalentem initialisiert wird.

```
int x{};        // initialisiert x mit 0 – eingebauter Typ
double y{};     // y wird 0.0 – eingebauter Typ
std::string s{}; // leerer String – Klasse
struct tm {}    // Alle Felder 0 – Aggregat
```

> **Eine Wert-Initialisierung überlässt nichts dem Zufall**
>
> Die Regel, wenn Sie keine andere sinnvollere Initialisierung haben, immer mindestens mit {} zu initialisieren, können Sie sich angewöhnen, denn auch die nicht eingebauten Typen profitieren davon. Sie machen also nichts falsch, wenn Sie dies in Ihr Repertoire aufnehmen. Man nennt es *Wert-Initialisierung*, was so viel heißt wie »Initialisierung mit einem *sinnvollen* Wert«. Bei Typen, die nichts weiter mit {} vorsehen, erhalten Sie so zumindest etwas anderes als kosmisches Rauschen im Computerspeicher.

Unter den nicht eingebauten Typen gibt es einige wenige Ausnahmen, die die Initialisierung mit {} nicht vertragen. Auf die wird der Compiler Sie hinweisen. Es handelt sich dann meist um eine Klasse, bei der Sie Argumente zwischen den Klammern angeben müssen.

4.12.3 Ganzzahlen

Wir haben im Beispiel an mehreren Stellen den Typ unsigned verwendet. Dabei handelt es sich nur um eine Abkürzung von unsigned int. Gegenüber dem normalen signed int, abgekürzt int, kann dieser etwas größere positive Zahlen speichern, aber keine negativen, wie der Name schon vermuten lässt.

Normalerweise sollten Sie für »ganze Zahlen« den Typ int verwenden. Der Zahlenbereich ist jedoch eingeschränkt – benötigen Sie mehr, stehen Ihnen long und long long zur Verfügung. Müssen Sie Platz sparen, dann gibt es short. Alle diese Varianten stehen Ihnen auch in der unsigned-Variante zur Verfügung, also ohne die Möglichkeit, ein Vorzeichen zu speichern, zum Beispiel unsigned long. Stattdessen signed vor den Zahlentyp zu schreiben, ist nicht nötig, da dies der Default ist. Ein int (ob signed oder unsigned) ist üblicherweise das, womit Ihr System am natürlichsten umgehen und wahrscheinlich am schnellsten rechnen kann.

Mit den Ganzzahltypen können Sie arithmetisch rechnen – also multiplizieren und dergleichen. Sie stoßen aber auf die Grenzen des Datentyps, denn logischerweise kann ein unsigned int keinen negativen Wert annehmen. Und sowohl die signed als auch die unsigned-Varianten haben für große Zahlen eine Grenze.

Um zu verstehen, was beim Rechnen mit int-Typen und Verwandten passiert, müssen Sie nur wissen, dass der Computer im *Binärsystem* arbeitet. Das ist nichts anderes als das *Dezimalsystem*, das Sie gewohnt sind, nur dass an jeder Stelle nicht 0 bis 9 stehen kann, sondern nur 0 oder 1 – einer von zwei möglichen Werten (daher »bi«-när). Im vorigen Abschnitt 4.11, »Operatoren«, bin ich im Kasten »Binärsystem« darauf eingegangen.

Die einzelnen Positionen, die 0 oder 1 annehmen können, nennt man *Bits*. Wie viele Bits in eine Variable eines Ganzzahltyps passen, hängt von ihrem System ab. Der Standard sagt, dass char der kleinste und long long der größte Typ ist, mit short, int und long in dieser Reihenfolge dazwischen. Auf heute üblichen Maschinen hat char 8 Bit und long long 64 Bit. Schauen Sie in Tabelle 4.3 für Beispiele zweier heute üblicher Systeme.[10]

Bit	Linux, 64 Bit	Windows	mindestens
8	char	char	char
16	short	short	short, int
32	int	int, long	long
64	long, long long	long long	long long

Tabelle 4.3 Bitbreiten zweier Architekturen und das Minimum als Beispiele

Wenn Sie davon ausgehen, dass ein unsigned int 32 Bit hat, dann ist die größte Zahl, die dieser Datentyp darstellen kann, $1 \times 2^{31} + 1 \times 2^{30} + ... + 1 \times 2^1 + 1 \times 2^0 = 2^{32}-1$, was etwas mehr als 4 Milliarden entspricht. Das ist in Tabelle 4.4 dargestellt. Sie müssen durch Ihr Programm selbst dafür sorgen, dass ein Ausdruck vom Typ int niemals einen größeren Wert annehmen würde.

---

10 Die Windows-Spalte gilt sowohl für 32- als auch 64-Bit-Windows, ebenso für 32-Bit-Linux.

Eine Anmerkung zu den Namen der Ganzzahltypen. Offiziell heißen die Typen int, unsigned int, long int und long long int. Ich selbst kürze unsigned int gewohnheitsmäßig mit unsigned ab, aber Sie werden unsigned int häufig sehen. Bei long und long long wird die ausgeschriebene Version aber nur äußerst selten verwendet.

Bit	unsigned	signed
8	0..255	−128..127
16	0..65 535	−32 768..32 767
32	0..4 294 967 295	−2 147 483 648..2 147 483 647
64	0..18 446 744 073 709 551 615	−9 223 372 036 854 775 808 ..9 223 372 036 854 775 807

Tabelle 4.4 Zahlenbereiche

Ist Ihnen aufgefallen, dass die Anzahl der Bits, die Ganzzahlen breit sein können, durch acht teilbar ist? Ich sage Ihnen wahrscheinlich auch nichts Neues damit, dass in den meisten Computersystemen 8 Bit ein *Byte* ausmachen.[11] Ein Byte ist in C++ die kleinste *adressierbare* Dateneinheit. Ein Byte im Speicher hat eine Adresse x, das Byte daneben Adresse x+1.

Auf einem typischen System hat ein unsigned int 32 Bit, also 4 Byte, wie Sie in Tabelle 4.3 sehen. Die Einheit, die auf einer gegebenen Architektur besonders vorteilhaft ist, nennt man ein *Datenwort* (oder einfach engl. *word*). Lassen Sie uns für dieses Buch davon ausgehen, dass 4 Byte ein Datenwort ausmachen. Auf anderen Architekturen ist das anders.

Daraus leiten sich dann die Begriffe *Halbwort*, *Doppelwort* und *Vierfachwort* ab, die 16 Bit, 64 Bit (8 Byte) und 128 Bit (16 Byte) umfassen. Die englischen Bezeichnungen *half word*, *double word* und *quad word* (oder kurz *qword* oder *quad*) sind wahrscheinlich häufiger zu finden. Wenn man von einer kleineren Wortgröße ausgeht, gibt es auch den Begriff Achtfach- oder Doppelvierfachwort. Statt *half word* oder *double word* wird auch oft *short word* oder *long word* verwendet, und da sieht man dann die Nähe von C und C++ zur Maschinenrepräsentation. Es ist jedoch besondere Vorsicht geboten, denn hier divergieren Linux- und Windows-Jargon – speziell *long word* kann auch mal das Gleiche bedeuten wie *word*.

Zu guter Letzt spricht man noch vom *Nibble*, mit dem man ein halbes Byte meint: Das obere Nibble bezeichnet die vier höherwertigen, das untere Nibble die vier niederwertigen Bits. Ein Nibble können Sie mit einem hexadezimalen Zeichen darstellen, siehe Tabelle 4.6.

Wie schon gesagt, sind die Begrifflichkeiten auf unterschiedlichen Architekturen eventuell verschoben. Die Begriffe zu kennen, ist dennoch wichtig, weil sie oft in Dokumentatio-

---

11 Ja, es gibt Ausnahmen.

4   Die Grundbausteine von C++

nen stehen – Schnittstellenbeschreibungen zu spezialisierter Hardware wie Grafikkarten beziehen sich darauf (und haben oft ihre eigene Interpretation der Breiten). Hardwarenahe Werkzeuge beziehen sich ebenfalls auf diese Begriffe. Im Assemblercode[12] auf einem x86-64-Linux bedeutet imull zum Beispiel »multiply long« und wird eingesetzt, wenn ein C++-int oder -short multipliziert wird. Ein imulq für »multiply quad« multipliziert long oder long long. Der gleiche Code auf einem ebenfalls 64-bittigem MIPS verwendet mul für short und int und dmult für long und long long. Damit will ich sagen, dass Sie immer aufpassen müssen, was das von Ihnen eingesetzte Werkzeug auf Ihrer Architektur gerade meint. In Listing 4.28 habe ich den gleichen Code auf zwei verschiedenen 64-Bit-Architekturen in Assembler übersetzen lassen. Beachten Sie die Suffixe der Befehle, die sich auf die Operandenbreite beziehen.

```
C++                              x86-64-Linux             MIPS64
long long sq(long long n) {      sq(long long):           sq(long long):
   return n * n;                    imulq %rdi, %di          dmult $4,$4
}                                   movq  %rdi, %rax         j     $31
                                    ret                      mflo  $2

long sq(long n) {                sq(long):                sq(long):
   return n * n;                    imulq %rdi, %di          dmult $4,$4
}                                   movq  %rdi, %rax         j     $31
                                    ret                      mflo  $2

int sq(int n) {                  sq(int):                 sq(int):
   return n * n;                    imull %edi, %di          j     $31
}                                   movl  %edi, %eax         mul   $2,$4,$4
                                    ret

short sq(short n) {              sq(short):               sq(short):
   return n * n;                    imull %edi, %di          andi  $4,$4,0xffff
}                                   movl  %edi, %eax         mul   $2,$4,$4
                                    ret                      j     $31
                                                             seh   $2,$2

char sq(char n) {                sq(char):                sq(char):
   return n * n;                    movl  %edi, %eax         andi  $4,$4,0xff
}                                   imull %edi, %eax         mul   $2,$4,$4
                                    ret                      j     $31
                                                             seb   $2,$2
```

Listing 4.28 Selbst auf zwei 64-Bit-Architekturen können unterschiedliche Werkzeuge für Wortgrößen unterschiedliche Begriffe wählen.

Ob nun Wörter oder Bytes, im Speicher liegen sie nebeneinander. Angenommen ein unsigned int hat 32 Bit, dann ist die abstrakte Ganzzahl 123 456 789 v in 4 Byte mit den Werten 7, 91, 205 und 21 gespeichert. Sie können daraus wieder den ursprünglichen Wert errechnen, indem Sie die einzelnen Werte als Positionen in einem 256er-Zahlensystem auffassen,

---

12 AT&T- oder GAS-Syntax

also
$7 \times 256^3 + 91 \times 256^2 + 205 \times 256^1 + 21 \times 256^0$.

Die Werte von Bytes werden selten als Dezimalzahlen geschrieben. Es ist sehr verbreitet, sie als Hexadezimalzahlen zu schreiben, also 0x07, 0x5b, 0xcd und 0x15. So hat jedes Byte genau zwei Buchstaben (plus 0x-Präfix). Fügt man die zusammen, ergibt sich eine 8 Zeichen lange Hexadezimalzahl: 0x075bcd15 oder ohne führende Null auch 0x75bcd15.

Mit dieser Notation können Sie nun wunderschön eine dicht gepackte Folge von int-Werten im Speicher darstellen, siehe Abbildung 4.2

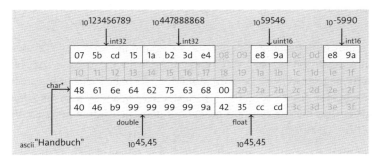

Abbildung 4.2 Daten im Speicher (Big Endian)

Sie sehen, dass die beiden dezimalen Zahlen 123 456 789 und 447 888 868 zu Beginn direkt nebeneinander abgelegt sind. Der Inhalt der Speicherzellen ist in hexadezimalen Zahlen dargestellt.

Speicherausrichtung

Es ist nicht ganz zufällig, dass die Datenelemente in der Abbildung immer so abgelegt sind, dass ihr erstes Byte auf einer durch vier teilbaren Adresse liegt. Man nennt das *Speicherausrichtung* (engl. *Alignment*). Vier Byte entsprechen einem 32-Bit-Alignment. Die meisten modernen Maschinen funktionieren schneller, wenn das der Fall ist. Um die optimale Geschwindigkeit zu erhalten, werden Daten nötigenfalls nicht dicht nebeneinander gepackt, sondern mit »leeren« Bytes dazwischen verschoben. Im Beispiel ist dies bei 59 546 und −5 990 der Fall: Die Adressen 0c und 0d dazwischen enthalten keine sinnvollen Daten.

Manche Maschinen kommen sogar gar nicht damit klar, wenn die Daten bestimmter Datentypen nicht mit passendem Alignment abgelegt werden. Dann muss man beim Lesen die Daten erst zeitraubend kopieren. Außer 32-Bit-Alignment gibt es auch 16-Bit-, 64-Bit- und sogar 128-Bit-Alignment. Kein Alignment bedeutet, dass die Startposition egal ist und entspricht 8-Bit-Alignment und kommt ebenfalls vor.

Um die Speicherausrichtung müssen Sie sich normalerweise nicht kümmern, das erledigt der Compiler für Sie.

Zur Veranschaulichung enthält die Abbildung noch weitere Daten. Die hexadezimale Bytefolge 0xe89a wird für einen uint16_t (zum Beispiel unsigned short) als 59 546 interpretiert. Wenn die Bytefolge mit einem int16_t (zum Beispiel short) gelesen wird, dann entspricht das −5 990. Der C-String "Handbuch" hat ein abschließendes \0-Byte. Welche Buchstaben welches hexadezimale Byte bedeuten, ist im *ASCII-Standard* festgelegt. Zum Schluss habe ich die dezimale Fließkommazahl 45,45 noch als double und float hexadezimal abgelegt.

Byte-Reihenfolge

Für den Rest dieses Abschnitts möchte ich das 0x-Präfix weglassen. Wenn nicht anders erwähnt, sind Dezimalzahlen wie 123 in normaler Schrift, Hexadezimalzahlen wie a87f in Listingschrift.

Die Zahl 447 888 596 ergibt in Bytes aufgeteilt also 1a, b2, 3c und d4. An Adresse x speichere man 1a und an Adresse x+1 b2, bei x+2 3c und zuletzt bei x+3 d4 – oder zusammengeschrieben an Adressen x..x+3 1a b2 3c d4. In Abbildung 4.3 habe ich das dargestellt. Nummeriert man die acht Hex-Ziffern von ihrer niedrigsten Wertigkeit so, dass die Ziffer mit dem höchsten Stellenwert die 8 bekommt und die mit dem niedrigsten die 1, ist die Nummerierung also 87 65 43 21.

Diese Speicherung kommt uns natürlich vor, weil sie wie unser Zahlensystem die höchstwertige Stelle der gesamten Zahl zuerst nennt und die niederwertigste zuletzt. Genauso wie wir bei einer 123 die erste Ziffer 1 die höchste Wertigkeit zuordnen und der letzten 3 die niedrigste. Diese Art der Speicherung nennt man *Big Endian* (frei übersetzt »Großender«). Sie speichert das *most significant byte* zuerst, abgekürzt *MSB*.

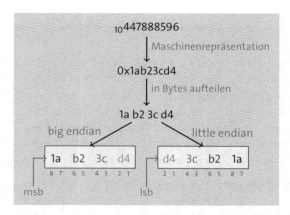

Abbildung 4.3 Zahlen können mit dem höherwertigen oder dem niederwertigen Byte zuerst gespeichert werden.

Die andere Möglichkeit, die Zahl 447 888 596 zu speichern, ist *Little Endian* – das niederwertigste Element zuerst. Das ergibt dann im Speicher an Adressen x..x+3 d4 3c b2 1a. Es kommt also das *least significant byte* zuerst, kurz *LSB*. Meinem persönlichen Geschmack nach sieht das wirr aus, insbesondere weil ja jede einzelne zweistellige Hex-Zahl trotzdem ihre größere Komponente zuerst nennt und die niedrige danach. Nummeriert man die acht Hex-Ziffern wieder wie oben, ergibt das 21 43 65 87. Wenn ich eine solche Folge interpretieren will, hilft mir persönlich nur, sie mir andersherum aufzuschreiben. Dennoch hat dieses Speicherformat seine Vorteile: Wenn der Computer bei Adresse x anfängt zu lesen und das Byte dort interpretiert, dann bleibt die d4, die er liest, immer eine d4, egal ob diese Teil eines int, eines short oder eines long ist. Es ist ein kleiner Vorteil, den sich die frühen CPUs wohl zunutze machten.

Warum stelle ich diese Fragen und tue Little Endian nicht einfach als esoterischen Sonderling ab? Weil es keiner ist: Intel-Prozessoren inklusive des Pentiums im Inneren Ihres Computers – behaupte ich, ohne ein großes Risiko, mich zu vertun, einzugehen – ist einer dieser Vertreter. Das gilt natürlich auch für die kompatiblen AMD Opterons und APUs. Ein anderer Name für diese Speichervariante ist übrigens *Intel Byte Order Convention*. Aber auch andere frühe Bekannte kamen Little Endian auf die Welt: der berühmte Zilog Z80, sowie der ehrenwerte MOS Technology 6502 des Commodore C64, Apple II, Atari oder NES.

Was tritt historisch dagegen an? Big Endian wird gesprochen von der Motorola 68k-Familie, PowerPCs, MIPS und SPARC. Ja, einige wenige davon gibt es noch.

Plattformübergreifende Darstellung

Damit beim Austausch von Daten zwischen Maschinen die Daten durch unterschiedliche Interpretationen der Bytereihenfolge von Sender und Empfänger nicht durcheinandergewürfelt werden, existiert vor allem im Netzwerkbereich eine Abmachung, mit welcher Bytereihenfolge die Daten zu übertragen sind. Dies nennt man deshalb die *Netzwerk Bytereihenfolge* (engl. *network byte order*). Wenn Sie ein Programm schreiben, dann ist Ihr Programm der »Host« (ein »Gastgeber«), daher sind Sie immer dafür verantwortlich, die Daten beim Speichern oder Senden von der Host-Reihenfolge in die Netzwerkreihenfolge zu übersetzen und beim Lesen oder Empfangen andersherum.

Auf den meisten Plattformen gibt es dafür Funktionen wie htons (»Host-to-Network-Short«) und ntohl (»Network-to-Host-Long«). Sie sollten diese Funktionen immer bemühen, wenn Sie ein portables Programm schreiben wollen. Lesen Sie aber die Spezifikation Ihres Protokolls genau, denn es gibt Ausnahmen.

Sie fragen jetzt, ob die Netzwerkreihenfolge Little oder Big Endian ist? Soll ich es Ihnen wirklich verraten? Wenn Sie portable Programme schreiben wollen, sollten Sie das gar nicht wissen müssen, denn Sie sollten die Umwandlungsfunktionen auch dann verwenden, wenn Host- und Netzreihenfolge identisch sind. Aber gut, wenn Sie unbedingt wollen: Die Netzwerkreihenfolge entspricht Big Endian. Wenn Sie also auf einem solchen System sind, dann tun die Funktionen nichts. Rufen Sie sie besser trotzdem auf.

4 Die Grundbausteine von C++

Mit dem Internet hat das Big-Endian-Lager also einen starken Vertreter gewonnen. Und das ist vielleicht auch der Grund, warum die aktuellen Eroberer, die mobilen CPUs von Handys, Tablets und sonstigen verbundenen Geräten, in denen zumeist eine ARM-Recheneinheit ihre Dienste verrichtet, *Bi-Endian* sind, also beides können.

Ganzzahl-Literale

Im Quellcode können Sie eine Ganzzahl einfach im Dezimalsystem niederschreiben. Durch ein Suffix können Sie angeben, ob es sich um ein `signed` oder `unsigned` handelt und welche Breite das Literal darstellt. Ohne Suffix handelt es sich um einen `int`. In der Praxis ist die Angabe aber nur in Sonderfällen nötig, da der Compiler bei Initialisierung und Ähnlichem selbst erkennt, um welchen Ganzzahltyp es sich bei dem Literal handelt. In Tabelle 4.5 sehen Sie die möglichen Suffixe mit Beispielen.

Seit C++14 können Sie in jedes Zahlenliteral zwischen Ziffern einfache Anführungszeichen ' verteilen. Sie beeinflussen die Zahl nicht. Bei dezimalen Zahlen sind Dreiergruppen sinnvoll, um die übliche Lesegruppierung zu erreichen.

Typ	Suffixe	Beispiele
int		42, −12
unsigned	u, U	3u, 123U
long	l, L	−999l, 88'888L
unsigned long	ul, UL,	77'777ul, 6'666UL
long long	ll, LL	43'214'321ll, −12'341'234LL
unsigned long long	ull, ULL	23'443'212ull, 1ULL

Tabelle 4.5 Ganzzahl-Suffixe und die dazugehörigen Typen

C++ erlaubt auch, dass Sie eine Ganzzahl im 8er-System (*oktal*) oder 16er-System (*hexadezimal*) niederschreiben. Die haben den Vorteil, dass immer drei bzw. zwei Stellen ein Byte (8 Bit) ergeben und manchmal so besser zu lesen sind als im Dezimalsystem. Seit C++14 können Sie sogar eine Zahl im 2er-System (*binär*) als Literal schreiben. Um das Zahlensystem (die Basis) des Literals anzugeben, verwenden Sie ein Präfix. In Tabelle 4.6 sehen Sie die möglichen Präfixe. Sowohl bei den Präfixen als auch bei den Buchstaben des 16er-Systems sind Groß- und Kleinschreibung gleichwertig, zwischen `0xFF` und `0Xff` wird zum Beispiel nicht unterschieden.

Auch hier können Sie zwischen den Ziffern einfache Anführungszeichen ' zur Gruppierung einstreuen. Üblich sind hier Dreiergruppen bei dezimalen und oktalen Literalen. Bei binären und hexadezimalen Literalen sind Zweier-, Vierer- oder Achtergruppen üblich.

4.12 Eingebaute Datentypen

Fortgeschritten wird es, wenn Sie die Präfixe für das Zahlensystem mit den Suffixen des Datentyps kombinieren – aber wie gesagt, die Suffixe sind in den seltensten Fällen nötig. Mit 0xffULL definieren Sie 255 als unsigned long long.

Basis	Präfix	Beispiele	Dezimal als int
10		255, −4	255, −4
16	0x	0xff, 0xCAFE	255, 51966
8	0	0377, 0777666	255, 262070
2	0b	0b1111'1111, 0b0101	255, 5

Tabelle 4.6 Ganzzahl-Präfixe für die unterschiedlichen Zahlensysteme

Operationen auf Ganzzahlen

Mit allen Ganzzahltypen können Sie arithmetisch rechnen, wie Sie es erwarten sollten: Multiplikation mit *, Addition und Subtraktion mit + und - sowie die Division ohne Rest mit /. Letzteres heißt, wenn Sie 20 / 7 rechnen, dann kommt dabei 2 heraus – die Nachkommastellen werden einfach abgeschnitten. Mit % erhalten Sie den Rest (*Modulo-Operation*):

```cpp
#include <iostream>
int main() {
    std::cout << 3 + 4 * 5 + 6 << "\n";             // 29
    std::cout << 20/7 << " Rest " << 20%7 << "\n";  // 2 Rest 6
}
```

Listing 4.29 Arithmetik mit Ganzzahlen

Für aufwendigere Berechnungen müssen Sie sich Funktionen selbst schreiben oder auf Fließkommazahlen wie double zurückgreifen, zu denen es in der Standardbibliothek im Header <cmath> eine Vielzahl von berechnenden Funktionen gibt.

Hilfreich könnten die Bitoperationen sein, die wir schon in Abschnitt 4.11, »Operatoren«, erwähnt haben. Hier sehen Sie noch einmal ein kurzes Beispiel dazu:

```cpp
#include <iostream>
int main() {
    unsigned a = 0b1111'0000;       // 240
    unsigned b = 0b0011'1100;       // 60
    std::cout << ( a | b ) << "\n"; // Bit-Oder: 252, in Bits 1111'1100
    std::cout << ( a & b ) << "\n"; // Bit-Und: 48, in Bits 0011'0000
    std::cout << ( a ^ b ) << "\n"; // Exklusiv-Oder: 204, in Bits 1100'1100
    unsigned int c = 170;           // in Bits 0..(24x0)..0'1010'1010
    std::cout << ( ~c ) << "\n";    // Inv.: 4294967125, Bits: 1..(24x1)..1'0101'0101
}
```

Listing 4.30 Bitoperationen

109

4 Die Grundbausteine von C++

An dieser Stelle ist es mir wichtig, dass Sie die Konzepte der Ganzzahlen in C++ verstehen und lernen, wie Sie sie einsetzen. Ich weise auf die typischen Fußangeln hin und gebe ein paar Fallbeispiele.

▶ Es gibt die Ganzzahltypen char, short, int, long und long long, jeweils in einer signed- und unsigned-Form.

▶ Auf den unterschiedlichen Systemen sind diese unterschiedlich breit, nur die Reihenfolge ihrer Größen ist festgelegt.

▶ char ist besonders, weil es außer zum Rechnen auch gern zum Speichern von Zeichen verwendet wird (daher der Name).

▶ Ihre Allzweck-Ganzzahltypen sollten int und unsigned sein.

▶ Mit allen Zahlen können Sie in C++ »normal« rechnen – einfache Arithmetik und Bitoperationen werden direkt unterstützt.

▶ Innerhalb eines Ausdrucks mit zwei Operanden unterschiedlichen Typs wird einer möglicherweise umgewandelt, bevor die Rechnung ausgeführt wird.

Ganzzahl-Überlauf

unsigned int x = 5 - 10; rechnen, dann passieren seltsame Dinge: Für den Computer wird dies zu einer riesigen Zahl. Das Gleiche passiert am anderen Ende des Spektrums: Auf vielen aktuellen Computern hat ein unsigned int 32 Bit, und wenn diese nicht ausreichen, um eine Zahl zu speichern, dann fängt der Computer wieder bei null an. Beides nennt man einen *Überlauf* (engl. *Overflow*). Seien Sie hierbei vorsichtig, wenn Sie mit den signed-Varianten arbeiten, denn bei diesen ist nicht festgelegt, was bei einem Überlauf passiert. Generell gilt es, einen Überlauf zu vermeiden, außer Sie wissen bei einem signed-Typ genau, was Sie tun.[13]

Arithmetische Typumwandlung

Bisher haben wir es uns einfach gemacht: Wir haben einem Operator immer zwei Operanden gleichen Typs mitgegeben. Wenn Sie zwei unterschiedliche Typen verwenden, dann nimmt der Compiler für den kleineren Ganzzahltyp eine *implizite Typumwandlung* vor: Er wird zunächst in eine temporäre Variable des größeren Typs kopiert. Der Ergebnis-Typ des Ausdrucks ist dann der größere Typ.

Zum Beispiel wird mit unsigned char c = 50; int n = 500; im Ausdruck c+n das c vor der Berechnung in einen int mit dem Wert 50 umgewandelt. Dadurch ist es möglich, dass das Ergebnis von 550 überhaupt berechnet werden kann (ein char wäre dafür zu klein). Der Ergebnis-Typ des Ausdrucks ist ebenfalls int, denn das ist der größere der beiden beteiligten Typen.

Es wird knifflig, wenn Sie signed- und unsigned-Typen mischen. Hier eine Faustregel:

---

13 *How disastrous is int overflow in C++?*, http://stackoverflow.com/questions/9024826, [2014-01-31]

▶ Sollte der beteilige vorzeichenbehaftete Operand größer sein als der vorzeichenlose, dann wird er auch für das Ergebnis verwendet, und Sie können einigermaßen sicher sein, dass die Konvertierung nichts zerstört.

▶ Sind beide gleich groß, dann bekommt das Ergebnis den vorzeichenlosen Typ, und eventuell vorhandene negative Zahlen gehen verloren.

In der Praxis wirkt sich das wie folgt aus: `signed` und `unsigned` sind ja beide gleich groß – beides `int`. Wenn Sie ein `signed` s1 = **-4**; und ein `unsigned` u1 = 2 addieren, dann legt der Compiler für das Ergebnis `unsigned` als Typ fest. Das bewirkt, dass -4 vor der Addition in einen `unsigned` umgewandelt wird – und wird dadurch zu 4294967292 (bei `int` mit 32 Bit). Das Ergebnis ist dann also etwas überraschend 4294967294. Und da diese Regeln für Vergleiche ebenso gelten wie für Arithmetik, wird auch if(s1<u1) überraschenderweise zu »falsch« ausgewertet – oder noch expliziter: if(-4 < 2u) wird in C++ vom Compiler als `false` ermittelt.

Vermeiden Sie das Mischen

Wenn Sie mit Zahlenbereichen zu tun haben, die bei einer solchen Konvertierung gefährdet sind – negative oder große Zahlen –, sollten Sie sich nicht auf die implizite Konvertierung verlassen. Wandeln Sie dann die Operanden selbst vorher um, und sei es nur, damit Sie sich der Problematik bewusst sind. Schreiben Sie nicht if(mySize > theLimit)…, wenn die beiden Typen unterschiedliche Vorzeichen haben, sondern wandeln Sie selbst um. So machen Sie sich bewusst, dass hier etwas passiert, worauf man ein Auge haben muss:

```
if(mySize > (long)theLimit) ...
```

Noch besser wäre es natürlich, die beiden Zahlen hätten von Anfang an den gleichen Typ.

Alias-Zahlentypen

Es gibt Zahlentypen, die auf Systemen unterschiedlich definiert sind. Prominentes Beispiel ist `size_t` – manchmal ist dieser Typ identisch mit `unsigned int`, manchmal mit `unsigned long` oder sogar mit `unsigned long long`. Aber wenn Sie Variablen dieser Typen nur zu dem Zweck einsetzen, zu dem sie gedacht sind, dann interessiert Sie der genau zugrunde liegende Typ auch gar nicht.

Wollen Sie beispielsweise die Größe einer Datenstruktur wissen, dann setzen Sie `size-of(daten)` ein. Die Rückgabe ist dann ein `size_t` – und darin sollten Sie das Ergebnis speichern. Natürlich ist dies eigentlich einer der anderen `int`-Typen, welcher genau, das müssen Sie nicht wissen. Es handelt sich um einen *Alias* für den (unbekannten) wirklichen Typ.

Diese Aliase sind mit `using` erzeugt worden und stehen meist dann zur Verfügung, wenn Sie ohnehin den entsprechenden `#include` schon verwenden. Zum Beispiel könnte `size_t` so definiert worden sein:

```
using size_t = unsigned long long;
```

4   Die Grundbausteine von C++

»typedef« versus »using«

Wenn Sie jetzt nachsehen, werden Sie wahrscheinlich kein using in Ihren Headern finden, denn die Methode, dies vor C++11 zu machen, war:

typedef unsigned long long **size_t**;

Ich empfehle Ihnen, den neuen Stil zu verwenden. Es mag Geschmackssache sein (oder wie man es gewohnt ist), aber mir persönlich gefällt der Stil besser, bei dem der neu eingeführte Name links von einem Gleichheitszeichen = steht. Ich zeige Ihnen den typedef-Stil aber, weil wir ihn wahrscheinlich noch sehr lange sehen werden.

Wie Sie in Kapitel 24, »Container«, sehen werden, kann ein vector sehr viele Elemente halten. Sie können mit eckigen Klammern [ ] auf die einzelnen Elemente per Index zugreifen. Dieser Index muss eine Zahl sein – genauer ein size_t. Wenn Sie also eine Zählvariable für einen Vektorindex definieren, können Sie diese sehr gut einen size_t sein lassen:

```cpp
#include <vector>
#include <cstddef>   // size_t
int main() {
    std::vector<int> data = {  100, -4, 6'699, 88, 0,  } ;
    int sum = 0;
    for(size_t idx = 0; idx < data.size(); ++idx) { // ein bestimmter int-Typ
        sum += data[idx];
    }
}
```

Listing 4.31 Indexvariablen können gut vom Typ »size_t« sein.

Es soll Ihnen aber nicht verschwiegen werden, dass die obige Summe natürlich viel besser per for(auto d: data) sum += d; hätte implementiert werden können. Oder Sie könnten gleich einen Algorithmus aus <algorithm> und auto sum = std::accumulate(data.begin(), data.end(), 0); einsetzen. In beiden Fällen kann man sehen, dass man sich mit C++11 die genaue Kenntnis eines Typs inzwischen häufig sparen kann.

Andere oft genutzte Aliase mit typischen Definitionen für bestimmte Ganzzahltypen sehen Sie in Tabelle 4.7.

Alle Typen aus <cstdint> gibt es jeweils für 8, 16, 32 und 64 Bit. Die Varianten least und fast können größer sein. Dafür sind die Varianten int8_t bis int64_t nur dann definiert, wenn es sie auf dem System auch exakt in dieser Größe gibt – was aber meist der Fall sein sollte.

4.12.4   Fließkommazahlen

Die Fließkommazahlen sind – daher der Name – nicht nur für Ganzzahlen gedacht. Anstatt bei der Division den Rest von 5/2 wegzuwerfen, können Sie ihn in einem double speichern:

112

4.12   Eingebaute Datentypen

`double x = 5.0 / 2.0;` speichert 2.5 in x. Doch Achtung, auch Fließkommazahlen haben ihre Grenzen:

▶ **Überlauf**

Zwar ist der Zahlenbereich um vieles größer als bei int, doch auch ein double kann überlaufen. Größere Zahlen als etwa 10^{300} und kleinere als -10^{300} kann er nicht speichern.

▶ **Genauigkeit**

Viel kritischer ist es aber um die Genauigkeit bestellt: Denn je weiter Sie sich von der Null als Mitte entfernen, desto gröber werden die Werte, die double speichern kann: Zwischen zwei »benachbarten« double-Zahlen liegen immer größere Schritte. Ab etwa 10^{15} ist das mehr als 1. Wenn Sie sie in double speichern, sind für den Computer die Zahlen $10^{16}+1$ und $10^{16}+2$ identisch, siehe Listing 4.32.

▶ **Rundung**

Aber auch mit Zahlen nahe der Null hat double Probleme. Denn wo ein int zum Beispiel 7 exakt speichern kann, hat ein double mit 0.1 Probleme – und erst recht mit $^1/_3$, also $0.\bar{3}$, wie Sie in Abbildung 4.4 sehen können.

Alias	auf 64-Bit-Linux	Einsatz
`size_t`	`long unsigned int`	Größen, die nicht negativ sein können, zum Beispiel Containergrößen
`ptrdiff_t`	`long int`	Abstand zweier Adressen wie `ptrdiff_t d = &x - &y;`
`time_t`	`long int`	aus `<ctime>` zum Speichern von Sekunden seit 1.1.1970
`int8_t`	`signed char`	Integer mit genau 8 Bit aus `<cstdint>`
`int64_t`	`long int`	Integer mit genau 64 Bit aus `<cstdint>`
`int_least64_t`	`long int`	Integer mit mindestens 64 Bit
`int_fast16_t`	`long int`	schneller Integer mit mindestens 16 Bit

Tabelle 4.7 Einige häufig genutzte Aliase für bestimmte Ganzzahltypen

```
#include <iostream>        // cout
#include <iomanip>         // setprecision
#include <cmath>           // fabs
using std::cout;           // cout als Abkürzung für std::cout
int main() {
    cout << std::fixed << std::setprecision(25);   // für besser lesbare Ausgabe
    // 0.1 und 0.01 kann double nicht exakt speichern
    double x = 0.1 * 0.1;
```

4   Die Grundbausteine von C++

```cpp
cout << "0.1*0.1: " << x << "\n";
// Ausgabe: 0.1*0.1: 0.010000000000000019428903
if(x == 0.01) {        // vergleichen Sie double niemals mit ==
    cout << "ja! x == 0.01" << "\n";
} else {
    cout << "Oh-oh! x != 0.01" << "\n";        // Sie sehen diese Ausgabe
}
// Achtung vor allem beim Vergleich mit 0.0
double null = x - 0.01;
cout << "null: " << null << "\n";
// Ausgabe: null: 0.000000000000000017347235
if(std::fabs(null) < 0.00000001) {             // gegen ein "Epsilon"
    cout << "ja! null ist nahe 0.0" << "\n";   // Sie sehen diese Ausgabe
} else {
    cout << "Oh-oh! null nicht nahe 0.0" << "\n";
}
// Brüche von 2er-Potenzen sind weniger kritisch
double y = 0.5 * 0.5;
cout << "0.5*0.5: " << y << "\n";
// Ausgabe: 0.5*0.5: 0.250000000000000000000000
if(y == 0.25) {      // hier klappt der gefährliche Vergleich ausnahmsweise
    cout << "ja! y == 0.25" << "\n";           // Sie sehen diese Ausgabe
} else {
    cout << "Oh-oh! y != 0.25" << "\n";
}
//
return 0;
}
```

Listing 4.32 »double« kann Zahlen nicht immer exakt speichern. Rechnen und Vergleichen mit »==« ist ein Fehler.

Fließkommazahlen nicht mit == vergleichen

Weil keiner der Fließkommatypen float, double und long double alle Zahlen exakt speichern kann, sollten Sie niemals auf Gleichheit testen, indem Sie == verwenden. Bilden Sie stattdessen die Differenz und prüfen Sie, ob das Ergebnis nahe bei null liegt. Wenn Sie zum Beispiel wissen wollen, ob die beiden double-Werte a und b »fast gleich« sind, können Sie dies so prüfen:

```cpp
if( fabs(b-a)<0.0001 )...
```

Die Funktion fabs() ermittelt den Absolutwert (macht ihn positiv) und befindet sich im Header <cmath>. Für 0.0001 setzen Sie ein *Epsilon* ein, das zu Ihrer Anwendung passt.

Fließkomma-Literale

So ähnlich wie Ganzzahlen können Sie Fließkommazahlen ganz natürlich in den Quelltext schreiben. Als Dezimaltrenner müssen Sie jedoch den Punkt . verwenden, das kontinentale Komma funktioniert hier nicht. Aber das sind Sie bei der Arbeit am Computer wahrscheinlich schon gewohnt. Schreiben Sie also zum Beispiel 124.258, um eine Fließkommazahl als Literal zu schreiben. An dem Punkt . erkennt der Compiler, dass es sich nicht um eine Ganzzahl handelt.

```cpp
#include <iostream>
#include <iomanip>                    // fixed, setprecision
using std::cout;                      // abgekürzt cout
int main() {
    cout << std::setprecision(2) << std::fixed; // zwei Nachkommastellen anzeigen
    cout << "1/4: " << 0.25 << "\n";            // Komma-Schreibweise für double
    // Ausgabe: 1/4: 0.25

    cout << "2/4: " << 0.5 << "\n";
    // Ausgabe: 2/4: 0.50
    cout << "3/4: " << 0.75 << "\n";
    // Ausgabe: 2/4: 0.75
    cout << "4/4: " << 1 << " oder " << 1.0 << "\n"; // erkennt 1 als int
    // Ausgabe: 1 oder 1.00
    cout << "1e0: " << 1e0 << "\n";             // wissenschaftliche Schreibweise
    // Ausgabe: 1e0: 1.00
}
```

Listing 4.33 Mehrere Möglichkeiten, um »double«-Literale zu kennzeichnen

Hat die Fließkommazahl wie bei << 1 << zufällig keine Nachkommastellen, dann schreiben Sie zur Unterscheidung vom Ganzzahlliteral mindestens den Punkt – und noch Nullen, wenn Sie wollen: 1., 1.0, 1.00, 1.000 etc. Eine 1 ohne Punkt ist für den Compiler ein int. Das funktioniert in vielen Fällen trotzdem, denn wenn der Compiler weiß, dass Sie eigentlich einen double meinen, dann wandelt er die int-Eins in eine double-Eins ohne Verlust um. In den Fällen, in denen aber beides möglich wäre, sollten (oder müssen) Sie die Fließkommazahl kenntlich machen. Der Ausgabeoperator bei << 1 << weiß nicht, ob Sie einen int meinen, daher gibt er die 1 als solche aus. Die 1.0 erkennt der Compiler als Fließkommazahl, und die Ausgabe passt.

Der Typ eines solchen Fließkommaliterals ist double. In den meisten Fällen macht es heutzutage Sinn, diesen Datentyp als erste Wahl bei der Rechnung mit Fließkommazahlen zu nehmen. Die heutige Hardware ist für das Rechnen damit ausgelegt. Wenn Sie aus irgendwelchen Gründen Platz sparen müssen (oder andere Gründe haben), dann machen Sie ein Fließkommaliteral durch ein angehängtes f oder F zu einem float. Das Anhängen eines l oder L kennzeichnet einen long double.

4 Die Grundbausteine von C++

```cpp
#include <iostream>
#include <iomanip> // fixed, setprecision
int main() {
    std::cout << std::setprecision(30) << std::fixed; // immer 30 Stellen ausgeben
    std::cout << 1.11122233344455556667778888999f << "\n"; // float-Literal
    // Ausgabe: 1.111222386360168457031250000000
    std::cout << 1.11122233344455556667778888999 << "\n"; // double ist Default
    // Ausgabe: 1.111222333444555676607023997349
    std::cout << 1.11122233344455556667778888999d << "\n"; // double-Literal
    // Ausgabe: 1.111222333444555676607023997349
    std::cout << 1.11122233344455556667778888999L << "\n"; // long double
    // Ausgabe: 1.111222333444555666740784227731
}
```

Listing 4.34 Fließkommaliterale werden irgendwann ungenau.

Die Fließkomma-Besonderheiten

Anders als bei den Ganzzahlen sind Limits und Genauigkeit bei den Fließkommatypen auf fast allen Systemen gleich. Sie müssten schon ein ausgefallenes (oder altes) System haben, wenn es hier Unterschiede geben sollte.

Die Fallstricke bei der Arbeit mit Fließkommazahlen lauern eher an anderer Stelle, nämlich wie eingangs schon gesagt bei der Genauigkeit und der Rundung der Nachkommastellen. Hinzu kommen noch Operationen in den »Dunkelbereichen« der Mathematik.[14] So kann eine Fließkommavariable nicht nur eine gültige Zahl speichern, sondern noch ein paar ganz spezielle Werte annehmen:

▶ Wenn Sie durch 0.0 teilen, löst das bei Fließkommazahlen keine Exception aus. Das Ergebnis ist dann »unendlich« (engl. *infinite*). Prüfen Sie eine Variable x mit der Funktion std::isfinite(x) aus dem Header <cmath> daraufhin, ob sie noch einen endlichen Wert darstellt.

▶ Nur 0.0/0.0 ergibt nicht unendlich, sondern »Not-a-Number« (*NaN*), ebenso wie sqrt(-1.0), die Wurzel aus −1. Alle weiteren Berechnungen mit NaN ergeben wieder NaN. Mit der Funktion std::isnan(x) können Sie einen Wert daraufhin überprüfen.

Mehr zu den noch technischeren Details finden Sie in den nächsten Abschnitten.

Fließkomma-Interna

Wenn Sie wirklich verstehen wollen, wie Fließkommazahlen in C++ funktionieren, dann müssen Sie sich mit deren interner Darstellung in C++ beschäftigen. Diese richtet sich nach dem IEEE-754-Standard[15].

---

14 *Cross-Platform Issues With Floating-Point Arithmetics in C++*, Günter Obiltschnig et al, *http://www.appinf.com/download/FPIssues.pdf*, ACCU Conference 2006, [2013-12-15]

15 *http://en.wikipedia.org/wiki/IEEE_floating_point*, [2013-11-14]

4.12 Eingebaute Datentypen

Ein double hat in C++ 64 Bits. Damit die Bits so große Zahlen wie 10^{300} und so geringe Beträge wie $\frac{1}{10^{300}}$ speichern können, werden diese intern in drei Gruppen aufgeteilt, das *Vorzeichen*, den *Exponenten* und den *Signifikanten* (auch *Mantisse* genannt). Die Zahl wird dann skaliert gespeichert, nämlich nach der Formel:

$$V \times 1.S \times 2^E$$

Zeichen	Beschreibung	einfach	doppelt	vierfach
V	*Vorzeichen*	1 Bit	1 Bit	1 Bit
E	*Exponent*	8 Bit	11 Bit	15 Bit
S	*Signifikant*	23 Bit	52 Bit	113 Bit

Tabelle 4.8 Die Komponenten der Maschinendarstellung von Fließkommazahlen

In Tabelle 4.8 sehen Sie, wie viele Bits in der Maschinendarstellung jeweils spediert werden. Die Namen für die Genauigkeit entstammen dem IEEE-Standard und entsprechen in C++ float, double und long double.

Weil das sehr abstrakt ist, zeigt Abbildung 4.4 einige Beispiele für double:

V	Exponent (E)	Signifikant (S) [52 Bits]	Wert
0	01111111111	0000000000000000000000000000000000000000000000000000	1.0
0	01111111101	0101010101010101010101010101010101010101010101010101	1/3
0	10000000111	1001000000000001000001100010010011011101001011110010	400.004
1	01111010010	0000111000110111010010100100111110001110000010110100	−0.000003
0	10001001101	1111111000010101010011101000101011111010101000010011	6.022×10^{23}

Abbildung 4.4 Einige Beispiele für die Darstellung von Fließkommazahlen als double

Detaillierte Darstellung

Manchmal kann es nützlich sein, *ganz* genau zu wissen, wie eine Fließkommazahl im Computer aussieht. Selbst wenn man dessen Bits nicht einzeln manipuliert, hilft es bei dem Verständnis, was der Computer macht, machen *kann* und insbesondere, was er *nicht* machen kann.

Daher erkläre ich Ihnen an einem Beispiel die genaue Umwandlung einer Fließkommazahl in die Maschinendarstellung des float. Mit dem Begriff »Fließkommazahl« meine ich hier das mathematisch abstrakte Gebilde einer Zahl, jetzt aber konkret in dem uns gewohnten Dezimalsystem. Mit float meine ich die im Standard *IEEE-754* genormte binäre Darstellung einer Fließkommazahl in *einfacher Genauigkeit*.

117

4 Die Grundbausteine von C++

Als Beispiel nehme ich die Zahl 45.45 und wandele sie in eine 32-Bit-`float`-Darstellung mit 1 Vorzeichenbit, 8 Bit für den Exponenten und 23 Bit für den Signifikanten.

Das Vorzeichen ist schnell umgewandelt. Das + für eine positive Zahl wird als 0 gespeichert. Eine negative Zahl ergäbe ein 1-Bit. Noch nicht viel, aber in der Maschine sieht es jetzt aus wie in Abbildung 4.5.

V	Exp. [8 Bits]	Signifikant (S) [23 Bits]
0		

Abbildung 4.5 Der Anfang der Umwandlung einer Fließkommazahl

Der nächste Schritt ist, die Dezimaldarstellung in Binärdarstellung umzuwandeln. Dabei kümmern wir uns um die Teile vor und nach dem Komma getrennt.

Den Teil vor dem Komma, also 45, können Sie wie eine Ganzzahl behandeln. Sie teilen diese Zahl so lange durch 2 und notieren den Rest (0 oder 1), bis nichts mehr übrig bleibt, wie es im vorigen Abschnitt 4.11, »Operatoren«, erklärt wurde, siehe auch Listing 4.24.

Für $_{10}45$ erhalten Sie dann binär $_2101101$.

Für den Nachkommaanteil .45 gehen Sie etwas anders vor. Multiplizieren Sie die Zahl wiederholt mit 2 und notieren Sie die 0 oder 1 vor dem Komma. Ignorieren Sie dabei jeweils für den nächsten Schritt den Teil vor dem Komma. Fahren Sie so lange fort, bis Sie eine Multiplikation schon mal durchgeführt haben:

```
.45 x 2 = 0.9
.9  x 2 = 1.8
.8  x 2 = 1.6          <---+
.6  x 2 = 1.2             |
.2  x 2 = 0.4             |
.4  x 2 = 0.8             |
.8  x 2 ... hatten wir schon -+
```

Sie könnten auch endlos fortfahren, aber es ist praktischer, diese *Periode* irgendwie zu bemerken und zu notieren. Zum Beispiel mit einem Strich über dem sich wiederholenden Teil: $01\overline{1100}$. Wenn der sich wiederholende Teil eine 0 wäre, wäre das Ergebnis exakt, und die Zahl hat in Binärdarstellung keine Periode.

Die Teile vor dem Komma und nach dem Komma ergeben nun zusammengefügt in Binärdarstellung $_2101101.01\overline{1100}$.

Aus dieser Darstellung können Sie jetzt den Exponenten ermitteln. Verschieben Sie dazu das Komma hinter die vorderste 1 und zählen Sie, um wie viele Positionen Sie verschoben haben. Das sind hier 5 Stellen. In *wissenschaftlicher Schreibweise* im Dezimalsystem könnten Sie nun e5 hinter die skalierte Zahl schreiben. Hier wandeln Sie die Ganzzahl 5 zuvor in eine Binärzahl um und erhalten $_21.0110101\overline{1100}$e101.

118

4.12 Eingebaute Datentypen

Beinahe haben Sie jetzt den Exponenten für die Maschinendarstellung. Damit auch Exponenten kleiner null gespeichert werden können, ist nun nur noch 127 (bei float) zum Exponenten zu addieren. Für 5 also 132, binär $_2$10000100. Das sind 8 Bit, genau so viel wie Platz im Exponenten für float. Wären es weniger, würden Sie mit Nullen vorne auffüllen, wären es mehr, hätten Sie einen *Überlauf*, und die Zahl könnte nur als *Unendlich* gespeichert werden. Wäre das Ergebnis für den Exponenten negativ, wäre das ein *Unterlauf* – eine Zahl so nahe null, dass diese nur als Null gespeichert werden kann.

Die Bitfolge schreibe ich nun als Exponenten in die Maschinendarstellung:

V	Exp. [8 Bits]	Signifikant (S) [23 Bits]
0	10000100	

Abbildung 4.6 Zum Speichern des Exponenten wurde 127 addiert.

Im Signifikanten speichert der Computer nur die Stellen nach dem Komma. Das Verfahren garantiert, dass vor dem Komma immer genau eine 1 steht. Nur im Falle von *subnormalen Zahlen*, wenn der zu speichernde Exponent genau null wäre, dann stünde dort keine 1. Diesen Fall behandelt die Darstellung besonders.

Subnormale Zahlen

Wenn der zu speichernde Exponent in Bitdarstellung genau null ergibt, dann ist die Umwandlung des Signifikanten etwas anders – »nicht normal«. Die Zahl ist dann *denormalisiert* oder *subnormal*. Der Computer geht in diesem Fall davon aus, dass vor dem Komma in Binärdarstellung keine 1 steht. Sollte es nötig werden, eine Zahl denormalisiert zu speichern, ist das ein Zeichen dafür, dass Sie kurz vom einem Unterlauf sind. Näher möchte ich hier nicht darauf eingehen.

Es ist typisch, dass Berechnungen auf denormalisierten Zahlen viel langsamer sind. Sie können prüfen, ob eine Zahl x denormalisiert ist, indem Sie std::fpclassify(x) aus <cmath> aufrufen. Wenn das Ergebnis FP_SUBNORMAL ist, sind Sie dem Unterlauf nahe.

Als letzten Schritt übertrage ich die Nachkommastellen von $_2$1.01101011$\overline{1100}$e101 in den Signifikanten. Die Periode rolle ich so lange aus, wie ich Platz in den 23 Bit habe. Ohne Periode würde ich mit Nullen auffüllen. Das Ergebnis sehen Sie in Tabelle 4.7.

V	Exp. [8 Bits]	Signifikant (S) [23 Bits]
0	10000100	01101011100110011001100

Abbildung 4.7 Die Zahl 45.45 in IEEE-754 mit einfacher Genauigkeit.

4 Die Grundbausteine von C++

Eine Periode kann man so nicht in einer endlichen Bitfolge speichern. Das ist der Grund, warum einige Zahlen, die Sie in Dezimalschreibweise ohne Probleme auf dem Papier aufschreiben können keine exakte Darstellung für den Computer haben. Die obige Darstellung ergibt beim Zurückrechnen 45.449996. Einige Zahlen lassen sich exakt speichern, zum Beispiel 0.5. Aber schon bei 0.1 erhalten Sie in Binärdarstellung eine Periode.

Besondere Werte

Einige Bitmuster haben eine besondere Bedeutung und helfen dem Computer (und Ihnen), Randfälle zu entdecken und zu behandeln. Wenn Sie eine Fließkommazahl x haben, können Sie mit `std::fpclassify(x)` aus `<cmath>` ermitteln, ob Sie eine solche besondere Zahl haben.

▶ Wenn der Exponent null als Bitfolge speichert, handelt es sich um eine *subnormale Zahl* sehr nahe null und somit kurz vor einem *Unterlauf*. fpclassify liefert FP_SUBNORMAL zurück.

▶ Für zu große Zahlen wie 1.0/0.0 gibt es die *positive Unendlichkeit*, $+\infty$. fpclassify ist FP_INFINITE, signbit(x) liefert 0.

▶ Für Zahlen im negativen Bereich wie -1.0/0.0 gibt es die *negative Unendlichkeit*, $-\infty$. fpclassify ist FP_INFINITE, signbit(x) liefert 1.

▶ Ungültige Zahlen wie 0.0/0.0 und sqrt(-1.0) nennt man *Not-a-Number* oder *NaN*. fpclassify ist FP_NAN.

▶ Eine Berechnung, die mathematisch keine Null ergibt, aber aufgrund der Genauigkeit nur als solche gespeichert werden kann, speichert der Computer +0.0 und -0.0 als getrennte Werte. x==0.0 ist für beide wahr und fpclassify liefert für beide FP_ZERO. Wenn Sie sie unterscheiden müssen, nehmen Sie signbit(x), was für -0.0 eine 1 zurückliefert.

```cpp
#include <iostream>
#include <cmath>    // fpclassify
#include <limits>   // numeric_limits
#include <string>
std::string fpklass(double x) {
    switch(std::fpclassify(x)) {
        case FP_INFINITE:   return "unendlich";
        case FP_NAN:        return "NaN";
        case FP_NORMAL:     return "normal";
        case FP_SUBNORMAL:  return "subnormal";
        case FP_ZERO:       return "Null";
        default:            return "unbekannt";
    }
}
int main() {
    const auto dmin = std::numeric_limits<double>::min();
    std::cout
        <<"1.0/0.0 ist "<<fpklass(1/0.0)<<'\n'    // Ausgabe: 1.0/0.0 ist unendlich
```

120

```
<<"0.0/0.0 ist "<<fpklass(0.0/0.0)<<'\n'    // Ausgabe: 0.0/0.0 ist NaN
<<"dmin/2 ist "<<fpklass(dmin/2)<<'\n'      // Ausgabe: dmin/2 ist subnormal
<<"-0.0 ist "<<fpklass(-0.0)<<'\n'          // Ausgabe: −0.0 ist null
<<"1.0 ist "<<fpklass(1.0)<<'\n';           // Ausgabe: 1.0 ist normal
}
```

Listing 4.35 Unter anderem können Sie mit »fpclassify« besondere Werte entdecken.

Außer fpclassify stehen Ihnen in <cmath> noch weitere Funktionen zur Verfügung, um die Eigenschaften von Fließkommazahlen zu ermitteln. isfinite, isinf, isnan, isnormal und signbit haben die offensichtlichen Bedeutungen. isunorderd prüft, ob von zwei Zahlen mindestens eine NaN ist. Außerdem sind Makros bzw. Konstanten für die besonderen Werte definiert. HUGE_VAL, HUGE_VALF und HUGE_VALL enthalten sehr große Werte, INFINITY die positive Unendlichkeit und NAN Not-a-Number.

Tipps zum fast genauen Rechnen

Aufgrund der Skalierung im Exponenten sind Berechnungen zwischen -1.0 und +1.0 genauer, als weiter von 0.0 entfernt.

Es empfiehlt sich, Berechnungen, so gut es geht, an diesen Bereich heranzubringen. Das heißt, wenn Sie es beeinflussen können, ordnen Sie Ihre Berechnungen so an, dass Sie der Regel folgen: »Große zu Großen, Kleine zu Kleinen.« Das heißt, (0.1 * 0.1) * (10.0 * 10.0) ist besser als (0.1 * 10.0) * (0.1 * 10.0), hauptsächlich jedoch für extreme Werte.

So gibt es zum Beispiel die *Heron-Formel*, um bei drei gegebenen Seitenlängen (a, b, c) die Fläche eines Dreiecks zu berechnen:

$$A = \frac{1}{4}\sqrt{(a + b + c)(-a + b + c)(a - b + c)(a + b - c)}$$

Etwas umgeschrieben sieht das in C++ dann so aus:

```
float heron(float a, float b, float c) {
    auto s = (a+b+c) / 2;
    return sqrt(s*(s-a)*(s-b)*(s-c));
}
```

Zum Vergleich gibt es das *Kahan-Verfahren*,[16] das die Seitenlängen der Dreiecke zunächst a ≥ b ≥ c sortiert und dann auf bessere Gruppierung achtet.[17] Nach der Sortierung ergibt sich die Formel

$$A = \frac{1}{4}\sqrt{(a + (b + c)) \cdot (c - (a - b))(c + (a - b))(a + (b - c))}$$

Allerdings nur, wenn c ≥ a–b, denn sonst bilden die Seiten kein Dreieck. In C++ sieht das dann so aus:

---

16 *Miscalculating Area and Angles of a Needle-like Triangle, paragraph 2*, Prof. W. Kahan, *https://people.eecs.berkeley.edu/~wkahan/Triangle.pdf*, [2014-09-04]

17 *Demystifying Floating Point*, John Farrier, CppCon 2015

4   Die Grundbausteine von C++

```cpp
float kahan(float a, float b, float c) {
    auto x = max(a,max(b,c));
    auto y = max(min(a,b), min(max(a,b),c));
    auto z = min(a,min(b,c));
    return sqrt( (x+(y÷z))*(z-(x-y))*(z+(x-y))*(x+(y-z)) )/4;
}
```

Für das rechtwinklige Dreieck mit den Seitenlängen (3, 4, 5) lässt sich nach Pythagoras die Fläche 6 im Kopf berechnen. Das folgende Programm ist nach beiden Verfahren derselben Meinung. Ich habe statt double als Typ die Templatevariable T verwendet, um den gleichen Code mit double ausführen zu können, siehe Kapitel 23, »Templates«.

```cpp
#include <iostream>
#include <cmath> // sqrt
using std::min; using std::max;
template<typename T> T heron(T a, T b, T c) {
    auto s = (a+b+c) / 2;
    return sqrt(s*(s-a)*(s-b)*(s-c));
 }
template<typename T> T kahan(T a, T b, T c) {
    auto x = max(a,max(b,c));
    auto y = max(min(a,b), min(max(a,b),c));
    auto z =min(a,min(b,c));
    return sqrt( (x+(y+z))*(z-(x-y))*(z+(x-y))*(x+(y-z)) )/4 ;
}
template<typename T> void dreieck(T a, T b, T c) {
    std::cout << "heron: " << heron(a,b,c) << '\n';
    std::cout << "kahan: " << kahan(a,b,c) << '\n';
}
int main() {
    dreieck(3.0f, 4.0f, 5.0f);
}
```

Die Ausgabe ist dann für beide Verfahren 6.

Gar lustige Dinge passieren, wenn Sie die Seitenlängen (100000, 99999.99979, 0.00029) einsetzen und die Fläche vom Computer berechnen lassen. Ich lasse hier gleich beide Berechnungen für float und double durchlaufen und mehr Stellen ausgeben:

```cpp
int main() {
    std::cout << std::setprecision(15) << std::fixed;
    dreieck(100'000.0f, 99'999.999'79f, 0.000'29f);
    dreieck(100'000.0,  99'999.999'79,  0.000'29);
}
```

Das exakte Ergebnis wäre 10. Das Beispiel wurde sorgfältig danach ausgewählt, dass float bei der Berechnung Schwierigkeiten bekommt: Während die klassische Heron-Formel 0 ergibt, errechnet die Kahan-Formel 14.5. Und sieht 14.5 nicht nach einem schönen Ergebnis aus? Auch wenn beide Verfahren mit double ein besseres Ergebnis liefern – weil ich Ihnen ja gesagt habe, dass 10 herauskommen soll –, hätte sich auch ein solches Beispiel für double finden lassen. Die tatsächlichen Ausgaben sind:

```
heron: 0.000000000000000
kahan: 14.500000000000000
heron: 9.999999809638329
kahan: 10.000000077021038
```

Noch wichtiger ist jedoch, dass Sie so *wenige* Berechnungen wie möglich durchzuführen haben. Angenommen, Sie arbeiten im Videoschnitt und wollen die Filmlänge berechnen. Videos haben oft ein Bild pro $1/25$ Sekunden. Dann können Sie die aktuelle Filmzeit in einer Schleife auf zwei Arten berechnen: Akkumuliert und skaliert:

```cpp
#include <iostream>
#include <iomanip> // setprecision, fixed

constexpr int bilderProSek = 25;
constexpr int laufZeitInSek = 3600;
constexpr int bilderInsg = laufZeitInSek * bilderProSek;
constexpr float bildzeit = 1.0f / bilderProSek;

int main() {
    float filmzeit = 0.f;
    for(int n=1; n <= bilderInsg; ++n) { // 1 .. bilderInsg
        filmzeit += bildzeit;// akkumulieren
        // ... hier Code für dieses Frame ...
    }
    std::cout << std::setprecision(10) << std::fixed
        << filmzeit << '\n'; // Ausgabe: 3602.2695312500
}
```

Listing 4.36 Akkumulierte Zeitmessung

Dass sich hier über 2 Sekunden Fehler bei einer Stunde Film aufsummiert haben, sollte Sie nicht wundern.

Konstanten kennzeichnen

Mit constexpr greife ich auf Abschnitt 13.7.6, »Noch konstanter mit constexpr«, vor. Es ist für den Compiler und für Sie von Vorteil, wenn Sie unveränderbare Werte (also Konstanten) als solche kennzeichnen. Dazu stehen Ihnen (static) const oder constexpr zur Verfügung. Mit Letzterem stellen Sie sicher, dass der Compiler die Konstante auch vorab berechnen kann. Kann er das nicht, wird er Ihnen das sagen.

Ich habe die Schleife von 1 bis <= bilderInsg laufen lassen, um besser mit den nächsten Beispiel vergleichen zu können.

4 Die Grundbausteine von C++

Von null an und »kleiner-als«

Da Indexe meistens bei null anfangen, ist es in C++ üblich, auch Schleifen bei Null zu beginnen. Daraus folgt, dass Sie for-Schleifen normalerweise bis < size laufen lassen, wenn sie zum Beispiel ein C-Array oder vector durchlaufen. Sollten die Schleifen einmal ausnahmsweise bei 1 beginnen oder bis <= size laufen, so sollten Sie das extra deutlich kennzeichnen. Der zügige Leser könnte es sonst aus Gewohnheit übersehen oder sich fragen, ob Sie einen Flüchtigkeitsfehler gemacht haben.

Sie können das aber auch anders angehen. Solange die bildzeit über den Lauf des Films konstant bleibt, berechnen Sie diese in einem Schritt:

```cpp
#include <iostream>
#include <iomanip>  // setprecision, fixed
constexpr int bilderProSek = 25;
constexpr int laufZeitInSek = 3600;
constexpr int bilderInsg = laufZeitInSek * bilderProSek;
constexpr float bildzeit = 1.0f / bilderProSek;
int main() {
    float filmzeit = 0.f;
    for(int n=1; n <= bilderInsg; ++n) { // 1 .. bilderInsg, wegen Formel
        filmzeit = bildzeit * n; // skalieren
        // ... hier Code für dieses Frame ...
    }
    std::cout << std::setprecision(10) << std::fixed
        << filmzeit << '\n';       // Ausgabe: 3600.0000000000
}
```

Listing 4.37 Geschlossene Zeitberechnung

Und schon gibt es keine Abweichung mehr.

Hier sehen Sie, warum ich in der for-Schleife statt von 0 bis < bilderInsg lieber von 1 bis <= bilderInsg gelaufen bin: Nur dann entspricht im letzten Schleifendurchlauf filmzeit = bildzeit * n tatsächlich filmzeit = bildzeit * **bilderInsg**.

Tipps zur Berechnungsreihenfolge

Halten Sie die großen Zahlen mit anderen großen zusammen und die kleinen mit den kleinen.

Führen Sie Berechnungen so nahe am Intervall −1.0..+1.0 aus, wie es geht. Springen Sie nicht erst zu großen Zahlen und dann zurück Richtung null, dabei geht Ihnen Genauigkeit verloren. In dem Sinne ist es besser 10.0/4 + 20.0/4 zu berechnen, statt (10.0+20.0)/4.

Führen Sie so wenig Berechnungen wie möglich aus, damit sich Fehler weniger fortpflanzen können. Bevorzugen Sie zum Beispiel eine einzelne Multiplikation gegenüber einer wiederholten Addition.

4.12 Eingebaute Datentypen

Diese Regeln gelten, wenn Sie sich für eine Berechnung mit Fließkommazahlen entschieden haben. Vorher sollten Sie sich die Frage gestellt haben, ob Ganzzahlen nicht besser für Ihre Aufgabe geeignet sind. Ganzzahlen sind schnell und mit den richtigen Operationen präzise. Sie decken allerdings nicht einen so großen Rechenbereich ab.

Wenn Sie mit *Geldbeträgen* rechnen, sollten Sie niemals (niemals! Nie-mals!) mit Fließkommazahlen rechnen. Rechnen Sie in Hundertstelcent[18] oder Ähnlichem und behandeln Sie Rundungsbeträge extra.

4.12.5 Wahrheitswerte

Der Datentyp, mit dem Sie »wahr« oder »falsch« darstellen können, ist bool. Sie können bool-Variablen deklarieren und darin Wahrheitswerte zwischenspeichern. Viele Funktionen liefern einen bool zurück oder nehmen einen als Argument. So wie es bei Ganzzahlen, Fließkommazahlen etc. Literale gibt, gibt es sie auch bei bool: Nämlich true und false.

a	b	Operator	Ausdruck	Ergebnis
false	false	&&	a && b	false
false	true			false
true	false			false
true	true			true
false	false	||	a || b	false
false	true			true
true	false			true
true	true			true
false	false	^	a ^ b	false
false	true			true
true	false			true
true	true			false
false		!	!a	true
true				false

Tabelle 4.9 Wahrheitstabelle für alle booleschen Ausdrücke mit zwei Werten

---

18 So können Sie zum Beispiel 19 % Mehrwertsteuer für einzelne Cent exakt berechnen.

4 Die Grundbausteine von C++

Außerdem ist dieser Datentyp in vielen C++-Sprachelementen essenziell, denn Bedingungen werden immer als bool-Ausdruck geschrieben. Das heißt, ein Ausdruck für die Bedingung in einem if oder for etc. wird in ein bool umgewandelt. Zum Beispiel haben alle Vergleiche bool als Ergebnis: <, <=, >, >= sowie == und !=.

```
if(a >= b) ...
for(int idx; idx < 100; ++idx) ...
while(!finished && linesRead < LIMIT) ...
```

Zwei bool-Ausdrücke können Sie wiederum miteinander verknüpfen. »Sind *a* und *b* beide wahr?« schreiben Sie als a && b. Ob mindestens einer von beiden true ist, findet a || b heraus. Aus true in a machen Sie false und umgekehrt mit !a. Da es nur zwei mögliche Werte für bool gibt, enthält Tabelle 4.9 alle möglichen Kombinationen. Der etwas ungewöhnliche Exklusiv-Oder-Operator ^ ist dort auch enthalten. Und zu guter Letzt können Sie Ausdrücke natürlich mit (...) klammern. Mehr zu diesen Operatoren und Ausdrücken finden Sie in Abschnitt 4.11, »Operatoren«.

Eigentlich würde es reichen, wenn der Computer zum Speichern eines bool ein Bit ausgibt. Tatsächlich verwendet der Computer jedoch mindestens einen char und oft auch einen int dafür. Das liegt daran, dass der Computer beim Manipulieren von Bits immer ein ganzes »Speicherwort« blockiert und so Nachbar-Bits bremsen würde. Also gibt man etwas mehr Platz für Unabhängigkeit und Geschwindigkeit aus.

Falls Sie sehr viele einzelne bools speichern wollen, dann sollten Sie sich den Datentyp std::bitset der Standardbibliothek ansehen.

Unter anderem aus dieser Verwandtschaft mit int ist die Möglichkeit entstanden, dass Sie in C++ auch einfach einen int in Tests mit if und dergleichen verwenden können.

```
int idx = 100;
while(idx) {    // ein int als Test
    readLine(line);
    --idx;
}
```

Diese Schleife liest genau 100 Zeilen ein: Sobald idx bei null angekommen ist, wird die Schleife beendet. Hierbei wird der int-Wert von idx *implizit* in einen bool konvertiert. Das geschieht nach folgender, etwas gewöhnungsbedürftiger Regel:

▶ Ein Wert von 0 wird zu false konvertiert.

▶ Alle anderen Werte werden zu true.

Da viele C++-Programmierer ursprünglich von C kommen, wo es keinen reinen bool-Datentyp gab, werden Sie diesem Muster häufiger begegnen.

Auch andere Datentypen können Sie in Tests verwenden. Dazu muss der Datentyp nur die Methode operator bool() haben. Das ist zum Beispiel bei std::istream der Fall und somit bei std::cin. Sie können in der while-Schleife in Listing 27.2 (Seite 767) ein Anwendungsbeispiel sehen.

4.12.6   Zeichentypen

Was ist ein »Zeichen«, abstrakt gesehen? Es ist ein Baustein eines Texts, der angezeigt oder verarbeitet werden soll. In C++ vermischen sich hier viele Dinge, und einiges ist nicht intuitiv.

Der hauptsächliche Datentyp für Zeichen ist char. Gleichzeitig können Sie char aber auch als Ganzzahl-Datentyp betrachten, denn Sie können mit ihm rechnen wie mit allen anderen int-Verwandten. Und doch ist er hier anders, denn es ist nicht festgelegt, ob char ohne weitere Angaben signed oder unsigned ist. Wollen Sie also mit einem char rechnen und ist der Bereich wichtig, dann schreiben Sie auf jeden Fall signed char oder unsigned char statt einfach char – Letzteres behalten Sie sich für Texte vor.

»char« ist der kleinste »int«

Es ist sogar festgelegt, dass char der kleinste Ganzzahl-Datentyp ist und so etwas wie eine Basiseinheit für den Speicherverbrauch. Wenn Sie auf einen beliebigen Typ oder Wert sizeof(…) anwenden, dann erhalten Sie dessen Größe in char-Einheiten.

```
sizeof(char);  // 1
char x;
sizeof(x);     // 1
int wert;
sizeof(wert);  // 4 oder auf anderen Systemen etwas anders
```

Auf aktuellen Systemen können Sie davon ausgehen, dass ein char 8 Bit hat. Weil Sie sich nicht auf das Vorzeichen verlassen können, sollten Sie davon ausgehen, dass Ihnen der Zahlenbereich von 0 bis 127 zur Verfügung steht – das Rechnen außerhalb kann zum Über- oder Unterlauf führen.

Kommen wir nun von der Zahl-Interpretation zur Text-Interpretation. Wenn Sie char-Elemente zu Text zusammenfügen wollen, dann tun Sie das normalerweise

▶ in std::string, wenn Sie den Text speichern, herumreichen oder manipulieren wollen,

▶ und in const char[], wenn Sie ein Literal ausgeben oder ein altes C-API bedienen.

Ein Textliteral wie "Hallo" setzt sich aus einzelnen char-Elementen zusammen. Das erste ist ein 'H', das zweite ein 'a' etc. Beachten Sie die *einfachen* Anführungszeichen '…' um das jeweilige Zeichen: Diese machen das Zeichen zum char. Sie können nicht mehrere Zeichen in ein solches char-Literal fassen – 'murks' ergibt keinen Sinn.

Wenn Sie eine char-Variable mit einem Literal initialisieren oder ihr zuweisen, dann steht es Ihnen frei, dies mit Anführungszeichen '…' oder Zahlen zu tun, je nachdem, wie es besser in den Kontext passt:

4 Die Grundbausteine von C++

```cpp
char kleines_a = 'a';                       // als Zeichen
char anzahl_zeichen_im_alphabet = 'z'-'a'+1; // rechnen Sie ruhig
char klein = 5;                             // als Zahl
signed char kleiner = -10;                  // negativ nur mit explizitem signed
unsigned char gross = 200;                  // groß nur mit explizitem unsigned
char flags = 0x7f;                          // hexadezimal für Bitmuster 0111'1111
```

Internationale Zeichen

Neben dem char gibt es noch andere Zeichentypen. Da char nur für 256 verschiedene Zeichen taugt, wäre er für das Speichern von chinesischen Zeichen nicht geeignet. Dafür gibt es Zeichentypen mit mehr Raum:

▶ wchar_t

Dieser Zeichentyp hat je nach System 16 (Windows) oder 32 Bit (viele Linux-Varianten). Wenn Sie ein L vor das Zeichenliteral 'x' schreiben, dann ist dieses von diesem Typ, zum Beispiel wchar_t zett = L'Z';. Da er unterschiedlich breit sein kann, sollten Sie diesen Typ nicht in Programmen verwenden, die auf mehreren Systemen laufen müssen. Der Zeichenkettentyp std::wstring basiert auf diesem Typ, und wenn Sie ihn ausgeben wollen, dann verwenden Sie std::wout oder std::werr bzw. als Eingabe std::win.

▶ char16_t

Dieser immer 16 Bit breite Zeichentyp ist für 65 536 verschiedene Zeichen gut und reicht für die meisten internationalen Texte aus. Verwenden Sie das Präfix u vor einem Zeichenliteral, also zum Beispiel char16_t zett = u'Z';. Der Zeichenkettentyp std::u16string basiert auf ihm.

▶ char32_t

Das reicht mit seinen 32 Bit für die obskursten internationalen Zeichen. Mit dem Präfix U schreiben Sie ein Literal wie char32_t zett = U'Z'; und Zeichenketten in std::u32string.

Das sind viele Möglichkeiten, ein »Z« zu speichern. Damit Ihnen der Unterschied klarer wird, können Sie in Tabelle 4.10 die Darstellungen für den Computer sehen.

Zeichentyp	Literal	Interpretation in Bits
char	'Z'	0101'1010
wchar_t	L'Z'	0000'0000'0101'1010
oder		0000'0000'0000'0000'0000'0000'0101'1010
char16_t	u'Z'	0000'0000'0101'1010
char32_t	U'Z'	0000'0000'0000'0000'0000'0000'0101'1010

Tabelle 4.10 Die verschiedenen Möglichkeiten, ein Z mit den unterschiedlichen Zeichentypen zu schreiben

Mit einem »Z« ist das wenig spannend. Aber ein Θ (»Theta«) kann man nicht in den Quellcode schreiben. Dazu muss man auf eine Escape-Sequenz zurückgreifen. Das Unicode-Zeichen Theta hat die Nummer ₁₆0398. Dafür können Sie in einem char16_t-Zeichenliteral dann u'\u0398' schreiben oder in einem char32_t-Zeichenliteral U'\U0000398'. Die \u-Notation verlangt eine Zeichennummer mit genau vier hexadezimalen Stellen für \u und genau acht bei \U. Die vier Stellen sollten eigentlich immer ausreichen. Nur für etwas so Exotisches wie den gotischen Buchstaben »Asha« müssten Sie U'\U00010330' schreiben.

Abbildung 4.8 Das gotische »Asha« mit der hexadezimalen Unicodenummer 10330 müssen Sie mit »\U« escapen.

Auf dem richtigen Medium ausgegeben, sollte dann das korrekte Zeichen erscheinen, zum Beispiel in Dialogboxen oder Dateiströmen, die Zeichen oder Strings dieser Typen entgegennehmen können.

Unicode in C++

Internationalisierung, Unicode und Codierung sind sehr komplexe Themen, die wir in diesem Buch nicht weiter vertiefen können. Am besten beschränken Sie sich zunächst auf char und lesen sich dann, wenn Sie es benötigen, in die Verwendung der anderen Zeichentypen ein.

4.12.7 Komplexe Zahlen

Wenn Sie wissen, was *komplexe Zahlen* sind, dann wollen Sie vielleicht auch mit denen rechnen. Das geht, denn der Templatedatentyp complex aus dem Header <complex> ist Teil der Standardbibliothek.

Für diejenigen, die nicht wissen, was gemeint ist, sei es kurz erklärt. Sie wissen sicher, dass *ganze Zahlen* die Zahlen 0, +1, –1, +2, –2, +3 etc. sind. In dem Zahlenraum können Sie alles machen, bis Sie die Multiplikation und die damit einhergehende Division erfinden. Dann brauchen Sie die *Rationalen Zahlen*: Das sind zwei beliebige ganze Zahlen in einem Bruch, also zum Beispiel $-3/4$. In dem Zahlenraum sind Sie glücklich, bis Sie auf die Idee kommen, sehr lange immer kleiner werdende Brüche zu addieren. Praktisch, wenn Sie allen Punkten auf einer Linie einen Namen geben wollen. Die Summe solcher Folgen ergeben die *reellen Zahlen*, zu denen zum Beispiel π und $\sqrt{2}$ gehören. Haben wir jetzt alles? Ja, solange Sie nicht die Wurzel aus einer negativen Zahl berechnen wollen, denn weil jede reelle Zahl quadriert eine positive Zahl (oder Null) ergibt, zum Beispiel $-4^2 = 16$, ist umgekehrt nicht definiert, was bei der Wurzel einer negativen Zahl passieren soll. Was ist $\sqrt{-1}$?

Eine solche Lücke raubt dem Mathematiker den Schlaf, weswegen er definiert: Es sei $\sqrt{-1} = i$ bzw. $i^2 = -1$. Puh, das hilft dem Mathematiker, denn jetzt kann er Gleichungen lösen, die im reellen Zahlenraum keine Lösung haben. $(x + 1)^2 = -9$ ergibt für x keine reelle Zahl. Nimmt

4 Die Grundbausteine von C++

man aber die obige Definition her, dann kommt heraus, dass x die beiden Lösungen $-1 + 3i$ und $-1 - 3i$ hat. Sieht komisch aus, gewöhnt man sich aber dran. Eine komplexe Zahl wie »$-1 + 3i$« hat immer zwei Komponenten: den *reellen* Teil ohne i, hier -1, und den *imaginären* Teil, hier $+3i$. Betrachtet man die beiden Teile als x- und y-Koordinaten auf einer Ebene, kann man die komplexen Zahlen als Punkte in der Ebene auffassen – ganz so, wie man die reellen Zahlen als Punkte auf einer Linie auffassen kann.

Für das Rechnen mit komplexen Zahlen gelten besondere Regeln. Nicht wirklich etwas Spezielles, man muss nur im Hinterkopf behalten, dass jedes i^2 durch -1 ersetzt werden kann. Ansonsten gelten die ganz normalen Rechenregeln:

- Addition: $(3 + 5i) + (8 - 1i) = (3 + 8) + (5 - 1)i = (11 + 4i)$
- Multiplikation: $(-2 + 3i) \times (4 + 2i) = -2 \times 4 + 3 \times 4i - 2 \times 2i + 2 \times 3 \times i \times i$
  $= -8 + 12i - 4i + 6i^2 = -8 + 8i - 6 = -14 + 8i$
- Exponent: $((-1 + 3i) + 1) = (3i)^2 = (3^2) \times (i^2) = 9 \times (-1) = -9$

Kaum war dieser Zahlenraum entdeckt, haben Physiker und Mathematiker auch schon allerlei »praktische« Anwendungen dafür gefunden. Tatsächlich lassen sich mithilfe der komplexen Zahlen Probleme lösen, die zuvor unlösbar gewesen sind.

Funktion	Beschreibung
real	reeller Teil einer komplexen Zahl
imag	imaginärer Teil
abs	absoluter Wert
arg	Winkel, Phasenwinkel
norm	Norm, Länge
conj	komplexe Konjugation an der reellen Achse
polar	Konstruktion von Polarkoordinaten
proj	komplexe Projektion

Tabelle 4.11 Funktionen für Zugriff und Umwandlung von komplexen Zahlen

Wie sieht das in C++ aus? Verwenden Sie den Header `<complex>`, dann stehen Ihnen die folgenden Dinge zur Verfügung:

- **Der Templatedatentyp `complex<>`**
  Sie können selbst wählen, ob die imaginären und reellen Anteile in `float`, `double` oder `long double` berechnet werden sollen, indem Sie dies als Templateargument angeben.

130

4.12   Eingebaute Datentypen

▶ **Operator-Überladungen**
Auf complex-Variablen können Sie arithmetische Berechnungen mit +, * etc. und Stream-operationen mit << und >> ausführen.

▶ **Freie Hilfsfunktionen**
Sie erhalten Hilfsfunktionen zur Manipulation und Berechnung wie sin und pow etc, sowie die Umwandlungen, wie zum Beispiel von Polarkoordinaten mit polar.

▶ **Benutzerdefinierte Literale**
In std::literals::complex_literals ist unter anderem operator""i definiert, damit Sie leicht komplexe Literale in den Quellcode schreiben können.

Wenn Sie eine komplexe Zahl mit << ausgeben, dann erscheint die Zahl in der Form (real,imag).

```cpp
#include <iostream>
#include <iomanip>      // setprecision, fixed
#include <complex>
using std::cout; using std::complex;

int main() {
    using namespace std::complex_literals;   // für i-Suffix
    cout << std::fixed << std::setprecision(1);
    complex<double> z1 = 1i * 1i;     // i mal i
    cout << z1 << '\n';                       // Ausgabe: (−1.0,0.0)
    complex<double> z2 = std::pow(1i, 2);    // i-Quadrat
    cout << z2 << '\n';                       // Ausgabe: (−1.0,0.0)
    double PI = std::acos(-1);               // Länge eines halben Einheitskreises
    complex<double> z3 = std::exp(1i * PI);  // Euler-Formel
    cout << z3 << '\n'; // Ausgabe: (−1.0,0.0)
    complex<double> a(3, 4);                 // gewohnt als Konstruktor
    complex<double> b = 1. - 2i;             // praktisch als Literal

    // Berechnungen:
    cout << "a + b = " << a + b << "\n";     // Ausgabe: a + b = (4.0,2.0)
    cout << "a * b = " << a * b << "\n";     // Ausgabe: a * b = (11.0,−2.0)
    cout << "a / b = " << a / b << "\n";     // Ausgabe: a / b = (−1.0,2.0)
    cout << "|a| = "   << abs(a) << "\n";    // Ausgabe: |a| = 5.0
    cout << "conj(a) = " << conj(a) << "\n"; // Ausgabe: conj(a) = (3.0,−4.0)
    cout << "norm(a) = " << norm(a) << "\n"; // Ausgabe: norm(a) = 25.0
    cout << "abs(a) = " << abs(a) << "\n";   // Ausgabe: abs(a) = 5.0
    cout << "exp(a) = " << exp(a) << "\n";   // Ausgabe: exp(a) = (−13.1,−15.2)
}
```

Listing 4.38 Mit komplexen Zahlen können Sie arithmetisch rechnen.[19]

---

19 Mit dem Gnu-C++ müssen Sie -std=c++1y oder -std=c++14 verwenden, nicht -std=gnu++… Die Erweiterungen des gcc kommen hier für complex durcheinander, Sie müssen auf Standard schalten.

4 Die Grundbausteine von C++

Tabelle 4.11 und Tabelle 4.12 zeigen die Liste der freien Funktionen für komplexe Zahlen.

Funktionen	Beschreibung
sin, cos, tan, sinh, cosh, tanh	Winkelfunktionen
asin, acos, atan, asinh, acosh, atanh	Umkehr-Winkelfunktionen
sqrt, pow, exp, log, log10	Wurzel, Exponent, Logarithmus

Tabelle 4.12 Transzendente Funktionen für komplexe Zahlen

4.13   Undefiniertes und unspezifiziertes Verhalten

C++ definiert, dass Anweisungen nacheinander passieren, aber innerhalb einer Anweisung lässt der Standard offen, in welcher Reihenfolge sie passieren.

So ist bei

```
std::cout << add(3+4);
```

klar, dass 3+4 ausgerechnet wird, bevor add mit dem Ergebnis gefüttert wird. Ebenso kann erst nach der Rückkehr von add die Ausgabe mit << geschehen. Anders ist das aber zum Beispiel bei

```
#include <iostream>
void ausgabe(int a, int b) {
    std::cout << a << ' ' << b << '\n';
}
int zahl() {
    static int val = 0;
    return ++val;
}
int main() {
    ausgabe(zahl(), zahl()); // in welcher Reihenfolge?
}
```

Hier lässt der Standard bewusst offen, in welcher Reihenfolge die beiden zahl()-Aufrufe passieren. Das heißt, Sie können die Ausgabe 2 1 erhalten, aber ebenso gut 1 2 zu Gesicht bekommen. Beides ist okay. Diese Freiheiten nennt man *unspezifiziertes Verhalten* (engl. *unspecified*). Das ist etwas anderes als *undefiniertes Verhalten* (engl. *undefined*), das soviel heißt wie »hier kann alles passieren«. Das Programm kann mit falschen Werten weiterlaufen, es kann abstürzen oder – um ein übertriebenes geflügeltes Wort zu benutzen – Ihr Wohnzimmer kann neu tapeziert werden. Beide Varianten werden im Standard mehrmals erwähnt.

Bewegen Sie sich auf den Pfaden des unspezifizierten Verhaltens, sind Sie normalerweise im grünen Bereich. Jedoch kann das Verhalten auf einem System, mit einem anderen Compiler oder auch beim erneuten Durchlaufen derselben Stelle ein anderes sein. Die Reihenfolge, in der die Parameter für einen Funktionsaufruf berechnet werden, ist so ein Fall.

Eine Unterkategorie ist hier noch das *implementierungsspezifische Verhalten* (engl. *implementation-defined*): Hier lässt der Standard offen, wie der Compiler ein Feature umzusetzen hat, er muss eine Art wählen und dokumentieren. So kann ein int auf manchen Systemen 16 Bit und auf anderen 32 Bit belegen, der Hersteller muss diese Wahl aber dokumentieren.

Haben Sie jedoch undefiniertes Verhalten, dann haben Sie normalerweise einen Bug. Auch wenn die Wahrscheinlichkeit, dass sich auf einmal die Farbe Ihrer Wände ändert sehr gering ist, so sind die übrig bleibenden Möglichkeiten durchaus wahrscheinlich und unerwünscht. Wenn Sie Speicher benutzen, der Ihnen nicht mehr gehört oder Ausdrücke schreiben wie i++ + ++i, dann ist das Ergebnis undefiniert.

Im Gegensatz zu einer Sprache wie Java hat C++ bewusst einige Dinge unspezifiziert oder gar undefiniert gelassen, um den Compiler- und Hardwareherstellern mehr Möglichkeiten zur Steigerung von Performance zu geben.

Kapitel 5
Guter Code, 1. Dan: Lesbar programmieren

Jetzt haben Sie viel über die Syntax von C++ gelernt und darüber, wie ein Programm aussehen *kann*. Aber wie *soll* es aussehen? Letzten Endes ist es egal, wie Sie Ihren Code formatieren. Doch hat es Vorteile, sich an gewisse Konventionen zu halten, damit das Verständnis des Quelltexts leichter fällt. Und das ist wichtig, weil der Quellcode selbst ein zentrales Mittel der Kommunikation zwischen den beteiligten Programmierern ist. Und jetzt kommt die Überraschung: Am häufigsten sind Sie selbst wahrscheinlich der Leser Ihres Programms. Die Erfahrung hat gezeigt, dass es »hilfreich« ist (Achtung: Understatement), dass man seinen eigenen Code noch versteht.

Damit das leichtfällt, sollten Sie sich in erster Linie Konventionen angewöhnen, an die Sie sich selbst halten. Ein durchgehender Stil ist das Wichtigste für schnelles Verständnis. Das ermöglicht so etwas Ähnliches wie »Schnelllesen«, und Sie erfassen mit einem einzigen Blick wiederkehrende Muster sofort und brauchen sich Details oft gar nicht anzusehen. Dabei ist es beinahe egal, *welche* Konventionen Sie sich angewöhnen, Hauptsache, Sie halten sich daran. Setzen Sie einfach Ihren gesunden Menschenverstand ein und fragen Sie sich: »Kann ich das in fünf Jahren noch verstehen?«

Erst in zweiter Linie schauen Sie sich nach »üblichen« Konventionen um oder halten sich an das, was Ihren Teamkollegen hilft. Nein, ich meine nicht, dass Sie egoistisch Ihren eigenen Stil benutzen sollen. Aber wenn es an einer bestimmten Stelle im Programmtext darum geht, entweder A oder B zu machen, dann fragen Sie sich erst selbst – und wenn da keine gute Antwort kommt, *dann* Ihre Teammitglieder. Denn spätestens nachdem Sie dem Team die gleiche Frage dreimal gestellt haben, kennen Sie die Antwort. Und dann reicht gesunder Menschenverstand aus.

Eignen Sie sich also den Stil Ihres Teams an, machen Sie ihn sich zu eigen. Damit sind Sie dann gut gerüstet, sodass sich Kollegen auch nach Ihnen richten werden, wenn es um Stilfragen geht.

Nach diesen allgemeinen Ratschlägen möchte ich Ihnen nun ein paar konkrete Tipps geben, wozwischen Sie wählen können, wenn es um Codekonventionen geht.

5.1 Kommentare

Kommentieren Sie viel, aber unterbrechen Sie den Lesefluss nicht. Kommentieren Sie *ergänzend* zum Code, wiederholen Sie nicht einfach, was da ohnehin steht. Statt `i = i+1;` `// i erhöhen` schreiben Sie nur etwas wie `i = i+1;` `// Achtung vor Überlauf`. Ich fahre gut damit, vor einer Funktion oder einem Abschnitt die Intention ausführlich zu erklären, ohne auf konkrete Codeelemente selbst einzugehen. Zwischen den Codezeilen bemühe ich mich dann, nur noch einzeilige Kommentare zu schreiben.

5.2 Dokumentation

Erwägen Sie, aus Kommentaren automatisch eine Dokumentation erzeugen lassen. Das vereinfacht es, Code und Dokumentation synchron zu halten. Dazu gibt es spezielle Werkzeuge wie *Doxygen*[1], aber auch noch viele andere. Solche Kommentare haben dann ein besonderes Format und *ergänzen* nur Ihre sonstigen Kommentare, aber *ersetzen* sie nicht.

```
/** Calculate Fibonnacci number.
 * @param n -- input number, must be greater 0
 * @return the n-th fibonacci number */
// Mathematisch: fib(n) = { 0: 0, 1:1, else: fib(n−1)+fib(n−2) }
// Rekursive und daher langsame Implementierung.
// Zur Beschleunigung kann die Rekursion durch eine Tabelle mit Schleife ersetzt werden.
// Ab einem 'n' von etwa 50 könnte 'unsigned' überlaufen.
unsigned fib(unsigned n) {
    // Test auf ==0 reicht, weil Argument unsigned ist
    if(n==0)
        return 0;
    if(n==1)
        return 1;
    // geht nur bei n>= 2. Sonst gefährlicher Unterlauf möglich.
    return fib(n-1) + fib(n-2);
}
```

Der Kommentar /** Calculate… */ ist zur API-Dokumentation gedacht, die dem Kunden gegeben werden kann – demjenigen, der die Funktion verwenden wird. Hier habe ich, ähnlich wie in Java üblich, mit speziellen @-Tags zur Formatierung gearbeitet, sodass *Doxygen* es versteht.

Der Rest der Kommentare ist für den Leser des Programmtexts gedacht, wenn also Fehler gesucht werden müssen oder Erweiterungen eingebaut werden sollen. Zunächst wird bei // Mathematisch… erklärt, worum es in der ganzen Funktion geht, ohne auf die konkrete Implementierung einzugehen. Dann folgen allgemeine Anmerkungen über die Implementierung bei // Rekursive…, die dem Verständnis helfen, oder Besonderheiten, auf die zu achten ist.

Im Programmtext selbst sind dann nur noch vereinzelt einzeilige Kommentare vorhanden wie // Test auf… und // geht nur bei…, die den Quellcode ergänzen.

---

1 *http://www.doxygen.org*

Gut zu kommentieren, ist eine nicht zu unterschätzende Aufgabe. Kommentare sollten den Quellcode *ergänzen*, nicht versuchen, ihn zu *ersetzen*. Man sagt, überflüssige Kommentare wie `cout << "Glocke"; // schreibe Glocke` sind schlimmer als gar keine. Als Eselsbrücke können Sie sich gute Kommentare wie ein Kochrezept vorstellen: Das Programm ist die Anleitung »Nimm 500 Gramm Mehl, rühre …«, die auch Eskimos und Marsianer nachvollziehen können. Mit dem Kommentar »Backe eine Pizza Magaritha« versteht der Leser, was Sie tun, nur dann, wenn er den Hintergrund hat oder sich mit dem Programm beschäftigt.

Am besten wäre es natürlich, Ihr Code wäre so klar geschrieben, dass Sie gar keine Kommentare brauchen, dass Ihr Code selbsterklärend wäre. Das fängt bei der Benennung von Funktionen, Parametern, Variablen und Klassen an und geht bis zur Strukturierung der Funktionen, Modulen, des ganzen Programms. Lassen Sie sich nicht von dem Konjunktiv abschrecken: Versuchen Sie dennoch jeden Tag, dieses Ziel zu erreichen! Dort, wo das nicht geht, nutzen Sie als »letzten Ausweg« sorgfältig bemessene Kommentare.[2]

Viele Leute bevorzugen // gegenüber den /* … */-Kommentaren, da sich auf diese Weise leicht ein ganzer Codeabschnitt auskommentieren lässt. In der Praxis heißt das: Wenn Sie nur //-Kommentare verwenden, können Sie ohne Probleme ein großes Stück Code mit /* zu Beginn und /* am Ende deaktivieren. Wären jedoch */ enthalten, klappt dieses Auskommentieren nicht. Zumindest innerhalb von Funktionen ist das Auskommentieren oft praktisch.

5.3   Einrückungen und Zeilenlänge

Gewöhnen Sie sich einen einheitlichen Stil bezüglich der Einrücktiefe an. Ein durchgehender Stil erhöht den Lesefluss. Auch hier gilt, dass Sie sich mit Ihren Teammitgliedern absprechen sollten.

Übliche Konventionen:

▸ Einrückung sollen nur mit Leerzeichen oder je einem Tabulator erfolgen.

▸ Falls mit Leerzeichen, sind zwei oder vier Leerzeichen üblich, seltener acht.

Mein persönlicher Favorit sind vier Leerzeichen Einrückung, oftmals sieht man auch zwei Leerzeichen.

Wenn Sie den Tabulator als Einrückung verwenden, dann hat Ihre IDE sicherlich eine Einstellung, mit der Sie die Anzeige auf angenehme zwei, vier oder acht Leerzeichen-Pendants einstellen können.

Tun Sie nur eines nicht: Mischen Sie nicht Leerzeicheneinrückung mit Tabulatoreinrückung. Das gilt sowohl für die Einrückungen innerhalb einer Zeile als auch für diejenigen inner-

---

2 *Necessary Comments*, Robert C. Martin, *http://blog.cleancoder.com/uncle-bob/2017/02/23/NecessaryComments.html*, 23 Feb 2017, [2017-02-24]

halb einer Datei. Ein Kollege mit der falschen Tabulator-Einstellung kann in diesem Fall den Code überhaupt nicht mehr lesen. Sollten Sie eine Datei besuchen, die mit Tabs eingerückt ist, rücken Sie Ihre Änderung auch mit Tabs ein und umgekehrt. Alternativ wandeln Sie die Einrückungen der gesamten Datei vor Ihrer Änderung um (und speichern diesen Schritt als getrennte Änderung in der Versionsverwaltung).

Sehr viele Programmierer schätzen es, wenn die Zeilen nicht nach rechts aus dem Editor herauslaufen, und wünschen, dass man einen manuellen Umbruch nach 72 Zeichen einfügt. Viele Werkzeuge arbeiten mit einer solchen Breite. In höheren Sprachen als purem C stößt man jedoch schneller an diese 72 Zeichen, weswegen manche Teams sich auf 80, 90, 100, 120 oder gar 160 Zeichen geeinigt haben. Letztendlich können die meisten modernen Tools horizontal scrollen. Doch sollte man sich bemühen, dieses Limit nicht ständig auszuschöpfen – sinnvolle Umbrüche sind am besten.

Dort, wo Papierausdrucke noch prinzipiell möglich sein müssen – für Zertifizierung oder Ähnliches –, muss die abgemachte Grenze eingehalten werden. Erzeugen Sie dann besser von Hand einen hübschen Umbruch, bevor Sie es mehr schlecht als recht machen den Drucker lassen.

Es ist üblich, mit einer Schriftart fester Breite zu programmieren – wo also iiii ebenso breit ist wie www. Ich selbst benutze seit Längerem jedoch proportionale Fonts bei der Programmierung. Ich fahre gut damit, weiß aber, dass ich hiermit eine sehr seltene Spezies bin.

5.4   Zeilen pro Funktion und Datei

Wenn Sie Ihr Programm nicht wachsen, wachsen, wachsen lassen, dann wird es auf lange Sicht besser zu pflegen und zu warten sein. Machen Sie sich zu Beginn oder bei Erweiterungen Gedanken darüber, wo sinnvolle »Schnittstellen« zwischen den Programmteilen sind, und bürden Sie das nicht später dem Leser auf.

Limitieren Sie die Anzahl der Zeilen pro Funktion. Wächst eine Funktion darüber hinaus, zerlegen Sie sie in dem Moment und machen Sie daraus Aufrufe von Subfunktionen. Eine übliche Konvention bewegt sich zwischen 20 und 100 Zeilen als Limit. Ich persönlich habe als Faustregel, dass eine Funktion noch auf den Bildschirm passen sollte.

Gleiches gilt für Programmdateien (hauptsächlich *.cpp-Dateien). Sollte eine Datei zu sehr wachsen, zerlegen Sie sie in sinnvolle Unterteile. Zerstückeln Sie sie aber nicht willkürlich. Wenn Sie objektorientiert mit Klassen arbeiten, dann ist eine übliche Konvention, pro Klasse genau einen Header und eine Implementierungsdatei zu haben. Sollte Letztere mehrere Tausend Zeilen lang werden, dann überlegen Sie sich, ob Sie nicht vielleicht die Objekthierarchie anders aufteilen sollten.

5.5   Klammern und Leerzeichen

Ob Sie die geschweiften Klammern auf die Zeile mit if und for setzen oder in die nächste und die Klammern dann nochmals einrücken oder nicht, ist wieder eine Frage des Geschmacks und der Absprache im Team. Ein Beispiel ist:

▶ öffnende Klammer auf die Zeile mit dem Schlüsselwort

▶ geklammerten Block einrücken

▶ schließende Klammer wieder auf Einrücktiefe mit dem Schlüsselwort

▶ auch einzelne Anweisungen mit Klammern versehen

```cpp
#include <iostream>
int func(int arg1, int arg2) {
    if(arg1 > arg2) {
        return arg1-arg2;
    } else {
        return arg2-arg1;
    }
}

int main(int argc, const char* argv[]) {
    for(int x=0; x<10; ++x) {
        for(int y=0; y<10; ++y) {
            std::cout << func(x,y) << " ";
        }
        std::cout << "\n";
    }
}
```

Listing 5.1 Einrückung vier, Klammern in Zeile mit Schlüsselwort, wenige Leerzeichen

Für runde Klammern (...) gibt es ähnliche Unterschiede: ein Leerzeichen nach dem if oder for oder die Klammer direkt dran; Klammern immer mit Leerzeichen umgeben, auch nach dem Öffnen und vor dem Schließen. Eine mögliche Konvention wäre:

▶ Leerzeichen weder vor noch nach der öffnenden Klammer

▶ Leerzeichen nach der schließenden Klammer, aber nicht davor

▶ nach dem Komma in Listen ein Leerzeichen, aber nicht davor

Das ist in etwa der Stil, den Sie in diesem Buch durchgehend finden. Ob Sie den übernehmen oder einen anderen wählen, ist letztlich egal, wenn Sie sich nur an einen Stil halten.

Zum Vergleich sehen Sie in Listing 5.1 den Stil dieses Buchs und in Listing 5.2 einen anderen Stil.

5 Guter Code, 1. Dan: Lesbar programmieren

5.6   Namen

Jeden Bezeichner können Sie in einem bestimmten Stil mit folgenden Eigenschaften schreiben:

▶ Großschreibung oder Kleinschreibung zu Beginn

▶ durchgehend Großbuchstaben

▶ Unterstriche _ oder »CamelCase« bei Wortgrenzen

▶ Beginn oder Ende mit einem Unterstrich _

```cpp
#include <iostream>
int func ( int arg1, int arg2 )
{
  if (arg1 > arg2)
    return arg1 - arg2;
  else
    return arg2 - arg1;
}
int main ( int argc, const char *argv[] )
{
  for ( int x = 0 ; x < 10 ; ++x )
  {
    for ( int y = 0 ; y < 10 ; ++y )
      std::cout << func ( x, y ) << " ";
    std::cout << "\n";
  }
}
```

Listing 5.2 Einrückung vier, Klammern nur wenn nötig und in eigener Zeile, mehr Leerzeichen

Es ist sinnvoll, verschiedene Gruppen durch diese visuellen Aspekte zu unterscheiden und das dann immer gleich zu machen. Auch hier gilt: Gewöhnen Sie sich einen Stil an und sprechen Sie sich mit Ihren Kollegen ab.

Eine Möglichkeit ist:

▶ *Variablen* klein beginnend und weiter in *CamelCase*: meinWert, btnCancelNow

▶ *Klassenvariablen* ebenso, aber mit Unterstrich endend: data_, fileWrite_

▶ *Funktionen* und *Methoden* schreiben wie Variablen getData(), assertEqual() oder statt CamelCase Unterstriche get_data(), assert_equal(), manchmal *snake_case* genannt

▶ *einfache Typen* klein mit Unterstrich, aber mit Endung: money_type

▶ *Klassen* groß beginnend in CamelCase: Data, VideoImage

▶ *Konstanten* und Enum-Elemente in Großbuchstaben mit Unterstrichen: RED, BIG_ALERT

▶ *Makros* werden eigentlich überall nur in Großbuchstaben mit Unterstrichen geschrieben.

Seien Sie das Chamäleon

Vielleicht ist Ihre Aufgabe nicht, ein Programm von Grund auf neu zu schreiben. Wenn Sie in einem größeren Projekt nur lokale Änderungen in einer vorhandenen Datei vornehmen, dann passen Sie sich an, nehmen Sie sich zurück. Der Quelltext bleibt am besten lesbar, wenn Sie in dem Codefragment, das Sie anfassen, *nicht* Ihren eigenen Stil anwenden, sondern Ihre Ergänzungen genau so aussehen lassen wie den Code drumherum.

Schauen Sie sich die Einrückungen daraufhin an, ob Tabulatoren oder Leerzeichen verwendet wurden. Wo wurden die {} gesetzt, wo die Zeilen umgebrochen und wie wurden die Variablen genannt? Nur grobe Schnitzer übernehmen Sie nicht (gar keine Einrückung? Alle Variablen heißen i?).

Nichts ist schlimmer für die Gesamtlesbarkeit als ein Tohuwabohu von unterschiedlichen Stilen. Daher: Drücken Sie Ihrer Änderung nicht Ihren Stil auf. Erst ab einer gewissen Grenze ist es dann besser, sich die Mühe zu machen und die gesamte Datei neu nach eigenen Regeln zu formatieren.

Kapitel 6
Höhere Datentypen

Kapiteltelegramm

- **string**
  Basiszeichenkettentyp in C++

- **wstring, u16string, u32string**
  Stringtypen für internationale Zeichenketten

- **ostream und ofstream**
  Allgemeiner Ausgabedatenstrom und der Ausgabedatenstrom für eine Datei

- **istream und ifstream**
  Allgemeiner Eingabedatenstrom und der Eingabedatenstrom für eine Datei

- **cout, cin, cerr und clog**
  Vordefinierte Standarddatenströme für die Ein- und Ausgabe

- **operator<< und operator>>**
  Operatoren für die Ein- und Ausgabe in und aus Datenströmen

- **Manipulator**
  Konstrukt, um das Ein- und Ausgabeformat eines Streams zu verändern

- **Container**
  Ein Container ist ein abstrakter Datentyp, der als Behälter für Daten dient. Die gespeicherten Elemente haben alle den gleichen Typ, den Sie beim Erzeugen des Containers festlegen. Die Schnittstellen der verschiedenen Container sind einander sehr ähnlich.

- **Sequenzcontainer**
  Vor allem vector ist ein Allround-Container und erlaubt Zugriff per Zahlenindex.

- **Algorithmus**
  In C++ ist damit meist eine Funktion gemeint, die auf Elementen in Containern arbeitet. Normalerweise wird nicht nur eine Art Container unterstützt.

- **Zeiger**
  Zeiger sind eine Art Referenzen auf Werte, die auch den Zustand »keine Referenz« annehmen können.

- **C-Array**
  Eine besondere Form eines Containers, der mit C gut zusammenarbeitet, meist dargestellt durch einen Zeiger und hoffentlich noch dessen Ende oder Länge

Nun geht es um zwei Gruppen von Datentypen, die nicht in der Sprache selbst eingebaut, sondern Teil der Standardbibliothek sind. Sie benötigen also einen oder mehrere #include in Ihrem Quelltext.

6　Höhere Datentypen

6.1　Strings und Streams

▶ **Zeichenketten**

In std::string speichern Sie Folgen von Zeichen, die Sie manipulieren, einlesen und ausgeben können.

▶ **Streams**

Die Standardein- und -ausgabestreams std::cin und std::cout kennen Sie schon. Diese haben die Typen std::istream und std::ostream. Verwandte Typen können Sie auch für Ein- und Ausgabe von Dateien nutzen – und für vieles mehr.

6.2　Der Zeichenkettentyp »string«

Zeichenketten speichern und manipulieren Sie am besten (oder zumindest normalerweise) in einem std::string. Dieser befindet sich im Header <string> der Standardbibliothek. Achten Sie darauf, dass Sie diesen Header also hinzufügen, bevor Sie string verwenden.

»string« und »char*«

In C- und vielen C++-Programmen werden Zeichenketten in char* oder char[] und deren const-Varianten gespeichert. Das ist im Allgemeinen auch in Ordnung, doch gehe ich an dieser Stelle zunächst auf die viel C++-artigere Variante std::string ein, der Sie in vielen Fällen den Vorzug vor Zeichenketten geben sollten.

Lassen Sie uns Listing 4.27 (Seite 99) ein wenig verändern und die Behandlung von Zeichenketten hinzufügen:

```cpp
#include <iostream>    // cin, cout für Eingabe und Ausgabe
#include <string>      // Sie benötigen diesen Header der Standardbibliothek

void eingabe(
    std::string &name,        // Als Parameter
    unsigned &gebJahr)
{
    /* Eingaben noch ohne gute Fehlerbehandlung... */
    std::cout << "Name: ";
    std::getline(std::cin, name); // getline liest in einen String ein
    if(name.length() == 0) {     // length ist eine Methode von string
        std::cout << "Sie haben einen leeren Namen eingegeben.\n";
        exit(1);
    }
    std::cout << "Geb.-Jahr: ";
    std::cin >> gebJahr;
}
```

144

```
int main() {
    /* Daten */
    std::string name;              // definiert und initialisiert eine string-Variable
    unsigned gebJahr = 0;
    /* Eingabe */
    eingabe(name, gebJahr);
    /* Berechnungen */
    // ...
}
```

Listing 6.1 Einige Verwendungsmöglichkeiten von Strings

Mit Variablen vom Typ string können Sie allerlei machen. Es stehen Ihnen Funktionen zur Verfügung, die als Parameter einen string nehmen, wie zum Beispiel std::getline bei std::getline(std::cin, name). Außerdem hat jede string-Variable *Methoden*, die Sie mit dem Punkt . aufrufen, wie name.length() in dem if. Bei Methoden handelt es sich um spezielle Funktionen, die immer auf einer der Variablen arbeiten, mit der sie per Punktnotation aufgerufen wurden.

6.2.1 Initialisierung

Sie sehen am Anfang von main(), wie Sie einen string definieren. Weil es sich nicht um einen eingebauten Typ handelt, wird dieser auch initialisiert, obwohl kein = oder Ähnliches angegeben wurde. In diesem Fall sind die folgenden Varianten gleichbedeutend:

```
std::string name;
std::string name{};
std::string name{""};
std::string name("");
std::string name = "";
```

Hier sind aber nur die ersten beiden Varianten komplett identisch. Als komplexer Datentyp hat string einen Konstruktor – eine spezielle Funktion, die extra dem Zweck dient, eine neue Variable zu initialisieren. Wenn Sie keine Initialisierung angeben, dann wird der Konstruktor verwendet, der keine Parameter hat. Konstruieren können Sie wahlweise seit C++11 auch mit {...}, sodass {} den Aufruf des Konstruktors ohne Parameter explizit macht. Mehr dazu finden Sie in Kapitel 12, »Von der Struktur zur Klasse«.

Im Falle von string initialisiert dieser Konstruktor die Variable mit dem leeren String, also "". Daher bewirkt der Aufruf des Konstruktors mit dem leeren String als Parameter std::string name{""} effektiv das Gleiche.

Bei der Initialisierung bedeutet das Gleichheitszeichen = nicht »Zuweisung« – stattdessen wird der Konstruktor mit einem Parameter aufgerufen. std::string name = "" wirkt also wie std::string name{""}.

Vor C++11 standen Ihnen für die Initialisierung von string die geschweiften Klammern nicht zur Verfügung. Die Schreibweise im älteren Standard war std::string name("").

6 Höhere Datentypen

> **Achtung bei der Initialisierung ohne Parameter und runde Klammern**
>
> Sie können *nicht* std::string name(); zur Initialisierung ohne Parameter verwenden. Benutzen Sie in diesem Fall *immer* die leeren geschweiften Klammern, also std::string name{}; – bzw. vor C++11 ohne Klammern std::string name;.
>
> Die leeren runden Klammern () haben hier dummerweise eine Doppelbedeutung als leere Typliste für eine Funktionsdeklaration: Deshalb deklarieren Sie oben eine Funktion name ohne Parameter mit dem Rückgabetyp string. Der Compiler akzeptiert dies leider zunächst, meckert aber bei der Verwendung von name.
>
> Wenn Sie C++11 zur Verfügung haben, sollten Sie sich angewöhnen, Variablen immer mit den geschweiften Klammern oder dem Gleichheitszeichen = zu initialisieren.

Es gibt noch eine weitere Variante, die den gleichen Effekt hat:

```
std::string name = {""};
```

Verwenden Sie diese Schreibweise, wenn Sie die Initialisierung mit einer *Initialisierungsliste* vornehmen wollen – in diesem Fall ist dies eine Liste mit nur einem Element "". Da das = bei der Initialisierung optional ist, entspricht diese Schreibweise so gut wie immer std::string name{""}. Damit Sie die Übersicht behalten, empfehle ich, diese Schreibweise aber speziell für die Initialisierungsliste zu verwenden.

6.2.2 Funktionen und Methoden

Sie haben gesehen, dass Sie neue string-Variablen zum Beispiel so erzeugen können:

► std::string name; oder std::string name{}; erzeugt einen leeren string.

► std::string name = "Wert"; oder std::string name{"Wert"}; erzeugt einen string aus einem Literal.

Statt "Wert" können Sie auch einen anderen string verwenden, jenen also *kopieren*. In der Dokumentation zu string finden Sie weitere Möglichkeiten zur Initialisierung und noch mehr Funktionen und Methoden für string. Tabelle 6.1 und Tabelle 6.2 zeigen Ihnen jedoch die wichtigsten auf einen Blick.

Funktion	Beschreibung
+	Aneinanderfügen zweier strings zu einem neuen
<<	Ausgabe eines strings
>>	Lesen eines strings bis zum nächsten Whitespace
getline	Lesen in einen string bis zum nächsten Newline

Tabelle 6.1 Eine Auswahl an »string«-Funktionen

146

Methode	Beschreibung
length	Länge des Inhalts
at	(Sicheres) Holen eines einzelnen Zeichens
[]	Holen eines einzelnen Zeichens ohne Prüfung
find	Suchen innerhalb des string
find_first_of	Suche erstes Zeichen aus einer Menge.
substr	Erzeuge neuen string aus einem Bereich.
compare	Vergleiche mit anderem string.
clear	Zurücksetzen auf den leeren string
append	Anhängen einer Zeichenfolge
+=	alternative Schreibweise für append
insert	Einfügen in den string
erase	Löschen eines Teils des strings
replace	Ersetzen eines Teils durch eine andere Zeichenfolge

Tabelle 6.2 Eine Auswahl an »string«-Methoden

6.2.3 Andere Stringtypen

Der gerade erklärte std::string ist ein Container für einzelne Zeichen vom Typ char. Ein char hält (meistens) acht Bit und kann somit nur 256 Zustände unterscheiden. Wenn Sie nun jedoch zum Beispiel arabische oder chinesische Schriftzeichen oder vielleicht sogar tolkiensche Zwergenrunen speichern möchten, dann haben Sie nur die Wahl zwischen diesen Möglichkeiten:

▶ Sie definieren die Bedeutung der char-Werte von 0 bis 255 um und interpretieren sie beim Lesen als Zeichen in der fremden Sprache. Dies nennt man dann eine *Codierung*. Sie müssen so immer die Zusatzinformation der *Codepage* (auch des *Encodings*) mitschleppen – oder wissen.

▶ Sie betrachten bestimmte Zeichen als besondere Zeichen (*Escapezeichen*), die markieren, dass eine Sequenz von fremden Zeichen folgt. Einfache Wörter (deutsche oder englische) schreiben sich dann 1 : 1 als char, aber die meisten fremden Zeichen bestehen aus zwei oder mehr char-Einheiten. Dies ist zum Beispiel in der Codierung »UTF-8« der Fall. Dort kann ein einzelnes Zeichen (»Codepoint«) bis zu sechs char lang sein.

▶ Verwenden Sie einen anderen Elementtyp als char, der mehr unterschiedliche Zustände annehmen kann. Dies ist mit std::wstring der Fall.

Der Typ `std::wstring` besteht aus Elementen vom Typ `wchar_t`. Dieser ist 16 Bit oder 32 Bit breit und sollte in den allermeisten Fällen für fremde Zeichen ausreichen.[1]

Weil aber das Hantieren mit einem Elementtyp, der auf unterschiedlichen Systemen unterschiedlich groß ist, manchen Programmcode verkompliziert, gibt es auch `std::u16string` und `std::u32string` aus Elementen der Typen `char16_t` und `char32_t`.

Sie werden wahrscheinlich erst dann mit diesen Typen zu tun haben, wenn Sie internationale Programme schreiben. Prinzipiell ist der Umgang mit diesen Stringtypen nicht anders als mit `std::string`, denn es sind alle nur Synonyme einer Templateklasse `std::basic_string<>`. Setzen Sie zwischen die spitzen Klammern die Elementtypen `char`, `wchar_t`, `char16_t` oder `char32_t`, dann erhalten Sie die entsprechenden Stringtypen.

Das heißt, alle Methoden, die `std::string` hat, haben die anderen auch. Die freien Funktionen (wie `std::getline`) wurden ebenfalls so geschrieben, dass sie auf allen Stringtypen arbeiten können.

In der Praxis ist es jedoch oft nicht so leicht, mit etwas anderem als `std::string` umzugehen. Bei den Schnittstellen zur Außenwelt müssen Sie immer sicherstellen, dass die richtige Interpretation ankommt: Erwartet die Ausgabekonsole eine bestimmte Codierung? Was für Strings sind in Dialogboxen? Datenströme aus dem Internet sind meist `char`-basiert, wie wird daraus etwas anderes?

Dies ist ein sehr weites Feld. Lesen Sie sich in den systemspezifischen Bereich ein, den Sie benötigen, oder lassen Sie sich den Auszug, den Sie brauchen, von einem Kollegen erklären.

6.3 Streams

Sie haben Streams in Beispielen schon oft gesehen, aber selten trat ihr Typ in Erscheinung, weil wir die vordefinierten *Streams* (engl. für *Datenströme*) der Standardbibliothek verwendet haben:

▶ `std::cout` vom Typ `std::ostream` ist für die *Standardausgabe*, meist auf die Konsole, also den Bildschirm. Oder Sie können die Ausgabe in eine Datei umleiten.

▶ `std::cin` vom Typ `std::istream` ist für die *Standardeingabe*, üblicherweise von der Tastatur oder einer umgeleiteten Datei.

▶ `std::cerr` und `std::clog` sind ebenfalls Ausgabedatenströme vom Typ `std::ostream` und landen meist auf dem Bildschirm, doch Sie können sie getrennt von `std::cout` in eine Datei umleiten.

Für Ein- und Ausgaben des normalen Programmflusses verwenden Sie normalerweise `std::cin` und `std::cout`. Jede Ausgabe kostet Zeit, und ein Aufruf hat »Overhead«, daher

---

1 Für alle Unicode-Zeichen reichen 16 Bit auch noch nicht aus, sodass Zeichenfolgen dann zum Beispiel mit UTF-16 codiert werden können.

ist `std::cout` gepuffert – Ausgaben erscheinen manchmal nicht sofort, sondern werden erst gesammelt.

Anders `std::cerr`, dessen Ausgabe soll sofort erscheinen. Verwenden Sie diesen Stream für Fehlerausgaben. Wenn `std::cout` in eine Datei umgelenkt wurde, dann erscheinen diese Ausgaben trotzdem auf der Konsole, wie in Listing 6.2 gezeigt.

```
// Rufen Sie dieses Programm zum Beispiel mit 'prog.exe > datei.txt' auf
#include <iostream>    // cout, cerr
int main() {
    std::cout << "Ausgabe nach cout\n";      // wird nach 'datei.txt' ausgegeben
    std::cerr << "Fehlermeldung!\n";         // erscheint trotzdem auf der Konsole
    std::cout << "Wieder normale Ausgabe\n"; // wieder in die Datei
}
```

Listing 6.2 Der Fehlerstream erscheint auf dem Bildschirm, auch wenn Sie die Standardausgabe zum Beispiel mit »prog.exe > datei.txt« umgeleitet haben.

6.3.1 Eingabe- und Ausgabeoperatoren

Wie Sie schon häufig gesehen haben, können Sie mit dem Operator `<<` Daten nach `cout` ausgeben. Alle eingebauten Datentypen lassen sich so ausgeben, Sie müssen sich nicht um das Format kümmern – können es aber tun, wie Sie gleich bei den *Manipulatoren* sehen werden. Das ist erwähnenswert, weil anders als in der C-Funktion `printf` der Compiler für Sie das korrekte Format wählt – nämlich die richtige Überladung des globalen `operator<<`. Sie können für eigene Datentypen auch Überladungen hinzufügen, siehe Abschnitt 12.11, »Verwendung eigener Datentypen«.

Sie können mehrere `<<`-Aufrufe hintereinanderketten, Sie müssen nur als ersten den Stream nennen, in den ausgegeben werden soll: Jeder `<<`-Aufruf gibt den Stream als Ergebnis zurück, sodass dieser wieder eine Ausgabe empfangen kann.

Für die Eingabe per `>>` gilt das Gleiche – gelesen wird für die eingebauten Datentypen immer bis zum nächsten Whitespace (zum Beispiel Leerzeichen oder Zeilenvorschub).

Erweitern wir Listing 6.1 um ein paar zusätzliche Ein- und Ausgaben:

```
#include <iostream>            // cin, cout für Eingabe und Ausgabe
#include <string>
#include <array>
using std::cin; using std::cout;   // Abkürzungen cin und cout

void eingabe(
    std::string &name,
    unsigned &gebTag,
    unsigned &gebMonat,
    unsigned &gebJahr,
    long long &steuernummer,
    std::array<int,12> &monatseinkommen) // array ist ein Container
```

6 Höhere Datentypen

```cpp
{
    /* Eingaben noch ohne gute Fehlerbehandlung... */
    cout << "Name: ";
    std::getline(cin, name);    // getline nimmt Eingabestrom und String
    if(name.length() == 0) {
        cout << "Sie haben einen leeren Namen eingegeben.\n";
        exit(1);
    }
    cout << "Geb.-Tag: "; cin >> gebTag;
    cout << "Geb.-Monat: "; cin >> gebMonat;
    cout << "Geb.-Jahr: "; cin >> gebJahr;
    cout << "Steuernummer: "; cin >> steuernummer;
    for(int m=0; m<12; ++m) {
        cout << "Einkommen Monat " << m+1 << ": ";  // mehrere Ausgaben
        cin >> monatseinkommen[m];                   // Einlesen mit Operator
    }
    cout << std::endl;
}

int main() {
    std::string name{};
    unsigned tag = 0;
    unsigned monat = 0;
    unsigned jahr = 0;
    long long stNr = 0;
    std::array<int,12> einkommen{};
    eingabe(name, tag, monat, jahr, stNr, einkommen);
    // ... Berechnungen ...
}
```

Listing 6.3 Eine Funktion mit Ein- und Ausgabe

Hier sehen Sie eine Menge Ausgaben per std::cout << … Egal, ob es sich um eine Zeichenkette wie "Geb.-Tag: " oder um eine Zahl wie m+1 handelt, Sie verwenden immer einfach <<. Bei cout << "Einkommen Monat "… sehen Sie auch, wie mehrere Ausgaben hintereinandergekettet werden.

Die Eingabe von der Tastatur geht ebenso leicht: Der >>-Operator, gefolgt von der Variablen, in die Sie hineinlesen wollen, lässt den Benutzer einen Wert eingeben. Hier ist jedoch etwas Vorsicht gefragt: Der Benutzer sollte seine Eingaben jeweils mit einem Druck auf die ⏎-Taste abschließen. Für die eingebauten Datentypen ist beim nächsten Whitespace – wie zum Beispiel Leertaste oder ⏎ – die Eingabe für die Variable zu Ende. Kommt ein Leerzeichen in der Eingabe des Benutzers vor, dann wird alles dahinter für den nächsten >> zurückgehalten – und alles kommt durcheinander.

6.3.2 »getline«

Das ist auch der Grund, warum ich bei `std::getline(cin, name);` für `name` nicht `>>` verwende, sondern `getline`. Diese Funktion liest nicht nur bis zum nächsten Whitespace, sondern bis zum nächsten Zeilenende – und erlaubt somit auch Namen mit Leerzeichen.

6.3.3 Dateien für die Ein- und Ausgabe

Wenn Sie ein Programm aufrufen, dann können Sie `cout` mit `>` `datei` in eine Datei »umlenken«. Das folgende Programm wandelt die Argumente in Großbuchstaben um und gibt sie aus:

```cpp
#include <cstdlib>
#include <iostream>

int main(int argc, char* argv[]) {
    for(int i=1; i<argc; ++i) { // Start bei 1
        for(char* p=argv[i]; *p!='\0'; ++p) {
            char c = toupper(*p);
            std::cout << c;
        }
        std::cout << ' ';
    }
    std::cout << '\n';
}
```

Die Schleife mit `i` läuft über alle Argumente, die Sie dem Programm mitgeben, die Schleife mit `p` über alle Zeichen der einzelnen Argumente. Jedes Argument ist bei `\0` zu Ende. Die Funktion `toupper` wandelt einen `char` in einen Großbuchstaben um. So rufen Sie das Programm auf (das $-Prompt geben Sie nicht mit ein):

```
$ .\caps.exe Hallo Text
```

Das schreibt es auf den Bildschirm:

```
HALLO TEXT
```

Diese Ausgabe können Sie umlenken:

```
$ .\caps.exe Hallo Text > ausgabe.txt
```

Statt dass Sie die Ausgabe auf dem Bildschirm sehen, wird sie in `ausgabe.txt` geschrieben. Unter Unix ist dieses Vorgehen mehr als üblich, für Windows-Benutzer ist es jedoch etwas gewöhnungsbedürftig. Aber da Sie ja nun C++ programmieren und die Bedienung eines Texteditors beherrschen, sollte Ihnen der Umgang mit der Kommandozeile keine Schwierigkeiten bereiten.

Die Datei `ausgabe.txt` können Sie in einem beliebigen Texteditor – auch in der C++-Entwicklungsumgebung – einsehen. Unter Unix schreiben Sie statt `.\programm.exe` natürlich `./programm`.

6 Höhere Datentypen

Wollen Sie aus einer Datei lesen, können Sie `<` `datei` verwenden:

```
$ .\programm.exe < eingabe.txt
```

Wenn Sie es aber nicht dem Aufrufer überlassen wollen, die Datei für das Lesen oder Schreiben zu wählen, oder gar mehr als eine Ein- und Ausgabe benötigen, dann können Sie sich im Programm neue Datenströme erzeugen.

Erzeugen Sie eine neue Datei mit dem Typ `std::ofstream` und geben Sie den gewünschten Dateinamen an. Statt `<iostream>` inkludieren Sie `<fstream>`, wo die Dateistreams definiert sind:

```cpp
#include <fstream>
int main(int argc, char* argv[]) {
    std::ofstream meineAusgabe{"output1.txt"};
    meineAusgabe << "Zeile 1\n";
    meineAusgabe << "Zeile 2\n";
}
```

Die Datei wird geschlossen, sobald die Variable `meineAusgabe` nicht mehr gültig ist, also zum Beispiel, wenn ihr Block verlassen wird.

Das Gleiche gilt für das Lesen bestehender Dateien, nur verwenden Sie dazu `ifstream`:

```cpp
#include <fstream>
int main(int argc, char* argv[]) {
    int wert = 0;
    std::ifstream meineEingabe{"input1.txt"};
    meineEingabe >> wert;
}
```

Sollte die Datei nicht existieren, wird das nicht funktionieren. Sie können prüfen, ob das Öffnen der Datei einen Fehler verursacht hat, indem Sie den Nicht-Operator `!` auf den Stream anwenden:

```cpp
#include <iostream> // cerr
#include <fstream>
int main(int argc, char* argv[]) {
    int wert;
    std::ifstream meineEingabe{"input1.txt"};
    if(!meineEingabe) {
        std::cerr << "Fehler beim Öffnen der Datei!\n";
    } else {
        meineEingabe >> wert;
    }
}
```

Listing 6.4 Verwenden Sie den !-Operator, um den Zustand des Streams zu prüfen.

6.3.4 Manipulatoren

Sollte Ihnen das Format der Ausgabe der Standarddatentypen nicht gefallen, dann können Sie es vielfältig beeinflussen. Im Header `<iomanip>` finden Sie allerlei *Manipulatoren*, die Sie einfach auf den Stream anwenden, um das Verhalten umzuschalten.

Dies ist gerade bei Fließkommazahlen interessant, um die Anzahl der ausgegebenen Nachkommastellen zu beeinflussen. Listing 6.5 gibt ein kurzes Beispiel:

```cpp
#include <iostream>
#include <iomanip>            // fixed, setprecision
using std::cout;             // Abkürzung cout
int main() {
    cout << std::fixed       // Punktschreibweise, nicht wissenschaftlich
         << std::setprecision(15); // 15 Nachkommastellen
    cout << 0.5 << "\n";     // Ausgabe: 0.500000000000000
    cout << std::setprecision(5); // 5 Nachkommastellen
    cout << 0.25 << "\n";    // Ausgabe: 0.25000
    return 0;
}
```

Listing 6.5 Verwenden Sie Streammanipulatoren aus »<iomanip>«, um das Format der Ausgabe zu beeinflussen.

Für die komplette Liste der Manipulatoren schauen Sie sich Tabelle 6.3 an. Sie finden noch eine ausführlichere Beschreibung der Manipulatoren in Abschnitt 27.5, »Streams manipulieren und formatieren«.

6.3.5 Der Manipulator »endl«

Nicht alle Manipulatoren verändern tatsächlich das Lese- oder Schreibformat. Die wichtigste Ausnahme ist `std::endl`. Er wirkt wie ein Zeilenendezeichen \n, hat aber den zusätzlichen Effekt, dass er den Schreibpuffer leert – in dem Sinne, dass er noch anstehende Schreibaufgaben ausführt. Dies kostet Zeit – schließlich wurde Pufferung ja extra zur Beschleunigung erfunden. Deshalb sollten Sie, wenn es geht, besser \n zum Zeilenvorschub verwenden.

Nur wenn Sie sicher sein wollen, dass eine Bildschirmausgabe zu einem bestimmten Zeitpunkt beim Benutzer auch ankommt, sollen Sie stattdessen `std::endl` verwenden.

Wollen Sie nur den zurückgehaltenen Puffer ausgeben und keinen zusätzlichen Zeilenvorschub, dann benutzen Sie den Manipulator `flush`, also zum Beispiel `cout << flush`.

Bevor eine Datei geschlossen wird, also das Programm endet oder die Streamvariable ungültig wird, benötigen Sie kein zusätzliches `flush` oder `endl`. Das Schließen der Datei leert den Puffer automatisch. Nur wenn Ihr Programm abstürzt, könnten ungeschriebene Reste im Puffer verbleiben.

6 Höhere Datentypen

Bezeichner	Beschreibung
Header <ios>	
[no]boolalpha	textuelles oder numerisches bool
[no]showbase	Zahlen mit oder ohne Präfix
[no]showpoint	Fließkomma immer mit Punkt
[no]showpos	positive Zahlen mit + anzeigen
[no]skipws	führende Whitespace beim Lesen überspringen
[no]uppercase	Großbuchstaben für manche Ausgaben
[no]unitbuf	Flush nach jeder Ausgabe?
left right internal	Wo sollen Füllzeichen hin?
dec hex oct	Zahlen in anderer Basis ausgeben
fixed defaultfloat scientific hexfloat	Ausgabeformat von Fließkommazahlen
Header <istream>	
ws	alle Whitespaces konsumieren
Header <ostream>	
ends	Gibt \0 aus.
flush	gepufferte Ausgabe sofort ausgeben
endl	Gibt \n aus und flusht.
Header <iomanip>	
[re]setiosflags	angegebene I/O-Flags (zurück-)setzen
setbase	Ganzzahlen in anderer Basis ausgeben
setfill	Füllzeichen verändern
setprecision	Ausgabegenauigkeit von Fließkommas
setw	Breite der Ausgabe setzen
put/get_money/time	I/O besonderer Zahlenformate
quoted	Anführungszeichen bei Ein- und Ausgabe

Tabelle 6.3 Die Streammanipulatoren

6.4   Behälter und Zeiger

Container sind ein wichtiger Bestandteil der Standardbibliothek. Weil sie eine zentrale Rolle spielen und auch viel Platz darin einnehmen, gehe ich im Detail in Kapitel 24, »Container« auf sie ein. Hier gebe ich Ihnen einen kurzen Überblick, damit Sie wissen, welche Räder Sie nicht neu erfinden müssen.

6.4.1   Container

Sie haben bisher Typen kennengelernt, die ein einzelnes Datum (im Sinne von *Daten*) halten können. Wenn Sie zum Beispiel zwei int-Werte speichern wollten, dann haben Sie dafür zwei Variablen (wie int x, y;) gebraucht. Mit array<int> hatten Sie schon einen Vorgeschmack auf einen der Container, und ich erkläre Ihnen dazu die ersten Hintergründe.

Was tun Sie, wenn Sie richtig viele Werte speichern wollen? Oder Sie wollen vielleicht über alle Werte in einer Schleife iterieren. Oder Sie wissen zuvor vielleicht nicht, wie viele Werte es werden. Dafür gibt es in der C++-Standardbibliothek die Container (engl. für *Behälter*).

Merken Sie sich, dass *Container* in der C++-Standardbibliothek ein Konzept sind. Die Schnittstellen aller Container sind gleich, und Sie können das, was Sie über einen Container wissen, auf alle anderen übertragen – das Einhalten einiger Regeln vorausgesetzt. Es gibt Ausnahmen, und derer nicht wenige, aber sobald Sie das Konzept verstandenen haben, werden Sie alle Container meistern.

Es gibt viele Behälter in der Standardbibliothek, und je nach Zweck der Anwendung ist der eine oder andere sinnvoll. Ich gehe in diesem Kapitel auf zwei ein, weil sie einerseits fundamental und andererseits zueinander sehr unterschiedlich sind.

6.4.2   Parametrisierte Typen

Alle Container haben gemeinsam, dass sie *parametrisierte Typen* sind. Sie bestehen aus einem Haupttyp – dem eigentlichen Container – und dem Typ oder den Typen, die in den Container hineingesteckt werden.

Dem Haupttyp folgen die Parameter in spitzen Klammern, zum Beispiel vector<int>, map<string,Car> oder array<double,10>. Es ist höchst wichtig, dass Sie das gesamte Konstrukt als *einen* Typ betrachten. Ein vector<int> ist etwas anderes als ein vector<long>, genauso wie ein int etwas anderes als ein long ist. Für die Überladung von Funktionen und die Auflösung von Operatoren ist das von entscheidender Bedeutung. Sie können zwei Funktionen schreiben wie

```
long sum(vector<int> arg);
long sum(vector<long> arg);
```

weil die Argumenttypen unterschiedlich sind. Sie schreiben eine ganz normale Überladung, siehe Abschnitt 7.8, »Funktionen überladen«.

Das gilt auch für (konstante) Werte als Typparameter: `array<int,10>` ist ein anderer Typ als `array<int,11>`.

Als Konsequenz daraus, dass *haupttyp<parameter>* als Ganzes den Typ bildet, muss dieser schon zur Übersetzungszeit feststehen. Das fällt Ihnen besonders bei `array` auf. Vielleicht sind Sie versucht, eines der folgenden Dinge zu tun:

```
void berechneImArray(int n) {
    array<int,n> daten {};
    // ...
}
long summiereArray(array<int,n> data) {
    int sum = 0;
    for(int e : data)
        sum += e;
    return sum;
}
```

Beides geht nicht, da n jeweils eine erst zur Laufzeit feststehende Variable ist. Sie können höchstens einfache Berechnungen wie 3+4 oder eine `constexpr` verwenden.

Doch genug des Vorausblicks auf `array` als Vehikel für das Konzept der parametrisierten Typen. Ich werde nun besser konkret.

6.5 Die einfachen Sequenzcontainer

▶ `std::array`
Diesem Behälter sagen Sie beim Entstehen, wie viele Elemente er enthalten soll. Er wächst und schrumpft nicht; auf seine Elemente greifen Sie mit einem Index zu oder iterieren über Bereiche.

▶ `std::vector`
Dieser Allrounder legt seine Elemente direkt hintereinander ab. Sie greifen über einen Zahl-Index auf seine Elemente zu oder iterieren über Bereiche. Außerdem wächst er automatisch, wenn Sie Elemente hinzufügen.

Ich bemühe mich, nicht von *Arrays* zu reden, sondern immer entweder `array` für `std::array` oder C-Array für `typ[]` zu schreiben. In anderen Quellen wird Letzteres meist einfach »Array« genannt oder in deutschen Texten auch »Feld«.[2]

6.5.1 »array«

Das `array` verwenden Sie, wenn Sie im Vorfeld wissen, wie viele Elemente Sie benötigen. Wie Sie in der ersten Zeile von `main()` sehen, legen Sie die Anzahl der Elemente bei der Deklaration fest. Sie kann nicht wieder geändert werden.

---

2 Andere deutsche Texte sagen »Feld« zum `vector`. Wegen all dieser Verwirrungen verwende ich in diesem Buch bevorzugt die originalen Begriffe der Sprache C++.

```cpp
#include <array>
#include <iostream>
using std::cout; using std::array; using std::string;
int main() {
    array<string,7> wotag = { "Montag", "Dienstag",          // deklarieren
        "Mittwoch", "Donnerstag", "Freitag", "Samstag", "Sonntag" };
    cout << "Die Woche beginnt mit " << wotag[0] << ".\n"; // Werte lesen
    cout << "Sie endet mit " << wotag.at(6) << ".\n";      // sicheres Werte Lesen
    /* nordisch? */
    wotag[5] = "Sonnenabend";                              // Werte verändern
}
```

Listing 6.6 In einem »array« speichern Sie eine feste Anzahl Elemente.

Auf die Elemente greifen Sie mit eckigen Klammern bei wotag[0] und wotag[5] über einen Zahlenindex zu – Sie können sowohl Werte lesen als auch schreiben. Die alternative Methode at(index) ist etwas sicherer: Während mit [ ] keine Überprüfung stattfinden muss, ob Sie einen zu großen[3] Index verwendet haben, und Ihr Programm möglicherweise abstürzt oder Schlimmeres passiert (es mit falschen Werten weiterläuft, enthält at() eine Überprüfung, bei der Sie einen Fehler abfangen können – oder wenigstens vor Programmende eine Fehlermeldung erhalten (siehe Kapitel 10, »Fehlerbehandlung«).

Die Anzahl der Elemente bei der Deklaration von wotag muss eine Konstante sein. Sie können hier nicht eine Variable verwenden, deren Wert Sie zuvor ermittelt haben. Die 7 ist als Zahlenliteral natürlich konstant. Es ist aber guter Stil, eine solche Zahl als Konstante vorher zu deklarieren:

```cpp
#include <array>
#include <iostream>
constexpr size_t MONATE = 12; /* Monate im Jahr */
int main() {
    std::array<unsigned,MONATE> mtage = {      // okay mit einer Konstante
        31,28,31,30,31,30,31,31,30,31,30,31};
    unsigned alter = 0;
    std::cout << "Wie alt sind Sie? "; std::cin >> alter;
    std::array<int,alter> lebensjahre;         // Arraygröße geht nicht per Variable
}
```

Listing 6.7 Die Arraygröße muss konstant sein.

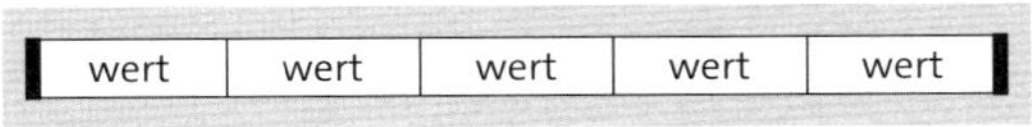

wert	wert	wert	wert	wert

Abbildung 6.1 Ein »array« kann weder wachsen noch schrumpfen. Seine Elemente sind kompakt angeordnet.

---

3 oder zu kleinen

6   Höhere Datentypen

Wenn Sie ein `array` als Parameter an eine Funktion übergeben wollen, dann muss dessen Typ mit der Arraydefinition genau übereinstimmen. Denn `array<int,4>` ist ein anderer Typ als `array<int,5>` und `array<short,4>` – auf einen solchen Parametertyp würde es nicht passen. Damit Sie sich nicht ständig wiederholen müssen, sollten Sie daher zuvor dem Arraytyp mit einem `using` (oder `typedef`) einen eigenen Namen geben:

```cpp
#include <array>
#include <algorithm>                        // accumulate
#include <numeric>                          // iota

using Januar = std::array<int,31>;          // Alias für wiederholte Verwendung

void initJanuar(Januar& jan) {              // das genaue Array als Parameter
    std::iota(begin(jan), end(jan), 1);     // füllt mit 1, 2, 3 … 31
}
int sumJanuar(const Januar& jan) {          // das genaue Array als Parameter
    return std::accumulate(begin(jan), end(jan), 0); // Hilfsfunktion für Summe
}
int main() {
    Januar jan;                             // deklariert ein array<int,31>
    initJanuar( jan );
    int sum = sumJanuar( jan );
}
```

Listing 6.8 Wenn Sie eine Arraydefinition mehrfach verwenden müssen, dann verwenden Sie »using«.

Wenn Sie eine feste Zahl von gleichförmigen Elementen speichern müssen, dann eignet sich ein Array hervorragend. Besonders als Membervariable leistet es gute Dienste, gerne auch für statische Daten, die Sie literal in den Quelltext tippen.

Die besondere Stärke ist, dass die Daten direkt nebeneinander im Speicher liegen, was in vielen Einsatzgebieten nützlich ist – zum Beispiel kann man es besonders schnell als einen Block auf die Festplatte schreiben etc.

Ansonsten sehen Sie hier die praktischen Funktionen `accumulate` und `iota` aus den Headern `<algorithm>` und `<numeric>`, die beide sogenannte »Algorithmen« sind. Das sind Hilfsfunktionen, die Sie auf viele, wenn nicht alle Container anwenden können. Sie werden an mehreren Stellen im Buch noch mehr darüber erfahren. In Kapitel 25, »Container-Unterstützung«, werden alle im Detail aufgelistet.

6.5.2   »vector«

Es ist jedoch unpraktisch, immer eine vorher genau festgelegte Zahl an Elementen im Container haben zu müssen. Das Allroundtalent der Behälter ist zweifellos der `vector`. Er enthält wie ein `array` nur Elemente eines Typs. Auch der Zugriff funktioniert genauso, nämlich über einen Zahlenindex (bei 0 beginnend) oder über einen Iterator.

6.5 Die einfachen Sequenzcontainer

Die Größe des vector ist aber dynamisch: Sie kann bei Bedarf wachsen. So können Sie ihn zum Beispiel leer initialisieren und dann nacheinander so viele Elemente hineintun, wie Ihr Computer Speicher hat:

```
#include <vector>                          // Sie benötigen diesen Header
int main() {
    std::vector<int> quadrate{};           // leer initialisieren
    for(int idx = 0; idx<100; ++idx) {
        quadrate.push_back(idx*idx);       // Anfügen eines Elements
    }
}
```

Mit push_back() fügen Sie am Ende des vectors ein Element an. Das ist neben dem Indexzugriff eine der nützlichsten Funktionen von vector, zum Beispiel quadrate[idx].

Im vector liegen die Elemente direkt hintereinander im Computerspeicher. Das ist CPU-freundlich und macht ihn beim Zugriff von vorne nach hinten enorm schnell. Der vector hat aber folgenden Nachteil: Wenn Sie ein Element in der Mitte oder vorne einfügen wollen, dann werden alle Elemente rechts davon um eine Position zur Seite verschoben – und das ist meist eine zeitraubende Angelegenheit.

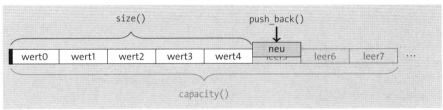

Abbildung 6.2 Schematische Darstellung eines »vectors«.

Bevorzugen Sie das Einfügen von Elementen hinten in einen »vector«

Wann immer Sie können, sollten Sie in einen vector Elemente nur hinten einfügen. Die Methoden dafür sind push_back und emplace_back.

Für Operationen auf allen Elementen eines vectors stehen Ihnen mehrere Möglichkeiten zur Verfügung. Die bereichsbasierte for-Schleife kennen Sie schon:

```
#include <vector>
#include <iostream>                              // cout, endl
int main() {
    std::vector<int> quadrate{1,4,9,16,25};     // gefüllt initialisieren
    for(int zahl : quadrate)                    // zahl ist ein Quadrat nach dem anderen
        std::cout << zahl << " ";
    std::cout << std::endl;
}
```

Listing 6.9 Die einfachste Iteration benutzt eine bereichsbasierte »for«-Schleife.

6 Höhere Datentypen

Hier werden alle Elemente nacheinander ausgegeben: 1 4 9 16 25. Sie können alternativ auch per Index auf die Elemente zugreifen. Vergessen Sie nicht, dass die Zählung (fast immer in C++) bei null beginnt. Mit `size()` können Sie prüfen, wie viele Elemente im vector sind.

```cpp
#include <vector>
#include <iostream>                          // cout, endl
int main() {
    std::vector<int> qus{1,4,9,16,25};
    for(int idx=0; idx<qus.size(); ++idx)    // size enthält die Anzahl
        std::cout << qus[idx] << " ";        // [idx] oder at(idx) holt ein Element
    std::cout << std::endl;
}
```

Listing 6.10 Der Zugriff auf die Elemente per Index

In C++ sollten Sie statt eines Index aber Iteratoren verwenden. Ihr Einsatzgebiet ist breiter, für den Compiler eventuell besser zu handhaben und vor allem: bei allen Containern gleich.

```cpp
#include <vector>
#include <iostream>                          // cout, endl
int main() {
    std::vector<int> qus{1,4,9,16,25};
    for(auto it = qus.begin(); it!=qus.end(); ++it)  // zwischen begin() und end()
        std::cout << *it << " ";             // mit *it kommen Sie vom Iterator zum Element
    std::cout << std::endl;
}
```

Listing 6.11 Der Einsatz von Iteratoren für eine Schleife

Ebenso wie Container sind *Iteratoren* ein Konzept. Sie arbeiten eng mit Containern zusammen und werden im Detail auch in siehe Kapitel 24, »Container«, erklärt. Bis dahin will ich sie Ihnen auf die kürzest mögliche Art zusammenfassen:

▸ `qus.begin()` und `qus.end()`
 liefern Iteratoren für den Anfang und das Ende des Containers zurück, ähnlich wie 0 und `size()` die Grenzen der Indexe liefert.

▸ `auto it = qus.begin()`
 definiert einen Iterator und initialisiert ihn auf den Containeranfang, hier als Schleifenvariable.

▸ `it != qus.end()`
 prüft auf »bin ich schon am Ende«. Prüfen Sie immer mit »ungleich«, nie mit »kleiner«.

▸ `*it`
 kommt vom Iterator zum Element. Sie »dereferenzieren« den Iterator.

160

> **Die Standardbibliothek enthält viele Container**
>
> Die weiteren Container und jede Menge Anleitungen für den Umgang mit ihnen finden Sie in Kapitel 24, »Container«.

6.6   Algorithmen

Zusätzlich zu den Fähigkeiten der Container gibt es *Algorithmen*. Die meisten finden Sie im Header <algorithm>. Dort gibt es eine lange Liste an Hilfsfunktionen, die Ihnen dabei helfen, spezielle Probleme mit allgemeinen Methoden zu lösen.

Alle diese Algorithmen arbeiten durchgehend auf Iteratoren, weswegen sie auf (beinahe) allen Containern arbeiten. Sie sollen wissen, dass mit den Methoden der Container deren Mächtigkeit nicht erschöpft ist.

In diesem Beispiel wird ein vector mit einem Algorithmus gefüllt, um dann Elemente mit einem bestimmten Kriterium zu zählen:

```
#include <vector>
#include <algorithm>                        // count_if
#include <numeric>                          // iota
#include <iostream>
bool even(int n) { return n%2==0; }         // Test auf gerade
int main() {
    std::vector<int> data(100);             // 100 x null
    std::iota(data.begin(), data.end(), 0); // 0, 1, 2, … 99
    // zählt gerade Zahlen
    std::cout <<
        std::count_if(data.begin(), data.end(), even);
}
```

Listing 6.12 Zählen mit einem Algorithmus

6.7   Zeiger und C-Arrays

Bei der Besprechung der eingebauten Datentypen habe ich zwei sehr wichtige Typen bisher ausgelassen: die Zeiger und die C-Arrays. Diese beiden sind eng verwandt miteinander, sodass ich sie auch gemeinsam behandle. Weshalb das so spät passiert, hat zwei Gründe:

▶ Sie sind ein eigenes Konzept und bringen einen riesigen Bereich von Dingen mit, die Sie verstehen müssen, um sie effektiv nutzen zu können.

▶ Für die Aufgaben, die sie lösen, sind sie in modernem C++ nur die zweitbeste Möglichkeit. Spätestens seit C++11 gibt es meistens eine bessere Alternative in der Sprache oder der Standardbibliothek.

Daher gebe ich Ihnen nur eine kurze Einführung in Zeiger und C-Arrays. Sie lernen mehr in Kapitel 20, »Zeiger« – und erfahren gleichzeitig dann auch noch mehr über die Alternativen.

6.7.1 Zeigertypen

Ein Zeiger (engl. *Pointer*) ist die C-Variante einer Referenz, die historisch bedingt auch in C++ noch häufig genug verwendet wird. Es ist eine Indirektion auf den wirklichen Wert. Daher kann es jeden Typ auch als Zeiger geben – auch Zeiger selbst, also als einen Zeiger auf einen Zeiger. Ein Zeiger repräsentiert eine Adresse im Speicher, und der Computer kann damit rechnen – er kann Differenzen bilden, inkrementieren etc. Daher eignen sich Zeiger gut für große und dynamische Speichermengen. Mit dem Adressoperator & ermitteln Sie die Adresse eines Objekts und erhalten einen Zeigertyp. Den erkennen Sie an einem dem Typ nachgestellten Stern *. Zum Beispiel können Sie nach int x=12; die Adresse mit int* p = &x; ermitteln. Dieser int* zeigt auf einen int-Wert, und ein char* zeigt auf einen char-Wert. Nur der Zeigertyp void* ist flexibel darin, worauf er zeigt – und deshalb unsicher und zu vermeiden. Zeigt ein Zeiger nirgendwo hin, dann hat der Zeiger den speziellen Wert nullptr.

6.7.2 C-Arrays

C-Arrays werden mit eckigen Klammern [ ] notiert. Bei der Deklaration stehen diese hinter dem Variablennamen. Zum Beispiel speichert int nums[10] zehn int-Werte direkt nebeneinander. Der Typ von nums ist hier int[10] – solange nums nicht an eine Funktion übergeben wird. Leider kann der Compiler die Arraygröße nicht selbst mitübergeben, weswegen das C-Array dann zu einem Zeiger »verfällt«. So ist die größenlose Schreibweise int[] gleichbedeutend mit int*. Unter anderem wegen dieses großen Nachteils sollten Sie wenn möglich immer auf Alternativen ausweichen: string, vector oder Ähnliches für dynamische Datenmengen, array, pair oder tuple für fixe Mengen.

Kapitel 7
Funktionen

Kapiteltelegramm

▶ **Deklaration und Definition**
Die *Deklaration* führt einen Bezeichner nur ein und gibt dem Compiler Informationen, wie zum Beispiel den Typ. Im Gegensatz dazu reserviert die *Definition* auch Platz für das Konstrukt. Bei Funktionen ist das der Unterschied zwischen dem Nennen des Funktionskopfs *ohne* und *mit* Funktionskörper.

▶ **Seiteneffekt**
Ein Seiteneffekt liegt vor, wenn eine Funktion den Zustand des Programms über andere Wege als Parameter oder Rückgabe verändert.

▶ **Funktionsaufruf**
Unterbrechung und spätere Fortsetzung des aktuellen Programmflusses durch den Körper einer Funktion

▶ **Funktionskopf**
Funktionsdeklaration, bestehend aus Rückgabetyp, Funktionsname und den Parametern

▶ **Funktionskörper**
Die zu einer Funktionsdefinition gehörenden Anweisungen

▶ **Rückgabewert und Rückgabetyp**
Das, was die Funktion mit einer return-Anweisung zurückliefert

▶ **Parameter**
Ein Parameter besteht aus einem Parametertyp und einem optionalen Parameternamen und ist Teil der Funktionsdeklaration. Im Funktionskörper kann mit dem Parameternamen auf den übergebenen Parameter zugegriffen werden.

▶ **Call-by-Value**
Ein Parameter, der für den Funktionsaufruf als Wert in die Funktion hineinkopiert wird. Teil des Parametertyps bei der Funktionsdeklaration. Änderungen an dem Parameter innerhalb der Funktion wirken sich außen nicht aus.

▶ **Call-by-Reference**
Ein Parameter, der so deklariert ist, dass die Funktion per Referenz direkt auf das übergebene Konstrukt zugreift, zum Beispiel eine Variable – und so gegebenenfalls auch ihren Wert außerhalb der Funktion verändern kann.

▶ **Freie Funktion**
Eine Funktion, die nicht Teil einer Klasse ist. Sie wird global oder in einem Namensraum definiert.

► **Methode**
(Ausblick) Im Gegensatz zur *freien Funktion* Teil einer Klasse

► **Default-Parameter**
Vorher festgelegte Werte für den Aufruf einer Funktion für optionale Argumente

► **Überladung**
Mehrere Funktionen desselben Namens, die sich in den Typen der Parameter und/oder Rückgabe unterscheiden

Sie haben schon einige Funktionen gesehen, und einige haben Sie auch schon selbst geschrieben, zuvorderst natürlich `main()`, denn ohne sie geht's nicht. In diesem Kapitel will ich Ihnen die Möglichkeiten erklären, die Sie mit Funktionen haben, vor allem, wenn Sie sie selbst schreiben.

Eine Funktion ist etwas, das Sie von einer anderen Stelle aufrufen können. Funktionen können zusätzlich einen Rückgabewert haben. Eine Funktion, die keinen Rückgabewert hat, sagt man, liefert `void` zurück. Neben der Berechnung des Rückgabewerts können auch Parameter verändert werden, wenn Sie es erlauben. Auch kann eine Funktion *Seiteneffekte* haben, also zusätzlich noch andere Objekte im Programm verändern.

7.1   Deklaration und Definition einer Funktion

Wenn Sie eine Funktion schreiben und gleich sagen, wie ihr Programmcode aussieht – also mit den Anweisungen in den geschweiften Klammern –, dann ist das die *Definition* der Funktion.

```
int addTwo(int a, int b) {
    return a + b;
}
```

Sie können dem Compiler aber auch erst einmal sagen, dass eine bestimmte Funktion irgendwo existiert; wo, darum soll er sich später kümmern. Dann lassen Sie die Klammern mit den Anweisungen weg und nennen nur den Funktionskopf – und haben eine *Deklaration*:

```
int addTwo(int a, int b);
```

Wenn Sie ein Programm schreiben, das `addTwo` verwendet, dann reicht es zunächst, dass Sie mindestens eine *Deklaration* dieser Funktion schon gemacht haben. Erst beim Zusammenfügen des Programms (engl. *linken*) muss in einem der Programmteile irgendwo die entsprechende *Definition* vorhanden sein. Es reicht sogar, wenn Sie nur die Parametertypen nennen; deren Namen können Sie weglassen.

```
int addTwo(int, int);
```

Im Allgemeinen würde ich das nicht empfehlen, denn durch die Namen erhält der Leser bereits wichtige Informationen.

Deklarationen finden Sie häufig in Headerdateien von Modulen (*.h oder Ähnlichem). Die entsprechende Definition und somit die Implementierung befindet sich dann in einer *.cpp-Datei (oder einer Datei mit einer anderen Endung) oder in einer vorkompilierten Bibliothek.

7.2 Funktionstyp

Ebenso wie fast alles andere in C++ hat eine Funktion einen *Typ*. Dieser Typ legt fest, womit Sie die Funktion aufrufen und was Sie mit dem Ergebnis machen können. Der Typ einer Funktion setzt sich aus den Typen der Parameter und dem Rückgabetyp zusammen.

Also haben die Funktionen

```
bool print(std::string arg1, int arg2);
```

und

```
bool formatValueIntoString(std::string format, int value);
```

den gleichen Typ. Der genaue Typ ist etwas Zusammengesetztes. In diesem Fall

```
std::function<bool(std::string, int)>
```

Sie sehen, dass in dieser Schreibweise der Rückgabetyp bool direkt hinter der spitzen Klammer steht und die Parametertypen in runden Klammern innerhalb der spitzen Klammern. function ist hier nur ein Hilfsmittel aus der Standardbibliothek und die von mir bevorzugte C++-Schreibweise, die ich besser verstehe als den *tatsächlichen* Typ in C-Form. Der lautet nämlich:

```
bool(*)(std::string, int)
```

Hier kommt noch ein Zeiger * ins Spiel, denn eigentlich stellt ein Funktionstyp einen Zeiger dar. Mehr über diese beiden Schreibweisen erfahren Sie in Kapitel 23, »Templates«. Für jetzt sollten Sie mitnehmen, *dass* es eine Darstellung des Typs von Funktionen gibt und dieser Typ von den Parametertypen und dem Rückgabetyp abhängt.

Sie werden später sehen, dass das wichtig ist, weil Sie Funktionen in C++ genau wie int- und string-Werte in Variablen speichern können, als Parameter übergeben oder aus Funktionen zurückliefern.

7.3 Funktionen verwenden

Bevor wir weiter darauf eingehen, wie Sie Funktionen selbst schreiben, schauen wir uns zunächst die Verwendung an:

7 Funktionen

```
#include <iostream>              // cout
#include <cmath>                 // sin
#include <string>
#include <vector>

int main() {
    std::cout << "sin(0.0): " << sin(0.0) << "\n";   // Aufruf von sin() mit Literal
    double winkel = 3.1415/2;
    std::cout << "sin("<<winkel<<"): "<<sin(winkel)<<"\n";  // Aufruf mit Variable
    std::string name = "Han Solo";
    std::cout << name.length() << "\n";  // Aufruf einer Methode
                                          // ... konzeptionell wie length(name)
    std::vector<int> data{};
    data.push_back(5);                  // weiterer Methodenaufruf mit Parameter
    data.push_back(10);
    std::cout << data.back() << " ";
    data.pop_back();
    std::cout << data.back() << "\n";
    data.pop_back();
}
```

Listing 7.1 Funktionen verwenden

Die Funktion sin() wird einmal mit dem Literal 0.0 – also einem »sehr konstanten« Wert – und einmal mit der Variablen winkel aufgerufen. Wie Sie es von der mathematischen Funktion *sin* erwarten, wird hier das Ergebnis einer Berechnung zurückgegeben.

Sie sehen, dass die Variable, mit der ich sin() aufrufe, vom Typ double ist. Das passt, denn in der Standardbibliothek ist die Funktion als double sin(double) deklariert: Sie nimmt einen double und liefert auch einen zurück. Parametertypen müssen beim Aufruf zueinander passen: Sie hätten nicht sin("Han Solo") aufrufen können, denn für Zeichenketten ist sin() nicht vorgesehen. Es gibt Ausnahmen, bei denen eine Konvertierung stattfindet; Sie werden sie kennenlernen und teilweise selbst schreiben.

Beachten Sie, dass ich Ihnen mit name.length() und data.push_back(5) hier gleich auch *Methodenaufrufe* präsentiere. Der Hauptunterschied ist, dass eine Funktion wie sin() »frei« ist (*freie Funktion*), aber length() fest der Klasse std::string zugeordnet ist. Wenn Sie eine Funktion per *Variable.Funktionsname* aufrufen, dann ist dies die besondere Form der *Methode*. Dieser Begriff kommt aus der Objektorientierung und wird im Kapitel über Klassen noch eingehend besprochen (siehe Kapitel 12, »Von der Struktur zur Klasse«). Hier nehmen Sie bitte mit, dass length, push_back, back und pop_back ebenfalls Konstrukte sind, die Sie wie Funktionen verwenden (und später definieren) und von denen Sie ständig Gebrauch machen werden.

7.4   Eine Funktion definieren

Allgemein definieren Sie eine Funktion wie folgt:

Rückgabetyp Funktionsname (Parametertyp Parametername , ...) {
Funktionskörper }

Einiges haben Sie am Rande schon mitbekommen, aber ich will zu all diesen Elementen noch einmal etwas sagen:

▶ **Rückgabetyp**
   Der Rückgabetyp ist der Typ eines Werts, den Sie aus der Funktion mit return zurückliefern. Alle Ausdrücke der return-Anweisungen müssen von diesem Typ sein bzw. in
   diesen Typ konvertierbar sein. Wenn der Rückgabetyp void ist, müssen Sie kein return
   angeben. Wenn Sie es tun, dann ist es ein return; ohne weiteren Wert. An der Stelle,
   an der Sie die Funktion dann verwenden, können Sie die Rückgabe in einem Ausdruck
   passenden Typs verwenden – zum Beispiel in einer Berechnung oder einer Zuweisung.
   Einige Beispiele für Rückgabetypen, jeweils der Funktion func ohne Parameter, sehen
   Sie in Listing 7.2.

▶ **Funktionsname**
   Dies ist ein ganz normaler Bezeichner, unter dem Sie die Funktion später verwenden.
   Es kann sein, dass Ihre Funktion zu einer Klasse gehört (»Methode«), dann setzt sich
   der Funktionsname aus *Klassenname::Methodenname* zusammen. Auch kann, wenn
   Sie später Funktionestemplates kennenlernen, der Name von spitzen Klammern <...>
   gefolgt sein. Darauf gehe ich in Kapitel 23, »Templates«, ein.

▶ **Parameter**
   Wenn Ihre Funktion keine Parameter bekommt, dann sind die runden Klammern
   leer (). Ansonsten stehen hier Typen und Namen der Funktionsparameter, durch
   Komma , getrennt.

▶ **Parametertyp**
   Jeder Parameter muss mindestens mit seinem Typ angegeben werden. Die Fülle von
   möglichen Typen reicht von einfachen (wie int und std::string) bis zu komplexen
   mit mehreren spitzen Klammern (wie map<string,vector<int>>). Besonders wichtig
   ist die Unterscheidung, ob Sie einen Parameter als *Wert* oder als *Referenz* oder *Zeiger*
   übergeben wollen – in den letzten beiden Fällen gehört ein & oder * zum Typ. Soll der
   Parameter in der Funktion nicht verändert werden können, ist const Teil des Typs.

▶ **Parametername**
   Um den Parameter überhaupt in der Funktion verwenden zu können, sprechen Sie
   ihn über den hier vergebenen Namen an. Sie können dieses weglassen, wenn Sie die
   Funktion hier nur *deklarieren* (und nicht *definieren*) oder wenn Sie den Parameter in
   der Funktion gar nicht verwenden. Ich empfehle jedoch, einen klaren sprechenden
   Namen zu verwenden, denn der sagt dem Leser des Funktionskopfs schon sehr viel.

7 Funktionen

▶ **Funktionskörper**
Der Funktionskörper besteht (zusammen mit den umgebenden geschweiften Klammern aus Anweisungen, und zwar je nach Ihrem Gutdünken aus keiner Anweisung, einer oder sehr vielen davon. Wenn die Funktion einen Rückgabewert hat, muss hier mindestens eine return-Anweisung stehen.

```cpp
int func();                               // liefert einen int zurück
std::string func();                       // eine Zeichenkette aus der Standardbibliothek
void func();                              // kein Rückgabewert
std::pair<int,std::string> func();        // zusammengesetzter Typ aus der Std.-Bibliothek
vector<int> func();                       // liefert einen neuen Container zurück
vector<int>& func;                        // Verweis auf anderen Container
const vector<int>& func();                // ebenso, aber Sie können ihn nicht verändern
```

Listing 7.2 Verschiedene Rückgabetypen von Funktionen

7.5   Mehr zu Parametern

In C++ entscheidet die Deklaration des Parameters im Funktionskopf darüber, wie sich der Parameter beim Aufruf verhält. Die wichtigste Unterscheidung ist die Übergabe als *Wert* oder als *Referenz*.

7.5.1   Call-by-Value

Wenn Sie keine besonderen Vorkehrungen treffen, werden in C++ einer Funktion ihre Parameter *als Werte* übergeben (engl. *Call-by-Value*). Das heißt, wenn eine Variable x aktuell den Wert 5 hat und Sie x einer Funktion übergeben, dann landet die 5 in der Funktion – nicht das x:

```cpp
#include <iostream>
void print_val8(int n) {              // Parameter als Wert
    std::cout << n << " ";
    n = 8;                            // setzt Parameter auf 8
    std::cout << n << "\n";
}
int main() {
    int x = 5;
    print_val8(x);                    // x als Wert: druckt 5, dann 8
    std::cout << x << "\n";           // x ist unverändert 5
    print_val8(42);                   // 42 als Wert: druckt 42, dann 8
}
```

Listing 7.3 Parameter werden zunächst als Wert übergeben.

Zum Zeitpunkt des Aufrufs von print_val8 kopiert der Compiler den *Wert* der Argumente an die Stelle n für die Funktion. Daher hat die Veränderung bei n = 8; keine Auswirkung auf die Variable x, mit der print_val8(x) zunächst aufgerufen wurde.

Call-by-Value bei Strukturen mit Zeigern

An dieser Stelle muss ich Sie warnen, dass es im Zusammenspiel (vor allem) mit Zeigern etwas komplexer werden wird. Wenn ein Zeiger * Teil einer Struktur oder Klasse ist, die Sie by-Value übergeben, so wird in dieser Struktur nur der Zeiger kopiert, nicht aber das, worauf er zeigt. Das heißt, wenn Sie das ändern, worauf der Zeiger verweist, dann ändern Sie auch das Original.

7.5.2 Call-by-Reference

Für den Fall, dass sich die Zuweisung auf die Variable außen auswirken soll, müssen Sie in C++ die Funktion so deklarieren, dass sie den Parameter *als Referenz* bekommt (engl. *Call-by-Reference*). Verwenden Sie dazu das Et-Zeichen & (kaufmännisches Und).

Ich variiere zum Vergleich das vorige Beispiel entsprechend, bevor ich Ihnen den sinnvollen Einsatz zeige:

```cpp
#include <iostream>
void print_ref8(int& n) {          // Parameter als Referenz
    std::cout << n << " ";
    n = 8;                          // setzt Parameter auf 8
    std::cout << n << "\n";
}
int main() {
    int x = 5;
    print_ref8(x);                  // x als Wert: druckt 5, dann 8
    std::cout << x << "\n";         // x ist nun 8
}
```

Listing 7.4 Als Referenz-Parameter fügen Sie ein »&« hinzu.

Die Funktion print_ref8 entspricht exakt print_val8 aus dem vorherigen Listing. Nur, dass in diesem Beispiel der Parameter von print_ref8 mit dem & als Referenz deklariert ist, nämlich int& n. Daher kopiert der Compiler beim Aufruf per print_ref8(x) in main() nicht den Wert von x in die Funktion hinein, sondern reicht das x selbst *als Referenz* weiter – innerhalb der Funktion wird es dann mit dem Parameternamen n angesprochen. So können Sie print_ref8 von völlig verschiedenen Programmstellen aufrufen und dabei völlig verschiedene Variablen übergeben – innerhalb von print_ref8 heißen sie immer n.

Es gibt noch einen weiteren Unterschied: print_ref8(42) können Sie nicht verwenden. Sehen Sie, warum? Innerhalb von print_ref8 würde die 42 dann unter dem Namen n angesprochen – und später wird in print_ref8 mit n = 8 eine Zuweisung gemacht. Das heißt, da stünde 42 = 8, und das geht natürlich nicht. Der Compiler unterbindet dies aber nicht erst bei der Zuweisung n = 8, sondern beim Aufruf print_ref8(42): Der Parametertyp ist int& (lies: »Referenz auf int«) und nicht int, und auf 42 kann der Compiler so nicht verweisen – 42 ist nicht kompatibel mit int&, und der Compiler wird sich beschweren.

7 Funktionen

7.5.3 Konstante Referenzen

Damit Sie sowohl x als auch 42 einer Funktion mitgeben können, die eine Referenz als Parameter nimmt, müssen Sie dem Compiler »versprechen«, dass Sie der Referenz nichts zuweisen werden: Mit const int& n sagen Sie ihm, dass n in der Funktion konstant ist:

```
#include <iostream>
void print_cref(const int& n) {       // Parameter als konstante Referenz
    std::cout << n << " ";
}

int main() {
    int x = 5;
    print_cref(x);                    // Aufruf mit einer Variablen
    print_cref(42);                   // Aufruf mit einem konstanten Literal
}
```

Listing 7.5 Konstante Referenzen als Parameter können Sie für jeden Aufruf verwenden.

Jetzt fällt natürlich die Zeile mit n = 8; weg, denn sonst würden Sie ja Ihr Versprechen brechen. Der Compiler würde jetzt diese Zeile bemängeln, denn einer const int&, die n nun ist, können Sie nichts zuweisen. Dafür können Sie jedoch eine Variable beim Aufruf print_cref8(x) oder eine Konstante print_cref8(42) verwenden. Somit sind die folgenden beiden Funktionsdeklarationen, was die Argumente angeht, gleich breit einsetzbar:

```
void print_val8(int n);          // Parameter als Wert
void print_cref(const int& n);   // Parameter als konstante Referenz
```

7.5.4 Aufruf als Wert, Referenz oder konstante Referenz?

Alle diese Varianten, einen Parameter zu deklarieren, haben ihre Daseinsberechtigung, und Sie müssen von Fall zu Fall entscheiden, welche Sie jeweils verwenden:

▶ Bei einem Aufruf *als Wert* wird eine Kopie erzeugt. Dies kann unter Umständen zur Laufzeit des Programms eine Zeit und Speicher raubende Angelegenheit sein. Andererseits können Sie sicher sein, nicht aus Versehen außen Werte zu verändern.

▶ Bei einem Aufruf *als Referenz* wird keine Kopie erzeugt, sondern der Compiler transferiert die Adresse des Parameters in die Funktion. Das ist schnell und platzsparend. Aber wollen Sie wirklich außen definierte Variablen verändern? Manchmal ja, aber nicht immer.

▶ Verwenden Sie dann eine *const-Referenz*.

▶ Wenn Sie eine *Nicht-const-Referenz* verwenden, können Sie manche Parameter einfach nicht übergeben: so, wie das Literal 42 zum Beispiel nicht an einen int& übergeben werden kann. Es gibt auch konstante Werte und Objekte, all diese schließen Sie bei einem Nur-&-Parameter aus.

Ein Nachteil bei der Verwendung von Referenzen (und Pointern) kann durch das *Aliasing* entstehen: Es gibt Fälle, in denen eine Referenz in einer Funktion auf eine Variable verweist (»Alias«), die nicht mehr existiert – sie ist außen schon ungültig geworden. Programmabstürze sind die Folge. Da bei einem Aufruf als Wert der Parameter extra für den Funktionsaufruf kopiert wird, kann das hier nicht passieren.

Ein Mittel, dies zu vermeiden, besteht darin, auf Referenzen zu verzichten. Da eine typische Anwendung der »Ausgabeparameter« ist, empfehle ich Ihnen, dass Sie stattdessen einen Rückgabewert verwenden:

```cpp
#include <iostream>
void verdopple(double &zahl) {        // Ausgabeparameter als veränderbare Referenz
    zahl *= 2.0;
}


int main() {
    double zahl = 7.25;
    verdopple(zahl);
    std::cout << zahl << "\n";        // nun 14.5
}
```

In diesem einfachen Beispiel mag das albern aussehen, aber wenn Sie größere Objekte haben, dann sind Sie ständig versucht, so etwas zu tun. Schreiben Sie stattdessen:

```cpp
#include <iostream>
double verdopple(double zahl) {        // Wert-Parameter und Rückgabewert
    return zahl * 2.0;
}


int main() {
    double zahl = 7.25;
    zahl = verdopple(zahl);        // Änderung ausgedrückt durch Rückgabewert
    std::cout << zahl << "\n";     // auch 14.5
}
```

Hier wird zwar der Parameter zahl beim Aufruf von verdopple kopiert, aber dadurch ist das Programm sicherer und zusätzlich auch noch deutlicher. Die gute Nachricht ist, dass sich das Kopieren seit C++11 verbessert hat, vor allem bei Datentypen aus der Standardbibliothek – Werte werden nun häufig *verschoben* statt kopiert.

Im Zweifel als Wert

Im Zweifelsfall entscheiden Sie sich für einen Wert-Parameter. Beim Aufruf muss dieser kopiert werden; bei großen Objekten können Sie erwägen, ob eine konstante Referenz besser geeignet ist.

7.6 Funktionskörper

Das eigentlich Spannende an einer Funktion ist natürlich, was sie tut – denn darum geht es ja bei einem Programm. Damit erzähle ich Ihnen nichts Neues, denn mit main() haben Sie ja schon eine Funktion kennengelernt. Und alle anderen Funktionen sind da nur wenig anders.

Werfen Sie einen Blick auf die Funktionen in Listing 7.6. Wir werden Sie später noch brauchen, lassen Sie uns daher jetzt untersuchen, wie ihre Funktionskörper aufgebaut sind:

```cpp
std::vector<int> prims = {2};          // globale Variable
bool testeObPrim(int n) {              // eigene Funktion
    for(int teil : prims) {            // Zugriff auf globale Variable
        if(teil*teil > n)              // Zugriff auf Parameter
            return true;
        if(n%teil==0)
            return false;
    }
    return true;
}
void berechnePrimsBis(int bis) {       // noch eine eigene Funktion
    for(int n=3; n<bis; n=n+2) {
        if(testeObPrim(n)) {           // eigene Funktion verwenden
            prims.push_back(n);
        }
    }
}
```

Listing 7.6 Verschiedene Definitionen von Funktionen

Zuerst kommt die Definition der Funktion testeObPrim. Die Funktion bekommt einen Parameter vom Typ int, der in der Funktion unter dem Namen n verwendet wird. Aber es werden in dem Funktionskörper noch andere Variablen verwendet als der Parameter n.

Bei for(int teil : … führe ich eine neue int-Variable für die Schleife ein – eine *lokale Variable*. Sie wissen schon, dass diese nur innerhalb der for-Schleife sichtbar ist. Sie können auf teil nicht aus einer anderen Funktion zugreifen.

Ebenfalls in dem for verwende ich prims – eine *globale Variable*: Diese wurde außerhalb der Funktion deklariert und ist in der Funktion »sichtbar«. Sie können auf alle globalen Variablen zugreifen, die innerhalb dieses Moduls vorher deklariert wurden. Mit prims ist das der Fall.

Das Gleiche gilt für andere Funktionen: Sie können andere Funktionen verwenden, wenn sie vorher deklariert wurden. Dies geschieht zum Beispiel in berechnePrimsBis beim if: Ich rufe testeObPrim auf, und der Compiler kennt die Funktion schon, weil ich sie zuvor (weiter oben in diesem Modul) definiert habe – und eine Definition ist noch besser als eine Deklaration, was das angeht.

Hätte ich aus irgendwelchen Gründen die Funktion `testeObPrim` erst später im Programmcode geschrieben, dann würde der Compiler sie noch nicht kennen und sich beschweren. Dem könnte ich jedoch abhelfen, indem ich vorher wenigstens die Deklaration der benötigten Funktion vornähme:

```
// ... Auszug ...
bool testeObPrim(int n);              // Deklaration der später definierten Funktion

void berechnePrimsBis(int bis) {
    for(int n=3; n<bis; n=n+2) {
        if(testeObPrim(n)) {          // Verwendung der später definierten Funktion
            prims.push_back(n);
        }
    }
}
bool testeObPrim(int n) {             // Definition erst nach der Verwendung
    // ... wie zuvor ...
}
```

Listing 7.7 Eine Vorwärtsdeklaration ohne Funktionskörper

Dies wird manchmal *Vorwärtsdeklaration* genannt (engl. *forward declaration*).

Wenn Sie ein Programm aus mehreren Modulen (`*.cpp`-Dateien) zusammenfügen, dann können Sie auch Funktionen aus einem anderen Modul verwenden. Prinzipiell verwenden Sie genau den gerade erklärten Mechanismus der Vorwärtsdeklaration: Wenn Sie in Modul A eine Funktion `f()` definiert haben, die Sie in Modul B verwenden wollen, dann deklarieren Sie f einfach identisch am Anfang von Modul B, und beim Zusammenfügen des Gesamtprogramms (dem »Linken«) finden die Teile zusammen.

Das ist jedoch nur der erste Schritt zum korrekten Vorgehen: Pflegen Sie zur `*.cpp`-Datei von Modul A auch eine entsprechende Headerdatei `*.h`, die alle Funktionsdeklarationen enthält, die potenziell woanders verwendet werden sollen. Dann verwenden Sie in Modul B ein `#include` dieser Headerdatei und erhalten effektiv das gleiche Ergebnis wie die manuelle Vorwärtsdeklaration.

Diese sauberere Lösung zeige ich konkret in Kapitel 12, »Von der Struktur zur Klasse«.

7.7   Parameter umwandeln

Wenn eine Funktion einen Parameter mit einem bestimmten Typ bekommt, dann gibt es beim Aufruf für diesen Parameter mehrere Möglichkeiten. Nehmen wir an, Sie hätten die Funktion func so deklariert:

```
void func(double param);
```

Dann kann beim Aufruf das Folgende passieren:

7 Funktionen

▶ func(5.3) – der Typ passt
5.3 ist ein double-Literal und passt daher genau zum Parametertyp double – der Aufruf klappt.

▶ func("Text") – der Typ passt nicht
Hier wird der Aufruf mit einem const char[] probiert, was nicht zu double passt. Dies ist ein Fehler, den der Compiler Ihnen mitteilen wird.

▶ **func(7) – der Typ kann umgewandelt werden**
7 ist zwar ein int, aber der kann vom Compiler in einen double umgewandelt werden. Der Aufruf klappt, aber der Compiler wandelt die 7 zunächst in eine 7.0 um.

Für die eingebauten Typen hat der Compiler einige Regeln, welche Konvertierungen er vornehmen kann. Hier ist eine ganz kurze Übersicht:

▶ int nach long oder short nach int ist bei der Umwandlung kein Problem.

▶ long nach int macht der Compiler auch, doch kann hier ein gefährlicher *Überlauf* statt-finden.

▶ short, int oder long kann nach float oder double umgewandelt werden, wobei große long-Zahlen beim Umwandeln in float aber durchaus ein paar Stellen Genauigkeit verlieren können.

▶ float oder double kann man nach short, int oder long umwandeln. Allerdings gehen hier die Nachkommastellen verloren, und bei zu großen Zahlen kann wieder ein Über-lauf passieren.

▶ Für einen const char[] wie zum Beispiel das Literal "Text" gibt es eine Umwandlung nach std::string (die wird allerdings nicht vom Compiler, sondern von der Standard-bibliothek bereitgestellt).

Hier sehen Sie einige Umwandlungen, die möglich sind, und die Probleme, die Sie be-kommen können. Beachten Sie jedoch, dass die Typen je nach System unterschiedlich »breit« sind und Sie daher andere Umwandlungen bei sich vorfinden können. Außerdem sind Überläufe eigentlich strikt zu vermeiden, da manches Verhalten beliebig sein kann (terminus technicus: *undefiniert*). Die Beispielausgaben sind auf einem 64-Bit-Intel-Linux und einem GCC-4.9 entstanden.

```cpp
#include <iostream>
#include <iomanip>   // setprecision

void prints(short s, int i, float f, double d) {
    std::cout << "short: " << s << " "
        << "int: " << i << " "
        << std::setprecision(20)  // drucke 20 Stellen, wenn nötig
        << "float: " << f << " "
        << "double: " << d << "\n";
}
```

```cpp
int main() {
    int mill = 1000*1000;            // 1 Million
    prints(mill, mill, mill, mill);  // short läuft über
    // Ausgabe: short: 16960 int: 1000000 float: 1000000 double: 1000000
    long bill = 1000L*1000L*1000L*1000L; // 1 Billion
    prints(bill, bill, bill, bill);      // sogar int läuft über, float wird ungenau
    // Ausgabe: short: 4096 int: −727379968 float: 999999995904 double: 1000000000000
    float drei = 3.75f;
    prints(drei, drei, drei, drei);  // Nachkommastellen gehen verloren
    // Ausgabe: short: 3 int: 3 float: 3.75 double: 3.75
}
```

Listing 7.8 Hier finden einige Umwandlungen statt. Die Umwandlungen können auf Ihrem System anders aussehen.

Bei `prints(mill,…)` läuft der Parameter `short` s durch die Umwandlung des Werts 1000000 (1 Million) über, und der Inhalt ist sinnlos. Die Umwandlung in einen `float` oder `double` geschieht ohne Probleme.

Der noch größere Wert von 1 Billion bringt bei `prints(bill,…)` auch den `int` zum Überlaufen. Die Umwandlung in einen `float` klappt zwar ohne Überlauf, doch hat der `float` nicht genug Stellen, um den Wert exakt zu speichern.

Kein Ganzzahltyp, wie `short` und `int` welche sind, kann eine Kommazahl wie `3.75f` aufnehmen. Bei der Umwandlung bei `prints(drei,…)` werden die Nachkommastellen einfach abgeschnitten. Nach `double` kann der `float` ohne Verluste konvertiert werden. Andersherum könnten Informationen verloren gehen.

> **Ausblick: Umwandlung eigener Typen**
>
> Wenn Sie später eigene Typen definieren, dann können Sie selbst entscheiden, welche Umwandlungen in oder von Ihrem Typ erlaubt sind. Sie können einen Typ `A` *in* Ihren Typ `MyType` umwandeln, indem Sie einen Konstruktor `MyType(A)` definieren. Und `MyType` kann in Typ `B` umgewandelt werden, wenn Sie in `MyType` eine Methode `operator B()` definieren.

7.8   Funktionen überladen

Wenn Sie die Funktion

```cpp
void print(int wert) {
    std::cout << "int-Wert: " << wert;
}
```

definiert haben, aber nicht wollen, dass für `print(3.75)` unsinnigerweise `int-Wert: 3` ausgegeben wird, dann können Sie die Funktion `print` auch für einen Parameter mit dem Typ double definieren. Wenn eine Funktion mit dem gleichen Namen mehrmals definiert ist, nennt man das *überladen* (engl. *overload*):

```cpp
#include <iostream>
void print(int wert) { std::cout << "int-Wert: " << wert << "\n"; }
void print(double wert) { std::cout << "double-Wert: " << wert << "\n"; }
void print(int w1, double w2) { std::cout << "Werte: "<<w1<<", "<<w2<<"\n"; }
int     add(int n, int m) { return n + m; }
double add(double a, double b) { return a + b; }
int main() {
    print( add(3, 4) );          // add(int, int) und print(int)
    print( add(3.25f, 1.5f) );   // add( double, double) und print(double)
    print( 7, 3.25 );            // print(int, double)
}
```

Listing 7.9 Die Funktionen »print« und »add« wurden für mehrere Typen überladen.

Sie sehen, dass print drei Überladungen hat. Wenn Sie es mit einem int aufrufen, dann wird print(int wert) aufgerufen, mit einem double natürlich print(double wert). Sie können auch Überladungen mit einer anderen Anzahl Parameter definieren, wie Sie in der dritten print-Variante sehen. Der Aufruf von print(7, 3.25) passt dazu.

Bei der Auswahl der richtigen Überladung geht der Compiler nach ein paar Regeln vor. Wenn die Parameter genau auf eine Überladung passen, ist es leicht. Passt aber ein Parameter nicht genau, dann muss der Compiler wählen. So habe ich zum Beispiel

add(3.25f, 1.5f)

geschrieben. Nun sind 3.25f und 1.5f aber float-Literale – hätte ich 3.25 und 1.5 geschrieben, dann wären es double gewesen. Es ist für den Compiler aber eindeutig besser, die add(double, double)-Variante zu wählen statt add(int, int), da bei einer Konvertierung von float nach double nichts verloren geht.

Sollten Sie print(1.25, 2.75) probieren, kann der Compiler natürlich weder print(int) noch print(double) wählen – die Parameteranzahl passt einfach nicht. Also wird er print(int, double) aufrufen und die 1.25 dabei in einen int umwandeln. Sie erhalten die Ausgabe Werte: 1, 2.75.

Wenn der Compiler keine passende Überladung mit den ihm möglichen Umwandlungen findet, dann wird er sich bei Ihnen mit einem Fehler beschweren.

Manchmal kann der Compiler aber auch mehrere Überladungen finden, die alle gleich gut passen. Auch diesen Fall quittiert der Compiler dann mit einer Fehlermeldung, dass die Auflösung der Überladung nicht eindeutig möglich war. Wenn Sie

add(4, 2.85);

aufrufen, kann der Compiler nicht entscheiden, ob er add(int, int) oder add(double, double) nehmen soll. Er wird Ihnen dann sagen, dass dieser Aufruf nicht eindeutig aufgelöst werden kann.

Um Sie vor Überraschungen zu schützen, sei noch erwähnt, dass die Typen das Parameter zwar zur Auflösung der Überladung beitragen, die Rückgabetypen aber nicht. Überladungen, die sich nur im Rückgabetyp unterscheiden, wird der Compiler bemängeln:

```
int zwei() { return 2; }
double zwei() { return 2.0; }
int main() {
    int x = zwei();
    double y = zwei();
}
```

Zusammen mit unterscheidbaren Parametertypen dürfen aber auch die Rückgabetypen unterschiedlich sein:

```
int verdopple(int a) { return a * 2; }
double verdopple(double a) { return a * 2.0; }
int main() {
    int x = verdopple(7);
    double y = verdopple(7.0);
}
```

Davon wird auch in der Standardbibliothek reichlich Gebrauch gemacht. Die Methoden begin() und end() der Container liefern zum Beispiel mal iterator und mal const_iterator zurück, je nachdem, ob der (implizite) Parameter this mit const konstant ist oder nicht. Denn neben * und & am Parametertyp sind auch Modifizierer wie const an der Auflösung von Überladungen beteiligt.

Konzept: Überladung

Ich habe hier das Thema Überladung nur kurz angerissen. Ich empfehle Ihnen, dass Sie ein wenig herumprobieren und ein Gefühl dafür bekommen. Vor allem im Zusammenspiel mit Typumwandlung und Defaultparametern ist die Funktionsüberladung in C++ ein mächtiges und omnipräsentes Konzept. Wenn Sie es beherrschen, dann haben Sie viel verstanden.

7.9   Default-Parameter

Ich hatte gerade eine Funktion definiert, die zwei Werte addiert:

```
int add(int n, int m) { return n + m; }
```

Für den Fall, dass Sie eine Funktion schreiben wollen, die mehr als nur zwei Werte addiert, können Sie diese nun überladen:

```
int add(int n, int m, int o) { return n+m+o; }
int add(int n, int m, int o, int p) { return n+m+o+p; }
int add(int n, int m, int o, int p, int q) { return n+m+o+p+q; }
```

7 Funktionen

Hier haben Sie lauter Versionen von add, mit denen Sie bis zu fünf Zahlen auf einmal addieren können. Immerhin heißen die Funktionen alle add. Aber wäre es nicht praktisch, wenn Sie nur eine Funktion schreiben müssten? Vor allem, wenn Sie noch mehr als fünf Varianten haben wollten?

Das können Sie, und zwar mithilfe von *Default-Argumenten*. Schreiben Sie dafür einfach Standardwerte zu den Parametern, mit denen diese gefüllt werden, wenn Sie sie mit weniger Argumenten aufrufen:

```cpp
#include <iostream>
int add(int n=0, int m=0, int o=0, int p=0, int q=0) {
    return n+m+o+p+q;
}
int main() {
    std::cout << add(1,2,3,4,5) << "\n";
    std::cout << add(1,2,3,4) << "\n";   // wie add(1,2,3,4,0)
    std::cout << add(1,2,3) << "\n";     // wie add(1,2,3,0,0)
    std::cout << add(1,2) << "\n";       // wie add(1,2,0,0,0)
    std::cout << add(1) << "\n";         // wie add(1,0,0,0,0)
    std::cout << add() << "\n";          // wie add(0,0,0,0,0)
}
```

Listing 7.10 Default-Argumente wirken wie mehrere Überladungen.

Wenn Sie zum Beispiel mit add(1,2,3,4) den letzten Parameter weglassen, dann wird dieser vom Compiler für den Aufruf automatisch eingefügt. Das gilt ebenso für die weiteren Aufrufe: Weil ich allen Parametern mit =0 einen Defaultwert mitgegeben habe, können Sie sogar add() ganz ohne Argumente aufrufen, und der Compiler füllt n bis q mit 0.

Es gibt ein paar einfache Regeln für Default-Parameter:

▶ Sie können beim Aufruf nur »von hinten nach vorne« Parameter weglassen. Es wäre im obigen Fall unmöglich, zum Beispiel n wegzulassen, aber m oder einen anderen Parameter beim Aufruf zu füllen.

▶ Der Defaultwert muss eine Konstante (eine constexpr) sein. Ein Zahlenliteral wie oben ist somit kein Problem, und auch ein 3*4+5 würde der Compiler noch vertragen.

▶ Sie können auch mehrere Überladungen haben, die alle Default-Argumente nehmen. Im Zusammenspiel müssen Sie darauf achten, dass es keine Überschneidungen gibt.

Sie können zum Beispiel zwei add-Überladungen für int und double haben, jeweils mit einer Reihe von Default-Parametern:

```cpp
int add(int n=0, int m=0, int o=0) { return n+m+o; } // bis zu drei int-Parameter
double add(double a=0.,double b=0.,double c=0.) { return a+b+c; } // 0 … 3 doubles
```

Wenn Sie add(1,2) aufrufen, wird die int-Variante ausgewählt, und bei add(1.25, 3.75) die Überladung für die doubles. Jeweils der letzte Parameter wird vom Compiler mit dem angegebenen Defaultwert bestückt.

178

Zum Vermeiden von Überschneidungen sei nur kurz das Beispiel genannt, dass Sie zur Definition mit drei int-Argumenten nicht noch ein

```
int add(int x); // Überschneidung mit Drei-int-Überladung
```

hinzufügen sollten. Denn wenn Sie dann add(4) aufrufen, wird Ihnen der Compiler immer sagen, dass er sich nicht zwischen der Drei-Argumente- und der Ein-Argument-Überladung entscheiden kann. In diesem Fall ist die Überschneidung noch leicht zu erkennen. Wenn Sie später aber mit Funktionstemplates zu tun haben, kann das schwieriger werden.

7.10   Beliebig viele Argumente

Diese add-Funktion kann bis zu fünf Argumente bekommen, und es fiele Ihnen sicher nicht schwer, diese auf 20 oder auch 100 Default-Argumente zu erweitern. Das müssen Sie aber nicht tun. Ich kann das Beispiel so nicht stehen lassen, ohne Ihnen einen Ausblick darauf zu geben, dass Sie auch *beliebig* viele Argumente behandeln können. Wenn Sie eine add-Funktion haben wollen, die beliebig viele int-Werte nimmt, gehen Sie den Umweg über die std::initializer_list.

```cpp
int add(std::initializer_list<int> ns) {
    return std::accumulate(begin(ns), end(ns), 0); // oder eine for-Schleife
}
```

Nun müssen Sie beim Aufruf nur ein paar geschweifte Klammern um die Argumente einfügen, aber das können dann beliebig viele sein. Schreiben Sie beispielsweise

```cpp
add({1,2,3,4,5,6,7,8,9})
```

7.11   Alternative Schreibweise zur Funktionsdeklaration

Seit C++11 gibt es noch eine weitere Schreibweise für den Funktionskopf mit auto und ->, die mindestens gleichwertig ist:

auto Funktionsname (Parametertyp Parametername , ...)   -> Rückgabetyp

Das sähe dann für Listing 7.2 so aus:

```cpp
auto func() -> int;
auto func() -> std::string;
auto func() -> void;
auto func() -> std::pair<int,std::string>;
auto func() -> vector<int>;
auto func() -> vector<int>&;
auto func() -> const vector<int>&;
```

Listing 7.11 Alternative Syntax für Funktionsdeklarationen mit nachgestelltem Rückgabetyp

Der Vorteil ist, dass man den Funktionsnamen besser erkennen kann, wenn der Rückgabetyp komplizierter wird. Das kann bei Templates mit mehreren Typargumenten schon mal passieren. Für Programmierer, die C gewohnt sind, sieht diese Schreibweise sehr seltsam aus, aber es gibt eigentlich keinen Grund, diese Schreibweise nicht zu verwenden – außer dass es vermutlich lange dauern wird, bis sie sich durchsetzt, wenn überhaupt.

Ab C++14 können Sie bei Funktionsdefinitionen die Angabe des Rückgabetyps weglassen und stattdessen vom Compiler ermitteln lassen. Der Compiler ermittelt dann anhand der ersten return-Anweisung den Typ selbst:

```
auto maxOf2(int a, int b) {
    return a<b ? b : a;      // Ein return: Der Compiler ermittelt int
}
auto minOf3(int a, int b, int c) {
    if(a<b) return a<c ? a : c;
    else return b<c ? b : c;
}
auto medianOf3(int a, int b, int c) {
    // komplexer, aber kein Problem für den Compiler
    return minOf3(maxOf2(a,b), maxOf2(b,c), maxOf2(a,c));
}
```

Listing 7.12 Seit C++14 können Sie den Rückgabetyp einer Funktion weglassen und durch den Compiler ermitteln lassen.

7.12   Spezialitäten

Es gibt noch einige Sonderfälle zu Funktionsdefinitionen, die ich hier kurz erwähne, damit Sie sie erkennen, wenn Sie darüber stolpern.

Sie können zum Beispiel mit return auch mehr als nur einen Wert zurückgeben. Dazu verwenden Sie tuple. Ich gehe in Abschnitt 28.1, »pair und tuple«, genauer darauf ein. Dort sehen Sie dann, wie Sie auf einfachste Weise mittels tuple mehrere Werte zu einem einzigen Rückgabewert bündeln können – was sich anfühlt wie das Zurückgeben mehrerer Werte.

7.12.1   »noexcept«

Wenn Sie hinter der Funktionsdeklaration das Schlüsselwort noexcept finden, dann verspricht der Autor der Funktion, dass diese Funktion keine *Exception* auslösen wird (siehe Kapitel 10, »Fehlerbehandlung«). Nehmen wir die hypothetische Klasse File an, zu der es die folgende Funktion gibt:

```
File openFile(const char* filename) noexcept;  // Funktion löst keine Exception aus
```

Die Funktion openFile liefert ein neues File-Objekt zurück. Sollte dabei irgendetwas schiefgehen, gibt es viele C++-Bibliotheken, die eine Exception auslösen. Diese Funktion verspricht mit dem noexcept, das nicht zu tun – wahrscheinlich hat File andere Vorrichtungen, um Fehler zu erkennen.

Diese Information ist für den Leser eventuell nützlich, aber vor allem für den Compiler gedacht. Normalerweise muss dieser mit ein klein wenig Programmcode für den Fall vorsorgen,[1] dass eine Exception ausgelöst werden *könnte*. Mit diesem Schlüsselwort hinter der Funktionsdeklaration kann der Compiler dies einsparen.

7.12.2 Inline-Funktionen

Bei jeder aufgerufenen Funktion wird ein Stack-Rahmen angelegt, in den die Funktion ihre Daten ablegt. Darin finden Sie auch die Rücksprungadresse gespeichert, damit die Funktion am Ende auch wieder weiß, von wo sie aufgerufen wurde, und damit sie auch wieder dorthin zurückgelangt. Zusätzlich wird der Stack-Rahmen auch dafür verwendet, um lokale Daten, lokale Parameter und den Rückgabetyp abzulegen. Das alles würden heutige CPUs locker schaffen. Was aber wehtut, ist, dass für einen Funktionsaufruf Caches und Pipelines geleert werden müssen – Dinge, die moderne CPUs erst richtig schnell machen. Ein ziemlicher Aufwand für einen einfachen Funktionsaufruf. Wenn es schnell gehen muss und eine solche Funktion in einer Schleife ganz oft aufgerufen wird, dann wird unnötig Rechenzeit verschwendet.

Für solche Zwecke können Sie eine Funktion mit dem Schlüsselwort inline kennzeichnen:

```
inline int simple_func(double a, double b, double c);
```

Mit dem inline vor der Funktion schlagen Sie dem Compiler vor, dass er den Code der Funktion nicht als aufrufbare Funktion integrieren, sondern ihn an Ort und Stelle des Funktionsaufrufs einsetzen soll.

Nur ein Vorschlag für den Compiler

Die Rede ist hier von »soll«, weil es eben nur ein Vorschlag für den Compiler ist. Ob der Compiler jetzt die Funktion an Ort und Stelle integriert oder nicht, entscheidet dieser letztendlich wieder selbst.

Es gibt noch andere Möglichkeiten, bei denen der Compiler inlinen kann:

▸ Der Compiler kann bei häufiger Nutzung – auch ohne das inline-Schlüsselwort – selbst entscheiden, eine Funktionsdefinition aus derselben Quelltextdatei zu inlinen.

▸ Wenn diese Funktionsdefinition dann auch noch ein Funktionstemplate ist, inlined sie der Compiler noch lieber.

▸ Und bei maximaler Optimierungsstufe inlinen manche Compiler sogar beliebige Funktionen über Quelltextdateigrenzen hinweg.

Was tatsächlich vom Compiler zu einer Inlinefunktion gemacht wird, hängt von vielen Faktoren ab und lässt sich schwer vorhersagen.

---

1 Der zusätzliche Aufwand ist so gering, dass manche sogar von »Null-Kosten« sprechen.

7 Funktionen

7.12.3 »constexpr«

Eine Funktion, deren Rückgabewert nicht nur mit `const`, sondern »sogar« mit `constexpr` versehen ist, muss einen sehr einfachen Funktionskörper haben, den der Compiler schon während der Übersetzung berechnen kann, um das Ergebnis einzusetzen. Als Faustregel gilt: Wenn Sie nur eine `return`-Anweisung in den Funktionskörper schreiben, dann sind die Chancen gut, dass hierfür eine `constexpr` erlaubt ist.

```
constexpr int verdoppeltBis100(int wert) {
    return wert<=50 ? wert*2 : 100;
}
```

Die Chancen sind ebenfalls gut, dass dies zu sehr schnellem Programmcode führt. Und anders als bei `const` oder `inline` sagt Ihnen der Compiler, wann er das Ergebnis nicht mehr zur Übersetzungszeit berechnen kann, sondern wann die Berechnung Laufzeit kosten würde. Ob der Compiler das Ergebnis tatsächlich auf die beschriebene Art und Weise vorberechnet, bleibt jedoch immer noch ihm überlassen.

Mit `constexpr` können Sie eigene literale Datentypen definieren, wie Sie in Abschnitt 23.6, »Eigene Literale«, sehen.

7.12.4 Gelöschte Funktionen

Wenn Sie eine bestimmte Benutzung einer Funktion verbieten wollen, dann können Sie `= delete` statt des Funktionskörpers schreiben:

```
double add(double a, double b) { return a + b; }
double add(int, int) = delete;    // add(3,4) verbieten
```

Ohne die zweite Zeile mit dem `= delete` würde der Compiler 3 und 4 automatisch in `double` umwandeln. Dadurch, dass wir ihm die Deklaration für `add(int,int)` bekannt machen, wählt er dann diese. Durch `= delete` sagen Sie dem Compiler jedoch, dass Sie dieses Verhalten explizit nicht wollen, und er wird eine Fehlermeldung ausgeben.

7.12.5 Spezialitäten bei Klassenmethoden

Bei Funktionen, die Teil einer Klasse sind, treffen Sie noch auf ein paar weitere Dinge, die Sie hier zumindest einmal sehen sollten, damit Sie sie beim Lesen erkennen. Ab Kapitel 12, »Von der Struktur zur Klasse«, gehe ich genauer darauf ein:

```
class Widget : public Base {
    explicit Widget(int);     // keine automatische Konvertierung von int
    ~Widget();                // eine Funktion mit `~` vor dem Namen ist ein Destruktor
    virtual void update();    // vorangestelltes virtual
    void calc1() override;    // nachgestelltes override
    void calc2() final;       // nachgestelltes final
    void draw() const;        // nachgestelltes const
    virtual void paint() = 0; // abstrakte Methode
};
```

> Mit `explicit` verhindern Sie, dass `int` automatisch in `Widget` umgewandelt werden kann. Das kommt vor *Konstruktoren* (dem Initialisierer) und Umwandlungsoperatoren zum Einsatz.

> Ein ~ vor dem Namen einer Funktion macht sie zum *Destruktor*. Dieser wird automatisch aufgerufen, wenn das Objekt entfernt wird. Der Name des Destruktors muss dem Namen der Klasse entsprechen.

> Ein `virtual` bereitet die Methode darauf vor, in einer abgeleiteten Klasse durch eine andere Implementierung überschrieben zu werden. Dies wird in sachlich zusammenhängenden Objekthierarchien oft zur Erweiterbarkeit eingesetzt.

> `override` ist eine Hilfe für den Programmierer und schützt vor Flüchtigkeitsfehlern beim Überschreiben mit `virtual`. Es garantiert, dass man wirklich eine Methode überschreibt.

> `final` ist ebenfalls für `virtual`-Methoden einer abgeleiteten Klasse gedacht und verhindert, dass diese Methode irgendwann noch mal überschrieben wird.

> Mit `const` versehene Methoden versprechen, dass sie den Zustand des Objekts nicht verändern.

> Eine virtuelle Methode, die statt einer Implementierung = 0 gesetzt ist, ist ein *pur virtuelle Funktion* (engl. *pure virtual function*). Diese Methode muss in einer abgeleiteten Klasse überschrieben werden, damit die Klasse überhaupt instanziiert werden kann. In Java und manchen anderen Sprachen nennt man dies eine *abstrakte Methode*.

Kapitel 8
Anweisungen im Detail

Kapiteltelegramm

▸ **Leere Anweisung**
Die Anweisung, die aus dem Semikolon ; besteht und nichts tut

▸ **Anweisungsblock**
Eine Folge von Anweisungen, die in geschweiften Klammern {…} eingeschlossen ist

▸ **Deklarationsanweisung**
Die Bekanntmachung neuer Variablen, möglicherweise mit Initialisierung

▸ **Ausdrucksanweisung**
Jeder Ausdruck kann auch als Anweisung verwendet werden.

▸ **if-Anweisung**
Die bedingte Ausführung von weiteren Anweisungen

▸ **while-Schleife**
Wiederholte Ausführung von weiteren Anweisungen, geknüpft an eine Bedingung zu Beginn

▸ **do-while-Schleife**
Wie eine while-Schleife, jedoch mit der Bedingung am Ende

▸ **for-Schleife**
Wie eine while-Schleife, jedoch mit zusätzlichem Initialisierungs- und Fortschrittsteil

▸ **Bereichsbasierte for-Schleife**
Eine Schleife über alle Elemente eines Containers (Ausblick, engl. *Ranged For*)

▸ **switch-Verzweigung**
Mehrere Fallunterscheidungen mit case in einer großen Anweisung

▸ **break-Anweisung**
Verlassen der aktuellen Schleife

▸ **continue-Anweisung**
Fortführen der aktuellen Schleife mit der nächsten Iteration

▸ **return-Anweisung**
Verlassen der aktuellen Funktion

▸ **goto-Anweisung**
Sprung an eine mit einem *Label* versehene andere Anweisung

▸ **try-Block**
Ein Anweisungsblock, in dem *Ausnahmen* abgefangen werden (Ausblick)

8   Anweisungen im Detail

In diesem Kapitel lernen Sie detailliert die verschiedenen Arten von Anweisungen kennen. Ich demonstriere den Einsatz hauptsächlich anhand eines praktischen Beispiels.

Zu Beginn greife ich einige Dinge aus früheren Kapiteln auf und bespreche sie detaillierter. Dadurch begegnen Sie zwar der einen oder anderen Wiederholung, die jetzt als Vertiefung dient, müssen aber dafür nicht immer wieder zurückblättern.

Anweisung

Eine Anweisung ist ein Programmstück, das etwas tut, zum Beispiel führt es eine Zuweisung oder Schleife aus. Anweisungen (eines Threads) werden nacheinander ausgeführt.

Dieses Programm berechnet alle Primzahlen in einem vom Benutzer bestimmten Bereich – für die Kürze des Programms sogar ziemlich effizient.

```cpp
#include <iostream>                    // cout
#include <vector>                      // Container vector
#include <string>                      // stoi

int eingabeBis(int argc, const char* argv[]) {
    /* Zahl ermitteln */
    int bis = 0;                       // neue Variable einführen
    if(argc<=1) {                      // if-Anweisung mit then- und else-Block
        std::cout << "Bis wohin wollen Sie Primzahlen berechnen? ";
        if(!(std::cin >> bis)) {       // prüfen des Rückgabewerts
            return -1;                 // Fehler bei Benutzereingabe
        }
    } else {                           // else-Teil der if-Anweisung
        bis = std::stoi(argv[1]);
    }
    return bis;                        // Eingabe zurückliefern
}


std::vector<int> prims{2};             // neuer vector mit Initialisierung

bool testeObPrim(int n) {
    /* prims muss aufsteigend sortiert sein */
    for(int teil : prims) {            // bereichsbasierte for-Schleife
        if(teil*teil > n)              // zu groß, um überhaupt Teiler zu sein?
            return true;               // ... dann innere Schleife vorzeitig beenden
        if(n%teil==0)                  // ist Teiler?
            return false;              // ... dann raus
    }
    return true;                       // kein Teiler gefunden
}
```

186

```
void berechnePrimsBis(int bis) {
    /* Prims-Berechnung */
    /* vector muss an dieser Stelle {2} enthalten */
    for(int n=3; n<bis; n=n+2) {          // Standard-for-Schleife
        if(testeObPrim(n)) {
            prims.push_back(n);           // ist prim! merken als Teiler und Ergebnis
        }
    }
}

void ausgabePrims() {
    for(int prim : prims) {               // bereichsbasiert, über alle Elemente
        std::cout << prim << " ";
    }
    std::cout << "\n";
}

int main(int argc, const char* argv[]) {
    int bis = eingabeBis(argc, argv);     // deklariert Variable
    if(bis < 2) { return 1; }             // Raus aus main mit "nicht-ok"-Wert.
    berechnePrimsBis(bis);
    ausgabePrims();
    return 0;
}
```

Listing 8.1 Berechnet alle Primzahlen in einem vom Benutzer bestimmten Bereich

Schauen Sie sich zunächst den groben Aufbau dieses Programms an. Danach werde ich detailliert auf die unterschiedlichen Anweisungen eingehen.

Neben main() definiere ich vier Hilfsfunktionen eingabeBis(), testeObPrim(), berechne-PrimsBis() und ausgabePrims(). eingabeBis() erhält die gleichen Parameter wie main(), um entweder die Kommandozeile auszuwerten oder den Benutzer nach einer Zahl zu fragen, wie Sie es schon in Listing 4.2 (Seite 63) gesehen haben. testeObPrim() bekommt die potenzielle Primzahl als Argument mit und hat den Rückgabewert bool – sie liefert zurück, ob das Argument prim ist oder nicht.

Zwischen den Funktionen ist die *globale Variable* prims definiert. Weil sie global ist und nicht innerhalb einer Funktion oder gar innerhalb eines Blocks steht, können alle Funktionen auf sie zugreifen.

Die Variable ist vom Typ vector<int> – das ist ein *Container*, der besonders geeignet ist, um der Reihe nach neue Elemente aufzunehmen. Ich verwende prims.push_back(n), um dies zu erledigen.

8 Anweisungen im Detail

8.1 Der Anweisungsblock

Immer dort, wo Sie eine einzelne Anweisung schreiben dürfen, können Sie auch mehrere innerhalb geschweifter Klammern {…} zusammenfassen. Das schematische Ablaufdiagramm sehen Sie in Abbildung 8.1. Man nennt dies auch eine *zusammengesetzte Anweisung* (engl. *Compound Statement*). Sie müssen diesen Block *nicht* mit einem Semikolon abschließen – das würde eine leere Anweisung erzeugen, die Sie sich nicht angewöhnen sollten (siehe Abschnitt 8.2, »Die leere Anweisung«).

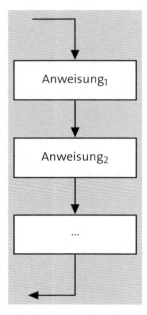

Abbildung 8.1 Ablaufdiagramm für den Anweisungsblock

Ich habe in Listing 8.1 die meisten if-Anweisungen und for-Schleifen mit solchen Blöcken versehen. Hier durchgehend {…} zu verwenden, sorgt für spätere Erweiterungen vor und erhöht den Lesefluss. Bei if(teil*teil > n) und if(n%teil==0) sehen Sie if aber mal ohne Blockklammern. Das gilt ebenso für for:

```
for(int prim : prims)            // for gefolgt von einer Anweisung
    std::cout << prim << " ";
std::cout << "\n";               // nicht mehr Teil von for
```

Listing 8.2 Dieses »for« bezieht sich auf nur eine Anweisung.

Das for ist nur mit der ersten der beiden Ausgaben gekoppelt. Die zweite Zeile wird nur einmal ausgegeben. Wollten Sie noch mehr Dinge innerhalb der Schleife tun, dann verwenden Sie {…}. Auf diese Weise erhalten Sie einen Anweisungsblock, der für das for als eine einzelne Anweisung zählt:

8.1   Der Anweisungsblock

```
for(int prim : prims) {              // Beginn des Blocks
    std::cout << prim;
    std::cout << " ";
}                                    // Ende des Blocks
std::cout << "\n";
```

Listing 8.3 Ein Anweisungsblock wird in »{« und »}« eingeschlossen.

Nun werden die jetzt getrennten cout-Ausgaben beide innerhalb der Schleife ausgeführt.

Frei stehende Blöcke und Gültigkeit von Variablen

Sie müssen Blöcke aber nicht an ein for oder Ähnliches binden – Sie können sie überall einführen, wo es Ihnen statt einer einzelnen Anweisung sinnvoll erscheint. Hier sehen Sie ein eigenes Beispiel dazu:

```
if(zahl > 50) {                      // äußerer Block
    {                                // 1. innerer Block
        int ergebnis = zahl*zahl;
        std::cout << "Quadrat: " << ergebnis << std::endl;
    }
    {                                // 2. innerer Block
        int ergebnis = zahl+zahl;
        std::cout << "Verdoppelt: " << ergebnis << std::endl;
    }
}
```

Listing 8.4 Wo Anweisungen erlaubt sind, können Sie auch einen Block erstellen.

Die inneren Blöcke werden beide an das if gekoppelt ausgeführt, denn sie befinden sich ja beide in dem äußeren Block, der zum if gehört.

Sie können frei wählen, ob Sie Ihre Anweisungen auf diese Art gruppieren wollen. So etwas wäre zum Beispiel dann nützlich, wenn Sie in beiden inneren Blöcken die gleichen Variablennamen einführen wollen. In Beispiel 8.4 wird in beiden inneren Blöcken ergebnis als neue int-Variable eingeführt. Variablen gelten nur innerhalb des Blocks, in dem sie *definiert* wurden. Ohne die Aufteilung in zwei Blöcke kommen sich beide ergebnis-Definitionen ins Gehege:

```
if(zahl > 50) {
    int ergebnis = zahl*zahl;        // Definition von ergebnis
    std::cout << "Quadrat: " << ergebnis << std::endl;
    int ergebnis = zahl+zahl;        // Fehler: ergebnis wurde schon definiert
    std::cout << "Verdoppelt: " << ergebnis << std::endl;
}
```

Listing 8.5 Zweimal »ergebnis« in einem Block geht nicht.

Sie hätten hier natürlich auf die schon vorhandene ergebnis-Variable zurückgreifen können, ohne sie mit int ergebnis = zahl+zahl neu zu deklarieren. Es gibt jedoch manchmal Gründe, warum man das nicht will oder kann.

189

8   Anweisungen im Detail

Auch hätten Sie mit `int ergebnis2 = …` eine neue Variable einführen können. Vielleicht wollten Sie aber nicht, dass zu viele Variablen herumliegen, die Sie eigentlich nicht mehr brauchen. Mit der Einführung der inneren Blöcke haben Sie unter anderem klar gemacht, von wo bis wo `ergebnis` jeweils gebraucht wird. Ein späterer Leser muss sich dann diese Gedanken nicht mehr machen:

```cpp
if(zahl > 50) {
    int ergebnis1 = zahl*zahl;          // ein Ergebnis
    std::cout << "Quadrat: " << ergebnis << std::endl;
    int ergebnis2 = zahl+zahl;          // noch ein Ergebnis
    std::cout << "Verdoppelt: " << ergebnis << std::endl;
    int ergebnis3 = zahl+zahl+zahl;     // und noch ein Ergebnis
    // ... viele Zeilen Code dazwischen ...
    // und hier?
    // ... noch mehr Programmzeilen ...
}
```

Listing 8.6 Sehr viele Variablen sind auch nicht gut.

Jemand, der sich bei `//  und  hier` fragt, ob er irgendeine der Variablen ergebnis*N* vielleicht für eigene Zwecke verwenden kann, wird das nur mit Mühe herausfinden können – und wahrscheinlich zur Sicherheit eine weitere Variable einführen.

Für jede einzelne Variable jedoch einen neuen Block einzuführen und dabei immer tiefer einzurücken, zersplittert den Code und verlängert ihn unnötig. Beides ist dem Verständnis beim Lesen nicht zuträglich.

Lassen Sie den »gesunden Menschenverstand« walten, wenn es darum geht, frei stehende neue Blöcke einzuführen.

8.2   Die leere Anweisung

Wenn Sie ein Semikolon dort schreiben, wo eine Anweisung erwartet wird, dann ist das die leere Anweisung. Diese Anweisung macht – nichts.

```cpp
#include <iostream>

int main() {  ;;;            // 3 leere Anweisungen
    int zahl = 12 ; ;        // 1 leere Anweisung
    ; int q = zahl*zahl ;    // 1 leere Anweisung
    if(q>50) {
        q = q - 50;
    } ;                      // 1 leere Anweisung
    std::cout << q << std::endl;
}
```

Listing 8.7 Leere Anweisungen, wohin das Auge schaut

Eben »nichts« zu tun, ist in den meisten Fällen völlig unkritisch. Es gibt jedoch Fälle, da ist eine eingestreute leere Anweisung gefährlich. Sie wissen aus Kapitel 4, »Die Grundbausteine von C++«, schon, dass auf ein if eine Anweisung folgt, die ausgeführt werden soll, wenn eine Bedingung zutrifft. Führen Sie im obigen Beispiel hinter if(q>50) eine leere Anweisung ein:

```
if(q>50) ; {                    // leere Anweisung mit schlimmen Folgen
        q = q - 50;
    }
```

Nun ist es die leere Anweisung, die im Falle q>50 ausgeführt wird. Die Subtraktion q=q-50 gehört nun nicht mehr zum if, sondern wird *immer* ausgeführt.

Vermeiden Sie leere Anweisungen

Auch wenn leere Anweisungen in den meisten Fällen ungefährlich sind, so sind sie doch dann, wenn sie etwas kaputt machen, schwer zu finden. Gewöhnen Sie sich an, den Anweisungsblock {…} nicht mit einem Semikolon abzuschließen.

Achten Sie besonders bei if, for und while darauf, dass sie keine leeren Anweisungen einführen.

8.3 Deklarationsanweisung

Wir haben schon an mehreren Stellen gesehen, dass eine neue Variable eingeführt wurde. In Listing 8.1 war es zum Beispiel:

```
int bis = 0;
```

Dies führt eine neue Variable ein – *deklariert* sie. Dabei wird zuerst ihr *Typ* genannt, hier int, und dann der Name, unter dem die Variable verwendet werden soll – hier bis. Fertig. Was ist aber mit dem Gleichheitszeichen = und dem, was rechts davon steht? Das ist die *Initialisierung*, und sie ist bei der Deklaration dieser Form optional. Auf die verschiedenen Formen der Initialisierung bin ich schon in Abschnitt 4.10, »Ohne Eile erklärt«, eingegangen.

Wir halten also fest: Mit

```
int bis;
```

ist die Variable bis *deklariert*. Sie dürfen sie, so wie sie jetzt ist, noch nicht verwenden (damit rechnen etc.), denn sie enthält noch keinen Wert – genauer gesagt: Ihr Wert ist *undefiniert*. Das heißt, wenn Sie die Variable zum Rechnen so verwenden, dann enthält sie einen *beliebigen* Wert – und wird in den meisten Fällen zu unvorhergesehenem Verhalten Ihres Programms führen. Dazu gibt es noch mehr zu sagen, weil viele Typen mit dieser Form der Deklaration auch gleichzeitig *initialisiert* werden, aber eben nicht int. Lesen Sie mehr dazu in Kapitel 12, »Von der Struktur zur Klasse«.

8 Anweisungen im Detail

Ebenfalls wichtig ist, dass die Variablen nur innerhalb des Blocks bekannt sind, in dem Sie sie deklarieren. Sobald das Programm an der schließenden Klammer des Blocks vorbeiläuft, stehen sie nicht mehr zur Verfügung. Daher überschneidet sich diese Deklaration auch nicht mit der vorherigen:

```
int bis = eingabeBis(argc, argv);
```

Dies deklariert ein »anderes« bis, das nur in main() sichtbar ist.

Sie sehen hier außerdem, dass die Initialisierung nicht nur mit 0 oder einer Konstanten stattfinden kann: Hier liefert ein komplexer Funktionsaufruf den Wert zurück, mit dem bis initialisiert wird.

Deklarationen können Sie auch durch Kommas , getrennt zusammenfassen. Hätten Sie mehrere Variablen, könnten Sie die so deklarieren:

```
int von, bis, ergebnis;
```

Hiermit bekommen beide Variablen den Typ int. Wollten Sie (alle oder einige) gleichzeitig initialisieren, dann können Sie dies tun:

```
int von, bis = 0, ergebnis;
```

Hier deklarieren Sie drei Variablen, von denen allerdings nur bis mit 0 initialisiert wird.

8.4   Die Ausdrucksanweisung

Sie können jeden *Ausdruck* auch als Anweisung verwenden. Wenn es auch wenig Sinn macht, zum Beispiel 3+4; als Anweisung zu verwenden, so ist die *Zuweisung* auch ein Ausdruck und kommt sehr häufig als Anweisung vor.

Angenommen int bis; haben Sie vorher deklariert, dann sind dies hier Beispiele von Ausdrücken, die als Anweisung verwendet werden:

```
bis = 99;                       // Eine Zuweisung ist ein Ausdruck
bis = bis * 2 + 1;              // Zuweisung mit einer Berechnung verbinden
berechnePrimsBis(bis);          // Ein Funktionsaufruf ist ein Ausdruck
std::cout << "Friedrich III";   // der Ausgabeoperator
```

Listing 8.8 Dies sind alles Ausdrücke, die als Anweisung eingesetzt werden.

Wie ich einleitend schon erwähnt habe, hat jeder Ausdruck einen Wert und einen Typ. Falls ein Ausdruck als Anweisung verwendet wird, verschwindet der Typ und wird vom Compiler verworfen.

Kontrollstrukturen

Die Anweisungen if, while, do, for und switch sind *Kontrollstrukturen* und erlauben Ihnen, Verzweigungen und Wiederholungen zu programmieren. Mit break und continue beeinflussen Sie den Ablauf von Kontrollstrukturen. return gehört im weitesten Sinne auch zu dieser Familie. Das goto würde ich Ihnen am liebsten verschweigen.

8.5 Die »if«-Anweisung

Mit der *if-Anweisung* programmieren Sie die *bedingte Ausführung* von Anweisungen. Die einfachste Form führt die ihr zugeordnete Anweisung nur aus, wenn eine angegebene Bedingung erfüllt ist:

   if(Bedingung) Anweisung

Sie wissen schon einiges über den Anweisungsteil: Hier sollten Sie einen Block mit {…} einsetzen, damit Sie auch mehrere Anweisungen gruppiert an das if koppeln können. Man nennt ihn den *Dann-Zweig* (oder *then-Zweig*) der if-Anweisung.

Die *Bedingung* ist jedoch noch etwas ominös. Hierbei muss es sich um einen Ausdruck handeln, der zu einem Wahrheitswert evaluiert – das heißt, »wahr« oder »falsch« ist. Das trifft auf eine bestimmte Gruppe von Ausdrücken zu, nämlich auf die, die den Typ bool haben.

Korrekter ist, dass es möglich sein muss, den Ausdruck nach bool zu *konvertieren*. Das ist ein feiner, aber wichtiger Unterschied, den ich in Abschnitt 4.12, »Eingebaute Datentypen«, erklärt habe. Das heißt nur, dass Sie auch eine Zahl wie 0 oder 42 und viele andere Dinge direkt als Bedingung im if verwenden können. Wenn Sie wissen, wie Sie damit umgehen, wird Ihnen if(x-30) und if(cin>>val) flott von der Hand gehen.

Hier sehen Sie ein paar Bedingungen, die nur »wahr« oder »falsch« sein können:

▶ `zahl > 100`
  Dies ist ein einfacher arithmetischer Vergleich, ob zahl größer als 100 ist. Sie können auch auf kleiner <, größer-gleich >=, kleiner-gleich =< und gleich == testen.

▶ `zahl > 100 && zahl < 200`
  Mit dem *booleschen Und* && prüfen Sie, ob beide Ausdrücke wahr sind.

▶ `x < 0 || y < 0`
  Nehmen Sie das *boolesche Oder* ||, wenn mindestens eine Bedingung erfüllt sein soll.

▶ `x == y+1`
  Führen Sie arithmetische Berechnungen vor dem Vergleich durch.

▶ `(x > 0 || y > 0) && (maxx < 100 || maxy < 100)`
  Klammern Sie nötigenfalls komplizierte Ausdrücke.

▶ `!(x < y)`
  Mit dem *Nicht* ! negieren Sie einen booleschen Ausdruck – aus »wahr« wird »falsch« und umgekehrt.

Mit diesem Repertoire sind Sie für die if-Bedingung schon gut ausgerüstet.

Es gibt eine weitere nützliche Form der if-Anweisung, die auch in Abbildung 8.2 zu sehen ist:

   if(Bedingung) Anweisung1 else Anweisung2

Hiermit können Sie ein »führe entweder **Anweisung1** oder **Anweisung2** aus« implementieren. Man nennt **Anweisung2** den *Sonst-Zweig* der if-Anweisung (*else-Zweig*). Somit ist

```
if(x > 1) {
    std::cout << "x ist groesser als 1" << std::endl;
}
if(!(x > 1)) {                  // Alternative testen
    std::cout << "x ist nicht groesser als 1" << std::endl;
}
```

fast das Gleiche wie:

```
if(x > 1) {
    std::cout << "x ist groesser als 1" << std::endl;
} else {                        // mit else sparen Sie einen Vergleich
    std::cout << "x ist nicht groesser als 1" << std::endl;
}
```

Warum nur »fast«? Weil Sie x > 1 hier nicht zweimal ausführen müssen – und vor allem nicht zweimal hinschreiben. Wir haben hier schon Blöcke {...} statt einer einzelnen Anweisung verwendet. Sie hätten auch Folgendes schreiben können:

```
if(x > 1)
    std::cout << "x ist groesser als 1" << std::endl;
else                            // auf else folgt ein Block oder eine einzelne Anweisung
    std::cout << "x ist nicht groesser als 1" << std::endl;
```

Aber weil else-Zweige den Code komplexer machen, sind gerade hier Blöcke wirklich zu empfehlen.

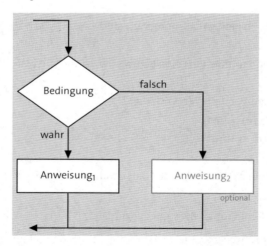

Abbildung 8.2 Ablaufdiagramm der »if«-Anweisung mit und ohne »else«-Zweig

Jetzt wissen Sie eigentlich schon alles über if, was Sie wissen können. Was bleibt, ist das Wissen zu kombinieren: Ein if ist eine Anweisung – if, Bedingung, then-Zweig und optionaler else-Zweig, alles gemeinsam. Und sowohl »then« als auch »else« bekommen je eine Anweisung beigeordnet. Das können Sie zu komplexen Verschachtelungen kombinieren. Üblich ist, im »else«-Zweig gleich wieder ein if zu verwenden, um nacheinander verschiedene Möglichkeiten abzurufen:

```
if(zahl < 0) {
    std::cout << "Die Zahl ist negativ.\n";
} else if(zahl == 0) {      // else und if folgen direkt aufeinander
    std::cout << "Die Zahl ist null.\n";
} else if(zahl > 1000) {  // auch mehrfach möglich
    std::cout << "Die Zahl ist zu gross.\n";
} else {   /* x > 0 aber x <= 1000 */
    std::cout << "Die Zahl ist positiv.\n";
}
```

Hier ist es üblich, dass Sie es sich sparen, jede if-Anweisung in einen Block mit nur einer Anweisung zu packen. Wenn Sie sich aber einmal klar machen, wo Sie *alle* Blockklammern setzen würden, dann lernen Sie etwas über Anweisungen. Komplett mit allen {…} um jede Einzelanweisung sähe das Beispiel so aus:

```
if(zahl < 0) {
    std::cout << "Die Zahl ist negativ.\n";
} else {
    if(zahl == 0) {
        std::cout << "Die Zahl ist null.\n";
    } else {
        if(zahl > 1000) {
            std::cout << "Die Zahl ist zu gross.\n";
        } else {   /* x > 0 aber x <= 1000 */
            std::cout << "Die Zahl ist positiv.\n";
        }
    }
}
```

Hier wird zwar klar, welches else genau zu welchem if gehört. Doch geht die immer tiefere Einrückung auf Kosten der Lesbarkeit. Für Standard-if-else-Kaskaden ist es besser, man fasst den else-Zweig nicht in einen eigenen Block.

8.6   Die »while«-Schleife

Die while-Schleife führt eine Anweisung so lange aus, wie eine angegebene Bedingung erfüllt ist. Der Ablauf ist in Abbildung 8.3 dargestellt. Sie schreiben sie so:

while (Bedingung) Anweisung

Für Bedingung und Anweisung gilt alles, was ich schon beim if gesagt habe. Daher wird das folgende Beispiel keine Schwierigkeit für Sie darstellen:

8 Anweisungen im Detail

```cpp
#include <iostream>
int main() {
    /* Summiere 1 bis 100 auf */
    int summe = 0;
    int zahl = 1;
    while(zahl <= 100)       // Bedingung
    {                        // Block, der wiederholt ausgeführt wird
        summe += zahl;       // fürs Ergebnis
        zahl += 1;           // nächste Zahl
    }                        // Ende des wiederholten Blocks
    std::cout << summe << std::endl;
}
```

Listing 8.9 Die Schleife wird 100-mal durchlaufen.

Bevor der Schleifenblock ausgeführt wird, wird zuerst die Bedingung überprüft. Also wird diese Schleife für jede zahl zwischen 1 und 100 inklusive durchlaufen – demnach genau 100-mal. Und jede einzelne Zahl wird zu summe hinzuaddiert. Am Ende enthält summe das Ergebnis der Addition aller Zahlen von 1 bis 100 – die Aufgabe, die der Mathematiker Gauss einer Geschichte nach in der Grundschule im Kopf binnen Sekunden gelöst hat, weil er erkannt haben soll, dass er nur (100 × 101)/2 rechnen muss. Nun, mithilfe des Computers sind Sie sogar schneller als Gauss.

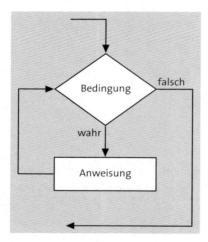

Abbildung 8.3 Ablaufdiagramm der »while«-Schleife

Wenn Sie sich solche Schleifen ausdenken, dann ist es sehr wichtig, dass die Bedingung irgendwann nicht mehr zutrifft und die Schleife dann beendet wird. Hier ist zahl eine einfache Zählvariable und wird innerhalb des Blocks erhöht. Beliebte Fehler sind, das Erhöhen zu vergessen oder die Bedingung falsch zu stellen. Können Sie erkennen, was passiert, wenn Sie zahl = zahl + 1 vergessen?

```
while(zahl <= 100) {                // zahl wird geprüft, aber nie erhöht
    summe += zahl;
};
```

Diese Schleife wird ewig laufen, denn weil `zahl` nie erhöht wird, wird die Bedingung `zahl <= 100` immer zutreffen. Zur Zeile mit der Ausgabe wird das Programm nie kommen, und Sie werden es von außen beenden müssen.[1]

Es kann auch sein, dass die Bedingung gleich zu Beginn nicht zutrifft. Dann wird der Anweisungsblock gar nicht ausgeführt.

Schleifendesign

Ist Ihnen aufgefallen, dass `zahl` beim Beenden der Schleife 101 ist, nicht etwa 100? Das muss ja so sein, sonst wäre die Bedingung ja noch erfüllt und die Schleife würde noch einmal durchlaufen. Daher ist es die *Nachbedingung* der Schleife, dass nach ihrem Komplettdurchlauf `zahl>100` ist.

Schleifen sind in der Programmierung eine anspruchsvolle Sache und eine häufige Fehlerquelle. Nicht immer ist der Fehler so leicht zu finden wie bei einem vergessenen Hochzählen. Um sicher zu arbeiten, machen Sie sich klar, welche Rollen die beteiligten Variablen in der Schleife haben: Ist die Variable der Zähler, ist sie veränderlich, und welche Beziehung hat sie zur Bedingung?

8.7   Die »do-while«-Schleife

Diese sehr viel seltenere Variante der while-Schleife hat die Bedingung am Ende:

do Anweisung while (Bedingung)

Hier wird zunächst die Anweisung ausgeführt und dann erst die Bedingung überprüft, wie Sie auch im Ablaufdiagramm in Abbildung 8.4 sehen können. Nach jedem Durchlauf geschieht die Überprüfung. Das heißt, die Anweisung wird mindestens einmal ausgeführt.

```
#include <iostream>                 // cin
#include <string>
int main() {
    std::string line;
    do {                            // mindestens einmal getline ausführen
        std::getline(std::cin, line);
        if(!std::cin) break;        // Fehler oder Dateiende
    } while(line != "quit");        // Ende bei bestimmter Eingabe
}
```

Listing 8.10 Der Rumpf einer »do-while«-Schleife wird mindestens einmal ausgeführt.

---

1 Falls Sie noch nicht wissen, wie das geht, ist der Moment gekommen, dies herauszufinden. In einer IDE finden Sie dazu einen Knopf oder Menüpunkt. In der Konsole rettet Sie meist ⎡Strg⎤+⎡C⎤.

Diese Variante der while-Schleife mit do sollten Sie nicht so oft verwenden, denn sie ist sehr unüblich. Außerdem ist die Bedingung bei einer Schleife so wichtig, dass eine am Ende stehende Bedingung beim Lesen dem Verständnis hinderlich ist.

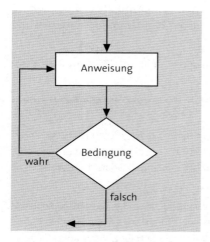

Abbildung 8.4 Ablaufdiagramm der »do-while«-Schleife

8.8 Die »for«-Schleife

Sie haben in der while-Schleife gesehen, dass man oft eine Zählvariable für die Schleife initialisiert und dann am Ende der Schleife hochzählt. Weil dies so häufig vorkommt, ist dies in der for-Schleife zusammengepackt und somit vereinfacht:

for(Initialisierung ; Bedingung ; Update) Anweisung

»Anweisung« und »Initialisierung« sind dabei Anweisungen, »Bedingung« und »Update« sind Ausdrücke.

Es ist üblich, in der Initialisierung eine Schleifenvariable zu definieren, diese in Update zu verändern und in der Bedingung zu überprüfen.

Eine for-Schleife entspricht dieser wohlsortierten while-Schleife:

{ Initialisierung ; while(Bedingung) { Anweisung ; Update ; } }

In Abbildung 8.5 sehen Sie den Ablauf schematisch.

Ich schreibe Listing 8.9 einmal in eine for-Schleife um:

```
#include <iostream>
int main() {
    /* Summiere 1 bis 100 auf */
    int summe = 0;
    for(int zahl=1; zahl <= 100; zahl+=1) {    // kompakt
```

```
        summe += zahl;                          // fürs Ergebnis
    }
    std::cout << summe << std::endl;
}
```

Listing 8.11 Summe mit einer »for«-Schleife

Hier ist die Initialisierung int zahl=1. Bevor die Anweisungen in der Schleife ausgeführt werden, wird die Bedingung zahl <= 100 überprüft. Dann folgt die Ausführung der Schleife, hier also summe += zahl;. Am Ende des Blocks wird mit zahl += 1 das Update ausgeführt.

Es folgt dann wieder die Überprüfung der Bedingung. Trifft diese zu, folgt der nächste Schleifendurchlauf, wenn nicht, dann endet die Schleife.

Auch mit for ist zahl am Ende bei 101 angelangt. So wie ich es geschrieben habe, kann ich das aber nicht ausgeben, denn die zahl-Variable gibt es nur innerhalb der Schleife. Sie können aber die Deklaration schon vor dem for machen und den Initialisierungsteil dann leer lassen.

```
#include <iostream>

int main() {
    /* Summiere 1 bis 100 auf */
    int summe = 0;
    int zahl = 1;                        // Initialisierung vor der Schleife
    for(__; zahl <= 100; zahl=zahl+1) {  // leere Initialisierung
        summe = summe + zahl;
    }
    std::cout << zahl << std::endl;      // zahl gibt es nun außerhalb noch
}
```

Listing 8.12 »for«-Schleife mit leerem Initialisierungsteil

Hier können Sie auch außerhalb der Schleife auf zahl zugreifen und somit sehen, wie 101 ausgegeben wird.

Es ist auch möglich, den Update-Teil leer zu lassen. Dann werden Sie sich um das Update innerhalb des Schleifenblocks kümmern müssen. Das ist aber eher selten, denn dann haben Sie ja schon fast eine while-Schleife. Im Extremfall – und besonders selten – können Sie auch die Bedingung weglassen. Dann müssen Sie irgendwie anders die Schleife beenden können. Wie das ohne ⌈Strg⌉ + ⌈C⌉ geht, erfahren Sie, wenn ich in diesem Kapitel break erkläre.

Eine häufig genutzte Möglichkeit, etwas »für immer« auszuführen, besteht darin, alle drei Teile wegzulassen:

```
int main() {
    for( ; ; ) {       // kein Init, keine Bedingung, kein Update -- also für immer
        /* ... Benutzereingabe */
        /* ... falls Benutzer Quit wählt, Programmende */
        /* ... ansonsten, Berechnung und Ausgabe */
    }
}
```
Listing 8.13 Schleifen ohne Bedingung müssen irgendwie anders beendet werden.

Hier fehlt natürlich eine Menge Programmcode. Aber als Äußerstes eine Schleife einzusetzen, die für immer läuft, sollte Ihnen den Anwendungsfall deutlich machen.

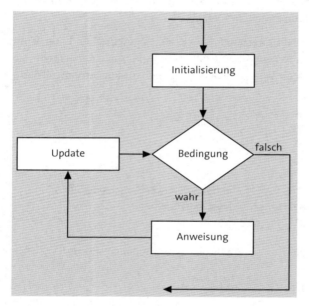

Abbildung 8.5 Ablaufdiagramm einer »for«-Schleife

8.9 Die bereichsbasierte »for«-Schleife

Wenn ich die for-Schleife erkläre, dann muss ich auch deren neue Variante behandeln, die *bereichsbasierte for-Schleife* (engl. *range-based for* oder *ranged for*). Vor allem mit den *Standardcontainern* ist sie sehr nützlich.

Um den Inhalt des Containers prims zu untersuchen, verwende ich die for-Schleife mit der Doppelpunkt-Notation :. Sehen Sie sich hierzu einen Auszug aus Listing 8.1 an:

8.9   Die bereichsbasierte »for«-Schleife

```
// Auszug
std::vector<int> prims{2};              // vector ist ein Container, bereit für ranged-for

void testeObPrim(int n) {
    /* prims muss aufsteigend sortiert sein */
    for(int teil : prims) {             // bereichsbasierte for-Schleife
        if(teil*teil > n)
            return true;
        if(n%teil==0)
            return false;
    }
    return true;
}
// ...

void ausgabePrims() {
    for(int prim : prims) {             // bereichsbasierte for-Schleife
        std::cout << prim << " ";
    }
    std::cout << "\n";
}
// ...
```

Listing 8.14 Die bereichsbasierte »for«-Schleife erkennen Sie an dem Doppelpunkt.

prims sammelt einerseits das Gesamtergebnis an, damit es in ausgabePrims auf dem Bildschirm erscheint. Andererseits dient es dazu, in testeObPrim wirklich nur die nötigsten Tests auf Teilbarkeit durchzuführen – die bisherigen Primzahlen.

Sie können for(int teil : prims) lesen als: Wähle aus dem Container prims nacheinander ein Element aus, weise es teil zu, führe die Schleifenanweisung aus, und wiederhole diesen Vorgang für alle Elemente des Containers:

for(Ziel : Container) Anweisung

Das erlaubt Ihnen schon sehr viel. Sie können sogar eigene Datentypen dafür ausrüsten, in diesen for-Schleifen wie ein Container verwendet zu werden. Alles, was Sie machen müssen, ist, begin- und end-Methoden geeignet zu definieren. Ein untypisches, aber durchaus funktionierendes Beispiel finden Sie in Listing 26.4 (Seite 757).

Normalerweise wenden Sie das bereichsbasierte for auf Container an, die Sie in Kapitel 24, »Container«, kennenlernen werden. Wenn Sie selbst container-ähnliche Klassen schreiben, können Sie diese so für das bereichsbasierte for fit machen.

8.10 Die »switch«-Verzweigung

Sie haben schon gesehen, dass Sie mit if-else-Kaskaden mehrere Fälle nacheinander prüfen können. Die switch-Verzweigung ist eine spezialisierte Form des Falls, dass Sie immer den gleichen Ausdruck testen und der Ausdruck einen int-ähnlichen Typ hat – oder ein enum ist, wie Sie in Abschnitt 16.12.2, »Aufzählungsklassen«, sehen werden.

switch(Ausdruck) { Fallunterscheidungen }

Und jede einzelne Fallunterscheidung ist:

case Konstante : Anweisungen

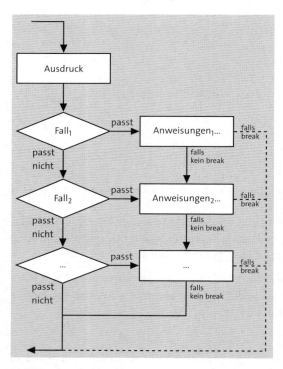

Abbildung 8.6 Ablaufdiagramm einer »switch«-Anweisung

Aus der Liste der Fallunterscheidungen werden jene Anweisungen ausgeführt, deren Konstante dem Ergebnis des Ausdrucks entspricht. Es sind noch einige Dinge zu beachten bzw. wissenswert:

▶ Fallunterscheidungen dürfen keine doppelten Fälle enthalten, müssen aber nicht in einer bestimmten Reihenfolge sein.

▶ Statt case können Sie auch einmal default verwenden, um »alles andere« abzufangen. Normalerweise ist dies der letzte oder erste »case«, das muss aber nicht so sein.

8.10 Die »switch«-Verzweigung

▶ Sie können auch mehrere case direkt hintereinanderschreiben, ohne Anweisungen dazwischen, wenn Sie mehrere Fälle zusammenfassen möchten.

▶ Anweisungen eines case sollten immer mit break; abgeschlossen werden. Ausnahmen von dieser Regel sind sehr selten und sollten mit einem Kommentar deutlich hervorgehoben werden. Vergessen Sie dieses break, dann werden die Anweisungen des nächsten case ausgeführt, unabhängig davon, was dessen Konstante ist. Dies nennt man »Fall-Through« (Durchlauf).

In Abbildung 8.6 sehen Sie das Ablaufdiagramm des switch-Konstrukts. Auch wenn die breaks eigentlich nicht strikt zum switch-Ablaufplan gehören, habe ich sie hier als Option mit eingemalt, weil sie so üblich und wichtig sind.

Der sehr einfache Taschenrechner aus Listing 8.15 legt Ziffern auf einen Stapel. Eine Rechenoperation nimmt sich die obersten Elemente des Stapels und legt das Ergebnis wieder darauf.

```cpp
#include <string>
#include <vector>
#include <iostream>          // cout

void rechner(std::ostream& out, std::string input) {
    std::vector<int> stapel {};
    for(char c : input) {
        if(c>='0' && c<='9') {
            stapel.push_back( c-'0' ); // Zahlenwert des Zeichens
            continue;        // nächste Schleifeniteration
        }
        int top = 0;
        int second = 0;
        switch(c) {          // Bedingung auf zeichen
        case '+':
            top = stapel.back(); stapel.pop_back();
            second = stapel.back(); stapel.pop_back();
            stapel.push_back(second + top);
            break;
        case '-':
            top = stapel.back(); stapel.pop_back();
            second = stapel.back(); stapel.pop_back();
            stapel.push_back(second - top);
            break;
        case '*':
            top = stapel.back(); stapel.pop_back();
            second = stapel.back(); stapel.pop_back();
            stapel.push_back(second * top);
            break;
        case '=':
```

203

```
                for(int elem : stapel) { out << elem; }
                out << "\n";
                break;
            case ' ':
                break;
            default:
                out << "\n'" << c << "' verstehe ich nicht.\n";
            } /* switch */
        } /* for c */
    }
int main(int argc, const char* argv[]) {
    if(argc > 1) {
        rechner(std::cout, argv[1]);
    } else {
        // 3 + 4 * 5 + 6 mit Punkt- vor Strichrechnung ergibt 29
        rechner(std::cout, "345*+6+=");
    }
}
```

Listing 8.15 Jeder »case« deckt einen Fall ab, und nirgendwo wurde das »break« vergessen.

Viel relevanter ist jedoch das switch(c). Als char können Sie c hier verwenden, genauso wie int und Verwandte. Einen double oder string dürfen Sie hier nicht reinschreiben. Es muss sich um einen »aufzählbaren« Typ handeln.

Es folgen nacheinander die case-Fälle. Je nach Wert von c werden diese Sprunglabel direkt angesprungen und die dann folgenden Anweisungen ausgeführt. Jeder Block ist, wie es sich gehört, mit einem break; abgeschlossen, sodass nicht aus Versehen eine weitere Rechnung durchgeführt wird.

Ein kleiner Kommentar zu der Berechnung c-'0': Hier ziehe ich vom eingegebenen c den Zeichenwert '0' ab, um den Zahlenwert des Zeichens zu erhalten. Wohlgemerkt, dies ist nicht die int-Zahl 0, sondern das char-Zeichen '0'. Das Ergebnis ist eine int-Zahl zwischen 0 und 9. Das klappt einerseits, weil char sich sehr wie ein Ganzzahltyp verhält, und andererseits, weil die Zeichen '0' bis '9' direkt aufeinanderfolgende Nummern haben. Die '0' hat meist die Nummer 48 und die '4' (zum Beispiel) den Wert 52. Somit ist '4'-'0' das Gleiche wie 52-48, also der int 4. Diesen Zahlenwert packen wir dann auf den stapel.

Es geht besser, es geht dynamisch

Der char-basierte switch ist ja ganz gut und schön als kleines Beispiel. Er ist allerdings sehr statisch und wird bei Erweiterungen leicht unschön. Wenn Sie aber eine Version sehen wollen, die besser als Basis für einen elaborierten Rechner taugt, blättern Sie weit nach hinten bis zu Listing 28.41 (Seite 866). Dort ist es eine dynamische map, die Funktionsobjekte für die Operationen aufnimmt.

8.10 Die »switch«-Verzweigung

Falls Sie sich wundern, wofür der Parameter out von rechne da ist: Es ist immer gut, in Funktionen niemals die globalen Variablen cout, cerr oder cin zu verwenden Dadurch machen Sie solche Funktionen besser testbar. Sie sollten auf diese globalen Variablen nur in main() zugreifen. So landet hier cout als Parameter von rechner() in der Funktion. Sie können sich einen solchen Test in Listing 12.6 (Seite 261) ansehen.

»break« nicht vergessen

Vergessen Sie niemals das break, das einen case-Block abschließt. In 99,99 % der Fälle brauchen Sie es, um das »Durchlaufen« in den nächsten case-Block zu verhindern. Es zu vergessen, ist ein häufiger Flüchtigkeitsfehler.

Wenn Sie tatsächlich einmal einen absichtlichen Fall-through programmieren, dann schreiben Sie einen unübersehbaren Kommentar an die Stelle. Jeder andere wird sonst beim ersten Blick denken, Sie hätten einen Fehler gemacht und das break; vergessen.

Fälle, in denen ein case-Block nicht mit einem break abgeschlossen wird, sind selten. Häufig tut es dann auch eine Reihe von getrennten if-Anweisungen. In Listing 8.16 können Sie das Prinzip des Fall-throughs nachvollziehen.

```cpp
#include <iostream>
#include <string>
using std::string; using std::cout;
void rateMonat(unsigned welchenTagHabenwirHeute) {
    switch(welchenTagHabenwirHeute) {
    /* fehlende break-Anweisungen: Fall-through beabsichtigt */
    default:
        if(welchenTagHabenwirHeute>31) {
            cout << "Sie schummeln";
            break;
        }
    case 28:
    case 29:
        cout << "Feb ";
    case 30:
        cout << "Apr Jun Sep Nov ";
    case 31:
        cout << "Jan Mar Mai Jul Aug Okt Dez ";
    }
    cout << ".\n";
}
int main() {
    rateMonat(31); // wenn wir heute den 31. hätten?
    // Ausgabe: Jan Mar Mai Jul Aug Okt Dez .
    rateMonat(30); // wenn es der 30. wäre?
```

```
// Ausgabe: Apr Jun Sep Nov Jan Mar Mai Jul Aug Okt Dez .
    rateMonat(4);
    // Ausgabe: Feb Apr Jun Sep Nov Jan Mar Mai Jul Aug Okt Dez .
    rateMonat(77);
    // Ausgabe: Sie schummeln.
}
```

Listing 8.16 Sehr selten gibt es »case«-Blöcke ohne »break«, noch seltener sinnvolle.

Für `rateMonat(30)` springt der `switch` direkt das Label `case 30:` an und überspringt die Fälle `default`, 28 und 29. Für 30 wird dann `"Apr Jun Sep Nov "` ausgegeben. Da am Ende des `case 30`-Blocks kein `break;` steht, wird dann mit den Anweisungen des nächsten Blocks fortgefahren, also `"Jan Mar Mai Jul Aug Okt Dez "` ausgegeben.

Bei `rateMonat(4)` trifft kein `case` zu, weswegen der `default:`-Block angesprungen wird. Für 4 wird der Test im `if` »falsch« ergeben. Das Ende des Blocks wird erreicht, aber wegen des fehlenden `break;` wird mit den folgenden `case`-Blöcken fortgefahren.

Nur im Fall von `rateMonat(77)` wird ein `break` erreicht. Zwar wird auch der `default:`-Block angesprungen, doch ergibt die `if`-Abfrage diesmal wahr, und das `break;` im `then`-Zweig wird somit erreicht. Mit dem `break` wird nun der gesamte `switch` verlassen und direkt mit `cout << ".\n";` fortgefahren.

8.11   Die »break«-Anweisung

Mit dem `break`-Schlüsselwort springen Sie aus der aktuellen Schleife – der innersten, vom `break` aus gesehen – heraus. Das Programm wird mit der Anweisung fortgesetzt, die der Schleife folgt. Sie können dies in allen `for`- und `while`-Schleifen verwenden, auch bei dem bereichsbasierten `for` und dem `do-while`. In diesem Sinne ist auch `switch` eine Schleife.

```
#include <iostream>              // cout
int main() {
    for(int x=1; x<20; x+=1) {      // äußere for-Schleife
        for(int y=1; y<20; y+=1) { // innere for-Schleife
            int prod = x*y;
            if(prod>=100) {
                break;              // raus aus innerer y-Schleife
            }
            std::cout << prod << " ";
        } /* Ende for y */
        // Ziel von break
    } /* Ende for x */              // erste wirkliche Zeile nach break
    std::cout << "\n";
}
```

Listing 8.17 Mit »break« beenden Sie eine Schleife vorzeitig.

Nehmen wir an, die Aufgabe ist, nur maximal zweistellige Ergebnisse der Produkte von x und y zwischen 1 und 20 auszugeben. Wenn y einmal so groß ist, dass das Produkt 100 oder größer ist, dann kann ein noch größeres y nicht ein kleineres Produkt liefern. In dem Fall können wir die y-Schleife vorzeitig mithilfe des break beenden.

Der Rest der y-Schleife wird übersprungen, insbesondere die Ausgabe von prod wird nicht ausgeführt. Vielmehr wird die Ausführung *mit der ersten Anweisung, die auf die innere Schleife folgt*, fortgeführt. Nun gut, Sonderfall: Hier ist bei Ende for x damit das Ende der x-Schleife erreicht, wo keine Anweisung mehr steht. Deshalb ist das Nächste, was ausgeführt wird, der Update-Ausdruck der x-Schleife, also x+=1.

Beachten Sie, dass nur die aktuelle *innerste* Schleife vom break aus verlassen wird, dass also nicht aus der x-Schleife herausgesprungen wird. Hätten Sie nach /* Ende for y */ ein break eingebaut, dann würde jedoch die x-Schleife verlassen und bei cout << "\n" fortgefahren.

Mit break springen Sie nur aus Schleifen wie for und while heraus sowie aus dem switch (das keine Schleife ist). Ein if zählt hier bei der Suche nach der aktuell »innersten« nicht als »Schleife«.

8.12   Die »continue«-Anweisung

Die continue-Anweisung hat eine ähnliche Rolle wie das break. Jedoch wird die aktuelle Schleife nicht *abgebrochen*, sondern nur der Rest des aktuellen Schleifendurchlaufs übersprungen und die Schleife mit der nächsten *Iteration* fortgesetzt (engl. *continue*). In der for- und while-Schleife wird als Nächstes der Schleifenkopf ausgeführt. Das heißt, bei for werden das Update und die Bedingung ausgeführt bzw. bei while (und do-while) die Bedingung. Sollte die Bedingung jeweils immer noch zutreffen, dann werden die Anweisungen des Schleifenrumpfs erneut angegangen.

Ein Beispiel haben Sie in Listing 8.15 gesehen. Wenn die Programmausführung auf das continue trifft, dann wird sofort wieder zu for gesprungen und das nächste char c aus input geholt.

In einem switch hat ein continue keine Bedeutung wie das break – es wirkt sich also auf eine umgebende Schleife aus.

8.13   Die »return«-Anweisung

Das return haben Sie schon als Anweisung gesehen, um aus main das Programm zu verlassen. Außer aus main können Sie damit aus jeder Funktion, die Sie schreiben, herausspringen.

8   Anweisungen im Detail

```cpp
#include <iostream>                          // cout

int min3(int x, int y, int z) {              // Funktion liefert einen int zurück
    if(x<y) {
        if(x<z) return x;
        else return z;
    } else if(y<z) {
        return y;
    }
    else return z;
}

void printMin(int x, int y, int z) {         // Funktion liefert nichts zurück
    if(x<0 || y<0 || z<0) {
        std::cout << "Bitte nur Zahlen groesser 0\n";
        return;
    }
    std::cout << min3(x,y,z) << "\n";
}                                            // hier steht kein return

int main() {
    printMin(3, -4, 8);
    printMin(6, 77, 4);
    return;                                  // besonderes return in main
}
```

Listing 8.18 Mit »return« wird die aktuelle Funktion verlassen. Wenn nötig geben Sie einen Wert für die Rückgabe mit an.

In diesem Beispiel sehen Sie die zwei selbst geschriebenen Funktionen min3 und printMin (und das bekannte main). min3 soll einen int als Ergebnis zurückliefern, für printMin ist mit void angegeben, dass *kein* Rückgabewert erwartet wird.

Weil min3 einen int zurückliefern soll, muss jedes return darin von einem Ausdruck gefolgt sein, der vom Typ int ist (bzw. sich darin umwandeln lässt) – dies ist bei allen return-Zeilen der Funktion der Fall, denn die Variablen sind vom Typ int.

Für printMin wird aber keine Rückgabe erwartet, weswegen das return; auch keinen Ausdruck erhalten darf. Beachten Sie, dass die Ausführung aus der Funktion »herauslaufen« kann, ohne an einem return vorbeizukommen – das ist bei void-Funktionen erlaubt.

Dass return in main eine Sonderrolle hat, wissen Sie schon: Obwohl main den Rückgabetyp int hat, muss ein return hier – und nur hier – keinen Rückgabeausdruck erhalten, wie im abschließenden return von main gezeigt. Es wird dann 0 angenommen.

208

8.14   Die »goto«-Anweisung

Die Frage, ob man goto verwenden soll, ist kompliziert. Lassen Sie es mich so zusammenfassen: Es ist schwer, goto korrekt einzusetzen, und es passiert leicht, dass etwas Schlechtes herauskommt.

Mein Tipp für Sie als C++-Programmierer: Vermeiden Sie den Einsatz von goto. Prüfen Sie immer erst alle Alternativen, wenn Sie an dessen Einsatz denken. Erst wenn Sie mit allen anderen Möglichkeiten vertraut sind, Ihr Programm zu strukturieren, und goto dann als beste Möglichkeit übrig bleibt, dann *kann* es manchmal ein guter Weg sein.

Falls Sie jene Alternativen noch nicht beherrschen und deshalb goto verwenden, machen Sie Ihren Code auf längere Sicht unübersichtlich und unwartbar.

Wann ein goto mal besser sein kann, lesen Sie zum Beispiel bei Donald Knuth.[2] Bis dahin gilt: Damit Sie wissen, was Sie vermeiden müssen – die Syntax einer goto-Anweisung sieht so aus:

goto Label

wobei irgendwo anders ein Label definiert ist:

Label : Anweisung

Wenn die Programmausführung auf die Stelle mit dem goto stößt, dann springt sie sofort zu der Anweisung, die mit dem Label versehen ist.

Es ist schwer, ein halbwegs sinnvolles Beispiel für goto zu finden. Bitte entschuldigen Sie, dass dieses Beispiel noch konstruierter ist als sonst:

```cpp
#include <iostream>
int main() {
    int idx = 4;
    goto mehr;                              // springe zu Label mehr
  drucke:                                   // nächste Anweisung hat ein Label
    std::cout << idx << std::endl;
    idx = idx * 2;
  mehr:
    idx = idx + 3;
    if(idx < 20)
        goto drucke;                        // goto kann auch in einem if stehen
  ende:                                     // Dies ist ein Label, wird aber nicht verwendet
    return 0;
}
```

Listing 8.19 Vermeiden Sie »goto«-Anweisungen.

---

2 *Structured Programming with go to Statements*, D. E. Knuth, [1974]

Die Gefahr ist, dass Sie bei der Verwendung von goto wild hin und her springen. Oder können Sie schnell erkennen, welche Zahlen Listing 8.19 ausgibt? 7 und 17, aber das herauszufinden, ist Kleinstarbeit.

Sie haben mit den in diesem Kapitel beschriebenen Alternativen genug Mittel in der Hand, um ohne goto auszukommen.

In Listing 8.1 habe ich die Funktion testeObPrim() eigentlich nur eingeführt, weil ich mit einem break oder continue nicht hinter das push_back hätte springen können – ich hätte extra eine bool-Variable einführen und verwalten müssen. Vielleicht ist ein solcher Fall ein gerade noch sinnvoller Einsatz von goto? Verwenden Sie es dann aber bitte wirklich nur in Code, der nie erweitert wird und bei dem nicht die Gefahr besteht, dass sich das goto vom Label weit entfernt ...

```cpp
// #includes, prims, eingabeBis(), ausgabePrims() und main() wie zuvor
std::vector<int> prims{2};
void berechnePrimsBis(int bis) {
    /* Prims-Berechnung */
    /* vector muss an dieser Stelle {2} enthalten */
    for(int n=3; n<bis; n=n+2) {
        for(int teil: prims) {
            if(teil*teil > n)
                goto prim;          // mit goto, weil ein break ...
            if(n%teil==0)
                goto nichtPrim;     // ... über zwei Schleifen nicht geht.
        }
    prim: ;                         // Ziel des Sprungs vor push_back
        prims.push_back(n);         // ist prim! merken als Teiler und Ergebnis
    nichtPrim: ;                    // Ziel des Sprungs hinter push_back
    }
}
```

Listing 8.20 Eine Funktion weniger, aber ein Label und zwei »goto« mehr.

8.15   Der »try-catch«-Block und »throw«

Exceptions (Ausnahmen) sind ein wichtiges, aber fortgeschrittenes Thema. Da aber das try mit dem dazugehörigen catch die einzige noch fehlende Anweisung ist, gewähre ich Ihnen hier einen Ausblick. Im Detail gehe ich in Kapitel 10, »Fehlerbehandlung«, darauf ein.

Mit einem try-Block umschließen Sie Programmcode, in dem Sie bestimmte Fehler erwarten, die Sie behandeln wollen. Diese Fehlerbehandlung nehmen Sie in dem nachfolgenden catch vor.

8.15 Der »try-catch«-Block und »throw«

```cpp
#include <iostream>
int main() {
    try {                                  // Beginn des try-Blocks
        for(int n=1; ; n=n*2) {
            if(n < 0) {
                throw "Es gab einen Ueberlauf";  // Fehler auslösen
            }
        }
    }                                      // Ende des try-Blocks
    catch(const char *fehler) {            // Falls dieser Fehler auftritt, ...
        std::cout << "Fehler: " << fehler << "\n";  // ... behandle ihn so
    }
}
```

Listing 8.21 Als Ausblick hier Ihre erste Exception-Behandlung mit »try« und »catch«

Auf das try folgt ein Anweisungsblock {...}. An dessen Ende steht die Behandlung von Fehlern, die innerhalb des Blocks auftreten. Diese Fehlerbehandlung ist mit catch eingeleitet, in dessen Klammern (...) die abzufangende Fehlerart spezifiziert ist. Nach den runden Klammern steht der Block {...} mit den Anweisungen beim Auftreten des Fehlers.

Wird irgendwo zwischen try { und der dazugehörigen Klammer } ein Fehler des Typs const char* ausgelöst, dann wird dieser im catch(const char *fehler) »gefangen« und in den zugehörigen Anweisungen behandelt. Danach fährt das Programm mit der nächsten Anweisung nach dem gesamten try-Block inklusive aller zugehörigen catch-Blöcke fort.

In diesem Beispiel löse ich mit dem throw einen solchen Fehler aus. Sofort wird die normale Ausführung von Anweisungen unterbrochen und stattdessen mit dem entsprechenden catch fortgefahren. Dies ist wirklich nur eine vereinfachte Erklärung – richtig spannend wird es erst, wenn Sie solche Fehler auslösen und dabei tief in Funktionsaufrufen stecken. Dann spielen diese Ausnahmebehandlungen ihre Stärken aus.

Sie können zu einem try mehrere catch-Blöcke angeben. Der erste passende wird beim Auftreten eines Fehlers ausgeführt.

Ein Wort noch dazu, warum in diesem Programm der Fehler tatsächlich ausgelöst wurde. Erhöht n=n*2 den Wert nicht ständig? Wie kann er dann beim Test n<0 kleiner null werden? Das passiert bei einem Computer bei einem *Überlauf* (siehe Abschnitt »Ganzzahl-Überlauf« in Abschnitt 4.12.3). Je nachdem, welche Art Compiler, Computer oder Betriebssystem Sie haben, wird das bei einem int üblicherweise nach 31 oder 63 Verdopplungen passieren. Dann ist die Zahl so groß, dass der Computer sie nicht mehr als positive Zahl in einem int abspeichern kann – in der Praxis kippt dann das Vorzeichen, und der Wert verändert sich. Das wurde mit n<0 überprüft. Doch Achtung: Dies ist kein narrensicherer Test auf allen Systemen! In der Praxis sollten Sie solche Überläufe vermeiden, weil sie im Nachhinein schwer zu ermitteln sind.

8.16 Zusammenfassung

Sie haben nun alle Anweisungsarten kennengelernt, die C++ bietet. Ich fasse sie noch einmal in Gruppen zusammen.

▶ **einfache Anweisungen**
Anweisungsblock {...}, Deklaration, Ausdruck – und leere Anweisung

▶ **Verzweigungen**
if mit und ohne else, switch mit case

▶ **Schleifen**
for, bereichsbasiertes for, while und do-while

▶ **Sprunganweisungen**
break, continue und return – und, wenn es sein muss, auch goto

▶ **Ausnahmebehandlung**
try-catch-Block mit throw-Anweisung

Kapitel 9
Ausdrücke im Detail

Kapiteltelegramm

▶ **Ergebnis**
Das Ergebnis eines Ausdrucks kann weiterverwendet werden.

▶ **Seiteneffekt**
Von einem Seiteneffekt spricht man, wenn ein Ausdruck nicht nur ein Ergebnis liefert, sondern auch weitere Veränderungen am Zustand des Computers vornimmt.

▶ **Überladung**
Mehrere Funktionen mit gleichem Namen, die der Compiler anhand unterschiedlicher Typen der Parameter unterscheidet

▶ **Literal**
Direkt im Quellcode stehender konkreter Wert

▶ **Runde Klammern**
Bei Ausdrücken gruppieren Sie damit Teilausdrücke

▶ **Funktionsaufruf**
Dem Funktionsnamen folgen runde Klammern mit der Liste der Argumente

▶ **Index-Zugriff**
Bei einem Index-Zugriff greifen Sie mit eckigen Klammern […] auf ein Element unter mehreren gleichartigen zu.

▶ **Zuweisung**
Ein Ausdruck mit der rechten Seite als Ziel, dem Gleichheitszeichen = und der linken Seite als Quelle

▶ **Operator**
Ein funktionsähnliches Konstrukt, bei dem der Name der Funktion häufig ein Symbol ist und manchmal zwischen zwei Argumenten steht.

▶ **Typ-Umwandlung (Cast)**
Den Typ eines Ausdrucks in einen anderen forcieren

Mit den Anweisungen haben Sie ein sehr wichtiges Grundelement vertieft. Anweisungen setzen sich meist aus *Ausdrücken* zusammen, die wir bisher nur kurz besprochen haben und die ich nun eingehend behandeln werde. Der Dritte im Bunde sind die Typen, die von diesen dreien das komplexeste Thema sind.

Diese drei – Anweisungen, Ausdrücke und Typen – haben eng miteinander zu tun. Es ist schwierig, das eine ohne das andere zu erklären. Deswegen habe ich die Form gewählt, Sie nacheinander mit allen dreien zu konfrontieren und jedes Mal mehr ins Detail zu gehen. Mit diesem Kapitel sind Sie auf der vorletzten Detailstufe für Ausdrücke angekommen. Die letzte Stufe ist die Programmierpraxis.

9.1   Berechnungen und Seiteneffekte

Laut C++-Standard ist ein Ausdruck »eine Serie von Operatoren mit Operanden, die eine Berechnung beschreiben.«[1]

Diese *Berechnung* ist es, worum es beim Programmieren eigentlich geht. Und da habe ich zwei größere Bereiche zu unterscheiden:

▶ **Ergebnis**

Es gibt ein direktes Ergebnis einer Berechnung, wie sin(alpha) oder count*4. Dies kann zugewiesen oder weiterverwendet werden, zum Beispiel x = sin(alpha) und print(count*4). Für C++ ist der *Typ* dieses Ergebnisses ebenfalls wichtig, denn er entscheidet, wie fortgefahren wird, siehe Listing 9.1.

▶ **Seiteneffekt**

Statt dem oder zusätzlich zum Ergebnis passiert noch mehr – der weitere »Zustand« des Computers verändert sich. Zum Beispiel erfolgt durch std::cout << x als Seiteneffekt eine Ausgabe. Eine Berechnung führt dieser Ausdruck nicht direkt durch.

Auf die Ergebnisse gehe ich genauer ein.

```cpp
#include <iostream>                      // cout
#include <string>

void drucke(int n) {                     // Funktion drucke für Typ int
    std::cout << "Zahl:" << n << "\n";
}
void drucke(std::string s) {             // gleicher Name, anderer Typ
    std::cout << "Zeichenkette:" << s << "\n";
}

int main() {
    int zahl = 10;
    std::string name = "Bilbo";
    drucke(zahl);                        // ruft drucke(int) auf, zahl ist int
    drucke(name);                        // ruft drucke(string) auf, name ist string
    drucke(11 + 22);                     // Ausdruck ist int
    drucke(name + " Baggins");           // Ausdruck ist string
}
```

Listing 9.1 Typen von Ausdrücken sind wichtig, weil damit entschieden wird, wie es weitergeht.

---

1   Die exakte Definition steht dort natürlich auch in Form einer Grammatik, doch kann man damit zum Lernen wenig anfangen.

Zum Beispiel hat das Ergebnis 11 + 22 den Typ int – und diese Eigenschaft ist es, die entscheidet, dass drucke(int) und nicht drucke(string) aufgerufen wird. Anders bei name + "Baggins", dessen Ergebnis den Typ string hat – also wird drucke(string) aufgerufen.

Der aufmerksame Leser wird gemerkt haben, dass in beiden Beispielen + verwendet wurde – einmal, um Zahlen zu addieren, und das andere Mal, um Zeichenketten aneinanderzu-hängen (zu konkatenieren). Der +-Operator ist ebenso *überladen* wie unser eigenes drucke. Auf int angewendet, liefert er einen int zurück, auf string einen string. Wie Sie Operato-ren wie + benutzen, haben Sie im Detail in Abschnitt 4.11, »Operatoren«, gesehen.

Entweder Berechnung oder Seiteneffekt

Es gilt, immer diese beiden Aspekte eines Ausdrucks im Auge zu behalten. Es ist gut, wenn ein Ausdruck *entweder* eine Berechnung durchführt *oder* den Seiteneffekt als Hauptzweck hat – und dies klar aus dem Code oder der Dokumentation hervorgeht.

9.2 Arten von Ausdrücken

Hier liste ich Ihnen die wichtigsten Arten von Ausdrücken für den Überblick auf. Allerdings nicht als strenge Definitionen, sondern ich liefere eine stark zusammengefasste Liste als Übersicht – zum Lernen gut, aber nicht, um einen C++-Compiler zu schreiben. Ich fasse hier viele Sonderfälle zusammen, die formal betrachtet nicht zusammengehören.

▶ **Literal**
Ein Literal ist ein direkt in den Quellcode geschriebener Wert, zum Beispiel eine Zahl wie 42 oder ein Text wie "Goofus".

▶ **Bezeichner (Identifizierer, engl. Identifier)**
einer Variablen, einer Funktion, eines Typs etc., eventuell über einen *Bereichszugriff* (engl. *Scope*) mit ::, also std::cout

▶ **Geklammerter Ausdruck**
wie zum Beispiel (3 + 4 + 5)

▶ **Funktionsaufruf**
Ein Funktionsaufruf ist an den nachstehenden runden Klammern (…) zu erkennen, zum Beispiel sin(x).

▶ **Index-Zugriff**
Ein Index-Zugriff hat statt des Funktionsaufrufs eckige Klammen […], wie in data[3].

▶ **Operatoren**
Es gibt zweistellige Operatoren wie in a+b/2 oder Dereferenzierung (it->second), ein-stellige wie das nachgestellte idx++, aber auch das vorangestellte Minus in -10.

▶ **Zuweisung**
Eine Zuweisung ist ein Ausdruck mit dem Gleichheitszeichen = als Operator, wie zum Beispiel x=4. Dem linken Operanden wird der Wert des rechten Operanden zugewiesen.

9 Ausdrücke im Detail

▶ **Typ-Umwandlung**

Die Typ-Umwandlung gibt es in verschiedenen Formen. Der C-Cast verwendet den Zieltyp in Klammern vor dem umzuwandelnden Wert, zum Beispiel (int)30.1. Alternativ können Sie dafür auch die Funktionsschreibweise verwenden, also int(30.1). Ein C++-Cast sieht einem Funktionsaufruf ebenfalls ähnlich, wobei der Zieltyp in spitze Klammern geschrieben wird, zum Beispiel static_cast<int>(30.1).

Wenn Sie diese Arten beherrschen und anwenden können, dann sind Sie schon sehr gut gerüstet. Während obige Ausdrücke mehr oder weniger schon in C-Programmen vorkommen, sind die folgenden C++-typisch und dementsprechend mächtige Werkzeuge:

▶ **Speicherverwaltung**

das Neuanlegen mit new und das Wegräumen mit delete

▶ **Lambda-Ausdruck**

eine anonyme Funktion, die (meist) am Ort ihrer Verwendung definiert wird

▶ **Template-Verwendung**

wenn der Name einer aufgerufenen Funktion auch spitze Klammern <...> enthalten kann, wie numeric_limits<int>::is_signed

▶ **Exception auslösen**

ein throw, gefolgt von einem Ausdruck, wie Sie schon in Kapitel 8, »Anweisungen im Detail«, kurz gesehen haben

9.3 Literale

Literale sind direkt im Quellcode stehende feste, konkrete Werte. Dies können in C++ entweder ganze Zahlen, Kommazahlen, Zeichen oder Zeichenketten sein. Die Basis bilden die leicht zu erkennenden Formen 123 und 3.141592 für Zahlen, 'a' als einzelnes Zeichen und "Gugelhupf" als Zeichenkette.

Etwas komplizierter wird es nur dadurch, dass es für diese Basisliterale vorangestellte und nachgestellte Modifizierer gibt. Wie Sie in Abschnitt 4.12, »Eingebaute Datentypen«, schon gesehen haben, gibt es für Ganzzahlen, Fließkommazahlen, Wahrheitswerte und Zeichenketten zum Beispiel folgende Formen:

```
999      0xffff   0777    0b10101   1L       0u      // Ganzzahl-Formen
72.75    1e+10    3.141592f                          // Fließkomma
'a'      "Text"                                      // Zeichenketten
true     false                     // Wahrheitswerte, die beiden bool-Literale
nullptr                            // Das einzige nullptr_t-Literal
```

9.4 Bezeichner

Viele Dinge haben einen *Namen* – Variablen, Konstanten, Funktionen, Klassen, Makros und viele andere mehr. Diese Namen setzen sich aus Buchstaben, Ziffern und dem Unterstrich _ zusammen. Mit Buchstaben sind A bis Z und a bis z gemeint – Umlaute und andere internationale Zeichen sollten Sie nicht verwenden, obwohl manche Compiler das unterstützen.

Ein Bezeichner darf nicht mit einer Ziffer anfangen, also nicht 9auge lauten.

Was den Unterstrich angeht, dürfen Sie nur nichts mit zwei Unterstrichen _ _ anfangen lassen und sollten am Anfang »Unterstrich-Großbuchstabe« vermeiden, denn diese Verwendungen ist der Standardbibliothek intern vorbehalten: __zahl und _Text können Probleme verursachen.

Hier sind ein paar gültige Bezeichner – alle sind verschieden voneinander, denn Groß- und Kleinschreibung wird in C++ streng unterschieden:

```
zahl          zahl_mit_0
Zahl          ZAHL_MIT_0
ZAHL          ZahlMit0
_zahl         Einhundertelf
zahl_         einhundert11
_zahl_        ein100elf
```

Zusammengesetzte Bezeichner

Wenn Sie Funktionen und Ähnliches verwenden, dann fügt C++ den kompletten Bezeichner aus mehreren Elementen zusammen. So kann der komplette C++-Bezeichner den Bereichsoperator :: enthalten, wie zum Beispiel std::cout. Auch haben Sie schon gesehen, dass + als Operator für C++ eigentlich operator+ heißt, und das ist auch dessen Bezeichner. Die spitzen Klammern bei Funktions- und Klassentemplates schreiben Sie später ebenfalls immer zusammen und erhalten damit den gesamten Bezeichner, also zum Beispiel vector<int> oder numeric_limits<int>.

Die exakte Sprachdefinition sollen Sie sich hier aber gar nicht einprägen. Wichtig ist, dass Sie durch Übung ein Gefühl dafür bekommen, was einen Bezeichner ausmacht.

9.5   Klammern

Mit Klammern können Sie – wie in der Mathematik – die Reihenfolge der Berechnungen innerhalb eines Ausdrucks beeinflussen. Sie erreichen damit in etwa das Gleiche, als würden Sie den Ausdruck auf mehrere Anweisungen aufteilen.

```
int zins = 3 * (4 + 7) * 8;
```

ist also das Gleiche wie:

```
int zwischenergebnis = 4 + 7;
int zins = 3 * zwischenergebnis * 8;
```

Die Reihenfolge der anderen Auswertungen (also hier *) wird nicht beeinflusst.

9 Ausdrücke im Detail

9.6 Funktionsaufruf und Index-Zugriff

Ein Funktionsaufruf erfolgt in C++ mit runden Klammern. Innerhalb dieser werden die Argumente (oder Parameter) für den Aufruf durch Komma , getrennt aufgelistet:

Funktion (Parameter , Parameter, ...)

Jeder Parameter ist wieder ein Ausdruck, wobei Funktionsaufrufe ohne Parameter auch vorkommen und die Liste dann mit () leer ist. Und wenn man es genau sieht, ist auch »Funktion« ein Ausdruck, der jedoch meist einfach aus dem Namen der Funktion besteht, die aufgerufen werden soll:

```
sin(3.141592);
print(6*6+zahl, "text", name);
justDo();
numeric_limits<int>::max();
[](auto x, auto y) { cout << x+y; } (3, 4);   // Lambda-Ausdruck statt Funktionsname
```

Ähnlich sieht es mit dem *Index-Zugriff* aus. Dort verwenden Sie jedoch eckige Klammern. Sie können allerdings nicht mehrere Parameter auflisten. Aber es ist üblich, dass Sie den Index-Zugriff mehrmals hintereinander anwenden:

```
data[10];                        // Index-Zugriff mit Zahl
image[x][y];                     // mehrmals hintereinander
adressen["Max Mustermann"];      // Zugriff auf assoziativen Container
```

9.7 Zuweisung

Die Zuweisung ist auch »nur« ein Ausdruck, in dem das = der Operator ist.

Ausdruck linke Seite = Ausdruck rechte Seite

Hier kann man aber die Veränderung des linken Operanden als Seiteneffekt bezeichnen. Rechts und links stehen jeweils wieder Ausdrücke, wobei auf der linken Seite etwas stehen muss, dem man überhaupt etwas zuweisen kann – zum Beispiel eine Variable:

```
int zahl;
zahl = 26 * 12 + 3;
```

Es würde keinen Sinn machen, links von der Zuweisung zum Beispiel ein Literal zu verwenden, 26 = zahl * 3. Auch Konstanten kommen nicht infrage. Es gibt aber Fälle, wo dort ein echter Ausdruck steht – einer, der auch etwas berechnet.

Sie haben gesehen, dass eine Funktion auch eine *Referenz* zurückgeben kann. Einen genaueren Einblick haben Sie in Kapitel 7, »Funktionen«, bekommen. Das Ergebnis des Ausdrucks links muss eine beschreibbare *Referenz* sein. Wenn der Rückgabetyp einer Funktion etwas mit & ist, dann kann diese Funktion auch links stehen.

Zum Beispiel ist `front()` von `vector<int>` eine solche Funktion. Sie liefert eine Referenz auf das erste Element im `vector` zurück. Sinngemäß sieht sie so aus (allerdings innerhalb der Templateklasse `vector` und daher hier nur vereinfacht dargestellt):

```
int& front();
```

Daher können Sie schreiben:

```
std::vector<int> data(10);      // 10 mal 0 in einem vector
data.front() = 666;             // schreibt 666 an die vorderste Stelle
```

> ### Ausblick: Zeiger, Arrays und Iteratoren
>
> Wenn Sie in Kapitel 20, »Zeiger«, *Zeiger*, *C-Arrays* und *Iteratoren* kennenlernen, dann werden Sie zum Beispiel Folgendes schreiben:
>
> ```
> int zahlen[10] = {0};       // 10 int-Werte mit 0-Werten, direkt hintereinander
> *(zahlen+3) = 666;          // schreibt an die 4. Stelle in zahlen
> std::vector<int> data{10};  // ebenfalls 10 0-Werte
> *(data.begin()+3) = 777;    // schreibt an die 4. Position eine 777
> ```
>
> Die ersten beiden Zeilen arbeiten auf einem *C-Array* von 10 int-Werten. Mit `*(zahlen+3)` wird `zahlen` als *Zeiger* verwendet: Mit dem + wird einfach drei Positionen in dem Array weitergegangen, mit dem `*(…)` wird aus der Position eine Speicherstelle, die mit dem = dann beschrieben wird. Außer, dass es sich bei den letzten beiden Zeilen um eine Klasse (sogar als Template) handelt, funktioniert es genauso: Hier heißt es nicht Zeiger, sondern `begin()` liefert einen *Iterator*. Zu diesem können Sie drei hinzuaddieren und mit `*(…)` an die eigentliche Variable kommen.

Und weil die Zuweisung ein Ausdruck ist, können Sie sie fast überall einbetten. Das Ergebnis einer Zuweisung ist der zugewiesene Wert. Sie werden des Öfteren eine `if`-Bedingung sehen, in der auch eine Zuweisung gemacht wird:

```
int result;
if( (result = read(buffer, 100)) != 0) {
    std::cerr << "Es trat Fehler Nummer "<< result << " auf.\n";
}
```

Das ist schon ein ziemlich vertrackter Ausdruck:

▶ `(result = read(buffer, 100)) != 0` ruft die Funktion `read()` auf.

▶ Ihr Ergebnis wird mit `result =` zugewiesen.

▶ Deren Ergebnis wiederum wird mit `!= 0` verglichen, ob es ungleich 0 ist.

▶ Und das ist wahr oder falsch, damit das `if` entscheiden kann, »wo es langgeht«.

Gehen Sie aber sparsam mit solchen Zuweisungen innerhalb anderer Ausdrücke um. Auf keinen Fall sollten Sie »Magie« betreiben und irgendwo in einer Berechnung mittendrin Werte verändern:

3 + ((zahl = 2) * 4) - 6 * (wert = (6/2)) // gar kein guter Stil

Das wird niemand mehr durchschauen. Richtiggehend falsch ist es, wenn Sie das Ziel der Zuweisung auch noch woanders im Ausdruck verwenden:

3 + (zahl = 2) * (zahl = 4) + 6

Das ist fehlerhafter Code der Sorte, dass das Programm machen darf, was es will – nicht das, was Sie wollen (engl. *undefined behavior*).

Eine Zuweisung als Teil eines größeren Ausdrucks zu verwenden, ist gefährlich

Verwenden Sie das Ziel einer Zuweisung nicht noch einmal in derselben Anweisung. Das Ergebnis ist nicht definiert; der Compiler muss Sie nicht warnen. Das gilt für alle Operationen mit Seiteneffekten, die eine Variable verändern.

9.8   Typumwandlung

Es ist leicht, die Typumwandlung für die Ihnen bisher bekannten Typen int, bool, double und string und Verwandte Typumwandlung zu erklären, denn bei diesen Typen gibt es noch nicht so viel umzuwandeln. Später wird das aber ein ausgedehntes Thema werden, auf das ich mehrmals zurückkommen werde. Im Rahmen von Ausdrücken wähle ich exemplarisch die Umwandlung zwischen int und bool, um das Konzept zu verdeutlichen.

Sie können einen int in einen bool umwandeln, indem Sie den Typnamen einfach als Funktion verwenden:

```
int wert = 10;
bool janein = bool(wert);   // Funktionsschreibweise für Typumwandlung
```

Von C her kommend gibt es dafür aber noch eine Schreibweise. Sie ist immer noch sehr beliebt, und Sie werden sie häufig sehen:

```
bool janein = (bool)wert;   // C-Schreibweise für Typumwandlung
```

Es gibt noch eine dritte Variante in C++, um die obige Typumwandlung vorzunehmen:

```
bool janein = static_cast<bool>(wert);   // ausführliche C++-Typumwandlung
```

Das liegt daran, dass die beiden anderen Varianten je nach Typ mal unterschiedliche Sorten von Typumwandlungen vornehmen können. Und da ist die Angabe, welche Umwandlung (engl. *Cast*) genau vorzunehmen ist, manchmal unabdingbar.

So gibt es neben dem oben gezeigten static_cast noch reinterpret_cast, const_cast und dynamic_cast, die ich an dieser Stelle nicht weiter behandeln werde, weil sie ein weiterführendes Thema sind.

Kapitel 10
Fehlerbehandlung

Kapiteltelegramm

▶ **Fehler**
Einen Fehler kann man etwas Unnormales oder Unerwartetes nennen. Unnormal könnte der Versuch sein, eine nicht vorhandene Datei zu öffnen, und das Programm geht damit um – es behandelt eine Ausnahmesituation. Wenn aber etwas völlig unerwartet auftritt, dann könnte es sich um einen Programmfehler handeln.

▶ **Ausnahmesituation**
Im Rahmen dieses Kapitels ist eine Ausnahmesituation ein mehr oder weniger vorausgesehenes, aber ungewöhnliches Ereignis, auf das das Programm reagiert. Das kann mittels einer Exception oder durch Fehlercodes passieren.

▶ **Programmfehler**
Das Erreichen eines undefinierten Zustands des Programms

▶ **Programmierfehler (Software Bug)**
Ein Fehler, der im Programm steckt und letztendlich zu einem schlechten oder falschen Ergebnis führt

▶ **Exception (dt. Ausnahme)**
Eine Ausnahme wird mittels throw ausgelöst und verlässt den aktuellen Block bis zu einem passenden catch oder beendet das Programm.

▶ **Fehlercode**
Alternative zur Behandlung von Fehlern mittels Exceptions durch Rückgabewert oder Ausgabeparameter (oder im Extremfall eine globale Variable)

▶ **throw**
Das Auslösen (»Werfen«) einer Exception

▶ **catch**
Start eines Behandlungsblocks für Exceptions

Oft muss ein Programm auf Ereignisse reagieren, die nicht so sind, wie Sie es haben wollen: Eine Datei wird nicht gefunden, der Benutzer hat für einen Berechnungszeitraum eine Null eingegeben etc. Es gibt viele Möglichkeiten, mit solchen Ereignissen umzugehen:

▶ Sie können sie ignorieren und erwarten, dass der Benutzer mit den Fehlern leben kann, die daraus resultieren. Vielleicht sind Sie ja nur selbst der Benutzer.

▶ Sie können proaktiv die Bedingungen und Zwischenergebnisse von Aktionen prüfen und bei solcherlei Verhalten im Programm reagieren – eine Meldung ausgeben, es noch mal versuchen, das Programm geordnet beenden.

Letzteres können Sie meist beliebig aufwendig treiben. Gute Behandlung von unerwarteten Zuständen und Fehlern ist eine sehr schwere Aufgabe.

In C++ haben Sie mehrere Möglichkeiten, dies zu meistern, wovon ich hier zwei besprechen werde:

▶ **Fehlercodes**
Nutzen Sie Rückgabewerte oder Ausgabeparameter als Seiteninformation einer Verarbeitung. Überprüfen Sie diese regelmäßig und behandeln Sie das Ereignis vor Ort.

▶ **Ausnahmen**
Anstatt den einen Fehler über einen Seitenkanal weiterzureichen, lösen Sie eine *Ausnahme* (engl. Exception) an der Stelle des Auftretens auf und *behandeln* den Fehler dann woanders, wahrscheinlich an einer zentralen Stelle für solche Behandlungen.

Dabei muss einem erst einmal klar werden, dass es unterschiedliche Sorten von »Fehlern« gibt, die auch unterschiedlich behandelt werden müssen:

▶ **Unerwünschter Zustand**
Ein unerwünschter Zustand ist ein Fehler, auf den Sie vor Ort reagieren können, weil Sie ahnen, dass da etwas schiefgehen könnte. Das vom Benutzer geladene Dokument ist defekt. Sie sollten so gut wie möglich gegen dieserlei Dinge gewappnet sein. Im eigentlichen Sinne sind dies keine »Fehler«, denn eine Definition ist, dass ein Fehler *unerwartetes* Verhalten ist. Hier spielen Fehlercodes eine große Rolle. Ausnahmen können Sie hier ebenfalls verwenden.

▶ **Unerwarteter Zustand**
Ein unerwarteter Zustand ist ein Fehler, mit dem Sie nicht überall rechnen »wollen« – zum Beispiel, weil eine Prüfung aufwendig ist und die Folgen des Auftretens nicht den erhöhten Aufwand einer Fehlerbehandlung rechtfertigen. Der Speicher läuft voll, die eben noch gelesene Konfigurationsdatei ist verschwunden. Für robuste Software müssen Sie auf einige mehr dieser »unerwarteten« Zustände reagieren. Ich würde nicht davon sprechen, dass Sie sie »erwarten«, aber Sie sind dann einfach »gut vorbereitet«. Hier kommen meist die Ausnahmen zum Zuge.

▶ **Programmfehler**
Es kann durchaus sein, dass Ihr Programm unter bestimmten Situationen in einen undefinierten Zustand gerät. Meist führt das zum Absturz, aber nicht immer. Sie können sich dessen beim Schreiben des Programms bewusst sein und absichtlich auf Fehlerbehandlung verzichten. Möglicherweise schränken Sie in der Dokumentation die Eingabe ein – die Dokumentation ist Teil des Programms. In der Dokumentation können Sie »Geben Sie nicht mehr als 100 Zahlen ein« schreiben, aber nichts hindert den Benutzer, es dennoch zu tun. Nicht jeder Programmfehler ist auch ein Programmierfehler, denn vielleicht wurde das Programm falsch verwendet.

▶ **Programmierfehler**
Programmierfehler sind Fehler, die Sie unwissentlich eingebaut haben und die fehlerhaftes Verhalten produzieren. Durch null teilen? Array um eins zu klein? Ihr Programm

hat dann einen »Bug«. Wenn Sie Glück haben, können Sie sich vor zu fatalen Konsequenzen schützen – mit Fehlercodes, aber häufiger mit Ausnahmen.

▶ **Qualitätsfehler**
Qualitätsfehler sind solche Fehler, die dem Endbenutzer zwar noch das richtige Ergebnis liefern können, für den Benutzer oder Programmierer aber Einbußen bedeuten. Für den Benutzer zum Beispiel, weil das Programm zu langsam ist oder Dialoge schwer zu bedienen sind. Für Programmierer zum Beispiel, wenn die Software schwer wartbar wird – und so später zu Programmierfehlern führen können. Dies ist ein weites Feld und hat auch mit Geschmack zu tun. Code, der unleserlich, ungetestet oder undokumentiert ist, und vieles mehr fällt in diese Kategorie.

Das liste ich auch auf, damit klar ist, dass unter den Begriff »Fehler« eine Menge völlig verschiedenerer Dinge fallen. In diesem Kapitel beschäftigen wir uns gar nicht mit den Qualitätsfehlern, wenig mit den Programmier- und Programmfehlern, teilweise mit unerwarteten Zuständen und am ehesten mit den unerwünschten Zuständen. Denn wenn Sie Fehler behandeln, dann rechnen Sie in gewisser Weise damit – und um die Fehlerbehandlung geht es hier.

10.1   Fehlerbehandlung mit Fehlercodes

Wenn Sie mit Fehlercodes arbeiten, dann benutzen Sie Rückgabewerte und Fehlerparameter um Information über Fehlerzustände zu transportieren. Das sieht in etwa so aus:

```cpp
#include <iostream> // cout, cerr
#include <fstream>
#include <vector>
#include <string>
using std::vector; using std::string; using std::cout; using std::cerr;


int zaehleWoerter(const string& filename) { // Rückgabe kleiner 0 bei Fehler
    std::ifstream file{filename};
    if(!file) {            // Gab es einen Fehler beim Öffnen der Datei?
        cerr << "Fehler beim Oeffnen von " << filename << "\n";
        return -1;         // dem Aufrufer einen Fehler mittels besonderem Wert anzeigen
    }
    int count = 0;
    string wort;
    while(!file.eof()) { // noch nicht am Ende?
        file >> wort;
        ++count;
    }
    return count-1;        // -1: am EOF wurde noch ein Wort gelesen
}
```

10   Fehlerbehandlung

```cpp
bool process(const vector<string>& args) { // Rückgabe true bei alles okay
    if(args.size() == 0) {   // erwarten Parameter
        cerr << "Kommandozeilenargument fehlt\n";
        return false;        // mittels Rückgabe einen Fehler mittteilen
    } else {
        bool result = true; // fürs Endergebnis
        for(const string filename : args) {
            cout << filename << ": ";
            int count = zaehleWoerter(filename);
            if(count < 0) { // besondere Rückgabe zeigt Fehler an
                cout << "Fehler!\n";
                result = false;              // mindestens ein Fehler
            } else {
                cout << count << "\n";       // normales Ergebnis ausgeben
            }
        }
        return result;       // Gesamtergebnis zurückgeben
    }
}

int main(int argc, const char* argv[]) {
    bool result = process(   // Rückgabewert enthält Fehlerindikator
        {argv+1, argv+argc} ); // const char*[] nach vector<string>
    if(result) {                 // Rückgabewert auswerten
        return 0;
    } else {
        cerr << "Es trat ein Fehler auf.\n";
        return 1;                // außen Fehler anzeigen
    }
}
```

Listing 10.1 Reagieren Sie auf viele Zustände mit Rückgabewerten unterschiedlicher Art.

Sie sehen an vielen Stellen, dass Zustände, die nicht dem Optimum entsprechen, mit if geprüft werden:

▶ Bei if(!file) prüfe ich, ob das Öffnen der Datei erfolgreich war.

▶ Bei if(args.size()==0) checke ich, ob der Benutzer mindestens einen Kommandozeilenparameter übergeben hat.

▶ Bei if(count < 0) verwende ich den besonderen Rückgabewert der Funktion, um auf den Fehler zu reagieren.

▶ Bei if(result) in main() ist es das weitergereichte Ergebnis, das ich überprüfe.

Es wird jeweils anders darauf reagiert:

224

> ▶ Eigentlich liefert `zaehleWoerter` eine Zählung (immer null oder größer) zurück, daher zeigt in `zaehleWoerter` das `return -1`; mit dem besonderen Wert von -1 dem Aufrufer einen Fehler an.

> ▶ Der Rückgabewert wird in `process` bei `if(count < 0)` überprüft, eventuell besonders behandelt und am Ende bei `return result;` nach außen weitergereicht.

> ▶ Der Test in `process` bei `if(args.size() == 0)` kann direkt zu einer negativen Rückgabe mittels `return false;` führen.

> ▶ Und trat irgendwo ein Fehler auf, kommt das letztlich bei `bool result = process();` an und wird bei `return 1;` aus `main()` heraus sogar an den Aufrufer des Programms weitergereicht.

Wenn Sie auf diese Weise auf Fehler reagieren, dann reichen Sie also den Fehlerzustand mittels `bool`, `int`-Codes oder – im Extremfall – gesonderte Fehlerobjekte durch die Funktionsaufrufe weiter.

Das Argument `{argv+1, argv+argc}` von `process` will ich noch geschwind erklären: Die Funktion `process` bekommt einen `const vector<string>&` als Parameter. Das angegebene Argument ist aber eine Initialisierungsliste, die aus `const char*` besteht . Das kann der Compiler ohne Probleme mit den passenden Konstruktoren von `vector` und `string` umwandeln.

Damit Sie sehen, wie Sie das Programm benutzen, sehen Sie hier, wie es in unterschiedlichen Fällen reagiert:

```
$ touch leere_datei
$ echo "Zwei Worte" > zwei_worte.txt
$ ./28-codes.x
Kommandozeilenargument fehlt
Es trat ein Fehler auf.
$ ./28-codes.x leere_datei zwei_worte.txt 28-codes.cpp
leere_datei: 0
zwei_worte.txt: 2
28-codes.cpp: 252
$ ./28-codes.x zwei_worte.txt GIBTS_NICHT.txt leere_datei
zwei_worte.txt: 2
GIBTS_NICHT.txt: Fehler beim Oeffnen von GIBTS_NICHT.txt
leere_datei: 0
Fehler!
Es trat ein Fehler auf.
```

Zuerst bereiten Sie mit `touch` und `echo` zwei Dateien mit null und zwei Wörtern Inhalt vor. Beim Aufruf von `./28-codes.x` ohne Argumente bekommen Sie dann einen Fehler. Der Aufruf mit drei Argumenten (`leere_datei` …) klappt dann und zählt die Wörter in jeder der Dateien. Ein Dateiname, der nicht existiert, führt beim Aufruf mit `GIBTS_NICHT.txt` wieder zu einem Fehler.

10   Fehlerbehandlung

Egal was Sie implementieren – Fehlercodes, Exceptions oder keines von beidem –, das Verhalten einer Funktion im Fehlerfall ist Teil der Schnittstelle zum aufrufenden Code. Als Teil der Schnittstelle müssen Sie es dokumentieren wie Rückgaben, Parameter und reguläres Verhalten auch. In der Standardbibliothek sehen Sie viele Beispiele, wie Sie diese Dokumentation bewerkstelligen können.

10.2   Was ist eine Ausnahme?

Die wirklich wichtigen Überprüfungen auf Fehlerzustände können Sie nicht vermeiden – Sie müssen dem Computer schon beibringen, was ein Fehler ist und was nicht. Aber einige der Durchreichungen können Sie sich sparen. Auch die Tatsache, dass Fehler an mehreren Stellen behandelt werden, können Sie mit einem anderen Ansatz zentralisieren.

Anstatt Fehlercodes zu generieren und weiterzureichen, können Sie eine *Ausnahme auslösen* – oder anders ausgedrückt, eine *Exception werfen*.

```cpp
#include <iostream>            // cout, cerr
#include <vector>
#include <string>
#include <fstream>            // ifstream
#include <stdexcept>          // invalid_argument
using std::vector; using std::string; using std::cout; using std::ifstream;

size_t zaehleWoerter(const string& filename) { // 0 oder größer
    std::ifstream file{};        // ungeöffnet erzeugen
    // anmelden für Exceptions:
    file.exceptions(ifstream::failbit | ifstream::badbit);
    file.open(filename);         // könnte eine Exception auslösen
    size_t count = 0;
    string wort;
    file.exceptions(ifstream::badbit);  // EOF keine Exception mehr
    while(!file.eof()) {          // noch nicht am Ende?
        file >> wort;    ++count;
    }
    return count-1;               // −1: am EOF wurde noch ein Wort gelesen
}
void process(const vector<string>& args) {
    if(args.size() == 0) { // process erwartet Parameter
        throw std::invalid_argument{"Kommandozeilenarg. fehlt"}; // auslösen
    } else {
        for(const string filename : args) {
            cout << filename << ": " << zaehleWoerter(filename) << std::endl;
        }
    }
}
```

226

```
int main(int argc, const char* argv[]) {
    try {                                        // Block mit Fehlerbehandlungen
        process(
            vector<string>{argv+1, argv+argc} ); // const char*[] nach vector<string>
        return 0;
    } catch(std::exception &exc) {   // Fehlerbehandlung
        std::cerr << "Es trat ein Fehler auf: " << exc.what() << "\n";
        return 1;
    }
}
```

Listing 10.2 Exceptions werden mit »throw« ausgelöst und mit »try-catch« behandelt.

Bei `file.open(filename)` überprüfe ich nicht mehr, ob das Öffnen der Datei Erfolg hatte, denn nun passiert etwas anders: `file.open` *löst eine Ausnahme* aus, wenn es einen Fehler gab. Das heißt, das Programm wird sofort unterbrochen und die aktuelle Funktion – hier `ifstream::open` – verlassen. Allerdings geschieht das nicht über den normalen Weg mittels `return`, sondern sozusagen »im Vorbeiflug«. Auch `zaehleWoerter` und `process` werden auf diese Weise »abgewickelt« – bis der `try-catch`-Block in `main()` erreicht wird, in dem der Aufruf von `process` enthalten ist. Dort steht mit dem `catch(std::exception)`, was im diesem Falle getan werden muss. Hier gebe ich einen Fehler aus, und wie im vorigen Beispiel liefert `main` eine 1 zurück.

Das war Ausnahmebehandlung im Schnelldurchlauf. Damit Sie sie wirklich verstehen, muss ich etwas mehr ins Detail gehen.

10.2.1   Ausnahmen auslösen und behandeln

Das Schlüsselwort `throw` löst eine Ausnahme aus. Damit ist ein Wert verbunden, der die Ausnahme darstellt. Sie sehen am Anfang von `process()` ein Beispiel dafür: Hinter dem `throw` erzeuge ich eine Instanz der Klasse `std::invalid_argument`, die den Fehler nun repräsentiert.

Im Falle von `file.open` bin es nicht ich, der die Ausnahme mit `throw` auslöst, sondern das macht `open()` selbst. Darin wird im Fehlerfall mit `throw` eine `ios_base::failure{…}`-Ausnahme ausgelöst und `open` auf diesem Weg verlassen.

Ich habe dieses Verlassen oben »im Vorbeiflug« genannt. Das soll heißen, dass dafür kein `return` verwendet wird, und auch mit dem deklarierten Rückgabetyp der Funktion hat das nichts zu tun. Die Rückgabe ist sozusagen durch den Wert der Exception *ersetzt*.

Das Programm verlässt die Funktionen aber nicht unkontrolliert. Im Gegenteil: Es werden ganz sorgfältig alle Objekte weggeräumt, wie beim normalen Verlassen eines Blocks üblich. Es ist also immer noch sichergestellt, dass jedes erzeugte Objekt auch wieder komplett weggeräumt wird. Dazu zählen vor allem alle Typen der Standardbibliothek und ebenso Typen, die Sie selbst passend erzeugt haben (siehe Kapitel 16, »Der Lebenszyklus von Klassen«).

10 Fehlerbehandlung

Rohe Zeiger werden nicht ordentlich abgewickelt

Moment, das muss ich etwas einschränken: Zeiger, die Sie mit new angelegt haben, sind nur sicher, wenn Sie sie in einen smarten Pointer (wie unique_ptr oder shared_ptr) eingepackt haben (siehe Kapitel 20, »Zeiger«).

10.2.2 Aufrufstapel abwickeln

Weder zaehleWoerter noch process kümmern sich um Exceptions, die innerhalb ihrer Mauern ausgelöst wurden. Das macht erst main. Dort gibt es einen try-catch-Block: Alles, was innerhalb der Blockklammern {…} des try passiert, wird bei einer ausgelösten Exception nun überprüft – und »innerhalb« meint hier auch, dass es irgendwo tief im Keller eines Funktionsaufrufs geschehen sein kann.

Die Überprüfung besteht darin, dass die zum try gehörenden catch-Befehle der Reihe nach durchgegangen werden. Der Compiler versucht, den Wert der Exception in den Typ umzuwandeln, der im catch angegeben ist. Bei mir steht im catch von main dort std::exception, was sich für ziemlich vieles zuständig fühlt – jedenfalls sowohl für std::invalid_argument als auch für ios_base::failure.

Meine eigene Ausnahmebehandlung besteht nun daraus, eine Fehlermeldung auszugeben. Ich ergänze den Text mit dem, was an dem Exception-Wert dranhängt: Zum Beispiel bekomme ich mit exc.what() den Text, den ich bei std::invalid_argument{…} als Fehlermeldung mit angegeben habe.

Damit Sie auch dieses Programm in Aktion sehen, folgt hier die Bildschirmausgabe:

```
$ ./28-exc01.x
Es trat ein Fehler auf: Kommandozeilenargument fehlt

$ ./28-exc01.x leere_datei zwei_worte.txt 28-exc01.cppp
leere_datei: 0
zwei_worte.txt: 2
28-exc01.cppp: 171

$ ./28-exc01.x zwei_worte.txt GIBTS_NICHT.txt leere_datei
zwei_worte.txt: 2
Es trat ein Fehler auf: basic_ios::clear
```

Auch hier führt der Aufruf ohne Parameter ./28-exc01.x zu einem Fehler. Wenn alle Dateien geöffnet werden können, zählt das Programm die Wörter. Existiert eine Datei nicht, erhalten Sie beim Aufruf mit GIBTS_NICHT.txt wieder einen Fehler.

10.3 Kleinere Fehlerbehandlungen

Anders als im ersten Beispiel bricht nun die Verarbeitung ganz ab – für `leere_datei` sehen Sie kein Ergebnis. Das liegt daran, dass die Ausnahme aus `open` erst in `main` gefangen wird – somit wurde die `for`-Schleife in `process` ebenfalls vorzeitig beendet.

Wenn Sie das gleiche Verhalten haben wollen, also stattdessen das Fortsetzen der Verarbeitung mit der nächsten Datei, dürfen Sie die `for`-Schleife nicht »im Vorbeiflug« verlassen. Sie benötigen eine Fehlerbehandlung innerhalb der Schleife:

```cpp
void process(const vector<string>& args) {
    if(args.size() == 0) {                    // erwarte Parameter
        throw std::invalid_argument{"Kommandozeilenargument fehlt"};
    } else {
        for(const string filename : args) {
            cout << filename << ": ";
            try {
                cout << zaehleWoerter(filename) << "\n";
            } catch(std::exception &exc) {
                cout << "Fehler: " << exc.what() << "\n";
            }
        }
    }
}
```

Listing 10.3 Ein »catch« kann auch innerhalb einer Schleife stehen.

Nun ist der Fehler abgefangen und behandelt, und die `for`-Schleife kann mit der nächsten Datei normal fortgesetzt werden.

Der Rest des Programms bleibt gleich. Das `throw std::invalid_argument` ist außerhalb des try-catch-Blocks und kommt unverändert in `main` an, um behandelt zu werden.

10.4 Weiterwerfen – »rethrow«

Wenn Sie *beides* wollen – eine Fehlerbehandlung vor Ort, aber auch in `main`, dann können Sie innerhalb des catch-Blocks ein `throw` ohne weiteres Argument verwenden, um die gerade behandelte Exception unverändert weiterzuwerfen – daher auch der Name *rethrow*.

```cpp
try {
    cout << zaehleWoerter(filename) << "\n";
} catch(std::exception &exc) {
    cout << "Fehler: " << exc.what() << "\n";
    throw;  // weiterwerfen
}
```

Listing 10.4 Mit »throw« ohne Parameter werfen Sie die gerade behandelte Ausnahme weiter.

10 Fehlerbehandlung

Das können Sie brauchen, wenn Sie einmal lokal ganz spezielle Aufräumarbeiten zu erledigen haben, aber die große Fehlerbehandlungsroutine dennoch in Anspruch nehmen wollen – vielleicht wird dort dem Benutzer ein ausgefeilter Fehlerdialog präsentiert.

10.5   Die Reihenfolge im »catch«

Mit dem einen catch in main aus Listing 10.2 habe ich alle in meinem Programm möglichen Ausnahmen abgefangen. Sowohl std::invalid_argument als auch ios_base::failure können in die angegebene std::exception umgewandelt werden. Sie können aber auch zwei getrennte Handler verwenden:

```
int main() {
    try {
        //... Code wie zuvor ...
        return 0;  // wenn alles okay ist, liefere auch ok zurück
    } catch(std::invalid_argument &exc) {  // erster Handler
        cerr << "Ungueltiges Argument: " << exc.what() << "\n";
    } catch(std::ios_base::failure &exc) {  // zweiter Handler
        cerr << "Dateifehler: " << exc.what() << "\n";
    } catch(std::exception &exc) {          // dritter, sehr allgemeiner Handler
        cerr << "Es trat ein Fehler auf: " << exc.what() << "\n";
    } catch( ... ) {  // vierter und letzter Handler für den Rest
        cerr << "Es trat ein seltsamer Fehler auf\n";
    }
    return 1;        // hier kommt man nur nach einem catch hin: Fehler melden
}
```

Wenn nun eine invalid_argument-Exception zwischen try und den catch-Blöcken auftritt, dann werden die catch-Handler der Reihe nach durchprobiert – und gleich das erste, invalid_argument, passt. Der Handler wird ausgeführt und dann der gesamte Handlerblock verlassen; die nächste Zeile ist also return 1. Anders als bei switch gibt es hier demnach kein »Fall-through« in den nächsten Handler.

Löst der Code eine ios_base::failure-Ausnahme aus, dann passt invalid_argument nicht, und der zweite Handler wird probiert. Er passt und wird ausgeführt. Auch nach diesem Handler geht es anschließend hinter dem letzten catch weiter.

Der Handler für std::exception hätte auf die anderen beiden Exceptions zwar auch gepasst, wird aber in beiden Fällen nicht erreicht. Wie diese Umwandlung funktioniert, sehen Sie in Kapitel 15, »Vererbung«. Hier kommen Sie nur an, wenn Sie das Programm erweitern und andere Exceptions ausgelöst werden, die passen – oder wenn Sie etwas übersehen haben.

Und tatsächlich, das haben wir: Eine Exception, mit der Sie eigentlich immer rechnen müssen, ist std::bad_alloc. Diese wird ausgelöst, wenn mit new mehr Speicher angefordert wurde, als zur Verfügung steht (siehe Kapitel 20, »Zeiger«). Das wiederum kann entweder passieren, wenn Ihr Programm wirklich den Speicher verbraucht hat, oder gerne auch, wenn irgendwo anders ein Fehler zu einer Speicheranforderung der Größe -1 oder Ähnliches führt. Meistens liegt bei `bad_alloc` ein schweres Problem vor. Jedenfalls kann auch `bad_alloc` in `exception` umgewandelt und – theoretisch – von vielen Stellen der Standardbibliothek ausgelöst werden. Mit dem hier gezeigten `std::exception`-Handler fangen Sie den Fehler zumindest ab.

Die letzte Klausel mit `catch(...)` erfasst »alles, was hier noch ankommt«. Mit `exception` habe ich eigentlich alles behandelt, was von und mit der Standardbibliothek ausgelöst werden kann, aber es könnte ja theoretisch mehr geben.

Die `catch(...)`-Klausel muss die letzte in einer `catch`-Liste sein. Eine andere könnte danach ohnehin nicht mehr erreicht werden. Weil Sie der gefangenen Exception keinen Namen geben können wie in den spezifischeren Klauseln, ist die Information, die Sie hier erhalten können, sehr beschränkt. Manchmal gibt es aber dennoch wichtige Aufräumarbeiten zu erledigen.

10.5.1 Kein »finally«

Wenn Sie von einer anderen Programmiersprache (wie zum Beispiel Java) kommen, vermissen Sie jetzt vielleicht das `finally`. Sie vermissen einen Block, der beim Verlassen eines Bereichs auf jeden Fall ausgeführt wird, ob per Exception oder regulär? Das gibt es in C++ nicht, und Sie verwenden stattdessen den Destruktor eines Objekts (siehe Kapitel 16, »Der Lebenszyklus von Klassen«). Dort wird auch der *Resourcenwrapper* beschrieben, wenn Sie wirklich nur einen `finally`-Block simulieren wollen.

10.5.2 Exceptions der Standardbibliothek

Mit übermäßig vielen Exceptions haben Sie in der C++-Standardbibliothek nicht zu tun. Und dennoch können einige beinahe überall vorkommen. Ich will hier nur die wichtigsten erwähnen. In der Dokumentation der Funktionen werden mögliche Ausnahmen immer beschrieben.

▶ `bad_alloc` und `bad_array`
Werden von `new` und `new[]` bei Speichermangel ausgelöst.

▶ `logic_error`
Das sind Fehler, die eher im Programmcode stecken und die Sie möglicherweise schon vor dem Starten des Programms hätten entdecken können.

▶ `invalid_argument`
Diese Exceptions kennen Sie schon: Sie zählt zu `logic_error` und wird in der Standardbibliothek selten ausgelöst.

▶ `out_of_range`
Diese Exception ist auch ein `logic_error` und wird von `vector::at(n)` ausgelöst, wenn `n` zu groß ist.

10 Fehlerbehandlung

▶ `runtime_error`
Hierzu gehören Fehler, die eigentlich nur zur Laufzeit auftreten können.

▶ `overflow_error` und `underflow_error`
Dies sind Exceptions, die Sie selbst auslösen können, wenn Ihre Funktion ein ungeeignetes Ganzzahlargument erhält. Die Standardbibliothek löst diese Exceptions selten aus. Sie gehören zu `runtime_error`.

▶ `range_error`
Diese Ausnahme können Sie auslösen, wenn Ihre Funktion ein ungeeignetes Fließkommazahlargument bekommt. Die Standardbibliothek wirft diese Exception selten. Sie gehört zu `runtime_error`.

Diese Liste ist nicht erschöpfend. Sie sehen in der Dokumentation der Funktionen der Standardbibliothek immer, welche Exceptions diese werfen.

Es ist in größeren Projekten durchaus üblich, sich eigene Exception-Klassen zu bauen. Schauen Sie dafür in Kapitel 15, »Vererbung«, nach. Am besten leiten Sie dazu eine eigene Klasse von `std::exception` oder `std::runtime_error` ab.

10.6   Typen für Exceptions

Was kann es noch anderes geben außer `std::exception` und allem, was man darin umwandeln kann? Im Prinzip können Sie Werte jeden beliebigen Typs mit `throw` nutzen. Es empfiehlt sich aber, möglichst auf die Exception-Typen der Standardbibliothek zurückzugreifen.

Wenn das nicht möglich ist, dann nutzen Sie für `throw` doch `int`, `double` und `string`:

```cpp
#include <string>
#include <iostream> // cout

using std::string; using std::to_string; using std::cout;

void fehlerAusloesen(int fehlerfall) {
    try {
        if(fehlerfall < 10) throw (int)fehlerfall;
        else if(fehlerfall < 20) throw 1.0/(fehlerfall-10.0);
        else throw string{"Fehler " + to_string(fehlerfall)};
    } catch(int eval) {
        cout << "int-fehler: " << eval << "\n";
    } catch(double eval) {
        cout << "double-fehler: " << eval << "\n";
    } catch(string eval) {
        cout << "string-fehler: " << eval << "\n";
    }
}
```

232

```cpp
int main() {
    fehlerAusloesen(3);    // int-fehler: 3
    fehlerAusloesen(14);   // Ausgabe: double-fehler: 0.25
    fehlerAusloesen(50);   // Ausgabe: string-fehler: Fehler 50
}
```

Listing 10.5 Sie können auch andere Typen als Ausnahme auslösen.

Es gibt normalerweise keinen Grund dafür, Typen mit throw zu verwenden, die sich nicht in std::exception umwandeln lassen. Für das Verständnis, wie Exceptions funktionieren, ist es aber nützlich, zu wissen, dass std::exception nicht wirklich etwas Besonderes ist, wenn es um die Ausnahmebehandlung geht – nur dass schon ein paar Hilfsfunktionen wie what() mitgeliefert werden.

10.7   Wenn eine Exception aus »main« herausfällt

Wenn Sie eine ausgelöste Exception gar nicht behandeln, sie also bei main ankommt und auch dort nicht gefangen wird, dann wird Ihr Programm beendet. Meistens bekommen Sie noch eine Meldung zu sehen. Daher ist es durchaus üblich, in main nicht unnötige Handler zu installieren, die sowieso nichts machen. Die Objekte, die Sie erzeugt haben, werden vor der Beendigung des Programms alle ordentlich weggeräumt.

Dass Sie eine Meldung sehen, ist für das System aber keine Pflicht. Wenn Sie also wenigstens den Fehlertyp und -text sehen wollen, dann bauen Sie um den Gesamtcode in main eine einfache Fehlerausgabe.

```cpp
#include <iostream>
#include <stdexcept> // exception

int main() {
    try {
        // ... Ihr sonstiger Code ...
    } catch(std::exception exc) {
        std::cerr << "main: " << exc.what() << "\n";
    }
}
```

Listing 10.6 Lassen Sie wenigstens den Fehlertyp und -text ausgeben, anstatt Ihr Programm aus »main« heraus purzeln zu lassen.

Kapitel 11
Guter Code, 2. Dan: Modularisierung

Solange Sie ein Prögrammchen schreiben, das in eine Quelldatei passt, ist ein C++-Projekt einfach. Schwieriger wird es, wenn Sie Ihr Programm aufteilen sollen, um die Übersichtlichkeit zu erhöhen. Was kommt wohin?

In diesem Kapitel nutze ich Klassen bei der Erklärung. Wenn Sie das Buch sequenziell durcharbeiten, verzeihen Sie mir den Vorgriff bitte. Das soll aber nicht von den Konzepten zur Modularisierung ablenken. Zu Dan-Kapiteln können Sie später gut zurückkehren.

11.1 Programm, Bibliothek, Objektdatei

Wenn der Compiler (bzw. der Linker) das ausführbare Programm zusammenfügt, dann nimmt er meistens Ihren übersetzten Quellcode und fügt ihn mit weiteren auf dem System vorhandenen Bibliotheken zusammen.

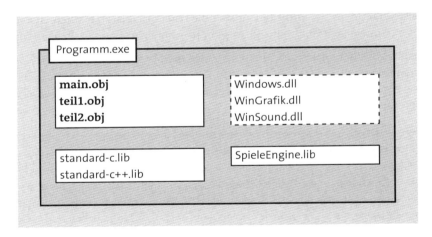

Abbildung 11.1 Außer aus Ihrem Code besteht ein Programm aus mehreren Bibliotheken.

Jede *.obj-Datei steht dabei für eine vom Compiler übersetzte *.cpp-Datei, die Sie geschrieben haben. Die *.dll-Dateien sind auf Ihrem System vorhandene Bibliotheken, die Ihr Programm kennen, aber nicht komplett einbinden muss (daher die gestrichelte Linie in Abbildung 11.1). Mit *.lib sind ebenfalls Bibliotheken gemeint, jedoch solche, die Ihr Programm fest mit einbindet – oder zumindest Teile davon. Exemplarisch sind hier

Bibliotheken des C- und C++-Compilers sowie eine Spielebibliothek dargestellt. Letztere haben Sie vielleicht von einem Drittanbieter erworben, damit Sie essenzielle Programmteile nicht selbst entwickeln müssen.

Als Unix-Anwender kennen Sie eher die Endungen *.o, *.so und *.a anstatt *.obj, *.dll und *.lib, aber auf allen Systemen gilt das Gleiche: Das Endprogramm wird aus mehreren Bibliotheken zusammengefügt.

Jede Bibliothek besteht meist wiederum aus einzelnen Bausteinen. Zum Beispiel besteht die Standard-C++-Bibliothek aus Ihrer Sicht als Benutzer aus mehreren Headern. Mal binden Sie #include <vector> ein, mal #include <iostream>. Diese Header spiegeln wider, dass die Bibliothek wahrscheinlich auch nicht als eine einzige riesig große *.cpp-Datei entwickelt wurde. Die Bausteine wurden zu Ihrem Komfort zu einer einzigen Bibliothek zusammengefügt, damit Sie dem Compiler nur diese eine *.lib-Datei nennen müssen. Der Compiler sucht sich dann die tatsächlich verwendeten Dinge selbst heraus.

11.2   Bausteine

Ihre Aufgabe besteht nun darin, für Ihr eigenes Projekt die Bausteine Ihres Teils des Programms sinnvoll aufzuteilen. Dazu müssen Sie zum Beispiel die Frage »Was gehört nach main.obj, teil1.obj und teil2.obj?« beantworten. Und damit einhergehend: »Was gehört in die Quellcodedateien main.cpp, teil1.cpp und teil2.cpp?«

main.cpp sollte wohl int main() enthalten. Anstatt die Datei main.cpp zu nennen, ist auch programm.cpp ein sinnvoller Name, wenn Ihr Programm nachher programm.exe heißen wird.

Ansonsten sollten Sie Ihr Projekt nach Funktionalitäten in Teile zerlegen. Jeder Teil kommt in einen getrennten Satz *.cpp-Dateien. Jede *.cpp-Datei wiederum wird durch eine gleichnamige *.hpp-Datei ergänzt. Die Ausnahme bildet main.cpp, zu der Sie normalerweise keine Headerdatei erzeugen müssen.

Schnittstelle: Jede .cpp-Datei erhält auch eine .hpp-Datei

Schreiben Sie zu jeder *.cpp eine gleichnamige *.hpp-Headerdatei. Deklarieren Sie darin alle diejenigen Funktionen und sonstigen Dinge, die von anderen .cpp-Dateien direkt verwendet werden – diese bilden die *Schnittstelle*. Lassen Sie bewusst einige Dinge nur in der *.cpp-Datei: die Dinge, die Sie nur zum Implementieren des Interfaces brauchen.

Es ist ein gutes Standardverhalten, auch zu jeder *.hpp eine entsprechende *.cpp-Datei zu haben. Doch von dieser Regel gibt es mehr Ausnahmen. Manchmal fassen Sie Header der Einfachheit halber zusammen, manchmal ist das Interface gleichzeitig die Implementierung oder enthält nur Konstanten. Sie können erwägen, solche Header von den normalen zu trennen – sie anders zu nennen oder in einem anderen Verzeichnis zu verwalten.

11.3   Trennen der Funktionalitäten

Das ist leichter gesagt als getan, denn oft sind die Grenzen der Funktionalitäten fließend.

Wenn Sie Ihr Programm in *.cpp- und *.hpp-Dateien zerlegen, dann ist die Konsequenz, dass die verschiedenen *.cpp- und *.hpp-Dateien andere *.hpp-Dateien per #include einbinden.

Schlimm wird es, wenn jede Datei alle anderen Dateien benötigt. Bemühen Sie sich, die Anzahl der benötigten Include-Direktiven klein zu halten.

Richtig knifflig sind die zyklischen Abhängigkeiten, bei denen A.hpp B.hpp einbindet, aber in B.hpp merkt man dann, dass man eigentlich zuerst A.hpp benötigt. Das lösen Sie, indem Sie einen (oder beide) Header so trennen, dass es nur noch die *.cpp-Datei ist, die den anderen Header braucht.

Ich empfehle daher, nach der folgenden Regeln vorzugehen:

▶ Trennen Sie Ihr Programm in Schichten auf: Eine Schicht darf nur Dinge aus den Schichten darunter verwenden. Überspringen Sie aber so wenige Schichten wie möglich:

– Eine *.hpp-Datei sollte optimalerweise nur aus der direkten Schicht darunter etwas inkludieren. Denn ein anderer Programmteil, der diesen Header einbinden möchte, benötigt dann zusätzlich noch alle anderen, und das können schnell viele werden. Je weniger es aber sind, desto besser.

– Eine *.cpp-Datei kann freizügiger sein. Die Unordnung ist lokal auf das Kompilieren dieser Quelldatei beschränkt, sodass sie sich nicht ganz so weit auswirkt.

– Es gibt Ausnahmen: In Abbildung 11.2 hat const.hpp die Rolle, dass dort zentrale Deklarationen zusammengefasst sind. Wahrscheinlich benötigt jeder Header diese, und dann ist es gut, sie an einem Platz, in einer einzelnen Datei zu haben und nicht verstreut in mehreren.

▶ Vermeiden Sie zyklische Abhängigkeiten:

– Eine *.cpp-Datei muss »ihre« *.hpp-Datei sowieso immer inkludieren.

– Eine *.cpp-Datei darf jede andere *.hpp-Datei dieser Ebene verwenden. teil2.cpp darf teil1.hpp inkludieren, wie in Abbildung 11.2 gezeigt. Es spräche auch nichts dagegen, wenn gleichzeitig teil1.cpp auch teil2.hpp verwendet.

– Das gilt für *.hpp-Dateien nicht: Inkludieren Sie andere Header der gleichen Ebene nur in Ausnahmefällen. Und wenn, dann strikt nur »in eine Richtung«. In der Abbildung dürfte teil1.hpp somit teil2.hpp verwenden, aber nicht umgekehrt.

Wenn Sie diese Regeln nach Möglichkeit befolgen, dann vermeiden Sie auf jeden Fall zyklische Abhängigkeiten. Das Schichtenmodell ist außerdem förderlich, um die Anzahl der jeweils benötigten Includes in späteren Modulen geringer zu halten. Es ist kein Allheilmittel dafür, aber ein Schritt in die richtige Richtung.

11   Guter Code, 2. Dan: Modularisierung

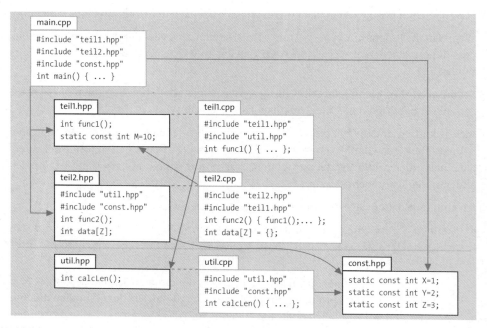

Abbildung 11.2 Teilen Sie die Bausteine Ihres Programms in Schichten auf, um zyklische Abhängigkeiten zu vermeiden.

> **Modularisierung und OOP**
>
> Wenn Sie sauber mit Klassen und althergebrachter Objektorientierung arbeiten, dann ist ein natürlicher Schnitt, pro Klasse ein »Modul« zu bauen. In Kapitel 12, »Von der Struktur zur Klasse«, beginnt die Beschreibung von OOP in C++, und in Kapitel 14, »Guter Code, 3. Dan: Testen«, sehen Sie ein Praxisbeispiel für das Schneiden eines Projektes in Module mit Klassen.

11.4   Ein modulares Beispielprojekt

In den Codebeispielen zum Herunterladen unter *https://www.rheinwerk-verlag.de/4250* finden Sie das Projekt im Verzeichnis 15p-unittest-200. In Tabelle 11.1 sehen Sie einen Überblick über die darin enthaltenen Dateien und Verzeichnisse.

Ich verwende dieses Beispielprojekt auch später in Kapitel 14, »Guter Code, 3. Dan: Testen«, um Unittests zu demonstrieren.

Das Projekt besteht aus einer Bibliothek, bei der ich so tue, als wollten ich sie einem Kunden ausliefern. Zum eigenen Testen und als Demonstration möchte ich dem Kunden noch zwei kleine Beispielprogramme mitliefern, um die Benutzung der Bibliothek zu zeigen. Ob diese Beispielprogramme dem Kunden als Quellcode oder nur als fertiges Programm gegeben werden, sei mal dahingestellt. Von der Bibliothek bekommt er die Headerfiles und die übersetzte Bibliothek, nicht aber den Quelltext.

Datei/Verzeichnis	Beschreibung
README.md	Beschreibung des Projekts
Makefile	Hauptmakefile z. B. für `make all`
all.mk	Definitionen für alle Makefiles
include/	Includedateien zum Ausliefern mit der Bibliothek
- qwort/	alle öffentlichen Includes der Bibliothek
- - qwort.hpp	Hauptincludedatei der Bibliothek
src/	alle Implementierungsdateien
- lib/	Implementierungsdateien der Lib
- - Makefile	Makefile für Bibliothek
- - qwort.cpp	Implementierung der Klasse `qwort`
- - impl_multimap.hpp	Definition einer Hilfsklasse
- - impl_multimap.cpp	Implementierung der Hilfsklasse
- prog/	ausführbare Programme
- - Makefile	Makefile für die Programme
- - query.cpp	einfachstes Beispielprogramm
- - dictfile.cpp	Beispielprogramm
- - pg40185.txt	Beispieltext zum Indizieren

Tabelle 11.1 Aufbau eines Beispielprojekts

Diese Beispielbibliothek soll hauptsächlich aus einer Klasse bestehen, die einen Index implementiert. Der soll ähnlich wie ein Wörterbuch funktionieren: Nacheinander fügt man mehrere Einträge ein, die dann den Index ausmachen. Dann kann man den Index mit einem Suchmuster fragen, ob ein bestimmter Eintrag existiert. Eine genaue Suche wäre langweilig, daher suchen wir »in etwa«. Die Suche soll *den besten Treffer* zurückliefern.

Mehr will ich dem Kunden gar nicht sagen. Was »der beste Treffer« ist, soll ein Implementierungsdetail sein. Hier möchte ich zur Suche *Q-Gramme* verwenden, wobei ich als Q die Länge 3 wähle. Das heißt, die Suche findet denjenigen Eintrag, bei dem die meisten 3er-Teilworte des Suchmusters mit einem Indexeintrag übereinstimmen.

Enthält der Index zum Beispiel »Graumaus« und »Nagetierstamm«, dann findet man mit der Anfrage »Anagramm« Letzteres, denn beide enthalten »NAG« und »AMM«, während Ersterer keine Dreiergruppe an Buchstaben mit »Anagramm« gemeinsam hat. Mehr Worte möchte ich über den Algorithmus als Beispiel hier gar nicht verlieren, denn der ist in diesem Kapitel eigentlich Nebensache.

Wenn Sie im Hauptverzeichnis make all aufrufen, werden nacheinander die Bibliothek qwort.a in src/lib/ und die Programme in src/prog/ gebaut.

Die Bibliothek besteht hier nur aus einem minimalen Satz von Dateien, einer Headerdatei, die mit der Bibliothek ausgeliefert werden soll, sowie den Implementierungsdateien. Diese wiederum bestehen aus zwei *.cpp-Dateien qwort.cpp und impl_multimap.cpp sowie einer internen *.hpp-Datei impl_multimap.hpp, die nicht für die Auslieferung gedacht ist. Daher befindet sie sich auch in src/lib/. Wenn Sie die Bibliothek einem Kunden liefern, der einen Compiler verwendet, der mit dem Ihren kompatibel ist, dann reicht es, die Bibliotheksdatei qwort.a (oder qwort.so bzw. qwort.lib oder qwort.dll unter Windows) mit der Headerdatei qwort.hpp auszuliefern.

Headerdatei muss zur Bibliotheksdatei passen

Es ist elementar wichtig, dass Sie (und Ihr Kunde) beim Verwenden Ihrer Bibliothek exakt dieselbe Headerdatei nutzen, die zum Bauen der Bibliotheksdatei verwendet wird. Sollten Sie unterschiedliche Versionen in Gebrauch haben, ist das Beste, was Ihnen passieren kann, ein Compiler- oder Linkerfehler, im ungünstigen Fall unvorhersehbares Verhalten.

Die Haupt-Headerdatei qwort.hpp sehen Sie in Listing 11.1.

```cpp
#ifndef QWORT_H // Header-Guard
#define QWORT_H
#include <string>
#include <memory> // unique_ptr

namespace qw { // Namensraum der Bibliothek
    int version();
    namespace impl_multimap {
        class index_impl;
    }
    class index {
        using index_impl = impl_multimap::index_impl;
    public:
        index();
        ~index() noexcept; // wird für pimpl benötigt
        index(const index&) = default;
        index(index&&) noexcept;
        index& operator=(const index&) = default;
        index& operator=(index&&) = default;
```

240

11.4 Ein modulares Beispielprojekt

```
public:
    void add(const std::string &arg);
    size_t size() const;
    std::string getBestMatch(const std::string& query) const;
public:              // public für Tests
    std::string normalize(std::string arg) const;
private:
    const std::unique_ptr<index_impl> pimpl;
};
```

```
} // namespace qw
#endif // Header-Guard
```

Listing 11.1 Die Haupt-Headerdatei der Bibliothek »qwort.hpp«

Die Methoden `add` und `getBestMatch` der Klasse `index` sind das eigentliche Interface der Bibliothek:

▶ Zunächst erstellen Sie einen leeren Index mit dem Default-Konstruktor `index()`.

▶ Dann fügen Sie nacheinander mit `add(const string&)` Einträge hinzu.

▶ Wenn Sie damit fertig sind, fragen Sie, so oft Sie wollen, mit `getBestMatch(const string&)` nach dem am besten passenden Eintrag, den Sie vorher hinzugefügt haben.

11.4.1 Namensräume

Alles, was für den Export der Bibliothek gedacht ist, ist in dem eigenen Namensraum `qw` definiert. Daher beginnt der Header auch mit einem `namespace qw`, und alle Deklarationen und Definitionen sind darin eingeschlossen.

Es folgt eine Vorwärtsdeklaration der Klasse `impl_multimap::index_impl`. Für die ist wiederum ein eigener Namensraum eröffnet. Darin »versteckt« sollen alle Bibliotheksinterna enthalten sein, die so wenig wie möglich nach außen dringen sollen. Der Name der Klasse `index_impl`, die die Klasse `index` weiter unten dann verwendet, wird hier allerdings benötigt.

Mit Namensräumen Implementierungen umschalten

Übrigens heißt der Namensraum deshalb `impl_multimap`, weil dieser nur eine Implementierung von mehreren möglichen enthält. In einem anderen Verzeichnis sehen Sie in den Downloadquellen das Projekt 15p-unittest-100, das einen Namensraum `impl_simple_map` mit einer darin enthalten Klasse `index_impl` definiert. Dabei handelt es sich um eine andere, einfachere Version einer Indeximplementierung.

Im Prinzip könnte man so beide Namensräume parallel betreiben und damit leicht die verwendete Implementierung in der Hauptklasse umschalten. Das ist hier jedoch nur eine Anregung und daher rudimentär gezeigt. Ausgearbeitet wäre diese Umschaltbarkeit mit etwas mehr Programmieraufwand verbunden und ist nicht der Fokus dieses Kapitels.

241

Nun folgt die eigentliche Hauptklasse der Bibliothek `class index`. Als Kern enthält diese ein Feld `pimpl` der Klasse `index_impl` (als Zeiger). Mit diesem »Trick« lassen sich Implementierungsdetails der Schnittstellenklasse `index` noch besser trennen – manchmal nennt man dies das *Pimpl-Pattern*, was soviel heißt wie »Pointer to Implementation«, also »Zeiger auf die Implementierung«.

Um den Benutzer der Klasse nicht mit Implementierungsdetails zu belästigen (oder Geheimnisse für sich zu behalten), sind alle Methoden der Klasse nur deklariert. Sie werden später in der Implementierungsdatei `qwort.cpp` definiert.

Normalerweise würden Sie, wie Sie es in Kapitel 17, »Guter Code, 4. Dan: \newline Sicherheit, Qualität und Nachhaltigkeit«, sehen werden, keinen Destruktor, Kopierkonstruktor, Verschiebekonstruktor, Zuweisungs- oder Verschiebeoperator definieren. Der Compiler würde sie Ihnen optimal generieren. Das geht hier leider nicht: Der Compiler würde dafür die *Definition* der Klasse `index_impl` benötigen, denn wie soll er sonst wissen, was er mit dem `unique_ptr<index_impl> pimpl` genau machen soll? Die haben wir bisher aber nur als Vorwärtsdeklaration *deklariert*. Deshalb kann uns der Compiler hier nur helfen, wenn wir ihn den Code erst in der Datei `qwort.cpp` generieren lassen – insbesondere für Konstruktor, Destruktor und Verschiebekonstruktor. Wie das geht, sehen Sie gleich. Die anderen drei können wir hier einfach mit `= default` vom Compiler generieren lassen. Wir müssen sie hier aber auflisten, denn nach den C++-Regeln würden sie sonst ganz fehlen, weil wir mindestens ein anderes Mitglied der Großen-Fünf-Familie definiert haben.

11.4.2 Implementierung

Ich habe für dieses Kapitel aus zwei Gründen die Trennung in die Schnittstellenklasse `index` und die Implementierungsklasse `index_impl` gewählt. Einerseits wollte ich Ihnen das Pimpl-Patterns einmal in der Praxis präsentieren, anderseits soll dieses Beispiel nicht trivial sein. Mit der Trennung habe ich also einen exzellenten Grund für eine zweite Klasse und eine zweite `*.cpp`-Datei, um diese später auch in einem zweiten Testmodul zu behandeln.

Zur Headerdatei der Schnittstellenklasse gehört auch die `*.cpp`-Datei mit der Implementierung, wie Sie sie in Listing 11.2 sehen.

```
#include "qwort/qwort.hpp" // selbst
#include <map>
#include <algorithm> // transform
#include <cctype> // toupper
#include "impl_multimap.hpp"
using std::map; using std::string;

namespace qw {
    int version() {
        return 1;
    }
```

```cpp
    // Verwaltung
    index::index()
        : pimpl{ new index_impl{} }
        { }
    index::~index() noexcept = default;
    index::index(index&&) noexcept = default;
    // Schnittstelle
    void index::add(const string &arg) {
        pimpl->add(normalize(arg), arg);
    }
    size_t index::size() const {
        return pimpl->size();
    }
    string index::getBestMatch(const string& query) const {
        return pimpl->getBestMatch(normalize(query));
    }
    string index::normalize(string str) const {
        using namespace std; // begin, end
        transform(begin(str), end(str), begin(str), [](char c) {
                return ::isalpha(c) ? ::toupper(c) : '#';
            });
        return str;
    }
} // namespace qw
```

Listing 11.2 Die Schnittstellenklasse leitet alle Aufrufe an die Implementierungsklasse weiter.

Zunächst werden alle Includes und usings erledigt. Eine sinnvolle Reihenfolge ist, mit der *.hpp-Datei anzufangen, die zur aktuellen *.cpp-Datei gehört, hier also "qwort/qwort.hpp". Beachten Sie, dass der Dateiname in "" statt in <> geklammert ist, weil der Include Teil der eigenen Bibliothek ist. Außerdem befindet sich qwort.hpp noch einmal in einem eigenen Unterverzeichnis qwort/, was in größeren Bibliotheken mit mehreren Headerdateien eine gute Idee ist.

Die Implementierung der Klasse index benötigt nun die komplette Definition der Klasse index_impl – daher muss deren Headerdatei ebenfalls mit #include "impl_multimap.hpp" aufgenommen werden.

Da alles, was Bestandteil dieser Bibliothek ist, in einem eigenen Namensraum steht, ist auch in dieser Datei alles in namespace qw geklammert.

Die freie Funktion version() ist schnell implementiert. Dann folgen die Implementierungen aller Inhalte von index. Zunächst sind dies die Konstruktoren und Destruktoren, die in der *.hpp noch nicht definiert wurden. An dieser Stelle ist die Klasse index_impl komplett bekannt, daher können wir mit = default den Compiler um die Generierung bitten. Im Defaultkonstruktor reicht das nicht: Der Compiler würde pimpl mit nullptr initialisieren, doch wir benötigen ein new index_impl.

Die Methoden add, size und getBestMatch leiten den Aufruf hauptsächlich an pimpl weiter. Nur normalize wird jeweils zuvor aufgerufen, denn darum kümmert sich index_impl nicht. Denn die Implementierung von index_impl ist in der aktuellen Datei und ist zuletzt enthalten. Mittels transform werden alle Zeichen von str einzeln entweder in einen Großbuchstaben umgewandelt, wenn es sich im einen Buchstaben handelt, wenn nicht, wird ein # eingesetzt. Das wird im vierten Parameter von transform mithilfe der C-Funktionen isalpha und toupper für jedes einzelne Zeichen gemacht. Es handelt sich dabei um ein Lambda, sozusagen eine »Funktion vor Ort«.

Die Funktion normalize sorgt also dafür, dass für z.B. im Index Z#B# zusammen mit z.B. abgelegt wird. Wenn man später nach z.B. sucht, sorgt ein erneutes normalize dafür, dass es im Index auch gefunden werden kann.

Die Hilfsklasse index_impl ist im entsprechenden Header definiert, der oben eingebunden wird. Das ist – wie erwähnt – nötig, damit die Implementierung von index stattfinden kann. Es handelt sich jedoch um ein Implementierungsdetail der Bibliothek, und damit findet sich impl_multimap.hpp nicht im Verzeichnis von qwort.hpp, denn es wird nicht mit ausgeliefert. Es liegt gleich neben qwort.cpp und impl_multimap.hpp. Das Listing selbst sehen Sie unter 11.3.

```
#include <vector>
#include <map> // multimap
namespace qw { namespace impl_multimap {
using std::vector; using std::multimap; using std::string;
class index_impl {
    vector<string> entries;
    multimap<string,size_t> qindex;
public:
    void add(const string &normalized, const string& original);
    string getBestMatch(const string& normalized) const;
    size_t size() const {
        return entries.size();
    }
private:
    vector<string> qgramify(const string& normalized) const;
    static constexpr size_t Q = 3;
    static const std::string PREFIX;
    static const std::string SUFFIX;
public: // test interface
    vector<string> _qgramify(const string& n) const { return qgramify(n); }
    static size_t _q() { return Q; }
    static std::string _prefix() { return PREFIX; }
    static std::string _suffix() { return SUFFIX; }
};
} } // namespace qw::impl_multimap
```

Listing 11.3 Header der Implementierungsklasse

11.4 Ein modulares Beispielprojekt

Da es hier gar nicht so sehr um den Algorithmus geht, will ich mich kurzfassen. In en-
tries speichert der Index alle originalen (nicht normalisierten) Einträge, damit man das
Suchergebnis auch anzeigen kann. Somit hat jeder Eintrag eine Nummer in dem Vektor.
In qindex stehen zu jedem 3er-Wort als Schlüssel alle Nummern von Einträgen im In-
dex. Sucht man später zum Beispiel nach HALLO, wird nacheinander die multimap nach den
Schlüsseln HAL, ALL und LLO untersucht. Die Werte sind Nummern in dem entries-Vektor.

add dient zum Einfügen von neuen Einträgen in den Index, getBestMatch findet den am
besten passenden Eintrag. Beide Methoden erwarten einen schon normalisierten Parameter. Und beide Methoden verwenden die Hilfsfunktion qgramify, um einen String in seine
Q-Gramme zu zerlegen.

Zum Testen habe ich auch hier wieder einen Abschnitt public gemacht. Anders als bei
normalize, das ich da auch extra fürs Testen public gemacht habe, habe ich hier die zu
testenden Teile private gelassen. Stattdessen sind alle später zu testenden Dinge um öffentliche Zugriffsmethoden »angereichert«. Als Konvention fangen diese Methoden mit
einem Unterstrich _ an. Darauf gehe ich im Kapitel übers Testen ein, muss es aber hier
erwähnen, damit Sie sich über dieses public nicht wundern.

Ich will noch erwähnen, dass ich die gesamte Klasse nicht in den Namensraum qw gesteckt habe, sondern darin auch noch in einen eigenen impl_multimap Namensraum.
Die Klasse selbst heißt index_impl. Wenn Sie eine Alternative bereitstellen wollen,
packen Sie sie einfach auch in einen eigenen Namensraum und nennen die dann auch
index_impl.

Im Header passiert keine Magie, die sehen Sie eher in der Implementierung, die Ihnen
Listing 11.4 zeigt.

```
#include "impl_multimap.hpp" // Header zu dieser Datei
#include <map>
#include <string>

namespace qw { namespace impl_multimapw {

using std::vector; using std::multimap; using std::map; using std::string;
using namespace std::literals::string_literals;

void index_impl::add(const string &normalized, const string& original) {
    /* TODO: Vorhandensein in 'entries' prüfen */
    const auto pos = entries.size(); // Index des neuen Eintrags
    entries.push_back(original);
    auto qgrams = qgramify(normalized);
    for(const auto& qgram : qgrams) {
        qindex.insert( make_pair(qgram, pos) );
    }
}
```

245

11 Guter Code, 2. Dan: Modularisierung

```cpp
string index_impl::getBestMatch(const string& normalized) const {
    auto qgrams = qgramify(normalized);
    /* hits speichert welche Wörter wie oft getroffen wurden */
    map<size_t, size_t> hits; /* 'entries-index' zu 'hit-count' */
    size_t maxhits = 0; /* immer: max(hits.second) */
    for(const auto& qgram : qgrams) {
        auto range = qindex.equal_range(qgram);
        for(auto it=range.first; it!=range.second; ++it) {
            hits[it->second] += 1; /* hit-count des Eintrags */
            if(hits[it->second] > maxhits) { /* max-Suche einfacher */
                maxhits = hits[it->second];
            }
        }
    }
    /* Suche ersten Eintrag mit maxhits. Bessere Impl. mit PrioQueue möglich */
    for(auto const &hit : hits) {
        if(hit.second == maxhits) {
            return entries[hit.first];
        }
    }
    /* nur erreicht wenn entries leer ist */
    return ""s;
}

const string index_impl::PREFIX = string(Q-1, '^');
const string index_impl::SUFFIX = string(Q-1, '$');

vector<string> index_impl::qgramify(const string& normalized) const {
    auto word = PREFIX + normalized + SUFFIX; /* Trick für bessere QGramme */
    vector<string> result {};
    auto left = word.cbegin();
    auto right = std::next(word.cbegin(), Q); /* okay wg: |"^^"|+|"$$"| => 3 */
    for( ; right <= word.end(); ++left, ++right) {
        result.emplace_back(left, right);
    }
    return result;
}

} } // namespace qw::impl_multimap
```

Listing 11.4 Der Header der Implementierungsklasse

Wie ich schon sagte, ist es für dieses Kapitel gar nicht so interessant, wie der Algorithmus genau implementiert ist. Für das Modul ist es viel wichtiger, dass nach außen hin alles so funktioniert, wie es soll. Dennoch möchte ich ein paar Worte zum Aufbau dieser Implementierungsdatei verlieren.

Wie immer include ich so früh wie möglich den Header dessen, was in dieser Datei implementiert ist. Dann folgen hier nur noch die benötigten Header der Standardbibliothek.

Die definierten Methoden gehören alle in den Namensraum `qw::impl_multimap`, der zu Beginn geöffnet und am Ende wieder geschlossen wird.

`add` speichert den Eintrag in `entries` und `qindex`, nachdem er mittels `qgramify` zerlegt wurde. In einem Punkt verhält sich dieses `add` unschön: Wenn Sie zweimal genau denselben Eintrag speichern, werden Sie einen der beiden, so wie es implementiert ist, niemals wiederfinden. Also wäre es gut, wenn `add` vor dem Speichern prüfen würde, ob der Eintrag schon existiert, oder eine Suche fände nicht nur »den besten Treffer«, sondern irgendwie »mehrere gute Treffer«. Dieses Problem zu lösen, überlasse ich aber Ihrem Basteltrieb.

`getBestMatch` zerlegt auch das Suchmuster mittels `qgramify` in seine Einzelteile. In `hits` wird für jedes getroffene Originalwort mitgezählt, wie oft es getroffen wurde. Am Ende wird der Eintrag mit der höchsten Anzahl Treffer herausgesucht und zurückgegeben.

In `qgramify` bediene ich mich eines einfachen Tricks, um die Anzahl der erzeugten Q-Gramme ein wenig zu erhöhen: Eintrag oder Suchmuster werden vor dem Zerlegen jeweils von `^^` und `$$` eingerahmt. Dadurch ergibt die Liste der Q-Gramme für Wörter der Länge drei wie `WYK` nicht nur `WYK`, sondern auch `^^W`, `^WY`, `YK$` und `K$$` und hat somit bessere Chancen, überhaupt getroffen zu werden.

Alles in allem ist das Erstellen von Q-Grammen für einen Ähnlichkeitsindex weder eine allzu schwere Aufgabe noch eine perfekte Lösung. Es gibt viele Algorithmen, die mit ausgefeilteren Mitteln bessere Ergebnisse erzielen. Aber für seine Einfachheit liefert der Q-Gram-Index erstaunlich gute Ergebnisse.

Diese gesamte Funktionalität wird dann zur Bibliothek `qwort.a` zusammengepackt. Auf anderen Systemen kann das auch `qwort.so`, `qwort.lib` oder `qwort.dll` heißen. Zusammen mit dem Header `qwort/qwort.hpp` und einer Dokumentation ist dies das Mindestauslieferungspaket an den Kunden.

11.4.3 Die Bibliothek nutzen

Da Sie heute mein Kunde sind, demonstriere ich Ihnen noch, wie Sie die Bibliothek in einem Programm nutzen können, bevor wir mit Tests einsteigen. Listing 11.5 ist so ziemlich das einfachste Beispielprogramm zur Demonstration der Bibliothek.

Nach den `include`- und `using`-Direktiven folgt gleich das `main`-Programm. Zuerst werden zwei Beispieleinträge im Index abgelegt. Danach folgt eine Schleife über alle Kommandozeilenargumente des Programms. Zu jedem Argument erfolgt eine Suche nach dem besten Treffer, der dann ausgegeben wird.

11   Guter Code, 2. Dan: Modularisierung

```cpp
#include <cstdlib> // EXIT_SUCCESS
#include <iostream> // cout
#include <vector>
#include <string>
#include "qwort/qwort.hpp"
using std::cout; using std::vector; using std::string;

int main(int argc, const char* argv[]) {
    cout << "qwort version " << qw::version() << "\n";

    /* Index bauen */
    qw::index myindex{};

    /* - Demodaten */
    myindex.add("Deutschland");
    myindex.add("Griechenland");

    /* Abfragen erzeugen */
    vector<string> args(argv+1, argv+argc); // iteratorbasierte Initialisierung
    for(auto &querystring : args) {
        cout << "Suche '" << querystring << "'... ";
        const auto match = myindex.getBestMatch(querystring);
        cout << match << "\n";
    }
    return EXIT_SUCCESS;
}
```

Listing 11.5 So ziemlich das einfachste Beispielprogramm der Bibliothek

Der Compiler setzt diese Quelldatei query.cpp mit qwort.hpp (weil inkludiert) und der Bibliothek qwort.a zusammen zum Programm query.x. Im Makefile steht dafür sinngemäß (durch Variablen etwas verklausuliert):

```
g++ -o query.x query.cpp -lqwort -I../../include -L../lib
```

Das heißt soviel wie »erstelle query.x aus query.cpp, benutze die Bibliothek qwort und schaue für Includes und Bibliotheken in den angegebenen Pfaden nach.«

Rufen Sie dieses Programm wie folgt auf, erhalten Sie die Ausgabe:

```
$ ./query.x rutsche sicher
qwort version 1
Suche 'rutsche'... Deutschland
Suche 'sicher'... Griechenland
```

In den Downloadquellen finden Sie noch ein weiteres einfaches Beispiel. Dort erstelle ich den Index aus Zeilen einer beliebigen Textdatei. Mit weiteren Kommandozeilenparametern können Sie sich dann die am besten passenden Zeilen ausgeben lassen.

11.5   Spezialthema: Unity-Builds

Es gibt einen kontroversen neuen Ansatz, aus den Modulen die ausführbare Datei zu erstellen, sogenannte *Unity-Builds*. Dabei erstellen Sie aus kleinen Modulen, die Sie wie gehabt in *.cpp-Dateien halten, größere Module, die Sie – und das ist der Unterschied – aus den *.cpp-Dateien der kleinen Module zusammensetzen. Der Quellcode zweier solcher Unity-Module sieht dann zum Beispiel so aus:

```
#include "renderer.cpp"
#include "ui_elements.cpp"
#include "gameplay_code.cpp"
#include "character_AI.cpp"
```

Listing 11.6 projekt_unityModul-1.cpp

```
#include "file_io.cpp"
#include "cat_dynamics.cpp"
#include "wobbly_bits.cpp"
#include "death_ray.cpp"
```

Listing 11.7 projekt_unityModul-2.cpp

Es ist wichtig, dass Sie verstehen, dass die kleinen Module sich nicht verändern. Sie ändern also nicht das Design des Programms. Es handelt sich nur um eine andere Methode des Übersetzungsvorgangs.

Statt eintausend kleine Objektdateien einzeln zu übersetzen und sie danach zu einem einzelnen ausführbaren Programm zusammenzusetzen, erzeugen Sie im Extremfall nur ein einziges Unity-Modul, das Sie direkt in das ausführbare Programm übersetzen.

Dieses Vorgehen hat seine Vor- und Nachteile. Der größte Vorteil ist, dass die Übersetzungsgeschwindigkeit rapide zunehmen kann, gerade bei großen Projekten, die viele große Header (der Standardbibliothek) benutzen. Ein Programm aus zehn Modulen kann vielleicht etwa doppelt so schnell übersetzt werden, ein Projekt mit eintausend Modulen kann eine über hundertfache Beschleunigung erfahren.[1] Ein Nachteil ist, dass Sie zirkuläre Abhängigkeiten zwischen Includes haben, die Sie nun anders auflösen müssen.

---

1   *Single Module Builds – The Fastest Heresy in Town*, Andy Thomason, *https://accu.org/index.php/journals/2360*, April 2017, [2017-04-29]

TEIL II
Objektorientierte Programmierung und mehr

Es wird Zeit, dass Sie sich Ihre eigenen Datentypen selbst zusammenbauen. Denn darin liegt die eigentliche Stärke von C++.

Sie können einfach nur mehrere Daten zusammenbündeln, damit Sie sie zusammen behandeln können. Viel wichtiger ist aber, dass Sie auch Klassen entwerfen, bei denen Daten und Verhalten zusammen eine Einheit bilden. Das führt Sie letztlich dazu, auch die objektorientierte Vererbung kennenzulernen.

In diesem Teil erfahren Sie außerdem mehr über konstante und statische Werte, denn diese werden im Zusammenhang mit Klassen erst richtig interessant.

Kapitel 12
Von der Struktur zur Klasse

Kapiteltelegramm

▶ **Aggregat**
Ein Aggregat ist eine einfache Bündelung mehrerer Datenfelder zu einem neuen Typ; konkret: ein `struct`, der nur Datenfelder und Methoden hat.

▶ **Struktur**
Eine Struktur ist eine Bündelung von Datenfeldern in ein `struct`, die auch Konstruktoren, private und statische Elemente haben darf.

▶ **Klasse**
Eine Klasse ist einer Struktur sehr ähnlich: nur, dass `class` mit `private` beginnt; im Sprachgebrauch ist eine Struktur eher datenfokussiert, eine Klasse eher verhaltensorientiert.

▶ **Datenfeld, Membervariable oder Attribut**
Eine Variable innerhalb einer Struktur oder Klasse

▶ **Methode, Memberfunktion oder Instanzfunktion**
Eine Funktion, die an ihre Struktur gebunden ist

▶ **Mitglied oder Member (engl. für Mitglied)**
Oberbegriff für Datenfelder und Methoden einer Klasse

▶ **Konstruktor**
Eine spezielle Methode zum Initialisieren einer Struktur

▶ **Inline**
Dem Compiler den Hinweis geben, statt eines Funktionsaufrufs den Code direkt einzusetzen

▶ **Include-Guard**
Doppeltes Einbinden vermeiden

▶ **`public` und `private`**
Methoden und Datenfelder vor dem Zugriff von außen schützen

▶ **Kapselung**
Die saubere Trennung von Schnittstelle und Implementierung; in unterschiedlichen Graden möglich

▶ **Klasse als Wert**
Die Instanz einer Klasse als Wertparameter (Call-by-Value) oder als Rückgabewert verwenden

12   Von der Struktur zur Klasse

▶ **copy elision**
Technik des Compilers, um das unnötige Kopieren eines Rückgabewerts zu vermeiden

▶ **Implizite Typumwandlung**
Der Compiler benötigt innerhalb eines Ausdrucks des Typs A einen anderen Typ B und erzeugt das gewünschte B mit dessen einargumentigen Konstruktor B(A).

▶ **Explizite Typumwandlung**
Wenn Sie in einem Ausdruck den einargumentigen Konstruktor explizit aufrufen

▶ **Konvertierungsmethode**
Eine Methode der Form operator `Zieltyp`(), mit der Sie ein Objekt in Zieltyp umwandeln lassen können

▶ **const-Methode**
Eine Methode, die den Zustand der Instanz nicht verändert; wird abschließend mit const markiert

▶ **Typalias**
Mit using neuerTyp = alterTyp oder typedef alterTyp neuerTyp eine andere Schreibweise für einen Typ einführen; auch lokal in einer Klasse

▶ **Typinferenz und auto**
Mit auto können Sie bei der Initialisierung den Compiler den Typ einer Variablen herausfinden lassen.

Ein eigener Datentyp kann zum Beispiel die Daten über eine Person zusammenhalten. Sie müssen dann nicht immer die einzelnen Elemente zusammensuchen und einzeln an Funktionen übergeben. Sie können mehrere zu einem *Aggregat* zusammenbündeln. Verwenden Sie dafür struct.

```cpp
#include <string>
#include <iostream>                          // cout
using std::string; using std::cout;
struct Person {                              // definiert den neuen Typ Person
    string name_;
    int alter_;
    string ort_;
};                                           // abschließendes Semikolon
void drucke(Person p) {                      // ganze Person als ein Parameter
    cout << p.name_ << " ("<< p.alter_<<") aus " // Zugriff per Punkt
        << p.ort_ << "\n";
}
int main() {
    Person otto {"Otto", 45, "Kassel" };     // Initialisierung
    drucke(otto);                            // Aufruf als Einheit
}
```

Listing 12.1 Einen eigenen Datentyp erzeugen Sie mit »struct«.

254

Bei struct Person wird der neue Typ Person definiert. Er besteht aus der Vereinigung der drei aufgelisteten Elemente. Wie immer wird bei diesen zuerst der Typ und dann der Name genannt. Unter diesem Namen können Sie dann, wie in p.name_ zu sehen ist, mit einem Punkt . an die Elemente herankommen.

Ich habe hier die Namen aller Elemente mit einem Unterstrich _ beendet. Das ist nur eine Konvention, um sie von den globalen Variablen und Parametern zu unterscheiden.

Wie Sie bei void drucke(Person p) sehen, ist der Parameter der Funktion drucke nun die ganze Person. Sie brauchen nicht die Elemente name_, alter_ und ort_ getrennt zu übergeben.

Typdefinitionen mit Semikolon abschließen

Die Definition eines neuen Typs schließen Sie mit dem Semikolon ab. Anders als bei *zusammengesetzten Anweisungen* setzen Sie hier also hinter die geschlossene geschweifte Klammer ein ;. Das Semikolon zu vergessen, ist ein häufiger Flüchtigkeitsfehler.

12.1 Initialisierung

Die Initialisierung kann nun wie bei Person otto {"Otto", 45, "Kassel" } mit der Auflistung der Initialisierungswerte der Unterelemente in geschweiften Klammern erfolgen. Sie können alternativ auch die leere Liste {} zur Initialisierung verwenden; dann werden alle Elemente *Wert-initialisiert*, also mit null bei Zahlen und mit dem leeren String "" bei Zeichenketten (siehe Abschnitt 4.12.2, »Eingebaute Datentypen initialisieren«).

Wenn Sie in der Initialisierungsliste nicht genügend Elemente angeben, dann werden die restlichen ebenfalls Wert-initialisiert. Sie sollten das aber vermeiden, da dies nach einem »Versehen« aussieht und immer Stirnrunzeln hervorruft. Geben Sie zu viele Elemente an, beschwert sich der Compiler.

Sie dürfen nur nicht die Initialisierung ganz weglassen:

Person otto;

Dies initialisiert zwar die string-Elemente (denn es sind vollwertige Klassen), die eingebauten Datentypen wie int aber nicht – alter_ könnte einen zufälligen Wert erhalten.

Beachten Sie, dass Sie bei der Auflistung aller Elemente auch ein Gleichheitszeichen verwenden können:

Person otto = {"Otto", 45, "Kassel" };

Ich empfehle jedoch, bei der Form ohne Gleichheitszeichen zu bleiben, die eher historische Gründe hat.

12 Von der Struktur zur Klasse

Achtung vor runden Klammern

Sie können die Initialisierungselemente auch in runde Klammern schreiben, wie string name("x"). Haben Sie aber kein Element für die Liste, dürfen Sie die runden Klammern nicht angeben: string name() bedeutet leider etwas anders (eine Funktionsdeklaration). Initialisieren Sie deswegen besser durchgehend mit geschweiften Klammern, denn string name{} ist eine korrekte Initialisierung.

In wenigen Fällen bedeutet die Initialisierung mit geschweiften Klammern und runden Klammern etwas Unterschiedliches – std::vector ist eine solche Ausnahme.

12.2 Rückgabe eigener Typen

Das Zurückliefern einer Person funktioniert ebenso einfach wie als Parameter:

```
// Ausschnitt
Person erzeuge(string name, int alter, string ort) { // Rückgabetyp
    Person result {name, alter, ort};
    return result;
}
int main() {
    Person otto = erzeuge("Otto", 45, "Kassel");      // Rückgabe speichern
    drucke(otto);
}
```

Hier ist eigentlich nichts neu für Sie, außer dass Sie tatsächlich sehen, dass Sie Variablen eines eigenen Typs ebenso zurückgeben können wie eingebaute Typen und solche der Standardbibliothek.

Es bleibt vielleicht noch zu bemerken, dass Sie – genau wie bei Typen, die Sie schon kennen – nicht immer eine Variable brauchen, um den Wert zu speichern. Sie können Ihren neuen Typ als Teil eines Ausdrucks verwenden. Der erzeugt dann *temporäre Variablen* Ihres Typs ganz wie gewohnt:

```
// Ausschnitt
Person erzeuge(string name, int alter, string ort) {
    return Person{name, alter, ort};      // direkt zurückgegeben
}
int main() {
    drucke(erzeuge("Otto", 45, "Kassel")); // Rückgabe direkt verwendet
}
```

Das sollte Ihnen eigentlich auch nicht neu sein, denn mit eingebauten Typen machen Sie es genauso. Allerdings nicht ganz, denn wenn Sie einen int zurückgeben, dann schreiben Sie ja auch nicht return int(12);, obwohl Sie es dürften.

256

Daher schreiben Sie doch statt

```
return Person{name, alter, ort};
```

einfach:

```
return {name, alter, ort};
```

Der Compiler weiß anhand des Rückgabetyps der Funktion, dass Sie eine Person erzeugen wollen. Also versucht er, die von Ihnen angegebene Liste in eine Person umzuwandeln: Die beiden Ausdrücke sind beinahe synonym. Sie können wählen, welcher Stil Ihnen besser gefällt.

Es gibt Fälle, da benötigen Sie die Angabe von Person{…}, zum Beispiel, wenn Sie die seit C++14 mögliche Syntax zur Funktionsdeklaration, auto erzeuge(), verwenden. Beispiel:

```
auto erzeuge(string name, int alter, string ort) {
    return Person{name, alter, ort};        // auto verlangt Konstruktornamen
}
auto erzeuge2(string name, int alter, string ort) {
    return {name, alter, ort};              // auto mit initializer_list geht nicht
}
```

Listing 12.2 Hier ist die Angabe von »Person« beim »return« nötig.

Hier wird in erzeuge2 eine initializer_list zurückgegeben. Das wäre in Ordnung, wenn Sie im Funktionskopf einen Rückgabetypen angegeben hätten, in den die initializer_list automatisch umgewandelt werden kann. Hier steht aber auto, und daraus kann der Compiler den Typ nicht erraten.

12.3   Methoden statt Funktionen

Die Funktion drucke in Listing 12.1 benötigt eine Person für ihre Arbeit – sie ist eigentlich speziell für Person gedacht und für nichts anderes. Womöglich ist es sogar so, dass der Typ Person nur wirklich Sinn ergibt, wenn Sie auch eine passende Menge Funktionen bereitstellen, die mit Ihrem neuen Typ arbeiten.

Diese Funktionen gehören dann ebenso wie die Daten im struct Person zur Schnittstelle dieses Typs. Da ist es eigentlich schade, dass drucke nicht schon beim Person-Typ aufgelistet ist. Genau dies können Sie aber tun. Packen Sie doch die Funktionen eines Typs mit den Daten zusammen: Bilden Sie eine »Entität« – keiner der beiden kann ohne den anderen. Eine solche Funktion benötigt immer eine Variable, eine Variable ohne die zugehörigen Funktionen ist so gut wie sinnlos.[1] Eine Variable, die Teil des Typs ist, nennt man *Instanzvariable*. Eine Funktion, die Teil des Typs ist, nennt man *Methode*.

---

1 Die statischen Methoden, die ohne Instanzvariable auskommen, werden wir später behandeln.

12 Von der Struktur zur Klasse

```cpp
#include <string>
#include <iostream>
using std::string; using std::cout;
struct Person {
    string name_;
    int alter_;
    string ort_;
    void drucke();          // Funktion als Methode des Typs
};
void Person::drucke() { // Name der Methode wird um Person:: erweitert
    cout << name_           // in einer Methode können Sie direkt auf Felder zugreifen
        << " ("<< alter_<<") aus " << ort_ << "\n";
}
int main() {
    Person otto {"Otto", 45, "Kassel" };
    otto.drucke();          // Aufruf der Methode für eine Variable des Typs
}
```

Listing 12.3 Methoden packen Daten und Verhalten zusammen.

Nun ist drucke Teil des Typs Person und ist so zur *Methode* geworden.

Wenn man von einer *Methode* spricht, dann ist damit eine Funktion innerhalb eines Typs gemeint. Davon zu unterscheiden sind *Funktionen*, die Sie bisher kennengelernt haben.

Manchmal werden Funktionen auch *freie Funktionen* genannt, um sie begrifflich von Methoden abzusetzen. Auch der Begriff *globale Funktionen* wird manchmal gebraucht, doch ist das nicht ganz korrekt, denn eine Funktion kann sich auch innerhalb eines Namensraums befinden und ist dann immer noch »frei«, aber nicht »global«. Andersherum wird der Begriff *Member-Funktion* für Methode verwendet (von engl. *Member*, dt. *Mitglied*).

Technisch gesehen sind auch Methoden nur Funktionen. Einer der Unterschiede ist, dass der vollständige Bezeichner einer Methode den Klassennamen enthält. Wenn Sie die Methode außerhalb des Typs definieren, nennen Sie sie zum Beispiel Person::drucke. Innerhalb der Methode können Sie dann auf alle Datenfelder und Methoden der Klasse ohne weitere Qualifizierung zugreifen: Wo Sie p.name_ geschrieben haben, reicht nun name_.

Genau genommen übersetzt der Compiler dies intern in this->name_ – und hier komme ich zum zweiten wichtigen Unterschied zu Funktionen: Eine Methode aus Typ hat immer einen impliziten Parameter Typ* this[2], ohne dass dieser in der Parameterliste der Methode auftaucht. Dieser Parameter steht für die Speicheradresse der Instanz, auf die Sie die Methode aufrufen. this zusammen mit dem Datenfeld, das Sie verwenden, ergibt die genaue Stelle, die Sie meinen.

Bei this muss der Compiler den Dereferenzierungsoperator -> statt dem Punkt . verwenden, wie in Kapitel 20, »Zeiger«, genauer beschrieben ist.

---

2 Ganz korrekt wäre: Typ *const oder Typ const * const, je nach Fall.

12.3 Methoden statt Funktionen

```
struct Person {
    //... Rest wie zuvor...
    string gruss();
};
string Person::gruss() {
    return "Hallo " + this->name_ + " aus " + this->ort_;
}
int main() {
    Person anna { "Anna", 33, "Hof" };
    Person nina { "Nina", 22, "Wyk" };
    anna.gruss();
    nina.gruss();
}
```

Listing 12.4 Die Methode »gruss()« verwendet Felder – mittels »this« ist es immer das zum aufgerufenen Objekt gehörende Feld.

Innerhalb einer Methode probiert der Compiler aber automatisch aus, ob ein Bezeichner zu *this gehört. Somit können Sie gruss() übersichtlicher implementieren:

```
string Person::gruss() {
    return "Hallo " + name_ + " aus " + ort_;
}
```

Obwohl der Programmcode beim Durchlauf von gruss() in beiden Fällen der gleiche ist, so sorgt doch der implizite this-Parameter dafür, dass auf unterschiedliche name_- und ort_-Felder zugegriffen wird, nämlich auf die, die zum aktuellen Objekt gehören.

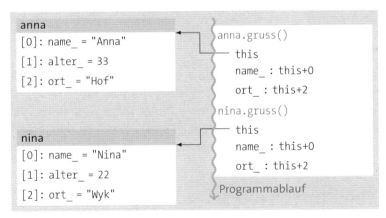

Abbildung 12.1 Jeder Aufruf von »gruss()« erhält einen anderen »this«-Parameter.

Und tatsächlich, bis auf ein paar kleine (aber wichtige) Unterschiede können Sie eine Methode umschreiben und aus ihr eine freie Funktion machen, indem Sie den impliziten this-Parameter explizit machen.

```
string gruss(Person * const p) {   // impliziter Parameter explizit gemacht
    return "Hallo " + p->name_ + " aus " + p->ort_;
}
```

Listing 12.5 So trennen Sie Methoden und Daten voneinander.

Den Parameter dürfen Sie nicht this nennen, weil es ein Schlüsselwort in C++ ist – hier heißt er deswegen p.

Es gibt Fälle, in denen Sie auch in einer Methode this-> für den Attributszugriff verwenden müssen, nämlich dann, wenn sich zwei oder mehr gleiche Bezeichner ins Gehege kommen. Dann müssen Sie explizit werden:

```
int wert = 5;                         // globale Variable
struct Wrap {
    int wert = 3;                     // Datenfeld
    void setze(int wert) {            // Parameter
        this->wert = wert + ::wert;
    }
};
```

Hier bezieht sich this->wert auf das Datenfeld von Wrap, wert auf den Parameter und ::wert auf die globale Variable.

Es ist eine gute Idee, Daten und Funktionen zusammen zu bündeln. Ob Sie dies generell und durchweg immer tun sollten, ist in eine Designfrage. So erlaubt C++ zum Beispiel die Erweiterung bestehender Funktionalität durch neue Überladungen freier Funktionen, nicht nur durch das Hinzufügen von Methoden zu einem bestehenden Datentyp. Dafür ist der operator<< für std::ostream ein gutes Beispiel.

12.4   Das bessere »drucke«

Eigentlich schmerzt es mich jedes Mal, wenn ich Ihnen als Beispiel für eine Funktion so etwas Unpraktisches präsentiere wie drucke. Zu drucke als Methode oder zur entsprechenden Funktion, so einfach sie auch ist, gibt es mehrere wichtige Dinge anzumerken. Sie wissen nun genug über C++, dass ich Ihnen die bessere Alternative erklären kann. Sehen Sie sich noch einmal die Methode an:

```
void Person::drucke() {
    cout << name_
        << " ("<< alter_<<") aus " << ort_  << "\n";
}
```

Hier wird nach cout ausgegeben. Was, wenn Sie eine Person einmal als Fehler (nach cerr) ausgeben wollen? Würden Sie dafür eine eigene Funktion oder Methode schreiben? Das Ursprungsproblem ist, dass Sie in der Methode auf die *globale Variable* cout zugreifen. Dieses Verhalten können Sie von außen nicht ändern, wenn Sie zum Beispiel per ofstream in eine Datei oder zu Testzwecken in einen stringstream schreiben wollten.

12.4 Das bessere »drucke«

> **Keine globalen Zugriffe**
>
> Vermeiden Sie den direkten Zugriff auf globale Variablen in Funktionen und Methoden.

Vielleicht wollen Sie automatische Tests für Person::drucke schreiben. Wie lästig, dass Sie dann mit den Augen cout überwachen müssen, um zu prüfen, ob das Programm korrekt lief! Ich will Ihnen nahelegen, dass Sie sich unter anderem das automatische Testen (siehe Kapitel 14, »Guter Code, 3. Dan: Testen«) erleichtern können, wenn Sie auf die Verwendung des globalen cout im Speziellen und von globalen Variablen im Allgemeinen verzichten.

Übergeben Sie daher das Ziel der Ausgabe als Parameter. cout und cerr sind vom Typ std::ostream. Und wenn Sie in eine Datei schreiben wollen, dann passt ostream auch darauf.

```
void Person::drucke(std::ostream& os) {
    os << name_ << " ("<< alter_<<") aus " << ort_";
}
```

Beachten Sie, dass Sie als Typ ostream& verwenden, also eine Referenz. Sie wollen keine Kopie des Streams anlegen, sondern seinen Zustand verändern. In einen Stream etwas auszugeben, ist eine Zustandsveränderung.

Puh, Ihnen das für die Zukunft nahegelegt zu haben, erleichtert mein Gewissen schon ungemein! Verwenden Sie dieses drucke nun, wie Sie mögen:

```
// Ausschnitt. Person wie zuvor
void Person::drucke(std::ostream& os) {
    os << name_ << " ("<< alter_<<") aus " << ort_;
}
int main() {
    Person karl {"Karl", 12, "Stetten"};
    karl.drucke(cout);  // auf dem Bildschirm
    cout << "\n";
    std::ofstream datei {"personen.txt"};
    karl.drucke(datei);         // in eine Datei
    // automatischer Test:
    std::ostringstream oss{};   // schreibt in einen string
    karl.drucke(oss);
    if(oss.str() == "Karl (12) aus Stetten") {
        cout << "ok\n";
    } else {
        cout << "Fehler in Person::drucke!\n";
        return 1;                // Fehler nach außen weiterleiten
    }
}
```

Listing 12.6 »drucke« nimmt einen Stream als Argument.

261

Insbesondere die Verwendung von ostringstream offenbart einen besonderen Aspekt: Wenn Sie automatisch testen wollen, ob eine druckende Funktionen korrekt funktioniert, ist ein string leicht zu handhaben und das gewünschte Ergebnis zu überprüfen. Wie würden Sie das Testen, wenn Sie fest nach cout geschrieben hätten? Das »Herausfischen« der Ausgabe wäre schwierig geworden. Einer der echten Vorteile der Übergabe des Ausgabestreams ist, dass die Funktion gut zu Testen ist.

12.5   Eine Ausgabe wie jede andere

Der nächste Schritt ist eigentlich nur Kosmetik. Denn wenn Sie ein Objekt auf einem ostream ausgeben wollen, dann gibt es dafür einen in der Praxis häufig angewandten Weg: Überladen Sie den globalen Operator operator<< für ostream& und Ihren Typ:

```
std::ostream& Person::drucke(std::ostream& os) {
    return os << name_ << " ("<< alter_<<") aus " << ort_;
}
std::ostream& operator<<(std::ostream& os, Person p) {
    return p.drucke(os);
}
```

Listing 12.7 Sie können den Standardoperator für die Ausgabe überladen.

Sie können, statt p.drucke() aufzurufen, auch die Felder direkt ausgeben:

```
ostream& operator<<(ostream& os, Person p) {
    return os << p.name_ << " ("<< p.alter_<<") aus " << p.ort_;
}
```

Haben Sie bemerkt, dass die Rückgabe nicht void ist? Dadurch, dass Sie den als Parameter übergebenen ostream auch wieder zurückgeben, können Sie diesen Rückgabewert innerhalb eines Ausdrucks weiterverwenden. Sie haben das für operator<< schon oft gemacht. Sehen Sie Ihren neuen Ausgabeoperator im Einsatz:

```
// Ausschnitt ...
    std::ostream& drucke(std::ostream& os);
};
std::ostream& Person::drucke(std::ostream& os) {
    return os << name_ << " ("<< alter_<<") aus " << ort_;
}
std::ostream& operator<<(std::ostream& os, Person p) {
    return p.drucke(os);
}
int main() {
    Person paul {"Paul", 23, "Dresden"};
    cout << "Sie sind " << paul << ", richtig?\n";
}
```

Listing 12.8 Die Ausgabe mit »<<« erreichen Sie durch Überladung einer freien Funktion.

Und so können Sie Person-Objekte in der Ausgabe verwenden wie andere Datentypen auch. Als Gesamtausgabe sehen Sie:

```
Sie sind Paul (23) aus Dresden, richtig?
```

12.6 Methoden inline definieren

Haben Sie bemerkt, dass ich bei der Deklaration und der späteren Definition der Methode der Klasse[3] ein Mittel eingesetzt habe, das Sie schon kennen: die *Vorwärts-Deklaration* der Methode? Zuerst, in der Struktur, wird nur der Methoden-*Kopf* genannt und dann später, außerhalb, findet die eigentliche Definition statt.

Das ist bei Strukturen und Klassen auch der Weg, den Sie meistens gehen sollten. Sie können jedoch, wenn eine Methode zum Beispiel sehr kurz ist, es bei ihr genauso halten wie bei normalen Funktionen. Sie können sie auch gleich vor Ort *definieren* – innerhalb der Struktur:

```cpp
#include <string>
#include <iostream>      // ostream

using std::string; using std::ostream;

struct Person {
    string name_;
    int alter_;
    string ort_;
    ostream& drucke(ostream& os) {   // Methode inline definiert
        return os << name_ << " ("<< alter_<<") aus " << ort_;
    }
};
```

Listing 12.9 Methoden können auch inline definiert werden.

Verwenden Sie dies aber tatsächlich nur dann, wenn die Methode wirklich kurz ist.

Dadurch, dass Sie die Methode auf diese Weise in eine Klasse schreiben, probiert der Compiler dort, wo Sie die Funktion aufrufen, den Code der Implementierung direkt einzusetzen – das nennt man *Inlining*. Während das potenziell Ihren Code schneller macht (ein Funktionsaufruf kostet viel Zeit), macht es ihn auch größer.

Wenn Sie viele Funktionen *inlinen*, wird Ihr Code womöglich so groß, dass der Geschwindigkeitsvorteil dadurch wieder zerfällt. Inlinen Sie am besten nur Methoden, die einfach sind oder sehr, sehr häufig aufgerufen werden.

---

[3] Genau genommen ist es noch ein »Aggregat«, aber es wird bald eine Klasse werden. Noch ist alles öffenlich, ohne Konstruktoren oder virtuelle Methoden.

12 Von der Struktur zur Klasse

12.7 Implementierung und Definition trennen

Es ist der Übersicht des Programms förderlich, wenn Sie Definition und Implementierung voneinander trennen. Das geht sogar so weit, dass Sie die Struktur-*Definition* in einen Header packen sollten und die *Definition* in eine implementierende *.cpp-Datei (siehe Abbildung 12.2).

```
person.hpp

#ifndef PERSON_HPP
#define PERSON_HPP
#include <string>
#include <iostream> // ostream
struct Person {
  std::string name_;
  int alter_;
  std::string ort_;
  std::ostream& drucke(std::ostream& os);
};
#endif // PERSON_HPP
```

```
person.cpp

#include "person.hpp"
using std::ostream;
ostream& Person::drucke(ostream& os) {
  return os << name_ << "("
    << alter_ << ") aus "<< ort_ << "\n";
};
```

Abbildung 12.2 Aufteilen einer Klasse in Header und Implementierung

Wenn Sie Person nun an mehreren Stellen des Programms benötigen, dann verwenden Sie dort #include "person.hpp", um dem Compiler den Datentyp bekannt zu machen.

Nur für den Fall, dass Sie durch diverse Includes person.hpp möglicherweise mehrmals einbinden würden, sind die umgebenden Zeilen da:

```
#ifndef PERSON_HPP
#define PERSON_HPP
// ...eigentlicher inhalt
#endif // PERSON_HPP
```

Diese sogenannten *Include-Guards* (von engl. *Guard*, dt. *Wächter*) verhindern, dass struct Person zweimal definiert wird, wenn Sie direkt oder indirekt zweimal #include "person.hpp" schreiben. Es ist nicht *nötig*, diese Wächter zu verwenden, aber sehr übliche Praxis.

Kein »using« im Header

Wie ich schon zu Beginn des Buchs erwähnt habe, verwende ich der Kürze halber using nicht ganz so, wie Sie es in der Praxis einsetzen sollten. In Abbildung 12.2 mache ich es richtig:

▶ Verwenden Sie *kein* globales using in einem Header.

▶ In einer *.cpp-Datei können Sie using std::**Bezeichner** verwenden.

▶ Sie sollten aber *kein* using namespace std; global verwenden, auch nicht in der *.cpp-Datei.

264

12.8 Initialisierung per Konstruktor

Sie kennen schon den einfachen struct Person:

```
struct Person {
    string name_;
    int alter_;
    string ort_;
};
```

Sie wissen auch, dass Sie das Aggregat Person mit seinen drei Elementen auf vier korrekte Arten initialisieren können:[4]

```
Person p1 { name, alter, ort };
Person p2 { name, alter };
Person p3 { name };
Person p4 { };
```

Alle diese Varianten sind gültig und initialisieren alle Felder. Die nicht genannten werden Wert-initialisiert, also mit einem sinnvollen, meist null-ähnlichen Wert gefüllt. Was tun Sie aber, wenn Sie erzwingen möchten, dass bei der Initialisierung immer ein ort_ angegeben wird? Oder wenn Sie die Möglichkeit anbieten möchten, name_ statt ort_ wegzulassen?

Zu diesem Zweck gibt es *Konstruktoren*. Ein Konstruktor ist eine spezielle Methode der Struktur, die extra dafür da ist, das Objekt zu initialisieren. Sie schreiben einen Konstruktor *beinahe* wie eine normale Methode, jedoch mit folgenden Unterschieden:

▶ Der Name des Konstruktors ist immer der Name der Struktur, hier also Person(…).

▶ Ein Konstruktor hat keinen Rückgabewert oder -typ, auch nicht void.

▶ Vor dem Konstruktorkörper können (und sollten) Sie die Felder der Klasse mit : feld{wert}, … initialisieren.

Den Konstruktor müssen Sie wie Methoden innerhalb des struct deklarieren:

```
struct Person {
    string name_;
    int alter_;
    string ort_;
    Person();          // Konstruktor deklarieren
};
Person::Person()
  : name_{"kein Name"}  // Initialisierungswert für name_
  , alter_{-1}          // Initialisierungswert für alter_
  , ort_{"kein Ort"}    // Initialisierungswert für ort_
{ }                     // leerer Funktionskörper
```

Listing 12.10 So definieren Sie einen Konstruktor.

---

4 Ich berücksichtige hier nur die »vereinheitlichte Initialisierung« mit geschweiften Klammern {…}. Nicht genannt sind die Konstruktion mit runden Klammern, ohne Klammern sowie Kopie- und Verschiebung. Auf diese Formen gehe ich im späteren Verlauf ein.

Wenn Sie nun eine Person p{}; initialisieren, dann wird nicht mehr die Wert-Initialisierung, sondern stattdessen dieser Konstruktor ausgeführt. Bevor der (hier leere) Funktionskörper betreten wird, werden alle Variablen mit den angegebenen Werten initialisiert. Statt der geschweiften Klammern {...} können Sie auch runde Klammern (...) verwenden. Das macht hier keinen Unterschied – außer dass die {...} Sie dazu bringen, diese Form auch anderswo vorzuziehen. Auch können Sie eine andere Formatierung als oben gezeigt wählen, zum Beispiel:

```
Person::Person()
  : name_("kein Name"), alter_(-1), ort_("kein Ort")
{ }
```

Initialisierungen, die Sie hier nicht angeben, werden ausgeführt, als würden Sie eine Variable des entsprechenden Typs nicht initialisieren. Das heißt also, eingebaute Datentypen bleiben undefiniert, Klassen werden Wert-initialisiert.

> ### Selbst initialisieren oder auf Regeln verlassen?
>
> Ich rate Ihnen jedoch, alle Datenfelder zu initialisieren. Wo Sie in fremdem Code über eine vergessene Initialisierung stolpern, sollten Sie ohne Scham die fehlende Initialisierung hinzufügen dürfen. Die Regeln, was wann wie zu initialisieren ist, wenn die Nennung weggelassen wird, sind zu kompliziert, und selbst Gurus wie Scott Meyers wollen sich die Regeln nicht merken. Der Hauptgrund dafür ist natürlich nicht mangelnde Kopfkapazität, sondern dass es in der Natur der Sache liegt, dass sich die Definition des Datenfelds weit von dessen Initialisierung entfernt. Und bei der Initialisierung jedes Mal die Deklaration nachzuschlagen, um zu entscheiden, ob die Initialisierung genannt werden soll oder nicht, ist untragbar. Schlussfolgerung: Immer selbst initialisieren.
>
> Alle Datenfelder bei jedem Konstruktor aufzuzählen, ist viel Arbeit und erzeugt suboptimale Code-Duplikation. Glücklicherweise gibt es Alternativen wie *Default-Member-Initializer* und *Konstruktor-Delegation*, die es Ihnen leichter machen. Aber zu denen kommen später.

So erhalten Sie also die Möglichkeit, bei Person p{}; die Struktur mit anderen Werten zu füllen. Sie können nun aber nicht mehr ein, zwei oder drei Argumente angeben.

> ### Ein Konstruktor macht ein Aggregat zur Struktur
>
> Mit einem eigenen Konstruktor gibt es für diesen Typ keine Aggregator- oder Wertinitialisierung mehr. Sie müssen dann zur Initialisierung einen der Konstruktoren verwenden. Eine andere Anzahl Parameter als der oder die definierten Konstruktoren für die Initialisierung sind nicht mehr möglich.
>
> Zur Unterscheidung nennt man den Typ dann *Struktur*. Der Terminus *Aggregat* gilt auch noch für andere Sprachelemente, zum Beispiel das C-Array.
>
> Sie werden später noch weitere Elemente kennenlernen, die ein Aggregat zur Struktur oder Klasse machen, nämlich virtuelle Methoden und nicht öffentliche Datenfelder.

12.8 Initialisierung per Konstruktor

Genau, »der oder die Konstruktoren«: Wie eine normale Funktion können Sie den Konstruktor mit anderen Parameterkombinationen überladen, um auch wieder eine Initialisierung mit mehreren Parameterkombinationen zu ermöglichen.

```cpp
#include <string>
using std::string;
struct Person {
    string name_;
    int alter_;
    string ort_;
    Person();                            // Konstruktor ohne Argumente
    Person(string n, int a, string o);  // Konstruktor mit drei Argumenten
    Person(string n, int a);            // Konstruktor mit zwei Argumenten
    Person(string n);                   // Konstruktor mit einem Argument
};
Person::Person()
  : name_{"kein Name"}, alter_{-1}, ort_{"kein Ort"} { }
Person::Person(string n, int a, string o)
  : name_{n}, alter_{a}, ort_{o} { }
Person::Person(string n, int a)
  : name_{n}, alter_{a}, ort_{"kein Ort"} { }
Person::Person(string n)
  : name_{n}, alter_{-1}, ort_{"kein Ort"} { }
```

Listing 12.11 Auch mehrere Konstruktoren sind möglich.

Das erlaubt Flexibilität bei der Initialisierung, ist aber nicht schön – es enthält viel Codeduplikation und somit Fehlerquellen während der späteren Pflege des Codes. Diesen Umstand können Sie für Person auf drei Arten beheben:

► durch Member-Defaultwerte bei der Deklaration

► durch Konstruktor-Delegation

► durch Defaultwerte für die Konstruktor-Parameter

12.8.1 Member-Defaultwerte in der Deklaration

Sie können im struct eine Membervariable mit einem = und einem Wert versehen. Wenn Sie dann diese Variable in der Aufzählung der Initialisierungselemente am Konstruktor weglassen, dann wird stattdessen dieser Wert genommen. Obiges Beispiel ist also äquivalent zu:

```cpp
#include <string>
using std::string;
struct Person {
    string name_ = "kein Name";
    int alter_ = -1;
    string ort_ = "kein Ort";
```

267

12 Von der Struktur zur Klasse

```cpp
    Person() {}
    Person(string n, int a, string o)
      : name_{n}, alter_{a}, ort_{o} { }
    Person(string n, int a)
      : name_{n}, alter_{a} { }
    Person(string n)
      : name_{n} { }
};
```

Listing 12.12 Membervariablen können mit Defaultwerten ausgestattet werden.

Die in der Deklaration genannten Werte werden nur verwendet, wenn die Initialisierung am Konstruktor auch tatsächlich weggelassen wird. Das heißt insbesondere, dass keine zweifache Initialisierung stattfindet.

12.8.2 Konstruktor-Delegation

Sie können als Erstes in der Liste der Initialisierer einen anderen Konstruktor dieser Klasse aufrufen – die Initialisierung der Werte also an jenen *delegieren*.

Implementieren Sie dafür einen Konstruktor mit der maximalen Anzahl an Argumenten aus und delegieren Sie dann an ihn von allen anderen Konstruktoren aus die Initialisierung der Membervariablen (Listing 12.13).

Mit dieser Variante werden Sie für Person nicht alle Codeduplikationen los. Nützlich ist dies, wenn innerhalb des – hier leeren – Konstruktorkörpers auch etwas stehen würde. Denn auch der Codeblock des Konstruktors, zu dem Sie delegieren, wird ausgeführt. Erst wenn dieser fertig ist, folgt der Code, der beim delegierenden Konstruktor noch stehen mag. Dort kann dann möglicherweise weniger stehen.

```cpp
#include <string>
using std::string;

struct Person {
    string name_;
    int alter_;
    string ort_;

    Person(string n, int a, string o)          // delegierter Konstruktor
      : name_(n), alter_(a), ort_(o) { }        // ... ausimplementiert
    Person() : Person{"kein Name",-1,"kein Ort"} { }         // delegierend
    Person(string n, int a) : Person{n, a, "kein Ort"} { } // delegierend
    Person(string n) : Person{n, -1, "kein Ort"} { }        // delegierend
};
```

Listing 12.13 Ein Konstruktor kann einen Teil der Initialisierung an einen anderen Konstruktor weiterreichen.

12.8 Initialisierung per Konstruktor

Lassen Sie den Körper des delegierenden Konstruktors leer

Vorsicht, wenn in dem Körper des Konstruktors, der zuvor woanders hin delegiert hat, eine Exception ausgelöst wird. Das Objekt gilt nach dem Durchlauf des delegierten Konstruktors als erzeugt. Das hat zur Konsequenz, dass es irgendwann weggeräumt und somit auch der Destruktor aufgerufen wird. Das könnte dann unerwartet kommen, denn ohne Delegation gilt ein Objekt als *nicht* erzeugt, wenn eine Exception den Konstruktor verlässt. Welche Auswirkungen der Destruktoraufruf hat, erfahren Sie in Kapitel 16, »Der Lebenszyklus von Klassen«.

Um Schwierigkeiten zu vermeiden, sollten Sie den Körper des delegierenden Konstruktors leer lassen. So kann dort keine Ausnahme ausgelöst werden.

12.8.3 Defaultwerte für die Konstruktor-Parameter

Sie können einen Konstruktor schreiben, der mit Default-Parametern flexibel viele Argumente nimmt. Das geht, wie in Abschnitt 7.9, »Default-Parameter«, beschrieben. Ein kurzes Beispiel sehen Sie hier:

```cpp
#include <string>
using std::string;
struct Person {
    string name_;
    int alter_;
    string ort_;
    Person(string n = "N.N.", int a = 18, string o = "Berlin")
      : name_(n), alter_(a), ort_(o) { }
};
```

Listing 12.14 Auch ein Konstruktor kann mit Defaultparametern überladen werden.

Diese eine Konstruktordefinition verhält sich dann in etwa so, als hätten Sie die vier folgenden Überladungen definiert:

```cpp
Person(string n, int a, string o)
  : name_(n), alter_(a), ort_(o) { }
Person(string n = "N.N.", int a = 18)
  : name_(n), alter_(a), ort_("Berlin") { }
Person(string n = "N.N.")
  : name_(n), alter_(18), ort_("Berlin") { }
Person()
  : name_("N.N."), alter_(18), ort_("Berlin") { }
```

Beachten Sie, dass somit der Konstruktor, der alle seine Argumente mit Defaultwerten versieht, auch als *Defaultkonstruktor* verwendet wird. Das heißt, der Compiler ruft ihn auf, wann immer eine Instanz ohne Argumente erzeugt werden muss. Das ist zum Beispiel bei vector der Fall:

```
#include <vector>
#include <string>
#include <iostream>
using std::string; using std::cout;

struct Person {
    string name_;
    int alter_;
    string ort_;
    // fungiert als Defaultkonstruktor:
    Person(string n = "N.N.", int a = 18, string o = "Berlin")
        : name_(n), alter_(a), ort_(o) { }
};

int main() {
    std::vector<Person> personen{};  // zunächst leer
    personen.resize(5);  // auf fünf "leere" Personen erweitern
    cout << personen[3].ort_ << "\n";  // Ausgabe: Berlin
}
```

Listing 12.15 Ein Konstruktor mit allen vorbesetzten Argumenten fungiert als Defaultkonstruktor.

Hier führt `resize(5)` dazu, dass der `vector` fünf neue `Person`-Instanzen erzeugt. Ohne weitere Angaben verwendet der `vector` dafür den Defaultkonstruktor, und das ist hier der von uns angegebene, der alle seine Argumente mit Defaultwerten vorbelegt hat.

Wenn der Standard (oder dieses Buch) also von *Defaultkonstruktor* spricht, dann kann das durchaus einer sein, der mehrere Parameter bekommt – wenn diese alle vorbelegt sind.

12.8.4   »init«-Methode nicht im Konstruktor aufrufen

Seien Sie nicht versucht, eine normale Methode zu schreiben, die die Initialisierung übernimmt, vielleicht `init()`, um diese dann im Konstruktorkörper aufzurufen. Für eine Initialisierung der Membervariablen ist es dann schon zu spät, Sie können denen lediglich noch etwas *zuweisen* (und das wäre doppelte Arbeit).

Gegen eine solche »Initialisierungsmethode« wie `init` an sich gibt es nicht viel einzuwenden. Jedoch *initialisieren* Sie hier nicht im Sinne der Sprache C++, sondern weisen allen Membervariablen neue Werte zu. Ein besserer Name wäre in Listing 12.16 vielleicht `assign` oder `set` gewesen.

Jedoch ist es falsch, dies als Ersatz für die Konstruktor-Initialisierungsliste zu verwenden – es ist nämlich keiner. Die Membervariablen wurden nämlich schon initialisiert, obwohl Sie die Doppelpunktliste : … weggelassen haben, nur eben Wert-initialisiert – falls möglich. So kann `init()` nur noch Zuweisungen vornehmen, und es wurde Arbeit doppelt gemacht: Zuerst wurde initialisiert, dann der Wert mit der Zuweisung wieder überschrieben.

Auf gar keinen Fall dürfen Sie so vorgehen, wenn Ihr Datentyp Methoden hat, die Sie mit virtual markiert haben, siehe Kapitel 15, »Vererbung«. Merken Sie sich: Sie *dürfen* aus einem Konstruktor keine *virtuelle Methode* aufrufen. Ihr Programm wird wahrscheinlich abstürzen.

```
#include <string>

using std::string;

struct Person {
    string name_;
    int alter_;
    string ort_;
    Person(string n, int a, string o)
        { // Init-Liste fehlt
        init(n, a, o); // fragwürdiger "Initialisierungsaufruf"
    }
    void init(string n, int a, string o) {
      name_ = n; alter_ = a; ort_ = o;
    }
};
```

Listing 12.16 Rufen Sie keine initialisierende Methode im Konstruktorkörper auf.

Verwenden Sie also eine solche init-Methode gerne, aber erst dann, wenn das Objekt schon komplett fertig ist und der Konstruktorcode schon verlassen wurde. Manchmal benötigen Sie dieses Vorgehen, um Ihre Objekte in zwei Phasen zu initialisieren: Wenn sich die Objekte gegenseitig benötigen, dann konstruieren Sie zunächst alle und rufen danach die nötigen init()-Methoden auf.

12.8.5 Exceptions im Konstruktor

Exceptions haben innerhalb von Konstruktoren eine besondere Bedeutung. Sie verhindern, dass das Objekt erzeugt wird. Die genauen Auswirkungen sehen Sie in Kapitel 16, »Der Lebenszyklus von Klassen«.

12.9 Struktur oder Klasse?

Ein Typ, der einen Konstruktor enthält, ist kein Aggregat mehr, er ist eine Struktur. Dieser Begriff stammt daher, dass Sie ja die Typdeklaration mit struct einleiten.

Sie werden manchmal aber auch den Begriff *Klasse* dafür hören – und das ist auch korrekt. Denn anstatt struct … können Sie ebenso gut class … schreiben. Es gibt nur einen winzig kleinen Unterschied in der Bedeutung zwischen struct und class in C++:

12   Von der Struktur zur Klasse

▶ **struct**

Ein struct hat zunächst öffentliche Zugriffsrechte.

▶ **class**

Eine class beginnt mit privaten Zugriffsrechten.

Öffentliches Zugriffsrecht bedeutet, dass Sie von außen auf das Innenleben des Typs zugreifen können. Das haben Sie in der Implementierung von operator<< gesehen:

```
ostream& operator<<(ostream& os, Person p) {
    return p.drucke(os);
}
```

Auf drucke des Typs Person kann operator<< als freie Funktion (»von außen«) zugreifen, weil sie öffentlich ist (engl. *public*). Auch die Datenfelder sind öffentlich, also hätten Sie auch schreiben können:

```
ostream& operator<<(ostream& os, Person p) {
    cout << p.name_ << " (" << p.alter_ <<") aus " << p.ort_;
}
```

Listing 12.17 Zugriff von außen auf die Datenfelder eines Typs

Auf diese Weise auf die Innereien des Typs zuzugreifen, widerspricht aber komplett dem, was mit der Einführung von Methoden eigentlich erreicht werden sollte: dass es der Typ selbst ist, der die Funktionalität bereitstellt und zusammenhält. Zu diesem Zweck können – und sollten – Sie den öffentlichen Zugriff auf Teile eines Typs unterbinden. Trennen Sie einen bestimmten Bereich mittels private: ab. Von dem Punkt der Deklaration an sind Methoden und Daten dann vor dem Zugriff von außen geschützt. Das Gegenteil erreichen Sie mit public: – alles hinter diesem Schlüsselwort ist öffentlich.

```
#include <string>
using std::string;
struct Person {
private: // alles ab hier kann von außen nicht benutzt werden
    string name_;
    int alter_;
    string ort_;
public: // alles ab hier darf von außen verwendet werden
    Person(string n, int a, string o)
      : name_{n}, alter_{a}, ort_{o} { }
    void drucke();
};
```

Listing 12.18 Teilen Sie einen Typ mit »public« und »private« in mehrere Bereiche auf.

Nun ist es nicht mehr möglich, wie in Listing 12.17 auf name_ und die anderen Daten direkt zuzugreifen.

12.9.1   Kapselung

Dieses Konzept, bestimmte Dinge vor dem Zugriff von außen zu schützen, nennt man *Kapselung*. Damit ist vor allem gemeint, die Daten selbst in den privaten Bereich zu packen und den Zugriff nur über Methoden zu erlauben und damit zu kontrollieren.

Tatsächlich gibt es noch weitere Formen der Kapselung; public- und private-Bereiche einer Klasse sind nur ein Aspekt. In C++ müssen die private Teile einer Klasse ja ebenfalls aufgelistet werden. So kann jeder Programmierer, der die Definition der Klasse einsehen kann, auch die Namen und Typen der privaten Daten sehen. Es kann durchaus sinnvoll sein, das Konzept des *Information Hiding* (verbergen von Information) der Kapselung noch weiter zu treiben. Schauen Sie in Kapitel 14, »Guter Code, 3. Dan: Testen«, unter dem Anriss des »Pimpl-Patterns« nach.

12.9.2   »public« und »private«, Struktur und Klasse

Kommen wir auf den Unterschied zwischen class und struct zurück: Für den Compiler ist der einzige Unterschied, dass ein struct implizit mit einem public: beginnt und eine class mit einem impliziten private:.

Sie hätten also Listing 12.18 auch so schreiben können, und es hätte exakt das Gleiche bedeutet:

```cpp
#include <string>
using std::string;
class Person { // eine Klasse beginnt mit privater Sichtbarkeit
    string name_;
    int alter_;
    string ort_;
public:    // alles ab hier darf von außen verwendet werden
    Person(string n, int a, string o)
      : name_{n}, alter_{a}, ort_{o} { }
    void drucke();
};
```

Listing 12.19 »class« beginnt mit privater Sichtbarkeit.

Semantisch gesehen ist in C++ Klasse und Struktur dasselbe. Der Unterschied entsteht aber durch die Standardsichtbarkeit, die Sie erhalten, je nachdem, ob Sie Ihren Typ mit struct und class beginnen.

12.9.3   Daten mit »struct«, Verhalten mit »class«

Abgesehen von dieser technischen Unterscheidung empfehle ich Ihnen, dennoch »im Kopf« eine gewisse Unterscheidung zwischen Struktur und Klasse zu machen und diese auch durch die Verwendung von struct und class hervorzuheben:

▶ Verwenden Sie struct für jene Typen, die hauptsächlich nur Halter von Daten sind und nur wenig Verhalten mittels Methoden haben.

▶ Verwenden Sie class, wenn Sie die eigentlichen Daten als Implementierungsdetail ansehen und es das Verhalten ist, was Sie nach außen bringen wollen.

12.9.4 Initialisierung von Typen mit privaten Daten

Sie haben schon erfahren, dass Sie, wenn Sie mindestens einen Konstruktor zu Ihrem Datentyp hinzufügen, nicht mehr Wert-initialisieren können. Gleiches gilt auch, wenn Sie Daten in den private-Bereich Ihres Typs packen.

```
class Rect {
    int area_;   // private Daten
public:
    int x_, y_;
    void set(int x, int y) { x_=x; y_=y; area_=x_*y_; }
    int calc() { return area_; }
};
```
Listing 12.20 Teile der Daten sind privat.

Da Sie von außen nicht mehr direkt auf die Membervariable area_ zugreifen dürfen, können Sie sie auch nicht mehr einfach mit geschweiften Klammern befüllen. Sie können nicht Rect r{1,2}; oder Rect s{6,2,3}; schreiben – durch das Packen von area_ in den privaten Bereich der Klasse ist eine Wert-Initialisierung für Rect unmöglich.

Sie benötigen also auf jeden Fall einen Konstruktor. Akzeptieren Sie niemals, dass etwas nach der Definition uninitialisiert herumliegt! Das sieht der Compiler zum Glück auch so, und daher *generiert* er in diesen Fällen einen Konstruktor, nämlich den ohne Parameter. Dadurch können (und sollten) Sie zumindest Rect t{}; verwenden.

Und was macht dieser generierte Konstruktor? Effektiv initialisiert er Ihr Objekt mit Nullen bzw. bei Membervariablen komplexeren Typs mit einem passenden Äquivalent. Dies nennt man *Null-Initialisierung*.[5]

Durch so viel Automatismen muss man erst einmal durchsteigen. Denken Sie an die Leser Ihres Programms und liefern Sie einen Konstruktor mit, und sei es nur der Konstruktor ohne Parameter. Andererseits, wenn der Konstruktor ohnehin nur das tut, was der Compiler auch generieren würde, dann können Sie dessen Erzeugnis mit = default anfordern – so haben Sie es wenigstens explizit gemacht, und der Leser sieht direkt: »Ach ja, Initialisierung ohne Parameter«.

---

[5] Tatsächlich wird Ihr Objekt zuerst Null-initialisiert und dann der generierte Konstruktor aufgerufen, der nichts tut; der Effekt ist hier der gleiche.

```cpp
class Rect {
    int area_;              // private Daten
public:
    int x_, y_;
    void set(int x, int y) { x_=x; y_=y; area_=x_*y_; }
    int calc() { return area_; }
    Rect() = default;       // den Compiler einen Konstruktor generieren lassen
};
class Pow {
    int result_;            // private Daten. hält 'base' hoch 'exp'.
public:
    int base_, exp_;
    void set(int b, int e) { /* ... */ }
    int calc() { return result_; }
    Pow() : result_{1} {}   // base_, exp_ wurden 0, dann muss result_=1 werden.
};
```

Listing 12.21 Mit »= default« lassen Sie den Compiler Code erzeugen.

Während `Rect() = default;` nur die Null-Initialisierung anfordert, die der Compiler sowieso eingesetzt hätte, macht der Konstruktor `Pow()` tatsächlich etwas: Da `base_` und `exp_` Null-initialisiert wurden, muss `result_` auf 1 gesetzt werden, denn $0^0 = 1$.

Automatisch generierter Default-Konstruktor

Der Compiler generiert genau dann einen Default-Konstruktor (den ohne Argumente), wenn Sie keinen einzigen eigenen Konstruktor definieren.

Sollten Sie also zum Beispiel `Rect(int x, int y)` hinzufügen, dann generiert der Compiler *keinen* `Rect()`-Konstruktor. Die Initialisierung `Rect a{};` geht dann nicht mehr, dafür aber `Rect b{4,3};`. Wenn Sie das doch wünschen, haben Sie immer noch die Möglichkeit, diesen mit `Rect() = default` zusätzlich zu deklarieren und vom Compiler definieren zu lassen.

12.10 Zwischenergebnis

▶ Verwenden Sie `struct` zum Erzeugen neuer Typen.

▶ Globale Funktionen können auf Parametern des neuen Typs arbeiten und den neuen Typ als Rückgabe zurückliefern.

▶ Mittels Methoden halten die Daten und Funktionen zusammen.

▶ Vermeiden Sie die direkte Verwendung von globalen Variablen in Funktionen und Methoden.

▶ Sie können `operator<<(ostream&,…)` definieren und zur Ausgabe Ihres Typs verwenden.

12 Von der Struktur zur Klasse

▶ Trennen Sie Deklaration und Definition der Methoden durch Auftrennen in Header und Implementierung.

▶ Teilen Sie Ihren Typ mit `public` und `private` in private und öffentliche Bereiche auf.

▶ Verwenden Sie `struct` oder `class`, um Ihre Intention für den Typ zu verdeutlichen.

12.11 Verwendung eigener Datentypen

Sie wissen jetzt, wie Sie eigene Datentypen erstellen, wie Sie sie initialisieren und mit Methoden ausrüsten. Ich zeige Ihnen nun an einem ausführlichen Beispiel, wie Sie solche eigenen Typen einsetzen können. Hier sehen Sie unter anderem,

▶ wie Sie einen eigenen Datentyp als Parameter übergeben und zurückgeben,

▶ wie dabei automatisch der Typ umgewandelt werden kann,

▶ wie Sie ihn ausgeben und für Berechnungen nutzen und

▶ wie er Sie vor Fehlern schützt, indem er Ihnen Typsicherheit bietet.

Als erklärendes Beispiel dient mir eine Datumsberechnung. Wenn Sie mit einem Datum mit *Jahr*, *Monat* und *Tag* zu tun haben, besteht immer das Risiko, dass Sie *Monat* und *Tag* etc. vertauschen.[6] Wenn Sie zum Beispiel eine Funktion `void printDate(int j, int m, int t);` haben und rufen sie irgendwo mit `printDate(28, 2, 2014)` auf, dann ist das selbstverständlich falsch.

Das passiert Ihnen, weil Sie sich nicht mehr an die genaue Bedeutung der Parameter erinnern. Dann wird das Programm wahrscheinlich nicht das tun, was Sie wollten, denn Sie hätten `printDate(2014, 2, 28)` schreiben sollen. Und nichts anderes als die Namen der Parameter kann Ihnen dabei helfen, die Funktion richtig zu benutzen.

Das folgende Beispiel ist da sicherer. Wenn Sie für die verschiedenen Zeiteinheiten unterschiedliche Typen einführen, schützen Sie `Date` vor einer falschen Verwendung. Diesem Ziel sind Sie mit diesem Beispiel schon recht nahe. Doch Achtung: Sie haben es noch nicht ganz erreicht, wie Sie bei der Besprechung sehen werden. Hier kommt zunächst das komplette Listing:

```
#include <string>        // string, stoi
#include <iostream>      // cin, cout, ostream
#include <iomanip>       // setfill, setw
using std::setfill; using std::setw; using std::ostream;
/* Hilfstypen für sicheres Datum */
class Year {
    int value_; // z. B. 2014
public:
    Year(int v) : value_{v} {}
```

---

6 Zum Beispiel, weil man in USA den 5. Februar 2014 als 2/5/14 schreibt.

12.11 Verwendung eigener Datentypen

```cpp
    int value() { return value_; }
};
class Month {
    int value_;  // 1..12
public:
    Month(int v) : value_{v} {}
    int value() { return value_; }
};

class Day {
    int value_;  // 1..31
public:
    Day(int v) : value_{v} {}
    int value() { return value_; }
};
/* typsicher konstruierendes Datum */
class Date {
    Year year_;
    Month month_ = 1;
    Day day_ = 1;
public:
    Date(int y) : year_{y}            // 1-Argument-Konstruktor
        {}                            // setzt 1. Jan des angegebenen Jahrs
    Date(Year y, Month m, Day d)      // 3-Argument-Konstruktor
        : year_{y}, month_{m}, day_{d}
        {}
    ostream& print(ostream& os);      // z. B. 2014-04-20
};
ostream& Date::print(ostream& os) {   // z. B. 2014-04-20
    return os << year_.value()
        << "-" << setfill( '0' ) << setw(2) << month_.value()
        << "-" << setfill( '0' ) << setw(2) << day_.value();
}
ostream& operator<<(ostream& os, Date d) {
    return d.print(os);
}

// http://codegolf.stackexchange.com/a/11146/1405, user Fors, 2014-02-25
Date ostern(Year year) {
    const int y = year.value();
    int a = y/100*1483 - y/400*2225 + 2613;
    int b = (y%19*3510 + a/25*319)/330%29;
    b = 148 - b - (y*5/4 + a - b)%7;
    return Date{Year{y}, Month{b/31}, Day{b%31 + 1}};  // Datum erzeugen
}
```

```
int main(int argc, const char *argv[] ) {
    /* Eingabe */
    int zahl {};
    if(argc > 1) {
        zahl = std::stoi(argv[1]);
    } else {
        std::cout << "Jahr? "; std::cin >> zahl;
    }
    /* Berechnung */
    Date date = ostern(zahl);   // implizite Konvertierung nach Year
    /* ausgabe */
    std::cout << "Ostern: " << date << "\n";
}
```

Listing 12.22 Eigene Datentypen können vor Fehlern schützen – dies ist der erste Schritt dazu.

Wenn es ausgeführt wird, fragt das Programm nach einem Jahr wie 2018 und gibt dann das Datum des Ostersonntags jenes Jahrs aus. Sie können das Programm auch auf der Kommandozeile mit der Jahreszahl aufrufen:

```
$ ./33-easter.x   2018
Ostern: 2014-04-01
```

Die Funktion zur Berechnung von »Ostern« ist eine Variation des Algorithmus von Carl Friedrich Gauss, der als Erster dazu eine einfache Rechenvorschrift ohne große Tabellen ersonnen hat. Zu seiner Zeit war dies eine der wichtigsten Berechnungen überhaupt.[7] Auf die Details dieser Berechnung will ich hier nicht weiter eingehen.

Eine Zeile ist bei genauerem Hinsehen besonders spannend:

```
Date date = ostern(zahl);
```

Hier wird der int zahl automatisch in ein Year für den Parameter von ostern umgewandelt. Warum das passiert und wie das geht, sehen Sie im Abschnitt »Implizite Typumwandlung« des Abschnitts 12.11.3. Und Sie sehen auch, ob das eine gute Idee ist oder nicht.

12.11.1 Klassen als Werte verwenden

Wenn Sie mit Ihren selbst geschriebenen Datentypen agieren, sollten Sie diese nicht anders behandeln als solche aus der Standardbibliothek – und eigentlich auch nicht anders als die eingebauten Typen. Wenn Sie Klassen und Structs verwenden, überlegen Sie zuerst, ob etwas dagegen spricht, sie so zu verwenden, als wäre es ein int oder Ähnliches. Nur, wenn es einen guten Grund gibt, dies nicht zu tun, dann behandeln Sie den Einzelfall anders.

Hiermit ist gemeint, dass Sie auch Variablen Ihrer Klasse als einfachen *Wert* behandeln sollen. Das heißt:

---

7 *Computus, https://en.wikipedia.org/wiki/Computus,* [2017-01-10]

12.11 Verwendung eigener Datentypen

▶ Sie können einer Variablen Ihres Typs einen komplett neuen Wert zuweisen, statt ihren inneren Zustand zu verändern.

▶ Übergeben Sie eine Variable bevorzugt als Wert (*Call-by-Value*). Nur dann, wenn Sie sicher sind, nutzen Sie Referenzen (oder Zeiger).

▶ Scheuen Sie nicht davor zurück, Ihren Typen als Ergebnis zurückzuliefern.

Wert-Parameter

Im Beispiel bekommen die Funktionen die eigenen Datentypen als Wert-Parameter:

```
ostream& operator<<(ostream& os, Date d);
Date ostern(Year year);
```

Beide Funktionen lesen ihren Parameter nur und wollen ihn nicht verändern. Zwei Möglichkeiten der Parameterübergabe für diesen Fall sind als *Wert* und als *konstante Referenz*.

Die Übergabe als Wert ist der sicherste Weg, Ihr Programm, wenn es größer wird, davor zu schützen, im Wust der Referenzen durcheinanderzukommen: Falls das Originalobjekt außen nicht mehr existiert, wenn es in der Funktion gebraucht wird, dann wird das Programm möglicherweise abstürzen.

Der Nachteil ist, dass die Variable dafür kopiert werden muss. Das kostet Zeit und Speicher bei der Programmausführung. Doch sollten Sie dennoch diese Möglichkeit vorziehen, um sich in einem größeren Projekt vor schwer zu findenden Fehlern zu schützen.

Eine Alternative zur Übergabe als Wert ist die *konstante Referenz*. Die sieht in diesem Fall so aus:

```
ostream& operator<<(ostream& os, const Date& d) {
    return d.print(os);
}
```

Doch ergibt dies nun einen Fehler: d darf nicht verändert werden, denn genau das haben Sie mit const Date& ja gesagt. Aber d.print… *könnte* d verändern – für den Compiler sieht es zumindest so aus. Um dem Abhilfe zu schaffen, müssen Sie dem Compiler sagen, dass print das Objekt nicht verändert. Dazu stellen Sie der Methodendeklaration ein const nach:

```
ostream& print(ostream& os) const;
```

Nun klappt der obige Aufruf d.print(os) – und zusätzlich sind Sie nun auch *const-korrekt*. Auf all diese Aspekte von const gehe ich in Kapitel 13, »Namensräume und Qualifizierer«, detailliert ein.

Rückgaben

Wenn Sie Ihren neuen Typ zurückgeben wollen, dann tun Sie es einfach. Im Normalfall geben Sie keine Referenz zurück – und wenn, dann höchstens eine, die Sie auch als Parameter bekommen haben, wie os in:

12 Von der Struktur zur Klasse

```
ostream& Date::print(ostream& os) {
    return os << year_.value()
        << "-" << setfill0 << setw(2) << month_.value()
        << "-" << setfill0 << setw(2) << day_.value();
}
```

Geben Sie *niemals* (und zwar wirklich nie!) eine Referenz auf ein in der Funktion oder Methode erzeugtes[8] Objekt zurück:

```
Date& firstJanuaryOf(int y) {
    Date result{Year{y}, Month{1}, Day{1}};
    return result;
}
```

Das geht sofort schief: result ist in dieser Funktion erzeugt und wird beim Verlassen somit auch wieder zerstört. Wenn Sie die Referenz auf das in der Funktion interne Objekt nach außen reichen, dann zeigt die Referenz auf das zerstörte Objekt – das ist schlicht falsch und verkehrt.

Daher: Reichen Sie das neu erzeugte Objekt einfach nach außen als Wert heraus.

```
Date firstJanuaryOf(int y) {
    Date result{Year{y}, Month{1}, Day{1}};
    return result;
}
```

Performance beim Zurückgeben

Sollten Sie sich Sorgen darüber machen, dass hier vielleicht extra kopiert werden muss, dann kann ich Sie beruhigen: Der Compiler kann in den meisten Fällen eine Kopie vermeiden (*copy elision*). Sie sind performance-mäßig auf der sicheren Seite, wenn Sie nur ein einziges return in Ihrer Funktion haben oder Sie nur eine einzige Stelle in der Funktion haben, an der Ihr zurückzugebender Wert erzeugt wird. Und selbst wenn beides nicht zutrifft, kann der Compiler häufig trotzdem eine Komplettkopie vermeiden.

```
#include <vector>
std::vector<int> createData(unsigned size) {
    std::vector<int> result{};
    for(int idx=0; idx<size; ++idx) {
        result.push_back(idx);
    }
    return result;
}
```

Listing 12.23 Wenn alle »return«-Anweisungen dieselbe Variable zurückliefern, kann der Compiler eine Kopie immer vermeiden.

Sein normales Vorgehen wäre ja wie folgt. Nehmen wir an, der Rückgabetyp sei R:

---

8 nicht statisches

- Funktion aufrufen
- darin lokal eine neue Instanz f von R erstellen
- in der Funktion f befüllen
- zum Aufrufort zurückkehren
- am Aufrufort eine neue Instanz a von R erstellen
- a per Kopierkonstruktor aus f initialisieren
- f wegräumen

Wenn aber wie oben gesagt gewisse Regeln zutreffen, dann kann der Compiler dies zu folgendem Code vereinfachen:

- am Aufrufort eine neue Instanz a von R erstellen
- Funktion aufrufen
- die am Aufrufort erstellte Instanz a in der Funktion befüllen
- zum Aufrufort zurückkehren

Neben der Kopie des Objekts wird auch eine Konstruktion und Destruktion eingespart.

Die Regeln besagen, dass Aufrufer und Funktion sich so verhalten müssen, als wären f und a dasselbe Objekt, und dabei Erzeugen, Kopie und Entfernen einsparen. Wie der Compiler das tut, ist sein Implementierungsdetail. So könnte der Aufrufer zum Beispiel schon die Adresse von a festlegen, an der die Funktion das Objekt zu erzeugen hat, und als »versteckten Parameter« übergeben.

12.11.2 Konstruktoren nutzen

Aus der Funktion `ostern()` ist vor allem die folgende Zeile interessant:

```
return Date{Year{y}, Month{b/31}, Day{b%31 + 1}};
```

Hier wird ein `Date` erzeugt, indem der Konstruktor mit drei Argumenten aufgerufen wird:

```
Date(Year y, Month m, Day d);
```

Dessen Argumente sind drei frische Variablen unterschiedlichen Typs, die explizit mit ihrem jeweiligen 1-Argument-Konstruktor aufgerufen werden: `Year{y}` erzeugt aus dem `int` y eine temporäre Variable des Typs `Year` etc.

Dadurch, dass die drei Konstruktor-Argumente unterschiedlichen Typs sind, kann es nicht passieren, dass Sie versehentlich

```
return Date{Day{b%31 + 1}, Month{b/31}, Year{y}};
```

aufrufen: Dazu passt der Konstruktor nicht. Sie haben hier Sicherheit erreicht. In vielen APIs, die einen Typ für ein Datum bereitstellen, nimmt der Konstruktor einfach drei `int`-Werte, und die Erkennung auf das irrtümliche Vertauschen der Argumente ist dahin.

Lassen Sie sich vom Compiler helfen, um Fehler zu vermeiden.

12 Von der Struktur zur Klasse

12.11.3 Typumwandlungen

Implizite Typumwandlung

Dort, wo die Funktion ostern benutzt wird, sehen Sie ein tolles Feature. Sie wissen ja, dass zahl vom Typ int ist. Und doch steht dort:

```
Date date = ostern(zahl);
```

Obwohl die Funktion ostern ein Argument mit dem Typ Year nimmt:

```
Date ostern(Year year);
```

Sie müssen nicht einen der Umwege nehmen, um erst ein Year zu erzeugen:

```
Year y{zahl};
Date date = ostern(y);
// oder
Date date = ostern(Year{zahl});
```

Der Compiler sieht, dass es hier möglich ist, aus einem int ein Year zu machen. Dies nennt man *implizite Typumwandlung*.

Typumwandlung per Konstruktor

Ein Konstruktor mit einem Argument erlaubt dem Compiler, eine implizite Typumwandlung vorzunehmen: vom Typ des Arguments in den Typ, zu dem der Konstruktor gehört.

Wenn der Compiler also ostern(zahl) sieht, stellt er fest, dass zahl ein int ist, aber ostern ein Year verlangt. Der Konstruktor Year(int) erlaubt ihm genau diese Umwandlung – und so erzeugt er sich selbst eine temporäre Variable – als hätten Sie ostern(Year{zahl}) aufgerufen.

Explizite Typumwandlung

Ich hatte schon gesagt, dass dieses Beispiel einen Haken hat. Denn die implizite Typumwandlung beschert Ihnen eine Fußangel, und zwar keine kleine.

Denn was für Funktionen mit einem Argument wie ostern(Year) gilt, gilt auch für solche mit drei Argumenten.

Probieren Sie einmal aus, in den Konstruktor von Date die int-Werte statt der Typen für die unterschiedlichen Zeiteinheiten einzusetzen:

```
/* return Date{Year{y}, Month{b/31}, Day{b%31 + 1}}; */
return Date{y, b/31, b%31 + 1};
```

Oje, das geht! Der Date-Konstruktor (in diesem Sinne einer Funktion ähnlich) kommt mit drei int-Werten klar. Logisch, denn alle drei Zeit-Typen haben Konstruktoren mit einem int als Argument und erlauben dem Compiler nun die implizite Umwandlung:

282

```cpp
Year::Year(int v);
Month::Month(int v);
Day::Day(int v);
```

Dass die implizite Umwandlung des Compilers manchmal nützlich sein kann, haben Sie schon gesehen. Doch in vielen Fällen, wie hier, kann sie gefährlich sein. Nun beraubt sie uns des Schutzes vor dem Vertauschen der Argumente. Denn Date{b%31 + 1, b/31, y} schluckt der Compiler, es ist aber falsch.

Umwandlung mit »explicit« verhindern

Die Rettung kommt mit dem Schlüsselwort explicit. Wenn Sie dieses an die Deklaration eines einstelligen Konstruktors anfügen, dann wählt der Compiler diesen nicht mehr für die implizite Typumwandlung aus. Dann *müssen* Sie einen int y in ein Year umwandeln, indem Sie Year{y} schreiben.

Die restlichen Zeilen der Typen bleiben unverändert, aber die Deklaration der Konstruktoren sieht nun so aus:

```cpp
// jeweils nur Auszüge
class Year {
    explicit Year(int v) : value_{v} {}
};
class Month {
    explicit Month(int v) : value_{v} {}
};
class Day {
    explicit Day(int v) : value_{v} {}
};
class Date {
    explicit Date(int y) : year_{y} {}
};
```

Listing 12.24 Mit »explicit« verhindern Sie automatische Typumwandlung.

Vor einem Konstruktor mit mehr als einem Argument macht ein explicit keinen Sinn. Schließlich können nicht mehrere Typen gleichzeitig in einen anderen Typ umgewandelt werden.

Der Nachteil: Sie müssen nun auch beim Aufruf von ostern auf die implizite Umwandlung verzichten und sie stattdessen explizit machen. Dieser Mehraufwand lohnt sich aber:

```cpp
Date date = ostern(Year{zahl});
```

Tipp

Im Normalfall sollten Sie Konstruktoren mit einem Argument zusätzlich mit dem Schlüsselwort explicit versehen.

---

12 Von der Struktur zur Klasse

12.11.4   Kapseln und entkapseln

Die drei Typen Year, Month und Day machen ja eigentlich nichts anderes, als einen Wert zu *kapseln*. Dadurch, dass Sie den eigentlichen Wert int value_ gekapselt haben, haben Sie jeweils einen eigenen Typ erzeugt, der den inneren Wert verbirgt. Aber natürlich müssen Sie irgendwie den wirklichen Wert hinein- und herausbekommen.

Das Hinein habe ich bereits beschrieben. Sie wählen als Weg den Konstruktor: value_ kann nicht mehr nachträglich verändert werden. Wenn Sie einen neuen value_ haben wollen, dann erzeugen Sie auch die umgebende Kapsel neu – zum Beispiel Year a{2014}; und dann a = Year{2015}.

Der andere Weg, das Heraus, ist im Beispiel mit

```
int Year::value() { return value_; }
```

implementiert. Das kann man als Nachteil sehen: Jedes Mal wenn Sie nun den wirklichen Wert von Year haben wollen, müssen Sie value() verwenden. Die Methode print() macht davon reichlich Gebrauch:

```
ostream& Date::print(ostream& os) {
    return os << year_.value()
        << "-" << setfill0 << setw(2) << month_.value()
        << "-" << setfill0 << setw(2) << day_.value();
}
```

Ich möchte Ihnen hier zwei Möglichkeiten zeigen, dies anders zu machen – unter gewissen Umständen sogar besser.

Entkapseln

Wenn Sie die inneren Werte teilweise nach außen befördern wollen, dann verwenden Sie ruhig eine Zugriffsfunktion wie int value(). Seien Sie sich aber bewusst, dass Sie damit dem Benutzer der Klasse abfordern, sich bis zu einem gewissen Grad mit den eigentlich verborgenen (weil privaten) Dingen der Klasse auszukennen. Sie geben mit einer Methode wie

```
int Year::value() { return value_; }
```

einen gewissen Grad der Kapselung auf. Sie exponieren den Typ int, also den Typ, der eigentlich privaten Variable value_. Das muss nicht immer ein Ausschlusskriterium beim Design sein: Mit den kleinen Klassen wollen Sie hauptsächlich Typsicherheit für den Konstruktor von Date erreichen. Denn die Alternative, direkt mit drei int-Werten zu arbeiten, ist ja, wie eingangs erwähnt, nicht typsicher.

Wenn Sie also eine Methode wie int Year::value() akzeptieren, dann stört Sie vielleicht, dass Sie auf Year nicht einfach herumhantieren können wie auf einem int. Immer extra year.value() zu schreiben, ist lästiger, als einfach nur year zu schreiben. Da mithilfe der einargumentigen Konstruktoren eine Typumwandlung in Richtung des eigenen Typs möglich ist, liegt es nahe, dass es in C++ auch eine Möglichkeit gibt, den eigenen Typ *in* einen anderen Typ umzuwandeln.

Das Mittel, um Ihren Typ in einen int umwandeln zu können, heißt operator int(). Hier sehen Sie dazu die komplette Klasse Year:

```
class Year {
    int value_;
public:
    explicit Year(int v) : value_{v} {}
    int value() { return value_; }
    operator int() { return value(); }
};
```

Nun können Sie Year-Variablen dort verwenden, wo sonst ein int erlaubt war:

```
Year year{2014};
cout << year;       // ausgeben wie ein int
int zahl = year;   // int-Wert einem int zuweisen
Year zukunft { year + 10 };
```

Die letzte Zeile macht am meisten: In year + 10 wird der Operator + auf zwei Operanden vom Typ Year und int angewandt. Dafür gibt es direkt kein +. Der Compiler findet jedoch heraus, dass mit operator Year::int() eine Umwandlung von Year zu int möglich ist und somit ein Weg existiert, + auf int und int anzuwenden. Somit wird year in den int 2014 umgewandelt und +10 ausgeführt. Das Ergebnis 2024 ist natürlich wieder ein int. Dieses ist dann der Parameter für den Konstruktor Year zukunft{2024}.

Setzen Sie Konvertierungsmethoden sparsam ein

So verlockend es auch sein kann, sich die Tipparbeit value() zu sparen: Dadurch, dass dem Compiler für jeden Konvertierungsoperator, den Sie hinzufügen, ein neuer Weg eröffnet wird, seine Automatismen anzuwenden, kann es – falls im Übermaß eingesetzt – schnell unübersichtlich werden. Manchmal werden Sie sich wundern, wie der Compiler denn nun wieder *diesen* Weg zur Konvertierung gefunden hat. Das wird ganz besonders dann der Fall sein, wenn Sie auch noch Nicht-explicit-Konstruktoren haben.

Setzen Sie Konvertierungsmethoden sparsam ein. Wenn überhaupt, präferieren Sie ein-argumentige Konstruktoren. Und nur, wenn das noch nicht reicht, dann erlauben Sie ausschließlich die Konvertierung innerhalb einer kleinen, eng zusammenarbeitenden Familie von Klassen. Konvertierungen in allgegenwärtige Typen wie int etc. sollten Sie vermeiden.

Totale Kapselung

Häufig sollten Sie den anderen Weg gehen: Wenn Ihr Datentyp mehr macht, als nur einen einzelnen Wert zu verstecken, dann reichen Sie so wenig Innenleben wie möglich nach außen. Vermeiden Sie also ein int Year::value().

12 Von der Struktur zur Klasse

Dennoch gibt es natürlich Operationen, die Sie ausführen wollen. Ohne Operationen ergibt ein Typ keinen Sinn. Bisher haben Sie »gemogelt«, indem Sie auf die Operationen zurückgegriffen haben, die int bietet: Eingabe, Ausgabe, Rechnung etc.

Wenn Sie nun nicht das Innere unserer Klasse offenbaren wollen, dann müssen Sie die nötigen Operationen für unseren Datentyp anbieten. Das kann eine Menge Arbeit sein, erlaubt dann aber die strikte Trennung von *Interface* und *Implementierung*.

Nehmen wir Year aus unserem Beispiel: Bisher haben Sie mit der Methode int value() den eigentlich eingekapselten int-Wert verwendet, wenn Sie mit Year rechnen wollten. Sie haben also die eigentlich für int vorgesehenen Operationen verwendet, um sie für Year zu nutzen. Im Oster-Beispiel ging es für Year nur um die *Ausgabe*, implementiert durch operator<<.

Für andere Zwecke könnte es sinnvoll sein, die Jahreszahl zu verändern. Diese Operation bekommt den Namen advance mit der folgenden Methodensignatur:

```
Year& Year::advance(const Year &difference);
```

Beachten Sie, dass hier der aktuelle value_ der Instanz verändert werden soll. Das ermöglicht dann zum Beispiel:

```
Year year{2014};
year.advance(Year{1});
cout << year; // Ausgabe: 2015
```

Ebenso sinnvoll ist es, in einer if-Abfrage prüfen zu können, ob zwei Jahre gleich sind. Und wenn Sie nicht mehr auf den int-Wert per value() zurückgreifen können, dann benötigen Sie eine Methode dafür:

```
bool Year::equals(const Year& other);
// erlaubt:
Year year{2014};
if( year.equals( Year{2010}.advance(Year{4}) ) ) {
    //...
}
```

An diesem Beispiel sehen Sie, warum Sie Operationen auf dem eigenen Datentyp brauchen, dessen innere Werte Sie total eingekapselt haben. Für die genannten Funktionen sähe das bei Year wie folgt aus:

```
class Year {
    int value_;
public:
    explicit Year(int v) : value_{v} {}
    std::ostream& print(std::ostream& os) const;
    Year& advance(const Year& other);
    bool equals(const Year& other) const;
    bool less_then(const Year& other) const;
};
```

286

12.11 Verwendung eigener Datentypen

```cpp
std::ostream& Year::print(std::ostream& os) const {
    return os << value_;
}
std::ostream& operator<<(std::ostream& os, const Year& year) {
    return year.print(os);
}
Year& Year::advance(const Year& other) {
    value_ += other.value_;
    return *this;
}
bool Year::equals(const Year& other) const {
    return value_ == other.value_;
}
bool Year::less_then(const Year& other) const {
    return value_ < other.value_;
}
```

Listing 12.25 »Year« hat nun kein »value()« mehr und benötigt dafür andere Methoden.

Die gleichen Operationen machen für Month und Day ebenfalls Sinn. Allerdings müssen Sie sich da über das *Design* Gedanken machen: Was passiert bei Berechnungen außerhalb des gültigen Bereichs, also zum Beispiel Month{12}.advance(Month{1})? Und was ist mit Date? Was soll passieren, wenn Sie vom 31.12.2017 einen Tag nach vorne gehen?

Sie haben einige fachliche Fragen zu klären, bei denen es manchmal kein Richtig oder Falsch gibt, müssen sich aber für eine eindeutige Art der Implementierung entscheiden. Welche, das hängt stark von den Anforderungen ab.

Eine durchaus sinnvolle Anforderungen könnte sein, dass Date::advance immer ein gültiges Datum zurückliefert. Um das zu erreichen, könnte eine Hilfsfunktion void Date::normalize() helfen: Die überprüft die Teildaten Year, Month und Day auf Plausibilität und nimmt nötigenfalls Korrekturen vor. Daraus folgt, dass die Teildaten selbst nicht korrigieren, da sie eventuell den Kontext des ganzen Datums benötigen.

Flüssiges Programmieren

Ich habe Ihnen empfohlen, dass advance das aktuelle Objekt mit *this zurückliefern sollte. Dazu noch eine Anmerkung:

```cpp
Year year{2014};
year.advance(Year{1}).advance(Year{3});
cout << year;  // Ausgabe: 2018
```

Listing 12.26 Wenn »advance« das Objekt selbst zurückgibt, dann können Sie danach eine weitere Methode aufrufen.

287

Das ist der Vorgehensweise von `operator<<(ostream& os,…)` ähnlich. Bei diesem beenden Sie die Implementierung mit `return os`. Das erlaubt Ihnen, mehrere `<<` miteinander in einem Ausdruck zu verketten, wie Sie es schon häufig in in diesem Buch gesehen haben.

Man nennt diese Art, eine Programmierschnittstelle zu gestalten, *Fluent API* (in etwa *fließende Programmierschnittstelle*). Dadurch, dass Sie das Objekt aus jeder Funktion als Referenz zurückgeben, können Sie den nächsten Methodenaufruf direkt anschließen. Das ergibt sehr gut lesbaren Quelltext, insbesondere bei großen, komplizierten Klassen mit vielen Methoden. Sie können dieses Konzept durchaus sogar noch intensiver nutzen und auch mehrere Klassen auf diese Weise zusammenarbeiten lassen. In Listing 12.27 sehen Sie eine Skizze als Beispiel, damit Sie in etwa wissen, was das bedeuten kann.

Wie Sie sehen, ähnelt diese Darstellung sehr stark der Struktur der HTML-Seite, die hier erzeugt werden soll. Es kann von Vorteil sein, dass sich das im Programmcode widerspiegelt.

```
Page page = Html().body()
    .h1("Ueberschrift")
    .table().border(0)
      .tr()
        .td().css("head").text("Hunderasse").end()
        .td().text("Pudel").end()
      .end()
    .end()
    .toPage();
```

Listing 12.27 Eine fließende Programmierschnittstelle erlaubt zuweilen übersichtlichen Code.

Methoden mit »const« markieren

Haben Sie bemerkt, dass ich hinter die Methodensignaturen von `print`, `equals` und `less_then` ein `const` geschrieben habe? Das ist nötig, um anzuzeigen, dass diese Methode nicht den Wert der aktuellen Instanz verändert. So wird Ihr Programm *const-korrekt*, was ich in Abshcnitt 13.7, »Const«, ausführlich behandle.

12.11.5 Typen lokal einen Namen geben

Gehen wir noch einmal eine Version von Year zurück, in der es noch die `value()`-Methode gibt. Das kann eine sinnvolle Designenscheidung sein.

Manchmal gehört der Typ, der in einer Klasse verwendet wird, zu Ihrem *Interface*. Das heißt, der Benutzer muss den Typ kennen und ihn korrekt verwenden, um die Klasse korrekt nutzen zu können.

Zum Beispiel muss er den Konstruktor von Year mit einem `int` initialisieren. Er muss diesen Typ kennen und ihn verwenden, wenn er nicht andere implizite Typumwandlungen des Compilers riskieren will, die den geforderten `int` erzeugen. Außerdem hat der Rückgabewert von `value()` absichtlich den gleichen Typ. Also muss auch ein Ausdruck, in dem der Rückgabewert bei der Nutzung landet, einen passenden Typ haben – oder Sie nehmen wieder eine Konvertierung in Kauf.

```cpp
class Year {
    int value_;                          // eigentlich intern verwendeter Typ
public:
    explicit Year(int v) : value_{v} {} // Typ wird Teil des Interfaces
    int value() { return value_; }       // auch bei der Rückgabe
};
int main() {
    Year year{ 2014 };                   // Typ int
    int val = year.value();              // passender Typ
}
```

Listing 12.28 Der eigentlich interne Typ »int« ist Teil der Schnittstelle der Klasse geworden.

Was aber, wenn Sie – als Entwickler der Klasse Year – sich später entscheiden, dass long ein viel besserer Typ für den gekapselten Wert ist? Dann muss der Entwickler, der main() geschrieben hat, seinen gesamten Year nutzenden Code anpassen – auch wenn Sie das selbst sind.

Dagegen können Sie und der Benutzer gemeinsam vorsorgen. Machen Sie den entsprechenden Typ *explizit* zum Teil der Schnittstelle der Klasse und reichen Sie nicht einfach einen eigentlich internen Typen nach außen durch. Dafür definieren Sie lokal, aber öffentlich einen Typalias in der Klasse und verwenden diesen an allen relevanten Stellen.

```cpp
class Year {
public:
    using value_type = int;              // Typalias einführen
    value_type value_;                   // eigentlich intern verwendeter Typ
public:
    explicit Year(value_type v) : value_{v} {}
    value_type value() { return value_; }
};
int main() {
    Year year{ 2014 };                          // hier auf Compiler-Konvertierung zählen
    Year::value_type val = year.value(); // verwenden Sie ::
}
```

Listing 12.29 Mit »using« können Sie Typaliase einführen, mit denen sich Interfaces leichter pflegen lassen als mit den Typen selbst.

Wie Sie bei Year::value_type sehen, müssen Sie bei der Verwendung von außen mit dem *Scope-Operator* :: in Year hineingreifen, um Zugang zu value_type zu bekommen.

Auf diese Weise können Sie die Variable, die den Rückgabewert von value() empfängt, immer passend deklarieren.

Ich weise allerdings darauf hin, dass dies wirklich nur ein »Alias« für den tatsächlich verwendeten Typ ist. Das heißt, Sie könnten mit internem Wissen über die Klasse immer noch `int val = year.value();` schreiben und bekommen vom Compiler keinen Fehler gemeldet. Wenn Sie solches Spezialwissen haben, sollten Sie aber darauf verzichten, es zu nutzen. Verwenden Sie den öffentlich gemachten Typalias, so häufig es geht. Das macht Ihren Code flexibler. Außerdem weist es darauf hin, dass Sie diesen Typ aus einem bestimmten Grund gewählt haben, nämlich damit er zur verwendeten Klasse passt – und nicht etwa zufällig, weil Ihnen `int` besonders gefällt oder 32 Bit hat.

Die Klassen der Standardbibliothek bieten Ihnen diesen Mechanismus ebenfalls an. Wenn Sie »vergessen« haben, was der Element-Typ Ihres `vector` ist, existiert dafür der vector-lokale Typalias `value_type`. Etwas nützlicher ist vielleicht `size_type` für den Typ, den `size()` und ähnliche Methoden zurückliefern.

```cpp
#include <vector>
#include <set>
#include <iostream>
using std::vector; using std::set; using std::cout;
using vector_t = vector<unsigned long long>; // Ihr eigener Typalias

int main() {
    vector_t huge{ 12ULL, 10'000'000'000ULL, 9ULL, 0ULL,  };
    vector_t::size_type sz = huge.size();
    vector_t::value_type uiuiui = huge[1];
    for(vector_t::iterator it = huge.begin(); it != huge.end(); ++it)
        *it *= 2; // verdoppeln
    /* sortieren per set */
    set<vector_t::value_type> sortiert{huge.begin(), huge.end()};
    for(vector_t::value_type val : sortiert)
        cout << val << " ";
    cout << "\n";
}
```

Listing 12.30 Auch die Standardbibliothek enthält viele praktische Typaliase.

So sind Sie bei der Verwendung interner Typen der Standardbibliothek immer auf der richtigen Seite. Mit der Einführung des eigenen Typalias `vector_t` will ich Ihnen verdeutlichen, was ich mit »dem Vergessen« des Elementtyps gemeint hatte. Dadurch, dass ich `vector_t` als Namen für `vector<unsigned long long>` eingeführt habe, ist `unsigned long long` gewissermaßen versteckt. Nun ist es sogar einfacher, `vector_t::value_type` zu schreiben, statt an den Anfang der Datei zurückzuscrollen und nachzusehen, was denn noch der genaue Elementtyp des `vector` damals gewesen ist.

Zum Beispiel bieten die Standardcontainer ein Typalias `iterator` an, dessen tatsächlichen Typ Sie als Benutzer gar nicht so leicht erraten können.

Mit `set<vector_t::value_type>` möchte ich Ihnen demonstrieren, dass Sie die Typaliase nicht nur bei der Deklaration von neuen Variablen einsetzen können. Hier soll der Elementtyp des `set` zum Beispiel dem Elementtyp des `vector` entsprechen. Und wenn Sie das meinen, warum es dann nicht auch sagen? `set<unsigned long long>` wäre zwar kein Kompilierfehler gewesen, doch habe ich mit der Verwendung von `vector_t::value_type` genau gesagt, was ich meinte: Bitte denselben Typ verwenden.

Noch ein Wort zur Funktion des Beispiels: Ich habe den Standardcontainer `set` verwendet, weil dieser seine Elemente immer sortiert hält. Wie `vector` auch können Sie ihn mit zwei Iteratoren als Argumente initialisieren. Der `set` kopiert dann den gesamten Bereich zwischen den Iteratoren in sich hinein und sortiert diese dabei effizient. Um die sortierte Reihenfolge zu begutachten, brauchen Sie dessen Elemente dann nur von `begin()` bis `end()` zu betrachten – was die bereichsbasierte `for`-Schleife um `sortiert` herum implizit tut.

12.12   Typinferenz mit »auto«

Noch einfacher wäre es, wenn Sie nicht nachgucken müssten, was `begin()` genau zurückgibt. Der exakte Typ ist Ihnen in dem Fall ja eigentlich egal. Sie definieren eine Variable `it` mit dem Typ und fügen sie in andere Funktionen ein. Jemand, der genau weiß, welchen Typ `begin()` zurückgibt, könnte Ihnen eigentlich helfen und Ihnen das Nachsehen ersparen: der Compiler.

Wenn der Compiler auf etwas stößt, das so aussieht

```
vector<int> data{};
? it = data.begin();
```

dann kann anstelle des `?` ja eigentlich nicht viel stehen. Ein Blick auf die Definition von `vector::begin()` zeigt, dass es nur eines von diesen beiden sein kann:

- `vector<int>::iterator`
- `vector<int>::const_iterator`

Noch einfacher ist es im Falle von `size()`:

```
vector<int> data{};
? sz = data.size();
```

Wenn Sie keine implizite Typumwandlung haben wollen, dann kommt für `?` nur Folgendes infrage:

- `vector<int>::size_type`

Daher: Lassen Sie doch den Compiler den korrekten Typ einsetzen. Dafür verwenden Sie allerdings nicht das `?`, sondern das Schlüsselwort `auto`:

12   Von der Struktur zur Klasse

```cpp
#include <vector>
#include <set>
#include <iostream> // cout
using std::vector; using std::set; using std::cout;
using vector_t = vector<unsigned long long>; // Ihr eigener Typalias
int main() {
    vector_t huge{ 12ULL, 10000000000ULL, 9ULL, 0ULL,  };
    auto sz = huge.size();
    auto uiuiui = huge[1];
    for(auto it = huge.begin(); it != huge.end(); ++it)
        *it *= 2; // verdoppeln
    /* sortieren per set */
    set<vector_t::value_type> sortiert{huge.begin(), huge.end()};
    for(auto val : sortiert)
        cout << val << " ";
    cout << "\n";
}
```

Listing 12.31 Bei der Initialisierung einer Variablen kann der Compiler den Typ ermitteln.

Wie Sie sehen, bleiben nicht viele Typangaben übrig. Sie können auto überall dort einsetzen, wo Sie eine Variable mit einem Ausdruck initialisieren. Der Compiler kennt den Typ des Initialisierungsausdrucks und legt diesen als Typ für die Variable fest.

»auto« legt den Typ der Variablen dauerhaft fest

Es ist wichtig, zu bemerken, dass auto gleichbedeutend damit ist, als hätten Sie den Typ von Hand hingeschrieben. Der Typ wurde wirklich *festgelegt* und kann nicht mehr verändert werden. Es ist nicht so – wie man es vielleicht verstehen könnte –, dass Sie eine Variable mit veränderlichem Typ erschaffen. Alle Verwendungen der Variablen haben diesen Typ. Eine Neuzuweisung mit einem neuen Typ gibt es nicht.

```cpp
auto wert = 12;          // wert ist nun ein int
wert = string("Hallo");  // Neuzuweisung mit anderem Typ geht nicht
```

Sie können auto noch durch Modifizierer wie const und & anreichern, um den letztlichen Typ anzupassen. Besonders die Referenz kann hier manchmal entscheidend sein. Sie erhalten dann keine Kopie, sondern eine Referenz, die Sie verändern können.

```cpp
#include <vector>
#include <iostream> // cout
using std::vector; using std::cout;
int main() {
    vector<int> data{ 12, 100, -1, 0,  };
    for(auto& val : data)
        val *= 2; // verdoppeln
```

292

```cpp
    for(const auto val : data)
        cout << val << " ";
    cout << "\n";
}
```

Listing 12.32 Wenn Sie »auto« mit »&« anreichern, erhalten Sie eine veränderbare Referenz.

Das erste auto müssen Sie mit & anreichern, damit Sie eine Referenz auf die wirklichen Daten bekommen, die Sie mit val *= 2 verändern wollen. Hätten Sie nur for(auto val : data) – ohne & – geschrieben, dann wäre val jedes Mal eine Kopie gewesen, und val *= 2; hätte auf den Inhalt von data keine Auswirkung gehabt.

Beim zweiten auto ist das durchaus okay, denn für die Ausgabe brauchen Sie val nicht zu verändern. Und weil Sie sichergehen wollen, dass das auch nicht versehentlich passiert, können Sie sich mittels der Anreicherung mit const vor unabsichtlichen Veränderungen schützen. So wird jedes Element nach val kopiert, als konstant markiert und ausgegeben.

Für int ist diese Kopie in Ordnung. Wenn die Elemente hier aber immens groß und teuer zu kopieren wären, hätten Sie beide Anreicherungen kombinieren sollen. Angenommen, Image sei eine Klasse, die zu kopieren teuer ist, dann würde es sich anbieten, const und & gemeinsam mit auto zu verwenden:

```cpp
vector<Image> data{ Image{"MonaLisa.png", "DerSchrei.png" };
for(const auto& image : data)
    show(image);
```

Wenn ich auf das ursprüngliche Beispiel zurückkomme, dann sind dort ein paar Zeilen übrig geblieben, in denen kein auto verwendet werden konnte:

```cpp
vector_t huge{ 12ULL, 10000000000ULL, 9ULL, 0ULL, };
...
set<vector_t::value_type> sortiert( huge.begin(), huge.end() );
```

Für huge können Sie nicht auto verwenden, weil der Compiler ja wissen muss, dass Sie einen vector<unsigned long long> deklarieren wollen. Den Elementtyp könnte der Compiler aus den Listenelementen 12ULL ja noch erraten, aber ob Sie einen vector, set oder etwas ganz anderes haben wollen, das kann der Compiler beim besten Willen nicht wissen.

Immer wenn Sie mit einer Liste in geschweiften Klammern initialisieren, müssen Sie den gewünschten Typ explizit angeben. Würden Sie hier auto verwenden, dann bekäme die deklarierte Variable den eigentlich internen Typ initializer_list<>, und das wollen Sie meistens nicht.

> **C++17 arbeitet besser mit »auto« und »initializer_list«**
>
> Ab C++17 haben sich die Regeln der Behandlung von auto zusammen mit einer {…}-Initialisierung leicht geändert. Wenn Sie glauben, dass der Compiler hier mal Dummheiten macht, probieren Sie ihn im C++17-Modus aus, falls vorhanden. Das Verhalten wurden etwas bereinigt.

Das Gleiche gilt auch beim `sortiert`: Hier haben Sie nicht einen einzelnen Ausdruck, aus dem der Compiler den Typen deduzieren kann, sondern einen expliziten Konstruktoraufruf (mit zwei Iteratoren als Argumente). In einem solchen Fall muss der Compiler schon wissen, von welcher Klasse Sie den Konstruktor aufrufen wollen. Dies ist keine Initialisierung mit einer »linken Seite« und einer »rechten Seite« – wie es `auto` bräuchte, um seine Arbeit verrichten zu können.

Wenn Sie `auto` verwenden, dann geht das nur für den gesamten zu ermittelnden Typ. Sie könnten argumentieren, dass der Compiler bei

```
set<auto> sortiert( huge.begin(), huge.end() );
```

ja alles weiß: Er soll einen `set` erzeugen, und `huge.begin()` und `huge.end()` sind Iteratoren auf `unsigned long long`-Elemente. So weit geht die Typdeduktion nicht. `auto` kann nicht als »Platzhalter« fungieren, bei dem der Compiler eine Lücke mit einem Typ schließen kann. `auto` steht immer für den kompletten Typ, abgesehen von einem `const` oder `&`, das Sie noch mit angeben können.

12.13 Eigene Klassen in Standardcontainern

In diesem Abschnitt greife ich auf die Standardcontainer von Kapitel 24, »Container«, vor. Das heißt, Sie sehen den ubiquitären `vector`, den sortierten `set` und die abbildende `map`. Gesagtes gilt aber im Normalfall für alle Container. Sollten Sie mit denen noch nicht vertraut sein, überspringen Sie diesen Abschnitt zunächst. Sobald Sie aber eigene Klassen dafür fit machen wollen, in Container gepackt werden zu können, sollten Sie sich diesen Abschnitt zu Gemüte führen.

In einen `vector` können Sie (beinahe) alle eigenen Klassen stecken. Es sind nur wenige Bedingungen an den Datentyp im Container geknüpft: Ihre Klasse sollte sich mit dem Standardkonstruktor erzeugen lassen (ohne Argumente), und Sie müssen sie kopieren und zuweisen können.

```cpp
#include <vector>
struct Zahl {
    int wert_ = 0;
    Zahl() {} // Standardkonstruktor
    explicit Zahl(int w) : wert_{w} {}
};
int main() {
    std::vector<Zahl> zahlen{}; // okay: Zahl erfüllt die Bedingungen
    zahlen.push_back( Zahl{2} );
}
```

Listing 12.33 Um einen eigenen Datentyp in einen »vector« zu packen, muss dieser nicht viele Bedingungen erfüllen.

Da Sie keinen Zuweisungsoperator oder Kopierkonstruktor definieren, probiert der Compiler, Ihnen diese zu generieren – was gelingt, weil Sie keine Referenzen oder Konstanten in der Klasse haben (siehe Kapitel 16, »Der Lebenszyklus von Klassen«). Den Standardkonstruktor müssen Sie hier selbst definieren, da Sie ja mit `Zahl(int)` einen eigenen Konstruktor haben – der Compiler würde also `Zahl()` nicht selbst erzeugen.

Eine kleine Anmerkung: Wenn Sie es geschickt anstellen und nur ganz ausgewählte Operationen auf den Containern ausführen, können Sie sogar auf manche Grundbedingungen an den Elementtyp verzichten. Sie können zum Beispiel auf den Standardkonstruktor verzichten, wenn Sie kein `zahlen.resize()` oder Ähnliches einsetzen. Im Normalfall ist es aber eine gute Idee, Typen in Containern mit Standardkonstruktor, Kopierkonstruktor, Zuweisungsoperator und den Verschiebeoperationen auszurüsten.

Unter diesen Bedingungen können Sie den `vector<Zahl>` erstellen. Gleiches gilt für `array`, `deque`, `list` und `forward_list`.

Diese Gruppe nennt man *Sequenzcontainer*. Sie legen die Reihenfolge der Elemente durch die explizite Einfügeposition fest (siehe Kapitel 20, »Zeiger«).

Im Gegensatz dazu befinden sich die *geordneten Assoziativcontainer* immer in einer durch die Elemente selbst definierten Reihenfolge. Bei `map` und `set` sowie deren Verwandten `multi_map` und `multi_set` kommt es darauf an, in welcher Reihenfolge Sie die Elemente eingefügt haben. Wenn Sie nachsehen, sind die Elemente an einer konsistenten Position.

Das erreichen `map` und `set` dadurch, dass Sie die Elemente im Container zu jedem Zeitpunkt in einer sortierten Reihenfolge halten. Die Sortierung wird mittels der freien Funktion `operator<` ermittelt. Da zum Beispiel für `int` und `string` der `operator<` schon definiert ist, funktionieren `set<int>` und `set<string>` direkt.

Das gilt nicht für `Zahl` aus Listing 12.33. Bei dem Versuch, ein `set<Zahl>` anzulegen und mit `insert` ein Element einzufügen, meldet der Compiler einen Fehler. Sie müssen den `operator<` passend überladen.

```
#include <set>
struct Zahl {
    int wert_ = 0;
    explicit Zahl(int w) : wert_{w} {}
};
bool operator<(const Zahl& links, const Zahl& rechts) {
    return links.wert_ < rechts.wert_;
}
int main() {
    std::set<Zahl> zahlen{};  // okay
    zahlen.insert( Zahl{3} ); // hier wird operator< gebraucht
}
```

Listing 12.34 Für ein »set« eines eigenen Datentyps müssen Sie »operator<« überschreiben.

12 Von der Struktur zur Klasse

Ähnliches gilt für map. Die Sortierung findet nach den Schlüsselelementen statt, also nach dem ersten der beiden Typen. Für diesen müssen Sie operator< bereitstellen. Für die Werte reichen Kopie und Zuweisung und am besten auch die Verschiebeoperationen.

```cpp
#include <map>
struct Zahl {
    int wert_ = 0;
    explicit Zahl(int w) : wert_{w} {}
};
bool operator<(const Zahl& links, const Zahl& rechts) {
    return links.wert_ < rechts.wert_;
}
int main() {
    std::map<Zahl,int> zahlen{};                    // okay
    zahlen.insert( std::make_pair(Zahl{4},100) ); // hier wird operator< gebraucht
    zahlen[Zahl{5}] = 200;                          // hier ebenfalls
}
```

In einer map sind die Elemente als std::pair abgelegt. Um analog zum set ein Element mittels insert einzufügen, erstellen Sie also ein Paar std::pair<Zahl,int> – am besten mit std::make_pair wie dargestellt.

Sie können ein neues Schlüssel-Wert-Paar aber auch mit dem operator[] einfügen. Das erspart Ihnen ein make_pair. Intern ist das für den Compiler etwas aufwendiger, aber das können Sie in den meisten Fällen vernachlässigen.

Einen kleinen Nachsatz zu operator< will ich noch loswerden: Wenn auch die Standardcontainer an Ihren Datentyp nur die Minimalanforderung stellen, dass Sie operator< definieren, sollten Sie zumindest in Erwägung ziehen, dass Sie – wenn Sie operator< schon für einen Datentyp definieren – auch die anderen >, ==, !=, <= und >= definieren. Bei solch einer Gruppe von Operationen ist es immer praktisch, wenn Sie sie komplett anbieten und der Benutzer sich nicht verrenken oder nachschlagen muss, was denn nun zur Verfügung steht. Zumindest, wenn operator< nicht die einzige Operation ist, sollten Sie die ganze Gruppe unterstützen.

Haben Sie gute Gründe, doch nur operator< zu implementieren, erwägen Sie noch ==, der bei den ungeordneten assoziativen Containern gebraucht wird. Wenn Sie < haben, können Sie dazu »nicht a < b und nicht b < a« prüfen, wie es die geordneten assoziativen Container tun, aber vielleicht haben Sie eine effizientere Implementierung für Ihren Datentyp.

296

Kapitel 13
Namensräume und Qualifizierer

Kapiteltelegramm

▶ `namespace`
Leitet einen neuen Namensraum ein, mit einem Namen oder anonym

▶ `namespace std`
Im Namensraum `std` befinden sich alle Bezeichner der Standardbibliothek.

▶ `static`
Markiert eine Variable, Funktion oder Methode als datei-lokal, geteilt oder überdauernd.

▶ **Singleton**
Beliebtes Entwurfsmuster, bei dem von einem Typ nur maximal eine Instanz existiert

▶ `const`
Etwas als zur Laufzeit unveränderbar markieren

▶ `constexpr`
Eine Konstante oder Funktion zur Übersetzungszeit berechenbar markieren

▶ **Const-Korrektheit**
Durch Hinzufügen von `const` an Typen können Sie sich vom Compiler bei der Aufdeckung einiger typischer Fehler helfen lassen.

▶ **Typsicherheit**
Die Verwendung von Typen, inklusive `const`, deren korrekten Einsatz der Compiler forciert

▶ `volatile`
Markierung für *flüchtige* Variablen, die sich ohne Kenntnis des Compilers ändern können

In diesem Kapitel lernen Sie zwei eigentlich recht unterschiedliche Dinge: `namespace` und `static`. Durch die Mehrfachbedeutung von vielen Schlüsselwörtern in C++ gibt es aber Überschneidungen. Deshalb habe ich beschlossen, innerhalb eines Kapitels von `namespace` zur Überschneidung zu `static` zu gehen.

13.1 Der Namensraum »std«

Alle Dinge in der Standardbibliothek fangen ja mit `std::` an – das haben Sie schon häufig gesehen. `std::cout` und `std::vector` sind alle im *Namensraum* std. Und in Abschnitt 4.10, »Ohne Eile erklärt«, habe ich Ihnen erläutert, wie Sie sich mit `using std::cout;` einen einzelnen Bezeichner und mit `using namespace std;` für alle Bezeichner das Präfix `std::` sparen können.

13 Namensräume und Qualifizierer

Aber wie kommt etwas in einen Namensraum überhaupt hinein? Dazu klammern Sie einfach alles, was in den Namensraum – sagen wir plant – hinein soll, innerhalb von namespace plant {...}. Damit eröffnen Sie einen *Bereich* (engl. *Scope*), der sich bezüglich der Bezeichner ähnlich wie eine Klasse verhält: Innerhalb des Bereichs können Sie plant für den Zugriff auf andere Elemente weglassen, von außerhalb benötigen Sie das Präfix plant::, wie Sie in Listing 13.1 sehen.

Da es hier um Namensräume und using geht, habe ich an dieser Stelle von einer globalen Verwendung von using::string, using std::ostream und dergleichen abgesehen. Dies mache ich in diesem Buch, wie schon erklärt, ja nur aus Platzgründen. In einem echten Projekt sollten Sie mit jedem using auf globaler Ebene sehr sparsam (bis zur kompletten Abstinenz) umgehen.

```cpp
#include <string>
#include <iostream>                        // ostream, cout

namespace plant {
    class Baum {
        std::string name_;
    public:
        explicit Baum(const std::string& name) : name_{name} {}
        void print(std::ostream& os) const { os << name_; }
    };
    std::ostream& operator<<(std::ostream& os, const Baum& arg)
        { arg.print(os); return os; }
    using NadelBaum = Baum;                 // für spätere Erweiterungen ...
    using LaubBaum = Baum;                  // ... vorsorgen
    namespace beispielnamen {               // eingebetteter Namensraum
        std::string eicheName = "Eiche";
        std::string bucheName = "Buche";
        std::string tanneName = "Tanne";
    } // Ende namespace beispielnamen
} // Ende namespace plant

int main() {                               // main darf nicht in einem Namespace stehen
    using namespace plant::beispielnamen;  // alle beispielnamen verfügbar machen
    plant::NadelBaum tanne{ tanneName };
    plant::LaubBaum eiche{ eicheName };
    tanne.print(std::cout); std::cout << "\n";
    using plant::operator<<;               // ohne geht 'cout << eiche' nicht
    std::cout << eiche << "\n";
}
```

Listing 13.1 Sie definieren einen Namensraum mit »namespace«.

In den Namensraum plant habe ich zu Demonstrationszwecken allerlei hineingepackt:

▶ den eigenen Datentyp `plant::Baum`

▶ eine freie Funktion `operator<<`

▶ zwei Typaliase `NadelBaum` und `LaubBaum`

▶ einen weiteren Namensraum

Die zwei Typaliase sollen nur andeuten, dass Sie vielleicht in der Zukunft vorhaben, `NadelBaum` und `LaubBaum` von `Baum` zu trennen und eigenen Klassen dafür zu schreiben, diese aber im Moment noch identisch sind.

Sie können, wenn es Ihnen sinnvoll erscheint, Namensräume nahezu beliebig verschachteln und so Ihr Projekt gruppieren. In den eingebetteten Namensraum `beispielnamen` habe ich ein weiteres Element verpackt:

▶ die Variablen `eicheName` etc.

Ebenso können Sie Konstanten und Templates in einem Namensraum unterbringen. Nur Makros sind von Namensräumen nicht betroffen, siehe Kapitel 21, »Makros«.

`main` muss außerhalb jeden Namensraums stehen, sonst findet der Compiler die Funktion als Einstieg nicht. In diesem `main` spreche ich `plant::NadelBaum` und `plant::LaubBaum` mit dem Namensraum-Qualifizierer an. Alternativ hätte auch Folgendes funktioniert:

```
using plant::NadelBaum; using plant::LaubBaum;
NadelBaum tanne{ tanneName };
LaubBaum eiche{ eicheName };
```

oder gleich:

```
using namespace plant;
NadelBaum tanne{ tanneName };
LaubBaum eiche{ eicheName };
```

Diesen Weg habe ich für `using namespace plant::beispielnamen` auch gewählt. Zur Erinnerung noch einmal: Einen ganzen Namensraum sollten Sie mit `using namespace` nur lokal einbinden, also zum Beispiel innerhalb einer Funktion, aber niemals global in einer `*.cpp`-Datei – und ganz bestimmt nicht in einer Headerdatei.

Weil `tanne` eine lokale Variable in `main` ist, können Sie `print` als Methode aufrufen:

```
tanne.print(std::cout); std::cout << "\n";
```

Etwas kniffliger ist das bei `operator<<`. Wenn Sie einfach nur `std::cout << tanne` schreiben, wird es einen Fehler geben. Der Compiler sucht nach einer passenden freien Funktion in allen ihm zur Verfügung stehenden Namensräumen (bei Operatoren wird `std` mit durchsucht). Also sucht er:

▶ `::operator<<(std::ostream&, const Baum&);` – global, die Ebene, in der `main` steht

▶ `std::operator<<(std::ostream&, const Baum&);` – `std` wird mit durchsucht

▶ `plant::beispielnamen::operator<<(std::ostream&, const Baum&);` – weil ein `using namespace plant::beispielnamen` aktiv ist

13   Namensräume und Qualifizierer

Die Überladung für Baum steht aber in namespace plant:

▶ `plant::operator<<(std::ostream&, const Baum&);`

Damit Sie einen Operator benutzen können, der innerhalb eines Namensraums definiert ist, müssen Sie diesen erst so verfügbar machen, dass er bei der Suche mit einbezogen wird. Die zwei Möglichkeiten sind hier also:

▶ `using plant::operator<<;` – nur den Operator holen

▶ `using namespace plant;` – alles aus dem Namensraum holen

Namensräume eignen sich auch dazu, Dinge voneinander zu separieren, die sich eventuell ins Gehege kommen könnten. Operatoren sind hier gute Kandidaten. Möglicherweise haben Sie zwei operator<<-Varianten:

```
namespace plant {
    // ...wie zuvor...
    std::ostream& operator<<(std::ostream&, const Baum&) {...};
    namespace debug {
        std::ostream& operator<<(std::ostream&, const Baum&) {...};
    }
}

plant::Baum baum{"MeinBaum"};
void run() {
    using namespace plant;
    cout << baum << "\n";
}
void diagnostic() {
    using namespace plant::debug;
    cout << baum << "\n";
}
int main() {
    run();
    diagnostic();
}
```

Listing 13.2 In getrennten Namensräumen können Sie die gleichen Operatoren definieren.

Je nach Bedarf binden Sie den gewünschten operator<< mittels eines using ein. Denn bei Operatoren können Sie anders als bei Funktionen oder Typen nicht den Scope mit angeben – plant::Baum baum{"x"}; geht, cout plant::<< baum; geht so nicht. Sie könnten stattdessen plant::operator<<(cout, baum) schreiben, aber das macht Operatoren sinnfrei, weil Sie dann besser eine Funktion oder Methode definieren könnten.

Wenn Sie also versucht sind, Operatoren deshalb immer im globalen Namensraum zu definieren, brauchen Sie das nicht zu tun, wenn Sie wissen, dass Ihnen ein using plant:: operator<< ebenfalls hilft.

300

> **Verwenden Sie Namensräume**
>
> Wenn Sie Ihr Projekt sauber gliedern wollen, verwenden Sie Namensräume. Ich empfehle, einen Haupt-Namensraum pro selbst geschriebener Bibliothek zu verwenden. Ob Sie diesen Namensraum dann noch feiner aufteilen wollen, hängt von den Anforderungen ab.

Einen Namensraum können Sie übrigens ohne Problem im Nachhinein noch erweitern und auf zwei und mehr Dateien aufteilen. Stecken Sie einfach alles Gewünschte in jeder Datei in namespace plant {…} hinein, und der Namensraum füllt sich von Datei zu Datei.

13.2 Anonymer Namensraum

Sie können auch einen Namensraum ohne eigenen Bezeichner definieren. Das hat dann eine besondere Bedeutung. Nehmen Sie bitte an, dass Sie hier mehrere Dateien vorliegen haben:

```cpp
// modul.hpp
#include <string>
#include <iostream>
namespace plant {
    class Baum {
        std::string name_;
    public:
        explicit Baum(const std::string& name);
        void print(std::ostream& os) const;
    };
    std::ostream& operator<<(std::ostream& os, const Baum& arg);
}
```

```cpp
// modul.cpp
#include "modul.hpp"
namespace {   // anonymer Namensraum
    std::string PREFIX = "BAUM:";
    void printInfo(std::ostream& os) {
        os << "Autor: Torsten T. Will\n";
    }
}
bool debug = false;   // global, kein Namensraum
namespace plant {
    Baum::Baum(const std::string& name)
        : name_{name} {}
    void Baum::print(std::ostream& os) const {
        os << PREFIX << name_;
    }
```

```cpp
    std::ostream& operator<<(std::ostream& os, const Baum& arg) {
        if(debug) printInfo(os);
        arg.print(os); return os;
    }
}
```

// main.cpp
```cpp
#include "modul.hpp"
int main() {
    plant::Baum x{"x"};
    x.print(std::cout); std::cout << "\n";
}
```
Listing 13.3 Ein anonymer Namensraum macht Definitionen lokal für die aktuelle Datei.

Sie sehen hier drei Dateien:

▸ modul.hpp – Schnittstelle zu class Baum mit den Deklarationen der Methoden

▸ modul.cpp – Implementierung der Klasse Baum, mit einigen Hilfsmitteln in einem anonymen Namensraum *und* einer globalen Variablen debug

▸ main.cpp – nutzt die Schnittstelle

Sie haben also zwei Module und einen Header. Wenn Sie eine Liste aller definierten Bezeichner der Module aufstellen würden, dann würden Sie feststellen, dass es keine Überschneidungen gibt. Die darf es nämlich nicht geben. Alle definierten Bezeichner aller Module müssen voneinander unterschiedlich sein.

Sie könnten zum Beispiel in main.cpp keine globale Variable int debug = 55; definieren. Der Compiler würde beim Linken feststellen, dass der Bezeichner debug mehrfach existiert, und einen Fehler ausgeben. Denn in modul.cpp ist schon ein debug definiert; es ist in keinem Namensraum.

Die Menge der Bezeichner kann in großen Projekten sehr unübersichtlich werden, vor allem dann, wenn Sie auch Bibliotheken von Drittanbietern verwenden. Sie bekommen dadurch eine große Menge Bezeichner mitgeliefert, mit denen sich Ihre Bezeichner ebenfalls nicht überschneiden dürfen.

Die erste Vorsorgemaßnahme dazu ist, Namensräume zu verwenden. Der Bezeichner des Namensraums gehört mit zum gesamten Bezeichnernamen. So kämen sich plant::Baum und algo::Baum nicht ins Gehege.

Die zweite Maßnahme besteht darin, für das, was in anderen Modulen nicht gebraucht wird, einen *anonymen Namensraum* zu verwenden. main.cpp interessiert sich nicht für PREFIX. Und auch die Funktion printInfo wird nur innerhalb von modul.cpp verwendet. Dadurch, dass diese beiden Bezeichner innerhalb eines namespace {…} gekapselt sind, sind sie nur noch innerhalb des aktuellen Moduls sichtbar. Sie kommen einem anderen Modul nicht mehr in die Quere.

13.3 »static« macht lokal

Zu genau diesem Zweck können Sie auch das Schlüsselwort static einsetzen. Schreiben Sie stattdessen vor die Variablen und Funktionen static, erreichen Sie das Gleiche: Der Name der Variablen oder Funktion ist nur innerhalb dieses Moduls sichtbar. Andere Module können den gleichen Namen verwenden, ohne dass der Compiler sich beschwert.

Das sähe für modul.cpp so aus:

```
// modul.cpp
#include "modul.hpp"
static std::string PREFIX = "BAUM:";
static void printInfo(std::ostream& os) {
    os << "Autor: Torsten T. Will\n";
}
bool debug = false;
// Rest wie bisher
```

Die Variable debug ist noch nicht static. Dadurch kann zwar kein anderes Modul eine globale Funktion oder globale Variable debug definieren, das ist hier aber Absicht. Denn obwohl debug nicht im Header modul.hpp steht, kann jemand mit genug Insiderwissen (der Autor?) die Variable manipulieren. Betrachten Sie es als Exkurs, denn zur üblichen Programmierpraxis sollte es nicht gehören, Variablen auf diese Weise zu verstecken und zu ändern. In irgendeinem anderen Modul des Projekts kann jemand die Variable mit

```
extern bool debug;
```

bekannt machen und dann per debug = true; manipulieren. Das kann sowohl gut als auch schlecht sein. Für einen Debuggingschalter ist es vielleicht gerade noch erlaubt. Ansonsten packen Sie Bezeichner, die nicht exportiert werden sollen, lieber in einen anonymen Namensraum (oder deklarieren sie static).

Ein anonymer Namensraum hat gegenüber static den großen Vorzug, dass er auf diese Art und Weise auch eigene Typen vor dem Überschwappen in andere Module bewahrt. Sie können einen struct, class oder using X = Y nicht mit einem static vor dem Export bewahren. Innerhalb eines namespace {…} sind diese Dinge aber sicher.

13.4 »static« teilt gern

Ein bisschen gewöhnungsbedürftig ist, dass static zusätzlich noch für einen ganz anderen Zweck verwendet wird. Sie können damit das Datenfeld oder eine Methode einer Klasse markieren, um es bzw. sie sich zwischen allen Instanzen der Klasse teilen zu lassen. Oder anders formuliert:

▸ **static für ein Datenfeld**
Während es für ein normales Datenfeld immer ein Exemplar pro Instanz gibt, teilen sich alle Instanzen ein gemeinsames als static markiertes Datenfeld. Es gibt also pro Klasse genau ein einziges Exemplar dieses Datenfelds und nicht so viele wie Instanzen.

▶ **static für eine Methode**
Einer statischen Methode fehlt der this-Pointer. Innerhalb der Methode gibt es keine Verbindung zu einer bestimmten Instanz der Klasse. Sie rufen die Methode deshalb nicht über eine Instanz mit . oder ->, sondern über den Klassennamen mit :: auf.

Beide Varianten sind dahingehend ähnlich, dass Sie auf beide schon zugreifen können, wenn Sie noch nicht einmal eine einzige Instanz erzeugt haben.

Typische Anwendungsmöglichkeiten sind:

▶ Ein statisches Datenfeld kann die Anzahl der aktiven Instanzen der Klasse mitzählen.

▶ Eine statische Methode kann als *Factory* zur kontrollierten Erzeugung von Instanzen dienen (beliebtes Entwurfsmuster).

Hier sind beide Anwendungsmöglichkeiten im Einsatz:

```cpp
#include <iostream> // cout
#include <string>
using std::string;
class Tree {
    static size_t countConstructed_;
    static size_t countDestructed_;
    string kind_;
    Tree(string kind) : kind_{kind}        // privater Konstruktor
        { ++countConstructed_; }
public:
    Tree(const Tree& o) : kind_{o.kind_}
        { ++countConstructed_; }
    string getKind() const { return kind_; }
    ~Tree() { ++countDestructed_; }
    static Tree create(string kind) { return Tree{kind}; }
    static void stats(std::ostream& os) {
        os << "Constructed:+" << countConstructed_
            << " Destructed:-" << countDestructed_ << "\n";
    }
};
size_t Tree::countConstructed_ = 0;
size_t Tree::countDestructed_ = 0;
int main() {
    Tree birke = Tree::create("Birke");
    for(auto kind : {"Esche", "Eibe", "Eiche"}) {
        Tree temp = Tree::create(kind);
        std::cout << temp.getKind() << "\n";
    }
    Tree::stats(std::cout);
}
```

Listing 13.4 Alle Instanzen teilen sich ihre »static«-Datenfelder und -Methoden.

Zunächst habe ich zwei Zähler countConstructed_ und countDestructed_ deklariert. Anders als bei normalen Datenfeldern können Sie statische Datenfelder leider nicht innerhalb der Klasse initialisieren. Daher sehen Sie außerhalb der Klasse eine Wiederholung der statischen Datenfelder mit den Initialisierungswerten – hier jeweils 0.

Beachten Sie, dass Sie – wenn die Klasse in einem Header definiert ist, der möglicherweise von mehreren *.cpp-Dateien eingebunden wird – die Initialisierungsdefinitionen aber unbedingt in einer *.cpp-Datei machen müssen. Sonst würde die Initialisierung mehrmals im Gesamtprogramm durchgeführt – bzw. würde sich Linker über doppelte Definitionen beschweren.

C++17: »inline static« Datenfelder

Ab C++17 können Sie dem static in Klassen und Strukturen noch ein inline voranstellen und das Datenfeld schon bei der Deklaration definieren.

Die statische Methode create ist im öffentlichen Bereich der Klasse. Diese soll ab jetzt zum Erzeugen von neuen Tree-Instanzen verwendet werden. Damit niemand ihn von außen aufrufen kann, ist der Konstruktor ist in den privaten Bereich der Klasse gewandert.

Innerhalb des Konstruktors erhöhe ich den Zähler countConstructed_. Damit ich den Zähler countDestructed_ erhöhen kann, benötige ich auch den Destruktor. Dieser gehört eigentlich immer in den öffentlichen Bereich der Klasse.

Tree benötigt noch den Kopierkonstruktor, denn create gibt den neu erzeugten Baum als Kopie zurück. Da das Kopieren auch ein neues Objekt erzeugt, das mit countConstructed_ mitzählen soll, taugt der = default-Kopierkonstruktor nicht. So wie die Klasse im Moment aussieht, könnten Sie auf den Kopierkonstruktor auch verzichten und stattdessen den Verschiebekonstruktor definieren, aber das ist nur ein Detail.

Sie sehen in main, dass Sie Tree::create aufrufen können, ohne dass auch schon eine Tree-Instanz erzeugt worden ist. Wenn Sie sich innerhalb der create-Methode befinden, gibt es keine Instanz, auf deren Datenfelder Sie zugreifen können. Nur auf andere statische Datenfelder und statische Methoden können Sie zugreifen – und auf Konstruktoren.

Die Unterscheidung der Aufrufe einer statischen Methode Tree::create() und einer normalen Methode tree.getKind() ist also die Verwendung des Klassennamens statt der Instanzvariablen sowie des Scope-Operators :: statt des Zugriffspunkts . bzw. des Zugriffspfeils ->, falls es sich um einen Zeiger auf eine Instanz handelt.

Ebenso rufe ich am Ende Tree::stats() auf. Wieder wird nur auf statische Datenfelder zugegriffen. Und die Ausgabe

```
Constructed:+4 Destructed:-3
```

beweist Ihnen, dass jede Instanz in ihrem Konstruktor bzw. Destruktor auf dieselben Zählervarvariablen zugegriffen hat. Die Zählung stimmt, weil alle Tree temp-Objekte in der Schleife auch wieder zerstört worden sind. Nur die lokale Variable birke ist zum Zeitpunkt des Aufrufs von stats() noch existent.

> ### Kopierkonstruktor und Verschiebekonstruktor
>
> Wie Sie einer Klasse beibringen können, wie sie sich zu kopieren hat, sehen Sie in Kapitel 16, »Der Lebenszyklus von Klassen«, im Detail. An dieser Stelle sollten Sie aber wissen, dass Klassen kopiert werden können. Manchmal kann der Compiler die Regeln dafür festlegen, manchmal wollen oder müssen Sie das tun. Dazu deklarieren Sie diesen Konstruktor:
>
> ```
> Keyboard(const Keyboard&);
> ```
>
> In der Definition sagen Sie dann, wie kopiert werden soll. Wollen Sie explizit verhindern, dass eine Kopie möglich ist, schreiben Sie die Deklaration so:
>
> ```
> Keyboard(const Keyboard&) = delete;
> ```
>
> Ähnliches gilt für die Verschiebung. Die Deklaration, mit der Sie die Verschiebung deklarieren und gleichzeitig verhindern, lautet:
>
> ```
> Keyboard(Keyboard&&) = delete;
> ```
>
> Die ist aber implizit, wenn Sie den Kopierkonstruktor angegeben haben. Mehr dazu im genannten Kapitel.

13.5   »static« macht dauerhaft

Ähnlich, aber nicht gleich, ist die Verwendung von static bei lokalen Variablen, also innerhalb einer Funktion. Wenn Sie static zur Deklaration einer lokalen Variablen hinzufügen, dann bleibt diese Variable bestehen, wenn der Programmablauf den Gültigkeitsbereich verlässt, und wird wiederverwendet, wenn er das nächste Mal betreten wird.

```cpp
#include <iostream>                        // cout
class Keyboard {
    Keyboard(const Keyboard&) = delete; // keine Kopie
    const size_t nr_;                      // aktuelle Nummer
public:
    static size_t count_;                  // zählt erzeugte Instanzen
    explicit Keyboard() : nr_{count_++} {
        std::cout << "  Keyboard().nr:"<<nr_<<"\n";
    }
};
size_t Keyboard::count_ = 0;               // statisches Datenfeld initialisieren
Keyboard& getKeyboard() {
    std::cout << "  getKeyboard()\n";
    static Keyboard keyboard{};             // statische lokale Variable
    return keyboard;
}
void func() {
    std::cout << "kbFunc...\n";
    Keyboard& kbFunc = getKeyboard();
}
```

```cpp
int main() {
    std::cout << "kbA...\n";
    Keyboard& kbA = getKeyboard();
    func();
    std::cout << "kbB...\n";
    Keyboard& kbB = getKeyboard();
    std::cout << "count:" << Keyboard::count_ << "\n";
}
```

Listing 13.5 Eine lokale statische Variable wird einmal initialisiert und danach wiederverwendet.

Hier sehen Sie die Implementierung des sogenannten Meyers-Singletons. Ein *Singleton* ist eine Möglichkeit, bei jeder Verwendung immer die gleiche Instanz einer Klasse zu bekommen. Die Verwendungen können auch von unterschiedlichen Stellen des Programms kommen, wie hier von func() und von main() – weil beide die freie Funktion getKeyboard() verwenden, erhalten Sie auch dieselbe Keyboard&-Referenz und somit dasselbe Objekt.

Besonders beliebt sind Singletons in Programmen mit mehreren Threads. Stellen Sie sich zum Beispiel vor, Ihr Programm habe mehrere Threads (gleichzeitig laufende Programmstränge) und jeder möchte von der Tastatur lesen – und dazu benötigt er ein Keyboard. Die Keyboard-Klasse stellt die Verbindung zu der einen tatsächlich mit dem Computer verbundenen Tastatur her. Und da wäre es hilfreich, wenn es immer dieselbe Tastatur wäre. Dies soll die Funktion getKeyboard() im Beispiel liefern.

```cpp
Keyboard& getKeyboard() {
    cout << " getKeyboard()\n";
    static Keyboard keyboard{}; // statische lokale Variable
    return keyboard;
}
```

Listing 13.6 Das Meyers-Singleton

In getKeyboard() sehen Sie die statische lokale Variable keyboard. Anders als bei *globalen* statischen Variablen wird diese nicht vorab bei Programmstart (oder noch früher) initialisiert, sondern genau bei der ersten Passage der Definition.

Und wiederum als Unterschied zu nicht-statischen lokalen Variablen wird die statische Variable beim Verlassen des Blocks nicht weggeräumt. Der Block ist hier die Funktion getKeyboard(). Die Variable keyboard existiert somit beim Wiedereintritt in die Funktion immer noch und wird auch nicht neu initialisiert, sondern weiterverwendet.

Es gibt viele Varianten des Singleton-Entwurfsmusters und noch mehr unterschiedliche Implementierungen mit diversen Vor- und Nachteilen. Manche Programmierer gehen sogar so weit, zu sagen, das Singleton selbst sei schlechte Praxis (ein »Anti-Pattern«). Diese Diskussion führt hier zu weit. Richtig ist jedoch, dass Sie das Singleton-Entwurfsmuster nicht überstrapazieren sollten.

Konkret zur Implementierung des Singletons mittels einer statischen lokalen Variablen: Kurz gesagt, hat das Meyers-Singleton den Vorteil, einfach implementiert zu sein, und den Nachteil, keinen kompletten Schutz gegen mehrere Keyboard-Instanzen zu bieten. Sie könnten immer noch ein eigenes Keyboard{} mittels des öffentlichen Konstruktors erzeugen. Dem könnten Sie durch eine leicht geänderte Schnittstelle Abhilfe schaffen, wenn Sie es als großen Nachteil empfinden.

Die Verwendung von statischen lokalen Variablen ist auch mit mehreren Threads sicher: Es wird garantiert, dass nur ein Thread die Variable initialisiert.

13.5.1 »inline namespace«

Die letzte Möglichkeit, einen namespace zu definieren, ist zusammen mit inline. So erzeugen Sie einen *eingebetteten Namensraum*:

```cpp
#include <iostream>
namespace mylib {
    namespace v1 {
        int version() { return 1; }
    }
    inline namespace v2 { // aktuelle Version
        int version() { return 2; }
    }
}
int main() {
    std::cout << "Version " << mylib::version() << "\n";     // Ausgabe: 2
    std::cout << "Version " << mylib::v1::version() << "\n"; // Ausgabe: 1
    std::cout << "Version " << mylib::v2::version() << "\n"; // Ausgabe: 2
}
```

Listing 13.7 Die Bezeichner eines »inline namespace« gehen zusätzlich in den umgebenden Namensraum.

Mit dem inline vor namespace eröffnen Sie einen normalen Namensraum. Zusätzlich werden aber alle Bezeichner in den umgebenden Namensraum übernommen. Auf diese Weise können Sie zum Beispiel eine eigene Bibliothek versionieren: Das neueste Verhalten packen Sie in einen inline namespace, sodass es zum Standardverhalten wird. Das sehen Sie im Listing 13.7 bei mylib::version().

Wenn ein Benutzer altes Verhalten benötigt, kann er explizit in einen inneren Namensraum greifen, hier mit mylib::v1::version(). Die neue Version ist auch in einem inneren Namensraum verfügbar, mylib::v2::version(), wenn der Benutzer es explizit anfordert.

In der Standardbibliothek finden Sie andere Beispiele für inline namespace. Sie finden eine Liste in Abschnitt 28.4.3, »Vordefinierte Suffixe für benutzerdefinierte Literale«. Zum Beispiel sind std::literals und std::literals::string_literals beide inline. Um

```cpp
std::literals::string_literals::operator""s
```

13.6   Zusammenfassung

einzubinden, können Sie deshalb (unter anderem) eine der folgenden using … benutzen:

```
{ // direkt adressieren:
    using namespace std::string_literals;
    auto str = "abc"s;
}
```

```
{ // inline namespace string_literals nutzen:
    using namespace std::literals;
    auto str = "abc"s;
}
```

```
{ // beide inline namespace nutzen:
    using std::operator""s;
    auto str = "abc"s;
}
```

13.6   Zusammenfassung

Weil bei namespace, using und static so viel durcheinanderkommt, fasse ich hier noch einmal die verschiedenen Verwendungen zusammen. Der Vollständigkeit halber nehme ich das Typalias mit using ebenfalls auf.

Spachelement	Beschreibung
namespace *xyz* {…}	neuer Namensraum *xyz*
namespace {…}	anonymer Namensraum; alle Bezeichner datei-lokal
inline namespace *xyz* {…}	eingebetteter Namensraum
static globale Variable	datei-lokale Variable
static freie Funktion	datei-lokale Funktion
static Datenfeld	Wird zwischen allen Instanzen der Klasse geteilt.
static Methode	Methode, die Sie ohne konkrete Instanz aufrufen
static lokale Variable	eine den Bereich überdauernde Variable
using namespace *xyz*	alle Bezeichner aus Namensraum *xyz* importieren
using *xyz::abc*	Bezeichner *abc* aus Namensraum *xyz* importieren
using *neu* = *alt*;	Typalias *neu* für den Typ *alt* einführen

Tabelle 13.1 Varianten von »namespace«, »static« und »using«

13.7   Const

Das Schlüsselwort const sollte in C++ nicht unterschätzt werden. Richtig eingesetzt, kann es dem Programmierer sehr nützlich sein. Denn mit ihm kann der Compiler helfen, Flüchtigkeitsfehler zu vermeiden und Designprobleme zu entdecken.

In C++ können Sie const an den verschiedensten Stellen einsetzen: ob als Parameter übergeben, als lokale Variable oder als Datenfeld einer Klasse. Hier folgt eine (nicht erschöpfende) Erklärung, was durch ein const als »nicht veränderbar« deklariert wird:

▶ static const int MAX = 100; – Zusammen mit static wird eine Konstante definiert.

▶ const string& getName(); – Rückgabewert darf nicht verändert werden.

▶ void print(const string& msg); – Der Parameter wird in der Funktion nicht verändert.

▶ void Widget::drawYourself() const; – Die Methode verändert ihr Objekt nicht.

Letzteres hat gewissermaßen eine Sonderstellung. Damit wird versprochen, dass die Methode drawYourself der Klasse Widget innerhalb ihres Funktionskörpers den Zustand der Instanz, mit der sie aufgerufen wird, nicht verändert. Technisch gesehen, wird damit der this-Pointer innerhalb der Methode this const * const definiert, wobei eine Methode ohne dieses nachgestellte const den Zustand verändern kann: this * const.

Ja, da ist immer noch ein const drin: Es ist entscheidend, wo Sie das const zum Typ schreiben.

Die folgende Aufzählung verdeutlicht die feinen, aber wichtigen Unterschiede im Einsatz zusammen mit Pointern * und Referenzen &:

▶ int const val – Der int-Wert val ist unveränderbar.

▶ MyClass const &obj – Alle Datenfelder und Methoden, die in MyClass stehen, von dem obj ein Objekt ist, sind unveränderbar.

▶ int const * p_int – Der int-Wert, auf den der Pointer zeigt, ist unveränderbar.

▶ int * const p_int – Der Pointer p_int ist unveränderbar; der int-Wert ist veränderbar.

▶ char const * const cstr – Inhalt und Pointer sind unveränderbar.

Als Eselsbrücke könnte man sagen, dass das const immer diejenige Entität als unveränderbar markiert, *hinter* der es steht. Bei der viel verbreiteteren Notation, bei der das const zuallererst genannt wird, müssen Sie das führende const in Gedanken »um eins nach rechts rücken«. Die folgenden Schreibweisen sind äquivalent:

▶ const int val   ⇔ int const val
▶ const Klasse &obj   ⇔ Klasse const &obj
▶ const int * p_int   ⇔ int const * p_int
▶ const char * const cstr ⇔ char const * const cstr

13.7.1 Const-Parameter

Sie haben in Abschnitt 4.10, »Ohne Eile erklärt«, schon erfahren, dass Sie einen Parameter mit const markieren können, was häufig zusammen mit der Call-by-Reference-Übergabe von Parametern mit & erfolgt:

```cpp
void print(const vector<int> &primes) {
    for(auto prime : primes) {
        cout << prime << " ";
    }
}
```

Der Parameter primes kann nun nicht verändert werden. Eine Veränderung mit primes[7] = 4 oder primes.push_back(12) wird der Compiler mit einer Fehlermeldung quittieren. Mit Klassen und eigenen Typen wird häufig const Klasse& arg als Übergabeart gewählt, weil hier der Parameter nicht kopiert werden muss.

Bei Klasse arg wäre das der Fall. Sie könnten arg ruhig in der Funktion verändern – weil es sich um eine Kopie handelt, wirkt sich diese auf das Objekt außen beim Aufrufer nicht aus – aber eine Kopie eines großen Objekts kostet.

Wenn sich das Vermeiden einer Kopie lohnt, dann arbeiten Sie also am besten mit einer const&: Das & vermeidet die Kopie, und das const verhindert versehentliche Veränderungen am Objekt außen.

Was für Klassen gilt, ist bei den eingebauten Typen nicht anders. Jedoch sind deren Kosten zur Kopie zu vernachlässigen, weswegen Sie eine const int& oder const double& eher selten sehen. Es gilt aber das Gleiche wie für Klassen. Die Veränderungen der Werte weiß der Compiler zu verhindern:

```cpp
void unsinnsParameter(const int& arga, const double& argb) {
    arga = 7;
    argb = 3.14;
}
```

Wie gesagt – das können Sie bei den eingebauten Typen machen, es ist aber eher selten. Eingebaute Typen werden eigentlich immer als Werte übergeben:

```cpp
void wertParameter(int arga, double argb);
```

Dann können Sie sie in der Funktion verändern, was sich außen nicht auswirkt. Oder Sie übergeben Sie als Referenz, wenn sich die Veränderung außen auswirken soll:

```cpp
void eingabe(int &arga, double &argb);
```

Wählen Sie hier aber besser Rückgabewerte, also zum Beispiel:

```cpp
std::pair<int,double> eingabe();
```

In Abschnitt 28.1, »pair und tuple«, sehen Sie genauer, wie das mit tuple funktioniert.

Zu guter Letzt können Sie auch die Wertübergabe wählen (die hat ja auch ihre Vorteile) *und* diesen Wert konstant machen:

```cpp
void konstanteWerte(const int arga, const double argb);
```

Der Effekt ist, dass Sie beim Aufruf eine Kopie bekommen und gleichzeitig sicherstellen, dass Sie nicht versehentlich arga = 5 probieren.

13.7.2 Const-Methoden

Der Compiler erkennt direkt, ob Sie versuchen, einen int zu verändern. Schwieriger wird dies aber, wenn Sie ein Objekt haben, das mit Methoden ausgerüstet ist.

```cpp
void print(const vector<int> &primes) {
    if(primes.size() > 100)     // das geht
        return;
    for(auto prime : primes) {      // das geht auch
        cout << prime << " ";
    }
    primes.push_back(4);        // das geht nicht
}
```

Woran merkt der Compiler, dass primes.size() auf dem const& aufgerufen werden darf, aber dass zum Beispiel primes.push_back(4) mit einer Fehlermeldung zu quittieren ist? Das liegt daran, dass die Methode size() von vector mit einem nachgestellten const versehen ist – sinngemäß:

```cpp
size_t vecor<int>::size() const;
```

Dadurch weiß der Compiler, dass dieser Methodenaufruf auf einem const-Objekt erlaubt ist.

Für einen eigenen Datentyp Widget könnte das so aussehen:

```cpp
class Widget {
    unsigned x = 0, y = 0, w = 0, h = 0; // zum Beispiel
public:
    unsigned getLeft() const;
    unsigned getTop() const;
    unsigned getRight() const;
    unsigned getBottom() const;
    void setWidth(unsigned w);
    void setHeight(unsigned h);
};
```

Wenn Sie nun Widget als const Objekt(-Referenz) in eine Funktion hineingeben, dann können Sie die get-Methoden aufrufen:

```cpp
void show(const Widget& widget) {
    drawBox(
        widget.getLeft(), widget.getTop(),
        widget.getRight(), widget.getBottom()
    );
}
```

Der Versuch, widget.setWidth(100); in show aufzurufen, wird vom Compiler mit einer Fehlermeldung quittiert: Die Methode ist nicht mit einem const markiert.

Gleichzeitig hat das nachgestellte const noch einen weiteren Effekt. Sie können innerhalb der Implementierung einer solchen Methode keine Datenfelder verändern. Dazu zählt auch der Aufruf einer Nicht-const-Methode:

```cpp
unsigned Widget::getLeft() const {
    x = 77;            // Datenfelder können nicht verändert werden
    setWidth(88);      // keine Nicht-const-Methoden aufrufen
}
```

Diese drei Effekte zusammengenommen sind das wichtigste Werkzeug des Compilers zur Aufdeckung von Flüchtigkeitsfehlern und Designproblemen. Bei der const-Markierung von Methoden sollten Sie sorgfältig sein. Sie werden merken, dass Sie als Folge dann Parameter ebenfalls sorgfältig entweder const& machen müssen oder als Wert übergeben. Versehentliche &, die Flüchtigkeitsfehlern Tür und Tor öffnen, sind dann eigentlich nicht mehr möglich.

Noch einmal zur Übung: Technisch gesehen wird der implizite this-Parameter durch das nachgestellte const von Widget * const this zu Widget const * const this. Können Sie die consts an den verschiedenen Positionen schon lesen? Das const bezieht sich auf Widget, das *vor* ihm steht: Somit ist alles in Widget für Veränderungen innerhalb der Methode tabu.

13.7.3 Const-Variablen

Auch Variablen können Sie mit const versehen. Das gilt sowohl für lokale Variablen in einer Funktion oder global als auch für Datenfelder in einer Klasse. Eine const-Variable können Sie nur noch initialisieren, Sie können ihr aber weder einen neuen Wert zuweisen noch ihren Wert verändern (durch einen Nicht-const-Methodenaufruf).

```cpp
class Widget {
    const int id_;
public:
    explicit Widget(int id) : id_(id) {}
    Widget() : id_(0) {}
    void reset();
};
const Widget widget_a = Widget{12};
```

Nach diesen Zeilen Code können Sie kein widget_a = Widget{24}; schreiben. In der Implementierung von reset() verbietet Ihnen der Compiler auch

```cpp
void Widget::reset() {
    id_ = 36;
}
```

denn id_ ist const – ebenso, als hätten Sie es als Parameter an die Funktion übergeben.

Verwenden Sie const-Variablen, wenn es Ihnen sinnvoll erscheint, mit Augenmaß. Bei Variablen, die in einem langen Codeabschnitt gültig sind, bei dem man leicht die Orientierung verliert, was alles für Variablen existieren, kann ein const ein wirksamer Schutz vor versehentlicher Veränderung sein.

```cpp
#include <vector>
namespace {                        // anonymer Namensraum für Konstanten
    const unsigned DATA_SIZE = 100; /* Anzahl Elemente in Data */
    const double LIMIT = 999.999; /* Maxwert bei Initialisierung */
};
std::vector<int> createData() {
    std::vector<int> result(DATA_SIZE);
    double currVal = 1.0;
    for(auto &elem : result) {
        elem = currVal;
        currVal *= 2;              // nächster Wert ist größer
        if(currVal > LIMIT) {
            currVal = LIMIT;   // kein Wert darf größer sein
        }
    }
    return result;
}
```

Listing 13.8 Lokale Konstanten einer Datei passen gut in einen anonymen Namensraum.

Das gilt dann natürlich vor allem für globale Variablen, die zum Beispiel bestimmte Programmparameter festlegen. Packen Sie die am besten in einen *anonymen Namensraum*. Dessen Auswirkung ist, dass der Bezeichner nicht von anderen Modulen gesehen werden kann – in großen Projekten ist das wichtig, damit sich globale Variablen und Konstanten nicht in die Quere kommen.

So können Sie leicht an bestimmten Größen des Programms »drehen« und gleichzeitig die Größe gut dokumentieren.

13.7.4 Const-Rückgaben

Normalerweise geben Funktionen einen *Wert* zurück, also keine Referenz. Das heißt, es kommt dann eine Kopie dessen an, was Sie in der Funktion hatten. Zumindest können Sie es sich konzeptionell so denken. Tatsächlich kann der Compiler die Kopie oft einsparen (siehe Abschnitt 12.11, »Verwendung eigener Datentypen«).

```cpp
struct Widget {
    int num_ = 0;
    void setNumber(int x) {     // eine Nicht-const-Methode
        num_=x;
    }
};
Widget createWidget() {         // Rückgabe als Wert
    Widget result{};            // Erzeugen
    return result;
}
int main() {
    Widget w = createWidget();  // Rückgabe als Wert erzeugt Kopie
    w.setNumber(100);           // verändern, natürlich okay, w ist nicht-const
}
```

Da nun in main() bei Widget w = createWidget(); außerhalb von createWidget eine Kopie von result vorliegt, geht es die Funktion nichts mehr an, ob dort dessen Inhalt verändert wird. Es macht also wenig Sinn, den Rückgabetyp auch noch mit einem const zu versehen:

```cpp
const Widget createWidget() {   // Rückgabe als const-Wert
    Widget result{};
    return result;
}
int main() {
    Widget w = createWidget();  // kopiert in neues nicht-const w
    w.setNumber(100);           // w ist nicht-const, verändern ist okay
}
```

Listing 13.9 Obwohl der Rückgabetyp hier mit »const« markiert ist, wirkt es sich nicht aus, denn es wird immer kopiert.

Obwohl der Rückgabetyp const Widget ist, kann sich das const niemals auswirken, denn als Wert wird die Rückgabe immer kopiert – und da hat der Aufrufer die Kontrolle darüber, wohin kopiert wird. Hier wird wieder in Widget w (nicht-const) kopiert, und somit kann der Aufrufer mit *seiner* Kopie wieder machen, was er will.

Ganz anders sieht das bei *Referenzen* (und Zeigern) aus: Eine Referenz bedeutet ja »keine Kopie«.

Lebensdauer des referenzierten Objekts beachten

Ich kann es nicht oft genug sagen: Wenn Sie eine Referenz zurückgeben, müssen Sie darauf achten, dass das Objekt, auf das die Referenz verweist, so lange existiert, wie Sie es außen verwenden.

13 Namensräume und Qualifizierer

```cpp
#include <string>
using std::string;
class Widget {
    string name_ = "";
public:
    void setName(string newName) {
        name_ = newName;
    }
    const string& getName() const {      // const&-Rückgabe
        return name_;
    }
};
int main() {
    Widget w{};
    w.setName("Titel");
    string name1 = w.getName();          // neuer String, also Kopie
    name1.clear();                       // Die Kopie dürfen Sie wieder verändern
    const string& name2 = w.getName();   // const-Referenz auf inneren string name_
    /* name2.clear(); */                 // name2 ist const, geht also nicht
    string& name3 = w.getName();         // geht nicht, Funktion gibt const& zurück, nicht &.
    auto name4 = w.getName();            // identisch zu name1
    const auto& name5 = w.getName();     // identisch zu name2
}
```

Listing 13.10 Konstante Referenzen in Rückgaben

Hier rufe ich fünfmal eine Funktion auf, die einen const string& zurückgibt. Beim Aufrufer soll das Ergebnis aber jeweils in Variablen unterschiedlichen Typs gespeichert werden:

▶ **string bei** name1 = w.getName();

Hier wird const string& in einen string umgewandelt, was für den Compiler heißt, er soll den Rückgabewert kopieren. Und wie zuvor bei der Rückgabe von Werten erklärt wurde, hat der Aufrufer die Kontrolle über die Kopie.

▶ **const string& bei** name2 = w.getName();

Dies ist exakt der Typ, der auch zurückgegeben wird, somit ist keine Umwandlung nötig. Eine const& zeigt auf exakt dasselbe name_, das in w existiert. Sollte sich w.name_ durch irgendwelche Einflüsse ändern, dann wäre das auch in name2 sichtbar. Nur name2 selbst können Sie von außen nicht verändern, denn es handelt sich ja um eine **const**-Referenz.

▶ **string& bei string&** name3 = w.getName();

Denken Sie sich vielleicht: »Ich will w.name_ aber verändern« und versuchen daher, die Rückgabe in einem string& zu speichern? Das lässt der Compiler nicht zu: Eine Umwandlung von einer const& in eine & ist nicht erlaubt. Das ist nicht wie bei name1, bei dem ein const& string in einen string umgewandelt wurde, indem dieser kopiert wurde.

316

13.7 Const

- ▶ string bei auto name4 = w.getName();

  Der Compiler setzt für auto den Typ string. Somit ist der Typ der Variable string.

- ▶ const string& bei const auto& name5 = w.getName();

  Wieder setzt der Compiler string für auto ein. Der Gesamttyp ist dann const string&.

Es ist durchaus üblich, wenn eine Klasse eine Rückgabe als Referenz macht, diese gleichzeitig auch mit const zu markieren. Sie wollen häufig nicht, dass von außen Werte verändert werden, die sich innerhalb der Klasse befinden. Daher entscheiden Sie sich zuerst für die Rückgabe als Wert, und wenn das unpassend ist, für die Referenz. Ob die dann const ist oder nicht, hängt vom Einsatzzweck ab.

Für die Referenzrückgabe ist beides denkbar. Mal wollen Sie, dass der Wert von außen verändert werden kann, mal nicht.

```cpp
#include <string>
#include <iostream>
using std::string; using std::cout;
class Widget {
    string name_{};
public:
    const string& readName() const;        // const&-Rückgabe, const-Methode
    string& getName();                      // &-Rückgabe
};
const string& Widget::readName() const { return name_; }
string& Widget::getName() { return name_; }
int main() {
    Widget w{};
    const string& readonly = w.readName(); // const&, unveränderbar
    cout << "Name: " << readonly << "\n";  // noch "" leer.
    string& readwrite = w.getName();        // &, veränderbar
    readwrite.append("dran");               // verändert auch name_ und readonly
    cout << "Name per readwrite: " << readwrite << "\n"; // "dran"
    cout << "Name per readonly: " << readonly << "\n";   // auch "dran"
}
```

Listing 13.11 Referenzen können konstant und nicht-konstant zurückgegeben werden.

Da sowohl readonly als auch readwrite Referenzen auf w.name_ sind, wirkt sich die Veränderung von readwrite auf w.name_ aus und auch auf readonly.

Beachten Sie, dass die Methode readName, die ja eine const&-Rückgabe hat, auch mit dem nachgestellten const markiert ist: Weil Sie sicher sein können, dass die Rückgabe von niemandem verändert wird, verändert sich durch den Aufruf dieser Methode auch nicht der Zustand des Objekts – genau, was das nachgestellte const besagt.

Anders bei getName mit seiner &-Rückgabe (nicht-const): Diese Methode können Sie nicht mit einem nachgestellten const markieren. Da per Referenz-Rückgabe ein Teil des inneren

Zustands (name_) nach außen gelangt ist, unterliegt der innere Zustand nicht mehr der Kontrolle der Methode. Eine solche Methode kann daher niemals const sein.

Ich habe in diesem Beispiel die beiden Methoden absichtlich unterschiedlich benannt. Sie können sie aber auch gleich nennen – also *überladen*. Der Compiler wählt dann die passende Variante aus:

```cpp
class Widget {
    string name_{};
public:
    const string& getName() const;
    string& getName();
};
```

Je nachdem, ob es Ihnen erlaubt ist, den Rückgabewert überhaupt zu verändern, wird die passende Überladung gewählt. Wenn die Widget-Variable selbst const ist, wird der Compiler die erste Variante wählen. Oder mit anderen Worten: Es ist die Widget-Variable auf der rechten Seite der Zuweisung relevant, nicht der string auf der linken.

Erinnern Sie sich: *this ist ein »versteckter« Parameter beim Methodenaufruf – und das nachgestellte const ist dessen Parametertyp nach Widget const* const. So kann der Compiler auch je nach const-Eigenschaft des tatsächlichen Widgets die eine oder die andere Methode aufrufen.

```cpp
Widget wid{};
cout << wid.getName();  // wählt nicht-const, denn wid ist nicht const
const Widget vot{};
cout << vot.getName();  // wählt const, denn vot ist const
```

Für den Anfang empfehle ich aber, solche Überladungen zu vermeiden und die Unterscheidung auch im Funktionsnamen kenntlich zu machen. Sie finden in der Standardbibliothek einige Überladungen dieser Art, zum Beispiel vector::front.

13.7.5 Const zusammen mit »static«

Sie werden häufig sehen, dass eine const-Variable auch zusätzlich mit static versehen ist. Lassen Sie mich Ihnen die drei Varianten zeigen:

```cpp
namespace {
    const int MAX_A = 12;       // das Gleiche wie MAX_B, aber kein static nötig
}

static const int MAX_B = 10;    // im globalen Namensraum
struct Data {
    static const int SIZE = 14; // als Datenfeld in einer Klasse
}
void func() {
    static const int LIMIT =16; // als lokale Konstante
}
```

Die Unterscheidung kommt hauptsächlich daher, dass static in diesen Fällen eine unterschiedliche Bedeutung hat.

▶ **const in einem anonymen Namensraum – MAX_A**
Zuerst ohne static: Die Konstante MAX_A ist nur in dieser *.cpp-Datei bekannt. Sie können nicht aus einer anderen Datei auf sie zugreifen.

▶ **static im globalen Namensraum – MAX_B**
Statt eines anonymen Namensraums können Sie eine Konstante mit static versehen. Das hat die gleiche Wirkung und ist die ältere Schreibweise. Der Nachteil ist, dass Sie Klassen so nicht lokal machen können. Ziehen Sie einen anonymen Namensraum vor.

▶ **static const als Datenfeld – SIZE**
Das static sorgt dafür, dass sich alle Variablen vom Typ Data ein einziges SIZE teilen. Das const macht es dann zusätzlich unveränderbar.

▶ **static const als lokale Variable – LIMIT**
Für eine lokale Variable bedeutet static, dass diese ihren Wert behält, wenn die Funktion verlassen wird. Nur beim ersten Passieren wird die Variable initialisiert. Zusammen mit const wird aus ihr eine nur bei Bedarf initialisierte Konstante.

13.7.6 Noch konstanter mit »constexpr«

An manchen Stellen verlangt der Compiler, dass Sie einen *konstanten Ausdruck* verwenden – einen, den er schon zur Kompilierzeit auswerten kann. Das geschieht zum Beispiel, wenn Sie ein array einer bestimmten Größe anlegen wollen:

```cpp
#include <array>
int main() {
    std::array<int, 5> arr5{};        // Literal und somit ein konstanter Ausdruck
    std::array<int, 2+3> arr23{};     // 2+3 kann der Compiler auswerten
    const size_t SIZE = 5;            // definiert eine Konstante
    std::array<int, SIZE> arrSC{};    // kann der Compiler verwenden – oft
    size_t size = 7;
    std::array<int, size> arrVar{};   // eine Variable können Sie nicht verwenden
}
```
Listing 13.12 Manche Ausdrücke müssen zur Übersetzungszeit bekannt sein.

Für SIZE definiere ich mit const eine Konstante, und diese kann ich dann als konstanten Ausdruck verwenden. Eine Variable wie size ist an dieser Stelle – und an einigen anderen Stellen – nicht möglich.

So weit, so gut. Alles, was konstant ist, können Sie als Arraygröße verwenden? Leider nein. Es gibt Fälle, da reicht es nicht aus, dass Sie etwas mit const markieren. Denn die eigentliche Semantik von const ist: »Darf nicht zur Laufzeit verändert werden.« Das ist ein großer Unterschied zu »Muss der Compiler zur Übersetzungszeit berechnen können«, auch wenn das häufig übereinstimmt.

13 Namensräume und Qualifizierer

Hier sehen Sie ein Beispiel, wo es mit der Konstanten schiefläuft:

```
#include <array>
struct Data {
    static const size_t SPAET;            // Konstante deklarieren
    static const size_t FRUEH;            // Konstante deklarieren
};
void func() {
    int x = Data::SPAET;                  // Konstante verwenden
}
const size_t Data::FRUEH = 10;            // Konstante definieren
std::array<int, Data::FRUEH> arrFRUEH {}; // Konstante verwenden
std::array<int, Data::SPAET> arrSPAET {}; // Konstante verwenden
const size_t Data::SPAET = 10;            // Konstante definieren
int main() {
    func();
}
```

Listing 13.13 Ob der Compiler eine Konstante in einem konstanten Ausdruck verwenden kann, ist nicht immer sofort ersichtlich.

Hier werden die Konstanten FRUEH und SPAET in der Klasse Data definiert. static heißt hier, dass alle Data-Variablen sich eine gemeinsame Konstante oder Variable teilen. Wie Sie es schon kennen, habe ich die Definitionen erst außerhalb der Klasse für FRUEH und SPAET gemacht – innerhalb von Data wird nur der »Platz« dafür definiert.

Weil aber die arrSPAET-Definition nach der Verwendung steht, ist der – scheinbar – konstante Ausdruck für den Compiler hier noch nicht auswertbar. Und obwohl auch in func() das int x = SPAET; im Programmcode vor der Definition steht, ist das hier kein Problem: Die einfache Initialisierung einer Variablen muss der Compiler noch nicht ausrechnen, da reicht es, dass er es zur Laufzeit kann.

Diese »verkehrte Reihenfolge« ist nicht immer so übersichtlich wie in diesem einfachen Beispiel. So können Definition und Deklaration durchaus in unterschiedlichen *.cpp-Dateien stehen. Auch können Sie vor viel mehr Dinge const schreiben, als der Compiler vorab berechnen kann.

```
const double sin0 = sin(0.0);
```

können Sie schreiben und verwenden, der Compiler kann einen Sinus jedoch nicht zur Übersetzungszeit berechnen.

Alles ziemlich verwirrend? Da stimme ich Ihnen zu. Daher empfehle ich, Konstanten dieser Art nicht nur mit const zu deklarieren, sondern mit constexpr – der Steigerung davon.

Für Werte, die Sie mit constexpr deklarieren, überprüft der Compiler, ob er sie zur Übersetzungszeit berechnen kann. Ist das nicht der Fall, erhalten Sie eine Fehlermeldung.

Mit constexpr sieht Listing 13.13 so aus:

```
struct Data {
    static constexpr size_t SPAET; // Klappt nicht ohne direkte Initialisierung
    static constexpr size_t FRUEH = 10;
};
constexpr size_t Data::SPAET = 10; // bei constexpr geht Definition nicht wie bei const
```

Listing 13.14 Mit »constexpr« sieht der Compiler, wann ein Ausdruck nicht früh berechenbar ist.

Sie können SPAET nicht deklarieren, ohne es auch zu definieren – also gleichzeitig zu initialisieren. Somit ist sichergestellt, dass Sie die Konstante verwenden können, sobald ihr Name bekannt ist.

Sie können constexpr-Variablen fast überall verwenden, wo Sie const auch verwenden können. Probieren Sie ruhig, sich eher constexpr für diese Zwecke anzugewöhnen.

»constexpr« als Rückgabe

Ein weiteres spannendes Feature von constexpr ist, dass Sie auch Funktionen damit markieren können. Schreiben Sie das constexpr dann statt const an den Rückgabetyp. Tatsächlich wirkt sich dieses constexpr aber auf die ganze Funktion aus:

```
constexpr size_t verdoppleWennZuKlein1(size_t wert) {
    return wert < 100 ? wert*2 : wert; // liefere das Doppelte zurück, wenn kleiner 100
}
std::array<int, verdoppleWennZuKlein1(50)> arr {};
```

Das ist ein riesengroßer Fortschritt! Denn eine selbst geschriebene Funktion, die nur einfach einen const-Wert als Rückgabe hat, können Sie als konstanten Ausdruck nicht verwenden:

```
const size_t verdoppleWennZuKlein2(size_t wert) {
    return wert < 100 ? wert*2 : wert;
}
std::array<int, verdoppleWennZuKlein2(50)> arr {};
```

Warum wird denn das nun wieder unterschieden? Der Grund ist, dass auch hier der Compiler sicherstellt, dass er verdoppleWennZuKlein1(50) zur Übersetzungszeit berechnen kann.

Hier sehen Sie zwei Beispiele dafür, was der Compiler nicht zulässt:

```
#include <cmath> // sin, cos, sqrt
constexpr unsigned myLog2(unsigned zahl) { // Funktion zu kompliziert
    unsigned count = 0;
    while(zahl > 1) { zahl /= 2; }
    return count;
}
constexpr double one(double x) { // Funktion verwendet nicht constexpr
    return sqrt(sin(x)*sin(x) + cos(x)*cos(x));
}
```

13 Namensräume und Qualifizierer

Wenn Sie das Glück haben, schon einen C++14-fähigen Compiler zu verwenden, dann sind die Regeln, wie kompliziert eine constexpr-Funktion sein darf, etwas entspannter. Zum Beispiel wird myLog2 möglich. Was genau geht, schlagen Sie in der Referenz nach oder probieren es aus.

13.7.7 Un-Const mit »mutable«

Ich verrate Ihnen jetzt ein Geheimnis. Und Sie dürfen es nicht weitersagen. Und nicht verwenden, okay? Sie können in einer Klasse ein Feld *veränderbar* machen, auch *wenn* Sie sich gerade in einer const-Methode befinden. Pssssst!

Hiermit umgehen Sie also das, was der Compiler für Sie eigentlich sicherstellen soll. Aber manchmal muss man eben doch eine Ausnahme machen. Zum Beispiel wenn Sie zu Analysezwecken die Anzahl der Aufrufe einer Methode mitzählen wollen, die eigentlich const ist:

```cpp
#include <iostream>
class Data {
    int value_;
    mutable size_t getCount_;
  public:
    explicit Data(int v) : value_{v} {}
    ~Data() {
        std::cout << "get wurde " << getCount_ << "-mal benutzt\n";
    }
    int get() const {
        ++getCount_;
        return value_;
    }
};
int main() {
    Data d{42};
    for(int i=0; i<10; ++i) { d.get(); }
} // Ausgabe: get wurde 10-mal benutzt
```

Listing 13.15 »mutable« macht ein Datenfeld in »const«-Methoden veränderbar.

Wenn Sie mutable weglassen würden, wäre in get() der Ausdruck ++getCount_ ein Fehler. In Methoden, die mit const markiert sind, ist es nicht möglich, Datenfelder der Instanz zu verändern. Mit mutable machen Sie für ein einzelnes Feld eine Ausnahme.

Und als »Ausnahme« sollten Sie mutable auch behandeln: Setzen Sie es nur zur Analyse ein. Benötigen Sie es aus anderem Grund, überdenken Sie Ihr Design.

Auch einem Lambda können Sie ein mutable nachstellen. Ich beschreibe das genauer zusammen mit Lambdas unter Abschnitt »Veränderbare Lambdas« in Abschnitt 23.3.6.

13.7.8 Const-Korrektheit

Ein verwandter und auf Dauer sehr hilfreicher Aspekt ist, sich die korrekte Verwendung von const anzugewöhnen. Von C (oder Java) kommend, heißt das wahrscheinlich, mehr davon zu verwenden. In der C++-Welt angekommen, kann der Compiler mit const an den richtigen Stellen schon so manchen *logischen Fehler* im Programmcode aufdecken – wo etwas verändert wurde, was nicht zur Veränderung gedacht war.

Der zweite Aspekt ist die Dokumentation. Ein const sagt dem nachfolgenden Programmierer[1], wozu dieser Wert gedacht ist. Dient die Variable der Berechnung oder nur der Zwischenspeicherung? Ist sie ein Eingabeparameter oder ein Ausgabeparameter?

Iteratoren für Konstantes

Hinzu kommen noch andere Stellen, an denen die Unveränderbarkeit eines Werts angezeigt werden kann. Auf Iteratoren gehe ich in Kapitel 20, »Zeiger«, näher ein, aber da sie etwas Konstantes sind, sollte ich sie hier erklären:

▶ *Container*::const_iterator – ein Verweis in einen Container der Standardbibliothek, der die Elemente darin nicht verändert

Dabei ist ein *Container*::const_iterator so ähnlich zu betrachten wie ein int const*: Der *Wert* kann nicht verändert werden, der *Verweis* schon. Somit ist es etwas Unterschiedliches zu einem const *Container*::iterator, was mit einem int *const vergleichbar ist: Der Iterator selbst bleibt fest.

```cpp
#include <map>
#include <string>
using std::map; using std::string;
struct MyClass {
  bool isFound(const map<int,string> &dict,// unveränderbarer Eingabeparam.
               const int &key,             // ebenso
               string &result             // Ausgabeparameter: kein const
               ) const                    // Instanz von MyClass const
  {
    const map<int,string>::const_iterator where // Verweis und Wert fest
      = dict.find(key);
    if(where == end(dict)) {
      return false;
    } else {
      result = where->second;
      return true;
    }
  }
};
```

Listing 13.16 »const« mit Containern

---

1 Dieser Programmierer ist allzu häufig man selbst.

find liefert einen `iterator` zurück. Der kann aber implizit in einen `const_iterator` umgewandelt werden. Andersherum würde das nicht implizit gehen.

13.7.9 Zusammenfassung

Wenn Sie Ihr Programm von Anfang an mit so vielen `const` wie möglich – oder nötig[2] – ausrüsten, dann kann der Compiler schon während der Entwicklung viele Tippfehler, logische Fehler und manchmal sogar Designfehler aufdecken.

Das Interface von Klassen und Funktionen ist mit `const`, aber ohne eine explizite Dokumentation schon rudimentär beschrieben. Im Programmcode dankt es Ihnen der spätere Leser, weil `const` ihm hilft zu verstehen, was zur Veränderung gedacht war und was nicht.

Ein Projekt von Anfang an *const-korrekt* zu machen, ist bei Weitem weniger aufwendig, als dies im Nachhinein zur Fehlersuche tun zu müssen.

Die richtige Verwendung von `const` ist ein nicht zu unterschätzendes Werkzeug. Beginnen Sie lieber mit »vielen« `const`, und überlegen Sie eher, ob Sie es an einer bestimmten Stelle weglassen können, als dass Sie überlegen, ob Sie es hinzufügen sollten.

`const` richtig zu verwenden, ist ein Teil von typsicherer Programmierung. C++ hat ein mächtiges Typsystem zur Fehlervermeidung. Nutzen Sie die Fähigkeiten von C++, auf Typen zur Übersetzungszeit zu operieren und mit ihnen zu rechnen.

13.8   Flüchtig mit »volatile«

`const` und `volatile` werden häufig zusammen genannt. Das liegt an zwei Dingen: Zum einen bilden sie im Standard die gemeinsame Gruppe der *cv-qualifier*, und zum anderen ist `volatile` (dt. *flüchtig*) gewissermaßen das »Gegenteil« von `const`. Mit `volatile` markieren Sie Dinge, die sich »besonders leicht« ändern lassen. Das bezieht sich auf die Kontrolle des Compilers: Mit `volatile` markieren Sie jene Variablen, Parameter und Felder, die sich aus Sicht des Prozessors und Compilers zu jedem Zeitpunkt ohne deren Zutun ändern können – durch irgendwelche anderen Mechanismen, von außen.

Das kann zum Beispiel eine Variable sein, in der sich der Zustand eines angeschlossenen Geräts widerspiegelt. Sinngemäß und extrem vereinfacht könnte das so aussehen:

```
#include <iostream>
#include <chrono>  // milliseconds
#include <thread>  // this_thread::sleep

// irgendwo anders definiert:
int installMouseDriver(volatile int *xpos, volatile int *ypos);
constexpr auto DELAY = std::chrono::milliseconds(100);
constexpr auto LOOPS = 30;  // 30*100ms = 3s
```

---

2   *Item 43: Const-Correctness*, Herb Sutter, Exceptional C++, Addison Wesley 2000

```
int main() {
    volatile int x{};
    volatile int y{};
    installMouseDriver( &x, &y );        // MouseDriver aktualisiert x und y
    for(int i=0; i<LOOPS; ++i) {
        std::cout << "maus bei ("<<x<<","<<y<<")\n";
        std::this_thread::sleep_for(DELAY);
    }
}
```

Listing 13.17 »x« und »y« können irgendwie von außen verändert werden.

Die Variablen x und y sind in main mit dem volatile-Qualifizierer versehen. Hierdurch sagen Sie dem Compiler, dass sich die Werte in diesen Variablen jederzeit ändern könnten. Der Compiler soll keine Optimierungen anwenden oder diese Variablen zum Beispiel für Berechnungen in ein Register kopieren. Alle Berechnungen müssen direkt im Speicher dieser flüchtigen Variablen geschehen.

Wie ich in diesem Beispiel andeute, kommt volatile besonders häufig bei der hardware-nahen Programmierung vor. Wenn Sie zum Beispiel einen Temperatursensor an Ihrem Raspberry Pi über GPIO-Schnittstelle (General Purpose Input/Output) auslesen wollen, ist eine der Möglichkeiten, den GPIO-Anschluss über eine volatile-Variable zu erreichen.[3]

Auch in die Parameterdeklaration der Funktion installMouseDriver gehört das volatile, denn wie const gehört es fest zum Typ. Ein Zeiger auf ein volatile int ist also ein volatile int*. Es wegzulassen, würde der Compiler mit einem Typfehler bemängeln.

```
void someDriver(int *value); // externe Funktion
void myCode() {
    volatile int leseWert {};
    someDriver( leseWert ); // Typfehler
}
```

Ein volatile sollten Sie niemals »wegcasten«. Ein Programm, das nur mit einer solchen Typumwandlung funktioniert, hat wahrscheinlich irgendwo anders einen Denkfehler.

```
void someDriver(int *value); // externe Funktion
void myCode() {
    volatile int leseWert {};
    someDriver( (int*)leseWert ); // falsch!
}
```

Mit ziemlicher Sicherheit hat der Schreiber der Funktion someDriver das volatile in der Parameterdeklaration vergessen. Wenn Sie jetzt versuchen, den Typ von leseWert zurechtzubiegen, dann kann der Compiler Optimierungen für leseWert einbauen. Möglicherweise kommen Änderungen nicht mehr in leseWert an. Einem solchen Fehler auf die Spur kommen, macht keinen Spaß.

---

3 *https://www.raspberrypi.org/forums/viewtopic.php?t=130798&p=875156*, [2017-02-14]

Kapitel 14

Guter Code, 3. Dan: Testen

Mein persönlicher Wunsch beim Programmieren ist – egal nach welcher Methode –, dass ich zufrieden mit meinem Produkt bin. Meiner Meinung nach gibt es einige universelle Anforderungen an ein Programm, ohne deren Erfüllung ein Programm nicht wert ist, so genannt zu werden. Ähnlich wie ein Haus als Produkt nur dann ein Haus ist, wenn es mich bei Regen trocken und im Winter warm hält. Ein Haus ist das Produkt von Fachleuten, eine Teamarbeit, an der unter anderem viele Handwerker beteiligt sind. Und ähnlich wie ein Dachdecker stolz auf ein von ihm gebautes Dach ist, wenn es – laienhaft ausgedrückt – oben dicht und unten warm ist, so muss sich der professionelle Programmierer als Handwerker sehen, der ebenfalls Kriterien an sein Produkt anlegen sollte – Kriterien, ohne die es nicht geht.

Diese *Professionalität* muss in der Softwareentwicklung in allen Phasen angestrebt werden: in der Planung, der Kommunikation, natürlich der Programmierung, dem Testen, der Qualitätssicherung, der Dokumentation und nicht zuletzt der Wartung.

Mit dem Aspekt der Programmierung in C++ beschäftigt sich der Großteil dieses Buchs. In diesem Kapitel möchte ich Ihnen einen anderen Teil dieser Kette nahe bringen, der ebenfalls viel mit C++ zu tun hat: das Testen.

Anforderungen an Tests

An Tests an sich gibt es mehrere Anforderungen. Hier sind einige wichtige Kriterien in etwa in der Reihenfolge ihrer Wichtigkeit:

1. Tests müssen aussagekräftig sein.

2. Gute Tests liefern reproduzierbare Ergebnisse.

3. Sie sollten, so gut es geht, automatisch sein.

4. Man sollte sie regelmäßig durchführen können.

14.1   Arten des Tests

Um die Qualität Ihres Produkts sicherzustellen, werden Sie es testen. Das kann auf unterschiedliche Arten und in unterschiedlichen Phasen geschehen. Sie sind alle wichtig, und je nach Projekt finden mal in der einen und mal in der anderen Phase mehr oder weniger Tests statt.

Sie werden schnell merken, dass Sie – mit der Absicht im Hinterkopf, Ihren Code testen zu wollen – schon anders programmieren werden. Sie werden Schnittstellen schaffen wollen, die Ihnen das *automatische Testen* vereinfachen. Regelmäßiges testen erhöht die Qualität und Nachhaltigkeit Ihres Codes. Und wenn es regelmäßig ist, dann sollte es einfach sein, den Test durchzuführen – im optimalen Fall also automatisch. Außerdem ist bei Tests die Reproduzierbarkeit sehr wichtig. Denn was nützt es, wenn ein Test fehlschlägt und Sie nicht analysieren können, warum.

Ich möchte die folgenden beiden stellvertretend für alle anderen Testarten nennen, da sie so etwas wie die »Extreme« darstellen:

▶ **Funktions- und Gesamttest**
An einem Ende des Testspektrums wird Ihr Programm in der Gesamtheit getestet werden. Stellen Sie auch hier schon während des Designs und der Programmierung sicher, dass diese Tests leicht durchzuführen, reproduzierbar und aussagekräftig sind. In der Praxis werden unterschiedliche Geschmacksrichtungen dieser Tests vorkommen. Hier einige Stichwörter, die aber bei Weitem nicht alle Testarten abdecken:

– Ein *Smoke-Test* überprüft »auf die Schnelle« die Mindestfunktionalität.

– Bei einem *Data-Driven-Test* prüfen Sie, ob eine vorher definierte Menge an Eingabedaten auch das erwünschte Verhalten Ihrer Software hervorruft.

– Mit einem *Load-Test* ermitteln Sie die maximal bewältigbare Last Ihrer Software.

– Speicher- oder Zeitverbrauch vergleichen Sie bei einem *Performance-Test*.

– Ein *Integrationstest* findet meist auf einer eigenen Umgebung statt, die so nah wie möglich an dem wirklichen Einsatz der Software ist.

– Bei einem *End-to-End-Test* ist Ihr Programm womöglich nur eine Komponente einer langen Kette, bei dem vor allem die Kommunikationswege zwischen den Elementen überprüft werden.

▶ **Unittest**
Am anderen Ende des Spektrums steht der Test der kleinsten Einheiten des Programms. In C++ sind diese kleinsten Einheiten typischerweise Funktionen und Methoden. Die testet der Entwickler persönlich und achtet weniger auf das Zusammenspiel der Komponenten (weswegen Unittests gute Funktionstests ergänzen, nicht ersetzen!). Unittests müssen schnell ausgeführt werden können, da der Entwickler sie üblicherweise jeden Tag mehrmals durchführt. Diese Art zu testen, hat sich in vielen Softwareentwicklungsmethoden etabliert und ist Teil des Alltags vieler Programmierer geworden.

Um Funktions- und Gesamttests strukturiert durchzuführen, gibt es viele Hilfsmittel und Werkzeuge, die aber zu divers sind und zu sehr vom Einsatzfeld abhängen, als dass ich hier auch nur eine Chance hätte, Ihnen in diesem Buch eine brauchbare Anleitung zu geben. Außerdem sind sie weniger C++-speziell und gehören daher nicht in dieses Buch.

Anders die Unittests: In diesem Kapitel werden Sie Tipps finden, wie Sie Ihr C++-Programm mit Einsatz einfacher Werkzeuge automatisch testen können.

14.1 Arten des Tests

14.1.1 Refactoring

Software, die Sie weiterentwickeln wollen, müssen Sie im Laufe der Zeit anpassen. Dabei müssen Sie auch wagen, bestehende Codestellen »anzufassen«. Tun Sie das nicht, erhalten Sie im Laufe der Zeit schlechten Code: Duplikation, Fehler, nicht mehr auf dem Stand der Technik etc. Regelmäßiges Überarbeiten ist das Mittel dagegen.

Wenn Sie Ihren Code so überarbeiten, dass sich seine Funktionalität nicht verändert, ist das *Refactoring*. Zum Beispiel reorganisieren Sie ihn, benennen Variablen um oder ergänzen Parameter. Häufig ist dies eine Vorbereitung auf eine notwendige Erweiterung: Eine momentan spezielle Funktion wollen Sie mit einem weiteren Parameter allgemeiner machen, oder Sie wollen eine an mehreren Stellen ausprogrammierte Funktionalität in eine Funktion auslagern und von diesen Stellen aufrufen.

Solche Änderungen sind oft über große Quelltextbereiche nötig, und es ist schwierig abzusehen, welche Konsequenzen eine Änderung hat. Das kann dazu führen, dass Sie sich nicht trauen, Ihren Code anzufassen – was wiederum die notwendige Erweiterung erschwert. Daher müssen Sie von Anfang an so entwickeln, dass Refactoring möglich ist, und das erreichen Sie am besten durch testbaren Code – siehe Unit- und Funktionstests. Ohne diese Kombination können Sie auf Dauer die Codequalität nicht hoch halten.

Test Driven Development (TDD)

Bei dieser Vorgehensweise der Programmierung schreiben Sie zunächst den (Unit-)Test und lassen ihn laufen. Der schlägt natürlich fehl, denn Sie haben ja noch kein Programm dahinter geschrieben. Schlägt er *nicht* fehl, machen Sie etwas falsch, denn entweder hat Ihr Programm die Funktionalität schon (unwahrscheinlich) oder Ihr Test ist unnütz und testet nichts. Erst *dann* erweitern Sie Ihr Programm um die Funktionalität, die der Test prüft. Programmieren Sie nicht *mehr*, als der Test verlangt, damit Sie nicht ungetestete Funktionalität programmieren.

Der Entwickler muss sich also zunächst Gedanken über das Interface der Funktion machen, die er schreiben will, und zwar von außen betrachtet. In C++ erstellen Sie das Interface zum Beispiel mittels einer leeren Funktion. Dieser folgt dann der Test, der fehlschlägt, dann das Füllen der Funktion, bis der Test durchläuft.

Diese Art der Programmierung erfordert viel Übung und Disziplin, geht einem aber irgendwann flott von der Hand. Sie erhöhen die Qualität Ihres Codes, indem Sie für alles Tests haben und sich zwangsläufig über die Interfaces mehr Gedanken machen, denn Ihr Test ist Ihr erster Benutzer.

14.1.2 Unittests

Tatsächlich gibt es nicht die eine Definition von Unittests, es gibt mehrere. Allen gemein sind aber die folgenden Aspekte:

- **Low-Level**
  Die Tests finden auf einer sehr niedrigen Stufe des Quellcodes statt. In C++ könnten das Klassen sein oder einzelne Methoden und Funktionen. Dies ist aber nur eine grobe Einteilung, und häufig wird eine Klasse durch mehrere Tests überprüft oder Gruppen von Funktionen zusammen getestet.
- **Autor ist der Programmierer**
  Sie schreiben diese Sorte Test selbst. Es ist sinnvoll und nötig, dass andere Leute ebenfalls testen, der Unittest wird aber von der gleichen Person geschrieben wie der Code, der getestet wird. Im Verlaufe von *Refactoring* können Tests durch andere Programmierer erweitert, ergänzt oder angepasst werden.
- **Laufen schnell durch**
  Unittests müssen im Laufe eines Tages mehrmals durchlaufen werden. Daher dürfen Sie den Programmierer nicht zum Warten verdammen. Typischerweise laufen die Tests mit jedem Compilierdurchlauf.
- **Nicht Teil des produktiven Codes**
  Unittests stehen *außerhalb* des Programms. Sie sollten normalerweise den produktiven Code ergänzen, nicht Teil von ihm sein (siehe Abbildung 14.1).

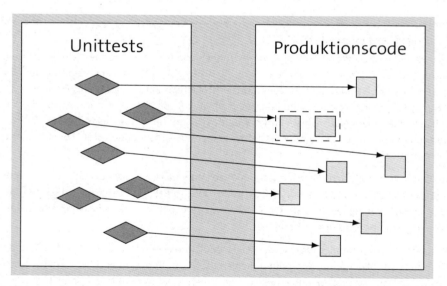

Abbildung 14.1 Unittests sind getrennt vom produktiven Code und testen jeweils Einheiten davon, in Ausnahmefällen auch mal mehrere. Bei solitären Tests sind diese Einheiten strikt separiert.

In der Praxis ist es so, dass man seinen produktiven Code, um ihn gut testbar zu machen, auf eine bestimmte Art und Weise schreibt – aber der Test selbst steht woanders. Ein Datenzugriffsobjekt (»DAO«), das normalerweise private und const wäre, kann vielleicht zum Zwecke der Testbarkeit friend oder protected sein und seinen Schreibschutz aufgeben. Es ist für den Produktionscode besser, wenn man mit möglichst wenig dieser Kompromisse auskommt, doch den Code schon *testbar* zu designen und zu schreiben, ist wichtiger.

14.1.3 Sozial oder solitär

In einem wichtigen Punkt gibt es aber unterschiedliche Vorgehen in der Praxis: Isolieren Sie Ihre Komponenten während des Tests, führen Sie *solitäre Tests* durch. Überprüfen Sie aber auch die Zusammenarbeit mehrere Komponenten, dann sind dies *soziale Tests*.[1] In welche Richtung Sie tendieren, wird von Ihnen, Ihrem Projekt und Ihrem Team abhängen. Beides kommt in der Praxis vor.

Bei den solitären Tests wird die Interaktion mit anderen Komponenten mit Absicht gering gehalten, nötigenfalls durch das Unterschieben von *Mockobjekten* extra für den Test, die sich verhalten, »als ob« dort eine echte Komponente wäre (siehe Abbildung 14.2).

```cpp
#include <iostream>
// Produktions-Code:
struct DatabaseInterface {
    virtual int getData() const = 0;
};
struct Programm {
    DatabaseInterface &db_;
    void run() {
        std:: cout << db_.getData() << "\n";
    }
};

// Test-Helfer:
struct MockDatabase : public DatabaseInterface {
    int getData() const override { return 5; }
};

// main als Test:
int main() {
    MockDatabase mockDb;
    Programm prog { mockDb }; // echte DB wird nicht mitgetestet
    prog.run();   // Erwartete Ausgabe: 5
}
```

Listing 14.1 Solitäre Tests testen nur eine Komponente, Helferklassen werden untergeschoben.

Soziale Tests zielen aber genau auf das Zusammenspiel der Komponenten ab und prüfen, ob die Verbindungen so funktionieren wie gedacht.

---

1 *UnitTest*, Martin Fowler, *http://martinfowler.com/bliki/UnitTest.html*, 2014-05-05, [2017-11-25]

```
#include <iostream>

// Produktions-Code:
struct DatabaseInterface {
    virtual int getData() const = 0;
};
struct RealDatabase : public DatabaseInterface {
    int getData() const override { return 999; }
};
struct Programm {
    DatabaseInterface &db_;
    void run() {
        std:: cout << db_.getData() << "\n";
    }
};

// main als Test:
int main() {
    RealDatabase db;
    Programm prog { db }; // echte DB wird mitgetestet
    prog.run();   // Erwartete Ausgabe: 999
}
```

Listing 14.2 Soziale Tests testen das Zusammenspiel der Komponenten mit.

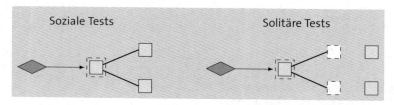

Abbildung 14.2 Soziale Tests beziehen die Verbindungen zu Abhängigkeiten mit ein. Solitäre Tests entkoppeln Verbindungen mit Helferklassen.

Als Faustregel gilt, dass Sie bei einem solitären Test während des Testlaufs

▶ nur eine konkret instanziierte Klasse[2] während des Tests verwenden

▶ und keine »Grenzen« überschreiten.

Eine Grenze in diesem Sinn ist »eine Datenbank, eine Queue, ein anderes System oder auch nur eine andere Klasse, die außerhalb des Bereichs liegt, an dem Sie gerade arbeiten oder verantwortlich sind.«[3]

---

2 Werteparameter zählen hier nicht und sind okay.
3 *TDD Pattern: Do not cross boundaries*, William E. Caputo, www.williamcaputo.com, 2004-12-31, [2016-08-06]

14.1.4 Doppelgänger

Wenn Sie nämlich eine Einheit (»Unit«) testen, dann haben Sie häufig zwei besonders große Herausforderungen zu bewältigen:

▶ **Indirekte Eingaben**

Wenn die Komponente zum Beispiel globale Variablen verwendet, macht dies das Testen schwerer. Sie müssen diese mindestens kennen, was einer guten Dokumentation oder eines sorgfältigen Blicks in den Quellcode bedarf. Außerdem kann die globale Variable von woanders während des Tests verändert werden, was den Test nicht leichter macht. Sie müssen mit dem Problem des *Shared States* (*geteilten Zustands*) also irgendwie umgehen. Sie müssen gar nicht bis »global« gehen, um Probleme zu bekommen, oft reicht auch schon ein Feld des getesteten Objekts, das Teil des *Shared States* ist.

▶ **Indirekte Ausgaben**

Es ist während des Tests vielleicht nicht ganz so problematisch, wenn das Testelement Dinge verändert, die dem Tester unsichtbar bleiben. Für das Gesamtverhalten der Software macht es aber schon einen Unterschied, was sonst noch so alles passiert – welche *Seiteneffekte* der getestete Code hat.

Ein Mittel, beide Dinge unter Kontrolle zu bringen, sind *Test Doubles* (in etwa: *Test-Doppelgänger*). Sie dienen dazu, den *Shared State* zu isolieren und die *Seiteneffekte* mitzubekommen. Es gibt verschiedene Sorten dieser *Doppelgänger*, die man grob in die folgenden Kategorien einteilen kann:

▶ **Dummy**

Ein *Dummy* wird niemals aufgerufen und dient nur dazu, einen Platz zu füllen, der ansonsten während des Tests Probleme verursachen würde. Wenn die zu testende Funktion zum Beispiel eine Überprüfung auf das Vorhandensein eines bestimmten Parameters hat, dieser aber ansonsten keine Auswirkung während des Tests hat.

▶ **Fake**

Ein *Fake* (*Fälschung*) wird aufgerufen, macht aber nur das Mindeste, um den Test weiterlaufen zu lassen, zum Beispiel `getName()` um Ausgabe während des Tests zu erhalten.

▶ **Stub**

Ein *Stub* (*Stummel*) macht etwas mehr als ein Fake, denn es liefert die indirekten Eingaben, die das Testobjekt während des Tests benötigt. Wenn die Testfunktion zum Beispiel aus einem Stream liest, dann würde ein Stub diesen bereitstellen.

▶ **Spy**

Mit einem *Spion* speichern Sie die indirekten Ausgaben, um sie im Rahmen der Testfunktion auf Korrektheit zu überprüfen.

▶ **Mock**

Ein *Mock* (*Attrappe*) geht am weitesten, denn er simuliert ein komplexeres Verhalten im Rahmen des Tests. Somit liefert es hauptsächlich indirekte Eingaben, muss aber oft auch selbst Dinge zwischenspeichern, um diese für den Test in der richtigen Reihenfolge zu machen.

Gerade Mock und Spy sind manchmal schwer voneinander zu trennen. Wenn man zum Beispiel schon einen aufwendigen Mock geschrieben hat, der auf verschiedene Zustände unterschiedlich reagiert, dann kann man auch gleich eine Korrektheitsprüfung der Testergebnisse einbauen. Und auch für Fake und Stub liefern unterschiedliche Autoren unterschiedliche Definitionen. So definiert Fowler ein Fake als »eine funktionierende Implementierung mit einigen Abkürzungen.«[4]

Viele Testframeworks kommen mit Werkzeugen, um während der Tests diese Doppelgänger zu erzeugen und deren Handhabung zu vereinfachen. Wie sie das machen und was sie bereitstellen, hängt vom Framework ab.

Dennoch ist das Schreiben guter Tests in größeren Projekten nicht einfach. Sowohl solitäre Tests als auch soziale Tests können sich in der Praxis als »knifflig« erweisen. Bei sozialen Tests liegt das häufig an ihren inhärenten Abhängigkeiten, die mehr oder weniger weitreichend sein können. Fällt das Schreiben eines solitären Tests besonders schwer, deckt dies meist Unzulänglichkeiten im Design des getesteten Codes auf – oder auch »Solitary unit testing makes bad OOP stinky.«[5]

14.1.5 Suites

Bezüglich der Geschwindigkeit von Unittests gibt es ebenfalls Unterschiede. Dem einen gibt eine Testsuite, die eine Minute fürs Testen braucht, die richtige Sicherheit. Der andere sagt, eine Wartezeit von mehr als 300 Millisekunden ist zu viel.

Um beidem gerecht zu werden, ist es üblich (mindestens) zwei *Suiten* an Unittests in seinem Projekt einzurichten:

▶ **Compilesuite**
Wird bei jedem Compilervorgang durchgeführt und sollte somit sehr zügig durchlaufen. Als Faustregel sollte die Testdauer sich in der gleichen Größenordnung befinden wie das Compilieren.

▶ **Commitsuite**
Als *Commit* bezeichnet man das Abschließen einer Aufgabe mittels des Sendens des Quellcodes zurück an das Team. Ein- bis zweimal täglich ist hierbei typisch, im Extremfall vielleicht einmal die Woche. Damit man sicher ist, dass noch alles wie gewünscht funktioniert, sollte man dieser Suite etwas mehr Zeit für den Durchlauf gönnen, zum Beispiel ein paar Minuten. Jedoch nicht viel länger, denn bei auszubügelnden Fehlern muss man auch diese Suite mehrmals durchlaufen lassen können.

---

4 *Mocks Aren't Stubs*, Martin Fowler, *https://martinfowler.com/articles/mocksArentStubs.html*, 2007, [2017-11-25]

5 Joseph D. Purcell, *https://josephdpurcell.github.io/principles-of-solitary-unit-testing/dist/2015-phpug/#/3/15*, PHP User Group Nov. 2015, [2017-11-25]

14.2   Frameworks

Am besten bedient man sich eines Frameworks, um seine Unittests zu schreiben und auszuführen. Für unterschiedliche Sprachen gibt es unterschiedliche Implementierungen, ebenso in C++. Am Ende dieses Kapitels stelle ich Ihnen einen Framework als Beispiel vor.

Bestimmte Begriffe haben sich frameworkübergreifend durchgesetzt, weswegen sich diese als Standardvorgehen unter dem Begriff *xUnit* finden. Die folgenden Erklärungen finden Sie auch in Abbildung 14.3 in Zusammenhang gebracht.

▶ **Test**
Ein Test ist eine spezielle Funktion, die vom Framework aufgerufen wird. Um *Tests* dreht sich alles beim Unittesten, denn ein einzelner Test testet eben diese einzelne Unit, eine Funktionalität. Innerhalb eines Tests rufen Sie die zu prüfende Funktion auf und schreiben danach eine oder mehrere Assertions, um die korrekte Funktionalität zu überprüfen.

▶ **Assertion**
(von engl. *assert*, *sicherstellen*) Das Durchführen einer einzelnen Überprüfung, typischerweise des Rückgabewerts der zu testenden Funktion. Sie besteht immer aus einem booleschen Test, manchmal mit einer sprechenden Meldung beim Fehlschlagen. Oft werden auch Nebenbedingungen mit *Assertions* überprüft. Manche Frameworks unterstützen zwei Stufen von Assertions: Warnung und Fehler – bei Ersterem wird nur eine Meldung ausgegeben, wenn die Assertion fehlschlägt, bei Letzterem schlägt der Test fehl. Hier gibt es wieder die zwei Varianten, dass der Test weiterläuft oder abbricht.

▶ **Testcase**
Mehrere Tests werden zu einem Testcase zusammengefasst. Manchmal enthält ein Testcase nur einen Test (als eine Testfunktion), häufig aber mehrere. Die haben dann eine Gemeinsamkeit, zum Beispiel benötigen Sie dieselbe Testumgebung oder dieselbe Test-Vorrichtung (engl. *Fixture*).

▶ **Testvorrichtung oder Fixture**
Tests müssen voneinander isoliert betrachtet werden können. Daher wird für jeden Test davon ausgegangen, dass dieser wieder eine saubere, unveränderte Umgebung vorfindet. Dazu hat ein Testcase *eine* spezielle Funktion, die vor *jedem* Test innerhalb des Testcases aufgerufen wird, und *eine* andere, die *nach* jedem Test aufgerufen wird. In diesen *Set-up-* und *Tear-down*-Funktionen stellen Sie die Umgebung des Tests her und machen das wieder rückgängig.

▶ **Testsuite**
Eine Suite beinhaltet eine Menge von Testcases. Sie können mehrere Suites definieren und jeweils unterschiedliche Testcases dort hinein packen, um zum Beispiel verschieden gründliche Tests durchführen zu können.

Der Begriff *Test* ist hier nicht »offiziell«, in Test Driven Development und der Familie der Frameworks, die sich unter dem Namen »xUnit« zusammenfassen, wird nur *Testcase* verwendet.[6] In meiner Praxis kam ich aber besser damit zurecht, im Kopf noch eine Unterscheidung einzuführen. Ein Testcase sollte aber, so oder so, *eine* Funktionalität testen, auch wenn diese Prüfung auf mehrere Tests (technisch also Testfunktionen) aufgeteilt ist.

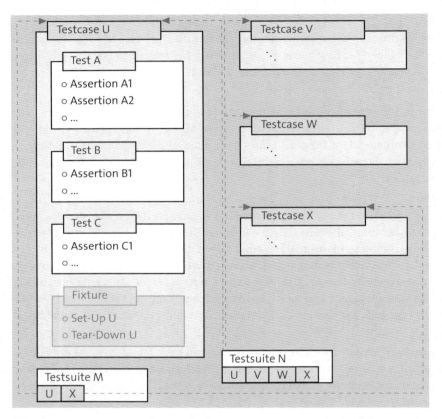

Abbildung 14.3 Testcases enthalten Testfunktion mit Assertions und werden zu Testsuites zusammengesteckt.

Wenn Sie die Unittests durchführen, geht das Framework wie folgt vor: Sie wählen eine oder mehrere Suites aus, die durchlaufen werden sollen. Für alle darin enthaltenen Testcases werden alle Tests zusammengesucht und als Menge der auszuführenden Tests definiert. Diese werden dann alle ausgeführt.

Jeder einzelne Test kann entweder erfolgreich durchlaufen (»pass«, »Test ist grün«) oder fehlschlagen (»fail«, »Test ist rot«). Eventuell gibt es unkritische Warnungen. Wenn alle Tests erfolgreich waren, gibt dies den Gesamterfolg. Ein einzelner fehlgeschlagener Test bedeutet einen Fehlschlag. Es ist nicht üblich, eine gewisse Menge Einzelfehler zu akzeptieren.

---

6 *Test Driven Development: By Example*, Kent Beck, Addison-Wesley Longman (2002)

Tests müssen unabhängig voneinander laufen: Sie dürfen sich nicht darauf verlassen, dass vorher bestimmte andere Tests gelaufen sind oder noch nicht liefen. Auch kann das Framework mehrere Tests gleichzeitig laufen lassen.

Beim Ausführen eines einzelnen Tests passiert Folgendes:

1. Das Framework instanziiert den Testcase, in dem sich der Test befindet.
2. Eine eventuell vorhandene Set-up-Funktion oder -Methode des Testcases wird aufgerufen.
3. Das Framework ruft den Test mittels seiner Testfunktion auf.
4. Das Fehlschlagen einer Assertion oder das unerwartete Verlassen des Tests wird notiert und später als »fail« gemeldet.
5. Falls eine Tear-down-Funktion oder -Methode existiert, ruft das Framework diese auf.
6. Der Testcase wird entfernt.

Beachten Sie, dass dies für *jeden* Test stattfindet: Auch wenn sich innerhalb eines Testcases mehrere Tests befinden, so wird der Testcase für jeden von diesen immer neu auf- und wieder abgebaut.

14.2.1 Arrange, Act, Assert

Sie werden schnell merken, dass sich gewisse Muster beim Schreiben eines Tests immer wiederholen. Ich selbst kommentiere innerhalb meiner Testfunktionen immer drei Abschnitte:

```
void testVerdopple5() {
    // vorbereiten
    auto param = 5;
    // ausführen
    auto result = verdopple(param);
    // überprüfen
    assertTrue(result == 10);
}
```

Manchmal ist »vorbereiten« leer, denn ich hätte ja auch verdopple(5) schreiben können. Die anderen Abschnitte sind aber immer gefüllt – ohne die macht ein Test keinen Sinn. Dieses Prinzip nennt man *Arrange, Act, Assert*, was so viel heißt wie *Arrangieren, Handeln, Sicherstellen*.[7] »AAA« ist etwas eingängiger als die Anfangsbuchstaben meiner Abschnitte »vaü« ...

Danach ist sinnvoll, dass auch Sie Ihren testenden Code sauber in diese drei Sektionen unterteilen. Das macht das Schreiben und das Verständnis einfacher. In obigem Beispiel mag das lächerlich trivial sein, doch wenn Sie vor dem Ausführen zunächst erst eine Landschaft von Spy- und Mockobjekten erzeugen müssen, ist eine saubere Trennung hilfreich.

---

7 *http://c2.com/cgi/wiki?ArrangeActAssert*, [2017-11-25]

▶ In »Arrange« deklarieren und initialisieren Sie Variablen und bereiten die Dinge vor, die während des eigentlichen Tests nötig sind.

▶ Dann rufen Sie in »Act« den Programmcode auf, der getestet werden soll.

▶ Im »Assert«-Teil stehen alle Überprüfung des erwarteten zum tatsächlichen Ergebnis.[8]

Im Regelfall sollte jeder Ihrer Tests diesem Muster folgen. In Ausnahmefällen können Sie alle drei Sektionen in eine Zeile zusammenfassen. Dann, und nur dann, können Sie auch den zu testenden Code in einer Testroutine mehrfach aufrufen – das ist meine Empfehlung. Und es sähe dann so aus:

```
void testVerdopple() {
    assertTrue( verdopple(0) == 0 );
    assertTrue( verdopple(-1) == -2 );
    assertTrue( verdopple(1) == 2 );
    assertTrue( verdopple(5) == 10 );
}
```

Testen Sie Randfälle

Die zu testenden Fälle sollten besonders, aber nicht nur, die *Randfälle* (*Corner Cases*) abdecken. Oben also zum Beispiel den Aufruf mit den Parametern 0 und der negativen Zahl. Eine gute Mischung von typischen Aufrufen gehört dazu, hier zum Beispiel mit 1 und 5.

Für Ganzzahlen sind 0 und -1 oft gute Werte für Randfälle, Strings können leer "" oder C-Strings und andere Zeiger nullptr sein. Testen Sie Ihre Funktionen auf diverse Kombinationen von Normal- und Randfällen.

14.2.2 Frameworks zur Auswahl

Es gibt viele Implementierungen von Testframeworks. Manche unterstützen nur Unittests, andere sind für andere Arten von Tests gut. Hier ist eine kleine Auswahl mit dem Fokus auf Unittests und Portabilität, die Auswahl ist aber noch viel größer:[9]

▶ **Boost.Test**
Dies ist Teil der Bibliothekssammlung Boost. Es ist möglich, sie als Nur-Header-Version zu betreiben, als auch als Bibliothek zum Hinzulinken. Ich nutze diese zur Erklärung der Beispiele.

▶ **CuTe-Test**
Ein einfaches, aber dennoch erweitertes Unittest-Framework, das sich mit einem Plugin in Eclipse integrieren lässt.[10]

---

8 In einigen Testframeworks ist es hilfreich, pro Testfunktion nur ein einziges Assert zu haben, da es schwer sein kann, den fehlgeschlagenen Test genau zu lokalisieren. Das ist bei den meisten Frameworks nicht der Fall, auch nicht bei den hier gezeigten C++-Frameworks.

9 *Exploring the C++ Unit Testing Framework Jungle*, Noel Llopis, *http://gamesfromwithin.com/ exploring-the-c-unit-testing-framework-jungle*, 2010, [2017-11-25]

10 *C++ Unit Testing Easier*, *http://cute-test.com/*, [2017-11-25]

▶ Cppunit

Dies ist ein recht verbreitetes Unittesting Framework, das sich stark an JUnit anlehnt.[11]

▶ Doctest

Dies ist eine kleine Nur-Header-Bibliothek, die relativ neu auf dem Markt ist.[12]

▶ Google Test

Auch Google entwickelt C++ und hat sein Test-Framework zur Verfügung gestellt.[13]

14.3   Boost.Test

Langer Rede kurzer Sinn, lassen Sie uns nun ein Programm ansehen, das wir testen wollen. Das Framework, mit dem wir dies hier machen, ist *Boost.Test*.

Installation von Boost.Test

Sie können Boost als Gesamtpaket von der Boost-Webseite *http://www.boost.org/users/download* herunterladen. Für Windows und den MSVC gibt es dort fertig compilierte Bibliotheken. Unter Ubuntu installiert `sudo apt-get install libboost-dev` die Gesamtbibliothek. Bei anderen Distributionen gibt es ein entsprechendes Paket. Es reicht nicht, nur die Teilbibliothek des Testframeworks zu installieren, da diese auch andere Teile von Boost verwendet.

Hier haben wir eine freie Funktion, die Sie gerade geschrieben haben:

```
unsigned fib(unsigned n) {
    if(n==0) { return 0; }
    if(n==1) { return 1; }
    unsigned a = 0;
    unsigned b = 1;
    unsigned sum = 1;
    while(n>1) {
        sum += a;
        a = b;
        b = sum;
        n -= 1;
    }
    return sum;
}
```

Listing 14.3 In der Datei »fib.cpp« ist eine freie Funktion, die Sie testen wollen.

---

11 *Cppunit, https://freedesktop.org/wiki/Software/cppunit/*, [2017-11-25]

12 *doctest, https://github.com/onqtam/doctest/blob/master/doc/markdown/readme.md*, [2017-11-25]

13 *Google Test, https://github.com/google/googletest*, [2017-11-25]

Dies sollte der gesamte Inhalt der Datei fib.cpp sein. Die Tests schreiben Sie in einem eigenen Modul, getrennt von dem Produktionscode, zum Beispiel einem getrennten Verzeichnis wie test/ oder mit einem klaren Namensschema, zum Beispiel test_fib.cpp.

Damit Sie in einem anderem Modul die Funktion fib testen können, müssen Sie sie aufrufen – und das bedingt, dass diese dem Testcode bekannt ist. Entweder Sie benötigen einen Header, der die Funktion exportiert und den Sie im Testcode inkludieren, oder Sie benutzen Ihr internes Entwicklerwissen über die Funktion und deklarieren sie vor den Tests ohne #include. Es hängt von Ihren Testregeln ab, ob Sie dies ausnahmsweise und für Unittests erlauben, denn in produktivem Code ist eine solche undurchsichtige Nutzung von Funktionen kein guter Stil. Man kann argumentieren, dass Unittests hier eine Ausnahme sind, denn durch das Namensschema der Dateinamen weiß ein Leser ja, wo die wirkliche Funktion steht.

Somit beginnt die Testdatei test_fib.cpp mit der Deklaration unsigned fib(unsigned n);. Die gesamte Datei sieht dann so aus:

```
#define BOOST_TEST_MAIN test_main              // generiert main() in diesem Modul
#include <boost/test/included/unit_test.hpp>   // Framework
#include <boost/test/test_tools.hpp>           // BOOST_CHECK, etc
unsigned fib(unsigned n);                       // zu testen
namespace {
using namespace boost::unit_test;
BOOST_AUTO_TEST_CASE( test_fib_low )            // beliebiger Name des Testcases
{
    BOOST_CHECK( fib(0) == 0 );                 // einzelne Assertions
    BOOST_CHECK( fib(1) == 1 );
    BOOST_CHECK( fib(2) == 1 );
    BOOST_CHECK( fib(3) == 2 );
    BOOST_CHECK( fib(4) == 3 );
    BOOST_CHECK( fib(5) == 5 );
    BOOST_CHECK( fib(6) == 8 );
}
}
```

Mit dem Makro BOOST_TEST_MAIN sagen Sie dem Boost-Unittest-Framework, dass es in diesem Modul automatisch eine main()-Funktion generieren soll, die den ganzen Verwaltungsaufwand des Frameworks enthält: zusammenstellen der Cases und Suites, Kommandozeilenparameter auswerten, ausführen der Tests und Ergebnisse präsentieren.

Das Makro BOOST_AUTO_TEST_CASE erstellt automatisch einen neuen Testcase mit dem angegebenen Namen und fügt ihn in die Standard-Testsuite ein, die main() ausführt. Der so erzeugte Testcase enthält nur eine einzige Testfunktion, deren Funktionskörper nun folgt. Hier verwende ich nur mehrmals BOOST_CHECK als einfachstes Hilfsmakro. Es bekommt nur einen Parameter, der nach bool umgewandelt werden kann. Sollte dieser beim Testlauf false ergeben, schlägt der Test fehl. Neben BOOST_CHECK gibt es noch eine Reihe weiterer Assertion-Hilfsmakros, dazu gleich mehr.

340

14.3 Boost.Test

> **Erst tatsächlich, dann erwartet**
>
> Beachten Sie, dass Sie in Boost.Test das *tatsächliche* Ergebnis zuerst nennen sollten und das *erwartete* Ergebnis zuletzt. Bei den Makros in Tabelle 14.1 macht das keinen großen Unterschied, aber wenn Sie BOOST_TEST aus der Bibliotheksversion 1.59 oder später verwenden, dann ist die Ausgabe des Frameworks ausführlicher, wenn Sie den Vergleichsoperator so weit rechts wie möglich haben:
>
> ```
> BOOST_AUTO_TEST_CASE( erwartet_nach_rechts ) {
>     int a = 13, b = 2;
>     BOOST_TEST(a % b == 7);  // 'check a % b == c has failed [13 % 2 != 7]'
>     BOOST_TEST(7 == a % b);  // 'check a == c % b has failed [7 != 1]'
> }
> ```
>
> Bei BOOST_CHECK ist das noch nicht der Fall, aber vielleicht wappnen Sie sich schon für die Neuerungen von Boost.Test.

Das Testprogramm compilieren Sie, indem Sie beide Module zu einem ausführbaren Programm zusammencompilieren:

```
$ g++ fib.cpp test_fib.cpp -o test_fib.x
```

Beim Ausführen sehen Sie keine Fehler:

```
$ ./test_fib.x
Running 1 test case...
*** No errors detected
```

Diese Version der Boost.Test-Bibliothek besteht nur aus Headern und keiner statischen oder dynamischen Bibliothek, die Sie beim Zusammencompilieren mit angeben müssen. Denn die Include-Datei <boost/test/included/unit_test.hpp> enthält ein main() und alle Hilfsfunktionen dafür – und ist im eigentlichen Sinne kein *Header*. Als solcher sollte die Datei eigentlich keine Implementierungen enthalten, insbesondere nicht solche, die das Compilieren verhindern, wenn sie in einem Projekt mehrmals inkludiert werden. Und weil in .../included/unit_test.hpp ein main() ist, käme dies auch mehrmals im Programm vor, was nicht geht. Doch in diesem Fall ist diese Ausnahme sehr nützlich und vereinfacht die Nutzung und das Compilieren.

Wenn Sie nicht die »Header-Only«-Variante verwenden wollen, dann gibt es auch die Möglichkeit, das Boost.Test-main() und Drumherum als Bibliothek hinzuzufügen. Ersetzen Sie die Zeile

```
#include <boost/test/included/unit_test.hpp>
```

durch

```
#include <boost/test/unit_test.hpp>
```

und übersetzen Sie das Programm dann, indem Sie die Bibliothek des Frameworks *statisch* hinzuzufügen:

```
$ g++ -static fib.cpp test_fib.cpp -o test_fib.x -lboost_unit_test_framework
```

341

Es ist unbedingt nötig, dass Sie das mit `-static` tun, denn die Bibliothek `boost_unit_test_framework` enthält – wie schon erklärt – auch `main()`. Unter Linux ist es nicht möglich, ein lauffähiges Programm zu erzeugen, das nicht selbst `main()` enthält, sondern dynamisch nachladen möchte.[14]

Das Boost.Test-Framework fügt Ihnen eine `main`-Funktion ein, die aber noch mehr kann. So können Sie zum Beispiel eine ganze Reihe Kommandozeilenparameter angeben, die Boost.Test automatisch auswertet. Selektieren Sie zum Beispiel die auszuführenden Testcases und verändern Sie Ausgabeformat und -menge:

```
$ ./test_fib.x --run_test=test_fib_low --report_level=detailed \
--log_level=all --catch_system_errors=no
Running 1 test case...
Entering test suite "Master Test Suite"
Entering test case "test_fib_low"
test_fib.cpp(28): info: check fib(0) == 0 passed
test_fib.cpp(29): info: check fib(1) == 1 passed
test_fib.cpp(30): info: check fib(2) == 1 passed
test_fib.cpp(31): info: check fib(3) == 2 passed
test_fib.cpp(32): info: check fib(4) == 3 passed
test_fib.cpp(33): info: check fib(5) == 5 passed
test_fib.cpp(34): info: check fib(6) == 8 passed
Leaving test case "test_fib_low"; testing time: 346mks
Leaving test suite "Master Test Suite"
Test suite "Master Test Suite" passed with:
  7 assertions out of 7 passed
  1 test case out of 1 passed
  Test case "test_fib_low" passed with:
    7 assertions out of 7 passed
```

Mit `--report_level` können Sie die Menge der zusammenfassenden Ausgabe beeinflussen, hier in den letzten fünf Zeilen zu sehen. `--log_level` beeinflusst die Ausgabe während der Testläufe und reicht von `nothing` über `errors` bis zu `all` mit vielen Abstufungen dazwischen.

Der Parameter `--catch_system_errors=no` ist nützlich, wenn Sie den Test innerhalb einer IDE starten. Normalerweise gibt sich Boost.Test viel Mühe, sogar die schlimmsten Fehler abzufangen, damit die restlichen Tests durchlaufen werden können. Das kann bei der Fehlersuche hinderlich sein, denn der eingebaute Debugger bemerkt den Fehler dann nicht. Mit dieser Option kann zum Beispiel das Microsoft Visual Studio direkt an die Stelle springen, an der ein Fehler auftrat.

Rufen Sie das Testprogramm mit `--help` oder `-?` auf, um eine ausführliche Liste der Parameter zu bekommen.

---

14 Deshalb enthält die dynamische Variante auch kein `main` und wird nur in dem fortgeschrittenen Fall benötigt, wenn Sie einen externen Testrunner verwenden.

In der Ausgabe sehen Sie, dass Boost.Test die Zusammenfassung für die »Master Test Suite« ausgibt. Es ist eine Spezialität dieses Frameworks, dass Suites und Cases hierarchisch verschachtelt wie ein Baum aufgebaut sein können. Die Wurzel ist immer diese »Master Test Suite«. Die meisten anderen xUnit-Frameworks haben diese verschachtelte Struktur nicht, sondern beschränken sich auf eine Menge von Testcases in einer Menge von Testsuites.

14.4 Hilfsmakros für Assertions

Sie haben `BOOST_CHECK(b)` kennengelernt. Dieses Basismakro prüft, ob sein Parameter `true` ist. Wenn nicht, notiert es den Test als fehlgeschlagen, aber der Test läuft weiter. Verwenden Sie stattdessen `BOOST_REQUIRE(b)`, bricht der Test bei `false` ab, und die restlichen Assertion dieses Tests werden nicht mehr ausgeführt. Bei `BOOST_WARN(b)` wiederum, erhalten Sie bei `false` eine Meldung, aber der Test schlägt nicht fehl. Dies sind die drei *Assertion-Levels*, die Boost.Test durchgehend unterstützt. Alle Assertion-Hilfsmakros gibt es in diesen drei Varianten.

Ich verwende `BOOST_level_EQUAL(res, exp)` am häufigsten. Hier gebe ich das tatsächliche Ergebnis bei `res` und das erwartete Ergebnis mit `exp` an. Den Vergleich mittels `==` erledigt das Framework für mich und kann mir bei Ungleichheit bessere Informationen ausgeben.

```
std::string theString(std::string val) { return val; }
BOOST_CHECK_EQUAL( theString("ergebnis"), "ergebnis" );
BOOST_WARN_EQUAL( theString("ergebnis"), "ergbnis" );
```

Die Ausgabe des zweiten Tests ist

```
warning in "test_theString": condition theString("ergebnis") == "ergbnis" \
    is not satisfied [ergebnis != ergbnis]
```

Zum einen wird hier praktischerweise der Rückgabewert von `theString` in der Meldung mit ausgegeben, und zum anderen wirkt es sich aus, wenn Sie `operator==` für die beiden Argumente definiert hätten.

Wollen Sie nicht, dass `==` verwendet wird, nehmen Sie stattdessen `BOOST_level_BITWISE_EQUAL(exp, res)`, die Argumente werden dann direkt im Speicher verglichen.

Statt der Gleichheit mittels `...EQUAL` können Sie auch `GE`, `GT`, `LE`, `LT` und `NE` für `>=`, `>`, `<=`, `<` und `!=` einsetzen.

Besondere Vorsicht müssen Sie walten lassen, wenn Sie Fließkommazahlen vergleichen wollen. Ein Test auf Gleichheit mittels `==` ist außen vor. Stattdessen prüfen Sie, ob `exp` und `res` nahe genug beieinander sind, indem Sie als dritten Parameter das »nahe genug« mitgeben:

```
double sqSumDif(double a, double b) {
    return a*a+b*b-a*b;
}
BOOST_CHECK_CLOSE( sqSumDif(4.1, 3.9), 16.03, 0.01 );
```

14   Guter Code, 3. Dan: Testen

Die Ausgabe ist hier

```
info: difference{%} between sqSumDif(4.1, 3.9){16.029999999999998} and \
  16.03{16.030000000000001} doesn't exceed 0.01%
```

denn das tatsächliche *ungenaue* Ergebnis weicht vom erwarteten zwar ab, ist aber innerhalb der angebenden Toleranz von 0,01 %. Hier sollten Sie von Fall zu Fall eine passende Toleranz angeben. 0,01 % ist für eine solch einfache Berechnung wahrscheinlich ziemlich grob bemessen, aber in komplexen Berechnungen können sich die Rundungsfehler der Fließkommaberechnungen aufsummieren.

Warum Makros?

Eine kleine Anmerkung dazu, dass hier so viele Makros zum Einsatz kommen, obwohl ich Ihnen doch die ganze Zeit erzähle, Sie sollen auf Makros verzichten. Nun, keine Regel ohne Ausnahme, und Tests wie diese sind eine davon. Denn ohne hier Makros einzusetzen, wäre es dem Compiler nicht möglich, Ihnen so nützliche Informationen wie

```
info: check fib(0) == 0 passed
```

auf dem Bildschirm auszugeben. Hier wurde mittels # der gesamte übergebene Ausdruck in einen String umgewandelt (»stringifiziert«), um Ihnen diese besonders im Fehlerfall nützliche Information drucken zu können. Das wäre mit keiner constexpr möglich gewesen.

Die komplette Liste der Hilfsmakros können Sie in Tabelle 14.1 sehen.

Das Universalmakro BOOST_TEST

In den neueren Boost-Versionen gibt es den Allrounder BOOST_TEST. Dieses Makro nimmt als ersten Parameter einen Vergleich und kann als weitere Parameter optional noch *Testmanipulatoren* bekommen. Damit kann man dann die Genauigkeit oder das Loggingverhalten beeinflussen.

So erfüllen die folgenden Tests

```
BOOST_REQUIRE_EQUAL(qw::version(), 1);
BOOST_REQUIRE_GT(qw::version(), 5);
BOOST_REQUIRE_CLOSE(a+0.1, b-0.8, 0.01));
```

die gleiche Aufgabe wie:

```
BOOST_TEST(qw::version() == 1);
BOOST_TEST(qw::version() >= 5 );
BOOST_TEST(a+0.1 == b-0.8, boost::test_tools::tolerance(0.01));
```

Mit diesem Makro sehen die Tests gleichförmiger aus, und die optionalen Manipulatoren erlauben mehr Kombinationsmöglichkeiten und Einflussnahme auf das Testverhalten.

344

14.4 Hilfsmakros für Assertions

Zum Zeitpunkt des Schreiben dieses Kapitels wurde mein Ubuntu (14.04 LTS) mit der Boost-Version 1.55 ausgeliefert, die das Makro noch nicht beherrscht. Seit 1.59 (»Boost.Test v3«) ist es vorhanden. Ich habe mir die aktuelle Version deshalb nachinstalliert. Wenn Sie zum Beispiel ein aktuelles Ubuntu 17.10 haben, ist Ihre Boost-Version wahrscheinlich 1.62. Im Quellcode dieses Kapitels habe ich das Makro wegen seiner Neuheit gepunktet unterstrichen.

Makro BOOST_*level*...	Beschreibung
BOOST_*level*(b)	Ist b wahr?
..._EQUAL(e,r)	Ist e == r wahr?
..._BITWISE_EQUAL(e,r)	Ist e bitweise identisch mit r?
..._EQUAL_COLLECTIONS(...)	Elementweise begin/end(e)==begin/end(r)
..._GE(e,r)	e >= r?
..._GT(e,r)	e > r?
..._LE(e,r)	e <= r?
..._LT(e,r)	e < r?
..._NE(e,r)	e != r?
..._PREDICATE(p,v1,v2,...)	Sind p(v1), p(v2) etc. alle wahr?
..._CLOSE(e,r,t)	Ist e an r nahe genug dran, in %?
..._CLOSE_FRACTION(e,r,t)	Ist e an r nahe genug dran?
..._SMALL(r,t)	Ist r nahe an null?
..._NO_THROW(a)	Der Ausdruck a darf keine Exception werfen.
..._THROW(a,ex)	Der Ausdruck a muss Exception ex werfen.
..._EXCEPTION(a,ex,p)	Dito; ex muss zusätzlich Bedingung p(...) erfüllen.
BOOST_*level*_MESSAGE(b,msg)	Gibt bei false Meldung msg aus.
BOOST_ERROR(msg)	Wie ..._MESSAGE(false,msg)
BOOST_FAIL(msg)	Bricht den aktuellen Test ab.
BOOST_IS_DEFINED(sym)	Wahr, wenn das Makro sym definiert ist.

Tabelle 14.1 Eine kurze Übersicht über alle Assert-Makros in Boost.Test

14 Guter Code, 3. Dan: Testen

14.5 Ein Beispielprojekt mit Unittests

Damit Sie einmal sehen, wie sich Unittests in ein tatsächliches Projekt integrieren, zeige ich Ihnen in diesem Abschnitt den Aufbau eines kompletten Projekts bestehend aus einer Bibliothek, einem Beispielprogramm, dass diese Bibliothek nutzt und eine Menge von Unittests für die Bibliothek. Das Ganze ist eingebettet in ein Makefile-Projekt, lässt sich aber ohne großen Aufwand in ein Projekt Ihrer Lieblings-IDE übertragen.

> **Vorgriffe und Fokus dieses Abschnitts**
>
> Ich erweitere hier das Beispielprojekt aus Abschnitt 11.4, »Ein modulares Beispielprojekt«. Für den grundsätzlichen Aufbau schlagen Sie zuerst dort nach.
>
> Ein paar Dinge zu Klassen und deren Design greife ich vorweg. Wie immer in den Dan-Kapiteln liegt der Fokus aber nicht darauf, sondern zeigt Ihnen Dinge, die Ihnen später beim Zurückkehren zu diesem Kapitel nützlich sein werden. Auf das *Pimpl-Pattern* gehe ich ebenfalls nur rudimentär ein, denn es ist etabliert und nicht auf das neue C++ beschränkt.

Die Funktionsweise der Bibliothek überprüfe ich anhand von weiteren Quelldateien mit Unittests, die dem Kunden nicht mit ausgeliefert werden. Die zusätzlichen Dateien in dem Projekt liste ich in Tabelle 14.2 auf.

Verzeichnis/Datei	Beschreibung
test/	Die eigentlichen Unittests
- Makefile	Bauen der Unittests
- testQwort.cpp	Tests der Klasse qwort
- testImplMultimap.cpp	Tests der Hilfsklasse

Tabelle 14.2 Zusätzlich im Beispielprojekt für Unittests

Das Kommando make all baut zunächst alle für das Projekt relevanten Dateien. Zuletzt werden nun zusätzlich die Unittests in test/ gebaut.

Weil ich mich direkt darauf beziehe, wiederhole ich hier die Headerdatei der Implementierung.

```
#ifndef QWORT_H      // Header-Guard
#define QWORT_H
#include <string>
#include <memory> // unique_ptr

namespace qw {       // Namensraum der Bibliothek
```

```
    int version();

    namespace impl_multimap {
        class index_impl;
    }

    class index {
        using index_impl = impl_multimap::index_impl;
    public:
        index();
        ~index() noexcept;  // wird für pimpl benötigt
        index(const index&) = default;
        index(index&&) noexcept;
        index& operator=(const index&) = default;
        index& operator=(index&&) = default;
    public:
        void add(const std::string &arg);
        size_t size() const;
        std::string getBestMatch(const std::string& query) const;
    public:                 // public für Tests
        std::string normalize(std::string arg) const;
    private:
        const std::unique_ptr<index_impl> pimpl;
    };

} // namespace qw
#endif // Header-Guard
```

Listing 14.4 Die Haupt-Headerdatei der Bibliothek »qwort.hpp«

14.5.1 Privates und Öffentliches testen

Intern rufen die beiden Methoden normalize auf. Der Zweck dieser Methode ist, den Index zu vereinfachen, zum Beispiel nur Großbuchstaben zu speichern. Das muss dann symmetrisch sowohl beim Speichern der Muster als auch bei der Suchanfrage gemacht werden. Es hätte gereicht, die Methode normalize private oder protected zu machen.

Wenn Sie dann einen Unittest für die Klasse index schreiben, dann können Sie die ganze Klasse als die zu testende »Einheit« betrachten. Sie testen so nur das öffentliche Interface und benötigen keine Tests der privaten Bereiche. Das gilt im Beispiel für pimpl, bei dem wir einfach davon ausgehen, dass er korrekt initialisiert wird – die Tests, die wir für die Klasse als Einheit schreiben, testen diesen Umstand mit.

Wenn Kernfunktionalität jedoch in einer privaten Methode implementiert wurde, dann bildet diese für sich eine Einheit, die sich getrennt zu testen lohnt. Das ist jedoch eine »weiche« Regel, die Sie in Ihrem Team absprechen sollten. Hier ist es für normalize der Fall. Daher habe ich »die eigentlich privaten, aber für die Tests öffentlichen«-Methoden in einen eigenen Abschnitt gesteckt und diesen mit public und einem entsprechenden Kommentar versehen. Das ist die einfachste Möglichkeit, Privates von außen testbar zu machen, es gibt aber noch eine Hand voll andere. Jedoch hat jede ihre Vor- und Nachteile, sodass ich hier nur diese eine zeige.

In Listing 14.5 sehen Sie einen Auszug aus Listing 11.3 (Seite 244), in dem ein Teil des Interfaces nur zum Zwecke der Testbarkeit public gemacht ist:

```cpp
class index_impl {
...
public: // test interface
    vector<string> _qgramify(const string& n) const { return qgramify(n); }
    static size_t _q() { return Q; }
    static std::string _prefix() { return PREFIX; }
    static std::string _suffix() { return SUFFIX; }
};
```

Listing 14.5 Öffentliche Schnittstelle nur fürs Testen

14.5.2 Ein automatisches Testmodul

In dem ersten Beispiel eines Unittest-Moduls zeige ich Ihnen, wie Sie sich das Zusammenfügen der einzelnen Tests zu einer Suite vom Framework Boost.Test abnehmen lassen können. Dafür hat es nämlich ein paar praktische Makros.

Das Testmodul testQwort.cpp aus Listing 14.6 testet das Bibliotheksmodul qwort.cpp. Es ist sinnvoll, sich an ein Namensschema für die Benennung der Testmodule zu halten. Ich stelle test… als Präfix voran, Sie können aber auch …Test als Suffix anhängen oder anders kreativ sein.

```cpp
#include "qwort/qwort.hpp" // under test
#define BOOST_TEST_MODULE qwort
#include <boost/test/included/unit_test.hpp>

using namespace boost::unit_test;

BOOST_AUTO_TEST_CASE( version_is_1 ) {
    BOOST_TEST(qw::version() == 1);
    // der folgende Vergleich soll fehlschlagen, aber nur eine Warnung erzeugen:
    BOOST_WARN_EQUAL(qw::version(), 2);
}

BOOST_AUTO_TEST_CASE( init_size_0 ) {
    qw::index inst{};              // arrange
    auto sz = inst.size();         // act
    BOOST_TEST(sz == 0u);          // assert
}
```

14.5 Ein Beispielprojekt mit Unittests

```
BOOST_AUTO_TEST_CASE( add_size_1 ) {
    using namespace std::literals::string_literals;
    qw::index inst{};                          // arrange
    inst.add(""s);                             // act
    BOOST_REQUIRE_EQUAL(inst.size(), 1u);      // assert
}
BOOST_AUTO_TEST_CASE( normalize ) {
    using namespace std::literals::string_literals;
    qw::index inst{}; // arrange
    // acts und asserts; könnte auch in getrennten Funktionen sein
    BOOST_CHECK_EQUAL(inst.normalize("a"s), "A"s);
    BOOST_CHECK_EQUAL(inst.normalize("Stadt"s), "STADT"s);
    BOOST_CHECK_EQUAL(inst.normalize("Leer Zeichen"s), "LEER#ZEICHEN"s);
    BOOST_CHECK_EQUAL(inst.normalize("!Sym-bol."s), "#SYM#BOL#"s);
}
BOOST_AUTO_TEST_CASE( move ) {
    qw::index inst{};
    qw::index other = std::move( inst );
    BOOST_CHECK_EQUAL(other.size(), 0u);  // pimpl erfolgreich verschoben?
}
```

Listing 14.6 Dieses Testmodul testet »qwort.cpp«.

Ich beginne die Includes mit dem Headerfile des Moduls, das getestet wird, hier also qwort/qwort.hpp. Damit sind die zu testenden Komponenten innerhalb dieser Datei bekannt.

Es folgen die Includes des Testframeworks, hier nur einer, nämlich boost/test/included/unit_test.hpp. Mit diesem Include hat man die Option, sich automatisch auch eine main()-Funktion und eine Master-Testsuite generieren zu lassen. Das erledigt das Framework, wenn Sie *vor* dem Include das Makro BOOST_TEST_MODULE definieren. Sie geben dem Testmodul gleichzeitig noch einen sprechenden Namen, hier »qwort«. Beachten Sie, dass Sie pro Testprogramm dieses Makro vor dem Include höchstens einmal definieren dürfen. Logisch, es sorgt ja dafür, dass eine main()-Funktion generiert wird, und die darf es pro Programm nur genau einmal geben.

Nach der using-Direktive folgen dann die Testfälle. Jeder einzelne wird von dem Makro BOOST_AUTO_TEST_CASE eingeleitet, bekommt als Parameter einen sprechenden Namen und hat ansonsten die Form einer freien Funktion. Das Makro sorgt dafür, dass diese freie Funktion unter dem sprechenden Namen in die Master-Testsuite eingetragen wird, damit sie dann beim Ausführen des Testprogramms ausgeführt wird.

Innerhalb der Testfunktionen verwende ich das übliche AAA-Schema: »Arrange-Act-Assert«. Im Assert-Bereich verwende ich die Boost-Makros aus Tabelle 14.1.

Die Tests sind hier nicht sonderlich kompliziert und wohl größtenteils selbsterklärend. Ein paar kleinere Dinge will ich jedoch anmerken.

Das Makro `BOOST_CHECK_EQUAL` hat zwei Parameter, die mittels der Boost-internen Funktion `equal_impl` miteinander verglichen werden. Die nutzt dann entweder eine geeignete Überladung für den Vergleich oder fällt auf `==` zurück, somit auch für `int`. Sodass bei `int` `result` und dem Test

```
BOOST_CHECK_EQUAL(result, 42);
```

letztlich ein `result==42` ausgeführt wird. Aber wie ist es bei `const char *erg` und

```
BOOST_CHECK_EQUAL(erg, "TEXT");
```

Würde das Makro hier einfach `==` verwenden, ginge das schief, denn es würden nur die beiden Zeiger miteinander verglichen, nicht aber die Inhalte der C-Strings. Glücklicherweise ist das Framework aber so schlau und setzt tatsächlich ein Funktionstemplate mit einer Spezialisierung für zwei `const char*`-Parameter ein. So funktioniert das für alle Parameter der Check-Makros.

In meinen Vergleichen habe ich jedoch extra mit dem Suffix `""s` hinter `"STADT"s` ein `string`-Literal statt eines C-String-Literals erzeugt. Zum Beispiel in:

```
BOOST_CHECK_EQUAL(inst.normalize("Stadt"s), "STADT"s);
```

Hätte ich stattdessen Folgendes geschrieben

```
BOOST_CHECK_EQUAL(inst.normalize("Stadt"s), "STADT");
```

dann würde zur Laufzeit das C-String-Literal erst in einen `string` umgewandelt werden müssen. Das habe ich aber nun mit `"STADT"s` zur Compilezeit erledigt und so außerdem dafür gesorgt, dass gleich die boost-interne Spezialisierung für den Vergleich zweier `string`-Parameter verwendet wird, statt eines `const char*` mit einem `string`. Das hätte zwar ebenso funktioniert, aber ich finde es logisch, diese Umwandlungen während der Tests nicht anzufordern, wenn es nicht unbedingt nötig ist.

Damit ich jedoch das Suffix `""s` für Literale nutzen kann, muss irgendwo

```
using namespace std::literals::string_literals
```

stehen. Auch `using namespace std` hätte es getan, denn bei `literals` und `string_literals` handelt es sich um `inline namespaces`.

Ich habe zu Demonstrationszwecken zu Beginn zweimal `BOOST_TEST` verwendet, um das ab der Boost.Test-Version 1.59 verfügbare Makro zu demonstrieren. Wenn Sie eine ältere Version haben, verwenden Sie stattdessen hier `BOOST_REQUIRE_EQUAL`.

Und weil eine Testprogramm, das ohne Beschwerden durchläuft, skeptisch macht, ob überhaupt etwas passiert ist, habe ich absichtlich einen fehlschlagenden Test eingebaut:

```
BOOST_WARN_EQUAL(qw::version(), 2);
```

Da `qw:version()` den Wert 1 zurückgibt, sollten Sie beim Ausführen der Tests hier eine Warnung erhalten. Diesen Test sollten Sie natürlich vor dem Veröffentlichen (Senden an Ihr Team) korrigieren.

14.5.3 Test compilieren

Auf diese Weise listen Sie alle Testfälle zu dem Modul auf. Sie kompilieren diese Quelldatei mit der Bibliothek qwort zusammen und erhalten ein ausführbares Programm.

```
g++ -o testQwort.x testQwort.cpp -lqwort -I../include -L../src/lib
```

In dieser Form benötigen Sie keine Boost-Bibliothek, weil die .../included/...-Variante »Header-Only« ist und nichts dazugelinkt bekommen muss.

So führen Sie das Testprogramm aus und sehen dann die folgende Ausgabe:

```
$ ./testQwort.x --report_level=short
Running 5 test cases...
Test suite "qwort" passed with:
  8 assertions out of 8 passed
  5 test cases out of 5 passed
```

Alle Tests liefen also erfolgreich durch. Mit den Argumenten --report_level=detailed --log_level=all bekommen Sie mehr Informationen zu sehen. Sie sehen dann jede einzelne ausgeführte Assertion, und auch die sprechenden Namen der Testsuite und Testcases tauchen auf. Ich zeige Ihnen hier nur den Anfang der Ausgabe:

```
$ ./testQwort.x --report_level=detailed --log_level=all
Running 5 test cases...
Entering test module "qwort"
testQwort.cpp(16): Entering test case "version_is_1"
testQwort.cpp(17): info: check qw::version() == 1 has passed
testQwort.cpp(19): warning: in "version_is_1": condition qw::version() == 2 \
    is not satisfied [1 != 2]
testQwort.cpp(16): Leaving test case "version_is_1"; testing time: 100us
testQwort.cpp(22): Entering test case "init_size_0"
testQwort.cpp(25): info: check sz == 0u has passed
testQwort.cpp(22): Leaving test case "init_size_0"; testing time: 81us
...
```

14.5.4 Die Testsuite selbst zusammenbauen

Da die private Implementierung des Indexes etwas länger ist als die öffentliche Schnittstelle, sind auch die Tests dafür etwas länger.

Außerdem habe ich hier ohne das praktische Makro BOOST_AUTO_TEST_CASE gearbeitet, das einem das Zusammenbauen der Haupt-Testsuite abnimmt. Diesmal wollte ich alle Tests als Methoden einer eigenen Testklasse haben. Das heißt bei Boost.Test jedoch, dass Sie die einzelnen Methoden manuell zu einer Suite hinzufügen müssen. Diese Gelegenheit nutze ich, Ihnen dies zu demonstrieren, weil genau das der Weg ist, sich große und eventuell verschachtelte Testsuites zusammenzubauen.

In Listing 14.7 sehen Sie den Quellcode des Testmoduls testImplMultimap.cpp, das wiederum das Bibliotheksmodul impl_multimap.cpp testet.

14   Guter Code, 3. Dan: Testen

```cpp
/* private Header aus lib-Verzeichnis: */
#include "impl_multimap.hpp"                      // zu testen
// wir definieren init_unit_test_suite() selbst, also NICHT setzen:
/* #define BOOST_TEST_MODULE qgram */
#include <boost/test/included/unit_test.hpp>
#include <memory>                                 // shared ptr
#include <vector>
#include <string>
using namespace boost::unit_test;
using namespace std::literals::string_literals;
using std::string; using std::vector;

/* === Eine Testklasse für die zu testende Klasse === */
using UnderTest = qw::impl_multimap::index_impl;
class ImplMultimapTest {                          // Klasse mit Testmethoden
public:
    /* === Konstanten === */
    void testConstants() {
        BOOST_REQUIRE_EQUAL(UnderTest::_prefix().length(), UnderTest::_q()-1);
        BOOST_REQUIRE_EQUAL(UnderTest::_suffix().length(), UnderTest::_q()-1);
        for(size_t i = 0; i < UnderTest::_q()-1; ++i) {
            BOOST_CHECK_EQUAL(UnderTest::_prefix()[i], '^');
            BOOST_CHECK_EQUAL(UnderTest::_suffix()[i], '$');
        }
        // oder konkreter:
        BOOST_TEST(UnderTest::_q() == 3u);
        BOOST_TEST(UnderTest::_prefix() == "^^"s);
        BOOST_TEST(UnderTest::_suffix() == "$$"s);
    }

    /* === qgramify === */
    void testQgramifyEmpty() {
        UnderTest inst{};
        auto result = inst._qgramify(""s);
        vector<string> expected{"^^$"s, "^$$"s};
        BOOST_CHECK_EQUAL_COLLECTIONS(
            result.begin(), result.end(), expected.begin(), expected.end() );
    }
    void testQgramify1() {
        UnderTest inst{};
        auto result = inst._qgramify("a"s);
        vector<string> expected{"^^a"s, "^a$"s, "a$$"s};
        BOOST_CHECK_EQUAL_COLLECTIONS(
            result.begin(), result.end(), expected.begin(), expected.end() );
    }
```

352

14.5   Ein Beispielprojekt mit Unittests

```cpp
void testQgramify2() {
    UnderTest inst{};
    auto result = inst._qgramify("ab"s);
    vector<string> expected{"^^a"s, "^ab"s, "ab$"s, "b$$"s};
    BOOST_CHECK_EQUAL_COLLECTIONS(
        result.begin(), result.end(), expected.begin(), expected.end() );
}
void testQgramify3() {
    UnderTest inst{};
    auto result = inst._qgramify("abc"s);
    vector<string> expected{"^^a"s, "^ab"s, "abc"s, "bc$"s, "c$$"s};
    BOOST_CHECK_EQUAL_COLLECTIONS(
        result.begin(), result.end(), expected.begin(), expected.end() );
}
/* === add === */
void testAdd_nodups() {
    UnderTest inst{};                        /* arrange */
    BOOST_REQUIRE_EQUAL(inst.size(), 0u); /* assert */
    inst.add("", "");                        /* act */
    BOOST_CHECK_EQUAL(inst.size(), 1u);   /* assert */
    inst.add("ENTRY", "entry");              /* act */
    BOOST_CHECK_EQUAL(inst.size(), 2u);   /* assert */
    inst.add("OTHER", "other");              /* act */
    BOOST_CHECK_EQUAL(inst.size(), 3u);   /* assert */
}
/* === add === */
void test_getBestMatch_empty() {
    UnderTest inst{};
    auto result = inst.getBestMatch("any");
    BOOST_CHECK_EQUAL(result, ""s);
}
void test_getBestMatch_one() {
    /* arrange */
    UnderTest inst{};
    inst.add("HOLSDERTEUFEL", "holsderteufel");
    /* act */
    auto result = inst.getBestMatch("ROBERT");
    BOOST_CHECK_EQUAL(result, "holsderteufel"s);
}
void test_getBestMatch_exact() {
    /* arrange */
    UnderTest inst{};
    inst.add("BERLIN", "Berlin");
    inst.add("HAMBURG", "Hamburg");
    inst.add("DORTMUND", "Dortmund");
```

14   Guter Code, 3. Dan: Testen

```cpp
            inst.add("STUTTGART", "Stuttgart");
            inst.add("WYK", "Wyk");
            /* act and assert */
            BOOST_CHECK_EQUAL(inst.getBestMatch("BERLIN"), "Berlin"s);
            BOOST_CHECK_EQUAL(inst.getBestMatch("HAMBURG"), "Hamburg"s);
            BOOST_CHECK_EQUAL(inst.getBestMatch("DORTMUND"), "Dortmund"s);
            BOOST_CHECK_EQUAL(inst.getBestMatch("STUTTGART"), "Stuttgart"s);
            BOOST_CHECK_EQUAL(inst.getBestMatch("WYK"), "Wyk"s);
        }
    void test_getBestMatch_close() {
        /* arrange */
        UnderTest inst{};
        inst.add("BERLIN", "Berlin");
        inst.add("HAMBURG", "Hamburg");
        inst.add("DORTMUND", "Dortmund");
        inst.add("STUTTGART", "Stuttgart");
        inst.add("WYK", "Wyk");
        /* act and assert */
        BOOST_CHECK_EQUAL(inst.getBestMatch("BRLIN"), "Berlin"s);
        BOOST_CHECK_EQUAL(inst.getBestMatch("BURG"), "Hamburg"s);
        BOOST_CHECK_EQUAL(inst.getBestMatch("DORTDORT"), "Dortmund"s);
        BOOST_CHECK_EQUAL(inst.getBestMatch("STUTGURT"), "Stuttgart"s);
        BOOST_CHECK_EQUAL(inst.getBestMatch("WIK"), "Wyk"s);
    }
/* Bei neuen Testmethoden: Hinzufügen zu init_unit_test_suite() nicht vergessen */
};


/* === Suite === */
test_suite* init_unit_test_suite( int argc, char* argv[] ) {
    auto tester = std::make_shared<ImplMultimapTest>();
    auto &ts = framework::master_test_suite();
    ts.add( BOOST_TEST_CASE( [=](){ tester->testConstants(); } ));
    ts.add( BOOST_TEST_CASE( [=](){ tester->testQgramifyEmpty(); } ));
    ts.add( BOOST_TEST_CASE( [=](){ tester->testQgramify1(); } ));
    ts.add( BOOST_TEST_CASE( [=](){ tester->testQgramify2(); } ));
    ts.add( BOOST_TEST_CASE( [=](){ tester->testQgramify3(); } ));
    ts.add( BOOST_TEST_CASE( [=](){ tester->testQgramify3(); } ));
    ts.add( BOOST_TEST_CASE( [=](){ tester->testAdd_nodups(); } ));
    ts.add( BOOST_TEST_CASE( [=](){ tester->test_getBestMatch_empty(); } ));
    ts.add( BOOST_TEST_CASE( [=](){ tester->test_getBestMatch_one(); } ));
    ts.add( BOOST_TEST_CASE( [=](){ tester->test_getBestMatch_exact(); } ));
    ts.add( BOOST_TEST_CASE( [=](){ tester->test_getBestMatch_close(); } ));
    return nullptr;
}
```

Listing 14.7 Hier wird die Testsuite manuell zusammengebaut.

Nun sind alle Funktionen, die die Klasse `index_impl` testen, zu Methoden der Klasse `ImplMultimapTest` geworden. `BOOST_AUTO_TEST_CASE` hilft hier nicht weiter, stattdessen definiere ich die Funktion `init_unit_test_suite`. Das erledigt Boost.Test sonst mit, aber diesmal definiere ich `BOOST_TEST_MODULE` *nicht* und muss diese Funktion selbst schreiben.

Um die Methoden aufrufen zu können, benötige ich eine Instanz der Klasse `ImplMultimapTest`. Das erledigt die Zeile

```
auto tester = std::make_shared<ImplMultimapTest>();
```

Für die Dauer der Tests steht nun eine Instanz zur Verfügung. Die einzelnen Methoden müssen dann der `framework::master_test_suite()` hinzugefügt werden, die vom Boost.Test-Framework automatisch abgearbeitet wird.

Jede Methode kommt in diese Suite mit

```
ts.add( BOOST_TEST_CASE( [=](){ tester->METHODE(); } ))
```

hinein. Man könnte hier auch Methodenzeiger und `std::bind` verwenden, doch finde ich das Lambda hier klarer.

Beachten Sie, dass durch die Verwendung eines `shared_ptr` für die Testklasse diese *nicht* pro Testcase immer wieder neu erzeugt wird. In diesem Fall ist das nicht kritisch, um aber, wie eingangs erklärt, die Testklasse für jeden Testcase neu instanziiert zu bekommen, schreiben Sie stattdessen zum Beispiel:

```
ts.add(BOOST_TEST_CASE([](){ ImplMultimapTest{}.test_getBestMatch_exact();}));
ts.add(BOOST_TEST_CASE([](){ ImplMultimapTest{}.test_getBestMatch_close();}));
```

Dadurch werden Konstruktor und Destruktor der Klasse `ImplMultimapTest` zu einer Art *Set-up-* und *Tear-down*-Methoden anderer Frameworks wie *JUnit*. Ich sage das etwas zögerlich, weil Boost.Test zu diesem Zweck eigentlich einen viel flexibleren Umgang mit *Fixtures* anbietet, zum Beispiel mit dem Makro `BOOST_FIXTURE_TEST_CASE`. Sollten Sie daran mehr Interesse haben, lesen Sie am besten dort nach.

14.5.5   Testen von Privatem

Ich hatte schon erwähnt, dass es in der Natur der Sache liegt, dass Unittests auch mal auf die privaten Teile eine Klasse zugreifen müssen. Ja, es ist wichtiger, die sichtbaren Schnittstellen zu testen, aber so manche komplexe Funktion will man doch lieber extra getestet wissen.

Ich möchte hier exemplarisch sicherstellen, dass `Q` auch wirklich `3` ist. Nun ist `Q` aber private und somit habe ich von außerhalb der Klasse keinen Zugriff darauf.

Es gibt mehrere Wege aus diesem Dilemma, aber keiner ist ideal. Hier habe ich öffentliche Zugriffsmethoden geschrieben, die mit _ anfangen und nur dazu da sind, innerhalb der Tests den Zugriff auf die zu testenden Felder zu erlauben:

```
BOOST_REQUIRE_EQUAL(UnderTest::_prefix().length(), UnderTest::_q()-1);
```

Sowohl PREFIX als auch Q sind privat. Es ist aber für die Funktionalität der Bibliothek wichtig, dass bei bei Q==3 das PREFIX genau die Länge 2 hat.[15] Somit gehe ich für diesen Vergleich den Umweg über die speziellen Zugriffsmethoden.

14.5.6   Parametrisierte Tests

Wenn Sie einen größeren Satz an Eingabedaten durch die gleiche Funktion jagen wollen, dann können Sie Boost.Test auch dazu veranlassen, dass ein und dieselbe Testfunktion mit einem wechselnden Satz an Parametern aufgerufen wird.

Fügen Sie zum Beispiel den Codeabschnitt aus Listing 14.8 hinzu, dann wird die Funktion testQgramify nacheinander mit den Elementen aus dem Vektor params aufgerufen.

```cpp
#include <boost/test/parameterized_test.hpp>
struct Param {
    string input;
    vector<string> expected;
};
const vector<Param> params {
    // { Eingabe, erwartetes Ergebnis }
    {""s,    {"^^$"s, "^$$"s} },
    {"A"s,   {"^^A"s, "^A$"s, "A$$"s} },
    {"AB"s,  {"^^A"s, "^AB"s, "AB$"s, "B$$"s} },
    {"ACB"s, {"^^A"s, "^AC"s, "ACB"s, "CB$"s, "B$$"s} },
    {"AAA"s, {"^^A"s, "^AA"s, "AAA"s, "AA$"s, "A$$"s} },
};
void testQgramify(const Param& param) {
    /* arrange */
    UnderTest inst{};
    /* act */
    auto result = inst._qgramify(param.input);
    /* assert */
    BOOST_CHECK_EQUAL_COLLECTIONS(
        param.expected.begin(), param.expected.end(),
        result.begin(), result.end());
}
```

Listing 14.8 Eine Testfunktion mit einem Parameter kann mit Testdaten aufgerufen werden.

Sie dürfen dann nur nicht vergessen, die Testfunktion auch zur Testsuite hinzuzufügen. Damit Boost.Test die Daten aus params mit der Funktion testQgramify verbindet, verwenden Sie das Makro BOOST_PARAM_TEST_CASE:

```cpp
ts.add(BOOST_PARAM_TEST_CASE(&testQgramify, params.begin(), params.end()));
```

---

15 Für unser Beispiel wäre »mindestens« noch ausreichend, doch gibt es andere Funktionen auf \\newline Q-Gram-Indexen, die die exakte Länge benötigen.

Sie könnten die Daten ebenso aus einer externen Datei laden. Boost.Test kann Ihnen auch dynamische Datensätze automatisch generieren. Wenn Sie das interessiert, lesen Sie in der Dokumentation von Boost.Test unter »Data-driven test cases« nach.

Zur Testsuite hinzufügen nicht vergessen!

Eigentlich mag ich den expliziten Weg lieber als den auto-magischen mit dem Makro BOOST_AUTO_TEST_CASE.

Doch Letzterer hat beim Schreiben eines neuen Tests an einer Stelle im Quellcodes den Riesenvorteil, dass man nicht vergessen kann, ihn an einer weiteren Stelle im Code ebenso einfügen zu müssen. Sie glauben gar nicht, wie oft es mir schon passiert ist, dass ich einen neuen Test hinzugefügt habe, der ja zu Beginn eigentlich fehlschlagen soll, die Testsuite ausführe und mich dann wundere, »wieso läuft die durch?« Ganz einfach: Weil ich vergessen habe, die neue Testmethode auch in der Testsuite hinzuzufügen.

Irgendwann wird es in C++ eine Form von Introspektion geben, mit der das Framework vollautomatisch von einer Testklasse alle Methoden als Testcases einsammeln kann. Bis dahin gilt jedoch: Knoten ins Taschentuch!

Kapitel 15
Vererbung

Kapiteltelegramm

▶ **»Hat-ein«-Beziehung**
Entweder *Aggregation* oder *Komposition*; ein Objekt, das Teil eines anderen ist oder mit ihm in einer Beziehung steht; ein Auto *hat-ein* Lenkrad und *hat-eine* Garage.

▶ **»Ist-ein«-Beziehung**
Vererbung; ein spezialisiertes Objekt ist auch ein allgemeineres Objekt; ein Bulli *ist-ein* Auto.

▶ **Komposition**
Hat-ein-Beziehung, bei der das Objekt aus anderen Objekten besteht

▶ **Aggregation**
Hat-ein-Beziehung, bei der das Objekt zu einem anderen Objekt in Beziehung steht

▶ **Überschreiben**
Eine Methode einer Basisklasse in einer abgeleiteten Klasse mit gleicher Signatur neu definieren

▶ **virtuelle Methode**
Eine Methode, für die zur Laufzeit entschieden wird, welche überschriebene Variante aufgerufen wird

▶ **Slicing**
Wenn Sie einen abgeleiteter Typ in einen Basistyp umwandeln und dabei Informationen verloren gehen; meist die Folge einer unbeabsichtigten Kopie des falschen Typs, zum Beispiel bei Call-by-Value

▶ **Laufzeit-Polymorphie**
Deklariert ist eine Basisklasse; zur Laufzeit wird eine abgeleitete Klasse verwendet, behält aber ihre abgeleiteten Eigenschaften.

Vererbung ist ein fundamentaler Bestandteil der *objektorientierten Programmierung* (OOP). Damit einher gehen bestimmte Techniken und ein Vokabular, beides stelle ich in diesem Kapitel vor.

Mit *Vererbung* können Sie zweierlei Dinge erreichen:

▶ Sie erhöhen die *Wiederverwendbarkeit* und reduzieren die *Codeduplikation* – das sind eher technische Aspekte.

▶ Sie implementieren ein *Design* und erzeugen so Klarheit in großen Projekten – dies ist ein konzeptioneller Aspekt.

15 Vererbung

Ich möchte Ihnen in diesem Buch vor allem die technischen Aspekte beibringen und werde nur kurz auf die konzeptionellen Aspekte eingehen. Sie sollten sie aber im Grundsatz kennen, damit Sie in Planungstreffen nicht aufgeschmissen sind.

15.1 Beziehungen

15.1.1 Hat-ein-Komposition

Als Sie in Kapitel 12, »Von der Struktur zur Klasse«, die Anwendung von struct und class kennengelernt haben, habe ich zunächst Datenfelder zu *Aggregaten* gebündelt.

```
class Auto {
    Lenkrad lenkrad_;
    std::vector<Rad> raeder_;
    // ...
};
```

Dieses Auto *hat-ein* lenkrad_ ebenso wie raeder_ – jeweils vom entsprechenden Typ. In diesem Fall der Hat-ein-Beziehung ist es sogar aus diesen Objekten zusammengesetzt, bzw. besteht aus diesen Objekten. Dies ist eine *Komposition*. In diesem Fall *besitzt* das Objekt meist seine Komponenten – was in C++ heißt, das es für die Konstruktion und Destruktion verantwortlich ist. Die Lebenszeit der Komponenten ist durch die Lebenszeit des Objekts beschränkt.

Abbildung 15.1 Hat-ein-Beziehungen: die Komposition (links) und die Aggregation (rechts) in UML-Notation

15.1.2 Hat-ein-Aggregation

Anders ist die Situation, wenn Sie sagen, das Auto *hat-eine* Garage oder es *hat-einen* Eigentümer: Dies ist eine *Aggregation*.

```
class Auto {
    Garage& garage_;
    Person& eigentuemer_;
    // ...
};
```

Die enthaltenen Dinge stehen nur in einer *Beziehung* mit dem Objekt, sie *gehören* ihm aber nicht. Somit ist das Objekt im Regelfall auch nicht für deren Erzeugung oder Zerstörung verantwortlich. Die Lebenszeit der Elemente ist unabhängig von der Lebenszeit des Objekts.

Das anschauliche Beispiel von Auto, Lenkrad und Garage scheint offensichtlich jeweils Komposition und Aggregation zu beschreiben. Im Design konkreter Software liegen die Dinge oft nicht ganz so einfach. Wenn Sie das Montageband eines Autoherstellers programmieren sollen, dann werden Sie in der Datenbank die Lenkrad-Instanzen anders in Beziehung zum Auto setzen, als wenn Sie ein Verzeichnis der Wagenflotte eines Autoverleihers anlegen sollen.

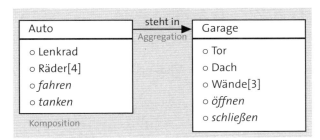

Abbildung 15.2 Eine alternative, mehr informelle, Form die beiden Hat-ein-Beziehungen darzustellen

In Abbildung 15.2 sehen Sie eine Darstellungsmöglichkeit der Beziehungen. Kompositionen sind gemeinsam in einem Kasten. Pfeile verbinden andere Zusammehänge, Aggregationen werden mit durchgezogenen Linien und gefüllten Pfeilen dargestellt. Pfeile können zur Verdeutlichung noch die Art der Beziehung nennen. Innerhalb eines Kastens werden die Attribute (normale Schrift) und Verhalten/Methoden (kursive Schrift) aufgelistet.

Es gibt dutzende verschieden Darstellungsarten für die Beziehungen zwischen Objekten. Ich habe hier nur einen ganz kurzen Einblick in zwei davon gegeben.

15.1.3 Ist-ein-Vererbung

Mit Vererbung bilden Sie nun eine *Ist-ein*-Beziehung ab. Ein passendes Beispiel wäre: Ein VW-Bulli *ist-ein* Auto. Das heißt:

- Ein VW-Bulli hat alle Eigenschaften, die auch ein Auto hat.
- Auf jedes Objekt, zu dem die Beschreibung (oder Spezifikation) eines VW-Bullis passt, passt auch die Beschreibung eines Autos.
- Die Beschreibung (oder Spezifikation) des VW-Bullis ist *genauer*, die des Autos *schwächer*.
- Wenn Sie ein Auto erwarten, dann ist es richtig, wenn Ihnen ein VW-Bulli geliefert wird.

Mit einem VW-Bulli und einem Auto ist es offensichtlich, dass Sie deren Beziehung durch Vererbung abbilden können. Doch manchmal sind die Dinge beim Zusammenstellen nicht ganz so eindeutig. Dann helfen diese Regeln vielleicht, zu überprüfen, ob eine *Ist-ein*-Beziehung vorliegt.

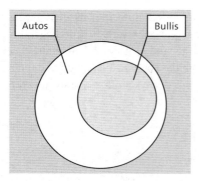

Abbildung 15.3 Dieses Venn-Diagramm zeigt, dass alle Bullis Autos sind, aber nicht alle Autos sind Bullis.

15.1.4 Ist-Instanz-von versus Ist-ein-Beziehung

Bitte beachten Sie, dass mit der »Ist-ein«-Beziehung für Auto herbie; nicht gemeint ist »herbie ist-ein Auto.« Dies nennt man »ist eine Instanz von« oder in C++ »herbie ist vom Typ Auto.« Es lässt sich nicht ganz vermeiden, dass die Begriffe nicht immer ganz korrekt verwendet werden. Zum Beispiel: »7 ist eine Ganzzahl« oder »7 ist ein int« ist in diesem Kontext nicht präzise. Aber immer »7 ist Element der *Ganzen Zahlen*« oder »7 ist vom Typ int« zu sagen, klingt seltsam.

Wenn Sie über Klassenhierarchien reden, sollten Sie aber auf diese Unterscheidung achten.

> **Nicht: ist eine instanz-von**
>
> Merken Sie sich: Bei Vererbung ist mit »ist-ein« nicht die Instanz einer Klasse gemeint, sondern eine Unterklasse, die alle Eigenschaften der Oberklasse hat.

15.2 Vererbung in C++

In C++ bilden Sie Vererbung wie folgt ab:

```
class Auto {                           // Basis- oder Superklasse
public:
    Lenkrad lenkrad_;
    std::vector<Rad> raeder_;
    // ...
};
class VwBulli : public Auto {          // VwBulli ist eine Unter- oder Subklasse
public:
    Dekoration bluemchen_;
    // ...
};
```

Sie schreiben also den Namen der *Basisklasse* durch einen Doppelpunkt : und public getrennt hinter den Namen der aktuellen Klasse:

  class Unterklasse : public Basisklasse { ...

Nun können Sie fröhlich neue VwBulli-Instanzen erzeugen. Und jede von ihnen hat automatisch auch ein lenkrad_ und raeder_, obwohl Sie es in der Klasse VwBulli nicht mehr explizit erwähnt haben:

VwBulli vw{};
cout << vw.lenkrad_;
cout << vw.bluemchen_;

Wenn Sie ein pures Auto auto; erstellen, wird auto.lenkrad_ ein korrekter Zugriff sein, aber ein auto.bluemchen_ existiert nicht.

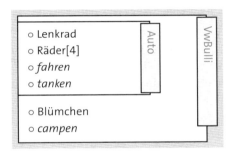

Abbildung 15.4 Alle Datenfelder und Methoden der Superklasse hat auch die Unterklasse.

Wenn Sie also eine Instanz der Unterklasse haben, dann können Sie sowohl auf die eigenen Datenfelder und Methoden zugreifen als auch auf die von der Superklasse ererbten. Wenn Sie zum Beispiel die Methode campen aus Abbildung 15.4 implementieren, dann können Sie darin sowohl das Lenkrad als auch die Blümchen benutzen.

Andersherum geht das (logischerweise) nicht: Wenn Sie gerade fahren von Auto implementieren, dann können Sie zwar auf Lenkrad und die vier Räder zugreifen, die Blümchen existieren für Sie aber nicht.

15.3 Hat-ein versus ist-ein

Wie schon einleitend erwähnt, können Sie die Vererbungshierarchien logisch und konzeptionell designen. Wie, das hängt von der genauen Anwendung ab. Es kann mal sinnvoll sein, den VW-Bulli von Auto erben zu lassen, und in einer anderen Anwendung ist der VW-Bulli eine eigenständige Klasse, die ein Auto als Attribut hat.

Wenn Sie unsicher sind, ob Sie eine Vererbungshierarchie aufbauen sollten, dann ziehen Sie im Zweifel die Hat-ein-Beziehung der Ist-ein-Beziehung vor. In C++ ist Vererbung nur eine *Technik*, um das Design umzusetzen. Im Prinzip können Sie das Gleiche erreichen,

15 Vererbung

indem Sie Auto zu einem Datenelement von VwBulli machen und die Methoden für fahren und tanken durchreichen.

Zugegeben, das ist an dieser Stelle starker Tobak. Wenn Sie einige Klassen und Hierarchien erstellen durften, dann werden Sie sich vielleicht an diesen Tipp erinnern, dass Sie nicht alles in eine Vererbungshierarchie »quetschen« müssen. Manchmal tut es auch das gut gekapselte Datenfeld.[1]

15.4 Gemeinsamkeiten finden

Nachdem das gesagt ist, rudere ich auch gleich wieder vorwärts: An den Stellen, wo Sie vielleicht auf eine logisch erscheinende Vererbungshierarchie verzichten, können Sie andererseits nur wenig verwandte Daten durch eine Vererbung zusammenführen und zum Beispiel Codeduplikation vermeiden. Das nenne ich, wie eingangs gesagt, den technischen Grund für eine Vererbungshierarchie.

Sehen Sie sich zum Beispiel Listing 12.25 (Seite 287) und Listing 12.22 (Seite 278) an. Wenn Sie die Datentypen Month und Day komplett wie Year ausschreiben, dann haben Sie eine Menge Code, der in drei Klassen identisch aussieht. Codeduplikation ist schlecht, und daher können Sie eine kleine Vererbungshierarchie aufbauen, um diese zu vermeiden.

Zunächst definieren Sie in Listing 15.1 den gemeinsamen Vorfahren Value der drei Hilfsklassen:

```cpp
#include <iostream>   // ostream
#include <iomanip>    // setfill, setw
using std::ostream; using std::setfill; using std::setw;
class Value {
protected:  // nicht öffentlich, nur für den eigenen und abgeleiteten Gebrauch
    int value_;
    const unsigned width_;
    Value(int v, unsigned w)  // Konstruktor mit zwei Argumenten
      : value_{v}, width_{w} {}
public:
    ostream& print(ostream& os) const;
};
ostream& operator<<(ostream& os, const Value& rechts) {
    return rechts.print(os);
}
ostream& Value::print(ostream& os) const {
    return os << setfill( '0' ) << setw(width_) << value_;
}
```

Listing 15.1 Der gemeinsame Vorfahre unserer Hilfsklassen »Year«, »Month« und »Day«

---

[1] Sie verlieren dadurch möglicherweise die dynamische Typpolymorphie, doch ist statische Typpolymorphie mit Templates möglich.

Hiermit haben Sie dann alle wichtigen Funktionen der drei Wertklassen implementiert. Ich habe das Datenfeld `width_` hinzugefügt, weil `Year` mit einer Breite von vier ausgegeben werden wird, `Month` und `Day` aber mit zwei. Die variable Wunschbreite der Ausgabe haben Sie als Parameter dem Konstruktor hinzugefügt.

Die Deklaration der drei Hilfsklassen ist nun sehr kurz, wie Sie in Listing 15.2 sehen können:

```
class Year : public Value {              // von Klasse Value ableiten
public:
    explicit Year(int v) : Value{v, 4} {} // Basisklasse initialisieren
};
class Month : public Value {
public:
    explicit Month(int v) : Value{v, 2} {}
};
struct Day : public Value {              // class-public entspricht struct
    explicit Day(int v) : Value{v, 2} {}
};
```

Listing 15.2 Der doppelte Code der Hilfsklassen ist nun verschwunden.

Es bleiben nur die Konstruktoren des jeweiligen Datentyps übrig, alles andere wird von der ererbten Klasse `Value` erledigt.

Beachten Sie insbesondere die folgenden Punkte:

▶ Bei `class Year : public Value` sage ich mit `: public Value`, dass ich diese neue Klasse von der Klasse `Value` ableite.

▶ Ich rufe jeweils in der Initialisierungsliste der Konstruktoren den Konstruktor von `Value` mit zwei Argumenten auf, zum Beispiel bei `Year(int v) : Value{v, 4}`… Die Basisklasse muss ja auch initialisiert und einer ihrer Konstruktoren *muss* aufgerufen werden. Welcher das ist, legen Sie hinter dem Doppelpunkt `:` der Unterklasse fest. Lassen Sie diesen expliziten Aufruf weg, versucht es der Compiler mit dem Konstruktor der Basisklasse ohne Argumente. Das wäre hier `Value{}` gewesen, den es aber nicht gibt.

▶ `class Value` beginnt mit einem `protected`-Bereich. Das heißt, nur die Klasse selbst und abgeleitete Klassen dürfen auf den Inhalt zugreifen, nicht von außen (`public`). Der Konstruktor ist in diesem Bereich. Dadurch können die Unterklassen den Konstruktor in ihren Initialisierungen als Teil des Konstruktors aufrufen, aber ich kann zum Beispiel nicht in `main` einen `Value val{10,3};` definieren – das wäre ein Zugriff auf den Konstruktor »von außen«.

▶ Der Basiskonstruktor `Value(int v, unsigned w)` muss nicht `explicit` sein, denn mit zwei Argumenten ist er kein Kandidat mehr, um zur automatischen Typumwandlung herangezogen zu werden. Ein Fehler wäre es nicht gewesen, aber überflüssig.

▶ Zur Erinnerung noch einmal: Einen neuen Typ mit `class` zu deklarieren und sofort einen `public:`-Bereich anzufangen, ist gleichbedeutend damit, als hätten Sie ihn sofort mit `struct` definiert. Ich habe das exemplarisch mit `struct Day` einmal gemacht. Was Sie wählen, ist Geschmackssache, eine Richtlinie zu haben, sinnvoll.

15   Vererbung

Der Rest des Listings bleibt größtenteils erhalten. Date verwendet Year, Month und Day wie gehabt. Für Date ist die Veränderung unsichtbar geblieben – ein Vorteil von Kapselung.

```cpp
class Date {
    Year year_;
    Month month_ {1};
    Day day_ {1};
public:
    explicit Date(int y) : year_{y} {} // year-01-01
    Date(Year y, Month m, Day d) : year_{y}, month_{m}, day_{d} {}
    ostream& print(ostream& os) const;
};
ostream& Date::print(ostream& os) const {
    return os << year_ << "-" << month_ << "-" << day_;
}
ostream& operator<<(ostream& os, const Date& rechts) {
    return rechts.print(os);
}
int main() {
    using std::cout;
    Date d1 { Year{2013}, Month{15}, Day{19} };
    cout << d1 << "\n"; // Ausgabe: 2013-15-19
}
```

Listing 15.3 So verwendet »Date« die neuen Klassen.

15.5   Abgeleitete Typen erweitern

In Listing 12.22 (Seite 278) war ostern eine freie Funktion. Würde es nicht Sinn machen, wenn ostern eine Methode von Year wäre? Dann könnten wir eine Instanz Year year{2018} direkt mit year.ostern() fragen, auf welchen Tag Ostern in dem Jahr fällt.

```cpp
class Date;   // Vorwärtsdeklaration
class Year : public Value {
public:
    explicit Year(int v) : Value{v, 4} {}
    Date ostern() const;              // neue Methode deklarieren
};
// Hier Month, Day und Date deklarieren. Dann:
Date Year::ostern() const {           // neue Methode definieren
    const int y = value_;
    int a = value_/100*1483 - value_/400*2225 + 2613;
    int b = (value_%19*3510 + a/25*319)/330%29;
    b = 148 - b - (value_*5/4 + a - b)%7;
    return Date{Year{value_}, Month{b/31}, Day{b%31 + 1}};
}
```

366

```
int main() {
    using std::cout;
    Year year{2014};
    cout << year.ostern() << "\n";   // Ausgabe: 2014-04-20
}
```

Listing 15.4 Nun ist »ostern« eine Methode von »Year«.

Weil ich Date in der Deklaration von Year::ostern() in **Date** ostern() const; schon verwende, bevor es definiert wurde, muss ich ganz zu Beginn mit class Date bekannt machen, dass es einen solchen Typ geben wird. Vor der wirklichen Verwendung bei der Definition von Year::ostern() ab Date Year::ostern() const {... muss der Typ dann aber definiert worden sein – class Date { ... }; muss davor stehen.

Bisher hatten unsere drei Hilfsklassen nicht mehr Funktionalität als Value. Nun habe ich Year um eine Methode erweitert. Auch haben Day und Month diese Methode nicht – Year ist nun, was die Implementierung angeht, wirklich unterschiedlich.

Wiederverwendung und Erweiterung sind beides elementare Konzepte der objektorientierten Programmierung.

15.6   Methoden überschreiben

In der Klasse Value gab es in keiner der abgeleiteten Klassen Methoden, die genau gleich hießen bzw. die gleiche *Signatur* hatten. Die Signatur einer Funktion (oder Methode) ist durch den Namen und die Parametertypen (inklusive ein eventuelles const für this) festgelegt.

Sie können in einer abgeleiteten Klasse durchaus eine Methode ebenso nennen wie in der Basisklasse. Dies nennt man dann *Überschreiben* der Methode. So können Sie in größeren Hierarchien Standardverhalten in der Basisklasse vordefinieren und in den Klassen neu definieren, die »etwas anders« sind:

```
struct Komponente {
    Color getColor() const { return weiss; }
};
struct Fenster : public Komponente { };
struct Hauptfenster : public Fenster { };
struct Dialog : public Fenster { };
struct Texteingabe : public Komponente { };
struct Druckknopf : public Komponente {
    Color getColor() const  { return grau; }
};
```

Listing 15.5 Alle Komponenten haben eine weiße Farbe, nur der Druckknopf wird grau.

Wenn Sie nun Komponente k{}; k.getColor(); schreiben, werden Sie ebenso weiss bekommen wie für Dialog d{}; d.getColor(); etc. Nur Druckknopf kn{}; kn.getColor(); liefert grau zurück.[2] Falls Sie die Klassenhierarchie aus Listing 15.5 nicht erschließen können, finden Sie in Abbildung 15.5 eine alternative Darstellung.

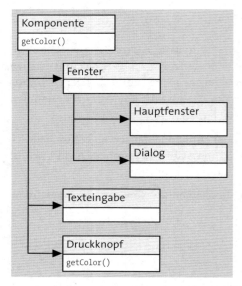

Abbildung 15.5 Eine Klassenhierarchie mit einer überschriebenen Methode

15.7 Wie Methoden funktionieren

Wenn Sie in Klassenhierarchien Methoden verwenden, dann müssen Sie sich einiger Dinge bewusst sein. Schauen Sie sich einmal Listing 15.6 an: Achten Sie darauf, welche anderen Methoden print aufruft, und überlegen Sie, was Sie erwarten würden. Ich habe das Programm auf das Wesentliche reduziert, weswegen es etwas theoretisch aussieht.

```
#include <iostream>
struct Basis {
    int acht_ = 8;
    int wert() const { return acht_; }
    void print(std::ostream& os) const { os << wert() << "\n"; }
};
struct Print : public Basis {
    int neun_ = 9;
    void print(std::ostream& os) const { os << wert() << "\n"; }
};
```

---

2 In der Praxis wird eine solche Komponentenhierarchie so nicht vorkommen, es fehlt noch das Schlüsselwort virtual, das ich etwas später beschreibe.

15.7 Wie Methoden funktionieren

```cpp
struct Wert : public Basis {
    int zehn_ = 10;
    int wert() const { return zehn_; }
};
struct Beides : public Basis {
    int elf_ = 11;
    int wert() const { return elf_; }
    void print(std::ostream& os) const { os << wert() << "\n"; }
};

int main() {
    Basis ba{}; ba.print(std::cout);      // Basisaufruf
    Print pr{}; pr.print(std::cout);      // print überschrieben
    Wert we{}; we.print(std::cout);       // print aus Basis
    Beides be{}; be.print(std::cout);     // alles überschrieben
}
```

Listing 15.6 Was gibt »print« aus? Die Methode »wert« kommt öfter vor.

Was geben die unterschiedlichen print-Zeilen in main Ihrer Meinung nach aus?

▶ **Basis ba{}; ba.print(cout); – Basisaufruf**
In Basis sind die beiden Methoden print und wert direkt definiert. Hier ist noch keine andere Klasse beteiligt. wert liefert also acht_ zurück, und 8 wird ausgegeben.

▶ **Print pr{}; pr.print(cout); – print überschrieben**
In Print ist die Methode print *überschrieben*. Für pr wird Print::print aufgerufen. Dort wird wert benötigt. Diese Methode wurde von Basis geerbt. Und Basis::wert liefert acht_ zurück – also wird 8 ausgegeben.

▶ **Wert we{}; we.print(cout) – print aus Basis**
we.print muss auf die ererbte Methode Basis::print zurückgreifen. Dort wird nun die Methode wert() benötigt. Obwohl es die Methode Wert::wert gibt, ist sie in Basis::print aber *noch nicht bekannt*! In einer Methode der Basisklasse werden auch nur Methoden der Basisklasse verwendet, hier also Basis::wert, was acht_ zurückgibt und zur Ausgabe von 8 führt.

▶ **Beides be{}; be.print(cout); – alles überschrieben**
Hier ist es wieder einfach: Es gibt ein Beides::print, das aufgerufen wird. Der Aufruf von wert greift in der eigenen Methode Beides::wert auf elf_ zurück. Es wird 11 ausgegeben.

Haben Sie den dritten Fall richtig »erraten«? Wenn nein, ärgern Sie sich nicht. Welche wert()-Methode von Basis::print genommen wird, ist eine Frage der Definition – beides ist möglich. In C++ ist es so definiert, dass eine Methode nur die Methoden sieht, die zum Zeitpunkt der Übersetzung der Klasse per Vererbung, neuer Definition oder Überschreiben zur Verfügung stehen. Basis::print weiß von eventuell abgeleiteten Klassen noch nichts.

15.8   Virtuelle Methoden

In anderen Sprachen ist das teilweise anders: Hätten Sie obiges Listing mit offensichtlichen Veränderungen in Java geschrieben, dann hätten Sie bei Wert we{}; we.print(cout) eine 10 gesehen – Java schaut zur *Laufzeit* nach, welche Methoden einer Instanz zur Verfügung stehen.

Und weil das ebenfalls ein sinnvolles Verhalten ist (sonst hätte man dies als Standardverhalten in Java wohl kaum gewählt), ist es auch in C++ möglich. Der Schlüssel dazu sind *virtuelle Methoden.*

Wenn Sie eine Methode mit virtual markieren, dann entscheidet der Compiler zur *Laufzeit*, welche Version dieser Methode gültig ist. Sie erhalten also das Java-Verhalten.

```
#include <iostream>

using std::ostream; using std::cout;
struct Basis2 {
    int acht_ = 8;
    virtual int wert() const          // virtuelle Methode
        { return acht_; }
    void print(ostream& os) const
        { os << wert() << "\n"; }
};

struct Wert2 : public Basis2 {
    int zehn_ = 10;
    virtual int wert() const override // überschreiben
        { return zehn_; }
};

int main() {
    Wert2 we2{}; we2.print(cout);      // verwenden
}
```

Listing 15.7 Mit »virtual« markierte Methoden werden zur Laufzeit aufgelöst.

Wert2 we2{}; we2.print(cout); entspricht dem Aufruf Wert we{}; we.print(cout); aus dem vorigen Listing. Nun werden Sie eine 10 zu Gesicht bekommen. we2.print() muss zwar auf die Definition Basis2::print zurückgreifen, denn Wert2 hat diese Methode nicht selbst definiert, aber der Aufruf von wert() in print ist nun ein *virtueller Methodenaufruf* – er wird zur Laufzeit entschieden. Und da we2 vom Typ Wert2 ist, wird Wert2::wert verwendet, zehn_ zurückgegeben und somit 10 ausgegeben.

> **Virtuell und nicht virtuell**
>
> Virtuelle Methodenaufrufe werden zur Laufzeit entschieden, normale Methodenaufrufe zur Übersetzungszeit.

In Listing 15.7 sehen Sie bei der Definition der Methode wert zusätzlich zu dem virtual an der Methode auch noch ein override. Durch eine solche zusätzliche Auszeichnung verlangt der Compiler, dass diese Methode auch wirklich eine andere Methode überschreibt. So können Sie zum Beispiel vermeiden, durch einen Tippfehler schwer zu findende Fehler zu produzieren. Stellen Sie sich vor, Sie hätten versehentlich in Wert2 die Methode virtual int wetr() const genannt. Das Programm wird kompilieren und laufen, aber nicht die Werte zurückliefern, die Sie gerne hätten.

Oder schauen Sie sich dieses andere, durchaus praxisnahe Beispiel an. In einem Header "mydefs.hpp" sind einige Typen definiert, zum Beispiel using value_t = int;. Und nun haben Sie eine kleine Hierarchie:

```
struct Number {
    virtual void add(value_t value);
};
struct SafeNumber : public Number {
    virtual void add(int value);      // override nicht angegeben, int statt value_t
};
```

Dass in Number::add der Parameter vom Typ value_t ist, aber in SafeNumber::add als Typ int angegeben wurde, ist für den Compiler das Gleiche. Bei using handelt es sich nur um einen Typalias, aber nicht um einen komplett neuen Typ.[3] SafeNumber::add überschreibt daher wie gewünscht den Vorgänger.

Wenn Sie in "mydefs.hpp" nun die Definition auf using value_t = long; ändern, dann ändert sich die Signatur von Number::add. Die Signatur von SafeNumber::add ändert sich aber nicht, weil Sie nicht den Typalias verwendet haben. Sie überschreiben die Ursprungsmethode nicht mehr und bekommen sehr wahrscheinlich ein unerwünschtes Verhalten Ihres Programms – einen schwer zu findender Fehler. Wenn Sie SafeNumber::add mit override versehen hätten, dann hätte der Compiler Sie auf den Fehler hingewiesen.

> **Verwenden Sie »override«**
>
> Wenn Sie eine virtuelle Methode überschreiben, geben Sie zusätzlich auch override mit an. Sie vermeiden auf diese Weise schwer aufzufindende Fehler.

---

3 Das gilt auch für typedef.

15 Vererbung

15.9   Konstruktoren in Klassenhierarchien

Konstruktoren sind besondere Klassenelemente: Sie sind *keine* Methoden, und als solche werden sie nicht wie Methoden an abgeleitete Klassen weitervererbt.

```cpp
class Base {
public:
    Base() {}                   // null-Argument-Konstruktor
    explicit Base(int i) {}     // ein Argument
    Base(int i, int j) {}       // zwei Argumente
    void func() {};             // Methode
};
class Derived : public Base { // kein eigener Konstruktor
};
int main() {
    Base b0{};                  // okay, null-Argument-Konstruktor
    Base b1{12};                // okay, ein Argument
    Base b2{6,18};              // okay, zwei Argumente
    Derived d0{};               // okay, Compiler generiert Default-Konstruktor
    d0.func();                  // okay, Methode wird geerbt
    Derived d1{7};              // Fehler: kein Konstruktor für ein Argument definiert
    Derived d2{3,13};           // Fehler: kein Konstruktor für zwei Argumente definiert
}
```

Listing 15.8 Die abgeleitete Klasse erbt Methoden, aber nicht Konstruktoren der Elternklasse.

Der Versuch, mit `Derived d1{7}` ein neues Objekt anzulegen, schlägt also fehl, weil `Derived` keinen eigenen Konstruktor für einen `int` definiert. Der `Base(int)`-Konstruktor wird nicht weitervererbt, wie dies bei normalen Methoden der Fall ist – wie `func()` zum Beispiel, die Sie auch für `Derived`-Instanzen aufrufen können.

Der Grund dafür ist, dass Konstruktoren wirklich etwas anderes sind als Methoden. Ein Konstruktor muss eine Klasseninstanz initialisieren. Das ist eine Aufgabe, die eng an die innere Struktur der Klasse gekoppelt ist. Einen Konstruktor der Elternklasse statt eines eigenen Konstruktors aufzurufen, kann sehr wahrscheinlich gar keine korrekte Initialisierung der abgeleiteten Klasse vollbringen. Zu einer Instanz kann es Verwaltungsinformationen geben, die mit der Klasse zu tun haben und die im jeweiligen Konstruktor initialisiert werden müssen. Welche Verwaltungsinformationen das sind, ist nicht bis ins letzte Detail vom Standard festgelegt, sondern wird der Implementierung überlassen. Um diese Freiheit zu erlauben, haben Konstruktoren diese besondere Rolle.

Wenn Sie dennoch die Konstruktoren der Elternklasse haben wollen, dann müssen Sie dies in der abgeleiteten Klasse explizit sagen. Dafür fügen Sie in die Klassendefinition `using Base::Base;` ein, erwähnen also den genauen Namen der Konstruktoren. Ja, *der Konstruktoren*, denn mit diesem Mechanismus erheben Sie alle ererbten Konstruktoren auf einmal, nicht einen einzelnen. Diesen Mechanismus können Sie nur nach dem Motto »alles oder nichts« verwenden.

15.10   Typumwandlung in Klassenhierarchien

```cpp
class Base {
public:
    Base() {}
    explicit Base(int i) {}
    Base(int i, int j) {}
    void func() {};           // Methode
};
class Derived : public Base {
public:
    using Base::Base;         // importieren aller Konstruktoren der Elternklasse
};

int main() {
    Derived d0{};             // okay, importiert, nicht mehr generiert
    Derived d1{7};            // okay, wurde importiert
    Derived d2{3,13};         // okay, wurde importiert
}
```

Listing 15.9 Mit »using« importieren Sie alle Konstruktoren der Elternklasse.

Auf diese Weise erheben Sie alle Konstruktoren der Elternklasse in die eigene Klasse, und die nötigen zusätzlichen Verwaltungsaufgaben übernimmt der Compiler.

15.10   Typumwandlung in Klassenhierarchien

Bleiben wir bei unserem abstrakten Beispiel, aber lassen Sie es mich ein wenig um gefährlichen Code erweitern.

15.10.1   Die Vererbungshierarchie aufwärts umwandeln

```cpp
//... Basis2 und Wert2 wie gehabt ...
void ausgabe(Basis2 x) {      // Übergabe als Wert
    x.print(cout);
}

int main() {
    Basis2 ba2{}; ausgabe(ba2); // gibt 8 aus
    Wert2 we2{}; ausgabe(we2);  // gibt auch 8 aus
}
```

Listing 15.10 Die Übergabe als Wert kopiert nur den gemeinsamen Teil des Typs.

Durch die Übergabe als Wert wird we2 in den Parameter x *kopiert*. Weil der Parameter vom Typ Basis2 ist, wird auch nur jener Teil von we2 kopiert, der zu Basis2 gehört. Und weil x nun von diesem Typ ist, kann x.print nur das tun, was jede andere Variable von diesem Typ in Basis2::print tun würde – 8 ausgeben.

15 Vererbung

15.10.2 Die Vererbungshierarchie abwärts umwandeln

Hätten Sie für den Parameter nicht den Basistyp gewählt, sondern den abgeleiteten – also ausgabe(Wert2 x) –, dann hätte ausgabe(we2) die 10 ausgegeben. Jedoch passt ba2 nicht auf den Parametertyp Wert2: Die Umwandlung in diese Richtung der Hierarchie quittiert der Compiler mit einem Fehler. Instanzen vom Basistyp haben nicht alle Eigenschaften, die nötig sind, um in den abgeleiteten Typ umgewandelt zu werden – der Compiler kann sich ja keine Eigenschaften zum Auffüllen ausdenken.

```
//... Basis2 und Wert2 wie gehabt ...
void ausgabe(Wert2 x) {          // abgeleitete Klasse als Wert
    x.print(cout);
}
int main() {
    Basis2 ba2{}; ausgabe(ba2);  // ba2 kann nicht in Wert2 umgewandelt werden
    Wert2 we2{}; ausgabe(we2);   // gibt 10 aus
}
```

Listing 15.11 Die Übergabe als Wert kopiert nur den gemeinsamen Teil des Typs.

15.10.3 Referenzen behalten auch die Typinformation

Wenn Sie eine Instanz als Referenz übergeben, dann muss sie nicht kopiert werden. In diesem Fall bleibt das Objekt als solches erhalten – und mit ihm zusammen dessen eigentlicher Typ.

```
//... Basis2 und Wert2 wie gehabt ...
void ausgabe(Basis2& x) {        // Übergabe als Referenz
    x.print(cout);
}
int main() {
    Basis2 ba2{}; ausgabe(ba2);  // gibt 8 aus
    Wert2 we2{}; ausgabe(we2);   // gibt 10 aus, denn das Objekt wird nicht kopiert
}
```

Listing 15.12 Die Übergabe als Wert kopiert nur den gemeinsamen Teil des Typs.

Wenn we2 zu x wird, dann wird es nur »umbenannt«. x bleibt im Kern ein Wert2 – somit kann print auf die virtuelle Methode Wert2::wert zugreifen und 10 ausgeben.

Man nennt es *Laufzeit-Polymorphie*, wenn man eine allgemeinere Klasse in einer Deklaration verwendet, zur Laufzeit aber eine andere konkretere Klasse für die deklarierte Variable eingesetzt wird, ohne dass diese ihre Eigenschaften verliert. Im Beispiel: Obwohl der Parameter als Basis2 deklariert ist, kann ausgabe zur Laufzeit mit einer Instanz we2 der Klasse Wert2 aufgerufen werden, *und* we2 behält seine Eigenschaft bei, 10 auszugeben – was es nicht täte, wäre es komplett in den Typ Basis2 umgewandelt worden. Diese Form der Polymorphie erhalten Sie in C++ nur, wenn Sie mit Referenzen (oder Zeigern) arbeiten.

Falls die Frage auftaucht: Wenn `Basis2::wert` nicht virtuell wäre (also wie `Basis::wert`), wären Sie wieder beim Verhalten aus Listing 15.6 und erhielten wieder eine 8.

15.11   Wann virtuell?

Ob Sie eine Methode mit `virtual` versehen oder nicht, hängt davon ab, für welches *Design* Sie sich entscheiden. Es ist in C++ nicht üblich, pauschal alle Methoden aller Klassen virtuell zu machen. Für jede einzelne Methode kann es Gründe dafür und dagegen geben, für jede einzelne Klasse ebenfalls. Das ist hier ein wenig anders als bei den Gründen für die Wahl zwischen Methoden und freien Funktionen: Die Kapselung ist besser mit Methoden, und so entscheidet man sich im Normalfall für diese. Bei der Frage, ob Sie virtuelle Methoden einsetzen sollten oder nicht, ist die Sache nicht ganz so klar. Nehmen Sie die folgenden Hinweise als Entscheidungshilfen für Ihr Design:

▶ Manche Klassen dienen hauptsächlich dem Zweck, Daten zusammenzuhalten. Sie sind nicht Teil einer Hierarchie. Ohne Vererbung gibt es keinen Grund für virtuelle Methoden.

▶ Die Existenz einer Klassenhierarchie alleine rechtfertigt noch keine virtuellen Methoden. Vielleicht deduplizieren Sie nur sehr geschickt.

▶ Innerhalb einer Klassenhierarchie eine Methode zu überschreiben, ist ein guter Kandidat für eine virtuelle Methode, jedoch nicht zwangsläufig.

▶ Wenn Ihr Design auf überschriebene Methoden baut, also auf sich änderndes Verhalten von Klasse zu Klasse, ist `virtual` angesagt.

▶ Konstruktoren sind niemals virtuell. Innerhalb von Konstruktoren dürfen Sie keine virtuellen Methoden aufrufen.

▶ Ein Destruktor (siehe nächstes Kapitel) muss virtuell sein, wenn es mindestens eine virtuelle Methode in der Klasse gibt.

▶ Eine virtuelle Methode einer Basisklasse, die Sie überschreiben, ist automatisch ebenfalls virtuell, auch wenn Sie es nicht explizit sagen – »einmal `virtual`, immer `virtual`«.

Klassen entweder ganz ohne oder ganz mit »virtual«

Für den Anfang empfehle ich Ihnen, diesen zwei Regeln zu folgen:

▶ Ohne Hierarchie machen Sie nichts `virtual`.

▶ Mit Hierarchie machen Sie *alle* Methoden `virtual`, wenn Sie mindestens eine Methode überschreiben.

Wenn Sie das im Hinterkopf haben, werden Sie vielleicht schon ganz von selbst die Klassen(-Hierarchien) so entwerfen, dass die Entscheidung, ob eine Methode virtuell sein soll oder nicht, ganz von selbst fällt.

Doch warum überhaupt die Frage? Was sind die Vor- und was die Nachteile von virtuellen Methoden?

Der große Vorteil ist, dass Sie ein flexibleres Design haben. Sie können in abgeleiteten Klassen Verhalten verändern, das in einer Basisklasse eigentlich schon festgelegt war.

An Nachteilen gibt es zwei, nämlich Geschwindigkeit und Speicher:

▸ **Die Methode muss zur Laufzeit erst in einer Tabelle nachgeschlagen werden**
Wenn Sie eine virtuelle Methode aufrufen, dann benötigt dieser Aufruf eine Indirektion (und möglicherweise eine Addition) mehr: Moderne Prozessoren erledigen dies jedoch aus dem Effeff, und Sie werden keine Geschwindigkeitunterschiede zu einem normalen Methodenaufruf bemerken.

▸ **Virtuelle Methoden können selten zu Inline-Funktionen optimiert werden**
Dies könnten Sie eher bei der Geschwindigkeit des Programms bemerken, aber nur, wenn Sie eine virtuelle Funktion in einer engen Schleife aufrufen. Inlining ist eine wichtige Optimierung des Compilers, die desto wichtiger ist, je moderner und komplexer der Prozessor ist, der das Programm abarbeitet.

▸ **Pro Instanz wird ein verstecktes Datenfeld benötigt**
Jede Instanz einer Klasse mit mindestens einer virtuellen Methode hat eine zusätzliche »versteckte« Variable.[4] Wenn Sie kleine Instanzen haben, die Sie in großen Mengen zum Beispiel in einen Container packen, dann wirkt sich das beim Speicher aus.

Sie könnten auch argumentieren, dass Sie sich beim Design an anderen aktuellen Programmiersprachen orientieren möchten. Java zum Beispiel besitzt gar keine nicht-virtuellen Methoden. Ich plädiere mindestens dafür, *datenhaltende Klassen* (*Data Transfer Objects*, DTOs) von *verhaltensorientierten Klassen* (mit nicht-trivialen Methoden) im Design zu trennen: DTOs benötigen keine Virtualität, echt rechnende Klassen je nach Zweck vielleicht. Jemand, der sich »zur Sicherheit« dafür entscheidet, *alle* Methoden virtuell zu machen, den würde ich nur fragen, ob das für seine Anwendung angemessen ist, ansonsten würde ich aber diese Designentscheidung verstehen.

15.12   Andere Designs zur Erweiterbarkeit

Wenn Sie sich dafür entscheiden, keine virtuellen Methoden einzusetzen, gibt es in C++ andere Wege, um Datentypen dennoch erweiterbar zu machen. Sie können durch die Überladung freier Funktionen Funktionalität hinzufügen. Ein fortgeschrittenes Thema ist die Verknüpfung von Typen anhand von *Type-Traits* – dazu müssen Sie noch etwas über Templateprogrammierung erfahren. Sie finden einen kurzen Einstieg in Kapitel 23, »Templates«.

---

4   So ist das in den meisten C++-Compilern implementiert. Es handelt sich um einen Zeiger (vptr) in eine statische Tabelle (vtable).

15.12 Andere Designs zur Erweiterbarkeit

Verwenden Sie virtuelle Methoden ruhig, gerne auch großzügig. Sie bieten einen guten Kompromiss von Verständlichkeit zu Performance. Wenn Sie eines Tages mit Spezialanwendungen zu tun haben, können Sie sich immer noch andere Möglichkeiten aneignen.

Etwas Generelles noch zur Vererbung: Üben Sie ruhig mit der Technik des Vererbens, nutzen Sie es zur Reduktion von Codeduplikation. Strapazieren Sie das Konzept aber nicht über. Sehr viel häufiger eignet sich für das Verbinden von Klassen und Objekten, die *Hat-ein*-Beziehung der Komposition oder Aggregation, als die *Ist-ein*-Beziehung der Vererbung. Zwängen Sie nicht »auf Teufel komm raus« eine Menge von Klassen in das starre Korsett einer Vererbungshierarchie. In der Praxis stellen sich Designs als flexibler heraus, wenn diese mehr über Datenfelder erweitert und modifiziert werden können als über eine Klassenhierarchie.

Während Sie die Komposition in C++ mit der Überladung freier Funktionen oder Type-Traits abbilden können, so sind dafür aus Sprachen wie Java die *Interfaces* bekannt. Die Entsprechung in C++ sind abstrakte Klassen nur mit pur virtuellen Methoden, siehe Kapitel 16, »Der Lebenszyklus von Klassen«. Diese Technik ist in C++ zwar auch üblich, wird aber bei Weitem nicht so breit eingesetzt wie in Java.

Kapitel 16

Der Lebenszyklus von Klassen

Kapiteltelegramm

▶ **Destruktor Typ::~Typ()**
Das Gegenteil des Konstruktors; wird aufgerufen, wenn ein Objekt entfernt wird

▶ **RAII – Resource Acquisition is Initialization**
Programmiertechnik; durch Klassen ermöglicht, die Ressourcen im Konstruktor anfordern, die sie im Destruktor wieder freigeben

▶ **Temporärer Wert (Tempwert)**
Ein Wert ohne einen Variablennamen, meist innerhalb eines Ausdrucks oder Teil einer Typumwandlung als ein Funktionsargument; wird am Ende der Anweisung entfernt

▶ **Tempwert-Referenz**
Eine Referenz auf einen temporären Wert; Symbol &&; technisch *RValue-Referenz*, da sie für Ausdrücke steht, die nur auf der rechten Seite einer Zuweisung vorkommen können

▶ **operator@**
(wobei das @ für ein gültiges Operatorsymbol steht) Die freie Funktion oder Methode, die Sie definieren müssen, damit der eigene Typ den Operator unterstützt

▶ **Typ::Typ(const Typ&)**
Kopierkonstruktor; ruft der Compiler auf, wenn eine neue Instanz aus einer schon bestehenden erzeugt werden soll, u. a. auch Funktionsrückgaben und Parameterübergaben als Wert

▶ **Typ& Typ::operator=(const Typ&)**
Zuweisungsoperator. Der Compiler ruft den Zuweisungsoperator auf, wenn einer schon bestehenden Instanz ein neuer Wert zugewiesen wird.

▶ **Verschiebeoperation**
Ist eine besondere Form der Kopie aus einem Tempwert heraus. Der Programmierer kann optional festlegen, dass Objektinhalte transferiert statt kopiert werden. Die Standardbibliothek unterstützt diese Form durchgehend.

▶ **Typ::Typ(Typ&&)**
Verschiebekonstruktor; für das Erstellen einer neuen Instanz aus einem Tempwert als Quelle

▶ **Typ& Typ::operator=(Typ&&)**
Verschiebeoperator; einer bestehenden Instanz den Inhalt eines Tempwerts zuweisen

▶ **enum class**
Aufzählungstyp; ein Typ, dessen Instanzen aufzählbar viele mögliche Werte annehmen können. Jeder mögliche Wert bekommt einen eigenen Bezeichner.

16   Der Lebenszyklus von Klassen

▶ **= delete**
Das explizite Löschen von Funktionen, Methoden, Konstruktoren und dergleichen

▶ **friend**
Freundfunktionen sind freie Funktionen, denen public Zugriffsrechte in eine Klasse eingeräumt werden. friend wird gerne für die Implementierung von Operatoren verwendet.

▶ **Abstrakte Methode (pure virtual)**
Virtuelle Methode, die Sie statt einer Implementierung mit = 0 definieren

▶ **Abstrakte Klasse**
Klasse mit mindestens einer abstrakten Methode; kann nicht selbst instanziiert werden, sondern muss abgeleitet werden

Bisher sind Sie damit ausgekommen, dass Sie Klassen mit einem Konstruktor initialisiert, mit Datenfeldern versehen und mit Methoden darauf zugegriffen haben. Beim Umgang mit den Instanzen dieser Klassen passieren viele Dinge im Hintergrund, über die Sie Bescheid wissen sollten. Denn einerseits können Sie diese Automatismen nutzen und in das Design einfließen lassen, um sich Arbeit zu ersparen, andererseits können sie auch zum Stolperstein werden, wenn Sie sie nicht kennen.

16.1   Erzeugung und Zerstörung

Eine Klasseninstanz beginnt ihr Leben in dem Moment, in dem Sie sie *definieren*. In diesem Augenblick wird ihr Konstruktor aufgerufen. Sie können sie so lange verwenden, bis das Programm ihren *Gültigkeitsbereich* (*Scope*) verlässt – das ist, als Faustregel, meistens bei der zum aktuellen Bereich gehörenden schließenden geschweiften Klammer der Fall. Sie haben das für die eingebauten Typen in Listing 8.4 (Seite 189) schon gesehen, aber es gilt auch für Klassen. Wenn die letzte Anweisung vor dieser Klammer ausgeführt wurde, wird die Instanz entfernt, und das hat die folgenden Hauptkonsequenzen:

▶ Im Programmcode, also zur Kompilierzeit, können Sie nicht mehr auf die Variable zugreifen.

▶ Zur Laufzeit wird die Instanz wird aus dem Speicher entfernt, und ihr *Destruktor* wird aufgerufen.

▶ Sollte es von anderer Stelle noch eine *Referenz* & auf diese Instanz geben, dürfen Sie diese nicht mehr verwenden. Tun Sie es doch, ist das ein Fehler und führt – bestenfalls – zum Programmabsturz.

Um diese wichtigen Punkte noch einmal zu verdeutlichen, habe ich in Listing 16.1 einmal verschiedene Möglichkeiten dargestellt, wann ein Objekt erzeugt und wann es zerstört wird.

16.1 Erzeugung und Zerstörung

```
struct MeinWert { /* irgendwas */ };
MeinWert globalWert{};                    // globale Klasseninstanz

void funktion(const MeinWert &paramRef) {
    if( /*...*/ ) funktion( /*x1?*/ );    // irgendeine Funktion aufrufen
    MeinWert lokalWert{};                 // lokale Klasseninstanz
}                                         // Ende der Funktion

int main() {
    MeinWert mwert1{};
    funktion( /*x2?*/ );
    funktion( MeinWert{} );               // temporärer Wert
    {
        MeinWert mwert2{};
        funktion( /*x3?*/ );
        MeinWert mwert3{};
    }                                     // Ende des inneren Blocks
    funktion( /*x4?*/ );
    MeinWert mwert4{};
    funktion( /*x5?*/ );
}                                         // Ende der main-Funktion
```

Listing 16.1 Welche Variablen können Sie bei »x1« bis »x5« einsetzen?

Die *Gültigkeit* ist das einfachere Thema. Können Sie sehen, welche der Variablen Sie bei den verschiedenen Funktionsaufrufen von funktion(/*…?*/) einsetzen können? Eine Übersicht ist in Tabelle 16.1 dargestellt.

Eng mit der Gültigkeit hängt die Frage zusammen, wann etwas *erzeugt* und wann es *zerstört* wird. Das Leben jeder Variablen beginnt mit ihrer *Definition*, also dann, wenn sie *initialisiert* wird. Im Falle von Klassen können Sie auch sagen, dass sie *konstruiert* werden, denn es wird ein *Konstruktor* aufgerufen.

Das Leben einer Variablen endet, wenn ihr Gültigkeitsbereich verlassen wird. Konkret heißt das in unserem Beispiel:

▶ Variable globalWert wird zerstört beim Verlassen von main.

▶ Variable paramRef wird zerstört beim Verlassen von funktion.

▶ Variable lokalWert wird zerstört beim Verlassen von funktion.

▶ Variable mwert1 wird zerstört beim Verlassen von main.

▶ Variable mwert2 wird zerstört beim Verlassen des inneren Blocks.

▶ Variable mwert3 wird zerstört beim Verlassen des inneren Blocks.

▶ Variable mwert4 wird zerstört beim Verlassen von main.

▶ Variable MeinWert{} wird zerstört beim ; der Zeile.

Variable	/*x1?*/	/*x2?*/	/*x3?*/	/*x4?*/	/*x5?*/
globalWert	ja	ja	ja	ja	ja
paramRef	ja				
lokalWert					
mwert1		ja	ja	ja	ja
mwert2			ja		
mwert3					
mwert4					ja

Tabelle 16.1 Wann können welche Variablen in »function()« verwendet werden?

16.2 Temporary: kurzlebige Werte

Der Fall der Zeile mit dem »temporären Wert« ist besonders zu beachten. Mit MeinWert{} erzeugen Sie eine Instanz der Klasse, die dann als Parameter an funktion übergeben wird. Die Instanz bekommt aber keinen Variablennamen. Stattdessen erzeugen Sie einen *temporären Wert* (auch *Tempwert* oder *Temporary* genannt). Als solcher verschwindet dieser Wert am Ende der Anweisung wieder – als Faustregel also beim nächsten Semikolon.

Wenn Sie einen Tempwert erzeugen, dann handelt es sich nicht um eine *Deklaration*, sondern um einen *Ausdruck*. Deshalb können Sie ihn direkt verwenden, zum Beispiel als Parameter für eine Funktion.

Es gibt noch andere Möglichkeiten, einen Tempwert zu erzeugen. Zum Beispiel kann eine automatische Typumwandlung dazu führen:

```cpp
#include <string>
#include <iostream>                       // cout
using std::string; using std::cout;
struct Value {
    int wert_;
    Value(int wert)                       // 1-Arg-Konstruktor = Typumwandlung
        : wert_{wert} {}
};
size_t laenge(string arg) {
    return arg.size();
}
Value doppel(Value v) {
    return Value{ v.wert_*2 };
}
```

```
int main() {
    cout << laenge("Hipphopp") << "\n";      // const char* in string
    cout << doppel(10).wert_ << "\n";        // int in Value
    string name {"Gandalf"};
    cout << ( name + " der Graue" ) << "\n"; // string + const char*
}
```

Listing 16.2 Wenn Sie eine Funktion mit einem Parameter aufrufen, für den der Compiler zur Umwandlung einen Konstruktor aufruft, erzeugt er einen Tempwert.

Die Funktion `laenge` nimmt als Argument einen `string`. Bei `laenge("Hipphopp")` übergebe ich jedoch ein Zeichenkettenliteral, also ein `const char[]`. Der Compiler macht daraus automatisch einen `string` extra und nur für die Übergabe an `laenge()`. Nach der Anweisung verschwindet dieser extra erzeugte `string` wieder, denn er ist ein Tempwert.

Der Mechanismus, den der Compiler nutzt, kennen Sie schon: die automatische Typumwandlung. Denn das Gleiche passiert auch bei `doppel(10)`. Weil `Value` einen Konstruktor mit einem Argument hat, kann dieser vom Compiler für die automatische Typumwandlung verwendet werden. Und siehe da, 10 ist ein `int` und passt – also wird ein temporärer `Value` erzeugt, innerhalb von `doppel` als v verwendet und am Ende wieder verworfen.

Besonders gerne erzeugen *zweistellige Operatoren* temporäre Werte, wie das Plus +. Der Ausdruck `name+" der Graue"` ist der Aufruf des `operator+` mit den Argumenttypen `string` und `const char*`. Der Operator fügt die Argumente zu einem neuen `string` zusammen, der dann ausgegeben wird. Das zusammengefügte Ergebnis ist der Temporary und wird am ; nicht mehr benötigt.

16.3   Der Destruktor zum Konstruktor

Wenn Sie überprüfen wollen, wann ein Objekt zerstört wird, dann machen Sie das im *Destruktor*. Als Gegenstück zum Konstruktor dient dieser dazu, Aufräumarbeiten zu erledigen. Das kann das Wegräumen von Datenfeldern der Klasse sein oder andere Verwaltungsaufgaben.

Da Sie bisher nur Datenstrukturen kennen, die automatisch deinitialisiert werden, geben Sie als »Verwaltungsaufgabe« einen Text aus. Füllen Sie die Klasse `MeinWert` aus dem einleitenden Beispiel mit etwas Leben:

```
#include <string>
#include <iostream>
#include <iomanip>    // setw
using std::cout; using std::setw; using std::string;
struct MeinWert {
    static int zaehler;              // static: existiert nur einmal für alle Instanzen
    int nummer_;                     // Einrücktiefe dieser Instanz für die Ausgabe
    string name_;                    // Name dieser Instanz für die Ausgabe
```

16   Der Lebenszyklus von Klassen

```cpp
    explicit MeinWert(string name)
        : nummer_{++zaehler}          // Zähler für Einrücktiefe pro Instanz hochzählen
        , name_{name}                 // Name des Objekts für Ausgabe merken
    {
        cout << setw(nummer_) << " "  // nummer_ verwenden für Einrückungstiefe
            << "Konstruktor " << name_ << "\n"; // Instanzname ausgeben
    }
    ~MeinWert() {                     // Destruktor
        cout << setw(nummer_) << " "
            << "Destruktor " << name_ << "\n";
    }
};
int MeinWert::zaehler = 0;            // Initialisierung der statischen Klassenvariablen
```

Listing 16.3 Ein Destruktor wird beim Entfernen eines Objekts ausgeführt.

So gerüstet können Sie das Objekt verwenden wie immer. Setzen Sie dazu konkrete Variablen dieses modifizierten Typs MeinWert in Listing 16.1 ein:

```cpp
void funktion(const MeinWert &paramRef) {
    MeinWert lokalWert{"lokal"};
}

int main() {
    MeinWert mwert1{"mwert1"};
    funktion( MeinWert{"temp"} );
    funktion( mwert1 );
    {
        MeinWert mwert2{"mwert2"};
    }
}
```

Listing 16.4 Hier werden viele Objekte erzeugt und zerstört.

Somit erhalten Sie die folgende Ausgabe:

```
Konstruktor mwert1
 Konstruktor temp
  Konstruktor lokal
  Destruktor lokal
 Destruktor temp
  Konstruktor lokal
  Destruktor lokal
   Konstruktor mwert2
   Destruktor mwert2
Destruktor mwert1
```

Listing 16.5 Diese Ausgabe zeigt, wann Objekte erzeugt und zerstört werden.

384

In main wird zuallererst mwert1 erzeugt. Sie haben mit setw dafür gesorgt, dass die erste Instanz von MeinWert auf eine Tiefe von 1 eingerückt wird, und mit ++zaehler alle späteren Instanzen jeweils um eine Einheit tiefer. Der Zählerstand wird gleichzeitig in das Datenfeld nummer_ kopiert. So können Sie im Destruktor die gleiche Einrücktiefe wie im Konstruktor verwenden. Sie können gut erkennen, dass mwert1 auch das zuletzt weggeräumte Objekt ist: Die Ausgabe Destruktor mwert1 erfolgt im Destruktor.

Sie sehen auch, dass temp für den Funktionsaufruf erzeugt wird. Innerhalb der Funktion wird lokal erzeugt und auch wieder entfernt – für jeden der beiden Aufrufe von funktion. Nach der Rückkehr aus der Funktion wird temp – am Ende der Anweisung – entfernt, während mwert1 bestehen bleibt.

Weiter geht es mit der Erzeugung von mwert2. Jedoch wird sofort das Ende des inneren Blocks erreicht, weswegen auch dessen Destruktor gleich darauf aufgerufen wird. Erst dann ist das Ende von main und somit das Ende der Gültigkeit von mwert1 erreicht.

16.3.1 Kein Destruktor nötig

Im Normalfall ist es nicht nötig, im Destruktor irgendetwas zu tun, denn jedes Datenfeld einer Klasse wird ohnehin weggeräumt. Wenn Sie also entweder »nichts« machen, den Destruktor leer oder ganz weglassen, werden alle Datenfelder dennoch entfernt.

Wenn Sie nur die Mittel, die wir bisher besprochen haben, einsetzen, dann benötigen Sie keinen Destruktor für Aufräumarbeiten. Sowohl die einfachen Datentypen int, double etc. als auch die Typen der Standardbibliothek string, vector, fstream etc. erledigen alles automatisch.

16.3.2 Ressourcen im Destruktor

Aber: Es gibt Ressourcen, die werden nicht automatisch entfernt. Rohe Zeiger und viele C-Datentypen müssen Sie im Destruktor behandeln. Alternativ wickeln Sie das Ganze in einen shared_ptr und verwenden einen *Custom Deleter*. Dazu erfahren Sie mehr in Kapitel 20, »Zeiger«.

Angenommen, Sie haben mit einer Datenbank zu tun, die Ihnen per Bibliothek und mit dem dazugehörigen Header als Programmierschnittstelle geliefert wird. Der Header mag vereinfacht so aussehen:

```
#ifndef DATABASE_HPP
#define DATABASE_HPP
typedef void* db_handle_t;
db_handle_t db_open(const char* filename);
void db_close(db_handle_t db);
int db_execute(db_handle_t db, const char* query);
#endif
```

Listing 16.6 Ein einfaches Beispiel für eine C-Schnittstelle zu einer Ressource

16   Der Lebenszyklus von Klassen

Somit ist klar, dass Sie zu jedem db_open auch ein db_close aufrufen müssen. Tun Sie das nicht, können allerlei Dinge passieren: Schreibvorgänge in die Datenbank werden vielleicht vergessen, Ihr Programm »leakt« Datenbankverbindungen (von engl. *leak*, dt. *ein Leck haben*) und kann irgendwann kein db_open mehr durchführen, oder Ihr Programm kann abstürzen.

Damit Sie sicher sein können, dass zu jedem db_open auch ein db_close aufgerufen wird, holen Sie sich doch Hilfe beim Compiler: Konstruktoraufruf und Destruktoraufruf werden immer gepaart. Wickeln Sie die Ressource in einen *Resourcenwrapper* ein:

```cpp
#include <iostream>                    // cout
#include "database.hpp"                // Einbinden der fremden Programmierschnittstelle
class Database {
    db_handle_t db_;                   // eingepackte Ressource
public:
    Database(const char* filename);
    ~Database();
    int execute(const char* query);
};
Database::Database(const char* filename)
    : db_{db_open(filename)}          // Anfordern der Ressource
    { }
Database::~Database() {
    db_close(db_);                     // Freigeben der Ressource
}
int Database::execute(const char* query) {
    return db_execute(db_, query);    // Nutzen der Ressource
}
int main() {
    Database db{ "kunden.dat" };      // Erzeugen des Wrappers
    std::cout << "Anzahl: "<< db.execute("select * from kunden") << "\n";
}                                      // Automatisches Entfernen des Wrappers
```

Listing 16.7 Wenn Sie eine Ressource schließen müssen, dann eignet sich dafür der Destruktor.

Im Konstruktor fordern Sie mit db_{db_open(filename)} die Ressource – die Datenbankverbindung – an und speichern sie im privaten Datenfeld db_. Genau diese Ressource geben Sie im Destruktor mit db_close(db_) wieder frei. Lesen Sie aber auf jeden Fall dieses Kapitel weiter, denn hier fehlen Ihnen noch der Kopierkonstruktor und der Zuweisungsoperator.

Sie haben hier die notwendigen Fehlerüberprüfungen weggelassen, die Sie in einem wirklichen Programm natürlich einbauen müssen. Bei solchen C-artigen Schnittstellen ist es häufig üblich, dass bestimmte Rückgabewerte etwas Besonderes bedeuten. Hier hätte zum Beispiel die Rückgabe von db_open überprüft werden können, um im Fehlerfall besonders zu reagieren:

```cpp
Database::Database(const char* filename)
    : db_{ db_open(filename) }
    {
        if(nullptr == db_) { // Fehler beim Öffnen
            throw IllegalArgumentException("Fehler beim Oeffnen der DB");
        }
    }
```

Listing 16.8 Der Konstruktor initialisiert oder löst eine Exception aus.

Wichtig ist hier, dass der Konstruktor im Fehlerfall mit einer Exception verlassen wird, und nicht auf dem normalen Wege. Dadurch gilt das Objekt als nicht erzeugt. Wo kein Objekt erzeugt wurde, muss auch keines entfernt werden. Als Folge davon wird dann auch kein Destruktor aufgerufen.

> **Eine Exception im Konstruktor heißt: »kein Destruktoraufruf«**
>
> Wenn während des Konstruktors eine Exception ausgelöst und nicht gefangen wird, gilt das Objekt als nicht erzeugt. Ein Destruktor wird dann nicht aufgerufen.

Das ist hier wichtig, weil es sein kann, dass – wenn db_ nach dem Fehler bei der Initialisierung nullptr ist – der Aufruf db_close(db_) problematisch sein könnte. Dadurch, dass Sie den Konstruktor aber mit einer Exception verlassen, wird der Destruktor nicht aufgerufen, und es entsteht somit kein Problem.

Wie genau Sie mit Exceptions umgehen, erfahren Sie im nächsten Abschnitt. Sie haben hier gelernt, wie Sie Destruktoren sinnvoll für *RAII* einsetzen. Dieses Kürzel steht für *Resource Acquisition is Initialization*, also dafür, dass, wenn Sie eine Ressource anfordern, Sie dies durch eine Initialisierung machen – in diesem Fall durch die Initialisierung der Wrapperklasse Database.

Nehmen Sie RAII unbedingt in Ihr Repertoire auf, denn es hilft Ihnen, schwer zu findende Fehler zu vermeiden. Erinnern Sie sich, dass ich ein paar Abschnitte zuvor (Abschnitt 16.3.1, »Kein Destruktor nötig«) gesagt habe, dass Sie normalerweise keinen Destruktor brauchen, wenn Sie mit den Typen der Standardbibliothek zu tun haben? Nun, der Grund dafür ist, dass jene Typen genau dieses Konzept konsequent umgesetzt haben. Sie müssen in den seltensten Fällen gepaarte »Acquire«- und »Release«-Aufrufe machen. Dies ist sorgfältig in den Konstruktoren und Destruktoren der Klassen verpackt.

16.4   Yoda-Bedingung

In der Bedingung der if-Anweisung von Listing 16.8 habe ich ein kleines Bonbon versteckt:

```cpp
if(nullptr == db_) ...
```

Ich vergleiche nullptr und db_ mit ==. Ich hätte ebenso gut db_ == nullptr schreiben können und hätte das Gleiche erreicht.[1] Jedoch hat die verwendete Reihenfolge einen großen
Vorteil: Wenn Sie aus Versehen = anstatt == tippen – was ja etwas völlig anderes ist –, dann
weist der Compiler Sie auf den Fehler hin: Weil nullptr ein Literal ist, können Sie ihm mit
= nichts zuweisen. Hätten Sie aus Versehen aber db_ = nullptr geschrieben, dann hätten
Sie ungewollt eine Zuweisung geschrieben. Die Zuweisung ist auch ein Ausdruck, dessen
Ergebnis hier dann nullptr wäre – und nullptr wird vom Compiler automatisch zu false
konvertiert.

Wenn Sie also einen Vergleich mit einem Literal oder einer Konstanten implementieren,
dann könnten Sie sich zu Ihrer eigenen Sicherheit angewöhnen, die Konstante auf die
linkte Seite des Vergleichs zu schreiben. Sie haben dann einen etwas größeren Schutz vor
Vertippern.

Man nennt diese Form, eine Bedingung zu notieren, eine *Yoda-Bedingung* (engl. *Yoda-
Condition*), weil Sie die Operanden in umgekehrter Reihenfolge schreiben, als Sie es natürlicherweise tun würden. Oder um es mit Yoda zu sagen: als natürlicherweise tun Sie es
würden. Daher kommt der Name.

Sehen Sie sich hier einige andere Beispiele für Yoda-Bedingungen an, bei denen Sie vor
dem versehentlichen = geschützt sind:

```
if("Yoda" == character) ...
if(42 == antwort) ...
```

Listing 16.9 Beispiele für Yoda-Bedingungen mit »==«

Rufen Sie Methoden nach dem gleichen Muster auf, fällt auch das unter Yoda-Bedingungen:

```
#include "mein_string"
static const mein_string ZEBRA { "zebra" };
int main() {
    mein_string tier{ "pferd" };
    if(ZEBRA.equals(tier)) return 0;
    else return 1;
}
```

Listing 16.10 Eine Yoda-Bedingung mit einem Methodenaufruf

Hier rufen Sie die Methode equals auf der Konstanten auf, anstatt in tier.equals(ZEBRA)
die Variable nach vorne zu stellen. Diese Schreibweise finden Sie in C++ seltener als zum
Beispiel in Java. Dort könnte tier ein ungültiges Objekt sein, etwas Ähnliches wie nullptr,
und das wäre für einen Methodenaufruf mit tier.equals(ZEBRA) auf jeden Fall ein Fehler.
In ZEBRA.equals(tier) kann ZEBRA kein nullptr sein, und Sie haben in der Methode equals
die Chance, nullptr als tier als Fehler abzufangen.

---

1 Zumindest solange dem Vergleich die Reihenfolge seiner Operanden egal ist, wie in diesem Fall.

Die Klasse std::string hat keine equals-Methode wie in Java. Sie vergleichen mit ==. Bei == tut die Yoda-Schreibweise der Lesbarkeit so gut wie keinen Abbruch. Mit Methoden finden aber viele, dass die Lesbarkeit leidet. Überlegen Sie also, ob Sie sich diese Notation angewöhnen wollen.

16.5   Konstruktion, Destruktion und Exceptions

Zum Konzept des RAII gehört auch, dass das Objekt als nicht erzeugt gilt, wenn die Initialisierung (der Konstruktordurchlauf) fehlschlägt (eine Exception verursacht). Das hat zur Konsequenz, dass auch kein Destruktor aufgerufen wird:

```cpp
#include <iostream> // cout
#include <stdexcept> // runtime_error
struct KannWerfen {
    KannWerfen(int wasSollPassieren) {
        std::cout << "Konstruktor " << wasSollPassieren << "...\n";
        if(wasSollPassieren == 666)
            throw std::runtime_error("Testfehler");
        std::cout << "...Konstruktor fertig\n";
    }
    ~KannWerfen() {
        std::cout << "Destruktor.\n";
    }
};
int main() {
    try {
        KannWerfen kw1{0};                // okay, löst keine Ausnahme aus
    } catch(std::runtime_error &exc) {
        std::cout << "Gefangen-1: " << exc.what() << "\n";
    }
    try {
        KannWerfen kw2{666};              // löst aus, kw2 wird nicht erzeugt
    } catch(std::runtime_error &exc) {
        std::cout << "Gefangen-2: " << exc.what() << "\n";
    }
}
```

Listing 16.11 Der Konstruktor von »KannWerfen« kann mit einer Exception beendet werden.

Dieses Programm wird Ihnen die Ausgabe liefern:

```
Konstruktor 0...
...Konstruktor fertig
Destruktor
Konstruktor 666...
Gefangen-2: Testfehler
```

Das heißt, für kw1 wurde der Konstruktor ganz durchlaufen. Das Objekt wurde fertig kreiert, und kw1 steht dem Programm bis zum Ende des Blocks zur Verfügung.

Bei kw2 wurde der Konstruktor zwar begonnen, aber mit einer Exception verlassen. Dadurch gilt kw2 als nicht erzeugt. Sie sehen deshalb keinen Aufruf des Destruktors von kw2.

Sollte Ihre Klasse mehr machen als KannWerfen, nämlich ein paar Datenfelder initialisieren, dann werden alle bis zur Exception erzeugten Objekte so wieder weggeräumt, als würde deren Gültigkeitsbereich verlassen (verwenden Sie hier also kein new zusammen mit rohen Zeigern).

```
class Mega {
    std::vector<int>     data_;
    KannWerfen           kannWerfen_;
    std::map<string,int> mehr_;
public:
    Mega()
      : data_{}
      , kannWerfen_{666}   // löst eine Exception aus
      , mehr_{}
      { }
};
```

Listing 16.12 Teilweise initialisierte Datenfelder werden auch bei einer Exception weggeräumt.

Bei der Initialisierung von kannWerfen_ tritt eine Exception auf. Zu dem Zeitpunkt wurde data_ schon angelegt. Macht nichts: Die Ausnahme verlässt den Konstruktor, aber data_ wird zuvor ordentlich wieder weggeräumt. mehr_ wurde noch nicht initialisiert.

Ein Destruktor darf keine Exception auslösen

Weil während der Behandlung einer Exception durchaus andere Objekte mittels Destruktor weggeräumt werden müssen — wie mit data_ aus Listing 16.12 gezeigt —, sollten Sie niemals eine Exception aus einem Destruktor entweichen lassen. Sie können davon ausgehen, dass kein Destruktor der Standardbibliothek eine Exception auslöst, wenn Ihre Typen das nicht tun.

Der Titel dieses Kastens vereinfacht den Sachverhalt ein wenig, ist aber zum Merken nützlich. Wenn während der Verarbeitung einer Exception eine weitere Exception ausgelöst wird, wird Ihr Programm sofort beendet.

16.6   Kopieren

Lassen Sie uns in Listing 16.4 nur eine kleine Änderung an der Definition von funktion vornehmen: Übergeben Sie den Parameter nun als Wert, nicht als konstante Referenz. Dadurch wird, wie Sie ja wissen, das Objekt für die Funktion kopiert. Der Rest des Programms bleibt gleich:

```cpp
void funktion(MeinWert paramWert) {
    std::cout << "(funktion)\n";
    MeinWert lokalWert{"lokal"};
}

int main() {
    MeinWert mwert1{"mwert1"};
    funktion( MeinWert{"temp"} );
    funktion( mwert1 );
    {
        MeinWert mwert2{"mwert2"};
    }
}
```

Listing 16.13 Die Übergabe als Wert erstellt Objekte mit dem vom Compiler erzeugten Kopierkonstruktor.

Ich habe die Ausgabe von (funktion) nur zur Orientierung hinzugefügt, sie hat mit der Lebenszeit der Instanzen nicht zu tun.

In der Ausgabe gibt es etwas Seltsames zu sehen:

```
Konstruktor mwert1
 Konstruktor temp
(funktion)
  Konstruktor lokal
  Destruktor lokal
 Destruktor temp
(funktion)
   Konstruktor lokal
   Destruktor lokal
Destruktor mwert1
    Konstruktor mwert2
    Destruktor mwert2
Destruktor mwert1
```

Sie sehen mit Destruktor mwert1, dass mwert1 zweimal weggeräumt wird. Das ist das Ergebnis einer Nachlässigkeit in unserem Code. Sie haben es doch eigentlich gesagt: Bei der Übergabe eines Parameters als Wert wird das Objekt *kopiert*. Sie erhalten also ein zweites Objekt, und als solches muss es natürlich auch wieder weggeräumt werden – inklusive des entsprechenden Destruktoraufrufs.

Das fragliche Objekt ist nicht durch den Aufruf unseres Konstruktors entstanden, denn das hätten Sie gesehen. Nein, für den Zweck der *Kopie* gibt es einen speziellen Konstruktor, den *Kopierkonstruktor* (*Copy Constructor*). Sie können ihn selbst definieren – und sollten

16 Der Lebenszyklus von Klassen

es auch in diesem Fall, denn nur dann stimmt unsere Ausgabe. Der Kopierkonstruktor einer Klasse ist genau derjenige Konstruktor, der die aktuelle Klasse als *konstante Referenz* zum Argument hat:

```
struct MeinWert {
    static int zaehler;
    int nummer_;
    string name_;

    explicit MeinWert(string name) // wie zuvor
        : nummer_{++zaehler} , name_{name}
        { cout << setw(nummer_) << '_' << "Konstruktor " << name_ << "\n"; }
    MeinWert(const MeinWert &orig) // neuer Kopierkonstruktor
        : nummer_{++zaehler} , name_{orig.name_ + "-Kopie"}
        { cout << setw(nummer_)<<" " << "Kopierkonstruktor " << name_ << "\n"; }
    ~MeinWert() // wie zuvor
    {
        cout << setw(nummer_)<<" " << "Destruktor " << name_ << "\n";
    }
};
int MeinWert::zaehler = 0;
```

Listing 16.14 Der Kopierkonstruktor ist der Konstruktor mit einer konstanten Referenz der Klasse als Argument.

Lassen Sie nun `main()` noch einmal laufen, ist die Welt wieder in Ordnung. Sie sehen ebenso viele Konstruktoren wie Destruktoren:

```
Konstruktor mwert1
   Konstruktor temp
(funktion)
     Konstruktor lokal
     Destruktor lokal
   Destruktor temp
     Kopierkonstruktor mwert1-Kopie
(funktion)
       Konstruktor lokal
       Destruktor lokal
     Destruktor mwert1-Kopie
       Konstruktor mwert2
       Destruktor mwert2
  Destruktor mwert1
```

Wo Sie zuvor den ersten `Destruktor mwert1` gesehen haben, sehen Sie, dass in Wahrheit die vorher nicht sichtbare Kopie zerstört wird – der veränderte Name in `Destruktor mwert1-Kopie` verrät es.

Doch auch ohne den Kopierkonstruktor lief unser Programm. Wenn Sie keinen eigenen Kopierkonstruktor definieren, dann übernimmt dies wieder einmal der Compiler für Sie. Er generiert Ihnen einen Kopierkonstruktor, der alle Datenfelder elementweise in das neue Exemplar kopiert. Das funktioniert wunderbar mit allen Datentypen, die Sie bis jetzt kennengelernt haben: den eingebauten Typen, Standardcontainern und den meisten anderen Typen der Standardbibliothek.

Es funktioniert jedoch *nicht*, wenn Sie etwas verwenden, das eine besondere Behandlung im Destruktor benötigen würde. Rohe Zeiger und die Ressource db_ aus Listing 16.7 würden nicht korrekt kopiert (nur der Zeiger, bzw. das Handle, selbst würde übertragen), und die Ressource würde nicht zweimal angefordert. Und auch unsere Ausgabe cout … << "Destruktor " … fällt in die Kategorie, da im Destruktor etwas Besonderes gemacht wird. Als Faustregel gilt:

Wann benötigen Sie einen Kopierkonstruktor?

Wenn Sie einen Destruktor selbst schreiben (müssen), damit Ihre Klasse korrekt funktioniert, dann benötigen Sie sehr wahrscheinlich auch einen selbst geschriebenen Kopierkonstruktor – und andersherum. Die Ressource, um die Sie sich im Destruktor kümmern, bedarf sehr wahrscheinlich auch einer besonderen Behandlung bei Kopie und Zuweisung.

Wenn Sie es irgendwie vermeiden können, dann sollten Sie versuchen, einen Kopierkonstruktor nicht selbst zu schreiben. Denn außer, dass der Compiler Ihnen die Kopieraktionen abnimmt, macht er noch andere wichtige Kleinigkeiten. Dazu gehört eine automatische Markierung mit noexcept, wenn die zu kopierenden Datenfelder dies erlauben. Das kann in manchen Fällen schnelleren Code erzeugen.

16.7   Zuweisungsoperator

Die Klasse MeinWert kennen Sie nun, und Sie wissen auch, dass Sie neue Instanzen entweder mit dem Konstruktor MeinWert(string) oder per Kopie mit MeinWert(const MeinWert&) erzeugen können. Sie kennen auch die Zuweisung mit = und sollten daher in den folgenden Beispielen genau sagen können, was passiert:

```
void byVal(MeinWert arg) { }
int main() {
    MeinWert wert1{"ABCD"}; // neue Instanz, konstruiert per string
    MeinWert wert2{wert1};   // neue Instanz, konstruiert per Kopie
    MeinWert wert3 = wert1; // neue Instanz, ebenfalls per Kopie, trotz =
    byVal(wert1);            // eine neue Instanz per Kopie
    wert1 = wert2;           // keine neue Instanz, sondern eine Zuweisung
}
```

Listing 16.15 Initialisierung, Kopie und Zuweisung

Während die ersten beiden Zeilen keine Überraschungen beinhalten, kann man bei `Mein-Wert wert3 = wert1;` doch manchmal ein Stirnrunzeln beobachten. Daher zur Wiederholung: Ein Gleichheitszeichen `=` in einer Variablendeklaration ist *niemals* eine Zuweisung, sondern nur eine andere Schreibweise der Initialisierung. Um die Verwechslungsgefahr beim Leser zu umgehen, sollten Sie diese vermeiden – zumindest, wenn Sie mit echten Klassen zu tun haben. Mit einfachen Typen wie `int` sieht `int val{7}` für manche seltsam aus, weswegen Sie hier gut mit `=` initialisieren können.

Zurück zur Zuweisung: In `wert1 = wert2;` haben Sie nun etwas Neues. Noch einmal vereinfacht:

```
int main() {
    MeinWert wert1{"ABCD"};
    MeinWert wert2{"WXYZ"};
    wert1 = wert2; // Zuweisung
}
```

und Sie erhalten:

```
Konstruktor ABCD
 Konstruktor WXYZ
 Destruktor WXYZ
 Destruktor WXYZ
```

Hoppla, hier ist ja wieder einiges durcheinandergekommen. Zweimal die Ausgabe `Destruktor WXYZ` ist rätselhaft. Was ist hier passiert?

Bei `wert1 = wert2;` ruft der Compiler den *Zuweisungsoperator* der Klasse `MeinWert` auf. Sie haben keinen Zuweisungsoperator selbst definiert (denn das lernen Sie ja gerade), weswegen der Compiler wieder einmal für Sie in die Bresche springt und einen Zuweisungsoperator generiert: Alle Datenfelder werden elementweise von `wert2` nach `wert1` per Zuweisung übertragen. Was vorher in `wert2` enthalten war, ist dann überschrieben.

Somit ist klar: Eine der beiden Ausgabezeilen `Destruktor WXYZ` hätte ohne eine Zuweisung `Destruktor ABCD` ausgegeben. Und auch die Einrücktiefe im Feld `nummer_` wurde überschrieben.

Wahrscheinlich wollen Sie ein anderes Verhalten, zum Beispiel wollen Sie die Einrücktiefe des Originals behalten. Dazu implementieren Sie eine spezielle Methode mit der folgenden Signatur:

```
MeinWert& MeinWert::operator=(const MeinWert&);
```

Beachten Sie, dass es sich hierbei um eine *Methode* und nicht um einen *Konstruktor* handelt. Das Objekt, dem etwas zugewiesen wird, existiert ja schon – sein Inhalt ist durch diesen Zuweisungsoperator zu überschreiben. Da es sich nicht um einen Konstruktor handelt, erledigen Sie die Übertragung der Datenfelder auch nicht in einer Initialisierungsliste, sondern wie bei einer Methode im Rumpf:

16.7   Zuweisungsoperator

```
struct MeinWert {
    // ... alles andere wie bisher
    MeinWert& operator=(const MeinWert& rechts) {

        if(this != &rechts) { // 1. auf Selbstzuweisung prüfen

            // 2. Freigeben bisheriger Ressourcen; hier keine

            // 3. elementweises Übertragen durch Zuweisung oder Ähnliches
            name_ = rechts.name_ + "-Zuweisung (zuvor " + name_ + ")";
            /* nummer_ bleibt, und damit die originale Einrückung */

        }
        return *this; // 4. sich selbst zurückgeben
    }
};
```

Listing 16.16 Das Schema für die Implementierung eines eigenen Zuweisungsoperators

Wenn Sie dies in die Definition von `struct MeinWert` einfügen, erhalten Sie die Ausgabe:

```
Konstruktor ABCD
 Konstruktor WXYZ
 Destruktor WXYZ
Destruktor WXYZ-Zuweisung (zuvor ABCD)
```

Und so ist die Welt wieder in Ordnung: Sie sehen anhand des Texts und der Einrückung, welches Original überschrieben und wann es weggeräumt wurde.

Wenn Sie für Ihre Klasse den Zuweisungsoperator `operator=` selbst definieren, dann halten Sie unbedingt das oben gezeigte Muster der Implementierung ein:

1. Prüfen Sie wie mit `if(this != &rechts)`, ob `this` die gleiche Adresse hat wie `&rechts`. Wenn Sie das nicht machen, können bei Selbstzuweisungen wie `wert1 = wert1` Probleme entstehen.

2. Geben Sie alle bisherigen Ressourcen des zu überschreibenden Objekts frei. Das ist in Listing 16.16 bei »2.« angedeutet, weil für `MeinWert` hier nichts zu tun ist.

3. Übertragen Sie wie unter »3.« alle Elemente von rechts nach links. Dies geschieht häufig mittels Zuweisung oder durch eine andere Form der Kopie. Weil Sie in unserem Fall das Übertragen von `nummer_` absichtlich weggelassen haben, versehen Sie das wegen der Ungewöhnlichkeit mit einem Kommentar.

4. Geben Sie dann mit `return *this` eine Referenz auf das aktuelle Objekt zurück. Dadurch ermöglichen Sie Zuweisungsketten wie `wert1 = wert2 = wert3 = wert4;`.

Die Ähnlichkeiten des Zuweisungsoperators zum Kopierkonstruktor gehen sehr weit:

▶ Normalerweise benötigen Sie keinen selbst definierten Zuweisungsoperator, der vom Compiler generierte tut es mindestens genauso gut für die eingebauten Datentypen, Standardcontainer und die meisten Typen der Standardbibliothek.

▶ Wenn Sie einen Kopierkonstruktor oder Destruktor selbst definieren (müssen), dann benötigen Sie meist auch einen eigenen Zuweisungsoperator – und umgekehrt.

Außer der anderen Art, wie Sie den Zuweisungsoperator implementieren, gibt es jedoch einen entscheidenden Unterschied: Wenn Sie const-Datenelemente in Ihrer Klasse haben, dann wird der Zuweisungsoperator aus der Liste der verfügbaren Operationen gestrichen – oder »deleted«. Die Folge ist, dass Sie eine Instanz nicht mehr per Zuweisung überschreiben können. Ich reduziere zur Veranschaulichung die Klasse MeinWert auf einen Konstruktor und ein konstantes Datenfeld:

```
struct MeineNummer {
    const int nummer_;          // konstantes Datenfeld
    explicit MeineNummer(int v)
        : nummer_{v}            // Initialisierung des konstanten Datenfelds
        {}
};
int main() {
    MeineNummer c1{4};
    MeineNummer c2{7};
    c1 = c2;                    // Fehler -- Zuweisung vom Compiler gestrichen
}
```

Listing 16.17 »const«-Datenelement zunächst ohne Zuweisungsoperator

Die Zuweisung c1 = c2 ist hier nicht möglich: Der Compiler versucht, einen Zuweisungsoperator zu generieren. Der würde versuchen, nummer_ = other.nummer_ zuzuweisen. Das geht nicht, weil nummer_ mit const deklariert ist. Anstatt also einen Zuweisungsoperator zu generieren, *streicht* der Compiler diesen. Das führt dazu, dass der Operator = für diese Klasse nicht zur Verfügung steht.

16.8   Streichen von Methoden

Das hat die gleiche Wirkung, als hätten Sie MeineNummer so definiert wie im nächsten Listing. Beachten Sie, dass ich nummer_ wieder nicht-const gemacht habe und der Compiler so wieder einen Zuweisungsoperator generiert hätte:

```
struct MeineNummer {
    int nummer_; // variables Datenfeld
    explicit MeineNummer(int v)
        : nummer_{v} {}
    MeineNummer& operator=(const MeineNummer&) = delete; // Zuweisung streichen
    MeineNummer(const MeineNummer&) = delete;            // Kopie streichen
};
```

16.8 Streichen von Methoden

```
int main() {
    MeineNummer c1{4};
    MeineNummer c2{7};
    c1 = c2;                 // Fehler -- Zuweisung vom Programmierer gestrichen
    MeineNummer c3{c1}; // Fehler -- Kopie vom Programmierer gestrichen
}
```

Listing 16.18 Mit »= delete« entfernen Sie Operationen manuell.

Das = `delete` ist die Möglichkeit für den Programmierer, zu verhindern, dass der Compiler eine Methode generiert. Und wie Sie an dem zweiten = `delete` bei `MeineNummer(const MeineNummer&)` = `delete`; sehen, können Sie auch einen Konstruktor damit entfernen. Somit ist auch eine Kopie von `MeineNummer` bei `MeineNummer c3{c1}`; nicht mehr möglich.

Bei unseren `MeinWert`-Beispielen war es nicht weiter schlimm, dass ich mich nach und nach der nötigen Implementierung des Kopierkonstruktors und des Zuweisungsoperators gewidmet habe. Der vom Compiler generierten Kopierkonstruktor bzw. Zuweisungsoperator hat schlimmstenfalls eine falsche Ausgabe auf dem Bildschirm erzeugt.

Listing 16.7 hat Kopie und Zuweisung auch nicht behandelt – und damit wurde eine fehlerbehaftete Klasse geschaffen. Was passiert, wenn Sie eine `Database`-Instanz kopieren oder zuweisen? Sie duplizieren ein Datenbankhandle oder überschreiben ein bestehendes.

▶ **Wenn Sie es duplizieren,**
dann wird der Destruktor zweimal auf dasselbe Handle `db_close` aufrufen.

▶ **Wenn Sie es überschreiben,**
fehlt Ihnen zusätzlich ein `db_close`, und ein Handle wird nicht freigegeben.

Beides sind schlimme Fehler, die entstehen, wenn sich Ihr Listing nicht an folgende Regel hält: »Wenn man einen Destruktor selbst definiert, braucht man fast immer auch einen eigenen Kopierkonstruktor und einen eigenen Zuweisungsoperator.«

Mit = `delete` bekommen Sie das Problem für `Datenbank` schnell in den Griff:

```
#include <iostream>                              // cout
#include "database.hpp"            // Einbinden der fremden Programmierschnittstelle

class Database {
    const db_handle_t db_;                       // konstant machen
public:
    Database(const char* filename);
    ~Database();
    int execute(const char* query);
    Database(const Database&) = delete;          // Kopieren verbieten
    Database& operator=(const Database&) = delete; // Zuweisung verbieten
};
// ... Implementierungen wie gehabt ...
```

```
int main() {
    Database db{ "kunden.dat" };
    std::cout << "Anzahl: "<< db.execute("select * from kunden") << "\n";
    Database db2{ db }; // Compiler verhindert gefährliche Kopie
    db = db2;           // Compiler verhindert gefährliche Zuweisung
}
```

Listing 16.19 Mit den gelöschten Funktionen verhindert der Compiler eine fehlerhafte Benutzung der Klasse.

Zusätzlich habe ich das Datenfeld db_ mit const versehen. Schon alleine dadurch kann der Compiler keinen operator= mehr generieren, und das Programm wäre diesbezüglich sicher gewesen. Da ich den Kopierkonstruktor aber ohnehin mit = delete manuell entferne, tut es nicht weh, dass ich auf Nummer sicher gehe und den Zuweisungsoperator ebenso behandle.

16.9 Verschiebeoperationen

Sie haben zwei Möglichkeiten kennengelernt, wie eine Klasseninstanz *kopiert* werden kann. Nehmen wir an, Ihre Klasse heißt Image:

▶ Image(const Image& other) – **der Kopierkonstruktor**
  Das kann nur bei der Initialisierung eines neuen Objekts passieren.

▶ Image& operator=(const Image& other) – **der Zuweisungsoperator**
  Dies überschreibt und geschieht nur bei einem schon bestehenden Objekt.

In den meisten Fällen werden dabei alle Datenfelder der Quelle in das Ziel hineinkopiert. Das kann natürlich sehr aufwendig sein:

```
#include <vector>
class Image {
    std::vector<unsigned char> data_;
public:
    explicit Image(const char *fn) { /*...*/ }
    // Compiler generiert (u. a.): Kopierkonstruktor, Zuweisung, aber auch Verschiebungen
};

std::vector<Image> loadCollection(bool empty) {
    if(empty) return std::vector<Image>{};
    std::vector<Image> result {};                    // für Rückgabe; zunächst leer
    // drei Bilder in die Sammlung ... kopieren?
    result.push_back( Image{"MonaLisa.png"} );
    result.push_back( Image{"DerSchrei.png"} );
    result.push_back( Image{"JungeMitPfeife.png"} );
    return result; // Sammlung als Wert zurückgeben
}
```

16.9 Verschiebeoperationen

```
int main() {
    // Rückgabe in Variable speichern
    std::vector<Image> sammlung = loadCollection(false);
}
```

Listing 16.20 Die Klasse enthält wahrscheinlich große Datenmengen, die teuer zu kopieren sind. Doch was wird hier kopiert?

Ich habe exemplarisch einen Datentyp Image geschrieben, der wahrscheinlich große Datenmengen in data_ hält. Die vom Compiler generierten Operationen für Kopie und Zuweisung werden dieses Datenfeld komplett von der Quelle ins Ziel kopieren. Also liegen die Daten nach dem Kopieren doppelt vor – das erwarte ich, und somit ist das in Ordnung.

Überrascht es Sie deshalb, wenn ich Ihnen sage, dass in Listing 16.20 zu keinem Zeitpunkt Bilddaten in data_ doppelt vorliegen? Wenn nicht, dann haben Sie entweder schon etwas über Verschiebeoperationen gelesen, oder Sie erwarten von C++ zu viel. Ich möchte Ihnen einmal verdeutlichen, wo doppelte Daten durch Kopie vorliegen könnten, um Ihnen dann zu erklären, warum das hier nicht der Fall ist:

▶ Bei Image{"MonaLisa.png"} erzeuge ich ein neues Image inklusive seiner Daten. Das push_back von vector nimmt dieses Image und packt es dorthin, wo es seine eigenen Daten speichert. Das ist ein guter Kandidat für eine komplette Kopie.

▶ Bei return result; gebe ich den vector als Wert zurück. Was zuvor eine lokale Variable war, soll nach außen gereicht werden. In diesem Fall soll es bei sammlung = … in einer anderen Variablen gespeichert werden. So etwas ist ein weiterer sehr guter Kandidat für eine Kopie – was hier die Kopie aller vector-Image-Elemente wäre.

Ein vector hat seinen eigenen Bereich, in dem er seine Daten speichert. Die neuen Image-Instanzen innerhalb von loadCollection() wissen davon natürlich nichts und legen ihre Daten sicherlich woanders ab. Die vector-Methode push_back kopiert diese Daten also dorthin, wo der vector sie haben möchte. Die gute Nachricht: Diese Kopie wird unter Umständen eingespart – so auch in diesem Beispiel. vector kann sich wie bei mit Image gestalteten Objekten das teure Kopieren der Daten sparen. Dazu ist es – wie immer – hinreichend, dass Sie nur eingebaute Typen, Standardcontainer oder Typen der Standardbibliothek[2] verwenden und keinen Kopierkonstruktor, Destruktor oder Zuweisungsoperator definieren.

Nach return result; macht es keinen Sinn mehr, result als lokale Variable weiter aufzuheben. Denn beim Verlassen der Funktion wird result verworfen – also der Destruktor aufgerufen und alle Inhalte zerstört. Da ist es gut, dass der Inhalt für die Rückgabe nach sammlung zuvor kopiert wurde. Erst eine komplette Kopie anfertigen und dann das Original zerstören? Das muss auch in C++ nicht sein: Im hier gezeigten Fall kann der Inhalt von result direkt nach sammlung übertragen – verschoben – werden. Dieser Effekt bei der Rückgabe wird *Copy Elision* (in etwa: Kopieauslassung) genannt.

---

2 die sich verschieben lassen

399

Beides ist nicht selbstverständlich und an einige Bedingungen geknüpft. C++ kann auf keinen Fall auf den Aufruf des Destruktors von `result` verzichten, das würde den RAII-Prinzipien widersprechen. Und wenn der Destruktor aufgerufen wird, dann können Sie erwarten, dass auch die Datenfelder entfernt werden. Des Rätsels Lösung ist, dass eine *spezielle Form der Kopie* angewendet wird – nicht die, die Sie schon kennen, sondern eine, die nur auf temporären Werten arbeitet.

Sie sehen hier eine besondere Form der Referenz, die *Tempwert-Referenz* (technisch: *RValue-Referenz*) mit dem Symbol &&. Für den Moment fassen Sie dies bitte wie die normale Referenz & auf, merken sich aber, dass Sie beim Umgang mit *Verschieben* meistens && benötigen:

▶ `Image(Image&& other)` – der **Verschiebekonstruktor**
Wie der Kopierkonstruktor, nur dass `other` nicht `const` ist. Daher können ihm seine Daten »entnommen« werden. Wird vom Compiler nur eingesetzt, wenn `other` nicht mehr lange existiert, weswegen das Entnehmen in Ordnung ist.

▶ `Image& operator=(Image&& other)` – der **Verschiebeoperator**
Wie der Zuweisungsoperator, nur dass `other` nicht `const` ist. Ihm werden Daten entnommen. Der Compiler setzt diese Operation selbsttätig dann ein, wenn er sicher ist, dass `other` bald entfernt wird.

In Listing 16.20 setzt der Compiler zur Vermeidung von Kopien beides ein:

▶ `vector` muss im `push_back` zunächst ein leeres Objekt mit `Image{}` erzeugen. Container verwenden diese Default-Erzeugung ohne Argument, wenn sie sie benötigen. Dem wird dann mithilfe des Verschiebeoperators das neu erzeugte `Image` zugewiesen.

▶ `vector<Image> sammlung = …` wird mit dem Verschiebekonstruktor initialisiert. Das heißt, dem Rückgabewert, und damit `result`, werden die Daten entnommen, statt das ganze Objekt zu kopieren.

Wie machen die beiden Operationen, die Sie gerade neu kennengelernt haben, das? Die Sache wird klar, wenn Sie sich die folgenden Fakten vor Augen halten:

▶ Der Compiler stellt sicher, dass `other` auf jeden Fall kurzlebig ist und sowieso bald entfernt wird.

▶ Daher benötigt `other` seine Daten nicht mehr, und sie können einem besseren Zweck zukommen – wie dem Vermeiden einer Kopie der Daten.

▶ Das Objekt, das die Daten empfangen soll, ist meistens frisch erzeugt – so gut wie leer.

▶ Das empfangende Objekt soll seine Daten überschrieben bekommen, seine alten – meist leeren – Daten braucht es nicht mehr.

▶ Beide beteiligten Objekte müssen vor der Operation gültig sein. `this` ist mindestens leer initialisiert, `other` enthält die wertvollen Daten.

▶ Beide Objekte müssen nach der Operation gültig sein. `this` enthält die Daten, `other` kann leer sein, bereit für den Destruktoraufruf.

400

16.9   Verschiebeoperationen

Wenn Sie mit diesen Maßgaben die Operationen selbst implementieren müssten – was Sie nicht tun müssen, da der Compiler dies erledigt –, dann könnten Sie das wie folgt machen:

```cpp
#include <vector>
class Image {
    std::vector<unsigned char> data_;
public:
    explicit Image(const char *fn) { /*...*/ }
    Image(Image&& other) noexcept              // Verschiebekonstruktor
        : data_{} // leer erzeugen
    {
        using std::swap;
        swap(data_, other.data_);
    }
    Image& operator=(Image&& other) noexcept { // Verschiebeoperator
        using std::swap;
        swap(data_, other.data_);
        return *this;
    }
};
```

Listing 16.21 Implementierung der beiden Verschiebeoperationen

Mit swap vertauschen Sie beinahe jedes Element auf die erdenklichst effizienteste Art und Weise. Normalerweise können Sie auch direkt std::swap verwenden, doch es hat sich als Idiom durchgesetzt, dass ein vorheriges using std::swap die Möglichkeit offenlässt, eine noch bessere swap-Variante zu verwenden. Wichtiger ist jedoch die Frage, was hier ausgetauscht wird. Eigentlich ist mit der Punkteliste oben schon alles gesagt: Vor dem Vertauschen enthält other die Daten, danach hat sie this – vorher ist this (meistens) leer, danach ist es other. Unter der Voraussetzung, dass swap keine Daten kopiert, haben Sie hiermit sehr effektiv die Daten von other nach this transferiert und beide Objekte in korrektem Zustand hinterlassen.

Wenn Sie keinen Kopierkonstruktor, Zuweisungsoperator oder Destruktor schreiben, weil Sie keinen benötigen, dann benötigen Sie normalerweise auch keine der beiden Verschiebeoperationen. In dem Fall erzeugt der Compiler für Sie die Verschiebeoperationen.

Oder der Compiler verbietet das Verschieben, ähnlich wie er das Kopieren verbieten würde. Wenn Sie zum Beispiel ein const-Datenfeld haben, kann aus diesem nicht verschoben werden.

Wenn es Ihnen gelingt, einen verschiebbaren Datentyp zu erzeugen, dann eignet sich dieser optimal für Rückgabewerte und dazu, in Standardcontainer gepackt zu werden. Der Compiler sorgt dafür, dass das Sortieren, Vertauschen, Pushen und Vergrößern die Verschiebeoperationen nutzt. Das hehre Ziel eines Datentyps, der in einen Container gepackt werden soll, ist es, verschiebbar zu sein. Das können Sie über zwei Wege erreichen:

401

16 Der Lebenszyklus von Klassen

▶ Geben Sie Ihrer Klasse nur Datenfelder, die selbst verschiebbar sind – zum Beispiel eingebaute Typen, Standardcontainer oder Typen der Standardbibliothek.

▶ Sie nehmen die wenig dankenswerte Aufgabe auf sich, die Verschiebeoperationen selbst zu implementieren.

Sie sollten Letzteres nicht tun, wirklich nicht. Und wenn doch, dann gebe ich Ihnen mit auf den Weg, dass Sie zusätzlich `noexcept` hinter jene Operationen schreiben müssen – ein so tief greifendes Thema, dass ich es in diesem Buch nur am Rande gestreift habe (siehe Kapitel 7, »Funktionen«).

16.9.1 Was der Compiler generiert

Es ist wichtig zu verstehen, wann der Compiler dem Programmierer die Arbeit abnimmt, einen Konstruktor oder `operator=` zu generieren, und wann nicht. Die Regeln sind nicht trivial, sind aber so geschrieben, dass Ihr Programm automatisch möglichst sicher und schnell werden soll.

Hier meint »automatisch generiert«, dass der Compiler sie implizit als `= default` deklariert und Sie sie nicht mit `= delete` markiert haben.

▶ **Der Standardkonstruktor**
`C()` wird automatisch generiert, wenn Sie *gar keinen* Konstruktor selbst deklarieren.

▶ **Der Destruktor**
`~C()` wird automatisch generiert, wenn Sie keinen Destruktor deklarieren.

▶ **Der Kopierkonstruktor**
`C(const C&)` wird automatisch generiert, wenn Sie keine der beiden Verschiebeoperationen deklarieren.

▶ **Die Kopierzuweisung**
`C& operator=(const C&)` wird automatisch generiert, wenn Sie keine der beiden Verschiebeoperationen deklarieren.

▶ **Der Verschiebekonstruktor**
`C(C&&)` wird automatisch generiert, wenn Sie keine der beiden Kopieroperation deklarieren und alle Elemente verschoben werden können.

▶ **Der Verschiebeoperator**
`C& operator=(C&&)` wird automatisch generiert, wenn Sie keine der beiden Kopieroperation deklarieren und alle Elemente verschoben werden können.

Daraus können Sie schließen, dass die Kopieroperationen *unabhängig* voneinander sind: Wenn Sie eine der beiden deklarieren, könnte der Compiler immer noch die andere generieren. Wenn Sie also zum Beispiel den Kopierkonstruktor deklarieren, aber keine Kopierzuweisung, dann aber Code schreiben, der `C& operator=(const C&)` benötigt, dann erzeugt der Compiler diesen.

Das gilt nicht für die Verschiebeoperationen, diese sind *nicht unabhängig* voneinander. Wenn Sie eine der beiden deklarieren, wird der Compiler nicht den anderen generieren.

16.10 Operatoren

Sie haben hier nun die spezielle Methode `operator=` kennengelernt, die vom Compiler aufgerufen wird, wenn Sie

```
Data data{};
Data newData{};
data = newData;
```

schreiben. Denn das Gleichheitszeichen = der Zuweisung ist auch nur ein *zweistelliger Operator* mit einem rechten Operanden und einem linken Operanden. Dies nennt man *Infix-Schreibweise*, wenn das Operatorsymbol zwischen den beiden Operanden steht. Der Compiler übersetzt das in den folgenden Methodenaufruf:

```
data.operator=(newData);   // Methodenschreibweise
```

Zwar ist `operator=` kein normaler Bezeichner, aber für diese Einsatzform ist er hier erlaubt – aber nur, wenn Sie auch wirklich eine solche Methode definiert haben.

Sie haben aber noch einen anderen Operator neu definiert, nämlich den Ausgabeoperator `operator<<`. Damit Sie `Year` in einen `ostream` ausgeben können, haben Sie eine freie Funktion überladen:

```
std::ostream& operator<<(std::ostream& os, const Year&);
```

Wenn Sie die Infix-Schreibweise nicht einsetzen wollen, können Sie hier analog zur Methodenschreibweise die Funktionsschreibweise verwenden:

```
cout << year;              // Infix-Schreibweise
operator<<(cout, year);    // Funktionsschreibweise
```

Wenn Sie die Infix-Notation verwenden, dann wählt der Compiler automatisch die Methode oder freie Funktion, je nachdem, was Sie für Ihre Klasse definiert haben. Wenn Sie die Funktions- oder Methodenschreibweise verwenden, dann wählen Sie selbst. Das kann in Zweifelsfällen sinnvoll sein, wenn Sie zum Beispiel beides haben.

```
#include <iostream>

using std::cout; using std::ostream;
struct Widget {
    bool operator<(const Widget&) {      // Methodenschreibweise
        return true;                     // immer true
    }
};

bool operator<(const Widget&, const Widget&) { // Funktionsschreibweise
    return false;                              // immer false
}
```

16 Der Lebenszyklus von Klassen

```
int main() {
    Widget x{};
    Widget y{};
    cout << (operator<(x, y)          // ruft Funktionsschreibweise auf
        ? "Methode1\n" : "Funktion1\n");
    cout << (y.operator<(x)           // ruft Methodenschreibweise auf
        ? "Methode2\n" : "Funktion2\n");
    cout << (x < y                    // Infixschreibweise, lässt die Wahl, hier Methode
        ? "Methode3\n" : "Funktion3\n");
}
```

Listing 16.22 Infix-, Funktions- und Methodenschreibweise für Operatoren

Für den operator< von Widget sind zwei Varianten implementiert: die freie Funktion und die Methode. Damit Sie den Unterschied beim Aufruf beobachten können, liefern die beiden Implementierungen einen unterschiedlichen Rückgabewert zurück. Die ersten beiden Aufrufer in main wählen die jeweilige Implementierung explizit: operator<(x, y) ruft die freie Funktion auf, und es wird Funktion1 ausgegeben. y.operator<(x) ist der Methodenaufruf und führt zu Methode2. Mit x < y kann mit der Infix-Schreibweise der Compiler wählen. Er bevorzugt hier die Methode, und es wird Methode3 ausgegeben.

Wie Sie in Abschnitt 4.11, »Operatoren«, gesehen haben, gibt es noch mehr Operatoren. Und genau wie operator= können Sie die meisten davon für Ihre Klasse selbst definieren. Aber wie? Also freie Funktion oder als Methode? Meistens können Sie selbst wählen, ob Sie einen Operator für Ihre eigenen Klassen als Methode der Klasse oder als freie Funktion definieren. In der Praxis hat sich aber für jeden Operator das eine oder andere durchgesetzt. Bei der Wahl für das eine oder andere helfen Ihnen folgende Faustregeln:

▶ Einstellige Operatoren sollten Sie als Methode implementieren. Als da wären operator++, operator--, aber auch !, ~ und die einstelligen Formen von +, - und ∗.

▶ Zweistellige Operatoren, die keines der Argumente verändern, sollten Sie als freie Funktion definieren. Das sind vor allem die bit- und arithmetischen Operatoren, inklusive << und >>, die für die Ein- und Ausgabe verwendet werden.

▶ Zweistellige Operatoren, die ihr linkes Argument verändern, sind prädestiniert als Methode – zum Beispiel operator+=.

▶ Zuweisung, Indexoperator und Aufrufoperator müssen Methoden sein, also operator=, operator[] und operator().

Es gibt noch ein paar weitere Operatoren, die ich hier nicht erwähne, weil sie nur in besonderen Fällen zum Einsatz kommen. Es handelt sich ja hier nur um Faustregeln.

Ein Nachteil bei der Implementierung als freie Funktion ist, dass diese keinen Zugriff auf die privaten Datenfelder und Methoden der Klasse hat, auf der sie eigentlich arbeiten soll. Oft ist aber gerade bei diesen Operatoren ein Griff in die Innereien hilfreich oder notwendig. Dann können Sie drei Wege gehen:

404

> Sie können den Umweg über eine öffentliche Methode gehen, die eine ähnliche Funktion anbietet – zu sehen in Listing 12.25 (Seite 287) mit `operator<<` und `Year::print`.

> Sie können den Operator als `friend` *innerhalb* der Klasse schreiben.

> Der schlechteste Weg wäre, die eigentlich privaten Innereien `public` zu machen, denn das widerspricht der Kapselung.

Ob Sie den ersten oder zweiten Ansatz wählen, hängt von den Umständen ab.

Eine `friend`-Funktion ist eine besondere Schreibweise einer freien Funktion, die Sie *innerhalb* einer Klasse schreiben:

```
class Value {
    int value_;                       // privates
public:
    explicit Value(int value) : value_{value} {}
                                      // freie Funktionen, aber als friend deklariert:
    friend bool operator<(const Value& li, const Value& re);
    friend bool operator==(const Value& li, const Value& re)
        { return re.value_ == li.value_; } // innerhalb auch definiert
};
                                      // Definition der zuvor deklarierten friend-Funktion:
bool operator<(const Value& li, const Value& re) {
    return li.value_ < re.value_;     // Zugriff auf Privates erlaubt
}
int main() {
    Value sieben{7}; Value drei{3};
    if(drei < sieben) {
        return 0;                     // okay
    } else {
        return 1;                     // etwas ist falsch gelaufen
    }
}
```

Listing 16.23 Eine »friend«-Funktion ist keine Methode, auch wenn sie innerhalb der Klasse steht oder dort definiert ist.

Auch wenn die Funktionen – hier `operator<` und `operator==` – nun innerhalb der Klasse `Value` stehen, so sind sie freie Funktionen, als hätten Sie sie außerhalb hingeschrieben. Die Unterschiede sind:

> Im Funktionskörper können Sie auf alles zugreifen, auf das Sie aus einer Methode zugreifen könnten.

> Andere freie Funktionen kann jeder für Ihren Datentyp hinzufügen, wie er möchte. Für `friend`-Funktionen gilt hingegen: Dadurch, dass diese besondere Form innerhalb der Klassendefinition geschrieben ist, bestimmen Sie als Klassendesigner, welche freien `friend`-Funktionen es gibt.

Für `operator<` habe ich die Funktionsdeklaration innerhalb der Klasse von der Funktionsdefinition außerhalb getrennt – wie bei einer normalen Methode auch üblich. Bei der Definition wiederholen Sie das `friend`-Schlüsselwort nicht. Sie sehen an der Stelle nicht, dass es sich um einen Freund handelt und warum dieser auf einmal private Zugriffsrechte hat. Vielleicht ist es deshalb bei `friend`-Funktionen durchaus üblich, die Definition ebenfalls in der Klasse zu machen, wie dies bei `operator==` getan wurde. Das sollten Sie natürlich nur für kurze Funktionen tun.

16.11 Eigene Operatoren in einem Datentyp

Viele Operatoren können Sie theoretisch auf unterschiedlichste Arten implementieren. Und auch die Wahl von Argument- und Rückgabetypen ist Ihnen beinahe völlig freigestellt. Für eine Klasse `Value` können Sie `operator++` durchaus `void` zurückgeben lassen, ist es doch praktisch, den inkrementierten Wert gleich weiterverwenden zu können.

Bedeutung vor Bequemlichkeit

Wenn Sie Ihrer Klasse Operatoren hinzufügen, dann erzeugen Sie keine Überraschungen. Behalten Sie die ungefähre Bedeutung des Operatorsymbols bei. Nichts ist verwirrender, als wenn ein Ausdruck wie

```
Image img1{}; Image img2{};
auto x = img1 + img2;
```

nicht zwei Bilder zusammenfügt, sondern beispielsweise nacheinander auf dem Bildschirm anzeigt. Verwenden Sie im Zweifelsfall sprechende Funktions- oder Methodennamen.

Ich persönlich fahre gut mit der Regel, dass ich nur dann Operatoren definiere, wenn ich die Operation in Ausdrücken verwende und die Lesbarkeit des Gesamtausdrucks steigt.

Ich zeige Ihnen hier die geläufigsten Argument- und Rückgabetypen der meisten Operatoren und gebe an, ob es üblich ist, sie als Member oder freie Funktion zu implementieren. Da es ziemlich viele Operatoren gibt, ist Listing 16.24 ein längeres Beispiel.

Ich habe die meisten Operatoren direkt in der Klasse definiert. Einige habe ich vor allem aus Platzgründen außerhalb der Klasse definiert.[3]

Es gibt einige Besonderheiten bei den Operatoren zu beachten:

▶ **Zweistellige rechnende Operatoren liefern neue Objekte zurück**
  Alle zweistelligen arithmetischen und bitweisen Operatoren müssen immer ein neues Objekt zurückliefern. Geraten Sie nicht in Versuchung, mit Referenzen oder gar Zeigern zu tricksen. Vermeiden Sie schwer auffindbare Fehler durch Einhalten dieser Regel.

---

3 Sie sollten solche kurzen Implementierungen von Operatoren außerhalb der Klasse zusätzlich mit dem Schlüsselwort `inline` versehen. Der Compiler bemüht sich dann mehr um Geschwindigkeit. Benutzer erwarten von Operatoren oft Performance. Bei der Implementierung innerhalb der Klasse ist `inline` für den Compiler implizit.

Zusammengesetzte Zuweisungen als Methode
Da += und Verwandte den linken Operanden verändern, eignen sie sich am besten als Methoden.

Zweistellige rechnende Operatoren mit @= implementieren
Wenn Sie a+b implementieren, dann machen Sie es sich leicht, wenn Sie auch += implementieren. Übergeben Sie dann den linken Parameter als Wert, also Num a statt const Num& a, und lassen Sie den Compiler so eine Kopie erzeugen. Auf diese Kopie wenden Sie dann a += b an – und können dessen Num gleich mit return zurückliefern.

Überladen von Operatoren für Argumenttypen
Für den Operator += habe ich zwei Überladungen definiert. Die eine nimmt einen const Num& als Parameter, die andere einen int. Normalerweise sollten Sie als Parameter die aktuelle Klasse bevorzugen, das ist das Natürlichste. Damit müssen Sie aber a += Num{7}; schreiben. Wo es Sinn macht, können Sie Überladungen hinzufügen und auch a += 7; – also mit einem int – erlauben.

Vergleiche als freie Funktionen
Vergleiche wie < und == haben zwei gleichwertige Argumente (keines wird verändert), und somit implementieren Sie alle als freie Funktionen.

Geordnete Typen implementieren < und ==
Ihre Klasse ist für den Umgang mit den sortierenden Standardcontainern wie map und set ausgerüstet, wenn Sie nur < und == implementieren. Wollen Sie, dass Benutzer aber selbst auch Variablen des Typs vergleichen können, dann sollten Sie den kompletten Satz der Vergleichsoperatoren anbieten – fehlen != >, >= etc., sind Benutzer überrascht.

Prä-Inkrement und Prä-Dekrement
operator++() und operator--() verändern das Objekt sofort und liefern es dann als Referenz zurück. Das erlaubt zum Beispiel ++a. Wenn Sie stattdessen a++ verwenden (Post-Inkrement), dann ist es nötig, dass eine Kopie des alten Werts erstellt und zurückgeliefert wird – Sie sollten das vermeiden und die Prä-Varianten bevorzugen. Wollen Sie die Post-Varianten dennoch mit anbieten, dann müssen Sie operator++(int) und operator--(int) definieren. Der int-Parameter ist nur ein Dummy und wird nicht verwendet – er dient nur zur Unterscheidung der Überladung. Die Implementierung sähe so aus:

```
// Die weniger effizienten a++ und a--
Num Num::operator++(int) { Num res{*this}; val_++; return res; }
Num Num::operator--(int) { Num res{*this}; val_--; return res; }
```

Dereferenzierungsoperator
Der einstellige operator* wird üblicherweise verwendet, um an den »wirklichen Wert« einer Klasse heranzukommen. Gute Beispiele dafür sind unique_ptr, alle Iteratoren und rohe Zeiger. Wenn Sie also Num a{7}; schreiben, dann können Sie nun *a schreiben, um an val_ zu gelangen. Weil ich auch eine Referenz mit int& zurückliefere, geht sogar *a = 99;, um den Wert zu verändern.

16   Der Lebenszyklus von Klassen

```cpp
#include <iostream>   // istream, ostream, cout
class Num {
  int val_ = 0;
public:
  int& operator*();     // Dereferenzieren: Zugriff auf den Wert direkt erhalten
  const int& operator*() const;  // Dereferenzieren: Lesezugriff auf den Wert
  Num() {}
  explicit Num(int value) : val_{value} {}
  // einstellige Operatoren
  Num& operator++();  // Pre-Inkrement
  Num& operator--();  // Pre-Dekrement
  Num operator+();     // Positiv
  Num operator-();     // Negieren
  Num operator~();     // bitweises Invertieren
  // zweistellige Operatoren
  // - zusammengesetzte Zuweisungen, arithmetisch
  Num& operator+=(const Num& re) { val_ += *re; return *this; }
  Num& operator-=(const Num& re) { val_ -= *re; return *this; }
  Num& operator*=(const Num& re) { val_ *= *re; return *this; }
  Num& operator/=(const Num& re) { val_ /= *re; return *this; }
  Num& operator%=(const Num& re) { val_ %= *re; return *this; }
  // - zusammengesetzte Zuweisungen, bitweise
  Num& operator|=(const Num& re) { val_ |= *re; return *this; }
  Num& operator&=(const Num& re) { val_ &= *re; return *this; }
  Num& operator^=(const Num& re) { val_ ^= *re; return *this; }
  Num& operator<<=(int n) { val_ <<= n; return *this; }
  Num& operator>>=(int n) { val_ >>= n; return *this; }
  // - Variation zusammengesetzter Zuweisungen, für einfachere Bedienung
  Num& operator+=(int re) { val_ += re; return *this; }
  Num& operator-=(int re) { val_ -= re; return *this; }
  // zweistellige Operatoren, mit Call-by-Value für den ersten Parameter
  //  und die die zusammengesetzte Zuweisung zu Hilfe nehmen
  // - Arithmetik
  friend Num operator+(Num li, const Num& re) { return li += re; }
  friend Num operator-(Num li, const Num& re) { return li -= re; }
  friend Num operator*(Num li, const Num& re) { return li *= re; }
  friend Num operator/(Num li, const Num& re) { return li /= re; }
  friend Num operator%(Num li, const Num& re) { return li %= re; }
  // - bitweise
  friend Num operator|(Num li, const Num& re) { return li |= re; }
  friend Num operator&(Num li, const Num& re) { return li &= re; }
  friend Num operator^(Num li, const Num& re) { return li ^= re; }
  // - Vergleiche
  // - ... fundamental für Standardcontainer und -algorithmen
  friend bool operator<(const Num& li, const Num& re) { return *li < *re; }
```

408

16.11 Eigene Operatoren in einem Datentyp

```cpp
  friend bool operator==(const Num& li, const Num& re) { return *li == *re; }
  // - ... erweiterte Vergleiche
  friend bool operator>(const Num& li, const Num& re) { return *li > *re; }
  friend bool operator<=(const Num& li, const Num& re) { return *li <= *re; }
  friend bool operator>=(const Num& li, const Num& re) { return *li >= *re; }
  friend bool operator!=(const Num& li, const Num& re) { return *li != *re; }
  // - Ein- und Ausgabe
  friend std::ostream& operator<<(std::ostream& os, const Num& arg);
  friend std::istream& operator>>(std::istream& is,  Num& arg);
};
// einstellige Operatoren
Num& Num::operator++() { ++val_; return *this; }
Num& Num::operator--() { --val_; return *this; }
Num Num::operator+() { return Num{val_}; }
Num Num::operator-() { return Num{-val_}; }
Num Num::operator~() { return Num{~val_}; }
int& Num::operator*() { return val_; }
const int& Num::operator*() const { return val_; }
// Ein- und Ausgabe
std::ostream& operator<<(std::ostream&os, const Num& arg) { return os<<*arg; }
std::istream& operator>>(std::istream&is, Num& arg) { return is>>*arg; }
```

Listing 16.24 Ein beinahe mit allen Operatoren voll ausgerüsteter Datentyp

Nun können Sie Num so verwenden, wie Sie es gewohnt sind:

```cpp
#include <iostream>                      // cout
int main() {
    using std::cout;
    Num a{1};
    *a = 7;                              // operator* liefert auch int&
    a += Num{3};                         // Inkrement mit Num
    cout << ( ++( ++a ) ) << "\n";       // Ausgabe: 12
    a -= 2;                              // Variation mit int
    cout << --(--a) << "\n";             // Ausgabe: 8
    Num b{99};
    cout << (a<b ? "ja\n" : "xxx\n");    // Ausgabe: ja
    cout << (a>b ? "xxx\n" : "nein\n");  // Ausgabe: nein
    b /= Num{3};          // b: 33
    b %= Num{10};         // b: 3
    b <<= 4;              // b: 48
    b >>= 2;              // b: 12
    Num c = b / Num{3} + a * Num{2}; // c: 20
}
```

Listing 16.25 Sie verwenden den mit Operatoren ausgestatteten Datentyp wie gewohnt.

409

16   Der Lebenszyklus von Klassen

Nach diesen Prinzipien können Sie auch die Operatoren für boolesche Logik in einem besser geeigneten Datentyp implementieren.

```cpp
#include <iostream>                    // istream, ostream, cout
class Bool {
    bool val_ = false;
    bool& operator*()                  // dereferenzieren; veränderbar
        { return val_; };
    const bool& operator*() const //dereferenzieren; nur lesen
        { return val_; }
public:
    constexpr Bool() {}
    explicit constexpr Bool(bool value)
        : val_{value} {}
    // einstellige Operatoren
    Bool operator!() const             // Nicht-Operator
        { return Bool{!val_}; };
    // zweistellige Operatoren
    friend Bool operator&&(const Bool &re, const Bool &li)
        { return Bool{*re && *li}; }
    friend Bool operator||(const Bool &re, const Bool &li)
        { return Bool{*re || *li}; }
    // Ein- und Ausgabe
    friend std::ostream& operator<<(std::ostream& os, const Bool& arg);
    friend std::istream& operator>>(std::istream& is,  Bool& arg);
};
std::ostream& operator<<(std::ostream& os, const Bool& arg)
    { return os << *arg; }
std::istream& operator>>(std::istream& is, Bool& arg)
    { return is >> *arg; }
// Konstanten
static constexpr Bool False{false};
static constexpr Bool True{true};
int main() {
    Bool jein = True && ( Bool{false} || !Bool{} ); // verwendet &&, || und !
    std::cout << jein << "\n";  // Ausgabe: 1
}
```

Listing 16.26 Dieser Datentyp demonstriert die booleschen Operatoren.

Auch der einstellige Nicht-Operator ! ist als Methode implementiert und die zweistelligen logischen Operatoren && und || als freie Funktionen.

Zusätzlich definiere ich die Konstanten True und False, damit ich diese wie Literale in Ausdrücken leichter verwenden kann. Um eben dies überall tun zu können, bietet sich die durchgehende Deklaration mit constexpr an, auch für die Konstruktoren von Bool.

Das constexpr am Konstruktor macht Bool übrigens zu einem *Literalen Datentypen*. Dadurch können Sie Bool auch in anderen constexpr-Ausdrücken verwenden. Dazu erfahren Sie mehr in Abschnitt 18.6, »Literale Datentypen – constexpr für Konstruktoren«.

16.12   Besondere Klassenformen

16.12.1   Abstrakte Klassen und Methoden

Sie haben in Kapitel 15, »Vererbung«, virtuelle Methoden kennengelernt. Mit diesen lässt sich noch etwas ganz Besonderes machen, nämlich Methoden *ohne* Implementierung.

```cpp
#include <string>
#include <iostream>
using std::string; using std::ostream;

class Shape {
    string color_;
public:
    virtual double calcArea() const = 0; // pur virtuelle Methode
    string getColor() const { return color_; }
    void setColor(const string& color) { color_ = color; }
};

class Square : public Shape {
    double len_;
public:
    explicit Square(double len) : len_{len} {}
    double calcArea() const override { return len_*len_; }
};

class Circle : public Shape {
    double rad_;
public:
    explicit Circle(double rad) : rad_{rad} {}
    double calcArea() const override { return 3.1415*rad_*rad_; }
};

struct Calculator {
    Shape& shape_;
    Calculator(Shape& shape) : shape_{shape} { }
    void run(ostream& os) const {
        os << "The area of the shape is " << shape_.calcArea() << "\n";
    }
};
```

```cpp
int main() {
    Square quadrat {5.0};
    Calculator ti { quadrat };
    ti.run(std::cout);  // Ausgabe: The area of the shape is 25
}
```

Listing 16.27 Eine virtuelle Methode, die »= 0« ist, nennt man pur virtuell oder abstrakt.

Die Basisklasse Shape weiß, dass mit calcArea die Flächen von Formen berechnet werden soll. Wie, das weiß sie aber nicht. Daher ist die Methode pur virtuell, also mit = 0 markiert.

Die abgeleiteten Klassen Square und Circle wissen, wie Sie calcArea zu berechnen haben, und implementieren daher diese Methode.

Eine Klasse mit mindestens einer pur virtuellen Methode nennt man *abstrakte Klasse*. Es ist nicht möglich, eine abstrakte Klasse direkt zu instanziieren. Der Compiler wird den Versuch mit einem Fehler quittieren:

```cpp
Shape form {}; // abstrakte Klasse
```

Klassen, die von einer abstrakten Klasse ableiten, müssen also, wenn sie selbst nicht abstrakt sein wollen, alle pur virtuellen Methoden überschreiben. Nur dann können Sie sie instanziieren.

In der Praxis speichern Nutzer der Klasse dann einen Zeiger oder eine Referenz auf die abstrakte Basisklasse, so wie es Calculator mit Shape& shape_ tut. Eine Referenz oder ein Zeiger ist hier nötig, um Polymorphie zu ermöglichen. Ohne würde der Wert umgewandelt und Teile davon kopiert – was bei abstrakten Basisklassen nicht einmal compiliert.

Wie überhaupt bei polymorphen Instanzen werden Sie häufig sehen, dass ein Basiszeiger mit einem konkreten Zeiger initialisiert wird:

```cpp
Shape* shape1 = new Circle{5.0};
delete shape1; // nicht vergessen, bitte
unique_ptr<Shape> shape2 = make_unique<Square>( 7.0 ); // sicherer
```

Wie Sie in Kapitel 20, »Zeiger«, noch sehen werden, ist zu einem new für einen rohen Zeiger das dazugehörige delete von immenser Wichtigkeit.

16.12.2 Aufzählungsklassen

Sie haben als sehr nützliche Datentypen die Ganzahltypen wie int und den Zeichenkettentyp string kennengelernt. Wenn Sie zum Beispiel eine Klasse Ampel schreiben wollten, dann könnten Sie damit das aktuelle Licht abbilden. Bei einem int würden Sie sich »merken«, dass 0 für »rot«, 1 für »gelb« und 2 für »grün« steht. Oder Sie nehmen einen string und verwenden durchgehend die Literale "rot", "gelb" und "gruen". Sie können das Vertippen vermeiden, indem Sie Konstanten wie const string ROT = "rot"; definieren.

16.12 Besondere Klassenformen

Allerdings bezeichnet man die ubiquitären Typen `int` und `string` häufig als »type sink« – was in etwa so viel bedeutet wie »schwarzes Loch für Typen«. Nehmen wir an, Sie schreiben eine Methode, die eine Ampelfarbe nimmt:

```
Ampel erzeugeAmpel(string ampelFarbe, string ampelName);
```

Hier können so viele Dinge schieflaufen:

```
erzeugeAmpel("AX-001", GELB);            // Argumente vertauscht
erzeugeAmpel("gelbgruen", "AX-002");  // undefinierte Farbe verwendet
erzeugeAmpel("greun", "AX-003");      // Tippfehler in Farbe
```

Dies sind alles Fehler, die der Compiler nicht bemerkt – und vielleicht auch Sie nicht, sondern erst der Kunde.

Die Lösung ist, dass Sie eine *Aufzählungsklasse* `Ampelfarbe` schreiben, die exakt den gültigen Wertebereich definiert – nicht mehr und nicht weniger:

```cpp
#include <string>
using std::string;

enum class Ampelfarbe {
    ROT, GELB, ROTGELB, GRUEN
};
struct Ampel {
    Ampelfarbe farbe_;
    Ampel(Ampelfarbe farbe, string name) : farbe_{farbe} {}
};

Ampel erzeugeAmpel(Ampelfarbe farbe, string ampelName) {
    return Ampel{farbe, ampelName};
}

int main() {
    Ampel ampel = erzeugeAmpel(Ampelfarbe::ROT, "AX-001");
}
```

Listing 16.28 Mit einem »enum« definieren Sie einen Typ mit eigenem Wertebereich.

Nun können Sie unterschiedliches Verhalten je nach Ampelfarbe implementieren. Das wird oft in `switch`-Anweisungen oder `if-else`-Ketten gemacht:

```cpp
string fahrschule(Ampel ampel) {
    switch(ampel.farbe) {
    case Ampelfarbe::ROT: return "anhalten";
    case Ampelfarbe::ROTGELB: return "bereit machen";
    case Ampelfarbe::GELB: return "bremsen";
    case Ampelfarbe::GRUEN: return "fahren";
    }
}
```

In anderen Anwendungen stecken hinter den möglichen enum-Werten konkrete Zahlenwerte. An diese kommen Sie mit einer Typumwandlung heran. Die numerischen Werte können Sie in der Aufzählungsklasse angeben:

```cpp
enum class Wochentag {
    MO=1, DI, MI, DO, FR, SA, SO          // DI wird 2, MI wird 3 etc.
};


enum class Level {
    TRACE=1, DEBUG, INFO=10, ERROR, FATAL // auch mit Lücken möglich
};


void log(Level level) {
    int intLevel = (int)level;            // explizit in einen int umwandeln
    if(intLevel > 10) { /* ... */ }
}
```

Listing 16.29 In einem »enum« können Sie auch die gewünschten Zahlenwerte angeben.

Der C++-Compiler vergibt die Werte nach jedem explizit angegebenen Wert aufsteigend. So wird in Level DEBUG zu 2, ERROR zu 11 und FATAL zu 12. Wenn Sie als Benutzer bei der Verwendung eines Elements dessen int-Wert benötigen, dann können Sie durch die explizite Typumwandlung wie (int)level an den Wert herankommen.

Kapitel 17
Guter Code, 4. Dan:
Sicherheit, Qualität und Nachhaltigkeit

In diesem Kapitel will ich Ihnen einige Dinge zusammengefasst auflisten, die Ihnen besonders bei der Entwicklung *guter* Software helfen können. Im Buch verteilt finden Sie noch viele weitere Tipps, und insbesondere in Kapitel 30, »Guter Code, 7. Dan: Richtlinien«, eine lange Sammlung, jedoch jeweils nur kurz angerissen.

Das Besondere an den Tipps dieses Kapitels ist, dass sie am besten *von Anfang an* angewendet werden. Wenn Sie die Idee *hinter* den Regeln in Ihren täglichen Programmieralltag aufnehmen, dann werden sich Ihre Sicht auf C++ und Ihr Denken mit C++ so verändern, dass automatisch besserer Code entsteht.

17.1   Die Nuller-Regel

Eine Klasse kann mit vielen Funktionen für besondere Einsätze ausgerüstet werden. Sie können eine automatische Konvertierung veranlassen, Sie können sagen, wie eine Klasse kopiert werden soll etc.

Lesen Sie die folgenden Absätze entspannt, denn am Ende werde ich Ihnen sagen, dass Sie keine dieser Funktionen implementieren sollen.

17.1.1   Die großen Fünf

Besonders auf die folgenden Funktionen müssen Sie achten:

▶ Destruktor ~Typ()
Der Computer generiert Ihnen einen Destruktor, der Membervariablen wegräumt, aber nicht für rohe Zeiger delete oder C-Arrays delete[] aufruft (siehe Kapitel 20, »Zeiger«). Hat Ihre Klasse solche Felder, dann müssen Sie einen Destruktor schreiben, der dies tut.

▶ Kopierkonstruktor Typ(const Typ&)
Wenn Sie nicht selbst einen Kopierkonstruktor schreiben, dann erzeugt der Compiler einen. Der kopiert aber nur alle Felder. Das ist zum Beispiel bei rohen Zeigern keine gute Idee, weil zwei Objekte auf das gleiche Speicherobjekt zeigen – es sieht so aus, als würden beide diesen Zeiger »besitzen«. Und wenn Sie (richtigerweise) einen eigenen Destruktor geschrieben haben, dann rufen beide delete auf demselben Speicherobjekt auf. Also müssen Sie selbst einen Kopierkonstruktor schreiben, der den *Inhalt* von Zeigern kopiert.

415

▶ **Zuweisungsoperator** `Typ& operator=(const Typ&)`
Wenn Sie den Zuweisungsoperator nicht selbst schreiben, aber rohe Zeiger zur Klasse gehören, dann generiert der Compiler eine Zuweisung, die aktuelle Zeiger einfach überschreibt, ohne sie vorher zu löschen. Zusätzlich zeigen nach der Zuweisung beide Objekte auf denselben Speicherbereich: doppelt böse. Daher müssten Sie mit rohen Zeigern hier selbst eingreifen und wieder den Inhalt kopieren.

▶ **Verschiebekonstruktor** `Typ(Typ&&)`
Mit rohen Zeigern generiert der Compiler (wenn überhaupt) das Gleiche wie beim Kopierkonstruktor. Wollen Sie verschieben, dann müssen Sie dies selbst implementieren.

▶ **Verschiebeoperator** `Typ& operator=(Typ&&)`
Ebenso wie beim Verschiebekonstruktor behandelt ein eventuell vom Compiler erzeugter Verschiebeoperator rohe Zeiger nicht zufriedenstellend. Sie müssen selbst Hand anlegen.

Man sagt, wenn Sie auch nur eine einzige dieser fünf Funktionen implementieren müssen, dann müssen Sie auch die anderen implementieren. Dies ist die »Rule of Five« (Fünferregel).[1] Das liegt daran, dass alle diese Funktionen auf außergewöhnliche Besitzverhältnisse reagieren müssen. Und wenn Sie für diese Besitzverhältnisse in einer der Funktionen Sorge tragen müssen, dann auch in den anderen.

Sie merken schon: Jedes Mal wurde erwähnt, »was der Compiler generieren kann«. Und jedes Mal sind vor allem rohe Zeiger und dynamisch allozierte C-Arrays diejenigen Membervariablen, die besonders zu behandeln sind.[2]

17.1.2 Hilfskonstrukt per Verbot

Anstatt die nicht einfache Aufgabe anzugehen, alle diese Funktionen zu implementieren, können Sie wenigstens die Funktionen *verbieten*. Wenn Sie alle Kopier- und Verschiebeoperationen unterbinden, können auch keine Besitzverhältnisse durcheinanderkommen.

```
struct Typ {
    char* data_;                // roher Zeiger kann für unklare Besitzverhältnisse sorgen
    Typ(int n) : data_(new char[n]) {}
    ~Typ() { delete[] data_; }           // den Destruktor benötigen Sie

    Typ(const Typ&) = delete;           // keine Kopie zulassen
    Typ& operator=(const Typ&) = delete; // keine Zuweisung bitte
    Typ(Typ&&) = delete;                // kein Verschieben
    Typ& operator=(Typ&&) = delete;     // kein Verschiebeoperator
};
```

Listing 17.1 Verbieten Sie mit »= delete« vier der großen Fünf.

---

1 Vor C++11 mit seiner Verschiebesemantik war dies die Dreierregel.
2 Es sind nicht die einzigen, aber die häufigsten und wichtigsten.

Wenn Sie also »leider« einen Typ haben, der ein problematisches Feld hat (das Sie nicht loswerden können oder wollen), dann sollte zu Ihrer Sicherheit Ihr erster Schritt darin bestehen, das versehentliche Kopieren und Verschieben zu verbieten, wie in Listing 17.1 gezeigt.

Mit `= delete` hinter den kritischen Operationen verhindern Sie, dass der Compiler Ihnen ungeeignete Funktionen generiert.

17.1.3 Die Nuller-Regel und ihr Einsatz

Verleide ich Ihnen den rohen Zeiger? Gut! Denn des Rätsels Lösung, der Stein der Weisen, der heilige Gral ist: Nutzen Sie aus, dass der Compiler für Sie die Funktionen generieren kann. Sie müssen nur zulassen, dass er dies korrekt tut.

Dies ist ein Dan-Kapitel, und eigentlich lernen Sie den Umgang mit rohen Zeigern erst in Kapitel 20, »Zeiger«. Aber da ich Ihnen die rohen Zeiger sowieso verleiden möchte, ist dieser Vorgriff beinahe gewünscht. Prägen Sie sich zuerst die Alternative ein. Sie werden in den folgenden Absätzen aber dem einen oder anderen rohen Zeiger begegnen.

Das Wichtigste dazu ist, dass Sie keine rohen Zeiger verwenden, die Daten *besitzen*. Das heißt, mit `new` angefordert zu haben und dadurch für den Aufruf von `delete` implizit zuständig zu sein. Verwenden Sie stattdessen das, was Ihnen die Standardbibliothek bietet:

▶ Für große Datenmengen gibt es die Container. Verkettete Strukturen müssen Sie nicht mehr selbst aufbauen, Sie haben eine große Auswahl.

▶ Jedes `new` darf nur noch direkt in einen smarten Pointer wandern. Besser noch, verwenden Sie `make_shared` und `make_unique`.

▶ Mit den smarten Pointern benötigen Sie kein `delete` und `delete[]` mehr. Diese sind für Sie abgeschafft.

▶ Definieren Sie *keine* Operation der großen Fünf. Lassen Sie den Compiler dies erledigen. Dies ist die »Nulle-Rregel«, die »Rule of Zero«.

▶ Es gibt Objekte, die *können* nicht kopiert werden, zum Beispiel ein Stream oder ein Mutex. Hält Ihre Klasse solche Felder, macht der Compiler auch das Richtige: Er verbietet die Kopie. Unter Umständen bleibt die Fähigkeit zum Verschieben erhalten. Bleiben Sie hier bei der Nuller-Regel.

Die *C++ Core Guidelines* legen ebenfalls großen Wert auf die Kenntlichmachung von Besitz, siehe Kapitel 30, »Guter Code, 7. Dan: Richtlinien«. Die darin definierte *Guideline Support Library* bietet Werkzeuge wie `owner<T>` an, um einen besitzenden rohen Zeiger zu markieren. Rohe Zeiger ohne `owner<T>` besitzen ihr Ziel nicht und sind beim Kopieren wenig problematisch.

17 Guter Code, 4. Dan:Sicherheit, Qualität und Nachhaltigkeit

> **Schreiben Sie Ihre Klassen so, dass Sie die Nuller-Regel anwenden können**
>
> Wenn Sie statt der besitzproblematischen Felder die entsprechenden Strukturen der Standardbibliothek verwenden, dann generiert der Compiler Ihnen für Ihr Klasse passende Kopier- und Verschiebeoperationen sowie den Destruktor.
>
> Definieren oder deklarieren Sie dann *keine* Operation der großen Fünf für Ihre Klasse.

Dann wird das obige Beispiel nahezu trivial. Je nach Einsatzzweck verwenden Sie einfach einen vector oder smarte Pointer.

```
#include <vector>
#include <memory>              // unique_ptr, shared_ptr

struct Typ1 {                  // automatische komplette Kopie der Ressource
    std::vector<char> data_;
    Typ1(int n) : data_(n) {}
};
struct Typ2 {                  // Kopie untersagt, Verschieben möglich
    std::unique_ptr<int[]> data_;
    Typ2(int n) : data_(new int[n]) {}
};
struct Typ3 {                  // Kopie erlaubt, Ressource wird dann sauber geteilt
    std::shared_ptr<Typ1> data_;
    Typ3(int n) : data_(std::make_shared<Typ1>(n)) {}
};
```

Listing 17.2 Statt einem rohen Zeiger verwenden Sie ein Standardkonstrukt und definieren keine Operation der Großen Fünf.

17.1.4 Ausnahmen von der Nuller-Regel

Als Erstes: Besonders Bibliotheken anderer Anbieter enthalten Dinge, die bei der Kopie unkorrekte Besitzverhältnisse hinterlassen – zum Beispiel Fenster- und Datenbankhandles. Oft haben jene Entwickler nicht an schädliche Kopien gedacht und sie nicht verboten. Hier empfehle ich zwei Techniken:

- ▶ Greifen Sie auf das manuelle Verbieten von Kopie und Verschieben zurück. Der Destruktor, den Sie schreiben, muss sich dann wie beim rohen Zeiger um das korrekte Entfernen kümmern.

- ▶ Wenn Sie sich mit C++ und den smarten Pointern sicher genug fühlen, dann können Sie deren *Custom Deleter* verwenden, um nicht die rohe, sondern die eingepackte Ressource zu verwenden. Der smarte Pointer regelt dann das korrekte Entfernen, und Sie können sich die großen Fünf wieder schenken. Von Fall zu Fall erzeugt der Compiler sogar dennoch brauchbare Kopier- und Verschiebeoperationen.

17.1 Die Nuller-Regel

Als Zweites: Wenn Sie eine Klassenhierarchie schreiben, in der *virtuelle Methoden* vorkommen, dann müssen Sie den Destruktor der Basisklasse schreiben und mit virtual markieren (siehe Kapitel 15, »Vererbung«). Der Körper darf ruhig leer sein – und er ist es auch, wenn Sie die sonstigen Richtlinien der Nuller-Regel befolgt haben.

```
struct Base {
    virtual ~Base() {}; // definieren Sie den Destruktor, machen Sie ihn virtual
    virtual void other();
};

struct Derived : public Base {
    void other() override;
};

int main() {
    Base *obj = new Derived{};
    /* ...mehr Programmzeilen hier... */
    delete obj;        // klappt, weil Base::~Base virtual ist
}
```

Listing 17.3 In einer Hierarchie mit virtuellen Methoden müssen Sie den Destruktor der Basisklasse definieren und virtuell markieren.

Würden Sie den Destruktor nicht deklarieren, dann würde der Compiler einen generieren. Der Compiler würde diesen als nicht-virtual erzeugen, und das wäre schlecht: Wenn der Destruktor nicht virtual ist, kann beim delete eines Pointers der abgeleiteten Klassen auch mal der falsche Destruktor aufgerufen werden, wie dies im Beispiel in der Zeile delete obj in main() der Fall wäre. Würden Sie virtual ~Base() {} weglassen, wäre obiges Programm fehlerhaft.

Doch halt: Obiges Programm folgt gar nicht den Richtlinien der Nuller-Regel. Ich habe mit Base *obj einen rohen Zeiger als Besitzer verwendet. Der muss noch weg. Das können Sie zum Beispiel mithilfe eines shared_ptr. Die gute Nachricht ist: Wenn Sie den verwenden, dann haben Sie auch bei vergessenem virtuellen Destruktor kein Problem mit falschem Wegräumen. In den shared_ptr sind Mechanismen eingebaut, die mehr tun als der Compiler alleine: Beim Entfernen seines Schützlings ruft er immer den korrekten Destruktor auf, virtuell oder nicht.

```
int main() {
    shared_ptr<Base> obj{ new Derived{} };
    /* ... mehr Programmzeilen hier ... */
} // obj wird korrekt weggeräumt
```

Listing 17.4 Der »shared_ptr« sorgt immer für den richtigen Destruktoraufruf, virtuell oder nicht.

Das ist ein Grund mehr, keine rohen Zeiger als Besitzer zu verwenden.

17 Guter Code, 4. Dan:Sicherheit, Qualität und Nachhaltigkeit

Wenn Sie einen polymorphen Zeiger benötigen, verwenden Sie statt roher Zeiger den `shared_ptr`.

Sie werden wissen, wann ein Zeiger »polymorph« ist, nämlich wenn Sie Zeiger innerhalb einer Objekthierarchie erzeugen, in der die Klassen virtuelle Methoden haben: wenn dann also der Typ der Zeigervariable (hier `Base*`) ein anderer ist, als der Typ des `new` (hier `Derived*`). Mit `unique_ptr` funktioniert das nicht ohne weitere Mechanismen.

17.2 RAII – Resource Acquisition Is Initialization

RAII heißt, beim Erzeugen eines Objekts – einer Ressource – auch deren Initialisierung *Initialisierung* zu erledigen. In C++ geschieht das im Konstruktor. Wichtig ist, beim Verlassen des Konstruktors *immer* ein *gültiges* Objekt zurückzulassen.

Das heißt insbesondere, dass auch ein Fehler kein ungültiges Objekt herumliegen lassen darf. Tritt während der Initialisierung des Objekts im Konstruktor ein Fehler auf, dürfen Sie keine Datenstrukturen halb erzeugt herumliegen lassen oder noch Ressourcen blockieren. Ressource kann hier vieles bedeuten, zum Beispiel einen Pointer auf schon reservierten Speicher, eine geöffnete Datei oder ein *Lock* für den gegenseitigen Ausschluss mehrerer Prozesse.

Im Fehlerfall sollte der Konstruktor mit einer *Exception* beendet werden, damit höhere Ebenen ebenfalls ihre Ressourcen wieder freigeben können, zum Beispiel angeforderten Speicher. Doch auch die Exception will sorgfältig ausgelöst werden: Zuvor angeforderte Ressourcen müssen vorher (oder in einem eigenen `catch` mit *rethrow*) wieder freigegeben werden, da die aktuelle Instanz nach dem `throw` (normalerweise) nicht mehr die Kontrolle zurückerhält.

Ein Aspekt von »gültig« ist, dass der zugehörige Destruktor das Objekt *in jedem Fall* komplett selbsttätig wieder entfernen können muss und alle noch bestehenden Ressourcen auch wieder freigegeben werden. Zusammengenommen implementieren Sie so sehr effektiv »Stack-based Resource Management«.

17.2.1 Ein Beispiel mit C

Eine typische C-Programmierschnittstelle (Application Programming Interface – API) verlagert Verwaltungsaufgaben häufig in den Programmcode, der das API verwendet. Ein Dateiobjekt oder eine Datenbankverbindung muss geöffnet und mit einem symmetrischen Aufruf wieder geschlossen werden. *Handles* zu Schriftarten, Pinseln oder Audio-Video-Codecs werden geholt und explizit wieder freigegeben. Wird der freigebende Aufruf nicht durchgeführt – sei es durch ein unvorhergesehenes Ereignis oder durch schlichtes Vergessen –, werden die damit verbundenen Ressourcen nicht wieder freigegeben. Die Datei bleibt geöffnet, die Datenbankverbindung wird nicht geschlossen, die Handles auf Pinsel und Schriften gehen aus.

420

Dazu passend wird in der C-Welt häufig mit speziellen Rückgabewerten gearbeitet, die einen Fehler darstellen sollen. Als Zeichen dafür, dass der Client die Verwendung der Ressource unterlassen soll, verwenden viele Funktionen bestimmte Fehlercodes. Zum Beispiel liefert `mktime` statt der angeforderten Konvertierung im Fehlerfall eine –1 zurück. Und den Rückgabewert von `malloc` müssen Sie gegen den *Nullpointer* prüfen.

Üblicherweise ist der Fehlerfall bei der Prüfung das *selten erwartete* Ergebnis. Fast könnte man die Prüfung weglassen, weil dieser Fall »sowieso nicht auftritt«.[3] Dann kann man nur hoffen, dass der Code nicht irgendwann einmal in sicherheitskritischem Umfeld eingesetzt wird.

Und wenn es *selten erwartet* ist, wären wir bei der *Ausnahme*: In der C++-Welt stehen für solche Fehler Exceptions zur Verfügung. Der Rückgabewert braucht nicht überprüft zu werden, da ein Konstruktor ein Objekt nur in einem *gültigen Zustand* hinterlassen darf. Wird der Konstruktor per Exception verlassen, wird der vorbelegte Speicher vom Compiler wieder freigegeben. Passiert die Exception dabei mehrere Konstruktoren im *Stack* (die Liste der aktuellen Funktionsaufrufe) aufwärts, ohne per passendem `catch` gefangen zu werden, dann werden alle bisherigen Konstruktionen rückgängig gemacht. Nur *genau dann*, wenn ein Konstruktor komplett durchlaufen wurde, gilt das Objekt als gültig und vollständig erzeugt.

Eine kleine schlanke Beispielklasse, die nur einen Zeichenpuffer kapseln soll, könnte so aussehen:

```
struct Puffer {
  const char *data;
  explicit Puffer(unsigned sz): data(new char[sz]) {}
  ~Puffer() { delete[] data; }
  Puffer(const Puffer&) = delete;
  Puffer& operator=(const Puffer&) = delete;
};
```

Listing 17.5 Eine RAII-Zeichenpufferklasse

Es sei erwähnt, dass – ganz nach dem Motto »Sixteen ways to stack a cat« – die gleiche Aufgabe besser durch `unique_ptr<char[]>` zu erledigen wäre; dies soll nur ein einfaches Beispiel sein.

In C stünde hier meist ein `malloc` und der (sorgfältige oder paranoide[4]) Programmierer müsste den Rückgabewert darauf hin prüfen, ob der Speicher korrekt alloziert wurde. Wenn nicht, dann muss der Vorgang irgendwie abgebrochen werden. In C++ liefert `new` immer einen gültigen *Pointer* oder wirft eine Exception `bad_alloc`.[5] Es gibt also zwei mögliche Ausgänge aus dem Konstruktor:

---

3 Achtung: Ironie!

4 Was oft das Gleiche ist.

5 Viele Compiler können angewiesen werden, ganz ohne Exceptions zu arbeiten. Laut Standard ist dies korrektes Verhalten. Dies kommt vor allem im Embedded- und Realtime-Bereich vor.

▶ **normaler Durchlauf**

Der Speicher für data wurde angefordert, und der Pointer ist gültig. Das Puffer-Objekt gilt als korrekt erzeugt, und wenn es weggeräumt werden soll, erledigt der Destruktor dies vorbildlich.

▶ **Exception bad_alloc**

Der Speicher wurde nicht alloziert, die Exception verlässt den Konstruktor. Damit gilt der Puffer als nicht erzeugt, und es werden auch keine belegten Ressourcen zurückgelassen. Weil das Objekt nicht erzeugt wurde, wird der Destruktor *in keinem Fall* aufgerufen. Auch wenn data also uninitialisiert ist und damit ein delete[] äußerst gefährlich wäre – es tritt niemals auf.

Die mit = delete gelöschten Methoden sorgen dafür, dass der Puffer nicht aus Versehen kopiert wird und dann die interne Datenstruktur mehrfach freigegeben wird: ein weiterer Grund, besser unique_ptr zu verwenden.

17.2.2 Besitzende Raw-Pointer

In komplexen Objekthierarchien dürfen Sie nicht vergessen, dass Sie auch darauf vorbereitet sein müssen, dass die Initialisierung von Objektvariablen (*Membervariablen*) mit einer Exception fehlschlagen kann. Auch wenn Sie sie nicht per catch behandeln und verschlucken, sondern die Ausnahme eigentlich durchlassen möchten, müssen Sie gegebenenfalls zuvor gemachte Initialisierungen rückgängig machen, bevor die Exception den aktuellen Konstruktor verlässt.

Anders als bei der obigen Puffer-Klasse sieht es bei StereoImage nicht so einfach aus:

```
struct StereoImage {
  Image *left, *right;

  StereoImage()
  : left(new Image)
  , right(new Image) // Gefahr!
  { }

  ~StereoImage() {
      delete left;
      delete right;
  }
};
```

Listing 17.6 Wirft »right« eine Exception, entsteht mit »left« ein Leck.

Schlüge hier die Erzeugung von right mit einer Exception fehl, dann würde der Speicher, der für left schon alloziert wurde, nicht freigegeben. Da der Konstruktor mit einer Exception verlassen wurde, gilt das StereoImage als nicht erzeugt, und dessen Destruktor wird nicht aufgerufen werden. Wohl würde der Compiler die erfolgreiche Initialisierung von left rückgängig machen können, indem dessen Destruktor aufgerufen wird, doch ist dies hier ein *Raw-Pointer* ohne Destruktor! Ein anderer Mechanismus muss her – ein catch mit einem *rethrow* oder etwas anderes als ein Raw-Pointer für die Felder von StereoImage.

Hier ein Beispiel (unter vielen), wie Sie diese Schwachstelle umgehen können:

```
#include <memory> // unique_ptr

struct StereoImage {
  std::unique_ptr<Image> left, right;

  StereoImage()
  : left(new Image)
  , right(new Image)
  { }
};
```

Listing 17.7 Korrektes RAII für »StereoImage«

Schlägt nun die Initialisierung von right mit einer Exception fehl, gilt StereoImage – wie bisher – als nicht erzeugt. Der Destruktor von StereoImage wird nicht aufgerufen. Nun hat left aber einen vollwertigen Destruktor, und der Compiler kann diesen bei der Rückabwicklung aufrufen. Und der wiederum gibt den Speicher von left frei.

Der Raw-Pointer belegt hier die Ressource »Speicher«. Gesagtes gilt aber für alle Arten von Ressourcen ebenso: *Dateihandles*, *Sockets*, *Mutexe* und *Semaphoren* etc.

17.2.3 Von C nach C++

Wie zu Beginn des Kapitels schon bemerkt, wird ein C++-Entwickler auch häufig C-APIs verwenden. Typisch ist das paarweise *Anfordern* und *Freigeben* einer Ressource über jenes API. Verwenden Sie zum Beispiel das serverlose Datenbankinterface *Sqlite*, dann könnte ein Codefragment vereinfacht so aussehen:

```
#include <sqlite3.h>

void dbExec(const string &dbname, const string &sql) {
  sqlite3 *db;
  int errCode = sqlite3_open(dbname.c_str(), &db);   // Acquire
  if(errCode) {
    throw runtime_error("Fehler beim Öffnen der DB.");
  }
  errCode = sqlite3_exec(db, sql.c_str(), nullptr, nullptr, nullptr);
  if(errCode) {
    throw runtime_error("Fehler SQL-Exec.");          // Nicht gut!
  }
  errCode = sqlite3_close(db);                         // Release
}
```

Listing 17.8 C-API in C++-Code

Hier wird mit `sqlite3_open` die Ressource *Datenbank* geholt, mit `sqlite3_close` wieder freigegeben und dazwischen mit `sqlite3_exec` auf ihr operiert. Hier ist es natürlich keine gute Idee, die Funktion mit einer Exception zu verlassen:

▶ Die erste Exception ist korrekt, denn wenn `sqlite3_open` nicht erfolgreich war, muss auch `sqlite3_close` nicht aufgerufen werden.[6]

▶ Die zweite Exception verhindert jedoch, dass `sqlite3_close` aufgerufen wird, und die Ressource würde blockiert – oder zumindest nicht freigegeben –, was je nach Art der Ressource unterschiedliche Auswirkungen haben kann.

Man könnte natürlich das gesamte API von Sqlite3 in ein C++-API umwandeln, aber das ist sicherlich ein großes Unterfangen. Abgesehen davon hat diese Arbeit für ein populäres API wie *Sqlite3* sicher schon jemand gemacht – der wird dann hoffentlich auch die Pflege übernehmen, wenn sich im C-API etwas ändert.

Zu Recht möchte man sich aber nicht eine weitere Abhängigkeit einhandeln. Eine kleinere Lösung tut es vielleicht auch. Eine einfache Standardmethode, solchen Code in RAII-Code zu transformieren, ist, die Ressource in eine Wrapper-Klasse »einzuwickeln«:

```cpp
#include <sqlite3.h>
class DbWrapper {
  sqlite3 *db_;
public:
  // acquire resource
  DbWrapper(const string& dbname)
    : db_{nullptr}
  {
    const int errCode = sqlite3_open(dbname.c_str(), &db_);
    if(errCode)
      throw runtime_error("Fehler beim Öffnen der DB."); // verhindert sqlite3_close
  }
  // release resource
  ~DbWrapper() {
    sqlite3_close(db_);   // Release
  }
  // access Resource
  sqlite3* operator*() { return db_; }
  // Keine Kopie und Zuweisung
  DbWrapper(const DbWrapper&) = delete;
  DbWrapper& operator=(const DbWrapper&) = delete;
};
void dbExec(const string &dbname, const string &sql) {
  DbWrapper db { dbname };
```

---

6 Um genau zu sein, steht in der Dokumentation, dass man es »sollte« – aber nicht »muss«. Wir nehmen das Beispiel exemplarisch für den häufigen Fall bei der Ressourcenverwaltung, bei der nur dann weggeräumt werden soll, wenn das Anfordern erfolgreich war.

```
    const int errCode = sqlite3_exec(*db, sql.c_str(), nullptr, nullptr, nullptr);
    if(errCode)
        throw runtime_error("Fehler SQL-Exec.");  // Jetzt geht es!
}
```

Listing 17.9 C-API mit einfachem RAII

Mit diesem Wrapper kann ohne Probleme die Exception nach `sqlite3_exec` geworfen werden. Beim Verlassen des Gültigkeitsbereichs von `db` – per Exception oder normal – wird der Destruktor aufgerufen, und damit `sqlite3_close`.

Bei einer Exception im Konstruktor, gilt das Objekt als nicht erzeugt, und deswegen wird der Destruktor mit `sqlite3_close` nicht aufgerufen. Eine gute, einfache RAII-Lösung.

Mit den letzten beiden Zeilen = `delete` verhindern wir, dass versehentlich Zuweisungen und Kopien angelegt werden, die eine mehrfache Freigabe der gleichen Ressource `db_` verursachen würden.

17.2.4 Es muss nicht immer eine Exception sein

Auch wenn ich mich bei der Besprechung von RAII in diesem Kapitel hauptsächlich um Exceptions kümmere, ist RAII nicht zwangsläufig mit dem Auslösen von Exceptions verknüpft. Sie müssen sich nur die wichtigen Prinzipien in Erinnerung rufen, und die Fußangeln sind besonders beim Umgang mit Exceptions vorhanden.

Es ist durchaus möglich, RAII ohne `throw` zu implementieren und stattdessen den Benutzer nach dem Konstruieren den Erfolg der Initialisierung prüfen zu lassen – zum Beispiel mit einem *Cast* nach `bool`:

```
#include <string>
#include <sqlite3.h>
class DbWrapper {
  sqlite3 *db_;
public:
  DbWrapper(const std::string& dbname)
    : db_{nullptr}
  {
    const int errCode = sqlite3_open(dbname.c_str(), &db_);
    if(errCode) db_ = nullptr;   // als 'nicht erfolgreich' markieren
  }
  explicit operator bool() const {
    return db_ != nullptr;       // Markierung auswerten
  }
  ~DbWrapper() {
    if(db_) sqlite3_close(db_);
  }
  // ... Rest wie zuvor ...
};
```

17 Guter Code, 4. Dan:Sicherheit, Qualität und Nachhaltigkeit

```
bool dbExec(const std::string &dbname, const std::string &sql) {
  DbWrapper db { dbname };
  if(db) {                         // prüfe auf erfolgreiche Initialisierung
    const int errCode = sqlite3_exec(*db,sql.c_str(),nullptr,nullptr,nullptr);
    if(errCode)
      return false; // immer noch korrektes RAII·
  }
  return (bool)db;
}
```

Listing 17.10 C-API mit einfachem RAII, ohne »throw«

Entscheidend ist, dass Sie alle Tätigkeiten des Konstruktors im Destruktor wieder rückgängig machen können – egal, ob die Initialisierung erfolgreich war oder nicht. Das wird hier durch db_ = nullptr und den Check im Destruktor sichergestellt. Und mithilfe des operator bool() lässt sich auch von außen prüfen, ob die Initialisierung Erfolg hatte. Im Beispiel ist dieser zusätzlich mit explicit markiert. In der Standardbibliothek funktionieren zum Beispiel die *Streams* auf diese Weise, doch dazu gleich mehr.

17.2.5 Mehrere Konstruktoren

Es ist auch darauf zu achten, dass alle Wege, das Objekt zu erzeugen, eine gültige Instanz hinterlassen müssen. In der Standardbibliothek ist ostream ein Beispiel dafür:

▶ ostream os erzeugt einen Datenstrom zu einer noch nicht festgelegten Datei,

▶ ostream os {"file.txt"} öffnet die Datei, wenn möglich.

Auf jeden Fall kann der Destruktor den Stream wieder wegräumen. Operationen, zum Beispiel via <<, landen bei der zweiten Variante im Nirwana, wenn es beim Öffnen der Datei einen Fehler gab. Daher ist vor der Verwendung geschwind per if(!os) zu prüfen, ob der Stream wirklich fürs Schreiben bereit ist. Des Pudels Kern ist hier jedoch, dass os in jedem Fall zugewiesen, nachträglich geöffnet und vor allem wieder korrekt weggeräumt werden kann. Als alternative Designentscheidung hätte hier in der Variante ostream os{"file.txt"} im Fehlerfall eine Exception geworfen werden können. So müssen Sie das *C-Pattern* verwenden: zunächst den Rückgabewert prüfen. Das wird auch prompt häufig vergessen und führt dann zu Überraschungen beim nächsten <<.

17.2.6 Mehrphasige Initialisierung

Manchmal empfiehlt sich eine noch stärkere Abweichung von der reinen RAII-Lehre. Häufig ist es besser, ein Objekt in mehreren Phasen zu initialisieren. Typischerweise sind Fenster-APIs so zu benutzen, dass im ersten Schritt – im Konstruktor – die nicht sichtbaren Dinge erzeugt werden, und dann in einer init()-Methode die tatsächliche Visualisierung stattfindet. Zwischen diesen beiden Phasen werden Fenster und Komponenten miteinander verknüpft, in Layoutmanager eingebettet und häufig weitere dynamische Aufgaben erledigt.

Aber egal, ob nur der Konstruktor und noch *kein* init oder Konstruktor *und* init ausgeführt wurden: Der Destruktor muss das Objekt *immer* vollständig wegräumen können.

17.2.7 Definieren, wo es gebraucht wird

Beinahe direkt aus RAII folgt, dass man seine Variablen »so spät wie möglich und so früh wie nötig« definiert – also nah an ihrer tatsächlichen Verwendung.

Ausnahmen sind hier natürlich enge Schleifen, aus denen man kostspielige Konstruktoraufrufe durch die Verwendung eines temporären Objekts ersetzen möchte. Doch sollte man an dieser Stelle Compiler und Standardbibliothek nicht unterschätzen – ein kurzer string in einer »engen« Schleife ist vielleicht *gerade noch* unerwünscht. Aber in einer größeren kann man den string gut dort definieren, wo er gebraucht wird. Elementare Datentypen, wie int und dergleichen, wird der Compiler aber ohnehin wegoptimieren.

17.2.8 Nothrow-new

Es soll nicht verschwiegen werden, dass es in manchen Fällen durchaus sinnvoll und erwünscht sein kann, *keine* bad_alloc-Exception bedenken zu müssen. Zum Beispiel gibt es Umgebungen und Compiler, die ganz ohne Exceptions auskommen müssen. Dies ist im Embedded- und Realtime-Bereich verbreitet, auch wenn diese Sonderbehandlung dort in den vergangenen Jahren abgenommen hat. Und manchmal ist man sich ja durchaus *sicher*, dass hier keine Exception geworfen werden kann, zum Beispiel weil man seine eigene Speicherverwaltung geschrieben hat oder genau weiß, dass die Speicheranforderung nicht fehl schlägt.

Zu diesem Zweck können Sie mit einer besonderen Form des new das nullptr-Verhalten erzwingen:

```
#include <new> // nothrow
std::string *ps = new(std::nothrow) std::string{};
if(ps == nullptr) {
    std::cerr << "Die Speicheranforderung ging schief\n";
    return SOME_ERROR;
}
```
Listing 17.11 Nothrow-new wirft kein »bad_alloc«, sondern liefert »nullptr« zurück.

Ein new, das auf diese Weise aufgerufen wurde, wirft niemals eine Exception (der aufgerufene Konstruktor eventuell schon). Stattdessen liefert es im Fehlerfall einen nullptr zurück.

> **Tipp**
> Präferieren Sie RAII beim Design Ihrer Objekte; schreiben Sie Programmstücke, die RAII nutzen.

Kapitel 18
Spezielles für Klassen

Kapiteltelegramm

▸ **friend-Klassen**
Eine Klasse kann einer anderen Klasse den Zugriff auf alle Elemente explizit erlauben.

▸ **Signatur-Klasse oder pur abstrakte Klasse**
Klasse, bei der alle Methoden pur virtuelle Methoden sind, also virtual und = 0

▸ **Multiple Vererbung**
Eine Klasse, die direkt mehrere Basisklassen hat

▸ **Rautenförmige Vererbung**
Eine Klasse, die in ihrer Hierarchie denselben Vorfahren mehrmals hat, diesen mittels virtual aber nicht doppelt einbindet

▸ **Literaler Datentyp**
Eine Klasse, die einen constexpr Konstruktor hat

Bezüglich Klassen haben Sie jetzt das nötige Basiswissen. Ich würde sagen, Sie wissen genug für 99 % Ihrer Anwendungsfälle. Aber für die eine von einhundert Klassen will ich Sie auch noch rüsten. Es handelt sich dabei hauptsächlich um die technische Erklärung für C++ zu Vorgehensweisen aus der objektorientierten Programmierung. In C++ sind diese fehlenden Bausteine mit besonderen Klassenformen oder -aspekten gelöst.

18.1 Darf alles sehen – »friend«-Klassen

Wenn Sie eine Klasse Ding haben, bei der Sie sorgfältig mittels private oder protected einige Sachen vor der Außenwelt verborgen haben, nun aber eine Ausnahmeregelung für eine bestimmte andere Klasse Schrauber benötigen, dann können für diese innerhalb von Ding bekannt machen:

```
#include <iostream>
class Schrauber;
class Ding {
    int value_; // privat
public:
    explicit Ding(int value) : value_{value} {}
    void inc() { ++value_; }
    std::ostream& print(std::ostream& os) const { return os<<value_; }
    friend class Schrauber;
};
```

429

18   Spezielles für Klassen

```cpp
class Schrauber {
    const Ding &ding_;
public:
    explicit Schrauber(const Ding &ding) : ding_{ding} {}
    auto dingWert() const {
        return ding_.value_;                  // Zugriff auf Privates aus Ding
    }
};
int main() {
    Ding ding{45};
    ding.print(std::cout) << '\n';            // Ausgabe: 45
    Schrauber schrauber{ding};
    ding.inc(); // internen Wert verändern
    std::cout << schrauber.dingWert() << '\n'; // Ausgabe: 46
}
```

Listing 18.1 Mit »friend« können Sie einer anderen Klasse Zugriff auf Privates erlauben.

Normalerweise wäre der Klasse Schrauber der Zugriff per ding.value_ nicht erlaubt. Weil aber die Klasse Ding mit der Zeile friend class Schrauber die Klasse Schrauber als »guten Freund« betrachtet, ist dieser alles erlaubt.

Das ist eigentlich schon alles. Es gibt nur noch ein paar Kleinigkeiten zu beachten:

▶ **Die Freundklasse muss bekannt sein**
Damit Sie überhaupt friend class Schrauber schreiben können, muss der Name Schrauber vorher bekannt gemacht worden sein. Dazu ist es meist nötig, die Klasse einmal mit class Schrauber bekannt zu machen. Das wäre natürlich nicht nötig, wenn die gesamte Definition von Schrauber schon vorneweg gestanden hätte, aber typischerweise ist das nicht der Fall.

▶ **Freundschaft gilt nur direkt**
Freundschaft vererbt sich nicht. Eine von Schrauber abgeleitete Klasse erhält *keinen* besonderen Zugriff auf Ding.

Und weil die Freundschaft *innerhalb* der Klasse Ding bekannt gemacht werden muss, kann sich niemand von außen, der keinen direkten Zugriff auf die Klasse Ding hat, die Sonderrechte einer friend class verschaffen.

Dieser Fakt zusammen damit, dass sich Freundschaft nicht vererbt, offenbart auch gleich eine der größten Schwachstellen dieser Art des Vergebens von erweiterten Rechten: In größeren Vererbungshierarchien müsste man mehrere Freundesklassen deklarieren. Das wiederum durchbricht dann das eigentliche Prinzip der Kapselung. Das tut friend class aber auch schon, so wie es ist. Sie sollten sich gut überlegen, ob Ihr Design stimmt, wenn Sie versucht sind, friend class zu benutzen.

18.1 Darf alles sehen – »friend«-Klassen

»friend class«-Beispiel

Ein typisches Beispiel aus der wirklichen Welt ist die *abstrakte Datenstruktur* eines Baums, der an seinen Knoten Ihre Daten speichert. Der Baum soll für den Nutzer die Schnittstelle sein, ein Knoten soll eigentlich nur als Datenhalter dienen.

unique_ptr<Node...> ist ein Behälter für einen Node und wird im Detail in Kapitel 20, »Zeiger«, erklärt. Weil der Tree beliebige Daten halten soll, schreibe ich Tree und Node als Klassentemplate. Sie werden also Tree<int> schreiben können, ähnlich wie Sie vector<int> schreiben würden. Wie das genau funktioniert, erfahren Sie in Kapitel 23, »Templates«.

```cpp
#include <iostream>
#include <memory> // unique_ptr
#include <string>
using std::unique_ptr; using std::cout;
template <typename K, typename D> class Tree; // Vorwärtsdeklaration
template <typename K, typename D>
class Node {
    friend class Tree<K,D>; // Zugriff auf Privates erlauben
    K key;
    D data;
    unique_ptr<Node> left, right;
public:
    Node(const K& k, const D& d) : key(k), data(d) { }
};
template <typename K, typename D>
class Tree {
public:
    void insert(const K &key, const D& data);
    D* find(const K &key) { return findRec(key, root); }
private:
    D* findRec(const K &key, unique_ptr<Node<K,D>> &wo);
    unique_ptr<Node<K,D>> root;
};
template <typename K, typename D>
void Tree<K,D>::insert(const K& key, const D& data) {
    auto *current = &root;
    while(*current) { // solange unique_ptr was enthält
        auto &node = *(current->get());
        if (key < node.key) {
            current = &node.left;
        } else if (node.key < key) {
            current = &node.right;
        }
    }
    *current = std::make_unique<Node<K,D>>(key,data);
};
```

431

18   Spezielles für Klassen

```cpp
template <typename K, typename D>
D* Tree<K,D>::findRec(const K& key, unique_ptr<Node<K,D>> &wo) {
    if(!wo)
        return nullptr;
    auto &node = *(wo.get());
    if(key < node.key)
        return findRec(key, node.left);
    if(node.key < key)
        return findRec(key, node.right);
    return &node.data;  // key == node.key
};

int main() {
    Tree<int,std::string> bt {};
    bt.insert(3, "drei");
    bt.insert(2, "zwei");
    bt.insert(4, "vier");

    auto wo = bt.find(7);
    if(wo==nullptr) cout<<"keine 7\n";  // Ausgabe: keine 7

    wo = bt.find(3);
    if(wo!=nullptr) cout<<*wo<<"\n";     // Ausgabe: drei
}
```

Listing 18.2 Die Klasse »Tree« hat Zugriff auf Privates von »Node«.

Hier gibt es eine Aufteilung: Tree ist für das Vorgehen zuständig, Node hält die Daten.
Der Benutzer kommt an Daten in Node nicht heran, weil key und data beide privat sind.
Damit Tree die Knoten lesen und manipulieren kann, ist diesem per friend der Zugriff auf
Privates erlaubt.

Ich muss jedoch zugeben, dass hier die Regel greift, dass der Einsatz von friend class ein
Hinweis auf einen Fauxpas im Design ist: Hier ist es nicht nötig, dass Node überhaupt eine
für den Benutzer sichtbare Klasse ist. Es wäre viel besser, Node befände sich komplett im
privaten Teil von Tree. Und friend class wäre dann auch nicht mehr nötig.

»friend class« ist etwas anderes als »friend« für Methoden

Beachten Sie, dass eine Methode, die Sie mit friend versehen, etwas ganz anderes ist als
die hier beschriebene friend class Auszeichnung.

Methoden, die Sie mit friend markieren, sind tatsächlich freie Funktionen und werden
nur wie eine Methode innerhalb der Klasse aufgelistet. Sie sind kein Mitglied der Klasse
und haben keinen this-Zeiger. Sie behalten jedoch die Sichtbarkeitsrechte einer Methode,
siehe Kapitel 16, »Der Lebenszyklus von Klassen«.

18.1 Darf alles sehen – »friend«-Klassen

Ein Paar Worte zur Funktionsweise von Tree und Node:

▶ Die Klasse Node hält die Daten vom Typ D zusammen mit deren Schlüssel vom Typ K. Außerdem können jeweils rechts und links »darunter« zwei weitere Knoten verbunden sein. Ich sage »können«, weil diese Abzweigungen auch nullptr enthalten können und somit das Ende der jeweiligen Verkettung anzeigen. Statt roher Zeiger nehme ich unique_ptr, denn jeder Node *besitzt* die beiden Knoten darunter und ist somit für das Wegräumen zuständig. unique_ptr erspart mir, mich um das delete selbst kümmern zu müssen.

▶ Der Tree bündelt die Algorithmen. Dazu hält er selbst einen Wurzelknoten, unter dem sich dann ein ganzer Baum von Node-Elementen aufspannt.

▶ insert sorgt dafür, dass neue Knoten immer so eingefügt werden, dass für jeden Knoten n dessen key bezüglich des Vergleichs kleiner < immer zwischen seinen beiden Kind-Knoten liegt, dass also der linke key kleiner gleich n.key und kleiner gleich dem rechten key ist.

▶ Auf diese Weise kann recht zügig mit find bzw. findRec nach key gesucht werden: Von root beginnend steigt wo immer links oder rechts den Baum hinab, je nachdem, ob der gesuchte key kleiner oder größer wo.key ist. Entweder der Schlüssel wird gefunden, oder wo zeigt mittels nullptr auf das Astende, und Schlüssel wurde nicht gefunden.

Binäre Bäume

Tree implementiert einen *binären Baum*. Jeder Knoten kann bis zu zwei Kindknoten haben. Dadurch, dass bei der Suche immer rechts oder links abgezweigt wird, kann im optimalen Fall mit jedem Vergleich jeweils die Hälfte der Elemente im Baum schon ausgeschlossen werden. Das heißt, in einem Baum mit 1 000 000 Knoten können Sie nach dem Besuch von etwa 20 Knoten entscheiden, ob der Schlüssel vorhanden ist oder nicht.

Beachten Sie aber, dass das nur für den *optimalen* Fall gilt. Im schlimmsten Fall, wenn Sie Elemente in sortierter Reihenfolge einfügen, müssen Sie sich 1 000 000 Knoten anschauen! Das liegt daran, dass dieser einfache Algorithmus den Baum nicht *balanciert*. Dafür gäbe es genug ausgeklügelte Mechanismen wie *Red-Black-Tree* oder *AVL-Tree*, das ginge aber über den Rahmen dieses Buchs hinaus.

Wenn Sie Schlüssel zu Daten in einer sortierenden Baumstruktur speichern wollen, dann sollten Sie einfach map aus Kapitel 24, »Container«, nehmen. map garantiert den balancierten Baum und kann auch mit Verschieben und Iteratoren umgehen.

18 Spezielles für Klassen

18.2   non-public-Vererbung

Wenn eine Klasse von einem Vorgänger etwas erbt, dann schreiben Sie normalerweise mit public:

```
class Base {
};
class Derived : public Base {
    ...
};
```

Das lässt erahnen, dass es da noch andere Möglichkeiten gibt. protected und private sind hier ebenso möglich, und das hat Auswirkungen auf die Sichtbarkeit der ererbten Felder und Methoden.

```
class Base {
public:
    int xPublic = 1;
protected:
    int xProtected = 2;
private:
    int xPrivate = 3;
};
class DerivedPublic : public Base {
    // xPublic wird 'public'
    // xProtected wird 'protected'
    // xPrivate ist hier nicht sichtbar
};
class DerivedProtected : protected Base {
    // xPublic wird 'protected'
    // xProtected wird 'protected'
    // xPrivate ist hier nicht sichtbar
};
class DerivedPrivate : private Base { // oder wenn nichts angegeben
    // xPublic wird 'private'
    // xProtected wird 'private'
    // xPrivate ist hier nicht sichtbar
};
```

Listing 18.3 Beim Erben können Sie angeben, was sichtbar werden soll.

Sie sehen hier aufgelistet, welche Art zu erben welche Auswirkungen auf die Sichbarkeit von Mitgliedern hat, exemplarisch hier durch die Variablen xPublic, xProtected und xPrivate vertreten.

Obwohl in der Praxis so gut wie immer public für Vererbung benutzt wird, ist dennoch private der Default, wenn Sie nichts angeben.

Die *tatsächliche Sichtbarkeit* in der erbenden Klasse für *geerbte Mitglieder* m folgt der folgenden Regel, wenn die erbende Klasse D mittels Sichtbarkeit p von der Klasse B erbt:

▶ Die tatsächliche Sichtbarkeit wird p,

▶ kann sich aber nie erweitern.

Beispiele:

▶ Ein public m und D : protected B wird protected, denn m bekommt die Sichtbarkeit von p.

▶ Ein protected m und D : private B wird private, denn m bekommt die Sichtbarkeit von p.

▶ Ein private m und D : protected B bleibt private, denn m kann nicht sichtbarer als private werden.

▶ Ein protected m und D : public B bleibt protected, denn m kann nicht sichtbarer als protected werden.

Eine der offensichtlichsten Konsequenzen aus dieser Regel ist, dass ein private-Mitglied in der Basisklasse immer private ist. Keine Sichtbarkeitsregel kann dies durchbrechen. Nur die Klasse selbst und mit friend class innerhalb der Klasse bekannt gemacht Freunde können jemals auf private Mitglieder zugreifen.

18.2.1 Auswirkungen auf die Außenwelt

Das meiste sollte jetzt schon klar sein, aber die tatsächlichen Auswirkungen von Sichtbarkeit sieht man ja erst bei der Interaktion mit der »Außenwelt«.

```
#include <iostream>
using std::cout; using std::ostream;
// ... wie zuvor ...
int main() {
    // öffentlich erben
    DerivedPublic dpu{};
    cout << dpu.xPublic << '\n';        // Ausgabe: 1
    cout << dpu.xProtected << '\n'; // kein Zugriff von außen
    // geschützt erben
    DerivedProtected dpt{};
    cout << dpt.xPublic << '\n';     // kein Zugriff von außen
    cout << dpt.xProtected << '\n'; // kein Zugriff von außen
    // private erben
    DerivedPrivate dpv{};
    cout << dpv.xPublic << '\n';     // kein Zugriff von außen
    cout << dpv.xProtected << '\n'; // kein Zugriff von außen
}
```

Listing 18.4 Ererbte Sichtbarkeiten von außen betrachtet

18 Spezielles für Klassen

Auf einige Datenfelder haben Sie von außen nun keinen Zugriff.

Aber wie Sie wissen, wirkt sich die Sichtbarkeitsbeschränkung nicht nur nach außen aus, auch für noch weiter abgeleitete Klassen hat das Auswirkungen.

```cpp
#include <iostream>
using std::cout; using std::ostream;
// … wie zuvor …
struct Normalfall : public DerivedPublic {
    void drucke() {
        cout << xPublic;
        cout << xProtected;
    }
};
struct Spezialfall : public DerivedPrivate {
    void drucke() {
        cout << xPublic;                  // kein Zugriff
        cout << xProtected;               // kein Zugriff
    }
};
int main() {
    Normalfall n {};
    n.drucke(); // Ausgabe: 12
    Spezialfall s {};
    s.drucke();
}
```

Listing 18.5 Ererbte Sichtbarkeiten für weitere Ableitungen

Die Klasse Spezialfall erbt zwar public von ihrem Vorfahren DerivedPrivate, der aber hat mittels DerivedPrivate : private Base die Klasse Base eingebunden. Damit wurden alle Felder von Base zu private, und weitere Ableitungen wie Spezialfall haben keinen direkten Zugriff mehr.

Wenn ein solches Vorgehen tatsächlich gewählt wird, nutzt die Klasse in der Mitte natürlich Eigenschaften der Basisklasse, und damit dann auch die letztendliche Klasse, wenn auch indirekt.

```cpp
#include <iostream>
using std::cout; using std::ostream;
class Basis {
    public: int daten = 5;
};
class Mitte : private Basis {
protected: void drucke() {
        cout << daten; // 'daten' ist hier privat geerbt
    }
};
```

436

```
class Letztendlich : public Mitte {
    public: void los() {
        // 'daten' ist nicht sichtbar
        drucke();  // 'drucke' ist geschützt sichtbar
    }
};
int main() {
    Letztendlich l {};
    l.los();  // Ausgabe: 5
}
```

Listing 18.6 In der Praxis nutzen Kindklassen privat Geerbtes indirekt.

In main instanziiere ich Letztendlich und rufe dessen einzige öffentliche Methode los auf. Darin habe ich Zugriff auf die aus Mitte geerbte drucke()-Methode. Das Feld daten ist zwar unsichtbar, aber indirekt nutzt das geerbte drucke das Feld natürlich doch.

18.2.2 Nicht-öffentliche Vererbung in der Praxis

In freier Wildbahn trifft man öffentliche Vererbung bei Weitem am meisten an. So sollten Sie das auch halten und protected und private Vererbung für extreme Sonderfälle übrig lassen.

In Sprachen wie Java sind alle Vererbungen public.

Manchmal sieht man private Vererbung dann, wenn es sich nicht um eine »ist-ein«-Beziehung, sondern um eine »hat-ein«-Beziehung handelt. Da die Schnittstelle der geerbten Klasse B nicht Teil der Schnittstelle der erbenden Klasse D wird, sieht die Klasse D von außen nicht so aus wie ein B und »ist« somit eigentlich kein B.

Hätten Sie gewusst, wie Sie diese »Hat-ein«-Beziehung in C++ darstellen können, bevor ich private Vererbung erklärt habe? Ja, hätten Sie: Machen Sie B nicht zum Vorfahr von D, sondern zu einem Datenfeld. Und das sollten Sie auch tatsächlich vorziehen. Manchmal nennt man private Vererbung »implementiert-mittels«-Beziehung.

Für geschütze Vererbung gilt von außen betrachtet das Gleiche wie für private Vererbung. In einer größeren Klassenhierarchie gibt es kleine Unterschiede bezüglich Sichtbarkeit, es bleibt aber eine »implementiert-mittels«-Beziehung. Diese Sorte der Vererbung ist in der Praxis noch weniger nützlich.

Hier ist ein konkretes Beispiel, wie Sie die »Hat-ein«-Beziehung auf diese Weise umsetzen können.

```
class Motor {
public:
  Motor(int anzZylinder);
  void start();                    // Motor starten
};
```

```cpp
class Auto : private Motor {          // Auto hat-einen Motor
public:
  Auto() : Motor{8} { }               // Initialisiert ein Auto mit 8 Zylindern
  using Motor::start;                 // Startet Auto durch Starten des Motors
};
```

Listing 18.7 »Hat-ein«-Beziehung mittels privater Vererbung

Hier sehen Sie eine weitere Verwendung von using: Es gibt mehrere Situationen, bei denen eine Methode aus Basisklasse nicht mehr sichtbar ist. Dies ist eine davon. Die Methode start aus Motor ist in Auto normalerweise nur noch private, weil Motor mit private »Hat-ein«-Vererbung einbezogen wurde. Um die Methode doch public in Auto sichtbar zu machen, können Sie innerhalb der entsprechenden Sektion den Bezeichner start aus Motor mit using Motor::start bekannt machen. Sollte es mehrere Überladungen von start geben, sind automatisch alle gemeint. Sie können es alternativ auch expliziter machen, indem Sie die Methode als void start() { Motor::start(); } überschreiben.

Shadowing

Ein kurzer Ausflug: Es ist möglich, dass Sie eine Methode in einer abgeleiteten Klasse überschreiben, ihr dabei aber eine andere Signatur geben. Die überschriebe Version ist dann »verschattet« – sie ist versteckt und nicht mehr sichtbar.

```cpp
#include <string>
struct Base {
    void func(int x) {};
};
struct Derived : public Base {
    void func(std::string y) {};      // verschattet func(int)
};
int main() {
    Derived d{};
    d.func("Text");
    d.func(3);   // Fehler: func(int) ist nicht mehr sichtbar
}
```

Der Aufruf d.func(3) kann die Überladung func(int) nicht mehr sehen. Sie müssten in Derived die Definition von func(string) entfernen, damit es wieder funktioniert (und d.func("Text") in main löschen).

Auf diese Weise Methoden zu verschatten, ist normalerweise nicht erwünscht. Sie sollten neue Namen vergeben. Wenn Sie überschreiben wollen und virtuelle Methoden verwenden, dann benutzen Sie overload, um sicherzustellen, dass Sie wirklich überschreiben.

Die normale Implementierung mittels Mitglied sähe so aus. Die (Basis-)Klasse Motor ist unverändert.

```
class Auto {
public:
  Auto() : motor_{8} { }          // Initialisiert ein Auto mit 8 Zylindern
  void start() { motor_.start(); }  // Startet Auto durch Starten des Motors
private:
  Motor motor_;                   // Auto hat-einen Motor
};
```

Listing 18.8 »Hat-ein«-Beziehung mittels Mitglied

Die Gemeinsamkeiten beider Implementierungen sind:

▶ In beiden Fällen ist genau ein Motor in jeder Auto-Instanz.

▶ In keinem der beiden Fälle kann ein Benutzer der Klasse Auto* diese in einen Motor* konvertieren, wie dies bei öffentlicher Vererbung der Fall wäre.

▶ In beiden Beispielen hat Auto eine start-Methode, die zu einem Aufruf der start-Methode des enthaltenen Motors führt.

Es git aber auch Unterschiede. Für die Vererbungs-Variante gilt:[1]

▶ Sie können diese nicht wählen, wenn Auto mehrere Motor-Instanzen beinhalten soll.

▶ Die Mitglieder von Auto können ein Auto* in einen Motor* umwandeln.

▶ Methoden von Auto können auf protected-Felder von Motor zugreifen.

▶ Auto könnte virtuelle Methoden von Motor überschreiben.

Wann sollten Sie private Vererbung für die »Hat-ein«-Beziehung verwenden?

Die Antwort ist einfach: Benutzen Sie Mitglieder, wann immer Sie können, und private Vererbung, wann Sie müssen. Das ist höchstens der Fall, wenn geschütze Mitglieder oder virtuelle Methoden beteiligt sind.

18.3   Signatur-Klassen als Interfaces

Signatur-Klassen sind nichts Zusätzliches in C++. Sie sind nur eine Name für eine besondere Form von Dingen, die Sie schon kennen: Eine Klasse, die nur pur-virtuelle Methoden hat, ist eine Signatur-Klasse. Zur Erinnerung: Eine pur-virtuelle Methode ist eine virtuelle Methode ohne Implementierung, was im Quellcode mit = 0 notiert wird. Manche andere Sprachen wie zum Beispiel Java nennen solche Methoden *abstrakt*.

---

1   *What are the use cases of protected and private inheritance?*, Dinesh Khandelwal, *https://www.quora.com/What-are-the-use-cases-of-protected-and-private-inheritance*, Aug 12 2016, [2017-02-16]

18   Spezielles für Klassen

Das sieht dann so aus:

```
struct Driver {
    virtual void init() = 0;
    virtual void done() = 0;
    virtual bool send(const char* data, unsigned len) = 0;
};
```

Listing 18.9 Eine Signatur-Klasse hat nur pur-virtuelle Methoden.

Dies ist eine exzellente Basisklasse für andere Klassen wie diese beiden hier:

```
#include <iostream>
using std::cout;
struct KeyboardDriver : public Driver {
    void init() override { cout << "Init Keyboard\n"; }
    void done() override { cout << "Done Keyboard\n"; }
    bool send(const char* data, unsigned int len) override {
        cout << "sending " << len << " bytes\n";
        return true;
    }
};
struct Computer {
    Driver &driver_;
    explicit Computer(Driver &driver) : driver_{driver} {
        driver_.init();
    }
    void run() {
        driver_.send("Hello", 5);
    }
    ~Computer() {
        driver_.done();
    }
    Computer(const Computer&) = delete;
};
int main() {
    KeyboardDriver keyboard {};
    Computer computer(keyboard);  // Ausgabe: Init Keyboard
    computer.run();               // Ausgabe: sending 5 bytes
}                                 // Ausgabe: Done Keyboard
```

Listing 18.10 Eine Signatur-Klasse macht eine gut Basisklasse.

Für die Klasse Computer ist durch Driver klar, welche Methoden wichtig sind. Sie listet die wichtigen Schnittstellen auf. Ablenkende Implementierungsdetails sind nicht enthalten. Deshalb ist diese Form von Klassen in Sprachen wie Java ein eigenes Sprachkonstrukt mit dem Namen interface.

440

18.3 Signatur-Klassen als Interfaces

Diese Signatur-Klassen haben zwei Hauptanwendungen in C++-Programmen:

▶ Wenn Sie *multiple Vererbung* nutzen, sind dies die einzigen »anderen« Klassen, von denen Sie erben sollten. Darauf gehe ich im gleichnamigen Abschnitt genauer ein.

▶ Das Nachladen von Treibern zur Laufzeit mittels dynamischer Bibliotheken können Sie in manchen Systemen so implementieren.

Lassen Sie mich das Beispiel etwas realitätsnäher ausführen. Hier können Sie je nach Konfiguration einen Treiber fürs Debuggen oder für die Produktion instanziieren. Beide haben eine Signatur-Klasse als Basis.

```cpp
#include <iostream>          // cout
#include <memory>            // unique_ptr
using std::cout;
class Driver {               // abstrakte Basisklasse
public:
    virtual void init() = 0;
    virtual void done() = 0;
    virtual void send(const std::string &data) = 0;
};
class ProductionDriver : public Driver {
public:
    void init() override { }
    void done() override { }
    void send(const std::string &data) override { cout << data << "\n"; }
};
class DebuggingDriver : public Driver {
    size_t countSend_ = 0;
public:
    void init() override {
        countSend_= 0; cout << "Ok, bin initialisiert.\n";
    }
    void done() override {
        cout << "send benutzt:" << countSend_ << " mal\n";
    }
    void send(const std::string &data) override {
        cout << "send("<<countSend_<<"):"<< data << "\n";
        ++countSend_;
    }
};
struct DriverWrapper {       // RAII-Wrapper für init() und done()
    Driver &driver_;
    explicit DriverWrapper(Driver& driver) : driver_(driver) { driver_.init(); }
    ~DriverWrapper() { driver_.done(); }
    DriverWrapper(const DriverWrapper&) = delete; // nicht kopieren
};
```

```
void doWork(Driver &driver) { // jemand, der flexibel einen beliebigen Driver nutzt
    DriverWrapper wrapper(driver);        // init() und done() aufrufen
    driver.send("Eine unerwartete Reise");
    driver.send("Smaugs Einoede");
}

int main() {
    // gleiche doWork, einmal mit Produktions- und einmal mit Debugging-Treiber
    ProductionDriver production{};
    doWork( production );
    DebuggingDriver debugging{};
    doWork( debugging );

    // üblichere Variante eines dynamisch erzeugten Treibers
    std::unique_ptr<Driver> driver{ new ProductionDriver{} };
    doWork( *driver );
}
```

Listing 18.11 Eine virtuelle Methode mit Implementierung »= 0« ist abstrakt.

In der Klasse Driver habe ich alle Methoden virtual gemacht. Außerdem steht statt einer Implementierung dort jeweils = 0. Eine solche Methode ohne Implementierung nennt man *rein virtuell* (engl. *pure virtual*) oder *abstrakt*.

Eine Klasse, die mindestens eine abstrakte Methode hat, nennt man auch *abstrakte Klasse*. Von einer abstrakten Klasse können Sie keine Instanzen erzeugen. Der Compiler quittiert

Driver driver{};

mit einem Fehler.

Sie können zwar auch große Klassen mit vielen normalen und virtuellen Methoden erstellen, die nur ein oder zwei abstrakte Methoden haben, aber ein konkreter Anwendungsfall für abstrakte Klassen dieser Art ist – wie durch den Namen Driver schon angedeutet –, dass Sie erst während des Programmlaufs entscheiden, ob Sie den einen oder den anderen Treiber verwenden wollen. Denken Sie an ein Programm, das für mehrere Grafikkarten funktionieren soll: Sie erstellen eine Basistreiberklasse, in der alle Methoden abstrakt sind. Alle Stellen des Programms nutzen Referenzen (oder Zeiger) auf diese Klasse und rufen die virtuellen Methoden auf. Wenn Ihr Programm startet, finden Sie heraus, ob eine ATI- oder NVIDIA-Grafikkarte in dem System steckt, und laden entweder die eine oder die andere Implementierungsklasse in den Speicher. Wie das geht, ist extrem systemabhängig, und es zu erklären, würde hier zu weit führen. Es ist aber fast überall machbar.

Die Grundlage für die Art der Flexibilität der Implementierung ist jedenfalls, dass die Basisklasse *nur* abstrakte Methoden hat. Keine einzige Methode darf implementiert sein. Haben Sie einen anderen Anwendungsfall für die abstrakte Klasse, können Sie schon beliebig viele Implementierungen von Methoden in der abstrakten Basisklasse anbieten.

18.4　Multiple Vererbung

Es ist in Ordnung, wenn Sie zum Ausprobieren mal mit multipler Vererbung herumspielen. Aber tun Sie sich und anderen, die Ihren Programmcode lesen den Gefallen: Führen Sie multiple Vererbung nicht in langlebige Projekte ein. Mit einer Außnahme: Sie können Signatur-Klassen nutzen, um Interfaces nachzubilden, wie es sie in Java gibt.

Verstehen Sie mich nicht miss. Multiple Vererbung als Konzept ist in Ordnung, und sie hat in der Lehre zur Objektorientierung ihren Platz. Sie ist sogar nötig, um gewisse Dinge gut modellieren zu können. Schließlich lassen sich auch nicht alle Dinge der wirklichen Welt in eine baumförmige Hierarchie zwängen. In C++ wird ein Projekt jedoch unbeherrschbar, wenn man multiple Vererbung unbedacht einsetzt. Auch wenn es im Lehrbuch gut aussieht, ist es unpraktikabel, die wirkliche Welt als Vorbild nehmen.

Vielmehr muss man sich stattdessen freiwillig einschränken und technische Alternativen aus dem C++-Werkzeugkasten nehmen, um die nötige Welt beherrschbar abbilden zu können.[2]

Nutzen Sie multiple Vererbung gar nicht oder extrem vorsichtig

Halten Sie sich an die Faustregel, dass Sie eine Klasse nicht Implementierungen von zwei Basisklassen erben lassen.

Ausnahme eins: Wenn Sie das doch machen, dann nur am untersten Ende der Klassenhierarchie. Das ist nützlich einigen Programmiermustern, wie zum Beispiel dem Beobachter.

Ausnahme zwei: Klassen ohne Implementierungen (Signatur-Klassen) können Sie beliebig viele mit hinzuziehen und so die Interfaces von Java nachbilden, wenn Sie gut damit klarkommen.

Nach dieser Vorwarnung folgt aber die Erklärung, was Sie verpassen werden, wenn Sie es nicht nutzen. Diese kleineren akademischen Beispiele sind natürlich adäquat harmlos und sollten übersichtlich genug sein.

```cpp
#include <iostream>
using std::cout;
class Saeugetier {
public:
    void gebaere() { cout << "Geburt!\n"; }
};
class Fliegend {
public:
    void fliege() { cout << "Flug!\n"; }
};
```

---

[2] *Interface Considered Harmful*, Robert C. Martin, *http://blog.cleancoder.com/uncle-bob/2015/01/08/ InterfaceConsideredHarmful.html*, 08 January 2015, [2017-02-17]

```
class Fledermaus: public Saeugetier, public Fliegend {
public:
    void rufe() { cout << "Ultraschall!\n"; }
};
int main() {
    Fledermaus bruce{};
    bruce.gebaere();        // Ausgabe: Geburt!
    bruce.fliege();         // Ausgabe: Flug!
    bruce.rufe();           // Ausgabe: Ultraschall!
}
```

Listing 18.12 Multiple Vererbung heißt, mehrere Basisklassen zu haben.

Die Fledermaus erbt alle Eigenschaften aller ihrer Basisklassen. Auf Instanzen wie bruce können Sie sowohl gebaere() aus Saeugetier als auch fliege() aus Fliegend aufrufen. Zusätzlich kann die Klasse wie mit rufe() aber noch beliebige eigene Mitglieder hinzufügen.

In Abbildung 18.1 sehen Sie zur Erinnerung noch einmal eine normale Klassenhierarchie, bei der jede Klasse nur einen Vorfahren hat. Im Gegensatz dazu hat die Klasse Fledermaus in Abbildung 18.2 mehrere Vorgänger.

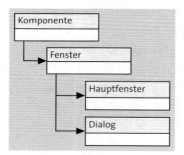
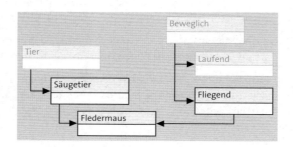

Abbildung 18.1 Klassische Vererbung   **Abbildung 18.2** Multiple Vererbung

18.4.1 Multiple Vererbung in der Praxis

Auch wenn ich argumentieren würde, dass man das folgende Beispiel besser als eine »Hat-ein«-Beziehung implementieren sollte, so taugt es gerade noch als Beispiel für eine »Ist-ein«-Beziehung mit multipler Vererbung.

Die Basisklassen sind hier eine Uhr und ein Kalender, zusammengefügt zu einer Uhr mit Kalender.[3] In Listing 18.13 sehen Sie zunächst eine einfache Uhr, die Sie initialisieren, ausgeben und um eine Sekunde fortschreiten lassen können.

Ich zeige hier in Listing 18.13 ein kurzes Beispiel. In Listing 15.3 (Seite 366) können Sie sich eine Verbesserung abgucken, indem Sie das Beispiel mit wenig mehr Code typsicherer machen können, insbesondere vor Drehern beim Vertauschen der Konstruktorparameter.

---

3 Multiple Inheritance, http://www.python-course.eu/python3_multiple_inheritance.php

18.4 Multiple Vererbung

```cpp
// Parameter müssen gültige Werte der jeweiligen Einheit sein.
#include <iostream> // ostream
#include <iomanip> // setw, setfill
using std::ostream; using std::setw; using std::setfill;
class Clock {
protected:
    int h_, m_, s_;
public:
    Clock(int hours, int minutes, int seconds)
    : h_{hours}, m_{minutes}, s_{seconds} {}
    void setClock(int hours, int minutes, int seconds) {
        h_ = hours; m_ = minutes; s_ = seconds;
    }
    friend ostream& operator<<(ostream&os, const Clock& c) {
        return os << setw(2) << setfill( '0' ) << c.h_ <<':'
                  << setw(2) << setfill( '0' ) << c.m_ <<':'
                  << setw(2) << setfill( '0' ) << c.s_;
    }
    void tick() { // +1 Sekunde
        if(s_ >= 59) {
            s_ = 0;
            if(m_ >= 59) {
                m_ = 0;
                if(h_ >= 23) h_ = 0;
                else { h_ += 1; }
            } else { m_ += 1; }
        } else { s_ += 1; }
    }
};
```

Listing 18.13 Uhr und Kalender ergeben Uhr mit Kalender.

Diese Uhr zu benutzen, ist sehr einfach:

```cpp
int main() {
    Clock clock{ 23, 59, 59 };
    std::cout << clock << '\n'; // Ausgabe: 23:59:59
    clock.tick();
    std::cout << clock << '\n'; // Ausgabe: 00:00:00
}
```

Der Kalender ist ebenso simpel:

```cpp
#include <iostream> // ostream
#include <iomanip>  // setw, setfill
#include <vector>
using std::ostream; using std::setw; using std::setfill;
```

445

18   Spezielles für Klassen

```cpp
struct Calendar {
    int y_, m_, d_;
    static const std::vector<int> mlens_;
    bool leapyear() const {
        if(y_ % 4 != 0) return false;
        if(y_ % 100 != 0) return true;
        if(y_ % 400 != 0) return false;
        return true;
    }
public:
    Calendar(int year, int month, int day)
    : y_{year}, m_{month}, d_{day} {}
    void setCalendar(int year, int month, int day) {
        y_ = year; m_ = month; d_ = day;
    }
    friend ostream& operator<<(ostream& os, const Calendar& c) {
        return os << setw(4) << setfill( '0' ) << c.y_ <<'-'
                  << setw(2) << setfill( '0' ) << c.m_ <<'-'
                  << setw(2) << setfill( '0' ) << c.d_;
    }
    void advance() { // +1 day
        auto maxd = mlens_[m_-1]; // 0-basierter vector
        if(m_==2 && leapyear())
            maxd += 1;                    // Februar im Schaltjahr
        if(d_ >= maxd) {
            d_ = 1;
            if(m_ >= 12) { m_ = 1; y_ += 1; }
            else { m_ += 1; }
        } else { d_ += 1; }
    }
};
const std::vector<int> Calendar::mlens_ = {31,28,31,30,31,30,31,31,30,31,30,31};
```
Listing 18.14 Eine einfache Kalenderklasse

Mit advance können Sie zum nächsten gültigen Datum fortschreiten. Beachten Sie, dass ich hier sowohl den Tag als auch das Datum ausgabefreundlich bei eins beginnen lasse, nicht bei null wie manch andere APIs. Probieren wir den Kalender kurz aus:

```cpp
int main() {
    Calendar cal{ 2016, 2, 28 };
    std::cout << cal << '\n'; // Ausgabe: 2016-02-28
    cal.advance();
    std::cout << cal << '\n'; // Ausgabe: 2016-02-29
    cal.advance();
    std::cout << cal << '\n'; // Ausgabe: 2016-03-01
}
```

446

Jetzt haben wir zwei praktische Klassen – aber getrennt. Eine Kalenderuhr enthält nun beide.

```cpp
class CalendarClock : public Clock, public Calendar {
public:
    CalendarClock(int y, int m, int d, int hh, int mm, int ss)
    : Calendar{y,m,d}, Clock{hh,mm,ss} {}

    void tick() {           // +1 Sekunde
        auto prev_h = h_;
        Clock::tick();      // Aufruf Basisklassenmethode
        if(h_ < prev_h) {   // falls neuer Tag
            advance();      // ... Kalender fortschreiten
        }
    }

    friend ostream& operator<<(ostream&os, const CalendarClock& cc) {
        operator<<(os, (Calendar&)cc) << " ";  // Aufruf freie Funktion
        operator<<(os, (Clock&)cc);            // Aufruf freie Funktion
        return os;
    }
};
```

Listing 18.15 Die Kalenderuhr ist ein Kalender und eine Uhr.

Und auch hier gestatte ich mir einen schnellen Test:

```cpp
int main() {
    CalendarClock cc{ 2016,2,29, 23,59,59 };
    std::cout << cc << '\n'; // Ausgabe: 2016-02-29 23:59:59
    cc.tick();
    std::cout << cc << '\n'; // Ausgabe: 2016-03-01 00:00:00
}
```

Der Aufruf cc.tick() bezieht sich auf die in CalendarClock neu definierte Methode. Es ist hier aber auch möglich, mit cc.advance() die öffentlich geerbte Methode von Calendar aufzurufen.

Bemerken Sie, dass tick() in CalendarClock die Methode tick() aus Clock überschrieben hat? So einfach kommt man nun an das eigentlich überschrieben tick() nicht mehr heran. Dazu muss man dann schon mit Clock::tick() explizit sagen, welches tick man haben will.

Ähnliches gilt auch für freie Funktionen. operator<< ist nun für alle drei Klassen unserer kleinen Hierarchie überladen. In der Implementierung dieser Funktion für CalendarClock möchte ich aber auf die schon vorhandene Implementierung für Calendar und Clock zugreifen. Hier unterscheiden sich die Funktionen aber nicht dadurch, dass sie aus unterschiedlichen Klassen kommen – es sind ja freie Funktionen.

447

18 Spezielles für Klassen

Die Unterscheidung liegt in den Überladungen, genauer gesagt im Typ des zweiten Parameters. Insgesamt sind für unsere Klassen die folgenden Überladungen deklariert:

```
ostream& operator<<(ostream&os, const Calendar& cc);
ostream& operator<<(ostream&os, const Clock& cc);
ostream& operator<<(ostream&os, const CalendarClock& cc);
```

In Listing 18.15 liegt eine CalendarClock& vor. Ich bringe den Compiler dazu, die anderen Überladungen zu nehmen, indem ich den Parameter caste, also den Typ, umwandele. Wie in einer einfachen Vererbungshierarchie geht das auch mit mehreren Basisklassen. Und so ruft

```
operator<<(os, (Calendar&)cc) << " ";
operator<<(os, (Clock&)cc);
```

nacheinander die Überladungen für die beiden Basisklassen auf.

Code von Basisklassen aufrufen

Wenn Sie explizit ein Mitglied einer Basisklasse referenzieren müssen, dann können Sie das auf unterschiedliche Arten tun:

▸ Sie hängen den Bezeichner der Basisklasse davor, wie in Clock::tick(), oder

▸ Sie wandeln die Referenz auf eine Refeferenz der Basisklasse um, wie in operator<<(os, (Clock&)cc). Das funktioniert auch für Zeiger.

Dieses allgemeingültige Vorgehen ist bei multipler Vererbung besonders nützlich.

18.4.2 Achtung bei Typumwandlungen von Zeigern

Auf der technischen Ebene gibt es eine Überraschung, vor der Sie beim Umgang mit multipler Vererbung gefasst sein müssen: Der Wert eines Zeigers auf ein Objekt kann sich beim Casten ändern:

```
#include <iostream>
using std::cout;
struct Base1 {
    virtual void f1() {}
};
struct Base2 {
    virtual void f2() {}
};
struct Derived : public Base1, public Base2 {
    virtual void g() {};
};
void vergleich(void* a, void* b) {
    cout << (a==b ? "identisch\n" : "unterschiedlich\n");
}
```

18.4 Multiple Vererbung

```
int main() {
    Derived d{};
    auto *pd = &d;

    cout << pd << '\n';        // zum Beispiel 0x1000
    auto pb1 = static_cast<Base1*>(pd);
    cout << pb1 << '\n';       // immer noch 0x1000

    auto pb2 = static_cast<Base2*>(pd);
    cout << pb2 << '\n';       // jetzt 0x1008 !

    cout << (pd==pb1 ? "gleich\n" : "verschieden\n");  // Ausgabe: gleich
    cout << (pd==pb2 ? "gleich\n" : "verschieden\n");  // Ausgabe: gleich
    vergleich(pb1, pd);        // Ausgabe: identisch
    vergleich(pb2, pd);        // Ausgabe: unterschiedlich
}
```

Listing 18.16 Mit multipler Vererbung kann sich der Wert eines Zeigers ändern.

Hier passieren seltsame Dinge: Wenn Sie mit pd die Adresse von d ausgeben, erhalten Sie zum Beispiel 0x1000 – der tatsächliche Wert wird natürlich ein ganz anderer sein. Das ist also die Speicherzelle, ab der der Computer die Instanz d abgelegt hat.

Wenn Sie im Zuge von *dynamischer Typpolymorphie* diesen Zeiger mal in seine erste Basisklasse umwandeln, dann bleibt die Adresse gleich: Sie erhalten wieder 0x1000. Diese Umwandlung muss nicht so explizit wie hier mit einem static_cast geschehen. Andere Möglichkeiten sind zum Beispiel ein dynamic_cast (bei dem man aber ohnehin auf mehr Überraschungen gefasst ist) oder eine implizite Konvertierung, wenn Sie eine Funktion aufrufen, die einen Parameter des Typs Base1* nimmt.

Machen Sie nun aber das Gleiche mit einer Typumwandlung zum Zeiger der zweiten Basisklasse, dann erhalten Sie auf einmal einen anderen Wert für die Adresse des Objekts, zum Beispiel 0x1008! Nanu, das Objekt ist nun woanders gespeichert? Jein ...

Meist fällt Ihnen das gar nicht auf, denn wann drucken Sie sich schon mal den Wert eines Zeigers aus. Wie Sie bei dem Vergleich pd==pb2 sehen, findet C++ die beiden Werte *doch* gleich – obwohl ihre Werte *unterschiedliche* Ausgaben erzeugt haben. Das liegt natürlich daran, dass beim Vergleich eines Base2* mit einem Derived* wieder eine Konvertierung stattfindet. Durch diese Konvertierung für den Vergleich sind die Werte wieder angeglichen.

Was passiert aber, wenn Sie C++ der Chance zur Konvertierung nehmen? Das sehen Sie bei der Nutzung der Funktion vergleich. Die beiden Parameter sind vom Typ void* und somit das Schlimmste, was Sie dem C++-Typsystem antun können. Sie sagen C++ hiermit »Zeiger, Typen, mir doch egal, ich weiß, was ich tue.« Die Typinformation ist innerhalb von vergleich verloren: Der direkte Vergleich der beiden Zeigerwerte ergibt nun, dass diese unterschiedlich sind.

449

Was geht hier vor? In C++ werden die Mitglieder einer Klasse (oder Aggregats) ab einer bestimmten Adresse abgelegt. Wenn Sie in einer einfachen Hierarchie ableiten, fügen Sie nur weitere Mitglieder am Ende hinzu, der Anfang ändert sich nicht. Das heißt, alle Zeiger auf die jeweiligen Anfänge der Klassen innerhalb einer einfachen Hierarchie verweisen auf die gleiche Stelle im Speicher.

Das ist anders bei multipler Vererbung: Die später genannten Basisklassen werden im Speicher *nach* den vorher genannten abgelegt, wie Sie in Abbildung 18.3 sehen können. Die Adresse des Teilobjekts Base2 ist also eine andere als die Adresse des Teilobjekts Base1 oder des Gesamtobjekts Derived.

Wenn der Compiler Typinformationen hat, wandelt er Zeiger passend um und addiert dabei die Verschiebungen so, dass Sie sich keine Sorgen machen müssen. Verhindern Sie jedoch mittels Intervention von void* oder reinterpret_cast, dass der Compiler sein Wissen anwendet, dann unterdrücken Sie die korrigierende Verschiebung von Zeigerwerten.

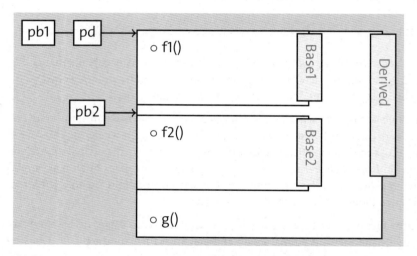

Abbildung 18.3 Der Anfang der zweiten Basisklasse hat eine andere Adresse.

Übrigens: Bei allen Implementierungen, die ich kenne, passiert diese Adresskorrektur nur bei multipler Vererbung. Theoretisch könnte der Compiler das auch in anderen Situationen für nötig befinden. Dann muss er Ihnen aber garantieren, dass er die Korrekturen für Sie verdeckt macht und im Falle von Casts und Vergleichen sich wieder alles in Wohlgefallen auflöst. Die wahren Bösen wären hier void* und reinterpret_cast, von denen Sie ja sowieso die Finger lassen, nicht wahr?

18.4.3 Das Beobachter-Muster als praktisches Beispiel

Mit einfacher Vererbung kann man das Beobachter-Muster implementieren, indem man die Beobachter-Schnittstelle »seitlich« hinzufügt und dann alle nötigen Methoden implementiert.

18.4   Multiple Vererbung

Mit multipler Vererbung können Sie die Implementierung gleich mit erben.

```cpp
#include <iostream>
#include <vector>
using std::cout;
// == Beobachter Entwurfsmuster ==
struct Observer {
    virtual void update() = 0;
};
class Subject {
    std::vector<Observer*> observers_; // not owning pointers
protected:
    void notify() {
        for (auto o : observers_)
            o->update();
    }
public:
    void addObserver(Observer* o) {
        observers_.push_back(o);
    }
};
// == konkrete Klasse ==
struct MyThing {
    int calc() { return 1+1; }
};
// == zusammenbringen ==
struct MyObservableThing : public MyThing, public Subject {
    int calc() {
        notify();
        return MyThing::calc();
    }
};
// == etwas beobachten ==
struct MyObserver : public Observer {
    void update() override {
        cout << "observed\n";
    }
};
int main() {
    MyObserver myObserver{};
    MyObservableThing myObservableThing{};
    myObservableThing.addObserver(&myObserver);
    auto result = myObservableThing.calc(); // Ausgabe: observed
}
```

Listing 18.17 Das Beobachter-Muster mit multipler Vererbung

18 Spezielles für Klassen

Die Klassen Observer und Subject bilden den Rahmen des Beobachter-Musters. Mit MyThing kommt dann die Benutzerklasse ins Spiel, die für sich genommen schon tut, was sie soll. In diesem Fall berechnet sie nur 1+1, aber Sie können sich vorstellen, dass hier eine immens komplizierte fertig implementierte Klasse steht.

Mit MyObservableThing bringen Sie die beiden Dinge nun zusammen: Sie holen sich sowohl die gesamte Verwaltung von Subject ins Boot als auch die eigentliche Aufgabe des Programms mit MyThing. Sie müssen nur noch an der richtigen Stelle sagen, *was* Sie eigentlich beobachten wollen. Das mache ich hier, indem ich calc überschreibe und mit MyThing::calc() die ererbte Methode aufrufe. Mit notify() sage ich, »das hier sollen die Beobachter mitbekommen«.

In main sieht man nicht mehr, ob MyObservableThing eine multipel oder einfach vererbte Klasse ist. In jedem Fall sorgt der Aufruf von addObserver dafür, dass MyObservable über die gewünschte Operation informiert wird. Daher führt auch myObservableThing.calc() zur Ausgabe von observed.

18.5 Rautenförmige multiple Vererbung – »virtual« für Klassenhierarchien

In Abbildung 18.3 sehen Sie, dass die Mitglieder aller Basisklassen alle Teil der abgeleiteten Klasse werden. Wenn beide Basisklassen wieder jeweils einen Vorgänger haben, dann wird der auch Teil der letztendlichen Klasse, wie dies in Abbildung 18.4 verdeutlicht ist.

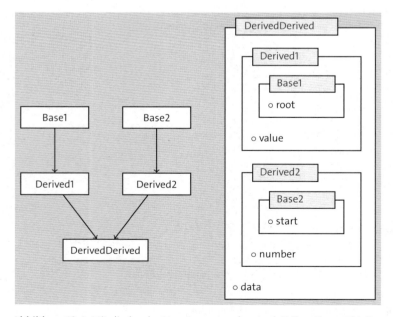

Abbildung 18.4 Mitglieder der Vorgänger werden auch Teil weiterer Ableitungen.

18.5 Rautenförmige multiple Vererbung – »virtual« für Klassenhierarchien

Was aber, wenn die Basisklassen beider Vorgänger dieselbe ist? Wenn also Derived1 zum Beispiel den Vorgänger Base hat, Derived2 aber ebenfalls. Dann ist, logischerweise, Base Teil sowohl von Derived1 als auch Derived2. Und wenn Sie nun Derived1 und Derived2 in DerivedDerived zusammenführen, dann kommen somit zwei Base zusammen. DerivedDerived enthält Base also zweimal. Sie sehen diese Situation in Abbildung 18.5 dargestellt.

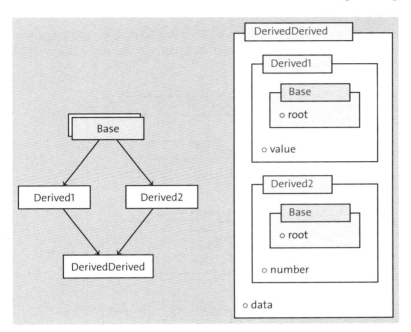

Abbildung 18.5 Das Rautenproblem entsteht, wenn eine Basisklasse zweimal geerbt wird.

Das ist ein Problem: Wenn eine Methode von DerivedDerived auf das Datenfeld root zugreifen möchte, welches ist gemeint? Dies nennt man das *Rautenproblem* (engl. *diamond problem* oder auch »dreaded diamond« von »gefürchtete Raute«), das immer entsteht, wenn Sie eine rautenförmige Vererbungshierarchie haben. Das ist eine Vererbungshierarchie, die nicht kettenförmig ist, wie es eine einfache Verebungshierarchie wäre, und auch nicht baumartig, wie es eine multiple Vererbungshierarchie ohne doppelte Nennung ist, sondern eine solche, bei der eine Basisklasse der Hierarchie von zwei abgeleiteten Klassen als Vorfahre genannt wird.

Sie können mit Derived1::root oder Derived2::root explizit sagen, welches Sie haben wollen. Angenommen, es handelt sich hier um die Farbe des darzustellenden Objekts, dann kann es schon sein, dass Sie wissen, dass Sie lieber die eine ererbte Farbe als die andere nehmen wollen – oder vielleicht wollen Sie beide mischen. So weit, so gut.

In vielen Situationen ist das aber *nicht*, was Sie wollen. Wenn Sie zum Beispiel von beiden Seiten name als Datenfeld und die entsprechenden Methoden getName() und setName()

erben, dann erwarten Sie, dass das Objekt nur einen einzigen Namen hat und nicht zwei unterschiedliche.

Zu diesem Zwecke gibt es die *virtuelle Vererbung*. Die Klasse, die mehrfach vorkommen würde, zeichnen Sie mit einem zusätzlichen virtual bei der Angabe des Vorfahren aus. Sie sorgen dann dafür, dass die Mitglieder nötigenfalls nicht komplett innerhalb der abgeleiteten Klasse liegen, sondern auch außerhalb abgelegt werden – verknüpft mit einer »virtuellen« Verbindung. Kommen dann mehrere dieser Basisklassen zusammen, gibt es nur die virtuelle Verbindung mehrfach, nicht aber die Mitglieder. Sie sehen das in Abbildung 18.6 dargestellt.

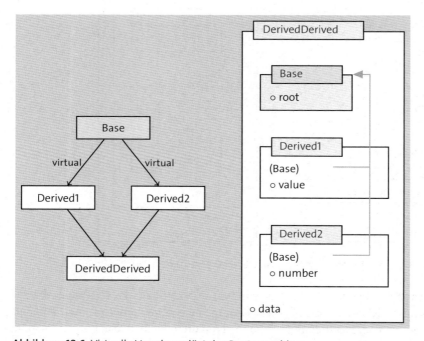

Abbildung 18.6 Virtuelle Vererbung löst das Rautenproblem.

Das war eine Menge Einführung. Es ist aber auch ein komplexes Thema, abgesehen von Templates wahrscheinlich das komplexeste in C++. Damit Sie etwas zum Anfassen haben, gieße ich die vielen Abbildungen nun einmal in Code.

```
#include <iostream>
using std::cout;
class Base {
public:
  int data_ = 0;
};
class Derived1 : public virtual Base {
};
```

18.5 Rautenförmige multiple Vererbung – »virtual« für Klassenhierarchien

```cpp
class Derived2 : public virtual Base {
};
class DerivedDerived : public Derived1, public Derived2 {
public:
  void method() {
     data_ = 1;   // eindeutig, denn es gibt nur ein data_
  }
};
void ausgabe(const DerivedDerived &dd) {
    cout << dd.data_
         << (((Derived1&)dd).data_)
         << (((Derived2&)dd).data_)
         << (((Base&)dd).data_) << '\n';
}
int main() {
  DerivedDerived dd{};
  ausgabe(dd);     // Ausgabe: 0000
  dd.method();     // setzt data_ auf 1
  ausgabe(dd);     // Ausgabe: 1111
}
```

Listing 18.18 Ein einfaches Beispiel mit virtueller Vererbung

In `ausgabe` wird über alle möglichen Stufen der Hierarchie auf `data_` zugegriffen. Gäbe es unterschiedliche davon, dann würde man sie so adressieren. Hier aber ist `data_` = 1 in `method()` eindeutig, weil es nur ein `Base` in `DerivedDerived` gibt. Ohne virtuelle Vererbung wäre nämlich auch der Cast `(Base&)dd` schon mehrdeutig.

Sie können sehr schicke Dinge mit virtueller multipler Vererbung tun. Sie können Methodenaufrufe zu Klassen delegieren, die nicht Teil der direkten Abstammung sind – sozusagen zu Schwesterklassen. In Listing 18.19 habe ich Ihnen einen solchen Fall einmal aufgeschrieben.

```cpp
#include <iostream>
using std::cout;
struct Base { // abstrakte Klasse
  virtual void anbieter() = 0;
  virtual void nutzer() = 0;
};
struct Derived1 : public virtual Base { // noch abstrakt
  virtual void nutzer() override { anbieter(); }
};
struct Derived2 : public virtual Base { // noch abstrakt
  virtual void anbieter() override { cout << "Derived2::anbieter!\n"; }
};
struct DerivedDerived : public Derived1, public Derived2 { // konkret
};
```

455

18   Spezielles für Klassen

```
int main() {
  DerivedDerived dd{};
  DerivedDerived *pdd = &dd;
  Derived1* pd1 = pdd;      // Cast innerhalb der Hierarchie
  Derived2* pd2 = pdd;      // Cast innerhalb der Hierarchie
  pdd->nutzer();            // Ausgabe: Derived2::anbieter()!
  pd1->nutzer();            // Ausgabe: Derived2::anbieter()!
  pd2->nutzer();            // Ausgabe: Derived2::anbieter()!
}
```

Listing 18.19 Effektiv ruft »nutzer()« hier eine Schwestermethode auf.

Die Basisklasse `Base` definiert hier eine Schnittstelle. Sie ist abstrakt, weil sie *abstrakte Methoden* definiert, also pur-virtuelle mit = 0. Die beiden Klassen `Derived1` und `Derived2` implementieren jeweils einen Teil dieses Interfaces, sind aber beide immer noch abstrakt. Erst beim Zusammenfügen in `DerivedDerived` wird die Klasse konkret, also nicht mehr abstrakt, weil alle Methoden nun definiert sind.

Spannend ist, dass in `Derived1` in `nutzer()` der Aufruf `anbieter()` dazu führt, dass eine Methode aufgerufen wird, die erst nach dem Zusammenfügen tatsächlich definiert ist – und das durch eine Klasse, die gar nicht in gerader Linie in der Vererbungshierarchie verbunden ist. Man nennt das *delegieren an eine Schwesterklasse*. Diese Technik kann ein mächtiges Werkzeug sein, wenn Sie das Verhalten von polymorphen Klassen sozusagen nachträglich anpassen wollen.

18.6   Literale Datentypen – »constexpr« für Konstruktoren

Sie kennen schon `constexpr`, mit dem Sie dem Compiler sagen können, er soll diesen Ausdruck bitte schon zur Übersetzungszeit berechnen. Vor Variablen wird dann der fertig berechnete Wert eingesetzt:

```
constexpr int val = 2*12+3*6;
```

Im Programm wird der Compiler dann direkt 42 einsetzen, wenn Sie `val` benutzen.

Bei Methoden und Funktionen heißt `constexpr`, dass, wenn möglich, der Aufruf der Funktion in die Übersetzungszeit verlagert wird:

```
constexpr int add1(int v) { return v+1; }
```

Das heißt, wenn Sie `add1(5)` oder Ähnliches in den Quelltext schreiben, kann der Compiler direkt 6 in das compilierte Programm schreiben, und zur Laufzeit muss nichts mehr passieren.

Etwas Besonderes ist noch, wenn Sie einen *Konstruktor* mit `constexpr` versehen. Dann nämlich, und nur dann, können Sie den Datentyp für `constexpr`-Ausdrücke und -Rückgaben verwenden. Man nennt diesen Datentypen dann einen *literalen Datentyp*. Sie hatten in Listing 16.26 (Seite 410) dazu schon ein kurzes Beispiel gesehen, hier ist ein weiteres:

456

18.6 Literale Datentypen – »constexpr« für Konstruktoren

```cpp
#include <array>
class Value {
    int val_;
public:
    constexpr Value(int val) : val_{val} {};
    constexpr int get() const { return val_; }
};
constexpr Value fuenf{5}; // geht, Value ist literaler Datentyp
std::array<int,fuenf.get()> data; // geht, get ist constexpr
```

Listing 18.20 Einen literalen Datentyp erstellen Sie mit einem »constexpr«-Konstruktor.

Nur weil der Konstruktor von Value mit constexpr markiert ist, dürfen Sie constexpr Value fuenf… überhaupt schreiben. Das wiederum ist Bedingung für die Verwendung als Templateparameter. Wäre fuenf nicht constexpr, dann könnten Sie nicht array<…, fuenf…> schreiben. Doch auch das get muss hier constexpr sein, sonst würde der Compiler nicht zur Übersetzungszeit den Wert für den Templateparameter herausbekommen können.

Besonders nützlich sind literale Datentypen, wenn Sie auch noch *benutzerdefinierte Literale* dafür definieren.

```cpp
#include <array>
#include <iostream>
#include <type_traits> // is_literal_type
class Value {
    int val_;
public:
    constexpr Value(int val) : val_{val} {};
    constexpr operator int() const { return val_; }
};
namespace lit {
    constexpr Value operator"" _val(const char*, size_t sz) { return Value(sz); }
}
struct Nope {
    constexpr Nope() {};
    virtual ~Nope() {};                    // nicht-trivialer Destruktor
};
int main() {
    using namespace lit;
    constexpr Value fuenf{5};
    std::array<int,"11111"_val> data;    // Benutzerdefiniertes Literal verwenden
    std::cout << data.size() << '\n';                          // Ausgabe: 5
    std::cout << std::boolalpha;
    std::cout << std::is_literal_type<Value>::value << '\n'; // Ausgabe: true
    std::cout << std::is_literal_type<Nope>::value << '\n';  // Ausgabe: false
}
```

Listing 18.21 Benutzerdefinierte Literale sind besonders nützlich mit literalen Datentypen.

Sieht es nicht interessant aus, dass Sie "11111"_val als Templateparameter verwenden können? Das liegt daran, dass es eine durchgehende Kette von constexpr-Ausdrücken bis zum return val_ gibt.

Beachten Sie, dass Sie nur besonders einfache Klassen mit einem constexpr- Konstruktor zu einem literalen Datentypen machen können. Zum Beispiel müssen alle Datenfelder ebenfalls literale Typen sein. Ein (nicht trivialer) Destruktor verhindert trotz constexpr eine solche Verwendung.

Ob ein Typ als literaler Datentyp taugt, können Sie übrigens mit dem Type-Trait is_literal_type herausbekommen. Im Beispiel sehen Sie das bei Nope. Der Destruktor entspricht nicht ~Nope() {}, ist also nicht trivial. Das wäre er, wenn der Compiler ihn deklariert und definiert hätte oder Sie ~Nope() = default geschrieben hätten. Hier ist er aber virtuell und somit nicht trivial. Das verhindert, dass Nope ein literaler Datentyp ist. Der Type-Trait is_literal_type<Nope>::value ist also false.

Kapitel 19

Guter Code, 5. Dan: Klassisches objektorientiertes Design

Kapiteltelegramm

▶ **OOP**
Objektorientierte Programmierung

▶ **SOLID**
Akronym für fünf wichtige OOP-Prinzipien, die beim Design von großen Projekten helfen.

▶ **Single responsibility principle – SRP**
Eine Klasse sollte nur einen Grund zur Veränderung haben.

▶ **Open/Closed principle – OCP**
Klassen, Funktionen und Module sollten *offen* für Erweiterungen, aber *geschlossen* für Veränderungen sein.

▶ **Liskov substitution principle – LSP**
Die Instanz eines abgeleiteten Typs kann dort eingesetzt werden, wo sein Basistyp vorgesehen ist.

▶ **Interface segregation principle – ISP**
Kein Nutzer sollte dazu gezwungen sein, von Methoden abhängig zu sein, die er nicht nutzt.

▶ **Dependency inversion principle**
Module sollen sich auf Abstraktionen beziehen, nicht auf andere Module.

▶ **Kovarianz**
Rückgaben können maximal spezifischer werden als beim Obertyp.

▶ **Kontravarianz**
Argumente können maximal weiter gefasst werden als beim Obertyp.

▶ **Model View Controller**
Das MVC ist ein beliebtes Architektur-Pattern.

In Kapitel 15, »Vererbung«, haben Sie schon gesehen, wie Sie in C++ Klassen mittels *Vererbung* voneinander ableiten können. Mit sehr kurzen Worten habe ich dort auch einige zentrale Begriffe der *Objektorientierten Programmierung* erklärt, insbesondere den Unterschied zwischen der »Hat-ein«-Beziehung und der »Ist-ein«-Beziehung.

Zur Objektorientierung Programmierung, abgekürzt OOP, gehört aber noch mehr.

19   Guter Code, 5. Dan:Klassisches objektorientiertes Design

▶ **Abstraktion**
Sie finden Gemeinsamkeiten zwischen Ihren Objekten, definieren deren Methoden und Funktionen so allgemein und generisch wie möglich.

▶ **Klasse**
Eine Klasse definiert die Gemeinsamkeiten einer Kategorie von Objekten. Dieser Klassenbegriff spiegelt sich in C++ in einer `class` wieder.

▶ **Kapselung**
Wenn Sie Elemente zu einer neuen Entität zusammenfügen, dann bilden Sie eine Kapsel. Wenn Sie also Daten und Methoden einer Klasse definieren, dann kapseln Sie. Objekte kennen sich selbst, in C++ als `this`, und manipulieren nur die eigenen Daten direkt.

▶ **Information verbergen**
Sie wählen aus, welcher Teil einer Klasse und Methode nach außen sichtbar sein soll, also die Schnittstelle bildet. Sie offenbaren nur so viel, wie andere Klassen benötigen, nicht mehr.

▶ **Vererbung**
Eine Klasse erbt von seiner Basisklasse dessen Implementierung. Die bildet die »Ist-ein«-Beziehung ab.

▶ **Schnittstelle**
Die Kommunikationsschnittstelle Ihres Programms nach außen.

▶ **Nachrichten**
Objekte kommunizieren untereinander mittels des Versenden von Nachrichten an ihre jeweiligen Schnittstellen. In C++ rufen Sie dazu Methoden anderer Objekte auf.

▶ **Objekt**
Eine geschlossene Einheit aus Daten und Verhalten, in C++ die Instanz einer Klasse. In OOP werden die Daten von Objekten oft »Felder« oder »Attribute« genannt. Das Verhalten wird in C++ mittels Methoden an der Klasse oder freien Funktionen definiert – OOP nennt diese beiden »Prozeduren«.

▶ **Polymorphismus**
Die Fähigkeit, dass sich ein Programm mit unterschiedlichen Objekten anders verhält.

▶ **Modularisierung**
Durch Abstraktion und Aufteilung in Klassen leichter zu handhabbare Einheiten des Programms.

Als Motivation zur objektorientierten Programmierung sollte die *Wiederverwendbarkeit* von Programmen oder Modulen erhöht werden. Die Abstraktion soll helfen, Probleme, die schon einmal gelöst worden sind, mit dem gleichen Programmcode wieder zu lösen. Damit das funktioniert muss sauber gekapselt und Information verborgen werden, um die Abhängigkeiten zwischen den Programmteilen zu minimieren.

Statt dass Sie beim Programmieren dann die einzelnen »Bits und Bytes« eines großen globalen Zustands verändern, treten Sie durch das Versenden von Nachrichten »einen Schritt zurück« und betrachten eher das große Bild. Das Objekt, das die Nachricht empfängt, ist für die Details zuständig. Andere Objekte müssen sich vor allem um die Zusammenhänge kümmern.

Dadurch, dass der Code sauberer aufgeteilt ist, mit weniger Abhängigkeiten zueinander, wird auch die *Wartbarkeit* erhöht.

19.1   Objekte in C++

In C++ wird OOP mit Klassen abgebildet. Eine Klasse ist die »Anleitung« für Objekte. Das Verhalten ist mittels Methoden fest programmiert, die Daten sind als Felder und somit als Platzhalter in der Klassendefinition enthalten.

Wenn Sie eine Klasse instanziieren, dann werden die Felder mit konkreten Daten befüllt, und Sie erhalten ein konkretes Objekt, also die Instanz einer Klasse.

Beim Instanziieren ist es egal, ob Sie dies als »automatische Variable« oder »dynamisch verwaltet« machen:

```
VwBulli bulli{ gruen, 120_kmh};        // automatische Variable
Auto *ente = new Ente{ blau, 80_kmh }; // dynamisch verwaltet
```

Beides erlaubt Polymorphie. Sie müssen jedoch darauf achten, dass Sie nicht aus Versehen ein Objekt nach den falschen Regeln kopieren. Wenn Sie ein Auto als Wertparameter einer Funktion definieren, dann werden Sie auch immer ein Auto bekommen, niemals einen VwBulli oder eine Ente:

```
class Auto { };
  class VwBulli : public Auto { };
  class Ente : public Auto { };
void lassFahren(Auto wagen) { }    // Wertparameter
void lassBremsen(Auto &wagen) { }  // Referenzparameter
void lassHupen(Auto *wagen) { }    // Übergabe als Zeiger
int main() {
    VwBulli bulli{ };              // automatische Variable
    Auto *ente = new Ente{ };      // dynamisch verwaltet
    lassFahren(bulli);            // wird zum Auto kopiert
    lassFahren(*ente);            // wird zum Auto kopiert
    lassBremsen(bulli);           // bleibt VwBulli
    lassBremsen(*ente);           // bleibt Ente
    lassHupen(&bulli);            // bleibt VwBulli
    lassHupen(ente);              // bleibt Ente
}
```

Listing 19.1 Call-by-Reference als Basis für Polymorphie

Weil in `lassFahren` der Parameter als Wertparameter definiert ist, kopiert C++ mittels des Kopierkonstruktors. Und die Zuständigkeit dafür, *wie* zu kopieren ist, liegt bei dem Objekt, das innerhalb von `lassFahren` benötigt wird – und das ist ein `Auto`. Also ist es der Kopierkonstruktor der Klasse `Auto`, der hier verwendet wird. Der weiß aber nur, wie man `Auto` kopiert, nicht `VwBulli` oder `Ente`.

Reichen Sie aber eine Referenz in eine Funktion wie `lassBremsen` hinein, muss nichts kopiert werden, daher bleibt der `wagen` genau von dem Typ, den er außen auch hatte.

Die Angabe des Parameters als Zeiger entspricht in etwa der Referenz. Hier ist nur der Zeiger selbst der Wertparameter und wird beim Eintritt in die Funktion `lassHupen` kopiert. Das Objekt selbst, `bulli` oder `ente`, bleibt dasselbe.

»Dynamische Polymorphie« ist ungleich »dynamische Objekte«

In C++ brauchen Sie nicht zwangsläufig *dynamische Objekte* (mit `new` angelegt) um *dynamische Polymorphie* zu erhalten. Entscheidend ist, dass Sie Objekte nicht als Werte verschicken, also als Parameter übergeben oder zurückgeben.

19.2   Objektorientiert designen

Es ist schwer. Es ist sogar sehr schwer, objektorientiert zu designen. In diesem Buch kann ich Ihnen im Rahmen dieses Kapitels nur eine kleine Hilfestellung geben. Die technischen Mittel finden Sie an diversen anderen Stellen im Buch verstreut. Die Vorgehensweise wiederum füllt andere Bücher, regalmeterweise. Ich will Ihnen aber ein paar Hilfestellungen mit auf den Weg geben, die mir bei meinen Designs geholfen haben.

Wenn Sie abstrahieren, Ihre Klassen designen und die Kapseln bilden, dann sollten Sie immer wieder Ihr Design hinterfragen: »Ist das, was ich hier gerade mache, objektorientiert?« Selten können Sie das zu 100 % mit »Ja« beantworten. Es gibt immer noch eine Abstraktionsebene mehr, wenn Sie es drauf anlegen. Die dann vielleicht zu viel wäre.

Sie können aber Hinweise finden, ob Sie noch auf der richtigen Spur sind. Mir hilft das wiederholte Hinterfragen meines Designs anhand der *SOLID*-Prinzipien: »Single, Open, Liskov, Interface, Dependency«, oder auch mit Akronymen »SRP, OCP, LSP, ISP, DIP«.

19.2.1   SOLID

Ich gebe einmal einen Überblick über diese fünf Prinzipien, bevor ich zu jedem einzelnen ins Detail gehe.

▶ **Single responsibility principle**
Eine Klasse sollte nur einen Grund zur Veränderung haben, das heißt, sie sollte nur eine Aufgabe haben. Diese berühmte Regel formulierte zuerst *Robert C. Martin* (»Uncle Bob«) und meint damit, wann Sie tatsächlich den *Quellcode* einer Klasse verändern

19.2   Objektorientiert designen

sollten. Er definiert als Grund einer Quellcodeänderung die Änderung in der *Verant-wortung* einer Klasse – und davon sollte eine Klasse nur eine haben. Sein Beispiel ist ein Bericht, dessen *Inhalt* und dessen *Darstellung* sich ändern. Das sind zwei Verant-wortlichkeiten, und die sollten folglich von zwei Klassen behandelt werden. Konkrete Umsetzung dieser Regel findet man in dem *Model View Controller*-Konzept (*MVC*) oder dem noch aktuelleren *Model View Viewmodel*-Ansatz (*MVVM*).

▶ **Open/Closed principle**
Klassen, Funktionen und Module sollten *offen* für Erweiterungen, aber *geschlossen* für Veränderungen sein. Zum Beispiel könnte eine Klasse die Erweiterung der eigenen Funktionalität erlauben, ohne dass ihr eigener Quellcode modifiziert werden müsste. Die Anwendung abstrakter Interfaces entstammt diesem Prinzip: Sie definieren ein pures Interface (in der Praxis als Sammlung von Funktionsdeklarationen) und imple-mentieren dieses mehrmals in unterschiedlichen Klassen. Das lässt sich toll über Ver-erbung, dynamischen Polymorphismus und virtuelle Funktionen erreichen. Weniger dynamisch stehen Ihnen in C++ noch weitere Mittel zur Verfügung, wie zum Beispiel Funktionsüberladung, Templatespezialisierung und Type Traits oder dynamische Bi-bliotheken. Von Java kommend erscheint der weniger dynamische Ansatz fremd, ist aber mindestens ebenso mächtig.

▶ **Liskov substitution principle**
Wenn `VwBulli` ein Untertyp von `Auto` ist, dann können Sie Objekte vom Typ `Auto` durch Instanzen des Typs `VwBulli` ersetzen, ohne die wünschenswerten Eigenschaften von `Auto` zu verändern. Denn was muss ein `Auto` tun? Fahren und hupen. Das abgeleitete Objekt kann noch campen, aber `Auto` verlangt dies nicht. Also können Sie überall, wo Sie `Auto` verlangen, tatsächlich `VwBulli` einsetzen. Für C++ praxistauglicher lässt sich das so ausdrücken: Funktionen, die Zeiger oder Referenzen auf eine Basisklasse benutzen, müssen, *ohne es zu wissen*, fähig sein, auch mit abgeleiteten Klassen umzugehen.

▶ **Interface segregation principle**
Das saubere Auftrennen von Interfaces führt dazu, dass ein Nutzer nicht von Metho-den abhängig ist, die er nicht benötigt. Sie vermeiden Inferfaces mit vielen Methoden und teilen sie in kleinere spezifischere auf, sodass Benutzer nur diejenigen Methoden kennen müssen, die sie tatsächlich interessieren. So können Sie später große Klas-sen anders schneiden, aufteilen, rearrangieren, und nur wenige Aufrufer bekommen davon etwas mit. Sie vereinfachen Refactoring, und ihr System ist weniger eng gekop-pelt.

▶ **Dependency inversion principle**
Das Ziel ist es, Module höherer Level von Modulen niederer Level unabhängig zu ma-chen. Sie erreichen dies, indem beide Seiten eine Abstraktionsschicht verwenden, die dann die beiden Modulschichten voneinander entkoppelt. Auch hier ist MVC wieder eine gutes Beispiel: Statt eine GUI zu bauen, die fest mit den Daten verbunden ist, tren-nen Sie die beiden voneinander in (Daten-)Modell und View und bauen dazwischen den Contoller mit vielen abstrakten Klassen, der beide verbindet.

463

Model View Controller

Dieses weit verbreitete Architektur-Muster zerlegt ein Programm in drei Komponenten, die sich kontrollierter unterhalten als »alles mit allem«. Der *Controller* (Steuerung) kontrolliert die *View* (Präsentation) und das *Model* (Datenmodell). Die Präsentation soll unabhängig von der Art der Speicherung der Daten sein, das Speichern der Daten hat nichts mit der benutzten Ansicht zu tun.

Stellen Sie sich zum Beispiel vor, Sie implementieren das Speichern der Daten in einer Oracle-Datenbank und die Präsentation für eine Webseite in HTML. Der Controller bringt beide zusammen, und alles funktioniert.

Wenn MVC optimal funktioniert, dann könnten Sie die Modellschicht so austauschen, dass die Daten nun vielleicht bei Amazon oder Google in der Cloud gespeichert werden. Oder Sie tauschen die Präsentation mit einer mobilen App für Handys aus.

In der Theorie klingt das alles klar und einfach. In der Praxis stößt man immer wieder auf Hindernisse, die diese Architektur zu durchbrechen versuchen. So muss man für bestimmte Probleme die saubere Trennung durch *Observer* (Beobachter) ergänzen oder ganz andere Wege gehen, indem man die Komponenten anders schneidet. So zum Beispiel beim *MVVM* (*Model View Viewmodel*) geschehen.

Single responsibility principle

Warum sollte eine Klasse nur eine einzige Verantwortlichkeit haben? Dafür gibt es mehrere Gründe. Der erste steckt schon im Untertitel der Regel, dass sie nur einen einzigen Grund zur Änderung des Quellcodes haben sollte.

Denn wie sieht Softwareentwicklung aus? In einem größeren Projekt arbeiten unterschiedliche Teams an verschiedenen Bereichen der Software. Und die Wahrscheinlichkeit, dass unterschiedliche Leute an unterschiedlichem Verhalten arbeiten, ist groß. Ist unterschiedliches Verhalten also in unterschiedlichen Klassen untergebracht, dann kommen sich die Programmierer wahrscheinlich nicht uns Gehege.

Auf anderer Ebene müssen auch Programmteile nicht gemeinsam auf dem Livesystem installiert werden. Mit sauber getrennten Modulen muss immer nur ein Modul in Betrieb genommen werden. Die gleiche Argumentation vereinfacht auch das Testen.

Die *eine* Verantwortlichkeit einer Klasse oder eines Moduls herauszufinden, ist leider eine sehr viel komplexere Aufgabe, als nur eine Checkliste zu überprüfen. Eine Möglichkeit, die Gründe für Änderungen herauszufinden, ist, die »Kunden« der Klasse zu ermitteln. Diejenigen, die Änderungen in einem bestimmten Bereich Ihres Programms oder Systems verlangen, sind gute Kandidaten für diese Kunden. Diejenigen, denen die Klasse nutzt, werden nach Änderungen verlangen. Hier sind einige Module und typische mögliche Kunden:

▶ **Persistenz**
Kunden beinhalten Datenbankadministratoren und Softwarearchitekten.

▶ **Berichte**
Kunden sind zum Beispiel Buchhalter und Mitarbeiter im Betriebsmanagment.

▶ **Gehaltsberechungen**
Buchhalter, Manager und Anwälte sind mögliche Kunden.

▶ **Suchmodul im Bibliothekskatalog**
Bibliothekare oder die Bibliotheksbesucher sind Kunden.

Konkreten Personen dann Rollen in der Software zuzuordnen, ist schwierig, aber hilfreich. Tatsächliche Personen können dabei oft mehrere Rollen (gleichzeitig) einnehmen. Andersherum kann in größeren Systemen eine Rolle auch mit unterschiedlichen physischen Personen besetzt sein.

Die Rollen im System zu finden und zu definieren, ist wiederum schwer. Als Zwischenschritt bietet sich der *Akteur* an (engl. *actor*). Eine physische Person wird durch einen abstrakten Akteur repräsentiert, der wiederum mit mehreren konkreten Rollen im System verbunden ist. Zum Beispiel wäre »Achim der Architekt« eine typische Zuordnung einer physischen Person zu einem abstrakten Akteur, oder »Volker der Vortragende.«

Nun sind die Akteure diejenigen, die nach Änderungen im Quelltext fragen. Nach Robert. C. Martin formuliert sich das in etwa so:

▶ Eine *Verantwortlichkeit* ist eine Funktionsfamilie, die einem bestimmten Akteur dient.

▶ Ein *Akteur* einer Verantwortlichkeit ist die einzige Quelle für eine Änderung in dieser Verantwortlichkeit.

Ein klassisches Beispiel sind Bücher. Im Beispiel bedienen sie zwei Rollen. Die erste Rolle dient der des Gelesenwerdens, die andere der des Auffindens in einer Bücherei.

Versucht man beide Rollen mittels einer Klasse zu bedienen, sähe das in etwa so aus (Pseudocode):

```
struct Buch {
    auto getTitel() { return Titel{"Das C++ Handbuch"s}; }
    auto getAutor() { return Autor{"Torsten T. Will"s}; }
    auto umblaettern() { return /* Referenz zur nächsten Seite */ 42; }
    auto getSeite() { return "aktueller Seiteninhalt"; }
    auto getStandort() { return /* Regalnummer/Buchnummer */ 73; }
};
```

Listing 19.2 Die Klasse »Buch« dient den Akteuren Leser und Bibliothekar.

Sieht das »sauber« aus? Aus diesen Methoden kann man mindestens zwei Akteure herleiten: den *Leser*, der sich hauptsächlich für den Inhalt des Buchs interessiert, und den *Bibliothekar*, der den Standort verwalten muss. Schwierig wird es bei den Methoden zu Titel und Autor, denn die sind für beide Akteure von Interesse.

Verlangt jetzt einer der beiden Akteure eine Änderung der Programmfunktionalität, betrifft die Änderung immer die Klasse, die auch den anderen Akteur betrifft.

Dies lässt sich zum Beispiel durch das Verschieben der Funktionen einer der Verantwortlichkeiten lösen. Hier zum Beispiel mittels der Klasse BuchFinder:

```cpp
struct Buch {
    auto getTitel() { return Titel{"Das C++ Handbuch"s}; }
    auto getAutor() { return Autor{"Torsten T. Will"s}; }
    auto umblaettern() { return /* Referenz zur nächsten Seite */ 42; }
    auto getSeite() { return "aktueller Seiteninhalt"; }
    auto getStandort() { return /* Regalnummer/Buchnummer */ 73; }
};
struct BuchFinder {
    Katalog katalog;
    auto finde(Buch& buch) { /* Regalnummer/Buchnummer */
        katalog.findeBuchNach(buch.getTitel(), buch.getAutor());
    }
};
```

Listing 19.3 Die Änderungen eines Akteurs spielen sich meist nur noch in einer Klasse ab.

Die Klasse BuchFinder ist nun diejenige, die für den Bibliothekar interessant ist. Die Klasse Buch ist die für den Leser. Natürlich kann die Methode finde auf verschiedenste Arten implementiert werden, hier der Einfachheit halber nur mittels Titel und Autor. Wichtig ist aber, dass, wenn sich die Anforderungen an die Bibliotheksverwaltung ändern, das hauptsächlich mit der Klasse BuchFinder zu tun hat, die Klasse Buch sollte nicht beeinflusst werden. Wenn andererseits zum Beispiel eine Methode zur Inhaltszusammenfassung für den Leser hinzukommt, dann betrifft diese Änderung wahrscheinlich nicht BuchFinder.

Open/Closed principle

Das Credo dieses Prinzips ist, dass eine Erweiterung der Funktionalität keine *Änderung* bestehenden Quellcodes benötigen sollte, sondern wir nur zusätzlichen Code schreiben, der von dem bestehenden benutzt wird.

Das kann bei aktuellen Sprachen wie Java, C# und C++ auf mindestens zwei Ebenen geschehen:

▶ Quellcode, der vom Compiler zu einem ganzen lauffähigen Programm zusammengeführt wird

▶ Ein zur Laufzeit dynamisch hinzugeladenes Modul, in Java austauschbare »Jar-Files« in C++ dynamische Bibliotheken in Form von DLLs oder *.so-Dateien

Letzteres ist besonders nützlich, wenn es uns erlaubt, das Programm womöglich sogar ohne Neustart oder Inbetriebnahme von Grund auf (»Redeploy«) zu handhaben. Auch das Hinzufügen von neuen DLLs zur Laufzeit ist denkbar, also ohne überhaupt einen bestehenden Teil ganz ersetzen zu müssen.

19.2 Objektorientiert designen

Theoretisch betrachtet ist OCP sehr einfach. Eine einfache Beziehung zweier Klassen Benutzer und Logik, die in der direkten Beziehung »Benutzer verwendet Logik« stehen, verstößt gegen das OCP. Wenn wir eine zweite Klasse Logik benötigen, von der Benutzer entweder die eine oder die andere verwenden können soll, dann führt kein Weg daran vorbei, dass sowohl Benutzer als auch Logik angepasst werden müssen, denn die Verbindung ist hier direkt.

Dieses Problem kann man mit sauber definierten und getrennt implementierten Interfaces angehen: Definieren Sie ein Interface LogicInterface, gegen das die Klasse Benutzer programmiert ist. Das Interface wird dann konkret von den beiden Logik-Klassen implementiert, und jede Benutzer-Instanz kann per Zeiger oder Referenz eine der beiden konkreten Implementierungen wählen.

Das folgende Beispiel ist auf den ersten Blick gar nicht schlecht und wird in der Praxis auch durchaus so gemacht. Mit Vererbung und Inferfaces lässt sich das aber leicht in Bezug auf Open-Closed verbessern:

```cpp
#include <vector>
#include <memory> // unique_ptr
#include <iostream> // cout

enum class ShapeTag { CIRC, RECT };
struct Shape { // Data
    ShapeTag tag_;
    double v1_, v2_;
    Shape(double w, double h) : tag_{ShapeTag::RECT}, v1_{w}, v2_{h} {}
    Shape(double r) : tag_{ShapeTag::CIRC}, v1_{r}, v2_{0} {}
};

class AreaCalculator { // Logic
public:
    double area(const std::vector<std::unique_ptr<Shape>> &shapes) const {
        double result = 0;
        for(auto &shape :  shapes) {
            switch(shape->tag_) {
            case ShapeTag::CIRC:
                result += 3.1415 * shape->v1_ * shape->v1_;
                break;
            case ShapeTag::RECT:
                result += shape->v1_*shape->v2_;
                break;
            }
        }
        return result;
    }
};
```

467

19   Guter Code, 5. Dan:Klassisches objektorientiertes Design

```
int main() {
    std::vector<std::unique_ptr<Shape>> data{};
    data.push_back(std::make_unique<Shape>(10.)); // ein Kreis
    data.push_back(std::make_unique<Shape>(4., 6.)); // ein Rechteck
    // rechnen
    AreaCalculator calc{};
    std::cout  << calc.area( data ) << "\n";
}
```

Listing 19.4 Folgt nicht dem Open-/Closed-Principle

Die »Klasse« Shape ist hier eine reine Datenklasse. Daten heißt hier, dass entweder ein Rechteck oder ein Kreis gespeichert wird. Was genau, zeigt tag_ an. Je nachdem, ob für einen Kreis nur ein Datenelement für den Radius gebraucht wird oder für ein Rechteck zwei Datenelemente für Höhe und Breite gebraucht werden, ist mal nur v1_ oder v1_ und v2_ für die Größenangabe relevant.

Sauber von den Daten getrennt ist die Programm- oder »Business«-Logik. Der AreaCalculator berechnet in area die Summe der Flächen eines Vektors. Dazu muss er für jedes Shape dessen tag_ untersuchen und danach entscheiden, ob die Flächenformel für einen Kreis oder die Formel für ein Rechteck verwendet werden muss.

> **Warum »unique_ptr«?**
>
> Dieses Beispiel würde auch mit vector<Shape> statt vector<unique_ptr<Shape>> funktionieren. Aber weil ich für das nächste Beispiel Zeiger (oder Referenzen) benötige, führe ich die schon in diesem Beispiel ein.

Kommt nun die Anforderung, dass ein weiteres Shape – sagen wir Triangle – hinzukommt, dann müssen Sie

▶ einen neuen Eintrag in ShapeTag hinzufügen,

▶ Shape fit machen für die Größenangaben eines Dreiecks und

▶ in AreaCalculator::area eine neue Unterscheidung mit der Flächenformel hinzufügen.

Die offen/geschlossene Lösung macht es besser:

▶ Die Objekte verbergen ihre Daten und kennen ihr Verhalten selbst.

▶ Die abstrakte Basisklasse definiert ein Interface, gegen das die Logik entwickelt wird.

```
#include <vector>
#include <memory> // unique_ptr
#include <iostream> // cout
struct Shape {
    virtual ~Shape() {}
    virtual double area() const = 0; // abstrakt
};
```

19.2 Objektorientiert designen

```cpp
class Rectangle : public Shape {
    double w_, h_;
public:
    Rectangle(double w, double h) : w_{w}, h_{h} {}
    double area() const override { return w_ * h_; }
};
class Circle : public Shape {
    double r_;
public:
    Circle(double r) : r_{r} {}
    double area() const override { return 3.1415*r_* r_; }
};
class AreaCalculator { // Logic
public:
    double area(const std::vector<std::unique_ptr<Shape>> &shapes) const {
        double result = 0;
        for(auto &shape :  shapes) {
            result += shape->area();
        }
        return result;
    }
};
int main() {
    std::vector<std::unique_ptr<Shape>> data{};
    data.push_back(std::make_unique<Circle>(10.)); // ein Kreis
    data.push_back(std::make_unique<Rectangle>(4., 6.)); // ein Rechteck
    // rechnen
    AreaCalculator calc{};
    std::cout  << calc.area( data ) << "\n";
}
```

Listing 19.5 Folgt dem OCP

Die Klasse Shape ist hier das *Interface*, das dann die Datenklassen implementieren. Sehen Sie, dass der AreaCalculator gegen genau diese Schnittstelle implementiert ist? Die Methode area nimmt nicht eine Menge von Rectangle oder Circle, sondern Shape.

Ein Interface macht aus, dass es keine Implementierung enthält, sondern nur Funktions- bzw. Methoddeklarationen. Das macht Shape dadurch, dass es alle seine Methoden *pur virtuell* deklariert, also virtual und = 0. In anderen Sprachen nennt man dies *abstrakte Methode*. Eine Klasse mit mindestens einer abstrakten Methode nennt man *abstrakte Klasse*. Eine abstrakte Klasse ausschließlich mit abstrakten Methoden nennt man *Signaturklassen*. Dieser Begriff ist in anderen Sprachen weniger bekannt. In Java werden solche Klassen interface genannt.[1]

---

1 Hier ignoriere ich mal die in Java 7 hinzugekommenen Default-Methoden.

Dynamischer Polymorphismus

Die Methode area darf Shape *nicht* als Wertparameter nehmen, denn dann würden diese nach den Regeln von Shape kopiert – *geschnitten* (engl. *sliced*), wie in Listing 19.1 gezeigt. Aus gleichem Grund geht auch vector<Shape> nicht, denn es würden nur geschnittene Kopien darin landen. Übrigens: Weil Shape eine abstrakte Klasse ist (eine Klasse mit einer virtuellen Methode, die = 0 ist), würde sich auch der Compiler beschweren.

Daher speichert vector Zeiger auf Shape-Instanzen. Und damit ich mich nicht um das Wegräumen kümmern muss, verwende ich gleich unique_ptr, das ist aber nebensächlich. unique_ptr erlaubt nun *dynamischen Polymorphismus*: Jeder Zeiger weiß, ob er auf ein Rectangle oder ein Circle zeigt. Wenn ich dann area() aufrufe, wird *dynamisch* die richtige Methode aufgerufen – das aber nur, weil die Methode mit virtual markiert ist. Wie es genau funktioniert, können Sie in Kapitel 15, »Vererbung«, nachlesen.

Im Beispiel sind Rectangle und Circle jeweils von Shape abgeleitet. Was, wenn manche dieser Klassen noch andere Interfaces haben? Sie können diese einfach per multipler Vererbung hinzufügen, siehe Kapitel 18, »Spezielles für Klassen«. Ich empfehle, sich in C++ hier an Java ein Beispiel zu nehmen und multiple Vererbung nur mit Signaturklassen zu verwenden – maximal ein Vorfahre sollte eine Nicht-Signaturklasse sein. Ich wiederhole dies hier, weil ich es so wichtig finde.

OCP und SRP sind eng miteinander verknüpft

Sehr häufig ist eine Verletzung des Single-Responsibility-Prinzips auch gleichzeitig mit einer Verletzung des Open-/Closed-Prinzips verbunden und umgekehrt. Code, der nur einer lokalen Änderung bedarf, hat wahrscheinlicher auch nur den Austausch eines Moduls zur Folge. Ein System, das sauber mit Interfaces aufgeteilt ist, ist wahrscheinlicher auch sauberer nach Verantwortlichkeiten aufgeteilt.

Liskov substitution principle

Was mit Vehikeln wie VwBulli und Auto klar und logisch klingt, ist in der Praxis häufiger für eine Stolperfalle gut. Es geht hier nämlich nicht nur um Typbeziehung, sondern auch ihr Verhalten. Darf eine überschreibende Methode andere Exceptions auslösen? Welche Einschränkungen auf Parametern und Rückgaben sind möglich (ist zum Beispiel null erlaubt)? Verletzt eine final-Methode schon das LSP, wenn sie eine beliebige andere Nicht-final-Methode aufruft? In komplizierten Hierarchien muss man sich öfter mal fragen, ob man nicht das LSP verletzt. Oft ist die Sache nicht so einfach, und es hilft nur der gesunde Menschenverstand.

Ein oder gar »das« klassische Beispiel einer Verletzung des LSP dreht sich um die geometrischen Formen des Rechtecks und des Quadrats. Intuitiv könnte man eine Klassenhier-

19.2 Objektorientiert designen

archie aufbauen, bei der Rechteck die Basisklasse und Quadrat die abgeleitete Klasse ist, denn ein Quadrat *ist-ein* Rechteck, oder?

```cpp
#include <iostream>
struct Point { int x, y; };
class Rectangle {
protected:
    Point origin_;
    int width_;
    int height_;
public:
    Rectangle(Point o, int w, int h) : origin_{o}, width_{w}, height_{h} {}
    virtual void setHeight(int height) { height_ = height; }
    virtual int  getHeight() const { return height_; }
    virtual void setWidth(int width) { width_ = width; }
    virtual int getWidth() const { return width_; }
    virtual int getArea() const { return width_ * height_; }
};
class Square : public Rectangle {
public:
    Square(Point o, int wh) : Rectangle{o, wh, wh} {}
    void setHeight(int wh) override { width_ = height_ = wh; }
    void setWidth(int wh) override { width_ = height_ = wh; }
};
void areaCheck(Rectangle &rect) {
    rect.setWidth(5);
    rect.setHeight(4);
    auto areaValue = rect.getArea();
    if(areaValue != 20) {
        std::cout << "error!\n";
    } else {
        std::cout << "all fine\n";
    }
}
int main() {
    Rectangle rect{ {0,0}, 0,0 };
    areaCheck( rect );          // Ausgabe: all fine
    Square square{ {0,0}, 0 };
    areaCheck( square );        // Ausgabe: error!
}
```

Hier implementiere ich Rectangle auf eine natürliche Weise über einen Ursprungspunkt origin_ und die Breite width_ und die Höhe height_. Dann ist doch ein Square nur ein spezieller Fall von einem Rectangle – analog wie VwBulli ein spezieller Fall von einem Auto ist, oder?

471

Nicht ganz: Der Obertyp Rechteck legt fest, dass sich seine Fläche aus Höhe mal Breite berechnet *und* dass der Benutzer Höhe und Breite getrennt verändern kann. Sie sollten erwarten, dass sich nach dem Setzen von Höhe und Breite die Fläche aus dem Produkt dieser beiden Größen ergibt.

Das Quadrat, das vom Rechteck abgeleitet ist, verletzt diesen »Vertrag« aber, denn es muss beim Setzen der Höhe auch die Breite verändern und umgekehrt. Setzen Sie also die Höhe und Breite nacheinander auf unterschiedliche Werte, wird Ihnen die Flächenberechnung mitnichten deren Produkt zurückliefern. Warum sollten Sie für ein Quadrat nacheinander unterschiedliche Werte für Höhe und Breite setzen? »Das ergibt doch keinen Sinn«, könnten Sie sagen. Nicht, wenn Sie das Quadrat alleine betrachten. Sie dürfen aber die Oberklasse Rechteck nicht aus den Augen verlieren. In einer dynamischen objektorientierten Welt sprechen Sie das Verhalten des Quadrats mittels der Methoden des Rechtecks an, nämlich dann, wenn Sie ein Quadrat an Funktionen übergeben, die auch mit einem Rechteck klarkommen sollen.

Im Beispiel demonstriere ich das mit konkreten Werten. In `areaCheck` übergebe ich ein `Rectangle&` als Parameter und verlasse mich auf sein Verhalten. Nach `setWidth(4)` und `setHeight(5)` sollte doch wohl die Fläche eines Rechtecks 20 sein. Ja, für `rect` ist das auch der Fall. Wenn ich aber mit `square` ein `Square&` als Parameter übergebe, stimmt diese Annahme nicht! `setHeight` hat gleichzeitig `width_` verändert, und somit ergibt die Berechnung 16, nicht 20. Das würde doch sehr verwirren, wo doch der Parametertyp `Rectangle&` war.

Wir müssen in ordentlicher objektorientierter Programmierung also immer darauf aufpassen, dass wir die Gegenstände der wirklichen Welt auf eine korrekte Art und Weise abstrahieren. Die »Gegenstände« lassen sich oft nicht eins zu eins zu »Objekten« übertragen.

Im LSP gibt es den Obertyp und Untertyp, für die Regeln gelten. Dabei muss es sich nicht zwangsläufig um eine Vererbungshierarchie handeln, daran sind die Regeln aber am anschaulichsten erklärt. Innerhalb einer Klassenhierarchie, in der `Base` oder `B` die Basisklasse und `Derived` oder `D` die davon abgeleitete Klasse ist, gelten die folgenden Regeln:

▶ **Rückgabe kann maximal spezifischer werden (Kovariant)**
Eine überschreibende Funktion kann nur genauso viele oder mehr Einschränkungen zu ihrer Rückgabe machen, wie die originale Funktion. Das heißt, wenn der Rückgabetyp der Originalfunktion `B` war, dann kann eine überschreibende Funktion nur auch `B` oder ein `D` sein. Wenn die Originalfunktion `nullptr` zurückliefern darf, dann darf das auch eine überschreibende Funktion. Andersherum geht das nicht: Wenn für die Originalfunktion dokumentiert ist, dass Sie kein `nullptr` zurückliefert, dann darf keine überschreibende Funktion dies tun. Das ist nur ein Beispiel und gilt für alle verhaltensmäßigen Einschränkungen. Das Werfen von Ausnahmen fällt auch unter Verhalten.

19.2 Objektorientiert designen

▶ **Argument kann maximal weiter gefasst werden (Kontravariant)**
Ein Parameter einer überschreibenden Funktion kann weitere Regeln zulassen als die
Regeln der Originalfunktion, darf sie aber nicht enger fassen. Wenn also die Originalmethode Typ D als Parameter nimmt, dann kann eine überschreibende Methode
D aber auch B nehmen. Wenn die Originalmethode 0 als Parameterwert nicht zulässt,
dann darf die überschreibende Methode das aber erlauben. Andersherum wäre das LSP
verletzt: Wenn die Basismethode 0 erlaubt, die überschreibende Methode 0 verbietet,
ist das LSP verletzt.

Und wie ist das mit Containern? Kann eine Basismethode, die vector<B> zurückliefert, von
einer Methode überschrieben werden, wenn sie vector<D> liefert?

```cpp
#include <vector>
using std::vector;
struct B {};
struct D : public B {};
struct Base1 {
    virtual B& func();
};
struct Derived1 : public Base1 {
    virtual D& func() override;          // D& ist kovariant
};
struct Base2 {
    virtual B& func();
};
struct Derived2 : public Base2 {
    virtual D func() override;          // D ist nicht kovariant
};
struct Base3 {
    virtual vector<B> func();
};
struct Derived3 : public Base3 {
    virtual vector<D>& func() override; // vector<D>& ist nicht kovariant
};
struct Base4 {
    virtual vector<B*>& func();
};
struct Derived4 : public Base4 {
    virtual vector<D*>& func() override; // anderer Typ, nicht kovariant
};
```

Listing 19.6 Kovarianz für Rückgabetypen

C++ erlaubt in Derived1 den Rückgabetyp D& in der überschreibenden Methode func().
Diese ist zu B& kovariant wie Derived1 zu Base1.

Ist die Rückgabe ein Werttyp und keine Referenz wie D in Derived2, dann ist dies *nicht kovariant*, weil die Rückgabe »geschnitten« würde (engl. *slicing*).

Das lässt sich auch auf einen Rückgabetyp vector<D>& übertragen: Jeder einzelne Wert des Containers würde geschnitten, auch wenn die Rückgabe selbst eine Referenz ist.

In der Hierarchie Derived4 und Base4 ist auch vector<D*>& *nicht kovariant* zu vector<B*>&. Es handelt sich in C++ um völlig unterschiedliche Typen, die nicht miteinander verwandt sind.

Sollte Ihnen ein solcher Fall unterkommen, ist es in Ordnung, als Rückgabetyp der überschreibenden Methode vector<B*>& wählen.

Beachten Sie aber, dass sich das LSP nicht nur auf das Typsystem, sondern auch auf das restliche Verhalten bezieht.

Interface segregation principle

Beim SRP dreht sich alles im Akteure und die Architektur auf höherer Ebene. Beim OCP geht es um Klassendesign und Erweiterbarkeit, und das LSP behandelt Untertypen und Vererbung. Das *Interface Segregation Principle* (ISP, in etwa: Schnittstellen-Abtrennungs-Prinzip) macht Aussagen über die Kommunikation der Komponenten und der Geschäftslogik.

In allen modularen Programmen muss es eine Art Schnittstelle geben, auf die sich die Nutzer verlassen können. Das können echte Objekte sein, die mit Signaturklassen typischer ihr Interface präsentieren, oder mit anderen klassischen Designpatterns wie Fassaden versehene Objekte. Alle diese Möglichkeiten haben den Zweck, die Kommunikation des Nutzers mit dem Modul zu regeln.

Beim ISP geht es darum, wie ein Modul seine Interfaces nach außen präsentieren sollte.

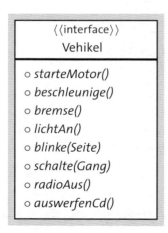

Abbildung 19.1 Das könnten die Methoden einer Auto-Klasse sein.

19.2 Objektorientiert designen

Die Überlegung beginnt damit, dass man Funktionalität in einem Modul hat, die von anderen genutzt werden soll. Zum Beispiel könnte ich das Interface Vehikel mit den Methoden von Abbildung 19.1 identifizieren:

Wenn ich so anfange, dann führt das wahrscheinlich dazu, dass das Modul auf eine der folgenden zwei Arten zu implementieren ist.

▶ Ich schreibe eine gigantische Klasse, die alle Methoden des Vehikel-Interfaces implementiert. Schon alleine die schiere Größe dieser Klasse sollte Ihnen sagen, dass Sie diesen Weg nicht gehen sollten.

▶ Stattdessen könnte ich viele kleine Klassen wie LichtSteuerung, GeschwindigkeitsSteuerung und Unterhaltung schreiben, bei denen jede einzelne das ganze Interface implementiert, aber tatsächlich nur jeweils den Teil abdeckt, der für sich selbst nützlich ist. Also zum Beispiel in allen nicht unterstützten Methoden einen »Nicht-implementiert« zurückliefert.

Es sollte offensichtlich sein, dass keiner dieser beiden Wege akzeptabel zur Implementierung des Moduls ist.

Probieren wir es anders: Ich breche das große Interface in mehrere kleinere auf, die sich um ihre eigene Spezialisierung drehen können:

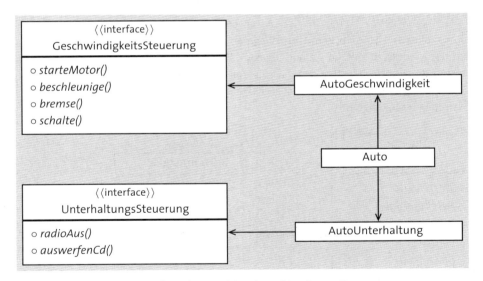

Abbildung 19.2 Kleinere Interfaces lassen sich getrennt implementieren.

Die Klassen, die die Interfaces implementieren, könnte ich dann für mehrere Typen von Vehikeln verwenden, wie zum Beispiel Auto in Abbildung 19.2. Hier nutzt Auto die Implementierungen AutoGeschwindigkeit und AutoUnterhaltung und ist durch diese Implementierungen abhängig von den Interfaces GeschwindigkeitsSteuerung und UnterhaltungsSteuerung.

Eigentlich eine seltsame Sichtweise, dass man sich auf Implementierungen verlässt, um Schnittstellen anzubieten. Das folgende Bild drückt das Design viel besser aus:

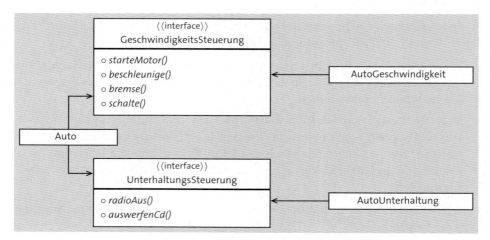

Abbildung 19.3 Interfaces gehören den Benutzern, nicht den Implementierungen.

Das verändert fundamental die Sichtweise auf die Architektur! Auto wird zum *Benutzer*, anstatt die *Implementierung* zu sein.

Und trotzdem will ich den Benutzern Wege an die Hand geben, die Funktionalität des gesamten Moduls zu nutzen – über Objekte, die vom Typ Vehikel sind. Also biete ich weiterhin das Interface Vehikel an, das die Teil-Interfaces vereint. Das ist die einfachste Lösung, Benutzern des Moduls wie Bushaltestelle, Mautobahn und Fahrer die gesamte Funktionalität anzubieten:

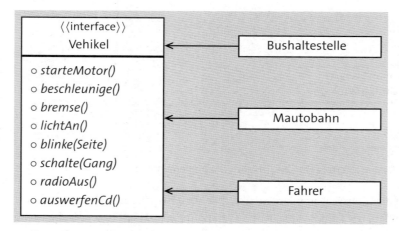

Abbildung 19.4 Große Schnittstellen sind nicht sauber aufgeteilt.

Das führt dazu, dass die Benutzer die Auswahl der Funktionalitäten selbst erledigen. Das ist auf jeden Fall der Weg, nach dem die meisten älteren Applikationen und APIs implementiert sind.

> **Credo des ISP**
> Kein Nutzer sollte dazu gezwungen sein, von Methoden abhängig zu sein, die er nicht nutzt.

Für Bushaltestelle ist starteMotor() eine wichtige Methode. Aber die potenzielle Gefahr, dass sich das genutzte Interface von radioAus() abhängig gemacht hat, verstößt gegen das saubere Aufteilen auf Schnittstellen.

Und nicht nur das: Es verstößt auch gegen das SRP, dass eine Änderung in radioAus(), für das Fahrer der Nutzer ist, potenziell die Bushaltestelle beeinflusst. So etwas sollte niemals passieren.

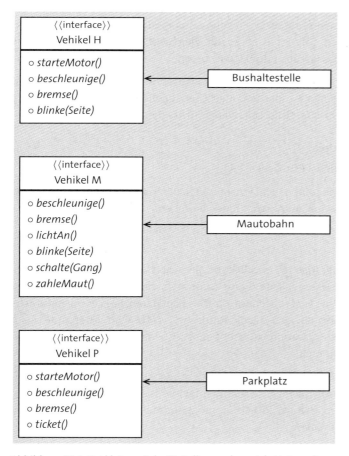

Abbildung 19.5 Bei kleinen Schnittstellen suchen sich Nutzer die passenden zusammen.

Interfaces gehören den Nutzern, nicht den Implementierungen, daher ist die Sichtweise aus Abbildung 19.3 so wichtig. Sie sollten immer danach trachten, die Interfaces für die Nutzer zu optimieren. Manchmal kennen Sie die tatsächlichen Nutzer noch nicht, was es schwerer macht. Dann ist es immerhin gut, statt weniger großer Interfaces mehrere kleine anzubieten, damit sich die Nutzer dann diejenigen zusammensuchen können, die ihren Anforderungen am besten entsprechen, wie in Abbildung 19.5 dargestellt.

Das führt in einem gewissen Grad zu Duplikation. Jedoch sind Interfaces ja nur die *Definitionen* der Methoden. Die Implementierungen im Modul selbst sind nicht dupliziert. Die Menge der tatsächlichen Duplikation ist klein und handhabbar.

Zu einem gewissen Grad bietet C++ Ihnen durch Mehrfachvererbung auch hierzu eine Lösung an. Sie können die duplizierten Methoden in den verschiedenen Interfaces gering halten, indem Sie noch sorgfältiger aufteilen und von den Nutzern dann bis zu einem gewissen Grad erwarten, dass sie mehrere gleichzeitig verwenden. Das ist in der Praxis aber aus mehren Gründen schwer. Zum einen ist multiple Vererbung technisch und mental eine Herausforderung. Zum anderen müssen die Implementierungsklassen innerhalb des Moduls selbst manchmal mehrere Inferfaces gleichzeitig benutzen, um sinnvoll implementieren zu können. In dem Falle ist es oft besser, gleich ein Interface anzubieten, das die Implementierung und der Benutzer direkt verwenden.

Beim ISP geht es durchweg darum, die Bedürfnisse der Nutzer im Auge zu behalten. Deren Bedürfnisse zu unseren eigenen zu machen, macht letztendlich unseren eigenen Code besser und unser Leben als Programmierer auf lange Sicht einfacher.

Dependency inversion principle

Robert C. Martin definiert dieses Prinzip wie folgt:

- ▶ Module auf höherer Ebene sollten nicht von Modulen niedrigerer Ebene abhängig sein. Beide sollten sich stattdessen auf Abstraktionen beziehen.
- ▶ Abstraktionen sollten sich nicht auf Details beziehen, Details stattdessen auf Abstraktionen.

In vielen Applikationen hängt irgendwann alles von allem ab. Die Geschäftslogik fragt die Datenbank ab, baut sich die Datenobjekte selbst zusammen, die GUI nutzt die Geschäftslogik, die versucht, indirekt die GUI zu steuern, etc. Das liegt daran, dass es die natürliche Form der Dinge ist. Wenn ich ein GUI-Dialog aufmache, »nutze« ich Daten, und wenn die Geschäftslogik sagt, eine Operation ist verboten, dann »nutzt« sie die GUI, um zum Beispiel einen Knopf auszugrauen.

Man muss extra Aufwand treiben, um diese Abhängigkeiten zu reduzieren – die meisten davon im Kopf. Man muss die Sichtweise »umkrempeln«. Das zu tun, ist aber enorm wichtig. Das DIP umzusetzen, hält das Projekt länger zusammen, weil die Verbindungen loser werden und nicht verknäulen.

19.2 Objektorientiert designen

Das Entscheidende ist, in welche Richtung die Abhängigkeiten zeigen, wie Sie in Abbildung 19.6 sehen:

- Die GUI oder die nach außen anzubietenden Dienste hängen nur von der Geschäftslogik ab. Geschäftslogik ist mit abstrakten Schnittstellen versehen, während die GUI ruhig konkret sein kann. So wird die GUI nur zu einem kleinen Detail des Projekts und nichts, wovon andere Dinge groß abhängen. Das ist besonders nützlich, weil gerade die GUI dazu tendiert, ziemlich veränderlich zu sein.
- Das Speichern von Objekten hängt ebenfalls von der Geschäftslogik ab und nicht andersherum. Dieser ist es egal, welche Datenbank zugrunde liegt oder ob sogar Text- oder XML-Dateien benutzt werden. Eine Änderung in der Art zu speichern, wirkt sich nicht auf die Geschäftslogik aus.
- Besonders nützlich ist die Art, wie Instanzen erzeugt werden. Auch dies geschieht nicht innerhalb der Geschäftslogik. Diese jedoch unabhängig zu machen, hat den Vorteil, dass auch sie alleine geändert werden können. So entstehen einfache Factories, die dabei helfen, Instanzen zu erzeugen. Sobald diese erzeugt sind, führen sie innerhalb der Geschäftslogik ihre Arbeit aus.

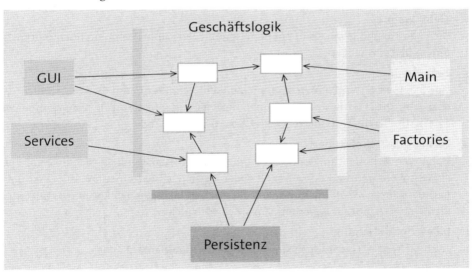

Abbildung 19.6 Schichten hängen nicht voneinander ab.

Das strikte Einhalten des DIP hat die folgenden Konsequenzen:

- Sie werden beinahe dazu gezwungen, auch das OCP einzuhalten.
- Sie trennen die Verantwortlichkeiten und halten sich somit an das SRP.
- Es bringt Sie dazu, sauber Untertypen und Vererbung einzusetzen, und Sie wenden somit das LSP an.
- Es wird Ihnen leichter fallen, Ihre Interfaces von den Implementierungen abzutrennen, und vereinfacht somit ISP.

Somit schließt sich der Kreis. Die fünf Prinzipien geben sich gegenseitig die Hand und bedingen einander. Das Dependency Inversion Principle hält die Prinzipien zusammen, indem es die Verknäulung des Programmcodes verhindert.

19.2.2 Seien Sie nicht STUPID

Manchmal hilft es, auch schlechte Beispiele zu nennen. Ich nenne diese absichtlich erst *nach* der Erklärung von SOLID, weil ich es besser finde, immer zuerst den korrekten Weg beschrieben zu bekommen. Auch fasse ich mich hier kurz, denn der Hauptzweck meiner Aufzählung soll sein, dass Sie Fußangeln erkennen und wissen, wann Sie vielleicht auf der falschen Fährte sind.

Es gibt auch hier ein Akronym: STUPID beschreibt Fälle, bei denen Sie innehalten sollen, um vielleicht noch einmal Ihr Design zu überdenken:

▶ **Singleton**
Eine Klasse mit nur einer Instanz, gerne als »getarnte globale Variable« bezeichnet. Singletons sind kontrovers diskutiert und häufig auch als ein »Anti-Pattern« bezeichnet.

▶ **Tight Coupling**
Die enge Kopplung von Komponenten ist auf jeden Fall schlecht und bricht mit mehreren SOLID-Prinzipien.

▶ **Untestability**
Was Sie nicht testen können, können Sie nicht verändern, und Sie können nicht sicher sein, ob Sie fertig sind. Sie können nur refakturieren, wenn Sie testen können. Je automatischer die Tests, desto leichter das Ändern von Code.

▶ **Premature Optimization**
Halten Sie sich nicht mit unnötigen Details auf. Beschäftigen Sie sich erst mit Verbesserungen, wenn es sich auszahlt. Oder sogar noch extremer: Wenn Sie darüber nachdenken, ob Sie optimieren sollen: Folgen Sie den folgenden Regeln: »1. Tun Sie es nicht« und »2. (nur für Experten) Tun Sie es *noch* nicht.«

▶ **Indescriptive Naming**
`feld1` bis `feld99`? Gute Namen sind wichtiger als Kommentare.

▶ **Duplication**
Doppelter Code muss doppelt gewartet werden und widerspricht sich irgendwann. Wenn Sie Akronyme mögen, dann ist dies hier DRY: »Don't Repeat Yourself.« Wenn Duplikation zu entstehen droht, refakturieren Sie.

Wie immer gibt es manchmal Gründe für Ausnahmen. Nicht jede globale Variable und nicht jedes Singleton ist schlecht. GUIs sind inhärent schwer testbar, manche Duplikation vereinfacht das Design. Aber Ausnahmen dürfen keine Aus*rede* sein und nicht zur Regel werden.

TEIL III
Fortgeschrittene Themen

Der vorhergehende Teil hat sich hauptsächlich mit den offensichtlichen Aspekten der objektorientierten Programmierung beschäftigt, wie Sie sie zum Beispiel aus Java oder anderen Sprachen kennen. Virtualität, Vererbung oder gar Klassen und Methoden sind aber nicht der einzige Weg, Erweiterbarkeit, Kapselung und Polymorphismus zu erreichen. Man könnte argumentieren, dass man auch in C objektorientiert programmieren kann, wenn man sich Mühe gibt.

Dieses Kapitel diskutiert nicht, ob andere Wege zur Objektorientierung führen, zeigt Ihnen aber über die bisher besprochenen Dinge hinaus Möglichkeiten auf, Ihr Programm zu designen und sich dabei weiterer Werkzeuge der Sprache C++ zu bedienen. Sie können Elemente der klassischen OOP weglassen und durch andere Mittel ersetzen, Ähnliches erreichen und dabei einige Vorteile genießen.

Ich starte mit der Brücke zum Urvater von C++, den Zeigern und den Makros von C. Über die Erklärung der C++-Templates kommen wir am Ende zur einigen Elementen aus der funktionalen Programmierung, von denen sich C++ einige Dinge abgeschaut hat, um aussagekräftige und flexible Programme zu ermöglichen.

Kapitel 20
Zeiger

Kapiteltelegramm

▶ **Zeiger (*Pointer*)**
Variable, die eine Adresse auf Daten im Heap oder Stapel hält

▶ **Roher Zeiger**
Variable vom Typ Typ *, Typ const * (konstanter Wert), Typ * const (konstanter Zeiger) oder Typ const * const (beides konstant)

▶ **Heapspeicher oder kurz Heap, »Haufen«**
Ort, an dem Daten abgelegt werden, die dynamisch – mit new – angefordert werden

▶ **Stapelspeicher oder kurz Stapel, »Stack«**
Speicherort von Objekten, die ohne new angelegt wurden

▶ **Automatisches Objekt**
Ein auf dem Stapel erzeugtes Objekt

▶ **Dynamisches Objekt**
Ein auf dem Heap erzeugtes Objekt

▶ **Aliasing**
Das Ansprechen desselben Objekts von mehreren Variablen aus

▶ **Objektbesitz**
Die Variable, die mittels eines Zeigers für das Entfernen eines dynamischen Objekts zuständig ist, besitzt das Objekt.

▶ **new und new[ ]**
Ein dynamisches Objekt anlegen

▶ **delete und delete[ ]**
Ein dynamisch angelegtes Objekt freigeben

▶ **Smartpointer unique_ptr und shared_ptr**
Zeigertypen der Standardbibliothek nach dem RAII-Konzept, mit denen Sie sich das explizite Freigeben sparen

▶ **move**
Einen Wert mit Namen zu einem Tempwert und damit verschiebbar machen

▶ **C-Array**
Ein C-Array enthält mehrere Elemente gleichen Typs und wird mit eckigen Klammern deklariert.

▶ **Zeigerarithmetik**
Addition, Inkrement und Ähnliches mit rohen Zeigern in ein C-Array

▶ **C-Array-Verfall**
Ein C-Array verliert bei der Übergabe in eine Funktion seine Größeninformation.

▶ **Iterator**
Das abstrakte Konzept von Zeigern, übertragen auf Standardcontainer

Durch Zeichenketten hatten Sie schon ein wenig mit Zeigern zu tun. Sie haben deren Literale immer als `const char*` herumgereicht. Und wenn Sie `main` mit Argumenten aufrufen, dann werden die Argumente in ein C-Array dieses Typs verpackt, also `const char*[]`. In diesem Kapitel lernen Sie mehr über diese Konstrukte. Sie sind nicht leicht zu durchschauen, ermöglichen aber allerlei nützliche Dinge. Sie müssen sie aber richtig verwenden, damit Sie sich nicht mehr Ärger einhandeln, als sie Ihnen Nutzen bringen.

Wenn Sie Zeiger verwenden, ist der Weg zur Nutzung dynamischen Speichers nicht mehr weit: `new` ist hier das Schlüsselwort. Jedoch muss ich gleich einem potenziellen Missverständnis vorbeugen: Wenn Sie die Standardcontainer wie `vector` und Verwandte verwenden, dann nutzen Sie schon dynamischen Speicher, ohne es zu merken. Sie haben allen Nutzen, müssen sich aber nicht um die trickreichen Details kümmern. Daher möchte ich Folgendes vorausschicken: Sie werden bei C++ um Zeiger mittelfristig nicht herumkommen, aber Sie sollten immer zuerst die Alternativen prüfen. Wenn Sie sogar selbst mit dynamischem Speicher hantieren wollen, dann nutzen Sie keine rohen Zeiger für dessen Besitz, sondern nehmen Sie die smarten Pointer `unique_ptr` und `shared_ptr`.

20.1 Adressen

Zur Laufzeit des Programms muss jedes »Ding« irgendwo gespeichert werden. Die wichtigsten Dinge sind hier Variablen. In diesem Sinne sind auch Parameter Variablen. Weitere Dinge, für die vielleicht nicht so offensichtlich ist, dass sie irgendwo gespeichert werden, sind Funktionen und Methoden. In C++ sind auch Funktionen nur Variablen eines bestimmten (komplizierten) Typs. Zum Vergleich: Dinge, die nur der Compiler braucht und die zur Laufzeit so nicht mehr vorhanden sind, haben keine Adresse. Zum Beispiel Typen selbst und die `*.cpp`-Dateien, die zum Programm übersetzt werden. Sie können nicht die Adresse von `int` oder `MeinTyp` erfragen und auch nicht von `programm.cpp`.

Jedes Objekt muss, während das Programm läuft, irgendwo abgelegt werden. Dazu gibt es den *Speicher*. Formal gesehen ist alles, was im Speicher liegt, ein *Objekt*, und wenn dieses Objekt einen Namen hat, ist es eine *Variable*. Den Speicher können Sie sich in etwa wie eine Straße mit Häusern vorstellen, wobei in jedem Haus ein Objekt gespeichert werden kann. Ihr Computer kennt nur diese eine Straße, daher merkt er sich nur die Hausnummer des Objekts. Oft werden diese Adressen in hexadezimaler Form angegeben. Die genaue Form sei hier egal, sie ist auch auf unterschiedlichen Systemen verschieden. Für die Beispiele dieses Kapitels soll **0x***ab08* und Ähnliches für Adressen stehen: mit **0x** beginnend, gefolgt von vier oder acht Zeichen aus *0123456789abcdef* (16 verschiedene, daher *hexa*dezimal).

Wohl aber gibt es zu jedem Typ einen dazugehörigen weiteren Typ, der die Adresse auf eine Variable dieses Typs repräsentiert. Wenn Sie zum Beispiel eine Variable int value = 42; definieren, dann hat value den Typ int. Die Adresse von value hat den Typ int*. Sie können nun eine neue Variable dieses weiteren Typs definieren, die die Adresse von value hält.

```
int value = 42;
int* pValue = &value;
```

In Abbildung 20.1 können Sie sehen, wie das dann im Speicher aussieht.

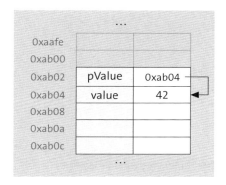

Abbildung 20.1 Speicherpositionen können Sie sich als Häuser in einer Straße denken.

Die Definition von pValue in der zweiten Zeile bedarf einer Erklärung. Da pValue ja kein int ist, wäre int* pValue = value; falsch – Sie benötigen nicht den *Wert* aus value, sondern dessen *Adresse*. Und genau dies macht der *unäre Adressoperator* & vor dem Variablennamen: &value liefert Ihnen die Adresse von value zurück. Da value vom Typ int ist, ist &value vom Typ int*. Die Zuweisung von &value an int* pValue ist somit korrekt.

20.2 Zeiger

Das Spannende ist nun, dass Sie mit *pValue einen alternativen Weg haben, auf den Wert in value zuzugreifen. Wenn Sie den *unären Dereferenzierungsoperator* * auf pValue anwenden, dann verweist er auf den Speicher mit der 42. Wenn Sie dort etwas hineinschreiben, dann verändern Sie auch den Wert von value. Mit *pValue haben Sie einen *Alias* für value.

```
*pValue = 18;
cout << value << "\n"; // Ausgabe: 18
```

Wenn ich bei dem Bild mit der Straße und den Häusern bleiben darf, dann passiert Folgendes: Mit pValue gehen Sie zu dessen Haus (*0xab02*), schauen sich an, was darin ist, und finden die Adresse *0xab04*. Mit dem Dereferenzierungsoperator * folgen Sie dem Pfeil und kommen beim Haus von value an. Die Zuweisung = 18 schreibt den neuen Wert an die Stelle im Speicher – also bei value.

20 Zeiger

Das ist bisher noch gar nicht so viel anders, als Sie es mit Referenzen auch hätten tun können:

```
int value = 42;
int& valueRef = value;  // Referenz; kein Adressoperator & nötig
valueRef = 18;          // kein Dereferenzierungsoperator * nötig
cout << value << "\n";  // Ausgabe: 18
```

Nur dass hier der Adress- & und der Dereferenzierungsoperator * wegfallen, weil der Name valueRef selbst ein *Alias* für die ursprüngliche Variable value ist.

Doch eine Sache können Zeiger mehr als Referenzen – Sie können ihnen eine *neue* Adresse zuweisen.

```
#include <vector>
#include <iostream>
using std::vector; using std::cout; using std::ostream;
ostream& printVector(ostream& os, const vector<int> &arg) { // Hilfsfunktion
    for(int w : arg) os << w << " "; return os;
}
int main() {
    vector<int> werte{ };
    werte.reserve(50);                    // Platz für 50 Werte garantieren
    int *groesstes = nullptr;             // mit besonderem Wert initialisieren
    for(int w : { 20, 2, 30, 15, 81, 104, 70, 2, }) {
        werte.push_back(w);
        if(!groesstes || *groesstes < w ) { // dereferenzieren zum Wert
            groesstes = &(werte.back());    // neue Adresse merken; deshalb nicht '*'
        }
    }
    printVector(cout, werte) << "\n";      // Ausgabe: 20 2 30 15 81 104 70 2
    // groesstes enthält nun die Adresse der 104:
    *groesstes = -999;                     // dereferenzieren; also Wert überschreiben
    printVector(cout, werte) << "\n";      // Ausgabe: 20 2 30 15 81 -999 70 2
}
```

Listing 20.1 Zeiger können im Laufe ihres Lebens neue Adressen zugewiesen bekommen.

Zunächst initialisiere ich hier den vector werte ohne Elemente. Die Zeigervariable int* groesstes soll immer auf das größte Element im vector zeigen. Da der vector noch leer ist, initialisiere ich die Variable mit dem besonderen Wert nullptr für »zeigt nirgendwo hin«.

Dann füge ich nacheinander ein paar beliebige Zahlen an den vector an. Immer, nachdem ich das getan habe, prüfe ich mit dem if(…), ob der neue Wert größer ist als das, was *groesstes aktuell hält. Jetzt wird es aber gefährlich, denn groesstes kann den speziellen Wert nullptr enthalten, und das heißt »nirgendwo hin«. Einen *nullptr zu dereferenzieren, ist nicht erlaubt (also * oder -> darauf anzuwenden). Daher prüfe ich zuerst, ob groesstes immer noch nullptr enthält. Wenn ja, dann soll der aktuelle Wert auf jeden

486

Fall als groesstes gemerkt werden. Das könnte ich mit if(groesstes != nullptr) tun. Das kann man aber zu if(!groesstes) abkürzen. Zusammen mit dem Größenvergleich wird daraus if(!groesstes || *groesstes < w). Das heißt, der Zeiger groesstes bekommt dann einen neuen Wert zugewiesen, wenn er entweder noch nullptr enthält oder das, worauf er zeigt, kleiner als w ist.

In dem Fall, dass groesstes noch nullptr enthält, wird der Ausdruck rechts vom || nicht ausgeführt – dank Kurzschluss-Auswertung, die in Abschnitt »Kurzschluss-Auswertung« des Abschnitts 4.11.8 erklärt wird.

> **nullptr**
> Sie dürfen einen Zeiger, der nullptr enthalten kann, niemals dereferenzieren. Prüfen Sie diesen zuerst darauf, ob er eine gültige Adresse enthält.

Wenn der neue Wert größer ist, dann hole ich mir die Adresse des nun letzten Elements mit &(werte.back()) und speichere diese als neuen Adresswert in groesstes. Das passiert im Laufe des Programms für 20, 30, 81 und bei 104.

Wenn ich dann zwischen den zwei Ausgaben mit *groesstes = -999; einen neuen Wert nach *groesstes schreibe, überschreibe ich tatsächlich die 104 im vector. Das Ergebnis sehen Sie in der Ausgabe.

20.3 Gefahren von Aliasing

Haben Sie bemerkt, dass ich heimlich ein

werte.reserve(50); // Platz für 50 Werte garantieren

in Listing 20.1 eingeschleust habe? Der Grund dafür ist, dass ich einer Gefahr aus dem Weg gehen muss, die dadurch entsteht, dass ich ein und denselben Wert – dessen Speicherbereich – auf verschiedenen Wegen erreichen kann. Das ist eben das *Aliasing*.

Der vector verwaltet seine Daten natürlich ebenfalls irgendwo im Speicher. Und eine seiner Eigenschaften ist, dass er verspricht, diese direkt hintereinander abzulegen. Das hat aber zur Folge, dass es sein kann, dass »hinten« kein Platz mehr im vector ist, wenn Sie mit push_back ein Element hinzufügen. Damit geht der vector aber um: Er fordert einen doppelt so großen *neuen* Speicherbereich an und kopiert (oder verschiebt) alle bisherigen Werte in den neuen Bereich. Zuletzt entfernt der vector den alten Bereich.

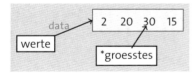

Abbildung 20.2 Ein Zeiger zeigt in die Daten eines Vektors hinein.

Ich habe aber in groesstes die *Speicheradresse* eines Werts gespeichert. Und wenn eine der push_back-Operationen eine vector-Vergrößerung ausgelöst hat, dann zeigt groesstes nach der Vergrößerung nicht auf die wirkliche Speicherstelle, sondern mitten in den aufgegebenen Speicherbereich hinein. Wenn Sie eine solche Speicherstelle weiter nutzen, ist das ein Fehler. Theoretisch könnte alles passieren: Das Programm kann abstürzen oder andere Daten überschreiben. Im vorliegenden Fall würden Sie es vielleicht nicht einmal merken, da Sie den Zeiger sehr häufig neu holen. Wenn Sie aber nach der 30 nur noch kleinere Werte schreiben, dann bleibt groesstes auf der 30. Und nach der automatischen Anpassung des Vektors würden Sie sich wahrscheinlich nur wundern, warum *groesstes = 999; sich nicht auf die Ausgabe danach auswirkt. Das Beispiel ist so kurz, dass der freigegebene Speicher noch nicht neu verwendet wurde. Solche Fehler sind deshalb schwer zu finden.

Die Abbildungen 20.2 und 20.3 stellen das einmal im Bild dar.

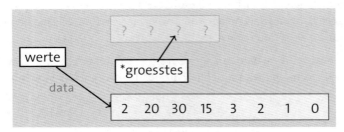

Abbildung 20.3 Nach der Größenanpassung ist der Zeiger ungültig.

Mit werte.reserve(50); löse ich in diesem Beispiel das konkrete Problem, weil vector nach diesem Aufruf garantiert, dass er bis 50 Elemente keine Vergrößerung ausführen wird. Letztendlich ist dieser Code dadurch labil: Wenn Sie das Beispiel mal auf mehr als 50 Elemente aufblasen, aber vergessen, das reserve anzupassen, geht es kaputt. Ich hätte hier stattdessen eine list verwenden können, die bei einer Vergrößerung keine Neuzuordnung vornimmt. So aber konnte ich Ihnen das Problem am Aliasing verdeutlichen. Und da es sich hier um eine Aliasingproblem und nicht um ein Zeigerproblem handelt, sollte Ihnen klar sein, dass Sie auch mit Referenzen in die gleiche Falle tappen könnten.

> **Behalten Sie beim Aliasing die Lebenszeit des Originals im Auge**
> Egal ob Sie mit Zeigern oder Referenzen arbeiten, Sie müssen sich immer darüber Gedanken machen, ob das referenzierte Objekt noch existiert. Eine Dereferenzierung zu einem ungültig gewordenen Objekt ist ein (häufiger) Fehler.

20.4 Heapspeicher und Stapelspeicher

20.4.1 Der Stapel

Es ist eine tolle Sache, dass Sie sich in C++ darauf verlassen können, dass Objekte zu einem wohldefinierten Zeitpunkt weggeräumt werden und dass die damit verbundenen Ressourcen freigegeben werden. Sie wissen ja, dass ein in einer Funktion erstelltes Objekt automatisch beim Verlassen wieder entfernt wird.

```
int berechne(int param) {
    vector<int> data{ /*...*/ };
    // ...
    return result;
}
```

Am Ende von berechne wird data automatisch entfernt, egal was Sie damit in der Funktion gemacht haben. Die Funktionsweise ist dabei ganz einfach: Der Computer verwaltet im wahrsten Sinne des Wortes einen *Stapel*, auf den er immer die Variablen legt, die Sie definieren. Der Compiler merkt sich die Stellen des Stapels, bei denen ein Bereich betreten wurde, zum Beispiel mit einer öffnenden Blockklammer {. Beim Verlassen des Bereichs wird der Stapel bis zur letzten Markierung abgebaut – bei der schließenden Blockklammer } siehe Abbildung 20.4.

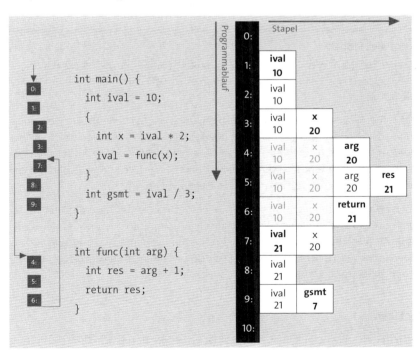

Abbildung 20.4 Automatische Variablen werden auf dem Stapel verwaltet.

20   Zeiger

Dieser *Stapel* (engl. *Stack*) verwaltet also die *automatischen Variablen*. Immer beim Verlassen des Bereichs einer Variablen entfernt das System diese und die mit ihr verbundenen Ressourcen.

In Abbildung 20.4 sehen Sie, wie von Anweisung zu Anweisung Variablen auf dem Stapel verwaltet werden. Zentral sehen Sie das abgearbeitete Programm – jeweils zwischen den Zeilen sind Nummern dargestellt (links), die als Zeitpunkt für eine Momentaufnahme des Stapels dienen. Der Stapel zu diesen jeweiligen Zeitpunkten ist in im rechten Teil der Abbildung zu sehen.

Bei der Definition werden die Variablen auf dem Stapel abgelegt und beim Verlassen ihres Gültigkeitsbereichs wieder entfernt. Ein Funktionsparameter landet ebenfalls auf dem Stapel. Zum Beispiel kopiert der Computer das x von func(x) auf den Stapel. Die Kopie heißt innerhalb von func dann arg – zu sehen in Zeile »4:« des Stapels. Umgekehrt bleibt der return-Wert der Funktion für die Rückgabe als einziger Wert auf dem Stapel (Zeile »6:«), um dann mit der Zuweisung in ival zu landen.

Es ist durch den grau hinterlegten Teil des Stapels auch angedeutet, dass func nur auf seinen eigenen Bereich des Stapels Zugriff hat: ival und x sind innerhalb der Funktion nicht sichtbar.

Was hier für den eingebauten Typ int dargestellt ist, gilt ebenso für aufwendigere Datentypen wie Standardcontainer und eigene Klassen.

Multifunktionaler Stapel

Auf dem Stapel befinden sich aber nicht nur Variablen, Parameter und Rückgabewerte. Zum Beispiel speichert das System dort auch, wohin es zurückkehren muss, wenn es eine Funktion anspringt.

Durch so manchen Programmierfehler kann es passieren, dass Sie über die Grenzen einer Variable hinaus schreiben – und das heißt, Sie überschreiben dort Nachbarn. Während es schon mindestens »ärgerlich« ist, wenn Sie benachbarte Variablenwerte kaputtschreiben, so ist es »tödlich«, wenn Sie eine Rücksprungadresse überbügeln. Wenn das passiert, stürzt das Programm sehr wahrscheinlich bei nächster Gelegenheit ab.

Oder – noch schlimmer – Ihr Programm ist das Ziel eines Hacker-Angriffs und springt statt in eine eigene Funktion womöglich in die Funktion eines Computervirus. Es ist nämlich ein beliebter Angriff, Programmierfehler auf diese Art auszunutzen und so Schadcode in den Computer einzuschleusen. Daher ist es wichtig, den Stapel immer besonders sorgfältig vor sich selbst und anderen zu schützen.

20.4.2   Der Heap

Es gibt Fälle, in denen soll ein Objekt aber länger leben als der Bereich, in dem es definiert wurde. Auch das ist möglich: Sie erzeugen das Objekt dann *dynamisch*. Das geschieht mit dem Schlüsselwort new.

new selbst liefert einen *rohen Zeiger* zurück. Und Sie wurden in diesem Buch schon öfter vor dieser Sorte Zeiger gewarnt. Daher ist das Erste, was Sie mit dem Ergebnis von new tun sollten, es in einen *smarten Pointer* wie unique_ptr oder shared_ptr zu packen. Diese smarten Pointer werde ich etwas später im Kapitel behandeln; in diesem Abschnitt geht es darum, was der dynamische Speicher ist.

Das mit new erzeugte Objekt landet nicht auf dem Stack, sondern auf dem *Heap* (engl. für *Haufen*). Dort bleibt es liegen, bis Sie es mit delete explizit wieder entfernen (was die smarten Pointer automatisch tun). Dazu brauchen Sie dessen Adresse, die Sie in einem Zeiger gespeichert haben.

Sie dürfen ein Heapobjekt aber auch nicht zweimal wegräumen. Wenn Sie den Zeiger auf das Objekt kopieren und an mehreren Stellen speichern, ist es ganz wichtig, dass Sie genau einen der Zeiger zum *Besitzer* des Objekts ernennen und alle anderen nur als *Benutzer* betrachten. Der Besitzer ist für das Entfernen mit delete zu gegebener Zeit verantwortlich. Bei rohen Zeigern ist dieser Besitzer leider nur im Kopf des Programmierers und hoffentlich in der Dokumentation vorhanden. Von smarten Pointern gibt es mehrere Varianten, bei denen die Besitzverhältnisse mit dem gewählten Typ klar sind.

Ein typischer Anwendungsfall für ein auf dem Heap erzeugtes Objekt ist, wenn das neue Objekt länger leben soll als die Funktion, in der es erzeugt wurde. Zum Beispiel könnte es in einem Spiele-Framework eine Funktion geben, die Sie überschreiben sollen, wenn ein bestimmter Knopf gedrückt wird, vielleicht erzeugePlanet(const Event &evt). Der Rückgabewert muss dann ein in der Funktion erstellter Planet sein. Als Stapelobjekt würde er beim Verlassen der Funktion entfernt. Eine Lösung wäre, ihn als Wert und somit als Kopie mit dem return zurückzugeben:

```
Planet erzeugePlanet(const Event &evt) { // Rückgabe als Wert
    Planet result{"Erde"};                // Stackobjekt
    result.setLocation(evt.getPosition());
    return result;                        // Rückgabe erzeugt (potenziell) Kopie
}
```

Listing 20.2 Eine Rückgabe als Wert kann eine Kopie erzeugen.

Dagegen ist auch gar nichts einzuwenden. Wenn das in Ihrem Projekt funktioniert, ist es eine gute Variante. Sie und der Compiler können dies auch zu sehr performantem Code ohne Kopie machen.

Manchmal ist diese Rückgabe als Wert aber nicht möglich oder erwünscht. Dann setzen Sie new ein, um das Objekt auf dem Stack zu erzeugen.

```
// Rückgabe als (smarter) Pointer:
unique_ptr<Planet> erzeugePlanet(const Event &evt) {
    unique_ptr<Planet> result{ new Planet{"Venus"} };  // Heapobjekt
    result->setLocation(evt.getPosition());
    return result; // reicht Adresse weiter
}
```

Listing 20.3 Eine Rückgabe als Zeiger kopiert nur den Zeiger, nicht das Objekt.

Die Adresse des neuen Objekts liefern Sie eingewickelt in einen unique_ptr zurück, damit Sie das delete auf keinen Fall vergessen können.

Bitte entschuldigen Sie den weiteren Vorgriff auf unique_ptr, aber ich wollte Ihnen zuerst das gute Beispiel präsentieren, damit Sie sich das eher einprägen als dasjenige, das mit rohen Zeigern arbeitet. Denn für Sie sollte ab jetzt normalerweise jedes dynamische Erzeugen eines Objekts mit new immer mit einem smarten Pointer verbunden sein. Da Sie jetzt aber wissen, wie es richtig geht, reduziere ich obiges Beispiel einmal auf das Wesentliche und entferne unique_ptr. Aber kein new ohne das dazugehörige delete, daher benötigen Sie noch etwas Code drumherum:

```cpp
Planet* erzeugePlanet(const Event &evt) {  // Rückgabe als roher Zeiger
    Planet* result = new Planet{"Merkur"}; // Heapobjekt
    result->setLocation(evt.getPosition());
    return result;                         // reicht Adresse weiter
}
void benutzerInteraktion(Event &evt) {
    Planet* planet = erzeugePlanet(evt);
    // ... mache etwas mit dem Planeten ...
    delete planet;                         // rohe Zeiger müssen Sie selbst verwalten
}
```

20.5   Smarte Pointer

In der Standardbibliothek gibt es eine kleine Familie von Zeigertypen, die schlauer sind als rohe Zeiger. Sie sind vollwertige Klassen und haben unter anderem einen Konstruktor, der einen rohen Zeiger nimmt. Vor allem aber haben sie einen Destruktor, der Sie der wichtigsten Aufgabe im Umgang mit rohen Zeigern enthebt: des Aufrufs von delete.

Die Familie ist im Header <memory> versammelt und umfasst die folgenden Mitglieder:

▶ unique_ptr
Besitzt den rohen Zeiger; nicht kopierbar, denn dann hätten ihn ja mehrere; aber verschiebbar, zum Beispiel als Rückgabewert.

▶ shared_ptr
Besitzt den rohen Zeiger, aber nicht unbedingt alleine: Beim Kopieren erhalten Sie zwei shared_ptr, die denselben rohen Zeiger verwalten; erst beim Entfernen der letzten Kopie wird auch der rohe Zeiger entfernt.

▶ weak_ptr
Ein »kleiner Bruder« von shared_ptr, den Sie in manchen Situationen brauchen, wenn shared_ptr-Instanzen sich gegenseitig enthalten.

▶ auto_ptr
Seit C++11 *veraltet* (engl. *deprecated*); verwenden Sie stattdessen den unique_ptr. Den auto_ptr können Sie nicht verschieben; wenn Sie ihn kopieren, verändern Sie die Quelle – das ist nicht gefährlich, aber für den Programmierer unerwartet.

Wenn ich von smarten Pointern spreche, dann meine ich zunächst einmal nur die beiden wichtigsten Vertreter `unique_ptr` und `shared_ptr`. Die beiden anderen Gesellen funktionieren ein wenig anders.

Außer dem Konstruktor, der einen rohen Zeiger nimmt, und dem Destruktor, der ihn wieder wegräumt, haben die beiden (echten) smarten Pointer einige Gemeinsamkeiten. Vielleicht ist Ihre Klasse so ähnlich wie `Image`:

```
#include <string>
#include <vector>
class Image {
    std::vector<char> bilddaten_;
public:
    explicit Image(const std::string& filename) { /* Bild laden */ }
    void draw() const { /* Bild malen */ };
};
```

Listing 20.4 In den folgenden Beispielen verwende ich »Image« als Klasse, zu der ich einen Zeiger haben will.

Mit den beiden smarten Pointern sieht der Zeigertyp wie folgt aus. Sie sehen auch, wie Sie ihn definieren:

▶ `unique_ptr<Image> image { new Image{"MonaLisa.jpg"} };`

▶ `shared_ptr<Image> image { new Image{"DerSchrei.jpg"} };`

Es ist aber lästig, zweimal `Image` schreiben zu müssen. Daher gibt es Hilfsfunktionen für die Erzeugung:

▶ `auto image = make_unique<Image>("MonaLisa.jpg");`

▶ `auto image = make_shared<Image>("DerSchrei.jpg");`

`make_unique` ist erst mit C++14 hinzugekommen, aber wenn Ihr Compiler das `make_shared` von C++11 kann, dann wurde er wahrscheinlich auch mit `make_unique` ausgerüstet.

Wenn Sie mit `image` die Instanz des smarten Pointers in den Händen halten, dann können Sie die Methoden verwenden:

▶ Die Methode `get()` liefert Ihnen den verpackten rohen Zeiger zurück. Das ist nützlich, wenn Sie den Zeiger einer Funktion übergeben, die rohe Zeiger als Argumente entgegennimmt. Dann ist die Funktion nur *Benutzer*, aber nicht *Besitzer*.

▶ Der einstellige `operator*` funktioniert wie `get()`, gefolgt von einer `*`-Dereferenzierung. Sie können also entweder `*(image.get())` schreiben oder gleich `*image`. Sie erhalten in beiden Fällen ein `Image&`.

▶ Mit `operator->` können Sie auf ein Mitglied des verpackten Objekts direkt zugreifen, also zum Beispiel auf `image->draw()`;

▶ Mit `reset` können Sie vorzeitig den rohen Zeiger löschen lassen und die ordentliche Freigabe mittels `delete` des verwalteten Objekts anstoßen. Nach `image.reset()` liefert image.get() also den nullptr. Optional können Sie auch einen anderen rohen Zeiger als Argument übergeben, von dem der smarte Pointer dann Besitz ergreift.

▶ Mit swap(a,b) können Sie Inhalte vertauschen. Das ist nicht unwichtig, wenn das Kopieren verboten oder teuer ist.

Verwenden Sie »make_unique« und »make_shared«

Sie sollten sich angewöhnen, die Hilfsfunktionen zur Konstruktion von smarten Pointern zu bevorzugen. Wenn Sie den Konstruktor verwenden und das Ergebnis einer Funktion übergeben, dann kann es zu Speicherlöchern kommen:

```
// nimmt zwei Argumente, mindestens einen smarter Pointer:
func(shared_ptr<Image> a, shared_ptr<Image> b);
int main() {
    func(new Image{"a.jpg"}, new Image{"b.jpg"}); // gefährlicher Code
    func(make_shared<Image>("a.jpg"), make_shared<Image>("b.jpg")); // sauber
}
```

20.5.1 »unique_ptr«

Der unique_ptr ist die erste Wahl, wenn es zu jedem Zeitpunkt einen eindeutigen Besitzer des Zeigers geben soll, also jemanden, der den eingepackten rohen Zeiger am Ende wegräumen soll. Es gibt hauptsächlich zwei Einsatzgebiete:

▶ Der unique_ptr verlässt nie den Gültigkeitsbereich, in dem er definiert worden ist, und somit wird der mit ihm verbundene rohe Zeiger dann weggeräumt, wenn auch der unique_ptr seine Lebenszeit beendet. Das gilt für alle unique_ptr, also zum Beispiel als lokale Variable oder als Datenfeld einer Klasse.

▶ Oder es gibt einen (mehr oder weniger) eindeutigen Pfad von einer »Quelle« zu einem »Abfluss«. Zum Beispiel kann ein unique_ptr der Rückgabewert einer Funktion sein. Der Compiler überträgt den Inhalt – den rohen Zeiger – vom inneren in den äußeren unique_ptr.

```
#include <memory>                        // unique_ptr
#include <string>
#include <iostream>
using std::unique_ptr; using std::string;
class Component { };                     // Dummy-Fensterhierarchie
class Label : public Component { };
class Textfield : public Component { };
class Button : public Component {
public:
    int id_; // ID zur Unterscheidung der Buttons
    explicit Button(int id) : id_{id} {}
};
class Window { };
```

```
class MyDialog : public Window {
    string title_;
    unique_ptr<Label> lblVorname_{new Label{}};        // lauter Datenfelder
    unique_ptr<Textfield> txtVorname_{new Textfield{}}; // ... an die Lebensdauer
    unique_ptr<Label> lblNachname_{new Label{}};        // ... der Klasse gebunden
    unique_ptr<Textfield> txtNachname_{new Textfield{}};
    unique_ptr<Button> btnOk_{new Button{1}};
    unique_ptr<Button> btnAbbrechen_{new Button{2}};
public:
    explicit MyDialog(const string& title) : title_{title} {}
    unique_ptr<Button> showModal()
        { return std::move(btnOk_); }      // Platzhalter-Code; OK gedrückt
};
unique_ptr<MyDialog> createDialog() {
    return unique_ptr<MyDialog>{ // temporärer Wert
        new MyDialog{"Bitte Namen eingeben"}};
}
int showDialog() {
    unique_ptr<MyDialog> dialog = createDialog();       // lokale Variable
    unique_ptr<Button> gedrueckt = dialog->showModal(); // Rückgabewert
    return gedrueckt->id_;
}
int main() {
    int gedrueckt_id = showDialog();
    if(gedrueckt_id == 1) {
        std::cout << "Danke, dass Sie OK gedrueckt haben\n";
    }
}
```

Listing 20.5 »unique_ptr« als Datenfeld, Rückgabewert und lokale Variable

In Listing 20.5 habe ich extrem vereinfacht eine Fensterapplikation dargestellt, die einen Dialog anzeigt. Der Benutzer soll einen von zwei Knöpfen drücken, und im Programm wird der gedrückte Knopf als Zahl zurückgegeben. Nur, dass wir »Fenster« hier schematisch betrachten und in der Kürze des Programms nicht wirklich Fenster aufgehen. Eine ähnliche Klassenhierarchie finden Sie von der Idee her aber in den meisten Programmierschnittstellen für Fensterprogrammierung.

Dadurch, dass alle unique_ptr Datenfelder der Klasse MyDialog sind (die Klasse *besitzt* sie), werden korrekt beim Zerstören von dialog in showDialog auch alle unique_ptr entfernt. Die besitzen wiederum ihren jeweiligen rohen Zeiger und räumen in ihrem Destruktor mit delete ihren Schützling weg.

Etwas Spannendes passiert in createDialog(). Der return-Ausdruck erzeugt einen neuen Wert – ja sogar einen Tempwert, sozusagen eine Variable ohne Namen. Das heißt, am Ende der return-Anweisung wird unique_ptr<MyDialog>{new MyDialog{"…"}} auch gleich wieder

20 Zeiger

weggeräumt? Ja, das schon, aber nicht ohne zuvor für das `return` »kopiert« zu werden, um in der Variablen `dialog` in `showDialog()` zu landen. Sagte ich kopiert? Oh nein, denn das geht ja nicht! Einen `unique_ptr` können Sie nicht kopieren. Wenn Sie ihn kopieren könnten, dann würde es nach der Kopie zwei `unique_ptr` geben, die beide denselben rohen Zeiger verwalten wollen. Das wäre nicht »unique«. Daher wird der `unique_ptr` nicht kopiert, sondern *verschoben*. Um genau zu sein, wird sein Inhalt verschoben. Das heißt, `unique_ptr` transferiert den rohen Zeiger unter der Verwaltung des eben erzeugten Tempwerts (innen) in den `unique_ptr<MyDialog>` `dialog` (außen) hinein.

In `showModal()` ist es noch spannender. Im Prinzip passiert hier genau das Gleiche wie in `createDialog()`. Nur gibt diese Methode einen *bestehenden* Wert per Verschieben zurück. Doch warum steht da nicht einfach `return btnOk_`? Das liegt daran, dass es sich bei `btnOk_` nicht um einen Tempwert handelt. Wie Sie in Kapitel 16, »Der Lebenszyklus von Klassen«, gesehen haben, können Sie gefahrlos nur von Objekten etwas »stehlen«, von denen Sie wissen, dass sie bald verschwinden werden. Bei dem temporären Wert ist das der Fall. `btnOk_` ist aber kein temporärer Wert, sondern ein Datenfeld – ein Objekt mit einem Namen. Wenn der Compiler dem still und heimlich seinen rohen Zeiger nehmen würde, wäre das eine Überraschung.[1]

Nun, hier sind Sie sich aber sicher, dass Sie aus der bestehenden Variablen den Inhalt herausholen wollen – verschieben, als wäre die Variable ein Tempwert. Sie sagen dem Compiler mit `std::move`: »Ja, lieber Compiler, bitte betrachte `btnOk_` als Tempwert«, und siehe da, er verhält sich wie in `createDialog()`: `unique_ptr` nimmt den rohen Zeiger aus dem Rückgabewert und überträgt ihn nach `gedrueckt` in `showDialog()`.

So weit, so gut, das Programm tut, was es soll, und Sie sehen die Textausgabe »Danke, dass Sie OK gedrückt haben«. Was Sie aber nicht machen dürfen, ist, `dialog->showModal()` zweimal aufzurufen:

```
int showDialogAgain() {
    unique_ptr<MyDialog> dialog = createDialog();
    unique_ptr<Button> gedruecktEins = dialog->showModal();
    unique_ptr<Button> gedruecktZwei = dialog->showModal();
    return gedruecktZwei->id_ ; // Fehler; wahrscheinlich Absturz
}
```

Sie haben es sicher erkannt: Durch den Aufruf von `showModal()` für `gedruecktEins` wird das Datenfeld `btnOk_` von `dialog` in die Variable `gedruecktEins` übertragen. Beide sind `unique_ptr`, aber nur einer kann Besitzer des rohen Zeigers sein, des einmal mit `new` erstellten `Button*`. Und mit dem ersten Aufruf von `showModal()` enthält `gedruecktEins` nun diesen `Button`-Zeiger, und `dialog.btnOk_` enthält `nullptr`, den Wert für »leer«. In diesem Beispiel geht das zweite `showModal()` noch gut, Sie bekommen diesen `nullptr` dann auch nach `gedrueckt  Zwei` transferiert. Wenn Sie auf diesen `nullptr` anschließend `->id_` probieren, dann wird das Programm (bestenfalls) abstürzen.

---

[1] Das ist übrigens genau das, was ein `auto_ptr` machen würde. Verwenden Sie ihn deswegen in C++11 bitte nicht mehr.

496

Verzeihen Sie dieses kleine Lehrstück dazu, was Sie mit einem unique_ptr als Rückgabewert machen können. Es veranschaulicht, dass der unique_ptr mit seinem eindeutigen Besitz Nebeneffekte hat. Genau diese Nebeneffekte wollen Sie – der Compiler würde nicht selbst auf die Idee kommen, von einer Variablen oder einem Datenfeld mit einem Namen die Inhalte zu stehlen. Ich habe mit std::move nachgeholfen.

»std::move« selbst verschiebt nicht

Da Sie std::move hier zum ersten Mal sehen, will ich einen kleinen Hinweis loswerden, ohne den Sie vielleicht einem Missverständnis aufsitzen. Die Funktion std::move verschiebt selbst *nicht*, sie *erlaubt* nur, dass jemand verschieben kann – hier die Rückgabe aus der Funktion.

Eigentlich handelt es sich nur um eine Typumwandlung zu einer Tempwert-Referenz, und manche hätten lieber einen Namen wie move_cast gesehen.

Die Datenfelder sind alle unique_ptr-Zeiger. Es hätten hier auch einfache Datenfelder gereicht, zeigerlos. Aber vielleicht wollen Sie MyDialog später polymorph erweitern – dazu benötigen Sie Zeiger. Polymorph heißt, dass Sie zum Beispiel von class Textfield eine abgeleitete Klasse ColorfulTextfield erstellen und eine Instanz jener Klasse dann in den unique_ptr<Textfield> txtVorname_ stecken. Wäre txtVorname_ kein Zeiger (oder keine Referenz), würden die Eigenschaften von ColorfulTextfield dabei verloren gehen. Ein Beispiel dazu finden Sie in Kapitel 15, »Vererbung«.

Sie können die Faustregeln für den Einsatz von unique_ptr verwenden. Ausnahmen bestätigen die Regel:

▶ Als Referenzparameter können Sie unique_ptr am ehesten verwenden. Dann verhält sich der Parameter wie jede andere Referenz auch. Zusätzlich können Sie auch nullptr für »undefinierter Zustand« übergeben, was manchmal sinnvoll ist.

▶ Ein Wertparameter als unique_ptr »verbraucht« den Parameter beim Aufruf. Die Variable, die der Funktion übergeben wurde, ist danach leer. Dies ist sinnvoll, wenn das Objekt genau einen Pfad nehmen soll. Das wäre die Anwendung des *Abfluss-Entwurfsmusters* (engl. *Sink* oder *Drain*).

▶ Eine Funktion kann unique_ptr als Wert zurückliefern. Besonders eignet sich dies, wenn Sie das verpackte Objekt mit new innerhalb der Funktion erzeugen – sozusagen als *produzierende Funktion* oder *Fabrik* (engl. *Factory*).

▶ Eine Referenz auf einen unique_ptr geben Sie nur zurück, wenn der Zeiger zuvor schon existierte. Aus einer freien Funktion geben Sie also einen Parameter zurück oder aus einer Methode ein Datenfeld der Klasse.

▶ Als Datenfelder einer Klasse sind unique_ptr bestens geeignet, denn Sie müssen sich keine Sorgen ums Entfernen machen. Anders als ein Wert kann ein unique_ptr eine

20 Zeiger

»undefinierte Phase« haben und den `nullptr` speichern. Besser als ein roher Zeiger ist er allemal.

▶ Sie können `unique_ptr` in Standardcontainer packen. Der Container besitzt dann alle darin enthaltenen Objekte. Wenn Sie von anderer Stelle auf einzelne Containerelemente verweisen müssen, dann tun Sie dies entweder per Referenz auf den `unique_ptr` oder als roher Zeiger auf das verpackte Objekt. Letzteres eignet sich gut, wenn Sie in einem anderem Container, der die Objekte enthält, nicht auf mehrere Elemente des Ursprungscontainers verweisen wollen.

20.5.2 »shared_ptr«

Der `shared_ptr` ist ebenfalls für geregelte Besitzverhältnisse, doch ist er nicht ganz so vereinnahmend. Der shared_ptr ist bereit, das Objekt, das er besitzt, mit vielen anderen zu teilen – solange es auch `shared_ptr` oder `weak_ptr` sind. Das verpackte Objekt existiert nur ein einziges Mal. Wenn der letzte `shared_ptr` verschwindet, der dieses Objekt referenziert, dann verschwindet auch das Objekt.

Sie können diesen Mechanismus nutzen, wenn nicht klar ist, wer alles die Objekte besitzt und wann exakt sie weggeräumt werden sollen – oder auch, wenn Sie genau wissen, dass es Zeitpunkte gibt, zu denen mehrere die Objekte besitzen. Alles in allem gibt es wahrscheinlich viel mehr verschiedene Einsatzbereiche für den `shared_ptr`, eben weil er so viele Freiheiten in Bezug auf Besitz lässt.

```cpp
#include <vector>
#include <iostream>
#include <memory>                      // shared_ptr
#include <random>                      // uniform_int_distribution, random_device
namespace {                            // Beginn des anonymer Namensraums
using std::shared_ptr; using std::make_shared;
using std::vector; using std::cout;
struct Asteroid {
    int points_ = 100;
    int structure_ = 10;
};
struct Ship {
    shared_ptr<Asteroid> firedLastOn_{};
    int score_ = 0;
    int firepower = 1;
    bool fireUpon(shared_ptr<Asteroid> a);
};
struct GameBoard {
    vector<shared_ptr<Asteroid>> asteroids_;
    explicit GameBoard(int nAsteroids);
    bool shipFires(Ship& ship);
};
```

20.5 Smarte Pointer

```cpp
// Implementierung Ship
bool Ship::fireUpon(shared_ptr<Asteroid> a) {
    if(!a) return false;              // ungültiger Asteroid
    a->structure_ -= firepower;
    if(a.get() == firedLastOn_.get())
        firepower *= 2 ;              // Schaden vergrößern
    else
        firepower = 1;               // zurücksetzen
    firedLastOn_ = a;
    return a->structure_ <= 0;       // kaputt?
}
// Implementierung GameBoard
GameBoard::GameBoard(int nAsteroids)
  : asteroids_{}
{   // einige Standard-Asteroiden
    for(int idx=0; idx<nAsteroids; ++idx)
        asteroids_.push_back( make_shared<Asteroid>() );
}
int wuerfel(int min, int max) {
    /* static std::default_random_engine e{}; */    // Pseudo-Zufallsgenerator
    static std::random_device e{};                  // Zufallsgenerator
    return std::uniform_int_distribution<int>{min, max}(e); // würfeln
}
bool GameBoard::shipFires(Ship &ship) {
    int idx = wuerfel(0, asteroids_.size()-1);
    bool kaputt = ship.fireUpon(asteroids_[idx]);
    if(kaputt) {
        ship.score_ += asteroids_[idx]->points_;
        asteroids_.erase(asteroids_.begin()+idx);        // entfernen
    }
    return asteroids_.size() == 0;                        // alles kaputt
}
} // Ende des anonymen Namensraums
int main() {
    GameBoard game{10};                              // 10 Asteroiden
    Ship ship{};
    for(int idx = 0; idx < 85; ++idx) {              // 85 Schüsse
        if(game.shipFires(ship)) {
            cout << "Der Weltraum ist nach " << idx+1 << " Schuessen leer. ";
            break;
        }
    }
    cout << "Sie haben " << ship.score_ << " Punkte erreicht.\n";
}
```

Listing 20.6 Ein Spielfeld mit lauter verschiedenen Objekten.

499

Wenn Sie dieses Programm laufen lassen, dann können Sie mit etwas Glück den »Weltraum« leer fegen. Hier ist das Ergebnis von ein paar Läufen:

```
Sie haben 700 Punkte erreicht.
Sie haben 800 Punkte erreicht.
Sie haben 800 Punkte erreicht.
Sie haben 600 Punkte erreicht.
Der Weltraum ist nach 84 Schuessen leer. Sie haben 1000 Punkte erreicht.
Sie haben 700 Punkte erreicht.
Sie haben 800 Punkte erreicht.
Der Weltraum ist nach 82 Schuessen leer. Sie haben 1000 Punkte erreicht.
Sie haben 800 Punkte erreicht.
Sie haben 900 Punkte erreicht.
```

So, wie das Programm in `main()` eingestellt ist, werden auf dem Spielfeld zehn Asteroiden als Ziele erstellt. Jeder hat zu Beginn auch zehn »Struktur«-Punkte – wenn die auf null sind, ist der Asteroid zerstört. Das überprüft die letzte Zeile von `Ship::fireUpon`. Diese Methode wird von der Hauptmethode dieses Minispiels `GameBoard::shipFires()` aufgerufen. Weil das Spielfeld die Asteroiden als Datenfelder hat, stehen diese unter dessen Verwaltung – und es gehört somit zu dessen Aufgaben, einen zerstörten Asteroiden auch aus dem »Universum« zu entfernen. Das geschieht nach der Zeile mit `ship_.fireUpon`: Die Methode meldet selbst mit dem Rückgabewert, ob der Asteroid zerstört wurde. Ist das der Fall, bekommt das Schiff Punkte, und mit `asteroids_.erase` wird der getroffene Gesteinsbrocken aus dem `vector` entfernt.

Auf welchen der verfügbaren Asteroiden das Schiff schießt, ermittelt zuvor ein Würfel. Dazu gibt es die Hilfsfunktion `wuerfel`. Mit den beiden Parametern `min` und `max` legen Sie fest, wie viele Seiten der Würfel haben soll, und was die kleinste gewürfelte Zahl ist. Der Würfelwurf selbst geschieht mittels `std::uniform_int_distribution<int>{min, max}(e)`. Wenn Sie mit `min` und `max` hier 1 und 6 mitgeben würden, hätten Sie einen sechsseitigen Würfel. Dadurch, dass `max` immer an die Anzahl der vorhandenen Asteroiden angepasst wird, hat dieser »Würfel« immer unterschiedlich viele Seiten. Übrigens: Mit `random_device` erhalten Sie echte Zufallszahlen. Da eine Fehlersuche mit echten Zufallszahlen aber schwierig ist, können Sie stattdessen auch `default_random_engine` einsetzen. Dann erhalten Sie immer die gleiche Folge von Zahlen, die nur so *aussieht*, als wäre sie zufällig. Das ist nützlich zum Debuggen.

Vor allem sehen Sie in diesem Beispiel aber, dass `GameBoard` die Asteroiden in einem `vector<shared_ptr>` speichert. Ich habe hier deshalb `shared_ptr` gewählt, weil ein `Ship` ebenfalls auf einen `Asteroid` in diesem `vector` zeigen soll. Beiden »gehört« somit ein Asteroid. Wenn das `GameBoard` einen Asteroiden aus seinem `vector` mit `erase` entfernt, dann hat das `Ship` immer noch »seinen« zuletzt beschossenen Asteroiden im Visier und kann Informationen über ihn abfragen – das kann in einem komplizierteren Spiel eventuell nützlich sein. Wenn das `Ship ship{}` in der nächsten Würfelrunde aber auf den nächsten Asteroiden zielt, dann gibt der `shared_ptr` des Schiffs den Besitz des bisherigen auf. Entweder wird dieser nun weggeräumt, wenn der vector des GameBoard ihn auch nicht mehr besitzt, oder er bleibt erhalten, wenn er noch darin vorkommt. Alles in allem ist das sehr praktisch, und Sie müssen sich nur um sehr wenig kümmern und sich keine Sorgen machen.

Wegen dieser Automatismen spricht man manchmal davon, dass der shared_ptr *Garbage Collection (Müllabfuhr)* wie Java betreibt. Dem ist aber nicht so: Java umgeht das Problem der eindeutigen Besitzverhältnisse mittels der Garbage Collection. In C++ sorgt der shared_ptr für »kommunale Besitzverhältnisse«, die aber wohldefiniert sind. So kann sich der Umgang mit shared_ptr manchmal ebenso komfortabel anfühlen wie die sorgenfreie Objektverwaltung in Java. Es gibt aber fundamentale Unterschiede. Vor allem im Bezug darauf, dass Sie den Zeitpunkt der Freigabe der Ressourcen exakt festlegen können, hat der shared_ptr von C++ der Garbage Collection etwas voraus.

20.6　Rohe Zeiger

Immer, wenn ich Ihnen ein Beispiel mit rohen Zeigern gezeigt habe, habe ich versucht, darauf zu achten, Ihnen von deren Benutzung abzuraten. Das war mit Absicht etwas zu strikt formuliert. Sie können (oder gar sollten) einen solchen Zeiger verwenden, wenn der Zeiger das Objekt nicht *besitzt*, also für dessen Entfernung via delete nicht zuständig ist:

```
int getSize(const Rect *r) { return r->size(); } // roher Zeiger als Argument
int main() {
    Rect srect{8,12};
    cout << getSize( &srect );        // Adresse von Stackobjekt holen
    unique_ptr<Rect> urect{new Rect{10,20}};
    cout << getSize( urect.get() );   // rohen Zeiger vom smarten Pointer holen
}
```

Es ist unnötig zu erwähnen, dass Sie hier ebenso gut mit einer Referenz als Parameter hätten arbeiten können:

```
int getSize(const Rect &r) { return r.size(); } // Referenz als Argument
```

Dann hätten Sie nur die Aufrufe ein wenig anpassen müssen.

Was Sie definitiv nicht machen sollten, ist, das Ergebnis eines new in einen rohen Zeiger zu packen. Sie werden es in traditionellem C++-Code noch häufig sehen, aber ich gehe hier jetzt mal so weit und markiere es als Fehler – im Sinne dieses Buchs und angesichts der Tatsache, dass Sie *modernes* C++ lernen wollen, wohlgemerkt:

```
struct StereoImage {
    Image* rechts_;
    Image* links_;
    StereoImage(const string& nameBase)          // konstruieren
        : rechts_{new Image{nameBase+"rechts.jpg"}} // okay
        , links_{new Image{nameBase+"links.jpg"}}   // gefährlich
        { }
```

```
    ~StereoImage() { // Entfernen
        delete rechts_; delete links_;
    }
    StereoImage(const StereoImage&) = delete;        // keine Kopie
    StereoImage& operator=(const StereoImage&) = delete; // keine Zuweisung
};
int main() {
    Image* bild = new Image{"bild.jpg"};             // einem rohen Zeiger?
    StereoImage stereo{"3d"};
    delete bild;
}
```

Listing 20.7 Wenn ein roher Zeiger ein Objekt besitzt, sind die möglichen Fehler oft schwer zu erkennen.

Der rohe Zeiger `bild` speichert das Ergebnis des `new`. Das passende `delete` steht am Ende von `main`. Doch was geschieht, wenn dies eine andere Funktion in Ihrem Programm wäre und eine Exception vor dem `delete` ausgelöst würde? Das `delete` würde nie ausgeführt, und Sie hätten ein Speicherleck. Bitte verwenden Sie hier immer smarte Pointer:

▶ `auto bild = make_unique<Image>("bild.jpg");` – also `unique_ptr`

▶ `auto bild = make_shared<Image>("bild.jpg");` – also `shared_ptr`

Vielleicht sagen Sie: »Dann fange ich die Exception halt und rufe dann `delete` auf.« Ja, das wäre ein Anfang. Doch rettet Sie das nicht während der Initialisierung von `links_`: Eine Exception im Konstruktor von `Image` bei der Initialisierung von `links_` hat sehr subtile Auswirkungen. Das `new` für `rechts_` wurde ja schon ausgeführt und der Speicher angefordert. Eine Exception während der Initialisierung von `links_` verhindert zwar, dass für `links_` Speicher verloren geht, aber `rechts_` ist unwiederbringlich verloren: Weil die Exception den Konstruktor verlässt, gilt `stereo` als nicht erzeugt – und somit wird der Destruktor mit den `delete`-Anweisungen nicht aufgerufen. Sie haben keinen Zugang zu `rechts_`, um den noch wegzuräumen.[2] Sie haben ein Speicherleck.

Ich empfehle Ihnen, auch hier smarte Pointer zu verwenden:

▶ `unique_ptr<Image> rechts_; unique_ptr<Image> links_;` oder

▶ `shared_ptr<Image> rechts_; shared_ptr<Image> links_;`

und dann die Initialisierung mit `rechts_{ new Image{ nameBase+"rechts.jpg" } }`, `links_ { new Image{ nameBase+"links.jpg" } }` zu machen, und die Probleme sind gelöst.

Ein weiterer Vorteil: Sie müssen nicht unbedingt den Kopierkonstruktor und den Zuweisungsoperator mit `= delete` löschen:

---

2 Das ist nicht ganz richtig: Das obskure Sprachfeature des »function try Blocks« könnte Sie retten, aber Sie wären einer von sehr wenigen C++-Programmierern, der es benutzt.

20.6 Rohe Zeiger

▶ Mit `unique_ptr` sind diese unmöglich, und der Compiler kann sie ohnehin nicht erzeugen – dann müssen Sie sie auch nicht explizit verbieten.

▶ Mit `shared_ptr` bekommen Sie die beiden Operationen, und wenn Sie sie verwenden, dann tun die, was sie sollen, und machen Ihr Programm nicht kaputt.

Das Streichen von Methoden können Sie in Kapitel 16, »Der Lebenszyklus von Klassen«, rund um die Erklärung von Listing 16.19 (Seite 398) ebenfalls noch einmal nachlesen.

Wenn rohe Zeiger ein Objekt verwalten, sollten sie es nicht besitzen. Um aber auf ein Objekt zu verweisen, das jemand anderem gehört, sind sie durchaus sehr nützlich. Sie haben in Listing 20.1 gesehen, wie Sie einen Zeiger * in einem Container verwenden, um das Element vor Ort zu ändern. Sie haben mit der Referenz & schon ein Sprachelement kennengelernt, mit dem Sie auf ein Element im Container verweisen können. Doch das hätte in dem Beispiel nicht funktioniert. Denn so praktisch und sicher eine Referenz & auch ist, so kann sie zwei Dinge nicht, die ein Zeiger kann:

▶ **Eine Referenz können Sie nicht neu zuweisen.**
Wenn Sie `int wert = 42; int &ref = wert;` geschrieben haben, dann verweist `ref` ab jetzt *immer* auf `wert`. Mit `ref = 99;` weisen Sie also immer auch `wert` etwas Neues zu. Haben Sie aber einen Zeiger `int *ptr = &wert;`, dann können Sie einerseits mit `*ptr = 66;` dasselbe erreichen wie mit der Referenz, andererseits aber auch auf eine völlig neue Variable verweisen. Das Folgende ginge mit Referenzen so nicht:

```
int wert = 42;
int &ref = wert;
ref = 99;          // wert ist jetzt 99
int *ptr = &wert;
*ptr = 66;         // wert ist jetzt 66
int neu = 73;
ptr = &neu;        // ptr verweist nun nicht mehr auf wert
*ptr = -1;         // wert bleibt 66, neu ist jetzt −1
```

▶ **Sie können keine Referenzen in einem Container speichern.**
Es kann kein `vector<int&>` oder Ähnliches geben. Eine Referenz ist etwas Abstraktes, das nur für den Compiler existiert. Im kompilierten Programm und zur Laufzeit sehen Sie keine Spur mehr davon. Jeder Container benötigt aber ein physisch vorhandenes Stückchen Speicher für seine Elemente. Hier benötigen Sie also irgendeine Form von Zeigern – seien es smarte Pointer, rohe Zeiger oder auch Iteratoren, wie Sie später noch sehen werden.

Hier haben rohe Zeiger durchaus ein Anwendungsfeld. Wenn die Objekte im Container den Zeigern nicht gehören, scheiden `unique_ptr` ohnehin aus. `shared_ptr` wären möglich, doch warum sollten Sie geteilten Besitz verwalten, wenn dem gar nicht so ist? Rohe Zeiger sind da genau das Richtige.

503

```cpp
#include <vector>
#include <numeric>     // iota
#include <iostream>
using std::vector; using std::cout;
struct Zahl {           // stellvertretend für ein großes, teures Objekt
    unsigned long val_;
    Zahl(unsigned long val) : val_{val} {}
    Zahl() : val_{0} {}
};
/* ermittelt anhand bisheriger Primzahlen, ob z eine Primzahl ist */
bool isPrim(const Zahl& z, const vector<Zahl*> prims) {
    for(Zahl* p : prims) {
        if((p->val_*p->val_ ) > z.val_) return true;     // zu groß
        if(z.val_ % p->val_ == 0) return false;          // ist Teiler
    }
    return true;
}
int main() {
    vector<Zahl> alleZahlen(98);     // 98 mit null initialisierte Elemente
    std::iota(begin(alleZahlen), end(alleZahlen), 3); // 3..100
    /* alleZahlen enthält jetzt {3..100} */
    vector<Zahl*> prims{};           // bekommt ermittelte Primzahlen
    Zahl zwei{2};
    prims.push_back(&zwei);          // die 2 wird gebraucht
    for(Zahl &z : alleZahlen) {      // über alle Zahlen iterieren
        if(isPrim(z, prims)) {
            prims.push_back( &z ); // speichere Adresse
        }
    }
    /* Rest ausgeben */
    for(Zahl* p : prims)
        cout << p->val_ << " ";
    cout << "\n";
}
```

Listing 20.8 »prims« enthält Zeiger in einen anderen Container.

Ich habe Ihnen schon in Listing 8.1 (Seite 187) gezeigt, wie Sie schnell eine Liste von Primzahlen berechnen können. Im Prinzip funktioniert das hier genauso. In isPrim nehme ich die bisher berechneten Primzahlen in prims her, um zu prüfen, ob sie z teilen. Wenn das Quadrat größer z ist, haben Sie alle potenziellen Teiler geprüft und eine neue Primzahl gefunden.

Diesmal habe ich mich aber entschieden, keine *Kopie* in den Ergebnisvektor prims zu speichern. Angenommen, struct Zahl wäre etwas, das sehr teuer zu kopieren wäre. Daher nimmt prims die Adressen der Zahl-Elemente auf – also die rohen Zeiger.

Für jede ermittelte Primzahl holen Sie sich mit &z die Adresse des Zahl-Objekts und fügen sie hinten an prims an:

```
prims.push_back( &z );
```

In Typen gesprochen heißt das:

▶ z ist eine Zahl.

▶ &z ist somit ein Zahl*.

▶ prims ist ein vector<Zahl*>.

▶ Daher sind die Elemente von prims vom Typ Zahl*.

Das passt also zusammen.

Sie finden im Beispiel zweimal die Zeichenfolge &z. Ich möchte darauf hinweisen, dass diese in ihrem Kontext unterschiedliche Bedeutungen haben. push_back(&z) meint »Adresse von z«, aber in der Schleife for(Zahl &z :… liest es sich »z ist vom Typ Referenz auf Zahl«.

Interessant ist noch folgende Stelle:

```
Zahl zwei{2};
prims.push_back(&zwei); // die 2 wird gebraucht
```

Da alleZahlen erst die Zahlen beginnend mit 3 enthält, haben Sie für die erste Primzahl – 2 – kein Objekt in alleZahlen, dessen Adresse Sie in prims speichern können. Aber das brauchen Sie mit Zeigern nicht. Sie können die Adressen von Objekten nehmen, die an beliebigen Stellen im Speicher stehen. Die Variable Zahl zwei{2}; ist ein Objekt mit einer Adresse, die sogleich nach prims wandert.

Sie sehen, dass Sie beim Speichern von Adressen mitnichten darauf eingeschränkt sind, Ihre rohen Zeiger nur aus einer »Quelle« zu holen. Sie müssen nur darauf achten, dass alle Quellen so lange existieren, wie auch die gespeicherten Zeiger existieren.

Was dürfen Sie also auf gar keinen Fall machen? prims als Ergebnis zurückgeben wie in Listing 20.9.

Dort sind die Quellobjekte mit alleZahlen beim Verlassen der Funktion zerstört worden. Die Zeiger, die Sie in prims für das return prims; gespeichert haben, sind außerhalb der Funktion nicht mehr gültig. Eine Dereferenzierung ist dann verboten und führt bestenfalls zum Programmabsturz.

```
vector<Zahl*> primZeiger(unsigned long bis) {
    vector<Zahl> alleZahlen;
    vector<Zahl*> prims{};
    // …
    for(Zahl &z : alleZahlen)
        if(isPrim(z, prims))
            prims.push_back( &z ); // speichere Adresse
    return prims;
}
```

Listing 20.9 Liefern Sie keine Adressen von funktionslokalen Objekten zurück.

505

20.7 C-Arrays

Sie haben mit `vector` und `array` schon sehr gute Möglichkeiten, mehrere gleichartige Elemente hintereinander zu speichern. Aber manchmal müssen Sie doch auf die Ursprünge zurückgreifen, und das heißt in diesem Fall: auf C-Arrays.

Im Prinzip ist ein C-Array das Gleiche wie ein roher Zeiger mit der zusätzlichen Information einer *Größe*. Während ein Zeiger auf einen einzelnen Wert zeigt, zeigt ein C-Array auf den Anfang mehrerer hintereinander liegender Werte:

```
int* wert = 42;
int zeiger = &wert; // zeigt auf einen einzelnen int
int carray[10] = { 1,2,3,4,5,6,7,8,9,10 }; // C-Array von 10 int-Werten
```

Nun hat `carray` den Typ `int[10]`, und Sie können zum Beispiel über alle Elemente mit der bereichsbasierten `for`-Schleife iterieren:

```
for(int val : carray)
    cout << val;
```

Sie können auch das fünfte Element lesen oder das achte Element beschreiben. Dabei ist zu beachten, dass wie beim `vector` und `array` der Index der Elemente bei null beginnt.

```
int x = carray[4]; // hole das 5. Element
carray[7] = 12;     // schreibe das 8. Element
```

Etwas trickreicher ist, wie ein C-Array mit rohen Zeigern zusammenarbeitet. So können Sie zum Beispiel jedes C-Array implizit in einen einfachen Zeiger desselben Typs umwandeln. So erhalten Sie einen `int*`:

```
int* ptr = carray;
```

Dieser `ptr` zeigt nun auf `carray[0]`. Mit `*ptr = 99;` setzen Sie also `carray[0] = 99;`.

20.7.1 Rechnen mit Zeigern

Wenn ein roher Zeiger in ein C-Array zeigt, dann können Sie mit diesem Zeiger rechnen. Verwenden Sie zum Beispiel die Operationen `++` `--` sowie `+` und `-` mit einer Ganzzahl:

```
#include <iostream>
int main() {
    int carray[10] = { 1,1 };                // initialisiert zu { 1,1,0,0,0,0,0,0,0,0 }
    int* ende = carray+10;                    // Zeiger hinter das letzte Element
    for(int* p =carray+2; p != ende; ++p) {
        *p = *(p-1) + *(p-2);                 // addiert die vorigen beiden Zahlen
    }
    for(int const * p=carray; p != ende; ++p)
        std::cout << *p << " ";
    std::cout << "\n";
}
```

Listing 20.10 Mit rohen Zeigern, die in ein C-Array zeigen, können Sie rechnen.

20.7 C-Arrays

Dieses Programm gibt 1 1 2 3 5 8 13 21 34 55 aus. Wie geht das vonstatten? Zunächst initialisiert das Programm carray mit zwei Einsen, gefolgt von so vielen Nullen, wie nötig sind. Achtung: Wenn Sie keine Initialisierung angeben, dann enthält das C-Array zufällige Werte, also bei:

```
int carray[10];
```

Mit carray+10 initialisieren Sie ende so, dass es ein Zeiger *hinter* dem letzten Element des C-Arrays ist. Es ist in C und C++ eine häufig genutzte Konvention, sich das Ende eines Bereichs auf diese Weise zu merken, und nicht etwa auf das letzte Element selbst zu verweisen. Der Nebeneffekt ist, dass die Differenz der beiden Zeiger carray und ende genau die Anzahl der Elemente dazwischen ist: ((ende-carray)==10) ist wahr.

Dann initialisieren Sie für die Schleife den int*-Zeiger p mit carray+2, zeigen also auf das erste Element hinter den beiden Einsen in carray. Das soll die erste Stelle sein, die Sie schreiben wollen. Für jede Iteration der Schleife rücken Sie p um eine Position im C-Array vor. Das geht ganz einfach mit ++p. Jedoch müssen Sie das for nach jedem Inkrement daraufhin überprüfen, ob die Schleife nicht zu Ende ist: p != ende überprüft, ob p noch nicht auf das Element hinter dem C-Array zeigt, was das Ende der Schleife bedeutet. So zeigt p im Laufe der Schleife also auf carray+2, carray+3, carray+4, ... bis carray+9, um den Schleifenrumpf auszuführen. Das letzte Inkrement erhöht p auf carray+10, was die Abbruchbedingung der Schleife darstellt.

Im Schleifenrumpf schreiben Sie in *p, also nacheinander in das, auf was carray+2 bis carray+9 verweisen. Was schreiben Sie? Na, mit *(p-1) + *(p-2) die Summe der beiden vorherigen Elemente – für den ersten Durchlauf also effektiv:

```
*p = *(p-1) + *(p-2);  // beim ersten Schleifendurchlauf ist p = carray+2, also:
*(carray+2) = *(carray+2-1) + *(carray+2-2);  // gleich:
*(carray+2) = *(carray+1) + *(carray+0);      // gleich:
carray[2] = carray[1] + carray[0];            // also:
carray[2] = 1 + 1;
```

Hier haben Sie etwas über die unterschiedlichen Schreibweisen gelernt. *(carray+x) ist gleichbedeutend mit carray[x].

Im zweiten Schleifendurchlauf, wenn p = carray+3 ist, ergibt das letztlich

```
carray[3] = carray[2] + carray[1];  // also:
carray[3] = 2 + 1;
```

und so weiter und so fort, bis das ganze carray überschrieben ist zu {1, 1, 2, 3, 5, 8, 13, 21, 34, 55}.

20.7.2 Verfall von C-Arrays

Sie haben gesehen, dass Sie mit der bereichsbasierten for-Schleife über ein C-Array iterieren können. Das können Sie, weil gegenüber einem rohen Zeiger int* das C-Array int[10] die Größe mit sich herumträgt. Leider ist diese Information sehr flüchtig, und sobald Sie das C-Array einer Funktion übergeben, ist sie verloren. Das C-Array *verfällt* dann zu einem einfachen rohen Zeiger, der sich die Arraygröße nicht merken kann (dt. *verfallen*, engl. *decay*). Konkret wird aus int[10] (und jeder anderen Größe) ein int*.

```cpp
#include <iostream>
void fibonacci(int data[], int* ende) {
    for(int* p = data+2; p != ende; ++p) {
        *p = *(p-1) + *(p-2);
    }
}
std::ostream& print(std::ostream &os, int data[], int* ende) {
    for(int const * p=data; p != ende; ++p)
        std::cout << *p << " ";
    return os;
}
int main() {
    int carray[10] = { 1,1 }; // initialisiert zu { 1,1,0,0,0,0,0,0,0,0 }
    fibonacci(carray, carray+10);
    print(std::cout, carray, carray+10) << "\n";
}
```

Listing 20.11 C-Arrays verfallen als Parameter zu rohen Zeigern.

Aus diesem Grund können Sie den Parameter einer Funktion nicht als int[10], sondern nur als int* deklarieren. Einen Hinweis können Sie dem Benutzer der Funktion jedoch geben. Für int* können Sie die alternative Schreibweise int[] verwenden. Damit deuten Sie an, dass der Parameter eigentlich einem C-Array von int-Elementen entstammt. Wie groß das Array ist, können Sie jedoch nur im Kommentar mitteilen. Oder – und das ist in diesen Fällen der übliche Weg – Sie fügen der Funktion einen Endeparameter hinzu, der (wie im vorigen Beispiel) hinter das Ende des C-Arrays zeigt.

Außer dass ich als Funktionsparameter nun int data[] anstatt carray[10] direkt verwende, hat sich nicht viel geändert. Den zusätzlichen Parameter ende benötige ich, um das Schleifenende mitzuteilen.

Als Alternative zu ende können Sie natürlich auch die Anzahl der Elemente – also 10 – beim Aufruf mitgeben:

```cpp
std::ostream& print(std::ostream &os, int data[], size_t anzahl) {
    for(int const * p=data; p != (data+anzahl); ++p)
        std::cout << *p << " ";
}
```

Im C-Umfeld wird diese Variante häufiger benutzt, während die Version mit dem Zeiger ende beim Umgang mit der C++-Standardbibliothek praktischer ist. Wie Sie noch sehen werden, lassen sich diese Erkenntnisse über Zeiger direkt auf das Konzept von *Iteratoren* übertragen.

Sie verwenden am besten dort int const * p, wo Sie nicht vorhaben, die Werte, auf die die Schleifenvariable zeigt, zu verändern. Wollen Sie die Werte verändern, dann nehmen Sie natürlich int* p.

20.7.3 Dynamische C-Arrays

Wenn Sie ein C-Array als automatische Stapel-Variable anlegen, dann muss die Größe des Arrays eine Konstante sein – bzw. constexpr, um genau zu sein.

```
void calc(size_t sz) {
    int carray[10]; // okay
    int darray[sz]; // Fehler: sz ist keine Konstante
}
```

Wenn Sie Letzteres schreiben wollen, dann müssen Sie einen Compiler haben, der von C++14 schon *dynamische automatische C-Arrays auf dem Stapel* beherrscht. Bis dahin müssen Sie ein solches *dynamisches C-Array* mit new[] anlegen:

```
void calc(size_t sz) {
    int[] darray = new int[sz];
    // ...
    delete[] darray;
}
```

Sie sehen schon: Ebenso, wie zu einem new ein delete gehört, benötigen Sie für ein new[] ein delete[]. Achtung: Sie dürfen ein mit new[] angelegtes C-Array nicht aus Versehen mit delete (ohne Klammern) entfernen.

Wenn Sie ein solches dynamisches C-Array einmal angelegt haben, können Sie damit genauso agieren wie mit dem zuvor besprochenen automatischen C-Array. Der einzige Unterschied in der Handhabung ist, dass Sie sich um die Entsorgung mit delete[] kümmern müssen.

Ist Ihnen delete[] zu mühselig? Da stimme ich Ihnen zu. Ebenso wie bei selbst verwalteten rohen Zeigern können hier Ressourcen verloren gehen, wenn Sie nicht scharf aufpassen. Sie sollten erwägen, ob Sie nicht vector verwenden können. Und wenn das nicht geht, dann wickeln Sie das C-Array doch sofort nach der Erstellung in einen unique_ptr ein. Der hat nämlich die Fähigkeit, für Sie delete[] aufzurufen:

```
#include <memory>       // unique_ptr
#include <iostream>     // cout
std::unique_ptr<int[]> createData(size_t sz) {
    return std::unique_ptr<int[]>(new int[sz]);
}
void fibonacci(int data[], int* ende) {
    for(int* p = data+2; p != ende; ++p) {
        *p = *(p-1) + *(p-2);
    }
}
```

20 Zeiger

```cpp
std::ostream& print(std::ostream &os, int data[], int* ende) {
    for(int const* p= data; p != ende; ++p)
        std::cout << *p << " ";
    return os;
}
int main() {
    std::unique_ptr<int[]> data { createData(10) };
    data[0] = 1; // setzen Sie Werte im array durch den unique_ptr
    data[1] = 1;
    fibonacci(data.get(), data.get()+10); // holen Sie sich den C-Array-Zeiger mit get()
    print(std::cout, data.get(), data.get()+10) << "\n";
}
```

Listing 20.12 »unique_ptr« arbeitet mit dem dynamischen C-Array zusammen.

Wie Sie sehen, können Sie hier alles nutzen, was Sie über unique_ptr schon wissen: Sie können ihn als Rückgabewert verwenden und müssen sich um die Entsorgung nicht kümmern. Mit data.get() kommen Sie an den zugrunde liegenden Zeiger auf das C-Array heran, und mit data[n] können Sie durch den unique_ptr sogar auf die einzelnen Elemente direkt zugreifen.

20.7.4 Zeichenkettenliterale

Eine bestimmte Form von C-Arrays ist besonders wichtig, weil besonders häufig: das C-Array const char[].

Wenn Sie einen Text als Literal direkt in den Quelltext schreiben, dann interpretiert der Compiler dies als C-Array des Typs char mit der Größe, die der Textlänge entspricht. Jedoch ist ein Zeichen am Ende »unsichtbar«: Jedes Zeichenkettenliteral endet mit den Zeichen '\0' (der char mit dem Zahlenwert null), um dessen Ende zu markieren.

Sie schreiben also ganz korrekt:

```cpp
const char hello[3] = "hi";
```

Das C-Array hallo ist drei Zeichen lang. Es enthält die char-Elemente { 'h', 'i', '\0'}. Deswegen können Sie alternativ auch umständlicher schreiben:

```cpp
const char hello[3] = { 'h', 'i', '\0' };
```

Das ist komplett gleichbedeutend, wird aber logischerweise selten gemacht.

Und noch etwas können Sie einfacher machen. Wenn Sie ein Literal auf diese Weise bei der Definition einer Variable angeben, dann kann der Compiler die Größe des C-Arrays herausfinden. Sie müssen nicht selbst abzählen. Sie können einfach Folgendes schreiben:

```cpp
const char hello[] = "hi";
```

Dies definiert die Variable hello ebenfalls als const char[3].

Ob Sie die Arrayklammern [] oder den Zeigerstern * zur Deklaration Ihrer Textkonstanten verwenden, spielt in der Praxis selten eine Rolle. Wählen Sie, was Ihnen besser gelegen kommt. Was vielleicht etwas gewöhnungsbedürftig ist, ist der Umstand, dass die Arrayklammern nach der *Variablen* stehen (obwohl sie ja eigentlich zum Typ der Variable gehören), während der Zeigerstern nach dem Typ steht – für mich die naheliegendere Notation.

```
const char vimes[13] = "Samuel Vimes";   // const char[13]
const char colon[] = "Fred Colon";       // const char[11]
const char *nobby = "Nobby Nobbs";       // const char[12]
```

Wenn Sie ein solches Textliteral zusammen mit string verwenden, fällt es Ihnen gar nicht auf, dass es sich um einen const char[] handelt. Es gibt einen Konstruktor, der const char* in string umwandelt.

```
#include <string>
#include <iostream>                       // cout
using std::string; using std::cout;
string greet(string name) {
    return name + "!";                    // string operator+(string, const char*)
}
int main() {
    string name{ "Havaloc Vetinari" };    // explizit: string(const char*)
    cout << "Angua";                      // ostream& operator<<(ostream&, const char*)
    cout <<                               // ostream& operator<<(ostream&, string)
      greet("Carrot Ironfoundersson");    // implizit: string(const char*)
}
```

Listing 20.13 Mit »string« fällt Ihnen oft gar nicht auf, dass Textliterale »const char[]« sind.

Während cout << "Angua" direkt das C-Array ausgibt, ist es bei cout << greet(…) der zurückgegebene string. Der Parameter von greet wird implizit vom C-Array in einen string umgewandelt. Für den Rückgabewert von greet() wird der vorhandene string mithilfe von operator+ mit einem const char[] verkettet – was einen neuen string ergibt.

20.8 Iteratoren

Container

Man kann Zeiger als Spezialfall von Iteratoren betrachten. Die folgen im Detail erst in Abschnitt 24.2, »Iteratoren-Grundlagen«. Die wiederum sind Teil von Containern, die ich in Kapitel 24, »Container«, behandle. Ich will Ihnen dennoch den Umgang von Zeigern mit Containern hier präsentieren. Sie können die beiden Abschnitte zunächst überschlagen und später hierher zurückkehren.

Wenn Sie jetzt schon alles über rohe Zeiger und C-Arrays wissen, dann ist es auch an der Zeit, das Konzept der *Iteratoren* zu betrachten. Letztendlich ist dies ganz einfach: Was

20   Zeiger

der rohe Zeiger für ein C-Array ist, ist der Iterator für die Standardcontainer – mit dem Unterschied, dass Sie mit Iteratoren und Standardcontainern mehr machen können als mit Zeigern und C-Arrays. Das liegt daran, dass Iteratoren als Klassen implementiert sind, die Sie mit den üblichen C++-Mitteln mit weiterer Intelligenz ausstatten können. Und nicht zuletzt sind rohe Zeiger *kompatibel* mit Iteratoren in dem Sinne, dass Sie rohe Zeiger dort verwenden können, wo Iteratoren verlangt werden. Man könnte auch sagen, rohe Zeiger sind auch nur eine bestimmte Form von Iteratoren. Iteratoren sind also eigentlich nur ein Konzept, auf das rohe Zeiger passen.

Wenn Sie rohe Zeiger mit Iteratoren vergleichen wollen, dann müssen Sie zuerst wissen, was das Pendant dazu ist, vom C-Array int carr[10] den Anfang zu holen. Mit rohen Zeigern ist das einfach: carr wird implizit in einen int* umgewandelt und ist der Anfang. Bei Standardcontainern holen Sie sich den Anfang mit der Methode begin() oder der freien Funktion begin(container). Und wo es einen Anfang gibt, existiert in diesem Fall auch ein Ende: Das holen Sie sich mit der Methode end() oder end(container). Dies funktioniert für alle Standardcontainer von list über vector und set bis zu array und unordered_map etc.

```cpp
#include <vector>
#include <iostream> // cout
using std::vector;
int main() {
    vector<int> data{ 5,4,3,2,1 };
    vector<int>::const_iterator ende = data.end(); // oder end(data)
    for(vector<int>::const_iterator it = data.begin(); it!=ende; ++it) {
        std::cout << *it << " ";
    }
    std::cout << "\n";
}
```

Listing 20.14 Iteratoren holen Sie mit »begin« und »end«.

Auch einen Iterator können Sie mit ++ inkrementieren. Die Überprüfung des Schleifenendes geschieht ebenfalls mit einem Vergleich, hier mit it!=ende. Auch bei einem Iterator kommen Sie mit dem Dereferenzierungsoperator * an den eigentlichen Wert heran, hier mit *it. Was Zeiger können, muss auch ein Iterator können. Daher könnten Sie auch die Anzahl der Elemente mit end(data)-begin(data) bestimmen.

Kaum gesagt, muss ich das gleich wieder etwas einschränken: Nur die *meisten* Iteratoren sind in der Lage, Differenzen zu bilden. Außerdem gibt es für diesen Zweck eine Funktion Namens difference aus <iterator>, die noch besser geeignet ist.

Doch wo vorher ein int const * stand, steht nun ein vector<int>::const_iterator. Da der exakte Typ eines Iterators sowohl vom Typ des Containers als auch vom Typ der Elemente abhängt, müssen Sie, um den genauen Typ eines Iterators zu bekommen, in den Container »hineingreifen«. Die Entsprechung von int* ist vector<int>::iterator. Dazu können Sie auch auto nehmen.

20.9 Zeiger als Iteratoren

Wenn Sie sich einmal an Iteratoren gewöhnt haben, dann müssen Sie sich auch für den Umgang mit C-Arrays nicht mehr umgewöhnen. Für alle Algorithmen aus der Standardbibliothek, die Iteratoren als Parameter nehmen, können Sie auch rohe Zeiger verwenden. Warum? Weil rohe Zeiger nur eine bestimmte Form der Iteratoren sind. Sie sind damit kompatibel.

So können Sie in Listing 24.4 (Seite 604) einfach den `vector<int>` durch ein `int[6]` ersetzen:

```
#include <iostream>       // cout
#include <iterator>       // ostream_iterator
#include <algorithm>      // copy

int main () {
  int data[6] = { 1, 2, 3, 7, 9, 10 };
  std::ostream_iterator<int> out_it (std::cout,", ");
  std::copy(data, data+6, out_it);          // Zeiger als Iteratoren
  std::cout << "\n";                         // Ausgabe: 1, 2, 3, 7, 9, 10
}
```

Listing 20.15 Rohe Zeiger können Sie wie Iteratoren verwenden.

Hier ist es `copy`, das statt Iteratoren nun rohe Zeiger als Beginn- und Endepositionen bekommt. Übrigens: Das eben erwähnte `distance` aus `<iterator>` funktioniert ebenfalls auf Zeigern, wie alle anderen dieser Funktionen auch.

20.10 Zeiger im Container

Sie können alle Formen von Zeigern auch in Standardcontainer packen. Es gilt aber das Gleiche wie für Zeiger außerhalb von Containern: Die Besitzverhältnisse kommen mit dem Zeigertyp, den Sie wählen, nicht mit dem Containertyp.

▶ `vector<Planet*>` `planets` hält nur die Zeiger selbst und fühlt sich ohne Ihr Zutun nicht für die Heapobjekte verantwortlich. Wenn `planets` als Stapelobjekt automatisch entfernt wird, wird nicht automatisch `delete` für die Elemente aufgerufen. Das müssen Sie entweder vorher selbst machen, wenn `planets` der Besitzer der Objekte sein soll, oder Sie halten die Adressen noch in einer anderen Variablen, die dann der Besitzer ist.

▶ `vector<unique_ptr<Planet>>` ist immer automatisch auch der Besitzer der Elemente, wie es `vector<Planet>` auch wäre.

▶ `vector<shared_ptr<Planet>>` ist teilweise der Besitzer der Elemente, wie beim normalen `shared_ptr`.

Für diejenigen, die ohne C++11 und seine smarten Pointer auskommen müssen, gilt: Einen `vector<auto_ptr>` kann es nicht geben. Sie dürfen und können einen `auto_ptr` nicht in

20 Zeiger

einen Standardcontainer packen. Das liegt daran, dass die Besitzverhältnisse des `auto_ptr` irreführend und nicht kanonisch sind – und das ist der Hauptgrund, warum dieser Typ *veraltet* (engl. *deprecated*) ist.

20.11 Die Ausnahme: wann das Wegräumen nicht nötig ist

Es gibt durchaus den Fall, dass Sie Objekte, die Sie angelegt haben, nicht wegräumen wollen. Wenn Sie wissen, dass das Programm sowieso gleich zu Ende ist, das Wegräumen der Daten unnötig Zeit verbrauchen würde und die einzige belegte Ressource der Speicher ist, dann können Sie Heapobjekte nutzen, um Zeit zu sparen.

Jedes Stapelobjekt und jedes globale Objekt würde beim Verlassen von `main` entfernt. Aber vielleicht haben Sie ein enormes neuronales Netzwerk oder einen supergroßen Suchbaum erzeugt. Wenn der zum Beispiel aus einer Million kleiner Knoten besteht, dann kann das Wegräumen schon mal ein paar Sekunden dauern. Am Programmende gibt das Betriebssystem ohnehin den gesamten Speicher »en bloc« wieder frei. Das Freigeben kurz vor Programmende können Sie sich also sparen.

Und das ist der Fall, in dem es Ihnen erlaubt ist, `new` ohne `delete` zu verwenden. Wenn das Programm sich sowieso gleich beendet, dann können Sie sich das Wegräumen von Nur-Speicher-Ressourcen sparen.

```cpp
#include <map>
#include <memory> // unique_ptr
#include <string>
#include <iostream>
#include <chrono> // Zeitmessung
using std::map; using std::cout; using std::endl; using namespace std::chrono;

struct Node {
  std::unique_ptr<int> d_;
  Node() : Node{0}  { }
  explicit Node(int d) : d_{ new int } { *d_ = d; } // auch etwas Speicher
  friend bool operator<(const Node& a, const Node& b) { return a.d_<b.d_; }
  friend bool operator==(const Node& a, const Node& b) { return a.d_==b.d_; }
};

long long millisSeit(steady_clock::time_point start) { // Helfer zur Zeitmessung
  return duration_cast<milliseconds>(steady_clock::now()-start).count();
}

int main() {
  std::unique_ptr<map<int,Node>> riesig{ new map<int,Node>{} };
  cout << "Aufbau..." << endl;
  steady_clock::time_point start = steady_clock::now();
```

```
for(int idx=0; idx < 100*1000*1000; ++idx) {    // massive Menge in der map
    (*riesig)[idx] = Node{idx};
}
cout << "Fertig: " << millisSeit(start) << " ms" << endl; // Zeitmessung hier
start = steady_clock::now();
riesig.reset();                                           // wegräumen hier
cout << "Ende: " << millisSeit(start) << " ms" << endl;   // Zeitmessung hier
}
```

Listing 20.16 Lohnt es sich, das Freigeben von Speicher zu sparen?

Um zu messen, wie lange etwas nach dem Verlassen von main benötigt wird, bräuchten Sie eine Zeitmessung außerhalb des Programms. Ich simuliere hier einmal mit dem Aufruf von riesig.reset() das Wegräumen der map, indem ich dem unique_ptr sage, dass er seinen Schützling wegräumen soll. Das Gleiche hätten Sie ohne smarten Pointer mit

```
map<int,Node>> *riesig = new map<int,Node>{};
// ...
delete riesig;
```

auch erreichen können, aber rohe Zeiger wollen Sie ja vermeiden. In beiden Fällen gilt: Wenn Sie delete riesig; weglassen oder riesig.release(); statt reset() schreiben würden, dann sparen Sie jeweils die Zeit für das Wegräumen der vielen Node-Objekte. Wie viel Zeit Sie sparen, finden Sie bei "Ende:" heraus.

Bei "Fertig:" ermittelt millisSeit die Zeit in Millisekunden, die der Aufbau der Datenstruktur benötigt. Die Zahl 100*1000*1000 (also 100 Millionen) habe ich so gewählt, dass mein Rechner sie gerade so bewältigt.

▶ Für den Aufbau braucht mein Rechner[3] etwa 52 000 Millisekunden bei 9 Gigabyte Speicher.

▶ Der Abbau geschieht in 6 700 Millisekunden.

Es ist nicht wirklich viel, auf anderen Rechnern und mit anderen Bedingungen mag es auch mal mehr Zeit brauchen. Ob Sie dieses »Feature« des Zeiteinsparens beim Beenden benötigen, müssen Sie entscheiden. Lassen Sie aber nicht das Programmdesign darunter leiden.

In der Hilfsfunktion millisSeit nutze ich unter anderem steady_clock aus <chrono> zur genauen Zeitmessung.

---

3 2,9 GHz i7-3520M, 16 GB Speicher, g++-4.8

Kapitel 21
Makros

Kapiteltelegramm

▶ **Präprozessor**
Ein Programm, das vor der eigentlichen C++-Phase des Kompilierens ausgeführt wird; heutzutage meist nicht mehr als eigenes Programm implementiert, sondern als Phase des Compilers

▶ **Makro**
Ein Bezeichner im Quelltext, der in der Präprozessorphase durch etwas anderes textuell ersetzt wird; üblicherweise von einem Define dadurch unterschieden, dass es zusätzlich Argumente hat

▶ **Define**
Ein Makro ohne Argumente, das einfach als »ist jetzt vorhanden« markiert wird oder durch einen einfachen Text ersetzt wird

▶ **Include-Guard**
Ein Define, das verhindert, dass dieselbe Header-Datei unabsichtlich von der gleichen .cpp-Datei mehrfach eingebunden wird

In C++ gibt es viele Mechanismen, mit denen der Compiler beim Programmieren helfen kann. Vor allem das Typsystem unterstützt Sie dabei – richtig eingesetzt –, robustere Programme zu schreiben. Es gibt einen Mechanismus, der am Typsystem vorbei geht, weil er *vor* allen anderen Aufgaben des Compilers ausgeführt wird: der Präprozessor – von »prä-«, also »vor-«.

Den Präprozessor können Sie vor allem für drei verschiedene Aufgaben nutzen. Allerdings hat in modernem C++ nur #include noch eine vollständige Berechtigung. Denn besonders seit C++11 gibt es für die alltägliche Programmierung bessere Alternativen im eigentlichen C++-Sprachkern.

▶ **Andere Dateien mit #include einbinden**
Mit #include <header.hpp> binden Sie das Interface eines anderen Moduls ein, damit Sie dessen Funktionen verwenden können.

▶ **Bedingte Kompilierung**
Mit #if und #ifdef blenden Sie bestimmte Bereiche ganz aus, sodass der C++-Compiler sie nicht mehr sieht. Sie benötigen dies manchmal, um Ihren Code auf mehreren Plattformen zum Laufen zu bringen. Der Segen ist aber auch der Fluch: Code, den der Compiler nicht mehr sieht, vergessen Sie wahrscheinlich auch und warten ihn nicht mehr. Wenn möglich sollten Sie Ihren Code ohne Präprozessor portabel schreiben,

indem Sie die portablen Features der Standardbibliothek nutzen. Im optimalen Fall setzen Sie #ifdef nur noch als Include-Wächter ein (siehe Kapitel 12, »Von der Struktur zur Klasse«). Wenn Sie eine portable Bibliothek schreiben, kommen Sie auch nicht drumherum.

▶ **Makros**
Sie können mit #define textuelle Ersetzungen definieren. Diese können sogar, ähnlich wie Funktionen, Parameter haben. Auch wenn Makros ein mächtiges Werkzeug sind, sollten Sie, wo immer es geht, stattdessen (Inline- oder Template-)Funktionen, Konstanten mit const, constexpr und enum class sowie eigene Typen oder using/typedef verwenden. Die Typsicherheit ist größer, die Fehlerdiagnose einfacher und der Code im Normalfall besser verständlich. Ausnahmen bestätigen diese Regel.

21.1   Der Präprozessor

Präprozessor-Direktiven beginnen immer mit dem Doppelkreuz # am Anfang einer Zeile. Die gesamte Zeile ist dann eine Anweisung zur Auswertung für den Präprozessor. Sie können mit // oder /* */ einen Kommentar hinzufügen. Eine Zeile, die mit dem Backslash \ endet (ohne Leerzeichen dahinter), wird auf der nächsten Zeile fortgesetzt, als wäre der Zeilenwechsel nicht da.

```
// Dateiname: meine-makros.hpp
#ifndef MEINE_MAKROS_HPP    // Include Guard
#define MEINE_MAKROS_HPP

#include <iostream> // cout, cerr
#include <vector>
#ifdef AUSGABE_AUF_STANDARD
#   define OUT std::cout
#else
#   define OUT std::cerr
#endif
#define MESSAGE(text) { (OUT) << text << "\n"; }
using container_type = std::vector<int>;
static constexpr unsigned SIZE = 10;

#endif
```

Listing 21.1 Zeilen, die Präprozessor-Direktiven enthalten, beginnen mit einem »#«.

Diesen Header können Sie nun einbinden. So sieht zum Beispiel Ihre Hauptdatei mit main aus:

```
// Dateiname: makros.cpp
#define AUSGABE_AUF_STANDARD  // Umschalten von cerr und cout

#include "meine-makros.hpp"
#include "meine-makros.hpp"   // Ups, aus Versehen doppelt.

int main() {
    MESSAGE("Programmstart");
    container_type data(SIZE);
    MESSAGE("Der Container hat " << data.size() << " Elemente.");
    MESSAGE("Programmende");
    OUT << "Das ging ja noch mal gut.\n";
}
```

Listing 21.2 Ihre Hauptdatei mit »main« bindet per »#include« die Headerdatei ein.

Alle Präprozessor-Aktionen finden auf rein textueller Ebene statt, bevor der Compiler wirklich in Aktion tritt. Unter Linux rufen Sie den Compiler für makros.cpp zum Beispiel so auf – auf anderen Systemen entsprechend:

```
g++ -o makros.x makros.cpp
```

Sie lesen den Quelltext aus der Datei makros.cpp und geben das fertig übersetzte Programm nach makros.x aus.

Der Präprozessor liest also die Datei makros.cpp Zeile für Zeile. Zuerst bindet er bei #include <vector> den entsprechenden Header der Standardbibliothek ein – macht also vor allem std::vector bekannt, mit allem, was dazu nötig ist. Das ist sehr viel, und ich ignoriere das in dieser Erklärung mal im Detail. Ich tue so, als würde nur std::vector bekannt gemacht.

Die nächste Zeile lautet #define AUSGABE_AUF_STANDARD. Damit machen Sie dem Präprozessor den Bezeichner AUSGABE_AUF_STANDARD bekannt. Sie führen ihn einfach als Namen ein, dessen Existenz Sie später mit #ifdef oder #ifndef abfragen können.

Defines auf der Kommandozeile

Statt #define AUSGABE_AUF_STANDARD in den Quelltext zu schreiben, können Sie dem Compiler auch während der Übersetzung mitteilen, dass ein bestimmtes Define gesetzt werden soll. Wie das geht, ist compilerabhängig. Bei g++ geschieht dies mit dem -D-Schalter auf der Kommandozeile. Sie hätten die Übersetzung also so anstoßen können:

```
g++ -DAUSGABE_AUF_STANDARD -o makros.x makros.cpp
```

Es folgt #include "meine-makros.hpp". Der Präprozessor liest die Datei komplett und setzt sie sofort statt der #include-Direktive ein. Dann fährt er mit dem Ergebnis Zeile für Zeile fort – also zunächst mit dem gerade gelesenen Inhalt von meine-makros.hpp.

Dort steht als Erstes:

```
#ifndef MEINE_MAKROS_HPP
#define MEINE_MAKROS_HPP
```

Mit #ifndef weisen Sie den Präprozessor an, dass er überprüfen soll, ob er eine Präprozessorvariable mit dem Namen MEINE_MAKROS_HPP nicht kennt (*ifndef* steht für »if not defined«, »falls nicht definiert«). Die Welt des Präprozessors ist eine ganz andere als die von C++. Um C++-Bezeichner kümmert er sich nicht wirklich. Wenn Sie hier als Namen vector oder std verwendet hätten (schlechte Idee!), dann wären die dem Präprozessor noch nicht bekannt. Nur Dinge, die zuvor zum Beispiel mit #define speziell dem Präprozessor bekannt gemacht wurden, sind hier relevant.

Das ist mit MEINE_MAKROS_HPP nicht geschehen: #ifndef MEINE_MAKROS_HPP ist wahr. Das veranlasst den Präprozessor bis zum zugehörigen #endif oder #else, allen Text zu verarbeiten.

Es folgt wieder ein #include der Standardbibliothek und danach eine Abfrage, ob der Präprozessor AUSGABE_AUF_STANDARD kennt. Zwischen #ifdef, #else und #endif stehen dann zwei Alternativen, von denen der Präprozessor eine wählt und die andere komplett ignoriert – als wären die Zeilen leer. Da ich extra AUSGABE_AUF_STANDARD mit #define definiert habe, ist das #ifdef also wahr, und die erste Alternative #define OUT std::cout bleibt übrig.

Beachten Sie hier, dass ich ja eigentlich #define AUSGABE_AUF_STANDARD in einer anderen Datei gesetzt habe als die Überprüfung #ifdef AUSGABE_AUF_STANDARD. Es ist aber gerade der Zweck des Präprozessors, die verschiedenen Dateien zusammenzufügen. So spielt es keine Rolle, dass die beiden Vorkommen aus unterschiedlichen Dateien stammen. Der Präprozessor fügt alles zu einem kontinuierlichen Strom zusammen.

Das #define OUT std::cout führt für den Präprozessor den neuen Namen OUT ein. Diesmal handelt es sich nicht nur um eine pure Einführung eines Namens, sondern mit std::cout wird der Ersetzungstext std::cout gewünscht. Ab jetzt wird der Präprozessor jedes Vorkommen des Token OUT durch std::cout ersetzen. Der Präprozessor hat ähnliche Regeln zur Worttrennung wie C++, sodass SHOUT natürlich nicht zu SHstd::cout wird – wohl aber wird std::OUT zu std::std::cout. Den Bereichstrenner :: kennt der Präprozessor nicht.

Dann folgen zwei einfache C++-Definitionen, die in den Ausgabestrom übernommen werden. container_type ist ab jetzt als Typalias verfügbar, und SIZE ist eine Zahlenkonstante.

Vom eingebundenen Header bleibt noch eine relevante Zeile übrig:

```
#define MESSAGE(text) { (OUT) << text << "\n"; }
```

Auch dies führt einen Präprozessor-Bezeichner ein. Ab jetzt wird jedes Vorkommen von MESSAGE durch { (OUT) << text << "\n"; } ersetzt. Der Präprozessor erwartet jedoch, dass MESSAGE mit einem Parameter verwendet wird, den er text nennt. Der als Parameter angegebene text wird komplett und unverändert an die Stelle in { (OUT) << text << "\n"; } eingesetzt, wie Sie ihn beim Aufruf angegeben haben.

Zurück in makros.cpp heißt

```
MESSAGE("vector hat " << data.size() << " Elemente.");
```

wird

```
{ (std::cout) << "vector hat " << data.size() << " Elemente." << "\n"; }
```

Das OUT wird durch die vorige Definition, und text durch das MESSAGE-Argument ersetzt.

Wenn der Präprozessor mit seiner Arbeit fertig ist, ergibt das einen einzigen Datenstrom. Dieser ist es dann, mit dem die eigentliche C++-Kompilierung durchgeführt wird. Abgesehen von den includes der Standardbibliothek ist das Ergebnis nach dem Präprozessor und vor dem C++-Compiler somit das von Listing 21.3.

```
// ...hier Inhalt von <vector>...
//... hier Inhalt von <iostream>...
using container_type = std::vector<int>;
static constexpr unsigned SIZE = 10;

int main() {
  { (std::cout) << "Programmstart" << "\n"; }
  container_type data(SIZE);
  { (std::cout) << "Der Container hat " << data.size() << " Elemente." << "\n";}
  { (std::cout) << "Programmende" << "\n"; }
  { std::cout << "Das ging ja noch mal gut.\n"; }
}
```

Listing 21.3 Das Ergebnis des Präprozessor-Durchlaufs

Von den Präprozessor-Direktiven bleibt nach dieser Phase nichts mehr übrig. Auch die Präprozessorvariablen sind komplett durch ihre Entsprechungen ersetzt. Es sind einige interessante Punkte zu beachten:

▶ Die textuelle Ersetzung des Präprozessors findet exakt statt. Sie lässt insbesondere jedes Semikolon und jede Klammer übrig und führt keine neuen ein. Das können Sie vor allem in MESSAGE sehen: Die Blockklammern {…} und das Semikolon sind im Ergebnis vorhanden. text konnte auch mehrere durch << getrennte Ausgabeelemente enthalten, die der C++-Compiler später passend interpretieren kann.

▶ container_type und SIZE sind keine Präprozessorbezeichner.

21.2   Vorsicht vor fehlenden Klammern

Dass der Präprozessor keine Klammern einführt oder entfernt, sondern nur eine textuelle Ersetzung durchführt, ist besonders wichtig, wenn die Makroparameter im Ersetzungsausdruck verwendet werden.

```
#define QUADRAT(x) x*x
int erg = QUADRAT(3+4)
```

wird zu 19 ausgewertet, wie Sie hier sehen. Wahrscheinlich sollte QUADRAT(3+4) aber 7*7 sein, also 49. Das ist sehr gefährlich.

```
int erg = 3+4*3+4
```

Im Normalfall sollten Sie *jeden* Einsatz eines Parameters im Ersetzungstext zusätzlich klammern. Und auch um den Gesamttext der Ersetzung sind oft noch Klammern nötig.

```
#define QUADRAT(x) ((x)*(x))
int erg = QUADRAT(3+4)
```

wird zu dem was Sie wollen, denn die folgende Berechung ergibt 49:

```
int erg = ((3+4)*(3+4))
```

Ausnahmen wie text aus Listing 21.1 bestätigen die Regel nur: Dort ermöglicht das Weglassen der Klammern in der Makrodefinition, dass Sie beim Aufruf des Makros mehrere Streamoperationen << im Parameter aneinanderhängen können.

21.3   Vorsicht vor Mehrfachausführung

Und an noch einer anderen Stelle bekommen Sie auf den zweiten Blick nicht, was Sie vielleicht haben wollten. Vergleichen Sie die Wirkung der folgenden beiden Implementierungen:

```
#include <cmath> // sin, cos

constexpr double max2(double a, double b) { return a > b ? a : b; }

#define MAX2(a,b) ((a) > (b) ? (a) : (b))

int main() {
    double f = max2(sin(3.141592/2), cos(3.141592/2));
    double e = MAX2(sin(3.141592/2), cos(3.141592/2));
}
```

Listing 21.4 Die rein textuelle Ersetzung führt bei Makros zur Mehrfachausführung.

Für die max2-Funktion werden die Argumente *vor* dem Eintritt in die Funktion ausgewertet. Die aufwendigen Berechnungen sin() und cos() finden also vorher statt. In max2 müssen dann nur noch einfache Zahlenwerte miteinander verglichen werden.

Das MAX2-Makro expandiert jedoch zu:

```
double e = ((sin(3.141592/2)) > (cos(3.141592/2)) \
    ? (sin(3.141592/2)) : (cos(3.141592/2)));
```

Nun sind sin() und cos() aber komplizierte Funktionen, die der Compiler nicht vorausbe-rechnen kann. Dass der Compiler so viel Intelligenz aufbringt, um nicht sin() oder cos() doppelt auszuführen, ist sehr unwahrscheinlich. Eine Funktion ist hier auf jeden Fall die bessere Wahl.

Verheerender als nur Zeitverlust ist die Mehrfachausführung, die Sie bei der Expansion der Argumente erhalten können:

```
#include <iostream>

#define MAX2(a,b) ((a) > (b) ? (a) : (b))

int main() {
    int x = 0;
    int y = 0;
    int z = MAX2( ++x, ++y );
    std::cout << "x:"<< x << " y:"<< y << " z:"<<z << '\n';
}
```

Was ist hier die Ausgabe? Achtung, Trickfrage! Bei mir ist die Ausgabe:

```
x:1 y:2 z:2
```

Das Makro hat den Ausdruck zu ((++x) > (++y) ? (++x) : (++y)) expandiert. Und somit wurde ++y einmal im Vergleich und einmal im Ergebnis ausgeführt. Wollen Sie das? Auf keinen Fall, denn es ist *undefiniertes Verhalten*, zwei Seiteneffekt-Operatoren im gleichen Ausdruck auf derselben Variable auszuführen. Wenn Sie also eine andere Ausgabe sehen oder das Programm abstürzt, ist das »erlaubt«.

21.4   Typvariabilität von Makros

Einen Vorteil hat die MAX2-Implementierung per Makro gegenüber der max2-Funktion je-doch. Sie können das Makro auch für andere Typen als double verwenden. Da das Makro ja am Aufrufort eingesetzt wird, entscheiden sich auch erst beim Einsatz die Typen der Variablen. Also funktioniert MAX2 auch auf int und sogar auf string.

```
#include <string>
#include <cmath> // sin, cos

#define MAX2(a,b) ((a) > (b) ? (a) : (b))

int main() {
    double e = MAX2(sin(3.141592/2), cos(3.141592/2));
    int i = MAX2(10+12+45, 100/5+20);
    std::string s = MAX2(std::string("Ernie"), std::string("Bert"));
}
```

21 Makros

Typvariabilität erreicht man in C++ aber besser mit Überladung. Sie können max2 für jeden verwendeten Typ definieren:

```
#include <string>
#include <cmath>  // sin, cos

constexpr double max2(double a, double b) { return  a > b ? a : b; }

constexpr int max2(int a, int b) { return  a > b ? a : b; }

std::string max2(const std::string &a, const std::string &b)
    { return  a > b ? a : b; }

int main() {
    double e = max2(sin(3.141592/2), cos(3.141592/2));
    double i = max2(10+12+45, 100/5+20);
    std::string s = max2("Ernie", "Bert");
}
```

Wie Sie sehen, hat das im Falle von max2("Ernie", "Bert") sogar noch mehr Vorteile. Zum einen werden mit der Funktion die Argumente nicht wieder doppelt ausgewertet, und zum anderen sparen Sie sich die explizite Typumwandlung vom const char[] "Ernie" in einen std::string mit std::string("Ernie"). Die Funktion max2() erhält string als Argumente, und der Compiler erkennt, dass er const char[] in string umwandeln kann.

Vielleicht wollen Sie die Implementierung von max2 auf string aber mit mehr Intelligenz versehen, als die für int und double – möglicherweise soll nicht zwischen Groß- und Kleinschreibung unterschieden werden. Als Makro kann es nur ein einziges MAX2 geben, und mit überladenen Funktionen können Sie jede Implementierung anders aussehen lassen, wenn nötig.

Dennoch, wenn der Körper aller max2-Funktionen identisch ist, dann ist der nötige doppelte Code lästig und entspricht nicht den Richtlinien für guten Code. Daher möchte ich Ihnen das Rezept mitteilen, wie Sie in diesem Fall dennoch keine Makros einsetzen müssen – denn das entspräche noch weniger den Richtlinien für guten Code (nach den Regeln dieses Buchs).

Falls es dazu kommt, dass Sie eine Funktion für alle möglichen (oder wenigstens mehrere) Typen identisch implementieren müssen, dann schreiben Sie die Funktion als einfaches *Funktionstemplate*. Dies ist ein Vorgriff, aber keine Angst, es ist ganz einfach:

▶ Schreiben Sie zuerst eine der Implementierungen mit einem wie string Typ hin.

▶ Nehmen Sie den Typ, der sich in allen Implementierungen ändert, und ersetzen Sie ihn durch das Wort TYP.

▶ Schreiben Sie in der Zeile vor der Funktion template <typename TYP>.

Fertig. Das sieht für max2 so aus:

21.4 Typvariabilität von Makros

```cpp
#include <string>
#include <cmath> // sin, cos

template<typename TYP>
constexpr TYP max2(const TYP &a, const TYP &b)
    { return  a > b ? a : b; }

int main() {
    double e = max2(sin(3.141592/2), cos(3.141592/2));
    double i = max2(10+12+45, 100/5+20);
    std::string s = max2(std::string("Ernie"), std::string("Bert"));
}
```
Listing 21.5 Ein einfaches Funktionstemplate ist viel besser als ein Makro.

Herzlichen Glückwunsch! Sie haben Ihr erstes Funktionstemplate geschrieben. Diese Implementierung ist flexibel wie ein Makro, schnell wie überladene Funktionen und vor allem typsicher.

Wenn Sie wollen, können Sie sogar noch Überladungen für einzelne Typen hinzufügen. Und genau das können Sie tun, wenn Sie die lästigen expliziten Umwandlungen in `std::string` für die Argumente "Ernie" und "Bert" loswerden wollen. Würden Sie die nämlich hier weglassen, dann würde der Compiler versuchen, eine Überladung für `max2(const char[6], const char[5])` zu finden. Das gelingt ihm nicht, weil es zwei verschiedene Typen sind – im Template habe ich aber nur einen `TYP` verwendet, und der muss dann auch an beiden Stellen genau passen. Das Template passt also nicht zum Aufruf. Fügen Sie daher einfach eine weitere Überladung hinzu:

```cpp
const char* max2(const char* a, const char* b)
    { return  std::string(a) > std::string(b) ? a : b; }
```

Hiermit löse ich auch gleich das Problem, dass der Vergleich zweier `const char*` mitnichten der Vergleich der Texte ist, sondern nur *der Adressen* der Zeiger. Die Umwandlung in `string` extra für den Vergleich mit `>` löst das Problem – wenn auch nicht elegant. Denn leider ist `>` für `string`, anders als für `int`, nicht `constexpr`, und der Compiler lässt somit die Verwendung von `>` auf `string` in einer als `constexpr` markierten Funktion nicht zu. Aber immerhin haben Sie nun ein Template für fast alle Fälle – und eine extra Überladung für einen nützlichen Sonderfall.

Übrigens können Sie sich das Umwandeln des `const char[]`-Literals sparen, weil der Compiler Zeichenkettenliterale mit dem ""s-Suffix automatisch als ein `std::string` interpretiert. Sie können also Folgendes schreiben:

```cpp
std::string s = max2("Ernie"s, "Bert"s);
```

Dazu müssen Sie vorher aber den `operator""s` zum Beispiel mit `using namespace std::literals` eingebunden haben.

21.5   Zusammenfassung

Der Übersicht halber sehen Sie in Tabelle 21.1 noch einmal die wichtigsten Präprozessor-Direktiven. Einige weitere habe ich mit einer kurzen Erklärung hinzugefügt.

Direktive	Erklärung
#include	andere Datei einbinden
#define	Bezeichner oder Makro definieren
#undef	Bezeichnerdefinition entfernen
#ifdef	prüfen, ob ein Präprozessorbezeichner definiert ist
#ifndef	prüfen, ob ein Präprozessorbezeichner nicht definiert ist
#if	Präprozessorausdruck prüfen
#else	alternativer Quelltext zu einem der Präprozessor-ifs
#elif	alternativer Quelltext und eine weitere Prüfung
#endif	Ende des alternativen Quelltexts
#line	aktuelle Zeilennummer und Dateiname für die Fehlermeldungen des Compilers festlegen
#error	mit einer Fehlermeldung abbrechen
#pragma	Spezialinstruktion an den Compiler, sehr compilerabhängig

Tabelle 21.1 Die möglichen Präprozessor-Direktiven im Überblick

Kapitel 22
Schnittstelle zu C

Kapiteltelegramm

▸ **C-Bibliothek mit C-Schnittstelle**
Häufig von Drittanbietern gelieferte Erweiterung

▸ **extern "C"**
Markierung einer Funktion, damit diese von C++-Programmen verwendet werden kann

▸ **void∗ oder void-Pointer**
Nicht typsicherer roher Zeigertyp, von und zu dem man alle rohen Zeigertypen umwandeln kann; oft Teil von C-Schnittstellen

▸ **Eigene Löschfunktion oder Custom Deleter**
Feature des shared_ptr, das bei der Freigabe von C-Ressourcen nützlich sein kann

Wenn Sie ein Programm schreiben, das Bibliotheken von Drittanbietern nutzt, dann ist die Wahrscheinlichkeit nicht gering, dass diese Bibliothek mit einer Schnittstelle zu C geliefert wird. Glücklicherweise ist C++ derart geschrieben, dass Sie Bibliotheken für C auf jeden Fall ebenfalls einbinden können. Ihre Auswahl ist also nicht eingeschränkt.

Was eingeschränkt ist, ist Ihre Auswahl an Sprachmitteln. Wenn Sie eine C-Bibliothek verwenden wollen, dann können Sie nur C-Sprachelemente benutzen. Ich liefere Ihnen eine bei Weitem nicht erschöpfende Liste an Einschränkungen, die Sie hinnehmen müssen:

▸ Sie haben keine Klassen. Strukturen können nur bestimmte Elemente haben; zum Beispiel fallen Konstruktoren weg, und alles muss öffentlich sein. Der Einfachheit halber sollten Sie nur Datenelemente haben.

▸ Es gibt keine Referenzen. Sie übergeben einen Wert oder rohen Zeiger.

▸ Viele Dinge aus der C++-Standardbibliothek sind tabu. Standardcontainer, Strings oder die Streams können Sie nicht verwenden, doch die C++-Sprachdesigner haben sich über Möglichkeiten der Interaktion Gedanken gemacht.

▸ C-Funktionen lösen keine Exceptions aus. Sie haben normalerweise mit Fehlercodes als Rückgabe oder Parameter zu tun.

▸ Es gibt keine überladenen Funktionen in C – zu jedem Namen gehört ein fester Satz an Parametertypen (das hat sich mit C11 teilweise geändert). operator-Funktionen gibt es daher ebenfalls nicht.

▸ Sie werden selten auf const bei Parametern treffen. Wenn dort ein const steht, hat es mehr Dokumentationscharakter. Sie können nicht sicher sein, dass die C-Funktion Ihren per Zeiger übergebenen Parameter nicht verändert.

Nach dieser theoretischen Liste stürzen wir uns in die Praxis. Exemplarisch habe ich die *zlib*[1] als C-Bibliothek gewählt, die ich einbinden will.

Die *zlib* enthält Funktion zum *Komprimieren* von Daten. Das heißt, überflüssige Information wird entfernt, und es bleibt ein kleineres Paket Daten übrig, das Sie zum Beispiel durchs Internet übertragen oder auf der Festplatte speichern können. Eine Gruppe der Funktionen der Bibliothek dient zum Lesen und Schreiben von *.gz-Dateien – ein weit verbreitetes Datenformat. Sollten Sie auf Ihrem Rechner irgendein Programm zum Packen oder Entpacken von Dateien haben (zum Beispiel *7zip* oder *WinZip*), dann können Sie sehr wahrscheinlich auch *.gz-Dateien entpacken. Ein Unterschied von *.gz zu anderen Packformaten ist, dass jede gepackte Datei nur genau eine Originaldatei enthalten darf. Es ist üblich, dass an den Dateinamen des Originals nur .gz angehängt wird, wenn die Datei komprimiert wurde.

22.1 Mit Bibliotheken arbeiten

Zu einer C-Bibliothek, die Sie einbinden, gehören die folgenden Dinge:

▶ **Bibliothekdatei**
Mit der Bibliothekdatei *linken* Sie Ihr Programm zusammen, damit Sie die Funktionen des Drittanbieters nutzen können. Dies sind eine oder mehrere *.a-, *.dll- (Windows) oder *.so-Dateien (Linux). In seltenen Fällen bekommen Sie auch den Quellcode geliefert und linken die Objektdateien *.o/*.obj zu Ihrem Programm.

▶ **Headerdateien**
Meist werden Ihnen mehrere *.h-Dateien geliefert. In Ihren Quellcode müssen Sie diese mit #include einbinden.

▶ **Dokumentation**
Manchmal bekommen Sie ein extra Dokument, manchmal haben Sie nur den Header.

Es ist sehr compilerabhängig, wie Sie die Bibliothek und Header beim Übersetzen bekannt machen. Sehen Sie in der Dokumentation nach, wie Sie den *Bibliotheks-* und *Includepfad* anpassen (*Library-* und *Includepath*) und wie Sie eine bestimmte Bibliothek hinzulinken.

Mit dem g++ wird dieses Beispiel wie folgt übersetzt:

```
g++ gzpack.cpp -o gzpack.x -lz -Lzlib -Izlib/include
```

Den Teil g++ gzpack.cpp -o gzpack.x sollten Sie schon kennen. Die restlichen Parameter:

▶ -lz – -l heißt, dass eine Bibliothek hinzugelinkt werden soll, hier ist es z für libz.

▶ -Lzlib – -L gibt Suchpfade für Bibliotheken an; hier liegt libz.a im Verzeichnis zlib.

▶ -Izlib/include – -I gibt Suchpfade für Headerdateien an; hier liegt zlib.h im Verzeichnis zlib/include.

---

1 *A Massively Spiffy Yet Delicately Unobtrusive Compression Library*, http://zlib.net, [2014-05-21]

22.2 C-Header

Das Demonstrationsprogramm erstellt aus einer beliebigen Eingabedatei eine gepackte Ausgabedatei. Dazu sind aus der *zlib* nur drei Funktionen nötig. In der Dokumentation steht allerlei über jene Funktionen, was ich Ihnen zu lesen nahelege. Ich konzentriere mich hier auf die Angaben im Headerfile bzw. auf die Signaturen der Funktionen aus der Dokumentation (einige Dinge stelle ich vereinfacht dar). Für eigene Experimente und das Nachstellen der Beispiele nehmen Sie natürlich die Originalbibliothek.

```
typedef struct gzFile_s *gzFile;
extern "C" gzFile gzopen (const char *path, const char *mode);
extern "C" int  gzwrite (gzFile file, voidpc buf, unsigned len);
extern "C" int  gzclose (gzFile file);
```

Diese und viele weitere Typen und Funktionen stehen Ihnen zur Verfügung, wenn Sie in Ihrem Quellcode

```
#include <zlib.h>
```

verwenden.

Zunächst führt der `typedef` den neuen Typ `gzFile` ein. Dabei handelt es sich um einen Zeiger auf den `struct gzFile_s`. Dessen innere Details sind absichtlich nicht erwähnt, denn sie sind irrelevant. Betrachten Sie `gzFile` einfach als »Griff« (engl. *Handle*), mit dem Sie an die *.gz-Datei herankommen.

Die drei Funktionen sind freie Funktionen, und alle Parameter und Rückgaben sind entweder eingebaute Typen oder rohe Zeiger – sehr üblich in C.

Jede Funktion wird mit `extern "C"` eingeleitet. Das ist nötig, damit Sie als C++-Autor, wenn Sie jenen Header einbinden, die C++-Funktionen von den C-Funktionen unterscheiden können. Das ist nötig, weil C++ andere Mechanismen bei der Suche nach der passenden Funktion verwendet – beim Überladen etc. ist das wichtig. Also muss von C++ kommend jede Funktionssignatur, die Sie verwenden wollen, mit einem `extern "C"` versehen worden sein. Sollte das in einem Header mal fehlen, dann können Sie es in Ihrem Quellcode alternativ etwas umständlicher einbinden:

```
extern "C" {
    #include <zlib.h>
}
```

Sie wickeln also den gesamten `#include` in ein großes `extern "C"` ein.

Nachdem Sie den Header haben, fahren Sie mit dem Rest des Programms fort. Zusätzlich zu `<zlib.h>` benötigen Sie noch einige der gewohnten C++-Header der Standardbibliothek. Für die Fehlerbehandlung der *zlib* sind die C-Header `<cerrno>` und `<cstring>` nötig. Ersterer erlaubt die Abfrage der globalen Fehlercodevariable `errno`, die die *zlib* verwendet – das steht in der Dokumentation. Letzterer liefert `strerror` zum Umwandeln eines Fehlercodes in eine lesbare Textnachricht. Beide Header sind Teil der C-Standardbibliothek. Daher gibt es jeden Header in zwei Varianten: In C++ verwenden Sie `<cerrno>`, wenn in der C-Dokumentation `<errno.h>` angegeben ist. Analog wird aus dem C-Include `<strings.h>` für C++-Programme `<cstring>`. Die Regel »vorne ein c dran, hinten das .h weg« gilt für die meisten Header der C-Standardbibliothek – aber nur für die, nicht für Bibliotheken von Drittanbietern. Die C++-Varianten sind nämlich wiederum Teil der C++-Standardbibliothek und garantieren zum Beispiel, dass jede Funktion auch ihr `extern "C"` bekommt. Zusätzlich werden alle so importierten C-Funktionen im Namensraum `std::` bereitgestellt. Daher können Sie die Funktion auch über `std::strerror()` ansprechen.

```cpp
#include <string>
#include <vector>
#include <fstream>    // ifstream
#include <stdexcept>  // runtime_error
#include <iostream>   // cerr
// C-Header:
#include <zlib.h>     // gzXyz; sudo aptitude install libz-dev
#include <cerrno>     // errno
#include <cstring>    // strerror
namespace {
using std::string; using std::vector;
```

Listing 22.1 Das Programm »gzpack.cpp« nutzt eine C-Bibliothek. Hier sehen Sie die Sektion mit den Includes.

In der vorletzten Zeile starte ich mit `namespace {` einen *anonymen Namensraum*. Dadurch sind alle Variablen, Typen und Funktionen in dieser `*.cpp`-Datei vor eventuellen anderen verborgen und kommen niemandem ins Gehege. Vor freie Funktionen hätten Sie stattdessen auch `static` schreiben können, doch für Datentypen geht das eben nur über einen anonymen Namensraum, und daher ist das oft eine gute Idee.

Mit den beiden `using`-Deklarationen spare ich für den Rest des Quellcodes Tipparbeit. Noch ein Vorteil des anonymen Namensraums: Auch die beiden `using`-Deklarationen gelten nur innerhalb des Namensraums und wirken nicht nach außen.

Als Nächstes definiere ich die Klasse, die die Hauptfunktionalität der C-Bibliothek bündelt. In diesem Beispiel sind schon alle drei relevanten C-Funktionen enthalten. Anhand der Namen erraten Sie wahrscheinlich auch schon die Bedeutungen und einige der Bedienregeln:

▶ `gzopen` öffnet eine Datei. Klappt das nicht, liefert die Funktion nach C-Manier einen besonderen Rückgabewert.

▶ `gzclose` schließt eine korrekt geöffnete Datei. Der Aufruf ist nicht nötig, wenn `gzopen` fehlschlug.

▶ `gzwrite` schreibt Daten in die Ausgabe. Ein Rückgabewert größer null bedeutet Erfolg.

```cpp
class GzWriteStream {                               // RAII-Wrapper
public:
    gzFile gz_ ;                                    // C-Struct aus zlib.h
    explicit GzWriteStream(const string& filename)
        : gz_{gzopen(filename.c_str(),"wb9")} // 'w': write, 'b':binary, '9':level
    {
        if(gz_==NULL) throw std::runtime_error(std::strerror(errno));
    }
    ~GzWriteStream() {
        gzclose(gz_);
    }
    GzWriteStream& operator<<(const vector<char> &data) {
        write(data.data(), data.size());
        return *this;
    }
private:
    void write(const char* data, size_t len) {
        auto res = gzwrite(gz_, data, len);
        if(res==0) throw std::runtime_error("Fehler beim Schreiben");
    }
    GzWriteStream(const GzWriteStream&) = delete;            // keine Kopie
    GzWriteStream& operator=(const GzWriteStream&) = delete; // keine Zuweisung
};
```

Listing 22.2 Dieser Teil von »gzpack.cpp« enthält alle verwendeten C-Funktionen.

Als Datenfeld enthält GzWriteStream das Handle gz_ als Verbindung zur *zlib* und somit zur geöffneten Datei. In der Init-Liste des Konstruktors öffnet gzopen die Datei und weist das Ergebnis dem Handle zu. In der Dokumentation steht, dass der Rückgabewert von NULL auf einen Fehler hinweist. Dann zeigt die globale Variable errno den genauen Fehler an. Mit strerror decodieren Sie diesen Code. Viel wichtiger ist aber, dass Sie dann auch eine Ausnahme auslösen und den Code auf diesem Wege verlassen, anstatt mit einem return herauszuspringen oder bis ans Ende zu durchlaufen.

Denn wenn gzopen fehlschlug, ist gzclose nicht nötig. Also ist dies ein optimaler Anwendungsfall für die Benutzung des Destruktors. Verlässt eine Ausnahme den Konstruktor, statt normal durchzulaufen, dann gilt das GzWriteStream-Objekt als nicht erzeugt. Somit wird kein Destruktor aufgerufen – und somit kein gzclose.

Der erste Parameter, den gzopen bekommt, ist der Dateiname als C-String. Vom string-Parameter filename können Sie mit der Methode c_str() diesen als C-String erhalten. Der zweite Parameter "wb9" zeigt an, dass die Datei zum Schreiben ('w' für *write*) geöffnet wird. Das 'b' steht für Binärformat. Die Alternative 't' für Textformat würde potenziell einzelne Zeichen umwandeln. Die abschließende '9' steht für maximale Datenkompression.

22.3   C-Ressourcen

Das Funktionspaar gzopen und gzclose zusammen in den Konstruktor und Destruktor einer Klasse zu packen, bietet sich hier besonders an, da diese beiden immer paarweise aufzurufen sind: Es gibt kein (erfolgreiches) gzopen ohne gzclose, kein gzclose ohne gzopen.

Sie haben bei vielen C-Schnittstellen mit solchen Paarungen zu tun. Sei es das Initialisieren der gesamten Bibliothek oder das Akquirieren und Freigeben eines Malpinsels für den Fensterrahmen – solche Funktionspaare kommen häufig vor, und eine solche »Wrapper-klasse« bietet sich dann an.

In GzWriteStream habe ich noch mehr Funktionalität untergebracht. Manchmal benötigen Sie jedoch nur die Paarung zweier Funktionen. Dann ist es vielleicht mühselig, für jedes Paar eine eigene Wrapper-Klasse zu schreiben. Wenn Ihnen das zu viel Arbeit ist, dann können Sie auf den alten Bekannten shared_ptr zurückgreifen: Sie können diesen in der Variante benutzen, bei der der Konstruktor nicht ein, sondern zwei Argumente bekommt.

Das zweite Argument ist hier ein *Funktionsobjekt*, das innerhalb des Destruktors des shared_ptr aufgerufen wird. Der shared_ptr nennt dies eine *eigene Löschfunktion* (engl. *Custom Deleter*).

Ich wage an dieser Stelle einen Vorgriff, denn als Funktionsobjekt sehen Sie hier ein *Lambda* – eine Funktion ohne Namen –, und in der wird nun das gzclose aufgerufen.

```
std::shared_ptr<gzFile_s> gz(
    gzopen(fNameOut.c_str(), "wb9"),
    [=](gzFile_s* f) { gzclose(f); } );
if(gz.get() == NULL) throw std::runtime_error("Fehler");
```

Mehr dazu erfahren Sie im Kapitel über Funktionsalternativen (Abschnitt 23.3, »Eine Klasse als Funktion«).

Dieses Muster mittels shared_ptr-Konstruktor mit zwei Argumenten können Sie fast immer für einfache Paarungen von C-Funktionen verwenden.

22.4   »void«-Pointer

Die dritte Funktion, gzwrite, bekommt zwei Parameter: einen void* auf die Daten und die Länge der Daten. Der Rückgabewert ist die Menge der geschriebenen Daten – der Wert null deutet auf einen Fehler hin.

Aber was genau ist void*? Haben Sie bemerkt, dass unser eigenes write einen const char* als Parameter erhalten hat und ich den dann dem void* von gzwrite weitergereicht habe? Normalerweise beschwert sich C++ immer darüber, wenn Sie eine Variable des einen Typs nehmen und versuchen, sie als etwas anderes zu verwenden. Stellen Sie sich vor, gzwrite würde einen int nehmen, dann hätte der const char* von write nicht gepasst und ich hätte den Parameter anders definieren müssen – oder tricksen. Und was, wenn die Daten zum Wegschreiben int*-Daten sind oder double*? Brauchen Sie dann für jede Zeigerart eine gzwrite-Funktion? Jein: gzwrite ist es eigentlich egal, ob der Zeiger auf char-, unsigned char-, int- oder double-Daten zeigt, solange Sie nur die korrekte Länge der Daten ebenfalls mitgeben. Und genau hier kommt void* ins Spiel: Alle rohen Zeigertypen lassen sich ohne Murren des Compilers in einen void* umwandeln. Was die jeweilige Funktion mit diesen absoluten Rohdaten dann macht, ist komplett ihre eigene Sache. Hier nimmt sie die Rohdaten, deren Länge sie kennt, komprimiert sie und schreibt sie dann in die Ausgabedatei.

Bei einer C-Funktion kommt es häufiger vor, dass diese Rohdaten nicht genauer spezifizierten Typs nimmt und dann mit geeigneten Mitteln entscheidet, was sie damit genau macht: Häufig übergeben Sie zusätzlich die Länge der Rohdaten, manchmal übergeben Sie einen bestimmten »Marker«, der die Daten genauer beschreibt. Seltener brauchen Sie gar keine weitere Information mitzugeben. Dann wird die Adresse nur für die spätere Verwendung gespeichert oder die genaue Bedeutung ergibt sich aus dem Kontext.

Wenn Sie mit void* arbeiten, dann verlieren Sie leider jegliche Typsicherheit. Der Compiler akzeptiert alle rohen Zeiger bei der Konvertierung in und von einem void* und warnt Sie nicht einmal. Wieso auch, denn er geht davon aus, dass Sie schon wissen, was Sie tun, wenn Sie mit void* arbeiten. Ich hoffe, dass ist für Sie auch in der Zukunft der Fall: Verwenden Sie void* nur, wenn Sie mit C-Programmierschnittstellen zu tun haben. In der C++-Welt haben Sie typsichere Mittel, um mit varianten Daten umzugehen, wie zum Beispiel die Funktionsüberladung oder Templates.

22.5   Daten lesen

Es folgen zwei einfache Hilfsfunktionen, die das Lesen und Schreiben behandeln:

```cpp
vector<char> leseDatei(const string& fName) {
    std::ifstream file{ fName, std::ifstream::binary };
    if(!file) throw std::runtime_error("Fehler beim Oeffnen der Eingabe");
    file.seekg(0, file.end);          // ans Dateiende springen
    const auto laenge = file.tellg(); // aktuelle Position ist Dateigröße
    if(laenge > 1024*1024*1024)
        throw std::runtime_error("Nicht mehr als 1 GB bitte");
    file.seekg(0, file.beg);          // zurück an den Anfang
    vector<char> data(laenge);        // Platz schaffen
    file.read(data.data(), laenge);   // in einem Rutsch lesen
    return data;                      // wird nicht kopiert (Stichwort: RVO)
}
void packe(const string& fNameIn, const string& fNameOut) {
    auto data = leseDatei(fNameIn);   // lese Eingabe
    GzWriteStream gz{fNameOut};        // initialisiere Ausgabe
    gz << data;
}
```

Listing 22.3 Dieser Teil von »gzpack.cpp« behandelt das Lesen und Schreiben der Dateien.

Es ist etwas trickreich, die Daten in einem Schwung in einen vector<char> einzulesen. Zunächst ermittelt tellg() die Position des Dateiendes, an das zuvor mit seekg gesprungen wurde. Ein weiteres seekg bringt die Leseposition wieder zurück an den Anfang, damit file.read() auch vom Dateianfang liest. Es hätte andere Möglichkeiten zur Ermittlung der Dateigröße gegeben, aber weniger kompliziert als diese sind die auch nicht unbedingt.

Die Funktion vector<char>::data() liefert Ihnen übrigens einen char* zurück, in den ifstream::read() die Daten direkt in den vector liest. Allerdings muss in dem vector *vorher* genügend Platz gemacht worden sein – weswegen Sie ihn gleich mit dem Konstruktorargument laenge in der passenden Größe erzeugen.

Außer vector hat nur array eine solche data()-Methode. Kein anderer Standardcontainer garantiert, dass seine Daten in Reih und Glied vorliegen, in die mit read() und ähnlichen Funktionen am Stück eingelesen werden kann.

Ein Wort noch zu return data;, wo doch der Rückgabewert vector<char> ist – ein Wert, keine Referenz oder Zeiger. Potenziell könnte bei einem solchen Wert-Typ als Rückgabe eine große Kopieraktion notwendig sein. Der Compiler und die Standardbibliothek arbeiten hier aber zusammen und »gehen der Kopie aus dem Weg« (engl. *Copy Elision*). Das ist in diesem Fall dadurch garantiert, dass alle return-Anweisungen innerhalb der Funktion dieselbe lokale Variable zurückgeben – hier ist es trivial, weil es nur ein einziges return gibt. In diesem Fall braucht der Compiler niemals eine Kopie für die Rückgabe zu erstellen, auch wenn sie als Wert erfolgt. Bevor der Standard *Copy Elision* in dieser Situation fest vorgeschrieben hat, wurde dieses Szenario gern *Return-Value-Optimization* (*RVO*) genannt.

Die packe-Funktion beginnt mit zwei trivialen Zeilen: leseDatei liest die Eingabe, und GzWriteStream gz bereitet die Ausgabe vor. Die erfolgt mit dem überladenen operator<<. Den habe ich der Einfachheit halber als Methode implementiert. Eine freie friend-Funktion wäre auch möglich gewesen, ist hier aber nicht unbedingt nötig, da die Streamklasse ja unter meiner Kontrolle steht – anders als bei ostream, wo Sie nur mit einer freien Funktionsüberladung von operator<< arbeiten können.

22.6   Das Hauptprogramm

Den Abschluss bildet dann main aus Listing 22.4. Sie erleben keine Überraschungen.

Den im ersten Listing geöffneten anonymen Namensraum müssen Sie noch schließen, dann beginnt main.

Ein alles umfassendes try-catch kümmert sich um jede Ausnahme, die Sie an anderen Stellen des Programms möglicherweise ausgelöst haben. exc.what() gibt eine passende Fehlermeldung aus.

Der Vektor fNamen speichert alle Kommandozeilenargumente, über die die for-Schleife dann iteriert. Darin ruft packe die Komprimierungsfunktion auf.

```
} // namespace
int main(int argc, const char* argv[]) {
    try {
        const vector<string> fNamen {argv+1, argv+argc};
        for(auto fName : fNamen) {
            std::cout << "packe " << fName << "... ";
            packe(fName, fName+".gz");
            std::cout << fName << ".gz"<< "\n";
        }
    } catch(std::runtime_error exc) {
        std::cerr << "Fehler: " << exc.what() << "\n";
    }
}
```

Listing 22.4 Mit »main« des Programms »gzpack.cpp« ist das Beispiel komplett.

22.7 Zusammenfassung

► Eigentlich jede Erweiterung von Drittanbietern besteht aus einer Bibliothek und Headern.

► Binden Sie den oder die Header mit #include ein.

► Sehen Sie sich die Parameter und Rückgabetypen der Funktionen an und wählen Sie die passenden C++-seitigen aus.

► Texte in const char* oder char* können Sie meist mittels string liefern.

► Große dynamische Datenmengen mit einem rohen Zeiger interagieren gut mit vector, unique_ptr oder shared_ptr.

► Halten Sie insbesondere nach Funktionspaaren für die Ressourcenverwaltung Ausschau und erwägen Sie, diese mit einer Wrapperklasse oder einer eigenen Löschfunktion via shared_ptr mit C++-Sprachmitteln zu verwalten.

Kapitel 23
Templates

Kapiteltelegramm

▶ **Template**
Ein Klassentemplate oder Funktionstemplate

▶ **Funktionstemplate**
Eine Schablone, die einen Typ als Templateparameter bekommt, um zur Funktion zu werden

▶ **Templatefunktion**
Eine fertige Funktion, die mittels Instanziierung aus einem Funktionstemplate entstanden ist

▶ **Templateklasse**
Synonym für einen parametrisierten Typ

▶ **Templateparameter**
Ein zur Übersetzungszeit feststehender Typ für ein Template; statt eines Typs kann ein Templateparameter auch eine konstante Zahl sein.

▶ **Parametrisierter Typ**
Eine Klasse, die einen anderen Typ (oder eine konstante Zahl) als Templateparameter bekommt

▶ **Template instanziieren**
Der Moment der Verwendung eines Templates mit konkreten Typen (oder Konstanten); der Compiler erzeugt in diesem Moment den Programmcode.

▶ **Funktionsparameter, Callback oder Rückruffunktion**
Eine Funktion, die als Parameter an eine »Arbeitsfunktion« übergeben wird und dann innerhalb der Arbeitsfunktion aufgerufen wird

▶ **C-Funktionspointer**
Einen Funktionsparameter per Adresse an eine zuvor definierte Funktion übergeben

▶ **function<>**
Der C++-Typ eines Funktionsparameters

▶ **Funktionsobjekt oder Funktor**
Eine Klasse, die operator() definiert, oder eine Instanz davon

▶ **Anonyme Funktion oder Lambda-Ausdruck**
Eine vor Ort definierte Funktion ohne Namen

- ▶ **Zugriffsklausel**

  Liste der äußeren Variablen, auf die Sie von innerhalb eines Lambda-Ausdrucks zugreifen können

- ▶ **Formaler Datentyp**

  Der Typparameter bei einer Templatedeklaration

- ▶ **Benutzerdefiniertes Literal**

  Wenn Sie `operator""` überschreiben, definieren Sie ein Suffix für eigene Zeichen- oder Zahlenliterale.

- ▶ **Faltausdruck**

  Innerhalb eines Templates mit variabler Argumentenzahl die Verwendung eines Operators wie + oder | zusammen mit …, die der Compiler automatisch verkettet

Ich will es nicht verhehlen: Templates sind schwierig. Doch ich will es Ihnen leicht machen, denn wenn Sie Templates völlig aus dem Weg gehen, dann bleibt Ihnen das meiste und Gute in C++ verborgen.

Die gute Nachricht: Sie müssen Templates nicht komplett durchdringen, um sie zu benutzen. Ich möchte sogar behaupten, dass es wenige Leute gibt, die Templates ganz verstanden haben. Sie können sie aber dennoch ohne allzu große Gehirnakrobatik verwenden und ziehen so den größten Nutzen aus ihnen. Tatsächlich *haben* Sie Templates schon verwendet, nämlich `string`. Und ich hoffe doch sehr, dass Sie `string` inzwischen kennen- und lieben gelernt haben. Und der zweite treue Begleiter durch die meisten Seiten dieses Buchs, mit dessen Hilfe Sie Templates schon benutzt haben, ist `vector` – in seinen Ausprägungen `vector<int>`, `vector<double>` **oder gar** `vector<Car>`.

Mit dem ersten Aspekt von Templates hatten Sie also schon zu tun: Sie setzen sie als *parametrisierte Typen* ein. Denn nichts anderes ist ein *Template*: Eine Klasse, die einen anderen Typ als Parameter erhält, ist ein *Klassentemplate*. `vector` gehört dazu und so auch `basic_string`. Geben Sie `basic_string` einen `char` als Parameter, und Sie erhalten:

```
using string = basic_string<char>;
```

Voilà! Sinngemäß und vereinfacht, denn `basic_string` kann noch ein bisschen mehr. Wie Sie Templates – die Klassentemplates – erstellen, erkläre ich Ihnen, wenn Sie Funktionstemplates kennengelernt haben.

23.1 Funktionstemplates

Der zweite Aspekt von Templates sind *Funktionstemplates*. Hier nimmt nicht eine neue Klasse einen Typ als Parameter, sondern eine Funktion. Diesen Teil werden Sie ebenso schnell erlernen, wie `string` und `vector` zu verwenden, denn eigentlich ist das, was Sie hier machen werden, ebenfalls nicht neu: Sie überladen Funktionen. Mit diesem Thema werde ich die Erklärung beginnen.

23.1.1 Überladung

Genau genommen setzt sich ja ein Funktionsparameter aus zwei Teilen zusammen: aus dem *Wert* und dessen *Typ*. Zur Laufzeit können Sie eine Funktion mit unterschiedlichen *Werten* aufrufen, mal mit 5, mal mit 42 und mal mit –10. Der *Typ* ist aber immer gleich.

Eine Funktion, bei der der *Typ* selbst veränderlich ist, ist ein Funktionstemplate: Hier müssen Sie den *Typ* eines Parameters also zusätzlich zum Wert beim Aufruf festlegen.

Betrachten wir aber zunächst eine normale Funktion wie

```
void print(int value) {
    cout << value;
}
```

Sie rufen sie zur Laufzeit mit

```
print(5);
print(42);
print(-10.25);
```

auf – der *Wert* des Parameters verändert sich. Auch wenn Sie wie bei `print(-10.25)` einen `double` übergeben, wird dennoch `void print(int)` aufgerufen und der Parameter -10.25 für den Aufruf zum int-Wert -10 konvertiert. Für die letzte Zeile würde also -10 ausgegeben und nicht -10.25.

Das ist kein Problem für Sie, denn Sie schreiben einfach eine Funktionsüberladung für den Typ `double`.

```
void print(double value) {
    cout << value;
}
```

Mit dieser zusätzlichen Definition von `print(double)` erhalten Sie auch die Ausgabe -10.25. Was erhalten Sie denn für die folgende Zeile?

```
print("Flamingo");
```

Sie erhalten die Fehlermeldung, dass für `const char[]` keine passende Überladung existiert. Gesagt, getan:

```
void print(const char* value) {
    cout << value;
}
```

Und schon kappt auch `print("Flamingo");`. Aber so langsam fällt mir auf, dass der Funktionskörper ja immer der Gleiche ist. Da steht immer `{ cout << value; }`. Wenn das Programm noch mehr Typen bekommt, die Sie mit `print` nach `cout` ausgeben wollen, wird die Sache ermüdend. Außerdem erhalten Sie eine Menge Codeduplikation, und das sollten Sie vermeiden.

23 Templates

23.1.2   Ein Typ als Parameter

Wenn Sie das Ganze so schreiben, dass auch der *Typ* variabel ist, dann sieht das so aus:

```
template<typename TYP>
void print(TYP value) {
    cout << value;
}
```

Man könnte sagen, die Funktion hat nun zwei Parameter: TYP für den Typ des Arguments und value für dessen Wert.

Beim konkreten Aufruf müssen Sie nun auch *beide* Dinge festlegen. Allerdings schreiben Sie das Typ-Argument nach dem Funktionsnamen in spitze Klammern:

```
print<int>(5);
print<double>(-10.25);
print<const char*>("Flamingo");
```

Nun weiß der Compiler ja, dass -5 ein int ist, -10.25 ein double und "Flamingo" ein const char*. Wenn der Compiler also die richtige Wahl für Sie treffen kann, dann können Sie die spitzen Klammern beim Aufruf dieser Funktion auch weglassen:

```
print(5);
print(-10.25);
print("Flamingo");
```

sind zu Obigem gleichwertig. Wichtig ist hier jedoch, dass Sie nun tatsächlich drei Funktionen haben: eine für int als Parameter, eine für double und eine für const char*.

Eine Notiz, nicht ganz am Rande: Ob Sie template<**typename** TYP> oder template<**class** TYP> schreiben, ist übrigens irrelevant. Beide Schreibweisen sind gleichwertig, und es ist Geschmackssache oder Abmachung, entweder das eine oder das andere zu verwenden. Die Standardbibliothek bevorzugt hier class, während ich selbst lieber typename nehme.

23.1.3   Funktionskörper eines Funktionstemplates

Der Funktionskörper von print nutzt aus, dass für int, double und const char* der Ausgabeoperator operator<< definiert ist. Das gilt natürlich nicht für alle Typen.

```
#include <iostream>

struct Zahl {
    int wert_;
};

template<typename TYP>
void print(TYP value) {
    std::cout << value << "\n";
}
```

```cpp
int main() {
    print(5);
    print(-10.25);
    print("Flamingo");
    Zahl sieben { 7 };
    print(sieben);
}
```

Listing 23.1 Der Aufruf einer Funktionstemplates klappt, solange der Funktionskörper mit den Templateparametern gültig ist.

Der Compiler erzeugt auch hier eine neue Funktion – sinngemäß:

```cpp
void print(Zahl value) {
    std::cout << value;
}
```

Für `Zahl` gibt es aber kein `operator<<`. Deshalb schlägt die Kompilierung der Anweisung `print(sieben);` fehl.

Es gibt einen wichtigen Begriff, den Sie sich einprägen sollten: Und zwar *instanziieren* Sie ein Funktionstemplate in dem Moment, wenn Sie es tatsächlich mit einem konkreten Typ aufrufen. Das ist deshalb wichtig, weil erst in dem Moment der Compiler prüft, ob sich der Quellcode des Templates übersetzen lässt.

Sie können zum Beispiel durch das Hinzufügen von

```cpp
std::ostream& operator<<(std::ostream& os, Zahl z) {
    return os << z.wert_;
}
```

das Listing gewissermaßen »im Nachhinein« kompilierbar machen.

Sie können es sich in etwa so vorstellen, dass sich der Compiler den Inhalt der Funktion erst in dem Moment »ansieht«, wenn Sie ihn konkret benutzen. Dieses Ansehen besteht daraus, dass dann – und erst dann – der konkrete Typparameter an allen Stellen eingesetzt und die Funktion wirklich erzeugt wird – so, als hätten Sie sie in den Quelltext geschrieben. Das ist vielleicht eine nicht ganz korrekte Sichtweise, aber nützlich und ausreichend für den Einstieg.

Wenn Ihre Terminologie präzise sein soll, dann benutzen Sie die Begriffe wie folgt:

▶ Ein *Funktionstemplate* ist die Schablone.

▶ Sie *instanziieren* das Funktionstemplate, indem Sie die Templateparameter festlegen.

▶ Dann wird daraus eine *Funktion*, genauer gesagt, eine *Templatefunktion*.

Die letzte Unterscheidung ist nur im Kontext mit Überladungen wichtig. Wenn der Compiler versucht, die richtige Funktion für einen Aufruf zu ermitteln, dann probiert er zuerst die echten *Funktionen* durch, bevor er die *Templatefunktionen* in Betracht zieht. Ein instanziiertes Funktionstemplate liegt in der Rangfolge der Überladungsauflösung also unterhalb normalen Funktionen ohne Typparameter.[1]

```cpp
#include <iostream>
using std::cout;
template<typename TYP>
  void func(TYP a) { cout << a <<" TYP\n"; }
void func(int a) { cout << a << " int\n"; }
int main() {
    func<int>(8);  // Ausgabe: 8 TYP
    func(8);       // Ausgabe: 8 int
}
```

Listing 23.2 Mit und ohne explizite Typangabe beim Aufruf

Dieses Programm gibt als Erstes 8 TYP aus, denn mit den spitzen Klammern wurde explizit die *Templatefunktion* angefordert.

Auf den zweiten Aufruf würden aber beide Definitionen passen. Wenn es sowohl eine passende *Funktion* als auch eine passende *Templatefunktion* gibt, wird bei der Auflösung der Überladung *Funktion* bevorzugt.

23.1.4　Zahlen als Templateparameter

In den meisten Fällen sind es Typen, die Templateparameter von Funktionen sind. Es gibt aber durchaus auch Fälle, in denen der Parameter eine Zahl ist.

Sie kennen das schon bei Klassen. array bekommt als zweiten Parameter eine konstante Zahl. array<int,10> schafft Platz für exakt 10 int-Werte. Was geschieht, in dem Sie eine Funktion schreiben wollen, die mal ein array der Größe zehn und mal ein array der Größe einhundert erzeugt? Sie wissen schon, dass es so nicht geht, weil n eine Variable ist und keine Konstante – oder um genau zu sein, keine constexpr.

```cpp
array<int,n> createArray(size_t n);
```

Aber so geht es beinahe. Machen Sie aus createArray ein Funktionstemplate und n zu einem Templateparameter statt zu einem einfachen Funktionsparameter:

```cpp
#include <array>
#include <iostream> // cout
using std::array; using std::cout;
template<size_t SIZE>
array<int,SIZE> createArray() {
    array<int,SIZE> result{};
    return result;
}
```

1　Eine solche Unterscheidung ist bei Klassen nicht nötig, weswegen hier die Begriffe Templateklasse und Klassentemplate auch nicht sauber getrennt verwendet werden.

```cpp
int main() {
    auto data = createArray<5>();
    data[3] = 33;
    for(auto e : data) cout << e << " ";
    cout << "\n";
}
```

Listing 23.3 Ein Templateparameter kann auch eine konstante Zahl sein.

Die Ausgabe wird wenig überraschend "0 0 0 33 0" sein. Der Mechanismus ist genau derselbe wie für Typen als Parameter: In dem Moment, wenn Sie die Funktion verwenden, instanziieren Sie sie. Der Compiler ersetzt alle Vorkommen des Templateparameters durch das, was Sie beim Aufruf angegeben haben, und Sie erhalten eine völlig neue Funktion. Sinngemäß sieht die instanziierte Funktion für createArray<5>() so aus:

```cpp
array<int,5> createArray() {
    array<int,5> result{};
    return result;
}
```

Und weil array<int,5> im Gegensatz zu size_t n = 5; array<int,n> gültig ist, funktioniert auch das Beispiel.

23.1.5 Viele Funktionen

Das Instanziieren eines Funktionstemplates bedeutet tatsächlich, dass der Compiler die gesamte Funktion erzeugt: Funktionskopf und Funktionskörper. Wenn Sie innerhalb einer *.cpp-Datei ein Funktionstemplate mit 20 verschiedenen Templateparametern aufrufen – Entschuldigung: instanziieren –, dann erhalten Sie den Funktionskörper tatsächlich 20-mal, auch wenn der Funktionskörper immer gleich aussieht. Was an übersetztem Maschinencode dort herauspurzelt, sieht meist jedoch sehr unterschiedlich aus, so zum Beispiel für print(5) und print("Flamingo"). Die Ausgabe eines int ist sicherlich ganz anders implementiert als die Ausgabe einer Zeichenkette. Aus diesem Grund benötigt der Compiler alle diese Funktionsvarianten (oder auch Templatefunktionen, wie zuvor erklärt).

Doch keine Sorge: Wenn der Compiler merkt, dass 18 dieser Varianten den gleichen Maschinencode ergaben und nur zwei Varianten wirklich unterschiedlich sind, dann dampft er die Duplikate der Funktionen vor dem Zusammensetzen des Gesamtprogramms wieder ein. Das ist kein Muss, aber jeder halbwegs moderne Compiler ist dazu in der Lage.

Dieses »Ausrollen« des Funktionskörpers im Moment der Instanziierung der Funktion hat aber einen riesengroßen Vorteil: Der Funktionskörper ist maßgeschneidert auf den Ort des Aufrufs zugeschnitten. Der Compiler kann das nutzen und den tatsächlichen *Aufruf* der Funktion eigentlich einsparen. Er kann den Funktionskörper der Funktionstemplates direkt dort einsetzen, wo Sie eigentlich eine Funktion aufgerufen haben.

23 Templates

Dieses *Inlining* hat enorme Geschwindigkeitsvorteile. Ein tatsächlich ausgeführter Funktionsaufruf ist während der Laufzeit jedes Programms immer eine enorme Bremse. Nicht nur, dass Parameter vorbereitet werden müssen und der Sprung in die Funktion und aus der Funktion wieder heraus ausgeführt werden muss. Für aktuelle CPUs ist ein Funktionsaufruf so etwas wie eine Baustelle auf der Autobahn: Interne Speicherbereiche müssen geleert werden und können erst langsam wieder befüllt werden, geplante Überholmanöver müssen abgebrochen werden etc.

Alles in allem lohnt es sich sehr oft, wenn der Compiler einen Funktionsaufruf einspart. Und Funktionstemplates sind für den Compiler das ultimative Zeichen für »bitte inlinen«. Hier gibt sich der Compiler also besonders viel Mühe.

23.1.6 Parameter mit Extras

Manche Funktionen verwenden den »puren« formalen Typ des Templates und andere reichern ihn noch an:

```
template<typename TYP>
TYP add(TYP a, TYP b) {          // den puren Typ verwenden
    return a + b;
}

template<typename TYP>
void print(const TYP& value) {  // um const und & angereicherter Typ
    cout << value;
}
```

Es hängt davon ab, was Sie in der Funktion mit den Parametern machen wollen. Weil die add-Funktion wahrscheinlich nur für Zahlen Sinn macht, wird sie sehr wahrscheinlich nur auf eingebauten Typen angewendet. So ist eine Parameterübergabe als Wert sehr sinnvoll – also einfach TYP.

Die Funktion print dagegen sieht aus, als würde sie für allerlei Typen Anwendung finden – und da wollen Sie sicherheitshalber eine Kopie möglichst vermeiden. Dadurch, dass Sie TYP mit const & anreichern, erzwingen Sie, dass die vom Compiler erzeugte Funktion den Parameter auch als const & deklariert – für eine By-Reference-Parameterübergabe.

Eine generelle Regel, wann Sie was verwenden sollten, ist schwierig aufzustellen. Schließlich könnte es sein, dass Sie für einen eigenen Datentyp operator+ überladen. Und wenn Sie dann – sagen wir für Matrix – Ihr neues add-Template aufrufen, ist vielleicht ein By-Value-Parameter sehr kostenintensiv.

Als Faustregel will ich Ihnen daher Folgendes mitgeben:

▶ Wenn Sie recht sicher sind, dass Ihr Funktionstemplate nur mit ganz bestimmten Typen aufgerufen wird, schreiben Sie die Funktion so – bezüglich der Anreicherungen –, wie Sie es auch Template-los tun würden.

▶ Wenn Sie die Kontrolle über die Typargumente nicht haben, ziehen Sie für eine Berechnung mit einem neu erzeugten Rückgabewert by-Value vor, wie bei add.

▶ Wählen Sie by-Ref (nicht-const), wenn Sie die Parameter verändern wollen. Das ist eher selten bei Templates, da Sie ja nicht genau wissen, was für einen Typ Sie bekommen.

▶ Also werden Sie oft by-const-Ref haben, denn wenn Sie nur lesen müssen, ist das die flexibelste Variante.

Ich will Ihnen aber nicht verschweigen, dass die Sache mit den Anreicherungen manchmal nicht ganz so einfach ist. Sie müssen sich vorstellen, dass der Templateparameter TYP komplett durch den Typ ersetzt wird, der im Moment der Instanziierung vorliegt. Wenn Sie also schon eine konstante Referenz (also const&) haben, dann ist auch TYP beim Instanziieren eine konstante Referenz:

```cpp
#include <iostream>
const int& a_oder_b(int auswahl) {
    static const int a = 42;
    static const int b = 73;
    if(auswahl==1)
        return a; // const& auf innere Variable a zurückgeben
    else
        return b; // const& auf innere Variable b zurückgeben
}

template<typename TYP>
TYP add(TYP a, TYP b) {
    return a + b;
}

int main() {
    auto res = add(
        a_oder_b(0),    // const int&
        a_oder_b(1) ); // const int&
    std::cout << res << "\n"; // Ausgabe: 115
}
```

Listing 23.4 Für »TYP« wird vom Compiler »const&« ermittelt.

Weil die Rückgabe von a_oder_b auf jeden Fall ein const int& ist, ist TYP für den Compiler bei dem Aufruf von add in main eben genau dieses const int&. Und weil TYP auch der Rückgabewert von add ist, ist dieser const int&. Eine Referenz als Rückgabewert? Das ist sehr gefährlich. Wohin zeigt die Referenz? Nun, das ist in diesem Beispiel zum Glück kein Problem, denn const-Referenzen sind immer etwas weniger problematisch als veränderbare Referenzen. In diesem Fall hat das + einen neuen Wert erzeugt, und weil wir nur als const& darauf zugreifen, ist der Compiler schlau genug, den unveränderbaren Wert für die Ausgabe auf cout zu erhalten.

Eigentlich ist es ganz einfach: Der Compiler ersetzt wirklich exakt TYP durch das, womit Sie das Template instanziiert haben. Alle Ausschmückungen, die der Typ schon hat, bleiben erhalten und werden durchgeschleift. In manchen Fällen kann das zu unerwartetem Verhalten führen. Oft sind es Fehlermeldungen des Compilers, die Sie dann deuten müssen, gerade wenn Sie die Standardbibliothek verwenden. Daher wollte ich in diesem Punkt klar sein, wie der Compiler vorgeht, damit Sie die Fehlermeldungen dann richtig deuten.

Vielleicht fragen Sie sich nun, was passiert, wenn der Typ beim Instanziieren schon const& ist, Sie ihn aber zusätzlich – wie in print – noch mit const& angereichert haben. Nun, die Regeln sind ganz einfach:

▶ Treffen zwei const aufeinander, ist das Ergebnis const.

▶ Treffen zwei & aufeinander, ist das Ergebnis &.

Wenn es Ihnen also passiert, dass Sie die Rückgabe von a_oder_b in print hineinstecken, dann instanziiert der Compiler void print(const int&) –, nicht void print(const const int & &), was keinen Sinn ergäbe.

Es gibt noch einen weiteren Fall, den ich erwähnen muss. Wenn Sie einen Tempwert als Parameter übergeben, dann ist das ja ein &&. Ein Tempwert wird, was Templateparameter angeht, normalerweise wie eine normale Referenz & betrachtet. Hier instanziiert der Compiler zum Beispiel TYP als Image&, obwohl dieser Tempwert ja eigentlich ein Image&& ist:

```
print( Image{"my-image.png"} );
```

Nur dann, wenn Sie ein eigenes Template schreiben, bei dem der Typparameter selbst mit && angereichert ist, müssen Sie sich Gedanken über die Sonderfälle machen – also sehr wahrscheinlich bis auf Weiteres nicht. Wenn Sie glauben, Sie müssten ein solches Template schreiben, um Ihr Projekt zu bewältigen, schauen Sie in der Literatur unter »universelle Referenz« und »perfect forwarding« sowie »reference collapsing« nach.

Bis dahin gilt: Schreiben Sie keine Templates mit && als Typparameter, denn Sie erhalten vielleicht nicht, was Sie erwarten. Trifft ein tatsächliches Argument, das eine Referenz & ist, auf einen &&-Templateparameter, dann wird daraus eine normale Referenz &. Nur genau dann, wenn sowohl das tatsächliche Argument eine RValue-Referenz && ist und der Templateparameter &&, dann ist der Parameter in der instanziierten Funktion ein RValue-Referenz &&.

23.1.7 Methodentemplates sind auch nur Funktionstemplates

Sie können genauso ein Methodentemplate schreiben, wie Sie ein Funktionstemplate schreiben können. Reicht das? Fast, oder?

An Methoden ist wirklich nichts Besonderes im Vergleich zu Funktionen, außer dass der erste Parameter mit dem unsichtbaren this* schon festgelegt ist, also dessen Wert und Typ. Ich denke, Sie brauchen daher nur ein Beispiel:

```
#include <iostream>
class Printer {
    std::ostream& trg_;
public:
    explicit Printer(std::ostream& target)
        : trg_(target)
        {}
    template<typename TYP>
    Printer& print(const TYP& arg) {
        trg_ << arg;
        return *this;
    }
};
int main() {
    Printer normal(std::cout);
    normal.print(7).print(" ").print(3.1415).print("\n");
    Printer fehler(std::cerr);
    fehler.print(8).print(" ").print(2.7183).print("\n");
}
```

Listing 23.5 Auch eine Methode kann ein Template sein.

Ich habe absichtlich ein vergleichbares Beispiel gewählt, wieder mit print. Diesmal ist der Unterschied nur, dass Sie ein Objekt erzeugen müssen – eine Instanz von Print. Sie entscheiden mit dem Parameter des Konstruktors, wo die Ausgabe landet. Wenn Sie std::cout übergeben, dann landet print auf der Standardausgabe; wenn Sie std::cerr übergeben, landet print auf dem Fehlerkanal.

In der Methode Printer::print besteht kein Unterschied zu einer normalen Funktion, nur dass Sie eben auf das Datenfeld trg_ zugreifen können.

Der Compiler generiert für jeden Argumenttyp, mit dem Sie print aufrufen, eine eigene Methode. In diesem Beispiel sind das print(int) für 7 und 8, print(double) für 3.1415 und 2.7183 sowie print(const char*) für "\n". Die Funktionsweise ist genauso wie bei Funktionen.

23.2 Funktionstemplates in der Standardbibliothek

In der Standardbibliothek finden Sie überall Funktionstemplates. Sie haben schon einige Beispiele gesehen, vor allem haben Sie aus den Headern <algorithm> und <numeric> Funktionen gesehen.

Die Funktionen daraus sind besonders interessant, weil sie mit den Standardcontainern zusammenarbeiten. Sie erinnern sich aber, dass Sie mitnichten den ganzen Container als Parameter übergeben, sondern paarweise Iteratoren:

```cpp
#include <vector>
#include <iostream>  // cout, ostream
#include <algorithm> // sort, copy
#include <iterator>  // ostream_iterator
int main() {
    std::vector<int> data { 100, 50, 1, 75, 25, 0 };
    std::sort(std::begin(data), std::end(data));
    std::ostream_iterator<int> oit(std::cout," ");
    std::copy(std::begin(data), std::end(data), oit);
    // Ausgabe: 0 1 25 50 75 100
}
```

Listing 23.6 Auch in der Standardbibliothek finden Sie allerlei Funktionstemplates.

Nach dem sort nutze ich einen ostream_iterator zusammen mit copy, um den Inhalt von data auf cout auszugeben. ostream_iterator ist ein Adapter, der jede Elementzuweisung in ein << umwandelt. Das copy führt also tatsächlich zur Streamausgabe.

Hier habe ich einen vector<int> verwendet und von dem mit begin() und end() die Iteratoren geholt, die sort() und copy() als Parameter benötigen. Das sind die Templateargumente. Und weil es Templateargumente sind, funktioniert das, Ganze (fast immer) mit *allen* Standardcontainern und mit allen Iteratoren. Sie hätten oben statt vector<int> genauso gut ein list<string> oder array<double> einsetzen können. Sie hätten den Rest des Programms nicht verändern müssen. Auch mit einem vector<Image> funktioniert es genau so, unter der Voraussetzung, dass Sie operator< und operator<< für Image überladen haben.

23.2.1   Iteratoren statt Container als Templateparameter

Wenn Sie selbst eine Funktion schreiben wollen, die auf einem Container arbeitet, dann bietet es sich an, es genau so zu machen wie die Standardbibliothek: Übergeben Sie nicht den Container als Parameter, sondern zwei Iteratoren, die den *Bereich* eines beliebigen Containers repräsentieren, den Ihr eigener Algorithmus dann bearbeitet. Für Iteratoren als Parameter gilt normalerweise, dass Sie sie als Templateargument auslegen. Der Effekt ist, dass es ihrer Funktion dann egal ist, ob die Iteratoren zu einem vector oder zu einer map gehören, wenn Sie es geschickt anstellen.

```cpp
#include <iostream>
#include <vector>
#include <set>
#include <bitset>
template<typename IT>
std::ostream& druckeBinaer(std::ostream& os, IT begin, IT end) {
    for(IT it=begin; it != end; ++it) {
        std::bitset<4> x(*it); // Zahl in bitset kopieren
        os << x << " ";
    }
    return os;
}
```

23.2 Funktionstemplates in der Standardbibliothek

```
int main() {
    std::vector<int> vdata { 2, 0, 15, 12 };
    druckeBinaer(std::cout, vdata.cbegin(), vdata.cend()) << "\n";
    // Ausgabe: 0010 0000 1111 1100
    std::set<int> sdata { 2, 0, 12, 15 };
    druckeBinaer(std::cout, std::begin(sdata), std::end(sdata)) << "\n";
    // Ausgabe: 0000 0010 1100 1111
    int adata[] = { 0,1,2,13,14,15 };
    druckeBinaer(std::cout, std::begin(adata), std::end(adata)) << "\n";
    // Ausgabe: 0000 0001 0010 1101 1110 1111
}
```

Listing 23.7 Eigenen Algorithmen übergeben Sie Iteratoren als Argumente, nicht den Container.

Die Funktion druckeBinaer nimmt ein Paar Iteratoren als Argumente, zwischen denen sie alle Elemente in einen bitset<4> umwandelt, der dann ausgegeben wird. Die Umwandlung in einen bitset klappt natürlich nur, wenn der Container, aus dem die Iteratoren stammen, Ganzzahltypen enthält. Wenn Sie druckeBinaer mit einem Container ausprobieren, der string oder double enthält, bekommen Sie vom Compiler einen Fehler gemeldet, und zwar genau da, wo mit std::bitset<4> x(*it); die Umwandlung versucht wird.

Was die Art des Containers angeht, sind Sie durch die Verwendung von Iteratoren aber flexibler. Versuchen Sie es mit einem vector wie vdata, dann bekommen Sie den Inhalt als binäre Zahlen ausgegeben. Mit einem set wie sdata sind die Elemente auch noch sortiert – eine Eigenschaft eines set. Und weil rohe Zeiger auch nur eine bestimmte Form von Iteratoren sind, können Sie druckeBinaer sogar mit einem C-Array wie adata aufrufen. Die freien Funktionen std::begin() und std::end() funktionieren für Standardcontainer ebenso wie für C-Arrays.

Konkret wird TYP von druckeBinaer in diesem Beispiel mit drei unterschiedlichen Typen instanziiert:

▶ Für vdata.cbegin() ist TYP ein vector<int>::const_iterator, denn einen solchen liefert die Funktion cbegin() zurück.

▶ Für std::begin(sdata) ist es ein set<int>::iterator, denn das ist der Rückgabetyp von set<int>. Sie hätten einen const_iterator bekommen, wenn Sie sdata const deklariert hätten.

▶ Für std::begin(adata) wird TYP ein roher Zeiger int*. Die Schleife in druckeBinaer(), die aussieht wie speziell für Iteratoren, funktioniert auch auf rohen Zeigern – eben weil diese nur eine Form von Iteratoren sind.

Eigene Funktionen auf Containern auf diese Art und Weise zu schreiben, erhöht die Flexibilität Ihres Programms auf lange Sicht. Natürlich eignet sich dies nicht überall. Solange Sie die Elemente zwischen den Iteratoren nur lesen, klappt auf jeden Fall alles. Hier haben wir die Iteratoren in der Schleife nur vorwärts laufen lassen. Vielleicht wollen Sie einen Algorithmus schreiben, der rückwärts oder sogar »wahlfrei« auf die Elemente zwischen

23 Templates

den Iteratoren zugreift. Dann kann es sein, dass manche Container mit Ihrer Funktion nicht funktionieren oder sich unerwünscht verhalten. Eine `list` erlaubt keinen wahlfreien Zugriff auf ihre Elemente. Das äußert sich dadurch, dass, wenn Sie in Ihrer Funktion zum Beispiel `*(it+2)` verwenden, der Compiler das für `vector` akzeptiert, für `list` Ihnen den Aufruf jedoch nicht erlaubt.

Wenn Sie dies im Hinterkopf behalten, sind Sie für Funktionen, die nur lesen, auf jeden Fall auf der sicheren Seite. Sollten Sie in Ihrem Algorithmus schreiben wollen, müssen Sie etwas vorsichtiger sein. Wenn Sie ein Element mit einem neuen Wert beschreiben, müssen Sie berücksichtigen, dass zum Beispiel ein `set` seine Elemente sortiert halten möchte – und das wird es auch tun, sodass sich die Reihenfolge der Elemente verändert und somit auch die Iteratoren. Lassen Sie Ihren Algorithmus ruhig schreiben, beachten Sie aber dann, dass Sie mit Iteratoren vorsichtig umgehen müssen.

23.2.2 Beispiel: Informationen über Zahlen

Am folgenden Beispiel sehen Sie nicht nur den Einsatz eines Funktionstemplates, sondern auch, dass es ein sehr interessantes Hilfstemplate `numeric_limits<>` gibt. Mit dem können Sie allerlei nützliche Interna herausfinden und in Ihrem Programm verwenden. Wenn Sie zum Beispiel einen `vector` so groß initialisieren wollen, dass alle möglichen Werte eines `unsigned short` hineinpassen, dann können Sie das so machen:

```
const auto sz = std::numeric_limits<unsigned short>::max();
std::vector<string> dictionary(sz);
```

Wenn auf Ihrem System der Typ `unsigned short` eine Breite von 16 Bit hat, dann können `unsigned short`-Variablen Werte von 0 bis 65536 halten. `sz` nimmt diesen Wert an, und der `vector` `dictionary` wird mit dieser Größe initialisiert.

Ein Paar Beispiele, was Sie mittels `numeric_limits` noch herausfinden können, sehen Sie in Listing 23.8:

```cpp
#include <iostream>                                // cout
#include <limits>                                  // numeric_limits

template<typename INT_TYP>                          // Template mit Typ Argument
void infos(const char* name) {
    using L = typename std::numeric_limits<INT_TYP>; // kürzer umbenennen
    std::cout
        << name
        << " zahlenbits:" << L::digits              // Bits ohne Vorzeichenbit
        << " vorzeichen:" << L::is_signed           // speichert Vorzeichen?
        << " min:"<< (long long)L::min()            // kleinster möglicher Wert
        << " max:"<< (long long)L::max()            // größter möglicher Wert
        << "\n";
}
```

550

```
int main() {
    infos<signed char>("char");                    // kleinster int-Typ
    infos<short>("short");
    infos<int>("int");
    infos<long>("long");
    infos<long long>("long long");                 // größter int-Typ
}
```

Listing 23.8 So finden Sie den Zahlenbereich der Ganzzahltypen heraus.

Auch wenn dieses Beispiel nur auf Ganzzahltypen ausgelegt ist, gibt es doch auch viele Informationsfunktionen für die Fließkommatypen `float` und `double`.

Was ist »typename«?

Bisher haben Sie `typename` nur für Templateparameter gesehen, zum Beispiel in `template<typename T>`. Hier können Sie stattdessen auch `class` nehmen: `template<class T>` bedeutet exakt dasselbe.

Außerhalb der spitzen Klammern taucht genau dann ein `typename` auf, wenn Sie gerade ein Template schreiben und ein Typ, den Sie verwenden, wiederum ein Templatetyp ist, in dem Sie einen Ihrer Templateparameter verwenden. Sie sehen es in Listing 23.8 bei `typename std::numeric_limits<INT_TYP>`. Dann benötigen Sie das zusätzliche Wort `typename` vor dem Namen des benutzten Templatetyps. Der Compiler kann sonst nicht wissen, bevor Sie `INT_TYP` mit einem Wert/Typ belegen, ob es sich bei `numeric...<...>` um eine Variable, einen Typ oder sonst was handelt. Sie müssen ihm dann sagen »He, das hier ist übrigens ein Typ.«

23.3   Eine Klasse als Funktion

Bisher können Sie mit einer Funktion zwei Dinge machen: Sie können sie definieren, und Sie können sie aufrufen. Spannend und so richtig flexibel wird es aber erst, wenn Sie Funktionen nicht nur als »ein Stück ausgelagerten Programmcode« betrachten, sondern als C++-Objekte wie alle anderen. Wenn Sie eine Funktion als Parameter übergeben oder als Rückgabe erhalten oder sie einfach für spätere Verwendung in einer Variable speichern, dann benutzen Sie Funktionen als Objekte.

Ich beginne mit einem sehr einfachen Beispiel. Sie wollen etwas schreiben, das abhängig von einem Parameter mal eine Addition und mal eine Multiplikation ausführt. Im Rahmen dieses Kapitels möchte ich das Ding, das mal das eine und mal das andere ausführt, *Prozedur* nennen, um es von der variablen Funktion (Addition oder Multiplikation) begrifflich zu unterscheiden.

Die krudeste Lösung will ich hier gar nicht explizit als Listing hinschreiben. Sie könnten einen `char` als Parameter übergeben, der bei einem `'+'`-Zeichen eine Addition und bei einem `'*'`-Zeichen eine Multiplikation ausführt. Die Funktionen selbst würden Sie dann womöglich in einem `switch` innerhalb der Prozedur implementieren. Das haben Sie schon in Listing 8.15 (Seite 204) gekonnt. Inzwischen wären Sie nur etwas misstrauischer und verwenden ein `enum class` mit Aufzählungselementen für die Funktionsarten.

Ich möchte Sie viel lieber gleich ins kalte Wasser werfen. Die Funktion selbst wird als Parameter übergeben. Dadurch erhält sie in der Prozedur den Namen des Parameters, und Sie rufen sie dann normal mit runden Klammern und Parametern auf.

```
#include <functional> // function
int berechne(int a, int b, std::function<int(int,int)> binop) {
    return binop(a,b);
}
```

Listing 23.9 Eine Funktion als Parameter

Der Parameter `binop` hat einen etwas seltsamen Typ: `function<int(int,int)>`. Damit ist eine beliebige Funktion gemeint, die zwei `int`-Werte als Parameter bekommt und einen zurückliefert. `function<…>` ist ein Template, so viel ist klar. Aber die Funktion muss die richtige Signatur haben. Und wenn Sie von einer normalen Funktionsdeklaration wie

```
int plus(int arg1, int arg2);
```

alle Namen `plus`, `arg1` und `arg2` wegnehmen, dann bleibt `int(int,int)` übrig. Und das ist genau das Templateargument für `function<…>`. Sie haben den Typ einer Funktion ermittelt.

Hier müssen Sie erst einmal ordentlich durchatmen, denn das ist schon ein großer Batzen. Lassen Sie sich dann den tatsächlichen Aufruf des Funktions-Parameters auf der Zunge zergehen:

```
binop(a, b);
```

Der Parameter `binop` verhält sich ebenso wie eine Funktion. Wenn Sie `binop` als globale Funktion definiert hätten, sähe der Aufruf hier genauso aus.

23.3.1 Werte für einen »function«-Parameter

Die Prozedur ist somit fertig. Doch was verwenden Sie als dritten Parameter für `berechne`? Probieren Sie eine Funktion – natürlich mit der passenden Signatur.

```
#include <functional> // function
#include <iostream>   // cout
int berechne(int a, int b, std::function<int(int,int)> binop) {
    return binop(a,b);
}
int plus(int a, int b) { return a+b; }
int mal(int a, int b) { return a*b; }
int main() {
    std::cout << berechne(3, 4, plus) << "\n"; // Ausgabe: 7
    std::cout << berechne(3, 4, mal) << "\n";  // Ausgabe: 12
}
```

Listing 23.10 Verwenden Sie den Namen einer passenden Funktion als Funktionsparameter.

Das ist alles. Die Funktionen plus und mal werden als Instanzen vom Typ function<int (int,int)> als Parameter übergeben.

Dass die Signatur der Funktionen passt, ist wichtig. Die Funktion negiere können Sie zum Beispiel nicht verwenden. Der Compiler beschwert sich mit einem Fehler:

```
int negiere(int a) { return -a; }
// …
std::cout << berechne(3, 4, negiere) << "\n"; // falsche Signatur
```

23.3.2   C-Funktionspointer

In diesem Abschnitt erzähle ich Ihnen etwas über die Historie. Wenn Ihnen der Kopf schon raucht, können Sie ihn beim ersten Lesen überspringen.

Bei meinem Compiler lautet die Fehlermeldung:

```
could not convert 'negiere' from 'int(*)(int)' to 'std::function<int(int,int)>'
```

Da taucht also negiere nicht als std::function<int(int)> auf, sondern als int (*)(int). Dies ist der eigentliche Typ einer Funktion, wenn Sie sie als Parameter übergeben. Das Konstrukt std::function<int(int)> ist nur ein C++-Hilfsmittel. Die Schreibweise int (*)(int) stammt noch aus C-Zeiten und nennt sich *Funktionspointer* oder *-zeiger*. Der Compiler konvertiert eine Funktion des C-Typs int (*)(int) implizit in den C++-Typ std:: function<int(int)>. Da die C-Notation sehr seltsam aussieht (subjektiv für meine Augen), präferiere ich, wo es geht, die C++-Schreibweise.

Damit Sie lesen können, was der Compiler Ihnen meldet, müssen wir den C-Typ »entschlüsseln«. Der gesamte Typ der Funktion ist int (*)(int):

▶ Das (*) in der Mitte bedeutet, dass es sich um irgendeinen Funktionspointer handelt.

▶ int am Anfang ist der Rückgabetyp der Funktionssignatur.

▶ (int) in Klammern beschreibt die Parametertypen der Funktionssignatur.

Wenn Sie unbedingt wollen, dann können Sie den entsprechenden Parameter von berechne auch in dieser C-Funktionspointer-Schreibweise notieren:

```
int berechne_c(int a, int b, int(*binop)(int,int)) {
    return binop(a,b);
}
```

Oje, und der Name des Parameters binop steht nicht mehr nach dem Typ, sondern mittendrin, neben dem * und in den runden Klammern für den Funktionspointer (*binop).

Ich empfehle Ihnen, dass Sie bei der C++-function<>-Schreibweise bleiben, denn die ist – so denke ich – um einiges besser zu lesen. Das hat noch einen weiteren Vorteil: Der C++-Typ ist mit allerlei praktischen Eigenschaften ausgestattet, die der C-Funktionspointer nicht hat. Konvertierungen und andere Aktionen sind etwas leichter.

23 Templates

Noch ein letztes Wort zu dem Begriff Funktions*pointer*: In der C++-Welt stellen Sie sich ja eine Funktion als irgendein Objekt vor, das Sie einfach als Wert mit plus oder mal übergeben können. Das ist auch gut und schön, nur gab es in der C-Welt keine komplizierten Objekte. In der C-Welt war eine Funktion immer ein konkretes Etwas irgendwo im Speicher. Und daher müssen Sie, wenn Sie die Funktion als Parameter übergeben wollen, die *Adresse* dieses Objekts aus dem Speicher holen. Eigentlich müssten Sie mit dem Adressoperator & also die Speicherposition der Funktion holen. Das brauchen Sie hier aber nicht, weil der Compiler die entsprechende Konvertierung implizit und somit automatisch durchführt:

```cpp
#include <functional> // function
#include <iostream>   // cout
int berechne(int a, int b, std::function<int(int,int)> binop) {
    return binop(a,b);
}
int plus(int a, int b) { return a+b; }
int mal(int a, int b) { return a*b; }
int main() {
    std::cout << berechne(3, 4, plus) << "\n";   // Wert-Schreibweise
    std::cout << berechne(3, 4, mal) << "\n";    // Wert-Schreibweise
    std::cout << berechne(3, 4, &plus) << "\n";  // Zeiger-Schreibweise
    std::cout << berechne(3, 4, &mal) << "\n";   // Zeiger-Schreibweise
}
```

Listing 23.11 Es ist egal, ob Sie beim Aufruf den Adressoperator verwenden oder nicht.

Vorgriff: Methodenzeiger

Sie haben jetzt gesehen, wie Sie aus einer freien Funktion einen Funktionszeiger machen. Nennen Sie den Namen der Funktion ohne die runden Aufrufklammern, optional können Sie noch ein & für »Adresse-von« davor schreiben.

```cpp
double func(int i);
auto funcPointer1 = &func;
auto funcPointer2 = func;
```

Eine Besonderheit wird noch mit Klassen dazukommen, siehe Kapitel 12, »Von der Struktur zur Klasse«. Klassen haben Methoden, und die stehen nun Mal innerhalb der Klasse. Ansonsten funktioniert es aber ebenso, Sie müssen nur den Klassennamen davor schreiben, das & ist allerdings nicht mehr optional:

```cpp
struct Class {
    double meth(int i);
};
auto methPointer = &Class::meth;
```

Da alle Methoden als impliziten ersten Parameter eine Instanz der Klasse bekommen, verhält sich methPointer nun wie ein Funktionszeiger, der zwei Parameter bekommt: der erste vom Typ Class*, der zweite vom Typ int.

23.3 Eine Klasse als Funktion

In der C++-Welt, wo Sie bei Funktionsaufrufen sowohl mit Werten als auch mit Adressen umgehen können, brauchen Sie sich in diesem Falle gedanklich nicht umzustellen. Denken Sie sich eine Funktion als Wert, wenn Ihnen diese Vorstellung besser passt, oder denken Sie sie sich als Zeiger. Ich persönlich mag die Vorstellung als Wert lieber, denn das passt zu meiner Vorstellung von *Funktoren* – echten Funktionsobjekten, die wir jetzt besprechen werden.

23.3.3 Die etwas andere Funktion

Dass Sie eine Funktion aufrufen können, ist Ihnen inzwischen in Fleisch und Blut übergegangen; zum Beispiel in return `binop(a, b)`;.

Sie denken, `binop` ist eine Funktion? Vielleicht. Vielleicht auch nicht. Es könnte sich um irgendetwas *Aufrufbares* handeln. Ihre natürliche Gegenfrage sollte jetzt lauten: »Ja, was gibt es denn noch anderes Aufrufbares außer Funktionen?« Antwort: In C++ rufen Sie etwas auf, indem Sie ein Paar runde Klammern mit Parametern hinter das Aufrufbare schreiben, und Sie erhalten ein Ergebnis zurück – dabei kann sowohl die Parameterliste als auch das Ergebnis auch leer sein. Aufrufbar sind:

▶ **Funktionen und Methoden**
Die kennen Sie schon: Sie definieren einen Kopf mit Rückgabetyp, Funktionsnamen, Aufrufparametern und dem Funktionskörper.

▶ **Funktoren oder Funktionsobjekte**
Ein *Funktor* ist eine Klasse, die den `operator()` definiert. Instanzen dieser Klasse verhalten sich dann wie eine Funktion.

▶ **anonyme Funktionen oder Lambdas**
Wenn Sie einem Algorithmus eine Operation mitgeben wollen – zum Beispiel »wie vergleiche ich fürs Sortieren« –, dann können Sie den Funktionskörper (das »Wie«) direkt als Parameter übergeben, ohne zuvor eine Funktion zu definieren. Das ist deshalb eine »anonyme Funktion« oder im Informatikfachjargon ein *Lambda-Ausdruck*.

Instanzen einer Klasse mit einer Methode `operator()` verhalten sich wie Funktionen. Man kann sie aufrufen:

```cpp
#include <iostream>                    // cout
using std::cout;
class Inkrement {
    int menge_;
public:
    explicit Inkrement(int menge) : menge_{menge} {}
    int operator()(int wert) const   { // macht Instanzen aufrufbar
        return wert + menge_;
    }
    void clear() {
        menge_ = 0;
    }
};
```

```cpp
int main() {
    Inkrement plusVier{4};              // Instanz erzeugen
    Inkrement plusElf{11};              // noch eine Instanz
    cout << plusVier(8) << "\n";        // Ausgabe: 12
    int erg = 2 * plusElf(5) - 7;       // erg ist 25
    cout << plusElf(erg/5) << "\n";     // Ausgabe: 16
    cout << 3 * Inkrement{1}(7) << "\n"; // Ausgabe: 24
    Inkrement plusNix = plusElf;
    plusNix.clear();                    // Zustand ändern
    cout << plusNix(1) << "\n";         // Ausgabe: 1
}
```

Listing 23.12 Eine Klasse mit »operator()« erzeugt Funktionsobjekte.

Wenn Sie sich nur die Zeile mit plusVier(8) ansehen würden, dann sieht es aus, als würde sich hinter plusVier die Funktion verbergen:

```cpp
int plusVier(int wert) {
    return wert + 4;
}
```

Und wenn Sie sich nur die Zeile mit plusElf(erg/5) ansehen würden, könnten Sie vermuten, es gäbe eine Funktion:

```cpp
int plusElf(int wert) {
    return wert + 11;
}
```

Und so könnte es mit +0, +1, +2 etc. weitergehen, und Sie würden sich wundern, wer sich denn die Mühe macht, so viele Funktionen zu schreiben.

Und da kommen die Funktionsobjekte ins Spiel. Wenn sich eine Gruppe von Funktionen sehr ähnelt und nur durch ein Detail unterscheidet, das sich durch einen inneren Zustand abbilden lässt, dann ist eine Klasse mit Datenfeldern die optimale Lösung.

Entwickeln wir das einmal langsam. Wenn Sie nur Mittel verwenden, die Sie schon kennen, dann können Sie eine Inkrement-Klasse mit normalen Methoden schreiben und verwenden:

```cpp
#include <iostream>             // cout
using std::cout;

class Hinzu {
    int menge_;
public:
    explicit Hinzu(int menge) : menge_{menge} {}
    int hinzu(int wert) const  { // statt operator()
        return wert + menge_;
    }
```

23.3   Eine Klasse als Funktion

```
        void clear() {
            menge_ = 0;
        }
};
int main() {
    Hinzu plusVier{4};                    // Instanz erzeugen
    Hinzu plusElf{11};                    // noch eine Instanz
    cout << plusVier.hinzu(8) << "\n";    // Ausgabe: 12
    int erg = 2 * plusElf.hinzu(5) - 7;   // erg ist 25
    cout << plusElf.hinzu(erg/5) << "\n"; // Ausgabe: 16
    cout << 3 * Hinzu{1}.hinzu(7) << "\n";// Ausgabe: 24
    Hinzu plusNix = plusElf;
    plusNix.clear();                      // Zustand ändern
    cout << plusNix.hinzu(1) << "\n";     // Ausgabe: 1
}
```

Listing 23.13 Eine Klasse mit einer normalen Methode

Tatsächlich gibt es also nur zwei Unterschiede:

▸ Inkrement definiert int operator()(int wert) const als Methode, während Hinzu dafür eine normale Methode int hinzu(int wert) const verwendet.

▸ Der Aufruf im ersten Fall ist plusVier(8), im zweiten Fall plusVier.hinzu(8).

Sie sehen, dass sich die beiden Klassen eigentlich nicht unterscheiden, außer darin, dass Sie bei der Verwendung der Instanzen die Tipparbeit .hinzu(…) sparen und stattdessen direkt (…) schreiben – wie bei einem Funktionsaufruf. Und genau darum nennt man Instanzen von Klassen mit operator() *Funktionsobjekte*. Die Klasse mit operator() selbst nennt man einen *Funktor*.

Der Funktor Inkrement ist aber ein durchaus komplizierter Vertreter seiner Zunft. Tatsächlich hat der typische Funktor weder einen inneren Zustand wie menge_ noch Modifikatoren wie clear(). Der typische Funktor ist tatsächlich eher eine andere Art und Weise, eine Funktion – Verzeihung: ein aufrufbares Objekt – zu schreiben.

Somit gliedern sich Funktionsobjekte dann in die restliche C++-Struktur ein:

▸ Sie können Klassenhierarchien mit operator() schreiben.

▸ operator() kann virtuell sein.

▸ Sie können operator() überladen, also mehrere Varianten mit unterschiedlichen Parametertypen schreiben.

▸ Innere Zustände können Sie abbilden, wie Sie gesehen haben, und über Konstruktoren Varianten erzeugen.

▸ Und nicht zuletzt manipulieren Sie Funktionsobjekte wie alle anderen Objekte – packen Sie sie zum Beispiel in einen Container.

23 Templates

23.3.4 Praktische Funktoren

Meistens sind Funktoren eher einfach gestaltet. Sie verwenden sie häufig als Schnittstelle Ihrer eigenen Klassen zu den Containern und Algorithmen der Standardbibliothek.

Ein set<Typ> ist immer nach operator<(Typ,Typ) sortiert. Sie können zum Beispiel mit set<Zwerg> und dem passenden operator< eine nach Namen sortierte Liste erzeugen.

```
#include <set>
#include <string>
#include <iostream> // cout
using std::string; using std::set; using std::cout;
struct Zwerg {
    string name_;
    unsigned jahr_;
};
bool operator<(const Zwerg& a, const Zwerg& b) {
    return a.name_ < b.name_;
}
int main() {
    set<Zwerg> zwerge{ Zwerg{"Balin", 2763}, Zwerg{"Dwalin", 2772},
        Zwerg{"Oin", 2774}, Zwerg{"Gloin", 2783}, Zwerg{"Thorin", 2746},
        Zwerg{"Fili", 2859}, Zwerg{"Kili", 2864} };
    for(const auto& z : zwerge) // sortierte Ausgabe: "Balin" bis "Thorin"
        cout << z.name_ << " ";
    cout << "\n";
}
```

Listing 23.14 Mit »operator<« als Funktion können Sie nur eine Sortierung implementieren.

Auf diese Weise erhalten Sie eine nach Namen sortierte Ausgabe:

```
Balin Dwalin Fili Gloin Kili Oin Thorin
```

Angenommen, das erfüllt in 95 % Ihres Programms seinen Zweck, aber an 5 % der Stellen wollen Sie nach Alter ausgeben. Was können Sie tun? Sie können ja nur einen operator< definieren.[2]

Zu diesem Zweck bietet set einen zweiten Templateparameter an: Geben Sie set einen Funktor mit der passenden Vergleichsoperation mit. Diese wird dann statt operator< für die set-Sortierung verwendet. Fügen Sie den folgenden Funktor in Listing 23.14 ein:

```
struct NachJahr { // implementiert less-then nach Zwerg::jahr_
    bool operator()(const Zwerg& a, const Zwerg& b) const {
        return a.jahr_ < b.jahr_;
    }
};
```

Listing 23.15 Ein Funktor ohne Schnickschnack, aber mit großem Nutzen

---

2   Das ist nicht ganz korrekt. Mit Namensräumen könnten Sie mehrere definieren.

558

Dann können Sie mit der folgenden Ergänzung in main eine Sortierung nach dem Geburtsjahr der Zwerge erhalten:

```
set<Zwerg,NachJahr> zwerge2{begin(zwerge), end(zwerge)};
for(const auto& z : zwerge2) // anders sortierte Ausgabe
    cout << z.jahr_ << " ";
```

zwerge2 speichert eine Kopie aller Elemente aus zwerge, denn der Konstruktor, der zwei Iteratoren nimmt, kopiert alle Elemente. Diesmal werden die Elemente aber mittels des Funktors NachJahr sortiert. Statt für jeden Vergleich operator< aufzurufen, wird nun Folgendes verwendet:

```
bool NachJahr::operator()(const Zwerg&,const Zwerg&) const;
```

Somit erhalten Sie die Ausgabe:

```
2746 2763 2772 2774 2783 2859 2864
```

23.3.5 Algorithmen mit Funktoren

Nicht nur für die Klassen der Standardcontainer sind Funktoren interessant. Viele Hilfsfunktionen, die man sonst noch in der Standardbibliothek findet, können mit einem aufrufbaren Objekt im Verhalten verändert werden.

Sie können zum Beispiel einen vector nach dem gleichen Mechanismus mittels operator< sortieren, wenn Sie die Funktion sort aus dem Header <algorithm> verwenden:

```
#include <vector>
#include <algorithm> // sort
// Defintionen und weitere Includes wie zuvor
int main() {
    vector<Zwerg> zwerge{        // initialisieren wie zuvor
    /* sortieren */
    std::sort(begin(zwerge), end(zwerge));
    // ausgeben wie zuvor ...
```

Listing 23.16 Viele Algorithmen der Standardbibliothek arbeiten ebenfalls mit »operator<«.

So verwendet sort als Default den operator< für Zwerg, und Sie erhalten wieder eine nach Namen sortierte Liste von "Balin" bis "Thorin".

Sie können aber std::sort auch mit einem zusätzlichen Parameter aufrufen: einem Funktor-Objekt. Hier benötigen Sie keinen Templateparameter, sondern instanziieren NachJahr zu diesem Zweck:

```
NachJahr nachJahr{};
std::sort(begin(zwerge), end(zwerge), nachJahr);
```

oder kürzer, mit der Instanz direkt vor Ort als Tempwert ohne Namen erzeugt:

```
std::sort(begin(zwerge), end(zwerge)), NachJahr{});
```

Schon erhalten Sie einen sortierten vector von 2746 bis 2864.

23 Templates

23.3.6 Anonyme Funktionen alias Lambda-Ausdrücke

Vielleicht sagen Sie jetzt, dass es ja ganz schön viel Aufwand ist, dass Sie eine Klasse definieren müssen, die eine bestimmte Methode hat, dann eine Instanz erzeugen und die dann sort übergeben – nur um die Operation a.jahr_ < b.jahr_ als das »Wie« mitzuteilen.

Da geht es nicht nur Ihnen so. Und daher gibt es einen Weg, einen Funktor direkt vor Ort zu definieren, wo er gebraucht wird, nämlich gleich als dritten Parameter in sort. Sie schreiben den Funktionskörper des operator() direkt an die entsprechende Stelle:

```
std::sort(begin(zwerge), end(zwerge),
    [](const Zwerg& a, const Zwerg& b) { return a.jahr_<b.jahr_; }
);
```

Wie Sie sehen, müssen Sie dem Compiler mit (const Zwerg &a, const Zwerg &b) auch mitteilen, was die Parameter des operator() denn eigentlich sind. Eingeleitet wird das Konstrukt mit [].

Sie haben soeben eine *anonyme Funktion* erstellt. Bis auf den Namen haben Sie alle Elemente einer Funktionsdefinition.

Was aber noch fehlt – und das haben Sie bestimmt gemerkt –, ist der Rückgabetyp. Den kann der Compiler in den meisten Fällen erraten. Wollen (oder müssen) Sie ihn bei einer anonymen Funktion explizit angeben, dann verwenden Sie die nachgestellte ->-Notation:

```
std::sort(begin(zwerge), end(zwerge),
    [](const Zwerg& a, const Zwerg& b) -> bool { return a.jahr_<b.jahr_; }
);
```

Sie können jeden Lambda-Ausdruck direkt in eine Funktor-Klasse mit einem Namen übersetzen. Aus

```
std::sort(begin(zwerge), end(zwerge),
    [](const Zwerg& a, const Zwerg& b) -> bool { return a.jahr_<b.jahr_; }
);
```

wird:

```
struct F {
    bool operator()(const Zwerg& a, const Zwerg& b) const
        { return a.jahr_<b.jahr_; }
};
std::sort(begin(zwerge), end(zwerge), F{});
```

Vielleicht hilft Ihnen diese Transformation beim Verstehen.

Lambdas mit Zugriff nach außen

Innerhalb des Anweisungsblocks der anonymen Funktion können Sie nicht auf umgebende Variablen zugreifen. Warum würden Sie so etwas tun wollen? Ein typischer Anwendungsfall ist zum Beispiel eine Variable, die sich anders als die Argumente des Lambdas

560

23.3 Eine Klasse als Funktion

const Zwerg& a und const Zwerg& b nicht bei jedem Aufruf ändert. Sie verändern vielleicht nur das allgemeine Verhalten des Vergleichs.

Lassen Sie uns einen booleschen Schalter einbauen, der angibt, ob wir vorwärts oder rückwärts sortieren wollen. Die Umkehrung der Reihenfolge können Sie implementieren, indem Sie statt mit »kleiner-als« < dann mit »größer-als« > vergleichen.

```cpp
#include <vector>
#include <string>
#include <algorithm>  // sort
#include <iostream>   // cout
using std::string; using std::vector; using std::cout;
// wie zuvor
int main() {
    vector<Zwerg> zwerge{     // wie zuvor
    /* sortieren */
    bool rueckwaerts = true; // oder false. Variable außerhalb des Lambdas
    std::sort(begin(zwerge), end(zwerge),
        [rueckwaerts](const Zwerg& a, const Zwerg& b) {
            if(rueckwaerts)
                return a.name_ > b.name_;
            else
                return a.name_ < b.name_;
        }
    );
    /* ausgeben */
    for(const auto& z : zwerge) // rückwärts: "Thorin" bis "Balin"
        cout << z.name_   << " ";
    cout << "\n";
}
```

Listing 23.17 Mit der Zugriffsklausel können Sie im Lambda auf äußere Variablen zugreifen.

Innerhalb der eckigen Klammern der anonymen Funktion sehen Sie nun eine *Zugriffsklausel* (engl. *Capture Clause*). Ohne diese Ankündigung, dass Sie im Lambda auf rueckwaerts zugreifen wollen, würde der Compiler die Verwendung if(rueckwaerts)… mit einem Fehler quittieren.

Folgende Punkte müssen Sie dabei beachten:

▸ Die Deklarationen in der Zugriffsklausel werden als Werte kopiert. Das passiert einmal, nämlich bei der Initialisierung des Lambdas.

▸ Innerhalb des Funktionskörpers ist die Kopie const. Eine Zuweisung wie rueckwaerts = false innerhalb des Lambdas würde also nicht funktionieren.

Wenn Sie nicht kopieren wollen, dann haben Sie auch die Möglichkeit, per Referenz auf die äußere Variable zuzugreifen. Stellen Sie dem Namen dann ein Referenzsymbol & in

561

der Zugriffsklausel voran. Das hat den zweiten Effekt, dass Sie die Variable auch verändern können. Sie verändern dann – wie bei Referenzen üblich – die Originalvariable.

Dieses Programm zählt zum Beispiel die Anzahl der während der Sortierung nötigen Vertauschungen mit.

```cpp
#include <vector>
#include <string>
#include <algorithm> // sort
#include <iostream>  // cout
using std::string; using std::vector; using std::cout;
// wie zuvor
int main() {
    vector<Zwerg> zwerge{     // wie zuvor
    /* sortieren */
    bool rueckwaerts = true; // oder false. Variable außerhalb des Lambdas
    unsigned richtigrum = 0; // zählt < mit
    unsigned falschrum = 0;  // zählt > mit
    std::sort(begin(zwerge), end(zwerge),
        [rueckwaerts,&falschrum,&richtigrum](const Zwerg& a, const Zwerg& b) {
            bool result = rueckwaerts ? a.name_ > b.name_ : a.name_ < b.name_;
            if(result==false) ++falschrum; else ++richtigrum;
            return result;
        }
    );
    /* ausgeben */
    cout << "Falschrum:" << falschrum << " Richtigrum: " << richtigrum << "\n";
    for(const auto& z : zwerge) // rückwärts: "Thorin" bis "Balin"
        cout << z.name_  << " ";
    cout << "\n";
}
```

Listing 23.18 Die Zugriffsklausel kann auch Referenzen enthalten.

So sehen Sie, dass das Sortieren der sieben Zwerge 17 Vergleiche benötigt. Dabei waren hier sechs Vergleiche »falsch herum« und elf »richtig herum«.

```
Falschrum:6 Richtigrum: 11
Thorin Oin Kili Gloin Fili Dwalin Balin
```

Sie sollten in der Zugriffsklausel nur dann Referenzen verwenden, wenn es unbedingt nötig ist. Wie immer bergen Referenzen gewisse Gefahren. Bei anonymen Funktionen ist es durchaus üblich, dass man sie auf die Reise schickt, also anderen Funktionen als Parameter übergibt, als Rückgabe zurückliefert etc. Da kann es sein, dass das Lambda dann länger »lebt« als die referenzierte Variable. Haben Sie aber auf eine Kopie zugegriffen, besteht keine Gefahr.

Veränderbare Lambdas

Ich hatte Ihnen bei der Erklärung von mutable in Abschnitt 13.7.7, »Un-Const mit mutable«, versprochen, diese für Lambdas noch zu erklären.

Mit mutable erlauben Sie Veränderungen an Capture-Variablen, die in das Lambda hinein-kopiert wurden. Dazu stellen Sie dem Lambda ein mutable nach.

```cpp
#include <iostream>
int main() {
    int count = 0;
    auto plus1 = [count](int x) mutable { // count als Kopie
        std::cout << ++count; return x+1;
    };
    for(int i=0; i<5; ++i) {
        plus1(i);
    }
    std::cout << "\n";
    // Ausgabe: 12345
}
```

Listing 23.19 »mutable« macht Wert-Captures in Lambdas veränderbar.

Auch dieses mutable ist mit Vorsicht zu genießen. Vielleicht wollten Sie eine Referenz-Capture auf count, die können Sie auch ohne mutable verändern.

```cpp
#include <iostream>
int main() {
    int count = 0;
    auto plus1 = [&count](int x) { // count als Referenz
        ++count; return x+1;
    };
    for(int i=0; i<5; ++i) { plus1(i); }
    std::cout << "plus1 wurde " << count << " mal aufgerufen\n";
    // Ausgabe: plus1 wurde 5 mal aufgerufen
}
```

Listing 23.20 Wenn möglich, besser ohne »mutable«

Wenn das Lambda aber als Rückgabewert oder als Parameter irgendwohin auf die Reise geht, kann eine Referenz gefährlich sein, weil die referenzierte Variable nicht mehr exis-tiert. mutable kann hier in Ausnahmefällen helfen.

Für Ihre Bequemlichkeit

Jetzt bleibt nur noch, Ihnen zu sagen, dass Sie bei einer prall gefüllten Zugriffsklausel diese auch abkürzen können:

▶ Mit [=] können Sie auf alle sichtbaren Variablen als Wert (Kopie) zugreifen.

▶ [&] erlaubt Ihnen den Zugriff auf alle Variablen per Referenz.

▶ Sie können mit [&,rueckwaerts] festlegen, dass Sie auf alle Variablen per Referenz zugreifen können wollen, außer auf rueckwaerts, die Ihnen als Kopie zur Verfügung steht.

▶ Umgekehrt liefert [=,&falsch,&richtig] Ihnen alle Variablen als Kopie, nur falsch und richtig als Referenz.

Sollte Ihnen der Name der Zugriffsvariablen für innerhalb des Funktionskörpers ungeeignet erscheinen,[3] dann können Sie auch eine neue Variable in der Liste der Zugriffsvariablen deklarieren, die mit einer *Zugriffsvariablen-Initialisierungsklausel* definiert wird.

```
bool rueckwaerts = true; // oder false. Variable außerhalb des Lambdas
unsigned richtig = 0;    // zählt < mit
unsigned falsch = 0;     // zählt > mit
std::sort(begin(zwerge), end(zwerge),
  [rue=rueckwaerts,&cf=falsch,&cr=richtig](const Zwerg&a, const Zwerg&b) {
    bool result = rue ? a.name_ > b.name_ : a.name_ < b.name_;
    if(result==false) ++cf; else ++cr;
    return result;
  }
);
```

Sie werden dies wohl eher selten benötigen.

Häufiger könnte es Ihnen passieren, dass Sie die Fähigkeit nutzen, die Parametertypen der anonymen Funktion den Compiler automatisch ermitteln zu lassen. Verwenden Sie dann statt des konkreten Typs – bei uns Zwerg – einfach auto. Der Compiler kann den notwendigen Typ im Normalfall aus dem Kontext ermitteln.

```
std::sort(begin(zwerge), end(zwerge),
    [](const auto &a, const auto &b) { return a.jahr_ > b.jahr_; }
);
```

Ansonsten gilt das, was für Typinferenz mit auto zusammen mit const und & immer gilt. Wenn Sie den Parameter als Wert (Kopie) erhalten wollen, schreiben Sie nur auto. Wollen Sie ihn als konstante Referenz, verwenden Sie const auto&.

23.3.7 Templatefunktionen ohne »template«, aber mit »auto«

Und jetzt rechnen Sie sicher eins und eins zusammen: Ein Lambda ist ja so eine Art Funktion, auto ermittelt den Typ der Parameter, und ich kann ein Lambda einer Variablen zuweisen, wo sich auto auch um den lästigen Rückgabetyp kümmert. Warum sollte ich dann nicht alles zusammen kombinieren und so eine kompakte, gut lesbare[4] Definition eines Funktionstemplates erhalten?

---

3 Es gibt auch andere selten auftretende Gründe für dieses Konstrukt.
4 weil ohne spitze Klammern

```
#include <iostream>
#include <string>
using std::cout; using std::string; using namespace std::literals;
auto min2 = [](const auto &a, const auto &b) {
    return a<b ? a : b;
};
auto min3 = [](const auto &a, const auto &b, const auto &c) {
    return min2(a, min2(b,c));
};
int main() {
    cout << min3( 3, 7, 2 ) << '\n';                    // Ausgabe: 2
    cout << min3( 8.11, 113.2, -3.1 ) << '\n';          // Ausgabe: -3.1
    cout << min3( "Zoo"s, "Affe"s, "Muli"s ) << '\n';   // Ausgabe: Affe
}
```

Meine Meinung: Probieren Sie es ruhig aus! Sie kombinieren hier allerdings mehrere neueste C++-Features, sodass die gestandenen Veteranen vielleicht die Augenbraue heben. Im Moment bekommen Sie Punktabzüge in der B-Note, aber C++ ist im Umbruch, und vielleicht entwickeln sich neue Stilregeln. Wer weiß?

Neben der Lesbarkeit für Veteranen ist eine Einschränkung, dass Sie die verschiedenen auto-Parameter nicht wie bei einem echten Template zueinander in Beziehung setzen können. Außerdem ist diese auto-Notation nicht ebenso flexibel, wie es ein echter Templateparameter wäre.

23.4   Templateklassen

Die Templatetechnik, wie Sie diese mit den Funktionstemplates gerade kennengelernt haben, ist nicht nur auf Funktionen beschränkt, sondern lässt sich auch mit Klassen verwenden. Um genau zu sein, wäre C++ ohne Klassentemplates nicht so populär und beliebt, wie es heute ist. Die Standardbibliothek definiert sehr viele Klassentemplates, wovon Sie selbst bereits std::vector oder std::string verwendet haben. Bei std::vector haben Sie den Typ ja in den spitzen Klammern angegeben. std::string hingegen ist eine Instanziierung aus dem Typ char und intern wie folgt definiert:

```
using string = basic_string<char>;
```

Neben den Standardcontainer-Klassen wie std::vector, std::list etc. sind auch die Streamklassen für die Ein-/Ausgabe (siehe Kapitel 27, »Streams«) letztlich meist als Instanziierung von char implementiert.

23.4.1   Klassentemplates implementieren

Zur Einleitung will ich Ihnen zeigen, wie Sie selbst einen, wenn auch ganz primitiven, Behälter (Containerklasse) erstellen können, der (fast) jeden beliebigen Typ aufnehmen kann. Die Einleitung eines Klassentemplates erfolgt auch hier wieder mit dem aus Funktionstemplates bereits bekannten

```
template <typename T>
```

Auch hier steht T wieder für den formalen Datentyp, den der Compiler bei der Instanziierung, also der Erzeugung des Maschinencodes, durch den gewünschten Typ ersetzt. Der Name T kann wieder ein beliebiger gültiger Bezeichner sein – T ist hier eine sehr gängige Verwendung. Ebenfalls können Sie wieder <class T> statt <typename T> verwenden. Wie bei Funktionstemplates macht es an dieser Stelle keinen Unterschied, was Sie verwenden.

Hierzu nun die Definition eines kompletten Klassentemplates:

```
template <typename T>
class MyContainer {
    T data_;
public:
    void setData(const T& d) { data_ = d; }
    T getData() const { return data_; }
};
```

Listing 23.21 Ein Klassentemplate erhält einen Typ als formalen Parameter.

Zu Beginn habe ich hier ein Klassentemplate MyContainer<T> definiert, das sich jetzt fast wie std::vector<T> definieren lässt – natürlich fehlen noch viele Funktionalitäten, aber als theoretischer Vergleich taugt dies schon. Würden Sie jetzt ein Objekt wie MyContainer<int> anlegen, würde der Compiler alle *formalen Datentypen* (hier T) durch int ersetzen und Maschinencode dazu erstellen. Mehr zur Instanziierung von Objekten als Klassentemplate erfahren Sie in Kürze.

23.4.2 Methoden von Klassentemplates implementieren

Im eben erstellten Beispiel des Klassentemplates MyContainer<T> konnten Sie sehen, dass es ohne Weiteres möglich ist, den formalen Datentyp bei den Parametern wie setData oder dem Rückgabewert wie getData von Methoden zu setzen.

Wertübergabe als Referenz oder Zeiger bevorzugen

Hier fehlt noch die Empfehlung, dass man die Übergabe von Werten, wie im Beispiel mit setData(const T&), als Referenz (oder Zeiger) realisiert und nicht als Kopie übergibt. Denn wird das Klassentemplate mit Objekten verwendet, könnten doch relativ viele Daten zusammenkommen, die dann unnötigerweise auf den Stack gelegt und wieder abgebaut werden müssten. Sie müssen bei Templatefunktionen und Template-Klassen aber sorgfältiger als sonst überlegen, ob Sie Parameter als Wert oder als Referenz übergeben wollen.

In der Praxis werden Sie die Definition der Methode inline innerhalb der Klassentemplate-Definition nur dann schreiben, wenn es sich wirklich um einen sehr kurzen Funktionskörper handelt. Wie Sie eine Methode außerhalb einer Klasse definieren, wissen Sie ja bereits, aber im Fall einer Methode eines Klassentemplates ist dies etwas spezieller, und daher muss hier gesondert darauf eingegangen werden. Die Syntax für eine Methode eines Klassentemplates mit formalen Datentypen sieht demnach wie folgt aus:

```
template <typename T>
void Klassenname<T>::methode( parameter ) { ... }
```

Bezogen auf unser Klassentemplate `MyContainer` sieht diese Definition der Methode außerhalb der Klassentemplate-Definition so folgt aus:

```
template <typename T>
class MyContainer {
    T data_;
public:
    void setData(const T& d);
    T getData() const;
};
template <typename T>
void MyContainer<T>::setData(const T& d) {
    data_ = d;
}
template <typename T>
T MyContainer<T>::getData() const {
    return data_;
}
```

Listing 23.22 Methodendefinitionen außerhalb des Körpers eines Klassentemplates sind syntaktisch etwas aufwendiger.

Es ist wichtig, dass Sie bei Methoden für Klassentemplates zusätzlich noch den formalen Datentyp in spitzen Klammern (hier `<T>`) hinter dem Klassennamen angeben, wie bei `MyContainer<T>::…` zu sehen ist. Eine Angabe wie `MyContainer<T>` entspricht der Angabe eines kompletten Typs. Ein »leeres« `MyContainer` wäre lediglich ein Templatename.

Vorläufige Definition

Auch hier gilt wie schon bei den Funktionstemplates, dass die Definition einer Methode auch nur eine vorläufige Definition darstellt, weil der Typ ja immer noch unvollständig ist, da hier ja nur ein formaler Datentyp enthalten ist. Die eigentlichen Methoden werden auch hier erst dann erzeugt, wenn Sie ein Objekt des Klassentemplates instanziieren – also das erste Mal verwenden, das heißt mit einem konkreten Typ nennen.

Methoden überschreiben (spezialisieren)

Wie auch schon bei den Funktionstemplates können Sie Methoden von Klassentemplates bei Bedarf mit `template<>` und dem gewünschten Datentyp überschreiben (spezialisieren). Statt `MyContainer<T>` müssen Sie hier dann den tatsächlichen Datentyp für den formalen Datentyp T angeben. Eine solche Spezialisierung auf std::string für die Methoden setData() und getData() können Sie zum Beispiel so realisieren:

```cpp
#include <iostream>
#include <string>

template <typename T>
class MyContainer {
    T data_;
public:
    void setData(const T& d) { data_ = d; } // allgemeiner Fall
    T getData() const { return data_; }      // allgemeiner Fall
};
template<>                                    // Spezialisierung
void MyContainer<std::string>::setData(const std::string& d) {
    data_ = "[" + d + "]";
}
int main() {
    MyContainer<std::string> mcString;
    mcString.setData("Geschichte");
    std::cout << mcString.getData() << '\n';  // Ausgabe: [Geschichte]
    MyContainer<int> mcInt;
    mcInt.setData(5);
    std::cout << mcInt.getData() << '\n';     // Ausgabe: 5
}
```

Listing 23.23 Methoden von Klassentemplates können Sie wie Funktionstemplates spezialisieren.

Hier sehen Sie eine Spezialisierung von setData für MyContainer<std::string>, die verwendet und erzeugt werden, wenn Sie ein Objekt MyContainer<std::string> instanziieren, wie in main kurz gezeigt. Der allgemeine Fall bleibt bestehen und gilt für alle formalen Typparameter, die keine Spezialisierung erhalten haben. Daher ist die Ausgabe für string mit eckigen Klammen – wie in der Spezialisierung programmiert –, für int aber ohne – wie im allgemeinen Fall programmiert.

23.4.3   Objekte aus Klassentemplates erzeugen

Auf das Erzeugen von Instanzen aus einem Klassentemplate gehe ich jetzt näher ein. Wie auch schon bei den Funktionstemplates werden auch Klassentemplates erst bei der ersten Verwendung mit dem entsprechenden Typ instanziiert. Das Instanziieren bei Klassentemplates haben Sie ja im Grunde schon mehrfach in diesem Buch verwendet, wie zum Beispiel vector<int>. Neben dem Klassennamen müssen Sie zwischen den spitzen Klammern den Typ für den formalen Datentyp angeben, von dem der Compiler eine Klasse generieren soll.

Hierzu nun ein paar klassische Anwendungsbeispiele der Minimal-Beispielklasse MyContainer<T>:

568

```cpp
#include <iostream>
#include <string>

template <typename T>
class MyContainer {
    T data_;
public:
    void setData(const T& d) { data_ = d; }
    T getData() const { return data_; }
};
class IntValue {
    int val_;
public:
    explicit IntValue(int val=0) : val_(val) {}
    int getInt() const { return val_; }
};

int main() {
    // C-Array mit drei MyContainer<double>-Instanzen
    MyContainer<double> dcont[3];
    dcont[0].setData(123.123);
    dcont[1].setData(234.234);
    std::cout << dcont[0].getData() << std::endl;
    std::cout << dcont[1].getData() << std::endl;
    // eigenen Datentyp als formaler Parameter
    IntValue ival{100'000};
    MyContainer<IntValue> scont;
    scont.setData(ival);
    std::cout << scont.getData().getInt() << std::endl;
    // string als formaler Parameter
    std::string str("Text");
    MyContainer<std::string> strCont;
    strCont.setData(str);
    std::cout << strCont.getData() << std::endl;
}
```

Bei MyContainer<double> dcont[3] generiert der Compiler eine Klasse für MyContainer
<double> und legt dann zwei Instanzen dieser Klasse für das C-Array an. Der Compiler
ersetzt hierbei den formalen Datentyp T des Klassentemplates durch den konkreten Typ
double. Mit dcont[…].setData(…) setze ich einigen der Containerinstanzen Werte und gebe
diese aus.

Das funktioniert auch mit eigenen Klassen, wie ich es mit der Instanziierung MyCon-
tainer<IntValue> scont demonstriere. Hier wird der Compiler eine Klasse für MyContai-
ner<IntValue> generieren. Der Compiler ersetzt den formalen Datentyp T durch die Klasse
IntValue.

Bei der letzten Instanziierung MyContainer<std::string> strCont wird eine weitere Form der Klasse vom Compiler generiert. Hier setzt er für den formalen Datentyp std::string ein.

> **Doppelte Fehlerüberprüfung**
>
> Ein weiterer Vorteil beim Instanziieren von Templates im Allgemeinen ist es, dass der Compiler hier zweimal auf Fehler überprüfen muss. einmal beim Parsen der Templatedefinition und einmal bei der Instanziierung des Templates mit dem konkreten Typ.

23.4.4 Klassentemplates mit mehreren formalen Datentypen

Wie auch Funktionstemplates können Sie bei Klassentemplates im Grunde beliebig viele weitere formale Datentypen verwenden. Sie müssen lediglich die formalen Datentypen bei der Definition des Klassentemplates zwischen den spitzen Klammern, getrennt durch ein Komma, mit dem Schlüsselwort typename (oder class) auflisten. Im folgenden Beispiel sehen Sie eine primitive Version von std::pair als eigenes Klassentemplate mit mehreren formalen Datentypen:

```cpp
#include <iostream>
template<typename T, typename U>
class MyPair {
    T data01_;
    U data02_;
public:
    MyPair(const T& t,const U& u) : data01_{t}, data02_{u} {}
    void print(std::ostream& os) const {
        os << data01_ << " : " << data02_ << std::endl;
    }
};
int main() {
    std::string month{"Januar"};
    int temp = -5;
    MyPair<std::string, int> temperatur{month, temp};
    temperatur.print(std::cout);
}
```

Mit dem Klassentemplate MyPair<T, U> können Sie eine Klasse erstellen, die zwei (fast) beliebige Typen verwalten kann. Im Beispiel erzeuge ich mit MyPair<std::string, int> temperatur eine Instanz mit den konkreten Typen std::string und int. Mit MyPair<std::string, int> instanziiert der Compiler das Template und erzeugt die Klasse. von dieser Klasse erstellt der Compiler dann die Instanz termperatur.

Hierzu noch ein Tipp, falls Sie ein Klassentemplate, das mehrere formale Datentypen enthält, nicht mit beispielsweise MyPair<double, double> instanziieren wollen, wo der Compiler T durch double und U durch double ersetzt. Wenn Sie hier eine Instanz der Klasse mit `MyPair<double>` generieren wollen, müssen Sie lediglich den Template-Kopf wie folgt anpassen:

```
#include <iostream>
template<typename T, typename U=T>
class MyPair {
    T data01_;
    U data02_;
public:
    MyPair(const T& t,const U& u) : data01_{t}, data02_{u} {}
    void print(std::ostream& os) const {
        os << data01_ << " : " << data02_ << std::endl;
    }
};
int main() {
    MyPair<double> zahlen{11.11, 22.22};
    zahlen.print(std::cout);
}
```

Mit `typename U=T` setzen Sie U auf den Standardwert T, falls in den spitzen Klammern nur ein Datentyp geschrieben wurde und das zweite Argument fehlt, wie es hier in `MyPair<`**`double`**`>` der Fall ist. Durch diese Instanziierung ersetzt der Compiler den formalen Datentyp T durch `double`, und da der zweite Typ für den zweiten formalen Datentyp U nicht angegeben wurde, wird hier wegen U=T das U ebenfalls durch `double` ersetzt.

23.4.5 Klassentemplates mit Non-Type-Parameter

Ein Templateparameter muss nicht zwangsläufig ein formaler Datentyp sein. Es dürfen auch echte Datentypen verwendet werden (auch Zeiger und Referenzen sind erlaubt). Solche Typen werden auch als Non-Type-Parameter (= Nicht-Typ-Parameter) bezeichnet. Es folgt ein solcher Non-Type-Parameter:

```
template<typename T, int val>
...
```

Hier sehen Sie mit `int val` einen solchen Non-Type-Parameter, der sich wie eine Art Konstante verwenden lässt. Dieser Non-Type-Parameter muss allerdings ein ganzzahliger Typ sein. In der Praxis wird diesem Non-Type-Parameter häufig auch noch ein Defaultwert mitgegeben, der verwendet wird, wenn bei der Instanziierung kein Wert für diesen Parameter angegeben wird:

```
template<typename T, int val=10> // mit Defaultwert
...
```

Auch hier wollen wir zur Demonstration des Non-Type-Parameters wieder eine vereinfachte Version des fixen Arrays `std::array` erstellen. Hier der Code dazu mit anschließender Erläuterung:

23 Templates

```cpp
#include <iostream>

template <typename T, size_t n=1>      // Non-Type-Parameter mit DefaultWert
class FixedArray {
    T data_[n] {0};                    // Non-Type-Parameter verwenden
public:
    T& operator[](size_t index) { return data_[index]; }
    static constexpr size_t size() { return n; }
    void print(std::ostream &os) const {
        for(auto it : data_)
            os << it << ' ';
        os << '\n';
    }
};

int main() {
    FixedArray<int,10> vals {};        // n= 10
    for(size_t idx=0; idx < vals.size(); ++idx) {
        vals[idx] = idx+idx;
    }

    vals.print(std::cout);             // Ausgabe: 0 2 4 6 8 10 12 14 16 18
    FixedArray<double> dvals;          // Default-Parameter für n
    std::cout << dvals.size() << '\n'; // Ausgabe: 1
}
```

Für das Klassentemplate MyArray ist neben dem formalen Datentyp T der Non-Type-Parameter n definiert, der hier auch gleich den Defaultwert 1 erhält. Ein Array mit 0 macht keinen Sinn und ist ohnehin nicht zulässig. Mit der Membervariable T data_[n] wird dieser Non-Type-Parameter dann verwendet, um ein C-Array mit n Elementen zu erzeugen. Erzeugt wird das Klassentemplate hier auch erst, wenn es benutzt wird. Bei FixedArray<int,10> wird beispielsweise der formale Datentyp durch int und der Non-Type-Parameter n durch 10 ersetzt. Der Compiler instanziiert somit daraus quasi ein int-Array mit zehn Elementen. Allerdings bietet dieses fixe Array mehr als ein herkömmliches C-Array.

So liefert die statische Methode size() die Größe des Arrays (was immer der Non-Type-Parameter ist) zurück. Weil n eine zur Compilezeit feststehende Konstante sein muss, kann size statisch und constexpr sein. Zusätzlich gibt die Methode print() alle Elemente auf einem Stream.

Zuletzt wird in FixedArray<double> der formale Datentyp T durch double ersetzt. Da für den Non-Type-Parameter keine weiteren Angaben in den spitzen Klammern gemacht wurden und ich einen Defaultwert mit 1 gesetzt habe, wird ein double-Array mit einem Element instanziiert.

23.4.6 Klassentemplates mit Default

Wie Sie bereits gesehen haben, können Sie Templateparameter, wie Funktionsparameter, mit einem Defaultwert (Standardwert) versehen. Wenn bei der Instanziierung eines Templates dann das entsprechende Argument fehlt, wird der Defaultwert dafür verwendet. Die Defaultwerte werden gewöhnlich bei der Definition des Templates angegeben. Defaultwerte bei Templates betreffen allerdings nicht nur literale Werte, sondern auch formale Datentypen können gleich mit einem Default-Typ vorbelegt werden, der verwendet wird, wenn bei der Instanziierung kein Typ angegeben ist.

Defaultwerte auch für Funktionstemplates

Defaultwerte können auch bei Funktionstemplates verwendet werden.

Nochmals auf das Klassentemplate FixedArray zurückzukommend könnten Sie beispielsweise Folgendes verwenden:

```
template <typename T=int, size_t n=10>
class FixedArray {
    ...
};
```

Hier verwende ich für den formalen Datentyp T den Default-Typ int und für den Non-Type-Parameter n den Defaultwert 10. Diese werden immer dann verwendet, wenn der Anwender des Klassentemplates bei der Instanziierung keine Angaben macht. Hier gelten dieselben Regeln wie schon bei den Defaultwerten von Funktionen. Wenn also ein Parameter einen Defaultwert bekommt, müssen alle anderen rechts nachfolgenden Parameter ebenfalls einen Defaultwert bekommen. Hier bedeutet dies konkret, wenn der formale Parameter T den Defaultwert int bekommen hat, muss der Non-Type-Parameter daneben auch einen Defaultwert bekommen.

Von dem so definierten Klassentemplate FixedArray mit den beiden Defaultwerten lässt sich jetzt auf verschiedene Arten eine Klasse instanziieren:

```
FixedArray<> vals;              // fixedArray<int, 10>
FixedArray<double> dvals;       // fixedArray<double, 10>
FixedArray<char,8> bytes;       // fixedArray<char, 8>
FixedArray<100> whatever;       // Fehler!
```

Aus FixedArray<> wird der Compiler eine Klasse mit den Defaultwerten generieren, die ein int-Array mit zehn Werten als Eigenschaft aufnehmen kann. Mit FixedArray<double> hingegen wird der formale Datentyp T vom Klassentemplate durch double ersetzt, und der Compiler generiert hier ein double-Array mit zehn (Defaultwert-)Elementen als Eigenschaft. Bei FixedArray<char,8> hingegen verwende ich einen Typ für den formalen Datentyp und auch einen Wert für den Non-Type-Parameter, wodurch der Compiler eine Klasse generiert, die ein char-Array mit acht Elementen als Eigenschaft speichern kann.

Aliastemplate

Eine Instanziierung wie mit FixedArray<100> ist nicht möglich, denn wenn bei einer Instanziierung ein Argument weggelassen wird, dann müssen alle nachfolgenden Argumente auch weggelassen werden. Es gibt trotzdem eine Möglichkeit, solche Werte mithilfe von using in spitzen Klammern zu verwenden:

```
template <size_t MAX>
using FixedIntArray = FixedArray<int, MAX>;
...
FixedIntArray<100> bigArray01;
```

Hier ist FixedIntArray ein sogenanntes Aliastemplate. Hiermit können Sie jetzt eine Klasse für ein int-Array generieren lassen, dessen Anzahl Sie beim Aufruf, wie hier mit 100, zwischen den spitzen Klammern festlegen können. Dieses Klassentemplate kann nun mit dem Aliasnamen FixedIntArray verwendet werden. Wohlgemerkt, hiermit wird nach wie vor das Klassentemplate FixedArray<T, n> verwendet. Nur erfolgt der Aufruf mit einem Aliasnamen, um die Verwendung zu erleichtern.

Standardbibliothek

Auch die Standardbibliothek erleichtert Ihnen das Leben mit solchen Aliasnamen. So verdanken Sie es einem solchen using (oder typedef), dass Sie std::string nicht mit std::basic_string<char> verwenden müssen, weil hier (sinngemäß und vereinfacht) folgendes using benutzt wurde:

```
using string = basic_string<char>;
```

23.4.7   Klassentemplates spezialisieren

Wie auch schon mit Funktionstemplates können Sie Klassentemplates spezialisieren, wenn ein Datentyp nicht so recht mit einem Klassentemplate funktionieren will oder kein vernünftiges Ergebnis zurückliefert. Im Gegensatz zu Funktionstemplates können Sie Klassentemplates sogar nur teilweise spezialisieren (partielle Spezialisierung), also nur ein paar, aber nicht alle der formalen Parameter festlegen.

Klassentemplate partiell spezialisieren

Um das Thema hier nicht zu umfangreich werden zu lassen, soll an dieser Stelle nochmals das Klassentemplate MyPair als Beispiel verwendet werden. Und zwar spezialisiere ich das Klassentemplate partiell, wenn beim Aufruf einer der beiden formalen Datentypen std::string enthält.

Ich spezialisiere die folgenden Aufrufe partiell:

```
MyPair<int, std::string> data01{86153, "Augsburg"};
MyPair<std::string, int> data02{"Friedberg", 86163};
```

Und so kann die partielle Spezialisierung dazu aussehen:

```cpp
#include <string>
#include <tuple>
template <typename T, typename U=T> // allgemeiner Fall
class MyPair {
    T data01_;
    U data02_;
public:
    MyPair(const T& t, const U& u) : data01_{t}, data02_{u} {}
};
template <typename T>            // teilweise Spezialisierung, T bleibt formal
class MyPair<T, std::string> {   // U ist auf string spezialisiert
    std::tuple<T,std::string> data_;
public:
    MyPair(const T& t, const std::string& str) : data_{t, str} { }
};
template <typename U>            // teilweise Spezialisierung, U bleibt formal
class MyPair<std::string, U> {   // T ist auf string spezialisiert
    std::tuple<std::string, U> data_;
public:
    MyPair(const std::string& str, const U& u) : data_{str, u} { }
};
int main() {
  MyPair<int,std::string> intString{1, "a"};        // nutzt partielle Spezialisierung
  MyPair<std::string,int> stringInt{"b", 2};        // nutzt partielle Spezialisierung
  MyPair<int,int> intInt{3,4};                       // nutzt allgemeinen Fall
  MyPair<std::string,std::string> strStr{"c","d"}; // mehrdeutig
}
```

Zunächst sehen Sie das ursprüngliche Klassentemplate mit zwei formalen Datentypen. Dann finden Sie die partielle Spezialisierung, die der Compiler verwendet, wenn das Klassentemplate mit MyPair<…,string> benutzt und daraus eine Klasse instanziiert werden soll. Dann folgt die Spezialisierung MyPair<string,…>. Das demonstriert, dass die Reihenfolge in der partiellen Spezialisierung auch andersherum sein kann. Beachten Sie, dass ich nur der Klarheit halber bei U geblieben bin, denn mit dem U aus dem allgemeinen Fall hat es nichts zu tun. Ich hätte den formalen Typparameter auch X oder ganz anders nennen können. Das allgemeine und das spezialisierte Template sind unabhängig voneinander, ebenso wie es beispielsweise zwei Funktionsdefinitionen sind.

Ich habe in beiden Fällen der Einfachheit halber auf std::tuple als Datenspeicher zurückgegriffen, um zu demonstrieren, dass ein spezialisiertes Klassentemplate völlig anders aufgebaut sein kann als das allgemeine Template.

Dieses Beispiel hat aber einen Schönheitsfehler, wenn Sie das Klassentemplate mit MyPair <string, string> benutzen wollen. Der Compiler kann jetzt keine Instanziierung durchführen, weil er nicht weiß, ob er MyPair<T, string> oder MyPair<string, T> verwenden soll.

23 Templates

Gäbe es hier nur eine der beiden partiellen Spezialisierungen, so wäre das Problem gelöst, und es würde die eine partielle Spezialisierung verwendet werden. Riefe man die andere partielle Spezialisierung auf, würde der Compiler eine Instanz aus `MyPair<T, U>` generieren.

Um im vorliegenden Fall keine der partiellen Spezialisierungen streichen zu müssen, böte sich zusätzlich eine vollständige Spezialisierung von `MyPair<string, string>` an.

Was kann nicht partiell spezialisiert werden?

Im Gegensatz zu einem Klassentemplate ist es nicht möglich, ein Funktionstemplate partiell zu spezialisieren. Auch eine Methode eines Klassentemplates kann nicht partiell, sondern muss vollständig spezialisiert werden.

Klassentemplate voll spezialisieren

Wenn bei Klassentemplates keines der Templateargumente so recht passen will, dann können Sie auch eine vollständige Spezialisierung des Klassentemplates erstellen. Im Beispiel zuvor war ja die Rede von einer vollständigen Spezialisierung von `MyPair<std::string, std::string>`. Realisieren können Sie eine vollständige Spezialisierung wie folgt:

```
template<>     // vollständige Spezialisierung
class MyPair<std::string, std::string> {
    std::vector<std::string> data_;
public:
    MyPair(const std::string& t, const std::string& u) : data_{t, u} { }
};
int main() {
    // nutzt die vollständige Spezialisierung:
    MyPair<std::string,std::string> strStr{"c","d"};
}
```

Zum vollständigen Spezialisieren eines Klassentemplates bleibt die spitze Klammer `template<>`, wie auch bei den Funktionstemplates, leer. Der oder die Datentypen, für die das Klassentemplate jetzt spezialisiert werden soll, müssen nach dem Klassennamen in den spitzen Klammern geschrieben werden, wie hier in `class MyPair<string, string>` zu sehen ist. Durch die vollständige Spezialisierung des Klassentemplates `MyPair<T,U>` durch `MyPair<string, string>` wird jetzt nach dem Aufruf `MyPair<string, string>` `strStr` vom Compiler die Spezialisierung für die Generierung verwendet.

23.5   Templates mit variabler Argumentanzahl

Sowohl für Funktionen als auch für Klassen können Sie Templates mit beliebig vielen Argumenten erstellen. Diese Technik wird als *Variadic Templates* bezeichnet. Die Syntax sieht etwas ungewöhnlich aus, weil hier in der Typliste die drei Punkte ... (auch Ellipse genannt) verwendet werden. Die ... dienen hier als eine Art Operator.

23.5 Templates mit variabler Argumentanzahl

> **Anwendungsgebiet**
>
> In der Praxis dürfte wohl die Implementierung von solchen Variadic Templates ganz besonders für diejenigen interessant sein, die sich mit dem Erstellen von Bibliotheken beschäftigen. Wer jetzt anschließend allerdings hergeht und hiermit ein Template erstellen will, das eine variable Anzahl an Typen aufnehmen kann, dem möchte ich vorher noch den sequenziellen Datentyp `std::tuple` (siehe Abschnitt 28.1, »pair und tuple«) ans Herz legen. Statt selbst ein variadisches Template zu schreiben, empfehle ich stattdessen ein Tupel als Parameter zu verwenden.

Hierbei werden mit ... die Parameter zu einem Parameter-Pack zusammengepackt und auch wieder entpackt. Dies hängt davon ab, auf welcher Seite der Operator ... steht. Das Ganze in der Theorie zu lesen, hilft hier nicht weiter, daher soll Ihnen ein Listing den Sachverhalt demonstrieren:

```cpp
#include <typeinfo>              // operator typeid
#include <typeindex>            // type_index
#include <map>
#include <string>
#include <iostream>
template <typename T>
void output(std::ostream& os, T val) { // einen Typnamen ausgeben
    // static: beim ersten Mal initialisiert
    static const std::map<std::type_index,std::string> type_names {
        { std::type_index(typeid(const char*)), "const char*"},
        { std::type_index(typeid(char)),   "char"},
        { std::type_index(typeid(int)),    "int"},
        { std::type_index(typeid(double)),   "double"},
        { std::type_index(typeid(bool)),    "bool"},
    };
    const std::string name = type_names.at(std::type_index(typeid(T)));
    os << name << ": " << val << '\n';
}
// rekursives variadisches Funktionstemplate:
template<typename First, typename ... Rest>
void output(std::ostream &os, First first, Rest ... rest) {
    output(os, first);                   // einzelner Aufruf mit vorderstem Element
    output(os, rest ...);                // Rekursion mit Rest der Elemente
}
int main() {
  output(std::cout, 3.1415);                          // normales Template
  output(std::cout, "ende", 2, 3.14, 'A', false); // rekursive variadische Funktion
}
```

Listing 23.24 Ein Template mit einer variablen Anzahl von Argumenten

Die Verwendung von type_names mit type_index und typeid sollten Sie hier ignorieren, sie dient nur der Informationsausgabe, um welchen Typ es sich hierbei handelt. Sie finden mehr dazu in der Erklärung zu Listing 28.39 (Seite 860).

In main() habe ich die Funktion output() überladen, denn Sie ist in doppelter Ausführung vorhanden. Aber dazu gleich mehr. Betrachten Sie zunächst die Funktionsaufrufe von output(). Mit dem ersten Funktionsaufruf wird das nicht-variadische Template aufgerufen, denn ich habe außer std::cout nur ein »beliebiges« Argument übergeben. Der zweite Aufruf nutzt mehr »beliebige« Parameter und landet daher beim variadischen Template.

Im nicht-variadischen Fall gibt es nichts Neues – namentlich, keine drei Punkte ....

Die variadische Definition von output enthält ... dreimal, jedes Mal mit einer anderen Bedeutung.

Zu Beginn steht der Operator bei der Nennung der formalen Templateparameter:

```
template<typename First, typename ... Rest>
```

Hier bedeutet es, das außer dem Typparameter First noch null bis beliebig weitere formale Typparameter folgen können. Sie alle werden zusammen unter dem Namen Rest zusammengefasst und können so in der Templatedefinition angesprochen werden.

Dann folgt ... im Funktionskopf:

```
void output(std::ostream &os, First first, Rest ... rest) {
```

Hier steht ... zwischen dem formalen Typnamen und dem Namen des Parameters rest. Der steht hier für eine ganze Liste an Parametern, eben allen nach first. Der genaue Terminus ist *Parameter-Pack*.

Im Funktionskörper können Sie dieses Parameter-Pack dann »entpacken«, indem Sie die Variable rest gefolgt von ... verwenden:

```
output(os, rest ...);
```

Der Compiler macht daraus im Moment der konkreten Verwendung dann eine Folge von tatsächlichen Parametern.

Das Wichtige ist hier, dass first nicht mehr vorkommt. Denn wie Sie sehen, handelt es sich um einen rekursiven Aufruf von output. Ohne first ist die Liste der Parameter um eins kürzer. Die Liste wird rekursiv so weit verkürzt, bis es nur ein einziger »beliebiger« Parameter ist, denn dann passt das nicht-variadische Template. Dessen Aufruf beendet die Rekursion.

Konkret bedeutet das, dass der variadische Aufruf zu einer Kette der folgenden Aufrufe führt:

```
// Aufruf:
output(std::cout, "ende", 2, 3.14, 'A', false);
// 1. Durchlauf:
output(std::cout, "ende");
```

23.5 Templates mit variabler Argumentanzahl

```
output(std::cout, 2, 3.14, 'A', false);
// 2. Durchlauf
output(std::cout, 2);
output(std::cout, 3.14, 'A', false);
// 3. Durchlauf
output(std::cout, 3.14);
output(std::cout, 'A', false);
// 4. Durchlauf
output(std::cout, 'A');
output(std::cout, false);
```

Schleifen sind nicht möglich

Die Frage werden Sie sich sicherlich hier gestellt haben, warum ich hier keine Schleifen wie for oder while verwendet haben? Das ist nicht möglich, weil das Parameter-Pack zur Übersetzungszeit behandelt werden muss.

Es gibt jedoch ab C++17 mehrere Möglichkeiten, diese manchmal schwer zu durchschauenden Rekursionen dennoch zu vermeiden. Die *Faltausdrücke* wie in Listing 23.30 erzeugen kompakteren Code. In vielen Fällen kann Ihnen auch das neue if constexpr helfen.

Das Programm bei der Ausführung:

```
double: 3.1415
const char*: ende
int: 2
double: 3.14
char: A
bool: 0
```

operator<< vorhanden?

Dass unser Beispiel hier so glatt funktioniert, liegt auch daran, dass operator<< für alle Typen, die ich verwendet habe, definiert ist. Ist dies nicht der Fall, müssen Sie den operator<< für Ihren Typ definieren. Ansonsten würde sich der Compiler bei Ihnen beschweren.

»sizeof ...«-Operator

Einen Operator gibt es dann mit sizeof...() für Parameter-Packs doch noch. Mit diesem können Sie zur Übersetzungszeit die Anzahl der vorhandenen Elemente des Parameter-Packs herausfinden. Hier der Operator im Einsatz:

```
#include <iostream>
template <typename ... Args>
auto countArgs(Args ... args) {
    return (sizeof ... (args) );
}
int main() {
    std::cout << countArgs("eins", 2, 3.14) << '\n';     // Ausgabe: 3
}
```

Parameter-Pack in Tupel konvertieren

Wie ich schon gesagt habe, lässt sich std::tuple sehr viel einfacher handhaben als ein Parameter-Pack. Es ist daher sehr nützlich, dass Sie ein solches einfach mit make_tuple in ein Tupel umwandeln können.

```
#include <tuple>
#include <iostream>
template<typename ... Args>
auto conv2tuple(Args ... args) {
    return std::make_tuple(args...);
}
int main() {
    auto mytuple = conv2tuple("ende", 2, 3.14, 'A', false);
    std::cout << std::get<2>(mytuple) << '\n'; // Ausgabe: 3.14
}
```

make_tuple übergeben Sie also einfach dem mittels ... ausgerollten Parameter-Pack, hier args.... Sie erhalten ein entsprechendes Tupel tuple zurück.

23.6   Eigene Literale

Ein *benutzerdefiniertes Literal* ist ein selbst festgelegtes *Suffix*, das Zeichenketten oder Ziffernfolgen nachgestellt werden kann. Das Suffix ist dabei ein normaler *Bezeichner*. Der Benutzer kann selbst bestimmen, wie ein Literal interpretiert wird, indem er ein Mitglied der neuen operator""-Familie überschreibt.

```
namespace my {
  Complex operator"" _i(const char*); // 0+ni
  Complex operator"" _j(long double); // n+0i
  Puzzle operator"" _puzzle(const char*, size_t);
}
using namespace my;
Complex imag4 = 4_i;         // operator"" _i(const char*)
Complex real3 = 3.331_j;     // operator"" _j(long double)
Puzzle p1 = "oXo"            // operator"" _puzzle(const char*, size_t)
            "XoX"_puzzle;
```

Listing 23.25 Eigene Literaloperatoren

Das Beispiel geht davon aus, Sie hätten die beiden Datentypen `Complex` und `Puzzle` selbst definiert. Wie, das ist nicht Teil des Beispiels und hier nicht relevant. Was das Beispiel zeigt, ist, dass Sie Instanzen dieser Datentypen mithilfe von Literalen wie 4, 3.331 und "oXoXoX" in den Quellcode schreiben können und dabei statt `int`, `double` und `char[]` dafür `Complex`- und `Puzzle`-Instanzen erhalten.

Sie müssen den üblichen Literalen ein *Suffix* nachstellen. Im Falle von `Complex` ist dies ein `_i` und im Falle von `Puzzle` ein `_puzzle`. Und wie wird aus 4 dann ein `Complex` bzw. aus "oXoXoX" ein `Puzzle`? Dazu definieren Sie `operator""` als freie Funktionen, die 4 oder "oXoXoX" als Argument nehmen und `Complex` oder `Puzzle` zurückliefern.

Das war der Schnelldurchlauf, jetzt kommt die Zeitlupe.

23.6.1 Was sind Literale?

Im Kontext, dass Sie sie selbst definieren können, sind Literale:

▶ entweder Folgen von Ziffern mit ein paar besonderen Zeichen für Komma oder Exponent vermischt, zum Beispiel 7, 3.14, 0xff oder 2.1e+4.8,

▶ oder in Anführungsstriche eingeschlossene Zeichenketten, zum Beispiel "hallo" und "oktal\0123", optional mit

▶ einem Suffix, wie zum Beispiel L oder d für den genauen Datentyp und/oder

▶ für die Zeichenketten das Präfix L oder eines der Stringpräfixe für Unicode- oder Rohstringliterale – u, u8, U oder R"(.

Hinzu kommen die wenigen vordefinierten Literale, an denen Sie aber nichts ändern oder »selbst definieren« können. Das sind die *Booleschen Literale* `true` und `false` sowie das *Pointerliteral* `nullptr`.

Wäre es nicht schick, wenn Sie statt der Codesequenz \u2122 für ein »Trademark-Symbol« ™ schreiben könnten?

`"Coca Cola{TRADE MARK SIGN}"_unicode`

Denn im Unicodestandard hat jedes Zeichen auch einen eindeutigen Namen.[5] In der Internationalisierungsbibliothek ICU[6] ist so etwas möglich, doch will man nicht den Compiler schon mit den riesigen dafür nötigen Tabellen aufblähen. Aber wenn der Benutzer die ICU vielleicht schon sowieso verwendet, dann könnte er für Stringliterale daraus Nutzen ziehen wollen.

Prinzipiell können Programmierer nun also die *Suffixe* für Literale selbst definieren. Und mit dem Suffix legt der Benutzer fest, was für eine *freie Funktion* zur Interpretation des Literals im Quelltext verwendet wird.

---

5 *Unicode 6.0 Character Code Charts, http://unicode.org/charts*
6 *International Components for Unicode, http://icu-project.org*

23.6.2 Namensregeln

Der Standard schränkt den Benutzer in der Wahl dieses Bezeichners jedoch ein, sodass Sie sich für portablen Code an folgende Regeln für den Bezeichner halten sollten:

▶ Der Bezeichner muss mit einem Unterstrich »_« beginnen – alle anderen Literal-Suffixe sind zukünftigen Spracherweiterungen vorbehalten.

▶ Insbesondere sollen sie *nicht* mit zwei Unterstrichen beginnen – der Standard reserviert dies für den Compiler und die Standardbibliothek. Besonders Makros, die der Compiler oder die Bibliothek definieren, könnten hiermit ins Gehege kommen. Daher ist es besser, diesem potenziellen Konflikt aus dem Weg zu gehen.

▶ Aus dem gleichem Grund sollte der Bezeichner nicht mit *Unterstrich-Großbuchstabe* beginnen.

▶ Also sollte das zweite Zeichen ein Kleinbuchstabe oder eine Ziffer sein.

▶ Es ist eine gute Praxis, die neuen Literaloperatoren in einem eigenen Namespace zu definieren. So können Sie mit `using namespace`-Direktiven genau steuern, welche Operatoren gerade sichtbar sind. Wenn Sie das Suffix `_x` definieren, ist nicht der Bezeichner `_x` vergeben: Nur zusammen mit `operator""` wird ein Bezeichner daraus. Ein Suffix `_x` und eine Variable `_x` kommen sich also nicht ins Gehege.

Tipp

Operatoren für benutzerdefinierte Literale sollten in einem eigenen Namensraum definiert werden. Ihre Namen *müssen* mit *einem* Unterstrich anfangen, und es sollte mit einem Kleinbuchstaben weitergehen.

23.6.3 Phasenweise

Um zu verstehen, warum es die unterschiedlichen Überladungen des `operator""` gibt, müssen Sie wissen, dass der Compiler das Verarbeiten von Literalen in verschiedene Phasen aufteilt. Dies sind grob:

▶ Bei der Aufteilung in *Token* werden die Sprachelemente des Quelltexts in *Schlüsselwörter, Zahlen, Symbole, Zeichenketten* etc. eingeordnet. Literale aus dieser Phase können `operator""` als »rohe Literale« übergeben werden. Für Zahlen sind das dann `const char*` (ohne `size_t` für die Länge) oder die Templatevariante, für Stringliterale die Zeichenkettenvarianten (mit `size_t` für die Länge).

▶ Dann werden Zahlenliterale in ihre numerischen Werte umgewandelt. Nach dieser Phase können diese den `operator""`-Varianten mit den Zahlenparametern übergeben werden und sind dann »cooked« (vorverarbeitet; nicht mehr roh, also gekocht).

23.6.4 Überladungsvarianten

Allen Möglichkeiten, eigene Suffixe zu benutzen, ist gemein, dass sie durch den `operator""` definiert werden. Dann folgen aber die Unterschiede:

▶ Typ

Der *Rückgabetyp* ist immer der, den das Literal letztlich haben soll. Dabei sind eingebaute Typen ebenso möglich wie benutzerdefinierte.

▶ Typ `operator "" _x(const char*)`

Die `const char*`-Form ohne Längenparameter verarbeitet *rohe* Zeichenketten. Eine Ziffernfolge wie `1234_x` bekommt der `operator "" _x(const char*)` als Folge von vier Zeichen *und* dem abschließenden `'\0'`-Zeichen übergeben. Beachten Sie, dass hier *nicht* die Stringliterale gemeint sind, auch wenn das Argument `const char*` ist: *Roh* heißt hier, dass die Ziffernfolge dem Operator nicht *vorverarbeitet* übergeben wird. Jedoch, weil im Quelltext keine Anführungszeichen um das Literal stehen, können Sie so nur numerische Literale parsen. Während Sie `234_x` oder `9.87_x` im Quelltext schreiben können, wird sich der Compiler bei `hallo_x` ohne Anführungszeichen beschweren, denn dies hat er in der Zwischenzeit als *Identifier*-Token eingeordnet, nicht als Literal.

▶ Typ `operator "" _x(unsigned long long)`
Typ `operator "" _x(long double)`

Vorverarbeitete (»cooked«) Zahlenliterale werden mit den Parametern `unsigned long long` und `long double` prozessiert. Also würde `4847_x` zu einem einzigen Aufruf von `operator "" _x(unsigned long long)` mit der dezimalen Zahl 4847. Zum gleichen Aufruf würde aber auch `0x12ef_x` führen; der Compiler »kocht« das Präfix `0x` weg und rechnet die Zahl um. Auch `10000.0_x` und `1+e4_x` führen zum gleichen Aufruf von `operator "" _x(long double)`.

▶ Typ `operator "" _x(const CHAR*, size_t)`

Wobei `CHAR` für `char`, `wchar_t`, `char16_t` oder `char32_t` stehen kann. Dies sind vom Compiler vorverarbeitete Strings und die einzige Möglichkeit, in Anführungszeichen stehende Literale zu parsen. Die Operatoren erhalten zwei Parameter, wobei im zweiten mit einem `size_t` die Länge angegeben ist. Der String muss nicht durch das `'\0'`-Zeichen abgeschlossen sein. Vorverarbeitet heißt hier, dass der Compiler die Präfixe vor den Stringliteralen wie zum Beispiel `u8`, `R"(` oder `L` schon interpretiert und angrenzende Literale bereits zu einem zusammengefügt hat: `"mein" "text"_x` ergibt nur einen `operator "" _x(const char*,size_t)`-Aufruf.

▶ `template<char...>` Typ `operator "" _x()`

Die *Template*-Variante verarbeitet rohe Literale, also Ziffernfolgen ohne Anführungszeichen. Anders als die `const char*`-Form können Sie sie aber auch für Kommazahlen verwenden. Das Literal `2.17_x` würde zum Aufruf `operator "" _x<'2', '.', '1', '7'>()` führen – ohne das abschließende `'\0'`-Zeichen. Meist werden Sie diesen Operator rekursiv definieren.

23 Templates

Wann genau welche dieser Überladungen vom Compiler verwendet wird, sieht in der Praxis dann so aus:

```
namespace lits {
  long double operator"" _w(long double);
  string      operator"" _w(const char16_t*, size_t);
  unsigned    operator"" _w(const char*);
}
int main() {
  using namespace lits;
  1.2_w;          // operator"" _w(long double), mit (1.2L)
  u"one"_w;       // operator"" _w(char16_t, size_t), mit (u"one", 3)
  12_w;           // operator"" _w(const char*), mit "12"
  "two"_w;        // operator"" _w(const char*, size_t) nicht definiert
}
```

Listing 23.26 Welches Literal führt zu welchem Operatoraufruf?

Zu dem Literal "two"_w sucht der Compiler operator"" _w(const char*, size_t). Da wir das nicht definiert haben, gibt der Compiler dort eine Fehlermeldung aus.

23.6.5   Benutzerdefiniertes Literal mittels Template

Auch die Templatevariante ist leicht zu implementieren, wenn Sie nur eine wohldefinierte Menge von Literalen behandeln müssen.

```
namespace lits {
  // Allgemeines Template
  template<char...> int operator"" _bin2();
  // Spezialisierungen
  template<> int operator"" _bin2<'0','0'>() { return 0; }
  template<> int operator"" _bin2<'0','1'>() { return 1; }
  template<> int operator"" _bin2<'1','0'>() { return 2; }
  template<> int operator"" _bin2<'1','1'>() { return 3; }
}
int main() {
  using namespace lits;
  int one   = 01_bin2;
  int three = 11_bin2;
}
```

Listing 23.27 Ein Template für Literale der exakten Länge vier

Zuerst wird das allgemeine Template deklariert, aber ohne es zu implementieren (»definieren«). Hier benötigen wir für operator"" auf jeden Fall ein *variadisches Template* mit dem Templateargument char... Die Definitionen folgen dann in einer Liste von *Template-Spezialisierungen* für genau die Literale, die Sie benutzen möchten.

Hier würden 0_bin2 und 11111_bin2 natürlich einen Fehler erzeugen, denn dafür haben wir ja keine Spezialisierungen definiert. Außerdem ist diese Art der Aufzählung mühsam und fehlerträchtig – alles in allem nicht zu empfehlen. Aber es führt uns an das Konzept heran, das Template *rekursiv* zu definieren.

```cpp
namespace lits {
  // Template-Hilfsfunktion für _ein_ Argument
  template<char C> int bin();   // allgemeiner Fall
  template<>       int bin<'1'>() { return 1; } // Spez.
  template<>       int bin<'0'>() { return 0; } // Spez.
  // Template-Hilfsfunktion ab _zwei_ Argumente
  template<char C, char D, char... ES>
  int bin() {
    return bin<C>() << (sizeof...(ES)+1) | bin<D,ES...>(); // Bit-Shift und Bit-Oder
  }
  // eigentlicher operator""
  template<char...CS> int operator"" _bin()
    { return bin<CS...>(); };
}
int main() {
  using namespace lits;
  int eins = 1_bin;
  int acht = 1000_bin;
  int neun = 1001_bin;
  int zehn = 1010_bin;
  int elf  = 1011_bin;
  int hundertachtundzwanzig = 10000000_bin;
}
```

Listing 23.28 Rekursive Definition für beliebige Literallängen

Die eigentliche Arbeit des operator"" _bin wurde in die normale (rekursive Template)-Hilfsfunktion bin ausgelagert. Diese wird mit bin<CS...>() einfach aufgerufen und das Ergebnis durchgereicht.

Dort wird dann die eigentliche Konvertierung durchgeführt. Hier dienen die beiden Spezialisierungen auf <'0'> und <'1'> als *Anker*, bei dem die Rekursion endet. In der allgemeinen Hilfsfunktion wird immer ein Zeichen mit bin<C> konvertiert und mit << um so viele Bits nach rechts geschoben, wie noch Templateargumente übrig sind. Das wird mit sizeof...(ES) ermittelt. Der rekursive Aufruf bin<D,ES...> konvertiert dann den Rest des 1/0-Strings ohne das vorderste Zeichen C. Beide Teile werden mit Bit-Oder »|« verknüpft.

Diese Rekursion führt der Compiler schon zur Übersetzungszeit aus. So hat man beste Chancen, dass im übersetzten Programm für jedes _bin-Literal nur noch die errechnete Konstante enthalten ist und zur Laufzeit keine Berechnungen mehr durchgeführt werden müssen.

23 Templates

Ausblick auf C++17: »constexpr-if«

Mit C++17 können Sie Code mit mehreren spezialisierten Funktionstemplates zu einem allgemeinen Funktionstemplate vereinfachen. Das machen Sie mit dem neuen if constexpr(…): Die in Klammern angegebene Bedingung muss zur Compilezeit auswertbar sein. Die ersten drei Hilfsdefinitionen aus obigem Beispiel können Sie dann wie folgt zusammenziehen:

```
namespace lits {

  // Template-Hilfsfunktion für _ein_ Argument
  template<char C> int bin() {   // allgemeiner Fall
    if constexpr (C=='0') return 0;
    else if constexpr (C=='1') return 1;
  }
  // Template-Hilfsfunktion ab _zwei_ Argumente
  // …

}
```

Listing 23.29 Das in C++17 neue if constexpr spart Funktionsspezialisierungen.

Die Ausdrücke C==0 und C==1 sind zur Übersetzungszeit auswertbar. bin<'0'> und bin<'1'> kann der Compiler also berechnen.

Das Besondere an diesem constexpr-if ist, dass es sich verhält, als *hätten* Sie unterschiedliche Templatespezialisierungen geschrieben: Code aus Dann-Zweigen, den Sie im ganzen Programm niemals brauchen, wird nicht vom Compiler instanziiert. Er taucht nicht im übersetzten Programm auf und wirkt sich nicht auf dessen Größe oder Laufzeit aus.

Ausblick auf C++17: Faltausdrücke

Zugegeben, die rekursive Templatedefinition von Listing 23.28 ist keine leichte Kost. Solche Konstrukte mit Hilfstemplates und Teilspezialisierungen gehören in C++17 der Vergangenheit an. Ich will hier nur einen kleinen Einblick in die *Faltausdrücke* (engl *fold expressions*) geben, der einiges bei der Implementierung von variadischen Templates vereinfachen wird.

```
#include <iostream>
#include <string>
namespace lits {

  // operator"" _sx
  template<char...CS> std::string operator"" _sx() {
    return (std::string{} + ... + CS);  // Faltausdruck (C++17)
  };

}
```

```
int main() {
    using namespace lits;
    std::cout << 10000000_sx << '\n';      // Ausgabe: 10000000
    std::cout << 10'000'000_sx << '\n';    // Ausgabe: 10'000'000
    std::cout << 0x00af_sx << '\n';        // Ausgabe: 0x00af
    std::cout << 0x0'c'0'a'f_sx << '\n';   // Ausgabe: 0x0'c'0'a'f
    std::cout << 007_sx << '\n';           // Ausgabe: 007
    std::cout << 0b01_sx << '\n';          // Ausgabe: 0b01
}
```

Listing 23.30 Mit Faltausdrücken werden variadische Templates einfacher.

Die Implementierung in Listing 23.30 wandelt nur das Literal in einen string um, der genauso aussieht wie das Literal.

In dem Listing ist (*init*+ ... +*pack*) der *Faltausdruck*. Was hier passiert, ist, dass aus template<'1','0','0','0'> zur Compilezeit der Ausdruck string{}+'1'+'0'+'0'+'0' gefaltet wird. Das ist eine mächtige Sache, die einige Templates kürzer werden lässt.

Der *init*-Teil aus dem Faltausdruck kann ein von Ihnen angegebener beliebiger Ausdruck sein. Die anderen beiden Teile, die Punkte ... und *pack*, ergeben sich aus den Templateargumenten beim Aufruf bzw. der Templateinstanziierung. Der *init*-Teil ist optional. Er kann vorne oder hinten angegeben werden. Statt + sind alle zweistelligen Operatoren erlaubt.

23.6.6 Roh oder gekocht

Der Unterschied zwischen *rohen* (*raw*) und *vorverarbeiteten* (*cooked*) Literalen ist, dass Erstere immer die const char*-Varianten als Argument bekommen (ohne die Länge) und Letztere die schon zu unsigned long long oder long double interpretierten. Beides kann Literale wie 1234 und 23.45 verarbeiten. Der const char*-Operator, der zusätzlich die Länge als Parameter bekommt, ist für die Verarbeitung der Stringliterale wie "abcd" gedacht.

Roh oder vorverarbeitet macht also bei Zahlenliteralen einen Unterschied.[7]

```
#include <complex>
// rohe Form
int operator"" _dual(const char*);
int answer = 101010_dual;    // dezimal 42
// vorverarbeitete Form
std::complex<long double> operator"" _i(long double d) {
  return std::complex<long double>(0, d);
}
auto val = 3.14_i;  // val = std::complex<long double>(0, 3.14)
```

Listing 23.31 Ob vorverarbeitet oder roh besser ist, hängt von der Anwendung ab.

---

7 *User-defined literals in C++11, a much needed addition or making C++ even more bloated?*, user Motti, *http://stackoverflow.com/questions/237804/*, Stackoverflow, [2011-10-11]

23 Templates

Ob Sie ein Zahlenliteral lieber als vorverarbeiteten Wert bekommen möchten oder als Sequenz von Zeichen, können Sie selbst bestimmen. Für die Umwandlung einer Folge von 0/1 ist eine Zeichensequenz wohl praktischer. Vorverarbeitet hätte der Compiler `operator""`_dual die dezimale Zahl »einhunderteinstausenundzehn« übergeben, und die hätten wir aufwendig binär interpretieren müssen. Die Template-Alternative haben wir ja schon mit `operator""` _bin gezeigt.

Andersherum ist es für `operator""` _i sehr praktisch, einfach den Konstruktor von `complex` verwenden zu können, der einen `double` als Argument nimmt. Hätten wir das Literal roh als `const char*` erhalten, hätten wir die Umwandlung in eine Zahl selbst machen müssen.

23.6.7 Automatisch zusammengefügt

Das Zusammenfügen angrenzender Literale birgt natürlich immer ein paar Gefahren – hat man das Trennzeichen nur vergessen oder ist es Absicht des Benutzers, um den Quellcode hübsch formatiert zu halten? Im Prinzip hat sich hier nichts geändert, denn der Compiler hat diese Aufgabe schon immer für uns erledigt.

Nur wurde die Aufgabe durch die vielen Suffixe und Präfixe um einiges komplexer. Die Regel für Strings mit benutzerdefinierten Suffixen besagt Ähnliches wie für Präfixe.

▶ Haben alle Strings das gleiche Suffix, ist das Ergebnis eindeutig.

▶ Haben angrenzende Strings unterschiedliche Suffixe, ist das ein Fehler.

▶ Hat nur einer der zusammengefügten Strings ein Suffix, dann wird der gesamte String interpretiert, als hätte er dieses. Welcher von den Strings das Suffix hat, ist gleichgültig.

Im Standard werden einige Beispiele angeführt, die das verdeutlichen:

▶ `L"A" "B" "C"`_x; wird zu `L"ABC"`_x zusammengefügt.

▶ `"P"`_x `"Q" "R"`_y; ergibt einen Fehler, weil zwei verschiedene Suffixe verwendet werden.

23.6.8 Unicodeliterale

Die Formen mit Stringlänge werden für Literale mit den unterschiedlichen *Encoding-Präfixen* aufgerufen. Das heißt je nach `CHAR` für die Form:

`Typ operator""` _x(const CHAR*, size_t)

Wobei dann `CHAR` und das *Encoding-Präfix* wie in Tabelle 23.1 sind.

Literale in normaler- und *UTF-8*-Codierung rufen also beide

`operator""` (const char*, size_t)

auf, um interpretiert zu werden.

Präfix	Literal	_CHAR_
	"Wackeldackel"	char
u8	u8"B\x3c\0xbcgeleisen"	char
L	L"Wie gehabt"	wchar_t
u	"B\u00fcgeleisen"	char16_t
U	"B\U000000fcgeleisen"	char32_t

Tabelle 23.1 Encoding-Präfixe und die passenden Überladungen

> **Fußangel**
>
> Bei der Definition eines eigenen `operator""` `_suffix()` ist darauf zu achten, dass nach den
> `""` _auf jeden Fall_ ein Leerzeichen steht. Fehlt dies, erkennt der Parser dies als ein einzelnes
> Token und stoppt mit einem Syntaxfehler. Auch ist kein Zeichen zwischen `""` erlaubt – auch
> kein Leerzeichen.
>
> Zwischen `operator` und `""` darf dagegen ein Leerzeichen stehen, muss aber nicht. Die Esels-
> brücke ist hier, dass aus `operator""` ein einzelner »Bezeichner« wird – wie bei allen Operato-
> ren – und dort deshalb _kein_ Leerzeichen dazwischen stehen darf.

TEIL IV
Die Standardbibliothek

Die Standardbibliothek ist ein integraler Teil der Sprache C++. Sie enthält nahezu Unentbehrliches und viel Nützliches, das Sie bevorzugen sollten, wenn Sie ein Feature benötigen. Entwickeln Sie es nicht selbst, und nutzen Sie die Standardbibliothek vor den Bibliotheken von Drittanbietern. In den nächsten Kapiteln werden Sie die verschiedenen Teile der Standardbibliothek genauer kennenlernen. Recht viel Raum spendiere ich Containern, Iteratoren und Algorithmen. Es folgt ein Kapitel über Streams, die ebenfalls mit Iteratoren arbeiten. Sie erfahren dann, wie Sie in C++ Threads programmieren. Am Schluss folgt eine Behandlung diverser kleinerer Bibliothekselemente. Damit haben Sie dann einen tiefen Einblick in die Standardbibliothek, sodass Sie seltener zur Referenz greifen müssen.

Kapitel 24
Container

Kapiteltelegramm

- ▸ **Container**
  Ein Konzept der Standardbibliothek, nach dem mehrere Typen funktionieren. Sie nehmen Elemente gleichen Typs auf.

- ▸ **Sequenzcontainer** `array`, `vector`, `deque`, `list` und `forward_list`
  Reihenfolge der Elemente, durch den Benutzer bestimmt

- ▸ **Assoziative Container** `map`, `set`, jeweils auch `multi` und `unordered`
  Zum Speichern eines Werts anhand eines Schlüssels

- ▸ **Adapter**
  Eine Gruppe von Wrapper-Klassen um Container, die eine eigene Schnittstelle anbieten

- ▸ **`<algorithm>`**
  Header der Standardbibliothek mit erweiterten Operationen auf Containern

- ▸ **Iterator**
  Ein Konzept zur Referenz von Elementen in Containern

- ▸ **Allokator**
  Die Eingriffsmöglichkeit in die in die Speicherverwaltung für die Elemente eines Containers

- ▸ **Suchbaum**
  Eine assoziative, sortierende Datenstruktur mit garantiert schnellem Zugriff auf die Elemente

- ▸ **Hashtabelle**
  Eine assoziative, nicht sortierende Datenstruktur zum sehr schnellen Zugriff auf Elemente. Die Performance ist nicht garantiert und hängt von vielen Faktoren ab.

- ▸ **`bitset`**
  Datenstruktur zum Speichern von Bits, nicht wirklich ein Container

- ▸ **`valarray`**
  Spezielle Datenstruktur für Matrixberechnung, nicht wirklich ein Container

Die Container bilden den Urkern der Standardbibliothek. Der Teil, der sich mit Containern, Iteratoren und Algorithmen beschäftigte, nannte sich ursprünglich »Standard Template Library« oder kurz »STL«[1]. Die Forschungsabteilung von Hewlett-Packard (HP) brachte die

---

1 nicht zu verwechseln mit Stephan T. Lavavej, dem aktuell für die Standardbibliothek verantwortlichen Entwickler bei Microsoft ...

STL um 1993 in den Standard ein und wurde so der erste große Stein des wirklich nach C++ aussehenden Teils der Standardbibliothek. Weil ein Großteil der STL aus Containern und deren Drumherum bestand, wurden die Begriffe STL und Standardbibliothek lange Zeit synonym verwendet. Erst mit C++11 wuchs der nicht-STL-Teil der Standardbibliothek so weit, dass langsam anerkannt wurde, dass das, was ursprünglich die STL war, inzwischen nur noch ein Teil der Standardbibliothek ist. Und auch in dem Teil hat sich seit den Ursprüngen einiges verändert.

24.1 Grundlagen

Doch es sind immer noch die *Container* (*Behälter*), um die sich vieles in der Standardbibliothek dreht. Dabei handelt es sich um eine Sammlung von immer wiederkehrenden Datenstrukturen, die unabhängig von den eigenen Datentypen standardisierte Operationen und Funktionen anbietet. Die Eigenschaft der Unabhängigkeit vom Datentyp nennt man *abstrakt*. Der Fakt, dass sie immer wiederkehren, machen sie enorm nützlich – und ich meine damit *enorm*, mit langem »e« und tiefem »o«.

24.1.1 Wiederkehrend

In den 70er-Jahren wurde schon mal geschätzt, dass 80 % der weltweit verbrauchten Computerzeit mit dem Sortieren von Daten verbraucht wird. Das mag viel klingen, ist aber, je nachdem wie man zählt, vielleicht sogar noch knapp geschätzt – und auch, oder *insbesondere* in der heutigen Zeit noch wahr. Im weiteren Sinne kann man *Suchen* auch als Teilproblem des *Sortierens* ansehen. Wenn man dann bedenkt, was für ein Aufwand alleine Google für seine Suchmaschine betreiben muss, um uns das Finden von Webseiten und Anbieten von »passender Werbung« zu ermöglichen, ist die Schätzung vielleicht tatsächlich noch niedrig gegriffen.

Und wenn so viel Aufwand für das Suchen und Sortieren getrieben wird, dann ist es nur wahrscheinlich, dass Sie in Ihrer Karriere das eine oder andere Mal auf genau dieses Problem stoßen. Und hier meine Bitte: Erfinden Sie das Rad dann nicht neu, wenn Sie nicht unbedingt müssen. Die Wahrscheinlichkeit ist groß, dass Ihnen diese Arbeit schon jemand abgenommen hat, und die Wahrscheinlichkeit ist immer noch groß, dass Ihnen eine Lösung in der Standardbibliothek zur Verfügung steht.

Nicht alles dreht sich ums Sortieren, nicht alles ums Suchen, aber erstaunlich viel. Müssen Sie für tausend Elemente Speicher verwalten? Wollen Sie einen Puffer zur Datenbank implementieren? Wollen Sie alle Doppelten streichen? Ja, Sie wollen suchen und sortieren. Aber was hat das mit den Containern der Standardbibliothek zu tun? Ganz einfach: Jemand vor Ihnen hatte schon die gleichen Aufgaben zu bewältigen und hat dafür eine Lösung gefunden. Dann wieder einer, dann wieder einer und dann stellte sich heraus:

▶ Viele Elemente steckt man am besten hintereinander in eine lose gekoppelte Liste oder dicht gepackt in eine Reihe, in ein *Feld* (engl. *array*). Mathematiker denken sich das als einen *Vektor*.

▶ Ein Puffer sollte Dinge, die zuerst reinkommen, auch zuerst ausliefern, sich also wie eine *Warteschlange* (engl. *Queue*) verhalten.

▶ Doppelte findet man am besten, wenn die Elemente sortiert gehalten werden, entweder während des Einfügens oder einmal am Ende.

Immer packt man etwas in einen *Behälter*. Allerdings je nach Aufgabe unterschiedliche Arten von Behältern. Was aber ist ein Behälter genau? Es ist etwas »drin«. Noch mehr? Kann man in Behälter immer etwas hineintun? Immer etwas herausnehmen? Wo kann man es hineintun? Vorne oder Hinten? Oder gar in der Mitte? Und wenn ich etwas herausnehmen kann – wo? Überhaupt, wie geht Finden?

Als Erstes identifiziert man hier also Gruppen unterschiedlicher Container mit unterschiedlichen Eigenschaften:

▶ Dicht gepackt oder lose gepackt?

▶ Ständig sortiert oder nicht, wie suchen?

▶ Hinzufügen und Entfernen an welcher Position?

Und dann stellt man fest, das Ganze lässt sich mit zwei Hand voll unterschiedlicher Container erledigen – wenn die denn flexibel genug gestaltet sind.

24.1.2 Abstrakt

Und das heißt in erster Linie, es muss Ihnen egal sein, *was* in die Container hineingetan wird. Ein »Korb« muss seine Aufgabe immer noch erfüllen, egal ob er Tomaten oder Jogurtbecher enthält. Oder – mit C++-Vokabeln gesagt – es ist irrelevant ob der vector mit int oder class Student befüllt wird. Die Klasse oder der eingebaute Typ, auf dem der Container als abstrakter Datentyp arbeitet, wird in C++ als Templateparameter in Spitzen Klammern angegeben:

```
std::vector<int> viele_int_werte {};
std::vector<Student> viele_student_werte {};
```

Zur Erinnerung: Der Typ des Containers ist inklusive aller Templateargumente zu sehen. Ein vector<int> ist unterschiedlich zu vector<Student>, ebenso ist array<int,4> unterschiedlich zu array<int,7>. Das heißt zum Beispiel, dass Sie vier verschiedene Überladungen einer Funktion schreiben können, die diese Typen als Parameter bekommen:

```
void print(vector<int> arg);
void print(vector<Student> arg);
void print(array<int,4> arg);
void print(array<int,7> arg);
```

24 Container

Sie werden sehen, dass die Standardbibliothek so nicht arbeitet. Stattdessen wird es ein Funktionstemplate geben, das Beginn und Ende der auszugebenden Elemente bekommt:

```
template<typename IT>
void print(IT begin, IT end);
```

24.1.3 Operationen

Jeder der Container ist verbunden mit Operationen, die er ausführen können muss. Im Laufe der Zeit haben sich dafür mehr oder weniger festgelegte Namen herausgebildet. Nehmen wir als Beispiel eine der einfachsten abstrakten Datentypen, den *Stapel*.

Ein Stapel (engl. *Stack*) kann (theoretisch) beliebig viele Elemente halten. Diese werden mit push hinzugefügt. An dem Ende, wo wir hinzufügen, können wir das zuletzt Hinzugefügte mit pop wieder entfernen. Das kann man so lange machen, bis der Stapel wieder leer ist. Ob er das ist, wird mit empty überprüft.

Als Mindestoperationen reicht das für einen Stapel aus. Sie können noch weitere »Luxusoperationen« hinzu verlangen, aber die Mindestmenge haben Sie hiermit.

Wollen Sie wissen, wie viele Elemente ein gegebener Stapel enthält, wollen Sie also size kennen? Dann kopieren Sie alle Elemente mit pop und push auf einen anderen Stapel, bis das Original empty ist, zählen dabei mit, und wenn Sie fertig sind, stapeln Sie alles wieder zurück. Sicher keine schnelle Möglichkeit, aber prinzipiell machbar. Ob Sie size als Muss-Operation bei Ihrem Stapel dabei haben wollen oder nicht und ob size schnell sein muss oder nicht, ist Ihre Entscheidung und hängt von der Aufgabe ab.

Standardbibliothek legt fest, welche Container es gibt und welche Schnittstellen Schnittstellen diese haben. Sie definiert eine Liste von abstrakten Datentypen und sagt, welche (Mindest-)Operationen auf ihnen durchgeführt werden können und was für Randbedingungen dabei gelten. Im Fall von stack legt die Standardbibliothek zum Beispiel fest, dass es für eine Liste size() gibt und dass diese Methode intern nicht alle Elemente anfassen darf, sondern sofort zurückkommen muss.

Alle Container bemühen sich, alle Operationen unter demselben Namen anzubieten. Existiert eine Methode für einen Container nicht, dann heißt das, dass diese Methode bei diesem Container konzeptbedingt viele Ressourcen verbrauchen würde, zum Beispiel size bei forward_list. Aber auch wenn sie existiert, lohnt sich ein Blick in die Dokumentation, ob die Methode vielleicht »teuer« ist, wie zum Beispiel insert bei vector.

Sie werden in diesem Buch die Methoden und Operationen für alle Container finden. Ich lege dabei Wert auf Übersicht und praktische Hinweise. Was ich nicht liefern kann und will, ist eine trockene Liste aller Methoden und freien Funktionen mit all ihren Überladungen für jeden einzelnen Container. Zum einen wäre diese Liste schwer zu lesen, sie finden Sie im Standardisierungsdokument, zum anderen einfach zu lang und unübersichtlich. Alleine die Liste der Konstruktorüberladungen von vector würde im Tabellensatz dieses

24.1 Grundlagen

Buchs eine Seite füllen.[2] Daher habe ich mich entschlossen, Ihnen stattdessen zweierlei andere Präsentationen anzubieten: zu jedem Container eine beispielgespickte Prosabeschreibung aller Methoden und zusätzlich eine kompakte Übersicht nahezu aller Methodennamen in einer kompakten Tabelle, auch zum Vergleich der Container untereinander. Letztere finden Sie im Anhang.

24.1.4 Komplexität

Was heißt »teuer«? Die Spezifikation der Container legt fest, wie viele Ressourcen ihre Operationen verbrauchen dürfen, also Speicher und Zeit. Dieser Ressourcenverbrauch ist immer im Verhältnis zur Anzahl der Elemente n im Container angegeben. Wohlgemerkt nicht konkret in Bits, Bytes oder Sekunden und Tagen, sondern einer Funktion, die abhängig von diesem n unterschiedlich schnell oder langsam wächst. Die Funktion ist ein Maß der *Komplexität* und ist mit einem O(...) angegeben.

Diese *O-Notation* ist eine Angabe dafür, wie viele Ressourcen ein Algorithmus typischerweise verbraucht. Die dort angegebene mathematische Funktion beschreibt eine Kurve – je schneller sie wächst, desto größer der Ressourcenverbrauch bei wachsender Eingabe. Typische Komplexitätsangaben in der Reihenfolge ihrer »Bösartigkeit« sind:

▶ O(1)
konstanter Ressourcenverbrauch. Egal wie groß n ist, die Operation braucht immer gleich lange.

▶ O(log n)
logarithmischer Ressourcenverbrauch. n muss schon sehr groß werden, bis viele Ressourcen verbraucht werden.

▶ O(n)
Linearer Ressourcenverbrauch ist meist harmlos, außer Sie führen ihn wieder und wieder aus.

▶ O(n log n)
Viele Sortieralgorithmen fallen in diese Komplexitätsklasse und sind für Datensätze normaler Größe noch als harmlos zu betrachten.

▶ $O(n^2)$
Quadratischer Ressourcenverbrauch ist schon problematisch. Zwei normal verschachtelte Schleifen führen schnell in diese Kategorie.

▶ $O(2^n)$
Exponentiellen Ressourcenverbrauch sollten Sie vermeiden wie der Teufel das Weihwasser.

Sie sollten also immer danach trachten, eine Operation mit so kleiner Komplexität wie möglich durchzuführen. Das kann den Unterschied des Erfolgs Ihres Programms ausmachen.

---

2 Ich habe es ausprobiert.

597

Wenn wir zurück zum Sortieren am Anfang kommen, dann können Sie sich zwischen mehreren Arten des Vorgehens beim Sortieren entscheiden, zum Beispiel dem *Quicksort* und dem *Bubblesort*. Quicksort sortiert n Elemente in O(n log n) Schritten, Bubblesort braucht O(n²). Im Normalfall sollten Sie niemals *Bubblesort* wählen, denn sonst droht, dass Ihr Programm gefühlt »nie« fertig wird. Wenn Sie sich unter n log n und n² nichts vorstellen können, sehen Sie in Tabelle 24.1 konkrete Werte.

Eingabegröße	Quicksort Schritte	—	Zeit ca.	Bubblesort Schritte	—	Zeit ca.
n	O(n log n)			O(n²)		
10	33	—	0 Sek.	100	—	0 Sek.
100	664	—	0 Sek.	10 000	—	0 Sek.
1000	9 965	—	0 Sek.	1 000 000	—	1 Sek.
10 000	132 877	—	0 Sek.	100 000 000	—	100 Sek.
100 000	1 660 964	—	1 Sek.	10 000 000 000	—	3 Std.
1 000 000	19 931 568	—	19 Sek.	1 000 000 000 000	—	12 Tage

Tabelle 24.1 Die Laufzeit von Quicksort und Bubblesort bei unterschiedlichen Eingabegrößen, wenn der Computer etwa 1 000 000 Operationen pro Sekunde schafft

Bezogen auf die Container und deren Operationen bedeutet das, dass Sie im Anhang schauen können, was die Komplexität der Operation ist. Die Implementierung garantiert also nicht nur, dass die Operation korrekt durchgeführt wird, sondern auch, dass dies mit einem garantiert beschränktem Ressourcenverbrauch einhergeht.

24.1.5 Container und ihre Iteratoren

Eines der Grundprinzipien der Container ist, dass alle Operationen sich entweder auf ein einzelnes Element oder auf einen Bereich beziehen. Einzelne Elemente werden *immer* per Wert übergeben (call-by-value), in Ausnahmefällen vielleicht mal als konstante Referenz. Verweise in einen Container sind seltenst Referenzen oder gar Zeiger, sondern *immer Iteratoren*. Ein solcher Iterator ist nur ein allgemeineres Konzept für einen Zeiger, denn die Operationen, die auf ihm erlaubt sind, sind hauptsächlich

▶ Dereferenzierung mit `it->`… und `(*it)`

▶ Vergleich mit `it1 == it2`

▶ Inkrement mit `++it` (oder `it++`)

Manche Iteratoren kann man auch dekrementieren (`--it`) und manche wahlfrei verschieben (`it+10` und `it-22`), aber nicht alle.

Jeder Containertyp hat einen öffentlichen inneren Typalias für Iteratoren, die auf seine Elemente verweisen. Man erhält ihn immer mit *container*::iterator, also zum Beispiel vector<int>::iterator. Dank auto muss man das aber selten ausschreiben.

Der Haupteinsatz von Iteratoren in der Standardbibliothek ist, dass über diese *Bereiche* definiert wird: ein Paar von Iteratoren, das in denselben Container zeigt, definiert einen *Bereich* von Elementen dieses Containers. Es gibt also Elemente *innerhalb* des durch die Iteratoren definierten Bereichs und Elemente *außerhalb*.

Jeder Container hat die Methoden begin() und end(). Beide haben als Rückgabe einen iterator des jeweilige Containers. Zwischen begin() und end() liegen exakt und genau *alle* Elemente des Containers.

Eine Methode oder Funktion, die ein Iteratorenpaar als Argument bekommt, operiert auf den Elementen dieses Bereichs.

Die Methode erase der Klasse vector erhält ein Paar Iteratoren als Argument und löscht den durch sie definierten Bereich. Wendet man erase also auf begin() und end() an, sollte es nicht überraschen, dass der Container danach leer ist.

```cpp
#include <vector>
#include <iostream>

int main() {
    std::vector<int> numbers{ 1,2,3,4,5 };
    numbers.erase(numbers.begin(), numbers.end());
    std::cout << numbers.size() << "\n"; // gibt 0 aus
}
```

Listing 24.1 Ein Paar Iteratoren definiert einen Bereich von Elementen.

Die Methoden begin() und end() werden indirekt auch von der *bereichsbasierten for-Schleife* verwendet:

```cpp
#include <vector>
#include <iostream>

int main() {
    std::vector<int> numbers{ 1,2,3,4,5 };
    for(auto val : numbers) {
        std::cout << val << ' ';
    }
    std::cout << '\n';
}
```

Listing 24.2 Die bereichsbasierte »for«-Schleife verwendet indirekt »begin()« und »end()« des Containers.

Dieses for ist eine Kurzschreibweise für:

```cpp
#include <vector>
#include <iostream>
int main() {
    std::vector<int> numbers{ 1,2,3,4,5 };
    for(auto it = begin(numbers); it != end(numbers); ++it) {
        auto val = *it;
        std::cout << val << ' ';
    }
    std::cout << '\n';
}
```

Und die Überladungen der globalen Funktionen begin(…) und end(…) für Container machen nichts anderes, als container.begin() und container.end() zurückzuliefern.

Ein Iterator, der nicht für eine Bereichsdefinion gedacht ist, dient gern als Referenz auf den Containerinhalt. Die Rückgabe der Methode find(), die manche Container haben, ist zum Beispiel ein Iterator. Wenn dieser identisch mit end() ist, wurde der gesuchte Wert nicht gefunden. Ansonsten erhält man per Dereferenzierung mit * den gesuchten Wert:

```cpp
#include <set>
#include <iostream>
int main() {
    std::set<int> numbers{ 10, 20, 90 };
    auto nein = numbers.find(30);
    if(nein == numbers.end()) { std::cout << "nicht da.\n"; }
    auto ja = numbers.find(20);
    if(ja != numbers.end()) { std::cout << *ja << '\n'; }
}
```

24.1.6 Algorithmen

Zur ursprünglichen STL gehören auch die Algorithmen, die auf den Containern arbeiten. Dabei handelt es sich um eine Sammlung von freien Funktionen, die zur Unterstützung der Methoden der Container da sind. Als Parameter erhalten diese aber nicht einen Container, sondern immer *Paare von Iteratoren*. Damit werden zwei Effekte erreicht:

▶ Algorithmen funktionieren immer auch auf *Teilbereichen* von Containern.

▶ Die Algorithmen funktionieren nahezu unabhängig von dem Containertyp auf Iteratoren alle Container.

Letzteres gilt nur prinzipiell. Oft gibt es Randbedingungen. So kann man zwar sort(begin, end) auf ein Iteratorpaar eines vectors anwenden, auf list-Iteratoren funktioniert sort aber nicht. Sie erlauben keinen »wahlfreien Zugriff«. Zur Unterscheidung sind Container und Iteratoren in Gruppen eingeteilt. Wenn Sie mit einer freien Funktion für Iteratoren arbeiten wollen, prüfen Sie anhand von Tabelle 24.2, ob die Kategorie des Iterators passt.

24.2 Iteratoren-Grundlagen

Iteratoren fallen in unterschiedliche Kategorien, was die von ihnen unterstützen Operationen angeht. Dabei handelt es sich um eine einfache lineare Hierarchie: Je höher die Kategorie in dieser Hierarchie ist, desto mehr Operationen unterstützen Iteratoren dieser Kategorie.

Die Ausnahme sind die *Ausgabeiteratoren*, die zusätzliche Eigenschaften verlangen, aber keine der anderen Kategorien zwingend mit sich bringen.

Iterator-Kategorie	Anbieter
Eingabe	istream
Ausgabe	ostream, inserter
Vorwärts	forward_list, unordered_[multi]{map|set}
Bidirektional	list, [multi]set, multiset, [multi]map
Wahlfrei	vector, deque, string, array

Tabelle 24.2 Welche Container und Streams stellen Iteratoren welcher Kategorie zur Verfügung?

▶ **Alle Iteratoren**
Alle Iteratoren lassen sich kopieren und zuweisen, implementieren also It it(other) und it = other. Außerdem kann jeder Iterator mit ++ inkrementiert werden.

▶ **Ausgabeiteratoren**
Diese können an ihr dereferenziertes Element mit *it = … zuweisen.

▶ **Eingabeiteratoren**
Sie unterstützen den Vergleich mit it == ij und it != ij und können den Wert des dereferenzierten Elements mit *it und it->… zurückgeben.

▶ **Vorwärtsiteratoren**
Diese sind sowohl Eingabeiteratoren und garantieren zusätzlich, dass man mit diesen Iteratoren eine Sequenz mehrmals durchlaufen kann, wenn sich der zugrunde liegende Container nicht verändert. Letzteres ist die »multi-pass-guarantee«. Was gemeint ist, wird klar, wenn man sich vor Augen hält, was bei Iteratoren passiert, die Eingabe-, aber nicht Vorwärtsiteratoren sind. Das ist zum Beispiel der Fall, wenn ein Iterator nach cout ausgibt – dieser ändert den Zustand von cout bei der Ausgabe und ist somit sicher nicht »multi-pass-fähig«.

▶ **Bidirektionale Iteratoren**
Außer, dass sie auch Vorwärtsiteratoren sind, können diese noch mit --it und it-- dekrementiert werden.

24 Container

▶ **Iteratoren mit wahlfreiem Zugriff**
Die *Random Access Iterators* fallen in die mächtigste Kategorie. Außer, dass sie bidirektional sind, unterstützen sie Addition +/+= und Subtraktion -/-= mit ganzen Zahlen
sowie Vergleiche mit >, <, >= und <=. Aus der Kombination aus Addition und Dereferenzierung folgt auch, dass Dereferenzierung mit Offset it[...] unterstützt wird.

In Tabelle 24.2 können Sie sehen, welche Iteratorkategorien von welchen Containern oder
Streams zur Verfügung gestellt werden.

24.2.1 Iteratoren aus Containern

Jeder Container hat zwei verschiedene Iteratortypen, die Sie mit den diversen Methoden
bekommen können:

▶ `iterator`
erlaubt Ihnen bei der Dereferenzierung den Wert im Container zu verändern, also zum
Beispiel *it = 12;

▶ `const_iterator`
erlaubt Ihnen einen Nur-Lese-Zugriff auf die Elemente, zum Beispiel für cout << *it

Je nachdem, was Sie mit dem Iterator vorhaben, sollten Sie entweder den einen oder anderen Typ verwenden. Von den Methoden begin() und end() gibt es jeweils zwei Varianten.
Für den Container Container sähen sie sinngemäß so aus:

```
struct Container {
    iterator        begin();
    iterator        end();
    const_iterator  begin() const;
    const_iterator  end() const;
    const_iterator  cbegin() const;
    const_iterator  cend() const;
};
```

Ist Ihr Container zum Beispiel ein const-Parameter einer Funktion, können Sie auch nur
const_iterator zurückerhalten. Ist der Container veränderbar, sollten Sie entscheiden,
welchen Iteratortyp Sie benötigen.

Sie wollen nicht immer std::vector<std::string>::const_iterator tippen müssen, wenn
Sie eine Schleife programmieren? Das müssen Sie auch nicht. Hier hilft Ihnen auto, mit
dem der Compiler den korrekten Typ berechnet:

```
#include <iostream>              // cout
#include <vector>
using std::vector;

vector<int> createData(size_t sz) {
    return vector<int>(sz);      // sz x null
}
```

602

```
void fibonacci(vector<int> &data) {
    for(auto it = begin(data)+2; it != end(data); ++it) { // iterator it
        *it = *(it-1) + *(it-2);
    }
}

std::ostream& print(std::ostream &os, const vector<int> &data) {
    for(auto it=begin(data); it != end(data); ++it)          // const_iterator it
        std::cout << *it << " ";
    return os;
}

int main() {
    vector<int> data = createData(10);
    data[0] = 1;
    data[1] = 1;
    fibonacci(data);
    print(std::cout, data) << "\n";
}
```

Listing 24.3 Für »const«-Objekte liefern »begin()« und »end()« einen »const_iterator« zurück.

In `fibonacci` ist der Parameter `data` nicht konstant. Daher liefern `begin` und `end` einen Iterator vom Typ `vector<int>::iterator` zurück. Durch das `auto` brauchen Sie das für `it` nicht selbst zu tippen, der Compiler macht das für Sie.

In `print` ist der Parameter `data` konstant, und in dem Fall erhalten Sie von `begin` und `end` ein `vector<int>::const_iterator` zurück – gut geeignet für die Nur-Lese-Ausgabe.

24.2.2 Mehr Funktionalität mit Iteratoren

Viele Methoden der Standardcontainer bekommen als Parameter keinen Index oder Zeiger, wenn auf ein Element verwiesen wird. Schließlich ist es ja nur der `vector`, der das Konzept des Index mit einer Ganzzahl kennt. Daher zieht es sich durch die ganze Standardbibliothek, dass Sie Iteratoren für Positionen angeben müssen. Wollen Sie zum Beispiel ein Element aus einem `vector` löschen?

```
vector<int> data { 2,5,99,8,3, };
data.erase( data.begin()+2 ); // löscht 99
```

Noch häufiger gilt dies für Bereiche. Sie können alles von 5 bis 8 löschen:

```
vector<int> data { 2,5,99,8,3, };
data.erase( data.begin()+1, data.begin()+4 ); // löscht 5,99,8
```

Hier ist zu beachten, dass die hintere Bereichsgrenze *immer* auf das Element *nach* dem Bereich zeigt. `data.begin()+4` verweist auf die 3 in `data` – gelöscht wird daher von 5 bis

24   Container

vor der 3. Das gilt für alle Methoden aller Standardcontainer und freien Funktion, mit Iteratoren, mit Ausnahme einiger Methoden von `forward_list`.

Das ist auch der Grund, warum `end()` aller Container *hinter* das letzte Element zeigt. So kann es leicht in Algorithmen zur Bereichsangabe verwendet werden.

Denn von denen gibt es viele. Im Header `<algorithm>` und `<numeric>` finden Sie sehr, sehr viele. Sie können zum Beispiel nahezu jeden Standardcontainer sortieren, indem Sie (sinngemäß) Folgendes aufrufen:

```
#include <algorithm>
int main() {
    // ...
    std::sort(begin(container), end(container));
}
```

Mit `map` oder `set` brauchen Sie das nicht zu probieren, denn die sind schon sortiert. Aber `list`, `vector` und `array` können Sie so sortieren.

Zu guter Letzt können Sie Iteratoren erweitern und mit neuen Funktionalitäten ausstatten. Sehen Sie zum Beispiel hier, wie Sie mit einem Ausgabeiterator `ostream_iterator` den Inhalt jedes beliebigen Containers auf `cout` ausgeben können.

```
#include <vector>
#include <iostream>    // cout
#include <iterator>    // ostream_iterator
#include <algorithm>   // copy

int main() {
  std::vector<int> data { 1, 2, 3, 7, 9, 10 };
  std::ostream_iterator<int> out_it (std::cout,", ");  // bei Zuweisung nach cout
  std::copy(data.begin(), data.end(), out_it);  // Alle Elemente in den Iterator
  std::cout << "\n";                            // Ausgabe: 1, 2, 3, 7, 9, 10,
}
```

Listing 24.4 Iterator-Adapter verändern das Verhalten von Operationen.

Jedes Mal, wenn der Iterator `out_it` vom Typ `ostream_iterator` dereferenziert und dann etwas zugewiesen bekommt, dann gibt er es auf `cout` aus. Zwischen den Elementen druckt er ein Komma mit Leerzeichen ", ". Ein `*out_it = 42` führt also zur Ausgabe 42,. Der Algorithmus `copy` aus dem Header `<algorithm>` führt nun genau diese Zuweisung für alle Elemente innerhalb des Bereichs zwischen `data.begin()` und `data.end()` aus. Als Ergebnis bekommen Sie also alle Elemente auf `cout` zu Gesicht.

Im Header `<iterator>` gibt es noch andere nützliche Dinge für Iteratoren. So können Sie einen Bereich mit `reverse_iterator` umdrehen oder mit `make_move_iterator` einen eigentlich kopierenden Algorithmus verschieben lassen. Für die genauen Funktionalitäten verweise ich Sie auf die Referenz.

24.3   Allokatoren: Speicherfragen

Container fordern ständig neuen Speicher an, um ihre Elemente abzulegen. Vor allem für die nicht zusammenhängenden Container wie `list` oder `set` kann das eine aufwendige Sache sein. Um dem Benutzer hier Eingriffmöglichkeiten zu geben, wird jeder Container mit einem `Allocator` versehen. Wenn Sie keinen angeben, dann wird `std::allocator<Elem>` verwendet.

Allokatoren sind ein Expertenthema

Ich empfehle, dass Sie `std::allocator` verwenden und *keinen* eigenen Allokator implementieren. Wenn, dann verwenden Sie welche aus dem *Boost*-Projekt oder von anderen großen Anbietern. Das in der aktuellen Standardbibliothek umgesetzte Konzept um Allokatoren wird viel diskutiert und macht nicht alle Experten glücklich. Sie sollten sich nicht die Mühe machen, in diese Materie tief einzutauchen, außer wenn Sie wirklich müssen.

Damit Sie sehen, wie Sie Allokatoren einsetzen, definiere ich einen möglichst simplen Allokator. Es gibt viel ausgefeiltere, sowohl für allgemeine als auch spezielle Situationen.

```
#include <set>
#include <vector>
#include <iostream>

template<class T> class HappsAllocator   {
public:
    using value_type = T;
    T* allocate(size_t count) {
        size_t add = sizeof(T)*count;
        std::cout << "allocate("<<add<<"/"<<(buf_.size()-current_)<<")\n";
        if(current_+add > buf_.size()) throw std::bad_alloc{};
        char* result = buf_.data()+current_;
        current_ += add;
        return reinterpret_cast<T*>(result);
    }
    void deallocate(T* p, size_t count) {
        size_t del = sizeof(T)*count;
        std::cout << "deallocate("<<del<<")\n";
        if(del==current_ && p==reinterpret_cast<T*>(buf_.data())) {
            std::cout << "...alles frei.\n";
            current_ = 0;// alles wieder freigeben
        }
    }
    HappsAllocator() : HappsAllocator{1024} {}
    explicit HappsAllocator(size_t mx)
      : buf_(mx, 0), current_{0} { }
```

605

```
private:
    std::vector<char> buf_;
    size_t current_;
};

int main() {
    constexpr size_t ANZ = 1*1000*1000;
    using Happs = HappsAllocator<int>;
    try {
        Happs happs(ANZ*sizeof(int));   // Allokator vorbereiten
        std::vector<int,Happs> data(happs);
        data.reserve(ANZ);              // Speicher in einem Schwung holen
        for(int val=0; val < (int)ANZ; ++val)
            data.push_back(val);
    } catch(std::bad_alloc &ex) {
        std::cout << "Speicher alle.\n";
    }
}
```

Listing 24.5 Ein (zu) einfacher Allokator und sein Einsatz

Der HappsAllocator holt sich beim Erzeugen einen vector<char> als Speicherreservoir. Er kann Speicher holen, wenn der benutzende Container ihn mittels allocate anfordert, ihn aber nur selten wieder freigeben. Das fordert der Container über deallocate an. Nur wenn deallocate *allen* angeforderten Speicher wieder freigeben möchte, dann macht der HappsAllocator wirklich etwas und gibt all seinen Speicher für neue Anforderungen wieder zurück.

Mittels current_ merkt sich der HappsAllocator, wie viel Speicher er schon verwaltet. Wenn er mittels allocate um Speicher für count Objekte gebeten wird, dann erhöht er einfach den current_-Zähler um die Anzahl Bytes, die diese Objekte brauchen. Die alte Position wird als Datenspeicher zurückgegeben und dafür in einen rohen Zeiger des gewünschten Typs umgewandelt. Das heißt, der Container speichert seine Elemente hier an dieser Stelle.

Wichtig ist noch, dass der Allokator bad_alloc als Exception wirft, wenn es ihm nicht gelingt, den angeforderten Speicher zu besorgen. Das kann man dann mittels try/catch abfangen. Lassen Sie zum Beispiel mal das data.reserve(ANZ); in Listing 24.5 weg und beobachten Sie, wie dem HappsAllocator der Platz ausgeht: Der vector will sich nun immer wieder vergrößern und möchte mit allocate- und deallocate-Aufrufen abwechselnd immer größeren Speicher haben und den alten wieder freigeben. Das kann dieser dumme Allokator aber nicht und muss am Ende passen.

Wofür er theoretisch verwendet werden könnte, ist, einmal geholten Speicher wiederzuverwenden.

Hier würde der Speicher von happs zweimal komplett verwendet. Aber nur unter der Voraussetzung, dass data1 oder data2 nicht über ANZ Elemente hinauswachsen:

```
Happs happs(ANZ*sizeof(int));   // gemeinsamen Allokator vorbereiten
{
    std::vector<int,Happs> data1(happs);
    data1.reserve(ANZ);
    ...
}
{
    std::vector<int,Happs> data2(happs);
    data2.reserve(ANZ);
    ...
}
```

Alles in allem ist dieser einfache Allokator in der Praxis ziemlich nutzlos. Aber immerhin zeigt er Ihnen, wie man einen Container mit einem Allokator ausrüstet

> **Alle Container unterstützen Allokatoren**
>
> Alle Container der Standardbibliothek verwenden einen Allokator. Wenn Sie keinen angeben, nimmt die Standardbibliothek `std::allocator<Elem>`. Sie können einen eigenen angeben, indem Sie dessen Typ als Templateparameter mitgeben. Außerdem können Sie optional dem Konstruktor eine Instanz Ihres Allokators mitgeben oder den Container einen neuen erzeugen lassen, wenn Sie das nicht wollen.
>
> Im Folgenden lasse ich bei allen Containern die Erwähnung des Allokators als Templateargument und Konstruktorparameter weg. Das mache ich, um mich nicht mehr als nötig zu wiederholen.

24.4   Container-Gemeinsamkeiten

In Listing 6.11 (Seite 160) habe ich Iteratoren für eine Schleife über den Inhalt eines `vector` verwendet. Das bringt mich zu den Gemeinsamkeiten aller Container. Denn ersetzen Sie `std::vector` einfach durch `std::list`, `std::set` oder verwenden Sie `std::array<int,5>`, dann bleibt der Rest des Programms gleich. Das wäre bei `set` zum Beispiel nicht möglich gewesen, wenn Sie mit einem Index `[idx]` zugegriffen hätten.

Die bereichsbasierte `for`-Schleife arbeitet intern auch auf Iteratoren und ist somit ebenfalls auf allen Containern möglich. Jedoch kann sie immer nur auf dem ganzen Container arbeiten, während ein Iterator, den Sie sich mit `begin()` geholt haben, beinahe beliebig manipulierbar ist. Sie sehen Beispiele dazu, wenn ich genauer auf Iteratoren eingehe.

Beim Design dieses Teils der Standardbibliothek wurde stark darauf geachtet, ein gemeinsames Interface für die Container bereitzustellen, wenn es denn Sinn ergibt und funktioniert. Ich liste hier nicht die Sonderfälle auf, die werden beim konkreten Container erklärt, sondern gebe nur einen groben Überblick.

▶ `begin()` und `end()`
Alle Container bieten diese beiden Funktionen an, um Iteratoren zu bekommen. Unter anderem erlaubt Ihnen das den Einsatz in der bereichsbasierten `for`-Schleife.

▶ `size()`
Holen Sie sich die Anzahl der Elemente eines jeden Containers.

▶ `resize()`, `reserve()`, `clear()`
Sie können sequenzbasierte Container (außer `array`) mit einem einzigen Aufruf vergrößern oder verkleinern. `vector` und den `unordered`-Containern können Sie vorab mit `reserve` mitteilen, wie viele Elemente Sie in etwa zu speichern gedenken. Das erspart später beim wirklichen Einfügen Verwaltungsaufwand.

▶ `operator[]` und `at()`
Lesen und schreiben Sie an beliebige Stellen eines Containers mit `cont[wo]` oder `cont.at(wo)`. Das unterstützen nicht alle Container. Die sequenzbasierten benötigen für `wo` eine Zahl, die assoziativen den von Ihnen als Schlüssel gewählten Datentyp.

▶ `insert()` und `erase()`
Fügen Sie hiermit an beliebigen Positionen Elemente ein oder löschen Sie sie. Beachten Sie, dass `vector` dies zwar kann, dabei aber langsam ist.

▶ `assign()`, `swap()`
`assign` erlaubt Ihnen, einen Container neu zu initialisieren. Mit `swap` können Sie den kompletten Inhalt zweier gleichartiger Container sehr effizient vertauschen.

▶ `push_front()`, `push_back()`, `emplace_front()`, `emplace_back()`
Fügen Sie hiermit einzelne Elemente an die sequenzbasierten Container an.

▶ `find()`, `count()`
Finden Sie ein bestimmtes Element in einem assoziativen Container oder zählen Sie, wie oft es vorkommt.

24.5 Ein Überblick über die Standardcontainer-Klassen

Zunächst kann man die Container grob in vier Gruppen aufteilen:

▶ **Sequenzbasierte Container**
Der Zugriff und das Einfügen erfolgt bei diesen entweder »der Reihe nach« oder elementweise mit einem Index als Zahl. `vector` und `array` gehören dazu. Typischerweise löschen und addieren Sie Elemente an einem der Enden (oder beiden). Einige unterstützen den effizienten direkten Elementzugriff mit `[int]` oder `at(int)`.

▶ **Assoziative Container**
Anstatt Zahlen verwenden diese für den Zugriff einen beliebigen Datentyp. Assoziieren Sie zum Beispiel den Namen einer Stadt mit deren historischer Postleitzahl `cities["Berlin"] = 1000`. Fügen Sie in diese Container an beliebigen Positionen ein. Die assoziativen Container werden bezüglich ihrer Schlüssel dauerhaft sortiert gehalten.

24.5   Ein Überblick über die Standardcontainer-Klassen

Wie die sequenzbasierten Container können Sie alle Elemente der Reihe nach auslesen – und weil die Schlüssel immer sortiert gehalten werden, bekommen sie die beim
Iterieren in sortierter Reihenfolge geliefert. Alle Operationen auf assoziativen Containern haben eine garantierte obere Grenze für Ressourcenverbrauch, egal mit welchen
Daten sie den Container befüttern.

▶ **Assoziative ungeordnete Container**
Von außen sehen die assoziativen ungeordneten Container wie ein normaler assoziativer Container aus und haben auch eine nahezu gleiche Schnittstelle. Der Unterschied
ist jedoch, dass ihre wichtigsten Operationen im Normalfall schneller sind, das aber
nicht garantiert. Sie basieren auf *Hashing* statt Sortierung. Dieses Hashing kann im
schlimmsten Fall *degradieren* und die Performance enorm senken. Ich empfehle, im
Normalfall die assoziativen Container zu verwenden und nur für Sonderfälle bewusst
auf die ungeordneten Varianten auszuweichen.

▶ **Container-Adapter**
Die vorhandenen sequenzbasierten und assoziativen Container sind so mächtig und
mit so reichhaltigen Schnittstellen und guten Performancegarantien ausgestattet, dass
Sie sie auch für einfachere Container nutzen könnten. So hat ein vector zum Beispiel
alle Methoden, die auch ein Stack braucht. Es wäre unnötig, einen eigenen Container
für stack anzubieten, der das Iterieren dann nicht unterstützt. Zu dem Zweck gibt es
eine kleine Menge an *Adaptern*, die in ihrem Inneren einen anderen Container halten,
nach außen aber eine reduzierte oder leicht umgestaltete Schnittstelle anbieten.

24.5.1   Typaliase der Container

Im Folgenden ist es manchmal wichtig zu wissen, von welchem Typ wir sprechen. Ein
Container hat mit mehreren Typen zu tun. Zum einen wäre da natürlich der Containertyp
selbst. Der besteht aus einem Template, das in dem Moment, wenn Sie es mit seinen Templateargumenten hinschreiben, zu einem Typ *instanziiert* wird. Mit mindestens einem
Templateargument geben Sie den Typ der Elemente an, die in dem Container gespeichert
werden. Also ist zum Beispiel der Container vector mit dem Elementtyp int zusammen
vector<int> und somit der Typ des Containers.

Neben Daten und Methoden enthalten alle Container auch einige Typaliase. Die wichtigsten habe ich in Tabelle 24.3 zusammengestellt. Einerseits werde ich diese Begriffe nehmen,
wenn ich Ihnen über die Container erzähle, zum anderen können Sie die Typaliase nutzen,
um immer gleichen Code mit verschiedenen Containertypen zu schreiben – und später
vielleicht in eigenen Templates zu verwenden. In manchen Fällen ist der Typ wirklich nur
ein Alias auf einen anderen mehr oder weniger einfachen Typ, zum Beispiel value_type, in
anderen Fällen, wie iterator, müssen Sie den genauen Typ gar nicht wissen und erfahren
im Rest des Kapitels mehr über dessen Eigenschaften.

Es ist nicht immer einfach, hier die Begriffe eindeutig zu benutzen. Gerne schleicht sich bei
der map »Schlüssel und Wert« und Ähnliches ein. Ich bemühe mich, im Buch die folgenden
eindeutigen Begriffe zu verwenden:

609

24 Container

- ▶ *Wert* oder *Element* für »value« von value_type
- ▶ *Schlüssel* für »key« von key_type
- ▶ *Ziel* von *Zieltyp* oder *übersetzter Typ* vom englischen »mapped type« für mapped_type

Typalias	Bedeutung	vector<int>::…	set<int>::…	map<int, string>::…
value_type	Elemente des Containers	int	int	pair<const int, string>
key_type	Schlüsselteil der Elemente	-	int	int
mapped_type	Zielteil der Elemente	-	-	string
size_type	Größe oder Index	size_t	size_t	size_t
reference	Referenz auf Element	int&	int&	pair<const int, string>&
iterator	Iterator in den *veränder-baren* Container	ja	ja	ja
const_iterator	… in den *unveränderbaren* Container	ja	ja	ja
reverse_iterator	Rückwärtsiterator	ja	ja	ja

Tabelle 24.3 Übersicht über die wichtigsten Typaliase von Containern

Wenn Sie auf auto verzichten, können Sie mit diesen Aliasen Code, der für jeden Containertyp gleich aussieht, oder eigene Templates schreiben.

```cpp
#include <vector>
#include <map>
#include <iostream>
using std::cout; using std::ostream;

template<typename K, typename T>
ostream& operator<<(ostream& os, std::pair<const K,T> value) {
    return os << '[' << value.first << ':' << value.second << ']';
}

int main() {
  {
    using Cont = std::vector<int>;
    Cont cont{ 1, 2, 3, 4, 5, 6 };
    Cont::size_type sz = cont.size();
    cout << "size=" << sz << " content= ";
```

610

```
    for(Cont::const_iterator it = cont.begin(); it != cont.end(); ++it) {
        cout << *it << ' ';
    }
    cout << '\n';
  }
  {
    using Cont = std::map<int,char>;
    Cont cont{ {1,'a'}, {2,'b'}, {3,'c'}, {4,'d'}, {5,'e'}, {6,'f'} };
    Cont::size_type sz = cont.size();
    cout << "size=" << sz << " content= ";
    for(Cont::const_iterator it = cont.begin(); it != cont.end(); ++it) {
        cout << *it << ' ';
    }
    cout << '\n';
  }
}
```

Listing 24.6 Typaliase sind manchmal klarer als die konkreten Typen.

Hier verwende ich die von den Containern zur Verfügung gestellten Aliase size_type und const_iterator. In diesem einfachen Fall hätte es auto auch getan, aber Sie können eine einfache Verwendung der Aliase sehen.

Einschub: »pair« und »tuple«

Wie Sie in Tabelle 24.3 sehen, verwenden einige Container intern pair. Im weiteren Verlauf des Kapitels werden Sie noch manche Methode kennenlernen, die ebenfalls ein pair als Rückgabetyp hat. Dabei handelt es sich um nicht mehr als das Zusammenbündeln zweier Datentypen und ihrer Werte. Sinngemäß:

```
struct PairIntDouble {
    int first;
    double second;
};
int main() {
    PairIntDouble p{ 2, 7.123 };
}
```

Was ich hier konkret für int und double gemacht habe, ist bei std::pair als Templateklasse für beliebige Typen möglich. An das erste Element kommen Sie mit first heran, an das zweite mit second.

Eine Verallgemeinerung von pair für beliebig viele Elemente ist das tuple. Dort verwenden Sie zum Beispiel get<3>(t), um an das vierte Element von t zu kommen.

Das soll für dieses Kapitel zu pair und tuple reichen. Eine komplette Besprechung beider Datentypen finden Sie in Abschnitt 28.1, »pair und tuple«.

24.6 Die sequenziellen Containerklassen

Container	Beschreibung
array	fixe Größe; vergleichbar mit C-Array *Elementtyp[Größe]*
vector	Allrounder; vergleichbar new *Elementtyp[Größe]*, aber dynamisch mitwachsend; Einfügen und Entfernen hinten sehr effizient
deque	Einfügen und Entfernen vorne und hinten sehr effizient
list	Einfügen überall effizient; kein [i]; vorwärts und rückwärts iterierbar
forward_list	Einfügen überall effizient; wenig Speicheroverhead; kein [i]; kein size(); nur vorwärts iterierbar

Tabelle 24.4 Steckbrief: Die Sequenzcontainer

▶ array<Elementtyp,Größe>
Hier wird eine fixe Zahl von Elementen gespeichert. Das Hinzufügen und Entfernen ist nur durch Überschreiben möglich. Die Elemente liegen direkt nebeneinander im Speicher. Dadurch ist das array sowohl für wenige riesige als auch viele winzige Elementtypen geeignet, denn er hat so gut wie keinen Speicheroverhead.

| wert | wert | wert | wert | wert |

Abbildung 24.1 Ein »array« kann weder wachsen noch schrumpfen

▶ vector<Elementtyp>
Dieses Allroundtalent wächst automatisch mit. Sie können zwar überall einfügen, effizient aber nur am hinteren Ende. Das Lesen der Elemente erfolgt der Reihe nach vorwärts, rückwärts oder wahlfrei per Zahlenindex. Auch der vector hält seine Elemente direkt nebeneinander im Speicher, was ihn praktisch für wenige riesige und viele winzige Elemente macht. Optimal eingesetzt hat er so gut wie keinen Speicheroverhead, im nicht optimalen Fall immer noch akzeptabel, da er den Speicher nicht fragmentiert.

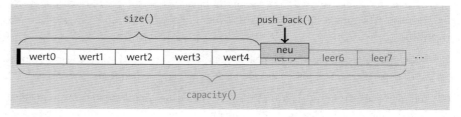

Abbildung 24.2 Schematische Darstellung eines »vectors«.

- deque<Elementtyp>
  Einem vector können Sie gut Elemente am Ende hinzufügen, weniger gut am Anfang, denn dann müssen alle schon enthaltenen Elemente um einen Platz nach rechts verschoben werden. Die »double ended queue« (doppelendige Warteschlange) deque ist dazu geeignet, Elemente an beiden Enden schnell aufzunehmen. Als Nachteil speichert sie ihre Elemente nicht direkt hintereinander, aber normalerweise kompakter als eine list.

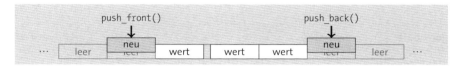

Abbildung 24.3 Eine »deque« kann an beiden Enden erweitert werden, die Elemente sind aber nicht an einem Stück im Speicher.

- list<Elementtyp>
  Die Liste ist einfacher aufgebaut als ein vector und sehr gut geeignet, wenn häufig Elemente in der Mitte hinzugefügt werden. Dafür liegen die Elemente aber nicht hintereinander im Speicher, sondern sind intern verkettet. Sie haben keinen Index-Zugriff zur Verfügung. Wenn Sie über Bereiche iterieren wollen, geht das schnell.

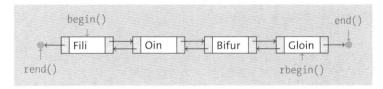

Abbildung 24.4 »list« kann vor- und rückwärts durchlaufen werden. Das Einfügen ist leicht.

- forward_list<Elementtyp>
  Dieser Exot bildet die fundamentale Struktur einer verketteten Liste von C nach und kommt daher mit minimalen zusätzlichen Ressourcen aus. Dafür hat er aber ein leicht anderes Interface als alle anderen Container. Sogar Einfügen funktioniert etwas anders. Sie können nur vorwärts iterieren. Sowohl list als auch forward_list sind jedoch Spezialisten beim *Splicen*, also dem Transferieren einiger aufeinanderfolgender oder aller Elemente von einer Liste in eine andere.

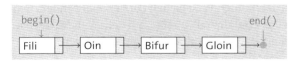

Abbildung 24.5 Elemente der »forward_list« kennen nur ihren Nachfolger.

24 Container

24.6.1 Gemeinsamkeiten und Unterschiede

Unter den sequenzbasierten Containerklassen sind in C++ der `vector` und das `array` die allgegenwärtigen Allrounder. Wenn Sie über den Einsatz eines Sequenzcontainers nachdenken, sollte einer der beiden immer Ihre erste Wahl sein.

Sie setzen ein `array` ein, wenn Sie zur Compilezeit wissen, wie viele Elemente der Container halten soll. Ein `vector` hat dagegen eine dynamische Größe: Sie können ihm Elemente hinzufügen oder sie aus ihm entfernen.

Eigenschaft	array	vector	deque	list	forward_list
dynamische Größe	-	ja	ja	ja	ja
Schlüsseltyp*	size_t	size_t	size_t	-	-
vorwärts iterieren	ja	ja	ja	ja	ja
rückwärts iterieren	ja	ja	ja	ja	-
Overhead pro Element	kein	speziell*	sehr wenig	ja	wenig
effizientes Einfügen	gar nicht	hinten	vorne/hinten	überall	speziell*
überhaupt Einfügen	-	überall	überall	überall	überall
Splicen	-	-	-	ja	ja
Speicherlayout	Stack	am Stück	offen	fragm.	fragm.
Iteratoren	wahlfrei	wahlfrei	wahlfrei	bidirekt.	vorwärts
Algorithmen	alle	alle	alle	speziell*	speziell*

Tabelle 24.5 Eigenschaften der Sequenzcontainer; »*« siehe Text

In Tabelle 24.5 sehen Sie, durch welche Haupteigenschaften sich die sequenzbasierten Container voneinander unterscheiden. Zu den mit Sternchen »*« markierten Einträgen gibt es die folgenden Anmerkungen:

▶ **Schlüsseltyp**
Sie können für `operator[]` und `at` nur einen `size_t` verwenden. »Schlüssel« ist hier nicht ganz der richtige Begriff, denn durch Verschieben der Elemente ändert sich die »Assoziation« der Schlüssel zu den Containerelementen. Ich nehme diese Eigenschaft hier aber mit auf, um sie mit den assoziativen Containern zu vergleichen.

▶ **Overhead pro Element von vector**
Im optimalen Fall hat ein `vector` so gut wie keinen weiteren Speicherverbrauch außer den der nackten Elemente, die er verwaltet. Wenn Sie im Vorhinein wissen, dass Sie 1000 Elemente speichern werden, dann können Sie mit `reserve(1000)` den Vektor auf

614

genau diese Größe vorbereiten und dann Elemente hinzufügen. Sie werden dann optimale Performance, was Zeit- und Speicherverbrauch angeht, erhalten. Reservieren Sie keine Größe vorab, dann ist der Vektor im Schnitt etwas größer als benötigt, und beim Hinzufügen muss ab und zu neuer Platz geschaffen werden. Die internen Algorithmen sorgen aber dafür, dass Sie im Schnitt nicht mehr als doppelt so viel Zeit oder Speicher ausgeben wie ohne die Vorabreservierung.

▶ **Effizientes Einfügen in die** `forward_list`
Anders als bei allen anderen Containern fügen Sie bei der `forward_list` nicht an der von Ihnen angezeigten Position ein, *sondern ein Element danach*. Warum das so ist, sehen Sie später im Beispiel. Aus diesem Grund hat dieser Container als einziger (außer dem `array`) kein `insert`, sondern stattdessen ein `insert_after`. Diese Unbequemlichkeit ist dem Wunsch geschuldet, möglichst wenig Speicher pro Element zu verbrauchen.

▶ **Splicen von** `list` **und** `forward_list`
Diese beiden Container haben gegenüber allen anderen die Eigenschaft, dass Sie zwei Container gleichen Typs extrem schnell zusammenfügen können. »Aus zwei mach eins« kostet bei diesen beiden keine einzige Kopieroperation der darin enthaltenen Elemente, und auch die zu verändernde Verwaltungsinformation ist unabhängig von der Anzahl der Elemente in den Listen.

▶ **Speicherlayout**
Bei vielen Gelegenheiten müssen die Elemente des Containers dicht gepackt nebeneinander liegen, um optimal mit ihnen arbeiten zu können. Zum Beispiel ist es beim Schreiben auf die Festplatte günstig, wenn man dem Betriebssystem alle zu schreibenden Daten als einen großen Block übergeben kann. Und auch andere C-Funktionen können mit komplexen C++-Datenstrukturen wenig anfangen. Sie benötigen einen Startpunkt im Speicher und eine Länge. Von allen Containern legen nur `array` und `vector` ihre Elemente so ab, dass diese Art von Datenaustausch funktioniert, wobei es `array` als einzigem Container möglich ist, nur den Stack zu verwenden und keinen Heap mit `new` anzufordern..

▶ **Algorithmen**
Die Container, die wahlfreie Iteratoren anbieten, funktionieren mit allen freien Funktionen, die einen Bereich in Form eines Paars von Iteratoren als Parameter erhalten. Die Listen bieten aber keinen wahlfreien Zugriff an und verweigern ihre Arbeit im Zusammenspiel mit Algorithmen. Abhilfe schaffen da die speziellen Methoden, die sie stattdessen mitbringen.

24.6.2 Methoden von Sequenzcontainern

In diesem Abschnitt steht `Cont` oder `C` für einen der Containertypen wie **vector<int>** oder **array<Hobbit,4>**. `cont` für eine Instanz eines Containers, also zum Beispiel `list<double> cont;`. Als *Elementtyp* verwende ich `Elem` oder `E`, *Iteratortypen* kürze ich mit `It` ab.

24   Container

Um Platz zu sparen und die Übersicht zu steigern, bin ich bei den Signaturen der Funktionen hier nicht immer ganz präzise oder ausführlich. Gebe ich die Klammern bei `methode` nicht mit an, gibt es meist mehrere Überladungen.

▶ **Konstruktoren** `Cont()`, `Cont(size_t)`, `Cont(size_t, E e)`, `Cont{…}`, `Cont(It, It)`
Der Defaultkonstruktor `Cont()` erzeugt einen leeren Container. Mit `Cont(size_t)` können Sie einen mit standardinitialisierten Elementen gefüllten Container einer vorher bestimmten Größe erzeugen, also zum Beispiel mit `vector<int>(5)` einen Vektor mit fünfmal dem Wert `0`. Gefällt Ihnen der Standardwert nicht, geben Sie einen eigenen Wert an: `vector<double>(5,42.0)` wird den Wert `42.0` fünfmal enthalten. Mit einem Paar Iteratoren aus einem anderen beliebigen Container können Sie dessen Inhalt kopieren. Sie können eine Initialisierungsliste angeben, die Ihr Container zu Beginn enthalten soll. Ausnahme: Ein `array` erzeugen Sie immer per Initialisierungsliste.

▶ **Kopieren** `C(const C&)`, `C& operator=(const C&)`, `assign`
und Verschieben `C(C&&)`, `C& operator=(C&&)`, `swap`
Den Kopier- und Verschiebekonstruktoren und -operatoren können Sie einen anderen `Cont` als Argument mitgeben. Eine Methode `assign` gibt es in mehreren Varianten, um den Container ähnlich einer der Konstruktormöglichkeiten neu zu initialisieren. `swap(Cont& other)` implementieren alle Container effizient (in konstanter Zeit, also unabhängig von der Anzahl der Elemente), was bei geschickter Nutzung tolle Performancetricks erlaubt, siehe Listing 24.40. Ausnahme: `array` hat keine `assign`-Methode, und `swap` braucht bei `array` linear viel Zeit.

▶ **Destruktor** `~Cont()`
Alle Container haben Destruktoren, die die enthaltenen Elemente entfernen. Beachten Sie, dass das nicht gilt, wenn Sie rohe Zeiger in Container packen. Nehmen Sie dafür Smart-Pointer oder verwalten Sie die dynamischen Objekte woanders. Die Destruktoren werfen implizit keine Exceptions[3].

▶ **Iterieren vorwärts** `begin()`, `end()` **und rückwärts** `rbegin()` und `rend()`
Sie erhalten mit `begin()` einen Iterator, der auf das erste Element zeigt, und mit `end()` einen, der *hinter* das letzte Element zeigt, diese Iteratoren können Sie für eine `for`-Schleife zum Durchlaufen vorwärts nehmen. Für die rückwärts laufende Schleife nehmen Sie `rbegin()`, das auf das letzte Element zeigt, und `rend()`, das *vor* das erste Element zeigt. Bei den Sequenzcontainern iterieren Sie die Elemente immer in der Reihenfolge, in der Sie sie eingefügt haben bzw. wo Sie sie eingefügt haben. Alle diese Methoden liefern einen `Cont::iterator` oder `Cont::const_iterator` zurück und es gibt sie auch noch in einer Varianten mit einem `c` davor, also zum Beispiel `cbegin()`, die in jedem Fall einen `Cont::const_iterator` zurückliefert. Ausnahme: `forward_list` hat kein `rbegin()` oder `rend()`.

▶ **Elementzugriff** `E& operator[]`, `E& at(size_t)`, `E& front()`, `E& back()`
Mit `cont[i]` können Sie ungeprüft auf das *i*-te Element zugreifen. Die at-Methode

---

3   wenn es die Destruktoren der Elemente nicht tun, was sie nicht sollten.

24.6 Die sequenziellen Containerklassen

ermittelt zuerst, ob der Container das Element auch enthält und löst gegebenenfalls eine out_of_range-Ausnahme aus. c.front() entspricht *(c.begin()) und c.back() entspricht *(c.end()). Ausnahmen: list und forward_list haben kein at oder [], forward_list hat kein back().

▶ **Größe** size(), empty(), resize(size_t), max_size()
Mit size() erhalten Sie die aktuelle Anzahl der Elemente im Container, empty() ist wahr, wenn diese null ist. Wenn Sie resize aufrufen, verkleinert oder vergrößert der Container sich und entfernt oder erzeugt dafür möglicherweise Elemente. Mit max_size() erhalten Sie die theoretische Maximalgröße des Containers. Beachten Sie, dass diese aber nicht den aktuellen Zustand des Programms oder der Maschine berücksichtigt, sondern eine bibliotheksabhängige Konstante ist. Ausnahmen: forward_list hat kein size(), array kein resize.

▶ **Kapazität** capacity(), reserve(size_t), shrink_to_fit()
Nur vector hat eine von der Größe unterschiedliche *Kapazität*, die Sie beeinflussen können. capacity() liefert Ihnen die Anzahl Elemente zurück, die der vector aufnehmen kann, ohne dass er neuen dynamischen Speicher anfordern muss. Wenn Sie mehr als capacity Elemente hineinpacken, dann vergrößert sich diese automatisch. Das hat intern zur Folge, dass alle Elemente kopiert oder verschoben werden. Das hört sich schlimmer an, als es ist, aber Wenn Sie vorab wissen, wie viele Elemente Sie maximal in einen vector packen, dann lohnt es sich, diese Kapazität zuvor einmal mit reserve() anzufordern. Wenn Sie das vorher nicht wissen, aber abschätzen können, wann Sie mit dem Hinzufügen fertig sind, dann können Sie überschüssige Kapazität mit einem shrink_to_fit()-Aufruf loswerden. Dieses Vorgehen kann aber ebenfalls eine interne Kopie oder Verschiebung auslösen, außerdem muss der vector dem Wunsch nicht nachkommen. Ausnahmen: Da deque meist auf vector basiert, besitzt diese auch ein shrink_to_fit().

▶ **Hinzufügen und Entfernen an einem Ende** push_back(E), push_front(E), pop_back(), pop_front()
Mit push_back fügen Sie hinten ein Element hinzu, mit push_front vorne. Die pop_...-Methoden entfernen ein Element. Bei vector und deque muss man bei all diesen Operationen damit rechnen, dass Referenzen und Iteratoren in den Container nach dem Methodenaufruf ungültig sind. Ausnahmen: array hat keine dieser Methoden. vector fehlen die ...front-Methoden, forward_list fehlen die ..._back-Methoden.

▶ **Hinzufügen und Entfernen mit Verschieben** emplace_front(…), emplace_back(…)
Während die push_...-Methoden ein fertiges Element als Argument bekommen, das dann in den Container hineinkopiert wird, kann Ihnen emplace_... diese Kopie ersparen. Geben Sie diesen Methoden einfach die gewünschten Konstruktorargumente von Elem(…) mit, und das neue Objekt wird direkt an Ort und Stelle erzeugt. Ausnahmen: array fehlen diese Methoden. vector fehlt emplace_front, forward_list fehlt emplace_back.

24 Container

▶ **Sonstige Veränderung** `clear()`, `erase`, `insert` **und** `emplace`
`clear()` entfernt schlicht alle Elemente aus dem Container, sodass er danach die Größe null hat. Mit `erase` können Sie mittels eines Iterators ein einzelnes Element oder mit einem Paar einen ganzen Bereich entfernen. Genauso können Sie mithilfe von `insert` und einem Iterator als Position an einer bestimmten Stelle etwas einfügen – entweder ein einzelnes Element (oder mehrere Kopien davon), die Elemente einer Initialisierungsliste oder mit einem Iteratorpaar einen Bereich aus einem Container kopieren. Mit `emplace` können Sie ein oder mehrere Elemente ohne zu kopieren an einer angegebenen Position in den Container erzeugen. <u>Ausnahmen</u>: `array` hat keine dieser Methoden. `forward_list` hat außer `clear()` stattdessen …_after()-Methoden.

▶ **Listenoperation** `splice`, `splice_after` **und Algorithmus-Methoden**
Nur `list` und `forward_list` können ohne großen Aufwand Bereiche unterschiedlicher Container mit `splice` oder `splice_after` zusammenschweißen – sie also aus einem entfernen und dem anderen hinzufügen. Weil die beiden Listen-Container keine wahlfreien Iteratoren anbieten, sind die freien Funktionen aus <algorithm> nicht auf sie anwendbar. Als Ersatz bieten sie stattdessen Methoden an, die den Algorithmen gleichen: `merge`, `remove`, `remove_if`, `reverse`, `unique` und `sort`. Beachten Sie, dass anders als die Brüder in <algorithm> die remove-Methoden der Listen die gefundenen Elemente tatsächlich entfernen und nicht nur deren Position verändern.

24.6.3　»vector«

`vector` sollte Ihnen dann als Erstes in den Sinn kommen, wenn Sie einen Container benötigen, der wachsen und schrumpfen können muss. Sie können ihm Elemente hinzufügen – am besten hinten, aber zur Not auch anderswo. Die Elemente sind in der von Ihnen festgelegten Reihenfolge im Container, werden also nicht automatisch sortiert.

Dadurch, dass er seine Elemente garantiert in einem zusammenhängenden Block speichert, eignet er sich im Zusammenspiel mit C-Funktionen und Ähnliches, die auf diese Art und Weise Eingabe- oder Ausgabedaten empfangen. Sie können die Adresse eines Elements ermitteln und weiterreichen. Genau wie Iteratoren des Containers sind Adressen auf seine Elemente so lange gültig, wie Sie Größe oder Kapazität des Containers nicht verändern.

Der Platz für die Elemente eines vectors wird automatisch angepasst, vergrößert oder verkleinert, wenn nötig. Es wird Platz für kommende Elemente freigehalten, sodass nicht für jede einzelne Einfügung die Größe angepasst werden muss. Das passiert auf eine so geschickte Weise, dass selbst im ungünstigsten Fall jede Einfügung im Mittel in O(1) vonstatten geht. Wie viel Platz der Vektor aktuell bereithält, können Sie mit `capacity()` ermitteln. Wenn Sie vorab wissen, wie viele Elemente maximal im vector landen werden, fordern Sie den Speicher mit `reserve(size_t)` an und ersparen sich dann künftige Vergrößerungen.

Auf die Elemente des Vektors können Sie wahlfrei in O(1) zugreifen, also mit optimaler Geschwindigkeit.

24.6 Die sequenziellen Containerklassen

> **Tipp! Lokalität**
>
> Für die CPU ist es besser, auf Register zuzugreifen als auf Cache. Cache ist besser als Hauptspeicher, Hauptspeicher ist schneller als die Festplatte. Je dichter die Speicherbereiche beisammen liegen, die der Computer für eine Berechnung braucht, desto wahrscheinlicher ist es, dass er schnellen Speicher dafür benutzen kann. Noch besser für die Lokalität ist es, wenn der Speicher hauptsächlich in einer Richtung statt hin-und-her genutzt wird. Oft ist dieselbe Berechnung mittels einer Strategie mit besserer Lokalität um ein Vielfaches schneller – Faktoren von x10 oder x100 sind möglich!
>
> Ein vector hat eine bessere Lokalität als zum Beispiel ein set, wenn keine besonderen Vorkehrungen mit speziellen Allokatoren getroffen werden. Kann man einen vector auch noch in aufsteigender Richtung nutzen, ist das noch besser für die Lokalität. Lassen Sie dazu den Iterator in den vector nur vorwärts wandern oder inkrementieren Sie den Index für den Zugriff nur.

Sie können beinahe alles in einen vector packen, was an Typen in C++ möglich ist. Es hängt von den Operationen ab, die Sie verwenden werden, und ob der Typ erlaubt ist oder nicht. Der Elementtyp muss entweder kopierbar oder verschiebbar sein, die Standardbibliothek wählt die passende Operation aus. Einen Destruktor für Elem muss es aber geben, entweder einen vom Compiler erzeugten oder einen selbst geschriebenen – Sie können also den Destruktor nicht mit = delete markieren.

In der Praxis empfiehlt es sich, dass der Elementtyp verschiebbar ist und garantiert beim Verschieben keine Exceptions auslöst – also entweder mit noexcept markierte Verschiebeoperationen hat oder vom Compiler generierte. Wenn Sie können, halten Sie sich für den Elementtyp an die Nuller-Regel, siehe Kapitel 17, »Guter Code, 4. Dan: \newline Sicherheit, Qualität und Nachhaltigkeit« – nur zur Erinnerung.

Alle jetzt folgenden Beispiele dieses Abschnitts für vector müssen Sie sich in den Code von Listing 24.7 eingebettet denken.

```cpp
#include <vector>
#include <iostream>
using std::vector; using std::cout;
template<typename Elem>
std::ostream& operator<<(std::ostream&os, const vector<Elem>&data) {
    for(auto &e : data) {
        os << e << ' ';
    }
    return os;
}
int main() {
    // Beispielcode hier
}
```

Listing 24.7 Dies ist die Schablone für die Beispiellistings dieses Abschnitts zum »vector«.

24 Container

Operator »<<=«

In einigen Beispielen dieses Kapitels verwende ich ein selbstdefiniertes cout <<= … statt cout << … << '\n'. Das mache ich nur der Kürze halber für die Darstellung in diesem Buch.

Mixen Sie nicht die beiden Operatoren in einem Ausdruck, denn <<= hat eine niedrigere Operatorpräzedenz als << und würde zuletzt ausgeführt. Verwenden Sie es höchstens »am Ende der Nahrungskette«, vielleicht in Tests.

Initialisieren

Exemplarisch gehe ich mit Ihnen einmal die verschiedenen Möglichkeiten, einen vector zu initialisieren, durch. Diese wiederholen sich größtenteils für die anderen Container, insbesondere die Sequenzcontainer. An anderer Stelle gehe ich nur noch kurz auf die gemeinsamen Initialisierungen ein und konzentriere mich dann auf die Unterschiede.

Sie können einen Vektor mit dem Standardkonstruktor initialisieren:

```
vector<int> dataA;
vector<int> dataB{};
vector<int> dataC = {};     // keine Zuweisung
cout << dataA.size() <<' '<< dataB.size() <<' '<< dataC.size() <<'\n'; // 0 0 0
```

Listing 24.8 Der Standardkonstruktor initialisiert einen »vector« leer.

Sie können einen vector kopieren:

```
auto zaehle(vector<int> arg) { return arg.size(); }
// …
vector<int> input{1,2,3};
vector<int> outputA(input);     // Kopie
vector<int> outputB = input;    // auch Kopie, keine Zuweisung
cout << zaehle(input) << '\n';  // Aufruf per Copy-by-Value
```

Listing 24.9 Sie kopieren einen »vector« mittels des Konstruktors oder implizit.

Ob automatisch durch den Compiler oder absichtlich mit std::move, ein vector kann auch die Daten eines anderen vectors stehlen. Mithilfe von make_move_iterator können Sie einen beliebigen Iterator so modifizieren, dass er std::move auf jedes einzelne Element anwendet. So können Sie also nicht nur alle Elemente aus einem anderen Container herausbewegen, sondern auch die eines Bereichs.

```
#include <list>
#include <string>
#include <iterator>                          // make_move_iterator
using std::make_move_iterator; using std::string;
// …
vector<int> erzeuge() { return vector<int>{8, 9, 10}; }
size_t zaehle(vector<int> d) { return d.size(); }
```

620

24.6 Die sequenziellen Containerklassen

```
// ...
vector<int> input{1,2,3};
vector<int> outputA(std::move(input));    // Verschiebung
vector<int> outputB = std::move(input);   // auch Verschiebung, keine Zuweisung
vector<int> data = erzeuge();             // Return-Value-Optimization
cout << zaehle(input) << '\n';            // Aufruf per Copy-by-Value
// elementweise aus einen anderen Container verschieben
std::list<string> quelle{ "a", "a", "a", "BB", "CC", "DD", "b", "b" };
auto von = quelle.begin();
std::advance(von, 3);  // 3 vorwärts, bei list aber langsam
auto bis = von;
std::advance(bis, 3);  // nochmal 3 vorwärts
vector<string> ziel(make_move_iterator(von), make_move_iterator(bis));
// quelle ist nun {"a","a","a","","","","b","b"}, ziel ist nun {"BB","CC","DD"}
```

Listing 24.10 Bei Rückgabewerten kann der Compiler auch oft verschieben.

Der `move_iterator`, den `make_move_iterator` erzeugt hat, bewirkt, dass jedes a = b bei der elementweisen Initialisierung von `ziel` zu einem a = std::move(b) wird. Und das bewirkt bei `string`, dass b danach den leeren String enthält. Das Verschieben von `quelle` nach `ziel` von drei Elementen verschiebt also mitnichten die gesamten Elemente, sondern wendet elementweise eine Verschiebeoperation an – und das heißt, der *Inhalt* der Elemente wird verschoben, nicht das Element selbst.

Alle Container unterstützen die Initialisierung mit einer Initialisierungsliste.

```
vector<int> prims{ 2,3,5,7,11 };
vector<int> soNicht{ 'a', 4.3, 8L };  // "Narrowing" double nicht okay
```

Listing 24.11 Mit einer Initialisierungsliste befüllen Sie einen »vector« vorab. Achten Sie auf die korrekten Typen in der Liste.

Narrowing und Initialisierungslisten

Narrowing ist das impliziter Konvertieren eines numerischen Datentyps A in einem anderen B, bei dem B nicht fähig ist, den gesamten Wertebereich von A zu halten. Also zum Beispiel ein int in einen char oder double in einen int.

In einer *Initialisierungsliste* erlaubt der Compiler keine solchen Konvertierungen, um Sie vor typischen und schwer zu finden Fehlern zu schützen.

In Listing 24.11 beschwert sich der Compiler darüber, dass Sie versuchen, den double-Wert 4.3 in einen int umzuwandeln. Für den long-Wert 8L beschwert er sich nicht, denn er ist schlau genug, zu merken, dass ein int hierfür ausreicht. 800 000 000L wird er bei einem 32-Bit-int aber nicht zulassen.

Alle Standardcontainer können Daten aus anderen Containern kopieren, wenn sie mit Iteratoren gefüttert werden:

```
#include <deque>
// ...
std::deque<int> in{1,2,33,34,35,99};
vector<int> dreissig(in.begin()+2, in.begin()+5);
for(auto &e : dreissig) {
    cout << e << ' ';
}
cout << '\n';
```

Listing 24.12 Kopieren Sie bei der Initialisierung Werte aus einem beliebigen anderen Container oder C-Array.

Speziell für vector sind die Konstruktoren, die einen vector mit einer Anzahl Elemente vorinitialisieren.

```
vector<int> zeros(10);       // 10 Nullen
vector<int> sechsen(10, 6);   // 10 Sechsen
vector<int> zehn{10};         // Achtung! Nur eine 10
vector<int> zehnSechs{10, 6}; // Achtung! Zwei Elemente 10 und 6
```

Listing 24.13 Vorinitialisieren mit einer festen Anzahl von Werten gibt es (fast) nur bei »vector«.

In diesen Fällen müssen Sie die runden Klammern () bei der Initialisierung verwenden, denn sonst werden die Elemente als Initialisierungsliste interpretiert.

Zuweisen

Wie alle Container (außer array) hat vector den Zuweisungsoperator operator= fürs Kopieren und Verschieben überladen. Mithilfe von assign können Sie üblicherweise alle jene Initialisierungen bei einem Container noch nach der Konstruktion anwenden, die sie bei der »ersten« Initialisierung auch anwenden können.

```
vector<int> von{ 2,3,4 };
vector<int> nach{};
nach = von;                              // Zuweisung mit operator=, nun beide gleich

vector<int> abfluss{};
abfluss = std::move(von);                // Verschieben, nun ist 'von' leer
vector<int> v;
v.assign(4, 100);                        // v ist nun {100, 100, 100, 100}
v.assign(nach.begin(), nach.end());      // v ist nun {2,3,4}
int z[] = { 10, 20, 30, 40 };
v.assign(z+1, z+4);                      // v ist nun {20, 30, 40}
```

Listing 24.14 »vector« können Sie zuweisen oder mit »assign« später reinitialisieren.

Zugreifen auf einen »vector«

Irgendwie müssen Sie an die Daten herankommen, die im vector sind. Dazu gibt es hauptsächlich zwei Möglichkeiten:

▶ **Iterator**

Sie nutzen eine Indirektion, hauptsächlich einen *Iterator*, doch kann vector auch mit rohen Zeigern umgehen.

▶ **Index**

Sie verwenden einen *Index*, um ein Element direkt zu adressieren. Dazu dienen at und operator[].

▶ **Anfang und Ende**

front und back liefern Ihnen Referenzen auf das erste und letzte Element zurück. Da das Ergebnis auf einem leeren Container undefiniert ist, müssen Sie die Abfrage nötigenfalls zum Beispiel mit !empty() kombinieren.

vector hat einige Memberfunktionen, die einen Iterator zurückliefern, allen voran natürlich begin() und end(), wie bei allen Containern. Und genau wie bei allen Containern *dereferenzieren* Sie einen Iterator, um eine Referenz auf das tatsächliche Element zu erhalten, wie ich es in Listing 24.15 zeige.

```cpp
vector<char> vokale { 'A', 'e', 'i', 'o', 'u' };
const vector<char> gerade { '0', '2', '4', '6', '8' };

auto it1 = vokale.begin();                    // vector<char>::iterator
*it1='a'; // liefert 'char&' zurück

auto it2 = gerade.begin();                    // vector<char>::const_iterator
auto it3 = vokale.cbegin();                   // erzwingt const_iterator
*i2='9'; *i3='x';                             // 'const char&' ist nicht veränderbar

for(auto it=vokale.cbegin()+1; it!=vokale.cend(); ++it)
    { cout << *it; } cout << '\n';            // Ausgabe: eiou
for(auto it=vokale.crbegin()+1; it!=vokale.crend(); ++it) // ++ trotz reverse!
    { cout << *it; } cout << '\n';            // Ausgabe: oiea
```

Listing 24.15 Mit »begin«, »end« und deren Verwandten erhalten Sie Iteratoren.

Mit den Varianten cbegin und cend erhalten Sie immer einen const_iterator zurück, der es Ihnen nicht erlaubt, das Element bei der Dereferenzierung zu verändern. begin und end dagegen liefern je nach Modifizierer des Containers entweder const_iterator oder iterator zurück.

Die r…-Varianten dieser Funktionen erlauben das Rückwärtsiterieren durch den vector. Beachten Sie hierbei, dass Sie den reverse_iterator bzw. const_reverse_iterator hier mit ++ inkrementieren müssen, um tatsächlich rückwärts zu laufen.

24 Container

> **Notation »begin()«, »cbegin()«, »rbegin()«, »crbegin()«**
>
> Um mich kürzer zu fassen, schreibe ich
>
> ▸ *[c]*begin() für »begin() und cbegin()«,
>
> ▸ *[r]*begin() für »begin() und rbegin()« und
>
> ▸ *[cr]*begin() für »begin(), cbegin(), rbegin() und crbegin()«.
>
> Entsprechendes gilt für die Varianten von end().

Der Zugriff per Iterator ist für alle Container universell. vector hat Iteratoren mit wahlfreiem Zugriff, also random_access_iterator_tag. In der Praxis heißt das, dass Sie einen positiven oder negativen Offset zu einem vector-Iterator hinzurechnen können, wie Sie in Listing 24.16 sehen.

```cpp
#include <vector>
#include <iostream>
#include <algorithm>                    // sort
using std::vector; using std::cout;

double median(vector<int> daten) {  // kopiert
    std::sort(daten.begin(), daten.end());
    auto it = daten.begin();
    auto sz = daten.size();
    if(sz==0) return 0;                 // Sonderfall

    // Median ermitteln:
    auto m = (it+sz/2);                 // ungefähr die Mitte
    if(sz%2 != 0) {                     // ungerade Anzahl Elemente
        return *m;
    } else {                           // gerade Anzahl Elemente
        return double(*m + *(m-1)) / 2;
    }
}

int main() {
    vector<int> daten1 { 12, 22, 34, 10, 1, 99, 33 };
    cout << median(daten1) << '\n'; // 22

    vector<int> daten2 { 30, 2, 80, 99, 31, 3 };
    cout << median(daten2) << '\n'; // 30.5
}
```

Listing 24.16 Mit »vector«-Iteratoren können Sie wahlfrei rechnen.

24.6   Die sequenziellen Containerklassen

it verweist auf den Anfang des Vektors. Mit m = it+sz/2 schreiten Sie den halben Vektor vorwärts, und m zeigt ungefähr auf die Mitte. Bei einer ungeraden Anzahl Elemente wie 7 ergibt sz/2 natürlich 3, und it+3 entspricht daten[3], also dem mittleren von 7 Elementen. Ist die Anzahl mit 6 gerade, liegt die Mitte zwischen den Elementen daten[2] und daten[3]. m verweist auf daten[3], und somit errechnet (*m + *(m-1)) / 2 den Mittelwert der umgebenden Werte. Um sicherzustellen, dass die Division auch mit Fließkommazahlen stattfindet, wandele ich mit double(…) das Zwischenergebnis vorher um.

Während jeder Container mit Iteratoren zusammenarbeitet, sind es aber nur vector, array und deque, die mit at und operator[] einen Zugriff auf die ganzzahlige Position im Container erlauben. (Abgesehen natürlich davon, dass Sie einen assoziativen Container auch mit Ganzzahlen als Schlüssel benutzen können.)

Das zuvorderst gespeicherte Element hat *immer* den Index null, das letzte im Container den Index size()-1.

▶ **Ungeprüfter Zugriff**
Wenn Sie mit Elem& operator[](size_t idx) auf einen vector zugreifen, erhalten Sie sofort (O(1)) das Element an der gespeicherten Stelle zurück. Es ist dabei nicht erlaubt, auf ein Element jenseits von size()-1 des vectors zuzugreifen. Das wäre ein Programmierfehler und führt zu undefiniertem Verhalten. Sie müssen selbst dafür sorgen, dass Ihnen das im Programm nicht passiert.

▶ **Geprüfter Zugriff**
Auch Elem& at(size_t idx) geht sehr schnell in O(1), doch überprüft die Bibliothek zur Laufzeit, ob Sie einen Index im erlaubten Bereich verwenden. Wenn nicht, ist das kein Programmierfehler, sondern wirft eine Exception vom Typ std::out_of_range.

Sie können [] und at sowohl zum Lesen als auch auf der linken Seite einer Zuweisung zum Schreiben des Elements verwenden.

In einer Schleife ist es schlau, at zu vermeiden und [] zu verwenden, denn im typischen Fall enthält die Schleifenbedingung schon eine Überprüfung:

```
vector<int> d{ 1, 2, 4, -1, 1, 2, -2 };
for(size_t idx=0; idx<d.size(); ) { // prüft vector-Grenze
    cout << d[idx] << ' ';              // zusätzliche Prüfung mit at nicht nötig
    idx += d[idx];                      // hier ebensowenig
}
cout << '\n';
// Ausgabe: 1 2 -1 4 -2 1 2
```

Listing 24.17 Der Normalfall ist Zugriff mit [], weil Sie die Grenzen schon woanders überprüfen.

Hier prüft die Abbruchbedingung idx<d.size() der Schleife schon, ob der Zugriff im Schleifenrumpf erlaubt ist. Würden Sie hier mit d.at(idx) »sicher« gehen wollen, wäre das verschwendeter Aufwand.

Für einen const vector liefern at und [] natürlich auch ein const Elem& zurück.

625

24 Container

```cpp
#include <vector>
#include <iostream>
void printAndMore(const std::vector<int>& data) { // by-const-ref
    std::cout << data[0] << std::endl;
    data[0] = 666;   // geht nicht, weil 'const int&'
}
int main() {
    std::vector<int> zahlen {1,2,3};
    printAndMore(zahlen);
}
```

Listing 24.18 Konstanter Container liefert konstante Referenz zurück.

Anders als bei assoziativen Containern verändert sich die Position der Elemente, wenn Sie Dinge löschen oder einfügen.

```cpp
vector<string> autos{ "Diesel", "Benzin", "Super", "Gas" };
cout << autos[1] << '\n';               // "Benzin"
autos.insert(autos.begin(), "Strom"); // verschiebt alles um eins nach hinten
cout << autos[1] << '\n';               // "Diesel"
```

Listing 24.19 »insert« verschiebt hier alle Elemente um eins nach hinten.

Durch das insert am Beginn des Vektors werden alle Daten um eine Position nach hinten verschoben. Daher verändert sich der Inhalt von autos[1]. Ein insert irgendwo im vector dauert mit O(n) verhältnismäßig lange, und Sie sollten es deshalb nur selten verwenden. Bevorzugen Sie push_back und emplace_back.

vector und array haben als einzige unter den Containern die Methode data(), die Ihnen einen *rohen Zeiger* auf das erste Element zurückliefert. Und weil diese beiden garantieren, dass die enthaltenen Elemente fortlaufend am Stück gespeichert sind (engl. *contiguous*), können Sie mit diesem Zeiger auf *alle* Elemente zugreifen, als wäre es ein C-Array. Daher eignet sich data gut dazu, Daten an eine C-Funktion zu übergeben, wie Sie in Listing 24.20 am Beispiel von fread und fwrite sehen können.

```cpp
#include <vector>
#include <iostream>
#include <cstdio> // fopen, fclose, fwrite, fread, remove
using namespace std;
ostream& operator<<(ostream&os, const vector<int>&data) {
    for(auto &e : data) os << e << ' '; return os;
}
static const char* FILENAME = "nums.dat";

int main() {
  const vector<int> nums{10,11,22,34};
  { // Schreiben
    auto out = fopen(FILENAME, "wb"); // Datei mit C zum Schreiben öffnen
```

626

24.6 Die sequenziellen Containerklassen

```
    if(out==nullptr) {
        cerr << "Fehler beim Oeffnen\n"; return -1;
    }
    auto ok = fwrite(nums.data(), sizeof(int), nums.size(), out);
    if(ok!=nums.size()) {
        cerr << "Fehler beim Schreiben\n"; return -1;
    }
    fclose(out); // In C muss man explizit schließen. Ehrlich.
}

vector<int> gelesen{};
{ // Lesen
    auto in = fopen(FILENAME, "rb"); // Datei mit C zum Lesen öffnen
    if(in==nullptr) {
        cerr << "Fehler beim Oeffnen\n"; return -1;
    }
    const size_t sz = 4; // angenommen, wir wissen, wir lesen 4 Elemente ...
    gelesen.resize(sz); // Platz schaffen für zu lesende Daten
    auto ok = fread(gelesen.data(), sizeof(int), sz, in);
    if(ok!=sz) {
        cerr << "Fehler beim Lesen\n"; return -1;
    }
    fclose(in);
}
{ // Vergleichen
    cout << nums << '\n';     // 10 11 22 34
    cout << gelesen << '\n';  // 10 11 22 34
}
if(remove(FILENAME) == -1) {
    cerr << "Warning: Fehler beim Loeschen\n";
}
}
```

Listing 24.20 Verwenden Sie »data()« als Schnittstelle zu C.

Ich verwende hier die C-Funktionen fread und fwrite aus dem Header <cstdio> der Standard-C-Bibliothek. Diese nehmen jeweils als ersten Parameter einen void* für die Daten und dann zwei weitere Parameter, um die Größe der zu lesenden Daten zu berechnen: als Erstes die Größe jedes einzelnen Elements, hier sizeof(int), und als Zweites die Anzahl der ints. Beim Lesen mache ich es mir hier und gehe einfach davon aus, dass ich weiß, ich möchte vier int-Werte lesen. Im echten Leben müssten Sie wahrscheinlich anders herausfinden, wie viele Elemente Sie lesen wollen.

Beachten Sie, dass der data()-Zeiger (wie dies für Iteratoren auch gilt) nur so lange Gültigkeit hat, bis Sie ein Element zum vector hinzufügen und damit seine Kapazität verändern könnten.

24 Container

Einfügen in einen »vector«

Es ist wenig interessant, in einen Container nur bei der Konstruktion Dinge hineinzutun,
Sie wollen auch zur Laufzeit Dinge ergänzen. Dazu dienen bei den Memberfunktionen:

▶ **Effizientes Anfügen am Ende**
push_back und emplace_back fügen ein einzelnes Element hinten an den vector an. Bei
push_back wird der übergebene Wert in den vector kopiert, während emplace_back Konstruktorargumente des neuen Elements als Parameter erhält und direkt an Ort und
Stelle erzeugt. Im Durchschnitt geht das Anfügen am Ende optimal schnell in O(1).

▶ **insert und emplace**
Mit diesen Methoden können Sie an einer beliebigen Stelle im vector ein Element
einfügen. Mit insert kopieren Sie es hinein, mit emplace erzeugen Sie es mit seinen
Konstruktorargumenten an Ort und Stelle. Verwenden Sie diese Methoden nur im
Ausnahmefall, denn vector ist hier langsam.

Bei jeder Einfügeoperation kann es passieren, dass für das neue Element Platz in der
Form geschaffen werden muss, dass alle bisherigen Elemente an einen neuen (doppelt
so großen) Ort verschoben (oder kopiert) werden müssen. Aus diesem Grund sind alle Iteratoren (und Zeiger, siehe data) in den Container nach *jeder* Einfügeoperation als ungültig
zu betrachten – es sei denn, man hat zuvor mit reserve oder capacity sichergestellt, dass
eine solche Reallokation nicht stattfinden wird. Was den Zeitverbrauch angeht, brauchen
Sie sich aber keine Sorgen zu machen: Auch wenn die einzelne Einfügeoperation mal O(n)
Zeit brauchen kann, so ist der Algorithmus geschickt genug, um im Durchschnitt O(1) zu
garantieren.

Ein Beispiel für insert finden Sie in Listing 24.19. Da Sie im Normalfall push_back verwenden, sehen Sie in Listing 24.21 ein einfaches Beispiel dafür.

```cpp
#include <vector>
#include <string>

struct Praesident {
  std::string name_; int jahr_;
  Praesident(std::string name,  int jahr)      // name ist by-value
    : name_{std::move(name)}, jahr_{jahr}      // move spart hier eine weitere Kopie
    { }
};

int main() {
    using namespace std; // string literale ermöglichen
    vector<Praesident> praesidenten{};
    praesidenten.emplace_back("Heuss"s, 1949);
    praesidenten.emplace_back("Luebke"s, 1959);
    praesidenten.emplace_back("Heinemann"s, 1969);
    // ...
```

628

```
    vector<int> v{};
    v.reserve(100);
    for(int idx = 0; idx < 100; ++idx)
        v.push_back(idx);
    // …
}
```

Listing 24.21 Typischerweise fügen Sie am Ende bei »vector« an.

emplace_back erhält dieselben Argumente wie der Konstruktor des Elements, das Sie anfügen wollen. Der Container sorgt dafür, dass das neue Objekt gleich an Ort und Stelle
erzeugt wird und nicht noch einmal kopiert werden muss. Hier ist es zum Beispiel das
string-Literal "Heuss"s, das von der Verwendung des emplace_back profitiert und einmal
weniger kopiert werden muss, als wenn Sie schreiben würden

praesidenten.**push_back**("Heuss"s, 1949);

Löschen aus einem »vector«

Es gibt erase als Methode *aller* Container außer array, und bei forward_list gibt es erase_
after. Bei vector können Sie entweder einen Iterator für das Entfernen eines einzelnen
Elements übergeben oder ein Paar zum Entfernen eines ganzen Bereichs.

▶ **Alle Elemente**
  clear() entfernt alle Elemente aus dem vector. Seine Größe ist danach null.

▶ **Letztes Element**
  pop_back() ist die beste Methode, ein einzelnes Element aus einem vector zu entfernen.
  Es ist das Gegenstück zu push_back. Es braucht O(1).

▶ **Einzelnes beliebiges Element**
  iterator erase(const_iterator wo) löscht ein einzelnes Element. Alle Elemente mit
  einer größeren Position als das gelöschte werden eine Position nach links verschoben
  (oder kopiert), um die Lücke zu füllen. Das dauert beim vector O(n) Zeit und sollte
  deshalb nicht wiederholt durchgeführt werden.

▶ **Bereich**
  iterator erase(const_iterator von, const_iterator bis) löscht alle Elemente zwischen
  von und bis, exklusive bis – mathematisch notiert als halboffenes Intervall [von..bis).
  Zur Verdeutlichung: erase(begin(), end()) ist gleichbedeutend mit clear(). Auch hier
  rücken Elemente nach links, um die Lücke zu füllen. Dafür braucht der vector O(n)
  Zeit.

Nach der Löschoperation ist der vector um ein Element bzw. um den Abstand der beiden
Iteratoren zueinander kleiner.

Der Rückgabewert ist ein Iterator, der auf das erste aufgerückte Element zeigt.

24 Container

Nur Container-Methoden löschen wirklich

Als Faustregel gilt: Nur die Methoden wie erase löschen Elemente eines Containers tatsächlich, verändern ihn also so, dass sich seine Größe ändert. Freie Funktionen wie remove aus <algorithm> löschen *nicht*, sondern ordnen Elemente nur anders an – verschieben sie zum Beispiel ans Ende, wo sie leicht tatsächlich gelöscht werden können.

Alle Elemente löschen Sie am besten mit einem einfachen Aufruf von clear().

```
std::vector<int> v{ 1, 2, 3 };
v.clear();                              // nun ist v leer
```

Ein einzelnes Element löschen Sie mit erase.

```
std::vector<int> v{ 1, 2, 3, 4, 5, 6 };
for(auto it=v.begin(); it!=v.end(); ++it) {
   it = v.erase(it);
}
// Hier ist v: { 2, 4, 6 }
```

Der Rückgabewert von erase ist ein Iterator, der auf das erste aufgerückte Element zeigt. Dadurch, dass die Schleife mit ++it noch einmal inkrementiert, löscht hier die Schleife jedes zweite Element.

Wenn Sie einen Bereich löschen wollen, nehmen Sie ebenfalls erase, geben aber mit zwei Iteratoren den Bereich an, den Sie löschen wollen.

```
std::vector<int> v{ 1, 2, 3, 4, 5, 6 };
v.erase(v.begin()+1, v.begin()+5);  // v ist nun {1, 6}
v.erase(v.begin(), v.end());        // löscht den Rest
```

Listing 24.22 »erase« mit zwei Parametern löscht einen ganzen Bereich.

Dabei ist der erste Parameter das vorderste zu löschende Element; der zweite Parameter ist das erste Element, das nach dem zu löschenden Bereich übrig bleiben soll, er zeigt also ein Element hinter das letzte zu löschende Element.

Zum Löschen am Ende eines vectors eignet sich pop_back besser:

```
std::vector<int> v{ 1, 2, 3 };
v.pop_back();                           // v wird zu {1, 2}
```

Wenn Sie erase mit freien Funktionen wie remove oder remove_if aus <algorithm> kombinieren, dann haben Sie viele flexible, elegante und effiziente Möglichkeiten, Elemente aus einem vector – oder in der Tat aus jedem Container – zu entfernen. Einige Beispiele finden Sie in Kapitel 25, »Container-Unterstützung«.

24.6 Die sequenziellen Containerklassen

Spezialität: Größe und Kapazität

In Listing 24.23 sehen Sie ein paar Operationen rund um Größe und Kapazität eines vectors. Das Verständnis dieser beiden Kenngrößen ist elementar für die effiziente Verwendung eines vectors.

```cpp
#include <vector>
#include <iostream>
using namespace std;

ostream& operator<<(ostream&os, const vector<int> &vec) {
    for(auto &elem : vec) { os << elem << ' '; }
    return os;
}
int main() {
    vector<int> data {};       // erzeugt einen leeren vector
    data.reserve(3);           // Platz für 3 Elemente
    cout << data.size() << '/' << data.capacity() << '\n'; // 0/3
    data.push_back(111);       // ein Element hinzufügen
    data.resize(3);            // Größe verändern; hier fügt es neue Elemente an
    data.push_back(999);       // noch ein Element hinzufügen
    cout << data.size()<<'/'<<data.capacity()<<'\n';  // 4/6; Kapazität erhöht
    cout << data << '\n';      // 111, 0, 0, 999
    data.push_back(333);       // noch ein Element anfügen
    cout << data << '\n';      // 111, 0, 0, 999, 333
    data.reserve(1);           // nichts passiert, denn capacity() > 1
    data.resize(3);            // schrumpfen; Elemente werden entfernt
    cout << data << '\n';      // 111, 0, 0
    cout << data.size()<<'/'<<data.capacity()<<'\n';  // 3/6; Kapazität immer noch 6
    data.resize(6, 44);        // noch mal vergrößern, mit 44en auffüllen
    cout << data << '\n';      // 111, 0, 0, 44, 44, 44
}
```

Listing 24.23 Operationen rund um Größe und Kapazität eines vectors.

24.6.4 »array«

Das Array ist insofern eine Ausnahme unter den Containern, als dass es der einzige Container ist, der seine Größe nicht ändern kann. Sie legen zur Compilezeit fest, wie viele Elemente in ihm enthalten sind, und für die Dauer seiner Existenz hat er dann diese Größe. Sie können keine Elemente hinzufügen, keine Elemente entfernen – nur bestehende Elemente ersetzen.

Daher notieren Sie die Größe dieses Containers auch als Templateparameter innerhalb der spitzen Klammern, also zum Beispiel array<int,5> für ein Array mit fünf Elementen. Und somit ist der Typ von array<int,5> unterschiedlich zum Typ von array<int,4> – weil genau das die Natur von Templates ist. Daraus folgt, dass Sie keine einzelne Funktionen schreiben können, die verschiedene Arraygrößen als Parameter abhandeln kann. Dies sind zwei Überladungen:

```
#include <array>
void berechne(const std::array<int,4>& data) { /* ... */ }
void berechne(const std::array<int,5>& data) { /* ... */ }
```

Wenn Sie nicht mehrere Überladungen schreiben wollen, dann benötigen Sie ein Funktionstemplate, dass mindestens die Arraygröße als Templateparameter nimmt:

```
#include <array>
#include <numeric> // accumulate
#include <iostream>

template<size_t SZ>
int sumSz(const std::array<int,SZ>& data) {
    int result = 0;
    for(auto i=0u; i<SZ; ++i)
        result += data[i];
    return result;
}
template<typename Elem, size_t SZ>
Elem sumElem(const std::array<Elem,SZ>& data) {
    Elem result {0};
    for(auto i=0u; i<SZ; ++i)
        result += data[i];
    return result;
}
template<typename It>
int sumIt(It begin, It end) {
    return std::accumulate(begin, end, 0);
}

int main() {
    using namespace std;
    array<int,4> a4 { 1, 2, 5, 8 };
    cout << sumSz<4>(a4) << '\n';                  // 16
    array<int,5> a5 { 1, -5, 3, 7, 2 };
    cout << sumElem(a5) << '\n';                   // 8
    array<int,6> a6 { 1,2,3, 4,5,6 };
    cout << sumIt(a6.begin(), a6.end()) << '\n'; // 21
}
```

Listing 24.24 Unterschiedliche »array«s als Parameter benötigen Template-Programmierung.

Zur Demonstration rufe ich hier sumSz<4>(a4) mit dem expliziten Templateparameter <4> auf. Wie Sie bei sumElem(a5) sehen, geht es aber auch ohne. Und weil ich Ihnen nicht vorenthalten will, dass die Aufgabe, Elemente eines Containers zu summieren, in der Standardbibliothek schon gelöst ist, verwendet `sumIt` die entsprechende Funktion `accumulate` aus `<numeric>`. Die volle Flexibilität in Bezug auf Container erreichen Sie immer, wenn Sie wie hier Iteratoren als Templateparameter verwenden.

Das `array` ist somit dem C-Array fixer Größe am ähnlichsten. Ein `array<int,100>` entspricht in etwa `int[100]` – mit dem entscheidenden Unterschied, dass ein `array` nicht zu einem Zeiger *verfällt* und somit seine Größe als Information auch nach der Übergabe als Funktionsparameter bei sich behält.

Ich gehe hier auf alle Methoden von `array` ein sowie auf die nützlichsten freien Funktionen und sonstigen Werkzeuge. Vieles ähnelt dem `vector`, und ich fasse mich dann kurz. Sie finden eine direkt übertragbare ausführliche Besprechung des entsprechenden Features bei `vector` in Abschnitt 24.6.3, »vector«.

Alle Beispiele dieses Abschnitts für `array` müssen Sie sich in den Code von Listing 24.25 eingebettet denken.

```cpp
#include <array>
#include <iostream>
using std::array; using std::cout;
template<typename Elem, size_t SZ>
std::ostream& operator<<(std::ostream&os, const array<Elem,SZ>&data) {
    for(auto &e : data) {
        os << e << ' ';
    }
    return os;
}
int main() {
    // Beispielcode hier
}
```

Listing 24.25 Dies ist die Schablone für die Beispiellistings dieses Abschnitts zum »array«.

Initialisieren

▶ **Standardkonstruktor**
Wenn Sie `array<int,4> x{}` definieren, dann werden alle Elemente null-initialisiert.

▶ **Kopierkonstruktor, Verschiebekonstruktor**
Sie können Arrays gleicher Größe kopieren und somit auch als Wert übergeben und zurückliefern. Auch verschieben ist möglich, wenn der Elementtyp das erlaubt.

Zuweisen

▶ **Zuweisungsoperator**
Einem `array` können Sie neue Werte zuweisen, indem Sie ihm ein anderes `array` mit kompatiblem Elementtyp und gleicher Größe zuweisen. `operator=` ist also definiert, wie es zu erwarten wäre.

24 Container

► **Assign**
Es gibt kein `assign`, da `array` auch keinen kompletten Satz an Konstruktoren hat.

► **Füllen**
Dafür gibt es aber `fill`, mit dem Sie alle Werte eines Arrays auf einmal setzen können, wie Sie in Listing 24.26 sehen können.

Einfügen und löschen

Das Einfügen und Löschen von Elementen ist bei `array` nicht möglich.

Lesen und schreiben

► **Indexzugriff**
Sie können aber mit `[ ]` und `at` ungeschützt oder geschützt auf die Elemente zugreifen. Sie erhalten eine Referenz zurück, die Sie lesen und überschreiben können.

► **Iteratoren**
Die Iteratoren von `array` sind wahlfrei, gehen also vorwärts, rückwärts und können beliebig verschoben werden, ähnlich wie bei einem `vector`.

► **Anfang und Ende**
Ebenso stehen Ihnen `front` und `back` zur Verfügung, die Ihnen jeweils Referenzen auf das erste und letzte Element des Arrays geben.

► **Tupleinterface**
Sie können ein `array` wie ein `tuple` mit `std::get<>` lesen und schreiben, wie Sie in Listings 24.27 sehen können.

► **C-Interface**
Da der Speicher eines Arrays wie bei einem `vector` garantiert am Stück liegt, können Sie mit `data()` einen Zeiger auf das erste Element erhalten und dann damit umgehen wie mit einem C-Array oder C-Pointer. Mit leichten Abwandlungen funktioniert Listing 24.20 auch mit `array`.

► **Füllen**
Speziell für `array` gibt es `fill`, das alle Elemente zeitgleich beschreibt:

```
array<int,4> data{ 1,4,69, 3};
data.fill(8); // nun {8, 8, 8, 8}
```

Listing 24.26 »fill« beschreibt alle Werte in einem »array« auf einmal.

Spezialitäten: Tuple-Interface

Aus einem Array können Sie nicht nur mit den üblichen Containermethoden auf Elemente zugreifen, Sie können es auch verwenden wie ein `tuple`. Eine genaue Beschreibung von `tuple` folgt in Abschnitt 28.1, »pair und tuple«. Dafür gibt es eine Überladung der freien Funktion `std::get<size_t>(std::array<...>)`:

24.6   Die sequenziellen Containerklassen

```cpp
array<int,5> data{ 10, 11, 12, 13, 14};
cout << std::get<2>(data) << '\n'; // 12
```

Listing 24.27 »array« unterstützt »get« von »tuple«.

Wie bei Tupeln auch, muss der Index eine `constexpr` sein, denn er ist ja hier ein Templateargument zu `get`.

Es gibt noch mehr Verwandtschaft zu `tuple`, denn auch die Klassentemplates `tuple_element` und `tuple_size` sind für `array` deklariert, falls Sie es für Ihre Metaprogrammierung benötigen.

Spezialitäten: Vergleiche

Sie können zwei Arrays gleichen Typs mit allen Vergleichsoperatoren <, <=, > etc. vergleichen. Sie erhalten das *lexikografische* Ergebnis. Das heißt, zunächst wird das erste Element verglichen, und wenn die nicht gleich sind, steht das Ergebnis fest. Wenn sie gleich sind, wird mit dem zweiten Element genauso verfahren, etc. Wenn alle Elemente der Reihe nach gleich waren, dann sind auch die beiden Arrays gleich:

```cpp
void alle(const array<int,4>& a, const array<int,4>& b) {
    cout << "{"<<a<<"} verglichen mit {"<<b<<"} ist "
        << (a < b ? "<, " : "")
        << (a <= b ? "<=, " : "")
        << (a > b ? ">, " : "")
        << (a >= b ? ">=, " : "")
        << (a == b ? "==, " : "")
        << (a != b ? "!=, " : "")
        << '\n';
}

int main() {
    array<int,4> a{10,10,10,10};
    array<int,4> b{20, 5, 5, 5};
    array<int,4> c{10,10,5,21};
    array<int,4> d{10,10,10,10};
    cout << (a < b ? "kleiner\n" : "nicht kleiner\n"); // "kleiner", weil 10 < 20
    cout << (a < c ? "kleiner\n" : "nicht kleiner\n"); // "nicht...", weil nicht 10 < 5
    cout << (a == d? "gleich\n" : "nicht gleich\n");   // "gleich", weil alles 10
    for(auto &x : {a,b,c}) {
        for(auto &y : {a,b,c}) {
            alle(x,y);
        }
    }
}
```

Listing 24.28 Arrays können Sie lexikografisch vergleichen.

24 Container

Die beiden for-Schleifen am Ende vergleichen die Arrays a, b und c paarweise gegeneinander, indem alle für immer zwei Arrays aufgerufen wird. Dann schreibt alle für alle Vergleichsoperatoren das Ergebnis als Text, sodass Sie diese Ausgabe bekommen (Auszug):

```
{10 10 10 10 } verglichen mit {10 10 10 10 } ist <=, >=, ==,
{10 10 10 10 } verglichen mit {20 5 5 5 } ist <, <=, !=,
{10 10 10 10 } verglichen mit {10 10 5 21 } ist >, >=, !=,
{20 5 5 5 } verglichen mit {10 10 10 10 } ist >, >=, !=,
{20 5 5 5 } verglichen mit {20 5 5 5 } ist <=, >=, ==,
{20 5 5 5 } verglichen mit {10 10 5 21 } ist >, >=, !=,
{10 10 5 21 } verglichen mit {10 10 10 10 } ist <, <=, !=,
{10 10 5 21 } verglichen mit {20 5 5 5 } ist <, <=, !=,
{10 10 5 21 } verglichen mit {10 10 5 21 } ist <=, >=, ==,
```

24.6.5 »deque«

Die *zweiendige Warteschlange* ist dem vector sehr ähnlich. Sie verzichtet auf die Garantie, die Elemente fortlaufend unterzubringen, bietet also kein data(), capacity() und reserve. Dafür kann sie aber zusätzlich zum vector effizient in O(1) *vorne* Elemente hinzufügen und entfernen: mittels push_front, emplace_front und pop_front.

Eines der offensichtlichsten Dinge, die man mit einer deque tun kann, und wo Sie Ihren Namen auch her hat, ist, an einem Ende Dinge anzufügen, während man am anderen Ende Dinge entfernt. Das ist das *First-In-First-Out*-Prinzip.

```cpp
#include <deque>
#include <iostream>
#include <string>
#include <iomanip> // boolalpha
using namespace std;
bool isPalindrome(string word) {
    // von beiden Enden gleichzeitig prüfen
    deque<char> deq{};
    for(char ch : word) {
        deq.push_back(::toupper(ch)); // Großbuchstaben
    }
    auto ok = true;
    while(deq.size()>1 && ok) {
        if(deq.front() != deq.back()) {
            ok = false;
        }
        deq.pop_front();        // Hallo deque!
        deq.pop_back();
    }
    return ok;
}
```

24.6 Die sequenziellen Containerklassen

```cpp
int main() {
    cout << boolalpha;  // Drucke 'true' und 'false' statt '1' und '0'
    cout << isPalindrome("Abrakadabra") << '\n';    // false
    cout << isPalindrome("Kajak") << '\n';          // true
    cout << isPalindrome("Lagerregal") << '\n';     // true
    cout << isPalindrome("Reliefpfeiler") << '\n';  // true
    cout << isPalindrome("Rentner") << '\n';        // true
    cout << isPalindrome("") << '\n';               // true
}
```

Listing 24.29 Wir entfernen paarweise vorne und hinten und vergleichen.

Wikipedia sagt, »Ein *Palindrom* ist ein Wort, das von vorne und hinten dasselbe ergibt.« Dieses Programm überprüft Wörter auf diese Eigenschaft. Die Funktion isPalindrome prüft in einer Schleife, ob der erste und der letzte Buchstabe der gleiche ist, so lange bis es einen Unterschied findet. Danach entfernt es von beiden Enden einen Buchstaben, und da kommt pop_front ins Spiel, das es nur bei der deque gibt.

Ja, mit einer Indexschleife hätten wir auch direkt in wort lesen und vergleichen können, aber so konnte ich die deque kompakt demonstrieren.

Typische Anwendungen für eine deque sind zum Beispiel:

▶ ein *Scheduler* (Arbeitsverteiler), der neue Aufgaben hinten in die Warteschlange einfügt und vorne entfernt

▶ eine *Undo-History* (Rückgängigmachen) begrenzter Länge, bei der ausgeführte Aktionen vorne eingefügt werden, dort entfernt werden, wenn rückgängig gemacht werden soll, und hinten Elemente fallen gelassen werden, um die Tiefe der Historie zu beschränken

▶ Textsuche mit *Pattern-Matching* via *Reguläre Ausdrücke* bzw. deren Implementierung mittels der Simulation eines nicht-deterministischen endlichen Automaten (engl. *NFA*).[4] Die nicht-deterministischen Übergänge werden zur Abarbeitung in die Deque gesteckt.

Ich gehe hier auf alle Methoden von deque sowie auf die nützlichsten freien Funktionen und sonstigen Werkzeuge ein. Vieles ähnelt dem vector, und ich fasse mich dann kurz. Sie finden eine direkt übertragbare ausführliche Besprechung des entsprechenden Features bei vector in Abschnitt 24.6.3, »vector«.

Die deque gibt Ihnen nicht wie vector eine Schnittstelle für ihre Kapazität nach außen. Die Methoden reserve und capacity fallen gegenüber vector also weg.

---

4 *Pattern Matching with Regular Expressions in C++*, Oliver Müller, *http://www.tldp.org/LDP/LG/issue27/mueller.html*, April 1998, Linux Gazette 27, [2016-10-04]
http://www.cs.waikato.ac.nz/~tcs/COMP317/rgfsm.html, [2016-10-04]
Pattern Matching, *http://www.cs.princeton.edu/courses/archive/spring03/cs226/lectures/pattern-4up.pdf*, [2016-10-04]

24   Container

Da deque ansonsten dem vector so ähnlich ist, schauen Sie sich die Beispiele von dort an. Damit Sie nicht so viel blättern müssen, habe ich in Listing 24.30 ein paar entscheidende Operationen der deque hineingepackt:

```
#include <deque>
#include <iostream>
#include <iterator> // ostream_iterator
#include <algorithm> // copy

using std::cout; using std::ostream; using std::ostream_iterator; using std::copy;
ostream& operator<<=(ostream& os, int val) { return os<<val<<'\n'; }

int main() {
    std::deque<int> d{ 4, 6 }; // mit Elementen erzeugen
    // Einfügen
    d.push_front(3);            // am Kopf: effizient
    d.insert(d.begin()+2, 5);   // mittendrin: langsam
    d.push_back(7);             // am Ende: effizient
    // Zugriff
    cout <<= d.front();         // vom Kopf: effizient
    cout <<= d[3];              // mittendrin: effizient
    cout <<= d.back();          // vom Ende: effizient
    // Größe
    cout <<= d.size();          // Größe lesen
    d.resize(4);                // Größe kappen (oder erweitern)
    // Iteratoren
    copy(d.begin(), d.end(), ostream_iterator<int>(cout, " "));
    cout << '\n';               // Ausgabe: 3 4 5 6
    // Entfernen
    d.pop_front();              // am Kopf: effizient
    d.erase(d.begin()+1);       // mittendrin: langsam
    d.pop_back();               // am Ende: effizient
    d.clear();                  // leeren
}
```

Listing 24.30 Was die »deque« so alles kann.

Bitte beachten Sie meine Anmerkung zu <<= im Kasten nach Listing 24.7.

Initialisieren

Sie initialisieren eine deque genau so wie einen vector: per Standardkonstruktor ohne Argumente, per Initialisierungsliste, mit einer anfänglichen Größe, einem Paar Iteratoren oder einem anderen Container zum Kopieren oder Verschieben.

Zuweisen

Die `assign`-Methode hat wie beim `vector` die gleichen Möglichkeiten wie die Konstruktoren. Und mit dem `operator=` ist eine Neuzuweisung per Kopie und Verschiebung möglich. Mit `swap` können Sie die Inhalte zweier `deques` in O(1) vertauschen.

Einfügen

Die `deque` kann gegenüber dem `vector` vorne und hinten effizient Elemente einfügen.

▶ **Effizientes Anfügen an beiden Enden**
Von `vector` hat die `deque` `push_back` und `emplace_back` zum Anfügen hinten. Für vorne gibt es `push_front` und `emplace_front`, die ebenfalls optimal schnell in O(1) funktionieren.

▶ `insert` **und** `emplace`
Hier gibt es keinen Unterschied zu `vector`. Ein Einfügen irgendwo mit `emplace` oder `insert` muss viele Elemente kopieren oder verschieben und benötigt somit O(n) Zeit.

Löschen

Zusätzlich zum `vector` können Sie bei der `deque` auch vorne effizient Elemente entfernen.

▶ **Alle Elemente**
`clear()` entfernt alle Elemente aus der `deque`.

▶ **Letztes oder erstes Element**
`pop_back()` hat die `deque` vom `vector`, vorne entfernen Sie mit `pop_front()` in O(1).

▶ **Einzelnes beliebiges Element**
`iterator erase(const_iterator wo)` löscht wie beim `vector` ein einzelnes Element in O(n).

▶ **Bereich**
`iterator erase(const_iterator von, const_iterator bis)` löscht wie beim `vector` alle Elemente zwischen `von` und `bis` in O(n).

24.6.6 »list«

Mit `list` wird die Sache wieder interessanter: Zwar sind wieder viele bekannte Methoden dabei, die ich Ihnen schon mit `vector` vorgestellt habe, doch gibt es interessante Unterschiede. Für das eine oder andere Beispiel – insbesondere um Iteratoren herum – können Sie immer noch zu Abschnitt 24.6.3, »vector«, blättern, aber die Spezialitäten der Liste sehen Sie hier.

`list` speichert die Elemente in einer doppelt verketteten Liste. Das heißt, jedes Element liegt unabhängig zu allen anderen Elementen irgendwo im Speicher. Die Elemente werden nicht »in einem Schwung« alloziert, sondern einzeln. Das ist ein Vorteil, wenn Sie zum Beispiel große Elemente haben, dann wird nicht für viele auf einmal Platz reserviert. Bei vielen kleinen Elementen kann es aber ein Nachteil sein, denn eine einzelne Speicheranforderung kostet das System Speicher und Zeit.

Zu jedem Element gesellen sich zwei Zeiger, der eine zeigt auf den Vorgänger, der andere auf den Nachfolger. Das ist Extraspeicher, den ein vector zum Beispiel nicht braucht, dafür kann man aber irgendwo ein Element einfügen, indem man es einfach zwischen zwei Elemente »einhängt« – keine Verschiebeaktionen nötig. Und auch beim Anfügen am Ende oder Anfang muss nicht ab und zu der gesamte Containerinhalt an einen neuen größeren Platz geschaufelt werden.

Die verkettenden Zeiger sind die einzige Möglichkeit, durch die list zu navigieren. Eine direkte Adressierung über einen Index fällt weg. Sie holen sich *bidirektionale Iteratoren* mit begin() und end() und navigieren dann mit ++ und -- durch die Elemente.

Initialisieren

list hat genau die gleichen Konstruktoren definiert, wie vector und deque. Das heißt, Sie haben den Standardkonstruktor ohne Argumente zur Verfügung für eine leere Liste, das komplette Kopieren oder Verschieben sowie Varianten für das Initialisieren mit einer Anzahl identischer Kopien eines Werts, der Initialisierungsliste und Iteratorpärchen aus einem anderen Container. swap vertauscht ganze Listen effizient.

Zuweisen

Der operator= kann sowohl den Inhalt einer anderen list kopieren als auch verschieben. assign zum Neuinitialisieren gibt es in Überladungen für eine Anzahl gleicher Kopien eines Elements, einer Initialisierungsliste sowie einem Iteratorpärchen aus einem anderen Container.

Zugreifen

Einen indexbasierten Zugriff gibt es nicht. Am besten arbeiten Sie mit Iteratoren. Der direkte Elementzugriff funktioniert nur an den Enden der Liste.

▶ **Direkter Elementzugriff**
front() und back() liefert Ihnen eine Referenz auf das vorderste, respektive hinterste, Element der Liste. Achten Sie darauf, dass die Liste nicht leer ist, denn sonst ist dieser Zugriff ungültig.

▶ **Iteratorzugriff**
[c]begin() gibt Ihnen einen bidirektionalen Iterator it auf das erste Element zurück, [c]end() zeigt auf das Ende der Liste, also *hinter* das letzte Element. Wie üblich inkrementieren und dekrementieren Sie it mit ++it und --it. Sie können auch next(it) und prev(it) aus dem Header <iterator> verwenden.

▶ **Rückwärts iterieren**
Ebenfalls nicht ungewöhnlich sind die r...-Varianten der Iteratormethoden. Zum Beispiel erhalten Sie mit rbegin() einen Iterator it, der auf das *letzte* Element zeigt. Wenn

24.6   Die sequenziellen Containerklassen

Sie den mit ++ einmal inkrementieren (ja *in*krementieren, nicht *de*krementieren), dann zeigt er danach auf das vorletzte, etc.

Beachten Sie, dass bei list die Operationen, die einen Iterator it um mehrere Positionen n verschieben, aufwendig sind, das heißt O(n) Zeit brauchen. Das wären prev(it, n), next(it, n) und advance(it, n), aber auch distance(it1, it2), wenn die Iteratoren n Abstand zueinander haben.

Dafür bleiben – anders als bei vector und den anderen zusammenhängenden Konsorten – Iteratoren aber gültig, wenn Sie ein Element aus dem Container löschen oder einfügen.

Einfügen

Alle Einfügeoperationen von list sind mit O(1) pro neues Element optimal effizient. Das gilt im Vergleich zu vector insbesondere für die Einfügung vorne und in der Mitte.

▶ **Einfügen am Ende**
Sie können einer Liste mit push_back und emplace_back hinten effizient Elemente hinzufügen.

▶ **Einfügen am Anfang**
Das gilt auch für vorne mit push_front und emplace_front.

▶ **Einfügen irgendwo**
insert kann ein einzelnes Element oder gleich einen ganzen Bereich irgendwo einfügen, wenn Sie zusätzlich zur Einfügeposition ein Paar Quelliteratoren mit angeben. emplace fügt ein einzelnes Element an der angegeben Position ein, ohne es zu kopieren.

Einfügeoperationen machen andere Iteratoren in die Liste nicht ungültig.

Löschen

Sie löschen alle Elemente mit clear(), eines oder einige mit erase, wie bei vector auch.

Löschen geht bei list mit O(1) pro gelöschtes Element optimal schnell. Das gilt auch für das Löschen vorne oder an einer beliebigen Position.

Iteratoren an andere Stellen des Containers behalten beim Löschen von Elementen ihre Gültigkeit.

Spezialität: Listenoperationen

Eine Liste sortieren Sie nicht mit std::sort aus <algorithm>, denn der würde wahlfreie Iteratoren benötigen. Hier verwenden Sie die Methode sort von list.

Gleiches gilt für einige andere Algorithmen, die für list nicht mit den freien Funktionen funktionieren, weil diese Elemente, die sie beseitigen wollen, nach hinten stellen und dabei wahlfrei vertauschen wollen. Das wären remove, remove_if und unique. Auch reverse und merge gibt es »aus Gründen der Wahlfreiheit« als list-Methode. Die Spezialimplementierungen in Form von Methoden stehen in der Effizienz den Brüdern aus <algorithm> in

641

nichts nach. Der Nachteil ist jedoch, dass diese Methoden immer auf der ganzen Liste arbeiten, da diese keine Parameter als Bereichsmarkierer in Form von Iteratoren erhalten.

Ein besonderes Bonbon ist aber die Methode `splice`: Die Natur einer `list` gegenüber allen anderen Containern – mit Ausnahme der `forward_list` – erlaubt es, zwei beliebig lange Listen im Nullkommanichts zu einer Liste zu verschmelzten! Egal, wie viele Elemente in den Listen a und b sind, nach `a.splice(a.end()`, `b)` sind alle Elemente aus b in a, und dabei wird nur O(1) Zeit verbraucht.

```cpp
#include <list>
#include <iostream>
using std::list; using std::cout; using std::ostream;
ostream& operator<<=(ostream&os, const list<int> &data)
    { for(auto &e:data) os<<e<<' '; return os<<'\n'; }
int main() {
    list<int> numa { 1, 3, 5, 7, 9 };
    list<int> numb { 2, 4, 6, 8 };
    auto wo = numa.end();
    numa.splice(wo, numb); // transferieren in O(1)
    cout <<= numa; // Ausgabe: 1 3 5 7 9 2 4 6 8
    cout <<= numb; // Ausgabe: (keine)
    numa.sort();    // sort als Methode, nicht aus <algorithm>
    cout <<= numa; // Ausgabe: 1 2 3 4 5 6 7 8 9
}
```

Listing 24.31 »splice« ist die Spezialität von »list« und verbindet zwei Listen effizient.

Bitte beachten Sie meine Anmerkung zu `<<=` im Kasten nach Listing 24.7.

Mit den anderen Überladungen von `splice` können Sie ein einzelnes oder einen Bereich von n Elementen transferieren. Dann ist die Effizient O(n).

24.6.7 »forward_list«

Die `forward_list` ist anders als alle anderen Container. Sie speichert ihre Element in einer einfach verketteten Liste. Dadurch hat sie für eine Liste den kleinsten möglichen Speicheroverhead, nämlich nur einen Zeiger pro gespeichertem Element.

Das hat jedoch zur Folge, dass Sie von einem Element nur nach vorne und nicht nach hinten navigieren können. Wollen Sie zum Beispiel an einer gegebenen Stelle `it` ein Element einfügen, dann können Sie das Element vor `it` nicht erreichen, um dessen Verkettungszeiger zur verbiegen.

Als Lösung haben sich die Designer der Standardbibliothek daher dafür entschieden, die nötigen Methoden wie `insert`, `emplace` und `erase` nicht anzubieten, denn diese könnten nicht effizient implementiert werden. Stattdessen gibt es `insert_after`, `emplace_after` und `erase_after`, die ein Element »später« wirken, als bei den anderen Containern gewohnt.

24.6 Die sequenziellen Containerklassen

Für den Alltagsgebrauch heißt das, dass forward_list sich völlig anders bedient als alle anderen Container.

Ich empfehle deshalb, forward_list nur dann einzusetzen, wenn Sie es *wirklich* brauchen und alle anderen Container als Wahl ausgeschieden sind.

Viele der Methoden sind dennoch identisch zu vector oder list, insbesondere jene, die sich auf den ganzen Container beziehen. Ich fasse mich hier daher kurz und gehe nur auf die Spezialitäten von forward_list ausführlich ein. Schlagen Sie für mehr Beispiele in Abschnitt 24.6.3, »vector«, nach.

Initialisieren

Die forward_list bietet alle gewohnten Container-Konstruktoren wie list und vector auch: per default, mit einer Anfangsgröße, einer Anzahl identischer Element-Kopien, einer kompletten Kopie oder Verschiebung, die Initialisierungsliste und ein Iteratorpärchen eines anderen Containers.

Zuweisen

operator= kann wie bei list und vector kopieren und verschieben. assign kann eine Initialisierungsliste, ein Iteratorpärchen eines anderen Containers oder einen einzelnen Wert in mehreren Kopien zuweisen. swap vertauscht komplett.

Zugreifen

Wie bei list gibt es keinen indexbasierten Zugriff. Auch rückwärts können Sie nicht durch eine forward_list navigieren.

▶ **Direkter Elementzugriff**
front() liefert Ihnen eine Referenz auf das vorderste Element der Liste. Die Liste darf nicht leer sein.

▶ **Iteratorzugriff**
[c]begin() gibt Ihnen einen Vorwärtsiterator it auf das erste Element zurück, [c]end() zeigt hinter das letzte Element. Wie üblich inkrementieren Sie it mit ++it. Speziell bei forward_list gibt es die Methoden before_begin() und cbefore_begin(), die Ihnen einen »virtuellen« Iterator ein Element *vor* begin() zurückliefern. Der zurückgegebene Iterator hat eine Sonderrolle und kann in Zusammenhang mit den ...after-Methoden benutzt werden. Sie sehen ein Beispiel in Listing 24.32.

Den von before_begin() und cbefore_begin() zurückgegebenen Iterator it dürfen Sie nicht dereferenzieren. Sie benötigen ihn aber, um zum Beispiel mit insert_after ganz zu Beginn der Liste ein Element einzufügen. Wenn Sie ihn mit ++it inkrementieren, ist er identisch mit begin() bzw. cbegin().

Iteratoren bleiben gültig, wenn Sie ein Element aus der forward_list löschen oder in sie einfügen.

643

> **Nützliche Iterator-Traits**
>
> Im Header <iterator> finden Sie nützliche Hilfsmittel rund um Iteratoren. So können Sie zum Beispiel mit next(it) eine um eins weitergerückte Kopie von it erhalten. Ich finde das besonders bei forward_list nützlich, weil Sie weder mit --it zurück können noch it+1 verwenden können. So können Sie mit next(it) effektiv it+1 schreiben, ohne dass der Iterator + als Operation unterstützen muss.

Einfügen

Hier wird es leider kompliziert bei der forward_list. Sie können *nicht* an der Stelle einfügen, auf die ein Iterator zeigt, sondern nur *ein Element dahinter*. In den Abbildungen 24.6 und 24.7 können Sie sehen, dass der Knoten Fili von it aus nicht erreichbar ist. Das wäre aber nötig, um dessen Verknüpfung zu Oin zu lösen und stattdessen auf den neuen Bilbo-Knoten umzusetzen. Den Knoten Fili können wir nur mittels einer Schleife erreichen, die bei begin() startet – und das dauert O(n) Schritte, steht also außer Frage. Bleibt die Alternative des sauren Apfels und eine gegenüber den anderen Containern leicht veränderte Schnittstelle in Kauf zu nehmen.

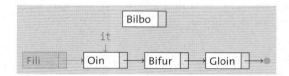

Abbildung 24.6 Von »it« aus sind vorherige Knoten nicht erreichbar.

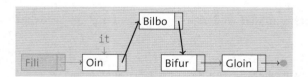

Abbildung 24.7 Zum Einfügen kann man nur die Verknüpfung des »it«-Knotens verändern.

Sie können also im Prinzip an jeder Stelle einfügen, müssen nur auf die richtige Verwendung der ..._after-Methoden achten. »An jeder Stelle«? »Nein! Eine einzige Stelle ist übrig geblieben und leistet erbitterten Widerstand.« Mit den ..._after-Methoden können Sie eigentlich nicht *zuvorderst* einfügen. Um das doch zu tun, haben Sie zwei Möglichkeiten: Entweder Sie nehmen die von list übernommene Methode push_front, oder Sie holen sich den speziellen Iterator before_begin(). Der zeigt auf ein nicht wirklich existierendes Element noch vor begin(), das genau dem Zwecke dient, als Argument für Methoden wie insert_after etc. verwendet zu werden.

```
#include <iostream>
#include <forward_list>

int main()     {
    std::forward_list<int> mylist = {20, 30, 40, 50};
    mylist.insert_after(mylist.before_begin(), 11 );
    for (int& x: mylist) std::cout << ' ' << x; // Ausgabe: 11 20 30 40 50
    std::cout << '\n';
}
```

Listing 24.32 »before_begin« können Sie als Argument für »insert_after« nehmen.

Habe ich schon gesagt, dass Sie forward_list nur einsetzen sollten, wenn Sie es wirklich brauchen?

▶ **Einfügen am Anfang**
Mit push_front und emplace_front können Sie ein neues Element am Anfang einfügen. Alternativ können Sie con.insert_after(con.before_begin(), …) nehmen.

▶ **Einfügen irgendwo**
insert_after und emplace_after fügen mittels eines Positionsiterators it Element(e) irgendwo ein. insert_after kann ein einzelnes Element oder mehrere einer Initialisierungsliste oder eines Iteratorpärchens verarbeiten. Wenn Sie ganz am Anfang einfügen wollen, benötigen Sie den speziellen Iterator von before_begin, wie Sie in Listing 24.32 sehen.

Wie list sind alle Einfügeoperationen von forward_list mit O(1) pro neues Element optimal effizient, wenn auch umständlich.

Einfügeoperationen machen andere Iteratoren in die Liste nicht ungültig.

Löschen

Alle Elemente löschen Sie wie mit allen anderen Containern auch mit clear().

Wollen Sie an einer bestimmten Position löschen, haben Sie die gleichen Dinge zu berücksichtigen wie beim Einfügen: Sie nehmen entweder pop_front() oder eine der …_after-Methoden mit den gleichen Komplikationen und eventuell der Hilfe von before_begin().

▶ **Löschen am Anfang**
Mit pop_front löschen Sie das vorderste Element. Alternativ können Sie con.erase_after(con.before_begin()) nehmen.

▶ **Löschen irgendwo**
erase_after löscht ein einzelnes Element direkt hinter der übergebenen Position oder einen Bereich, wenn Sie ein Iteratorpärchen übergeben.

```
#include <forward_list>
#include <iostream>
#include <iterator> // next
using std::cout; using std::forward_list; using std::ostream;
ostream& operator<<=(ostream&os, const forward_list<int> &data)
    { for(auto &e:data) os<<e<<' '; return os<<'\n'; }
int main()      {
    forward_list<int> zahlen {40, 50, 60, 70};
    cout <<= zahlen; // Ausgabe: 40 50 60 70
    zahlen.insert_after(zahlen.before_begin(), {10, 20, 30});
    cout <<= zahlen; // Ausgabe: 10 20 30 40 50 60 70
    auto wo = std::next(zahlen.begin(), 2); // zwei Elemente weiter
    auto bis = std::next(wo, 3); // drei Elemente nach wo
    zahlen.erase_after(wo, bis);
    cout <<= zahlen; // Ausgabe: 10 20 30 60 70
}
```

Listing 24.33 »erase_after« kann einen Bereich von Elementen löschen.

Wie bei list löscht die forward_list jedes einzelne Element in O(1) optimal schnell.

Bitte beachten Sie meine Anmerkung zu <<= im Kasten nach Listing 24.7.

Iteratoren an andere Stellen behalten beim Löschen ihre Gültigkeit.

Spezialität: Listenoperationen

Ebenso wie list verfügt forward_list über einen Satz an Methoden, die als Ersatz zu einigen freien Funktionen aus <algorithm> dienen, aber immer auf der ganzen Liste statt nur einem Bereich zwischen zwei Iteratoren arbeiten.

Die Listenspezialität des effizienten Zusammenfügens ganzer Listen oder Listenbereiche funktioniert bei forward_list wieder mit einem Sonderling im Vergleich zu list, nämlich splice_after, wie in Listing 24.34 gezeigt.

```
#include <forward_list>
#include <iostream>
using std::cout; using std::forward_list; using std::ostream;
ostream& operator<<=(ostream&os, const forward_list<int> &data)
  { for(auto &e:data) os<<e<<' '; return os<<'\n'; }
int main() {
  {
    forward_list<int> fw1 {10, 20, 30, 40};
    forward_list<int> fw2 {5, 6, 7, 8};
    fw1.splice_after(fw1.begin(), fw2);                          // transferiert alles
    cout <<= fw1;                    // Ausgabe: 10 5 6 7 8 20 30 40
    cout <<= fw2;                    // Ausgabe:
  }
```

24.7 Assoziativ und geordnet

```
{
    forward_list<int> fw1 {10, 20, 30, 40};
    forward_list<int> fw2 {5, 6, 7, 8};
    fw1.splice_after(fw1.begin(), fw2,fw2.begin(),fw2.end()); // ein Element übrig
    cout <<= fw1;                    // Ausgabe: 10 6 7 8 20 30 40
    cout <<= fw2;                    // Ausgabe: 5
}
}
```

Listing 24.34 »splice_after« kann sehr effizient Listen zusammenfügen.

splice_after gibt es in mehreren Varianten, um ganze forward_list-Container oder nur Bereiche davon zusammenzufügen. Beachten Sie, dass die Sonderstellung der Schnittstelle von forward_list mal wieder etwas knifflig ist. Wie Sie in Listing 24.34 sehen, haben die beiden sehr ähnlichen Aufrufe von splice_after ein unterschiedliches Ergebnis: Die erste Variante erhält nur die Quell-Liste als Parameter und transferiert den gesamten Listeninhalt der Quelle. Wenn Sie aber zusätzlich zwei Iteratoren als Quellbereich übergeben, dann kann nur nach dem ersten Iterator abgekoppelt werden – die »after«-Regel schlägt also wieder zu. Weil ich hier begin() übergebe, bleibt also ein Element in der Quelle übrig.

24.7   Assoziativ und geordnet

Container	Beschreibung
set	sortierte und duplikatsfreie Menge von Elementen
map	Eindeutige Schlüssel verweisen auf einen Zielwert.
multiset	sortierte Menge von Elementen, die mehrfach vorkommen
multimap	Sortierte Schlüssel können jeweils mehrfach vorkommen.

Tabelle 24.6 Steckbrief: Die assoziativen geordneten Container

In diesem Abschnitt steht Cont oder C für einen der Containertypen wie **set<int>** oder **map<int,string>**. cont für eine Instanz eines Containers, also zum Beispiel set<int> **cont;**. Als *Schlüsseltyp* verwende ich Key oder K, als *Zieltyp* Target oder T, und der *Werttyp* pair<K,T> ist Value oder V. *Iteratortypen* kürze ich mit It ab.

▶ set<Key>

Diese »Menge« hält Elemente, in denen im Vergleich zur map die gespeicherten Werte auch gleichzeitig die Schlüssel sind. Packen Sie zum Beispiel einfach alle Person-Elemente in ein set<Person>. Da die Schlüssel auch hier immer wohlgeordnet sind, sind die Elemente nun immer sortiert und erlauben daher das Auffinden sowohl schnell als auch in einer garantierten Zeit.

647

- map<Key,T>

  Wenn Sie Werte eines Typs in einen anderen übersetzen wollen, dann nehmen Sie die map. Mit ihr finden Sie anhand eines Schlüssels einen zugehörigen Zielwert. Sie können zum Beispiel string in einen eigenen Typ Person übersetzen. In diesem Behälter sind die Key-Elemente immer wohlgeordnet und die Suche daher ebenfalls garantiert schnell.

- multimap<Key,T> und multiset<Key>

  Für jeden Key können die Nicht-multi-Varianten nur ein Element speichern. Mit diesen Varianten können sich hinter einem Key auch mehrere Elemente verbergen. Doppeltes Einfügen ist also möglich.

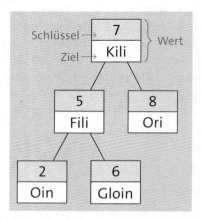
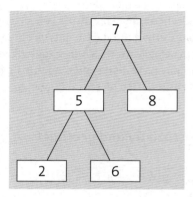

Abbildung 24.8 Eine »map« speichert nach Schlüsseln geordnete Werte in einem Baum.

Abbildung 24.9 Ein »set« hält nur geordnete Schlüssel.

24.7.1 Gemeinsamkeiten und Unterschiede

In Tabelle 24.7 sehen Sie, durch welche Haupteigenschaften sich die geordneten assoziativen Container voneinander unterscheiden. Mit »garantiert« meine ich, dass die Operationen »garantiert schnell« sind, oder um genau zu sein O(log n). Zu den »*«-Einträgen gibt es die folgenden Anmerkungen:

- **Schlüsseltyp**

  Die geordneten assoziativen Container können als Schlüssel beinahe[5] jeden Typ verwenden, solange man seine Werte mit »kleiner« < ordnen kann.

- **einfügen, entfernen**

  Das Speichern der Elemente in einem sortierten Baum garantiert, dass Sie einen Schlüssel *immer* in O(log n) Vergleichoperationen finden. Dabei ist es egal, in welcher Reihenfolge Sie die Schlüssel einfügen oder ob gar alle gleich sind.

---

5 Man muss sie erzeugen, entfernen und kopieren können.

24.7 Assoziativ und geordnet

Eigenschaft	set	map	multiset	multimap
eindeutige Schlüssel	ja	-	ja	-
Schlüssel zu Zielwerten	-	ja	-	ja
Schlüsseltyp*	<	<	<	<
dynamische Größe	ja	ja	ja	ja
Overhead pro Element	ja	ja	ja	ja
Speicherlayout	Baum	Baum	Baum	Baum
einfügen, entfernen*	garantiert	garantiert	garantiert	garantiert
suchen	garantiert	garantiert	garantiert	garantiert
sortiert	immer	immer	immer	immer
Iteratoren	wahlfrei	wahlfrei	wahlfrei	wahlfrei
Algorithmen	alle	alle	alle	alle

Tabelle 24.7 Eigenschaften der geordneten assoziativen Container; »*« siehe Text.

24.7.2 Methoden der geordneten assoziativen Container

Ich bin bei den Signaturen der Funktionen hier nicht immer ganz präzise oder ausführlich, um Platz zu sparen und die Übersicht zu erhöhen. Gebe ich die Klammern bei `methode` nicht mit an, gibt es meist mehrere Überladungen.

▶ **Konstruktoren** `Cont()`, `Cont(Compare)`, `Cont{…}`, `Cont(It, It)`
Der Defaultkonstruktor `Cont()` erzeugt einen leeren Container. Mit einem Paar Iteratoren aus einem anderen kompatiblen Container können Sie dessen Inhalt kopieren. Sie können eine Initialisierungsliste angeben, die Ihr Container zu Beginn befüllt. Bei einer `map` bedeutet das, dass Sie verschachtelte `{…}` angeben, denn jedes Element muss ein `pair` initialisieren, also zum Beispiel `map<int,string>{ {2,"zwei"s}, {3,"three"s} }`.

▶ **Kopieren und Verschieben** `C(const C&)`, `C(C&&)`, `C& op=(const C&)`, `C& op=(C&&)`, `swap`
Den Kopier- und Verschiebekonstruktoren und -operatoren können Sie einen anderen `Cont` als Argument mitgeben. Effizientes `swap(Cont& other)` implementieren alle assoziativen Container. *Anmerkung:* Im Vergleich zu den Sequenzcontainern haben die assoziativen kein `assign`.

▶ **Destruktor** `~Cont()`
Alle Container haben Destruktoren, die die enthaltenen Elemente entfernen. Beachten Sie, dass das nicht gilt, wenn Sie rohe Zeiger in Container packen.

649

24   Container

▶ **Iterieren vorwärts** `begin()`, `end()` **und rückwärts** `rbegin()` **und** `rend()`
Sie können hier genauso iterieren wie bei den sequenziellen Containern. Die geordneten Container garantieren, dass die Elemente beim Iterieren sortiert sind. Die Iteratoren der `map`-Varianten referenzieren ein `pair<K,T>`.

▶ **Elementzugriff** `T& operator[](Key)`, `T& at(Key)`
Nur `map` hat diese Methoden. Wenn bei `at` der Schlüssel nicht existiert, wird eine Exception `out_of_range` geworfen. Mit `operator[](Key)` lesen und schreiben Sie in der `map`. Es schlägt nicht fehl, wenn ein Schlüssel nicht gefunden wurde. Wenn Sie zum Beispiel `auto v = mymap[key]` schreiben, wird nötigenfalls ein neuer (defaultkonstruierter) Zielwert bei `mymap[key]` erzeugt. Erst dann wird der dann an `v` zurückgeliefert. Praktisch, aber wichtig zu wissen.

▶ **Größe** `size()`, `empty()`, `max_size()`
Mit `size()` erhalten Sie die aktuelle Anzahl der Elemente im Container, `empty()` ist wahr, wenn diese null ist. Mit `max_size()` erhalten Sie die bibliotheksspezifische Maximalgröße des Containers.

▶ **Veränderung** `clear()`, `erase`, `insert` **und** `emplace`
Diese Methoden funktionieren wie bei den Sequenzcontainern. Bei den Maps besteht ein Element aus einem `pair<K,T>`, das Sie mit `insert` und `emplace` einfügen.

▶ **Suchen** `count`, `find`, `lower_bound`, `upper_bound`, `equal_range`
Mit diesen Methoden können Sie Informationen über die Schlüssel in dem Container bekommen. `count` zählt, wie oft einer vorkommt, `find` liefert einen Iterator auf einen gefundenen Schlüssel (möglicherweise von mehreren) zurück bzw. `end()`, falls er nicht gefunden wurde. Ähnliches machen `lower_bound` und `upper_bound`, wobei die aber den ersten bzw. letzten gefundenen Schlüssel suchen. Wird nichts gefunden, liefern diese anders als `find` aber einen Iterator an die Stelle, wo der gesuchte Schlüssel eingefügt würde. `equal_range` führt beide Operationen gleichzeitig aus und liefert ein Iteratorpaar zurück, das alle Schlüssel einschließt, die dem gesuchten entsprechen. Bei den Nicht-`multi_…`-Varianten kann dazwischen logischerweise maximal ein Element liegen, bei den `multi_…`-Varianten auch mehrere.

Alle geordneten assoziativen Container speichern ihre Elemente in einer Baumstruktur (siehe Abbildungen 24.8 und 24.9). Damit die Effizienz des Containers garantiert ist, wird dieser zu jedem Zeitpunkt *balanciert* gehalten. Das heißt, dass bei jeder Einfüge- oder Löschoperation durch geschicktes Umordnen der Knoten alle Blätter des Baums auf die gleiche Höhe gezogen werden.[6] Dieser Mehraufwand in der Verwaltung lohnt sich aber, denn so kann *garantiert* werden, dass jede Suche nach $\lceil \log n \rceil$ Schritten das Element gefunden hat oder sagen kann, dass es nicht im Container enthalten ist. Und das zu jedem Zeitpunkt und trotz ständiger Einfügungen oder Löschungen, egal welche Daten Sie hineinpacken.

---

6   oder zumindest nahezu, mit einer definierten oberen Schranke

24.7.3 »set«

Für einen set gibt es die folgenden Haupteinsatzbereiche:

▶ **Deduplikation**
Sie wollen eine Menge von Objekten speichern und dabei sollen Duplikate ignoriert werden. Weil ein set jeden Schlüssel nur einmal speichert, sind beim Auslesen alle doppelten entfernt.

▶ **Sortieren**
Eine Menge von Objekten soll sortiert gehalten werden, wenn Sie abwechselnd speichern, suchen, speichern, suchen etc. Ein vector ist oft besser geeignet, wenn Sie erst eine Menge Objekte speichern und dann in einer späteren getrennten Phase schnell darin suchen wollen. Ein set empfiehlt sich, wenn es nicht zwei sauber getrennte Phasen gibt.

Wenn Sie diese Garantie der ständigen Sortiertheit nicht benötigen, weil Sie zum Beispiel in zwei getrennten Phasen auf den set zugreifen – einer Füllphase und einer Lesephase –, dann kann es sich lohnen, stattdessen einen vector zu nehmen. Dazu sehen Sie in Abschnitt 26.2.1, »Zwei Phasen? vector als guter set-Ersatz«, ein Beispiel.

Die Beispiele dieses Abschnitts für set müssen Sie sich in den Code von Listing 24.35 eingebettet denken.

```
#include <set>
#include <iostream>
using std::set; using std::cout;
template<typename Elem, typename Comp>
std::ostream& operator<<=(std::ostream&os, const set<Elem,Comp>&data) {
    for(auto &e : data) {
        os << e << ' ';
    }
    return os << '\n'; // '<<=' statt '<<' für Zeilenumbruch
}
int main() {
    // Beispielcode hier
}
```

Listing 24.35 Dies ist die Schablone für die Beispiellistings dieses Abschnitts zum »set«.

Beachten Sie, dass ich den Operator <<= zur »Ausgabe mit Zeilenumbruch« nur deshalb überlade, um die Beispiele kompakt zu halten, wie ich im Kasten nach Listing 24.7 näher erkläre.

Die Elemente und ihre Eigenschaften

Die Elemente, die in einen set hineingepackt werden, könnte man auch *Schlüssel* nennen, denn nach denen wird die interne Baumstruktur aufgebaut, damit sie schnell wiedergefunden werden können.

24   Container

Daher müssen die Elemente *sortierbar* sein. Was heißt das konkret? Zwei Elemente e und f müssen e < f unterstützen. Das reicht.

Fast. Denn dieses »kleiner-als« muss den üblichen mathematischen Regeln folgen, sonst funktioniert der set nicht. Das heißt:

▶ Wenn e < f gilt, dann muss e >= f *unwahr* sein (ohne >= implementieren zu müssen, wohlgemerkt).

▶ Denn daraus folgt: Wenn sowohl e < f *unwahr* als auch f < e *unwahr* ist, dann muss wohl e == f sein.

Beispiel: Wenn der Elementtyp int ist, und e und f sind 5 und 11, dann ist 5 < 11. Daraus folgt !(5 >= 11), und das stimmt. Wenn e und f beide 7 sind, ist e < f und f < e, also 7 < 7 *unwahr*, daraus folgt e == f, und das stimmt ebenfalls.

Wenn Sie aber irgendeinen nicht-mathematischen Unsinn anstellen, dann kann es passieren, dass der set nicht funktioniert. Wenn Sie zum Beispiel < so definieren, dass es aus Versehen <= auf Ihrem Elementtyp definiert, kann der set Gleichheit nicht mehr herausfinden. Wenn e mit Wert 7 schon im set enthalten ist und Sie mit einem f ebenfalls mit Wert 7 suchen, dann klappt's nicht mehr.

In Listing 24.36 habe ich ein Lambda als Vergleichsfunktion definiert, damit mein Beispiel auch auf normalen int funktioniert, für die es ja schon ein < gibt. Wenn Sie einen eigenen Datentypen Elem in Ihren set packen wollen, dann reicht es, dass Sie

```
bool operator<(const Elem &e, const Elem &f)
```

überladen.

```
using std::cout; using std::ostream; using std::set;
auto vergl = [](auto e, auto f) { return e <= f; }; // ungültig definiert!
std::set<int,decltype(vergl)> data(vergl);
data.insert({ 9,5,7,2,3,6,8 });
cout <<= data;                        // Ausgabe mit Glück: 2 3 5 6 7 8 9
auto wo = data.find(7);
if(wo != data.end()) {
    cout << "hab es: " << *wo << '\n';
} else {
    cout << "weg isses!" << '\n';  // wahrscheinlich landen Sie hier
}
```

Listing 24.36 Wenn Sie die Vergleichsoperation falsch definieren, funktioniert der »set« nicht mehr.

Listing 24.36 definiert die Vergleichsoperation für den set falsch, indem es bei Gleichheit von e und f true statt false zurückgibt. Wenn dann mit find(7) das eigentlich in der Menge enthaltene Element gesucht wird, wird dieses nicht mehr gefunden.

652

24.7 Assoziativ und geordnet

Sie können aber mehrere Elemente in einer Kategorie zusammenfassen. Wenn es Ihnen zum Beispiel reicht, dass der Zehner stimmt, um Gleichheit zu bekommen, dann kann Ihre Vergleichsoperation das machen. Das nennt man mathematisch eine *streng schwache Ordnung* (engl. *strict weak ordering*).

```cpp
auto vergl = [](auto e, auto f) { return e/10 < f/10; }; // zusammenfassen ist okay
std::set<int,decltype(vergl)> data(vergl);
data.insert({ 14,23,56,71 });
cout <<= data;            // Ausgabe: 14 23 56 71
auto wo = data.find(29);  // 29 findet nun auch die 23
if(wo != data.end()) {
    cout << "hab es: " << *wo << '\n'; // Ausgabe: hab es: 23
}
data.insert(79);          // nichts passiert, denn 71 ist schon drin
cout <<= data;            // Ausgabe: 14 23 56 71
```

Listing 24.37 Als streng schwache Ordnung darf die Vergleichsoperation Elemente zusammenfassen.

Achten Sie also darauf, dass Ihre Vergleichsoperation, wenn es geht, das Intuitive tut. Wenn Sie mit gutem Grund etwas nicht intuitives programmieren müssen, dann kommentieren Sie ausreichend und bedenken Sie, dass < den Regeln der mathematischen »streng schwachen Ordnung« gehorchen muss.

Initialisieren

Außer dem Element- bzw. Schlüsseltyp Key hat der set noch einen *Comparator* typename Compare als Templateparameter (sowie den obligatorischen *Allokator*, siehe Abschnitt 24.3, »Allokatoren: Speicherfragen«). Wenn Sie keinen angeben, dann ist std::less<Key> der Default. Das heißt letztlich, dass zwei Schlüssel e und f mittels kleiner < verglichen werden, um den set sortiert zu halten. Für die eingebauten Typen wie int ist das somit auch das eingebaute <. Für Ihre eigenen Typen überschreiben Sie die freie Funktion operator<. Wenn Sie eine dieser Optionen wählen, brauchen Sie also keinen eigenen Comparator anszgeben.

Nur wenn Ihnen < nicht reicht, dann definieren Sie einen eigenen Comparator. Sie müssen dazu eine Art »kleiner-als« < definieren, auf gar keinen Fall »kleiner-gleich« <=, siehe Listing 24.36. Der Comparator ist etwas Aufrufbares, mit zwei Key-Parametern und bool als Rückgabe – oder jeweils etwas implizit Konvertierbares. Das kann, wie üblich, ein Funktionszeiger, ein Lambda oder ein Funktor sein.

Ein Funktor ist hier praktisch, denn dann reicht es, dessen Typ als Templateparameter anzugeben. Das klappt mit einem Lambda oder einem Funktionszeiger nicht.[7]

---

7 Denn C++ kann noch nicht aus einem Konstruktorargument ein Templateargument einer Templateklasse herausfinden. Das geht erst mit C++17.

653

24 Container

```cpp
#include <set>
#include <functional> // function
using std::set; using std::function;
bool fcompZehner(int a, int b) { return a%10 < b%10; }
struct Fuenfer {
    bool operator()(int a, int b) { return a%5 < b% 5; }
};
int main() {
    // Funktor
    set<int, Fuenfer> ff1;
    ff1.insert(5);
    set<int> ff2(Fuenfer{}); // nur im K'tor reicht leider nicht
    // Lambda
    set<int,function<bool(int,int)>> lll([](auto a, auto b) { return a%3 < b%3; });
    lll.insert(3);
    auto lcomp = [](int a, int b) { return a%3 < b%3; };
    set<int, decltype(lcomp)> ll2(lcomp);
    ll2.insert(3);
    set<int> ll3(lcomp); // nur im K'tor reicht leider nicht
    // Funktionszeiger
    set<int, bool(*)(int,int)> zz1(&fcompZehner);          // C-Stil
    zz1.insert(10);
    set<int, function<bool(int,int)>> zz2(&fcompZehner); // C++-Stil
    zz2.insert(10);
    set<int, decltype(&fcompZehner)> zz3(&fcompZehner);   // C++-Stil
    zz3.insert(10);
}
```

Listing 24.38 Es gibt verschiedene Möglichkeiten, einen Comparator anzugeben.

Den Comparator kann man meist zusätzlich zu den Elementen angeben, mit denen der set initialisiert werden soll. Ähnlich wie bei einem vector (siehe Abschnitt 24.6.3, »vector«,) gibt es die folgenden Möglichkeiten, dem Konstruktor die initialen Elemente zu übergeben:

▶ ohne Argumente (zum Beispiel der Defaultkonstruktor)

▶ ein Bereich aus einem anderen Container mittels eines Iteratorpaars

▶ ein anderer set zum Kopieren

▶ eine Initialisierungsliste

```cpp
// ohne Argumente
set<int> leer{};
cout <<= leer;           // Ausgabe:
// Initialisierungsliste
set<int> liste{ 1,1,2,2,3,3,4,4,5,5 }; // set übernimmt keine doppelten
cout <<= liste;          // Ausgabe: 1 2 3 4 5
```

24.7 Assoziativ und geordnet

```
// Kopie
set<int> copy(liste);
cout <<= copy;           // Ausgabe: 1 2 3 4 5
// Bereich
set<int> range( std::next(liste.begin()), std::prev(liste.end())));
cout <<= range;          // Ausgabe: 2 3 4
```

Listing 24.39 Wie üblich gibt es mehrere Möglichkeiten, beim Konstruieren Elemente mit anzugeben.

Verschiebungen sind möglich, denn auch der Verschiebekonstruktor ist definiert. Dazu muss, wie üblich, Elem verschiebbar sein.

```
set<int> quelle{1,2,3,4,5};
cout <<= quelle;         // Ausgabe: 1 2 3 4 5
set<int> ziel( std::move(quelle) ); // verschieben statt kopieren
cout <<= quelle;         // Ausgabe:
cout <<= ziel;           // Ausgabe: 1 2 3 4 5
```

Zuweisen

Auch operator=(const set<Elem>&) bietet der set an, sodass Sie in einen vorher erzeugten set auch später noch den Inhalt eines anderen hineinkopieren können. Und weil es auch eine Überladung für operator=(set<Elem>&&) gibt, klappt das auch verschiebend.

```
set<int> quelle{1,2,3,4,5};
set<int> ziel{};
set<int> ziel2{};
cout <<= quelle;         // Ausgabe: 1 2 3 4 5
cout <<= ziel;           // Ausgabe:
cout <<= ziel2;          // Ausgabe:
ziel = quelle;           // nachträglich kopieren
cout <<= quelle;         // Ausgabe: 1 2 3 4 5
cout <<= ziel;           // Ausgabe: 1 2 3 4 5
ziel2 = std::move(quelle); // verschieben
cout <<= quelle;         // Ausgabe:
cout <<= ziel2;          // Ausgabe: 1 2 3 4 5
```

Die Methode assign gibt es *nicht* bei den assoziativen Containern und somit auch *nicht* bei set. Bei den Sequenzcontainern dient diese Methode dazu, einen schon existierenden Container zu reinitialisieren und dabei ähnliche Möglichkeiten zur Parameterangabe zu haben, wie mit einem Konstruktoraufruf.

Wollen Sie die Möglichkeit einer solchen konstruktorähnlichen Reinitialisierung bei den assoziativen Containern haben, müssen Sie anders vorgehen. Das geht, ohne Performance zu verlieren. In Listing 24.40 sehen Sie zwei Möglichkeiten.

655

24 Container

```
#include <vector>
// ...
set<int> data{1,2,3,4,5};
std::vector<int> quelle{10, 20, 30, 40, 50};

// Es gibt kein set::assign:
data.assign(quelle.begin(), quelle.end());

// Simulieren Sie es also mittels eines temporären set:
set<int> temp(quelle.begin(), quelle.end()); // aus Quelle kopieren...
data.swap(temp);                              // ... Inhalte effizient vertauschen
cout <<= data; // Ausgabe: 10 20 30 40 50

// ...oder per vorherigem clear und darauf folgendem insert:
data.clear();                                 // leeren ...
data.insert(quelle.begin(), quelle.end());    // ... und einfügen
cout <<= data; // Ausgabe: 10 20 30 40 50
```

Listing 24.40 Statt »assign« können Sie das Copy-and-Swap-Idiom verwenden.

Bei der ersten Variante verwende ich einen temporären Set und wende das *Copy-and-Swap-Idiom* an – also *Kopieren-und-Vertauschen*. Die zweite Möglichkeit nutzt, dass insert ähnlich viele Parameterkombinationen wie der Konstruktor unterstützt.

Einfügen

In einen set fügen Sie immer mittels insert oder emplace ein. insert unterstützt dabei alle möglichen Parameterkombinationen, ähnlich zu denen des Konstruktors von set. Dem emplace steht das potenziell schnellere emplace_hint zur Seite.

Alle Iteratoren in den set behalten nach einer Einfügeoperation ihre Gültigkeit.

Einfügen eines einzelnen Elements mit automatischer Position

insert kann einen einzelnen Wert per Kopie einfügen. Das Element wird automatisch an der richtigen Stelle der sortierten Reihenfolge eingefügt. Um das zu garantieren, muss erstens die korrekte Position in log n Schritten gesucht, und zweitens die interne Baumstruktur wahrscheinlich umgeordnet werden. Gleiches gilt für emplace, nur dass Sie statt des Elements selbst dessen Konstruktorargumente direkt angeben. Wenn das, was Sie einfügen wollen, im set schon existiert, dann wird *nicht* überschrieben! Der Rückgabewert von insert ist hier ein pair<iterator,bool>: Ist der bool true, dann wurde tatsächlich neu eingefügt. Der iterator verweist auf die Einfügeposition.

In operator< nutze ich tie, um tuple zu erzeugen, die ich dann mit < vergleiche. Damit erreiche ich, dass Felder lexikografisch verglichen werden, also zuerst das erste Element und nur bei dessen Gleichheit das zweite.

```
#include <tuple> // tie
// ...
template<typename IT> ostream& operator<<(ostream& os,const pair<IT,bool> wo)
  { return os << (wo.second ? "ja" : "nein"); }

struct Punkt {
    double x_, y_;
    Punkt(double x, double y) : x_{x}, y_{y} {}
    friend bool operator<(const Punkt &a, const Punkt &b) { // für set benötigt
        return std::tie(a.x_, a.y_) < std::tie(b.x_, b.y_); // tuple nutzen
    }
    friend ostream& operator<<(ostream &os, const Punkt &a) {
        return os << "(" << a.x_ << ',' << a.y_ << ")";
    }
};

int main() {
    set<int> data{ 10, 20, 30, 40, 50, 60, 70 };
    auto wo = data.insert(35);        // fügt zwischen 30 und 40 ein
    cout << "neu? " << wo << '\n';    // Ausgabe: neu? ja
    wo = data.insert(40);             // gibt es schon, fügt also nicht ein
    cout << "neu? " << wo << '\n';    // Ausgabe: neu? nein
    set<Punkt> punkte{};
    punkte.insert( Punkt{3.50,7.25} ); // temporärer Wert
    punkte.emplace(1.25, 2.00);        // Konstruktorargumente
    cout <<= punkte;                   // Ausgabe: (1.25,2) (3.5,7.25)
}
```

Listing 24.41 Zum Einfügen eines einzelnen Elements nehmen Sie »insert« oder »emplace«.

Eine leichte Beschleunigung können Sie erreichen, indem Sie als zusätzlichen Parameter zu insert einen Iterator mitgeben, der auf die Einfügeposition verweist. Für emplace nehmen Sie dann emplace_hint, damit der Iterator nicht mit einem Konstruktorargument verwechselt wird. Als Rückgabe erhalten Sie einen Iterator der Einfügeposition. Wenn Ihr Positionshinweis stimmt, dann braucht die Einfügung im Mittel konstant viel Zeit, also O(1). Stimmt der Hinweis nicht, geschieht die Einfügung bezüglich der Sortierung trotzdem an der korrekten Stelle, aber der Zeitverbrauch fällt auf das normale Einfügen zurück.

```
set<int> data{ 10, 20, 30, 40, 50, 60, 70 };
set<int> ziel;
auto hinweis = ziel.begin();
for(auto &e : data) {
    hinweis =                         // Einfügeposition in nächster Runde nutzen
        ziel.insert(hinweis, e);      // Hinweis hilft, weil data sortiert ist
}
```

Listing 24.42 Die Rückgabe können Sie beim Einfügen sortierter Bereiche wiederverwenden.

24 Container

Die Rückgabe der insert-Methode mit Positionshinweis liefert bei den assoziativen Containern wie bei den Sequenzcontainern einen Iterator zurück. Dadurch können Sie Funktionen schreiben, die mit beiden Containertypen funktionieren.

```cpp
#include <set>
#include <vector>
#include <iostream>
using std::cout; using std::ostream; using std::set; using std::vector;

template<typename Container>
void insFive(Container& cont, int a, int b, int c, int d, int e) {
    auto it = cont.end();
    for(int x : { a, b, c, d, e }) {
        it = cont.insert(it, x); // geht mit vector, set, etc.
    }
}

int main() {
    vector<int> dataVec{ };
    insFive(dataVec, 9, 2, 2, 0, 4 );
    for(auto e : dataVec) cout <<e<<' ';
    cout << '\n'; // Ausgabe: 4 0 2 2 9
    set<int> dataSet{ };
    insFive(dataSet, 9, 4, 2, 2, 0);
    for(auto e : dataSet) cout <<e<<' ';
    cout << '\n'; // Ausgabe: 0 2 4 9
}
```

Listing 24.43 Nehmen Sie das gleiche »insert« bei sequenziellen und assoziativen Containern.

Einfügen mehrerer Elemente

insert nimmt als Parameter auch ein Iteratorpaar oder eine Initialisierungsliste, um mehrere Elemente auf einmal einzufügen. Einen Positionshinweis können Sie dann nicht mitgeben. Informationen darüber, ob und welche Elemente tatsächlich hinzugefügt werden konnten oder schon existierten, erhalten Sie nicht. Die Rückgabe ist void.

```cpp
#include <vector>
// ...
set<int> data{ 10, 20, 30, };
data.insert( { 40, 50, 60, 70 }); // Initialisierungliste
std::vector<int> neu{ 5, 25, 35, 15, 25, 75, 95 };
data.insert( neu.cbegin()+1, neu.cend()-1 ); // Bereich
cout <<= data; // Ausgabe: 10 15 20 25 30 35 40 50 60 70 75
```

Listing 24.44 Sie können auch mehrere Elemente einfügen.

Sie sehen hier unter anderem, dass die 25 aus neu natürlich nicht doppelt eingefügt wird.

24.7 Assoziativ und geordnet

Zugreifen

Zugriff über Iteratoren

Die Iteratoren von set sind bidirektional, siehe Tabelle 24.2. Weil die *geordneten assozia-tiven Container* zu jedem Zeitpunkt sortiert sind (daher der Name), iterieren Sie über die Elemente immer in einer gegebenen Reihenfolge. Mit *[c]*begin()/**[c]**end() ist diese Reihenfolge aufsteigend, mit *[c]*rbegin()/*[c]*rend() absteigend.

Zugriff über Suchen

Die wichtigste Suchfunktion ist find. Sie nimmt ein Suchelement als Parameter und liefert einen Iterator zurück. Wenn das Element gefunden wurde, verweist der auf das gefundene Element, wenn nicht, verweist er auf end(). Etwas anders verhält sich lower_bound: Es fin-det das erste Element, das *nicht kleiner* als das Suchelement ist. Das heißt, wenn es dabei ist, verweist es darauf, wenn nicht, auf das nächstgrößere. Bei upper_bound erhalten Sie das erste Element zurück, das *größer* als das Suchelement ist. Beides zusammen kombi-niert equal_range: Sie erhalten ein pair zweier Iteratoren, die den Bereich markieren, der das Suchelement umschließt. Mit count finden Sie die Anzahl der passenden Schlüssel, wie es auch auto r = equal_range(key); auto **count** = distance(r.first, r.second) täte. Naturgemäß ist dies bei set entweder null oder eins. Alle Suchen benötigen garantiert maximal log n Schritte.

Beachten Sie die etwas asymmetrische Arbeitsweise von upper_bound: Wenn Sie im set s mit den Elementen {1,2,3} mittels it = s.upper_bound(2) suchen, dann verweist it auf 3, denn es ist das erste Element größer 2. Dagegen liefert it = s.lower_bound(2) einen Verweis auf 2 zurück, denn es ist das letzte Element nicht-kleiner 2. Beide zusammen sind genau das, was Ihnen equal_range als pair zurückgibt. In Listing 24.45 finden Sie das veranschaulicht.

```cpp
#include <set>
#include <iostream>
using std::cout; using std::ostream; using std::set;

void suchmal(const set<int>&data, int was, ostream&os) {
    auto wo = data.find(was);
    if(wo != data.end()) {
        os << "gefunden:" << *wo << " ";
    } else {
        cout << was << " nicht gefunden. ";
    }
    auto lo = data.lower_bound(was);
    if(lo != data.end()) {
        os << "lo:" << *lo;
    } else {
        os << "lo:-";
    }
```

```
        auto up = data.upper_bound(was);
        if(up != data.end()) {
            os << " up:" << *up;
        } else {
            os << " up:-";
        }
        // [lo,up] ist nun das gleiche, was equal_range geliefert hätte
        os << " Bereich:{";
        for( ; lo != up; ++ lo) {
          os << *lo << ' ';
        }
        os << "}";
        // zählen
        os << " C:" << data.count(was)  // Treffer zählen
            << "\n";
}
int main() {
    set<int> data{ 10, 20, 30, 40, 50, 60 };
    suchmal(data, 20, cout);      // gefunden:20 lo:20 up:30 Bereich:{20 } C:1
    suchmal(data, 25, cout);      // 25 nicht gefunden. lo:30 up:30 Bereich:{} C:0
    suchmal(data, 10, cout);      // gefunden:10 lo:10 up:20 Bereich:{10 } C:1
    suchmal(data, 60, cout);      // gefunden:60 lo:60 up:- Bereich:{60 } C:1
    suchmal(data, 5, cout);       // 5 nicht gefunden. lo:10 up:10 Bereich:{} C:0
    suchmal(data, 99, cout);      // 99 nicht gefunden. lo:- up:- Bereich:{} C:0
}
```

Listing 24.45 Dies sind die »set«-Suchfunktionen.

Wenn Ihnen diese Kombination an Rückgabewerten seltsam vorkommt, dann können Sie sich diese vielleicht über die typischen Einsatzgebiete merken:

▶ lower_bound findet das Suchelement oder – falls nicht vorhanden – dessen beste Einfügeposition.

▶ equal_range liefert den Bereich aller gefundenen Elemente zurück, was besonders bei den multi...-Varianten der Container praktisch ist. Passt kein einziges Element, ist der Bereich leer.

▶ upper_bound liefert das erste Element, das nicht mehr passt.

Mir hilft die Vorstellung, dass die gefundenen Grenzen *zwischen* den Elementen liegen, nicht auf den Elementen selbst. In Abbildung 24.10 habe ich die zurückgelieferten Iteratoren immer auf den *Anfang* des Elements gezeichnet. Wenn man sich das so vorstellt, dann passen die Begriffe upper_bound und lower_bound plötzlich.

Ich selbst verwende meistens find oder lower_bound, bei multiset eventuell auch mal equal_range. upper_bound kommt seltener zum Einsatz, aber in Listing 24.47 finden Sie ein Beispiel.

24.7 Assoziativ und geordnet

Die Suchfunktionen gibt es entsprechend auch im Header <algorithms> für alle kompatiblen Container, also insbesondere für die Sequenzcontainer. Dann müssen diese vorher aber sortiert worden sein. Mehr dazu finden Sie in Kapitel 25, »Container-Unterstützung«.

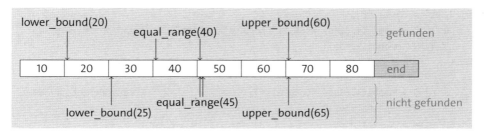

Abbildung 24.10 Die Suchfunktionen definieren Bereiche.

Suchen ohne konkreten Schlüssel

Die Parameter von find und find-verwandten verlangen naturgemäß als Parameter einen Schlüssel zur Suche. Was aber, wenn das Erzeugen eines Schlüssels sehr kostenintensiv oder gar unmöglich ist? Oder die Suchschlüssel leicht anderer Form sind als die gespeicherten Schlüssel? In dem Fall können Sie als Suchschlüssel einen anderen Typ als Parameter verwenden. Wichtig ist, dass die Schlüssel äquivalent (bezüglich der Suche) sind.

```cpp
#include <string>
#include <set>
#include <iostream>
#include <tuple>  // tuple, tie
using std::string; using std::set; using std::cout; using std::tie;

struct Hobbit {
    string vorname;
    string nachname;
    Hobbit(const string v, const string n) : vorname{v}, nachname{n} {}
};

struct CompNachname {
  bool operator()(const Hobbit& x, const Hobbit& y) const { // normales <
    return tie(x.nachname, x.vorname) < tie(y.nachname, y.vorname);
  }
  using is_transparent = std::true_type;  // für find erlaubt
  bool operator()(const Hobbit& x, const string& y) const { // für find, etc.
    return x.nachname < y;
  }
  bool operator()(const string& x, const Hobbit& y) const { // für find, etc.
    return x < y.nachname;
  }
};
```

```cpp
int main() {
    using namespace std::literals;  // erlaube "…"s
    set<Hobbit,CompNachname> hobbits;
    hobbits.emplace( "Frodo", "Baggins" );
    hobbits.emplace( "Sam", "Gamgee" );
    auto f1 = hobbits.find( Hobbit{"Frodo", "Baggins"} );  // ganzer Schlüssel
    if(f1 != hobbits.end()) {
        cout << "gefunden: " << f1->vorname << '\n';        // Frodo
    }
    auto f2 = hobbits.find( "Gamgee"s );                    // äquivalenter Schlüssel
    if(f2 != hobbits.end()) {
        cout << "gefunden: " << f2->vorname << '\n';  // Sam
    }
}
```

Listing 24.46 Sie können mit nicht-identischen Schlüsseln suchen, wenn diese äquivalent sind.

In Listing 24.46 muss für die Suche nach "Gamgee"s nicht extra ein ganzes Suchelement vom Typ Hobbit erzeugt werden. Dazu muss der konfigurierte Vergleichsfunktor CompNach-name bestimmte Eigenschaften haben. Für die normalen Vergleiche, die set intern nutzt, und die Suche nach find(Hobbit{"Frodo", "Baggins"}) ist der erste operator() definiert, der mit zwei Hobbit-Argumenten. Für die Suche nach "Gamgee"s sind die anderen beiden Überladungen da, die einen Hobbit und einen string nehmen. Allerdings muss mit der Zeile

```cpp
using is_transparent = std::true_type;
```

auch noch angezeigt werden, dass diese Überladungen für die Suchfunktionen benutzt werden dürfen. Und so kann ein string zur Suche direkt benutzt werden, und kein ganzer Hobbit wird erzeugt.

Beachten Sie, dass Sie auf diese Weise aber nur suchen können, wenn die alternativen Vergleichsfunktionen keine andere Reihenfolge implizieren als der Hauptvergleichsoperator. Sie können nicht erwarten, dass der set in der einen Reihenfolge sortiert gehalten wird, Sie dann aber mit einem Vergleichsoperator suchen können, der die Dinge anders sortieren würde. Das ist mit einer *äquivalenten* Vergleichsfunktion gemeint.

Löschen

Zum Löschen stehen Ihnen erase und clear zur Verfügung.

▶ **Löschen aller Elemente**
  Sie löschen alle Elemente mit der Methode clear().

▶ **Löschen eines einzelnen Elements**
  Geben Sie der Methode erase einen Iterator mit, wird das dortige Element gelöscht. Alternativ können Sie auch ein Element als Parameter angeben, das gelöscht wird, wenn es existiert. Beides dauert log n Zeit.

▶ **Löschen eines Bereichs von Elementen**

Mit einem Iteratorpärchen als Argumente kann erase einen Bereich von Elementen löschen.

Alle Iteratoren auf nicht gelöschte Elemente behalten ihre Gültigkeit.

```
set<int> data{ 10, 20, 30, 40, 50, 60, 70 };
auto lo = data.lower_bound(35);
auto up = data.upper_bound(55);
data.erase(lo, up);        // löscht alle Zahlen zwischen 35..55
cout <<= data;             // Ausgabe: 10 20 30 60 70

lo = data.lower_bound(20);
up = data.upper_bound(60);
data.erase(lo, up);        // löscht inklusive 60, weil up auf 70 verweist
cout <<= data;             // Ausgabe: 10 70

auto n = data.erase(69);  // löscht nichts
cout << "Anzahl entfernter Elemente: "<< n << '\n';
n = data.erase(70);        // löscht ein Element
cout << "Anzahl entfernter Elemente: "<< n << '\n';
cout <<= data;             // Ausgabe: 10
```

Listing 24.47 »erase« löscht ein oder mehrere Elemente.

24.7.4 »map«

Eine map dient dazu, mit Schlüsseln schnell Werte wiederzufinden. Jeder Schlüssel (Key) in einer map ist genau einem Ziel (Target) zugeordnet. Die map ist mit dem set insoweit verwandt, als dass die Regeln für die Elemente des Sets für die Schlüssel der map gelten:

▶ Schlüssel sind in der map immer sortiert.

▶ Kein Schlüssel kommt in der map mehrmals vor.

▶ Die Suche eines Schlüssels benötigt garantiert maximal log n Schritte.

Vieles, was für set gilt, stimmt auch für map. Ein Blick nach Abschnitt 24.7.3, »set«, kann ergänzende Informationen liefern.

Ansonsten gibt es einen großen Unterschied zum set: Die einzelnen Elemente in der map sind ein pair. Und zwar, um genau zu sein, ein pair<const Key,Target>. Wenn ich dieses pair meine, dann verwende ich bei map Begriff *Element* bzw. Elem.

> **Wert ist bei »map« mehrdeutig**
>
> Manchmal wird das Paar aus Schlüssel und Ziel auch »Wert« genannt. Woanders ist mit »Wert« mein Ziel gemeint. Um dieses Missverständnis zu vermeiden, bemühe ich mich, bei map den Begriff »Wert« zu vermeiden.

24 Container

Wenn Sie von einer anderen Sprache wie Python oder Perl kommen, dann will ich Sie hier sofort auf eine Fußangel aufmerksam machen, über die Sie stolpern könnten, bei der sich die C++-map anders verhält als das Python-Dictionary oder der Perl-Hash. Wenn Sie auf die map mit operator[] zugreifen und das Schlüsselelement, mit dem Sie zugreifen, noch nicht existiert, dann *erzeugen Sie einen Eintrag* in der map. Das gilt auch, wenn Sie [] auf der rechten Seite einer Zuweisung benutzen und denken, Sie lesen nur.

```cpp
#include <map>
#include <iostream>
using std::map; using std::cout;
int main() {
    map<int,char> alpha;
    cout << alpha.size() << '\n';     // 0 natürlich
    if( alpha[5] == '3' ) { /* ... */ }
    cout << alpha.size() << '\n';     // nun 1
    char x = alpha[99];               // klappt
    cout << alpha.size() << '\n';     // und nun 2
}
```

Listing 24.48 Mit »[]« erzeugen Sie als Seiteneffekt eventuell einen Eintrag.

Das ist eine wundersame Wertvermehrung! Nun, wenn man sich damit auskennt, kann man damit umgehen: Wenn ein Schlüssel, den Sie operator[] übergeben, in der map noch nicht existiert, dann wird ein neuer Eintrag eingefügt, bei dem ein neues Ziel mit dessen Standardkonstruktor erzeugt wird, in obigem Fall also der char \0.

Das ist praktisch, wenn Sie [] in längeren Ausdrücken verwenden wollen, denn es schlägt nie fehl. Wenn dieses Verhalten stört, dann nehmen Sie stattdessen at. Wenn der Schlüssel nicht existiert, wird eine Exception ausgelöst. Mit find können Sie ohne Exception ermitteln, ob ein Schlüssel in der map vorhanden ist.

Die Beispiele dieses Abschnitts für map müssen Sie sich in den Code von Listing 24.49 eingebettet denken. Bitte beachten Sie meine Anmerkung zu <<= im Kasten nach Listing 24.7.

```cpp
#include <map>          // Die Hauptsache
#include <iostream>     // Zur Ausgabe
#include <string>       // gerne mal Schüssel oder Ziel
using std::map; using std::cout; using std::string;
template<typename Key, typename Trg, typename Comp>
std::ostream& operator<<=(std::ostream&os, const map<Key,Trg,Comp>&data) {
    for(auto &e : data) os << e.first << ":" << e.second << ' ';
    return os << '\n'; // '<<=' statt '<<' für Zeilenumbruch
}
int main() {
    // Beispielcode hier
}
```

Listing 24.49 Dies ist die Schablone für die Beispiellistings dieses Abschnitts zur »map«.

664

Die Elemente und ihre Eigenschaften

Die Elemente der map sind ein pair<const Key,Target>, also ein Paar aus Schlüssel und Ziel. Für den Schlüssel gelten die Regeln der Elemente wie beim set und auch die damit verbundenen Regeln zum Vergleichen und Sortieren. Standardmäßig verwendet der Compiler also kleiner-als <, um die Schlüssel in einem Baum intern anzuordnen und so ständig sortiert zu halten.

Wenn Ihnen < nicht gefällt, können Sie als zusätzlichen Templateparameter eine eigene Vergleichsfunktion angeben.

Das können Sie auch für eigene Datentypen tun, können hier aber auch einfach bool operator< passend überladen.

```cpp
#include <cstdio> // toupper, tolower
// ...
auto comp = [](char a, char b) { return toupper(a) < toupper(b); };
map<char,int,decltype(comp)> lets(comp); // als Templateparameter und Argument
lets['a'] = 1;
lets['B'] = 2;
lets['c'] = 3;
lets['A'] = 4; // überschreibt Position 'a'
cout <<= lets; // Ausgabe: a:4 B:2 c:3

struct Comp {  // Funktor
    bool operator()(char a, char b) const { return toupper(a) < toupper(b); }
};
map<char,int,Comp> lets2; // hier reicht der Templateparameter
```

Listing 24.50 Auch bei einer »map« können Sie eine eigene Vergleichsfunktion mitgeben.

Wenn Sie einen Funktor definieren, also eine Klasse mit einem operator(), dann reicht es, diese Klasse als Templateparameter anzugeben. Beim Erzeugen der map wird dann eine Instanz des Funktors mit dessen Standardkonstruktor erstellt. Mit einem Lambda haben Sie ja schon eine Instanz, die aufrufbar ist. Es reicht leider nicht, diese als Konstruktorargument mitzugeben, da in C++14 aus einem Konstruktorargument nicht der Typ des Templatearguments ermittelt werden kann (das ändert sich vielleicht in C++17). Daher ermitteln Sie mit decltype noch einmal den Typ des Lambdas.

Initialisieren

Als Templateparameter für map geben Sie immer die Typen für Key und Target an. Also zum Beispiel:

```cpp
map<int,string>            // int als Key, string als Target
map<Person,size_t>         // Person zu dessen Alter?
map<unsigned,unsigned>     // Schlüssel- und Zieltyp könen auch gleich sein
map<int,shared_ptr<Image>> // ein Zeiger als Zieltyp ist durchaus üblich
```

24   Container

Optional können Sie die Typen des *Comparators* für Key angeben (siehe voriger Abschnitt) sowie einen *Allokator*. Wenn Sie einen angeben, können Sie optional auch passende Konstruktorargumente mitgeben. Ich gehe in diesem Abschnitt nicht weiter auf diese ein.

Als Konstruktorargumente zur Initialisierung dienen wie üblich folgende Varianten:

▶ Defaultkonstruktor – erzeugt einen leeren Container

▶ Iteratorpaar – kopiert einen Bereich eines anderen Containers oder Streams

▶ Initialisierungsliste – initialisiert mit expliziten Werten

▶ map – kopiert eine komplette, andere map

Für das Füllen per Initialisierungsliste müssen Sie berücksichtigen, dass jedes Element aus einem pair besteht. Also müssen Sie hier auch pair-Elemente angeben. Zum Glück lassen sich auch Paare mit einer zweielementigen Initialisierungsliste befüllen, sodass das Konstrukt noch kompakt aussieht, wie in Listing 24.51 gezeigt.

```cpp
using std::pair; using std::make_pair;
namespace literal_p { // benutzerdefinierte Literale besser immer in Namespace packen
constexpr pair<char,char> operator "" _p(const char* s, size_t len) {
    return len>=2 ?make_pair(s[0], s[1]) : make_pair( '-', '-' );
} }
struct Q {
    char a_; int n_;
    Q(char a, int n) : a_{a}, n_{n} {}
    operator pair<const char,int>() { return make_pair(a_, n_); }
};
// ...
// explizite Paare:
map<int,int> nums { pair<int,int>(3,4), make_pair(7,8), make_pair(11,23) };
map<int,char> numch{{1,'a'},{2,'b'},{3,'c'}};    // auch pair als Initialisierungslisten
using namespace literal_p;
map<char,char> pmap { "ab"_p, "cd"_p, "ef"_p };  // Umweg über eigenes Literal
cout <<= pmap;                                   // Ausgabe: a:b c:d e:f
map<char,int> qmap{Q('a',1),Q('b',2),Q('c',3)};  // implizite Umwandlungen sind okay
cout <<= qmap;                                   // Ausgabe: a:1 b:2 c:3
```

Listing 24.51 Die Initialisierungsliste muss »pair«-Elemente enthalten.

Wie Sie im Falle von qmap sehen, können die Elemente der Initialisierungsliste durchaus durch implizite Konvertierung zu einem pair<const Key,Target> gemacht werden. Das ist durchaus nützlich für eine kompakte Schreibweise.

Zuweisen

Wie set können Sie map mit operator= nachträglich neu initialisieren. Es existieren Überladungen für Kopie und Verschieben.

Ein assign hat auch map nicht, aber wie alle anderen Container ein swap.

666

Einfügen

Sie fügen genau wie bei einem set neue Elemente mit insert und emplace hinzu. Zusätzlich dazu gibt es noch operator[], der unter Umständen ebenfalls neue Elemente einfügt.

Egal wie Sie einfügen, Iteratoren, die in die map zeigen, behalten ihre Gültigkeit.

Einfügen eines einzelnen Elements mit automatischer Position

Bei map besteht ein einzelnes Element aus einem Paar aus Schlüssel und Ziel. Das geben Sie dann als Parameter auch an. Wie bei set überschreiben insert und emplace hierbei nicht.

```
map<int,string> plz2ort;
plz2ort.insert(std::make_pair(53227, "Bonn"));
plz2ort.emplace(50667, "Koeln");
cout <<= plz2ort;                    // Ausgabe: 50667:Koeln 53227:Bonn
map<string,int> ort2plz;
ort2plz.emplace("Koeln", 50667);
ort2plz.emplace("Koeln", 51063);     // überschreibt nicht
cout <<= ort2plz;                    // Ausgabe: Koeln:50667
```

Listing 24.52 Ein einzelnes neues Element geben Sie als Paar an.

Automatisches Einfügen und überschreiben

Mit operator[] können Sie einen Schlüssel suchen. Der Rückgabewert ist eine *Referenz* auf das Ziel. Wenn es für den Schlüssel noch keinen Eintrag gibt, dann wird dieser neu erzeugt. Dazu wird dann ein neues Ziel mit dessen Standardkonstruktor Target{} angelegt. Taucht [] auf der linken Seite einer Zuweisung auf, können Sie das so erzeugte Ziel gleich mit einem neuen Ziel überschreiben.

```
map<string,int> zwerge;
zwerge.emplace("Fili", 2859);
cout << zwerge["Fili"] << '\n'; // Ausgabe: 2859
cout << zwerge["Dori"] << '\n'; // neu erzeugt. Ausgabe: 0
zwerge["Kili"] = 2846;             // neu erzeugt und gleich überschrieben
cout << zwerge["Kili"] << '\n'; // Ausgabe: 2846
cout <<= zwerge;                   // Ausgabe: Dori:0 Fili:2859 Kili:2846
```

Listing 24.53 Mit »operator[]« automatisch erzeugen und gleich überschreiben

Einfügen eines einzelnen Elements mit Positionshinweis

insert nimmt optional einen Iterator als ersten Parameter, der die wahrscheinliche Einfügeposition des neuen Elements darstellt. Wenn die stimmt, geschieht die Einfügung im Mittel in konstanter Zeit. Das gilt auch für emplace_hint, wo der Positionshinweis ein zusätzlicher Parameter ist.

Einfügen mehrerer Elemente

Mittels eines Iterartorpaars können Sie auch mehrere Elemente einfügen, wie beim set auch.

Zugreifen

Da die Elemente einer map aus pair<const Key,Target> bestehen, beziehen sich alle Iteratoren von Funktionen und Methoden auf ein solches Paar. Das gilt für Iteratoren als Parameter und bei Rückgaben.

An das Paar eines Iterators it kommen Sie also mit *it heran oder dereferenzieren gleich mit it->. Eine konstante Referenz auf den Schlüssel erhalten Sie demnach mit it->first, eine veränderbare Referenz auf das Ziel mit it->second.

Dass das zweite Element des Paars nicht const ist, heißt, dass Sie dem Ziel einen neuen Wert zuweisen können. Der Schlüssel verweist ab dann auf das neue Ziel.

```
map<string,string> data { {"Hans","Albers"}, {"Heinz","Ruehmann" }, };
cout <<= data;                          // Hans:Albers Heinz:Ruehmann
data.rbegin()->second = "Erhardt";      // Ziel überschreiben
cout <<= data;                          // Hans:Albers Heinz:Erhardt
```

Listing 24.54 Sie können den Wert eines Ziels ändern.

Wenn Sie das bereichsbasierte for nehmen, dann erhalten Sie das pair als e direkt und kommen mit e.first und e.second an Schlüssel und Ziel.

Zugriff über Iteratoren

Wie bei allen geordneten assoziativen Containern erhalten Sie mit *[c][r]*begin() und *[c][r]*end() bidirektionale Iteratoren zurück.

```
map<char,int> data { { 'a',1}, {'b',2}, {'c',3} };
for(auto it=data.rbegin(); it!=data.rend(); ++it) {   // rückwärts
    cout << it->first << ':' << it->second << ' ';    // Iterator mit -> dereferenzieren
}
cout << '\n'; // Ausgabe: c:3 b:2 a:1
for(auto &e : data) {                                  // vorwärts, nimmt begin() und end()
    cout << e.first << ':' << e.second << ' ';  // Paar mit . zugreifen
}
cout << '\n'; // Ausgabe: a:1 b:2 c:3
```

Listing 24.55 Iteratoren von »map« sind vom Typ »pair«.

Zugriff über Suchen

Sie können in der map mit find, upper_bound, lower_bound und equal_range nach Schlüsseln suchen. Sie erhalten einen Iterator auf das gefundene Element oder end() zurück, wie bei set beschrieben. Mit count können Sie herausfinden, ob ein Schlüssel null- oder einmal vorkommt.

Indexähnlicher Zugriff

Als Besonderheit unter den assoziativen Containern, geordnet oder ungeordnet, hat map die Methoden operator[] und at, die Sie von vector und array kennen. Damit können Sie eine map so verwenden, als hätte sie einen Index. Im Gegensatz zu ihren Vorbildern ist der

Index nicht vom Typ size_t, sondern vom Typ Key. Also ist das Argument für operator[] und at ein Wert dieses Typs. Wie in Listings 24.48 und 24.53 gezeigt, fügt operator[] automatisch fehlende Elemente ein, wenn der Schlüssel nicht gefunden wurde. at dagegen löst dann eine out_of_range-Ausnahme aus. Wenn Sie eine const map haben, können Sie operator[] nicht verwenden, denn dieser ist wegen der automatischen Einfügung nicht mit const versehen. Das ist in Listing 24.56 demonstriert.

```
string such7(const map<int,string> &data) {
    return data[7];              // non-const-Methode auf const-Parameter
}
string such5(const map<int,string> &data) {
    auto it = data.find(5);      // nicht automatisch einfügend
    return it==data.end() ? string{} : it->second;
}
// …
map<int,string> zwerge{ {1,"eins"}, {3,"drei"}, {5,"fuenf"}, {7,"sieben"} };
cout << such7(zwerge) << '\n';
cout << such5(zwerge) << '\n';   // Ausgabe: fuenf
```

Listing 24.56 Sie können »operator[]« nicht auf einer »const map« verwenden.

Löschen

Das Löschen in einer map unterscheidet sich kaum vom Löschen in einem set.

▶ **Löschen aller Elemente**
clear() leert die map komplett.

▶ **Löschen eines einzelnen Elements**
erase löscht ein einzelnes Element per Iterator oder mit einem Schlüssel.

▶ **Löschen eines Bereichs von Elementen**
Mit einem Paar Iteratoren für erase löschen Sie einen Bereich.

Nach dem Löschen sind Iteratoren in den Container immer noch gültig, wenn ihre Elemente nicht durchs Löschen betroffen waren.

Spezialität: »operator[]«

Unter den assoziativen Containern bietet nur map den Indexoperator operator[] an. Das macht map sehr einfach zu verwenden, und Quellcode mit Maps sieht kompakt und gut lesbar aus.

Er hat aber eine Besonderheit, die Sie sich wirklich einprägen müssen. Er fügt automatisch ein neues Element in den Container ein, wenn für den Schlüssel noch kein Eintrag existiert. Das habe ich schon in mehreren Beispielen wie Listing 24.48, Listing 24.53 und Listing 24.56 demonstriert, kann es aber nicht oft genug erwähnen.

24   Container

24.7.5   »multiset«

Ein multiset hat wie ein set, siehe Abschnitt 24.7.3, »set«, Elemente, die gleichzeitig Schlüssel sind, nach denen Sie schnell suchen können. Der Unterschied ist, dass Elemente auch mehrfach vorkommen können. Wenn Sie also zum Beispiel in einem multiset<int> den Wert 7 dreimal einfügen, dann werden Sie beim Durchiterieren auch drei Siebenen zurückerhalten. insert und emplace fügen also auf jeden Fall ein oder mehrere Elemente hinzu. Das Verhalten der verschiedenen Suchfunktionen passt sich dementsprechend an: Die Rückgaben von lower_bound, upper_bound und equal_range zeigen nun auf die Ränder des Bereichs mit passenden Elementen. find liefert ein beliebiges passendes Element zurück. erase löscht, wenn mit einem (Schlüssel-)element aufgerufen, alle passenden Elemente, nicht nur eines.

Wenn Sie multiset verwenden wollen, dann benötigen Sie #include <set>.

Die Beispiele dieses Abschnitts für multiset müssen Sie sich in den Code von Listing 24.57 eingebettet denken.

```cpp
#include <set>        // multiset
#include <iostream>
using std::multiset; using std::cout;
template<typename Elem, typename Comp>
std::ostream& operator<<=(std::ostream&os, const multiset<Elem,Comp>&data) {
    for(auto &e : data) {
        os << e << ' ';
    }
    return os << '\n';  // '<<=' statt '<<' für Zeilenumbruch
}
int main() {
    // Beispielcode hier
}
```

Listing 24.57 Dies ist die Schablone für die Beispiellistings dieses Abschnitts zum »multiset«.

Bitte beachten Sie meine Anmerkung zu <<= im Kasten nach Listing 24.7.

Die Elemente und ihre Eigenschaften

Wie beim set sind die Elemente im multiset die Schlüssel, nach denen der Container sortiert gehalten wird. Auch hier können Sie entweder operator< für Ihren Elementtyp überladen oder einen eigenen Comparator als optionales Templateargument mitgeben.

Um es einmal klar zu sagen, damit keine Missverständnisse entstehen, vor allem nicht im Vergleich zum unordered_multiset: Alle Elemente im multiset werden in einem sortierenden Baum abgespeichert, auch die doppelten. Dies können Sie in Abbildung 24.11 exemplarisch sehen. Es ist *nicht* so, dass doppelte in einer verketteten Liste oder Ähnlichem abgelegt werden. Das heißt, dass sich auch mit vielen oder gar nur doppelten Einträgen die Performance einer multimap nicht verschlechtert. Die multimap ist mit n *gleichen*

670

Elementen genau so schnell wie mit n *unterschiedlichen*. Es ist die entscheidende Eigenschaft des Multisets, dass seine Effizienz garantiert ist und nicht so einfach degradieren kann – wie es beispielsweise bei den unordered_...-Varianten mit schlechter Hashfunktion wäre.[8] In Listing 24.64 sehen Sie, wie sich set, multiset und unordered_multiset bezüglich Performance in unterschiedlichen Szenarien verhalten.

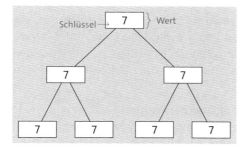

Abbildung 24.11 Auch doppelte Elemente werden in einem »multiset« in einem sortieren Baum abgelegt.

Initialisieren

Ein multiset hat genau die gleichen Möglichkeiten zur Konstruktion wie ein set:

- ohne Argumente per Defaultkonstruktor
- ein Bereich aus einem anderen Container mittels eines Iteratorpaars
- ein anderer multiset zum Kopieren
- eine Initialisierungsliste

Wenn Sie eine Initialisierungsliste oder einen Bereich aus einem anderen Container wählen, dann erhalten Sie einen Container, der die Elemente sortiert enthält und dabei die doppelten Einträge behält:

```
#include <vector>
// ...
multiset<int> msinit{1,2,2,3,1};            // sortiert bei Initialisierung
cout <<= msinit; // Ausgabe: 1 1 2 2 3
std::vector<int> in{ 7,7,7,7,7,7,7 };
std::set<int> srange( in.begin(), in.end() ); // set entfernt doppelte
cout << srange.size() << ": " << *srange.begin() << '\n'; // Ausgabe: 1: 7

multiset<int> msrange( in.begin(), in.end() ); // multiset erhält doppelte
cout <<= msrange;  // Ausgabe: 7 7 7 7 7 7 7
```

Listing 24.58 Einträge werden sortiert, doppelte bleiben erhalten.

---

8 Viele gleiche Elemente lassen die Performance eines unordered_multiset noch nicht einbrechen, wohl aber viele unterschiedliche bei einer schlechten Hashfunktion.

24   Container

Zuweisen

Mit `operator=` können Sie wie bei einem `set` den Inhalt des `multiset` neu zuweisen, sowohl durch Kopie als auch durch Verschieben. Die Methode `swap` dient auch hier zur Implementierung der üblichen Idiome.

Einfügen

Sie fügen mit den gleichen Überladungen in einen `multiset` ein wie in einem `set`, mit einer Ausnahme: Dort, wo `set` ein `pair<iterator,bool>` zurückliefert, um mittels `second` anzuzeigen, ob tatsächlich eine Einfügung stattgefunden hat, liefert `multiset` nur den `iterator` zurück. Schließlich fügt `multiset` immer ein, egal ob das Element schon existiert oder nicht.

▶ **Einfügen eines einzelnen Elements mit automatischer Position**
Nehmen Sie `insert`, um einen einzelnen Wert per Kopie einzufügen, bzw. `emplace`, um das Element direkt an Ort und Stelle zu erstellen. Die Rückgabe ist ein einzelner Iterator, der auf das eingefügte Element verweist – anders als bei `set`, wo Sie hier ein Paar zurückerhalten, bei dem das zweite Element ein `bool` wäre. `multiset` fügt so in O(log n) Zeit ein, unabhängig davon, ob das Element schon enthalten ist oder nicht.

▶ **Einfügen eines einzelnen Elements mit Positionshinweis**
Wenn Sie `insert` zusätzlich zum einzufügenden Wert einen Iterator mitgeben, dann versucht auch `multiset`, diesen Iterator als Hinweis zum Einfügen zu verstehen. Wollen Sie keinen Wert übergeben, sondern ihn an Ort und Stelle erzeugen, nehmen Sie `emplace_hint`. Beides kennen Sie auch bei `set`, und auch hier ist der amortisierte Zeitbedarf O(1), wenn der Hinweis stimmt, und O(log n), wenn nicht.

▶ **Einfügen mehrerer Elemente**
Wie bei `set` versteht auch `multiset` das Einfügen mehrerer Elemente auf einmal, wenn Sie eine Initialisierungsliste oder einen Bereich per Iteratorpaar angeben. Wie bei `multiset` zu erwarten, werden alle Elemente übertragen, auch die doppelten.

Wie bei `set` haben auch bei `multiset` alle Iteratoren, die Sie in den Container halten, nach einer Einfügung weiterhin ihre Gültigkeit.

Zugreifen

Das Interface von `multiset` zum Zugreifen ist identisch mit dem von `set`. Nur den doppelten Elementen im Container muss man bei den Rückgaben Rechnung tragen: Entweder liefern die ein *beliebiges* passendes Element zurück oder umfassen den ganzen Bereich aller passenden Elemente.

▶ **Zugriff über Iteratoren**
Sie verwenden die Varianten von `begin()` und `end()`, die Sie von `set` her kennen, um bidirektionale Iteratoren zu erhalten.

▶ **Zugriff über Suchen**
Wenn `find` das Suchelement im Container findet, dann ist es ein *beliebiges* aller pas-

senden Elemente. Anders bei `lower_bound`, `upper_bound` und `equal_range`, denn mit der schon bei `set` erklärten Spezifikation erhalten Sie die Bereichsgrenzen *aller passenden* Elemente des Containers. Hier ist `count` spannend, denn die Anzahl der gefunden Elemente hat in diesem Fall mehr Informationsgehalt.

▶ **Suchen ohne konkreten Schlüssel**
Sie können beim Suchen das Erzeugen eines konkreten Suchschlüssels einsparen, wenn Sie einen passenden Vergleichsfunktor mit `is_transparent` ausstatten, wie Sie es für `set` in Listing 24.46 sehen.

Hier sehen Sie einige Beispiele für den Zugriff auf einen `multiset`:

```cpp
#include <string>
#include <iterator> // distance
struct Person {
  std::string name;
  friend bool operator<(const Person &a, const Person &b) {// nur erster Buchstabe
    return a.name.size()==0 ? true
      : (b.name.size()==0 ? false : a.name[0] < b.name[0]);
  }
};
// ...
multiset<int> data{ 1, 4,4, 2,2,2, 7, 9 };
auto wo = data.equal_range(2);
cout << "Anzahl 2en: "
  << std::distance(wo.first, wo.second) << '\n'; // Ausgabe: Anzahl 2en: 3
wo = data.equal_range(5);
cout << "Anzahl 5en: "
  << std::distance(wo.first, wo.second) << '\n'; // Ausgabe: Anzahl 5en: 0
multiset<Person> raum{
  Person{"Karl"}, Person{"Kurt"}, Person{"Peter"}, Person{"Karl"}, Person{"Ken"} };
auto ks = raum.equal_range(Person{"K"});
for( ; ks.first != ks.second; ++ks.first) {
  cout << ks.first->name << ' ';
}
cout << '\n'; // Ausgabe: Karl Kurt Karl Ken
```

Listing 24.59 Die »multiset«-Suchfunktionen finden den Bereich der passenden Elemente.

Wie Sie am Beispiel `raum` sehen, können Sie mit einem passenden `operator<` auch durchaus tatsächlich unterschiedliche Elemente in einem `multiset` als »gleich« betrachten. Hier wird zum Beispiel nur der erste Buchstabe des Namens verglichen. Wenn ich dann mit `raum.equal_range(Person{"K"})` suche, liegen alle Namen mit `K` in dem zurückgelieferten Bereich. Beachten Sie, dass hier der definierte `operator<` auch für die interne Sortierung verwendet wird, weshalb die Namen außer den bezüglich des ersten Buchstabens nicht weiter sortiert werden. Daher auch die unsortierten "K…"-Namen im Suchergebnis.

24 Container

Löschen

Wie beim set löschen Sie mit erase oder clear.

▶ **Löschen aller Elemente**
Mit clear() entfernen Sie alles.

▶ **Löschen eines einzelnen Elements**
erase löscht entweder ein einzelnes Element, wenn Sie einen Iterator mitgeben, oder alle Elemente, die auf den übergebenen Suchschlüssel passen.

▶ **Löschen eines Bereichs von Elementen**
Mit zwei Iteratoren als Parameter löschen Sie wie bei set einen Bereich von Elementen.

Alle Iteratoren auf nicht gelöschte Elemente behalten ihre Gültigkeit.

24.7.6 »multimap«

Die multimap hat zwei Verwandte: Die Gemeinsamkeit mit map ist, dass jeder Eintrag aus einem Schlüssel und einem Ziel besteht. Von multiset kommt die Eigenschaft, dass Schlüssel mehrfach vorkommen. Eine multimap<int,string> könnte also unter dem Schlüssel 7 sowohl das Ziel "sieben"s als auch das Ziel "seven"s speichern, wie dies in Abbildung 24.12 dargestellt ist.

Ich fasse mich deshalb kurz und verweise Sie für mehr Informationen nach Abschnitt 24.7.4, »map«, und Abschnitt 24.7.5, »multiset«.

Ein entscheidender Unterschied in der Schnittstelle der multimap gegenüber der map ist, dass die multimap weder operator[] noch at anbietet.

Die Beispiele dieses Abschnitts für multimap müssen Sie sich in den Code von Listing 24.60 eingebettet denken.

```
#include <map>          // Die Hauptsache
#include <iostream>     // Zur Ausgabe
#include <string>       // gerne mal Schüssel oder Ziel
using std::multimap; using std::cout; using std::string;
template<typename Key, typename Trg, typename Cmp>
std::ostream& operator<<=(std::ostream&os, const multimap<Key,Trg,Cmp>&data){
    for(auto &e : data) {
        os << e.first << ":" << e.second << ' ';
    }
    return os << '\n'; // '<<=' statt '<<' für Zeilenumbruch
}
int main() {
    // Beispielcode hier
}
```

Listing 24.60 Dies ist die Schablone für die Beispiellistings dieses Abschnitts zur »multimap«.

Bitte beachten Sie meine Anmerkung zu <<= im Kasten nach Listing 24.7.

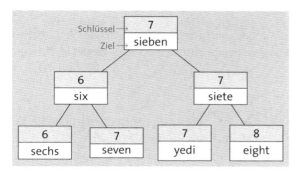

Abbildung 24.12 Es kann doppelte Schlüssel geben

Die Elemente und ihre Eigenschaften

Ebenso wie bei der map sind die gespeicherten Elemente einer multimap<Key,Target> vom Typ pair<const Key,Target> für Schlüssel und Ziel.

Die Schlüssel werden wieder mittels operator< sortiert gehalten. Sie können aber auch einen eigenen Comparator mitgeben.

Initialisieren

Sie initialisieren eine multimap genau wie eine map, nur dass doppelte Schlüssel übernommen und nicht ignoriert werden.

Sie haben die Wahl zwischen

- dem Defaultkonstruktor ohne Argumente,
- einem Iteratorpaar für das Kopieren eines anderen Bereich,
- einer Initialisierungsliste, die in diesem Fall aus Paaren besteht,
- oder einer anderen multimap zum Kopieren.

Hier ist ein Beispiel zur Initialisierung eine multimap:

```
using namespace std::literals;  // für ""s
multimap<int,string> numlang{
    {7,"sieben"}, {6,"six"s},
    {7,"siete"s}, {6,"sechs"s},
    {7,"seven"s}, {7,"yedi"s},
    {8,"eight"s} };
cout <<= numlang;  // Ausgabe: 6:six 6:sechs 7:sieben 7:siete 7:seven 7:yedi 8:eight
```

Listing 24.61 Bei der »multimap« bleiben doppelte Schlüssel erhalten.

Wie Sie sehen, bleiben doppelte Schlüssel erhalten. Doppelte Ziele sind wie bei der map natürlich sowieso möglich. Die Schlüssel werden zu jedem Zeitpunkt sortiert gehalten, wie Sie an der Ausgabe erkennen können.

24   Container

Zuweisen

Die multimap hat wie map einen operator= für das nachträgliche Kopieren oder Verschieben aus einer anderen multimap. Mit swap können Sie sehr schnell die Inhalte zweier Multimaps austauschen.

Einfügen

Sie können mit insert, emplace und emplace_hint neue Elemente in die multimap einfügen. Anders als bei der map werden dabei *immer* Elemente eingefügt, auch wenn der neue Schlüssel schon vorhanden ist. Was es im Vergleich zur map gar nicht gibt, ist operator[] für das automatische Einfügen.

▶ **Einfügen eines einzelnen Elements mit automatischer Position**
Wie bei der map können Sie mit insert ein neues pair<Key,Target> in die multimap einfügen. Der emplace-Methode geben Sie Key und Target direkt als Parameter an. Anders als bei map geben diese beiden keinen bool als Information über den Erfolg des Einfügens zurück, sondern nur einen Iterator mit der Position des eingefügten Elements. Dies ist in Listing [[ref(LSTmultimap-insert) demonstriert.

▶ **Einfügen eines einzelnen Elements mit Positionshinweis**
Wie bei map können Sie insert einen zusätzlichen Iterator als Positionshinweis mitgeben oder genauso emplace_hint verwenden. Wenn der Tipp stimmt, geschieht die Einfügung im Mittel in O(1).

▶ **Einfügen mehrerer Elemente**
Das insert der multimap kann ebenso wie bei der map ein Iteratorpaar bekommen.

So fügen Sie Elemente in eine multimap ein:

```
using namespace std::literals; // für ""s

multimap<int,string> numlang{};
numlang.insert( std::make_pair(7, "seven"s) );
numlang.insert( std::pair<int,string>(7, "sieben"s) );
numlang.emplace( 7, "yedi"s );
cout <<= numlang; // Ausgabe: 7:seven 7:sieben 7:yedi
```
Listing 24.62 »insert« und »emplace« bei der »multimap«

Wie Sie sehen, werden gleiche Schlüssel immer als Letztes unter gleichen eingefügt.

Wie üblich bei den geordneten assoziativen Containern stören sich Iteratoren, die Sie in die multimap halten, nicht an Einfügeoperationen.

Zugreifen

Wie bei der map referenzieren die Iteratoren der multimap ein pair<const Key,Target>. Das Target können Sie überschreiben. Außer natürlich, Sie haben sich einen const_iterator geholt.

Anders als bei der map gibt es keinen indexähnlichen Zugriff mit operator[] oder at.

▶ **Zugriff über Iteratoren**
Wie bei der map erhalten Sie bei der multimap bidirektionale Iteratoren mit den Methoden begin(), end() und deren const- und rückwärts-Verwandten zurück.

▶ **Zugriff über Suchen**
Sie suchen in einer multimap ebenso mit find, upper_bound, lower_bound und equal_range nach Schlüsseln wie in einer map. Die Schnittstelle ist identisch, nur dass find einen beliebigen passenden Schlüssel findet und der Rest tatsächlich einen ganzen Bereich mehrerer identischer Schlüssel zurückgeben kann. count gibt Ihnen die Anzahl der gefundenen Schlüssel zurück.

Löschen

Es gibt beim Löschen kaum einen Unterschied zur map, wenn man von erase per Schlüsselsuche absieht.

▶ **Löschen aller Elemente**
Mit clear() löschen Sie alle Elemente einer multimap.

▶ **Löschen eines einzelnen Elements**
erase löscht ein einzelnes Element per Iterator, wie bei der map gewohnt.

▶ **Löschen eines einzelnen Schlüssels**
Wenn Sie einen Schlüssel angeben, dann ist es in der multimap so, dass alle Einträge dieses Schlüssels entfernt werden. Das ist natürlich nominell bei der map ebenso, da dort nur maximal ein Schlüssel existiert, ich hebe es aber für die multimap mal besonders hervor.

▶ **Löschen eines Bereichs von Elementen**
erase mit einem Iteratorpaar bezieht sich auf einen Bereich, der gelöscht werden soll.

Hier wird das Löschen demonstriert:

```
multimap<char,int> vals{ {'c',1}, {'c',8}, {'g',1},
    {'c',1}, {'a',7}, {'a',1}, {'c',2}, };
cout <<= vals;            // Ausgabe: a:7 a:1 c:1 c:8 c:1 c:2 g:1

vals.erase( 'c' );        // löscht alle 'c's
cout <<= vals;            // Ausgabe: a:7 a:1 g:1

vals.erase(vals.begin()); // löscht nur eines der 'a's
cout <<= vals;            // Ausgabe: a:1 g:1
```

Listing 24.63 »erase« mit einem Schlüssel kann mehrere Elemente löschen.

Iteratoren auf ungelöschte Elemente des Containers behalten ihre Gültigkeit.

24.8 Nur assoziativ und nicht garantiert

In diesem Abschnitt steht Cont oder C für einen der Containertypen, cont für eine Instanz davon. Als *Schlüsseltyp* verwende ich Key oder K, als *Zieltyp* Target oder T und der *Werttyp* pair<K,T> ist Value oder V. *Iteratortypen* kürze ich mit It ab.

Container	Beschreibung
unordered_set	Enthält eine eindeutige Menge von Elementen.
unordered_map	Eindeutige Schlüssel verweisen auf einen Zielwert.
unordered_multiset	Ist eine Menge von mehrfach vorkommenden Elementen.
unordered_multimap	Schlüssel können jeweils mehrfach vorkommen.

Tabelle 24.8 Steckbrief: Die assoziativen ungeordneten Container

Diese Container speichern ihre Schlüssel nicht sortiert, sondern *hashen* sie. Das hat zwei Auswirkungen: Erstens sind die Elemente nicht in einer bestimmten Reihenfolge, wenn Sie iterieren, und zweitens ist hashen häufig schneller als sortieren.

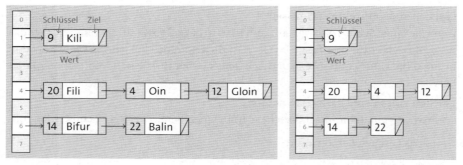

Abbildung 24.13 Eine »unordered_map« gruppiert intern die Schlüssel nach Hashcode (links). Im »unordered_set« sind die Werte selbst wieder die Schlüssel (rechts).

Hashtabellen

Während map, set und deren multi-Varianten ihre Elemente in einem dauerhaft sortierten Baum abspeichern, verwenden die unordered-Varianten Nachschlagetabellen, sogenannte »Hashtabellen« (engl. *hash*, dt. *zerhacken*).

Mittels des Baums garantieren map und set eine Obergrenze für die verbrauchte Zeit beim Suchen. Hashen ist zwar im Normalfall schneller, kann die Garantie aber nicht bieten. Es ist wichtig zu wissen, dass es im Extremfall sehr viel langsamer sein kann. Es hängt von vielen Faktoren ab, ob das Hashen gut funktioniert: Sie können sowohl eine ungünstige Hashfunktion haben (ohne es zu merken) als auch unfreundliche Daten erhalten (die jenseits Ihrer Kontrolle sind).

24.8 Nur assoziativ und nicht garantiert

Hashen, Tabellen, Eimer und Kollisionen

Wenn ein Element eingefügt oder gesucht werden soll, dann berechnet der Container für das Element zuerst einen *Hashwert*. Das ist ein Zahlenwert aus einem sehr großen Bereich, zum Beispiel zwischen null und UINT_MAX. Dieser Hashwert bestimmt die Position des Elements in der *Hashtabelle*. Weil diese Tabelle aber nicht UINT_MAX Einträge haben kann, ist sie viel kleiner; sagen wir, sie hat '1024' Einträge. Die Position in der Hashtabelle ergibt sich aus dem Hashwert modulo 1024, also dem Rest der Division. Elemente, deren Hashwert zum Beispiel 7, 1031 oder 2055 ist, werden unter demselben Tabelleneintrag gespeichert. Typischerweise sind diese Elemente als Liste abgelegt.

Die Tabelleneinträge nennt man auch *Eimer* (engl. *Buckets*). Bei der Prüfung, ob ein gegebenes Element im Container enthalten ist, kommt man mit dem Hashwert also zunächst sehr schnell bei dessen Eimer an. Die Elemente in diesem Eimer haben alle denselben Hashwert (modulo Tabellengröße), sind aber möglicherweise unterschiedlich bezüglich Gleichheit == – *Kollisionen* genannt. Daher muss in dem Eimer weitergesucht werden, und das kann bei vielen Elementen im Eimer lange dauern. Deshalb betreibt der Container großen Aufwand, die Anzahl der Kollisionen gering zu halten. So wird zum Beispiel die Tabellengröße mit wachsender Elementzahl im Container immer wieder angepasst. Läuft alles normal, sollte in den meisten Eimern nur ein Element enthalten sein. Ein weiterer wichtiger Faktor, um die Anzahl der Kollisionen gering zu halten, ist die Qualität der Hashfunktion.

Verwenden Sie die unordered-Varianten nur, wenn Sie erstens das Quäntchen Geschwindigkeit brauchen und zweitens die Kontrolle über die Elemente des Containers haben – diese also bezüglich Häufigkeit und Hash garantiert nicht »unfreundlich« werden *können*.

Vor allem bei der Auswahl der Hashfunktion müssen Sie große Sorgfalt walten lassen. Zwar können Ihnen ungünstige Eingabedaten auch zum Verhängnis werden, aber eine schlechte Hashfunktion führt schneller zur Performancekatastrophe. In Listing 24.64 sehen Sie unterschiedliche Container mit unterschiedlichen Daten und im Falle des unordered_multiset mit unterschiedlichen Hashfunktionen im Einsatz.

Eigene Hashfunktion mitgeben

Immer, wenn die Standardbibliothek eine Hashfunktion für den Datentyp T braucht, verwendet sie den Funktor std::hash<T>. Der ist für alle eingebauten Typen vordefiniert. Für eigene Datentypen müssen Sie eine Spezialisierung liefern. Darauf wird weiter unten im Kontext von Listing 24.67 eingegangen.

Auch die ungeordneten assoziativen Container nutzen diese Funktoren. Alternativ können Sie denen aber auch einen eigenen Funktor als Konstruktorargument mitgeben. Das ist bedeutend einfacher, als einen Funktor in den std-Namensraum hinein zu injizieren.

24 Container

```cpp
#include <set>                    // set, multiset
#include <unordered_set>          // unordered_set, unordered_multiset
#include <iostream>
#include <string>
#include <chrono>                 // Zeitmessung
using std::cout;
using namespace std::chrono;

long long millisSeit(steady_clock::time_point start) {
    return duration_cast<milliseconds>(steady_clock::now()-start).count();
}
constexpr size_t ITERATIONS = 100'000;

template<typename Cont, typename Func>
void timeStuff(std::string name, Cont data, Func genNum) {
    cout << name << "...";
    auto start = steady_clock::now();
    for(size_t idx=0; idx<ITERATIONS; ++idx) {
        data.insert( genNum(idx) );
    }
    cout << " " << millisSeit(start) << " ms" << std::endl;
}

int alleGleich(size_t) { return 7; }        // erzeugt immer die gleiche Zahl
int gestreut(size_t n) { return int(n); } // erzeugt unterschiedliche Zahlen
struct BadHash {   // die schlechtest mögliche Hashfunktion als Funktor
        size_t   operator()(int) const { return 1; }
};

int main() {
    std::multiset<int> m{};
    timeStuff("multiset            alleGleich      ", m, &alleGleich);
    timeStuff("multiset            gestreut        ", m, &gestreut);
    std::set<int> s{};
    timeStuff("set                 alleGleich      ", s, &alleGleich);
    timeStuff("set                 gestreut        ", s, &gestreut);
    std::unordered_multiset<int> um{};
    timeStuff("unordered_multiset alleGleich       ", um, &alleGleich);
    timeStuff("unordered_multiset gestreut         ", um, &gestreut);
    std::unordered_multiset<int,BadHash> umb{};
    timeStuff("unordered_multiset alleGleich badHash", umb, &alleGleich);
    timeStuff("unordered_multiset gestreut    badHash", umb, &gestreut);
}
```

Listing 24.64 Betreiben Sie ungeordnete assoziative Container niemals mit einer schlechten Hashfunktion.

Die Ausgabe aus obigem Listing ist auf meinem Rechner gerade zum Beispiel:[9]

```
multiset           alleGleich      ... 72 ms
multiset           gestreut        ... 66 ms
set                alleGleich      ... 8 ms
set                gestreut        ... 74 ms
unordered_multiset alleGleich      ... 27 ms
unordered_multiset gestreut        ... 29 ms
unordered_multiset alleGleich badHash... 24 ms
unordered_multiset gestreut    badHash... 255419 ms
```

Sie können die folgenden Beobachtungen machen:

▶ Dem multiset ist es nahezu egal, ob die Elemente alleGleich oder gestreut sind.

▶ set ist mit alleGleich natürlich ultaschnell, weil er doppelte löscht und so ständig nur ein Element hält.

▶ Mit einer vernünftigen Hashfunktion ist auch unordered_multiset egal, ob die Werte gleich oder gestreut sind.

▶ Nur mit einer schlechten Hashfunktion wie badHash bricht die Performance katastrophal ein, wenn unterschiedliche Elemente in denselben Eimer sortiert werden.

Beachten Sie, dass Ihnen die Performance eines ungeordneten assoziativen Containers auch einbrechen kann, wenn Sie eine nicht ganz so schlechte Hashfunktion haben, aber ungünstige Daten vorliegen. Die Garantien geben Ihnen nur die geordneten Varianten, auch wenn die ungeordneten im Optimalfall schneller sind.

Wie wenig »Spaß« eine schlechte Hashfunktion machen kann, können Sie in dem modifizierten Beispiel sehen, bei dem ich die Anzahl der eingefügten Elemente variiere. Damit bekommen Sie ein Gefühl dafür, wie schnell die Laufzeit abhängig von der Elementzahl zunehmen kann.

```
#include <unordered_set>      // unordered_set, unordered_multiset
#include <iostream>
#include <string>
#include <chrono>             // Zeitmessung
using std::cout;
using namespace std::chrono;

long long millisSeit(steady_clock::time_point start) {
    return duration_cast<milliseconds>(steady_clock::now()-start).count();
}

struct BadHash {  // die schlechtest mögliche Hashfunktion als Funktor
    size_t   operator()(int) const { return 1; }
};
```

---

9   Intel i7-3520M CPU, 2.90GHz, gnu c++ 6.0, std=gnu++1y

```cpp
void timeStuff(size_t iters) {
    std::unordered_multiset<int,BadHash> data{};
    cout << iters << "...";
    auto start = steady_clock::now();
    for(size_t idx=0; idx<iters; ++idx) {
        data.insert( (int)idx );
    }
    cout << " " << millisSeit(start) << " ms" << std::endl;
}
constexpr size_t LIMIT = 20'000;
int main() {
    size_t iters = 100;
    while(iters < LIMIT) {
        timeStuff(iters);
        iters *= 2; // verdoppeln
    }
}
```

Listing 24.65 Doppelt so viele Elemente bei schlechter Hashfunktion heißt viermal länger.

Die Ausgabe spricht Bände. Pro Verdopplung der Eingabe vervierfacht sich die Laufzeit.

```
100... 0 ms
200... 1 ms
400... 5 ms
800... 17 ms
1600... 69 ms
3200... 274 ms
6400... 1104 ms
12800... 4260 ms
```

Das ist dem Umstand geschuldet, dass alle Elemente, auch wenn sie nicht gleich sind, in einem einzigen Eimer landen. Und der ist dann eine lange Liste[10], die dann ganz durchlaufen werden muss, um festzustellen, wo das Element hingehört.

24.8.1 Gemeinsamkeiten und Unterschiede

In Tabelle 24.9 sehen Sie, durch welche Haupteigenschaften sich die ungeordneten assoziativen Container voneinander unterscheiden. Zu den »*«-Einträgen gibt es die folgenden Anmerkungen:

▶ **Schlüsseltyp**
Die geordneten assoziativen Container können als Schlüssel beinahe[11] jeden Typ verwenden, solange man seine Werte mit »gleich« == vergleichen kann und mit einer Hashfunktion ausgestattet hat. Dazu überlade man hash(Key) sorgfältig.

---

10 Die meisten Implementierungen verwenden eine Liste, es könnte aber auch etwas anderes sein.
11 Man muss sie erzeugen, entfernen und kopieren können.

> ▶ **Speicherlayout**
>
> Intern wird eine Tabelle der Hashwerte der Schlüssel gespeichert. Dabei können mehrere unterschiedliche Schlüssel zusammen in einen »Eimer« (engl. *Bucket*) geworfen werden. Um nach einem bestimmten Schlüssel zu suchen, wird der korrekte *Eimer* ermittelt, der dann aber möglicherweise auf alle seine Elemente untersucht werden muss (siehe Kasten »Hashen, Tabellen, Eimer und Kollisionen« am Anfang des Abschnitts).
>
> ▶ **Suchen**
>
> Im Normalfall können Elemente in konstanter Zeit O(1) gefunden werden. Wenn aber die Hashwerte der Schlüssel »verklumpen« (und im schlimmsten Fall alle gleich sind), bricht die Performance auf katastrophale O(n) pro Suche ein.

Eigenschaft	unordered_set	unordered_map	unordered_multiset	unordered_multimap
eindeutige Schlüssel	ja	-	ja	-
Schlüssel zu Zielwerten	-	ja	-	ja
Schlüsseltyp*	hash, ==	hash, ==	hash, ==	hash, ==
dynamische Größe	ja	ja	ja	ja
Overhead pro Element	ja	ja	ja	ja
Speicherlayout*	Hashtabelle	Hashtabelle	Hashtabelle	Hashtabelle
einfügen, entfernen	meist sehr schnell			
suchen*	meist sehr schnell			
sortiert	-	-	-	-
Iteratoren	wahlfrei	wahlfrei	wahlfrei	wahlfrei
Algorithmen*	nicht sortierte			

Tabelle 24.9 Eigenschaften der ungeordneten assoziativen Container

Bei allen unordered_… Containern müssen Sie die Hashfunktion für den Schlüsseltyp sehr sorgfältig wählen und implementieren, sonst erhalten Sie eine schlechte Performance. Leider ist es alles andere als trivial, das Verhalten einer Hashfunktion zu beweisen oder automatisch zu überprüfen. Insbesondere mit der Unvorhersagbarkeit der kommenden Daten ist eine gute Hashfunktion knifflig.

Wenn Sie für Ihre Daten eine Hashfunktion implementieren, greifen Sie möglichst auf andere Hashfunktionen der Standardbibliothek zurück.

Selbst wenn Sie eine perfekte Hashfunktion haben, müssen Sie auch sicherstellen, dass Sie zur Laufzeit des Programms keine »entarteten« Daten erhalten. Dummerweise hat man die exakten Daten selten unter voller Kontrolle.

Aus diesen beiden Gründen kann ich Ihnen nur empfehlen, als erste Datenstruktur Ihrer Wahl immer die geordneten assoziativen Container mit ihrem garantierten Laufzeitverhalten zu wählen. Nur, wenn Sie das letzte Quäntchen Performance benötigen und auf unvorhergesehene Daten reagieren können, nehmen Sie eine ungeordnete Variante.

Füllstand und Neuordnung

Bei diesen Containern kann es beim Einfügen passieren, dass die Anzahl der *Eimer* (engl. *Bucket*) angepasst werden muss. Man nennt das *Füllgrad* (engl. *load factor*) und das ist der Quotient `size()`/`bucket_count()`. Sie können Füllgrad mit `load_factor()` abfragen. Wenn der den `max_load_factor()` erreicht, dann findet automatisch eine Vergrößerung statt. Findet eine automatische Vergrößerung statt, dann erfolgt eine komplette Neuordnung der Elemente statt – ein `rehash`. Alle Iteratoren in den Container verlieren ihre Gültigkeit. Die Reihenfolge der Elemente zueinander ist nach einem solchen Schritt mit ziemlicher Sicherheit anders als vorher.

Ähnlich wie bei einem `vector` kann man sich auch nach einer Einfügung also nie sicher sein, ob Iteratoren noch gelten. Zudem kann man (auch ähnlich wie bei `vector`) mit einem Aufruf von `reserve` vorsorgen, dass das bis zu einer gegebenen Grenze nicht passiert. Und man kann dem Konstruktor dieser Container eine Zahl schon beim Erzeugen mitgeben.

Sie könnten den `max_load_factor` auch verändern, sollten es aber normalerweise nicht. Am Anfang ist dieser auf `1.0` gesetzt, weswegen die Zahl, die Sie dem Konstruktor übergeben, der Initiale `bucket_count` ist und gleichzeitig die Anzahl der Elemente im Container, bevor ein `rehash` stattfindet.

24.8.2 Methoden der ungeordneten assoziativen Container

Ich bin bei den Signaturen der Funktionen hier nicht immer ganz präzise oder ausführlich, um Platz zu sparen und die Übersicht zu bewahren. Gebe ich die Klammern bei `methode` nicht mit an, gibt es meist mehrere Überladungen.

▶ **Konstruktoren** `Cont()`, `Cont(Compare)`, `Cont{…}`, `Cont(It, It)`
Der Defaultkonstruktor `Cont()` erzeugt einen leeren Container. Mit einem Paar Iteratoren aus einem anderen kompatiblen Container können Sie dessen Inhalt kopieren. Sie können eine Initialisierungsliste angeben, die Ihr Container zu Beginn enthalten soll. Bei einer `unordered_map` bedeutet das, dass Sie verschachtelte `{…}` angeben, denn jedes Element muss ein `pair` initialisieren, also zum Beispiel `unordered_map<int,string>{ {2,"zwei"s}, {3,"three"s} }`.

▶ **Kopieren und Verschieben** `C(const C&)`, `C(C&&)`, `C& op=(const C&)`, `C& op=(C&&)`, `swap`
Den Kopier- und Verschiebekonstruktoren und -operatoren können Sie einen ande-

ren Cont als Argument mitgeben. Effizientes swap(Cont& other) implementieren alle assoziativen Container.

▶ **Destruktor ~Cont()**
Alle Container haben Destruktoren, die die enthaltenen Elemente entfernen. Beachten Sie, dass das nicht gilt, wenn Sie rohe Zeiger in Container packen.

▶ **Iterieren vorwärts begin(), end() und rückwärts rbegin() und rend()**
Sie können hier genauso iterieren wie bei den sequenziellen Containern. Die Reihenfolge, in der Sie die Elemente erhalten, ist aber zufällig[12] und hat nicht unbedingt mit der Reihenfolge der Einfügung oder einer Sortierung zu tun. Die Iteratoren der unordered_map-Varianten referenzieren ein pair<K,T>.

▶ **Elementzugriff T& operator[](Key), T& at(Key)**
Nur unordered_map hat diese Methoden und verhält sich wie map.

▶ **Größe size(), empty(), max_size(), reserve**
Mit size() erhalten Sie die aktuelle Anzahl der Elemente im Container, empty() ist wahr, wenn diese null ist. Mit max_size() erhalten Sie die bibliotheksspezifische Maximalgröße des Containers. Da auch diese Containerfamilie sich ähnlich wie ein vector in Stufen selbst vergrößert, gibt es auch hier ein reserve, um den Zeitpunkt unter Kontrolle zu haben.

▶ **Veränderung clear(), erase, insert und emplace**
Diese Methoden funktionieren wie bei den Sequenzcontainern. Bei den Maps besteht ein Element aus einem pair<K,T>, das Sie mit insert und emplace einfügen.

▶ **Suchen count, find, equal_range**
Diese Methoden entsprechen denen der sortierten Container. count zählt, wie oft ein Schlüssel vorkommt, find liefert einen Iterator auf einen gefundenen Schlüssel zurück. equal_range liefert ein Iteratorpaar zurück, zwischen dem sich die gefundenen Schlüssel befinden.

24.8.3 »unordered_set«

Ein unordered_set hat ein dem set ähnliches Interface, siehe Abschnitt 24.7.3, »set«.

Wenn Sie iterieren, dann haben Sie nur Vorwärtsiteratoren zur Verfügung. Das »vorwärts« bezieht sich hier allerdings nicht auf eine Ordnung, in der Sie die Elemente erhalten, sondern darauf, dass Sie nur ++ und kein -- auf die Iteratoren anwenden können.

Die Beispiele dieses Abschnitts für unordered_set müssen Sie sich in den Code von Listing 24.66 eingebettet denken.

Die Reihenfolge der Ausgaben kann bei den ungeordneten Containern ja nach Implementierung der Standardbibliothek abweichen.

Bitte beachten Sie meine Anmerkung zu <<= im Kasten nach Listing 24.7.

---

12 oder genauer: beliebig

```
#include <unordered_set>
#include <iostream>
using std::unordered_set; using std::cout;
template<typename Elem, typename Cmp>
std::ostream& operator<<=(std::ostream&os, const unordered_set<Elem,Cmp>&data){
    for(auto &e : data) {
        os << e << ' ';
    }
    return os << '\n'; // '<<=' statt '<<' für Zeilenumbruch
}
int main() {
    // Beispielcode hier
}
```

Listing 24.66 Dies ist die Schablone für die Beispiellistings zum »unordered_set«.

Eigenschaften der Elemente

Anders als beim set müssen die Elemente des unordered_set den operator== unterstützen. Dinge, die Sie für den Einsatzzweck des Containers als »gleich« betrachten wollen, müssen für operator==(const Elem &a, const Elem &b) wahr zurückliefern. Alternativ können Sie auch einen Funktor KeyEqual als Templateparameter bei der Definition angeben, dann wird stattdessen der zum Schlüsselvergleich verwendet.

Zusätzlich benötigen Sie noch einen Funktor, der einen Hashwert aus Key berechnet. Schreiben dazu ein spezialisiertes Klassentemplate std::hash<Key> mit einer Methode size_t operator()(const Key &k) const. Achten Sie dabei darauf, dass Sie für alle denkbaren k den Bereich von size_t so gut wie möglich ausschöpfen. Nur dann wird der Container eine gute Performance haben. Sollten Sie die Funktion nicht überladen können oder wollen, dann geben Sie bei der Definition des Containers einen Templateparameter für Hash mit an.

```
#include <unordered_set>
#include <iostream>
#include <vector>
#include <string>
using std::string; using std::unordered_set; using std::cout;
struct Word {
    string word_;
    size_t row_;
    Word(const string &word, size_t row)
        : word_{word}, row_{row} {}
    friend bool operator==(const Word& a, const Word &b)
        { return a.word_ == b.word_; } // ignoriert row
};
namespace std {
template<> struct hash<Word> { // ignoriert row
```

24.8   Nur assoziativ und nicht garantiert

```cpp
        std::hash<string> stringHash;
        std::size_t operator()(const Word &w) const {
            return stringHash(w.word_);
        }
}; }
struct ExactWordHash { // bezieht row mit ein
    std::hash<string> sHash;
    std::hash<size_t> iHash;
    bool operator()(const Word& a) const {
        return sHash(a.word_) ^ iHash(a.row_);
    }
};
struct ExactWordEqual { // bezieht row mit ein
    bool operator()(const Word& a, const Word &b) const {
        return std::tie(a.word_, a.row_) == std::tie(b.word_, b.row_);
    }
};
int main() {
    std::vector<Word> input {
      Word{"eine",0}, Word{"Rose",0},
      Word{"ist",1}, Word{"eine",1}, Word{"Rose",1},
      Word{"ist",2}, Word{"eine",2}, Word{"Rose",2},  };
    // Überladungen nutzen
    unordered_set<Word> words( input.begin(), input.end() );
    cout << words.size() << '\n'; // Ausgabe: 3
    // Eigene Funktoren nutzen
    unordered_set<Word,ExactWordHash,ExactWordEqual> poem(
            input.begin(), input.end() );
    cout << poem.size() << '\n';   // Ausgabe: 8
    // Hash als Lambda
    auto h = [](const auto &a) { return std::hash<string>{}(a.word_); };
    unordered_set<Word,decltype(h)> rose(input.begin(), input.end(), 10, h);
    cout << rose.size() << '\n';   // Ausgabe: 3
}
```

Listing 24.67 Ein »unordered_set« mit eigenem Vergleich und Hashfunktion

Für das erste Beispiel mit words nutze ich den Weg, dass ich die Operationen dort definiere, wo die normale Suche sie erwartet. Der Default für die Templateargumente sind std::hash<Key> und std::equal<Key>. Letzterer benutzt die freie Funktion operator ==(Key,Key). Beides habe ich definiert: operator== ist per friend-Methode als freie Funktion sichtbar, und hash<Word> ist eine Templatespezialisierung von template<typename Key> struct hash im Namensraum std. Hier eine kleine Anmerkung, dass Sie bitte nicht willkürlich Dinge im Namensraum std definieren: Es ist in Ordnung, Spezialisierungen wie diese in std vorzunehmen, doch dürfen Sie nicht neue Dinge einfach so in std definieren – Sie würden nicht portablen Code erhalten.

687

24   Container

Das zweite Beispiel poem ist etwas direkter, da es nicht die schlecht sichtbaren eingebauten Mechanismen nutzt. Hier habe ich die zu nutzenden Funktoren als Templateargumente angegeben. Das macht es etwas klarer, denn vor allem für die Hashfunktion kann man nicht einfach eine friend-Funktion innerhalb des eigenen Datentyps definieren.

Wie üblich müssen Sie nicht unbedingt einen Funktor nehmen, es reicht ein aufrufbares Objekt. Als Letztes sehen Sie bei rose, dass ich dem Konstruktor das Lambda h als Hashfunktion übergeben habe. Dessen Typ muss ich mit decltype(h) allerdings auch als Templateargument übergeben. Außerdem verlangt die Reihenfolge der Konstruktorargumente, dass ich vor der Hashfunktion auch die Anzahl der *Buckets* des Containers mit übergebe, daher hier die 10.

Initialisieren

Wie immer müssen Sie beim Definieren und Initialisieren zwei Dinge definieren: die Templateargumente und die Konstruktorargumente.

Als Templateargumente für den unordered_set ist mindestens der Schlüssel- bzw. Elementtyp Key von Nöten, also zum Beispiel unordered_set<int>.

- ▶ Key – der Schlüsseltyp zum Suchen
- ▶ optional Hash – der Hashfunktor für Key; standardmäßig std::hash<Key>
- ▶ optional KeyEqual – Vergleichsoperator für Key, standardmäßig std::equal_to<Key> und dadurch operator==
- ▶ optional Allocator – Speicherallokator für die Elemente.

Optional geben Sie einen Hashfunktor, einen Vergleichsfunktor für Schlüssel und einen Allokator an. Wie in Listing 24.67 gezeigt, nimmt die Standardbibliothek die freie Funktion operator==, wenn Sie keinen Vergleichsfunktor angeben. Das heißt, für eigene Datentypen reicht ein friend bool operator==. Somit ist in den meisten Fällen die Angabe eines Vergleichsfunktors nicht nötig. Bleibt in der Praxis der Hashfunktor, den Sie ab und zu definieren müssen. Auch dafür sehen Sie in Listing 24.67 Beispiele. Am einfachsten geht es mit einem Lambda und decltype:

```
auto h = [](const auto &a) { return ... ; };
 unordered_set<Key,decltype(h)> data( ... h );
```

Die Konstruktorargumente können wie beim set und den anderen Containern die folgenden sein:

- ▶ ohne Argumente
- ▶ ein Bereich aus einem anderen Container mittels eines Iteratorpaars
- ▶ eine Initialisierungsliste
- ▶ ein anderer unordered_set zum Kopieren

Bis auf die letzte nehmen alle Varianten optional noch einen size_t, mit dem Sie die anfängliche Größe der Hashtabelle festlegen.

688

Das sieht in einem knappen Beispiel so aus, wie in Listing 24.68 gezeigt.

```
#include <set>
template<typename Key>
std::set<Key> sorted(const unordered_set<Key> &data)
  { return std::set<Key>(data.begin(), data.end()); }
// ...
// ohne Argumente
unordered_set<int> leer{};
cout <<= leer;       // Ausgabe:
// Initialisierungsliste
unordered_set<int> daten{1,1,2,2,3,3,4,4,5,5};// doppelte werden nicht übernommen
cout <<= daten;      // Ausgabe in etwa: 5 4 3 2 1
// Kopie
unordered_set<int> kopie(daten);
cout <<= kopie;      // Ausgabe in etwa: 5 4 3 2 1
// Bereich
auto so1 = sorted(daten);
unordered_set<int> bereich(std::next(so1.begin()), std::prev(so1.end()));
cout <<= bereich;    // Ausgabe in etwa: 2 3 4
```

Listing 24.68 Dies sind die Möglichkeiten einen »unordered_set« zu initialisieren.

Beachten Sie, dass die Reihenfolge der ausgegebenen Elemente bei Ihnen naturgemäß anders sein kann. Damit ich für das letzte Beispiel aber weiß, dass ich auch 1 und 5 beim Kopieren überspringe, habe ich den unordered_set daten erst mit sorted() in den sortierten Container so1 kopiert. Dazu habe ich Hilfsfunktion sorted definiert.

Zuweisen

Für das Zuweisen eines neuen Inhalts stehen Überladungen von operator= bereit, die Kopieren und Verschieben erlauben. Mit swap lassen sich effizient einige Programmieridiome umsetzen. Beides ist schon von set bekannt.

Einfügen

Sie fügen wie bei set mit insert oder emplace ein.

▶ **Einfügen eines einzelnen Elements mit automatischer Position**
Das Einfügen eines einzelnen Elements mit insert oder emplace geht im optimalen Fall in O(1), im schlimmsten Fall in O(n) Zeit. Während insert das neue Element kopiert, geben Sie bei emplace die Konstruktorargumente für ein Erzeugen direkt vor Ort an. Beachten Sie, dass wie bei set ein Element nicht ersetzt wird, wenn es schon im unordered_set enthalten ist. Ob tatsächlich etwas eingefügt wurde, erfahren Sie im bool des zurückgegebenen Paars. In Listing 24.69 sehen Sie ein Beispiel.

24   Container

▶ **Einfügen eines einzelnen Elements mit Positionshinweis**
Wie bei set können Sie eine Einfügung noch ein wenig beschleunigen, wenn Sie schon wissen, wo das Element hingehört. Dazu benutzen Sie insert mit Positionsiterator oder emplace_hint. Die Ersparnis ist jedoch ganz anderer Natur als sonst. Bei unordered_set kann die Standardbibliothek die Berechnung des Hashes ebenso sparen wie das aufwendige Hangeln durch die Liste im Eimer. Dann reicht ein einzelner Schlüsselvergleich, um festzustellen, ob das Element eingefügt werden muss. Listing 24.69 enthält am Ende dafür ein Beispiel. Was bei unordered_set noch etwas unnütz erscheint, macht bei unordered_multiset mehr Sinn. Wenn die Position nicht stimmt, ist der zeitliche Mehraufwand gering.

▶ **Einfügen mehrerer Elemente**
Wie alle Container kann unordered_set auch einen ganzen Bereich mittels eines Iteratorpaars oder eine ganze Initialisierungsliste einfügen.

Hier sehen Sie grundlegendes Einfügen in einen unordered_set:

```
unordered_set<int> data;
auto res1 = data.insert( 5 );                  // einfügen per Kopie
if(res1.second) cout << "ja, 5 nun drin\n";    // das klappt
auto res2 = data.emplace( 5 );                 // einfügen vor Ort
if(res2.second) cout << "zweite 5 nun drin\n"; // das klappt nicht
auto res3 = data.insert(res1.first, 6 );       // mit Positionshinweis
// res3 ist nur ein iterator ohne bool
cout << *res3 << '\n';                          // auf jeden Fall eine 6
```

Listing 24.69 Einfügen in einen »unordered_set«

Alle Einfügeoperationen machen Iteratoren in den Container potenziell ungültig. Wenn Sie jedoch sicher sind, dass keine Neuanordnung der Elemente stattgefunden hat, behalten Iteratoren ihre Gültigkeit – zum Beispiel weil Sie vorher passend reserve aufgerufen haben.

Zugreifen

Anders als set bieten die *ungeordneten assoziativen Container* nur *Vorwärtsiteratoren* an, wie ich in Tabelle 24.2 schon dargestellt habe. Zum Sortieren eignen sie sich also schon mal gar nicht.

▶ **Zugriff über Iteratoren**
Sie erhalten mit *[c]*begin() einen Iterator auf den Anfang und mit *[c]*end() einen Iterator hinter das Ende des Containers. Wenn Sie dann mit ++it, next(it) oder advance über die Elemente iterieren, ist deren Reihenfolge beliebig, jedoch stabil über mehrere Durchläufe, wenn Sie den Container nicht zwischenzeitlich verändert haben.

▶ **Zugriff über Suchen**
Bei den ungeordneten assoziativen Containern machen gewisse Suchfunktionen, wie es sie bei den geordneten gibt, keinen Sinn – zwei Suchen nach unterschiedlichen

24.8 Nur assoziativ und nicht garantiert

Schlüsseln schließen nicht wirklich einen Bereich ein. So haben Sie also nur `find`, `count` und `equal_range`. Bei `unordered_set` liefert `count` null oder eins zurück. `equal_range` umfasst entweder einen Bereich mit exakt einem Element oder liefert zweimal `end()` zurück.

Eine *Suchen ohne konkreten Schlüssel* ist bei den ungeordneten assoziativen Containern nicht möglich, denn die Suche verlangt nach einem Hashwert, und ein Hashwert verlangt nach einem konkreten Schlüssel.

Löschen

Die Methoden zum Löschen sind dieselben wie beim `set`, die Schnittstelle ist leicht eingeschränkt.

▶ **Löschen aller Elemente**
Sie leeren `unordered_set` mit `clear()`.

▶ **Löschen eines einzelnen Elements**
Sie können einen Iterator oder einen Schlüssel zur Suche für `erase` als Parameter verwenden. Der Rückgabewert ist ein Iterator auf das Element nach dem gelöschten.

▶ **Löschen eines Bereichs von Elementen**
Sie können `erase` wohl einen Bereich von Elementen mit zwei Iteratoren angeben, doch macht die unspezifizierte Ordnung innerhalb des `unordered_set` hier nur eingeschränkt Sinn, außer wenn Sie `begin()` und `end()` als Parameter verwenden, was Sie dann aber besser mit `clear()` erreichen können.

Iteratoren auf nicht gelöschte Elemente behalten ihre Gültigkeit.

Außerdem beeinflusst das Löschen von Elementen die Reihenfolge der verbleibenden Elemente untereinander. Das heißt, Sie können innerhalb einer Schleife mehrere Elemente löschen, ohne sich darüber Sorgen zu machen, ob eine Löschaktion nicht die Reihenfolge der restlichen Elemente so verändert hat, dass Sie vielleicht manche Elemente gar nicht mehr sehen.

```
unordered_set<int> nums{ 1,2,3,4,5,6,7,8,9,10 };
cout <<= nums;                    // Ausgabe ähnlich: 9 1 2 3 4 5 6 7 8 10

auto it = nums.begin();
while(it != nums.end()) {
    if(*it % 2 == 0) {           // gerade Zahl?
        it = nums.erase(it);     // Restelemente verändern nicht Reihenfolge
    } else {
        ++it;
    }
}
cout <<= nums;                    // Ausgabe ähnlich: 9 1 3 5 7
```

Listing 24.70 Löschen erhält die Reihenfolge der restlichen Elemente.

691

Wenn auch die Reihenfolge der Ausgabe auf Ihrem Rechner anders aussehen mag, so werden Sie bei der zweiten Ausgabe dieselbe Reihenfolge erhalten wie bei der ersten, nur ohne gerade Zahlen.

Der Aufruf von erase liefert einen Iterator auf das nächste Element zurück. Wenn erase nicht aufgerufen werden soll, dann sorgt ++it für das Weiterrücken des Iterators.

Spezialität: Eimerweise

Sie können den Inhalt der einzelnen Eimer genau unter die Lupe nehmen:

▶ Mit bucket_count() erhalten Sie die aktuelle Anzahl der Eimer des Containers. Größer als max_bucket_count() kann die Zahl nicht werden.

▶ begin(int) und end(int) liefern Ihnen Iteratoren auf die Elemente eines einzelnen Eimers.

▶ Vorher können Sie mit bucket_size(int) die Anzahl der Elemente eines einzelnen Eimers prüfen.

▶ Bei int bucket(Key) erfahren Sie, in welchem Eimer ein Element landen würde.

Es fällt mir schwer, eine sinnvolle Anwendung für diese tief greifende Schnittstelle vorzustellen. Ich kann mir aber denken, das solche Einblicke dann sinnvoll sein können, wenn Sie mit dem Nachteil der ungeordneten Container umgehen müssen, dass diese keine zeitliche Garantie bieten. Ich kann Ihnen nur ein Beispiel bieten, dass mit neugierige Augen den Inhalt der einzelnen Eimer eines unordered_set auflistet.

```
// befüllen mit 100 Werten
unordered_set<int> d{};
d.rehash(10); // versuche 10 Eimer zu haben
d.max_load_factor(100.0); // 100 Elemente pro Eimer sind okay
cout << "Eimer Anzahl: " << d.bucket_count() << '\n';
for(int x=0; x<100; ++x) {
    d.insert(x);
}


// ausgeben
for(int b = d.bucket_count()-1; b>=0; --b) {
    cout << "Eimer "<<b<<":";
    for(auto it=d.begin(b); it!=d.end(b); ++it)
        cout << *it << ' ';
    cout << '\n';
}
```

Listing 24.71 Sie können eimerweise auf »unordered_set« zugreifen.

Bei mir hat der Versuch mit rehash(10) dazu geführt, dass ich 11 Eimer bekam. Häufig sind Primzahlen eine gute Idee. Ansonsten war die Ausgabe auf meinem Rechner wie folgt:

```
Eimer 10:98 87 76 65 54 43 32 21 10
Eimer 9:97 86 75 64 53 42 31 20 9
Eimer 8:96 85 74 63 52 41 30 19 8
Eimer 7:95 84 73 62 51 40 29 18 7
Eimer 6:94 83 72 61 50 39 28 17 6
Eimer 5:93 82 71 60 49 38 27 16 5
Eimer 4:92 81 70 59 48 37 26 15 4
Eimer 3:91 80 69 58 47 36 25 14 3
Eimer 2:90 79 68 57 46 35 24 13 2
Eimer 1:89 78 67 56 45 34 23 12 1
Eimer 0:99 88 77 66 55 44 33 22 11 0
```

Sie sehen hier für jeden einzelnen Eimer, welche Elemente er enthält.

Spezialität: Platz reservieren

Jede Einfügung kann potenziell dazu führen, das alle Elemente des `unordered_set` neu angeordnet werden. Dann verlieren Iteratoren ihre Gültigkeit. Ähnlich wie bei `vector` können Sie aber beeinflussen, wann das passiert, und haben so den Zeitpunkt unter Kontrolle. Der genaue Mechanismus ist in Abschnitt »Füllstand und Neuordnung« des Abschnitts 24.8.1 erklärt. Hier sind die beteiligten Funktionen.

▶ `float load_factor()` ist die durchschnittliche Anzahl an Elementen pro Eimer.

▶ Wenn `load_factor` über `float max_load_factor()` steigt, findet eine Neuordnung der Elemente statt. Den Wert können Sie mit `max_load_factor(float)` aber selbst verändern. Bei den meisten Implementierungen ist dieser Wert zu Beginn `1.0`.

▶ `rehash(size_t b)` setzt die Anzahl der Eimer auf mindestens `b`, aber nie kleiner als `size()/max_load_factor()`.

▶ `reserve(size_t c)` ist der beste Weg, um sicherzustellen, dass `c` Elemente bezogen auf den aktuellen `load_factor` gut im Container aufgehoben sind.

In Listing 24.71 habe ich `rehash` und `reserve` demonstriert.

`reserve(size_t c)` berücksichtigt ein zuvor gesetztes `max_load_factor(float)`. Es entspricht dem Aufruf von `rehash(ceil(c/max_load_factor()))`.

24.8.4 »unordered_map«

Die `unordered_map` teilt sich große Teile ihrer Schnittstelle mit `map`, siehe Abschnitt 24.7.4, »map«, und viel vom Verhalten mit `unordered_set`, siehe Abschnitt 24.8.3, »unordered set«.

Das heißt, Sie können Schlüsseln Zielwerte zuordnen und schnell wiederfinden. Das besondere ist, dass dies im Normalfall in O(1) optimal schnell geht. Das aber leider nicht garantiert, sodass Sie im ungünstigsten Fall O(n) Zeit auf das Ergebnis warten müssen.

Wie bei `map` stehen Ihnen `operator[]` und `at` zur Verfügung. Ansonsten suchen Sie mit Vorwärtsiteratoren.

24   Container

Die Beispiele dieses Abschnitts für unordered_map müssen Sie sich in den Code von Listing 24.72 eingebettet denken. Beachten Sie aber meine Anmerkung zu <<= im Kasten
nach Listing 24.7.

```cpp
#include <unordered_map>
#include <iostream>
using std::unordered_map; using std::cout;
template<typename K, typename T>
std::ostream& operator<<=(std::ostream&os, const unordered_map<K,T>&data) {
    for(auto &e : data) {
        os << e.first << ":" << e.second << ' ';
    }
    return os << '\n'; // bei operator<<= mit Zeilenumbruch
}
int main() {
    // Beispielcode hier
}
```

Listing 24.72 Dies ist die Schablone für die Beispiellistings zur »unordered_map«.

Die Elemente und ihre Eigenschaften

Die Elemente einer unordered_map sind pair<const Key,Target>. Dabei müssen Sie für Key
zwei Dinge haben:

▶ Sie benötigen einen Hashfunktor, der entweder std::hash<Key> oder von Ihnen als
  Templateargument angegeben ist.

▶ Key muss mit == vergleichbar sein, also bool operator==(const Key&, const Key&) definiert sein, oder Sie geben hierfür einen Funktor an.

Für eigene Datentypen ist es am einfachsten, Sie definieren operator== als friend und dazu
einen eigenen Hashfunktor. Ein kurzes Beispiel ist in Listing 24.73 gezeigt.

```cpp
#include <unordered_map>
#include <iostream>
#include <string>
using std::string; using std::unordered_map; using std::cout;
struct Stadt {
    string name_;
    explicit Stadt(const string &name) : name_{name} {}
    friend bool operator==(const Stadt& a, const Stadt &b)
        { return a.name_ == b.name_; }
};
struct StadtHash {
    std::hash<string> sHash;
    size_t operator()(const Stadt& a) const {
        return sHash(a.name_);
    }
};
```

694

```
int main() {
    unordered_map<Stadt,string,StadtHash> abk{
        {Stadt{"Bielefeld"}, "BI"},
        {Stadt{"Jetzendorf"}, "JE"},
        {Stadt{"Tharandt"}, "TH"},
    };
    cout << abk[Stadt{"Bielefeld"}] << '\n'; // Ausgabe: BI
}
```

Listing 24.73 So können Sie einen eigenen Datentypen als Schlüssel in einer »unordered_map« verwenden.

Der Vergleichsoperator == ist mit dem Schlüsselwort friend eine freie Funktion und kann von der unordered_map direkt verwendet werden.

Der Funktor StadtHash benötigt eine Methode size_t operator()(const Stadt&) const. Darin verwende ich den für string von der Standardbibliothek zur Verfügung gestellten Hashfunktor.

Initialisieren

Beim Definieren einer unordered_map benötigen Sie mindestens die Templateargumente für Key und Target. Der Rest ist optional:

▶ Key – der Schlüsseltyp zum Suchen

▶ Target – der Typ, auf den die Schlüssel verweisen sollen

▶ optional Hash – der Hashfunktor für Key; standardmäßig std::hash<Key>

▶ optional KeyEqual – Vergleichsoperator für Key, standardmäßig std::equal_to<Key> und dadurch operator==

▶ optional Allocator – Speicherallokator für die Elemente

Neben den Typen können Sie die unterschiedlichsten Konstruktorüberladungen verwenden. Die meisten der folgenden Möglichkeiten haben jeweils zusätzlich die Optionen, eine Hashfunktion, einen Vergleichsoperator oder einen Allokator mitzugeben.

▶ Der Standardkonstruktor ohne Argumente erzeugt einen leeren Container.

▶ ein Iteratorpaar zum Kopieren aus einem anderen Container oder Stream

▶ eine Initialisierungsliste mit Anfangswerten

▶ eine andere unordered_map für eine komplette Kopie oder Verschiebung

Eine Besonderheit bei allen ungeordneten assoziativen Containern ist, dass bei den ersten drei Varianten immer noch ein optionaler size_t count übergeben werden kann, der die Mindestgröße der anfänglichen Hashtabelle festlegt.

24 Container

Zuweisen

Wie alle ungeordneten Container können Sie `operator=` sowohl zum Kopieren als auch zum Verschieben nutzen, um den Container neu zu initialisieren. Mit `swap` steht Ihnen ein Werkzeug für den sehr schnellen Austausch aller Daten mit einer anderen `unordered_map` zur Verfügung.

Einfügen

Beim Einfügen gibt es in der Schnittstelle keinen Unterschied zur `map`. Nur die Laufzeitgarantien sind andere, denn die sind hier durchweg zwischen konstant und linear pro eingefügtes Element.

▸ **Einfügen eines einzelnen Elements mit automatischer Position**
Nehmen Sie `insert(pair<Key,Target>)` oder `emplace(Key, Target)`, um ein neues Element einzufügen. Achtung auch hier, dass im Container nicht überschrieben wird, wenn der Schlüssel schon existiert.

▸ **Automatisches Einfügen und überschreiben**
Alternativ können Sie auch `operator[]` zum Einfügen nehmen, jedoch wird hier zunächst ein leeres `Target` erzeugt. Wenn Sie das links von einer Zuweisung verwenden, erhalten Sie eine Referenz auf dieses `Target` zurück, die Sie so neu zuweisen.

▸ **Einfügen eines einzelnen Elements mit Positionshinweis**
`insert` und `emplace_hint` mit einem zusätzlichen Iteratorparameter gibt es auch bei der `unordered_map`.

▸ **Einfügen mehrerer Elemente**
Sie können einen ganzen Bereich von Elementen mittels eines Iteratorpaars oder einer Initialisierungsliste und `insert` kopieren.

Iteratoren in die `unordered_map` behalten wie beim `unordered_set` dann ihre Gültigkeit, wenn die Anzahl der Eimer nicht angepasst werden musste. Wenn Sie das unter Kontrolle haben wollen, verwenden Sie zum Beispiel vorher `reserve()`.

Zugreifen

Wenn Sie mit den Vorwärtsiteratoren `it` der `unordered_map` auf die Elemente zugreifen, verweisen diese auf `pair<const Key,Target>`. Das heißt, Sie können nicht den Schlüssel `it->first`, wohl aber den Zielwert `it-second` ändern.

Ansonsten entspricht das Interface in etwa dem einer normalen `map`. Nur bei den Suchfunktionen müssen Sie sich auf das einschränken, was alle ungeordneten assoziativen Container anbieten.

▸ **Zugriff über Iteratoren**
Mit `[c]begin()` und `[c]end()` erhalten Sie Vorwärtsiteratoren zurück, die Sie zum Beispiel in der bereichsbasierten `for`-Schleife nutzen können.

24.8   Nur assoziativ und nicht garantiert

▶ **Zugriff über Suchen**

Ihnen stehen find und count sowie equal_range zur Suche zur Verfügung. Weil eine unordered_map nur eindeutige Schlüssel kennt, macht find() hier wohl am meisten Sinn. Wie auch schon bei unordered_set können Sie leider nicht suchen, ohne einen kompletten Schlüssel zu erzeugen, wie dies bei map der Fall wäre.

▶ **Indexähnlicher Zugriff**

Die Besonderheiten der unordered_map sind wie bei der map der operator[] und die Methode at. Mit beiden erhalten Sie eine Referenz auf den Zielwert eines bestehenden Eintrags zurück. Der Unterschied zwischen den beiden ist, dass operator[] ein neues leeres Element einfügt, wenn noch keines existiert, und at eine Exception std::out_of_range auslöst, wenn der Schlüssel nicht existiert.

Löschen

▶ **Löschen aller Elemente**

Leeren Sie die unordered_map mit clear().

▶ **Löschen eines einzelnen Elements**

Wie bei der map löscht erase von unordered_map entweder per Schlüssel oder Iterator.

▶ **Löschen eines Bereichs von Elementen**

Bei einem Paar Iteratoren löscht erase einen Bereich.

Iteratoren auf nicht gelöschte Elemente behalten durch Löschoperationen ihre Gültigkeit. Mehr noch: Die relative Anordnung der restlichen Elemente im Container verändert sich nicht, sodass Sie auch innerhalb einer Schleife Elemente löschen können, ohne die Schleife durcheinanderzubringen.

Spezialität: »operator[]«

Wie die map bietet die unordered_map den operator[] zum einfachen Lesen und Schreiben an. Kein anderer ungeordneter assoziativer Container hat diese Zugriffsmöglichkeit.

Spezialität: Eimerweise

Auch die unordered_map hat eine Schnittstelle, mit der Sie genaue Einblicke in ihr Innenleben nehmen können. Sie erhalten mit bucket_count() die Anzahl der Eimer zurück und mit [c]begin/end(int) Iteratoren auf den Inhalt einzelner Eimer. Auch bucket_size(int) und int bucket(Key) stehen Ihnen zur Verfügung.

Spezialität: Platz reservieren

Damit Sie beim Einfügen unter Kontrolle haben, wann eine Neuordnung der Elemente stattfindet, können Sie wie beim unordered_set mit einigen Methoden Einfluss auf diesen Mechanismus nehmen. load_factor und max_load_factor sind die Schnittstellen zum Füllgrad, mit rehash und reserve beeinflussen Sie direkt die Größe der Hashtabelle.

24.8.5 »unordered_multiset«

Der unordered_multiset erbt seine Eigenschaften einerseits von unordered_set, siehe Abschnitt 24.7.3, »set«, und andererseits vom multiset, siehe Abschnitt 24.7.5, »multiset«.

Er findet seine Schlüssel normalerweise optimal schnell in O(1), kann das aber leider nicht garantieren und braucht im schlimmsten Fall dann O(n) Zeit, weswegen der geordnete multiset möglicherweise die bessere Wahl ist, wenn Sie bösen Überraschungen vorbeugen wollen.

Wie beim multiset kann jeder Schlüssel mehrfach gespeichert werden. Einer der typischen Anwendungsfälle ist, dass nur ein Teil der gespeicherten Objekte tatsächlich als Schlüssel dient. Dazu gibt es in Listing 24.74 ein Beispiel.

Eigenschaften der Elemente

Die Elemente eines unordered_multiset sind gleichzeitig seine Schlüssel, wie bei set auch. Und wie bei unordered_set benötigen Sie die Gleichheit == für die Schlüssel und eine Hashfunktion.

```cpp
#include <unordered_set> // unordered_multiset
#include <iostream>
#include <string>
using std::string; using std::unordered_multiset; using std::cout;

struct Stadt {
    string name_;
    explicit Stadt(const string &name) : name_{name} {}
    friend bool operator==(const Stadt& a, const Stadt &b)
        { return a.name_ == b.name_; }
};

struct Eintrag { string stadt_; int plz_; };

struct EqEintrag {
    bool operator()(const Eintrag&a, const Eintrag&b) const {
        return a.stadt_==b.stadt_;
    }
};

struct HashEintrag {
    std::hash<string> sHash;
    size_t operator()(const Eintrag& a) const {
        return sHash(a.stadt_);
    }
};
```

```
int main() {
    unordered_multiset<Eintrag,HashEintrag,EqEintrag> verzeichnis{
        {Eintrag{"Bielefeld", 33615}},
        {Eintrag{"Bielefeld", 33617}},
        {Eintrag{"Bielefeld", 33621}},
        {Eintrag{"Berlin", 10032}},
        {Eintrag{"Berlin", 10027}},
    };

    const Eintrag such{"Bielefeld", 0}; // plz spielt bei Suche keine Rolle
    cout<<"Bielefeld hat "<<verzeichnis.count(such)<<" Postleitzahlen.\n";

    cout<<"Die Postleitzahlen von Bielefeld sind:\n";
    auto bereich = verzeichnis.equal_range(such);
    while(bereich.first != bereich.second) {
        cout << "  " << bereich.first->plz_ << '\n';
        ++bereich.first;
    }
}
```

Listing 24.74 Sie können auch nur einen Teil Ihres Objekts als Schlüssel verwenden.

Die Ausgabe ist natürlich

```
Bielefeld hat 3 Postleitzahlen.
 Die Postleitzahlen von Bielefeld sind:
 33621
 33617
 33615
```

Die Funktoren `EqEintrag` und `HashEintrag`, die als Templateargumente angegeben sind, sorgen dafür, dass alle Einträge mit gleicher `stadt_` als gleich betrachtet werden. Es würde nicht reichen, nur den Hashfunktor oder nur die Gleichheit zu definieren – beide Operationen müssen zusammenpassen, denn sonst kommen die Einträge durcheinander und landen nicht in den richtigen Eimern. Die beiden Funktoren müssen von Ihnen also sorgfältig ausgewählt und programmiert werden.

Wenn Sie zum Beispiel bei der Gleichheit mehr Elemente einbeziehen als bei der Hashfunktion, dann finden Sie mit `count(such)` keinen Eintrag, sondern nur noch mit `count(Eintrag{"Bielefeld",33615})` einen einzigen. Es kann sein, dass Sie das wollten, aber dann ist Ihre Hashfunktion nicht optimal, sondern Sie hätten `plz_` mit einbeziehen müssen:

```
struct EqEintrag {
    bool operator()(const Eintrag&a, const Eintrag&b) const {
        return tie(a.stadt_, a.plz_) == tie(b.stadt_,b.plz_);
    }
};
```

```
struct HashEintrag {
  std::hash<string> sHash;
  size_t operator()(const Eintrag& a) const {
    return sHash(a.stadt_);
  }
};
```

Schlimmer wäre es andersherum, wenn die Gleichheit weniger Elemente abdeckt als der Hashfunktor:

```
struct EqEintrag {
    bool operator()(const Eintrag&a, const Eintrag&b) const {
        return a.stadt_==b.stadt_;
    }
};
struct HashEintrag {
    std::hash<string> sHash;
    std::hash<int> iHash;
    size_t operator()(const Eintrag& a) const {
        return sHash(a.stadt_) ^ iHash(a.plz_);
    }
};
```

Denn nun finden Sie wahrscheinlich keinen einzigen Eintrag mehr wieder. Unterschiedliche »Bielefelds«, die eigentlich per == gleich sind, sind in unterschiedlichen Hash-Eimern gelandet und somit im ganzen Container verteilt. Sie haben noch die Chance, einzelne Einträge wie Eintrag{"Bielefeld",33615} wiederzufinden. Da jedoch zufällig auch mal zwei »Bielefeld«-Einträge im gleichen Eimer landen können, ist selbst das nicht garantiert. Datenmüll ist die Folge.

Initialisieren

Bezüglich der Templateparameter deklarieren Sie einen unordered_multiset wie einen unordered_set, das heißt, Sie müssen den Eintrags- bzw. Schlüsseltyp angeben und können dann noch Hashfunktor, Schlüsselvergleichsfunktor und Allokator angeben.

Die Möglichkeiten, per Konstruktor zu initialisieren sind dem unordered_set gleich, nur dass Duplikate natürlich erhalten bleiben. Auch hier vertragen bis auf den Kopierkonstruktor alle Möglichkeiten noch einen weiteren Parameter, mit dem Sie die initiale Größe der Hashtabelle angeben können:

▶ Der Defaultkonstruktor ohne Argumente initialisiert den Container leer.

▶ Ein Iteratorpaar aus einem anderen Container oder Stream kopiert den damit definierten Bereich.

▶ In einer Initialisierungsliste können Sie die Anfangselemente explizit angeben.

▶ Sie können einen anderen unordered_multiset komplett kopieren.

Beachten Sie im folgenden Beispiel vor allem, dass Duplikate erhalten bleiben:

```cpp
#include <unordered_set> // unordered_multiset
#include <vector>
#include <iostream>
using std::unordered_multiset; using std::cout; using std::ostream;
template<typename Elem>
ostream& operator<<=(ostream&os, const unordered_multiset<Elem>&data) {
    for(auto &e : data) { os << e << ' '; } return os << '\n'; }
int main() {
    // ohne Argumente
    unordered_multiset<int> leer(1000); // anfängliche Größe der Hashtabelle
    cout <<= leer;        // Ausgabe:
    // Initialisierungsliste; doppelte werden übernommen:
    unordered_multiset<int> daten{ 1,1,2,2,3,3,4,4,5,5 };
    cout <<= daten;       // Ausgabe in etwa: 5 5 4 4 3 3 2 2 1 1
    // Kopie
    unordered_multiset<int> kopie(daten);
    cout <<= kopie;       // Ausgabe in etwa: 5 5 4 4 3 3 2 2 1 1
    // Bereich
    std::vector<int> in{1,2,3,10,20,30,10,20,30,1,2,3};
    unordered_multiset<int> bereich(in.begin()+3, in.end()-3);
    cout <<= bereich;     // Ausgabe in etwa: 30 30 20 20 10 10
}
```

Listing 24.75 Dies sind die Möglichkeiten, einen »unordered_multiset« zu initialisieren.

Natürlich kann die Reihenfolge der Elemente bei der Ausgabe von System zu System unterschiedlich sein.

Zuweisen

Wie bei allen anderen Containern können Sie operator= nutzen, um Daten eines anderen unordered_multiset zu kopieren oder zu verschieben. Auch swap für den schnellen Datenaustausch ist definiert.

Einfügen

Einfügen geschieht beim unordered_multiset wie beim multiset. Anders als beim unordered_set hat jedes Einfügen Erfolg, denn es werden auch Duplikate gespeichert.

▶ **Einfügen eines einzelnen Elements mit automatischer Position**
Mit insert kopieren Sie ein neues Element in den Container, mit emplace erzeugen Sie es an Ort und Stelle.

▶ **Einfügen eines einzelnen Elements mit Positionshinweis**
Wenn Sie insert zusätzlich einen Iterator mitgeben, spart das möglicherweise das Berechnen das Hashwerts und das Abklappern von Elementen innerhalb eines Eimers.

24 Container

Der Positionshinweis sollte dann auf ein Element zeigen, das mit dem neuen Element gleich ist. Geben Sie kein korrektes Element an, geht der Vorteil verloren, das Element landet aber immer noch an der richtigen Stelle. Die Variante für das Erzeugen an Ort und Stelle ist `emplace_hint`.

▶ **Einfügen mehrerer Elemente**
`insert` verträgt auch ein Iteratorpaar oder eine Initialisierungsliste für das Einfügen mehrerer Elemente.

Wenn Sie mit `reserve` keine Vorkehrungen getroffen haben, müssen Sie nach einer Einfügeoperation davon ausgehen, dass alle Iteratoren in den Container ungültig geworden sind.

Zugreifen

Ihnen stehen Vorwärtsiteratoren zur Verfügung, wie Sie in Tabelle 24.2 sehen können.

▶ **Zugriff über Iteratoren**
Mit *[c]*`begin()` und *[c]*`end()` erhalten Sie Iteratoren auf Anfang und Ende des Containers.

▶ **Zugriff über Suchen**
`find` liefert Ihnen ein beliebiges passendes Element zurück, oder Sie bekommen `end()` zurückgeliefert, wenn es keines gibt. Bei den »multi«-Varianten ergeben die beiden Methoden `count` und `equal_range` Sinn: Mit `count` können Sie die Anzahl der passenden Elemente zählen. `equal_range` liefert Ihnen mit einem Paar Iteratoren den Bereich aller passenden Elemente zurück.

Hier ein Beispiel für den Zugriff in einen `unordered_multiset`:

```
#include <unordered_set> // unordered_multiset
#include <iostream>
#include <string>
using std::unordered_multiset; using std::cout; using std::string;
int main() {
    const string in = "Keines meiner beiden Beine zeigt einen Schein.";
    unordered_multiset<int> cs(in.begin(), in.end()); // string als Container
    cout << cs.count( 'e' ) << " mal e\n"; // Ausgabe: 10 mal e
}
```
Listing 24.76 Bei den »multi«-Varianten ergibt »count« richtig Sinn.

Wenn das Erzeugen eines Schlüssels teuer ist und Sie das zum Suchen oft machen müssen, erwägen Sie den geordneten `multiset`, denn dessen Suchfunktionen unterstützen die Möglichkeit, ohne das vollständige Erzeugen eines Schlüssels zu suchen.

Löschen

Die relative Reihenfolge nicht gelöschter Elemente zueinander behält beim Löschen ebenso ihre Gültigkeit wie Iteratoren, die diese Elemente referenzieren.

702

24.8 Nur assoziativ und nicht garantiert

▶ **Löschen aller Elemente**
   clear() löscht alle Elemente.

▶ **Löschen eines einzelnen Elements**
   erase mit einen Wert löscht *alle* Vorkommen dieses Elements. Als Rückgabe erhalten
   Sie die Anzahl der gelöschten Elemente. Wenn Sie einen Iterator angeben, dann wird
   das Element an dessen Position gelöscht. Die Rückgabe ist dann die Position des nächsten Elements.

▶ **Löschen eines Bereichs von Elementen**
   Mit einem Paar Iteratoren können Sie einen Bereich von Elementen löschen. Das ergibt
   bei den ungeordneten Containern eigentlich nur Sinn, wenn dieser Bereich alle Elemente umfasst, also clear() gleichkommt oder der Bereich alle oder einige Elemente
   einer equal_range umfasst. Beides möglich, aber wahrscheinlich eher selten im Einsatz.
   Das Löschen funktioniert zwar auch mit Bereichen, die mehrere unterschiedliche Elemente einschließen, doch welche Elemente dazwischen liegen, ist bei ungeordneten
   Containern schwer vorherzusagen.

Spezialität: Eimerweise

Sie können mit bucket_count(), bucket_size und bucket sowie den int-Varianten von be-
gin(int) und end(int) detaillierte Einblicke in das Innenleben des unordered_multiset er-
langen.

Spezialität: Platz reservieren

Um beim Einfügen nicht durch ein rüdes Vergrößern der Hashtabelle unnötig unterbrochen zu werden, können Sie mit den Methoden load_factor, max_load_factor, rehash und
reserve Einfluss auf den Hashmechanismus nehmen.

24.8.6 »unordered_multimap«

Die unordered_multimap kann, was multimap auch kann, siehe Abschnitt 24.7.6, »multimap«,
hat aber eine Schnittstelle, die auch mit unordered_multiset verwandt ist, siehe
Abschnitt 24.8.5, »unordered_multiset«.

Schlüssel werden auf Zielwerte abgebildet, was normalerweise O(1) Zeit braucht, aber in
Ausnahmefällen auch mal O(n). Statt mit kleiner < werden die Schlüssel mit == und einer
Hashfunktion verglichen.

Ein Schlüssel kann mehrfach eingefügt werden und dabei jeweils auf unterschiedliche
Zielwerte verweisen.

Eigenschaften der Elemente

Wie bei allen map-artigen Containern sind auch die der unordered_multimap vom Typ
pair<const Key,Target>. Das heißt, wenn Sie eine Referenz auf ein Element oder gar ein

24 Container

Target haben, können Sie dem sogar einen neuen Wert zuweisen. Der Key ist const und darf auf keinen Fall verändert werden, sonst kommt der Container durcheinander.[13]

Für den Schlüssel muss die Gleichheit == überprüfbar sein und ein Hash berechnet werden können. Das geht wieder entweder über die freie Funktion operator== und den Funktor std::hash<Key>, oder Sie geben als Templateparameter eigene Funktoren an.

Initialisieren

Die Templateparameter für die Definition einer unordered_multimap sind mindestens Key und Target. Optional können Sie Hash, KeyEqual und Allocator noch mit angeben.

Als Konstruktorüberladungen stehen Ihnen die üblichen Verdächtigen zur Verfügung:

▶ der Standardkonstruktor für einen leeren Container

▶ ein Bereich eines anderen Konstruktors oder Streams mittels eines Iteratorpaars

▶ eine Initialisierungsliste mit den gewünschten Werten des Containers

▶ die Kopier- und Verschiebekonstruktoren für das Übernehmen des Inhalts einer anderen unordered_multimap

Die ersten drei Überladungen vertragen jeweils noch als optionalen Parameter die initiale Anfangsgröße der Hashtabelle.

Zuweisen

Einer schon initialisierten unordered_multimap können Sie auch nachträglich den Inhalt einer anderen zuweisen. Das kopiert oder verschiebt die Inhalte. Auch swap steht Ihnen zur Verfügung.

Einfügen

Sie fügen ähnlich ein wie bei der multimap. Das heißt auch, dass Ihnen kein [] oder at zur Verfügung steht.

▶ **Einfügen eines einzelnen Elements mit automatischer Position**
insert nimmt ein pair, emplace nimmt die beiden Elemente des Paars. Beides fügt in jedem Fall ein neues Element ein, denn auch doppelte Schlüssel werden gespeichert.

▶ **Einfügen eines einzelnen Elements mit Positionshinweis**
insert verträgt auch einen zusätzlichen Iterator als Parameter, emplace_hint ebenfalls. Der Iterator sollte dann auf ein Element zeigen, dessen Schlüssel == dem neuen Schlüssel ist, denn dann kann der Container möglicherweise Hash- und Sucharbeit sparen. Sollte der Tipp nicht passen, geht der Vorteil verloren, aber das Einfügen ist trotzdem korrekt.

---

13 Verändern Sie also auf keinen Fall einen Schlüssel so, dass die Veränderung Einfluss auf == oder die Hashfunktion hat.

704

> ▶ **Einfügen mehrerer Elemente**
> Mit einem Bereich als Parameter, also zwei Iteratoren, oder einer Initialisierungsliste
> können Sie insert auch mehrere Elemente auf einmal einfügen lassen.

Iteratoren verlieren durch jede Einfügeoperation ihre Gültigkeit, es sei denn, Sie haben
vorher mittels reserve dafür gesorgt, dass genug Platz in der Hashtabelle ist.

Zugreifen

Mit Vorwärtsiteratoren steht Ihnen nicht viel zur Verfügung. Wenn Sie die dereferenzieren,
enthält first den Schlüssel und second den Zielwert des Elements.

> ▶ **Zugriff über Iteratoren**
> *[c]*begin() und *[c]*end() liefern Ihnen Vorwärtsiteratoren auf Anfang und Ende des Con-
> tainers.

> ▶ **Zugriff über Suchen**
> find nimmt einen Schlüssel als Parameter und liefert Ihnen einen Iterator auf eines
> der passenden Elemente zurück. count zählt die Anzahl der gleichen Schlüssel. equal_
> range liefert einen Bereich zurück, in dem alle Schlüssel enthalten sind, die gleich dem
> gesuchten sind. Für alle diese Methoden benötigen Sie einen komplett konstruier-
> ten Schlüssel. Anders als bei multimap gibt es keine Abkürzung mit speziellen Such-
> funktionen.

Löschen

> ▶ **Löschen aller Elemente**
> Mit clear() entfernen Sie alle Elemente.

> ▶ **Löschen eines einzelnen Elements**
> Mit einem Schlüssel als Parameter löscht erase alle Vorkommen dieses Schlüssels, mit
> einem Iterator als Parameter nur das entsprechende Element. Sie erhalten die Anzahl
> der gelöschten Elemente bzw. das auf das gelöschte Element folgende zurück.

> ▶ **Löschen eines Bereichs von Elementen**
> Sie können mit zwei Iteratoren einen Bereich von Elementen löschen. Das hat bei un-
> geordneten assoziativen Containern wahrscheinlich eine eingeschränkte Nutzbarkeit,
> denn außer bei allen oder einem einzelnen Schlüssel können Sie kaum wissen, welche
> Elemente noch in dem Bereich enthalten sind.

Iteratoren behalten ihre Gültigkeit, wenn deren Elemente nicht gelöscht wurden. Und Sie
können sich darauf verlassen, dass die restlichen Elemente nicht neu angeordnet wurden.
Das ermöglicht Einsatz in Schleifen.

Spezialität: Eimerweise

Sie können mit bucket_count, bucket_size und bucket Einblicke in die Hashtabelle bekommen. Mit begin(int) und end(int) erhalten Sie Iteratoren auf die Elemente eines bestimmten Eimers.

Spezialität: Platz reservieren

Mit reserve oder rehash können Sie beeinflussen, wie groß die Hashtabelle werden soll, damit bei kommenden Einfügeoperationen nicht sofort die Tabelle neu angeordnet wird und Iteratoren ihre Gültigkeit behalten. load_factor und max_load_factor sind die Schnittstellen zum Füllgrad der Tabelle.

24.9 Container-Adapter

Die Container-Adapter sind keine eigenen Container, sondern enthalten einen der wirklichen Container, um ihre Daten zu halten. Nach außen bieten sie dann aber Methoden an, um spezialisierte Aufgaben zu erfüllen.

Container	Beschreibung
stack	»Last-In-First-Out«
queue	»First-In-First-Out«
priority_queue	größtes Element sehr schnell entfernen

Tabelle 24.10 Steckbrief: Die Container-Adapter

In diesem Abschnitt steht Cont oder C für einen der Container-Adaptertypen wie stack<int>; cont für eine Instanz davon, also zum Beispiel queue<double> **cont;**. Als *Elementtyp* verwende ich Elem oder E, *Iteratortypen* kürze ich mit It ab.

▶ stack<Elem>
Einem *Stapel* können Sie oben einzelne Elemente hinzufügen und am gleichen Ende wieder entfernen. Daher auch die Bezeichnung »Last-In-First-Out« (dt. »zuletzt-rein-zuerst-raus«): Das zuletzt eingefügte Element erhalten Sie zuerst wieder zurück.

▶ queue<Elem>
Einer *Warteschlange* können Sie an *einem* Ende einzelne Elemente hinzufügen und am *anderen* Ende wieder entfernen. Das ergibt eine »First-In-First-Out«-Vorgehensweise (dt. »zuerst-rein-zuerst-raus«): Das von mehreren zuerst eingefügte Element erhalten Sie auch zuerst wieder zurück.

▶ priority_queue<Elem>
Einer *Prioritätswarteschlange* fügen Sie Elemente hinzu, ohne auf die Position zu achten. Wenn Sie entfernen, entnehmen Sie aber immer das zuvorderst einsortiere Element. Standardmäßig werden die Elemente beim Einfügen mit std::less<Elem> verglichen, aber Sie können einen eigenen Vergleichsoperator angeben. Wenn Sie in einem Algorithmus *Kosten* für den Vergleich nehmen, dann können Sie garantieren, immer das kostengünstigste Element zu verarbeiten.

24.10 Sonderfälle: »string«, »basic_string« und »vector<char>«

Container	Beschreibung
basic_string	spezialisierter Container für Texte, ähnlich zu vector
string	Template-Spezialisierung basic_string<char>

Tabelle 24.11 Steckbrief: »string«

Beinahe alles, was Sie mit einem vector machen können, können Sie auch mit einem basic_string machen. Die Verwandtschaft geht so weit, dass basic_string sogar eine push_back-Methode zum Anhängen von einzelnen Zeichen hat. Und string wiederum ist nur eine Template-Spezialisierung auf basic_string<char>.

Auch wenn vector<char> dem string sehr ähnlich ist, sollten Sie die beiden jeweils dann verwenden, wenn es semantisch besser passt. string ist besser für Texte und Textmanipulationen, vector<char> besser, wenn die Zeichen eher einzeln zu betrachten sind und zusammen nicht unbedingt einen Text ergeben. Zum Beispiel haben manche Implementierungen spezielle Optimierungen für kurze Strings eingebaut, die man für vector eher nicht braucht.

Ein Vorteil von string gegenüber vector<char> gibt es aber mindestens: Einen string können Sie direkt von einem Stringliteral, also const char[] initialisieren, einen vector<char> nicht. Auch hat vector<char> keine Überladung von operator<< für die Ausgabe eingebaut, wie Sie in Listing 24.77 sehen.

```cpp
#include <vector>
#include <string>
#include <iostream>
using std::string; using std::vector; using std::cout;

int main() {
    string s1 = "Hallo";            // einfach mit Stringliteral
    string s2{'H','a','l','l','o'};  // oder mit liste von char

    using namespace std::literals;   // für ""s-Suffix
    auto s3 = "Hallo"s;   // noch einfacher mit echtem Stringliteral

    vector<char> v1{"Hallo"};            // Kein vector mit Stringliteral
    vector<char> v2{'H','a','l','l','o'}; // Liste von char ist okay
    cout << s1 << s2 << s3 << '\n';   // Ausgabe von string geht
    cout << v1 << v2 << '\n';         // vector hat keine Ausgabe
}
```

Listing 24.77 »string« eignet sich besser für Texte als »vector<char>«.

24.11 Sonderfälle: »vector<bool>«, »array<bool,n>« und »bitset<n>«

Container	Beschreibung
vector<bool>	Spezialisierter Container, speichert bool kompakt; Einschränkungen für Referenzen.
array<bool,n>	Normaler Container, speichert bool-Werte getrennt voneinander.
bitset<n>	Kompakt, ist aber kein Standardcontainer, sondern eher wie ein riesiger unsigned mit Bit-Operationen.

Tabelle 24.12 Steckbrief: Die »bool«-Container

24.11.1 Dynamisch und kompakt: »vector<bool>«

Man könnte vermuten, ein vector<bool> verschwendet sehr viel Platz: Ein bool ist alleine aus Performancegründen normalerweise so groß wie ein int, auch wenn zum Speichern von true oder false eigentlich ein Bit ausreichen würde.

Für den Fall vector<bool> hat die Standardbibliothek aber eine *Spezialisierung* dabei. Die Bits werden kompakt gespeichert. Mehrere true/false-Werte teilen sich einen adressierbaren Speicherplatz. Das heißt vector<bool>(100) nimmt viel weniger Speicherplatz weg als bool[100].

Nach außen verhält sich vector<bool> wie ein normaler Sequenzcontainer für bool – mit einem einzigen Unterschied: Die Zugriffsmethoden können keinen bool& zur »An-Ort-und-Stelle«-Modifikation bereitstellen. Eine Referenz in den vector hinein würde immer mehrere Bits auf einmal treffen. Sie erhalten statt bool& ein *Proxy-Objekt* zurück, das »nur so tut«, als wäre es ein bool& und die Aufgabe des tatsächlichen Schreibens in den vector<bool> übernimmt, wenn es darauf ankommt.

Setzen Sie vector<bool> nicht ohne Schutz gegen gleichzeitiges Schreiben im parallelen Betrieb ein, denn das Proxy-Objekt kann damit nicht umgehen.

24.11.2 Statisch: »array<bool,n>« und »bitset<n>«

Sollten Sie nun denken, dass array<bool,*n*> auch auf Kompaktheit spezialisiert ist, irren Sie sich. Anders als vector<bool> ist array<bool> nicht auf Kompaktheit optimiert, es gibt *keine* Spezialisierung dafür in der Standardbibliothek. Das heißt, ein array<bool,100> nimmt ebenso viel Speicherplatz weg wie bool[100].

Sollten Sie ein Feld von bool fester Größe brauchen, nehmen Sie besser bitset<n>. Das ist zwar kein echter Container, ist aber auch kompakt und hat dann außerdem den Vorteil, dass Sie direkt Bitoperationen durchführen können, also zum Beispiel bitweise miteinander und-verknüpfen (&), beinahe so, als würde es sich um die Bits in einem unsigned oder Ähnlichem handeln. Ist es die Schnittstelle eines Containers, die Sie brauchen – iterieren über die einzelnen bools zum Beispiel –, dann nehmen Sie einen vector<bool>. Ein Beispiel mit einigen – aber nicht allen – Operationen sehen Sie in Listing 24.78.

```cpp
#include <bitset>
#include <iostream>
using std::cout;
int main() {
    std::bitset<8> bits{};         // 8 Bit dicht gepackt
    bits.set(4);                   // 5. Bit auf 1
    cout << bits << '\n';          // 00010000
    bits.flip();                   // Alle Bits invertieren
    cout << bits << '\n';          // 11101111
    bits.set();                    // Alle Bits auf 1
    bits.flip(1);                  // 2. Bit invertieren
    std::cout << bits << '\n';     // 11111101
    bits.reset();                  // Alle Bits auf 0
    bits.set(4);                   // 5. Bit auf 1
    cout << bits << '\n';          // 00010000
    bits.flip();                   // Alle Bits invertieren
    cout << bits << '\n';          // 11101111
    bits.set();                    // Alle Bits auf 1
    bits.flip(1);                  // 2. Bit invertieren
    bits.flip(6);                  // 7. Bit invertieren
    cout << bits << '\n';          // 10111101
    // Verknüpfungen
    std::bitset<8> zack("....####", 8, '.', '#' );
    cout << zack << '\n';            // 00001111
    cout << (bits & zack) << '\n'; // 00001101
    cout << (bits | zack) << '\n'; // 10111111
    cout << (bits ^ zack) << '\n'; // 10110010
    // Andere Integertypen
    std::bitset<64> b(0x123456789abcdef0LL);
    cout << b << '\n';
    // 0001001000110100010101100111100010011010101111001101111011110000
    cout << std::hex << b.to_ullong() << '\n'; // umwandeln
    // 123456789abcdef0
}
```

Listing 24.78 »bitset« im Beispiel

Sie können Bitsets gleicher Größe ähnlich miteinander verknüpfen, wie Sie Ganzzahltypen verknüpfen können – zumindest, was die bitweisen Operationen &, |, ^ sowie << und >> angeht. Zusätzlich haben Sie noch Prüf- und Manipulationsmethoden, die etwas besser zu handhaben sind als Bitmagie. In Tabelle 24.13 sehen Sie eine Übersicht, was ein bitset alles kann.

Op	Beispiel	Beschreibung
K'tor	bitset<8>{}	Erzeugt einen Bitset mit 8 Nullen.
	bitset<8>(255)	Wandelt Ganzzahl in Bits um.
	bitset<8>("1100")	Bitset 00001100 aus einem String
	...("#.",2,'.','#')	2 Zeichen, . sei false, # sei true
==	as == bs	Prüft auf Gleichheit.
!=	as != bs	Prüft auf Ungleichheit.
[]	bs[3]	Zugriff auf einzelne Bits
test	bs.test(2)	Testet den Zustand eines einzelnen Bits.
all	bs.all()	Prüft, ob alle Bits gesetzt sind.
any	bs.any()	Prüft, ob mindestens ein Bit gesetzt ist.
none	bs.none()	Prüft, ob keines der Bits gesetzt ist.
count	bs.count()	Zählt die Anzahl der gesetzten Bits.
size	bs.size()	Breite des bitsets
&, |, ^	as & bs	bitweise Verknüpfung
<<, >>	bs << 1	Bitshift-Operatoren
&=, |=, ^=	bs &= bs	»Immediate« Bitverknüpfungen
<<=, >>=	bs <<= 1	»Immediate« Bitshift
set	bs.set(4)	alle oder ein Bit setzen
reset	bs.reset(4)	alle oder ein Bit löschen
flip	bs.flip(4)	alle oder ein Bit umkehren
to_string	bs.to_string()	in string umwandeln
to_ulong	bs.to_ulong()	in unsigned long umwandeln
to_ullong	bs.to_ullong()	in unsigned long long umwandeln
hash	hash<bitset<4>>(bs)	Unterstützung für unordered_map, etc.

Tabelle 24.13 »bitset«-Methoden und -Operationen

Anmerkung zur Performance

Ein `vector<bool>` packt mehrere Werte zusammen in eine Speicherzelle und spart damit Platz. Der Nachteil dadurch ist, dass beim Ändern eines einzelnen Werts auch die Nachbarn gelesen und zurückgeschrieben werden müssen. Das kostet Zeit.

Ein `bitset` speichert jeden Wert in einer eigenen Speicherzelle. Wenn Sie einen einzelnen Wert verändern wollen, dann kann dieser direkt geschrieben werden. Jedoch braucht die Datenstruktur dadurch (mindestens) den achtfachen Platz.

Einer Grundregel in C++ folgend ist »Speicher braucht Zeit«. Und »gute Performance« kann einerseits »wenig Speicher« oder »wenig Zeit« heißen – oder beides. Zum Speicher gibt es eine klare Aussage: `vecor<bool>` spart Platz. Und Geschwindigkeit? Das ist schwerer zu beantworten und hängt vom System ab. Ist es schneller, wenn man die Nachbarn nicht mit berücksichtigen muss, oder ist Speicher plus Cache so langsam, dass achtmal mehr Speicher auch langsamer ist?

Wenn es für Ihr Problem wichtig ist, messen und vergleichen Sie! Einen Anhaltspunkt kann ich Ihnen geben. Auf einem Intel i7-4xxx ergab ein einzelnes Experiment, dass der verschwenderische `bitset` etwa doppelt so schnell wie der platzsparende `vector<bool>` ist – und bis zu fünfmal so schnell wie die naive Implementierung mit `bool[]`.[14]

24.12 Sonderfall: Value-Array mit »valarray<>«

Das `valarray` ist kein Container wie die anderen. Sein Fokus liegt weniger auf der Kompatibilität zu Iteratoren, Algorithmen und den anderen Containern als vielmehr auf der Fähigkeit, die numerische Datenverarbeitung zu parallelisieren.

Sie verwenden `valarray` normalerweise nur mit numerischen Typen, denn dafür hat er spezialisierte Funktionen. Außerdem ist er mit allen nur denkbaren arithmetischen Operatorüberladungen ausgestattet, damit Sie ganze arithmetische Ausdrücke für `valarrays` so hinschreiben können, als wären es Zahlen. Ähnlich, wie es Mathematiker für (mathematische) Vektoren und Matrizen machen.

Wenn Sie sich also schon immer gewünscht haben, Sie könnten zwei `vector<double>` einfach komponentenweise addieren oder multiplizieren, dann ist `valarray` für Sie:

```
#include <iostream>
#include <valarray>
using std::ostream; using std::valarray;
ostream& operator<<(ostream&os, const valarray<double>&vs) {
    os << "[";
    for(auto&v : vs) os << v << " ";
    return os << "]";
}
```

---

14 *Packing Bools, Performance tests*, Bartlomiej Filipek, *http://www.bfilipek.com/2017/04/packing-bools.html*, 2017-05-21, [2017]

```
int main() {
    valarray<double> a{ 1.0, 2.0, 3.0, 4.0 };
    valarray<double> b{ 2.0, 4.0, 6.0, 8.0 };
    valarray<double> c{ 2.5, 1.75, 0.5, 0.125 };

    valarray<double> x = ( a + b ) * c;
    std::cout << "x: " << x << "\n";   // Ausgabe: [7.5 10.5 4.5 1.5 ]

    auto y = ( a + b ) / 2;            // y ist nicht unbedingt ein valarray!
    std::cout << "y: " << y << "\n";   // Ausgabe: [1.5 3 4.5 6 ]
}
```

valarray speichert seine Daten zwar eindimensional ab, wurde aber auch für die mehrdimensionalen Fälle gedacht. Sie sehen später Beispiele dazu.

Eine besonders wichtige Eigenschaft ist, dass valarray absichtlich frei von »gewissen Formen von Aliasing« ist, damit Compiler und CPU hier besonders gut optimieren können. Diese »gewissen Formen« erlauben zwar Iteratoren in ein valarray und somit bereichsbasierte for-Schleifen und Ähnliches, nicht aber das dauerhafte Halten von Iteratoren oder Zeigern in die Daten.

Die Klasse wird im Standard wegen ihrer Andersartigkeit etwas stiefmütterlich behandelt. Es gab einmal die Meinung, die Schnittstelle der Klasse sei von schlechter Qualität, weil sich niemand dafür verantwortlich fühle.[15] Seitdem sind aber beinahe zwei Dekaden vergangen, und im C++11-Standard hat die Klasse ein kleines Update bekommen, um sich mit den anderen neuen Sprachfeatures gut zu verstehen. Des Weiteren gibt es von Intel selbst Bibliotheken, die explizit auf die Beschleunigung von valarray abzielen.[16]

Dunkle Ecke des Standards?

Sollen Sie valarray verwenden oder es lieber lassen? Mein Rat wäre: Nehmen Sie valarray nur, wenn Sie numerische Berechnung mit potenzieller Parallelisierung auf SIMD-Architekturen nutzen wollen. Überlegen Sie nochmals, wenn Ihr Code auf mehr als einer Plattform laufen soll (unterschiedliche CPUs oder Compiler).

Wenn Sie also die optimale numerische Anwendung haben, sich auf einer CPU-Sorte mit einem gegebenen Compiler befinden, dann könnte valarray die richtige Wahl sein.

Eigenschaften der Elemente

Bei einem valarray<T> sollte T ein numerischer Datentyp sein. Ich empfehle einen eingebauten Ganzzahl- oder Fließkommatyp. Auch complex<> ist unter Umständen geeignet.

---

15 *The C++ Standard Library: A Tutorial and Reference*, Nicolai M. Josuttis, Addison-Wesley Professional 1999

16 *Using Improved Std::valarray with Intel® C++ Compiler*, Yuan Chen, *https://software.intel.com/en-us/articles/using-improved-stdvalarray-with-intelr-c-compiler*, July 6 2015, [2017-03-10]

Am nützlichsten kann valarray sich erweisen, wenn T arithmetischen, bitweisen und/oder booleschen Operationen unterstützt (wie es int täte), je mehr, desto besser. Perfekt ist T, wenn er die trigonometrischen Funktion und Ähnliches unterstützt, wie es double täte.

Container	Beschreibung
valarray<T>	nicht kompatibel zu anderen Containern; zur schnellen Verarbeitung numerischer Daten in ein oder mehr Dimensionen
slice	selektierter Bereich eines valarray
gslice	selektierter Bereich eines valarray
slice_array	Hilfsklasse zum Selektieren von Bereichen eines valarray
gslice_array	Hilfsklasse zum Selektieren von Bereichen eines valarray
mask_array	Hilfsklasse zum Ausblenden von Teilen eines valarray
indirect_array	Hilfsklasse für eine Umgeordnete Sicht auf ein valarray

Tabelle 24.14 Steckbrief: Kein Standard-Container »valarray«

Es spricht nichts gegen einen eigenen Datentyp, außer, dass Optimierungen dann vielleicht nicht greifen. Es kann gut sein, dass Sie für eine besondere Hardware mit einer Drittanbieterbibliothek einen speziellen Datentyp verwenden können oder müssen. Ältere GPUs unterstützten zum Beispiel nur float und kein double in ihren *CUDA*-Bibliotheken, heute sind sie da weiter. CUDA ist heute eine weit verbreitete Programmierschnittstelle zu Grafikkarten – weiter verbreitet, als der Einsatz von valarray ist. Wenn es um Geschwindigkeit statt Genauigkeit geht, könnte ein »half float« (16 Bit Fließkomma) sinnvoll sein. Das ist kein in C++ eingebauter Datentyp, und eine Bibliothek müsste den liefern. Sie finden ihn unter den Namen float16, half, HalfFloat oder __fp16 und Ähnlichem. CUDA unterstützt ihn inzwischen und findet zum Beispiel für Oberflächentexturen Einsatz. CUDA und valarray widersprechen sich allerdings ein wenig, aber vielleicht haben Sie in Ihrer Anwendung Überschneidungen.

Packen Sie keine Zeiger ins »valarray«

Der Name valarray steht für »value array«, ist also für »Werte« und nicht Indirektionen irgendeiner Art gedacht. Wenn es die Implementierung nicht schon unterbindet, dann halten Sie sich trotzdem zurück. Nehmen Sie einen vector für so etwas.

Die Beispiele in diesem Abschnitt betten Sie bitte in die folgende Schablone ein. Bitte beachten Sie meine Anmerkung zu <<= im Kasten nach Listing 24.7.

24 Container

```cpp
#include <valarray>
#include <iostream>
using namespace std;
template<typename T>
ostream& operator<<=(ostream &os, const valarray<T>& a) { // '<<=' mit Newline
    for(const auto &v : a) os << v << ' ';
    return os << '\n';
}
int main() {
    // ...Beispielcode hier...
}
```

Initialisieren

Zwar ist valarray nicht wirklich in der Größe veränderbar wie vector, aber durch komplettes Umkopieren kann man die Größe eines valarray nachträglich noch anpassen. Daher können Sie valarray ohne Argumente oder mit einer vordefinierten Größe initialisieren:

```cpp
valarray<int> data;                // zunächst Größe 0
cout << data.size() << "\n";       // Ausgabe: 0
data.resize(100);                  // vergrößert
cout << data.size() << "\n";       // Ausgabe: 100
valarray<int> data2(200);          // Platz für 200 Werte
cout << data2.size() << "\n";      // Ausgabe: 200
valarray<int> dataC(5, 20);        // Zwanzig 5en -- andersherum als bei vector
cout << dataC.size() <<": dataC[6]="<< dataC[6]<< "\n"; // Ausgabe: 20: dataC[6]=5
valarray<int> dataD{ 2, 3, 5, 7, 11 }; // Initialisierungsliste
cout << dataD.size() <<": dataD[3]=" <<dataD[3]<< "\n"; // Ausgabe: 5: dataD[3]=7
```

Wie Sie sehen, können Sie aber auch eine Anzahl Werte schon mit Werten vorbelegen. Aber Achtung: Die beiden Parameter valarray(value, size) sind andersherum als vector! Besser, Sie gewöhnen sich an, valarray nur mit einer Zahl für die Größe oder einer Initialisierungsliste zu definieren.

Außerdem sind noch Kopieren und Verschieben erlaubt.

Und jede der Hilfsklassen slice_array, gslice_array, mask_array, indirect_array kann ebenfalls als Quelle für die Initialisierung angegeben werden. Beachten Sie, dass diese Konstruktoren nicht mit explicit markiert sind und somit eine implizite Umwandlung für Parameter und Rückgaben möglich ist.

Zuweisen

Der Zuweisungsoperator operator= unterstützt dieselben Parameter wie der Konstruktor.

Es gibt kein assign wie bei vielen anderen (echten) Containern, dafür aber immerhin ein swap.

714

Einfügen und löschen

Sie können nicht wirklich Einfügen wie mit `insert`. Sie können aber mit `operator[]` lesend und schreibend auf die Elemente zugreifen. Der Zugriff wird dabei nicht geprüft, Sie müssen sich selbst um den Schutz der Bereichsgrenzen kümmern. Hierfür gibt es keine `at()`-Methode.

Sie können aber die Größe eines `valarray` im Nachhinein noch verändern. Dazu gibt es die Methode `resize`:

▸ `resize(size_t size)` – vergrößert oder verkleinert, schneidet dabei weg oder initialisiert mit `T{}`

▸ `resize(size_t size, T value)` – vergrößert oder verkleinert, schneidet weg oder initialisiert mit `value`

Es ist möglich, dass alle Daten bei dieser Operation kopiert werden. Zeiger und Iteratoren in das `valarray` verlieren daher ihre Gültigkeit.

Zugreifen

Der `operator[]` ist bei `valarray` beinahe magisch. Er kann nicht nur mit einem Ganzzahl-Index umgehen, um ein einzelnes Element zu adressieren, er kann auch *Schnitte* und *Masken* und *Indirektionen* als Index verwenden.

Tatsächlich werden die schon erwähnten Hilfsklassen als Index verwendet, doch in der Praxis geschehen hier vielerlei Typumwandlungen, sodass Sie mit folgenden Indexen als Typ arbeiten:

▸ **Schnitt**
Sie verwenden entweder `slice` oder `gslice`.

▸ **Maske**
Sie nehmen ein `valarray<bool>` derselben Größe wie das Daten-`valarray<T>`.

▸ **Indirektion**
Sie nehmen ein `valarray<size_t>` derselben Größe wie das Daten-`valarray<T>`.

Sehen Sie sich dafür das folgende Beispiel an:

```
valarray<int> v { 1, 2, 3, 4, 5, 6, 7, 8, 9, 10, 11, 12 };
valarray<int> r1(v[slice(0, 4, 3)]);   // Start bei 0, 4 Elemente, Schrittweite 3
cout <<= r1;                           // Ausgabe: 1 4 7 10

valarray<int> r2(v[v > 6]);            // adressiert per valarray<bool>
cout <<= r2;                           // Ausgabe: 7 8 9 10 11 12

const valarray<size_t> indirekt{ 2, 2, 3, 6 };   // doppelte erlaubt
valarray<int> r5(v[indirekt]);         // adressiert per valarray<size_t>
cout <<= r5;                           // Ausgabe: 3 3 4 7
```

Spezialität: Alle Daten manipulieren

Es gibt eine Hand voll praktischer Methoden für Information oder Manipulation über alle Daten im valarray.

▶ `sum, min` und `max`
Berechnet die Summe, das Minimum und das Maximum über alle Werte. Mit einem normalen Container nähmen Sie zum Beispiel `accumulate` oder `max_element` aus `<algorithm>`.

▶ `shift` und `cshift`
Verschiebt und rotiert die Werte im ganzen valarray herum. `shift` rotiert, `cshift` füllt mit Nullen auf.

▶ `apply`
Dies ruft eine Funktion für jedes Element im valarray auf. Die Funktion muss ein T als Argument nehmen und ein T zurückliefern. Sie können das Element nicht modifizieren. Insgesamt erhalten Sie von `apply` ein neues valarray zurück. Bei normalen Containern nähmen Sie wahrscheinlich `for_each`.

▶ **Ganzzahl-, Fließkomma-, boolesche und bitweise Arithmetik**
Sie können mit allen eingebauten Operatoren +, *, +=, |, &&, << etc. alle Werte eines valarray gleichzeitig modifizieren. Dabei können Sie als anderen Operanden entweder einen einzelnen Wert (Skalar) oder, wenn geeignet, ein anderes valarray angeben. Wenn Sie va * vb schreiben, dann ist das identisch mit va[0]*vb[1]; va[1]*vb[1]; …. Das gilt für alle zweistelligen Operatoren.

▶ **Mathematische Funktionen**
Für valarray sind jede Menge mathematischer Funktionen überladen, die es dann elementweise auf alle enthaltenen Werte anwendet. Beispiele sind `abs`, `exp`, `sqrt`, `log10`, `sin`, `cos`, `asin`, `cosh`. Sie erhalten jeweils ein neues valarray zurück, als wäre sinngemäß apply(*func*) aufgerufen worden.

▶ **Vergleichsoberationen**
Sie können mit `operator>` und Ähnlichem entweder alle Elemente eines valarray gegen einen einzelnen Wert oder ein anderes valarray vergleichen. Sie erhalten ein valarray<bool> zurück.

Spezialität: Schneiden und maskieren

Die Besonderheit gegenüber normalen Containern ist, dass Sie mit Hilfsklassen ein valarray »schneiden« (engl. *slice*) können, um nur Teile davon zu selektieren. Diese Schnitte können kompliziert sein und zum Beispiel eine Schrittweite beinhalten und somit eine Mehrdimensionalität vorgaukeln. Mit dem »Maskieren« (engl. *mask*) können Sie Teile eines valarray von Operation ausnehmen.

Ein slice-Hilfsobjekt stellt einen komplizieren Index in ein valarray dar, ähnlich wie es 12 in a[12] bei einem normalen Array täte. Ein slice-Hilfsobjekt erstellen Sie mit einem der Konstruktoren.

24.12 Sonderfall: Value-Array mit »valarray<>«

- slice() – leerer Schnitt
- slice(size_t start, size_t size, size_t stride) – also Parameter für Start, Anzahl und Schrittweite
- slice(const slice& other) – für eine Kopie

Ein solches Hilfsobjekt können Sie dann als Index in [] verwenden. Sie erhalten ein valarray zurück, bzw. ein Proxy-Objekt, das sich aber in ein valarray konvertieren lässt. Wenn Sie zum Beispiel ein valarray mit den Werten von 1 bis 12 haben, dann adressiert slice(0,4,3) zum Beispiel die Werte 1, 4, 7 und 10 und somit genau jene Werte, die diese Ziffern in der ersten Spalte in einer 3-×-4-Matrix einnehmen würden.

Während slice einen eindimensionalen Schnitt aus einer zweidimensionalen Matrix herausschneidet, dient die Hilfsklasse gslice für mehrdimensionale Schnitte. Wenn Sie zum Beispiel die Werte 1 bis 12 als dreidimensionale Matrix/Quader der Größe 2×3×2 auffassen, dann adressiert v[gslice(0, {2,3}, {6,2})] den zweidimensionalen Schnitt der vorderen 2-×-3-Fläche mit den Werten 1, 3, 5 und 7, 9, 11.

```
valarray<int> v {
   1,  2,  3,
   4,  5,  6,
   7,  8,  9,
  10, 11, 12 };

v[slice(0, 4, 3)] *= valarray<int>(v[slice(0, 4, 3)]); // erste Spalte quadrieren
cout <<= v;                                            // Ausgabe: 1 2 3 16 5 6 49 8 9 100 11 12

v[slice(0, 4, 3)] = valarray<int>{1, 4, 7, 10}; // wiederherstellen
valarray<int> r3(v[gslice(0, {2, 3}, {6,2})]);  // 2-D-Schnitt vom 3-D-Würfel
cout <<= r3;                                     // Ausgabe: 1 3 5 7 9 11

valarray<char> text("jetzt gehts erst los", 20);
valarray<char> caps("JGEL", 4);
valarray<size_t> idx{ 0, 6, 12, 17 };   // Indexe in text
text[idx] = caps;                        // indirekt zuweisen
cout <<= text;                           // Ausgabe: Jetzt Gehts Erst Los
```

Zunächst interpretiert das Programm das valarray v als zweidimensionale Matrix der Größe 2×3. Mit einem einfachen slice adressiere ich die erste Spalte und nehme Sie mittels *= mit sich selbst mal. Im Ergebnis sehen Sie, dass nur die 1, 5, 7 und 10 überschrieben wurden.

Der Übersichtlichkeit halber stelle ich den Ursprungszustand dann wieder her, denn der nächste Schritt interpretiert die 12 Werte als dreidimensionales Objekt, also als Quader mit den Kantenlängen 2×3×2. Hier schneidet der gslice ein zweidimensionales Stück heraus.

717

24 Container

Als Letztes nutze ich ein `valarray<size_t>` als Argument für `operator[]`, um damit eine indirekte Zuweisung eines anderen Daten-valarray durchzuführen. `text[idx]` = `caps` weist den vier mit `idx` adressierten Buchstaben neue Werte zu.

Bei der Matrixmultiplikation wissen Sie vielleicht, dass eine Matrix der Größe 2×4 mit einer anderen Matrix der Größe 4×2 multipliziert werden kann: Bei diesem Produkt werden die Zeilen der einen Matrix mit den Spalten der anderen Matrix multipliziert. Auch hierfür kann man valarray mit geschicktem Schneiden verwenden.[17]

```cpp
#include <iostream>
#include <iomanip> // setw
#include <valarray>
using namespace std;

/* Matrix drucken */
template<class T>
void printMatrix(ostream&os, const valarray<T>& a, size_t n)
{
    for(size_t i = 0; i < (n*n); ++i) {
        os << setw(3) << a[i];          // Wert drucken
        os << ((i+1)%n ? ' ' : '\n'); // nächste Zeile?
    }
}


/* Matrix Kreuzprodukt */
template<class T>
valarray<T> matmult(
        const valarray<T>& a, size_t arows, size_t acols,
        const valarray<T>& b, size_t brows, size_t bcols)
{
    /* Bedingung: acols==brows */
    valarray<T> result(arows * bcols);
    for(size_t i = 0; i < arows; ++i) {
      for(size_t j = 0; j < bcols; ++j) {
        auto row = a[slice(acols*i, acols, 1)]; // Zeile
        auto col = b[slice(j, brows, bcols)];   // Spalte
        result[i*bcols+j] = (row*col).sum();       // Kreuzprodukt Zeile a[i] und Spalte b[j]
      }
    }
    return result;
}
```

---

17 *Thinking in C++ Vol 2 - Practical Programming, http://www.linuxtopia.org/online_books/
programming_ books/c++_practical_programming/c++_practical_programming_202.html,*
[2017-03-11]

```
int main() {
    constexpr int n = 3;
    valarray<int> ma{1,0,-1,  2,2,-3,  3,4,0};    // 3-x-3-Matrix
    valarray<int> mb{3,4,-1,  1,-3,0,  -1,1,2};   // 3-x-3-Matrix
    printMatrix(cout, ma, n);

    cout << "  -mal-\n ";
    printMatrix(cout, mb, n);

    cout << "  -ergibt-:\n ";
    valarray<int> mc = matmult(ma, n,n, mb, n,n);
    printMatrix(cout, mc, n);
}
```

Die Ausgabe ist die Matrix {{4,3,-3}, {11,-1,-8}, {13,0,-3}}, die das Produkt der Multiplikation der Matrizen darstellt. Beachten Sie, dass matmult wirklich nur für diese Operation kompatible Matrizen und Größenangaben erhalten darf.

Mit a[slice(…)] und b[slice(…)] wird hier geschickt eine Zeile bzw. Spalte herausgeschnitten. Und wie die Regeln der Matrixmultiplikation sagt, werden diese dann elementweise multipliziert und aufsummiert – das wird mit valarray in dem harmlos aussehenden Ausdruck (row * col).sum() erledigt.

Ich habe absichtlich für row und col die Typinferenz des Compilers mit auto verwendet, statt valarray<int> für die Zeile und Spalte zu schreiben. Es ist möglich, dass der Compiler hier mit einem speziellen Objekt optimiert.

Die Ausgabe des Programms:

```
1    0   -1
2    2   -3
3    4    0
-mal-
3    4   -1
1   -3    0
-1   1    2
-ergibt-:
4    3   -3
11  -1   -8
13   0   -3
```

Kapitel 25
Container-Unterstützung

Kapiteltelegramm

▶ **Iterator**
Ein Konzept zur Referenz von Elementen in Containern

▶ **Algorithmus**
Erweiterte Operation auf dem Inhalt eines Containers

Algorithmen sind Hilfsfunktionen, die auf Iteratoren arbeiten. Dies meist in einer Form, dass die Iteratoren *Bereiche* in Containern definieren, auf denen der Algorithmus angewendet wird. Sie werden also oft sehen, dass Parameter in Paaren von Iteratoren vorkommen, namentlich begin und end. Um Iteratoren dreht sich alles in dem Header <algorithm>.

25.1   Algorithmen

Ein Wort dazu, was Algorithmen sind, habe ich schon im vorigen Kapitel über Container verloren, weil diese beiden Hand in Hand miteinander gehen. Algorithmen aus dem Header <algorithm> und eventuell aus <numeric> arbeiten alle auf Containern. Sie können auch eigene Algorithmen schreiben, was dann in diesem Sinne aber heißt, Sie arbeiten auf einem Container.

Was ist ein *Algorithmus* im Sinne der Standardbibliothek? Zunächst handelt es sich meist um ein *Funktionstemplate*. Diese Funktion tut etwas *Sinnvolles*, und das, was sie tut, macht sie in einer sehr *allgemeinen* – generellen – Art und Weise. Dass die Algorithmus-Funktionen tatsächlich Templates sind, liegt genau daran, dass sie generell arbeiten sollen: Sie sollen auf so vielen Containern wie möglich funktionieren, mit so vielen Elementtypen, wie es geht.

Jeder Algorithmus muss in seinem Verhalten *wohldokumentiert* sein. Sie müssen die Dokumentation lesen können und genau wissen, wie sich der Algorithmus bei der Arbeit mit Ihren Daten verhält. Und wenn er etwas Böses tut, wie zum Beispiel zu viel Speicher verbrauchen oder zu lange laufen, dann muss der Fall auch in der Dokumentation beschrieben sein.

25   Container-Unterstützung

Wenn Sie ein Problem lösen müssen, das in `<algorithm>` schon gelöst ist oder Sie leicht damit lösen können, dann sollten Sie auf `<algorithm>` zurückgreifen:

▶ Die Funktionen sind von vielen Programmierern getestet und debugged und werden aktiv weiter gepflegt.

▶ Die Algorithmen sind Bausteine, die Sie zusammensetzen können, um komplexere Aufgaben zu lösen.

▶ Es ist daher leichter, Code mit Bausteinen zu schreiben.

▶ Code aus Bausteinen ist leichter zu debuggen.

▶ Code aus Bausteinen ist vor allem später leichter zu überprüfen oder zu überarbeiten.

Die letzten drei Punkte möchte ich an einem Beispiel veranschaulichen.

```cpp
std::vector<int> v{0,1,3,5,7,9,2,4,6,8};
bool flag = true;
for(size_t i=1; (i <= v.size()) && flag; ++i) {
    flag = false;
    for(size_t j=0; (j < v.size()-1); ++j) {
        if(v[j+1] < v[j]) {
            std::swap(v[j+1], v[j]);
            flag = true;
        }
    }
}
for(int i:v) std::cout << i << ' ';
```

Listing 25.1 Mit dem Eingabevector wird etwas gemacht, aber was?

```cpp
std::vector<int> v{0,1,3,5,7,9,2,4,6,8};
std::sort(v.begin(), v.end());
for(int i:v) std::cout << i << ' ';
```

Listing 25.2 Dieser Eingabevector wird sortiert!

Anforderung	Mögliche Parameter	vec	list	set	u-set
Eingabe	Eingabe, vorwärts, bidirekt., wahlfrei	ja	ja	ja	ja
Ausgabe	Ausgabe, vorwärts, bidirekt., wahlfrei	ja	ja	ja	ja
Vorwärts	vorwärts, bidirektional, wahlfrei	ja	ja	ja	ja
Bidirektional	bidirektional, wahlfrei	ja	ja	ja	–
Wahlfrei	wahlfrei	ja	–	–	–

Tabelle 25.1 Iterator-Anforderungen und ihre Kompatibilität zu Beispielcontainern. »vec« steht für »vector«, »u-set« steht für »unordered_set«

Wenn Sie einen Blick auf Listing 25.1 werfen, dann können Sie irgendwann sagen, »das implementiert wohl Bubblesort«. Aber für Listing 25.2 können Sie sofort sagen, »das sortiert«. Und damit nicht genug: Wie lange brauchen Sie, um sagen zu können, dass die beiden Listings *korrekt* sind? Warum steht in Listing 25.1 mal in der Schleife i=1; (i <= v.size()) und in der anderen j=0; (j < v.size()-1)? Was passiert bei einem leeren vector oder einem mit nur einem Element? Es sei Ihnen verraten: Das Listing ist korrekt und – ja – es implementiert tatsächlich Bubblesort. Aber Sie verstehen sicher, was ich meine: Es brauchte entweder mehr Zeit (oder/und Erfahrung), diese Sicherheit bei Listing 25.1 zu erhalten, oder meiner Versicherung, dass das ein korrektes Bubblesort ist.

25.2 Iteratoren

Eine ordentliche Einführung in Iteratoren finden Sie in Abschnitt 24.2, »Iteratoren-Grundlagen«. Hier fasse ich nur noch einmal die wichtigsten Dinge zusammen, die für die Arbeit mit Algorithmen wichtig sind.

Jeder Algorithmus hat an die Iteratoren, die er als Parameter bekommt, bestimmte Anforderungen. Dabei ist die *Iterator-Kategorie* wichtig. Die Faustregel ist, je höher die Kategorie, desto mehr Anforderungen an den Iterator – er muss also mehr Operationen beherrschen. Schauen Sie sich die Beschreibung des Algorithmus an, welche Iterator-Kategorie er verlangt. In Tabelle 25.1 sehen Sie, welche Iteratoren erlaubt sind, wenn eine bestimmte Kategorie angegeben ist. Und da mit den Iteratoren jedes Containertyps auch die entsprechende Kategorie verbunden ist, wissen Sie, welche Container mit dem Algorithmus kompatibel sind. Und vergessen Sie nicht, dass auch Streams Iteratoren anbieten und deshalb mit vielen Algorithmen zusammenarbeiten können.

25.3 Iterator-Adapter

Und weil Iteratoren hier ein so zentraler Bestandteil sind, kann man das Verhalten von Algorithmen mittels *Iterator-Adaptern* oft erstaunlich modifizieren. Viele davon finden Sie in <iterator>. Ich kann in der erklärenden Liste über Algorithmen nicht auf alle Kombinationsmöglichkeiten eingehen, aber um Ihrer Vorstellungskraft etwas Anregung zu geben, folgen hier einige Beispiele:

▶ Mit einem move_iterator können Sie alle Kopieroperationen eines Algorithmus in Verschiebeoperationen umwandeln.

▶ Mit back_inserter benötigen Sie keinen vorher existierenden Zielbereich, sondern wandeln jede Kopie in ein push_back um.

▶ Das Gleiche macht front_inserter, ruft aber push_front auf.

▶ Noch flexibler ist inserter, der sukzessive insert an einer bestimmten Position aufruft.

▶ Ein ostream_iterator macht eine Kopie zu einer Ausgabe in einen Stream.

- Dasselbe macht istream_iterator, jedoch kopiert dieser Werte aus einen Stream in einen Container.
- reverse_iterator wandelt jede ++-Operation in ein -- um.

25.4 Algorithmen der Standardbibliothek

Alle Algorithmen im Sinne dieses Kapitels sind freie Funktionen bzw. Funktionstemplates im Header <algorithm>. Sie arbeiten immer mit *Containern* zusammen und benutzen dafür *Iteratoren* als Mittel. Das wiederum hat zur Folge, dass Algorithmen auch mit *Streams* zusammenarbeiten, da diese auch Iteratoren anbieten.

Die Tatsache, dass alle Algorithmen als Templates implementiert sind, führt dazu, dass der Code des Algorithmus automatisch vom Compiler als inline vor Ort verwendet werden kann. Anders als mit Objekthierarchien mit möglicherweise virtuellen Methoden, die »Inlining« unterbinden, ist das so viel Performance, wie man überhaupt nur erhalten kann. Für die Algorithmen der Standardbibliothek ist maximale Geschwindigkeit im Rahmen ihrer allgemeinen Implementierung eines der obersten Designprinzipen.

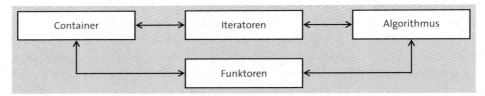

Abbildung 25.1 Container arbeiten nicht direkt mit Algorithmen zusammen, sondern »sprechen« durch Iteratoren mit ihnen.

Algorithmen löschen nicht und fügen nicht ein

Algorithmen arbeiten durchweg nur auf fertigen Bereichen. Sollten Sie eine Ausgabe erzeugen, dann muss der Zielbereich schon existieren. Algorithmen *fügen niemals selbst ein*. Sie können das aber mit einem Iterator-Adapter erreichen.

Auch *löschen Algorithmen niemals selbst* tatsächlich. Sie simulieren das durch Umordnen von Elementen und teilen Ihnen dann mit, ab wo die ungenutzten Elemente dann liegen. Sie als Benutzer sind für das tatsächliche Entfernen verantwortlich. Algorithmen können nicht davon ausgehen, zu wissen, ob und wie Elemente wirklich entfernt oder zerstört werden. Offensichtlichster Vertreter dieser Gruppe ist remove, aber auch unique ordnet die »entfernten« Elemente nur ans Ende des angegebenen Bereichs. Die Rückgabe dieser Funktionen ist dann ein Iterator it. Wirklich entfernen werden Sie Elemente dann zum Beispiel mit cont.erase(it, cont.end()).

25.4 Algorithmen der Standardbibliothek

Die Funktionen sind immer sehr generisch und sehr abstrakt. Manchmal muss man ein wenig »um die Ecke denken«, um zu erkennen, wie man Algorithmen zu einer komplexen Aufgabe zusammenstecken kann. Ein Beispiel: Kennen Sie unter Unix die Kommandofolge cat daten.txt | sort | uniq? Damit werden alle doppelten Zeilen der Datei daten.txt entfernt. Das Gleiche geht auch mit C++-Algorithmen, wenn Sie sie in der richtigen Weise zusammenstecken:

```
#include <algorithm>
#include <vector>
#include <iostream>

void sort_uniq(std::vector<int> &data) {
    sort(data.begin(), data.end());
    auto newend = std::unique(data.begin(), data.end());
    data.erase(newend, data.end());
}

int main() {
    std::vector<int> ns{1,5,2,3,9,2,2,2,2,1,5,2,2,3,1,1,2,2,1};
    sort_uniq(ns);
    std::for_each(ns.begin(), ns.end(), [](auto x) {
        std::cout << x << ' '; });
    std::cout << '\n'; // Ausgabe: 1 2 3 5 9
}
```

Listing 25.3 Zusammenstecken von Funktionen

Hier kombiniere ich die Funktionen sort, unique mit der vector-Methode erase, um das von Unix bekannte sort | uniq nachzubilden: Das sortierte Ergebnis enthält jedes Element nur noch einmal.

Nur sort und unique sind Algorithmus-Funktionen. Zum wirklichen Löschen benötigen wir eine Container-Methode, bei vector also erase. Weil bei fast allen Containern diese Methode existiert, sähe eine Verallgemeinerung von vector<int> auf andere Standardcontainer identisch aus. Beachten Sie aber: Damit Sie in einer eigenen Funktion wie sort_uniq eine Container-*Methode* aufrufen können, müssen Sie den Container als Argument übergeben. Bei einer echten Algorithmus-Funktion ist das nie der Fall, diese nutzten *immer* ein Paar Iteratoren, um einen Bereich eines beliebigen Containers oder Streams zu nutzen.

Sie finden am Ende dieses Kapitels Tipps zum Entwickeln eigener Algorithmen. Dass die Schnittstelle Iteratoren und nicht Container sind, ist die wichtigste der Regeln dazu.

25 Container-Unterstützung

> **Parallel mit C++17**
>
> Alle Algorithmen werden sequenziell ausgeführt. Außer Sie haben erstens schon C++17 und nutzen zweitens als zusätzlichen vordersten Parameter zu einem beliebigen Algorithmus-Funktionstemplate die *Ausführungs-Policy* std::experimental::parallel::par oder std::experimental::parallel::par_vec.
>
> Insbesondere bei Letzterem könnte es »so richtig abgehen«. Wenn Compiler, die verwendete Standardbibliothek, die Elementtypen, der verwendete Algorithmus und die CPU oder zusätzliche Hardware optimal zusammenpassen.

25.5 Liste der Algorithmusfunktionen

In diesem Abschnitt finden Sie eine Übersicht über alle Algorithmen der Standardbibliothek. Einige nutzen Sie sicher häufiger, während andere nur in sehr speziellen Fällen Einsatz finden. Andererseits, damit Sie überhaupt wissen, dass Sie einen Algorithmus verwenden könnten, sollten Sie sich einmal eine Übersicht verschaffen.

In den Listen habe ich eine Spalte für »Häufigkeit« angefügt. Die stellt völlig subjektiv dar, wie wahrscheinlich es ist, dass Sie die entsprechende Funktion benutzen werden:

▶ »ständig« – Diese Funktionen sollten Sie sich auf jeden Fall einprägen, denn die kann man beinahe immer gebrauchen, wenn man mit Streams oder Containern arbeitet.

▶ »häufig« – Wenn Sie dann ein Gefühl für Algorithmen bekommen haben, werden Sie sicher bald diese Funktionen verwenden.

▶ »gelegentlich« – Für diese Funktionen brauchen Sie schon eine besondere Aufgabe.

▶ »selten« – Das ist bei diesen Funktionen noch mehr der Fall. Sie lösen dann aber so komplizierte Aufgaben auf so geschickte Weise, dass sich gerade deren Einsatz lohnt, wenn es passt.

▶ »speziell« – Der Einsatz der wenigen so markierten Funktionen setzt tiefstes Expertenwissen voraus und hat extreme Bedingungen für den Einsatz. Die Funktionen um uninitialisierten Speicher habe ich so markiert.

Es wäre jedoch komplett falsch, diejenigen Funktionen, die Ihnen vom Namen nicht sofort etwas sagen oder Ihnen zu kompliziert erscheinen, komplett zu ignorieren. Beinahe alle Algorithmen können im täglichen Programmieralltag nützlich sein. Daher empfehle ich, sich die tatsächlich Liste einmal genau anzuschauen; priorisieren ist in Ordnung. Aber kehren Sie immer wieder zu der Liste zurück, schauen Sie sich in der Nachbarschaft um und denken Sie ab und zu »out of the box« – vor allem abstrakt. Sie werden erstaunt sein, wie nützlich die Algorithmen mit so skurrilen Namen wie remove_copy_if sein können.

Außerdem habe ich zu jeder Funktion angegeben, welche Kategorie von Iteratoren der Algorithmus verlangt. Manche Algorithmen nehmen zwei (oder mehr) Gruppen von Iteratoren.

726

▶ »in« (input_iterator) für Eingabe-, Vorwärts-, bidirektionale oder wahlfreie Iteratoren

▶ »out« (output_iterator) für Ausgabe-, Vorwärts-, bidir. oder wahlfreie Iteratoren

▶ »fw« (forward_iterator) für Vorwärts-, bidirektionale oder wahlfreie Iteratoren

▶ »bi« (bidirectional_iterator) für bidirektionale oder wahlfreie Iteratoren

▶ »ra« (random_access_iterator) für wahlfreie Iteratoren

In Tabelle 25.1 finden Sie Beispiele für Container, die jeweils damit kompatibel sind.

So sieht also ein Beispieleintrag in den Listen aus:

▶ **copy**   ständig   in/out
   Kopiert einen Bereich elementweise in einen Zielbereich.

Die Funktion des Algorithmus heißt copy. Als Funktion der »ständig«-Kategorie sollten Sie sie auf jeden Fall in Ihrem Repertoire haben. Die Funktion nimmt mit »in« als Parameter Eingabeiteratoren und mit »out« als weitere Parameter Ausgabeiteratoren. Anhand von Tabelle 25.1 oder der Beschreibung der einzelnen Container wissen Sie damit, dass so gut wie alle Container mit copy zusammenarbeiten. In der Zeile darunter sehen Sie eine kurze Beschreibung des Algorithmus.

Liste der (eigentlich) nicht verändernden Algorithmen

In diesem Abschnitt finden Sie die Funktionen, die hauptsächlich Informationen über einen Bereich abfragen. Mit find_if können Sie zum Beispiel in einem Bereich das erste Auftreten eines Elements mit einer bestimmten Eigenschaft suchen. Dies testen Sie mit einem *Prädikat*, das ist eine Funktion, die bool zurückliefert. Im Falle von find_if ein einstelliges Prädikat, also ist es eine Funktion mit einem Argument.

```cpp
#include <algorithm>
#include <iostream>
#include <vector>
#include <string>
using std::vector; using std::string; using std::find_if;

vector<string> split(const string& s) {
  vector<string> result{};
  auto it = s.begin();
  while(it != s.end()) {
    it = find_if(it, s.end(), [](char c) { return c!=' '; }); // bis normales Zeichen
    auto jt = find_if(it, s.end(), [](char c) { return c==' '; }); // bis Leerzeichen
    if(it!=s.end())
      result.push_back(string(it, jt)); // Kopie ins Ergebnis
    it = jt;
  }
  return result;
}
```

```cpp
int main() {
  auto res = split("Der Text ist kurz");
  std::for_each(res.begin(), res.end(), [](const string &e) {
      std::cout << "[" << e << "] "; });
  std::cout << '\n';  // Ausgabe: [Der] [Text] [ist] [kurz]
}
```
Listing 25.4 Suchen mit Prädikat

Hier verwende ich find_if erst, um in einem string Leerzeichen vor einem Wort zu überspringen. find_if nimmt dazu – wie alle Algorithmen – einen Bereich, in dem es suchen soll. Der Bereich ist durch zwei Iteratoren definiert, den Beginn und das Ende. Dabei verweist das Ende immer auf ein Element *hinter* dem letzten Element des Bereichs, sodass der leere Bereich immer durch zwei identische Iteratoren angegeben werden kann. Auch nützlich: Die Anzahl der Elemente in dem Bereich ist schlicht der Abstand der beiden Iteratoren zueinander.

Der letzte Parameter ist bei find_if das »if«, also das Prädikat. Hier definiere ich ein Lambda, das überprüft, ob das char-Zeichen des Strings kein Leerzeichen ist, das heißt, der Anfang des nächsten Wortes ist gefunden. Der zweite Aufruf von find_if nutzt als Prädikat den Vergleich mit einem Leerzeichen, also hinter dem Ende des Wortes. Den durch diese beiden Fundstellen eingeschlossenen Bereich kopiere ich dann als neuen String mit push_back in das Ergebnis result.

An einem weiteren Beispiel möchte ich Ihnen die geschickte Interaktion von Iteratoren mit Algorithmen demonstrieren. Geschickt kombiniert erhält man mächtige Werkzeuge. Die Funktion istPalindrom prüft, ob ein string vorwärts und rückwärts das gleiche Wort ergibt. Sie können das als Einzeiler implementieren:

```cpp
#include <algorithm>
#include <iostream>
#include <vector>
#include <string>
using std::string;

auto istPalindrom = [](const auto &s) {
  return std::equal(s.begin(), s.end(), s.rbegin()); };

int main() {
  for(string s : {"regallager", "rentner", "blutwurst" }) {
    std::cout << s << " ist " << (istPalindrom(s)?"ein":"kein") << " Palindrom\n";
  }
}
```
Listing 25.5 Ein Palindrom mit einer Codezeile erkennen

Der Algorithmus `equal` nimmt einen Bereich, durch den er vorwärts iteriert, als seine ersten beiden Parameter. Der dritte Parameter ist der Beginn eines zweiten Bereichs, mit dem der erste Bereich dann elementweise mittels `==` verglichen wird. Wenn alle Elemente gleich sind, liefert `equal` *wahr* zurück, beim ersten Unterschied *falsch*. Das Geschickte ist hier, dass der Beginn des zweiten Bereichs mit `s.rbegin()` übergeben wird. `rbegin()` liefert einen Iterator, der, wenn mit `++` inkrementiert, ein Element *zurück* schreitet. Hier wird also dieselbe Sequenz rückwärts abgeschritten. Im Endeffekt wird also der erste mit dem letzten Buchstaben verglichen, dann der zweite mit dem vorletzten, etc.

`istPalindrom` ist übrigens nicht auf `string` spezialisiert. Sie können hier jeden Container hineinkippen, der `rbegin()` unterstützt. Und wenn ich sorgfältiger wäre, würde ich nicht die ganze Sequenz von vorne bis hinten abschreiten, sondern nur bis zur Hälfte, weil `==` ja symmetrisch sein sollte. Das könnte ich erreichen, indem ich statt `s.end()` Folgendes schreibe: `s.begin()+(s.end()-s.begin())/2`.

Im Falle von `for_each` ist Information nicht das Ziel, sondern es wird eine unäre Funktion ohne Rückgabewert auf jedes Element aufgerufen. Eigentlich sind diese Funktionen als nur lesend gedacht. Wenn Sie aber einen (un-)geeigneten Funktor oder ein Prädikat mit angeben, dann können Sie die Elemente des Bereichs schon verändern. Das zu tun, ist nicht verboten, aber wahrscheinlich verwirrend. Mit `for_each` sehen Sie ein Beispiel in Listing 25.6. Sie sollten hier stattdessen `transform` nehmen.

```cpp
#include <iostream>
#include <vector>
#include <algorithm>

int main() {
    std::vector<int> c{ 1,2,3,4 };
    std::for_each( c.begin(), c.end(), [](auto &n) { n*=n; }); // modifizierend
    std::cout << c[3] << '\n'; // Ausgabe: 16
}
```

Listing 25.6 Auch »nur lesende« Algorithmen wie »for_each« können die Elemente verändern.

Insbesondere deshalb will ich eine Sache hervorheben: Nutzen Sie nicht `for_each` zur Lösung jedes Problems. Oft gibt es andere Algorithmen, die besondere Probleme besser lösen. Und wenn Sie sich ab und zu in der Liste der Algorithmen umschauen, dann werden Sie im Laufe der Zeit geübter im Umgang mit ihnen, Ihr Code wird kompakter und – ich behaupte – besser. Einige Beispiele:

▶ Wenn Sie ermitteln wollen, wie oft ein Element in einer Sequenz enthalten ist, nehmen Sie `count`, nicht `for_each`.

▶ Wenn Sie ein Prädikat für alle Elemente prüfen wollen, nehmen Sie `all_of`.

▶ Wollen Sie wissen, ob mindestens ein Element ein Prädikat erfüllt, nehmen Sie `any_of`.

▶ Enthält eine Sequenz dieselben Elemente wie eine andere nur in einer anderen Reihenfolge, bemühen Sie auf keinen Fall `for_each`, nehmen Sie `is_permutation`.

25 Container-Unterstützung

Dies sind die verfügbaren nicht-modifizierenden Algorithmen:

▶ `all_of`   häufig   in
Prüft, ob ein Prädikat für Elemente zutrifft.

▶ `any_of`   häufig   in
Prüft, ob mindestens ein Element das Prädikat erfüllt.

▶ `none_of`   häufig   in
Prüft, ob keines der Elemente ein Prädikat erfüllt.

▶ `for_each`   ständig   in
Wendet eine einstellige Funktion auf jedes Element an, siehe Listing 25.6.

▶ `find`   ständig   in
Findet anhand eines Beispielwerts.

▶ `find_if`   ständig   in
Findet anhand eines Prädikats, siehe Listing 25.4.

▶ `find_if_not`   häufig   in
Findet anhand der Negation eines Prädikats.

▶ `find_end`   selten   fw
Findet das Ende einer passenden Teilsequenz.

▶ `find_first_of`   häufig   in/fw
Findet einen von mehreren Beispielwerten.

▶ `adjacent_find`   gelegentlich   fw
Findet die erste Stelle, an der zwei benachbarte Elemente beide ein Prädikat erfüllen.

▶ `count`   ständig   in
Zählt die Anzahl der Vorkommen eines Beispielwerts.

▶ `count_if`   ständig   in
Zählt, wie oft ein Prädikat passt.

▶ `mismatch`   häufig   in
Findet den ersten Unterschied zwischen zwei Sequenzen.

▶ `equal`   ständig   in
Prüft, ob alle Elemente paarweise gleich sind, siehe Listing 25.5.

▶ `is_permutation`   gelegentlich   in
Ist eine Sequenz nur die Permutation einer anderen?

▶ `search`   häufig   fw
Findet die Stelle, an der eine Teilsequenz in einer größeren versteckt ist.

▶ `search_n`   gelegentlich   fw
Findet die Stelle mit n aufeinanderfolgenden Werten gleich dem gesuchten.

730

Inhärent modifizierende Algorithmen

Die Funktionen aus diesem Abschnitt schreiben ein Ergebnis in einen Ausgabebereich. Bei einigen der Algorithmen ist es erlaubt, dass der Ausgabebereich und der Eingabebereich überlappen. Das ist nicht immer so, seien Sie vorsichtig und schauen Sie in die Dokumentation, ob Überlappung erlaubt ist. Manche Algorithmen wie unique modifizieren die Sequenz gleich vor Ort.

Lassen Sie mich eine kleine Gruppe von Funktionen hervorheben, die miteinander verwandt sind, aber wegen der alphabetischen Sortierung nicht direkt nebeneinanderstehen – bzw. sogar in einer anderen Liste. Die folgenden Funktionen arbeiten alle in irgendeiner Form auf Ein- und/oder Ausgabesequenzen und wenden dabei auf die Elemente jeweils eine von Ihnen definierte Funktion f an:

- ▶ for_each führt f auf jedem Element einer Eingabesequenz aus; f liefert void zurück und ist einstellig.

- ▶ generate führt f auf jedem Element der Ausgabesequenz aus; f liefert ein Element zurück und ist nullstellig.

- ▶ transform führt f auf jedem Element der Eingabesequenz aus und schreibt das Ergebnis in einer Ausgabesequenz; f liefert ein Element zurück und ist einstellig.

- ▶ transform kann f auch auf *zwei* Eingabesequenzen durchführen und das Ergebnis in eine Ausgabesequenz schreiben; dann liefert f ein Element zurück und ist zweistellig.

Es liegt in der Natur der Sache, dass for_each meist einen Seiteneffekt auslöst, zum Beispiel die Ausgabe oder einen inneren Status verändert. Ebenso wird generate wohl einen inneren Status als Seiteneffekt verändern, sonst wären die generierten Sequenzen ziemlich langweilig.

Besonders transform ist extrem mächtig. f kann durchaus Argumente von einem ganz anderen Typ nehmen, als es zurückgibt. Die Elemente der Container, die den Iteratoren zugrunde liegen, müssen nur zu f passen. In Listing 25.7 transformiere ich eine Sequenz von char und von int zu einer Sequenz von string.

```
#include <algorithm>
#include <iostream>
#include <vector>
#include <string>
using std::to_string; using std::string; using std::vector;

struct Squares {
    mutable int n = 1;
    int operator()() const { return n*n++; }
};
```

25 Container-Unterstützung

```cpp
int main() {
    vector<int> sq(10);
    std::generate(sq.begin(), sq.end(), Squares{});
    std::for_each(sq.begin(), sq.end(), [](auto n) {
        std::cout << n << " "; });
    std::cout << '\n';          // Ausgabe: 1 4 9 16 25 36 49 64 81 100
    string a = "NCC-";
    vector<int> b {1,7,0,1};
    vector<string> c(4);
    auto f = [](char c, int i) -> string { return c+to_string(i); };
    std::transform(
        a.begin(), a.end(),     // Eingabe 1
        b.begin(),              // Eingabe 2
        c.begin(),              // Ausgabe
        f);                     // string f(char,int)
    std::for_each(c.begin(), c.end(), [](auto s) {
        std::cout << s << " "; });
    std::cout << '\n';          // Ausgabe: N1 C7 C0 –1
}
```

Listing 25.7 »transform« kann mit unterschiedlichen Typen jonglieren

Das Beispiel um generate demonstriert, wie der Funktor Squares laufend Quadratzahlen generiert. Der Bereich zwischen qs.begin() und qs.end() enthält zehn Elemente, deshalb wird der Funktor zehnmal aufgerufen. Weil er mit n einen inneren Status hält, der operator() aber const sein muss, ist das n mit mutable als veränderbar markiert.

Beim transform hält Bereich a Elemente vom Typ char, Bereich b Elemente von Typ int, und die Ausgabe landet in Bereich c mit Elementen vom Typ string. Also muss für dieses transform die Funktion f den Typ function<string(char,int)> haben, was für das Lambda f der Fall ist.

▶ **copy**   ständig   in/out
   Kopiert einen Bereich elementweise in einen Zielbereich.

▶ **copy_n**   häufig   in/out
   Kopiert ab einer Position n Elemente.

▶ **copy_if**   häufig   in/out
   Kopiert Elemente nur, wenn sie einem Prädikat entsprechen.

▶ **copy_backward**   gelegentlich   bi
   Im Effekt wie copy , fängt aber hinten an; wichtig bei überlappender Kopie.

▶ **move**   häufig   in/out
   Wie copy, verschiebt aber.

▶ **move_backward**   gelegentlich   bi
   Wie copy_backward, verschiebt aber.

25.5 Liste der Algorithmusfunktionen

▶ `swap` ständig -
Vertauscht zwei *Werte* (nicht Bereiche).

▶ `swap_ranges` häufig fw
Vertauscht elementweise die Werte zweier Bereiche.

▶ `iter_swap` gelegentlich (fw)
Vertauscht die Werte, auf die zwei Iteratoren zeigen (nicht Bereiche).

▶ `transform` ständig in/out
Wie `copy`, wendet aber eine unäre Funktion auf die einzelnen Elemente an. `transform` kann auch zwei Eingabesequenzen und eine binäre Funktion nehmen. Der Ausgabebereich darf identisch mit einem der Eingabebereiche sein, siehe Listing 25.7.

▶ `replace` häufig fw
Schreibt einen neuen Wert an alle Stellen einer Sequenz, die einem Wert entsprechen.

▶ `replace_if` häufig fw
Schreibt einen Wert an alle Stellen einer Sequenz, die einem Prädikat entsprechen.

▶ `replace_copy` gelegentlich in/out
Wie eine Mischung aus `copy` und `replace` am Zielort.

▶ `replace_copy_if` gelegentlich in/out
Wie eine Mischung aus `copy` und `replace_if` am Zielort.

▶ `fill` ständig fw
Füllt einen Bereich mit einem Wert.

▶ `fill_n` ständig out
Füllt ab einem Startpunkt n Werte ein.

▶ `generate` ständig fw
Führt einen Null-Argument-Funktor elementweise in einem Zielbereich aus.

▶ `generate_n` ständig out
Führt einen Null-Argument-Funktor elementweise n mal ab einer Startposition aus.

▶ `remove` ständig fw
Verschiebt alle Vorkommen eines Werts ans Ende der Sequenz.

▶ `remove_if` ständig fw
Verschiebt alle Elemente, für die ein Prädikat erfüllt ist, ans Ende der Sequenz.

▶ `remove_copy` gelegentlich in/out
Kopiert Elemente zu einer Zielposition, außer sie sind gleich einem bestimmten Wert.

▶ `remove_copy_if` häufig in/out
Kopiert Elemente zu einer Zielposition, außer sie erfüllen ein angegebenes Prädikat. Ich finde den Namen »remove« insbesondere hier irreführend, denn es handelt sich eher um eine »gefilterte Kopie«, und das finde ich extrem nützlich.

▶ `unique` ständig fw
Benachbarte gleiche Elemente werden ans Ende geschubst, siehe Listing 25.3.

25 Container-Unterstützung

▶ **unique_copy**   ständig   in/out
Kopiert immer nur das erste von mehreren gleichen benachbarten Elementen.

▶ **reverse**   ständig   in/out
Kehrt einen Bereich vor Ort um.

▶ **reverse_copy**   häufig   bi/out
Erzeugt eine umgekehrte Kopie eines Bereichs.

▶ **rotate**   gelegentlich   fw
Verschiebt einen Teilbereich nach links.

▶ **rotate_copy**   gelegentlich   fw/out
Wie ein in zwei Teile aufgeteiltes copy.

▶ **random_shuffle**   häufig   ra
Ordnet die Elemente eine Sequenz zufällig an.

▶ **shuffle**   häufig   ra
Wie random_shuffle, aber mit einem anzugebenden Zufallsgenerator.

Algorithmen rund um Partitionen

Eine *Partition* ist die Aufteilung eines Bereichs in zwei Unterbereiche anhand eines Prädikats. Alles in dem linken Unterbereich passt auf das Prädikat, alles in dem rechten Bereich passt nicht auf das Prädikat. Die Stelle zwischen den beiden ist der *Partitionspunkt*.

Die Standardbibliothek spendiert eine kleine Sammlung an Algorithmen rund um Partitionen. Zum einen, weil diese allgemein erstaunlich nützlich sein können, und zum anderen, weil mit diesen auf eine sehr allgemeine Weise eine sehr effiziente Sortierung umgesetzt werden kann. Die Algorithmen verlangen nur, dass die Iteratoren aus einem Container mit bidirektionalen Iteratoren stammen, nicht etwa wahlfreien. Tatsächlich kann mit dieser Art von Partitionen eine einfache Form *Quicksort* implementiert werden.

▶ **is_partitioned**   gelegentlich   in
Prüft, ob ein Bereich schon anhand eines Prädikats sauber getrennt ist.

▶ **partition**   häufig   bi
Ordnet einen Bereich anhand eines Prädikats in zwei Unterbereiche.

▶ **stable_partition**   gelegentlich   bi
Wie partition, lässt aber die relative Ordnung der Elemente innerhalb eines Unterbereichs gleich.

▶ **partition_copy**   häufig   in/out
Kopiert Elemente, für die ein Prädikat zutrifft, an die eine Zielposition und die anderen an eine andere Zielposition.

▶ **partition_point**   selten   fw
Findet das erste Element in einem Bereich, für das ein Prädikat nicht zutrifft, allerdings nur, wenn es eine gültige Partition ist.

734

Algorithmen rund ums Sortieren und schnelles Suchen in sortieren Bereichen

Suchen und Sortieren ist extrem wichtig. Dies geschickt zu machen, ist ein guter Weg zu schnellen Programmen. Manchmal nutzen Sie am besten einfach einen automatisch sortiert gehaltenen Container wie `multimap` oder `set`. Sehr häufig ist das aber nicht die beste Methode. Packen Sie erst alle Elemente, »wie sie kommen«, in einen beliebigen Sequenzcontainer und sortieren Sie diese dann in einem Rutsch. `map` geht nicht gerade freundlich mit Speicher um, und die Elemente werden überall im Speicher verstreut. Ein `vector` verhält sich da viel besser, und der arbeitet exzellent mit den Algorithmen ums Sortieren und *Binäre Suchen* zusammen.

▶ `sort`   ständig   ra
   Sortiert die Elemente im Bereich, siehe zum Beispiel Listing 25.2.

▶ `stable_sort`   häufig   ra
   Wie `sort`, achtet aber bei gleichen Elementen darauf, dass diese ihre relative Reihenfolge behalten.

▶ `partial_sort`   gelegentlich   ra
   Wie `partition`, nimmt als Prädikat den Vergleich mit dem Element in der Mitte.

▶ `partial_sort_copy`   gelegentlich   in/ra
   Wie `partial_sort`, kopiert das Ergebnis aber in einen Zielbereich.

▶ `is_sorted`   häufig   fw
   Prüft, ob ein Bereich sortiert ist.

▶ `is_sorted_until`   gelegentlich   fw
   Findet das erste Element eines Bereichs, das die Sortierung bricht.

▶ `nth_element`   gelegentlich   ra
   Sortiert die Elemente im Bereich, aber nur so lange, bis das n-te Element feststeht.

▶ `lower_bound`   ständig   fw
   Findet das erste gesuchte Element in einem sortierten Bereich.

▶ `upper_bound`   häufig   fw
   Findet das letzte gesuchte Element in einem sortierten Bereich.

▶ `equal_range`   häufig   fw
   Entspricht `lower_bound` und `upper_bound` gleichzeitig.

▶ `binary_search`   gelegentlich   fw
   Wie `lower_bound`, liefert aber *wahr* zurück, falls das Element gefunden wurde.

Mischmengen-Algorithmen, repräsentiert durch einen sortierten Bereich

Mit Mischmengen-Algorithmen (von engl. *merge*, dt. *zusammenführen*) kann man ebenfalls geschickt manche knifflige Aufgabe lösen. Geschickt sortieren mittels *Mergesort* ist
ein Beispiel dafür, geeignet für extrem große Datensätze, u. a., weil diese Algorithmen mit
Ein- und Ausgabeiteratoren auskommen, der anspruchslosesten Gruppe also.

735

25 Container-Unterstützung

Die Familie der Mischmengen-Algorithmen kann aber noch einiges mehr. So können Sie die Funktionalität von *mathematischen Mengen* (engl. *set*) mit sortierten Bereichen simulieren – und das, ohne einen C++-set benutzen zu müssen, ein vector oder gar eine list reicht. Jedoch Achtung: Wenn der sortierte Bereich Duplikate enthält, entspricht dies noch nicht der mathematischen Menge, weswegen ich diesen Bereich *Mischmenge* nenne. Wenn Sie zuvor aber Duplikate entfernen und dann die set_…-Funktionen verwenden, dann können Sie echte Mengen simulieren.

```cpp
#include <algorithm>
#include <iostream>
#include <list>
#include <string>
#include <iterator>   // ostream_iterator
#include <cctype>     // toupper
using std::toupper;

int main() {
    std::list<int> a{ 1,2,4,4,4,7,7,9 };
    std::list<int> b{ 2,2,3,4,4,8 };
    using Os = std::ostream_iterator<int>; // Typ des Ausgabeiterators
    Os os{std::cout, " "};                 // Streamausgabeiterator für int
    auto run = [&a,&b,&os](auto algo) {    // nutze a, b und os
        algo(a.begin(), a.end(), b.begin(), b.end(), os); // Algorithmus aufrufen
        std::cout << '\n';
    };

    // Ergebnisse der Algorithmen
    using It = decltype(a.begin());        // Typ der Eingabeiteratoren

    run(std::merge<It,It,Os>);                       // Ausgabe: 1 2 2 2 3 4 4 4 4 4 7 7 8 9
    run(std::set_union<It,It,Os>);                   // Ausgabe: 1 2 2 3 4 4 4 7 7 8 9
    run(std::set_intersection<It,It,Os>);  // Ausgabe: 2 4 4
    run(std::set_difference<It,It,Os>);    // Ausgabe: 1 4 7 7 9
    run(std::set_symmetric_difference<It,It,Os>);  // Ausgabe: 1 2 3 4 7 7 8 9

    // Mit Buchstaben wird noch klarer
    std::string x = "abdddggi";
    std::string y = "BBCDDH";
    using Us = std::ostream_iterator<char>;   // Typ des Ausgabeiterators
    Us us{std::cout, ""};                     // Streamausgabeiterator für char
    auto compare = [](auto c, auto d) { return toupper(c) < toupper(d); };
    auto run2 = [&x,&y,&us,&compare](auto algo) {    // nutze x, y und us
        algo(x.begin(), x.end(), y.begin(), y.end(), us, compare);
        std::cout << '\n';
    };
```

736

```
    // Ergebnisse der Algorithmen
    using Jt = decltype(x.begin());         // Typ der Eingabeiteratoren
    using Cm = decltype(compare);           // Typ der Vergleichsfunktion

    run2(std::merge<Jt,Jt,Us,Cm>);          // Ausgabe: abBBCdddDDggHi
    run2(std::set_union<Jt,Jt,Us,Cm>);      // Ausgabe: abBCdddggHi
    run2(std::set_intersection<Jt,Jt,Us,Cm>); // Ausgabe: bdd
    run2(std::set_difference<Jt,Jt,Us,Cm>);    // Ausgabe: adggi
    run2(std::set_symmetric_difference<Jt,Jt,Us,Cm>);  // Ausgabe: aBCdggHi
}
```

Listing 25.8 Wirkungsweise der Mischmengen-Algorithmen

Ich wende nacheinander die Mischmengen-Algorithmen an, die zwei Eingabemengen und eine Ausgabemenge haben. Das passiert in den Lambdas run und run2. Wenn Sie keinen Vergleichsfunktor angeben – in run gezeigt –, dann wird anhand < verglichen. Für das zweite Beispiel habe ich einen Vergleichsoperator compare definiert, der Groß-/Kleinschreibung ignoriert. So können Sie in den Ergebnissen sehen, aus welcher Ursprungs-Mischmenge der jeweilige Ausgabebuchstabe kommt.

▶ merge   häufig   in/out
   Fügt zwei sortierte Bereichs zu einem neuen sortierten Bereich zusammen.

▶ inplace_merge   gelegentlich   bi
   Wie merge, geht aber davon aus, dass die Bereiche aneinandergrenzend sind.

▶ includes   gelegentlich   in
   Prüft, ob Mischmenge B Teil von Mischmenge A ist.

▶ set_union   gelegentlich   in/out
   Fügt A und B zusammen; Duplikate in B bleiben erhalten; überspringt Elemente in B, die in A vorkommen.

▶ set_intersection   gelegentlich   in/out
   Kopiert Elemente aus A, die auch in B vorkommen.

▶ set_difference   gelegentlich   in/out
   Kopiert Elemente aus A, die nicht in B vorkommen.

▶ set_symmetric_difference   gelegentlich   in/out
   Kopierte Elemente aus A und aus B, die jeweils nicht in der anderen Menge vorkommen.

Heap-Algorithmen

Ein *Heap* ist in der Informatik eine besondere Datenstruktur, die in sich nicht per se sortiert ist, aber gewisse Eigenschaften mit einem sortierten Bereich teilt. In einem Heap können Sie zu jeder Zeit effizient das größte Element entfernen oder ein beliebiges Element einfügen. Klingt beinahe nach sortieren? Ist auch so. *Heap-Sort* ist einer der besten

Sortieralgorithmen, und der nutzt genau diese Datenstruktur. Den Elementen in dem Bereich, der den Heap bildet, sieht man von außen auf den ersten Blick nicht viel an. Mit `sort_heap` können Sie einen Heap aber schnell in einen sortierten Bereich umwandeln.

Alle Heap-Algorithmen verlangen nach wahlfreien Iteratoren. Das schränkt die Auswahl der Container ein. Ein `vector` ist prädestiniert.

▶ `make_heap`   selten   ra
    Ordnet Elemente zu einem gültigen Heap um.

▶ `push_heap`   selten   ra
    Fügt ein beliebiges Element zum Heap hinzu.

▶ `pop_heap`   selten   ra
    Entfernt das größte Element aus dem Heap.

▶ `sort_heap`   selten   ra
    Wandelt einen Heap in einen sortierten Bereich um.

▶ `is_heap`   selten   ra
    Prüft, ob ein Bereich ein gültiger Heap ist.

▶ `is_heap_until`   selten   ra
    Findet das erste Element, das die Heap-Eigenschaft durchbricht.

Minimum und Maximum

Minimum und Maximum muss man oft berechnen. Mal aus einem festen Satz von Elementen, mal aus einem Container.

▶ `min`   ständig   -
    Liefert das kleinste Element von zweien oder einer Initialisierungsliste.

▶ `max`   ständig   -
    Liefert das größte Element von zweien oder einer Initialisierungsliste.

▶ `minmax`   ständig   -
    Liefert `min` und `max` als Paar zurück.

▶ `min_element`   ständig   fw
    Liefert einen Iterator (!) auf das kleinste Element eines Bereichs zurück.

▶ `max_element`   ständig   fw
    Liefert einen Iterator (!) auf das größte Element eines Bereichs zurück.

▶ `minmax_element`   ständig   fw
    Liefert ein Paar Iteratoren für `min_element` und `max_element` zurück.

25.5 Liste der Algorithmusfunktionen

Diverse Algorithmen

Mit lexicographical_compare können Sie Bereiche wie Telefonbucheinträge vergleichen. {1,1,2} ist kleiner als {1,2,1}.

Für Kombinatorik – oder auch das Lösen von Puzzleaufgaben – ist es sehr nützlich, alle Permutationen einer Eingabe durchprobieren zu können. Wenn die Elemente des Bereichs kleiner < unterstützen, dann können Sie einen Bereich mit n Elementen mit einem Aufruf von next_permutation in seine nächste Permutation transformieren. Dazu nutzt dieser Algorithmus intern lexicographical_compare. Nach n! Permutationen kommen Sie wieder bei der Ursprungspermutation an.

```cpp
#include <iostream>
#include <algorithm>
#include <string>
void one(std::string &seq) {
    std::next_permutation(seq.begin(), seq.end());
    std::cout << seq << '\n';
}
int main() {
    std::string seq = "BDK";
    std::cout << seq << '\n'; // Ausgabe: BDK
    auto limit = 3*2*1; // n!
    for(int i=0; i<limit; ++i)
        one(seq);
    // Hier ist die Sequenz wieder in ihrem Ursprungszustand
}
```

Die Ausgabe dieses Programms ist

```
BDK
BKD
DBK
DKB
KBD
KDB
BDK
```

Also genau die sechs unterschiedlichen Permutationen, die es von "BDK" gibt, und die siebte ist wieder die Ursprungssequenz.

▶ lexicographical_compare   häufig   in
   Vergleicht zwei Bereiche elementweise auf kleiner.

▶ next_permutation   gelegentlich   bi
   Die nächste von n! Permutationen des Bereichs.

▶ prev_permutation   gelegentlich   bi
   Die vorige von n! Permutationen des Bereichs.

739

25 Container-Unterstützung

25.6 Kopie statt Zuweisung – Werte in uninitialisierten Speicherbereichen

Alle Funktionen aus <algorithm> nutzen die Zuweisung mittels E& operator=(const E&) beim Bewegen von Elementen. Mit move_iterator können Sie einen Algorithmus dazu bringen, stattdessen den Verschiebeoperator E& operator=(E&&) zu verwenden. Aber in beiden Fällen muss am Zielort schon ein Objekt existieren. Das heißt, Sie müssen den gesamten Zielbereich erst mit gültigen Objekten initialisieren. Das kann aufwendig sein und unnötig, wo Sie doch wissen, dass Sie mit copy sowieso den ganzen Bereich gleich überschreiben.

Im Header <memory> gibt es eine kleine Hand voll zusätzlicher Algorithmen, die *nicht* verlangen, dass am Zielort ein gültiges Objekt liegt. Die Objekte werden dann mit dem Kopierkonstruktor E(const E&) in *initialisiertem Speicher* erzeugt, nicht überschrieben. Die Größe dieses Speichers muss trotzdem ausreichen.

Uninitialisierten Speicher beschaffen Sie sich zum Beispiel mit get_temporary_buffer oder mit den C-Funktionen malloc oder alloca. Um ein Objekt an einem bestimmten Ort zu erzeugen, benutzen alle diese Algorithmen *placement new*, eine besondere Form des new, bei dem nicht der Compiler, sondern der Programmierer entscheidet, wo das Objekt erzeugt werden soll.

Nehmen Sie an, hier sei der Elementtyp int ein wirklich aufwendig zu erzeugender Datentyp, bei dem es sich lohnen würde, die überflüssige Initialisierung einzusparen. Dann würden Sie unitialized_copy wie folgt einsetzen:

```
#include <iostream>
#include <memory> // uninitialized_copy
#include <alloca.h>    // alloca (Linux)
#include <list>
int main () {
  const std::list<int> input{1,9,2,6,6,6,8};
  const auto SZ = input.size();
  // unitialisierter Speicherbereich:
  int* ziel = (int*)alloca(sizeof(int) * SZ); // Platz für 7 ints
  std::uninitialized_copy(input.begin(), input.end(), ziel);
  // Testausgabe
  for(int idx=0; idx<SZ; ++idx) {
    std::cout << ziel[idx] << ' ';
  }
  std::cout << '\n'; // Ausgabe: 1 9 2 6 6 6 8
}
```

Der Aufruf von alloca holt Platz für sieben ints auf dem Stack (weswegen der Speicher beim Verlassen der Funktion automatisch freigegeben wird). Der Speicherbereich ist nicht initialisiert – bei int natürlich, doch anders als sonst, sind auch echte C++-Objekten nicht initialisiert.

740

Dann werden die Elemente aus input ans ziel kopiert – und diesmal mit dem Kopier-konstruktor statt dem Zuweisungsoperator. Weswegen es in Ordnung ist, dass am Zielort keine gültigen Objekte liegen. Bei echten Klassen könnte das ein Unterschied sein.

alloca ist übrigens nur mit extremer Vorsicht zu genießen, also nur in Funktionen zu verwenden, bei denen nichts schiefgehen kann.

▶ `uninitialized_copy`   speziell   in/fw
Kopiert Elemente eines Bereichs mittels Kopierkonstruktor.

▶ `uninitialized_copy_n`   speziell   in/fw
Kopiert n Elemente ab einem Startpunkt zu einem Zielpunkt und verwendet dabei den Kopierkonstruktor.

▶ `uninitialized_fill`   speziell   fw
Füllt einen Bereich mit einem bestimmten Wert mittels Kopierkonstruktor.

▶ `uninitialized_fill_n`   speziell   fw
Erzeugt ab einem Startpunkt n Kopien eines Werts mittels Kopierkonstruktor.

25.7 Eigene Algorithmen

Wenn Sie selbst so nützliche Funktionen schreiben wollen, die Sie für die Zukunft Ihrer Programmiererkarriere in einen Header ablegen und dann in allen Projekten wiederver-wenden können, so ist das ganz einfach. Nun gut, Sie benötigen dafür die eine oder andere spitze Klammer <>, aber das ist mit Funktionen nur halb so wild. Die Templateparameter sind hauptsächlich Iteratoren und manchmal eine Funktion bzw. ein *Funktor*.

Nehmen wir an, Sie wollen einen Algorithmus schreiben, der eine Funktion für alle be-nachbarten Paare eines Containerbereichs aufruft. Das heißt, sie macht so etwas Ähnli-ches wie std::for_each, nur eben für zwei benachbarte Elemente des Containers. Dann heißt das Folgendes:

▶ Ein Containerbereich wird wie üblich mittels eines Iteratorpaars dargestellt.

▶ Die beiden Iteratoren sind gleichen Typs und ein Templateparameter.

▶ Die Funktion nimmt zwei Parameter gleichen Typs.

▶ Die Funktion ist ein Templateparameter.

Nennen wir den Algorithmus adjacent_pair. Seine Signatur erschließt sich aus diesen Überlegungen wie folgt:

```
template<typename It, Func>
void adjacent_pair(It begin, It end, Func func);
```

Somit ist die Funktion flexibel, was die Art der Iteratoren und auch die Art der Funktion angeht. Die Implementierung ist hier ebenfalls nicht schwer:

25 Container-Unterstützung

```
template<typename It, typename Func>
void adjacent_pair(It begin, It end, Func func) {
    if(begin != end) {
        It prev = begin;      // erstes Argument
        ++begin;              // zweites Argument
        for(; begin != end; ++begin, ++prev) {
            func(*prev, *begin);
        }
    }
}
```

Listing 25.9 Ein eigener Algorithmus

Ich verwende hier den Parameter `begin` als Schleifenvariable, so brauche ich nicht eine weitere Variable einzuführen. Was ich aber benötige, ist eine Variable, in der ich mir den Vorgänger in meiner Schleife merke, damit ich `func` damit aufrufen kann, also wie versprochen mit zwei benachbarten Elementen.

Die Überprüfung zu Beginn stellt sicher, dass auch der Aufruf mit einem leeren Bereich funktioniert. Für einen Bereich mit einem Element klappt es auch – kein Aufruf von `func` – weil es die Abbruchbedingung der Schleife abfängt.

```
#include <vector>
#include <iostream>
// ... adjacent_pair von oben hier ...
int main() {
    std::vector<int> v{1,2,3,4};
    auto f = [](auto a, auto b) { std::cout << (a+b) << ' '; };
    adjacent_pair(v.begin(), v.end(), f); // 3 5 7
    std::cout << '\n';

    std::vector<int> x{4,8};
    adjacent_pair(x.begin(), x.end(), f); // 12
    std::cout << '\n';

    std::vector<int> w{4};
    adjacent_pair(w.begin(), w.end(), f); // nichts
    std::cout << '\n';

    std::vector<int> y{};
    adjacent_pair(y.begin(), y.end(), f); // nichts
    std::cout << '\n';
}
```

Listing 25.10 Der Einsatz von »adjacent_pair«

25.7 Eigene Algorithmen

Einige Grundregeln sollten Sie beim Implementieren von Algorithmen beachten:

- Verlangen Sie nur die Eigenschaften von *Vorwärtsiteratoren*. Das heißt, bevorzugen Sie das Inkrement ++. So können Sie den neuen Algorithmus am breitesten einsetzen.

- Vergleichen Sie Iteratoren nur mit gleich == und ungleich !=.

- Halten Sie sich bei der Definition von Bereichen mittels Iteratoren an die Regel, dass das *Ende* eines Bereichs *exklusive* ist – end zeigt also *hinter* das letzte Element.

- Beachten Sie die Extremfälle, insbesondere den leeren Bereich als Parameter.

- Bevorzugen Sie Operationen, die keine temporären Werte erzeugen, also statt it++ besser ++it.

Je nachdem, auf was für eine Art von Iteratoren Sie Ihren Algorithmus schreiben, legen Sie fest, auf was für Container der Algorithmus dann arbeiten kann. Bleiben Sie bei Vorwärtsiteratoren, dann funktioniert die Funktion mit allen Containern. Bei bidirektionalen immerhin noch mit list, sobald Sie aber wahlfrei als Eigenschaft verlangen, sind Sie eingeschränkt auf vector, array und deque.

Wenn *Vorwärtsiteratoren* in Ihrem Algorithmus nicht passen – weil sie zum Beispiel verlangen, dass Sie vor- und zurücklaufen, dann bevorzugen Sie das Dekrement -- gegenüber Addition + und Subtraktion - bzw. advance() und distance(), dann sind Sie noch bei den bidirektionalen Iteratoren, aber noch nicht bei den wahlfreien.

Wenn Sie für Vergleiche zum Beispiel < statt != und == verwenden würden, benötigten Sie ebenfalls wahlfreie Iteratoren.

In Abschnitt 26.4, »Algorithmen je nach Container unterschiedlich implementieren«, sehen Sie, dass Sie noch allgemeiner sein könnten: *Eingabeiteratoren* können Sie nicht speichern wie Iter prev = begin und später wiederverwenden. Wenn Sie einen Algorithmus für diese schreiben wollen, geht das sicherlich. Spätestens in dem Fall sollten Sie über eine Spezialisierung über *Traits* nachdenken, damit Sie mit einer zu ubiquitären Implementierung keine Performance verlieren.

743

Kapitel 26
Guter Code, 6. Dan: Für jede Aufgabe der richtige Container

Hier gebe ich eine Entscheidungshilfe, welcher Container der richtige für welche Aufgabe ist. Am Ende bringe ich noch einmal konkret die Anwendung von Containern und Algorithmen zusammen, denn Algorithmen gehören zur Lösung von Aufgaben mit Containern dazu.

26.1 Alle Container nach Aspekten sortiert

Sie finden in allen möglicheren Referenzen zu jedem Container eine genaue Beschreibung, wie er sich in verschiedenen Szenarien verhält. Das heißt, wenn Sie ein Szenario haben, müssen Sie »nur« die Dokumentation aller Container lesen und können den besten Container für ihr Szenario auswählen …

Oder Sie lesen diesen Abschnitt, bei dem ich es andersherum mache: Gegeben sei ein Szenario oder wichtiger Aspekt, und ich sage Ihnen, was die Stärken und Schwächen der einzelnen Container dazu sind. Dann können Sie den in der gegebenen Situation passenden Container auswählen.

26.1.1 Wann ist ein »vector« nicht die beste Wahl?

Die erste Regel der Entscheidungshilfe ist: Nehmen Sie einen vector. Nur wenn der nicht geeignet ist, nehmen Sie etwas anderes.

Ein vector hat so viele gute Eigenschaften, dass es schon einen guten Grund geben muss, sich gegen ihn zu entscheiden.

▶ **vector versus array**
Wenn Sie nicht wollen, dass die Elemente auf dem Heap landen, sondern wie automatische Variablen auf dem Stack verwaltet werden, dann können Sie ein array in Erwägung ziehen. array garantiert zwar nicht, dass der Speicher immer am gleichen Ort verwaltet wird, in der Praxis ist der Stack aber sehr wahrscheinlich. Alternativ können Sie auch einen vector mit einem speziellen Allokator einsetzen.

▶ **vector versus deque**
Wenn Ihnen beim Einfügen push_back und pop_back nicht reicht, weil Sie auch push_front und pop_front brauchen, dann nehmen Sie deque.

745

► **vector versus** list

Wenn ein vector dynamisch wächst, die Kopie der Elemente teuer oder unmöglich ist und Sie vorher nicht wissen, wie viele Elemente kommen werden, dann können Sie auf list ausweichen. Sie garantiert, dass einmal eingefügte Elemente an ihrem Platz bleiben. Ein zweiter Grund wäre, wenn Sie häufig in der Mitte einfügen müssen. Sie müssen in beiden Fällen aber auf den Verwaltungsoverhead der list achtgeben.

► **vector versus** set

Wenn alle Elemente immer sortiert gehalten werden müssen, dann nehmen Sie einen set. Lesen Sie aber im nächsten Abschnitt, dass es sich lohnt, sich darüber Gedanken zu machen, ob Sie Ihre Arbeit nicht in eine Schreib- und eine Lesephase aufteilen können, denn dann ist ein vector und ein sort zwischen den Phasen die beste Lösung.

► **vector versus** map

Wenn Sie eine Assoziation von einem Schlüssel zu einem Ziel brauchen, ist eine map meist die beste Wahl.

Es gibt ein paar wichtigste Tipps, die Sie bei der Benutzung eines vectors beachten sollten.

Zum Ersten sollten Sie ihn so oft wie möglich hinten neue Elemente anfügen und entfernen. Nehmen Sie also push_back, emplace_back zum Anfügen und pop_back zum Entfernen.

Wenn Sie schon vorher wissen oder ahnen, wie viele Elemente Sie einfügen werden, dann sollten Sie diese Menge mit reserve anfordern. Das automatische Mitwachsen von vector ist erstaunlich günstig, aber wenn man es einsparen kann, warum dann nicht?

26.1.2 Immer sortiert: »set«, »map«, »multiset« und »multimap«

Bevor Sie vector (oder list) dazu benutzen, Elemente ständig sortiert zu halten, nehmen Sie auf jeden Fall lieber einen der geordneten assoziativen Containertypen. Ein insert in der Mitte eines vector ist wirklich teuer. Weil die Elemente in einem vector zusammenhängend abgelegt sind, müssen im Falle einer Einfügung, die nicht am Ende stattfindet, alle Elemente um eins nach rechts verschoben werden. Das gilt übrigens auch für array und deque, obwohl Letztere nicht komplett zusammenhängenden Speicher für die Elemente garantiert, ist auch bei ihr das Einfügen in der Mitte suboptimal.

Gegen das Sortierthalten mit einer list oder gar forward_list spricht, dass die Suche nach der Einfügeposition eine Weile dauert. Auch wenn eine list sortiert ist, muss man sich bei der Suche doch normalerweise von vorne bis zum gesuchten Element hangeln. Das geht in einem sortierten vector oder array schneller. Und die assoziativen sortierten Container sind extra für diese Aufgabe gemacht.

26.1.3 Im Speicher hintereinander: »vector«, »array«

Für die meisten Anwendung ist es ein enormer Vorteil, wenn die Elemente dicht gepackt im Speicher liegen – und dabei auch noch schön in aufsteigender Reihenfolge. Genau dies garantieren vector und array.

26.1 Alle Container nach Aspekten sortiert

Es gibt zwei Hauptgründe dafür:

▶ **Lokalität**

Wenn Sie durch die Elemente in einem `vector` durchiterieren, dann fangen Sie meist vorne an und bewegen sich in kleinen oder großen Sprüngen Richtung Ende. Je dichter die Speicherzugriffe in einer Zeiteinheit zusammenliegen, desto besser für den Computer: Zugriff in den Speicher geschieht in mittelgroßen Blöcken. Wenn Sie zum Beispiel eigentlich nur ein Byte lesen wollen, dann lädt die CPU trotzdem eine vier Kilobyte große *Page*. Lesen Sie dann beim nächsten Mal Speicher in der Nähe des ersten Bytes, der sich in derselben Page befindet, dann muss diese nicht erneut geladen werden. Eine enorme Zeitersparnis. Die Strategie einer Implementierung unter diesem Aspekt nennt man Lokalitätsverhalten.

▶ **Gemeinsamer Zugriff**

Wäre es nicht praktisch, Sie müssten nur eine einzige Speicheradresse wissen, wenn eine Million Elemente verarbeiten wollen? Das geht mit `vector` und `array`. Wenn Sie wissen, dass Ihr Container die Million Elemente enthält, dann reicht ein Aufruf von `data()`, und Sie haben alle Information, die Sie brauchen. Von diesem Punkt an liegen die Elemente hübsch nebeneinander. Sie können das zum Beispiel nutzen, um alle Elemente gemeinsam an eine C-Funktion zu übergeben. Viele C-Funktionen nehmen einen rohen Zeiger plus eine Anzahl, um mehrere Elemente übergeben zu bekommen. Nicht nur zur Interaktion mit C ist das nützlich: Das Schreiben eines einzelnen großen Datenblocks aus dem Speicher auf die Festplatte geht sehr viel schneller als mehrere kleine. Das nutzen auch einige C++-Funktionen.

Die »deque« garantiert keinen zusammenhängenden Speicher

Was die Lokalität der Elemente angeht, ist eine `deque` ebenso gut wie ein `vector`. Die Elemente sind sehr wahrscheinlich direkt hintereinander abgelegt und benötigen deshalb sehr wenig zusätzlichen Verwaltungsaufwand. Wenn Sie diese durchiterieren, dann geschieht das speicherfreundlich in eine Richtung.

Aber: Nicht *alle* Elemente sind garantiert nebeneinander abgelegt. Es kann mehrere große Stücke geben. Das heißt, es gibt keine Möglichkeit, mit `data()` an den einen Speicherbereich der Elemente zu kommen, wie dies bei `array` und `vector` der Fall ist. Daher scheidet diese Anwendung bei der `deque` leider aus.

26.1.4 Einfügung billig: »list«

Das Einfügen eines einzelnen Elements irgendwo in der Mitte kostet bei der `list` (und der `forward_list`) garantiert nur konstant viel Zeit – O(1) genannt (siehe Abschnitt 24.1.4, »Komplexität«). Diese Eigenschaft kann kein anderer Container aufweisen:

747

- vector (und deque) können zwar in O(1) am Ende (und Anfang) einfügen, benötigen aber in der Mitte linear viel Zeit – genannt O(n).
- map und set (und die multi-Varianten) garantieren O(log n), und die Position ist durch die Sortierung vorgegeben.
- unordered_map und unordered_set fügen zwar normalerweise in O(1) ein, aber im schwer vorauszusagenden schlimmsten Falls in O(n). Außerdem ist die Position der Einfügung nicht bestimmbar und kann sich während weiterer Einfügung verändern.

26.1.5 Wenig Speicheroverhead: »vector«, »array«

Wenn Sie eine Million kleine Elemente wie int speichern wollen, geht das nicht kompakter als in einem vector oder einem array. Sie brauchen pro Element exakt null Byte zusätzlichen Speicher. Das ist nicht viel und mit keinem anderen Container zu schlagen. Außer vielleicht mit deque, die für die Verwaltung der Blöcke ein wenig zusätzlichen Speicher benötigt, aber sehr wenig.[1]

Alle anderen Container benötigen pro Element mehr oder weniger zusätzlichen Speicher. Selten lässt sich dieser mit Tricks reduzieren:

- list speichert pro Element zwei zusätzliche Zeiger. Bei einem aktuellen Linux braucht ein int vier Byte und ein Zeiger acht Byte Speicher. Für eine Million int-Elemente brauchen Sie mit einem vector somit vier Megabyte Speicher. In einer list belegen Sie 20 Megabyte.
- forward_list ist extra auf wenig Speicheroverhead ausgelegt. Wenn ein vector (ohne jeglichen Overhead) nicht funktioniert, es aber auf den kleinsten möglichen zusätzlichen Footprint pro Element ankommt, ist die forward_list zu bevorzugen. Bedenken Sie dann aber, dass Sie mit dessen speziellem Interface kämpfen müssen, wovon ich abrate, wenn es nicht sein muss.
- Die geordneten assoziativen Container speichern ihre Elemente in einem Baum. Typischerweise bedeutet das, es werden pro Element drei zusätzliche Zeiger benötigt (wobei Optimierungen existieren).
- Die ungeordneten assoziativen Container halten eine Hashtabelle und eine Menge Buckets mit den tatsächlich eingefügten Elementen. Die Hashtabelle hält Zeiger und hat bei guter Füllung in etwa so viel Platz für Zeiger[2], wie Sie auch Elemente im Container haben. Die Buckets sind üblicherweise als forward_list implementiert. Alles in allem brauchen Sie also geschätzt zwei Zeiger zusätzlichen Platz pro Element in Ihrem Container.

---

1 Es gibt Implementierungen, die keinen zusätzlichen Speicher pro Element benötigen.
2 Ich sage hier »Platz für Zeiger« anstatt »Anzahl Zeiger«, weil in der Hashtabelle einige Plätze unbelegt bleiben. Dort wird also kein Zeiger gespeichert, Platz wird aber dennoch verbraucht.

Neben dem zusätzlichen benötigten Speicher pro Element gibt es noch einen Faktor, den Sie berücksichtigen müssen: Es ist sehr viel schlechter, tausend Mal 1000 Byte anzufordern als ein Mal eine Million Byte. Denn pro angefordertem Speicherblock benötigt das System ebenfalls noch einmal etwas Speicher. Schlimmer noch, wenn Sie zwischendurch auch wieder Blöcke freigeben. Dann kommt es darauf an, wie gut Ihr System Speicher wiederverwenden kann – und das ist ein beliebig schwieriges Problem.

Was passieren kann, ist, dass der Speicher *fragmentiert*. Das Schlimme ist, dass das vor Ihnen verdeckt passiert. Ihr Programm hat keine Möglichkeit, die Fragmentierung zu erkennen. Sie merken es erst, wenn Sie einmal Speicher anfordern, der rechnerisch noch da ist, Ihnen aber trotzdem nicht mehr geliefert werden kann. Ja, es gibt Lösungen dafür, doch die sind situationsabhängig. Eine der möglichen Lösungen ist: Verwenden Sie einen vector.

Wissenswerter Spezialfall: »vector<bool>«

Ein vector<bool> ist auf wenig Speicherverbrauch optimiert. Er packt die Elemente dicht an dicht, also acht bool pro Byte. Bei Tabelle 24.12 werden unterschiedliche Alternativen zum Speichern vieler bool-Werte vorgestellt.

26.1.6 Größe dynamisch: alle außer »array«

array<int,5> heißt: Platz für fünf. Nicht vier, nicht sechs, sondern fünf. Sie können weder Elemente aus dem array entfernen noch welche hinzufügen. Alle anderen Container wachsen mit ihren Aufgaben: Sie beginnen leer und mit eventuell vorreserviertem Speicher und wachsen dynamisch, je mehr Elemente Sie hinzufügen. In den meisten Fällen müssen Sie sich über den zusätzlichen Aufwand beim Wachsen keine Sorgen machen.

Doch es gibt Ausnahmen. Hier sind die Fakten über das Wachsen von Container der C++-Standardbibliothek:

► array kann nicht wachsen.

► list, forward_list verwalten einzeln verkette Elemente. Sie verhalten sich beim Wachsen optimal: Die Elemente werden einzeln und unabhängig in die Datenstruktur eingefügt. Allerdings kann durch viele kleine Speicheranforderungen der Speicher fragmentieren.

► vector kann sich gut vergrößern, ist aber nicht optimal. Ab und zu muss der vector seine Größe verdoppeln und belegt dabei kurzzeitig den dreifachen Speicher, wie für die Elemente eigentlich notwendig wäre, gibt aber ein Drittel sofort wieder frei. Dafür fragmentiert der Speicher aber nicht, auch wenn Sie sehr viele kleine Elemente speichern.

26   Guter Code, 6. Dan:Für jede Aufgabe der richtige Container

▶ Die geordneten assoziativen Container verketten die Elemente einzeln baumartig. Auch das ist gut beim Wachsen. Es müssen jedoch Teile des Baums beim Einfügen umarrangiert werden, was mit etwas Aufwand verbunden ist.

▶ Die ungeordneten assoziativen Container speichern ebenfalls die Elemente einzeln verkettet, was gut für das einzelne Hinzufügen von Elementen ist. Allerdings muss die Hashtabelle ab und zu vergrößert werden. Um den Aufwand bei der Vergrößerung abzuschätzen, nehmen Sie an, die Hashtabelle sei ein `vector` mit ungefähr so vielen Zeigern drin, wie der Container Elemente enthält.

▶ Die `deque` hat die meisten Freiheitsgrade, was die Implementierung angeht. Die wächst gut mit, schlimmstenfalls wie ein `vector`. Wahrscheinlicher ist jedoch, dass Speicher in größeren Stücken angefordert und nicht so viel temporären Speicherplatz benötigt wird.

So viel gibt es zum Thema Vergrößerung zu sagen. Aber was ist mit Verkleinerung?

▶ Aus einem `array` können Sie nichts entfernen.

▶ `list`, `forward_list` und alle assoziativen Container verwalten ihre Elemente einzeln, und das Entfernen eines Elements gibt auch dessen Speicher frei. Nur im Falle der ungeordneten assoziativen Container ist die Hashtabelle möglicherweise nicht durch Schrumpfung betroffen.

▶ `vector` schrumpft nicht, wenn Sie Elemente entfernen. Der maximale Platz, den ein `vector` mal benötigt hat, benötigt er auch weiter, auch wenn Sie Elemente löschen. Sie können explizit `shrink_to_fit` aufrufen, was (Teile des) überzähligen Speichers freigibt. Das *kann* die Implementierung machen, muss es aber nicht. Aber alle mir bekannten Implementierung unterstützen `shrink_to_fit` auf die nächstgrößere Zweierpotenz. Beachten Sie, dass Sie `shrink_to_fit` *nicht* nach jedem Entfernen aufrufen sollten.

▶ `deque` kann so implementiert sein wie ein `vector` und hat deshalb `shrink_to_fit`, kann aber auch mit Blöcken implementiert sein und sich automatisch besser bezüglich des Entfernens verhalten.

26.2   Rezepte für Container

Nach der allgemeinen Auswahlhilfe für Container zeige ich Ihnen hier noch ein paar konkrete Rezepte im Umgang mit Containern. Ich habe dafür Probleme gewählt, die in der Praxis immer wieder auftauchen:

▶ Ist ein `set` wirklich der richtige Container für eine sortierte Menge?

▶ Wie gebe ich den Inhalt eines Containers aus?

▶ Kann ich einem `array` wirklich kein Element hinzufügen?

26.2 Rezepte für Container

Die Beantwortung dieser Fragen in den folgenden Abschnitten hilft außerdem beim Verstehen einiger elementarer Dinge in C++ bzw. der Standardbibliothek: die lineare Speicheranordnung von vector, das Zusammenspiel von Streams und Containern sowie das Verschieben von Werten.

26.2.1 Zwei Phasen? »vector« als guter »set«-Ersatz

Beachten Sie, dass Sie immer dann, wenn sich Ihre Benutzung des set in zwei sauber getrennte Phasen für »Füllen« und »Lesen« aufteilt, besser einen vector verwenden sollten. Ein set hält seine Elemente zu jedem Zeitpunkt sortiert und betreibt dafür einigen Aufwand bei *jeder* Einfügung. Oft ist es besser, zunächst einmal alle Elemente mit push_back einfach in einen vector zu »kippen« und dann in einem Schwung mit sort aus <algorithm> zu sortieren.

```cpp
#include <vector>
#include <iostream>
#include <algorithm>
using std::vector; using std::ostream; using std::cout;
int main() {
    vector<int> data{};
    data.reserve(400);                      // Platz für 400 Elemente
    // Phase 1: befüllen
    for(int idx = 1; idx <= 20; ++idx) {
        for(int val = 0; val < 20; ++val) {
            data.push_back(val % idx);      // irgendwas zwischen 0..19
        }
    }
    cout << data.size() << '\n';            // 400 Elemente zwischen 0..19
    // Nachbereitung Phase 1: set-Äquivalent erstellen
    std::sort(data.begin(), data.end());    // Vorbereitung für unique
    auto wo = std::unique(data.begin(), data.end()); // doppelte ans Ende
    data.erase(wo, data.end());             // doppelte wegräumen
    data.shrink_to_fit();
    cout << data.size() << '\n';            // nur noch 20 Elemente
    // Phase 2: benutzen
    for(auto &e:data)
        cout << e << ' ';                   // Ausgabe: 0 1 2 .. 18 19
    cout << '\n';
    auto it = std::lower_bound(data.begin(), data.end(), 16); // suche Wert
    if(it!=data.end() && *it == 16)
        cout << "gefunden!\n";
    if(std::binary_search(data.begin(), data.end(), 7))       // ja oder nein
        cout << "auch gefunden!\n";
}
```

Listing 26.1 Mit einem »vector« können Sie einen »set« simulieren.

Wenn Sie dann über die Elemente des Vektors iterieren, erhalten Sie das gleiche Ergebnis wie bei einem `multiset`. Um einen `set` zu simulieren, schließen Sie dem `sort` noch ein `unique` aus `<algorithm>` an und entfernen die doppelten mit einem Aufruf von `erase`.

Dann können Sie den `vector` beinahe verwenden, als wäre er ein `set`. Die Elemente sind sortiert, das heißt, Sie können sie in derselben Reihenfolge auslesen. Statt mit `find` Elemente zu suchen, nehmen Sie nun zum Beispiel `lower_bound` oder `binary_search` aus `<algorithm>`. Das geschieht mittels *binärer Suche* und ist somit ebenso schnell wie der `set`. Wahrscheinlich ist er sogar schneller, da `vector` ein besseres *Lokalitätsverhalten* hat, die Daten also CPU-freundlicher im Speicher abgelegt hat.

Binäre Suche

Dabei handelt es sich um ein Standardverfahren, um garantiert mit wenigen Schritten in einer sortierten Folge von Elementen ein gesuchtes Element zu finden. Dabei wird sukzessive das mittlere Element der Folge ausgewählt und dann entweder rechts oder links weitergesucht – je nachdem ob das mittlere Element größer oder kleiner als das gesuchte Element ist. So findet man garantiert nach $\lceil \log n \rceil$ Schritten das gesuchte Element oder weiß, dass es nicht in der Liste ist.

Der Nachteil dieses Verfahrens ist, dass Sie in der Einfügephase mehr Elemente im `vector` halten, als es ein `set` täte. Das heißt wiederum, dass der `vector` seinen Geschwindigkeitsvorteil gegenüber dem `set` wieder verliert, wenn Sie viele Duplikate erwarten. Wann genau das passiert, hängt von vielen Faktoren ab. Als Faustregel würde ich empfehlen: Der Einsatz eines `vector` als `set`-Ersatz lohnt sich, wenn Sie mehr als etwa 1 000 000 Elemente erwarten und dann mehr als die Hälfte Unikate übrig bleiben. Bei weniger Elementen lohnt sich der Mehraufwand bei der Implementierung kaum, bei weniger Unikaten (also mehr Duplikaten) spart der `set` Speicher.

26.2.2 Den Inhalt eines Containers auf einem Stream ausgeben

Dieses Rezept braucht man immer wieder: zum Beispiel zum Debuggen oder während Unittests. Natürlich gibt es, tausendundeinen Weg, die Elemente eines Containers in einen Stream auszugeben: von einer einfachen Schleife über eine Ranged-For-Schleife, bis zu einer spezialisierten Überladung des `operator<<`.

Am elegantesten geht es aber, indem man den Inhalt des Containers in den Stream *kopiert* – dafür ist `std::copy` aus `<algorithm>` da. Dann braucht es nur noch als Adapter den `ostream_iterator` aus `<iterator>` und die Ausgabe ist ein Einzeiler:

```
#include <iostream>   // cout
#include <algorithm>  // copy
#include <iterator>   // ostream_iterator
#include <vector>
```

26.2   Rezepte für Container

```
int main() {
  std::vector<char> pfad{};
  for (char ch = 'a'; ch <= 'z'; ++ch) {
    pfad.push_back(ch);
  }

  std::copy(pfad.begin(), pfad.end(), // von ... bis
    std::ostream_iterator<char>(std::cout, " ") // kopiere nach cout, Separator " "
  );
}
```

26.2.3   So statisch ist »array« gar nicht

Nachdem Sie das Kapitel über Container gelesen haben, glauben Sie vielleicht, dass array immer eine fixe Größe hat. Das ist zwar richtig, doch müssen Sie array nicht komplett über Bord werfen, wenn Sie mal ein Element mehr oder weniger benötigen. Denn es ist im Prinzip recht simpel, einem array ein Element hinzuzufügen, zwei zusammenzufügen oder zu verkleinern.

Fast. Ein array<int,1000> können Sie nicht zu einem array<int,1001> machen, ohne dass die Ganzzahlen einmal kopiert werden. Aber für (große) Elemente wie vielleicht Picture, die Sie verschieben können, können Sie durchaus aus einem array<Picture,50> ein array<Picture,51> machen, ohne dass viele Daten kopiert werden.

Ich zeige Ihnen dies, damit Sie auch mal ein Beispiel zu Templateprogrammierung sehen.

Es ist recht leicht, ein beliebiges array<T,n> um ein Element zu vergrößern.

```
#include <iostream>
#include <array>
#include <vector>
#include <string>
using std::array; using std::move; using std::forward;

// == array vergrößern ==
template<typename T, size_t S, std::size_t... Idx>
constexpr array<T, S+1>
help_append(array<T, S>&& data, T&& elem, std::index_sequence<Idx...>) {
  return { std::get<Idx>(forward<array<T, S>>(data))..., forward<T>(elem) };
}


template<typename T, size_t S>
constexpr auto
append(array<T, S> data, T elem) {
  return help_append(move(data), move(elem),
            std::make_index_sequence<S>{});
}
```

26   Guter Code, 6. Dan:Für jede Aufgabe der richtige Container

```cpp
// == Beispiel ==
class Picture {  // Nuller-Regel; verschiebbar
  std::vector<char> data_;  // viele Daten
  std::string name_;
public:
  explicit Picture(const std::string& name) : name_{name}, data_(1000,0)
    { /* ...hier Bild laden... */ }
  auto name() const { return name_; }
};
int main() {
  // vorher
  array<Picture,3> pics{Picture{"Mona"}, Picture{"Schrei"}, Picture{"Vincent"}};
  std::cout << pics[0].name() << '\n';  // Ausgabe: Mona
  // vergrößern
  Picture neu { "Uhren" };
  auto mehr = append(move(pics), move(neu));
  // nachher
  std::cout << pics[0].name() << '\n';  // Ausgabe:
  std::cout << mehr[0].name() << '\n';  // Ausgabe: Mona
  std::cout << mehr[3].name() << '\n';  // Ausgabe: Uhren
}
```

Listing 26.2 Sie erhalten ein um ein Element vergrößertes »array« zurück.

Ich erkläre erst einmal, was in main() passiert ist. In der Mitte sehen Sie einen Aufruf von append. Es ist hier wichtig, dass Sie beide Argumente mit move übergeben, denn sonst könnte die Funktion append aus seinen Parametern die Daten nicht herausbewegen. Zur Erinnerung: Mit std::move wandeln Sie eine LValue-Referenz in eine RValue-Referenz um – einen Tempwert – und sagen dem Compiler damit, dass er dem Argument seine Daten »stehlen« darf. Wenn Sie das weglassen, dann erhalten Sie immer noch ein größeres array zurück, aber die Ursprungsparameter pics und neu wären unverändert. So aber wurden die Daten aus ihnen herausbewegt, was Sie daran sehen können, dass pics[0].name() leer ist. Auch pics[0].data_ ist nun leer.

Sie haben in pics zwar immer noch drei Picture-Elemente, diese sind jedoch alle leer und befinden sich nun in den ersten drei Plätzen des array<Picture,4> mit dem Namen mehr.

Wie ging das vor? Der Schlüssel liegt in der Hilfsfunktion help_append und bei index_sequence. Zunächst ruft append die Hilfsfunktion auf:

```cpp
return help_append(move(data), move(elem),
          std::make_index_sequence<S>{});
```

Ich schreibe das mal in Pseudocode, bei dem die Funktionsweise von make_index_sequence etwas deutlicher wird. Der Aufruf ergibt effektiv:

```cpp
return help_append(move(pics), move(neu), tag<0,1,2>);
```

754

26.2 Rezepte für Container

make_index_sequence<S> macht also zur Compilezeit einen Tag-Typen, der irgendwie eine Zahlensequenz enthält – und zwar genau die Zahlen, die benötigt werden, um die einzelnen Elemente aus pics gleich herauszubekommen.

Die Hilfsfunktion baut nun ein neues Array zusammmen:

```
return { std::get<Idx>(forward<array<T, S>>(data))..., forward<T>(elem) };
```

Die Klammern { und } bilden eine Initialisierungsliste. Und weil der Rückgabetyp mit array<T,S+1> gegeben ist, initialisiert das konkret ein array<Picture,3+1>.

Das get ist hier zentral. Die Punkte … beziehen sich auf die übergebene index_sequence, die ja <0,1,2> ist (Pseudocode). Der Compiler rollt dazu get<0>(d), get<1>(d), get<2>(d) aus. Als Letztes kommt noch elem in die Initialisierungsliste hinzu, bei uns also neu.

Nicht ganz: Damit wirklich verschoben wird, ist jedes d in Wirklichkeit forward(data) und neu tatsächlich forward(neu) (mit den jeweiligen Templatargumenten). Mittels forward und der *universellen Referenz* && in der Parameterliste funktioniert die Funktion sowohl für Werte zum Kopieren als auch für Tempwerte zum Verschieben.

Wenn Sie also verschiebbare Werte in einem array haben, dann können Sie das array immer noch kostengünstig manipulieren.

Betrachten Sie zum Vergleich die folgende Implementierung mittels operator[]:

```
#include <iostream>
#include <array>
#include <string>
using std::array;

template<typename T, size_t S>
auto append(const array<T, S>& data, T elem) {
    array<T, S+1> result {};
    for(auto i=0; i < data.size(); ++i)
        result[i] = data[i];
    result[S] =elem;
    return result;
}

int main() {
    // vorher
    array<int,3> pics { 3, 4, 5 };
    std::cout << pics[0] << '\n'; // Ausgabe: 3
    // vergrößern
    auto mehr = append(pics, 77);
    // nachher
    std::cout << mehr[3] << '\n'; // Ausgabe: 77
}
```

Listing 26.3 »append« zur Laufzeit

755

So sähe eine Implementierung von append aus, wenn ich nicht get, sondern operator[] verwende. Ich habe zur Übersichtlichkeit noch alles rund ums Verschieben entfernt, das macht aber für das, was ich erklären will, keinen Unterschied.

Der hauptsächliche Unterschied zwischen get und operator[] ist natürlich, dass der Index für den Zugriff bei get zur Compilezeit entschieden wird, bei operator[] aber zur Laufzeit. Und weil das so ist, kann man mit get zusammen die Auslassungspunkte ... einsetzen, die der Compiler zur Übersetzungszeit zu Indexzugriffen ausrollt. Zur Laufzeit hat man dieses Feature nicht, und da muss dann eine for-Schleife herhalten.

Es sind nur kleine Geschwindigkeitsvorteile, die man sich durch get statt operator[] erhält. Wahrscheinlicher ist, dass der Compiler etwas besser optimieren kann. Denn mit der for-Schleife ist append nun zu kompliziert für eine constexpr. Und wenn der Compiler eines für seine Optimierungsversuche mag, dann sind es constexpr.

26.3   Iteratoren sind mehr als nur Zeiger

Iteratoren stellen die Verallgemeinerung des Konzepts der Zeiger, bzw. der Zeigerarithmetik dar. Dass sich Iteratoren in Gruppen einteilen lassen, die ihre Operationen definieren, haben Sie gesehen. Sie können mit Iteratoren aber noch mehr machen. Iteratoren können Sie vor allem selbst implementieren. Vielleicht müssen Sie das sogar irgendwann einmal, vielleicht weil Sie eine eigene Containerklasse (oder Streamklasse) implementieren. Und dann werden Sie sehen, dass ein Iterator nichts anderes als eine Klasse ist. Und als solche zum Beispiel einen inneren Zustand speichern kann. Ein wenig sind in dem Sinne Iteratoren zu Zeigern das, was die Funktoren zu einfachen Funktionen sind: Eine Funktion speichert keinen inneren Zustand (kann dies über globale Variablen und static lokale Variablen tun), aber ein Funktor ist eine vollwertige Klasse mit der Möglichkeit zu Membervariablen.

Damit Sie sehen, wozu der abstrakte Iterator konkret fähig ist, zeige ich Ihnen ein Beispiel, das vielleicht etwas ungewöhnlich, aber nicht ganz aus der Welt ist. Der folgende Iterator kommt in Paaren, mit denen er einen Bereich beschreibt, kann inkrementiert werden und hat einen inneren Zustand.

Gleichzeitig ist es ein Beispiel für das bereichsbasierte for sowie den sehr ungewöhnlichen Container FibsRange.

```cpp
#include <iostream>
#include <utility> // pair

struct FibIt { // Status einer Fibonacci-Berechnung
    int prev_;
    int curr_;
    FibIt() : prev_{0}, curr_{1} {}
    explicit FibIt(int curr) : prev_{}, curr_{curr} {}
```

26.3 Iteratoren sind mehr als nur Zeiger

```cpp
    FibIt& operator++() {
        auto tmp = prev_ + curr_; prev_ = curr_; curr_ = tmp; return *this; }
    int operator*() { return curr_; }
    friend bool operator!=(const FibIt& a, const FibIt& b) {
        return a.curr_ < b.curr_ || a.prev_ >= b.curr_; }
};

struct FibsRange { // Berechungsauftrag
    int high_;
    FibsRange(int high) : high_{high} {}
};
FibIt begin(const FibsRange& fibs) {
    return FibIt{};
}
FibIt end(const FibsRange& fibs) {
    return FibIt{fibs.high_};
}

int main() {
    FibsRange fibs{1000};
    // Kurzform:
    for(auto f : fibs)   // implizites begin, end und !=
        std::cout << f << ' ';   // wendet operator* an
    std::cout << std::endl;
    // Ausgabe: 1 1 2 3 5 8 13 21 34 55 89 144 233 377 610 987
    // entspricht Langform:
    auto b = begin(fibs);
    auto e = end(fibs);
    for( ; b != e; ++b)
        std::cout << *b << ' ';
    // Ausgabe: 1 1 2 3 5 8 13 21 34 55 89 144 233 377 610 987
}
```

Listing 26.4 »FibIt« speichert den Status der Berechung auf einem Bereich.

Hier repräsentiert FibsRange den Wunsch der Berechnung eines Bereichs von Fibonacci-Zahlen. Es wird nur das gewünschte Limit in high_ gespeichert. Eine FibIt-Instanz speichert den Zustand der Berechnung ab. Aus einem Zustand kann mittels operator++ der nächste berechnet werden. operator== dient zur Überprüfung, ob die Berechnung schon am Ende ist.

Der Schlüssel ist die Funktion FibIt end(const FibsRange& fibs): Sie erzeugt einen Limit-Zustand aus einer gewünschten FibRange. Zusammen mit dem implementierten operator== kann man ermitteln, ob die Berechnung fertig ist.

Für die Ausgabe kommt man mit operator* an den Zustand der Berechnung heran, die aktuelle Fibonacci-Zahl.

26.4   Algorithmen je nach Container unterschiedlich implementieren

Wenn Sie Metaprogrammierung betreiben, dann können Sie in Ihrem Template mit den *Iterator-Tags* überprüfen, in welche Kategorie ein gegebener Iterator fällt, wie Sie in Tabelle 26.1 sehen.

Iterator-Tag	Kategorie
output_iterator_tag	Ausgabeiterator
input_iterator_tag	Eingabeiterator
forward_iterator_tag	Vorwärtsiterator
bidirectional_iterator_tag	bidirektionaler Iterator
random_access_iterator_tag	wahlfreier Iterator

Tabelle 26.1 Iterator-Tag-Kategorien

Dazu rufen Sie die Funktion iterator_category() der Klasse iterator_traits<> aus dem Header <iterator> auf. iterator_traits<> nimmt als Templateargument den fraglichen Iterator.

Ein typischen Anwendungsgebiet ist, wenn Sie einen Algorithmus schreiben wollen, der unterschiedlich implementiert ist, je nachdem, mit welcher Kategorie Iteratoren er verwendet wird, wie es in Listing 26.5 gezeigt wird.

```cpp
#include <iostream>
#include <vector>
#include <list>
#include <iterator> // iterator_traits

namespace {          // Implementierungsdetails
  template<class Iter> void alg(Iter, Iter, std::bidirectional_iterator_tag) {
    std::cout << "bidirektional, aber nicht wahlfrei\n";
  }

  template <class Iter>
  void alg(Iter, Iter, std::random_access_iterator_tag) {
    std::cout << "wahlfrei.\n";
  }
}
template<class Iter>
void alg(Iter first, Iter last) {   // allgemeine Implementierung
    auto tag = typename std::iterator_traits<Iter>::iterator_category();
    alg(first, last, tag); // wählt passende Überladung
}
```

26.4 Algorithmen je nach Container unterschiedlich implementieren

```cpp
int main() {
    std::vector<int> v {};          // vector ist wahlfrei
    alg(v.begin(), v.end());
    std::list<int> l;               // list ist nur bidirektional
    alg(l.begin(), l.end());
    std::istreambuf_iterator<char> i1{std::cin}, i2{}; // nicht einmal bidirektional
    alg(i1, i2); // Fehler: Keine passende Überladung gefunden.
}
```

Listing 26.5 Mit »iterator_category()« kann man prüfen, zu welcher Kategorie ein gegebener Iteratortyp gehört.

Die Tags bilden die Hierarchie der Kategorien auch tatsächlich als Vererbungshierarchie ab. Um es also noch einmal zu verdeutlichen, welche Kategorie welche anderen beinhaltet, hier die »ist-ein«-Klassenhierarchie der Tag-Klassen:

```cpp
struct output_iterator_tag { };
struct input_iterator_tag { };
  struct forward_iterator_tag : public input_iterator_tag { };
    struct bidirectional_iterator_tag : public forward_iterator_tag { };
      struct random_access_iterator_tag : public bidirectional_iterator_tag { };
```

Nun wissen Sie, wie Sie Iteratoren verschieben und mit ihnen rechnen können, aber was *machen* Sie mit einem einzelnen Iterator? Im Prinzip ist ein Iterator die Generalisierung des Zeigers. Während die Begriffe »Zeiger« und »Speicher« fest miteinander verbunden sind, hat sich der Iterator von diesem Konzept gelöst. Iteratoren sind nun vollwertige Klassen, die jene Operationen, die Sie auf Zeigern durchführen, überladen haben und sich nun nur noch *verhalten* wie Zeiger.

Die wichtigste Operation von Zeigern und Iteratoren ist das *Dereferenzieren*. Damit kommen Sie an das tatsächliche Element heran. Alle Iteratorklassen definieren die beiden Dereferenzierungsoperatoren `operator*` und `operator->`. Und das dann jeweils in zwei Geschmacksrichtungen bezüglich ihres Rückgabetyps, nämlich `T&` und `const T&`. Je nachdem, ob es dem Iterator (bzw. dessen Benutzer) erlaubt ist, das von ihm referenzierte Element zu verändern, ist die Referenz `const` oder non-`const`.

In Listing 26.6 sehen Sie die Dereferenzierungen anhand eines einfachen Beispiels mit einem `vector` und `begin()`.

```cpp
#include <vector>
#include <iostream>
#include <string>
using std::ostream; using std::cout; using std::vector;
struct Side { std::string which_; };
ostream& operator<<(ostream&os, const Side&s)
  { os << s.which_; return os; }
ostream& operator<<(ostream&os, const vector<int>&data)
  { for(auto &e : data) os << e << ' '; return os; }
```

26   Guter Code, 6. Dan:Für jede Aufgabe der richtige Container

```cpp
int main() {
  vector<Side> sides{ Side{"dark"}, Side{"light"} };
  vector<Side>::iterator it1 = sides.begin();
  cout << *it1 << '\n';   // Dereferenzierung mit *; Ausgabe: dark
  *it1 = Side{"bright"};   // * für iterator ist eine non-const Referenz
  cout << *it1 << '\n';
  cout << it1->which_.substr(1, 3) << '\n';   // Dereferenzierung mit ->; Ausgabe: rig
  // statt den Iteratortyp auszuschreiben, sollten Sie auto verwenden:
  auto it2 = sides.begin();
  if(it1==it2) cout << "Beide am Anfang\n";
}
```

Listing 26.6 Iteratoren bei »vector«

Sie sehen, dass Sie mit *it und it-> vom Iterator zu dessen Element kommen können. Und bei it1 == it2 sehen Sie auch, dass Sie Iteratoren wie Zeiger miteinander vergleichen können. Da hier beide Iteratoren auf das erste Element des Vektors zeigen, ergibt der Vergleich also true.

Kapitel 27
Streams

Kapiteltelegramm

- **Stream**
  Konzept einer Klasse zur Ein- und Ausgabe
- **istream, ostream und iostream**
  Basisklassen für Ein- und Ausgabestreams
- **operator<< und operator>>**
  Wichtige Operatoren zur Aus- und Eingabe
- **cin, cout, cerr und clog**
  Standardstreams zur normalen Eingabe, Ausgabe sowie Fehlerausgabe

Der Umgang mit Dateien und mit der Ein- und Ausgabe wird in C++ über ein spezielles und erweiterbares Streamkonzept realisiert. In diesem Kapitel wird dieses grundlegende Streamkonzept von C++ etwas umfassender erläutert.

27.1 Ein- und Ausgabekonzept

Auf den folgenden Seiten werden Sie sehr häufig den Begriff Stream (engl. für Strom) oder Streamobjekt lesen. cout oder cin sind beispielsweise solche (vordefinierten globalen) Streamobjekte. Ein Stream ist ein Strom von Daten, die in eine bestimmte Richtung fließen, oder kurz: der Datenfluss. Jedes Streamobjekt hat dabei eigene Eigenschaften, die von der entsprechenden Streamklasse festgelegt werden.

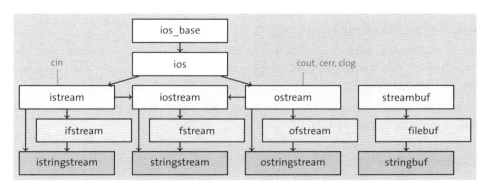

Abbildung 27.1 Vereinfachte Darstellung der Streamhierarchie

Das komplette Prinzip basiert wieder auf einer Hierarchie von Klassentemplates, in der die Klasse ios_base an der Spitze der Klassenhierarchie steht und von der alle anderen Streamklassen abgeleitet werden. In Abbildung 27.1 können Sie eine vereinfachte Darstellung der Ein-/Ausgabe-Klassenhierarchie sehen.

Die I/O-Streambibliothek mit allen Facetten ist extrem umfangreich, weshalb hier nicht auf alle Details der Bibliothek eingegangen werden kann.

Spezialisierungen

Bei der Darstellung in Abbildung 27.1 wurden bereits die Spezialisierungen für einen Basistyp dargestellt. Abgesehen von ios_base würde hier nämlich vor jedem Klassentemplate noch das Präfix basic_ stehen. Eine Spezialisierung sieht demnach wie folgt aus:

```
using ostream = basic_ostream<char>;
```

Hierbei handelt es sich um eine Spezialisierung für den Datentyp char aus dem Klassentemplate basic_ostream. Solche Spezialisierungen lassen sich auch für andere Zeichentypen wie wchar_t, char16_t etc. verwenden.

27.2   Globale, vordefinierte Standardstreams

Die I/O-Streambibliothek bietet von Haus aus vordefinierte und globale Streamobjekte an, die Sie praktisch schon ab dem ersten C++-Programm verwendet haben, ohne zu wissen, worum es sich hierbei handelt. Die Rede ist hier natürlich von den Standardstreamobjekten cin, cout, cerr und clog aus std.

Für die Ausgabe sind in der Headerdatei <ostream> die Streamobjekte cout (Standardausgabe), cerr (Standardfehlerausgaben, ungepuffert) und clog (Standardfehlerausgabe, gepuffert) vorhanden. Für die Eingabe findet sich in der Headerdatei <istream> das Streamobjekt cin, das für die gewöhnlichen Anwendereingaben (zum Beispiel von der Tastatur) verwendet werden kann.

Streamoperatoren << und >>

Im Grunde ist ein Datenstrom zunächst nichts anderes als eine unleserliche Folge von Bytes, die erst durch eine Spezialisierung von operator<< für die Ausgabe und operator>> für die Eingabe formatiert wird.

In der Headerdatei <ostream> finden Sie daher operator<< mehrfach überladen für alle eingebauten Typen definiert:

```
ostream& operator<<(bool val);
ostream& operator<<(short val);
ostream& operator<<(unsigned short val);
ostream& operator<<(int val);
...
```

Dasselbe gilt auch für `operator>>` in der Headerdatei `<istream>`:

```
ostream& operator>>(bool val);
ostream& operator>>(short val);
ostream& operator>>(unsigned short val);
ostream& operator>>(int val);
...
```

Dadurch, dass bei den Operatoren `operator<<` und `operator>>` den Stream als Referenz zurückgeben, wird die Verwendung der Operatoren mehrmals in der Reihe erst möglich. Folgendes ist damit gemeint:

```
#include <iostream> // cin, cout
int main() {
    int val1, val2;
    std::cout << "Bitte 2 int-Werte: ";
    std::cin >> val1 >> val2;
    std::cout << val1 << " : " << val2 << std::endl;
}
```

Listing 27.1 Den Stream als Referenz zurückgeben, ermöglicht das Aneinanderhängen.

Eigene Typen verwenden

Viele Standardklassen wie `string` haben ebenfalls die Operatoren `operator<<` und `operator>>` implementiert. Bei eigenen Klassen müssen Sie diese selbst implementieren, wenn Sie `<<` oder/und `>>` auch mit Streams wollen.

Die Standard-Ein-/Ausgabe-Operatoren unterstützen fast alle fundamentalen Typen in C++. Ausgenommen davon sind `void` und `nullptr_t`. Natürlich erfolgt die Ein- bzw. Ausgabe nicht einfach willkürlich. Es gibt auch ein paar Dinge, die Sie hierbei beachten müssen:

▶ **Numerische Typen**
Beim Einlesen eines numerischen Werts muss die Eingabe mit mindestens einer Ziffer beginnen. Geben Sie das Vorzeichen mit + oder - an, so darf dies nur vor der ersten Ziffer stehen. Zwischen dem Vorzeichen und der Ziffer darf allerdings kein Leerraum mehr folgen. Führende Leerraum-Zeichen werden übersprungen und ignoriert. Bei einer fehlerhaften Eingabe wird der numerische Wert auf 0 und `std::failbit` gesetzt.

▶ **char***
Die Verwendung von `char*` bei der Eingabe war schon in C sehr kritisch. Eingelesen wird bis zum ersten Leerzeichen oder bis *End of File* (dazu später mehr). Führende Leerzeichen werden übersprungen und ignoriert, was allerdings mit dem Manipulator `skipws` geändert werden kann. Das Problem beim Einlesen von `char*` ist, dass hiermit über den Pufferbereich eingelesen werden kann (Pufferüberlauf, engl. *Buffer Overflow*), beispielsweise

```
char cval[20]; std::cin >> cval.
```

Wenn Sie hier in mehr als 20 Zeichen einlesen, so macht dies cin »brav« mit und schreibt munter in einen undefinierten Speicherbereich. Daher müssen Sie bei alten C-Strings (wenn Sie diese unbedingt verwenden müssen) immer darauf achten, dass die maximale Länge nicht überschritten wird. Hierfür bietet sich der Manipulator setw aus <iomanip> an, also zum Beispiel cin >> setw(20) >> cval.

▶ bool

Die Ausgabe von bool wird bei false nach 0 und bei true nach 1 konvertiert. Bei der Eingabe hingegen gilt zunächst dasselbe wie bei numerischen Werten. Bei der Eingabe von gültigen numerischen Werten ungleich 0 wird nach 1 (= true) konvertiert. Bei der Eingabe von 0 wird auch 0 (für false) verwendet. Bei einer fehlerhaften Eingabe wird der Wert ebenfalls auf 0 und std::failbit gesetzt.

27.3   Methoden für die Aus- und Eingabe von Streams

Neben den üblichen Operatoren operator<< und operator>> für Streams können Sie auch Methoden verwenden, die die I/O-Streambibliothek anbietet. Allerdings arbeiten diese Methoden im Gegensatz zu den Operatoren << oder >> mit rohen »Bytes« und somit unformatiert. Die Methoden für die Standard-Ein-/Ausgabe verwenden den Typ streamsize aus <ios>, was gewöhnlich size_t ist. Das bedeutet zum Beispiel bei der Eingabe auch, dass führende Leerzeichen nicht überlesen werden.

27.3.1   Methoden für die unformatierte Ausgabe

Für die rohe und unformatierte Ausgabe stellt die I/O-Streambibliothek die Methoden put() und write() aus der Headerdatei <ostream> zur Verfügung. Die Methode put() gibt einzelne Zeichen und write() eine bestimmte Anzahl von Zeichen aus. Folgender Code-ausschnitt soll diese Methoden kurz demonstrieren:

```
std::string sdata("rohe Daten");
for(auto c : sdata)
    std::cout.put(c);
std::cout << 10 ;           // = 10
std::cout.put(10);          // = Newline '\n'
char cdata[] = {"rohe Daten"};
std::cout.write(cdata, 4);  // = rohe
std::cout.put(10);          // = Newline '\n'
std::cout.flush();
```

Mit put(c) geben Sie die einzelnen Zeichen des Strings sdata unformatiert auf dem Bild-schirm aus. Mit << 10 und put(10) können Sie sehr schön den Vergleich zwischen der formatierten und der unformatierten Ausgabe sehen. Während std::cout << 10 den for-matierten Wert 10 ausgibt, gibt std::cout.put(10) den unformatierten (meistens ASCII-) Wert auf dem Bildschirm aus. Ein Blick in eine ASCII-Tabelle zeigt, dass der Wert 10 für das Newline-Zeichen steht.

Danach wird noch die unformatierte Ausgabe mit `write()` demonstriert. Es wird einfach eine angegeben Anzahl von Zeichen (hier 4) von `cdata` unformatiert auf dem Bildschirm ausgegeben. Hier besteht natürlich wieder eine Gefahr, weil auch mehr Zeichen angegeben werden können, als überhaupt vorhanden sind. Am Ende erzwingen wir außerdem noch mit `flush()`, dass alle Daten, die sich noch im Puffer des Streams befinden, sofort ausgegeben werden.

Stream positionieren

Zur Positionierung von Streams können Sie die Methoden `tellp()` und `seekp()` verwenden, die ebenfalls in `<ostream>` enthalten sind. Diese Methoden sind erst dann richtig interessant, wenn Sie mit Dateien arbeiten. Mehr dazu erfahren Sie in Abschnitt 27.6, »Streams für die Dateiein- und Dateiausgabe«.

Übersicht: Methoden zur unformatierten Ausgabe in »`<ostream>`«

▶ `ostream& put(char c);`
  Schreibt das Argument c in den Stream

▶ `ostream& write(char* s, streamsize n);`
  Schreibt n Zeichen von s in den Stream. Der Aufrufer muss sicherstellen, dass der Wert von n nicht größer ist, als Zeichen in s vorhanden sind. Das Terminierungszeichen für C-Strings `'\0'` beendet die Ausgabe von `write()` nicht.

▶ `ostream& flush();`
  Entleert den Streampuffer unverzüglich. Alle noch nicht geschriebenen Zeichen im Puffer müssen jetzt ausgegeben werden.

Alle Methoden geben den Stream ostream zurück. Ob die Ausgabe erfolgreich war, können/sollten Sie mit den Funktionen aus der Headerdatei `<ios>` überprüfen (siehe Abschnitt 27.4, »Fehlerbehandlung und Zustand von Streams«).

27.3.2 Methoden für die (unformatierte) Eingabe

Beim Einlesen von rohen Daten mit Methoden werden beispielsweise im Gegensatz zum formatierten Einlesen mit >> beginnende Whitespace-Zeichen nicht einfach übersprungen und ignoriert. Für die unformatierte Eingabe bietet die Headerdatei `<istream>` mehrere Methoden an, die auch teilweise mehrfach überladen sind.

Übersicht: Methoden zur unformatierten Eingabe in »`<istream>`«

▶ `istream& get(char& c);`
  Übergibt ein einzelnes Zeichen aus dem Stream an c

▶ `istream& get(char* s, streamsize n);`
  Hiermit werden n–1 Zeichen aus dem Stream eingelesen und als C-String in s gespeichert. Werden weniger als n–1 Zeichen verwendet, wird bis zum ersten Newline-Zeichen

'\n' eingelesen. Das Newline-Zeichen wird allerdings nicht in s gespeichert. Das Ter-minierungszeichen '\0' wird automatisch am Ende hinzugefügt.

▶ `istream& get(char* s, streamsize n, char del);`
Hiermit werden n–1 Zeichen aus dem Stream eingelesen und als C-String in s gespei-chert. Werden weniger als n–1 Zeichen verwendet, wird bis zum ersten Begrenzungszei-chen gelesen, das in del enthalten ist. Das del-Zeichen wird nicht mit in s gespeichert. Das Terminierungs-Zeichen '\0' wird automatisch am Ende hinzugefügt.

▶ `istream& getline(char* s, streamsize n[, char del]);`
Der bedeutendere Unterschied zu den entsprechenden get()-Versionen ist eigentlich nur, dass hier das Fehler-Flag failbit gesetzt wird, wenn mehr als n–1 Zeichen eingele-sen wurden.

▶ `istream& read(char* s, streamsize n);`
Hiermit werden n (nicht n–1) Zeichen aus dem Stream extrahiert und in den C-String s gespeichert. Im Gegensatz zu den get- und getline-Versionen wird die eingelesene Sequenz nicht mit dem Nullzeichen '\0' terminiert – eine klassische Funktion zum Kopieren ganzer Blöcke von Daten.

Bei allen Versionen, bei denen Sie n–1 Zeichen vom Stream in die Adresse von char* s ex-trahieren, müssen Sie sicherstellen, dass in s auch genügend Speicherplatz vorhanden ist. Alle Methoden geben den Stream istream zurück. Ob die Eingabe erfolgreich war, können/ sollten Sie mit dafür vorhandenen Mechanismen aus der Headerdatei <ios> überprüfen (siehe Abschnitt 27.4, »Fehlerbehandlung und Zustand von Streams«). Das Extrahieren von Zeichen aus einem Stream wird bei allen Methoden zur Eingabe beendet, wenn *EOF* (*End of File*) gelesen wurde.

EOF (End of File)

EOF wird häufig mit dem Wert −1 definiert und dient dazu, das Ende eines Datenstroms oder einer Datei zu kennzeichnen. In einer interaktiven Shell können Sie EOF auch mit einer Tastenkombination erzeugen. In klassischen Unix-Shells können Sie diese mit [Strg]+[D] reproduzieren. Bei der Eingabeaufforderung von Windows wird EOF mittels [Strg]+[Z] er-zeugt.

Hierzu ein einfaches Listing, das einige der Methoden für die unformatierte Eingabe de-monstrieren soll:

```
#include <iostream>
using std::cout; using std::cin; using std::endl;
int main() {
    const unsigned int MAX = 10;
    char buffer[MAX] = {0};
    cout << "Eingabe getline : ";
```

27.3   Methoden für die Aus- und Eingabe von Streams

```cpp
    cin.getline(buffer, MAX);
    cout << std::cin.gcount()
        << " Zeichen wurden eingelesen\n";
    for(auto c : buffer) {
        if(c && c!='\0') cout.put(c);
    }

    cin.ignore(MAX, '\n');

    cout << "\nEingabe machen (mit . beenden) : ";
    char ch=0;
    while(cin.get(ch)) {
        if(ch == '.') break;
        cout.put(ch);
    }
    cout << "Eingabe beendet" << endl;
}
```

Listing 27.2 Unformatierte Eingabe aus Streams

Zuerst extrahiere ich maximal MAX Zeichen aus dem Stream cin und speichere diese in buffer ab. Wie viele Zeichen tatsächlich aus dem Stream extrahiert wurden, ermittele ich mit der Methode gcount(). Die Methode gcount() kann auch für alle anderen Methoden zur unformatierten Eingabe verwendet werden.

Dann gebe ich die einzelnen Zeichen mit put() auf dem Bildschirm aus.

Die Methode ignore() verwende ich in diesem Beispiel, um bis zu MAX Zeichen aus dem Eingabestrom bis zum Zeichen '\n' einfach zu überlesen und '\n' aus dem Puffer zu entfernen. Statt '\n' kann hier auch ein anderes Zeichen verwendet werden. Im Beispiel nehme ich diese Zeile, um das Newline-Zeichen aus dem Puffer zu »ziehen«, damit es nicht beim nächsten Einlesen verwendet wird und dadurch quasi einfach »übersprungen« werden kann.

Der »Trick« funktioniert allerdings nicht überall. Auf anderen Systemen (wie zum Beispiel beim Mac) können Sie auch folgende Zeilen einfügen:

```cpp
cin.clear();
cin.ignore(cin.rdbuf()->in_avail());
cin.get();
```

Die while-Schleife stammt aus dem klassischen Unix-Framework, womit einfach alle Zeichen aus dem Stream cin unformatiert eingelesen und auf dem Stream cout ausgegeben werden. Eingelesen wird so lange, bis ein Punkt eingegeben oder EOF produziert wurde.

Das Programm bei der Ausführung:

```
Eingabe getline : Hallo getline
9 Zeichen wurden eingelesen
Hallo get
Eingabe machen (mit . beenden) : Hallo get
Hallo get
Noch eine Zeile
Noch eine Zeile
Wir beenden mit einem Punkt.
Wir beenden mit einem Punkt
Eingabe beendet
```

---

std::string und getline()

In der Headerdatei `<string>` finden Sie ebenfalls eine Methode `getline()`, die eine Zeile von einem Stream in einen `std::string` einliest.

27.4   Fehlerbehandlung und Zustand von Streams

Bei den Streams reicht es oft nicht aus, einfach nur zu prüfen, ob etwas funktioniert (`true`) oder nicht funktioniert (`false`). Da hierbei verschiedene Arten von Fehlern auftreten können, bietet die I/O-Streambibliothek Mechanismen an, um den Zustand des Streams zu prüfen. Hierfür finden Sie mit dem `iostate` aus `ios_state` ein paar Konstanten (siehe Tabelle 27.1).

Konstante	Bedeutung
goodbit	Keine Probleme mit dem Stream. Alle anderen Bits sind nicht gesetzt.
eofbit	End of File (EOF) ist gesetzt. Das Ende eines Datenstroms ist erreicht.
failbit	Fehler bei einer Ein-/Ausgabefunktion. Eine Ein-/Ausgabeoperation konnte nicht erfolgreich ausgeführt werden.
badbit	Schwerer Fehler. Der Stream befindet sich in einem undefinierten Zustand.

Tabelle 27.1 Konstanten in »iostate«

Die Konstanten sind `ios_base` als `public`-Mitglieder definiert und können entweder direkt über `ios_base` (zum Beispiel `ios_base::goodbit`) oder über die von `ios_base` abgeleiteten Klassen bzw. erzeugten Objekte erreicht werden (zum Beispiel `ios::goodbit` oder `cout.goodbit`).

27.4 Fehlerbehandlung und Zustand von Streams

27.4.1 Methoden für die Behandlung von Fehlern bei Streams

Um die einzelnen Zustände abzufragen, bietet Ihnen C++ verschiedene Methoden an.

▶ **bool good()**
Gibt true zurück, wenn alles okay ist (goodbit ist gesetzt).

▶ **bool eof()**
Gibt true zurück, wenn der Dateistrom zu Ende ist (eofbit ist gesetzt).

▶ **bool fail()**
Gibt true zurück, wenn ein Fehler aufgetreten ist (failbit oder badbit sind gesetzt).

▶ **bool bad()**
Gibt true zurück, wenn ein schwerer Fehler aufgetreten ist (badbit ist gesetzt).

▶ **void clear()**
Setzt den Zustand von iostate zurück. Status wird auf goodbit gesetzt.

▶ **void clear(iostate f)**
Setzt den Zustand von iostate zurück und den Status auf f.

▶ **void setstate(iostate f)**
Der aktuelle Zustand wird per ODER-Verknüpfung mit f kombiniert.

▶ **iostate rdstate()**
Gibt den aktuell gesetzten Status zurück.

---

eofbit und failbit gesetzt

In der Regel ist failbit auch gesetzt, wenn eofbit gesetzt wurde. Dies kommt daher, weil der Zustand eofbit erst gesetzt wird, nachdem versucht wird, eine weitere Aktion hinter End of File durchzuführen. Das bedeutet dann allerdings auch, dass die nächste Operation fehlschlägt, und daher wird auch failbit gesetzt.

```
#include <fstream>
#include <iostream>
using std::cout; using std::cin; using std::ofstream;
void checkIOstate(std::ios& stream) {
    if( stream.good() ) {
        cout << "Alles in Ordnung\n";
    } else if( stream.bad() ) {
        cout << "Fataler Fehler\n";
    } else if( stream.fail()) {
        cout << "Fehler bei der Ein-/Ausgabe\n";
        if( stream.eof()) {
            cout << "Ende des Datenstroms erreicht\n";
        }
    }
    stream.clear();
}
```

769

27 Streams

```cpp
int main() {
    int val=0;
    cout << "Wert eingeben: ";
    cin >> val;
    checkIOstate( cin );

    std::ifstream file;
    file.open("nichtvorhanden.text");
    checkIOstate(file);

    std::fstream fstr;
    fstr.open("neueDatei.txt",
        ofstream::out | ofstream::in
        | ofstream::binary | ofstream::trunc);
    fstr << "Text in der Datei\n";
    fstr.seekp(std::ios_base::beg);

    char ch;
    while( fstr.good()) {
        fstr.get(ch);
        if(fstr.good()) cout.put(ch);
    }
    checkIOstate(fstr);
}
```

Listing 27.3 Zustandsprüfungen bei Streams

Der Funktion checkIOstate() übergeben Sie zur Überprüfung des Zustands einen beliebigen Stream als Argument. Ich prüfe darin die einzelnen Methoden zur Klärung des Zustands. Am Ende setze ich den Zustand mit clear() wieder zurück auf goodbit.

Im Abschnitt ab val=0 werden Sie aufgefordert, einen Wert einzugeben. Korrekterweise müssen Sie hier einen Integer eingeben. Mit checkIOstate überprüfe ich den Stream cin dann. Bei korrekter Eingabe ist goodbit gesetzt und good() ist true. Bei einer falschen Eingabe wie blablubb ist fail() true.

Für ifstream file überprüfe ich einen Dateistream std::ifstream, denn damit kann ich eine Datei zum Lesen öffnen. Im Beispiel wird davon ausgegangen, dass die Datei nicht existiert, weshalb auch hier fail() wahr ist.

Und zum Schluss ab fstream fstr will ich Ihnen noch End of File demonstrieren. Zwischen open und seekp erstelle ich eine Datei, schreibe etwas hinein und setze den Datenstrom wieder auf den Anfang. In der while-Schleife lese ich so lange Zeichen für Zeichen aus dem Stream fstr, wie der Zustand von fstr gleich good() (goodbit gesetzt) ist. Wenn der Zustand nicht mehr good() ist, wurde entweder das Ende des Datenstroms erreicht (eofbit ist gesetzt), oder es ist ein Fehler aufgetreten (failbit ist gesetzt). Wie bereits erwähnt, ist gewöhnlich failbit ebenfalls gesetzt, wenn eofbit gesetzt ist.

27.5   Streams manipulieren und formatieren

Ausnahme ios_base::failure

Bei Fehlern des Ein-/Ausgabesystems der I/O-Streambibliothek kann es auch sein, dass die Ausnahme ios_base::failure geworfen wird (wenn badbit gesetzt wird). Dies hängt allerdings von der Implementierung des Compilerherstellers ab. Trotzdem ist es möglich, diese Ausnahme selbst mit throw zu werfen und abzufangen.

Streams mit »bool« überprüfen

Der Zustand des Streams kann auch mit bool und dem !-Operator getestet werden. Beide wurden als Methoden in ios_base implementiert (operator bool() und operator!()). Beide Methoden geben zurück, ob ein Fehler aufgetreten ist (failbit oder badbit gesetzt).

Folgendermaßen wird beispielsweise der operator bool verwendet:

```
#include <iostream>
int main() {
    unsigned int val;
    std::cout << "Wert eingeben: ";
    std::cin >> val;
    if( std::cin ) { // operator bool()
        /* ... */                               // Eingabe korrekt
    } else {
        std::cout << "Fehler bei std::cin\n";   // Fehler bei der Eingabe
    }
}
```

Listing 27.4 Operator »bool« von Streams

In if(std::cin)… wird der Stream, weil dieser in einem if verwendet wird, automatisch nach bool konvertiert. Genau für solche Zwecke ist in der Klasse der operator bool() definiert. Genauso einfach können Sie den !-Operator auf Streams anwenden.

27.5   Streams manipulieren und formatieren

Wie die Zeichen in einem Stream ein- bzw. ausgegeben werden, wird durch sogenannte Flags (dt. Schalter) gesteuert, die in der Basisklasse ios_base definiert sind. Flags können Sie sich wie ein Array von Bits vorstellen, wo die Werte eben 1 oder 0 sein können. Einzelne Bits machen natürlich noch keinen Wert, daher werden die Bits in einer Variablen gespeichert. Abhängig von den gesetzten Bits ändert sich auch der Wert der Variablen, und jeder Wert hat eine spezielle Bedeutung. Alle Flags haben eine Standardeinstellung, bei der eingestellt ist, dass beispielsweise alle integralen Werte ohne weitere Angaben in dezimaler (dec) Schreibweise ausgegeben werden.

Die Format-Flags können Sie direkt ändern, indem Sie Methoden wie setf(), unsetf() oder flags() aus der Klasse ios_base verwenden. Allerdings wurde dafür bereits vor länge-

771

27 Streams

rer Zeit (extra) mit den Manipulatoren eine bessere Alternative zur Verfügung gestellt. Mit den Manipulatoren können Sie alle Flags direkt als »Funktion« in einen Ein- bzw. Ausgabe-stream einfügen und aufrufen. In der Praxis ist somit meistens der Einsatz von Manipulatoren dem direkten Zugriff auf die Format-Flags mit Methoden vorzuziehen. Daher soll zunächst auf die Manipulatoren eingegangen werden. Auf die Methoden, mit denen Sie die Format-Flags direkt verändern können, wird nur kurz in Abschnitt 27.5.4, »Format-Flags direkt ändern«, eingegangen.

27.5.1 Manipulatoren

Manipulatoren für Streams sind Objekte, die Sie bei den Standard-Ein-/Ausgabe-Operatoren << und >> einfügen können. Den Manipulator endl kennen Sie bereits. Dieser fügt dem Puffer ein Newline-Zeichen hinzu, um eine neue Zeile auszugeben. Die grundlegenden Manipulatoren finden Sie in <istream> und <ostream> in Tabelle 27.2 aufgelistet.

Manipulator	Bedeutung
endl	Gibt eine neue Zeile aus und leert den Ausgabepuffer.
ends	Fügt dem Puffer das Terminator-Zeichen ('\0') hinzu.
flush	Entleert den Ausgabepuffer des Streams.
ws	Ignoriert führendes Leerzeichen beim Einlesen.

Tabelle 27.2 Grundlegende Manipulatoren in »<istream>« bzw. »<ostream>«

Unabhängige Manipulatoren in »<ios>«

Eine weitere beträchtliche Anzahl von Manipulatoren finden Sie in der Headerdatei <ios>. Hierbei handelt es sich um Manipulatoren, um bestimmte Zustände ein- bzw. auszuschalten oder um die Daten bei der Ausgabe zu formatieren. In Tabelle 6.3 (Seite 154) hatte ich Ihnen die Manipulatoren schon zusammengefasst.

Es ist einfach, Zustände ein- bzw. abzuschalten. Einmal in einem bestimmten Stream (de)aktiviert, bleibt der Zustand so lange bestehen, bis Sie wieder den gegensätzlichen Manipulator aufrufen. Ein einfaches Beispiel:

```
#include <iostream>
#include <iomanip>
using std::cin; using std::cout; using std::endl;
void f() {
    bool b=true;
    cout << b << endl;                    // Ausgabe: true
}
int main () {
    bool b=true;
```

27.5 Streams manipulieren und formatieren

```cpp
    cout << std::boolalpha << b << endl;    // Ausgabe: true
    b=false;
    cout << b << endl;                       // Ausgabe: false
    f();
    cout << std::noboolalpha << b << endl;  // Ausgabe: 0
    b=true;
    cout << b << endl;                       // Ausgabe: 1
}
```

Listing 27.5 Bool als Text oder Zahl ausgeben

Zuerst schiebe ich `std::boolalpha` in den Stream `cout`, um `true` bzw. `false` von booleschen Variablen wörtlich auszugeben, was die Ausgabe in derselben Zeile auch gleich beweist. Das `cout << b` danach gibt den Wert der booleschen Variablen ebenfalls wörtlich aus. Daran können Sie erkennen, dass die Einstellung, einmal aktiviert, auch weiterhin aktiv bleibt.

Die Ausgabe in der Funktion `f()` zeigt, dass die Einstellung global gilt. Nach dem Funktionsaufruf deaktiviere ich die Einstellung wieder, indem ich `std::noboolalpha` in den Stream schicke. Die Ausgabe der jetzt wieder numerischen Werte von 0 und 1 statt `false` und `true` von `bool` bestätigen diesen Vorgang.

Auch wenn es hier nicht verwendet wurde, können Sie dies durchaus bei der Eingabe mit dem Stream `std::cin` verwenden, zum Beispiel:

```cpp
bool b;
std::cin >> std::boolalpha >> b;
```

Hier können Sie jetzt tatsächlich `true` oder `false` eingeben, und es wird als boolescher Wert erkannt.

Manipulatoren für Ganzzahlen

Weitere Manipulatoren sind vorhanden, womit Sie das Format der Zahlenbasis zwischen dezimal, hexadezimal und oktal festlegen können. In Tabelle 27.3 finden Sie eine Übersicht aus der Headerdatei `<ios>`.

Manipulator	Bedeutung
dec	Das Lesen/Schreiben von integralen Werten erfolgt im dezimalen Zahlenformat. Dieser Zustand ist die Standardeinstellung.
hex	Das Lesen/Schreiben von integralen Werten erfolgt im hexadezimalen Zahlenformat.
oct	Das Lesen/Schreiben von integralen Werten erfolgt im oktalen Zahlenformat

Tabelle 27.3 Manipulatoren für das Format von integralen Typen

Hierzu die drei Manipulatoren für die Änderung des Ganzahlformats in der Praxis:

```cpp
#include <iostream>
#include <ios>
using std::cout; using std::endl;
void f() {
    int val = 100;
    cout << val << endl;            // Ausgabe: 0x64
}
int main() {
    int val = 255;
    cout << std::showbase;
    cout << std::dec << val << endl;    // Ausgabe: 255
    cout << std::hex << val << endl;    // Ausgabe: 0xff
    f();
    cout << std::oct << val << endl;    // Ausgabe: 0377
    cout << val << std::endl;           // Ausgabe: 0377
}
```

Listing 27.6 Zahlenformate bei der Ausgabe

Zuerst verwende ich den Manipulator `std::showbase`, damit anschließend auch die Zahlenbasis `0x` für hexadezimale bzw. `0` für oktale Werte erscheint. Den Manipulator `dec` hätte ich mir an der Stelle auch sparen können, denn dieser ist die Standardeinstellung, und somit wird der Wert ohnehin in dezimaler Form ausgegeben.

Es folgt der Manipulators `hex`, weswegen der Wert in hexadezimaler Schreibweise ausgegeben wird. Die Einstellung bleibt dann für den Stream global erhalten, wie die Ausgabe der Funktion `f()` bestätigt. Dann wird der Wert nach dem Anwenden des Manipulators `oct` in oktaler Darstellung ausgegeben. Die allerletzte Ausgabe zeigt nochmals, dass die Einstellung für den Stream so bleibt. Wollen Sie wieder die dezimale Schreibweise haben, müssen Sie das Format mit dem Manipulator `dec` zurücksetzen.

Manipulatoren für Gleitpunktzahlen

Auch für Gleitpunktzahlen gibt es einige Manipulatoren (`floatfield`-Flags), die ebenfalls in `<ios>` enthalten sind und in Tabelle 27.4 aufgelistet werden.

Manipulator	Bedeutung
`fixed`	Ausgabe in der Gleitkommaschreibweise wie `3.14159`
`scientific`	Ausgabe in der Exponential-Schreibweise wie `3.14159e+000`
`hexfloat`	Schreibt im hexadezimalen Format wie `0x1.921f901b866ep+1.`
`defaultfloat`	Schreibt den Wert in der eingestellten Standardschreibweise. Das ist die Einstellung, bevor diese geändert wird.

Tabelle 27.4 Manipulatoren für Gleitkommazahlen

27.5 Streams manipulieren und formatieren

Manipulatoren zum Ausrichten

Zu guter Letzt gibt es noch diverse Manipulatoren, mit denen sich die Ausgabe des Streams ausrichten lässt. Eine Übersicht zu diesen `adjustfield`-Flags, die ebenfalls in `<ios>` definiert ist, finden Sie in Tabelle 27.5.

Manipulator	Bedeutung
internal	Füllt den Raum zwischen Vorzeichen und Wert auf.
left	Richtet die Ausgabe linksbündig aus.
right	Richtet die Ausgabe rechtsbündig aus.

Tabelle 27.5 Manipulatoren für das Ausrichten der Ausgabe

Das Verwenden dieser Manipulatoren zum Ausrichten der Ausgabe ist natürlich nur dann sinnvoll, wenn die Ausgabe wenigsten mit `setw()` aus der Headerdatei `<iomanip>` auf eine bestimmte Füllweite eingerichtet wurde. Zum besseren Verständnis ein Beispiel mit der entsprechenden Ausgabe auf dem Bildschirm dazu:

```cpp
#include <iostream>
#include <ios>          // left, right, internal
#include <iomanip>      // setw
using std::cout; using std::endl;

int main() {
    int val = -1000;
    cout << std::setw(10) << std::internal
        << val << endl;
    cout << std::setw(10) << std::left << val << endl;
    cout << std::setw(10) << std::right
        << val << endl;
}
```

Listing 27.7 Unterschiedliche Möglichkeiten zum Auffüllen bei der Ausgabe

Das Programm bei der Ausführung spricht für sich selbst:

```
-     1000
-1000
     -1000
```

Manipulatoren mit Argumenten

Es gibt einige Manipulatoren mit Argumenten in der Headerdatei `<iomanip>`. Ein Überblick darüber ist in Tabelle 27.6 aufgelistet.

Listing 27.8 zeigt wieder Beispiele in der Praxis.

27 Streams

Manipulator	Bedeutung
setiosflags(ios::fmtflags m)	Damit können Sie mehrere Flags mit einem bitweisen | verknüpfen und auf m setzen.
resetiosflags(ios::fmtflags m)	Löscht alle mit m angegebenen Flags wieder.
setbase(int base)	Damit können Sie als Basis der integralen Werte auf 8, 10 oder 16 setzen.
setfill(char ch)	Wird eine Füllweite verwendet, wird der leere Raum mit dem Zeichen ch gefüllt.
setprecision(int n)	Damit können Sie die Nachkommastellen für Gleitkommazahlen festlegen.
setw(int w)	Damit können Sie eine Füllweite zwischen zwei Werten in einem Stream festlegen.

Tabelle 27.6 Manipulatoren mit Parameter aus der Headerdatei »<iomanip>«

```cpp
#include <iostream>
#include <ios>          // left, right, internal
#include <iomanip>      // setw
using std::cout; using std::endl;
int main() {
    double dval = 3.14159;
    std::ios_base::fmtflags ff(std::ios::scientific|std::ios::uppercase);
    cout << std::setiosflags(ff);
    cout << dval << endl;                          // Ausgabe: 3.141590E+00
    cout << std::resetiosflags(ff) << dval << endl; // Ausgabe: 3.14159
    cout << std::setprecision(3) << dval << endl;   // Ausgabe: 3.14
    cout << std::setw(10);
    cout << std::setfill( '*' ) << 1246 << endl;    // Ausgabe: ******1246
}
```

Listing 27.8 Zahlenformate bei der Ausgabe

Zuerst speichere ich gleich ein paar Format-Flags in der Bitmaske vom Typ fmtflags. Mehrere Flags können Sie mit dem |-Operator verknüpfen. Dann setze ich die Flags so, dass eine Gleitkommazahl im Exponenten-Format und das e hierbei großgeschrieben wird. Sie müssen nicht unbedingt ios_base::fmtflags anlegen, sondern können die Flags auch direkt in setiosflags hineinschreiben. Dann setze ich diese Vorgaben mit resetiosflags wieder zurück. setprecision() bewirkt, dass die Gleitkommazahl bei der Ausgabe auf drei Ziffern abgeschnitten wird. Der Wert dval wird hierbei nicht verändert. setfill() zusammen mit set() für die Füllweite demonstriert, wie bis auf 10 Zeichen erweitert und der Leerraum jetzt mit dem Zeichen * aufgefüllt wird.

27.5   Streams manipulieren und formatieren

> **setw() ist anders**
>
> Beachten Sie bitte, dass der Manipulator setw() die Einstellung der Füllweite nicht permanent macht, wie dies bei allen anderen Manipulatoren der Fall ist. Die Füllweite wird nach jeder Verwendung zurückgesetzt und muss daher vor jeder Verwendung erneut gesetzt werden.

> **Lokalisationsformate**
>
> Mit get_money(), put_money(), get_time() und put_time() haben Sie noch vier weitere Manipulatoren. Die können Sie für landesspezifische Dinge wie die Ein-/Ausgabe der Währung von Geld bzw. Datum und Uhrzeit verwenden.

27.5.2   Eigene Manipulatoren ohne Argumente erstellen

Sie können auch eigene Manipulatoren erstellen. In der Praxis müssen Sie hierbei lediglich den Stream als Argument und einen Stream als Referenz auf diesen Stream wieder zurückgeben. Dazwischen können Sie den Stream manipulieren (daher auch der Name Manipulator). Eigene Manipulatoren ohne Argumente lassen sich mit ein paar Zeilen Code implementieren:

```cpp
#include <iostream>
#include <ios>          // left, right, internal
#include <iomanip>      // setw
using std::cout; using std::cin; using std::endl;
std::ostream& tabl(std::ostream& os) {
    os << '\t';
    return os;
}
std::istream& firstNum(std::istream& is) {
    char ch;
    is.get(ch);
    if( (ch >= '0') && (ch <= '9') ) {
        std::cin.putback(ch);
    }
    return is;
}
int main() {
    int val=0;
    cout << "Text1" << tabl << "Text2" << endl; // Ausgabe: Text1 (tab) Text2
    cout << "Eingabe machen: ";
    cin >> firstNum >> val;
    cout << val << std::endl; // Ausgabe: 12345
}
```

Listing 27.9 Eigener Manipulatoren

Die Funktion `tabl` manipuliert `ostream`. Diese Funktion können Sie praktisch durch einen `ostream` oder genauer: durch den `operator<<()` durchlaufen lassen, weil ein `ostream` als Argument und der `ostream` als Referenz auch wieder zurückgegeben wird. Innerhalb der Funktion können Sie jetzt den Stream beliebig ändern. Sie können hierbei beispielsweise auch einen der vielen Manipulatoren verwenden, welche die Standardbibliothek anbietet. Im Beispiel haben ich einen einfachen Manipulator `tabl` geschrieben, der einen Tabulator-Vorschub \t erzeugt. Sie sehen das in `main` zwischen `Text1` und `Text2`.

Manipulieren können Sie auch für die Eingabe, wie es `firstNum` demonstriert. Dort gebe ich einen `istream` als Argument an und diesen `istream` als Referenz auch wieder zurück. Innerhalb der Funktion können Sie jetzt den Eingabestream manipulieren. In diesem Beispiel mache ich etwas Ähnliches, wie es `std::cin` beim Einlesen von einem Leerzeichen am Anfang macht, nämlich es ignorieren. Ich prüfe in diesem Beispiel beim ersten Zeichen von `istream`, ob es einem der Zeichen 0 bis 9 entspricht. Ist dies der Fall, schiebe ich es mit `putback` zurück in den Eingabestream. Handelt es sich nicht um eines der Zeichen 0 bis 9, wurde ein falsches erstes Zeichen eingegeben, und ich lasse es einfach »verschluckt«. In `main` sehen Sie auch dafür ein Beispiel.

Dass Sie einen selbst geschriebenen Manipulator durch die Ein-/Ausgabe-Operatoren schieben können, liegt an der (komplexen) Implementierung der Operatoren:

```
ostream& ostream::operator<<(ostream& (*fp) (ostream&) ) {
    *fp(*this);
    return *this;
}
```

Dank des Funktionszeigers `*fp` werden unsere selbst geschriebenen Manipulatoren im Stream aufgerufen. `*fp(…)` ruft die übergebene Funktion dann auf. `fp` ist also ein Zeiger auf eine Funktion, die wie im Beispiel gezeigt einen `ostream&` als Argument nimmt und einen `ostream&` zurückgibt. Dank automatischer Konvertierung von Funktoren und Lamdas zu C-Funktionszeigern klappt es auch so:

```
#include <iostream>
using std::cout; using std::endl;
int main() {
    auto ddash = [](auto &os) -> std::ostream& { return os << "--"; };
    cout << "Text1" << ddash << "Text2" << endl; // Ausgabe: Text1--Text2
}
```

Listing 27.10 Manipulator als Lambda

Hier habe ich also statt einer Funktion ein Lambda als Manipulator definiert. Beachten Sie, dass Sie den Rückgabetyp des Lambdas mit `-> std::ostream&` angeben müssen, um sicherzustellen, dass dieser auch als Referenz und nicht als Wert aus dem Lambda kommt.

Beim Eingabestream ist dies dann genauso.

27.5.3 Eigene Manipulatoren mit Argumenten erstellen

Auch Manipulatoren mit Argumenten können Sie ohne allzu großen Aufwand mit einem Funktor (alias Funktionsobjekt) realisieren.

Hierzu ein einfaches Beispiel, wie Sie Manipulatoren mit Parameter schreiben können:

```cpp
#include <iostream>
using std::cout; using std::endl;
class dendl { // Punkte gefolgt von Newline
    int dendl_;
public:
    dendl(int n=1) : dendl_{n} {}
    std::ostream& operator()(std::ostream& os) const { // Funktor
        for(int i=0; i<dendl_; ++i) os << '.';
        return os << '\n';
    }
};
std::ostream& operator<<( std::ostream& os, const dendl& elem) {
    return elem(os);
}
int main() {
    cout << "Text1" << dendl(4); // Ausgabe: Text1....
    cout << "Text2" << dendl(2); // Ausgabe: Text2..
    cout << "Text3" << dendl();  // Ausgabe: Text3.
}
```

Listing 27.11 Manipulator mit Parameter

Mit dendl sehen Sie die typische Klassendefinition, für die Definition des Funktors, der in main benötigt wird. Dieser Funktor selbst macht nichts anderes, als n Punkte gefolgt von einem Newline auszugeben.

Wie Sie bei der Anwendung in main sehen, werden Sie feststellen, dass eine Verwendung mit dem Funktor alleine noch nicht möglich ist. Das Äquivalent zu cout << dendl(4) als Funktionsaufruf ist:

```cpp
operator<<(std::cout, dendl(4));
```

Nun hat aber operator<< noch keine Überladung für den zweiten Parameter vom Typ dendl. Die muss also noch geliefert werden – wie im Beispiel geschehen. Darin muss nur der Aufruf des übergebenen Funktionsobjekts geschehen.

Die Implementierung eines Manipulators mit Argumenten für den Eingabestream lässt sich ähnlich implementieren.

Referenz als Rückgabewert

Auch hier empfiehlt es sich, eine Referenz zurückzugeben, weil Sie damit sicherstellen können, dass weitere Operationen mit dem Operator verkettet werden können.

27 Streams

27.5.4 Format-Flags direkt ändern

Neben der Formatierung von Streams mithilfe von Manipulatoren können Sie auch noch eine direkte Veränderung der Flags mit Methoden durchführen. Zwar ist die Verwendung von Manipulatoren in der Regel gängiger und erheblich komfortabler, aber trotzdem soll hier kurz auf die vorhandenen Methoden eingegangen werden. Der Unterschied ist auch recht schnell erklärt. Betrachten Sie folgenden Codeausschnitt, in dem wir Manipulatoren verwenden, um die Ausgabe zu formatieren:

```
#include <iostream>
#include <ios> // hex, dec
using std::cout; using std::endl;
int main() {
    int val = 255;
    cout << std::showbase << std::hex << val << endl;     // Ausgabe: 0xff
    cout << std::noshowbase << std::dec << val << endl; // Ausgabe: 255
}
```

Listing 27.12 Format direkt beeinflussen

Zuerst gebe ich mittels der beiden Manipulatoren den hexadezimalen Wert (ff) mitsamt der Zahlenbasis (0x) aus. Danach deaktiviere ich die Ausgabe der Zahlenbasis wieder und schalte die Basis auf dezimal zurück.

Die hier verwendeten Manipulatoren sind gleichwertig zu den jetzt folgenden Anweisungen, wo die Flags direkt mit Methoden geändert wurden:

```
#include <iostream>
using std::cout; using std::endl;
int main() {
    int val = 255;
    cout.setf(std::ios_base::hex, std::ios_base::basefield);
    cout.setf(std::ios_base::showbase);
    cout << val << std::endl; // Ausgabe: 0xff
    cout.unsetf(std::ios_base::showbase);
    cout.setf(std::ios_base::dec, std::ios_base::basefield);
    cout << val << std::endl; // Ausgabe: 255
}
```

Listing 27.13 Format mit »setf« und »unsetf« beeinflussen

Hier geschieht dasselbe wie in Listing 27.12. Nur wird zunächst das Bit für die hexadezimale Zahlendarstellung mit hex in der Gruppe basefield gesetzt. Damit auch die Zahlenbasis (0x) mit ausgegeben wird, setze ich dieses Flag für den Stream cout. Dasselbe mache ich in der umgekehrten Reihenfolge weiter unten, wo ich das Bit showbase wieder lösche. Am Ende setze ich noch das Flag in der Gruppe basefield zurück auf die dezimale Ganzzahlausgabe (dec).

27.5 Streams manipulieren und formatieren

Ich denke, das Beispiel zeigt die übersichtlichere und komfortable Verwendung von Manipulatoren im Gegensatz zu den hier verwendeten Methoden `setf()` und `unsetf()`. Bei Manipulatoren müssen Sie sich nicht mit sperrigen Dingen wie Flags, Bits und Bitmasken herumschlagen. Und letztendlich ruft ein Manipulator wie `std::showbase` ohnehin intern die Methode `cout.setf(std::ios::showbase)` auf.

Erschwerend kommt noch hinzu, dass einige Format-Flags auch in Gruppen verwendet werden können, wie Sie im Beispiel von `dec` mit `basefield` gesehen haben. Genau genommen sind es drei Gruppen mit `adjustfield` (und den Flags `left`, `right`, `internal`), `basefield` (mit den Flags `dec`, `oct`, `hex`) und `floatfield` (mit den Flags `scientific` und `fixed`).

Unabhängige Flags, wie zum Beispiel `showbase`, können alleine verwendet werden (allerdings mit `ios_base::` bzw. `ios::`). In Tabelle 27.7 finden Sie einen Überblick über die Methoden in der Klasse `ios_base`, womit Sie die Format-Flags direkt ändern können.

Methode	Bedeutung
`setf(flags)`	Setzt die Format-Flags auf `flags`.
`setf(flags, group)`	Setzt die Format-Flags der Gruppe `group` auf `flags`.
`unsetf(flags)`	Löscht alle `flags`.
`flags()`	Gibt die aktuell gesetzten Format-Flags zurück.
`flags(flags)`	Setzt die Format-Flags auf `flags`.

Tabelle 27.7 Methoden für den Zugriff auf Format-Flags

Hierzu nochmals dasselbe Beispiel wie oben, nur soll alles jetzt allein mit der Methode `flags()` realisiert werden:

```
#include <iostream>
using std::cout; using std::endl;
int main() {
    int val = 255;
    std::ios::fmtflags ff = std::cout.flags();
    cout.flags(std::ios::hex | std::ios::showbase);
    cout << val << endl;  // Ausgabe: 0xff
    cout.flags(ff);
    cout << val << endl;  // Ausgabe: 255
}
```

Listing 27.14 Flags sichern und wiederherstellen

Den aktuellen Zustand der Format-Flags hole ich mit `flags()` und speichere diesen in `ff`. Der Aufruf von `flags(…)` mit den Parametern `hex` und `showbase` für den Stream `cout` verändert das Format. Danach setze ich den zuvor gesicherten Zustand der Format-Flags und stelle diesen wieder her, was die Ausgabe am Ende bestätigt.

781

Weitere Methoden zur Formatierung

Auch zu einigen Manipulatoren mit Parametern, um vorwiegend die Feldausgabe (bzw. Füllweite) zu formatieren, finden Sie passende Methoden in der Klasse `ios_base` (siehe Tabelle 27.8).

Methode	Beschreibung
`int fill() const`	Gibt das aktuell gesetzte Füllzeichen zurück.
`int fill(int ch)`	Setzt das Füllzeichen auf ch. Entspricht dem Manipulator `setfill(ch)`.
`int width() const`	Gibt die Füllweite zurück.
`int width(int n)`	Setzt die Füllweite auf n. Entspricht dem Manipulator `setw(n)`.
`int precision() const`	Gibt den aktuellen Wert der Genauigkeit von Gleitpunktzahlen zurück.
`int precision(int n)`	Setzt die Genauigkeit von Gleitpunktzahlen auf n. Entspricht dem Manipulator `setprecision(n)`.

Tabelle 27.8 Weitere Methoden der Klasse »ios_base« zur Formatierung

---

width() ist anders

Hier gilt dasselbe wie für den Manipulator `setw()`, wo die Einstellung der Füllweite nicht permanent eingestellt bleibt, wie dies bei allen anderen Flags der Fall ist. Die Füllweite wird nach jeder Verwendung zurückgesetzt und muss daher vor jeder Verwendung erneut gesetzt werden.

27.6 Streams für die Dateiein- und Dateiausgabe

Ihre bisherige Interaktion mit dem Rechner spielte sich bisher vorwiegend im Arbeitsspeicher des Systems ab. Dort haben Sie Variablen abgelegt und bei Bedarf wieder darauf zugegriffen. Sobald das Programm allerdings beendet ist, sind die Daten weg. In diesem Abschnitt werden Sie erfahren, wie Sie die Daten dauerhaft auf einem externen Speicher sichern und wieder darauf zugreifen können.

Bevor Sie Daten in Dateien speichern und wieder laden können, will ich Ihnen noch kurz den allgemeinen Zugriff auf Dateien erklären. Um auf Dateien zuzugreifen, werden natürlich entsprechende Funktionalitäten benötigt. Diese werden Ihnen von der C++-Standardbibliothek zur Verfügung gestellt. Gelesen und geschrieben wird von bzw. in Dateien nicht Byte für Byte, sondern (aus Effizienzgründen) in ganzen Blöcken. Für eine solche Da-

27.6   Streams für die Dateiein- und Dateiausgabe

tenübertragung wird ein Puffer als Zwischenspeicher im Arbeitsspeicher verwendet. Die Datei oder den Inhalt einer Datei können Sie sich im Grunde auch wieder als ein Array von Bytes mit einer bestimmten Länge vorstellen.

So wie Sie die Daten in eine Datei schreiben, müssen Sie diese auch wieder auslesen. Das heißt, um die Formatierung und Strukturierung müssen Sie sich selbst kümmern. Damit das Lesen bzw. Schreiben von Dateien auch sauber der Reihe nach funktioniert, gibt es eine Dateiposition (angefangen bei 0). Mithilfe dieser Dateiposition ist sichergestellt, dass eine Datei sequenziell abgearbeitet werden kann. Wenn Sie beispielsweise 10 Byte aus einer Datei gelesen haben, befindet sich auch die Leseposition auf dem zehnten Byte. Selbiges gilt natürlich auch bei einer Schreiboperation.

27.6.1   Die Streams »ifstream«, »ofstream« und »fstream«

Die Streams für die Dateiein- und Dateiausgabe wurden nahtlos in das Streamkonzept der Standardbibliothek eingebaut. Wenn Sie einen Blick auf den Anfang des Kapitels und auf Abbildung 27.1 mit der vereinfachten Klassenhierarchie werfen, können Sie sehen, dass die Dateistreams `ifstream`, `ofstream` und `fstream` alle bekannten Klassen als Basisklasse haben. Dies bedeutet, dass Sie alle bekannten Operationen zur Ein-/Ausgabe (wie zum Beispiel die Operatoren `<<` und `>>`) auch bei den Dateien verwenden können. Im Grunde ändert sich nur das Streamobjekt. Statt `cout` oder `cin` stehen hierfür jetzt eben andere mit einer Datei verbunde Streamobjekte. Hierzu eine kurze Übersicht zu den drei vorhandenen Datei-streamklassen:

▸ `ifstream` ist von `istream` abgeleitet und wird für das Lesen von Dateien verwendet.

▸ `ofstream` ist von `ostream` abgeleitet und dient dem Schreiben in Dateien.

▸ `fstream` wurde von `iostream` abgeleitet und kann zum Lesen und Schreiben in Dateien verwendet werden.

Für alle Dateistreams müssen Sie die Headerdatei `<fstream>` im Programm angeben.

27.6.2   Verbindung zu einer Datei herstellen

Um überhaupt etwas mit einer Datei anfangen zu können, müssen Sie zunächst ein entsprechendes Streamobjekt vom Typ `ifstream`, `ofstream` oder `fstream` instanziieren. Des Weiteren müssen Sie die Datei öffnen. Das Öffnen der Datei können Sie entweder direkt bei der Instanziierung mit dem entsprechenden Konstruktor machen oder mit der Methode `open()`, indem Sie dort den Dateinamen (optional mit Pfad) angeben. Den Dateinamen können Sie als C-String oder `std::string` angeben. Ebenfalls optional können Sie einen Modus angeben, wie Sie die Datei öffnen wollen.

Keine Pfadangabe

Verwenden Sie keine Pfadangabe, geht das System davon aus, dass sich die Datei im selben Verzeichnis befindet, in dem Sie das Programm ausführen.

783

27 Streams

Hierzu einige Beispiele, in denen ein paar Dateistreams angelegt und Dateien geöffnet werden:

```cpp
#include <fstream>
#include <iostream>
#include <string>
int main() {
    std::string name = "textfile.txt";
    std::ifstream file01;
    file01.open(name);
    if( file01.fail() ) {
        std::cout << "Konnte " << name << " nicht oeffnen\n";
    }
    std::ofstream file02("data.dat");
    if( file02.good() ) {
        std::cout << "data.dat geoeffnet bzw. erzeugt\n";
    }
    std::fstream file03;
    file03.open("database.db");
    if( !file03 ) {
        std::cout << "Konnte database.db nicht oeffnen\n";
    }
}
```

Listing 27.15 Öffnen und Anlegen von Dateien

Mit `ifstream file01` lege ich mit dem Standardkonstruktor ein `ifstream`-Objekt zum Lesen an. Das so erzeugte Streamobjekt `file01` ist mit noch keiner Datei verbunden. Dies erledige ich mit der Methode `open()` und dem Dateinamen. Ob die Datei geöffnet werden konnte, überprüfe ich mit der Methode `fail()`.

Als Nächstes lege ich ein neues Streamobjekt zum Schreiben an. Den Dateinamen gebe ich hier gleich im Konstruktor mit an. Existiert diese Datei nicht, wird sie angelegt. Existiert diese Datei hingegen, wird sie in der Standardeinstellung auf die Länge 0 gesetzt und der alte Inhalt überschrieben. Mit `good()` prüfe ich, ob die Datei erfolgreich geöffnet oder angelegt werden konnte.

Im letzten Beispiel öffne ich eine Datei `database.db` zum Lesen und Schreiben mittels `fstream`. Wenn die Datei nicht existiert, wird die Überprüfung `!file03` ein `true` zurückgeben und eine entsprechende Fehlermeldung auf dem Bildschirm ausgeben.

Fehlerüberprüfung

Zur Fehlerüberprüfung beim Öffnen einer Datei können Sie somit sowohl `if(!file)` als auch `if(file.fail())` verwenden. Beide Male wird `true` zurückgegeben, wenn das Öffnen einer Datei fehlgeschlagen ist und somit das Flag `failbit` gesetzt wird (siehe dazu auch Abschnitt 27.4, »Fehlerbehandlung und Zustand von Streams«). Bei erfolgreicher Öffnung

784

27.6 Streams für die Dateiein- und Dateiausgabe

einer Datei werden alle Fehler-Flags gelöscht und das Flag `goodbit` gesetzt. Daher können Sie mit der Methode `good()` testen, ob die Datei erfolgreich geöffnet werden konnte (`true`) oder nicht (`false`).

Flags zum Öffnen einer Datei

Beim Öffnen eines Dateistreams können Sie es jetzt entweder bei den Standardwerten der Klassen `fstream`, `ofstream` oder `ifstream` belassen, oder aber Sie setzen optionale Flags, womit Sie festlegen, wie die Datei geöffnet wird. In der Headerdatei `<ios>` finden Sie hierzu den Typ (genauer die Bitmaske) `ios::openmode` definiert. Die einzelnen Flags (siehe Tabelle 27.9) können Sie, sofern sinnvoll, mit dem bitweisen ODER-Operator | auch miteinander verknüpfen.

Flag	Kurz	für Beschreibung
`ios::in`	input	Öffnen zum Lesen (Standard von `ifstream`)
`ios::out`	output	Öffnen zum Schreiben (Standard von `ofstream`)
`ios::app`	append	immer am Ende etwas hinzufügen, wenn geschrieben wird
`ios::trunc`	truncate	Die Dateilänge wird auf 0 gesetzt, und vorhandener Inhalt wird gelöscht.
`ios::ate`	at end	Positioniert die Lese- bzw. Schreibposition gleich nach dem Öffnen am Ende der Datei. Ohne dieses Flag befindet sich die Lese- und/oder Schreibposition nach dem Öffnen gewöhnlich am Anfang der Datei.
`ios::binary`	binary	Öffnet die Datei im rohen Binärmodus. Umwandlungen vom Zeilenende werden dann beispielsweise nicht durchgeführt, und es werden rohe Bytes übertragen. Ohne diesen Modus wird eine Datei in einem formatierten »Textmodus« geöffnet.

Tabelle 27.9 Verschiedene Flags zum Öffnen einer Datei

Standardwerte von »ifstream«, »ofstream« und »fstream«

Der Standardwert von `ifstream` ist sinngemäß `ios::in`, der von `ofstream` ist `ios::out|ios::trunc` und von `fstream` gleich `ios::in|ios::out`.

Die Flags können Sie entweder direkt im Konstruktor hinter dem Dateinamen oder in der Methode hinter dem Dateinamen schreiben. Hierzu zwei einfache Beispiele:

27 Streams

```cpp
#include <fstream>
#include <iostream>
using std::cout;
int main() {
    std::ofstream file01("testfile.txt", std::ios::out|std::ios::app);
    if(file01.fail()) {
        cout << "Konnte testfile.txt nicht öffnen\n";
    } else {
        cout << "ok.\n";
    }

    std::fstream file02;
    file02.open("database.db", std::ios::out|std::ios::trunc);
    if( !file02 ) {
        cout << "Konnte database.db nicht öffnen\n";
    } else {
        cout << "ok.\n";
    }
}
```

Listing 27.16 Weitere Flags beim Öffnen von Dateien

Flags	Bedeutung
ios::in	Lesen; Datei muss existieren.
ios::out	Leeren und schreiben; Datei wird nötigenfalls erzeugt.
ios::out |ios::trunc	Leeren und schreiben; Datei wird nötigenfalls erzeugt.
ios::out |ios::app	Daten am Ende hinzufügen; wird nötigenfalls erzeugt.
ios::app	Daten am Ende hinzufügen; wird nötigenfalls erzeugt.
ios::in |ios::out	Lesen und schreiben; Datei muss existieren; Dateiposition am Anfang.
ios::in |ios::out |ios::trunc	Leeren, lesen und schreiben; Datei wird nötigenfalls erzeugt.
ios::in |ios::app	Lesen und schreiben; Daten am Ende hinzufügen; Datei wird nötigenfalls erzeugt.
ios::in |ios::out |ios::app	Lesen und schreiben; Daten am Ende hinzufügen; Datei wird nötigenfalls erzeugt.

Tabelle 27.10 Bedeutungen von verschiedenen Kombinationen zum Öffnen einer Datei

27.6 Streams für die Dateiein- und Dateiausgabe

Zuerst öffne ich "testfile.txt" eine Datei zum Schreiben (ios::out) und hänge den neuen Inhalt am Ende der Datei an (ios::out). Die Datei "database.db" öffne ich ebenfalls zum Schreiben (ios::out), wobei hier der Inhalt der Datei gelöscht wird (ios::trunc). Existiert diese Datei noch nicht, wird sie angelegt.

Verwirrung entsteht häufig, wann welche Flags wie kombiniert werden sollten. Definitiv lässt sich hierzu sagen, dass Sie immer mindestens die Flags ios::in bzw. ios::out verwenden sollten, wie es auch die Standardeinstellung der Klassen macht. Ebenso muss für ios::in die Datei bereits existieren. Wenn Sie kein ios::in verwenden, wird die Datei neu angelegt, wenn diese nicht vorhanden ist. In Tabelle 27.10 finden Sie einen Überblick über verschiedene Kombinationen von Flags und was diese bewirken.

Datei schließen

Wenn Sie mit der Datei fertig sind, sollten Sie die Ressourcen dem System wieder zurückgeben und die Datei schließen. Zum einen stehen Ihnen nicht unendlich viele Dateistreams zur Verfügung, und zum anderen stellen Sie so sicher, dass Daten, die sich noch im Puffer befinden, endgültig abgearbeitet werden. Zum Schließen einer Datei wird die Methode close() verwendet. Folgender Codeausschnitt soll close() kurz demonstrieren:

```
#include <fstream>
#include <iostream>
int main() {
    std::ofstream file01("data.db");
    if( file01.fail() ) {
        std::cout << "Konnte data.db nicht öffnen\n";
    } else {
        std::cout << "ok.\n";
    }
    file01 << "Text für die Datei\n";
    if( file01.is_open()) {
        file01.close();
    }
    // Automatisch:
    std::ofstream file01("data001.db");
    {
        std::ofstream file02("data002.db");
    } // ab hier wird file02 geschlossen
} // ab hier ist auch file01 geschlossen
```

Listing 27.17 Explizites Schließen eines Dateistreams

Mit close() schließt man die Verbindung mit der Datei. Damit man nicht versehentlich eine Datei schließt, die gar nicht (mehr) geöffnet ist, verwende ich hier die Methode is_open(), die überprüft, ob das Streamobjekt file01 überhaupt mit einer Datei verbunden ist. Die Methode gibt true zurück, wenn dies der Fall ist. Sonst kann es passieren, dass Sie beim Versuch zu schließen eine Exception auslösen.

Auch geschlossen wird eine Datei, wenn das laufende Programm beendet oder der Gültigkeitsbereich der Streamvariablen verlassen wird, wie Sie das bei file01 und file02 sehen können.

Hierzu jetzt noch eine kurze Übersicht über die grundlegenden Methoden zum Öffnen und Schließen von Dateien in Tabelle 27.11.

Methode	Beschreibung
open(dateiname)	Öffnet die Datei für ein Streamobjekt im Standardmodus. Der Standardmodus hängt von der verwendeten Klasse ab (ifstream, ofstream oder fstream).
open(dateiname, flags)	Öffnet die Datei für ein Streamobjekt und verwendet flags für den Modus.
close()	Schließt die Datei.
is_open()	Gibt true zurück, wenn ein Streamobjekt mit einer Datei geöffnet ist, ansonsten false.

Tabelle 27.11 Methoden zum Öffnen und Schließen von Dateien

Streams können Sie nicht als Wert kopieren

Streamobjekte können Sie nicht kopieren, nur verschieben. In der Praxis heißt das, dass Sie zum Beispiel Referenzen als Parameter verwenden. Wenn Sie den Parameter auch zurückgeben, dann können Sie das auch als Referenz machen.

Wenn Sie einen Stream in einer Funktion erzeugen, ist ein mögliches Vorgehen, diesen als Wert zurückzugeben (also keine Referenz), dann aber entweder direkt einen Tempwert mit return zurückgeben oder eine lokale Variable mit std::move nach außen geleiten.

27.6.3 Lesen und Schreiben

Nachdem Sie eine Datei geöffnet haben, können Sie, wie Sie das bereits vom Standardstreamobjekt wie cin oder cout her gewohnt sind, dieses Streamobjekt zum Lesen und Schreiben verwenden.

Die einfachste Möglichkeit, etwas in eine Datei zu schreiben oder etwas daraus zu lesen, dürften wieder die Operatoren << zum Schreiben und >> zum Lesen sein. Hiermit können Sie auch alle bekannten Manipulatoren und Methoden für die Formatierung verwenden. Folgendes Beispiel soll dies demonstrieren:

```
#include <fstream>
#include <iomanip> // setw
#include <iostream>
int main() {
    std::ofstream file("data.dat");
    if( !file ) {
        std::cout << "Konnte data.dat nicht öffnen\n";
        return 1;
    }

    std::cout << "Bitte eine Ganzzahl eingeben: ";
    file << std::setw(10) << std::setfill( '*' )
        << 1234 << std::endl;
}
```

Listing 27.18 Lesen und Schreiben mit Dateien

Mit `file("data.dat")` öffne ich eine Datei zum Schreiben. Ist die Datei bereits vorhanden, wird der alte Inhalt gelöscht. Existiert diese Datei noch nicht, wird sie angelegt. Dann schiebe ich den Wert `1234` mit einer Feldbreite von zehn Zeichen, wobei die restlichen Zeichen mit einem Sternchen aufgefüllt werden, in das Streamobjekt `file`, wo alles in die Datei geschrieben wird. Danach sieht der Inhalt der Datei `data.dat` jetzt wie folgt aus:

`******1234`

In der Praxis wird allerdings das formatierte Schreiben und Lesen mit den Operatoren `<<` bzw. `>>` eher selten eingesetzt. Es ist wesentlich effizienter, das Lesen und Schreiben von und in Dateien in ganzen Blöcken und im Binärmodus durchzuführen. Auf die einzelnen Möglichkeiten (zeichenweise, zeilenweise und blockweise) gehe ich in den nächsten Abschnitten etwas genauer ein.

Byteweises Lesen und Schreiben

Wenn Sie eine Datei Byte für Byte lesen oder schreiben wollen/müssen, können Sie auch hier auf die Methoden `get()` und `put()` zurückgreifen. Die Verwendung ist dieselbe wie schon mit den Streamobjekten `cin` bzw. `cout`, nur dass Sie eben das entsprechende Streamobjekt verwenden, mit dem Sie die Datei geöffnet haben.

Das folgende Listing liest eine Datei Byte für Byte aus und gibt jedes Byte auf dem Bildschirm aus:

```
#include <fstream>
#include <iomanip> // setw
#include <iostream>
int main() {
    std::ifstream file("data.dat");
    if( !file ) {
        std::cout << "Fehler beim Öffnen\n";
```

```
        return 1;
    }
    char ch;
    while(file.get(ch) ) {
        std::cout.put(ch);
    }
    if( file.eof() ) {
        file.clear();
    }
    file.close();
}
```

Listing 27.19 Byteweises Lesen und Schreiben

Zuerst versuche ich, die Datei data.dat zu öffnen. In der while-Schleife starte ich mit dem byteweisen Lesen aus dem Dateistream file. Jedes eingelesene Zeichen mit get() wird daraufhin auch gleich mit put() auf den Bildschirm ausgegeben. Die while-Schleife wird so lange ausgeführt, bis das Ende der Datei (EOF, End of File) erreicht ist.

Es sollte jetzt kein Problem sein, statt einer Ausgabe auf dem Bildschirm eine Datei Byte für Byte zu kopieren. Hierzu müssen Sie einfach statt der Ausgabe auf std::cout einen Dateistream zum Schreiben anlegen, öffnen und die gelesenen Bytes eben dort (byteweise) hineinschreiben. Das Beispiel hierzu will ich Ihnen nicht vorenthalten:

```
#include <fstream>
#include <iostream>
using std::cout;
int main() {
    std::ifstream file("data.dat");
    if( !file ) { /* Fehler */ cout << "ERR\n"; return 1; }
    std::ofstream filecopy("backup.dat");
    if( !filecopy ) { /* Fehler */ cout << "ERR\n"; return 1; }
    char ch;
    while(file.get(ch) ) {
        filecopy.put(ch);
    }
}
```

Listing 27.20 Eine Datei byteweise kopieren

Genauso können Sie auch von der Standardeingabe über das Streamobjekt std::cin Daten von der Tastatur einlesen, anstatt den Datenstream file zu verwenden und so die eingetippten Daten in den Dateistream filecopy zu schreiben. Hierbei müssen Sie allerdings EOF (End of File) selbst mit der Tastenkombination [Strg]+[D] bzw. [Strg]+[Z] auslösen.

Langsames Kopieren

Es sollte einleuchtend sein, dass byteweises Kopieren nicht sehr effizient ist.

27.6 Streams für die Dateiein- und Dateiausgabe

Zeilenweises Lesen und Schreiben

Das zeilenweise Abarbeiten einer Datei setzt natürlich auch Dateien voraus, in denen Zeilenumbrüche vorhanden sind. Daher ist das zeilenweise Lesen bzw. Schreiben eher für formatierte Dateien geeignet. Es macht wenig Sinn, eine binäre Datei zeilenweise abzuarbeiten. Für das zeilenweise Einlesen eines Streams bieten sich die Methode getline() und für das formatierte Schreiben in den Stream der operator<<() an.

```cpp
#include <fstream>
#include <iostream>
using std::cout;

int main() {
    std::ifstream file("44fstream07.cpp");
    if( !file ) { /* Fehler */ cout << "ERR\n"; return 1; }
    std::ofstream filecopy("backup.cpp");
    if( !filecopy ) { /* Fehler */ cout << "ERR\n"; return 1; }

    std::string puffer;
    while( getline(file, puffer) ) {
        filecopy << puffer << std::endl;
        cout << puffer << std::endl;
    }
    if( file.eof() ) {
        file.clear();
    }
}
```

Listing 27.21 Zeilenweises Lesen und Schreiben

Das Listing entspricht im Großen und Ganzen dem Beispiel zuvor, in dem byteweise eingelesen wurde. Nur finden Sie jetzt std::string statt char als Puffer vor, in den ich in der while-Schleife getline() vom Dateistream file eine Zeile einlese. filecopy << puffer kopiert diese eingelesene Zeile in den Dateistream filecopy. Das Newline wird bei getline() automatisch entfernt, und dieses müssen Sie daher hier wieder in den Stream geben. Zusätzlich gebe ich die Zeile auch noch auf std::cout (gewöhnlich dem Bildschirm) aus. Auch die while-Schleife liest hier so lange Zeile für Zeile ein, bis das Dateiende mit EOF erreicht ist.

Blockweises Lesen und Schreiben

Zum Lesen und Schreiben ganzer roher Datenblöcke eignen sich die Methoden read() und write() am besten.

Hierzu ein Listing, wie Sie eine Datei in einem Rutsch kopieren können. Hierbei wurde auch gleich ein wahlfreier Zugriff verwendet, der dann im nächsten Abschnitt erläutert werden soll.

27 Streams

```
#include <fstream>
#include <iostream>
#include <vector>
using std::cout;
int main() {
    std::ifstream file("testfile.txt");
    if( !file ) { /* Fehler */ cout <<"ERR1\n"; return 1; }
    std::ofstream filecopy("backup.dat", std::ios::binary);
    if( !filecopy ) { /* Fehler */ return 1; }

    file.seekg(0, std::ios::end);
    auto size = file.tellg();

    cout << "Dateigroesse : " << size << " Byte\n";
    file.seekg(0, std::ios::beg); // Wichtig!

    std::vector<char> puffer(size);

    file.read(puffer.data(), size);
    if( !file ) { cout << "Fehler bei read...\n"; return 1;}
    cout << "Gelesen: " << file.gcount() << " Byte\n";
    filecopy.write( puffer.data(), size );
    if( !filecopy ) { cout << "Fehler bei write...\n"; return 1;}
}
```

Listing 27.22 Blockweises Lesen und Schreiben mit »read« und »write«

Mit `file` und `filecopy` habe ich zuerst eine Datei zum Lesen und eine weitere Datei zum Schreiben für das Kopieren geöffnet (beide im binären Modus mit `ios::binary`). Dann setze ich die Position der zu kopierenden Datei mit der Methode `seekg()` auf das Ende (`ios::end`). Mithilfe der Position am Ende der Datei bekomme ich mit der Methode `tellg()` das Byte-Offset vom Dateianfang zurück und speichere hierbei später die Größe der Datei in der Variablen `size` für das Kopieren.

Ganz wichtig ist es jetzt auch, dass Sie die Leseposition mit `seekg` wieder auf den Anfang setzen. Dann hole ich mir einen genügend großen Puffer zum Einlesen der kompletten Datei. Hierzu initialisiere ich einen `vector` der Größe `size` mit Elementen vom Typ `char`. Ein Vektor garantiert, dass alle Elemente hintereinander am Stück abgelegt werden. Das ist nützlich und nötig, um als Parameter für die folgenden Aufrufe von `read` und `write` zu taugen. Genau zu diesem Zweck gibt es bei `vector` die Methode `data()`.

Oft sehen Sie an dieser Stelle, dass ein dynamisches C-Array zum Beispiel mit `new char[size]` geholt wird. Geht auch, aber man sollte das `delete[]` dann nicht vergessen. Hier kann `unique_ptr` zwar unterstützen, aber `vector` hat alles Nötige schon in einem Paket, also verwende ich ihn hierfür gerne. Später in Listing 27.28 zeige ich Ihnen die `char[]`-Alternative.

27.6 Streams für die Dateiein- und Dateiausgabe

> **Speichern von Vektoren, Strukturen oder Klassen**
>
> Zwar wurde im Listing nur demonstriert, wie Sie blockweise eine einfache Datei kopieren können. In der Praxis ist die Möglichkeit mit read() und write() auch bestens dafür geeignet, komplexere Datenstrukturen wie Vektoren, Strukturen oder die Eigenschaften von Klassen zu speichern. Dabei muss natürlich immer darauf geachtet werden, dass der Typ in und von char* umgewandelt werden muss.

Da Sie früher oder später die Eigenschaften von Klassen werden speichern wollen und es durchaus etwas komplexer erscheint, soll hier noch ein einfaches Rezept für die Praxis gezeigt werden. Als Grundgerüst verwende ich folgende Klasse:

```cpp
#include <fstream>
#include <iostream>
#include <string>
#include <vector>
using std::cout; using std::string;

class DataClass {
    std::string text_;
    int data_;
public:
    DataClass(string t="",int d=0.0) : text_{t}, data_{d} {}
    std::ostream& write(std::ostream& os) const {
        os << text_ << std::ends;
        os.write(reinterpret_cast<const char*>(&data_), sizeof(data_));
        return os;
    }
    std::istream& read(std::istream& is) {
        std::getline(is, text_, '\0');
        is.read(reinterpret_cast<char*>(&data_), sizeof(data_));
        return is;
    }
    std::ostream& print(std::ostream& os) {
        return os << text_ << " : " << data_ << std::endl;
    }
};
int main() {
    std::ofstream file_w("data.dat", std::ios::binary);
    if( !file_w) { cout << "Fehler bei Öffnen\n"; return 1; }

    std::vector<DataClass> vec_dat;
    vec_dat.push_back(DataClass("Ein Text", 123));
    vec_dat.push_back(DataClass("Mehr Text", 321));
    vec_dat.emplace_back("Viel mehr Text", 333);
```

27 Streams

```cpp
    for(const auto &elem : vec_dat){
        elem.write(file_w);
    }
    file_w.close();

    std::ifstream file_r("data.dat", std::ios::binary);
    if( !file_r) { cout << "Fehler bei Öffnen\n"; return 1; }
    DataClass dat_r;
    while( file_r ) {
        dat_r.read(file_r);
        if( file_r.eof()) break;
        dat_r.print(cout);
    }
}
```

Listing 27.23 Blockweises Lesen und Schreiben mit Hilfsklasse

Die Klasse DataClass enthält zwei Datenfelder, die binär geschrieben und gelesen werden sollen. Das Hauptaugenmerk liegt hierbei auf der Implementierung der beiden Methoden write() und read().

Am Methodenkopf von write können Sie erkennen, dass Sie hier die Eigenschaften von DataClass in den Stream os schreiben und diesen auch wieder zurückgeben. text_ wird einfach mit << weggeschrieben, aber der Manipulator std::ends (='\0') als Endemarkierung angehängt, die wir zum Auslesen der Daten wieder benötigen.[1] Bedenken Sie hierbei, dass text_ ein Teilobjekt der Klasse DataClass ist, deren Länge immer unterschiedlich sein kann.

Bei data_ handelt es sich um char-Elemente wie beim string. Die Daten des int müssen erst in einen rohen Datenblock von const char* umgewandelt werden, weil write() dies als erstes Argument erwartet. Dazu dient reinterpret_cast<const char*>. const deshalb, weil die Methode const ist. Das heißt, data_ darf nicht verändert werden. Eine Umwandlung in char* ginge nicht, const char* schon – und somit wird sichergestellt, dass niemand die Daten verändert.[2]

Ähnlich läuft dies auch beim Gegenstück, bei read(). Nur eben jetzt in die andere Richtung. Die Methode erhält den einen Eingabestream als Parameter und gibt diesen auch wieder zurück. Zum Einlesen der ersten Eigenschaft text_ verwende ich getline(). Hier lese ich bis zum Zeichen '\0' ein. Das hatte ich bei write() zuvor extra dafür angehängt. Auch beim Einlesen müssen Sie bei read() das erste Argument nach in Rohdaten umwandeln, weil dies von read() erwartet wird. Hier per reinterpret_cast<char*>, denn die Daten verändern sich ja nun.

---

1 In der Praxis kann string Null-Zeichen enthalten. Wenn das möglich ist, müssen Sie anders vorgehen und zum Beispiel die Länge mit wegschreiben.

2 Wenn derjenige nicht böse trickst.

794

27.6 Streams für die Dateiein- und Dateiausgabe

In main schreibe ich dann drei DataClass-Elemente weg, die ich aus einem zuvor befüllten vector hole. Zur Demonstration lese ich sie gleich darauf wieder und gebe Sie – zu Ihrer und meiner Beruhigung – auf der Konsole aus.

27.6.4 Wahlfreier Zugriff

Beim blockweisen Lesen im Abschnitt zuvor (in Listing 27.22) haben Sie bereits den wahlfreien Zugriff auf Dateistreams kennengelernt. Damit ist es möglich, die aktuelle Schreib- bzw. Leseposition zu ermitteln oder die Position zu verändern. In Tabelle 27.12 finden Sie eine Übersicht der vorhandenen Methoden.

Methode	Beschreibung
istream& seekg(streampos), istream& seekg(streampos, ios::seekdir)	Setzt die Leseposition auf eine bestimmte Position vom Dateianfang oder relativ zum optional angegebenen zweiten Argument.
streampos tellg()	Gibt die aktuelle Leseposition zurück.
ostream& seekp(streampos), ostream& seekp(streampos, ios::seekdir)	Setzt die Schreibposition auf eine bestimmte Position vom Dateianfang oder relativ zum optional angegebenen zweiten Argument.
streampos tellp()	Gibt die aktuelle Schreibposition zurück.

Tabelle 27.12 Methoden für einen wahlfreien Zugriff

Die möglichen Werte für das zweite Argument von seekg() und seekp() (g steht für get und p für put) für die Bezugsposition vom Typ ios::seekdir lauten:

▶ ios::beg: Position relativ zum Anfang der Datei

▶ ios::cur: Position relativ zur aktuellen Position der Datei

▶ ios::end: Position relativ zum Dateiende

Hierzu einige Beispiele:

```
// 10 Zeichen weiter von der aktuellen Position positionieren
file.seekg(10, std::ios::cur);
...
// Position auf den Anfang der Datei
file.seekg(0, std::ios::beg);
...
// 5 Zeichen vor dem Ende positionieren
file.seekg(-5, std::ios::end);
```

Dass Sie die Dateiposition auf einen gültigen Bereich setzen, müssen Sie hier selbst sicherstellen. Wenn Sie die Position vor den Anfang oder nach dem Ende setzen, ist das weitere Verhalten undefiniert.

27.7   Streams für Strings

Wenn Sie einen Blick auf die vereinfachte Klassenhierarchie der Streamklasse in Abbildung 27.1 werfen, finden Sie dort, ausgehend von ios , mit istringstream, ostringstream und stringstream drei Streams für Strings. Für alle drei Klassen müssen Sie den Header <sstream> inkludieren. Diese Streams sind bestens dafür geeignet, unterschiedliche Datentypen von bzw. in Strings umzuwandeln – auch hier wieder mit allen Vorteilen der vorausgehenden Streams und ihrer Methoden und Manipulatoren. In Tabelle 27.13 finden Sie die verschiedenen Stringstreams aufgelistet.

Stream	Bedeutung
istringstream	Erzeugt einen Stringstream, aus dem gelesen werden kann. Der Stream wir im Modus ios::in geöffnet.
ostringstream	Erzeugt einen Stringstream zum Schreiben. Standardmäßig wird dieser Stream mit dem Modus ios::out verwendet.
stringstream	Erzeugt einen Stringstream zum Lesen und Schreiben. Der Standardmodus ist hier ios::in und ios::out.

Tabelle 27.13 Stringstreams der Standardbibliothek

Bei allen drei Konstruktoren können Sie neben einem leerem Konstruktor als Argument entweder den Öffnungsmodus wie bei den Dateistreams (siehe Tabelle 27.9), einen String (std::string), womit der Stream gleich initialisiert werden soll, oder eine Mischung aus dem String (erstes Argument) und dem Öffnungsmodus (zweites Argument) verwenden. Zu den Öffnungsmodi muss noch hinzugefügt werden, dass bei den Stringstreams vorwiegend ios::in, ios::out und ios::ate richtig Sinn machen. Die anderen Werte des Typs ios::openmode sind zwar ebenfalls implementiert, aber ob sie tatsächlich einen Effekt auf ein stringstream-Objekt haben, hängt von der Implementierung ab.

Altes strstream

Im alten C++98-Standard wurde eine Streamklasse noch mit dem Typ char* realisiert. Heute wird hierfür der Typ string (genauer basic_string) verwendet. Die alten Stringstreamklassen istrstream, ostrstream und strstream sind daher nur aus abwärts kompatiblen Gründen vorhanden und sollten in neuen Projekten nicht mehr verwendet werden – sie sind»deprecated«.

Da die Stringstreams sämtliche public-Methoden von den davon abgeleiteten Basisklassen erben, stehen Ihnen hier auch alle bisher bekannten und vorgestellten Methoden mit den Stringstreams zur Verfügung. Die Hauptmethoden für String-Streams bietet aber die Klasse selbst mit der Methode str() an (siehe Tabelle 27.14).

Methode	Beschreibung
`string str() const`	Gibt den Stringstream-Puffer als String zurück.
`void str(const string& s)`	Setzt den Inhalt des Stringstream-Puffers neu.

Tabelle 27.14 »str()« ist Dreh- und Angelpunkt des Stringstreams.

So können Sie einfache Datentypen wie double oder int in einen String konvertieren:

```
#include <sstream>   // ostreamstream
#include <iostream>
int main() {
    std::ostringstream ostr;
    double dval = 3.1415;
    int ival = 4321;
    ostr << dval << " : " << ival;
    const std::string sval = ostr.str();
    std::cout << sval << std::endl;      // Ausgabe: 3.1415 : 4321
}
```

Listing 27.24 Schreiben in einen »stringstream«

Zuerst lege ich den Stringstream zum Schreiben an, den wir für die Konvertierung benötigen. Dann schreibe ich mit << ganz einfach den double-Wert und den int getrennt mit einem Doppelpunkt in den Stringstream. Mit der Methode str() kopiere ich den kompletten Inhalt des Stringstream-Puffers in den String sval und gebe den dann aus.

Dasselbe funktioniert auch in die andere Richtung. Das folgende Listing zeigt, wie Sie aus einem String einzelne Typen extrahieren können:

```
#include <sstream>   // istreamstream
#include <iostream>
int main() {
    std::istringstream istr;
    std::string sval("3.1415 : 4321");
    std::string none;
    double dval=0.0;
    int ival=0;
    istr.str(sval);    // initialisieren
    istr >> dval >> none >> ival;   // auslesen
    if( ! istr.eof() ) {
        std::cout << "Fehler beim Konvertieren\n"; return 1;
    }
    std::cout << dval << " -- " << none << " -- " << ival << "\n";
    // Ausgabe: 3.1415 -- : -- 4321
}
```

Listing 27.25 Lesen aus einem »stringstream«

Zuerst initialisiere ich mit istr einen leeren istringstream, aus dem ich später Werte extrahieren werde. Den Inhalt setze ich dann mit str(…). Sie könnten diesen aber auch gleich dem Konstruktor mitgeben.

Das Extrahieren geschieht dann mit >> wie bei jedem anderen istream. Das heißt, für den double werden solange Zeichen konsumiert, wie diese eine Fließkommazahl sein könnten. Beim Leerzeichen ist Schluss. In none landet dann der Doppelpunkt :, denn auch beim Lesen in einen string ist bei >> beim nächsten Whitespace Schluss. Zuletzt wird in einen int gelesen, solange im Stringstream noch 0 bis 9 oder + und - stecken.

Mit eof prüfe ich, ob bei der Konvertierung irgendwelche Fehler aufgetreten sind. Wenn der Stringstream nicht am Ende ist , dann wäre das der Fall.

Die Konvertierung von der Binär-Darstellung zur ASCII-Darstellung und umgekehrt lässt sich recht einfach mit den Stringstreams realisieren. Da allerdings die Arbeit der Konvertierung fast immer recht ähnlich verläuft, bietet es sich an, hierfür ein Funktionstemplate zu erstellen. Das folgende Funktions-Template dient als einfaches Rezept, mit dem Sie jederzeit einen Basisdatentyp von C++ in einen String oder einen String in einen Basisdatentyp umwandeln können:

```cpp
#include <sstream> // stringstream
#include <iostream>
#include <stdexcept> // invalid_argument

template <class T1, class T2>
void myConvert(const T1& in, T2& out) {
    std::stringstream ss;
    ss << in;
    ss >> out;
    if( ! ss.eof() ) {
        throw std::invalid_argument("Fehler beim Konvertieren");
    }
}

int main() {
    std::string sval;
    float fval=3.1415f;
    std::string sdval("5.321");
    double dsval=0;
    std::string gehtnicht("geht nicht");
    try {
        myConvert(fval, sval);
        std::cout << sval << std::endl;  // Ausgabe: 3.1415
        myConvert(sdval, dsval);
        std::cout << dsval << std::endl; // Ausgabe: 5.321
        myConvert(gehtnicht, dsval);     // löst "Fehler beim Konvertieren" aus
    }
```

27.7 Streams für Strings

```
    catch(const std::invalid_argument& e) {
        std::cout << e.what() << std::endl;
    }
}
```

Listing 27.26 Typkonvertierung mittels »stringstream«

Der Hauptfokus liegt in diesem Beispiel beim Funktionstemplate myConvert. Dieses soll Werte von Typ T1 in den Typ T2 konvertieren. Hierzu schicke ich die Daten einfach mit << den Stringstream ss hinein und hole diesen dann mit >> wieder heraus.

Ob alles geklappt hat, prüfe ich per !eof() und werfe im Falle eines Fehlers eine invalid_argument-Ausnahme.

Im try-Block in main wird ein float-Wert in einen String konvertiert und dann ein String-Wert in einen double. Die dritte Konvertierung wirft eine Ausnahme, weil eine Konvertierung der Textfolge »geht nicht« in einen double nicht funktioniert.

Stringstreams statt Datei-Streams

Stringstreams lassen sich zwar prima für die Konvertierung von und in Strings verwenden, aber in der Praxis werden diese noch viel häufiger zu Pufferungszwecken verwendet, um hierbei auf temporäre Dateien zu verzichten. Im Grunde müssen Sie hierzu einfach statt eines Dateistreams einen entsprechenden String-Stream verwenden. Der Vorteil liegt auf der Hand: Stringstreams sind erheblich schneller (da im Hauptspeicher) als langsame temporäre Dateien, bei denen ein eher langsamer Zugriff auf ein Speichermedium nötig ist. Dies hängt allerdings auch vom Anwendungsfall ab. So dürfte auch klar sein, dass Daten, die lediglich im Puffer des Arbeitsspeichers liegen, im Falle eines Programmabsturzes verloren sind.

Unterschied zu »to_string«

Mit ostringstream können Sie alle Objekte in einen String umwandeln, für die Sie oder jemand anderer operator<< für ostream& definiert hat.

Alternativ gibt es auch die freie Funktion to_string(…) mit vordefinierten Überladungen für alle eingebauten Ganz- und Fließkommazahlentypen. Die genaue Ausgabe kann sich aber durchaus von dem unterscheiden, was auf einem ostream erscheinen würde. Die Implementierung der to_string-Überladungen sind an das angelehnt, was die C-Funktion printf ausgeben würde, und verwendet dessen %-Formate.

```
#include <iostream>
#include <string>
void show(double f) {
    std::cout << "os: " << f
        << "\t to_string: " << std::to_string(f) << "\n";
}
```

27 Streams

```
int main() {
    show(23.43);        // Ausgabe: os: 23.43   to_string: 23.430000
    show(1e-9);         // Ausgabe: os: 1e-09   to_string: 0.000000
    show(1e40);         // Ausgabe: os: 1e+40   to_string: 100...0752.000000
    show(1e-40);        // Ausgabe: os: 1e-40   to_string: 0.000000
    show(123456789);    // Ausgabe: os: 1.23457e+08 to_string: 123456789.000000
}
```

Listing 27.27 Die Funktion »to_string«

Die Ausgabe von 1e+40 bei to_string habe ich hier mit ... abgekürzt.

Mit der Umkehrung über das Lesen aus einem istringstream ist es ähnlich. Hier gibt es freie Funktionen für jeden eingebauten Zahlentyp. Die Formate, die diese verstehen, sind aber den Formatangaben der C-Funktion scanf angelehnt und mögen deshalb anders sein. Eine Liste der Funktionen sehen Sie in Tabelle 27.15.

Funktion	Zahlentyp
stoul	unsigned long
stoull	unsigned long long
stoi	int
stol	long
stoll	long long
stof	float
stod	double
stold	long double

Tabelle 27.15 Umwandlungsfunktionen für Strings in Zahlen

C++17: »to_chars« ist flexibler als »to_string«

Weil Sie mit to_string kein Einfluss auf das detaillierte Ausgabeformat nehmen können, ist dies besonders für Fließkommazahlen von geringem Nutzen.

Ab C++17 können Sie die Funktion to_chars (»to-char-sequence«) nehmen, mit der Sie eine Zahl in einen fertig initialisierten String schreiben können. Diese Funktion hat zusätzliche Überladungen für weitere Formatangaben.

27.8 Streampuffer

Auch wenn Sie eher selten direkt darauf zugreifen müssen, sollen zum Abschluss der Streamklassen hier noch kurz die Streampufferklassen beschrieben werden. Wenn Sie einen Blick auf die Klassenhierarchie in Abbildung 27.1 werfen, finden Sie diese dort mit `streambuf`, `filebuf` und `stringbuf` etwas an den Rand gedrängt. In Wirklichkeit sind diese Streampufferklassen aber eher so etwas wie das Kernstück der I/O-Streambibliothek. Wenn Sie sich schon immer gefragt haben, wo die einzelnen Bytes der Streamklassen verarbeitet werden, dann finden Sie die Antwort in den Streampufferklassen.

Die Streampufferklassen bieten grundlegende Methoden zum Puffern von Streams ohne große Formatierungsmöglichkeiten. Jeder Stream (Stringstream, Dateistream und Standard-I/O-Stream) arbeitet mit Streampuffern. Die abstrakte Basisklasse `streambuf` wird von allen anderen Teilen der I/O-Streamklassen verwendet. Für die Pufferung der Ein- und Ausgabe von Dateien kommt `filebuf` und für die Pufferung von Strings im Speicher kommt `stringbuf` zum Einsatz. Beide sind von `streambuf` abgeleitet.

Bei Pufferung werden nicht einzelne Zeichen in den Stream gesendet, sondern die Daten werden hierbei in Blöcken übertragen. Die Ausgabe erfolgt erst, wenn eine Blockeinheit des Puffers voll ist. Hierbei können Sie allerdings auch manuell mit der Methode `flush()` zum expliziten Entleeren des Puffers eingreifen, zum Beispiel:

```cpp
#include <fstream>
int main() {
    std::ofstream file("logfile.log");
    file << "Text für das Protokoll";
    file.flush();
}
```

Sollten die Daten noch nicht in den Dateistream `file` übertragen worden sein, weil die Blockeinheit des Puffers noch nicht so weit war, dann erledigt dies ein einfacher Aufruf der Methode `flush()`.

Allerdings wird `flush()` implizit sowieso aufgerufen, wenn ein Stream geschlossen wird. Und das wiederum passiert ja automatisch im Destruktor, also wenn der Stream entfernt wird, hier also beim Verlassen von `main`.

Anwendungsgebiet

Für den normalen Hausgebrauch werden Sie eher selten direkt auf die Streampufferklassen zugreifen. Diese spielen eher dann eine wichtigere Rolle, wenn Sie neue Klassen von Streams für die Ein- und Ausgabe erstellen wollen (zum Beispiel Sockets oder GUIs). Auch wenn Sie Streams umleiten wollen, ist der direkte Zugriff auf den Streampuffer sehr nützlich. Ebenso ist es mithilfe von Streampufferklassen möglich, Streams zu kombinieren (beispielsweise die Ausgabe zu verschlüsseln, bevor diese in einen anderen Stream geschrieben wird).

27 Streams

Zugriff auf den Streampuffer von »iostream«-Objekten

Für Sie ist am wichtigsten zu wissen, dass für jedes iostream-Objekt ein Zeiger auf ein streambuf-Objekt zur Verfügung steht. Über diesen Zeiger ist es jederzeit möglich, direkt auf die rohen Bytes im Streampuffer zuzugreifen. Hierfür stehen verschiedene Methoden zur Verfügung, die mit einem streambuf-Objekt aufgerufen werden können.

Um auf einen Streampuffer zuzugreifen, bietet jedes I/O-Streamobjekt eine Methode rdbuf() an, die einen Zeiger auf das streambuf-Objekt zurückgibt. Über diesen Weg können Sie jetzt auf die Methoden von streambuf zugreifen. Hierbei können Sie zum Beispiel den streambuf-Zeiger mit einem anderen Stream verbinden, indem Sie operator<< dazu verwenden. Hierzu ein Beispiel:

```
std::ifstream file("logfile.log");
std::cout << file.rdbuf();
```

Mit cout << file.rdbuf() wird der komplette Inhalt der Datei in einem Rutsch nach cout geschoben und ausgegeben. Diese Methode, einen kompletten Inhalt in einem Rutsch an einen anderen Stream zu übergeben, ist sogar erheblich effizienter, als den kompletten Inhalt mit read() und write() auszugeben, wie Sie dies im Abschnitt »Blockweises Lesen und Schreiben« des Abschnitts 27.6.3 verwendet haben.

Im folgenden Listing will ich Ihnen zeigen, wie Sie den Inhalt einer Datei aus dem Puffer in ein rohes char-Array legen und dort gegebenenfalls weiterverarbeiten können. Im Beispiel geben wir den Inhalt einfach mit write() auf dem Bildschirm aus:

```
#include <fstream>
#include <iostream>
#include <memory>  // unique_ptr
int main() {
    std::fstream file("44Streams.tex");          // Datei zum Lesen öffnen

    auto bufptr = file.rdbuf();                   // std::streambuf*
    auto size = bufptr->pubseekoff(0, file.end);  // std::streamsize
    bufptr->pubseekoff(0, file.beg);              // wieder an den Anfang

    auto buffer = std::unique_ptr<char[]>(new char[size]);  // Speicher holen
    auto n = bufptr->sgetn(buffer.get(), size);   // übertrage Anzahl Zeichen
    std::cout << "Zeichen gelesen: " << n << "\n";
    std::cout.write(buffer.get(), size);          // char[] ausgeben
}
```

Listing 27.28 Daten aus dem »rdbuf« übertragen

Dank bufptr = file.rdbuf() haben Sie jetzt mit dem streambuf-Zeiger die volle Kontrolle über den streambuf-Puffer. Zunächst setze mit pubseekoff und file.end den Streampuffer-Zeiger auf das Ende des Puffers, um so die Größe des Puffers size zu erhalten. Da ich anschließend auch noch aus dem Puffer lesen will, setze ich die Position des Streampuffer-Zeigers danach mit `file.beg` wieder auf den Anfang des Puffers.

In einem `unique_ptr<char[]>` reserviere ich mir jetzt einen Speicher vom Heap, in dem ich den kompletten Inhalt des Puffers unterbringen kann. Mit der Methode `sgetn()` kopiere ich nun `size`-Bytes vom Streampuffer in das `char`-Array. Das war es auch schon. Hiermit hätten ich den kompletten Streampuffer in ein rohes `char`-Array übertragen. Zur Demonstration gebe ich mit `cout.write(…)` noch den Inhalt des `char[]` auf dem Bildschirm aus.

Ich habe als Datenpuffer mal `char[]` zusammen mit einem `unique_ptr` verwendet. Ohne `unique_ptr` hätten Sie in einem größeren Programm noch für das `delete[]` sorgen müssen. Diese Lösung hier ist eine Alternative zur Verwendung eines `vector` als Puffer, wie Sie es in Listing 27.22 gesehen haben.

Sie wissen jetzt, wie Sie mit der Methode `rdbuf()` an den Streampuffer (jeder Art) kommen. Mithilfe des zurückgegebenen Zeigers können Sie nun mit den verschiedensten Methoden innerhalb des Streams die Position ändern, Zeichen oder ganz Blöcke lesen und auch Zeichen in den Streampuffer schreiben oder zurückstellen.

»filebuf«

Die von `streambuf` abgeleitete Klasse `filebuf` enthält zusätzlich noch Methoden, um eine Datei direkt zu öffnen und einen Streampuffer anzulegen. Folgender Codeausschnitt soll dies kurz demonstrieren:

```
std::ofstream file;
std::filebuf* bufptr = file.rdbuf();
bufptr->open("file.txt", std::ios::out|std::ios::app);

const char text[]="Das kommt in die Datei";
bufptr->sputn(text, sizeof(text)-1);
bufptr->close();
```

Bei diesem Beispiel öffnen oder erzeuge ich eine Datei Namens `file.txt` und verbinde den Inhalt der Datei gleich mit dem Datei-Puffer, um direkte Arbeiten darauf auszuführen. Im Beispiel schreibe ich mit der `streambuf`-Methode `sputn()` den Text `text` in den Puffer und gleichzeitig auch in die Datei.

»stringbuf«

Auch `stringbuf` enthält alle Methoden aus der Basisklasse `streambuf`. Zusätzlich ist auch noch, passend zu den Strings eben, die Methode `str()` wie schon bei der Klasse `stringstream` mit derselben Bedeutung vorhanden, nur hier eben in Verbindung mit einem Stringstream-Puffer.

Kapitel 28
Standardbibliothek – Extras

Kapiteltelegramm

▶ **pair und tuple**
Anonyme Strukturen, die leicht vor Ort erstellt werden können, zum Beispiel für die Rückgabe mehrerer Werte

▶ **Regulärer Ausdruck**
Formale Beschreibung eines Musters für die Textsuche

▶ **Zufallsgenerator**
Ein Konzept, das zufällige Werte erzeugt

▶ **Zufallsverteilung**
Legt die Wahrscheinlichkeit fest, mit der ein Zufallsgenerator Werte erzeugt

▶ **time_point und duration**
Typsichere Datentypen für Zeitpunkt und Dauer

▶ **ratio**
Ein typsicherer Bruch; also eine Zahl, repräsentiert durch einen ganzzahligen Zähler und einen ebensolchen Nenner

▶ **system_error**
Werkzeuge zur portablen Fehlerbehandlung mit Fehlercodes und Exceptions

▶ **<numeric>**
Algorithmus-ähnliche Funktionen auf Zahlen

▶ **<typeinfo>**
Typinformationen zur Laufzeit

▶ **<functional>**
Der Typ function befindet sich in diesem Header sowie viele vordefinierte Funktorklassen wie hash, bind, plus und logical_and.

In diesem Kapitel finden Sie weitere Klassen und Funktionen der Standardbibliothek.

28.1   »pair« und »tuple«

Ein tuple ist so etwas Ähnliches wie ein anonymer struct. Weder hat der struct selbst einen Namen noch seine Elemente. Sie sprechen die Elemente über ihre Position an. Das pair ist älter als tuple und kapselt exakt zwei Elemente. Diese haben die Namen first und second.

805

28   Standardbibliothek – Extras

Sie finden beides häufig in der Standardbibliothek, weil sie so praktisch sind. Es lassen sich mehrere Elemente unterschiedlichen Typs ohne viel syntaktisches Drumherum zusammenbündeln.

28.1.1   Mehrere Werte zurückgeben

Mittels einer Struktur oder Klasse können Sie ebenfalls mehrere Daten zusammenpacken und so mehrere Werte aus einer Funktion zurückgeben. In C++ gibt es aber dafür mit tuple und pair spezielle Hilfsmittel, um mehrere Werte unterschiedlichen Typs aus einer Funktion direkt über die return-Anweisung zurückzugeben.

Die Verwendung von pair ist denkbar einfach. Hauptsächlich nutzen Sie make_pair zum Erstellen:

```cpp
#include <iostream>
#include <string>
#include <vector>
#include <utility> // pair
using std::pair; using std::cout; using std::cin; using std::string;
std::vector<string> monate { "Jan", "Feb", "Mar" };
std::vector<int> temps { 8, 12, 11 };
std::pair<string, int> monatMitTemp(size_t m) {
    auto monat = monate.at(m);
    auto temperatur = temps.at(m);
    return std::make_pair(monat, temperatur);
}
int main() {
    std::pair<string, int> daten = monatMitTemp(1);
    cout << "Monat : " << daten.first << std::endl;  // Ausgabe: Monat : Feb
    cout << "Temperatur : " << daten.second << std::endl;  // Ausgabe: Temperatur : 12
}
```

Listing 28.1 So geben Sie mit »pair« zwei Werte gleichzeitig zurück.

Bei der Deklaration der Funktion monatMitTemp können Sie schon anhand des Rückgabewerts erkennen, dass diese Funktion einen string und ein int zurückliefert. Das ist im Grunde alles, was Sie tun müssen. Sie müssen lediglich zwischen den spitzen Klammern die zwei Typen (getrennt von einem Komma) eingeben, die zurückgegeben werden sollen. Bei monatMitTemp(1) rufe ich die Funktion auf und weise den Rückgabewert ebenfalls einem pair<string,int> zu. Die Rückgabe wird mit der Funktion make_pair() aus den beiden angegebenen Daten zusammengebaut und zu einem pair<string,int> gemacht.

Auf die einzelnen Werte eines pair greifen Sie jetzt mit first (für den ersten Wert) und second (für den zweiten Wert) zu, wie Sie dies auch im Beispiel sehen können.

Mit pair sind Sie auf genau zwei Elemente eingeschränkt. Es ist älter als tuple, das die Verallgemeinerung für beliebig viele Elemente ist. Sie verwenden es ähnlich:

28.1 »pair« und »tuple«

```cpp
#include <iostream>
#include <string>
#include <algorithm> // min, max
#include <tuple>
using std::tuple; using std::make_tuple; using std::get; using std::cout;
using std::string;

tuple<int,int,int> ordne(int a, int b, int c) {
  using std::min; using std::max;
  auto x = min(a,min(b,c));
  auto y = max(min(a,b), min(max(a,b),c));
  auto z = max(a,max(b,c));
  return make_tuple(x, y, z);
}

auto praeser(int jahr) {
  using namespace std::literals;
  if(jahr>=2017)
    return make_tuple("Frank-Walter"s, "Steinmeier"s, "SPD"s, 1956);
  if(jahr>=2012)
    return make_tuple("Joachim"s, "Gauck"s, "-"s, 1940);
  // …
}

int main() {
  tuple<int,int,int> zs = ordne(23, 42, 7);
  cout << get<0>(zs) <<' '<< get<1>(zs) <<' '<< get<2>(zs) <<'\n' // Ausgabe: 7 23 42
  auto ps = praeser(2015);
  cout << get<1>(ps) << '\n'; // Ausgabe: Gauck
}
```

Listing 28.2 Mit »tuple« können Sie beliebig viele Elemente zurückgeben.

Sie fügen mit make_tuple mehrere Werte unterschiedlicher Typen zu einem Tupel zusammen. Sie können, wie bei ordne und zs gezeigt, gerne den tuple-Typen ausschreiben. Ich empfehle aber, mit auto zu arbeiten, wie bei praeser und ps gezeigt. Hier handelt es sich tatsächlich um ein tuple<string,string,string,int>, aber die Tipperei kann man sich mit auto sparen.

Statt nun mit first und second auf die Elemente zuzugreifen, verwenden Sie nun get<0> und get<1>. Für weitere Elemente nehmen Sie logischerweise größere Zahlen. Beachten Sie, dass Sie hier als Index nur feste Werte (constexpr) angeben können. Mit Variablen funktioniert das nicht.

Sie können get sogar statt einer Zahl den *Typ* mitgeben, den Sie haben wollen.

28   Standardbibliothek – Extras

```
// ... wie zuvor ...
int main() {
  tuple<string,string,string,int> ps = praeser(2015);
  cout << get<int>(ps) << '\n'; // Ausgabe: 1940
  cout << get<string>(ps) << '\n'; // nicht eindeutig
}
```
Listing 28.3 »get« funktioniert mit einem Typ als Index.

Da int im tuple<string,string,string,int> nur einmal vorkommt, können Sie mit get<int>
an das entsprechende Element gelangen. get<string> funktioniert nicht, denn das wäre
nicht eindeutig.

> **»array« als »tuple«**
>
> Der echte Container array (siehe Abschnitt 24.6.4, »array«) für eine feste Anzahl Elemente
> gleichen Typs bietet ebenfalls die Möglichkeit, mit get<...> auf seine Elemente zuzugreifen.
> Sie können ein array<int,3> beinahe verwenden wie ein tuple<int,int,int>.

Wenn Ihnen diese Art, auf die Elemente zuzugreifen, zu umständlich ist, dann »binden«
Sie mit tie den Rückgabewert einer Funktion an Variablen.

```
// ... wie zuvor ...
int main() {
  using std::tie; using std::ignore;
  string nachname {};
  int gebj {};
  tie(ignore, nachname, ignore, gebj) = praeser(2015);
  cout << nachname << ' ' << gebj << '\n'; // Ausgabe: Gauck 1940
}
```
Listing 28.4 Tupel zerlegen mit »tie« und »ignore«

Wenn Sie tie wie hier auf der linken Seite einer Zuweisung verwenden, dann können Sie
bei tuple- und pair-Rückgaben die Einzelteile direkt einer vorher deklarierten Variablen
zuweisen. Wenn Sie nur an Teilen der Rückgabe interessiert sind, dann setzen Sie an den
Positionen, die Sie nicht interessieren, ignore ein.

> **C++17: Strukturiertes Binden**
>
> Es wird mit C++17 noch einfacher werden, die Rückgaben vom tuple direkt an Variablen
> zuzuweisen. Das Feature heißt *Strukturiertes Binden* (engl. *structured binding*). Damit wird es
> möglich, die Variablen gleichzeitig zu deklarieren:
>
> ```
> auto [a,nachname,c,gebj] = praeser(2015);
> ```
>
> Hier werden automatisch vier Variablen mit den richtigen Typen deklariert und mit den
> entsprechenden Teilen des zurückgegebenen Tupels initialisiert.

tuple hat die Operatoren für Vergleiche überladen, insbesondere < und ==, die für Algorithmen wie sort und die Standardcontainer notwendig sind. Wenn jeweils die ersten Elemente eines Tupels gleich sind, dann werden die jeweils zweiten miteinander verglichen etc. Das nennt man *lexikografische Ordnung*, weil es wie das Sortieren von Wörtern im Lexikon funktioniert.

```cpp
#include <iostream>
#include <string>
#include <tuple>
#include <vector>
#include <algorithm> // sort
using std::tuple; using std::get; using std::cout; using std::string;

int main() {
    std::vector<tuple<string,string,int>> armstrongs =
      { {"Armstrong", "Louis", 1901}   // Initialisieren per Initialisierungsliste
      , {"Armstrong", "Lance", 1971}
      , {"Armstrong", "Neil", 1930} };
    std::sort( armstrongs.begin(), armstrongs.end() ); // Lance < Louis < Neil
    for(const auto& a : armstrongs) {
        cout << get<0>(a) << ", " << get<1>(a) << ", " << get<2>(a) << "\n";
    }
}
```

Listing 28.5 Tupel implementieren lexikografische Ordnung.

Zunächst sehen Sie, dass es einfach ist, ein Tupel zu initialisieren, wenn der Typ gegeben ist. Dies ist hier mit dem vector<tuple<string,string,int>> der Fall. Daher reicht es, jedes einzelne Element mit einer Initialisierungsliste aus zwei const char[] und einem int zu initialisieren.

Beim sort werden nun die tuple miteinander verglichen. Die ersten Elemente "Armstrong" sind immer gleich, und der Vergleich ist noch nicht ergiebig. Daher wird jeweils das zweite Element zurate gezogen, also zum Beispiel "Lance" und "Louis".

So, wie Sie einen vector<tuple<…>> sortieren können, können Sie tuple auch als Schlüssel für geordnete assoziative Container wie map<tuple<…>,…> verwenden.

Das einzige, was es also zum Vergleichen von Tupeln braucht, ist die Vergleichbarkeit der einzelnen Elemente. Das heißt, tuple<string,int,Ball> können Sie nur dann vergleichen (und somit sortieren), wenn Sie für Ball die Vergleiche implementiert haben.

```cpp
#include <iostream>
#include <string>
#include <tuple>
#include <map>
#include <unordered_set>
using std::tuple; using std::get; using std::cout; using std::string;
```

28 Standardbibliothek – Extras

```cpp
int main() {
    std::map<tuple<int,string>,double> m { {{12,"x"},3.14} };
    cout << m[{12,"x"}] << "\n"; // Ausgabe: 3.14
    std::unordered_set<tuple<int,string>> s { {12,"x"} }; // kein std::hash
}
```

Listing 28.6 Tupel als Schlüssel

In einem ungeordneten assoziativen Container wie unordered_set können Sie tuple ohne weitere Vorkehrungen nicht benutzen, da std::hash(tuple<…>) nicht existiert. Das ließe sich aber im Bedarfsfall nachrüsten.

Die Tatsache, dass tuple Vergleiche beherrscht, können Sie auch für die Vereinfachung von eigenem Code nutzen. Wenn Sie eine eigene Datenstruktur mit mehreren Elementen haben, für die Sie eine lexikografische Ordnung implementieren wollen, dann können Sie auf tuple zurückgreifen. Hier hilft Ihnen die Funktion tie. Sie zerlegt ein beliebiges tuple in seine Einzelteile, die Sie dann mit eigenen Variablen assoziieren können. Heraus kommt sehr kompakter Code für lexikografische Vergleiche.

```cpp
#include <iostream>
#include <string>
#include <tuple>
#include <map>
#include <unordered_set>
using std::tuple; using std::tie; using std::cout; using std::string;
struct Point {
    int x,y,z;
    bool operator<(const Point &b) {
        return tie(x,y,z) < tie(b.x, b.y, b.z);
    }
};
int main() {
    Point a{ 11, 22, 33 };
    Point b{ 11, 33, 0 };
    cout << std::boolalpha << (a < b) << "\n"; // Ausgabe: true
}
```

Listing 28.7 Tupel als Schlüssel

Es ist nicht schwer, selbst eine lexikografische Ordnung zu implementieren. Doch ist dies eine ermüdende Aufgabe, bei der sich immer wieder Fehler einschleichen. Wenn Sie tuple mit tie nutzen, ist der Code kompakt, übersichtlich und korrekt.

Beachten Sie, dass Sie hier nicht make_tuple nutzen, da Sie damit Kopien Ihrer Daten erzeugen würden. tie arbeitet mit Referenzen, und so werden Ihre Datenelemente ohne eine zusätzliche Kopie verglichen.

28.1 »pair« und »tuple«

Die »Steigerung« von `tie` ist `forward_as_tuple`, das Sie dann brauchen, wenn Sie selbst ein Funktionstemplate schreiben, das ein Tuple aus mehreren Argumenten zusammenbauen soll und dabei RValue-Referenzen beibehält. Dies ist ein sehr fortgeschrittenes Thema, was Sie beim ersten Einsatz merken werden. Sie sollen `forward_as_tuple` keinesfalls einsetzen, bevor Sie nicht wenigstens einmal mit `std::forward` gearbeitet haben

Die letzte Möglichkeit, ein `tuple` zu erzeugen, ist mittels `tuple_cat`. Sie geben `tuple_cat` eine Liste von Tupeln und erhalten ein einzelnes großes Tupel als Rückgabe, bei dem alle Elemente hintereinander gehängt sind.

```cpp
#include <iostream>
#include <string>
#include <tuple>
using std::tuple; using std::cout; using std::string;
int main() {
    tuple<int,string> a { 12, "gnorf" };
    tuple<int> b { 666 };
    tuple<double,double,string> c { 77.77, 33.33, "frong" };
    tuple<int,string,int,double,double,string> r = std::tuple_cat( a, b, c );
    cout << std::get<2>(r) << "\n"; // Ausgabe: 666
}
```

Listing 28.8 Mehrere kleine Tupel zu einem großen zusammenfügen

Ebenso gut – wahrscheinlich besser – hätten Sie auch `auto r = …` schreiben können und so den Compiler den korrekten Typen ermitteln lassen können. Statt `tuple` können Sie `tuple_cat` auch `pair` als Argumente nehmen. Wie in den meisten Fällen sind die Typen hier kompatibel.

Achtung vor »tuple« mit Referenzen

Es ist Ihnen nicht erlaubt, einen Standardcontainer mit Referenzen zu befüllen. Das hat einen guten Grund: Ein `vector<T&>` würde intern Zuweisungen zu Referenzen machen, die nicht das tun, was Sie wollen.

Jedoch: `tuple<T&>` ist im Prinzip erlaubt, denn die Standardbibliothek benötigt dies, um `tie` zu implementieren. Ich empfehle Ihnen, selbst kein `tuple<T&>` zu verwenden – erst recht nicht, um Referenzen auf Daten zu speichern, Sie begeben sich auf dünnes Eis.

Und der Compiler wird Sie nicht von `vector<tuple<T&>>` abhalten, doch hier ist das Eis, auf das Sie sich begeben, schon geschmolzen.

Es gibt noch eine Hand voll nützlicher Werkzeuge für `tuple`. So können Sie zum Beispiel die Größe eines Tupels mit `tuple_size<tuple<…>>::value` ermitteln. Und wenn Sie mal die Typen der Elemente »vergessen« haben, dann kommen Sie mit `tuple_element<I,tuple<…>>::type` immer wieder an die Einzeltypen heran.

Für konkrete tuple ist das weniger interessant, aber wenn Sie Tupel als Templateparameter zulassen, dann sind diese *Type-Traits* nützliche Helfer. Templates wurden in Kapitel 23, »Templates«, genauer behandelt.

```cpp
#include <iostream>
#include <string>
#include <tuple>
using namespace std;

template<typename Tuple>
auto back(Tuple &&tuple) {
    using Noref = typename remove_reference<Tuple>::type; // falls Tuple&
    constexpr auto sz = tuple_size<Noref>::value;
    return get<sz-1>(forward<Tuple>(tuple));
}
int main() {
    tuple<string,int,string> enterprise = make_tuple("NCC", 1701, "D");
    cout << back(enterprise) << "\n"; // Ausgabe: D
}
```

Listing 28.9 Nützliche Tuple-Type-Traits

Mit back erhalten Sie immer das hinterste Element eines beliebigen Tupels. Es sind noch einige andere Dinge nötig, aber tuple_size ist der Kern:

▸ Sie verwenden wie immer get für den Zugriff auf ein Tupelelement. sz-1 ist immer das letzte Element.

▸ auto ermittelt automatisch den Rückgabetyp der Funktion. Ohne auto wäre das hier schwierig, aber nicht unmöglich.

▸ remove_reference benötigen Sie, weil tuple_size nicht mit Referenzen auf tuple umgehen kann.

▸ && im Parameter und forward sorgen dafür, dass dieses Template für Werte, Referenzen und Tempwerte funktioniert.

28.2 Reguläre Ausdrücke

C++ beherrscht nun von Haus aus *reguläre Ausdrücke* (*Regular Expressions*). Mit ihnen können Sie in Zeichenketten nach Mustern suchen und Teile daraus extrahieren.

```cpp
#include <string>
#include <iostream>
#include <regex>
using std::regex; using std::sregex_iterator; using std::string;
const regex rgxMobile(R"(01[567]\d{6,10})");        // Handy 0151-0179
bool isMobilephone(const string& text) {
```

```
  return regex_match(text, rgxMobile);                // Passt text ganz?
}
bool containsMobilephone(const string &text) {
  return regex_search(text, rgxMobile);               // irgendwo in text?
}
void listMobilephones(const string &text) {
  sregex_iterator begin{ text.cbegin(), text.cend(), rgxMobile };
  sregex_iterator end;
  for(auto it = begin; it != end; ++it)
    std::cout << it->str() << " ";                     // Treffertext
} // "xyz01709999 abc 0161887766 uvw" -> "01709999 161887766"
```

Listing 28.10 Übereinstimmung, Suche und Aufzählung mit regulären Ausdrücken

Während `regex_match` prüft, ob ein Text insgesamt auf ein Muster passt, testet man mit `regex_search`, ob ein Muster in einem größeren Text überhaupt vorkommt.

Mit diversen Iteratorklassen wie `sregex_iterator` können Sie über alle Treffer eines Musters in einem String iterieren.

Auf das Muster, das bei `rgxMobile` für die Suche verwendet wird, gehen wir später bei Tabelle 28.1 genauer ein.

28.2.1 Matchen und Suchen

Während `regex_match` immer prüft, ob der *gesamte* Text zum Muster passt, findet `regex_search` auch irgendwo im Text enthaltene Treffer:

```
#include <regex>
#include <string>
#include <iostream>
using std::regex; using std::regex_match; using std::regex_search;
int main() {
    std::cout << std::boolalpha;
    regex muster {"ello"};
    std::string text = "Hello world";
    auto b1 = regex_match (text.cbegin(), text.cend(), muster); // passt nicht
    std::cout << b1 << "\n"; // Ausgabe: false
    auto b2 = regex_search(text.cbegin(), text.cend(), muster); // gefunden
    std::cout << b2 << "\n"; // Ausgabe: true
}
```

Listing 28.11 Suche und Übereinstimmung

28.2.2 Ergebnis und Teile davon

Sie können den Suchfunktionen optional einen Parameter mitgeben, in dem die genauen Details des Ergebnisses abgespeichert werden. Das ist meistens dann interessant, wenn

Sie sich für die Start- und Endeposition des Treffers oder gar für die überdeckten Teilausdrücke interessieren.

```
#include <regex>
#include <string>
#include <iostream>
using std::regex; using std::regex_search; using std::cmatch;
int main() {
    cmatch res;                                    // für Detailergebnisse
    std::string text = "<h2>Ergebnis und Teile davon</h2>";
    regex muster{"<h(.)>([^<]+)"};                 // Suchmuster mit Gruppen
    regex_search(text.c_str(), res, muster);       // Details nach res
    std::cout << res[1] << ". "                     // ()-Gruppe 1: H-Ebene
        << res[2] << std::endl;                    // ()-Gruppe 2: H-Text
}
```
Listing 28.12 Zugriff auf die Trefferdetails

Das Ergebnis wird die Ausgabe 2. Ergebnis und Teile davon sein: Die 2 ist die Überschriftebene aus <h2>, und der Rest ist der Text zwischen den spitzen Klammern.

28.2.3 Gefundenes Ersetzen

Ebenso einfach ist es, sich einen neuen String zurückgeben zu lassen, in dem das gefundene Muster mit einem neuen Text ersetzt worden ist:

```
#include <regex>
#include <string>
#include <iostream>
using std::string;
int main() {
    string text = "Titel;Album;Interpret";
    std::regex muster{";"};
    string neu = std::regex_replace(text, muster, string{","});
    std::cout << neu << "\n"; // Ausgabe: Titel,Album,Interpret
}
```
Listing 28.13 Treffer durch neuen Text ersetzen

In dem neuen String neu sind dann *alle* Vorkommen des Musters ";" ersetzt durch ",". Möchten Sie nur den ersten Treffer ersetzt haben, geben Sie regex_replace und als weiteren Parameter regex_constants::format_first_only mit.

28.2.4 Reich an Varianten

Wir haben schon gesehen, dass der Text, in dem gesucht werden soll, auf unterschiedliche Weisen übergeben werden kann. Die Funktionen sind in der Tat durch zahlreiche Überladungen sehr flexibel für die unterschiedlichsten Bedürfnisse.

Zum Beispiel gibt es von `regex_search` die Varianten, die man informell wie folgt zusammenfassen könnte:

▶ Text, in dem gesucht werden soll, also `string`, `const char*` oder ein Paar Iteratoren

▶ optional `match_results`, wie oben `cmatch`

▶ das Muster als `regex`, das gesucht werden soll

▶ optional Flags, die mit dem Default `regex_constants::match_default` belegt werden, wenn man sie weglässt

Ähnliches gilt für `regex_match` und `regex_replace` ebenfalls.

Und damit nicht genug: Die regulären Ausdrücke der Standardbibliothek sind nicht auf Zeichenketten aus `char` beschränkt. Insbesondere `wchar_t` und dessen Stringvariante `wstring` wird unterstützt. Im Hintergrund werkeln allgemeine Templates, von denen das zentralste `regex_traits` ist. Dort werden die Funktionen zur Interpretation von regulären Ausdrücken und Texten zusammengefasst. Im Normalfall müssen Sie hier nicht selbst Hand anlegen, aber im Prinzip spricht nichts dagegen, dass Sie etwas anderes als »Zeichenkette« für einen regulären Ausdruck interpretieren. So erstrecken sich die Definitionen des Standards zum Beispiel nicht auf die neuen Unicodestringvarianten `u16string` und `u32string`. Konzeptionell steht der Verarbeitung dieser Strings jedoch nichts im Wege, erfordert womöglich nur eine gewisse Menge Handarbeit bei der Erweiterung der Templates.

Die Details der Suchergebnisse habe ich in Listing 28.12 in einer Instanz von `cmatch` gespeichert. Das ist aber eigentlich nur ein `typedef` für ein Template von `match_results` für die Suche in einem `string`. Für die anderen Suchtypen gibt es andere vordefinierte `typedef`:

▶ `smatch` für eine Suche in `string`

▶ `cmatch` für eine Suche in `const char*`

▶ `wsmatch` für eine Suche in `wstring`

▶ `wcmatch` für eine Suche in `const wchar_t*`

28.2.5 Iteratoren

Außerdem haben Sie in Listing 28.10 gesehen, dass neben Suche, Match und Ersetzen auch sukzessive über alle Treffer *iteriert* werden kann. Das geschieht mit der Templateklasse `regex_iterator`. Deren Arbeit auf `string` mit der Spezialisierung `sregex_iterator` haben wir schon gesehen. Für `char*`, `wstring` und `wchar_t*` existieren `typdef` mit `c`, `ws` und `wc` statt des `s` am Anfang.

Intern benutzt `regex_iterator` die Funktion `regex_search` zur Suche und ist somit nur eine Adapterklasse für die Iteratoren, die sie zur Verfügung stellt. Daher zeigen die auch »nur« auf entsprechende `match_result`-Instanzen.

Wenn Sie alle Treffer in einem String aufzählen wollen, empfiehlt sich die Verwendung der Iteratorvarianten gegenüber einer Schleife mit `regex_match`. Es gibt Fälle, in denen

28 Standardbibliothek – Extras

Sie sonst eine Endlosschleife produzieren können – dem sorgt `regex_iterator` vor. Daher empfiehlt sich gerade bei Regular Expressions, die auch auf den »leeren String« passen würden wie `"(abc)*"`: Besser die Iteratorvariante verwenden.

28.2.6 Matches

Matches können aber noch mehr als – wie in Listing 28.10 gezeigt – den gefunden String mit `str()` ausgeben.

So können Sie mit `length()` und `position()` herausfinden, wo genau der Treffer im Text vorkommt. Den Text *vor* und *nach* dem Treffer können Sie mit `prefix().str()` und `suffix().str()` erhalten. Teilausdrücke, wie Sie schon in Listing 28.12 gesehen haben, können Sie mit `operator[]` erhalten.

28.2.7 Optionen

Reguläre Ausdrücke gibt es in der Programmierwelt in vielen (mehr oder weniger) unterschiedlichen Varianten. Wenn Sie nichts anderes angeben, unterstützt C++ die *ECMA-Script*-Syntax – die man auch von JavaScript her kennt und die von den Grundzügen her einer Perl-Regular-Expression-Syntax verwandt ist. Wer sich mit einer der beiden auskennt, sollte sich in C++ auch schnell zurechtfinden. Andere Varianten kann die Implementierung optional unterstützen, und die sind dann über den Konstruktoraufruf auszuwählen:

```
regex rgx(R"...", regex_constants::`**Syntax**`);
```

Hier ist *Syntax* eine Bitmaske, um einige unterschiedliche Syntaxvarianten auszuwählen. Der Standard sieht mindestens `ECMAScript`, `basic`, `extended`, `awk`, `grep` und `egrep` als Möglichkeiten vor. Implementierungen steht es frei, weitere anzubieten.

Die Bitmaske kann die Syntax noch durch einige Modifizierer leicht verändern:

▶ `icase` – Groß- und Kleinschreibung ignorieren

▶ `nosubs` – Teilausdrücke nicht im Matchergebnis speichern

▶ `optimize` – Matchgeschwindigkeit präferieren

▶ `collate` – eingestelle Landessprache bei Ausdrücken wie `[a-z]` berücksichtigen

28.2.8 Geschwindigkeit

Bei der `optimize`-Option ist zu beachten, dass der Algorithmus den regulären Ausdruck dabei vorprozessiert. Das kann in manchen Fällen länger dauern und auch viel Speicher verbrauchen. Dafür ist das Ergebnis bei der Ausführung der Suche schneller. Im Prinzip ist es eine Abwägung, wie oft der reguläre Ausdruck angewendet werden soll:

▶ Wird der Ausdruck nur ein- oder zweimal Funktionen wie `regex_search` oder `regex_match` übergeben, dann lohnt sich der Aufwand von `optimize` nicht.

▶ Wenden Sie ein Dutzend Mal oder öfter die Such- und Ersetzfunktionen mit einer Regular Expression an, dann können Sie insgesamt durchaus Zeit sparen.

28.2 Reguläre Ausdrücke

Im Normalfall müssen Sie sich darüber jedoch keine Gedanken machen. Für einen durchschnittlichen Ausdruck ist der Unterschied gering. Der Fall könnte bei langen, komplexen Ausdrücken auftreten, die viele Mehrdeutigkeiten und Überlappungen mit sich selbst haben. Eine Mehrdeutigkeit wäre zum Beispiel (abc|abd), weil ab von mehreren Teilausdrücken gematcht wird. Eine einfache Selbstüberlappung kommt in ababa vor: Bei abab fängt gleichzeitig auch ein neuer möglicher Treffer mit ab an. Dennoch sind solche Fälle meistens völlig unkritisch, und der Algorithmus kann sehr gut mit ihnen umgehen, ob »optimiert« oder nicht. Für gigantisch große, unüberschaubare und wenig spezifische Ausdrücke könnte eine Optimierung mal länger dauern und viel Speicher benötigen – aber weil sie dann schneller ausgeführt wird, kann sich der Aufwand bei mehrfacher Anwendung trotzdem lohnen.[1]

28.2.9 Standardsyntax leicht gekürzt

Da der Default die *ECMAScript-Regular-Expression*-Syntax ist, wollen wir hier eine kurze Zusammenfassung der wichtigsten Elemente der Syntax geben (Tabelle 28.1).

Muster	Bedeutung	Muster	Bedeutung
ab	a gefolgt von b	a{n,m}	n bis m mal a
a|b	Alternative	( )	Gruppierung
.	beliebiges Zeichen	^ $	Stringanfang und -ende
a?	0 oder 1 mal a	[*klasse*]	Zeichen aus Klasse
a*	0 oder mehr mal	\d \w \s	Klassenkürzel
a+	1 oder mehr mal	\b	Wortgrenze

Tabelle 28.1 Sehr kurzer Überblick über die ECMAScript-Regex-Syntax

Mit [*klasse*] können Sie ein Zeichen aus einer Gruppe beschreiben. Dabei können Sie sowohl Zeichen aufzählen wie [abcd], Bereiche definieren [A-Za-z], invertieren [^>] (alles außer >) als auch *Klassennamen* verwenden wie [[:alpha:]]. Welche Klassennamen genau unterstützt werden, wird durch den verwendeten regex_traits bestimmt. Aber es existieren mindestens alnum, alpha, blank, cntrl, digit, graph, lower, print, punct, space, upper, xdigit, d, s und w. Sie entsprechen den C-Funktionsnamen wie isalnum().

Sie können Aufzählungen und Klassennamen auch kombinieren und negieren, zum Beispiel:

---

1 Der Algorithmus wandelt den Ausdruck beim Optimieren in einen deterministischen endlichen Automaten (deterministic finite automata, DFA) um. Das kann im schlimmsten Fall exponentiell viel Zeit und Speicher benötigen.

28 Standardbibliothek – Extras

▶ `[[:alpha:]]` passt auf einen beliebigen Buchstaben.

▶ `[abc[:digit:]]` passt auf die Buchstaben a, b, c und eine beliebige Ziffer.

▶ `[^[:space:]]` passt auf alle Zeichen, die kein Whitespace sind.

Für einige Klassennamen gibt es Abkürzungen. So können Sie zum Beispiel \d statt `[[:digit:]]` schreiben. Abkürzungen im Detail sehen Sie in Tabelle 28.2. Das w aus \w steht für »word«, also Buchstaben, die in einem Wort vorkommen können.

Kürzel	steht für	Kürzel	steht für
\d	für `[[:digit:]]`	\D	für `[^[:digit:]]`
\s	für `[[:space:]]`	\S	für `[^[:space:]]`
\w	für `[_[:alnum:]]`	\W	für `[^_[:alnum:]]`

Tabelle 28.2 Abkürzungen für Zeichengruppen

Damit auch internationale Texte unterstützt werden, gibt es speziell dafür vorgesehene Gruppennamen. Es gibt die *Vergleichsgruppen* (*Collations*) wie `[[.span-ll.]]`. Damit kann im Spanischen ll als ein Zeichen gematched werden. Mit den *Äquivalenzgruppen* (*Equivalence Groups*) wie `[[=e=]]` werden im Französischen ein e und alle Akzentvarianten è, é und ê gematcht.

28.2.10 Anmerkungen zu regulären Ausdrücken in C++

Unterschiede im Algorithmus

Für die meisten Anwendungen sind die Feinheiten bei der Suche nach dem regulären Ausdruck wahrscheinlich nebensächlich. Wird zuerst ein kurzer String gefunden oder der, der weiter vorne steht? Diejenigen, die eher den Umgang mit Perl- oder POSIX-Ausdrücken gewohnt sind, könnten ins Grübeln geraten, daher möchten wir hier auf den kleinen Unterschied hinweisen.

Vergleicht man die Ergebnisse einer Suche nach POSIX-Standard und dem nach ECMAScript-Standard, dann ergibt sich Folgendes (Tabelle 28.3):

Suchmuster	Text	POSIX	ECMAScript
`a|ab`	`"xaby"`	`"ab"`	`"a"`
`.*(a|xayy)`	`"zzxayyzz"`	`"zzxayy"`	`"zzxa"`
`([:alnum:])`	`" abc def xyz "`	`m[1] == "abc"`	`m[1] == "z"`

Tabelle 28.3 Unterschiede zwischen POSIX und ECMAScript bei regulären Ausdrücken

Die Ergebnisse unterscheiden sich also möglicherweise ein wenig:

▶ **ECMAScript**
  Präferiert kürzere Treffer, wenn sie insgesamt zuerst einen Treffer liefern

▶ **POSIX**
  Liefert im Zweifel eher einen längeren Treffer zurück, der weiter links anfängt

Mit den in Perl verfügbaren erweiterten Suchmöglichkeiten können beide Geschmacksrichtungen nicht mithalten. Im Vergleich zu POSIX bietet die ECMAScript-Variante aber den Vorteil, dass sie dem Autor oft das Schreiben eines intuitiveren Suchmusters erlaubt. Wer hat nicht schon einmal versucht, in einem HTML-Text per Regex ein öffnendes Element passend zum schließenden Element zu finden, also zum Beispiel `<font>…</font>`?

Der Versuch, das mit dem Suchmuster `<font[^>]*>.*</font>` zu erreichen, schlägt in beiden Fällen fehl, weil `.*` so viel Text konsumiert wie möglich. Es würden nicht nur die zueinander passenden Elemente gefunden, sondern alles bis zum letzten `</font>`-Element im Text – einschließlich weiterer `<font>` und `</font>`.

In der ECMAScript-Syntax können Sie im Vergleich zu POSIX (zum Beispiel) einen sich ansonsten »gierig« verhaltenden Teil des Ausdrucks durch Anhängen eines ? »nicht gierig« machen. So erledigt das Muster `<font[^>]*>.*?</font>` die gestellte Aufgabe. Im Zweifel wird nun `.*` also eher einen Text konsumieren, der so kurz wie möglich ist.

Lesbare reguläre Ausdrücke

Ich verwende in meinem Alltag jede Menge reguläre Ausdrücke, und Sie wären wahrscheinlich erstaunt, wie oft und wofür. Sie sind ein mächtiges Werkzeug. Doch sie haben auch ihre Tücken. Nach meiner Erfahrung sollte man *immer* einen Such-, Match- oder Ersetzalgorithmus in eine leicht zu testende Funktion auslagern und diese dann mit einem sinnvollen Satz von Testfällen im Unittest beschicken. Mehr als sonst kann man bei regulären Ausdrücken doch mal das eine oder andere übersehene.

Fein, Sie haben Ihre Funktion geschrieben, diese enthält einen tollen regulären Ausdruck. Und Sie haben Tests – wow! Und in drei Wochen fällt Ihnen die tückigste Tücke auf: Sie verstehen den Ausdruck nicht mehr. Sie wollen ihn erweitern oder korrigieren, aber egal was Sie ändern, der Algorithmus geht nur kaputt.

Ja, reguläre Ausdrücke sind leicht zu schreiben, wenn man sich einmal hineingedacht hat. Aber sie wieder zu lesen und zu verstehen, das wird oft schwierig. Sie sind kein Musterbeispiel des Ansatzes, dass Code selbstdokumentierend sein soll und mit wenig bis keinen Kommentaren auskommen sollte.

Doch es gibt eine Lösung. Mehrere sogar, und ich rate Ihnen: Schreiben Sie von Anfang an Ihre regulären Ausdrücke lesbar.

Angenommen, Sie haben zahlreiche Meldungen wie diese:

```
score 400 for 2 nights at Minas Tirith Airport
```

28   Standardbibliothek – Extras

wobei die Texte und Zahlen sich ändern können. Sie sollen die Zahlen 400 und 2 sowie den Hotelnamen »Minas Tirith Airport« nach at extrahieren. Der reguläre Ausdruck kann dann so aussehen:[2]

```
const string muster = R"(^score\s+(\d+)\s+for\s+(\d+)\s+nights?\s+at\s+(.*))";
```

Im Programm sieht das dann so aus:

```
#include <regex>
#include <string>
#include <iostream>
using std::regex; using std::regex_search; using std::cmatch; using std::string;
const regex muster{R"(^score\s+(\d+)\s+for\s+(\d+)\s+nights?\s+at\s+(.*))"};
void extract(const string &text) {
    cmatch res;
    regex_search(text.c_str(), res, muster);
    std::cout << res[1] << "," << res[2] << "," << res[3] << "\n";
}
int main() {
    extract("score 400 for 2 nights at Minas Tirith Airport");
    extract("score 84 for 1 night at Prancing Pony");
}
```

Listing 28.14 Schwer zu wartender regulärer Ausdruck

Das ist noch soeben lesbar. Um die Lesbarkeit zu verbessern, gibt es ja wie immer mindestens drei Möglichkeiten:

▶ anders strukturieren

▶ sprechender benennen

▶ kommentieren

Die ersten beiden Ansätze kombiniert könnte man die große Regex vielleicht in mehrere kleine herunterbrechen, den einzelnen Teilen Namen geben und dann zusammenfügen:

```
const string scoreKeyword = R"(^score\s+)";
const string numberOfPoints = R"((\d+))";
const string forKeyword = R"(\s+for\s+)";
const string numberOfNights = R"((\d+))";
const string nightsAtKeyword = R"(\s+nights?\s+at\s+)";
const string hotelName = R"((.*))";
const regex muster{ scoreKeyword + numberOfPoints +
    forKeyword + numberOfNights + nightsAtKeyword + hotelName };
}
```

Listing 28.15 Teile benennen und dann zusammenfügen

---

2 *ComposedRegex*, Martin Fowler, *https://martinfowler.com/bliki/ComposedRegex.html*, 2009, [2017-03-03]

Vielleicht ist das besser wartbar. Zumindest empfiehlt sich dieser Ansatz, wenn Teile des Ausdrucks vielleicht noch an anderen Stellen des Programms benutzt werden.

Der dritte Ansatz, zu kommentieren, geht auch. Nur dass C++-Kommentare innerhalb des Ausdrucks – innerhalb des Strings – nicht funktionieren.

Hier können Sie das Feature nutzen, dass C++ direkt benachbarte Zeichenkettenliterale zusammenfügt, wenn nach dem Entfernen von Kommentaren nur noch Whitespaces dazwischenliegen. Auf diese Weise können Sie dann Teile des Ausdrucks nahezu »eingebettet« kommentieren:

```
const regex muster{R"(^score)"
    R"(\s+)"
    R"((\d+))"              // Punkte
    R"(\s+)"
    R"(for)"
    R"(\s+)"
    R"((\d+))"              // Anzahl Nächte
    R"(\s+)"
    R"(night)"
    R"(s?)"                 // optional: Plural
    R"(\s+)"
    R"(at)"
    R"(\s+)"
    R"((.*))"               // Hotelname
    R"()"};
```

Listing 28.16 Innerhalb des Ausdrucks kommentieren

Alle Rohstring-Fragmente R"(…)" sind direkt benachbart, wenn man von den Whitespaces und Kommentaren absieht. Der C++-Präprozessor fügt diese zu einem einzigen Zeichenkettenliteral zusammen.

28.3 Zufall

Mit C++11 wurde eine ganze Familie an nützlichen Klassen und Funktionen für das Generieren von Zufallszahlen aufgenommen. Echte Zufallszahlen sind für Computer eine schwierige Sache. Aber in manchen Applikationen brauchen Sie gute Zufallszahlen. Und da tut es das gute alte rand() aus <cstdlib> nicht mehr – bzw. aus <stdlib.h>, wie der Header im C Standard C11 heißt.[3] Denn schon im Standarddokument kann man über rand() lesen: »There are no guarantees as to the quality of the random sequence produced and some implementations are known to produce sequences with distressingly non-random low-order bits. Applications with particular requirements should use a generator that is

---

[3] *Programming languages – C*, ISO/IEC, *http://www.open-std.org/jtc1/sc22/WG14/www/docs/n1570.pdf*, N1570, ISO/IEC 9899:201x

known to be sufficient for their needs.« Oder kurz und frei übersetzt: »Wenn Sie Wert auf Zufälligkeit legen, verwenden Sie nicht rand()!« Nehmen Sie stattdessen <random>, denn, nach Bjarne Stroustrup, ist diese »wie jede Zufallszahlenbibliothek sein möchte, wenn sie erwachsen ist.«

In C++ bietet Ihnen der Header <random> alles, was das Herz rund um Zufall begehrt. Für 99 % aller Anwendungen sollten Ihnen die Möglichkeiten ausreichen. Eventuell können Sie auf den Klassen aufbauen und eigene Ergänzungen hinzufügen. Lassen Sie mich aber auch sagen, dass <random> das eine Prozent der Anwendungen nicht bedient, das sich im Kryptografie dreht. Für diese Anwendungen benötigen Sie Bibliotheken von Drittanbietern und können <random> als Inspiration nehmen.

Wenn Sie nur einen Würfel mit vielen Seiten simulieren wollen, ist es nicht wirklich kompliziert. Wenn Sie aber wiederum Physiker oder Mathematiker sind und wissen, dass Sie eine Zufallszahl mit *Student-Verteilung* in dieser oder jener Geschwindigkeit brauchen, dann müssen Sie tiefer buddeln, aber Sie werden auch dann in <random> fündig.

Denn dieser Teil der Bibliothek bietet für jeden Benutzerlevel etwas:

▶ **Gelegentlichen Benutzer**
Ein vorkonfigurierten Generator und zwei Gleichverteilungen

▶ **Mittlere und fortgeschrittene Benutzer**
Neun weitere Generatoren, 18 weitere Verteilungen, einen echten Zufallsgenerator, eine Hilfsklasse für Startwerte

▶ **Experten**
Sechs konfigurierbare Adapter zum Kombinieren von Generatoren, ein Funktionstemplate zum Schreiben eigener Verteilungen

28.3.1 Einen Würfel werfen

Für den Ottonormalverbraucher, der eine gleichverteilte Zufallszahl erhalten will, sieht das Beispiel einfach aus:

```
#include <random>
#include <vector>
#include <iostream>
void wuerfel() {
  std::default_random_engine engine{};      // Zufall normaler Qualität
  std::vector<size_t> counts{0,0,0,0,0,0};
  std::uniform_int_distribution<int> w6{0, 5}; // gleichverteilte Ganzzahlen
  for(auto i=1200*1000; i>0; --i)
    ++counts[w6(engine)];
  for(auto c : counts) std::cout<<" "<<c;
  std::cout << '\n';
}
```

```
int main() {
    wuerfel();
}
```

Listing 28.17 So erhalten Sie eine gleichverteilte Zufallszahl zwischen zwei Grenzen.

Die Ausgabe ist die Anzahl der Male, wie oft jede Zahl gewürfelt wurde. Würden alle Zahlen gleich häufig geworfen, sähen Sie sechs mal 200000. Weil aber gewürfelt wird, ist diese stattdessen:

199664 200248 199727 200143 200373 199845

Wie Sie sehen, setzt sich das Erzeugen von Zufallszahlen nun aus zwei Dingen zusammen:

▶ **Generator**
Die »Engine« ist verantwortlich für das Erzeugen der (vielleicht pseudo-)zufälligen Bits. Unterschiedliche Generatoren erzeugen Zufallszahlen mit unterschiedlicher Qualität und Geschwindigkeit.

▶ **Verteilung**
Die »Distribution« ist verantwortlich für das Falten der Bitrepräsentation auf die tatsächlich zu erzeugenden Zahlen. Die können gleichverteilt sein, in einem bestimmten Bereich, an bestimmten Stellen gehäuft etc.

Stecken Sie diese beiden Dinger zusammen, erhalten Sie den gewünschten Zufallsgenerator. Eine Distribution wie `w6` definiert den Aufrufoperator `operator()`. Wenn Sie dem als Argument eine Engine mitgeben, erhalten Sie eine Zufallszahl der gewünschten Verteilung mit gewünschter Qualität, entsprechend dem Beispiel oben also:

```
auto zahl = w6(engine);
```

Und `zahl` ist nun irgendetwas zwischen 0 und 5 (inklusive), mit jeweils gleicher Wahrscheinlichkeit. Wenn Sie nicht mögen, dass Sie hier die Engine immer mitschleppen und mit angeben müssen, fügen Sie einfach beides zu einem Funktionsobjekt zusammen, zum Beispiel mit einem Lambda:

```
auto w = [&]() { return w6(engine); };
std::cout << w() << '\n';
```

Und wenn ich Listing 28.17 wieder ausführe, erhalte ich die gleiche Ausgabe. Und noch mal und nochmal ... Das ist aber ein *sehr* unwahrscheinlicher Zufall, oder? Wäre es in der Tat, aber es handelt sich bei allen Engines (bis auf eine, zu der kommen wir gleich) um *Pseudozufallsgeneratoren* – initialisiert mit dem gleichen Startwert erzeugen sie immer dieselbe Bitsequenz – die unter gewissen Betrachtungen zufällig aussieht und für viele (die meisten?) Anwendungen ausreicht. Dass ich hier immer exakt die gleiche Folge von Pseudozufallszahlen erhalten habe, liegt daran, dass ich den *Startwert* (engl. *seed*) der Engine immer gleich gewählt habe, nämlich auf den Standard. Sie können einen anderen Startwert als Konstruktorargument übergeben:

```
std::default_random_engine engine{42};
std::default_random_engine engine{886699};
std::default_random_engine engine{time(0)};  // von <ctime>
```

Jeder Startwert liefert eine andere Pseudozufallsfolge. Wenn Sie mit einem variablen Wert – wie hier mit time(0) der aktuelle Zeit – beginnen, dann erhalten Sie immer eine andere Sequenz. Das reicht für die Standardfälle wieder aus. Brauchen Sie mehr, gibt es die Hilfsklasse std::seed_seq.

Allerdings kann es sein, dass Sie auf Ihrer Maschine eine andere Folge von Pseudozufallszahlen erhalten als ich. Auch wenn die Generatoren alle vom Standard wohldefiniert sind, ist die default_random_engine durch Ihre spezielle Implementierung auf einen der Generatoren abgebildet – welche, das entscheidet der Hersteller. Wenn Sie wirkliche Reproduzierbarkeit brauchen, legen Sie den Generator *und* den Startwert fest.[4]

28.3.2 Echter Zufall

Echte Zufallszahlen bietet Ihnen der Generator random_device. Die bezieht Zufall nicht aus einem Startwert und einer mathematischen Formel, sondern aus diversen echten Zufall produzierenden Komponenten Ihres Computers, wie zum Beispiel der Mausbewegung oder den Bewegungen des Festplattenkopfs. Jedoch hat dieser Generator ein paar nicht zu unterschätzende Nachteile:

▶ Er ist langsam. Ausgerechnet auf Serversystemen (ohne Maus etc.) ist er manchmal *sehr* langsam.

▶ Ergebnisse sind nicht reproduzierbar, zum Beispiel zur Fehlersuche; so kann sich der Vorteil zum Nachteil wandeln.

▶ Die C++-Implementierung muss diese Engine nicht anbieten, sie ist optional.

Sie können mit der Funktion enthropy() von random_device prüfen, ob random_device wirklich zufällige Zahlen erzeugen kann. Wenn das Ergebnis 0.0 ist, wird auf eine andere – deterministische – Engine zurückgegriffen.

28.3.3 Andere Generatoren

Eine Engine implementiert operator(), der eine zufällige »rohe« Bitfolge zurückliefert. Mit der können Sie für wirkliche Experimente noch nicht viel anfangen. Erst kombiniert mit einer *Verteilung* (Distribution) wird daraus eine Zufallszahl im korrekten Zahlenbereich.

Die Verteilung – wie uniform_int_distribution<int> w6{0,5} – hat ebenfalls den operator() überladen. Wenn Sie diesem die engine als Parameter mitgeben, dann wird aus der Bitfolge eine passende Zufallszahl – bei w6 im Zahlenbereich zwischen 0 bis 5 (inklusive) – mit jeder engine.

---

4 Jedoch gilt das nur auf der Generatorebene, also die generierten Bits. Wie genau die Verteilung diese Bits zusammenfaltet, ist wieder dem Hersteller überlassen.

In der Qualität der Bitfolge, die sie zurückliefern, unterscheiden sich die Engines. Diese Qualität ist mit mathematischen Mitteln berechenbar und in einigen Szenarien enorm wichtig. Mit wirklichem Zufall haben unsere deterministischen Computer ihre Schwierigkeiten. Daher erzeugen die Algorithmen nur *scheinbaren* Zufall, sogenannte Pseudozufallszahlen.

Als Faustregel gilt, dass je zeitaufwendiger das Generieren der Bits ist, desto besser ist die Folge der Zufallszahlen. Ich habe hier einmal ein Programm geschrieben, mit dem Sie erstens die Geschwindigkeit der einzelnen Engines messen können, und die zweitens auf alle Engines zeigt, die auf aktuellen Systemen vorhanden sein könnten.

```cpp
#include <random>
#include <chrono>   // system_clock
#include <iomanip> // setw
#include <iostream>
using namespace std;
using namespace chrono;
const size_t LOOPS = 10*1000*1000;

template<typename ENGINE>
void messen(const string &title, ENGINE &engine) {
  const auto start = steady_clock::now();

  /* hart arbeiten */
  unsigned long long checksum = 0;
  size_t loops = LOOPS;
  while(loops-- > 0)
    checksum += engine();

  const auto now = steady_clock::now();
  nanoseconds dur_ns = now - start;
  cout << "  " << title << ": "
       << setw(5) << (dur_ns.count() / LOOPS) << " ns/loop  "
       << setw(12) << dur_ns.count() << " ns  "
       << endl;
}

int main() {
  { default_random_engine e{}; messen("      default", e ); }
  { random_device e{};         messen("       device", e ); }
  { minstd_rand0 e{};          messen(" minstd_rand0", e ); }
  { minstd_rand e{};           messen(" minstd_rand ", e ); }
  { mt19937 e{};               messen("    mt19937   ", e ); }
  { mt19937_64 e{};            messen("    mt19937_64", e ); }
  { ranlux24_base e{};         messen("ranlux24_base", e ); }
  { ranlux48_base e{};         messen("ranlux48_base", e ); }
```

```cpp
  { ranlux24 e{};                messen("ranlux24    ", e ); }
  { ranlux48 e{};                messen("ranlux48    ", e ); }
  { knuth_b e{};                 messen("      knuth_b", e ); }
  {
    using wide_t = unsigned long long ;
    independent_bits_engine<ranlux48, sizeof(wide_t)*8, wide_t> e{};
    messen("indep<ranlux>", e );
  }
  {
    using wide_t = unsigned long long;
    independent_bits_engine<default_random_engine,
                            sizeof(wide_t)*8, wide_t> e{};
    messen("indep<default>", e );
  }
}
```

Listing 28.18 Geschwindigkeiten der Zufallsgeneratoren

Die Ergebnisse sind auf den unterschiedlichen Systemen natürlich immer verschieden. Nachfolgend sehen Sie einen Auszug:

```
default:        12 ns/loop    126342111 ns
device:         41 ns/loop    417456044 ns
minstd_rand0:   12 ns/loop    122354003 ns
indep<ranlux>: 1086 ns/loop  10865420582 ns
```

Wie Sie sehen, ist das `device` hier (!) gar nicht so langsam, und wenn Sie `indep<ranlux>` sollten Sie einen Grund dafür haben.

28.3.4 Verteilungen

Zufallszahlen können mit unterschiedlichsten Charakteristiken bzw. *Verteilungen* erzeugt werden: vom einfachen sechsseitigen Würfel bis zu Fließkommawerten.

Bei einem sechsseitigen Würfel sollte jede der Zahlen 1 bis 6 in etwa gleich häufig auftreten. Doch andere Zufallsexperimente verhalten sich anders. Wirft man zehn Münzen (zusammen) und zählt, wie häufig »Kopf« erscheint, dann sind die möglichen Ereignisse 0 bis 10 *binomialverteilt*: Macht man dieses Experiment mehrere Male hintereinander, wird man »0 mal Kopf« seltener sehen als »5 mal Kopf«. Für derartige Versuche brauchen Sie nicht zehnmal die Zahlen 0 oder 1 für »Kopf« oder »Zahl« vom Computer generieren zu lassen, sondern Sie können sich gleich mit `binomial_distribution` eine Zahl zwischen 0 und 10 mit passender Wahrscheinlichkeit erzeugen lassen.

Sie haben in 28.17 schon gesehen, wie eine Gleichverteilung beim einzelnen Würfel aussieht. Lassen Sie uns in Listing 28.19 eine Binomialverteilung wählen, um den Wurf von zehn Münzen zu simulieren.

28.3   Zufall

```cpp
#include <random>
#include <vector>
#include <iostream>
using namespace std;
int main() {
    static const size_t size = 10;
    default_random_engine e{};                          // Zufallsgenerator
    vector<size_t> counts(size+1);
    binomial_distribution<int> muenzen{size};  // wirft 10 Münzen, 0..10-mal Kopf
    for(auto i=120*1000; i>0; --i)
        ++counts[muenzen(e)];                           // Münzen werfen
    for(auto c : counts) cout<<" "<<c;
    cout << '\n';
    // Beispielausgabe:
    // 109 1159 5344 14043 24806 29505 24544 13973 5252 1150 115
}
```

Listing 28.19 Eine Binomialverteilung

Wie Sie sehen, wird mit 109 viel seltener 0-mal-Kopf als mit 29505 6-mal-Kopf geworfen – eine Binomialverteilung.

Aber angenommen, Sie wollen doch eine Gleichverteilung, aber diesmal nicht von int-Werten, sondern stattdessen von double. Sie brauchen eine andere Verteilungsfunktion, nämlich uniform_real_distribution<double>.

```cpp
#include <random>
#include <iostream>
int main() {
    std::default_random_engine e{};
    std::uniform_real_distribution<double> unif{3,7};  // im halboff. Intervall [3,7)
    double u = unif(e);                          // Zufallszahl ermitteln
    std::cout << u << '\n';                       // Beispielausgabe: 3.52615
}
```

Listing 28.20 Eine »double«-Zufallszahl

Dieser Wurf einmal anders

Wenn Sie dem Konstruktor von uniform_int_distribution<int> schon den Bereich mitgeben, in dem die Zufallszahlen generiert werden sollen, müssen Sie dann, wenn sich die Grenzen jedes Mal ändern, immer eine neue Verteilung erzeugen?

Nein, zum Glück nicht. Jede Verteilung hat einen param_type mit den gleichen Konstruktorargumenten wie die Verteilung. Sie können dem generierenden Aufruf von operator() eine solche param_type-Instanz mitgeben und so die Bedingungen für die Generierung von Aufruf zu Aufruf ändern.

```
#include <random>
#include <iostream>
int main() {
    std::default_random_engine e{};
    using Dstr = std::uniform_int_distribution<int>;   // gleichverteilte int
    Dstr karte{};                                       // Verteilung erzeugen
    for(int n=32; n>=1; --n)
      std::cout <<" "<< karte(e, Dstr::param_type{1,n} );  // Parameter erst hier
    std::cout << '\n';
    // Ausgabe zum Beispiel:
    // 1 5 23 14 15 6 2 17 17 22 9 11 17 1 1 10 11 1 6 1 6 8 6 9 7 4 1 4 2 3 2 1
}
```

Listing 28.21 Generierungsparameter für jede Zufallszahl einzeln ändern

Hier simuliere ich, dass der Kartenstapel mit jedem Ziehen einer Karte um eins kleiner wird. Ausgegeben wird die Kartennummer in dem immer kleiner werdenden Stapel.

Verteilungen über Verteilungen

Die genauen Formeln aller Verteilungen und was ihre Parametrisierungen bedeuten, sind natürlich im Standard genannt. Dem mathematisch Interessierten werden die Namen wahrscheinlich mehr sagen. Für diejenigen sind wohl eher die Parametrisierungen der Verteilungsfunktionen von Interesse. In Tabelle 28.4 steht »Real« für einen reellen Zahlentyp wie float oder double. Ein »Int« steht für einen ganzzahligen Typ, zum Beispiel int.

Dies ist die Liste der im Standard festgelegten Verteilungen. Dem Hersteller der Bibliothek bleibt es überlassen, weitere beizusteuern – der *g++-6.2* hat aktuell noch mitgeliefert:

- ▶ arcsine_distribution
- ▶ beta_distribution
- ▶ exponential_distribution
- ▶ hoyt_distribution
- ▶ hypergeometric_distribution
- ▶ k_distribution
- ▶ logistic_distribution
- ▶ nakagami_distribution
- ▶ normal_mv_distribution
- ▶ pareto_distribution
- ▶ rice_distribution

- ▶ triangular_distribution
- ▶ uniform_on_sphere_distribution
- ▶ von_mises_distribution

Verteilung	Verteilungsparameter
Gleichverteilungen	
uniform_int_distribution	Int a = 0, Int b = max()
uniform_real_distribution	Real a = 0.0, Real b = 1.0
Bernoulli-Familie	
bernoulli_distribution	double p = 0.5
binomial_distribution	Int t = 1, double p = 0.5
geometric_distribution	double p = 0.5
negative_binomial_distribution	Int k = 1, double p = 0.5
Poisson-Familie	
poisson_distribution	double mean = 1.0
exponential_distribution	Real lambda = 1.0
gamma_distribution	Real alpha = 1.0, Real beta = 1.0
weibull_distribution	Real a = 1.0, Real b = 1.0
extreme_value_distribution	Real a = 0.0, Real b = 1.0
Normalverteilungen	
normal_distribution	Real mean = 0.0, Real stddev = 1.0
lognormal_distribution	Real m = 0.0, Real s = 1.0
chi_squared_distribution	Real n = 1
cauchy_distribution	Real a = 0.0, Real b = 1.0
fisher_f_distribution	Real m = 1, Real n = 1
student_t_distribution	Real n = 1
Stichproben-Familie	
discrete_distribution	initializer_list<double> wl
piecewise_constant_distribution	initializer_list<R> bl, Op1 fw
piecewise_linear_distribution	initializer_list<R> bl, Op1 fw

Tabelle 28.4 Parameter der Verteilungsfunktionen

28.4 Mathematisches

28.4.1 Brüche und Zeiten – »<ratio>« und »<chrono>«

Um mit Zeit zu rechnen, benötigen Sie den Header <chrono>. Alles was darin ist, befindet sich in einem eigenen Namensraum std::chrono.

std::chrono führt unter anderem zentral Zeiteinheiten für Sekunden, Millisekunden, aber auch Stunden und Tage ein. All das basiert stark auf Brüchen zur Compilezeit, die aus <ratio> kommen. Warum? Weil zum Beispiel eine Sekunde das Gleiche wie 1/86400 Tag ist – und der Compiler macht mit den Dingen aus <ratio> und <chrono> für Sie die Umrechnung automatisch. <chrono> nutzt <ratio> als Fundament, und Sie könnten sagen, es stellt eine Beispielnutzung dar.

<chrono> enthält Typen und Funktionen für die folgenden Aspekte:

▶ *Zeitspannen*, also die Differenz zwischen Zeitpunkten

▶ *Zeitpunkte* für den relativen Vergleich, um Zeitspannen zu erhalten

▶ *Uhren*, mit dem Fokus auf Zeitmessung, was ich *relative Uhren* nenne

Daran könnte Ihnen auffallen, was <chrono> *nicht* ist: Datumsbehandlung. Sie erhalten hier keinen Kalender, keine absolute Uhr und keine Datumsberechnungen. Dafür nehmen Sie immer noch die von C geerbten Funktionen aus <ctime>. Es gibt aber auch Drittanbieter, die auf <chrono> aufbauen.[5] Oder Sie haben noch etwas Geduld, denn Howard Hinnants date ist ein Kanditat für einen der kommenden C++-Standards.[6]

Motivation

Wenn Sie im Code die folgende Zeile sähen:

```
sleep(10);
```

Was sagt Ihnen das? Es wird gewartet. Wie lange? 10 Millisekunden? 10 Sekunden? Die Erfahrung sagt, eines von beidem ist wahrscheinlich, unwahrscheinlicher sind 10 Nanosekunden oder 10 Minuten. Aber ganz nach der Regel, dass Quellcode sprechend sein soll und bestenfalls ohne Kommentare auskommen sollte, ist es mit <chrono> möglich, zu schreiben:

```
sleep(10s);
```

Und schon ist die Sache klar. Hier ist s ein per operator"" definiertes Suffix für das Literal 10, wie Sie es auch definieren könnten, siehe Abschnitt 23.6, »Eigene Literale«, nur dass Ihre Suffixe mit einem Unterstrich _ beginnen müssen. Die Standardbibliothek hat diese Einschränkung nicht, und somit erzeugt 10s in sleep den folgenden Code:

```
sleep(std::chrono::seconds{10});
```

---

5 *date*, Howard Hinnant, *https://howardhinnant.github.io/date/date.html*, 2016-11-24, [2017-03-04]

6 Mein Gefühl sagt mir aber, dass das noch etwas dauern kann.

was wiederum steht für

```
sleep(std::chrono::duration<unsigned long,std::ratio<1>>{10});
```

Das `std::ratio<1>` steht für die Einheit »Sekunde«. Wenn Sie 10 Minuten angeben wollen, brauchen Sie aber nicht selbst herumzurechnen, sondern machen stattdessen einen der folgenden Aufrufe:

```
sleep(10min);
sleep(std::chrono::minutes{10});
sleep(std::chrono::duration<unsigned long,std::ratio<60>>{10});
```

Es gibt noch einen tollen Nebeneffekt, der sich aus diesem starken Typsystem ergibt. Wenn Sie die Funktion `sleep` definieren, dann geben Sie natürlich nun an, dass der Parameter eine duration sein soll. zum Beispiel:

```
#include <chrono>
void sleep(std::chrono::seconds s) { // Nimmt Sekunden als Dauer
    /* ... */
}
/* ... */
int main() {
    using namespace std::chrono; // Literale verfügbar machen
    sleep(10min);   // 10 Minuten warten, also 600 Sekunden
    sleep(10ms);    // 10 Millisekunden? Mit Sekunden nicht abzubilden.
}
```

Wenn Sie beim Definieren von `sleep` sagen, dass Sie Sekunden als Parameter erwarten, dann kann der Benutzer dennoch 10min als Parameter angeben, und <chrono> führt die Umrechnung automatisch durch.

Und <chrono> verhindert ebenfalls, dass jemand versucht ‚10ms als Zeitspanne anzugeben. Denn wenn Sie `sleep` so definieren, dass es Sekunden als Parameter nimmt, dann wird das seinen Grund haben. Im Millisekundenbereich wird `sleep` nicht arbeiten können. Sie haben also mit der Wahl des Parametertyps für `sleep` gleichzeitig eine Aussage über die Granularität gemacht, mit der Ihr `sleep` arbeitet. Und das ohne extra Kommentar oder Dokumentation.

Und was, wenn die Anforderung kommt, »wir müssen unsere Granularität auf Nanose-kunden verfeinern«? Dann müssen Sie *nicht* durch die Stellen im Quellcode durchgehen und alle `sleep`-Aufrufe modifizieren und auch nicht eine sleepNanoseconds-Funktion ein-führen. Sie ändern nur die `sleep`-Funktion

```
void sleep(std::chrono::nanoseconds ns) { // Nimmt Nanosekunden als Dauer
    /* ... */
}
```

Und <chrono> übernimmt zur Compilezeit automatisch die Umwandlung an allen aufru-fenden Stellen.

28 Standardbibliothek – Extras

»chrono::seconds«

chrono::duration steht für »Dauer«, für eine *Zeitspanne*. Diese kann etwas sein wie

- 3 Sekunden
- 3 Minuten
- 3 Stunden
- etc.

Die Basis von <chrono> bildet die Sekunde in Form von std::chrono::seconds. Zur Laufzeit unterscheidet sich eine Instanz dieses Typs nicht von einem int64_t oder long long, beide belegen acht Byte. Sie können sie also (trivial[7]) verschieben, kopieren, konstruieren, und es kostet den Computer so gut wie keine Zeit.

Im Kern ist seconds ein sehr einfacher Typ, und Sie können ihn sich ungefähr so vorstellen:

```
#include <cinttypes> // int64_t
namespace std { namespace chrono {
class seconds {
    int64_t sec_;
public:
    seconds() = default;
    // ...etc...
};
} }
```

Das heißt, Sie können seconds zum Beispiel so initialisieren:

```
std::chrono::seconds s1;     // uninitialisierter Wert
std::chrono::seconds s2{};   // nullinitialisiert
```

Was Sie nicht tun können, ist:

```
std::chrono::seconds s = 3; // Fehler: nicht implizit von int
```

Das ist sehr wichtig, denn ebenso wichtig wie das, was Sie mit <chrono> tun können, ist das, was Sie damit nicht tun können. Wäre diese Initialisierung erlaubt, dann wäre es Ihnen nämlich zum Beispiel wieder möglich gewesen, sleep(3) zu schreiben, und Sie hätten eine automatische Konvertierung von int nach Sekunden (oder Nanosekunden?) bekommen.

Stattdessen müssen Sie schreiben:

```
std::chrono::seconds s{3};
```

So schützen Sie sich selbst vor Fehlern.

Wenn Sie eine Zeitspanne wie diese ausgeben wollen, dann nehmen Sie dafür count(), um an den eingeschlossenen Wert zu kommen:

```
std::cout << s.count() << "s\n";
```

---

7 im Sinne des Standards

832

28.4 Mathematisches

Direkte Ausgabe ist nicht möglich

Leider geht nicht:

```
std::cout << s << "\n";
```

Das sollte in einer der nächsten Versionen der Standardbibliothek aber behoben sein.

Wenn Sie chrono::duration als Parameter oder Variable verwenden, dann sieht das in der Praxis so aus:

```cpp
#include <chrono>
#include <iostream>

void sleep(std::chrono::seconds dur) {
    std::cout << dur.count() << "s\n";
    /* ... */
}

int main() {
    using namespace std::chrono;

    sleep(3);             // Fehler: keine implizite Konvertierung von int
    sleep(seconds{4});    // okay
    sleep(5s);            // okay

    seconds x{6};
    sleep(x);             // okay

    auto y = 10s;
    y += 20s;             // Inkrementieren mit Sekunden
    sleep(y);             // nun also 30s
    y = y - 6s;           // Subtraktion von Sekunden
    sleep(y);             // und nun nur noch 24s
    y /= 2;               // Division durch einen Skalar
    sleep(y);             // 12s

    sleep(y + 7);         // Fehler: seconds+int geht nicht
}
```

Listing 28.22 Mit »seconds« können Sie rechnen.

Wie Sie sehen, können Sie mit seconds vernünftig rechnen. Allerlei arithmetische Operatoren sind überladen. Addition von Sekunden? Ja. Division mit Skalar? Ja. Addition von Skalar? Nein. Denn bei y+7 wissen Sie wieder nicht, ob 7 Sekunden oder 7 Jahre gemeint sind, und vor dieser Mehrdeutigkeit schützt Sie <chrono>.

833

28   Standardbibliothek – Extras

Neben den arithmetischen Operationen können Sie auch Vergleiche durchführen:

```
#include <chrono>
#include <iostream>
using std::chrono::operator""s;  // nur Literal-Suffix verfügbar machen
constexpr auto limit = 10s;

void action(std::chrono::seconds dur) {
    if(dur <= limit) {           // vergleichen
        std::cout << dur.count() << "s\n";
    } else {
        std::cout << "zu lang!\n";
    }
}
int main() {
    action(4s);      // Ausgabe: 4s
    action(20s);     // Ausgabe: zu lang!
}
```

Listing 28.23 Sie können »seconds« vergleichen.

Für seconds sind also jede Menge sinnvolle arithmetische und Vergleichs-Operatoren definiert und viele nicht sinnvolle absichtlich nicht definiert.

In Tabelle 28.5 habe ich Ihnen die Methoden von seconds aufgelistet.

Methode	Beschreibung
count()	Zugriff auf den eingeschlossenen Wert
min()	static, größte mögliche negative abbildbare Dauer
max()	static, größte mögliche abbildbare Dauer
zero()	static, Nulldauer

Tabelle 28.5 Methoden von »seconds«

Da seconds intern int64_t verwendet, können Sie zwischen seconds::min() und seconds::max() einen Bereich von knapp 600 Milliarden Jahren abdecken.[8]

Andere Zeitspannen – »std::chrono::duration«

Sie haben aber nicht nur seconds als Zeiteinheit zur Verfügung, sondern, wie eingangs gesagt, auch andere Zeiteinheiten. Der Standard sieht mindestens diejenigen in Tabelle 28.6 vor. Die Implementierung kann mehr anbieten.

---

8   Den genauen Bereich gibt die Standardbibliothek nicht vor, in der Praxis sollte diese Größenordnung aber erreicht werden.

Typ	Sekunden	Suffix
hours	ratio<3600,1>	h
minutes	ratio<60,1>	min
seconds	ratio<1,1>	s
milliseconds	ratio<1,1000>	ms
microseconds	ratio<1,1000000>	us
nanoseconds	ratio<1,1000000000>	ns

Tabelle 28.6 Verschiedene »duration«-Typen der Standardbibliothek

Durch die Verwendung von `ratio` als Basis all dieser Zeiteinheiten erlaubt `<chrono>` die automatische Umrechnung aller dieser Zeiteinheiten ineinander.

```cpp
#include <chrono>
#include <iostream>
int main() {
    using namespace std::chrono;            // Suffixe erlauben
    seconds mySecs = 121s;                  // seconds{121}
    std::cout << mySecs.count() << "s\n";   // Ausgabe: 121s
    milliseconds myMillis = mySecs;         // automatisch umgewandelt
    std::cout << myMillis.count() << "ms\n"; // Ausgabe: 121000ms
    nanoseconds myNanos = mySecs;
    std::cout << myNanos.count() << "ns\n"; // Ausgabe: 121000000000ns
    minutes myMinutesErr = mySecs;          // Fehler: Konvertierung mit Verlust
    minutes myMinutes = duration_cast<minutes>(mySecs); // explizit gehts
    std::cout<<myMinutes.count()<<"min\n";  // Ausgabe: 2min
}
```

Listing 28.24 Automatische Umrechnung zwischen Zeiteinheiten

Wie Sie sehen, erhalten Sie in `count()` dann die jeweils umgerechnete Größe. Solange die Umrechnung ohne Verlust stattfinden kann, funktioniert die Umwandlung automatisch. Sie würde auch implizit für Parameter und Rückgaben funktionieren, wie Sie es einleitend schon am Beispiel mit `sleep(…)` gesehen haben.

Anders ist es, wenn bei der Umwandlung Information verloren gehen würde. Dies wäre zum Beispiel der Fall, wenn Sie `mySecs` in `minutes` konvertieren würden. Aus 121 Sekunden würden 2 Minuten, und die 1 Sekunde Rest geht verloren. Hier beschwert sich der Compiler, wenn Sie das implizit machen wollen.

Wenn Sie wissen, was Sie tun, können Sie genau diese Umwandlung mit einem `duration_cast<…>` erzwingen. Das Ergebnis ist eine Rundung Richtung null (Kommastellen werden

28 Standardbibliothek – Extras

also einfach abgeschnitten). In C++17 erhalten Sie mit den Funktionen floor, round und ceil andere Rundungsvorgehen.

Nicht, dass Sie das missverstehen: duration_cast<> ist nicht eingebaut wie static_cast<> und Konsorten, sondern ist ein Funktionstemplate, das mit vollem Namen std::chrono:: duration_cast<> heißt und Teil von <chrono> ist.

Das alles funktioniert, weil <chrono> die Beziehungen zwischen den unterschiedlichen Zeiteinheiten kennt und weiß, ob und wie man sie ineinander konvertieren kann.

Bevorzugen Sie implizite Konvertierung

Wenn die implizite Konvertierung erlaubt ist, dann ist sie immer exakt.

Wenn Sie duration_cast<> benutzen müssen, weil es implizit nicht geht, dann geht Genauigkeit verloren. Wenn Sie duration_cast<> unnötigerweise einsetzen, dann merken Sie nicht, wenn gerundet wird.

Wandeln Sie nicht selbst um

Wenn Sie anfangen, mit <chrono> zu arbeiten, lassen Sie Umrechnungen von der Bibliothek vornehmen. Wandeln Sie nicht selbst um, wie zum Beispiel:

```cpp
#include <chrono>
#include <iostream>
int main() {
    using namespace std::chrono;
    milliseconds myMs = 4'000ms;
    std::cout << myMs.count()/1000 << "s\n";
    std::cout << myMs.count()*1000 << "us\n";
    std::cout << duration_cast<seconds>(myMs).count() << "s\n";  // explizit
    std::cout << microseconds(myMs).count() << "us\n";            // wie implizit
}
```

Listing 28.25 Machen Sie keine eigene Berechnungen mittels »count()«

Es ist viel weniger fehleranfällig, <chrono> die Arbeit an einem Ort erledigen zu lassen. Auch die Performance ist nicht schlechter, als wenn Sie es von Hand selbst ausprogrammieren.

Sollte der Compiler Ihnen irgendwo sagen, er kann etwas nicht umwandeln, glauben Sie ihm. Umgehen Sie seinen Hinweis nicht, indem Sie count() und eine eigene Berechnung verwenden. Die Wahrscheinlichkeit ist groß, dass Sie irgendwo einen Denkfehler gemacht haben. Mit count() rechnen, ist ein »Kobayashi Maru«.

Konvertierungen und Arithmetik können Sie auch mischen. Ein Ausdruck kann unterschiedliche Einheiten enthalten. Solange bei den Konvertierungen keine Information verloren geht, klappt es einfach.

28.4   Mathematisches

```cpp
#include <chrono>
#include <iostream>
void showDuration(std::chrono::milliseconds dur) {
    std::cout << dur.count() << "ms\n";
}
int main() {
    using namespace std::chrono;
    auto x = 2s;
    auto y = 3ms;
    showDuration(x + y); // Ausgabe: 2003ms
    showDuration(x - y); // Ausgabe: 1997ms
}
```

Listing 28.26 Sie können Einheiten mischen.

Hier wird x automatisch in milliseconds umgewandelt, bevor + oder - durchgeführt wird.

Eigene »duration«-Typen

Sollten Sie andere Zeiteinheiten brauchen (Femtosekunden? Wochen?) oder Ihnen die 64 Bit von second zu viel Speicherplatz verbrauchen, dann können Sie sich selbst sehr einfach einen neuen Typ erstellen, der mit den anderen nahtlos zusammenarbeitet:

```cpp
#include <chrono>
#include <iostream>
using namespace std::chrono; using std::cout;
using seconds32 = duration<int32_t>;              // andere Repräsentation
using week = duration<int,std::ratio<86400*7>>;   // andere Zeiteinheit
using fseconds = duration<double>;                // Fließkomma-Repräsentation
int main() {
  seconds32 s{5};
  cout << milliseconds(s).count() << "ms\n";
  week w{1};
  hours h = w; // Umwandlung kostenlos
  cout << "1 Woche hat "<<h.count()<<" Stunden\n";            // ...168...
  fseconds fs{23.75};
  cout << fs.count() << "s\n"; // Fließkommaausgabe
  auto printDur = [](fseconds f) { cout << f.count() << "s\n"; }; // Funktion
  printDur(45ms + 63us); // Umwandlung in fseconds
  // Ausgabe: 0.045063s
}
```

Listing 28.27 Erstellen Sie neue Zeiteinheiten oder sparsamere Repräsentationen.

Umwandlungen zwischen den Typen seconds32 sowie week zu den normalen Zeittypen funktioniert einfach.

Eine besondere Behandlung erhalten Sie, wenn Sie eine Fließkomma-Repräsentation für Ihren eigenen Zeittyp wählen: Denn dann geht <chrono> davon aus, dass bei Konvertierungen keine Genauigkeit verloren geht. Der Ausdruck 45ms + 63us wird für die Berechnung implizit in microseconds umgewandelt. Die Funktion printDur nimmt fseconds als Parameter. Der Compiler erlaubt die Umwandlung von microseconds und fseconds und führt die Umrechnung korrekt durch. Mit den ganzzahlbasierten seconds ginge das nicht, der Compiler würde vor Genauigkeitsverlust schützen. Wenn Sie einen Fließkommatyp zugrunde legen, lässt der Compiler die Umwandlung zu. Eine explizite Konvertierung mit duration_cast<> ist dann nicht nötig.

Compilezeit-Brüche – »ratio«

In Tabelle 28.6 haben Sie gesehen, dass der zweite Templateparameter von duration ein ratio ist. In der Tat übernimmt dieser ratio die ganze Konvertierung, die in <chrono> so nützlich ist. Und was für Zeiteinheiten nützlich ist, kann auch woanders hilfreich sein.

std::ratio ist ein Bruch, der zur Compilezeit ausgewertet wird. ratio<1,1000> ist das Compilezeit-Pendant von $\frac{1}{1000}$. Sie können mit verschiedenen ratio-Instanzen rechnen. Der Compiler nimmt sogar Vereinfachungen vor. Das heißt, wenn Sie ratio<1000,1> mit ratio<1,1000> multiplizieren, kommt nicht ratio<1000,1000> dabei heraus, sondern ratio<1,1>. Das ist wichtig, damit der Compiler genau weiß, wann Typen gleich zueinander sind und wann er konvertieren muss.

Damit Sie nicht immer ratio<1,1000> und dergleichen schreiben müssen, definiert die Standardbibliothek schon die in Tabelle 28.7 gezeigten häufig vorkommender Brüche vor. Die mit Fragezeichen (?) versehenen Definitionen sind optional.

Sie können mit ratio<>::num und ratio<>::den den Zähler und Nenner jedes Bruches ermitteln.

Sie können leicht eigene Brüche hinzufügen. Und ab dann brauchen Sie sich um Umwandlungen keine Sorgen mehr zu machen. Ähnlich wie <chrono> es vorführt, bekommen Sie kostenlos Operatoren und Umrechnungen frei Haus geliefert.

```cpp
#include <iostream>
#include <ratio>
using std::cout; using std::endl;
int main() {
  using einDrittel = std::ratio<1,3>;
  using zweiViertel = std::ratio<2,4>;
  cout << einDrittel::num << "/" << einDrittel::den << endl;    // Ausgabe: 1/3
  cout << zweiViertel::num << "/" << zweiViertel::den << endl;  // Ausgabe: 1/2
  using sum = std::ratio_add<einDrittel,zweiViertel>;          // addieren
  cout << sum::num << "/" << sum::den;                          // Ausgabe: 5/6
}
```

typedef	ratio	Wert
yocto	ratio<1,1000000000000000000000000>	10^{24} ?
zepto	ratio<1,1000000000000000000000>	10^{21} ?
atto	ratio<1,1000000000000000000>	10^{18}
femto	ratio<1,1000000000000000>	10^{15}
pico	ratio<1,1000000000000>	10^{12}
nano	ratio<1,1000000000>	10^{9}
micro	ratio<1,1000000>	10^{6}
milli	ratio<1,1000>	10^{3}
centi	ratio<1,100>	10^{2}
deci	ratio<1,10>	10^{1}
deca	ratio<10,1>	10^{-1}
hecto	ratio<100,1>	10^{-2}
kilo	ratio<1000,1>	10^{-3}
mega	ratio<1000000,1>	10^{-6}
giga	ratio<1000000000,1>	10^{-9}
tera	ratio<1000000000000,1>	10^{-12}
peta	ratio<1000000000000000,1>	10^{-15}
exa	ratio<1000000000000000000,1>	10^{-18}
zetta	ratio<1000000000000000000000,1>	10^{-21} ?
yotta	ratio<1000000000000000000000000,1>	10^{-24} ?

Tabelle 28.7 Alle vordefinierten »ratio« typedefs

Schon bei der Definition vereinfacht der Compiler ratio<2,4> zu ratio<1,2>. Bei der Addition von $\frac{1}{3}$ und $\frac{1}{2}$ müssen die Brüche erst auf Sechstel erweitert werden, um $\frac{5}{6}$ bzw. ratio<5,6> zu erhalten.

Neben ratio_add gibt es noch mehr Möglichkeiten zur arithmetischen Berechung und zum Vergleich zur Compilezeit, die ich in Tabelle 28.8 aufgelistet habe.

Operator	Beschreibung
ratio_add	addieren
ratio_subtract	subtrahieren
ratio_multiply	multiplizieren
ratio_divide	dividieren
ratio_equal	Vergleich auf Gleichheit
ratio_not_equal	Vergleich auf Ungleichheit
ratio_less	Vergleich auf kleiner
ratio_less_equal	Vergleich auf kleiner-gleich
ratio_greater	Vergleich auf größer
ratio_greater_equal	Vergleich auf größer-gleich

Tabelle 28.8 Arithmetik und Vergleiche für »ratio« zur Compilezeit

Ansonsten enthält <chrono> die besten Beispiele für den sinnvollen Einsatz von ratio.

Zum Beispiel wäre möglich gewesen, in Listing 28.27 statt

```
using week = std::chrono::duration<int,std::ratio<86400*7>>
```

zu schreiben:

```
using week = std::chrono::duration<int,
        std::ratio_multiply<std::ratio<7>,
            std::ratio_multiply<std::ratio<24>,hours::period>
        >
    >;
```

Denn 7*24*hours ergibt eine Woche. Mit hours::period kommen Sie an den in dem duration-Typ hours befindlichen ratio heran.

Zeitpunkte – »time_point«

Während eine duration irgendeine relative Dauer darstellt, ist ein time_point absolut. Für <chrono> ist ein time_point ein fest verbundenes Paar aus einer duration und einem Bezugspunkt.

Zum Beispiel könnte der Bezugspunkt der 1. Januar 2000 sein und die Dauer 6518 Tage, dann würde das Paar aus diesen beiden Werten als Zeitpunkt den 5. November 2017 benennen.

Konkret in C++ sind zum Beispiel 10000s irgendwelche 10000 Sekunden, während

```cpp
time_point<system_clock, seconds> tp{10000s};
```

10000 Sekunden nach 1.1.1970, also *1970-01-01 02:46:40 UTC* sind.[9]

time_point und duration spielen aber gut zusammen. Sie können die Differenz zweier Zeitpunkte nehmen und erhalten eine Dauer – so auch in C++:

```cpp
#include <iostream>
#include <chrono>
int main() {
    using namespace std::chrono;
    time_point<system_clock, seconds> t1{10000s};
    time_point<system_clock, seconds> t2{50000s};
    auto dur = t2 - t1;
    std::cout << duration_cast<hours>(dur).count() << "h"; // Ausgabe: 11h
}
```

Der Compiler erlaubt Ihnen nicht, zwei Zeitpunkte zu *addieren*, das würde keinen Sinn ergeben. Sie können aber duration zu einem time_point hinzuaddieren etc.

Jeder time_point ist an eine Zeiteinheit gebunden; im Beispiel seconds. Genau wie mit duration erlaubt Ihnen der Compiler implizite Umwandlungen in genauere time_point-Typen, verhindert aber solche zu ungenaueren. Mit einem time_point_cast können Sie immer eine Umwandlung forcieren.

Um einen time_point in eine duration umzuwandeln, können Sie die Methode time_since_epoch() verwenden.

Uhren

Eine Uhr ist ein Tripel aus

- ▶ einer Dauer in Form eines duration-Typs,
- ▶ einem Zeitpunkt in Form eines time_point-Typs und
- ▶ einer Funktion, die aktuelle Zeit zu erhalten.

Eine etwas vereinfachte Darstellung einer beliebigen Uhr wäre

```cpp
struct some_clock {
    using duration = microseconds;              // Granularität der Uhr
    using time_point = time_point<some_clock>;  // Rückgabetyp von now()
    static time_point now() noexcept;           // aktuellen Zeitpunkt holen
};
```

Ich habe die Mitglieder rep, period und is_steady zur Übersichtlichkeit weggelassen. microseconds ist nur exemplarisch genannt, jede Uhr definiert hier ihre eigene Granularität. Die zentrale Funktion ist now(), die ich Ihnen gleich näher erkläre.

---

9 Dass der 1.1.1970 hier der Start von system_clock ist, ist kein Muss, seien Sie hier vorsichtig.

28 Standardbibliothek – Extras

Die Wahrscheinlichkeit, dass Sie selbst neue Uhren definieren müssen, ist sehr gering. Die Standardbibliothek bringt drei mit, die Sie je nach Einsatzzweck verwenden werden:

▶ `std::chrono::system_clock`
Nehmen Sie diese Uhr, wenn Sie einen Bezug zu einem Kalender brauchen. Mit dieser Uhr können Sie die aktuelle Uhrzeit oder das Datum erhalten.

▶ `std::chrono::steady_clock`
Dies ist eher eine Stoppuhr. Mit der können Sie Zeitmessungen innerhalb Ihres Programms durchführen. Sie taugt nicht, um zum Beispiel die aktuelle Uhrzeit zu ermitteln.

▶ `std::chrono::high_resolution_clock`
Dies ist meist nur ein Alias auf eine der beiden anderen Uhren, je nachdem, auf welchem System die Uhr zur Zeitmessung feiner granuliert ist. Es ist der Implementierung möglich, hier eine besonders genaue Uhr zu liefern.

Wenn Sie die aktuelle Zeit einer Uhr, zum Beispiel `steady_clock`, haben wollen, dann geht das wie folgt:

```
steady_clock::time_point tp = steady_clock::now();
```

oder gleich mit `auto`:

```
auto tp = steady_clock::now();
```

Überhaupt können Sie bei der Arbeit mit `<chrono>` sehr häufig `auto` einsetzen und müssen sich so nicht alle Rückgabetypen merken.

Das können Sie zum Beispiel für die Zeitmessung eines Funktionsaufrufs einsetzen:

```cpp
#include <iostream>
#include <chrono>
long fib(long n) { return n<2L ? 1L : fib(n-1L)+fib(n-2L); }
int main() {
    using namespace std::chrono;
    auto t0 = steady_clock::now();   // Auf die Plätze, fertig, ...
    auto res = fib(17);              // ...los!
    auto t1 = steady_clock::now();   // Stopp!
    std::cout << "Ergebnis: " << res << "\n"; // Ausgabe Ergebnis: 2584
    std::cout << "Zeit: " << nanoseconds{t1-t0}.count() << "ns\n";
    // Ausgabe: Zeit: 50727ns (z. B.)
}
```

Listing 28.28 Einfache Zeitmessung eines Funktionsaufrufs

Sie messen einfach mit `now()` vor und nach dem Aufruf die Zeit und erhalten jeweils einen `time_point`. Zwischen diesen beiden bilden Sie die Differenz mit `t1-t0` und bekommen eine `duration`. Für die Ausgabe wandeln Sie diese `duration` dann in eine für die Messung angebrachte Zeiteinheit um, hier `nanoseconds{…}` – fertig.

Wenn Sie eine gröbere Zeiteinheit haben wollen, die Sie wegen Genauigkeitsverlust nicht implizit umwandeln können, dann haben Sie zwei bereits bekannte Möglichkeiten:

```
auto res = fib(45);
// …
std::cout << "Zeit: " << duration_cast<seconds>(t1-t0).count() << "s\n";
// Ausgabe: Zeit: 7s (z. B.)
std::cout << "Zeit: " << duration<double>{t1-t0}.count() << "s\n";
// Ausgabe: Zeit: 7.35303s (z. B.)
}
```

Mit duration_cast<> können Sie Genauigkeitsverlust bei der Ausgabe in Kauf nehmen. Wenn Sie in eine Fließkomma-duration umwandeln, dann erlaubt der Compiler den »Genauigkeitsverlust« – der ja mit Fließkommazahlen keiner ist.

Wenn Sie nicht eine Stoppuhr, sondern eine »Wanduhr« benötigen, dann nehmen Sie system_clock. Der Zeitpunkt, den diese beschreibt ergibt sich aus der vergangenen Dauer, die seit *Epoch* vergangen ist. Epoch nennt man den impliziten Start dieser Uhr. Die seit Epoch vergangene Dauer erhalten Sie mit time_since_epoch().

```
#include <iostream>
#include <chrono>
int main() {
    using namespace std::chrono;
    auto tp = time_point_cast<seconds>(system_clock::now());
    auto d = tp.time_since_epoch();
    std::cout << d.count() << "s\n";
    std::cout << duration<double,std::ratio<86400>>{d}.count() << "days\n";
}
```

Auf allen mir bekannten Systemen entspricht Epoch 01.01.1970 00:00::00 Uhr.[10] time_since_epoch() liefert hier eine duration zurück, meist auf Sekunden basierend, die Sie wie gewohnt manipulieren können.

Die Ausgabe ist hier bei mir im Moment:

```
1488837296s
17231.9days
```

28.4.2 Numerik mit »<numeric>«

Der Header <numeric> enthält einige Funktionen, die im Umfeld numerischer Berechnungen nützlich sind. Im Moment sind dies alles Funktionstemplates, die mit Paaren von Iteratoren zusammenarbeiten.[11] Sie werden also auf Containern (oder Streams) eingesetzt, die numerische Werte enthalten – arithmetische Operatoren unterstützen.

---

10 Microsoft plant, diesen Zeitpunkt auf 1.1.1601 zu legen, seien Sie also vorsichtig mit dieser Annahme.
11 Hier tut sich aber gerade viel, und schon zu C++17 sind hier einige neue Funktionen hinzugekommen.

28   Standardbibliothek – Extras

Die Funktionen sind im Folgenden aufgelistet. Gehen Sie bitte davon aus, dass Sie einen Container mit Ganz- oder Fließkommazahlen haben. Jedoch tut es jeder Datentyp, wenn er die geeigneten arithmetischen Operationen unterstützt, so zum Beispiel auch `complex`. »Ohne Beschränkung der Allgemeinheit« verwende ich `vector<int> data{a, b, c, …}` in meinen kurzen Beispielen.

- `accumulate`
  Diese Funktion eignet sich dazu $r = init \# a \# b \# c \# …$ zu berechnen. Dabei ist # eine beliebige zweistellige Funktion oder `operator+`, wenn Sie nichts angeben. `init` stellt das »neutrale« Element bezüglich der Operation dar (zum Beispiel 0 bei Addition oder 1 bei Multiplikation). Unterschätzen Sie diese Funktion bitte nicht. Sie könnten von ihr in einem anderen Kontext schon gehört haben, vielleicht als *reduce* vom »MapReduce« oder *fold*, *aggregate* oder *compress* aus funktionalen Sprachen, siehe Listing 28.29.

- `adjacent_difference`
  Sie geben in einen Ausgabecontainer die Ergebnisse der Operationen a#b, b#c, c#… etc. aus. Wenn Sie keinen zweistelligen Operator mitgeben, wird `operator-` verwendet. Sie erhalten eine Art »diskrete Ableitung« der Werte im Container. Der Ausgabecontainer muss für n-1 Elemente Platz haben, siehe Listing 28.30.

- `inner_product`
  Das *Innere Produkt* zweier Bereiche {a,b,c,…} und {x,y,z,…} ist $r = a*x + b*y + c*z +…$. Wie immer können Sie die Defaultoperatoren + und * auch selbst wählen. Das Ergebnis ist ein einzelner »akkumulierter« Wert.

- `partial_sum`
  Ähnlich wie bei `accumulate` werden die Elemente nacheinander aufsummiert (oder mit einem von Ihnen angebenden Operator kombiniert). Nur, dass hier die Zwischenergebnisse zusätzlich in einen Ausgabeiterator geschrieben werden. Das erste Element der Ausgabe ist dann a, das zweite a+b, das dritte a+b+c etc.

- `iota`
  Hiermit können Sie in einen Ausgabebereich eine Sequenz von Werten generieren. Sie starten mit `init`, auf den dann sukzessive ++ angewendet wird, bis das Ende des Bereichs erreicht ist, siehe Listing 28.31.

Die Beispiele:

```
#include <numeric>    // accumulate
#include <functional> // multiplies
#include <algorithm>  // transform
#include <iostream>
#include <vector>
using std::accumulate; using std::cout; using std::vector; using std::multiplies;
int main() {
  vector<int> data{ 2, 3, 5, 10, 20 };
  cout << accumulate(data.begin(),data.end(),0)<<'\n';  // +, Ausgabe: 40
  cout << accumulate(data.begin(),data.end(),1,multiplies<int>{})<<'\n';  // *, 6000
```

28.4 Mathematisches

```cpp
    vector<bool> gerade( data.size() );
    std::transform( data.begin(), data.end(), gerade.begin(),
        [](auto n) { return n%2==0; });
    for(auto b : gerade) {
        cout << ( b ? "gerade " : "ungerade ");
    }
    cout << "\n";           // Ausgabe: gerade ungerade ungerade gerade gerade
    auto sindAlleGerade = accumulate(gerade.begin(), gerade.end(), true,
            [](auto b, auto c) { return b&&c; });
    if(sindAlleGerade) {
        cout << "alles gerade Zahlen\n";
    } else {
        cout << "ungerade Zahlen dabei\n"; // das ist die Ausgabe
    }
}
```

Listing 28.29 accumulate

28

Statt multiplies hätten Sie auch [](auto a, auto b){ return a*b; } schreiben können, und statt dem Lambda für sindAlleGerade auch logical_and<bool>{} aus <functional>. Dies sehen Sie im folgenden Beispiel:

```cpp
#include <numeric> // adjacent_difference
#include <functional> // plus
#include <algorithm> // copy
#include <iostream>
#include <iterator> // ostream_iterator
#include <vector>
using std::cout; using std::vector;

int main() {
    // Streamausgabeiterator für int;
    std::ostream_iterator<int> os{std::cout, " "};
    vector<int> data{ 1, -1, 2, -2, -4, 4, -6, 6 };
    std::copy(data.begin(), data.end (), os);
    cout << '\n'; // Ausgabe: 1 -1 2 -2 -4 4 -6 6
    vector<int> res( data.size()-1 ); // Platz für Ergebnis
    // Ergebnisse nach res schreiben:
    adjacent_difference(data.begin(), data.end(), res.begin());
    std::copy (res.begin(), res.end (), os);
    cout << '\n'; // Ausgabe: 1 -2 3 -4 -2 8 -10
    // gleich nach os schreiben:
    adjacent_difference(data.begin(), data.end(), os, std::plus<int>{});
    cout << '\n'; // Ausgabe: 1 0 1 0 -6 0 -2 0
}
```

Listing 28.30 adjacent_difference

845

Statt meiner üblichen for-Schleife für die Ausgabe eines Containers habe ich hier einmal einen *Streamausgabeiterator* ostream_iterator benutzt: Sie erzeugen einen Iterator mal nicht mit begin() als Indirektion in einen Container, sondern in einen Ausgabestream – hier cout mit dem Trennstring " " zwischen den Elementen. Den nutze ich, um data auf der Konsole auszugeben.

Dann bereite ich das erste adjacent_difference vor, indem ich Platz für das Ergebnis schaffe: Ich initialisiere den vector res mit der passenden Größe. Dann führe ich adjacent_difference aus – in res landen die paarweisen Differenzen der Elemente aus data.

Aber gerade bei den Funktionen, die Ausgaben in Iteratoren schreiben, ist die Vorbereitung des Ausgabecontainers eigentlich lästig. Und wenn ich das Ergebnis eigentlich sowieso nur ausgeben will, dann kann ich auch gleich den Streamausgabeiterator benutzen, wie ich es im zweiten Beispiel tue.

```cpp
#include <numeric>  // accumulate, iota
#include <algorithm>  // copy
#include <iostream>
#include <iterator>  // ostream_iterator
#include <vector>
using std::accumulate; using std::cout; using std::vector;
struct Generator {
    int state_;
    void operator++() { state_ += state_; }
    operator int() { return state_; }
};
int main() {
    std::ostream_iterator<int> os{std::cout, " "};  // Streamausgabeiterator für int
    vector<int> data(7);
    std::iota(data.begin(), data.end(), 10);
    std::copy(data.begin(), data.end (), os);
    cout << '\n';               // Ausgabe 10 11 12 13 14 15 16
    vector<int> seq(7);
    std::iota(seq.begin(), seq.end(), Generator{2});
    std::copy(seq.begin(), seq.end(), os);
    cout << '\n';               // Ausgabe 2 4 8 16 32 64 128
}
```

Listing 28.31 iota

Auch wenn es so aussieht, als könnten Sie hier nur Sequenzen von aufsteigenden Zahlenfolgen generieren (was schon mal ganz nützlich ist), können Sie mit einem geeigneten operator++ durchaus interessante Sequenzen generieren: Der Hilfstyp Generator speichert einen Zustand ab, der bei der impliziten Umwandlung nach int abgerufen wird – dann nämlich, wenn iota den Wert in den Ausgabeiterator schreiben will. operator++ auf dem Hilfstyp kann eine beliebige Funktion ausführen; hier verdopple ich den Wert des inneren

846

28.4   Mathematisches

Zustands nur. Das Ergebnis ist eine beinahe beliebige Ausgabefolge, die sich über einen sich verändernden Zustand generieren lässt.

28.4.3   Vordefinierte Suffixe für benutzerdefinierte Literale

In der Standardbibliothek sind drei Sorten »benutzerdefinierte« Literale definiert – benutzerdefiniert in dem Sinn, dass Sie mittels `operator""` definiert sind. Das heißt, Sie können mit den dadurch definierten Suffixen direkt Literale des jeweiligen Typs in den Quelltext schreiben.

Eigene benutzerdefinierte Literale

Vergessen Sie nicht, dass Sie nur eigene benutzerdefinierte Literale schreiben dürfen, die mit einem Unterstrich _ beginnen. Alle anderen sind der Gegenwart und Zukunft der Standardbibliothek vorbehalten.

Ich habe bei der Besprechung der jeweiligen Typen die Literale schon genannt. Ich will Sie hier aber noch einmal gesammelt auflisten und die Gemeinsamkeiten nennen.

Die vordefinierten benutzerdefinierten Literal-Suffixe sind in Tabelle 28.9 zu sehen. Jeder Header definiert seine Literale in einem eigenen `inline namespace`, wobei auch `std::literals` ein `inline namespace` ist:

▶ `<string>` definiert `inline namespace std::literals::string_literals`

▶ `<complex>` definiert `inline namespace std::literals::complex_literals`

▶ `<chrono>` definiert `inline namespace std::literals::chrono_literals`

Dadurch, dass die Literale in eigenen Namensräumen sind, können Sie sie getrennt holen, wenn Sie müssen. Aber weil es `inline`-Namensräume sind, können Sie sie mit einem einzigen `using` auch alle gemeinsam holen:

▶ `using namespace std` macht die Suffixe für `string` und `complex` zusammen mit anderen Bezeichnern der Standardbibliothek verfügbar, wenn Sie die jeweiligen Header eingebunden haben. `chrono` ist in einem eigenen Namensraum.

▶ `using namespace std::chrono` macht die Suffixe aus `<chrono>` zusammen mit anderen Bezeichnern daraus verfügbar, wenn Sie die `<chrono>` eingebunden haben.

▶ `using namespace std::literals` macht ebenfalls alle Suffixe verfügbar, andere Bezeichner müssen Sie aber weiter mit `std::` adressieren.

▶ `using namespace std::literals::chrono_literals` macht nur die in `<chrono>` definierten Literale verfügbar.

▶ `using std::literals::string_literals::operator""s` macht nur das Suffix `""s` für `string` verfügbar, nicht aber die anderen Suffixe, insbesondere nicht `""s` für `second` aus `<chrono>`. Das funktioniert auch für alle anderen `operator""`.

847

28   Standardbibliothek – Extras

Was Sie verwenden, hängt von der Situation ab. Insbesondere ""s für string aus <string> und ""s für seconds aus <chrono> können Sie so sauber trennen, wenn Sie müssen.

Suffix	Typ
Header <string>	
""s	std::string
Header <complex>	
""i	std::complex<double>
""if	std::complex<float>
""il	std::complex<long double>
Header <chrono>	
""h	std::chrono::hours
""min	std::chrono::minutes
""s	std::chrono::seconds
""ms	std::chrono::milliseconds
""us	std::chrono::microseconds
""ns	std::chrono::nanoseconds

Tabelle 28.9 Die in der Standardbibliothek vordefinierten Literale für »operator""«-Suffixe

Bei C++17 kommt noch ""sv für string_view aus <string> hinzu.

Beispiele finden Sie jede Menge, zum Beispiel in Listing 4.17 (Seite 79) für <string>, Listing 4.38 (Seite 131) für <complex> und Listing 28.24 für <chrono>. Hier ist eine Zusammenfassung mit mehreren verschiedenen Literalen:

```cpp
#include <iostream>
#include <string>
#include <chrono>
#include <complex>
using std::cout;

int main() {
    { using namespace std;
    cout << "string"s << "\n";          // string
    cout << (1.2+3.4i) << "\n";         // complex
    }
```

848

28.5   Systemfehlerbehandlung mit »system_error«

```
{ using namespace std::chrono;
  cout << (35ms).count() << "ms\n";        // chrono
  }
{ using namespace std::literals;
  cout << (41s).count() << "ms\n";          // chrono seconds
  cout << "text"s << "\n";                   // string
}
{ using namespace std::chrono;
  cout << (4h).count() << "h\n";            // chrono hours
}
{ using namespace std::literals::chrono_literals;
  cout << (16min).count() << "min\n";   // chrono minutes
}
{ using std::literals::string_literals::operator""s;
  cout << "buchstaben"s <<"\n";             // string
}
}
```

Beachten Sie, dass obwohl ""s für string und seconds existiert, können Sie beide gleichzeitig verwenden, da sich die Überladungen für operator"" nicht widersprechen. Textliterale wie "text"s werden zu string, und Zahlenliterale wie 41s werden zu seconds.

> **Der GCC und »complex«-Suffixe**
>
> Für den *Gnu-C++-Compiler* gilt, dass die Suffixe ""i, ""if und ""il für die komplexen Literale aktuell nur wie gewünscht funktionieren, wenn Sie -fno-ext-numeric-literals beim Übersetzen mit angeben. Definitionen aus dem C-Header <complex.h> zusammen mit schon lange existierenden GCC-Erweiterungen verwirren den Compiler sonst.

28.5   Systemfehlerbehandlung mit »system_error«

Fehler, die vom Betriebssystem oder einer ähnlich tiefen Ebene verursacht werden und beim Programm ankommen, werden dem Aufrufer typischerweise als *numerischer Wert* zurückgeliefert. Auf einem POSIX-System wird der Fehler »Zugriff verweigert« zum Beispiel mit dem Fehlercode 1 (Konstante EPERM) gemeldet.

Um portablen Code zu schreiben, müssen Sie diese »Codes« in allgemeine – portable – Repräsentationen übersetzen. Dabei müssen Sie sich um viele mögliche Systeme kümmern. Und schon um das tun zu können, müssen Sie auch wieder auf die systemspezifischen Codes zugreifen können. Einerseits will man also eine portable Übersetzung, andererseits einen systemspezifischen Low-Level-Zugriff.

Der Header <system_error> versucht diesen Spagat: Er enthält leichtgewichtige error_code-Objekte, die einerseits systemspezifische int-Fehlercodes enthalten, aber andererseits auf abstraktere und portable error_condition-Objekte verweist.

28   Standardbibliothek – Extras

Diese Fehlerobjekte kommen auch ohne die Exceptionklasse aus, worüber sich Entwickler freuen können, die in ihrer Umgebung ohne Exceptions arbeiten (müssen). Wenn Sie Exceptions verwenden, dann können Sie einen error_code mit einer Textnachricht zusammen als system_exception auslösen.

Der Erweiterbarkeit wird dadurch Rechnung getragen, dass diese beiden Felder jeweils einer error_category zugeordnet sind. Hier kann der Benutzer eigene Fehlergruppen hinzufügen oder vom System definierte erkennen.

Überblick

Der Header <system_error> definiert hauptsächlich die folgenden Komponenten:

▸ class error_code
Repräsentiert einen *(system-)spezifischen* Fehlerwert, der von einer Operation zurückgeliefert werden kann, zum Beispiel dem Aufruf einer Systemfunktion

▸ class error_condition
Eine *generische* Fehlerbedingung, gegen die man in seinem *portablen* Code prüft

▸ class error_category
Einteilung von Fehlern in *Gruppen/Familien*, außerdem eine abstrakte Basisklasse für die Übersetzung in lesbaren Text

▸ class system_error
Ist eine Exceptionklasse, die einen error_code enthält, wenn ein Fehler per Ausnahme weitergereicht wird

▸ enum class errc
Ist eine Aufzählung allgemeingültiger, vom POSIX-Standard abgeleiteter error_condition Werte

▸ is_error_code_enum<>, is_error_condition_enum<>, make_error_code, make_error_condition
Implementieren einen Mechanismus, um enum class-Werte in einen error_code oder eine error_condition umzuwandeln

▸ generic_category()
Liefert eine error_category-Instanz zurück, mit der die auf errc basierenden *Codes* und *Conditions* interpretiert werden können

▸ system_category()
Liefert eine Instanz, um Fehler aus dem Betriebssystem zu interpretieren

Prinzipien

Auch wenn system_error eine eigene Exceptionklasse definiert, ist das Werfen einer Ausnahme nicht immer der richtige Weg, einen Fehler zu behandeln. Manchmal liefert der zusätzliche Rückgabewert einer Funktion einfach Information, die man in seinen Kontrollfluss des Programms regulär einbauen möchte. Eine zusammengebrochene Verbindung zu einem Netzwerkserver mag als Ausnahme weitergereicht werden, aber wenn man beim Verbindungsaufbau erst einmal mehrere Server durchprobiert, sollte man das in der Schleife nicht zwangsläufig mit Exceptions implementieren. Und nicht zu vergessen, dass in manchen Bereichen Ausnahmen ganz unerwünscht sind: In *Realtimesystemen* sind die Anforderungen an das deterministische Zeitverhalten so groß, dass Implementierer Ausnahmen manchmal ganz vermeiden. Und in *Embedded-Systemen* darf der Speichermehrverbrauch, den manche Exceptionimplementierungen mitbringen, nicht vernachlässigt werden. Daher unterstützt C++ ganz undogmatisch beide Arten der Fehlerbehandlung, Rückgabewerte mit Fehlercodes ebenso wie Ausnahmen, und verbindet die beiden Welten.

Bei einem Fehler speichert sehr häufig die errno-Variable genauere Informationen über die Art des Fehlers. Viele Funktionen aus <stdio> und <math> speichern hier im Fehlerfall einen Fehlercode ab. Und auf POSIX-kompatiblen Plattformen geben viele Systemfunktionen in errno Auskunft über Details bei Misserfolg eines Funktionsaufrufs. Unter Windows verwendet man häufig zusätzlich oder stattdessen GetLastError. Und je mehr Bibliotheken Sie verwenden, desto mehr Quellen, aus denen Fehlercodes ermittelt werden können, kommen hinzu. C++ berücksichtigt die Möglichkeit, dass Fehlercodes aus unterschiedlichen Quellen ausgewertet werden müssen, und unterstützt, dass diese durch Bibliotheken auch erweitert werden können. Und wenn das passiert, dann darf sich das Interface bestehender Funktionen nicht ändern.

Wenn dem Benutzer und Drittanbietern so das Mittel an die Hand gegeben wird, das Fehlercodesystem erweitern zu können, dann müssen irgendwo sowohl die – womöglich von System zu System verschiedenen – »Lowlevel«-Fehlercodes abgebildet als auch dem Benutzer eine portable Interpretation angeboten werden. Wer zum Beispiel einen HTTP-Server implementiert, der will für jeden verständlich die im RFC-Standard definierten Fehlercodes weiterreichen, muss dafür aber auf betriebssystemspezifische Fehlercodes zurückgreifen. Das zeigen wir exemplarisch in einem Beispiel im nächsten Abschnitt. Ursprünglich war angedacht, dass Bibliotheken (die Standardbibliothek, aber auch die von Drittanbietern) dem Benutzer nur die schon interpretierten Fehlercodes anbieten. Die ursprüngliche Information ist aber zu guter Letzt auch zur Problemanalyse wichtig, und deswegen muss sie in *Bugreports* oder *Logging* irgendwie vorhanden sein. Also muss die Fehlercodebehandlung beides anbieten: Lowlevel-Fehlercodes und interpretierte/portable Werte.

28.5.1   »error_code« und »error_condition«

Die Klassen error_code und error_condition sehen beinahe identisch aus. Sie haben aber unterschiedliche Rollen. Mit error_code werden systemabhängige Fehler transportiert, mit error_condition geschieht eine möglichst portable Einordnung.

Es kommt also darauf an, was Sie erreichen möchten. Hier ein Beispiel:

28 Standardbibliothek – Extras

```cpp
#include <system_error> // error_code
#include <string>
void create_dir(const std::string& pathname, std::error_code& ec);
void run() {
  std::error_code ec;
  create_dir("/some/path", ec);
  if(!ec) {   // Erfolg...
  } else {    // Misserfolg...
  }
}
```

Listing 28.32 Sehr einfaches Beispiel, wie man den Erfolg einer Operation prüfen kann.

Hier sind wir nur am Erfolg oder Misserfolg interessiert, deswegen ist error_code per if(!ec) einfach in einen bool konvertierbar. Dieses Verhalten ist davon abgeleitet, dass man mit dem Rückgabewert einer Funktion prüft, ob ein Fehler vorlag – leider bei jeder Funktion anders, zum Beispiel FILE *f=fopen("f.txt", "r"); if(f==NULL)...

Den error_code können Sie zusätzlich dazu verwenden, im Fehlerfall noch mehr Informationen zu bekommen: Haben Sie keine Berechtigung, existiert der Dateiname schon, ist der Pfadname zu lang, existiert das Elternverzeichnis nicht etc. In jedem Fall enthält ec dafür einen systemspezifischen Wert – ähnlich wie die errno-Vari-able in althergebrachtem Code (aber nur im Fehlerfall).

Angenommen, es interessiert Sie genauer, ob es schon eine Datei oder ein Verzeichnis mit dem Namen gibt. Dann könnten Sie dies mit if(ec.value() == EEXIST) ermitteln – das wäre aber der falsche Weg! Es würde auf einer POSIX-Plattform funktionieren, aber auf Windows müssten Sie if(ec.value() == ERROR_ALREADY_EXISTS) vergleichen.

Als Faustregel gilt daher: *Wenn Sie value() aufrufen, machen Sie wahrscheinlich etwas verkehrt.*

Aber wie testen Sie stattdessen den systemspezifischen Fehlercode (EEXIST oder ERROR_ALREADY_EXISTS) gegen das Ereignis »existiert schon«? Dies geschieht mittels der error_condition.

Den zurückgegebenen error_code ec können Sie direkt per == oder != mit error_condition-Instanzen vergleichen. In diesem Fall wird dann nicht auf die exakte Identität verglichen, sondern auf die *Äquivalenz (equivalence)* – also auf »meint das Gleiche«.

Sie müssen in C++ also den error_code ec mit einem error_condition-Objekt vergleichen, das »existiert schon« repräsentiert – nämlich errc::file_exists. Betrachten Sie für den Moment errc::file_exists (und alle anderen Elemente der enum class errc) als »Platzhalter« für eine Konstante des Typs error_condition. Der genaue Mechanismus wird dann im weiteren Verlauf klar.

852

```
#include <system_error> // error_code, errc
#include <string>
void create_dir(const std::string& pathname, std::error_code& ec);
void run() {
  std::error_code ec;
  create_dir("/some/path", ec);
  if(ec == std::errc::file_exists) {    // speziell …
  } else if(!ec) {                      // Erfolg …
  } else {                              // Misserfolg …
  }
}
```

Listing 28.33 Vergleich von »error_code« mit »error_condition«

Damit der Vergleich möglich ist, sind die freien Funktionen operator== überladen:

```
bool operator==
   (const error_code&      lhs, const error_code&      rhs) noexcept;
…(const error_code&        lhs, const error_condition& rhs) noexcept;
…(const error_condition&   lhs, const error_code&      rhs) noexcept;
…(const error_condition&   lhs, const error_condition& rhs) noexcept;
```

Listing 28.34 Überladungen von »operator==()« (abgekürzt)

Mit diesen wird dann indirekt sichergestellt, dass von error_code jeweils sowohl EEXIST als auch ERROR_ALREADY_EXISTS mit der error_condition errc::file_exists als äquivalent verglichen werden kann.

Die Implementierung ist dafür verantwortlich, den allgemeinen error_condition-Fehlerkategorien systemspezifische error_codes zuzuordnen.

Enumeratoren als Konstanten für Klassen

Die *Enum-Klasse* errc ist wie folgt definiert:

```
enum class errc {
  address_family_not_supported,
  address_in_use,
  ...
  value_too_large,
  wrong_protocol_type,
};
```

Listing 28.35 Definition von »enum class errc«

Es scheint, als fände eine *implizite Konvertierung* des errc-Elements in eine error_condition-Instanz statt, wenn wir dann den Vergleich ec == errc::file_exists anwenden. Fast, aber nicht ganz: Damit das ganze System erweiterbar wird, muss irgendwie die error_category von ec berücksichtigt werden. Denn es gibt ja Überschneidungen von Fehlerwerten. 66 kann bei Dateioperationen das eine bedeuten, aber bei Speicheroperationen etwas

28   Standardbibliothek – Extras

ganz anderes. Dies wird durch den error_category-Mechanismus gelöst. Außerdem repräsentiert hier errc eine Menge von Konstanten für error_condition. Aber die Bibliothek
unterstützt auch den umgekehrten Weg, also ein Enum-Element, das für einen error_code
steht, mit einer error_condition-Instanz zu vergleichen.

Daher sind für den Äquivalenz-Check zwei Schritte nötig:

1. Stellt errc eine Enum-Klasse für spezifische Error-Codes oder generische Error-Condi-
   tions dar?

2. Assoziieren Sie den Wert mit einer error_category.

Für Schritt 1 werden die *Type-Traits* is_error_code_enum und is_error_condition_enum verwendet. Standardmäßig ergeben is_error_code_enum<E>::value und is_error_condition_
enum<E>::value den Wert false. Die Standardbibliothek spezialisiert nun is_error_
condition_enum und definiert so is_error_condition_enum<errc>::value == true:

```
template <>
struct is_error_condition_enum<errc>
  : true_type {};
```

Listing 28.36 Spezialisierung von »is_error_condition_enum« für »errc«

Die implizite Konvertierung kann dann durch die »Templatisierung« des Konstruktors
von error_condition stattfinden, also durch template <class E> error_condition(E e).[12]
Wenn wir dann ec == errc::file_exists schreiben, wählt der Compiler die Überladung
bool operator==(const error_code& a, const error_condition& b), weil es mit dem Konstruktor eine Möglichkeit zur Konvertierung des Enums in eine error_condition gibt.
Damit ist es für uns einfach, einen gegebenen error_code gegen eine bestimmte error_
condition zu testen – auch wenn diese nur durch ein Enum-Element dargestellt ist.

Wege zur Fehlerkategorie

Nun folgt Schritt 2. Die passende error_condition wurde ja durch die Konvertierung mit
einem Konstruktor erzeugt. Darin wird die freie Funktion make_error_condition() aufgerufen. Auch diese ist mit errc überladen:

```
error_condition make_error_condition(errc c) noexcept {
  return error_condition(
      static_cast<int>(e),
      generic_category());
}
error_condition make_error_condition(io_errc c) noexcept /*...*/
error_condition make_error_condition(future_errc c) noexcept /*...*/
```

Listing 28.37 Unter den Überladungen von »make_error_condition« ist auch eine mit »errc«.

---

12 E steht hier für die Enum-Klasse, und die Überladung darf nur dann gefunden werden, wenn is_
    error_condition_enum<errc>::value gleich true ist. Die genaue Implementierung ist der Bibliothek
    überlassen, ist aber mit Standardmethoden des Template-Metaprogrammings möglich.

Die anderen beiden sind io_errc (siehe ios_base::failure) und future_errc (siehe future_error).

Und hier wird dann die Verbindung mit der passenden error_category hergestellt. generic_category() liefert eine Referenz auf eine solche Instanz zurück und könnte zum Beispiel als *Singleton* implementiert sein.

Für den Endanwender kann auch die make_error_code()-Funktionsfamilie interessant sein. Zum Beispiel wenn Sie portablen Code schreiben und die Fehlercodes systemspezifische Werte nutzen sollen:

```
#include <system_error>
#include <string>

void create_dir(const std::string& pathname, std::error_code& ec) {
#if defined(_WIN32)
  // Windows-Implementierung, mit Windows-Fehlercodes
#elif defined(linux)
  // Linux-Implementierung, mit Linux-Fehlercodes
#else
  // Allgemeingültiger 'generischer' Fall
  ec = std::make_error_code(std::errc::not_supported);
#endif
}
```

Listing 28.38 Erzeugung systemspezifischer Fehlercodes in einem portablen Programm

28.5.2 Fehlerkategorien

Es gibt zwei Haupt-Fehlerkategorien:

► generic_category
POSIX-kompatible Fehlermeldungen, entweder auf einem solchen System oder auf anderen Systemen von Funktionen genutzt, die POSIX-Funktionalität nachbilden, zum Beispiel fopen bei Windows

► system_category
Platz für Erweiterungen jenseits POSIX oder auf anderen Systemen ein eigener Bereich. Hier landen Bei Windows zum Beispiel die GetLastError()-Fehler

28.5.3 Eigene Fehlercodes

Wenn Sie nicht die Fehlercodes der Standardbibliothek in Ihrem Projekt missbrauchen wollen, dann empfiehlt es sich, wie folgt vorzugehen:

► Definieren Sie einen enum mit Ihren eigenen Errorcodes.

► Nutzen Sie dann in Ihrer Bibliothek make_error_code mit diesen Errorcodes als Parameter.

28   Standardbibliothek – Extras

▶ Erstellen Sie eine Überladung von make_error_category für Ihren Fehlercode-Enum und bilden Sie dort Ihre Fehlercodes auf portable error_category-Elemente ab.

▶ Spezialisieren Sie das Template std::is_error_condition_enum<> mit dem Inhalt true_ type, damit die Standardbibliothek weiß, dass Sie error_category unterstützen.

Der letzte Schritt, die Zuordnung zu error_condition, ist optional, wenn Sie im benutzenden Code die grobe Granularität nicht brauchen.

```cpp
#include <system_error>
#include <iostream>
using std::error_code; using std::system_category;

namespace mylib {

    // eigene Errorcodes
    enum class errc { LOAD_ERR = 1, UNLOAD_ERR = 2, OTHER_ERR = 3 };

    error_code make_error_code(errc ec) {
        switch(ec) {
        case errc::LOAD_ERR: return error_code((int)ec, system_category());
        case errc::UNLOAD_ERR: return error_code((int)ec, system_category());
        case errc::OTHER_ERR: return error_code((int)ec, system_category());
        }
    }

    error_code run(int arg) {
        if(arg == 667) {
            return make_error_code(errc::OTHER_ERR);
        }
        return error_code{}; // alles gut.
    }
}

int main() {
    std::error_code ec = mylib::run(667);
    if(!ec) {
        std::cout << "Klasse, klappt!\n";
    } else if (ec == mylib::make_error_code(mylib::errc::OTHER_ERR)) {
        std::cout << "Anderer Fehler\n";
    } else {
        std::cout << "Nix los hier\n" << ec;
    }
}
```

Ähnlich gehen Sie vor, wenn Sie noch portable error_category unterstützen wollen.

28.5.4 »system_error«-Exception

Bibliotheksfunktionen, die ihren Fehler gerne als Exception nach außen transportieren, nutzen die große Sammel-Exceptionklasse system_error aus dem gleichnamigen Header. Diese Klasse transportiert wieder

▶ einen error_code, bestehend aus einem int-Detail und einer error_category und

▶ eine Fehlermeldung.

Diese eine Exception kann dann gefangen und genauer untersucht werden. Das ist die Alternative zu einer großen Menge Exceptionklassen in einer mehr oder weniger beliebigen Hierarchie – die wohlmöglich auch noch auf unterschiedlichen Systemen und Implementierungen jeweils anders sind.

So könnte zum Beispiel Bibliothekscode aussehen, der versucht, sich einem Thread anzuschließen:

```
int osSpecificCode = pthread_detach(thread, 0);
if (osSpecificCode != 0)
  throw system_error(
      error_code(osSpecificCode, system_category()),
      "thread::detach failed");
```

Das würden Sie in Benutzercode dann zum Beispiel so behandeln:

```
#include <thread>
#include <iostream>
#include <system_error>

int main() {
    try {
        std::thread().detach(); // das wird fehlschagen
    } catch(std::system_error& e) {
        std::cout
            << "system_error mit Code:" << e.code()
            << " Meldung:" << e.what()
            << '\n';
    }
}
```

Bei mir wird dies ausgegeben:

```
system_error mit Code:generic:22 Meldung:Invalid argument
```

Wobei code den osSpecificCode enthält.

In der Standardbibliothek gibt es schon allerlei Stellen, an denen ein system_error ausgelöst werden kann. Die können Sie dann so behandeln:

```
#include <iostream>
#include <system_error>  // std::make_error_condition, std::ios_errc

int main () {
  // umschalten auf Exceptions:
  std::cin.exceptions (std::ios::failbit|std::ios::badbit);

  try {
    std::cin.rdbuf(nullptr);         // Löst eine Exception aus
  } catch (std::ios::failure& e) { // abgeleitet von system_error
    std::cerr << "Fehler: ";
    if (e.code() == std::make_error_condition(std::io_errc::stream)) {
      std::cerr << "stream\n";
    } else {
      std::cerr << "andere\n";
    }
  }
}
```

Sie fangen also die Exception in einem catch ab. Mit einem Vergleich gegen eine error_condition können Sie dann portable Fehlerbedingungen genauer überprüfen.

28.6 Laufzeit-Typinformationen – »<typeinfo>« und »<typeindex>«

Im Header <typeinfo> ist eigentlich nur wenige Dinge enthalten:

▶ **Operator typeid()**
  Ein funktionsartiger Operator zur Ermittlung einer eindeutigen Identifikation

▶ **Klasse type_info**
  Der Rückgabetyp von typeid()

▶ **Exceptions bad_cast und bad_typeid**
  Die Ausnahmen, die im Umfeld von dynamischen Typen vorkommen

Das ist nur ein klein wenig gelogen: typeid() ist ähnlich wie sizeof() keine Funktion, sondern ein Operator, und typeid ist dabei sogar ein Schlüsselwort. Aber: Sie *müssen* den Header <typeinfo> eingebunden haben, bevor Sie typeid() verwenden, sonst ist das ein Fehler. Daher können Sie sich typeid() wie eine in dem Header definierte Funktion vorstellen.

Mit dieser »Funktion« können Sie zu einem Typ, den Sie als Parameter angeben, Informationen bekommen, die Sie für Vergleichszwecke oder eingeschränkt für Debugging benutzen können.

Der Typ kann dabei sowohl direkt der Name eines Typs sein als auch ein Ausdruck. In letzterem Fall liefert typeid() dann die Information über den Typ des Ausdrucks zurück.

28.6 Laufzeit-Typinformationen – »<typeinfo>« und »<typeindex>«

Der Ausdruck kann jedoch keine Berechnungen wie a+b*c oder gar Methoden- oder Funktionsaufrufe beinhalten.

Doch was liefert typeid an Informationen zurück? Nun, hauptsächlich eine const& auf eine type_info-Instanz, ich nenne Sie mal ti. Die folgenden Dinge können Sie mit ti tun:

▶ `size_t ti.hash_code()`
Liefert einen Hashwert zurück, zum Beispiel um schnell auf Ungleichheit testen zu können

▶ `const char* ti.name()`
Liefert textuelle Repräsentation des Typs zurück. Diese hat jedoch kein standardisiertes Format, noch müssen sich diese für alle Typen eines Programms unterscheiden, noch ist garantiert, dass dieser Text für einen gegebenen Typen immer gleich ist. Es ist also nicht sehr verlässlich, wenn auch informativ und dient daher hauptsächlich zur Diagnose.

▶ `type_index(ti)`
Diese wichtige Funktion aus dem Header <typeindex> ist der Weg, die Gleichheit zweier Typen anhand ihrer type_info-Referenzen zu überprüfen.

Wichtiger, als was geht, ist vielleicht, was *nicht* geht: Sie können kein type_info erzeugen oder kopieren, und Sie sollten sie nicht mit == vergleichen. Es ist nämlich nicht garantiert, dass zwei Aufrufe ti1 und ti2 von typeid(A) die gleiche type_info zurückliefern – ja sogar ti1 == ti2 ist nicht garantiert, obwohl operator== für type_info überladen ist.

Wenn Sie herausfinden wollen, ob ti1 und ti2 den gleichen Typ repräsentieren, dann so: type_index(ti1) == type_index(ti2).

type_index können Sie auch als Schlüssel für map und Ähnliches benutzen, was mit type_info nicht geht. So können Sie sich zum Beispiel einen Mechanismus mit verlässlichen Typnamen aufbauen.

```cpp
#include <iostream>
#include <typeinfo>
#include <typeindex>
#include <map>
#include <string>
struct Base {
    virtual ~Base() {}
};
struct Derived_One : public Base {};
struct Derived_Two : public Base {};
int main() {
  using std::string; using std::cout; using std::type_index;
  std::map<std::type_index, string> namen {
      { type_index(typeid(int)), "int" },
      { type_index(typeid(double)), "double" },
      { type_index(typeid(Base)), "Base" },
```

859

28   Standardbibliothek – Extras

```
    { type_index(typeid(Derived_One)), "Derived_One" },
    { type_index(typeid(Derived_Two)), "Derived_Two" },
    { type_index(typeid(string)), "string" },
    { type_index(typeid(string::const_iterator)), "string" },
  };
  namen[type_index(typeid(namen))] = "namen-map";
  int ganz;
  double fliessend;
  Base base{};
  Base *one = new Derived_One{};
  Base *two = new Derived_Two{};
  // typeid.name() ist implementierungs- und laufzeitabhängig:
  cout << typeid(ganz).name() << '\n';         // Bei mir: i
  cout << typeid(fliessend).name() << '\n';    // Bei mir: d
  cout << typeid(base).name() << '\n';         // Bei mir: 4Base
  cout << typeid(*one).name() << '\n';         // Bei mir: 11Derived_One
  cout << typeid(*two).name() << '\n';         // Bei mir: 11Derived_Two
  cout << typeid(string).name() << '\n';       // Bei mir: Ss
  cout << typeid(string{"Welt"}.begin()).name() << '\n';
      // Bei mir: N9__gnu_cxx17__normal_iteratorIPcSsEE
  cout << typeid(namen).name() << '\n';
      // Bei mir: St3mapISt10type_indexSsSt4lessIS0_ESaISt4pairIKS0_SsEEE
  cout << typeid(666/0).name() << '\n';        // Ausdruck wird nicht ausgeführt! Bei mir: i
  // type_index macht type_infos vergleichbar:
  cout << namen[type_index(typeid(ganz))] << '\n';       // Ausgabe: int
  cout << namen[type_index(typeid(fliessend))] << '\n';  // Ausgabe: double
  cout << namen[type_index(typeid(base))] << '\n';       // Ausgabe: Base
  cout << namen[type_index(typeid(*one))] << '\n';       // Ausgabe: Derived_One
  cout << namen[type_index(typeid(*two))] << '\n';       // Ausgabe: Derived_Two
  cout << namen[type_index(typeid(string))] << '\n';     // Ausgabe: string
  cout << namen[type_index(typeid(namen))] << '\n';      // Ausgabe: namen-map
}
```

Listing 28.39 Nutzen Sie »typeindex« für verlässliche Typinformationen.

Der pure Aufruf von `typeid(…).name()` liefert einen Namen, aber keinen verlässlichen. Bei mir liefert er für `int` einfach nur "i". Und für einen Iterator oder ein Template wie `map` ist die Ausgabe nur »eingeschränkt informativ«.

Dem wirken Sie entgegen, indem Sie `type_index(…)` auf das Ergebnis von `typeid` anwenden, also auf die `const type_info&`. Wie Sie am Beispiel `namen` sehen, können Sie so auch eine `map` mit besser lesbaren Namen befüllen.

Beachten Sie, dass Sie sowohl blanke Typen wie `int` oder `string::const_iterator` als Parameter für `typeid` verwenden können als auch einen Ausdruck wie `ganz`, `*one` oder `string{"Welt"}.begin()`. Der Ausdruck wird übrigens nicht ausgeführt, nur sein Typ wird betrachtet. `typeinfo(666/0)` würde sonst zum Programmabsturz führen.

860

28.6 Laufzeit-Typinformationen – »<typeinfo>« und »<typeindex>«

Zu guter Letzt vergleichen Sie noch die Ergebnisse von typeid(*one) und typeid(*two). Hier handelt es sich um polymorphe Objekte, denn beides ist statisch vom Typ Base. Dynamisch – zur Laufzeit – haben die Objekte tatsächlich die Typen Derived_One und Derived_Two. Sie können mit typeinfo also dynamische Typinformationen erhalten. Beachten Sie, dass dies eine leicht andere Anwendung des typeid-Operators ist, bei der es wieder nötig ist, dass der Compiler den Ausdruck ausführt. Weil Base eine virtuelle Methode enthält, erkennt der Compiler, dass Sie dynamische Typinformation benötigen, und muss den Ausdruck daher ausführen.

Mein Vorgehen, alle gewünschten Typen vorher in eine map wie namen zu schreiben, ist in der Praxis nicht immer möglich. Sie wissen vorher vielleicht nicht, was für Typen Ihnen unterkommen. Dann haben Sie nur zwei Möglichkeiten:

▶ Sie müssen mit type_info::name() auskommen, auch wenn es nicht portabel ist.

▶ Sie nutzen demangled_name aus *Boost*.

Die Boost-Bibliothek bringt boost::core::demangled_name(…) mit, die eine gut lesbare Typinformation zurückliefert. Nehmen Sie nicht typeid, sondern das Makro BOOST_CORE_TYPEID, um das Argument für die Funktion zu bekommen. Zwar kann auch Boost nicht zu 100 % garantieren, dass dieser Name lesbar oder stabil ist, aber die Bibliothek wird so gut gepflegt, dass es de facto so ist.

Die Ausgaben für Templates werden nie schön sein, aber immerhin lassen Sie sich lesen.

```
#include <iostream>
#include <typeinfo>
#include <string>
#include <map>
#include <boost/core/typeinfo.hpp>
int main() {
  using std::string; using std::cout;
  std::map<int, string> namen;
  int ganz;
  double fliessend;
  // demangled_name
  using boost::core::demangled_name;
  cout<<demangled_name(BOOST_CORE_TYPEID(ganz))<<'\n';        // Ausgabe: int
  cout<<demangled_name(BOOST_CORE_TYPEID(fliessend))<<'\n';// Ausgabe: double
  cout<<demangled_name(BOOST_CORE_TYPEID(string))<<'\n';      // Ausgabe: std::string
  cout<<demangled_name(BOOST_CORE_TYPEID(string{}.begin()))<<'\n';
  // Ausgabe: __gnu_cxx::__normal_iterator<char*, std::string>
  cout<<demangled_name(BOOST_CORE_TYPEID(namen))<<'\n';
  // Ausgabe: std::map<int, std::string, std::less<int>,
  //                             std::allocator<std::pair<int const, std::string> > >
  cout<<demangled_name(BOOST_CORE_TYPEID(666/0))<<'\n';       // Ausgabe: int
}
```

Listing 28.40 Boosts »demangled_name« ist für die Ausgabe von Typnamen extrem nützlich.

861

28 Standardbibliothek – Extras

28.7 Hilfsklassen rund um Funktoren – »<functional>«

Noch mehr als <numeric> sind die Funktionen in <functional> dazu da, andere Teile der Standardbibliothek zu ergänzen. Selten werden Sie <functional> alleine einbinden. Und wenn Sie eine »einfache« Aufgabe mit <algorithm> oder einem Container lösen wollen, lohnt sich ein Blick nach <functional>, wo es vielleicht schon eine Lösung dafür gibt.

Wenn Sie zum Beispiel alle Elemente eines Containers aufsummieren wollen, nehmen Sie accumulate aus <numeric>. Wollen Sie aber statt + dafür * benutzen, können Sie

▶ entweder ein Lambda schreiben [](auto a, auto b) { return a*b; }

▶ oder multiplies aus <functional> nehmen, was genau das macht.

Und so ist das mit vielen Dingen aus <functional>.

Ich Teile in <functional> angebotenen Dinge mal (mehr oder weniger willkürlich) in die folgenden Bereiche ein:

▶ **Funktionsgeneratoren**
function ist der Dreh- und Angelpunkt um alles, was in C++ aufrufbar ist. bind erzeugt aus einem Funktionsobjekt und einem Argument ein neues Funktionsobjekt mit einem Argument weniger. mem_fn erzeugt ein Funktionsobjekt aus einer Methode. In diesem Umfeld gibt es noch einige Hilfskonstrukte.

▶ **konkrete Funktionsobjekte**
für Arithmetik (wie multiplies), Vergleiche (wie equal_to), logische (logical_and etc.) und bitweise (bit_and etc.) Operationen, die Sie statt eines einfachen Lambdas benutzen können

▶ **spezialisierte Hashfunktionen**
Die für die *ungeordneten Container* nötigen hash-Funktionsobjekte sind für die eingebauten Typen hier definiert. Sie finden also zum Beispiel die Templatespezialisierung hash<int> und alle Verwandten davon. Das sollte selbsterklärend sein, und ich gehe deshalb hier nicht weiter darauf ein.

28.7.1 Funktionsobjekte

In Listing 28.29 finden Sie ein Beispiel für multiplies zusammen mit accumulate aus <numeric>. Die weiteren definierten Funktionsobjekte finden Sie in den Tabellen 28.10 bis 28.13.

Funktor	Verhalten	Funktor	Verhalten
plus	a + b	divides	a / b
minus	a - b	modulus	a % b
multiplies	a * b	negate	-a

Tabelle 28.10 Funktionsobjekte arithmetischer Operatoren

28.7 Hilfsklassen rund um Funktoren – »<functional>«

Funktor	Verhalten	Funktor	Verhalten
equal_to	a == b	less	a < b
not_equal_to	a != b	greater_equal	a >= b
greater	a > b	less_equal	a <= b

Tabelle 28.11 Funktionsobjekte für Vergleichsoperatoren

Funktor	Verhalten	Funktor	Verhalten
logical_and	a && b	logical_not	!b
logical_or	a || b		

Tabelle 28.12 Funktionsobjekte logischer Operatoren

Funktor	Verhalten	Funktor	Verhalten
bit_and	a & b	bit_xor	a ^ b
bit_or	a | b	bit_not	~b

Tabelle 28.13 Funktionsobjekte bitweiser Operatoren

Sie können die Funktionsobjekte nutzen, um Container und Algorithmen mit eigener Funktionalität auszustatten.

Wenn Sie zum Beispiel auf die Definition von std::set schauen dann sehen Sie, dass less aus <functional> hier als Vergleichsoperation benutzt wird:

```
namespace std {
  template<class Key, class Compare=less<Key>, class Allocator=allocator<Key>>
    class set;
    ...
```

Statt also operator< für Ihren eigenen Datentyp zu überladen, können Sie auch das less-Template für Ihren Datentyp spezialisieren, ähnlich wie Sie dies für hash im Zusammenhang mit unordered_set u. a. täten.

```
#include <set>
#include <string>

struct Drachen {
    std::string name_;
};
```

863

```
namespace std {
    template<> struct less<Drachen> { // Template-Spezialisierung
        bool operator()(const Drachen &lhs, const Drachen &rhs) const {
            return lhs.name_ < rhs.name_;
} }; }
int main() {
  std::set<Drachen> drachen {
    Drachen{"Smaug"},Drachen{"Glaurung"},Drachen{"Ancalagon"},Drachen{"Scatha"}};
}
```

Sollte es also aus irgendwelchen Gründen nicht möglich oder gewünscht sein, dass Sie operator< für Drachen überladen *und* auch den Templateparameter Compare nicht angeben wollen, dann können Sie mit einer Spezialisierung von less das Gleiche erreichen.

In Listing 28.41 sehen Sie eine Version des Taschenrechners von Listing 8.15 (Seite 204), die von vorne bis hinten <functional> nutzt. Statt einer großen switch-Anweisung sind diesmal alle möglichen Zeichen als Schlüssel von maps abgespeichert. Je nachdem, wie der Stack manipuliert werden soll, landen die Operationen in einer von vier maps:

▶ binOps
Entferne zwei Elemente vom Stapel, führe auf diesen die Funktion aus und speichere das Ergebnis wieder auf dem Stapel. Die Addition ist ein Beispiel hierfür.

▶ unOps
Entferne ein Element vom Stapel, führe auf diesem die Funktion aus und speichere das Ergebnis wieder auf dem Stapel. Dieser Taschenrechner hat keine solche Operation.

▶ zeroOps
Führe eine nullstellige Funktion aus und speichere das Ergebnis auf dem Stapel. Die Ziffern machen genau dies.

▶ stapelOps
Statt den Stapel vorher und nachher zu manipulieren, überlässt der Rechner diesen Funktionen den ganzen Stapel. Zum Beispiel, um ihn zu leeren oder auszugeben.

Nicht alles lässt sich freilich mit vordefinierten Funktoren abbilden, deshalb sehen Sie wo nötig Lambdas im Einsatz – und mit val sogar ein Lambda, das ein Lambda zurückliefert; Stichwort »lambdas as first class citizens«.

Diese Art den Taschenrechner ist nicht pauschal »besser« als mit der switch-Anweisung. Wenn es aber um die Erweiterbarkeit geht, ist diese Möglichkeit die geschicktere Wahl.

Es gibt ein paar Dinge, die ich »in der wirklichen Welt« auf jeden Fall verbessern würde:

▶ Statt std::cout als globale Variable zu verwenden, sollten die Operatoren auf ostream& parametrisiert werden.

▶ Die verschiedenen find-Aufrufe sollten nur wenn nötig ausgeführt werden.

▶ Einzelne Ziffern zu verarbeiten, ist illustrativ, aber unpraktisch. Ziffernfolgen sollten ganze Zahlen sein, das Leerzeichen das Trennsymbol.

28.7   Hilfsklassen rund um Funktoren – »<functional>«

```cpp
#include <string>
#include <vector>
#include <iostream>
#include <map>
#include <functional>

std::map<char,std::function<int(int,int)>> binOps { // zweistellige Operatoren
    {'+', std::plus<int>{} },
    {'-', std::minus<int>{} },
    {'*', std::multiplies<int>{} },
    {'/', std::divides<int>{} },
    {'%', std::modulus<int>{} },
    };

std::map<char,std::function<int(int)>> unOps { };    // einstellige Operatoren

auto val = [](auto n) { return [n](){ return n; };};// Lambda gibt ein Lambda zurück
std::map<char,std::function<int()>> zeroOps {          // nullstellige Operatoren
  {'0', val(0)}, {'1', val(1)}, {'2', val(2)}, {'3', val(3)}, {'4', val(4)},
  {'5', val(5)}, {'6', val(6)}, {'7', val(7)}, {'8', val(8)}, {'9', val(9)},
  };

std::map<char,std::function<void(std::vector<int>&)>> stapelOps { // ganzer Stapel
    { ' ', [](auto &stapel) { } },                    // keine Operation
    { 'c', [](auto &stapel) { stapel.clear(); } },    // Stapel ganz löschen
    { ':', [](auto &stapel) {                          // obersten zwei Elemente vertauschen
            auto top = stapel.back(); stapel.pop_back();
            auto second = stapel.back(); stapel.pop_back();
            stapel.push_back(top);
            stapel.push_back(second);
    } },
    { '=', [](auto &stapel) {                           // ganzen Stapel ausgeben
            for(int elem : stapel) { std::cout << elem; }
            std::cout << "\n";
    } },
};

void rechner(std::string input) {
  std::vector<int> stapel {};
  for(char c : input) {
    int top, second;
    auto it0 = zeroOps.find(c);
    auto it1 = unOps.find(c);
    auto it2 = binOps.find(c);
    auto itS = stapelOps.find(c);
```

28 Standardbibliothek – Extras

```cpp
    if(it1 != unOps.end()) {                    // falls einstelliger Operator ...
        auto func = it1->second;
        top = stapel.back(); stapel.pop_back(); // ... hole oberstes Element
        stapel.push_back(func(top));            // ... wende func an, Ergebnis auf Stapel.
    } else if(it2 != binOps.end()) {            // falls zweistelliger Operator ...
        auto func = it2->second;
        top = stapel.back(); stapel.pop_back(); // ... hole obersten beiden Elemente
        second = stapel.back(); stapel.pop_back();
        stapel.push_back(func(second, top));    // ... wende func an, Ergebnis auf Stapel.
    } else if(it0 !=zeroOps.end()) {            // falls nullstelliger Operator ...
        auto func = it0->second;
        stapel.push_back(func());               // ... Ergebnis von func auf Stapel.
    } else if(itS !=stapelOps.end()) {          // falls Stapeloperator
        auto func = itS->second;
        func(stapel);                           // ... wende func auf Stapel an.
    } else {
        std::cout << "\n'" << c << "' verstehe ich nicht.\n";
    }
  } /* for c */
}

int main(int argc, const char* argv[]) {
    if(argc > 1) {
        rechner(argv[1]);
    } else {
        // 3+4*5+6 mit Punkt- vor Strichrechnung ergibt 29
        rechner("345*+6+=");
    }

    rechner("93-=");                    // 9 - 3 = **Ausgabe:** 6
    rechner("82/=");                    // 8 / 2 = **Ausgabe:** 4
    rechner("92%=");                    // 9 % 2 = **Ausgabe:** 1
}
```

Listing 28.41 Dieser Taschenrechner bildet Tasten auf Funktoren ab.

28.7.2 Funktionsgeneratoren

function haben Sie in Listing 28.41 zu Hauf im Einsatz gesehen. Es ist einfach der Typ alles Aufrufbaren in C++. Fast. Tatsächlich ist function nur etwas, das sich implizit in einen C-Funktionszeiger umwandeln lässt und selbst allerlei Möglichkeiten zur Initialisierung hat. Es bildet also sozusagen die Brücke zwischen »allem Aufrufbarem« und C-Funktionszeigern. Sie haben in Kapitel 7, »Funktionen«, schon einiges darüber gesehen.

Ansonsten gibt es noch eine kleine Hand voll Hilfsfunktionen im Dunstkreis von function wie dem Binden von Parametern.

28.7 Hilfsklassen rund um Funktoren – »<functional>«

Parameter vordefinieren mit »bind«

Wenn Sie eine Funktion mit zwei Parametern haben und der erste ist schon festgelegt, dann können Sie mit bind daraus eine Funktion mit einem Parameter machen.

```
#include <functional> // substract, minus, bind
#include <iostream>
using std::cout;
int substract(int a, int b) { return a - b; }
int main() {
    using namespace std::placeholders;
    cout << substract(9, 3) << '\n';    // Ausgabe: 6
    auto minus3 = std::bind(substract, _1, 3);
    cout << minus3(9) << '\n';          // Ausgabe: 6
    auto von9 = std::bind(substract, 9, _1);
    cout << von9(3) << '\n';            // Ausgabe: 6
    auto nochmalMinus3 = std::bind(std::minus<int>{}, _1, 3);
    cout << nochmalMinus3(9) << '\n'; // Ausgabe: 6
}
```

Hier sind die seltsamen *Platzhalter* _1, _2 etc. wichtig. Die sind in namespace std:: placeholders definiert und dazu gedacht, die Argumente für die Funktion zusammenzusammeln. Sie setzen dort einen solchen Platzhalter ein, wo Sie den Wert des Arguments *jetzt* noch nicht kennen, weil er sich erst *später* beim Aufruf ergibt. Wenn Sie eine Funktion mit einem Argument wie minus3 erstellen wollen, dann müssen Sie _1 angeben. Eine Funktion mit zwei Parametern braucht _1 und _2.

Wenn Sie eine Funktion erschaffen wollen, die keinen Parameter mehr benötigt, kommt kein Platzhalter vor. Ein typisches Beispiel sind die Zufallsgeneratoren. Hier die bind-Variante von Listing 28.42.

```
#include <random>
#include <vector>
#include <iostream>
#include <functional>
void wuerfel() {
  std::default_random_engine engine{};
  std::vector<size_t> counts{0,0,0,0,0,0};
  std::uniform_int_distribution<int> w6{0, 5}; // gleichverteilte Ganzzahlen
  auto w = std::bind(w6, engine);              // w() = w6(engine)
  for(auto i=1200*1000; i>0; --i) ++counts[w()];
  for(auto c : counts) std::cout<<" "<<c;
  std::cout << '\n';
}
int main() {
    wuerfel();
}
```

Listing 28.42 Mit »bind« können Sie auch alle Parameter einer Funktion festlegen.

28 Standardbibliothek – Extras

> **Lambda statt bind**
>
> Die Syntax von bind ist für manchen etwas verwirrend. Ich rate, stattdessen auf einfache Lambdas zurückzugreifen. Lambdas sind (bald) überall, und man muss sich so nicht an noch etwas Neues gewöhnen.
>
> ```
> auto f1 = bind(f2, 9, _1);
> ```
>
> ist das Gleiche wie
>
> ```
> auto f1 = [](auto x) { return f2(9, x); };
> ```
>
> und meiner Meinung nach schneller zu erfassen und daher vorzuziehen.

Mitgliedszugriff mit »mem_fn«

Mit mem_fn machen Sie aus einer Methode oder einem Datenmitglied eine Funktion. Sie nutzen dann nicht mehr die Syntax

```
instanz.methode(arg);
instanz.daten;
```

sondern stattdessen

```
methode(instanz, arg);
daten(instanz);
```

Hier ein ausführlicheres Beispiel, in dem die Klasseninstanz zahlen wird jeweils zu einem Parameter des erzeugten Funktionsobjekts gemacht wird.

```cpp
#include <functional>
#include <iostream>
struct Zahlen {
    int dieZahl() {
        return 42;
    }
    int mehr(int n) {
        return n + data;
    }
    int data = 7;
};
int main() {
    auto func = std::mem_fn(&Zahlen::dieZahl);
    auto func2 = std::mem_fn(&Zahlen::mehr);
    auto zugriff = std::mem_fn(&Zahlen::data);
    Zahlen zahlen;
    std::cout << func(zahlen) << '\n';          // Ausgabe: 42
    std::cout << func2(zahlen, 66) << '\n';      // Ausgabe: 73
    std::cout << zugriff(zahlen) << '\n';        // Ausgabe: 7
}
```

Listing 28.43 Sie machen Sie aus Klassenmitgliedern freie Funktionen.

Meistens können Sie statt mem_fn auch bind verwenden, doch die Magie, ein Datenmitglied zu einer Funktion zu machen, kann bind so direkt nicht. Aber auch hier gilt: Lambdas sind möglicherweise ausdrucksstärker und besser zu lesen.

28.8   Ausblick auf C++17

Wenn Sie dieses Buch lesen, ist der C++17-Standard wahrscheinlich schon aktuell. Allerdings noch so aktuell, dass Sie noch nicht alle Features in allen Compilern zur Verfügung haben. Zum Zeitpunkt des Schreibens dieser Zeilen wird gerade über die Annahme des Standards abgestimmt, und die Compiler- und Bibliothekshersteller liefern gerade mit unterschiedlicher Geschwindigkeit die Features aus.

Damit Sie wissen, was Sie erwartet, und statt auf die Bibliothek eines Drittanbieters besser auf die Standardbibliothek warten, liste ich hier ein paar der Neuerungen auf, die Sie mit sehr hoher Wahrscheinlichkeit bald verfügbar haben werden.

28.8.1   »variant«

Mit diesem Template können Sie so etwas Ähnliches wie eine union abbilden, allerdings in einer sichereren Form. Ein variant kann den Wert eines von mehreren Typen annehmen. Das Setzen eines Werts eines Typs ändert den Zustand dieses variant, sodass der Versuch, einen anderen Typ daraus zu lesen, fehlschlägt. Somit ist die Benutzung sicher.

```cpp
#include <variant>
using std::get;

int main() {
    std::variant<int, float> v{};
    v = 12;                    // Zustand wechselt auf int
    auto i = get<int>(v);      // holt den int
    std::cout << i << '\n';    // Ausgabe: 12
    v = 3.456f;                // Zustand wechselt auf float
    std::cout << get<float>(v) << '\n';   // Ausgabe: 3.456
    get<double>(v);            // Fehler
    get<3>(v);                 // Fehler
    std::variant<int, float> w{};
    w = get<float>(v);         // Zugriff über Typ
    w = get<1>(v);             // Zugriff geht auch über Index
    w = v;                     // ganze Zuweisung geht auch
    try {
        get<int>(w);           // löst Exception aus
    } catch (std::bad_variant_access&) {
        std::cout << "enthalte gerade kein int\n";
    }
}
```

Hier deklariere ich v als ein variant, der entweder einen Wert vom Typ int oder einen vom Typ float enthalten kann. Dann weise ich v mit 12 einen int zu, den ich mit get<int> dann wieder lese und ausgebe. Es folgt die erneute Zuweisung mit einem Wert, diesmal aber ein float. Auch diesen lese ich dann und gebe ihn aus. v hat also nacheinander zuerst einen int und dann einen float enthalten.

Sie können mit get keinen Typ anfordern, den der variant nicht kennt. get<double> compiliert nicht.

Zur Laufzeit erhalten Sie einen Fehler, wenn Sie einen gültigen Typ erfragen, den der variant gerade nicht enthält. Sie erhalten eine Exception bad_variant_access.

28.8.2 »optional« und »any«

Sollen Sie damit unzufrieden sein, dass Sie die möglichen Typen bei der Deklaration angeben müssen, dann ist vielleicht any etwas für Sie. Sie können also einen Wert jeden beliebigen Typs hineinpacken. Und nur diesen Typ können Sie wieder herausholen. Versuchen Sie es mit einem anderen Typ, erhalten Sie eine Exception. Sie können any jedoch einen *neuen* Wert und auch einen *neuen Typ* zuweisen.

```cpp
#include <any>
#include <iostream>
#include <vector>
#include <string>

int main() {
    std::any a = 5;
    std::cout << std::any_cast<int>(a) << '\n';
    a = 3.456;
    std::cout << std::any_cast<double>(a) << '\n';
    using namespace std::literals;
    std::vector<std::any> data { 4, 8.976, "Geronimo"s };
    std::cout << std::any_cast<double>( data[1] ) << '\n';
    std::cout << data[1].type().name()  << '\n';
}
```

Sie sehen, wie ich a erst einen int und dann einen double zuweise. Anstatt mit get holen Sie hier den Wert mit any_cast heraus, das ist ein leicht anderer Mechanismus. Fragen Sie aber nach dem falschen Typ, erhalten Sie auch hier eine Exception.

Sie können any auch in Container packen. Die drei any-Elemente in data haben nach der Initialisierung unterschiedliche Typen. Zur Information kommen Sie auch an den momentanen gespeicherten Typ mit type() heran. Das dient aber mehr zum Debugging und ist keine portable Information.

28.8.3 »string_view«

Mit string_view können Sie eine Art Referenz auf einen woanders gespeicherten String halten. Diese Referenz ist billiger zu kopieren und zum Beispiel als Wert zu übergeben. Insgesamt werden bei einer string_view weniger Daten kopiert.

Damit Sie sich nicht umgewöhnen müssen, können Sie mit einer string_view fast das Gleiche machen wie mit einem const string. Die string_view hat also die gleichen Methoden und gleichen freien Funktionen in der Standardbibliothek. Sie können lesen, aber nicht schreiben.

Auch liefern Ihnen manche Methoden von string eine string_view zurück. Zum string kommen Sie mit einem Aufruf von to_string().

Der folgende Code mit string kopiert mehrmals temporäre string-Werte:

```
string extract_part(const string &value) {
    return value.substr(2, 3);
}
boolean func() {
    if(extract_part("ABCDE").front() == 'C') {
        return true;
    } else { return false; }
}
```

Wenn Sie stattdessen string_view verwenden, dann wird nichts mehr kopiert (zumindest keine string-Daten, nur Zeiger und Längen):

```
string_view extract_part(string_view value) {
    return value.substr(2, 3);
}
boolean func() {
    if(extract_part("ABCDE").front() == 'C') {
        return true;
    } else { return false; }
}
```

Zusätzlich können Sie eine string_view auch von einem nullterminierten const char* erzeugen, also von einem C-String. Auch hier werden die Daten nicht kopiert. string_view bündelt einfach nur den Zeiger und die Länge zusammen in ein Objekt.

Ein paar zusätzliche nützliche Methoden bekommen Sie auch: remove_prefix und remove_suffix entfernen Anfang und Ende einer string_view – wieder ohne Daten zu kopieren, denn es muss nur ein Zeiger oder eine Länge angepasst werden.

Wie bei einer normalen Referenz müssen Sie selbst darauf achten, dass der Originalstring so lange lebt wie die string_view.

28 Standardbibliothek – Extras

28.8.4 »filesystem«

Mit den Klassen und Funktionen aus dem Header `<filesystem>` können Sie zum Beispiel über alle Dateien eines Verzeichnisses iterieren und eine Operation ausführen. Aber nicht nur das. Sie haben nun einen portablen Weg auf Pfaden, Dateien und Verzeichnissen zu arbeiten, was Sie vorher nur systemspezifisch auf Windows oder Posix-Maschinen tun konnten.

Ich gebe hier einen Auszug einiger Dinge aus dem genannten Header. Alles findet sich im Namensraum `std::filesystem`.

▶ `class path`
Repräsentiert einen Dateinamen oder einen Teil davon. Mit dem `operator/` können Sie Pfade zusammenfügen.

▶ `class recursive_directory_iterator`
Hiermit können Sie durch alle Einträge eines Verzeichnisses und Unterverzeichnisse iterieren.

▶ `copy_file`, `rename`, `remove`, `remove_all`
das einfache Kopieren oder Umbenennen einer Datei sowie das Entfernen einer einzelnen oder rekursive aller Dateien eines Verzeichnisses

▶ `current_path`
Liefert das aktuelle Verzeichnis.

▶ `exists`, `equivalent`
`exists` findet heraus, ob eine Datei existiert; `equivalent` findet heraus, ob zwei unterschiedliche `path`-Instanzen auf das Gleiche verweisen.

▶ `file_size`, `is_empty`, `is_regular_file`
Liefern allerlei Informationen über eine Datei.

28.8.5 Spezielle mathematische Funktionen

Die Mathematiker und Physiker unter Ihnen werden sich freuen, dass Sie schon in der Standardbibliothek einige (wirklich) spezielle mathematische Funktionen haben und nicht die Bibliothek eines Drittanbieters nutzen müssen. Die meisten der Funktionen arbeiten auf `float`, `double` und `long double`. Manchmal existieren mehrere Namensvarianten, ich nenne nur eine. Die Funktionen befinden sich im Header `<cmath>`.

▶ `laguerre`, `assoc_laguerre`, `legendre`, `assoc_legendre`, `hermite`
Berechnet (assoziierte) Laguerrepolynome, (assoziierte) Legendrepolynome (Kugelfunktionen) und Hermitesche Polynome.

▶ `beta`, `expint`
Berechnet die Eulersche Betafunktion und die Integralexponentialfunktion.

▶ `comp_ellint_1`, `comp_ellint_2`, `comp_ellint_3`, `ellint_1`, `ellint_2`, `ellint_3`
Berechnet das vollständige oder unvollständige elliptische Integral der ersten, zweiten und dritten Art.

28.8   Ausblick auf C++17

▶ `cyl_bessel_i`, `cyl_bessel_j`, `cyl_bessel_k`, `sph_bessel`, `sph_legendre`, `sph_neumann`
regulär, nicht regulär und irregulär modifizierte zylindrische Besselfunktion sowie die
sphärische Besselfunktion, Legrendefunktion und Neumannfunktion

▶ `cyl_neumann`
zylindrische Neumannfunktion, auch Besselfunktion der zweiten Art genannt

▶ `riemann_zeta`
Berechnet die Riemann-ζ-Funktion, die Sie vielleicht im Zusammenhang mit Primzahlen brauchen.

28.8.6   »sample«

Mit der neuen Funktion `sample` können Sie die immer wiederkehrende Aufgabe, eine zufällige Stichprobe aus einer Menge auszuwählen, einfacher durchführen.

```cpp
#include <iostream>
#include <random>        // default_random_engine
#include <string>
#include <iterator>      // back_inserter
#include <algorithm>     // sample

int main() {
    std::default_random_engine zufall{};
    const std::string in = "abcdefgh";

    for(auto idx : {0,1,2,3}) {
        std::string out;
        std::sample(in.begin(), in.end(),
                std::back_inserter(out), 5, zufall);
        std::cout << out << '\n';
    }
}
```

in stellt die *Population* dar, und nach out werden die *Stichproben* (engl. *sample*) ausgegeben. Die Anzahl der Stichproben ist auf 5 festgelegt, weswegen auch immer fünf Buchstaben ausgegeben werden. Die Schleife von 0 bis 3 führt dieses Experiment viele Male
durch.

Die Ausgabe ist (auf meinem System, zufällig):

```
abcfg
abcde
bdfgh
abefg
```

Wie Sie sehen, sorgt `sample` dafür, dass die Elemente der Stichprobe in ihrer Reihenfolge
bleiben.

28 Standardbibliothek – Extras

28.8.7   »search«

search aus <algorithm> nimmt neuerdings optional einen weiteren Parameter Searcher, der den Algorithmus angibt, mit dem eine Teilsequenz in einem Container (zum Beispiel string) gesucht werden soll.

```
template<class FwdIt, class Searcher>
ForwardIterator search(FwdIt first, FwdIt last, const Searcher& searcher);
```

Als Algorithmen stehen mindestens die wohlbekannten Algorithmen *Boyer-Moore* boyer_moore_searcher oder *Boyer-Moore-Horspool* boyer_moore_horspool_searcher zur Verfügung. Diese können die Suche enorm beschleunigen. Besonders wenn der Suchtext lang ist und aus vielen verschiedenen Buchstaben besteht. Erwarten Sie keine große Beschleunigung, wenn Sie nach "aaaaaa" oder "abababab" suchen. Sie können auch mit default_searcher die Implementierung entscheiden lassen.

28.8.8   »byte«

Das neue std::byte ist einem char oder unsigned char ähnlich, ist aber nicht mit einem einzelnen Zeichen repräsentiert und unterstützt auch keine Integerarithmetik. Er ist zur Bitmanipulation gedacht und unterstützt deswegen Bit-Oder |, Bit-Und & und ähnliche Operationen.

Semantisch ist dieser Datentyp dazu gedacht, rohen Speicher zu manipulieren, eventuell solchen, der durch andere Objekte belegt ist.

Kapitel 29

Threads – Programmieren mit Mehrläufigkeit

Kapiteltelegramm

▶ **Thread**
Ein »Faden« des Programmablaufs, der gleichzeitig zu anderen Threads laufen kann

▶ **Semaphore**
Mechanismus zur Begrenzung gleichzeitigen Zugriffs auf eine gemeinsame Ressource. Eine Semaphore existiert pro geteilter Ressource oder Gruppe von Ressourcen.

▶ **Mutex**
Semaphore, die nur genau einem Thread den Zugriff erlaubt

▶ **Lock**
Gruppe von Klassen, die mit einem Mutex den Bereich festlegen, in dem der Zugriff geschützt sein soll. Pro Thread und Ressource existiert ein Lock.

▶ **Kritischer Bereich**
Bereich, der mittels Lock und Mutex vor gleichzeitiger Ausführung geschützt ist

▶ **Data Race**
Zustand, bei dem mehrere Threads nicht vorhersagbar Daten verändern

▶ **Deadlock**
Zustand, wenn zwei Threads, die Locks auf Mutexe halten, den jeweils anderen Thread blockieren und keiner von beiden mehr weiterlaufen kann

▶ **Promise und Future**
Konzept eines Kommunikationskanals zwischen Threads. Ein Promise ist die Zusage, ein Ergebnis mittels eines Futures zu liefern, wenn danach gefragt wird.

▶ **Memory Order**
Hiermit wird festgelegt, in welcher zeitlichen Beziehungen Lese- und Schreiboperationen in unterschiedlichen Threads auf einem Objekt zu geschehen haben.

Dieses Kapitel erklärt Ihnen die Teile der Standardbibliothek, die sich mit *Multithreading* beschäftigen. Dabei werde ich gleichzeitig ein paar Konzepte rund um diese Art der mehrläufigen Programmierung erklären, damit Sie wissen, wie Sie die Klassen und Funktionen korrekt einsetzen.

Bisher haben wir ein Programm als Folge sequenziell abzuarbeitender Befehle betrachtet. Mit Verzweigungen und Funktionen kann der Computer zwar hin und her springen, aber er arbeitete immer einen Befehl nach den anderen ab. Seit geraumer Zeit haben Computer nun mehrere Recheneinheiten und mithin die Möglichkeit, innerhalb eines Programms an unterschiedlichen Programmstücken gleichzeitig zu arbeiten. Ihr Programm kann *parallel* arbeiten. Diese parallelen Ausführungsstränge werden *Threads* genannt.

Alle laufenden Threads teilen sich den Speicher des Programms. Alle Threads können allen Speicher aller anderen Threads sehen – also alle Variablen und Werte. Und leider nicht nur sehen, sie können sie auch schreiben, wenn sie wollen. Die Kunst ist, dies geordnet zu tun, sodass die Daten konsistent bleiben.

Andere Formen von Parallelität

Es gibt noch andere Formen der Parallelität. Um genau zu sein, es gibt so ziemlich alle, die Sie sich vorstellen können: Zum Beispiel kann es einen Programmfaden geben, der aber gleichzeitig auf mehreren Daten arbeitet – also effektiv den gleichen Speicher mit denselben Instruktionen beackert (SIMT von Grafikkarten). Auch parallel ist, wenn ein einzelner CPU-Befehl gleichzeitig acht Zahlenpaare multipliziert (SIMD von MMX, SSE und AVX). Auch können Sie Parallelität erreichen, wenn Sie ein Programm auf einem oder mehreren Rechnern verteilt laufen lassen und diese miteinander kommunizieren (Prozesse, Sockets, MPI und andere).

All diese Formen sind im C++-Standard noch nicht behandelt und deshalb auch nicht Teil dieses Buchs. Ich beschränke mich auf die Abarbeitung *eines* Programms mit *einem* Speicher mit *mehreren* Threads.

Mit C++17 kommt übrigens die Möglichkeit für SIMD für viele Algorithmen hinzu. Dort wird es unter `parallel_unsequenced_policy` geführt. Sie geben dann den zusätzlichen Parameter `par_unseq` an. Wenn Sie das interessiert, schauen Sie nach, was Ihr Compiler schon unterstützt und was er daraus machen kann.

29.1   C++-Threading-Grundlagen

Sie haben schon Threads gestartet, auch wenn Sie es nicht gemerkt haben, denn in jedem C++-Programm existiert mindestens der Hauptthread. Für Sie heißt das, beim Betreten von `main` sind Sie in Ihrem ersten Thread, den das System für Sie gestartet hat. Wenn Sie `main` verlassen, dann beendet sich der Hauptthread nach einigen obligatorischen Aufräumarbeiten.

Multithreading erreichen Sie nun, wenn Sie anfangen, weitere Threads zu starten. Jeder Thread hat einen Einstiegs- und einen Ausstiegspunkt, so wie `main` beim Hauptthread. Alles aufrufbare kann diesen Ein- und Ausstieg definieren, also eine Funktion, ein Funktor, ein Lambda, eine gebundene Methode, eine `function<>`-Instanz – schlicht alles, was sich implizit in einen Funktionszeiger konvertieren lässt. In C++ ist ein Thread eine Instanz vom Typ `std:thread` aus dem Header `<thread>`. Mit dieser Instanz können Sie ein wenig interagieren, wie zum Beispiel auf dessen Beendigung warten. Aber bevor Sie das tun können, müssen Sie natürlich zuerst einmal einen neuen `thread` starten.

29.1 C++-Threading-Grundlagen

Starten von Threads

Also brauchen Sie ein Funktionsobjekt (ich nehme diesen Begriff ab jetzt stellvertretend für alles, was von einen Thread gestartet werden kann) und einen bestehenden Thread, der den neuen startet. Letzteres ist leicht, Sie haben ja `main`:

```cpp
#include <iostream>
#include <thread>
using std::cout; using std::endl;

long fib(long n) { return n<=1 ? n : fib(n-1)+fib(n-2); }
void aufgabe1() { auto r = fib(40); cout << "fib(40)=" << r << endl; }
void aufgabe2() { auto r = fib(41); cout << "fib(41)=" << r << endl; }
void aufgabe3() { auto r = fib(42); cout << "fib(42)=" << r << endl; }
struct HintergrundAufgabe {
    void operator()() const {
        aufgabe1();
        aufgabe2();
        aufgabe3();
    }
};

int main() {
    HintergrundAufgabe hintergrundAufgabe{};   // Initialisierung, berechnet noch nichts
    std::thread meinThread{ hintergrundAufgabe }; // Berechnung startet
    // ...mehr...
}
```

Listing 29.1 So starten Sie einen Thread.

Sie starten einen Thread also, indem Sie ein `std::thread`-Objekt erzeugen. Als Konstruktorargument geben Sie dann etwas beliebig Aufrufbares mit, hier eine Instanz des Funktors `HintergrundAufgabe`.

Beachten Sie, dass das aufrufbare Objekt für den neuen Thread immer *kopiert* wird. Das aufrufbare Objekt muss also sinnvoll kopierbar sein. Würden Sie `hintergrundAufgabe` für mehrere `thread`-Instanzen verwenden, teilen diese sich nicht dieselbe Instanz.[1]

Es ist durchaus üblich, das aufrufbare Objekt direkt im Konstruktoraufruf von `thread` zu erzeugen:

```cpp
std::thread meinThread{ HintergrundAufgabe{} }; // Tempwert als Konstruktorargument
```

Seien Sie vorsichtig, hier nicht `HintergrundAufgabe()` zu schreiben, denn das erzeugt keinen Tempwert, sondern deklariert eine Funktion. Sie können dieses Problem komplett umgehen, indem Sie einfache Aufgaben gleich als Lambda-Ausdruck schreiben, wenn Sie den `thread` initialisieren:

---

1   ... wenn Sie nicht weitere Vorkehrungen treffen.

```
std::thread meinThread{ [] {
    aufgabe1();
    aufgabe2();
    aufgabe3();
} };
```

Das bedeutet, dass `meinThread` einen neuen Thread startet, der parallel ausgeführt wird. In dem Thread werden dann die Funktionen `aufgabe1`, `aufgabe2` und `aufgabe3` sequenziell abgearbeitet.

Warten auf einen Thread

Wenn Sie einen Thread gestartet haben, müssen Sie sich entscheiden:

▶ **Warten, bis der Thread sich beendet**
Dies tun Sie, indem Sie sich dem Thread »anschließen« (engl. *join*).

▶ **Den Thread unabhängig weiterlaufen lassen**
Sie müssen sich vom neu gestarteten Thread »lösen« (engl. *detach*).

Wenn Sie sich vor dem Ende des startenden Threads nicht entschieden haben, dann wird Ihr gesamtes Programm beendet. Konkret heißt das: Wenn der neue Thread noch läuft, aber der Destruktor von `thread` aufgerufen wird, dann ruft dieser `std::terminate()` auf – und beendet so Ihr Programm abrupt.

Hier kommt also …mehr… ins Spiel: Damit das Programm aus Listing 29.1 nicht abstürzt, fügen Sie einen der beiden Aufrufe hinzu:

▶ **Warten**
`meinThread.join()`

▶ **Lösen**
`meinThread.detach()`

Noch einmal: Wenn der Bereich der `thread`-Variablen verlassen wird und der Thread noch läuft und Sie sich mit nicht `detach()` von ihm gelöst haben, dann stürzt Ihr Programm ab. Der Aufruf von `join()` wartet auf das Ende des Threads.

In diesem einfachen Fall ist `join()` die einzig richtige Lösung. Denn wenn sich andersherum das Hauptprogramm beendet, dann werden auch losgelöste Threads beendet. Wenn Sie also hier `detach()` verwenden, dann werden Sie keine Ausgabe sehen, weil `main` kurz danach verlassen wird, bevor die Berechnungen fertig waren. In einer anderen Funktion können Sie `detach()` aber durchaus benutzen, denn wahrscheinlich gibt es noch viele andere Berechnungen, die stattfinden.

Im startenden Thread Exceptions berücksichtigen

Beachten Sie, dass Sie auch Exceptions berücksichtigen müssen: `meinThread` wird ja auch entfernt, wenn irgendwo in `main` eine Exception geworfen wird. Ist dann der gestartete

Thread noch nicht fertig, wird Ihr ganzes Programm beendet. So kann eine Exception, die Sie eine Ebene zu weit außen behandeln, möglicherweise große Auswirkungen haben:

```cpp
#include <iostream>
#include <thread>
#include <vector>
#include <exception>
using std::cout; using std::endl;

long fib(long n) { return n<=1 ? n : fib(n-1)+fib(n-2); }
void aufgabe1() { auto r = fib(40); cout << "fib(40)=" << r << endl; }

void hauptprogramm() {
    try {
        std::thread th{ &aufgabe1 };
        std::vector<int> data{ 0,1,2 };
        data.at(666);                    // löst out_of_range aus
        th.join();                       // würde warten
    } catch(std::runtime_error &ex) {    // passt nicht auf out_of_range
        /*...*/
    }
}

int main() {
  try {
    hauptprogramm();
  } catch( ... ) {                       // so weit, so gut, sieht sicher aus
    std::cout << "Ein Fehler ist aufgetreten\n"; // bekommen Sie nicht zu Gesicht
  }
}
```

In Abwesenheit von Threads wäre das funktionierender Code. data.at(666) löst zwar eine Exception aus, aber das ist ja nicht verboten. Die ausgelöste out_of_range passt nicht auf die im catch angegebenen runtime_error. Die Ausnahme verlässt also hauptprogramm und wird in catch(...) gefangen. Dort würde – ohne Threads – die Ausgabe »Ein Fehler...« erscheinen.

Nicht so mit einem noch laufenden thread: th ist zum Zeitpunkt der Exception noch aktiv. Zur Ausnahmebehandlung wird dessen Block verlassen und der Destruktor von thread aufgerufen. Und das führt dann zu terminate(), dem sofortigen Programmabbruch.

Wie sieht es aus, wenn Sie in hauptprogramm statt catch(std::runtime_error ex) schon alles mit catch(...) abgefangen hätten? Leider kein Unterschied: Der Gültigkeitsbereich von th wird beim Behandeln der Ausnahme im catch dennoch verlassen. Sie müssen dafür sorgen, dass th auch innerhalb des catch noch existiert, zum Beispiel so:

29   Threads – Programmieren mit Mehrläufigkeit

```cpp
#include <iostream>
#include <thread>
#include <vector>
#include <exception>
using std::cout; using std::endl;

long fib(long n) { return n<=1 ? n : fib(n-1)+fib(n-2); }
void aufgabe1() { auto r = fib(40); cout << "fib(40)=" << r << endl; }

void hauptprogramm() {
    std::thread th{ &aufgabe1 };
    try {
        std::vector<int> data{ 0,1,2 };
        data.at(666);                    // löst out_of_range aus
    } catch(std::runtime_error &ex) {    // passt nicht auf out_of_range
        /* ... */                        // speziellen Fehler hier behandeln
    } catch( ... ) {
        th.join();
        throw;                           // Fehlerbehandlung außen fortsetzen
    }
    th.join();                           // wartet nach okay oder speziellem Fehler
}

int main() {
    try {
        hauptprogramm();
    } catch( ... ) {
        std::cout << "Ein Fehler ist aufgetreten\n";
    }
}
```

Die Lebenszeit der Instanz th ist nun getrennt von den Berechnungen, die schiefgehen können. Im Beispiel unterscheide ich die beiden Ausnahmearten »hier muss ich was lokal Spezielles tun« mit std::runtime_error und alles andere ..., mit dem ich lokal eher nicht rechne, aber weiß oder vermute, dass es weiter außen behandelt wird – weswegen ich mit throw; nach dem wichtigen th.join() an die weiter außen liegende Behandlung weiterwerfe.

Ich rufe join() so spät wie möglich auf, weil der Aufruf ja wartet, bis die Berechnung im Thread zu Ende ist (der Aufruf »blockiert«). Würde ich den früher machen, zum Beispiel direkt nach dem Start, bekäme ich keine parallele Ausführung.

Es ist mit thread also wichtig denn je, dass Sie sich die Granularität der Ausnahmebehandlung genau überlegen. Berücksichtigen Sie die Lebenszeit ihrer thread-Instanzen, insbesondere in Verbindung mit erwarteten und unerwarteten Exceptions. Obiges Beispiel soll nur einen Eindruck vermitteln. Sie können sich einen RAII-Wrapper um eigene

Threads-Objekte schreiben, sodass Sie nicht jedes Mal einen zusätzlichen try-catch-Block einführen müssen:[2]

```cpp
class thread_guard {
    std::thread &th_;
public:
    explicit thread_guard(std::thread &th) : th_{th} {}
    ~thread_guard() {
        if(th_.joinable()) th_.join();        // wartet bei okay und Fehler
    }
    thread_guard(const thread_guard&) = delete; // keine Kopie
    thread_guard& operator=(const thread_guard&) = delete; // keine Zuweisung
};
long fib(long n) { return n<=1 ? n : fib(n-1)+fib(n-2); }
void aufgabe1() { auto r = fib(40); cout << "fib(40)=" << r << endl; }
void hauptprogramm() {
    try {
        std::thread th{ &aufgabe1 };
        thread_guard tg{ th };                // wacht über th
        std::vector<int> data{ 0,1,2 };
        data.at(666);                         // löst out_of_range aus
    } catch(std::runtime_error &ex) {         // passt nicht auf out_of_range
        /* ... */    // speziellen Fehler hier behandeln
    }
}
// main() wie zuvor
```

Wenn Sie den gerade erzeugten thread th mit thread_guard tg{th} sofort schützen, dann wartet dessen Destruktor in jedem Fall darauf, dass th erst beendet wird, bevor der Block verlassen wird.

Mit joinable() wird zuvor überprüft, ob join() überhaupt geht, denn wenn vorher detach() verwendet wurde, geht join() nicht mehr. Es wäre mit diesem thread_guard durchaus in Ordnung, wenn Sie den Block trotzdem, ohne zu warten, verlassen wollen, in diesem Fall können Sie th.detach() aufrufen.

Sie haben nach dem Aufruf von th.detach() allerdings keine Möglichkeit mehr, mit dem Thread direkt zu kommunizieren. Solche Threads erledigen oft Hintergrundaufgaben und laufen meist länger, weswegen man Sie auch Hintergrundthreads nennt.

29.1.1   Einer Threadfunktion Parameter übergeben

Es wäre sehr unpraktisch, wenn Sie für jeden unterschiedlichen Aufruf von fib extra eine eigene Funktion schreiben müssten, die den Parameter n festlegt und dann fib aufruft.

---

2   *C++ Concurrency in Action: Practical Multithreading*, Anthony A. Williams, Manning 2012

Sie können beim Starten des Threads den oder die Parameter auch direkt mitgeben. Dazu fügen Sie die gewünschten Parameter dem Initialisierer von thread einfach hinzu:

```
#include <iostream>
#include <thread>
using std::cout; using std::endl;

long fib(long n) { return n<=1 ? n : fib(n-1)+fib(n-2); }

void runFib(long n) {
    auto r = fib(n);
    cout << "fib("<<n<<")=" << r << endl;
}

long ack(long m, long n) { // Ackermannfunktion
    if(m==0) return n+1;
    if(n==0) return ack(m-1, 1);
    return ack(m - 1, ack(m, n-1));
}

void runAck(long m, long n) {
    auto r = ack(m, n);
    cout << "ack("<<m<<','<<n<<")=" << r << endl;
}

int main() {
    std::thread f40{ runFib, 40 };
    std::thread f41{ runFib, 41 };
    std::thread f42{ runFib, 42 };

    f40.join(); f41.join(); f42.join();

    std::thread a1{ runAck, 4, 0 };
    std::thread a2{ runAck, 4, 1 };
    std::thread a3{ runAck, 2, 700 };
    std::thread a4{ runAck, 3, 10 };

    a1.join(); a2.join(); a3.join(); a4.join();
}
```

Listing 29.2 Parameter an die Threadfunktion fügen Sie dem Konstruktor hinzu.

Sie können einen oder mehrere Parameter einfach zusätzlich dem Konstruktor von thread mitgeben.

29.1 C++-Threading-Grundlagen

Ackermann und Fibonacci

Die Funktion fib(long n) für *n-te Fibonaccizahl* habe ich in unterschiedlichen Varianten in diesem Buch oft als Beispiel für eine Berechnung genommen. Die n-te Fibonaccizahl ist die Summe der n − 1-sten und n − 2-ten Fibonaccizahlen. Die ersten sind also 1, 1, 2, 3, 5, 8, 13, 21 − und so geht die Folge weiter.

Ich nutze sie gern, weil man die Funktion erstens in einer Zeile hinschreiben kann, und zweitens, den Computer eine Weile beschäftigt. Bei fib(40) muss der Computer schon ein paar Sekunden rechnen, fib(45) wird schon zur Geduldsprobe. Das allerdings nur, wenn man sie − wie ich hier − naiv *rekursiv* schreibt. Mit wenig mehr Mühe bekommen Sie auch eine effiziente Funktion, wie Listing 14.3 (Seite 339) zeigt. Das möchte ich für die Threadbeispiele aber gar nicht.

Noch extremer ist die *Ackermannfunktion*. Sie hat zwei Parameter und wächst extrem schnell, insbesondere wenn man den ersten Parameter m erhöht. Sie wurde erdacht um die Grenzen automatischer Berechnungen aufzuzeigen, und eignet sich genau deshalb gut für meine Threadingbeispiele. Ihre Werte sind weniger anschaulich als die Fibonaccizahlen und außer ihrer schnell wachsenden Größe weniger interessant.

Im Folgenden werde ich die Definition der Funktionen ack und runAck voraussetzen, um Platz zu sparen.

Parameter werden immer kopiert

Die Parameter werden in den Thread hineinkopiert, bevor dieser gestartet wird. Es wird also nicht etwa eine Referenz gespeichert. Hier entstehen demnach für jeden Thread neue strings:

```cpp
#include <iostream>
#include <thread>
#include <chrono>
using namespace std::chrono; // seconds, suffix s

void delayPrint(seconds s, const std::string& msg) {
    std::this_thread::sleep_for(s);
    std::cout << msg << std::endl;
}
int main() {
    std::thread m1{ delayPrint, 1s, "Auf die Plaetze" };
    std::thread m2{ delayPrint, 2s, std::string{"fertig"} };
    std::string los = "los";
    std::thread m3{ delayPrint, 3s, los };
    m1.join(); m2.join(); m3.join();
}
```

Listing 29.3 Parameter werden in den Thread kopiert.

883

Obwohl `los` als lokale Variable referenzierbar wäre *und* der Parameter `msg` von `delayPrint` ein `const string&` ist, wird dennoch `los` zunächst kopiert, bevor es der Threadfunktion `delayPrint` übergeben wird. Das stellt sicher, dass selbst wenn Sie `detach()` für `m3` aufrufen würden und dessen Gültigkeitsbereich verlassen, der möglicherweise wichtige Referenzparameter der Threadfunktion noch existiert.

Wie üblich müssen Sie hier mehr aufpassen, wenn Sie mit rohen Zeigern arbeiten. Denn hier wird nur der Zeiger kopiert, bevor er der Threadfunktion übergeben wird, logischerweise aber nicht das, worauf er zeigt. Das hier wird böse enden:

```cpp
#include <iostream>
#include <thread>
#include <chrono>
using namespace std::chrono;  // seconds, suffix s

void delayPrint(seconds s, const char* msg) {
    std::this_thread::sleep_for(s);
    std::cout << msg << std::endl;
}

void lauf() {
    const char risiko[] = "Das geht nicht gut...";
    std::thread m{ delayPrint, 1s, risiko };
    m.detach();
    // hier wird der Bereich von 'risiko' verlassen
}

int main() {
    lauf();
    std::this_thread::sleep_for(2s);  // noch 2 Sekunden warten
}
```

Listing 29.4 Achtung mit rohen Zeigern als Parameter

Hier ist `risiko` weggeräumt, sobald `lauf()` verlassen wird. Der Zeiger `msg` zeigt noch auf dessen alte Stelle und somit in einen dann ungültigen Bereich – undefiniertes Verhalten ist die Folge.

Referenzparameter erzwingen

In manchen Fällen wollen Sie aber eine Referenz haben, und es wäre unpraktisch oder unmöglich, den Parameter zu kopieren. Verwenden Sie dann `std::ref`, um eine Referenz zu erzwingen:

```cpp
#include <iostream>
#include <thread>
#include <chrono>
using namespace std::chrono;  // seconds, suffix s
```

29.1 C++-Threading-Grundlagen

```cpp
struct Zustand {
    int zaehler;
};
void zeigeZustand(const Zustand& zustand) {
    for(auto i : { 5,4,3,2,1 }) {
        std::cout << "zaehler: " << zustand.zaehler << std::endl;
        std::this_thread::sleep_for(1s);
    }
}
int main() {
    Zustand zustand { 4 };
    std::thread th{zeigeZustand, std::ref(zustand)}; // bleibt Referenz auf zustand
    std::this_thread::sleep_for(1s);
    zustand.zaehler = 501;
    std::this_thread::sleep_for(1s);
    zustand.zaehler = 87;
    std::this_thread::sleep_for(1s);
    zustand.zaehler = 2;
    th.join();
}
```

Listing 29.5 Mit »ref« eine Referenz erzwingen

Die lokale Variable zustand wird hier als Referenz in den neuen Thread übergeben und bleibt auch so. Es wird keine Kopie erzeugt, was Sie daran sehen können, dass sich die Änderungen an zustand.zaehler in main auch in zeigeZustand auswirken. Sonst wäre die Ausgabe konstant zaehler:4 und nicht wie hier:

```
zaehler: 4
zaehler: 501
zaehler: 87
zaehler: 2
zaehler: 2
```

Parameter per Verschiebung

Statt einer Kopie oder Referenz könnte auch sein, Sie hätten eine Ressource, die Sie nicht kopieren können oder wollen, die Sie aber verschieben können: zum Beispiel einen unique_ptr (kopieren verboten) oder ein von Ihnen gemaltes Image (kopieren teuer). In dem Fall nehmen Sie std::move, und das Quellobjekt ist nach dem Starten des Threads leer:

```cpp
#include <iostream>
#include <thread>
#include <chrono>
#include <vector>
#include <memory>
using namespace std::chrono; // seconds, suffix s
```

885

29 Threads – Programmieren mit Mehrläufigkeit

```cpp
struct Image {
    std::vector<char> data_; // Kopie teuer
    explicit Image() : data_(1'000'000) {}
};
void zeigeImage(Image img) {
    std::cout << img.data_.size() << '\n';
}
void zeigeIptr(std::unique_ptr<int> iptr) {
    std::cout << *iptr << '\n';
}
int main() {
    // teuer zu kopieren, aber dafür gut zu verschieben:
    Image image{};
    std::cout << image.data_.size() << std::endl;      // Ausgabe: 1000000
    std::thread th1{ zeigeImage, std::move(image) };    // Ausgabe: 1000000
    std::this_thread::sleep_for(1s);
    std::cout << image.data_.size() << std::endl;      // Ausgabe: 0
    th1.join();
    // unmöglich zu kopieren, aber gut zu verschieben:
    auto iptr = std::make_unique<int>( 657 );
    std::cout << (bool)iptr << std::endl;              // Ausgabe: 1 für wahr
    std::thread th2{ zeigeIptr, std::move(iptr) };     // Ausgabe: 657
    std::this_thread::sleep_for(1s);
    std::cout << (bool)iptr.get() << std::endl;        // Ausgabe: 0 für falsch
    th2.join();
}
```

Listing 29.6 Mit »move« Eingaben in den Thread verschieben

Die Klasse Image enthält stellvertretend für ein tatsächliches großes Bild einfach Daten. Ich wähle vector als Container für die »Daten«, weil dieser sich verschieben lässt. Und weil ich die *Nuller-Regel* einhalte, ist auch die Klasse Image verschiebbar.

Bevor ich th1 starte, enthält image.data_ sehr viele Daten. Wegen std::move im Konstruktor von th1 wird das Bild bzw. dessen Inhalt in den Thread *verschoben*. Die lokale Variable image in main ist danach leer, wie die Größe 0 anzeigt.

Ähnlich ist es mit iptr, nur dass man einen unique_ptr nicht einmal kopieren *könnte*, wenn man wollte. Vor dem Erzeugen von th2 ist der Zeiger, den iptr hält, gültig: (bool)iptr gibt 1 aus, was für »wahr« steht. Nach dem Verschieben beim Start von th2 gibt der gleiche Ausdruck 0 für »falsch« aus, was heißt, dass der iptr keinen int mehr enthält. Er wurde in die Threadfunktion zeigeIptr hineinverschoben.

29.1.2 Einen Thread verschieben

Sie müssen thread nicht als lokale Variable belassen. Sie können eine Funktion oder Methode thread Instanzen erzeugen lassen – also als Werte zurückgeben.

```
#include <iostream>
#include <thread>
#include <chrono>
using namespace std::chrono; // seconds, suffix s
auto makeThread(std::string wer) {
    return std::thread{ [wer] {
        std::this_thread::sleep_for(1s);
        std::cout << "Viel Glueck, " << wer << std::endl;
    } };
}
int main() {
    auto th = makeThread("Jim"); // Ausgabe: Viel Glueck, Jim
    th.join();
}
```

Listing 29.7 Einen Thread zurückgeben

Kopieren können Sie thread nicht. Wenn Sie einen thread als Parameter übergeben wollen, dann können Sie das per Verschieben tun.

```
#include <iostream>
#include <thread>
#include <chrono>
using namespace std::chrono; // seconds, suffix s
void kobraUebernehmenSie(std::thread job) {
    job.join();
}
int main() {
    std::thread th{ [] {
        std::this_thread::sleep_for(1s);
        std::cout << "Viel Glueck, Dan" << std::endl;
    } };
    kobraUebernehmenSie( std::move(th) );   // Zuständigkeit übertragen
}
```

Listing 29.8 Einen Thread verschieben

Die Instanz th in main wird in die Threadfunktion verschoben. Es wäre in Ordnung, main zu verlassen und th entfernen zu lassen. Die Zuständigkeit ist an die Threadfunktion übergegangen. In diesem konkreten Beispiel wartet die ohnehin nur darauf, dass der Thread fertig ist, aber was die Lebenszeit von th in main angeht, wäre auch detach okay.

Am praktischsten ist die Verschiebbarkeit von thread aber, weil Container sie aufnehmen können. So können Sie ohne große Mühe eine völlig dynamische Anzahl an Threads verwalten:

29 Threads – Programmieren mit Mehrläufigkeit

```cpp
#include <iostream>
#include <thread>
#include <vector>
using std::cout; using std::endl;

long fib(long n) { return n<=1 ? n : fib(n-1)+fib(n-2); }
void runFib(long n) { auto r = fib(n); cout << "fib("<<n<<")=" << r << endl; }

int main() {
    std::vector<std::thread> threads;
    // starten
    for( auto n : { 38, 39, 40, 41, 42, 43, }) {
        threads.emplace_back( runFib, n );
    }
    // warten
    for( auto &th : threads ) {
        th.join();
    }
}
```

Listing 29.9 Threads im Container

Wie Sie wissen, erzeugt `emplace_back` die Threads direkt vor Ort im `vector`, Sie können aber auch eine dieser beiden Varianten verwenden:

```cpp
std::thread th1{runFib, n};
threads.push_back( std::move(th) );        // Verschieben einer Thread-Variablen
threads.push_back( std::thread{runFib, n} ); // Tempwert automatisch verschieben
```

Vergessen Sie am Ende nicht, sich allen Threads im Container per `join()` anzuschließen.

29.1.3 Wie viele Threads starten?

Wie viele Threads kann ein Programm starten und verwalten? Wie viele können gleichzeitig Berechnungen durchführen? Der Standard gibt keine oberen Grenzen für beides vor, aber eine physische obere Grenze existiert.

Es ist ein Unterschied, ob Sie einen Thread starten, der hauptsächlich nichts tut und auf irgendein Ereignis wartet, oder ob Sie einen Thread »Numbercrunching« betreiben lassen. Letzterer belastet und blockiert CPU und Speicher und verbraucht so begrenzte Ressourcen. Auch »nichts tun« ist nicht klar definiert, denn darunter fällt durchaus auch so etwas wie Daten von der Festplatte oder aus dem Internet lesen: Die CPU ist so viel schneller als SSD, Festplatte oder WLAN, dass beim Lesen der Löwenanteil mit Warten verbracht wird. Ich möchte diese beiden Kategorien informell hier mit den Begriffen *Rechenthreads* und *Wartethreads* unterscheiden.

Wartethreads kann das System sehr viele gleichzeitig verwalten. Allerdings nur, wenn diese sich über eine geteilte Ressource wirklich nicht ins Gehege kommen. Jeder Thread benötigt für sich selbst etwas Speicher, vielleicht 1 MB, sodass Sie praktisch zwischen 1000 und 10000 Threads durchaus haben könnten. In solchen Situationen bieten *Thread-Pools* aber meist eine bessere Alternative. Aber 10 bis 100 solcher Threads können Sie auf aktuellen Maschinen normalerweise ohne Probleme haben. Und hier meine ich mit normalen Maschinen Ihren Desktop-PC, Laptop oder Ihr Smartphone. Systeme für Spezialanwendungen wie Kameras, Autos oder vernetzte LEDs (sogenannte *embedded Systeme*) sind da vielleicht etwas eingeschränkter.

Rechenthreads belasten die Ressource CPU. Mehr als einen Thread auf einer CPU rechnen zu lassen, wäre Verschwendung und ist unnütz. Aber erstens müssen auch Rechenthreads ab und zu warten und können währenddessen einem anderen Thread die Kapazitäten überlassen, und zweitens ist es auch nicht wirklich schlimm, etwas mehr Threads als CPUs zu haben. Viel mehr als CPUs ist aber wiederum nicht gut, weil dann mehr Threadwechsel stattfinden als nötig. Und jeder Threadwechsel kostet, zusätzlich dazu, dass ein Thread selbst kostet. Die Faustregel besagt, dass man ein- bis zweimal so viele Rechenthreads parallel laufen lassen kann, wie man CPU-Kerne hat, ohne das System zu sehr zu beanspruchen.

Wenn Sie also nun herausfinden wollen, was die optimale Anzahl an Threads für ein Rechenprogramm ist, dann müssen Sie zunächst herausfinden, wie viele CPUs Ihre Maschine hat. Diese Zahl mal eins oder zwei ist dann die maximale Anzahl der Rechenthreads, die ich empfehle. Zu diesem Zweck gibt es

```
std::thread::hardware_concurrency()
```

Diese Funktion liefert einen *Hinweis* auf die Anzahl der Threads, die auf dem System wirklich parallel laufen können. Jedoch kann die Funktion auch 0 zurückliefern, wenn die Information nicht zur Verfügung steht.

Typischerweise erhalten Sie die Anzahl an CPUs im System. Aber auch das ist nicht garantiert. Denn heutzutage ist die Sache mit den CPUs und Threads nicht mehr so einfach – von Spezialhardware (wie Grafikkarten) schon mal ganz abgesehen. Manche CPUs bieten schon auf Hardwareebene eine Art von Threads: Die teureren Intel-CPUs unterstützen *Hyperthreading*. Das heißt, sie haben zum Beispiel vier »Kerne« (Quasi-CPUs), von denen jeder zwei Hyperthreads laufen lassen kann. Hyperthread heißt, dass ein Thread einen Kern theoretisch zu 100 % auslasten kann, zwei Threads ebenfalls, aber ab drei muss die CPUs zwischen den Threads hin- und herschalten. Folglich wäre für eine Vier-Kern-CPU-mit-zweifachem-Hyperthreading die optimale Anzahl an Threads zwischen vier und acht. Ob `hardware_concurrency()` Ihnen 0, 4, 8 oder etwas ganz anderes zurückliefert, ist nicht festgelegt.

```
#include <thread>
#include <iostream>
#include <vector>
#include <chrono>   // steady_clock
using std::cout; using std::endl; using namespace std::chrono;
```

29   Threads – Programmieren mit Mehrläufigkeit

```
long fib(long n) { return n<=1 ? n : fib(n-1)+fib(n-2); }

int main() {
  cout << std::thread::hardware_concurrency() << '\n';
  for(int nthreads : { 1,2,3,4,5,6 }) {
    cout << "Threads: ";
    const auto start = steady_clock::now();

    std::vector<std::thread> threads;
    for(int ti = 1; ti <= nthreads; ++ti) {
      threads.emplace_back( std::thread{fib, 40});
      cout << ti << "... "; cout.flush();
    }
    for(auto &th : threads) th.join();

    const auto now = steady_clock::now();
    cout << "  Zeit:  " << duration_cast<milliseconds>(now-start).count() << "ms\n";
  }
}
```

Listing 29.10 Parallelität der Hardware herausfinden

Hier lasse ich nacheinander ein- bis sechmal parallel fib(40) berechnen und messe, wie lange die Berechnungen brauchen. Mit steady_clock::now() hole ich die aktuelle Zeit vor und nach jeder Berechnungsserie. Die Differenz ist die benötigte Zeit. Der duraction_cast stellt sicher, dass ich die Ausgabe in einer mir bekannten Zeiteinheit bekomme.

Im vector threads sammle ich die thread-Instanzen. Nach dem Starten der Threads muss ich auf allen Elementen des Containers join() aufrufen, um zu warten, bis alle fertig sind.

Ich habe zum Beispiel eine Intel-CPU »i7-3520M« mit zwei Kernen mit je zwei Hyperthreads. Das obige Programm gibt bei mir 4 aus.

Und die benötigten Zeiten für das parallele Berechnen von fib(40) sind:

```
Threads: 1...   Zeit:  727ms
Threads: 1... 2...   Zeit:  758ms
Threads: 1... 2... 3...   Zeit:  1113ms
Threads: 1... 2... 3... 4...   Zeit:  1274ms
Threads: 1... 2... 3... 4... 5...   Zeit:  1703ms
Threads: 1... 2... 3... 4... 5... 6...   Zeit:  1955ms
```

Obwohl mir 4 für Hardwareparallelität zurückgegeben wird, werden nur tatsächlich zwei Berechnungen voll parallelisiert. Zwar mag die Hardware bis zu vier Threads ohne große Umschaltverluste ausführen können, Rechenzeit stehlen sie sich aber dennoch. Beachten Sie aber, dass es mit 1274ms immer noch schneller war, vier fib(40) parallel auszuführen, als zweimal hintereinander zwei fib(40) parallel berechnen zu lassen, was 2 × 758ms = 1516ms braucht.

890

29.1.4   Welcher Thread bin ich?

Die Variable std::this_thread repräsentiert immer den aktuellen Thread. Dessen Methode get_id() liefert eine Variable vom Typ std::thread::id zurück. Diese Variable können Sie mit == und < vergleichen sowie hash darauf anwenden. Das heißt, Sie können sie in assoziative Container wie map und unordered_set packen. Ein Thread kann sich dann selbst identifizieren und zum Beispiel mit ihm assoziierte Daten aus einem Container holen.

Sie können eine id auch ausgeben, doch ist es implementierungsabhängig, wie die Ausgabe aussieht.

```
#include <thread>
#include <iostream>
int main() {
    std::cout << "Main: " << std::this_thread::get_id() << '\n';
    std::thread th{ []{
        std::cout << "Thread: " << std::this_thread::get_id() << '\n';
    }};
    th.join();
}
```

Listing 29.11 Jeder Thread hat eine Kennung.

Die Ausgabe kann bei jedem Programmdurchlauf anders sein, muss aber nicht:

```
Main: 139822070269824
Thread: 139822053463808
```

29.2   Gemeinsame Daten

Jeder Thread hat seinen eigenen Stack. Das heißt, lokale Variablen und Funktionsparameter gehören ihm und nur ihm allein. Ein anderer Thread bekommt sie nicht zu Gesicht und kann sie vor allem nicht verändern.

Globale Variablen und Heapspeicher werden zwischen allen Threads geteilt. Wenn ein Thread eine globale Variable verändert, dann bekommt ein anderer Thread dies mit – nur *wann*, das ist schwer zu sagen.

Innerhalb eines Threads ist es garantiert, dass eine Anweisung *nach* der nächsten passiert. Es mag trivial klingen, ist es aber nicht. Ich möchte Sie an Kapitel 4, »Die Grundbausteine von C++«, erinnern: Denn was für Anweisungen gilt, ist für Ausdrücke nicht der Fall: In func(a(), b()) ist *nicht* festgelegt, dass a() vor b() ausgeführt wird (oder andersherum). Nur von Anweisung zu Anweisung gibt es eine Garantie darüber, dass zwischen ihnen Operationen abgeschlossen »aussehen«. Letzteres hebe ich hervor, weil das System Ihnen verspricht, es für Sie so aussehen zu lassen, als wären die Operationen abgeschlossen. Wenn sich die Operationen nicht beeinflussen, steht es dem Compiler oder der Hardware frei, sie strategisch günstig umzuordnen. Und nicht nur das: Auch wenn sich die Anweisungen aufeinander beziehen, dürfen sie umgeordnet werden, wenn garantiert das Gleiche dabei herauskommt. Und glauben Sie mir, die aktuelle Hard- und Software macht von diesen Möglichkeiten sehr viel Gebrauch!

Die Garantie gilt aber nur innerhalb eines Threads! Kommen mehrere Threads ins Spiel, dann kann die gut gemeinte Umordnung der Instruktionen eines Threads dazu führen, dass ein anderer Thread, der sich auf die Abfolge der Instruktionen im Quellcode verlassen hat, einen ganz anderen Zustand vorfindet. Verwendet er Werte aufgrund seiner Annahmen, kann er falsch liegen, und die Berechnung liefert ein falsches Ergebnis.

Der zweite Punkt ist, dass mit echter Parallelität Instruktionen ja wirklich gleichzeitig ausgeführt werden. Schon die einfachsten Instruktionen wie i+=1 werden problematisch. Stellen Sie sich vor, dass i+=1 auf zwei Kernen exakt parallel ausgeführt wird. i wird nicht um 2 inkrementiert werden, denn dazu müsste jeder Kern zu jedem Zeitpunkt wissen, was jeder der anderen Kerne gerade tut.

Deshalb ist es beim Zugriff auf geteilte Daten wichtig, dass diese *synchronisiert* werden:

▸ Erstens garantiert Synchronisation, dass eine Berechung in einem Thread für einen anderen Thread sichtbar ist. In C++ benutzen Sie hier hauptsächlich *atomics*, also atomare Typen.

▸ Zweitens synchronisieren Sie Schreibzugriffe so, dass in dem Moment kein anderer Thread schreiben oder etwas unfertiges lesen kann. Dazu benutzen Sie Mutexe und Locks, zum Beispiel mutex und lock_guard.

29.2.1   Daten mit Mutexen schützen

Mutex steht für »mutual exclusive«, gegenseitig ausschließend. Sie verwenden einen Mutex an einer Ressource, die Sie vor konkurrierendem Zugriff schützen wollen: Zu *einer* Ressource gehört also *ein* Mutex, egal wie viele Threads Sie verwenden.[3] Haben Sie zwei Instanzen der Ressource, benötigen Sie *zwei* Mutexe.

In jedem Thread *sperren* Sie dann den zur Ressource gehörenden Mutex, bevor Sie die Ressource verwenden. Wenn ein anderer Thread dann dieselbe Ressource nutzen will, versucht dieser ebenfalls, diesen Mutex zu sperren. Das misslingt, und der zweite Thread kann entweder warten oder auf die Nutzung der Ressource verzichten.

Wenn der erste Thread mit seinen Transaktionen fertig ist, dann *entsperrt* dieser den Mutex wieder. Wenn ein anderer Thread in Wartestellung zum Sperren desselben Mutex war, dann wird jener diese Sperre bei nächster Gelegenheit erhalten und darf dann seine Transaktionen ausführen.

Auf diese Weise arbeiten die Threads kooperativ sich gegenseitig ausschließend mit der kritischen Ressource, koordiniert mittels eines Mutex.

---

3   Das ist eine vereinfachte Sicht. Natürlich kann es Situationen geben, in denen Sie eine Ressource durch mehrere Mutexe vor unterschiedlichen Dingen schützen wollen.

29.2 Gemeinsame Daten

> **Lock und unlock**
>
> Auf Englisch heißen die Begriffe *lock* und *unlock*. Dies spiegelt sich auch in den Namen der Klassen und Methoden wieder, weswegen *sperren* und *entsperren* seltene Begriffe sind. In bestem Denglisch »lockt man einen Mutex«.

> **Ein Mutex ist ein Spezialfall einer Semaphore**
>
> Eine *Semaphore* erlaubt einer festgelegten Anzahl Threads die gleichzeitige Nutzung einer Ressource. Ein Mutex ist eine Semaphore mit dem Limit eins: Maximal ein Thread kann die Ressource gleichzeitig nutzen.

Wie sieht das in der C++-Praxis aus? Sie verwenden eine Instanz der Klasse mutex zur Ressource gehörend und in einem Thread lock_guard auf dem Mutex, um diesen zu sperren und zu entsperren.

Mit der Klasse lock_guard können Sie nicht vergessen, den Mutex wieder zu entsperren, denn das erledigt der Destruktor, ganz nach dem RAII-Prinzip. So ist der Bereich zwischen Initialisieren der lock_guard-Instanz und dessen Bereichsende geschützt.

Für Spezialaufgaben gibt es sowohl zu mutex als auch von lock_guard geeignete Alternativen, auf die ich später eingehen werde.

Hier zunächst eine typische, wenn auch einfache Verwendung der beiden grundlegenden Werkzeuge.

```cpp
#include <mutex> // mutex, lock_guard
#include <list>
#include <algorithm> // find
using std::lock_guard; using std::mutex;
class MxIntList {
    std::list <int> data_;
    mutable mutex mx_;
public:
    void add(int value) {
        lock_guard<mutex> guard{mx_};   // schützt bis Ende der Methode
        data_.push_back(value);
    }
    bool contains(int searchVal) const {
        lock_guard<mutex> guard{mx_};   // schützt bis Ende der Methode
        return std::find(data_.begin(), data_.end(), searchVal)
            != data_.end();
    }
};
```

Listing 29.12 Ein Mutex zusammen mit einem einfachen Lock

Weil die Ressource data_ und ihr Mutex mx_ eng zusammengehören, habe ich sie hier in einer Klasse zusammengekapselt. Das ist insbesondere sinnvoll, weil Sie *jeden* Zugriff auf data_ schützen müssen. Und auf diese Weise bewahren Sie den Benutzer davor, die Liste aus Versehen ohne einen Mutex zu verwenden. Sie müssen data_ und mx_ nicht zusammen in eine Klasse packen, aber ich rate stark dazu.

Kritischer Bereich

Der Bereich, der mit dem gesperrten Mutex geschützt ist, wird *kritischer Bereich* (engl. *critical section*) genannt.

Die Verwendung von lock_guard in add und noch einmal in contains bedeutet, dass Zugriffe innerhalb dieser Methoden sich gegenseitig ausschließen: contains() wird niemals eine list sehen, die gerade innerhalb von add() modifiziert wird.

Warum ist das wichtig? Die list-Klasse verwaltet pro Element zwei Verweise: einen zum vorigen Element und einen zum nächsten. Soll ein Element hinzugefügt werden, dann muss Folgendes passieren:

▶ Der neue Wert muss in ein Element verpackt werden.

▶ Das bisher letzte Element muss vorwärts auf das neue Element zeigen.

▶ Das neue Element muss vorwärts auf end() zeigen.

▶ Das neue Element muss rückwärts auf das bisher letzte Element zeigen.

Es kann einen Zeitpunkt geben, bei dem es ungünstig bis katastrophal wäre, wenn ein einfügender Thread bei seiner Arbeit zwischen diesen Schritten unterbrochen wird und ein anderer Thread einfügen möchte. Unterbrechen ist eine Sache, aber beim Multithreading gibt es – wie eingangs erklärt – auch die Möglichkeit des gleichzeitigen Geschehens, bei dem die Ergebnisse nicht für alle Threads sichtbar sind. Schon alleine das Schreiben des Vorwärtsverweises des bisher letzten Elements kann, wenn von zwei Threads gleichzeitig ausgeführt, unerwartete Ergebnisse liefern.

Mutable Mutex?

Eine Methode wie contains() sollte const sein, schließlich wird data_ nur gelesen. Da aber mx_ auch ein Datenfeld der Klasse ist, dürfte dieses auch nicht verändert werden. Das Sperren des Mutex verändert diesen jedoch. Zusammen mit mutable ist es dennoch möglich, die Methode const zu belassen.

Hier zeige ich Ihnen also einen der seltenen sinnvollen Einsätze von mutable Datenfeldern. Sie sollten Ihr Interface nicht nur deshalb »aufweichen« müssen, nur weil Sie eine bestimmte Form der Implementierung wählen. Nach außen sollte es dem Benutzter nicht sichtbar sein, dass Sie mit einem internen Datenfeld Threads synchronisieren.

29.2 Gemeinsame Daten

Nicht ganz so kritisch, aber dennoch nicht sicher ist es, wenn ein anderer Thread mitten während des Hinzufügens gerade das Listenende lesen möchte.

So geschützt, können Sie `MxIntList` ohne Probleme mit mehreren Threads verwenden.

29.2.2 Data Races

Wenn eine Variable gleichzeitig von mehreren Threads benutzt (gelesen oder geschrieben) wird und mindestens einer davon schreibt, dann spricht man von einem *Data Race*. Das Ergebnis der Operation ist dann undefiniert.

Es liegt kein Data Race vor, wenn alle beteiligten Threads nur lesen.

```
#include <thread>
#include <iostream>

int count = 0; // wird simultan verändert
void run() {
    for(int i=0; i<1'000'000; ++i) {
        count += 1;    // ungeschützt
    }
}

int main() {
    std::cout << "Start: " << count << '\n';   // Ausgabe: Start: 0
    std::thread th1{ run };
    std::thread th2{ run };
    std::thread th3{ run };
    th1.join(); th2.join(); th3.join();
    std::cout << "Ende: " << count << '\n'; // Ausgabe sicher nicht: 3000000
}
```
Listing 29.13 Ein klassisches Data Race

Eine Schreiboberation `count+=1` in einem Thread ist möglicherweise noch nicht abgeschlossen, wenn ein anderer Thread sie ebenfalls gerade ausführt. Es wird also häufig passieren, dass zwei Threads die Zahl inkrementieren, aber nur eines der Ergebnisse wieder nach `count` zurückgeschrieben wird, wo es dann die anderen Threads sehen. In meinem Fall ist das Ergebnis nicht 3000000, sondern 1296367, und das ist ziemlich falsch! Ach ja, und es hätte auch etwas ganz anderes sein können, bis zum Programmabsturz, denn das Verhalten ist undefiniert.

Im Kontext von C++ meint Data Race normalerweise diese »bösartige« (engl. *malign*) Situation. Theoretisch gibt es »gutartige« Data Races (engl. *benign*), diese gibt es jedoch nicht in C++. Das Verhalten von Listing 29.14 ist *undefiniert*. Es mag nach sicherem Code aussehen und auf einem gegebenen System vielleicht sogar sicher sein, allgemein ist er es aber nicht.

29 Threads – Programmieren mit Mehrläufigkeit

```cpp
#include <thread>
/* exakte Zählung nicht so wichtig */
int count = 0;  // wird simultan verändert
void run() {
    for(int i=0; i<1'000; ++i) {
        count += 1;  // ungeschützt
        if(count > 1000) return;   // Endbedingung
        for(int j=0; j<1'000; ++j)
            ;
    }
}
int main() {
    std::thread th1{ run };
    std::thread th2{ run };
    std::thread th3{ run };
    th1.join(); th2.join(); th3.join();
}
```

Listing 29.14 Gutartige Data Races sind auch undefiniert.

Die Absicht war hier wohl, eine »grobe« Endbedingung in den Threads einzubauen. Und wenn der Wert count »in etwa« 1000 erreicht, sollen sich die Threads beenden. Auch wenn das auf einem gegebenen System mal funktioniert, kann dies auf einem anderen System oder zu einem anderen Zeitpunkt unvorhersehbare Dinge tun.[4]

Verwenden Sie in einem solchen Fall einen mutex oder einen später besprochenen atomic<int>.

29.2.3 Interface-Design für Multithreading

Ich habe hier eine einfache Stack-Klasse, das heißt, ich will Elemente oben hinzufügen und entfernen und wissen, ob der Stapel noch Elemente enthält. Ich zeige Ihnen in Listing 29.15 den öffentlichen Teil und Methodendeklarationen, nicht deren Definitionen. Ihnen sollte auffallen, dass diese Klasse beim parallelen Einsatz Schwierigkeiten machen wird und in sich nicht sicher ist.

Das Problem ist hier, dass man sich auf das Ergebnis von isEmpty() im parallelen Betrieb nicht verlassen kann. Zwar liefert die Funktion sicher im Moment des Aufrufs ein korrektes Ergebnis zurück, doch sobald sie verlassen wird, steht es anderen Threads frei, push() oder pop() aufzurufen.

---

4 *Benign data races: what could possibly go wrong?*, Dmitry Vyukov, *https://software.intel.com/en-us/ blogs/2013/01/06/benign-data-races-what-could-possibly-go-wrong*, 2013, [2017-04-20],
   How to miscompile programs with benign data races, Hans-J. Boehm, *https://www.usenix.org/legacy/ event/hotpar11/tech/final_files/Boehm.pdf*, [2017-04-20],
   Dealing with Benign Data Races the C++ Way, Bartosz Milewski, *https://bartoszmilewski.com/2014/10/ 25/dealing-with-benign-data-races-the-c-way/*, 2014, [2017-04-20]

29.2   Gemeinsame Daten

```cpp
#include <vector>

template<class T>
class MxStack {
public:
    bool isEmpty() const;
    void push(const T&);
    void pop();
    const T& top() const;
};
```

Listing 29.15 Die Schnittstelle zu einem multithreadfähigen Stack

Wenn dann der Thread, der isEmpty() auswertet, auf dessen Ergebnis hin agiert, kann es sein, dass dieses nicht mehr stimmt. Das Gleiche ist für top() und pop() der Fall: Das Element, das top() zurückliefert, muss im parallelen Betrieb nicht unbedingt das gleiche sein, das pop() entfernt.

Nehmen Sie das folgende Codefragment:

```cpp
MxStack<int> mxs{};
// ...
// mehr Code
// ...
if( ! mxs.isEmpty()) {
    const auto value = mxs.top();
    mxs.pop();
    // ...
    // mehr Code
    // ...
}
```

Listing 29.16 Problematischer Code für den »MxStack«

Hier gibt es zwei mögliche Data Races. Das erste ist zwischen Aufrufen isEmpty() und mx.top(). Nehmen Sie an, ein Stack mxs hält ein Element {3} und ein Thread kommt bei !isEmpty() an. Weil !isEmpty wahr ist, wird der Dann-Zweig betreten. Doch in diesem Moment arbeitet ein anderer Thread gerade obigen Code ab und führt mx.pop() aus – das letzte Element wird entfernt! Weiter mit dem ersten Thread, der im if jetzt top() auf dem leeren Stack ausführt. Das geht auf einmal nicht mehr, obwohl doch gerade erst !isEmpty() versichert hat, der Container ist nicht leer. Das ist eine böse Falle.

Das zweite Data Race[5] ist etwas kniffliger zu entdecken, es ist zwischen top() und pop. Ich mache die Ausführung von zwei Threads von obigen Code dafür etwas anschaulicher. Die Zeitachse verläuft von oben nach unten, die Threads sind nebeneinander dargestellt:

---

5   Hier handelt es sich streng genommen nicht um ein Dara Race mit undefiniertem Verhalten, sondern nur um eine Race Condition, was zu schwer zu findendem Fehlverhalten führt.

897

```
/* Thread 1 */                          /* Thread 2 */
if( ! mxs.isEmpty()) {
                                        if( ! mxs.isEmpty()) {

    const auto value = mxs.top();
                                            const auto value = mxs.top();

    mxs.pop();
    // ... mehr Code ...
                                            mxs.pop();
                                            // ... mehr Code ...
```

Listing 29.17 Eine Möglichkeit, wie zwei Threads obigen Code ausführen könnten

Angenommen, wir starten mit einem Stack mxs = {1,2,3}, dann stellen in den ersten beiden Zeilen die Threads jeweils korrekt fest, dass der Stack nicht leer ist. Jedoch holen sich beide dann mit top() das oberste Element 3 vom Stack. Erst dann führen beide Stacks pop() aus und entfernen nicht nur die 3, sondern auch die 2. Das Ergebnis ist, dass die 3 doppelt verarbeitet, während die 2 überhaupt nicht berücksichtigt wird.

Also selbst wenn ich MxStack intern ganz toll mit Mutexen vor inkonsistenten Operationen geschützt habe, so ist doch die Gesamtbenutzung der Schnittstelle MxStack für den parallelen Betrieb unzureichend.

Die Lösung liegt in der Veränderung der Schnittstelle: Diese muss sicherstellen, dass die typischen Operationen konsistent sind. Was das heißt, hängt sehr stark vom Einsatz ab. Im Zweifel sollten Sie eine schlanke, nicht mit unnötigen Methoden überladene Schnittstelle anbieten. Das macht es dem Benutzer leichter, die korrekte Bedienung schon aus der Schnittstellenspezifikation zu erkennen.

Ein Beispiel, das unser Problem löst, besteht aus Änderungen in der Schnittstelle:

▶ top() und pop() müssen zu einem Aufruf vereint werden.

▶ isEmpty() alleine ist unsicher und muss durch eine Exception ergänzt werden, die von pop() ausgelöst werden kann.

Eine einfache Schnittstelle mit Implementierung könnte dann so aussehen:

```
#include <vector>
#include <thread>
#include <mutex>
#include <iostream>
#include <numeric>   // iota

/* T: noexcept kopier- und zuweisbar */
template<typename T>
class MxStack {
    std::vector<T> data_;
    std::mutex mx_;
public:
```

```
    MxStack() : data_{} {}

    bool isEmpty() const { return data_.empty(); }

    void push(const T& val) {
        std::lock_guard<std::mutex> g{mx_};
        data_.push_back(val);
    }

    T pop() {
        std::lock_guard<std::mutex> g{mx_};
        if(data_.empty()) throw std::length_error{"empty stack"};
        T tmp{std::move(data_.back())};
        data_.pop_back();
        return tmp;
    }
};

int main() {
    // Stack vorbereiten
    MxStack<int> mxs{};
    for(int i=1; i<=1'000'000; ++i) mxs.push(i);
    // Berechnung definieren
    auto sumIt = [&mxs](long &sum) {
        int val{};
        try {
            while( ! mxs.isEmpty()) {
                sum += mxs.pop(); // könnte immer noch werfen
            }
        } catch(std::length_error &ex) {}
    };
    // Berechnen
    long sum1 = 0;             // fürs Teilergebnis
    std::thread th1{sumIt, std::ref(sum1)};
    long sum2 = 0;             // fürs Teilergebnis
    std::thread th2{sumIt, std::ref(sum2)};
    th1.join(); th2.join();
    long sum = sum1 + sum2; // Gesamtergebnis
    // Ergebnis
    std::cout << "Sollergebnis: "
        << (1'000'000L*1'000'001)/2 << '\n'; // Ausgabe: 500000500000
    std::cout << "Tatsaechlich: "
        << sum << '\n';                      // Ausgabe: 500000500000
}
```

Listing 29.18 Ein sehr einfacher threadsicherer Stack

Bezüglich Parallelität gibt es hier Folgendes zu sagen:

▶ Sowohl `push` als auch `pop` sind jeweils mit einem `lock_guard` auf demselben `mutex` geschützt. So kommen sich beide nicht in die Quere.

▶ `isEmpty` braucht nicht geschützt zu werden.

▶ `pop` kann eine Exception werfen, wenn der Container leer ist.

▶ `pop` versucht, das Element aus dem internen `vector` heraus zu verschieben. Dazu sollte `T` Verschiebung unterstützen. Wenn nicht, dann wird kopiert.

▶ Es ist wichtig, dass Kopie oder Verschiebung von `T` keine Exception werfen können. Sollten Sie das während `pop()` tun, ist der Wert nicht erfolgreich geschrieben, aber schon vom Stapel entfernt. Dies nennt man *Nicht-Exception-Safe*.

▶ Um die Methode `pop` Exception-Safe zu gestalten, könnten Sie andere Maßnahmen ergreifen, das geht aber über den Rahmen dieses Kapitels hinaus.

Außerhalb des Einflussbereichs von `MxStack` musste ich noch eine weitere Sache für Parallelität berücksichtigen. Ich lasse `th1` und `th2` in getrennten Variablen `sum1` und `sum2` ihre Summen aufaddieren. Würde ich das in einer `sum`-Variable machen, dann müsste ich den Schreibzugriff `sum += val` wieder mit einem eigenen Mutex schützen.

Wie Sie ja wissen, würden `sum1` respektive `sum2` in den Thread *kopiert*, obwohl der Parameter von `sumIt` ein Referenzparameter ist. Daher wickele ich die Variablen bei der Übergabe an den `thread` noch in `std::ref` ein, damit die Referenzeigenschaft erhalten bleibt.

Überlegen Sie bei jedem Mutex, ob Sie ihn wirklich brauchen

Mutexe bzw. die Sperren darauf bremsen den Computer ungemein. Wenn Sie eine Möglichkeit finden, Operationen ohne Mutexe durchzuführen, dann lohnt es sich meistens, das zu tun.

Manchmal ist es auch von Vorteil, Teile der Eingabe vorher in jeden Thread zu kopieren oder – wie im Beispiel – Teilergebnisse am Ende zusammenzuführen.

Erstens beschleunigen Sie wahrscheinlich das Programm durch das Verzichten auf Locks, und zweitens haben Sie eine manchmal schwer zu durchschauende Fehlerquelle weniger – nämlich den gemeinsamen Datenzugriff.

Eine allgemeine Anmerkung ist, dass Kopie und Zuweisung von `MxStack` automatisch verboten sind, weil das Datenfeld `mutex` weder kopier- noch zuweisbar ist. Die Schnittstelle von `MxStack` könnte das deutlich machen, indem es die beiden Operationen nochmals mit `= delete` auflistet. Alternativ können Sie die Operationen auch implementieren. Das würde ich aber nur tun, wenn es wirklich nötig ist, denn es ist nicht leicht, von Hand perfekte Kopier- und Zuweisungsoperationen zu implementieren. Wenn, dann würde ich eher zu den Verschiebeoperationen raten: Einerseits hilft es, dass Sie `mutex` verschieben können, andererseits können Sie dann `MxStack` zum Beispiel aus einer Funktion zurückgeben.

900

29.2.4 Sperren können zum Patt führen

Mehrere Sperren auf einem Mutex können unter Umständen zu einem *Patt*, english *Deadlock*, führen. Wenn zum Beispiel eine Methode von MxStack eine andere aufruft und beide versuchen, den Mutex zu sperren, dann wartet der zweite Aufruf für immer. Im Pseudocode also etwa so:

```
class MxStack {
    bool isEmpty() const {
        std::lock_guard<std::mutex> g{mx_};
        return data_.empty();
    }
    T pop() {
        std::lock_guard<std::mutex> g{mx_};
        if(data_.isEmpty()) ...
    }
};
```

Eine ähnliche Situation kann entstehen, wenn zwei Operation a und b in zwei unterschiedlichen Threads zwei Mutexe mx und my sperren müssen. Noch einmal im Pseudocode:

```
Thread 1:                    Thread 2:
operation a():               operation b():
    mx.lock()
                                 my.lock()

    my.lock()
                                 mx.lock()
    /* Arbeit a... */            /* Arbeit b... */
```

Unter den Umständen wie hier dargestellt, wartet also Thread 1 darauf, dass my freigegeben wird und Thread 2, dass mx freigegeben wird. Beides wird aber nie passieren, weil der jeweils andere Thread ja wartet – ein Deadlock.

Mehrere Mutexe immer in derselben Reihenfolge sperren

Wenn mehrere Operationen jeweils mehrere Mutexe sperren müssen, sollten Sie dies immer *in der gleichen Reihenfolge* tun. Zumindest für einfache Szenarien lässt sich ein Deadlock dann ausschließen. In komplizierteren Systemen ist diese garantiert gleiche Reihenfolge in der Praxis nicht immer möglich.

Die Standardbibliothek bietet eine Möglichkeit, mehrere Mutexe gleichzeitig zu sperren, was die Chance auf einen Deadlock für diese Szenarien ausschließt. Ein typisches Beispiel ist die swap-Methode einer großen Datenstruktur, bei der jede Instanz mit ihrem eigenen Mutex geschützt ist, wie zum Beispiel MxStack aus Listing 29.18. Hier sehen Sie eine Beispieldefinition einer swap-Implementierung:

```
friend void swap(MxStack& re, MxStack& li) {
    if(&re==&li) return;              // Adresse dieselbe? Mit sich selbst tauschen unnötig
    std::lock( re.mx_, li.mx_ );      // Mehrere Sperren gleichzeitig
    std::lock_guard<std::mutex> lkre{re.mx_, std::adopt_lock}; // schon gesperrt
    std::lock_guard<std::mutex> lkli{li.mx_, std::adopt_lock}; // schon gesperrt
    std::swap(li.data_, re.data_); // Vertauschen ausführen
}
```

Listing 29.19 »swap« für »MxStack«

In swap müssen Sie die Mutexe beider Parameter sperren, damit kein anderer Thread während des Vertauschens einen der beiden Parameter zur Inkonsistenz verändert. Zwei Mutexe sperren, heißt Deadlock-Gefahr. Die Lösung ist:

▸ Zunächst gleichzeitiges Sperren beider Mutexe mit dem Funktionsaufruf lock(…)

▸ Damit die Sperren automatisch freigegeben werden, verwenden Sie wieder lock_guard, müssen aber mit dem zusätzlichen Parameter adopt_lock anzeigen, dass die Mutexe schon gesperrt sind und im lock_guard-Konstruktor nicht mehr zu sperren sind.

Wie gewohnt geben lkre und lkli beim Verlassen des kritischen Bereichs ihre Sperren wieder frei.

Hier noch die allgemeinen Anmerkungen zum Listing: Ich habe swap nach dem üblichen Idiom implementiert, nämlich als friend-Funktion, sodass es als freie Funktion wie swap(a,b) statt als Methode wie a.swap(b) nutzbar ist. Das ist der Weg, wie die Funktion am besten mit der Standardbibliothek zusammenarbeitet. Innerhalb von swap sollten Sie, ähnlich wie bei der Zuweisung, zunächst prüfen, ob swap(a,a) direkt oder indirekt aufgerufen wurde und eine Vertauschung somit unnötig und möglicherweise sogar gefährlich ist.

Tipps zur Vermeidung von Deadlocks

Es ist schwer, mögliche Deadlocks ganz zu vermeiden. Dennoch ist es essenziell, dies zu erreichen, weswegen sorgfältige Überlegung und Testen wichtig sind, dies umso mehr, weil das Finden von Fehlern rund um Threads im Allgemeinen und Deadlocks im Speziellen eine sehr schwierige Aufgabe ist.

Deshalb hier noch eine Hand voll genereller Ratschläge.

▸ **Vermeiden Sie verschachtelte Sperren**
Wenn Sie schon eine Sperre halten, sollten Sie keine weitere Sperre holen. So könnten Sie sperrenbedingte Pattsituationen ganz vermeiden. In der Praxis sollten Sie das so selten wie möglich machen.

▸ **Rufen Sie keinen Benutzercode auf, während Sie eine Sperre halten**
Das folgt aus der vorigen Richtlinie, da Sie nicht wissen, was der vom Benutzer übergebene Code macht. Auch dies ist in der Praxis nicht immer machbar, aber eine gute Richtlinie.

29.2 Gemeinsame Daten

▶ **Errichten Sie Ihre Sperren in fester Reihenfolge**
Bemühen Sie sich darum, wenn Sie mehrere Sperren auf Mutexen errichten, dass Sie dies immer in derselben Reihenfolge tun.

▶ **Definieren Sie eine Hierarchie von Sperren**
Wenn eine klare feste Reihenfolge von Locks schwer einzuhalten ist, definieren Sie eine Hierarchie, an die Sie oder spätere Benutzer der Mutexe sich dann halten sollten. Eine High-Level-Funktion sollte immer nur den High-Level-Mutex sperren und Low-Level-Funktionen aufrufen. Low-Level-Funktionen sollten nur Low-Level-Mutexe sperren.

▶ **Berücksichtigen Sie Deadlocks auch an Stellen, die nicht gerade beim Versuch einer Mutex-Sperre auftreten**
Immer, wenn es irgendwie ums Warten geht, können Sie in ein Patt geraten: thread .join(), Mutex-Locks, Lesen von Daten aus einer Datei, die woanders erst geschrieben werden und viele andere Dinge können sich gegenseitig ins Gehege kommen.

29.2.5 Flexibleres Sperren mit »unique_lock«

Während lock_guard die am einfachsten zu bedienende Schnittstelle bietet, können Sie stattdessen auch das flexiblere unique_lock benutzen:

▶ unique_lock lk{…, adopt_lock}
Der Mutex ist schon gesperrt, kümmere dich nur ums Entsperren.

▶ unique_lock lk{…, defer_lock}
Sperre den Mutex nicht sofort. Sie erledigen das später mit lk.lock() (nicht auf dem Mutex!) oder mit dem Funktionsaufruf std::lock(lk).

▶ unique_lock lk{…, try_to_lock}
Versuche zu sperren, wenn das nicht geht, mache trotzdem weiter.

Listing 29.19 hätte ich ebenso gut mit unique_lock statt lock_guard schreiben können, die Funktionalität wäre identisch. Der große Unterschied bei unique_lock ist jedoch, dass er zeitweise den mit ihm assoziierten Mutex auch *nicht besitzen* kann. Ähnlich wie ein unique_ptr seinen Inhalt als Rückgabewert oder Parameter an einen anderen unique_ptr verschieben kann, kann der unique_lock dasselbe mit dem ihm assoziierten Mutex tun. Sie können also die Sperre eines Mutex aus einer Methode oder Funktion heraus oder hinein transferieren.

```
#include <thread>
#include <mutex>
#include <vector>
#include <numeric> // accumulate, iota
using std::mutex; using std::unique_lock;

std::vector<int> myData;            // geteilte Daten
mutex myMutex;                      // Mutex zu den Daten
```

```
unique_lock<mutex> bereiteDatenVor() {
    unique_lock<mutex> lk1{myMutex};             // sperren
    myData.resize(1000);
    std::iota(myData.begin(), myData.end(), 1);  // 1..1000
    return lk1;                                   // Sperre transferieren
}
int verarbeiteDaten() {
    unique_lock<mutex> lk2 = bereiteDatenVor();  // Sperre transferiert
    return std::accumulate(myData.begin(), myData.end(), 0);
}
```

Listing 29.20 Mutexe kann man transferieren.

Hier ist die Arbeit an den Daten myData auf zwei Funktionen verteilt. Zunächst wird my-Mutex mit lk1 gesperrt. Es kann also niemand an einer Stelle vorbei, die ebenfalls myMutex sperren möchte, das ist nichts Neues. Unter dem Schutz der Sperre manipuliert die Funktion bereiteDatenVor nun myData, und niemand kann dazwischenfunken. Wäre lk1 nur ein lock_guard, würde die Sperre beim Verlassen von bereiteDatenVor() aufgegeben, und andere könnten dann myData verändern. Ich bin mit der Arbeit an myData aber noch nicht fertig: Ich möchte im Aufrufer verarbeiteDaten() noch accumulate durchführen. Da wäre eine zwischenzeitliche Veränderung von myData katastrophal.

Also nehme ich statt eines lock_guard einen unique_lock und gebe diesen mit return aus bereiteDatenVor() zurück. Beim Aufrufer verarbeiteDaten() wandert die Sperre mittels Verschieben nach lk2 – sie bleibt also aktiv, myData bleibt geschützt.

Erst wenn der Gültigkeitsbereich von lk2 verlassen wird, gibt dieser die Sperre auf. Wenn unique_lock mehr kann als lock_guard, sollten Sie dann nicht immer unique_lock verwenden? Nein, denn unique_lock benötigt ein klein wenig mehr Verwaltung und ist daher etwas langsamer.

Besser Sie verwenden lock_guard, wenn Sie können, und unique_lock, wenn Sie müssen. Das hat auch den Vorteil, dass Sie Ihre Absichten für die Sperre implizit mitteilen.

29.3   Andere Möglichkeiten zur Synchronisation

Es gibt Spezialaufgaben, für die ein Mutex mit einer Sperre ungeeignet ist. In diesem Abschnitt zeige ich Ihnen ein paar Fälle, die Sie mit den Mitteln der Standardbibliothek lösen können.

29.3.1   Nur einmal aufrufen mit »once_flag« und »call_once«

Es passiert häufig, dass Sie nicht sofort ein großes Objekt im Voraus erzeugen wollen, nur weil es eventuell später verwendet werden könnte. Sie wollen das Objekt erst bei der ersten Benutzung erzeugen, die sogenannte *Lazy Initialization*, frei übersetzt *späte Initialisierung*.

29.3 Andere Möglichkeiten zur Synchronisation

Bei nur einem Thread könnten Sie einen globalen unique_ptr auf das Objekt halten und diesen erst bei der ersten Benutzung befüllen:

```
std::shared_ptr<BigData> bigData{};
BigData& getBigData() {
    if(!bigData) bigData.reset(new BigData{});
    return *bigData;
}
int useBigData() {
    auto bigData = getBigData();
    // bigData->...
}
```

Listing 29.21 Späte Initialisierung mit nur einem Thread

Das ist mit mehreren Threads problematisch. Wenn zwei Threads gleichzeitig getBigData() aufrufen, dann wird BigData zweimal initialisiert. Sie könnten die ganze Funktion mit einem Mutex absichern, doch das geht anders effektiver:

```
#include <mutex> // once_flag, call_once
std::shared_ptr<BigData> bigData{};
std::once_flag bigDataInitFlag;
void initBigData() {
    bigData = std::make_shared<BigData>();
}
int useBigData() {
    std::call_once(bigDataInitFlag, initBigData);
    // bigData->...
}
```

Listing 29.22 Späte Initialisierung mit mehreren Threads

So kann useBigData innerhalb von Threads aufgerufen werden, und die Standardbibliothek garantiert, dass initBigData genau einmal aufgerufen wird. Sie sehen, dass die Funktion hier als Parameter an call_once übergeben wird, das ist also so ähnlich wie bei thread{…}. Sie liegen richtig, wenn Sie vermuten, dass Sie hier auch Lambdas und Funktionsobjekte nehmen können.

> **Dies ist nur eine Möglichkeit der späten Initialisierung**
>
> Listing 13.6 (Seite 307) zeigt mit dem *Meyers-Singleton* eine andere Möglichkeit der späten Initialisierung. Die hier gezeigten Beispiele mit shared_ptr und once_flag sind nur breiter einsetzbar.

Sie können once_flag auch in einer Klasse als Datenfeld neben der Ressource verwenden. Dann ist beides wieder objektorientiert zusammengekapselt.

905

Auch geht der Anwendungsbereich des once_flag über die eines Mutex hinaus. Sie können eine beliebige Ressource auch innerhalb eines einzelnen Threads auf diese Weise spät initialisieren:

```cpp
#include <mutex> // once_flag, call_once
#include <memory>
struct Connection {
    void csend(const char *data) {} // dummy
    const char* crecv() {} // dummy
};
class Sender {
    std::shared_ptr<Connection> conn_;
    std::once_flag connInitFlag_;
    void open() {
        conn_.reset( new Connection{} );
    }
public:
    void send(const char* data) {
        std::call_once(connInitFlag_, &Sender::open, this); // Methodenzeiger
        conn_->csend(data);
    }
    const char* recv() {
        std::call_once(connInitFlag_, [this] {this->open();} ); // Lambda
        return conn_->crecv();
    }
};
```

Listing 29.23 Späte Initialisierung kann auch innerhalb eines Threads nützlich sein.

Hier ist es nun egal, ob Sie zuerst send oder recv aufrufen, die Initialisierung von conn_ findet mittels open genau einmal statt – und wenn Sie beides nicht aufrufen, gar nicht.

Hier ist die aufzurufende Funktion eine Methode, weswegen die umständliche Syntax &Sender::open für einen *Methodenzeiger* übergeben werden muss, wie ich es in send zeige. Und weil eine Methode immer als impliziten ersten Parameter den this-Zeiger nimmt, geben Sie diesen hier als weiteres Argument mit an – so wie Sie auch thread{func, arg...} weitere Parameter wie arg für func mitgeben.

Wenn Ihnen diese Methodensyntax nicht geheuer ist, machen Sie's doch mit einem Lambda. Das habe ich in recv demonstriert. Sie müssen this als Capturevariable im Lambda verfügbar machen. Nur []{open();} hätte nicht gereicht, denn auch this ist im Lambda standardmäßig erst einmal nicht sichtbar.

Beide Aufrufarten sind gleichwertig. In der wirklichen Welt sollten Sie keine unterschiedlichen Aufrufe in assoziierten call_once verwenden, das verwirrt Ihre Leser nur und ist auch fehleranfällig.

906

29.3 Andere Möglichkeiten zur Synchronisation

Sie können dieselbe Sender-Instanz nun ohne Weiteres in mehreren Threads verwenden (unter der Voraussetzung, dass es in Ordnung ist, wenn mehrerer Threads gleichzeitig aus einer Connection Daten senden und empfangen können). Auch in Anwesenheit mehrere Threads wird conn_ nur einmal initialisiert. So vereinigt call_once die Funktionalität eines Mutex mit der eines booleschen Flags.

29.3.2 Sperren zählen mit »recursive_mutex«

Ein Thread, der versucht einen mutex zu sperren, den er schon gesperrt hat, macht einen Fehler, denn er zeigt undefiniertes Verhalten. In den seltenen Fällen, dass Sie einen Mutex mehrmals sperren wollen, nehmen Sie einen recursive_mutex.

Sie können auf einem recursive_mutex dessen Methode lock() mehrmals innerhalb eines Threads aufrufen. Ein anderer Thread muss so lange warten, bis dessen lock() gelingt, bis Sie also *genau so oft* unlock() aufgerufen haben, wie Sie lock() benutzt haben.

Sie können lock() und unlock() von Hand auf dem Mutex aufrufen, Sie können aber auch lock_guard oder andere Sperrobjekte zur Hilfe nehmen.

```cpp
#include <mutex> // recursive_mutex
#include <iostream>
struct MulDiv {
    std::recursive_mutex mx_;
    int value_;
    explicit MulDiv(int value) : value_{value} {}
    void mul(int x) {
        std::lock_guard<std::recursive_mutex> lk1(mx_); // innen
        value_ *= x;
    }
    void div(int x) {
        std::lock_guard<std::recursive_mutex> lk2(mx_); // innen
        value_ /= x;
    }
    void muldiv(int x, int y){
        std::lock_guard<std::recursive_mutex> lk3(mx_); // außen
        mul(x);
        div(y);
    }
};
int main() {
    MulDiv m{42}; // 3*7*2 *5
    m.muldiv(5, 15);
    std::cout << m.value_ << '\n'; // Ausgabe: 14
}
```

Listing 29.24 Es sind Vorkehrungen nötig, wenn ein Mutex mehrmals gesperrt werden kann.

Hier führt der Aufruf von `muldiv` dazu, dass `mx_` mit einem einfachen `lock_guard` per `lk3` gesperrt wird. Ab jetzt kann kein anderer Thread auf dieser Instanz m herumrechnen. Andere Threads werden warten müssen, weil in jeder der Methoden sofort eine Sperre steht. Der Hauptthread betritt dann `mul`. Dort sperrt ein `lock_guard` per `lk1` denselben Mutex im gleichen Thread noch mal – mit einem einfachen `mutex` ist das ein Fehler, aber mit einem `recursive_mutex` ist es erlaubt. Sobald `mul` verlassen wird, wird diese innere Sperre wieder freigegeben. Das reicht aber noch nicht dafür, das andere Threads, die möglicherweise schon warten, weiterlaufen können. Erst wenn der äußere `lk3` seine Sperre ebenfalls aufhebt, kann es für die anderen Threads weitergehen.

Wenn Sie ein Programm schreiben, bei dem Sie glauben, ein `recursive_mutex` ist die Lösung, dann ist das meist ein Indiz dafür, dass Sie Ihr Design noch einmal überdenken sollten. In einer Klasse schützt ein Mutex ja typischerweise die gekapselten Daten. Einen rekursiven Mutex brauchen Sie also, wenn eine öffentliche Methode eine andere aufruft. Eine Sperre existiert aber normalerweise, weil in dem *kritischen Bereich* die »Invariante« der Klasse verletzt ist. Klingt es nach einer guten Idee, eine öffentliche Methode aufzurufen, während die Instanz in einem inkorrekten Zustand ist? Nein. Es ist häufig besser, eine private Methode zu definieren, die dann von beiden öffentlichen Methoden aufgerufen wird. Die Sperre errichten Sie dann üblicherweise auf der öffentlichen Ebene, und die private Methode kann davon ausgehen, dass eine Sperre schon existiert.

29.4   Im eigenen Speicher mit »thread_local«

Nicht aller Speicher ist für alle Threads zu sehen. Wenn Sie in einem laufenden Thread eine Variable mit `thread_local` definieren, dann sieht diese nur der Thread, der sie erzeugt hat. Wenn der Thread sich beendet, wird auch die Variable entfernt.

```cpp
#include <iostream>
#include <string>
#include <thread>
#include <mutex>
thread_local unsigned int usage = 0;
static std::mutex cout_mutex;
void use(const std::string& thread_name) {
    ++usage;
    std::lock_guard<std::mutex> lock(cout_mutex); // Ausgabe schützen
    std::cout << thread_name << ": " << usage << '\n';
}
int main() {
    std::thread a{use, "a"}, b{use, "b"};
    use("main");
    a.join(); b.join(); // warten, bis fertig
}
```

Listing 29.25 Speicher nur für den aktuellen Thread

29.5 Mit »condition_variable« auf Ereignisse warten

Sie erhalten als Ausgabe (in dieser oder einer anderen Reihenfolge):

```
main: 1
b: 1
a: 1
```

Die 1 zeigt, dass jeder Thread a, b und main seine eigene usage-Variable bekommen hat und sie sich nicht mit den anderen Threads teilen musste. Sonst hätte dort am Ende eine 3 gestanden.

Sie verwenden thread_local wie static oder extern und können es nicht mit diesen kombinieren. Innerhalb einer Funktion wird die Variable dann pro Thread einmal initialisiert, wie es static mit nur einem Thread täte:

```cpp
void func() {
    thread_local vector<int> data{};
    // ...
}
```

29.5   Mit »condition_variable« auf Ereignisse warten

Mit Mutexen und Sperren kommen Sie schon sehr weit, und diese bilden die Basis dessen, was Sie für die Arbeit mit Threads brauchen. Manchmal ist das Hantieren mit Mutexen und Sperren aber umständlich. Mit call_once haben Sie schon eine alternative Möglichkeit gesehen, wo die Standardbibliothek Ihnen die Basisbausteine zu etwas Neuem zusammensteckt. Von diesen erweiterten Werkzeugen gibt es noch ein paar mehr, die ich Ihnen hier vorstelle.

Eine typisches Szenario mit mehreren Threads ist, dass der eine Daten produziert und der andere darauf wartet, dass diese für seine Verarbeitung bereitstehen. Diese beiden können über eine Bedingungsvariable condition_variable miteinander kommunizieren.

```cpp
#include <thread>
#include <mutex>
#include <condition_variable>
#include <vector>
#include <deque>
#include <iostream>
#include <sstream>    // stringstream
std::deque<int> g_data{};                 // Datenaustausch zwischen Threads
std::condition_variable g_condvar; // benachrichtigen
std::mutex g_mx;                          // schützt g_data während Veränderungen
void produziere(int limit) {
  std::vector<int> prims{2};       // bisherige Prims als Prüf-Teiler
  for(int kandidat=3; kandidat < limit; kandidat+=2) {
    for(int teiler : prims) {
      if(teiler*teiler > kandidat) {            // kandidat ist prim
```

29   Threads – Programmieren mit Mehrläufigkeit

```cpp
      std::lock_guard<std::mutex> lk{g_mx};     // data schützen
      g_data.push_back(kandidat);               // füllen
      g_condvar.notify_one();                   // benachrichtigen
      prims.push_back(kandidat);                // für interne Berechnungen
      break;  // nächster Prim-Kandidat
    } else if(kandidat % teiler == 0) {         // nicht prim
      break;                                    // nächster Prim-Kandidat
    } else {
      // nächster Prüf-Teiler
    }
    }
  }
  }
  // ganze Arbeit fertig mitteilen
  std::lock_guard<std::mutex> lk{g_mx};         // data schützen
  g_data.push_back(0);                          // mit Endemarkierung füllen
  g_condvar.notify_all();                       // benachrichtigen
}
std::mutex g_coutMx;
void konsumiere(char l, char r) {
  while(true) {                                 // für immer
    std::unique_lock<std::mutex> lk{g_mx};
    g_condvar.wait(lk, []{ return !g_data.empty();});
    int prim = g_data.front();                  // Daten holen
    if(prim == 0) return;                       // fertig; 0 drin lassen für andere Konsumenten
    g_data.pop_front();
    lk.unlock();                                // Sperre freigeben
    std::stringstream ss;                       // Daten verarbeiten
    ss << l << prim << r <<' ';
    std::lock_guard<std::mutex> lk2{g_coutMx};
    std::cout << ss.str();
  }
}
int main() {
  // ein Produzent:
  std::thread thProd{produziere, 1'000};
  // drei Konsumenten
  std::thread thKon1{konsumiere, '[', ']' };
  std::thread thKon2{konsumiere, '<', '>' };
  std::thread thKon3{konsumiere, '{', '}' };
  // warten und beenden
  thProd.join();
  thKon1.join(); thKon2.join(); thKon3.join();
  std::cout << '\n';
}
```

Listing 29.26 Zwei Threads kommunizieren über eine Bedingungsvariable.

Hier gibt es einen produzierenden Thread thProd in der Funktion produziere und drei konsumierende Threads thKon1 bis thKon3 in der Funktion konsumiere. Letztere sollen die Daten ausgeben. Zur Unterscheidung, welcher Thread die Ausgabe erledigt, verwende ich unterschiedliche Klammerpaare, die ich als Parameter der konsumiere-Funktion übergebe.

Die produzierten Daten landen so schnell in der globalen Warteschlange g_data, wie sie der Produzent liefern kann. Es kann also sein, dass g_data sich schneller füllt, als Ergebnisse verkonsumiert werden können; es kann aber auch sein, dass die Konsumenten g_data leeren und wirklich auf neue Ergebnisse warten müssen. Im Falle der Primzahlberechnung läuft diese zunächst schnell ab und wird später immer langsamer. Allerdings ist 1'000 oder auch 1'000'000 eine viel zu kleine Zahl, um das auf heutigen Computern zu bemerken. Um weniger Zahlen ausgeben zu lassen, können Sie einen weiteren Test einbauen, der prüft, ob ein Primzahlsechsling[6] vorliegt.

Die konkrete Rechenaufgabe mal außer Acht lassend, müssen Sie für die parallele Programmierung hier folgende Dinge beachten:

▶ Über g_data werden die Daten ausgetauscht. Veränderungen an dieser Datenstruktur müssen wie immer geschützt werden. Hier verwende ich den Mutex mx und die entsprechenden Sperren dafür.

▶ Immer wenn neue Daten in g_data fertig sind, benachrichtigt der Produzent mit notify_one eventuell wartende Threads, dass Arbeit zur Abholung bereit liegt.

▶ Auf der konsumierenden Seite sperrt der erste Konsument den Mutex mx, diesmal aber mit unique_lock lk. Das ist wichtig für die Zusammenarbeit mit wait.

▶ Die Sperre lk übergebe ich dann zusammen mit einem Test, ob wirklich Arbeit da ist, der wait-Methode der condition_variable. Hier teste ich im Lambda, ob g_data tatsächlich Daten enthält.

▶ Wenn das Lambda von wait den Wert false liefert, dann gibt wait die Sperre lk frei (daher unique_lock, denn lock_guard hat keine unlock()-Methode), sodass ein Produzent auch tatsächlich wieder Daten nach g_data schreiben kann. Dann blockiert die wait-Methode und schickt den Thread in einen Schlummerzustand, damit dieser das System möglichst wenig belastet.

▶ Sobald der Produzent dann notify_one() auf g_condvar aufruft, wird ein per wait() schlummernder Konsument aufgeweckt.

▶ Der aufgeweckte Konsument versucht als Erstes, lk zu sperren. Sobald ihm das gelingt, überprüft wait() erneut die Lambda-Bedienung.

▶ Wenn das Lambda true zurückliefert, kehrt wait zu seinem Aufrufer zurück, lässt lk aber gesperrt.

▶ Der Aufrufer, hier konsumiere(), kann dann mit seiner Arbeit fortfahren. Als Erstes sollte er die durch lk geschützte Datenstruktur benutzen, damit er die Sperre so schnell

---

6 *https://de.wikipedia.org/wiki/Primzahltupel*

29 Threads – Programmieren mit Mehrläufigkeit

wie möglich wieder freigeben kann. Hier mache ich das mit `lk.unlock()` von Hand. Wenn der Gültigkeitsbereich von `lk` aber anders verlassen wird, sorgt `unique_lock` wie sonst auch automatisch fürs Entsperren.

Im Konsumenten sollte wie immer so wenig Zeit wie möglich unter der Sperre verbracht werden. Oft ist die Arbeit, die der Konsument verrichtet, aber von Natur aus zeitaufwendig. Die Sperre während der gesamten Ausgabe aufrecht zu halten, wäre große Zeitverschwendung. Es ist deshalb durchaus üblich, sich schnell eine eigene lokale Kopie der Daten aus der geteilten Datenstruktur, hier g_data, zu holen, die Sperre freizugeben und dann in Ruhe auf der lokalen Datenkopie zu arbeiten.

Im konkreten Beispiel ist es tatsächlich so, dass die Primzahlberechnung um ein Vielfaches schneller geht als die Ausgabe nach `cout`. Auch bei der Berechnung bis 1 Million kommen drei Ausgabethreads nicht hinterher. Es ist also durchaus sinnvoll, hier mehr Konsumenten als Produzenten zu etablieren.

»notify_all«

Zu guter Letzt muss der Produzent den Konsumenten noch mitteilen, dass die gesamte Arbeit erledigt und abgeschlossen ist. Das kann er auf vielfältige Arten tun, zum Beispiel über eine weitere `condition_variable`. In diesem konkreten Beispiel ist das nicht nötig, denn ich verwende einfach die 0 als Endmarkierung in g_data:

```
g_data.push_back(0);
```

Wenn ein Konsument eine 0 liest, dann weiß er, dass die Berechnung fertig ist, und die Threadfunktion kann sich mit `return` beenden:

```
int prim = g_data.front();
if(prim == 0) return;
```

Es ist wichtig, nicht `g_data.pop_front()` auszuführen, denn sonst wäre die Endemarkierung für andere Konsumenten nicht mehr da.

Über das Vorhandensein der Endemarkierung will ich aber nicht nur einen Konsumenten informieren, sondern alle. Deshalb verwende ich hier statt `notify_one()` die Methode `notify_all()`.

Vorteile der Bedingungsvariable

Die `condition_variable` ist danach entworfen, die notwendigen Sperren nur möglichst kurz zu halten. So kann es sein, dass während eines `wait()`-Aufrufs die Bedingungen des Lambdas mehrmals überprüft werden. Dazu wird der Mutex gesperrt, aber immer sofort wieder entsperrt werden, um andere an der geteilten Datenstruktur arbeiten zu lassen.

Dies von Hand nachzubauen, ist aufwendig, fehleranfällig oder ergibt sehr wahrscheinlich suboptimalen Code. Sie sollten eine `condition_variable` verwenden.

29.5 Mit »condition_variable« auf Ereignisse warten

Ausgabe synchronisieren

Die Ausgabe des Programms sieht in etwa so aus, wenn Sie als Limit 1'000 wählen:

```
<5> [11] {7} [13] [19] {23} [29] <17> [31] {37} <41> <47> [43]
{53} <59> {67} [61] <71> {73} [79] <83> {89} [97] <101> {103} [107]
<109> ... {881} [887] [919] <907> {911} [929] {941} [947] <937> [953]
{967} <971> [977] [997] {983} <991>
```

An den unterschiedlichen Klammern können Sie erkennen, dass die Zahlen in der Tat von unterschiedlichen Threads ausgegeben werden. Sie können auch sehen, dass die Zahlen nicht immer in der richtigen Reihenfolge erscheinen. Das ist hier eine gewollte Designentscheidung. Es ist oft so, dass Sie wollen, dass die Daten, so schnell es geht, verkonsumiert werden. Wer sie konsumiert und in welcher Reihenfolge relativ zueinander, ist oft egal. Vielleicht sind es unabhängige Arbeitsaufträge aus dem Internet. Wenn jedoch die Ausgabereihenfolge wichtig ist, dann nehmen Sie einen anderen Mechanismus.

Speziell zur Ausgabe noch eine Erklärung. Es hat einen Grund, warum ich die Ausgabe recht aufwendig mit einem stringstream und einem gesperrten Mutex versehen habe:

```cpp
std::stringstream ss;
ss << l << prim << r << ' ';
std::lock_guard<std::mutex> lk2{g_coutMx};
std::cout << ss.str();
```

So erhalten Sie die Ausgabe jedes Threads an einem Stück, und er wird nicht durch die Ausgabe eines anderen Threads unterbrochen. Die folgenden Alternativen hätten jede ihre eigenen Nachteile:

```cpp
// subobtimal a:
std::cout << l << prim << r << ' ';
```

Bei jedem << ist die Chance, von einem anderen Thread unterbrochen zu werden, sehr groß. Sie bekommen mit großer Wahrscheinlichkeit ein Chaos von Klammern und Zahlen von allen Threads.

```cpp
// subobtimal b:
std::stringstream ss;
ss << l << prim << r << ' ';
std::cout << ss.str();
```

Hier baue ich vorab die gesamte Ausgabe zusammen, um sie dann in einem Rutsch auszugeben. Zwar ist es so unwahrscheinlicher, dass die Ausgabe von einem anderen Thread unterbrochen wird, es kann aber immer noch passieren. Ohne Synchronisation zwischen mehreren Threads, die auf demselben Stream ausgeben, ist eine ununterbrochene Ausgabe nicht garantiert.

```cpp
// subobtimal c:
std::lock_guard<std::mutex> lk2{g_coutMx};
std::cout << l << prim << r << ' ';
```

Dies ist auf jeden Fall eine sichere Ausgabe. Doch ist die Sperre hier sehr lange aktiv. Das sollten Sie vermeiden, denn sonst ist der Gewinn, den Sie durch die Aufteilung auf drei Konsumenten haben, sehr gering.

29.6 Einmal warten mit »future«

Aus einem Thread ein Ergebnis zurückbekommen, ist mit dem, was Sie bis jetzt kennen, gar nicht so einfach. Aber zum Glück gibt es in der Standardbibliothek noch mehr.

Es kommt zum Beispiel häufig vor, dass Sie einen Thread eine Berechnung im Hintergrund durchführen lassen wollen aber im Hauptthread parallel andere Arbeiten erledigen, bevor Sie das Ergebnis der Hintergrundberechung abholen wollen. In dem Fall benutzen Sie async zum Starten des Threads. Diese Funktion liefert Ihnen ein future zurück, bei dem Sie später nachfragen können, ob das Ergebnis schon da ist, oder Sie warten einfach, bis das Ergebnis fertig ist.

Anders als condition_variable ist future dafür da, dass Sie nur *einmal* ein Ergebnis erhalten wollen. Das Praktische an future ist, dass es den Rückgabewert des Threads gleich in der future mit verpackt und nicht in einer daneben liegenden Datenstruktur von Ihnen verwaltet werden muss. Denn future ist ein Template: future<int> übermittelt als Ergebnis einen int, ähnlich wie unique_ptr einen int-Wert verpackt. Und es gibt auch ein shared_future, bei dem mehrere Threads auf das Ergebnis warten können.

Ein weiterer großer Vorteil von async gegenüber thread ist, dass die Ausnahmebehandlung etwas leichter fällt. Ich gehe später im Detail noch darauf ein, zunächst erst einmal so viel: Eine Exception, die von der Threadfunktion ausgelöst wird, wird erst mal zwischengespeichert und dem abholenden Thread als alternatives Ergebnis präsentiert. Das vereinfacht die zentralisierte Ausnahmebehandlung enorm.

Genug der Theorie, probieren wir es einfach mal aus:

```cpp
#include <iostream>
#include <future>  // async
using std::cout; using std::endl;
long fib(long n) { return n<=1 ? n : fib(n-1)+fib(n-2); }
int main() {
    auto f40 = std::async(fib, 40);
    auto f41 = std::async(fib, 41);
    auto f42 = std::async(fib, 42);
    auto f43 = std::async(fib, 43);
    /* ...an dieser Stelle können weitere Berechnungen stehen... */
    cout << "fib(40): " << f40.get() << endl; // Ausgabe: fib(40): 102334155
    cout << "fib(41): " << f41.get() << endl; // Ausgabe: fib(41): 165580141
    cout << "fib(42): " << f42.get() << endl; // Ausgabe: fib(42): 267914296
    cout << "fib(43): " << f43.get() << endl; // Ausgabe: fib(43): 433494437
}
```

Listing 29.27 »async« kann einfach asynchrone Berechnungen anstoßen.

29.6 Einmal warten mit »future«

Wie Sie sehen, starten Sie einen Thread mittels async genauso, wie Sie es mit thread täten: Das erste Argument ist ein aufrufbares Objekt (Funktionszeiger, Lambda, Funktor etc.), der Rest sind Parameter, die als Kopien der Threadfunktion beim Starten übergeben werden.

Der Unterschied ist, dass Sie hier keinen puren thread als Rückgabe erhalten, sondern ein future<...>, hier konkret ein future<long>. Da es selten einen Grund gibt, diesen Typ auf der linken Seite auszuschreiben, sehen Sie dort meistens wie hier auto stehen.

Wenn Sie alle gewünschten Threads gestartet haben, kann sich der startende Thread mit weiteren Dingen beschäftigen. Später, wenn dem aufrufenden Thread danach ist, dann ist get() der einfachste Weg, an das Ergebnis zu kommen. Der Rückgabetyp von get() ist der der Threadfunktion, hier also long.

Anders als bei thread können Sie sich das join sparen. Wie auch anders? Sie haben ja gar kein thread-Objekt. Diese Rolle übernimmt hier das get. Anders als bei thread schadet es aber nicht, wenn der Gültigkeitsbereich der future verlassen wird, bevor das Ergebnis abgeholt wurde. Hier ist es der Destruktor, der dann wartet, bis die Berechnung schließlich beendet ist.

```cpp
#include <iostream>
#include <future>   // async
using std::cout; using std::endl;
long fib(long n) { return n<=1 ? n : fib(n-1)+fib(n-2); }

int main() {
    auto f40 = std::async(fib, 40);
    auto f41 = std::async(fib, 41);
    auto f42 = std::async(fib, 42);
    auto f43 = std::async(fib, 43);
    cout << "fib(40): " << f40.get() << endl; // Ausgabe: fib(40): 102334155
} // wartet auch auf f41, f42 und f43.
```

Listing 29.28 Es ist in Ordnung, ein Ergebnis nicht abzuholen.

Launch Policies

Durch die Benutzung von get soll es sich für Sie so »anfühlen«, als wäre der Wert schon immer für Sie dagewesen und läge schon ewig zur Abholung bereit, wieder sehr ähnlich zu einem unique_ptr. Wenn dem so ist, dann ist es doch eigentlich egal, ob die Berechnung im Hintergrund stattgefunden hat und Sie sie bei get nur noch abholen müssen oder ob noch gar nichts passiert ist und bei get die Berechnung erst startet. Sie würden den Unterschied von außen nicht merken (außer vielleicht an der verstrichenen Zeit).

Und tatsächlich: async wählt für Sie eine der beiden Möglichkeiten automatisch. Wenn Sie sicherstellen wollen, dass die Berechnung auf die eine oder andere Weise ausgeführt wird, können Sie dies als Regel in einem extra Parameter mitgeben. Die Standardbibliothek nennt dies *Launch Policy*, frei übersetzt *Start-Strategie*.

Es gibt genau zwei Launch Policies, vom Typ `std::launch`.

▶ `launch::async`
Starte einen eigenen Thread für die Berechnung im Hintergrund.

▶ `launch::deferred`
Warte mit der Berechnung, bis das Ergebnis mit `get` abgeholt wird. Das muss dann nicht unbedingt in einem eigenen Thread passieren.

Es handelt sich bei `launch` um einen enum, dessen Werte Sie mit Oder | verknüpfen können, wenn Sie der Standardbibliothek die Wahl lassen wollen. `launch::deferred` | `launch::async` ist das Standardverhalten.

Ein Beispiel für eine verzögerte Ausführung sieht so aus:

```cpp
#include <iostream>
#include <future>  // async
#include <vector>
using std::cout; using std::endl;
long fib(long n) { return n<=1 ? n : fib(n-1)+fib(n-2); }
int main() {
    // Aufgaben vorbereiten
    std::vector< std::future<long> > fibs;
    for(int n=0; n<50; ++n) {
        auto fut = std::async(std::launch::deferred, fib, n);
        fibs.push_back( std::move(fut) );
    }
    // nur das benötigte Ergebnis abholen
    cout << "fib(42): " << fibs[42].get() << endl;  // Ausgabe: fib(42): 267914296
}
```

Listing 29.29 So erzwingen Sie verzögerte Ausführung.

Sie müssen übrigens nicht mit `get` auf das Ergebnis warten und es gleich abholen. Sie können auch zuerst mit `wait()` *nur* warten. Ein folgendes `get()` liefert dann das Ergebnis sofort.

Gewisse Zeit warten

Statt mit `wait` können Sie auch mit `wait_for` oder `wait_until` eine gewisse Zeit warten:

▶ `wait()`
Wartet, bis das Ergebnis fertig ist

▶ `wait_for(std::chrono::duration)`
Wartet, bis das Ergebnis fertig oder eine Zeitspanne abgelaufen ist

▶ `wait_for(std::chrono::time_point)`
Wartet, bis das Ergebnis fertig oder ein Zeitpunkt erreicht ist

29.6 Einmal warten mit »future«

Die letzten beiden liefern nicht void, sondern einen future_status zurück, mit dem Sie überprüfen können, ob das Ergebnis schon da ist oder der Timout zugeschlagen hat:

```
#include <iostream>
#include <future>   // async
#include <chrono>
using std::cout; using std::endl;
long fib(long n) { return n<=1 ? n : fib(n-1)+fib(n-2); }
int main() {
    using namespace std::chrono;  // für ""ms suffix
    auto f43 = std::async(fib, 43);
    while(true) {
        auto fertig = f43.wait_for(500ms);
        if(fertig==std::future_status::timeout) {
            std::cout << "noch nicht..." << std::endl;
        } else {
            break;
        }
    }
    // abholen, ist sofort da
    cout << "fib(43): " << f43.get() << endl; // Ausgabe: fib(43): 701408733
}
```

Listing 29.30 Warten für eine gewisse Zeit bei »async«

Die Ausgabe ist hier bei mir:

```
noch nicht...
noch nicht...
noch nicht...
noch nicht...
noch nicht...
noch nicht...
fib(43): 433494437
```

Es wurde also sechs Mal geprüft, und das Ergebnis war noch nicht da. Beim siebten Mal lag das Ergebnis vor. Das dann folgende get() liefert sofort das Ergebnis.

Warten für immer oder für eine gewisse Zeit

Wenn Sie im Threadbereich der Standardbibliothek mit einer Funktion wie wait() blockieren und für immer auf die Rückkehr der Funktion warten können, gibt es immer auch Funktionen, mit denen Sie die Wartezeit begrenzen können. Im Falle von future::wait() sind dies wait_for und wait_until. Unter den Mutexen gibt es die Klasse timed_mutex mit try_lock_for und try_lock_until. Bei unique_lock übergeben Sie eine duration oder einen time_point als zusätzlichen Konstruktorparameter.

29 Threads – Programmieren mit Mehrläufigkeit

Ein Beispiel für das Verwendung von Zeitspannen bei Mutexen und Locks sehen Sie in Listing 29.31. Dort ist es try_lock_for eines timed_mutex, das eine duration als Parameter erhält.

```
#include <chrono>
#include <future>
#include <mutex>
#include <vector>
#include <iostream>

std::timed_mutex mtx;
long fibX(long n) { return n < 2L ? 1L : fibX(n-1L) + fibX(n-2L); }
long fibCall(long n) {
    using namespace std::chrono; // Suffixe
    if(mtx.try_lock_for(1000ms)) {
        auto res = fibX(n);
        mtx.unlock();
        return res;
    } else {
        return 0L;
    }
}

int main() {
    std::vector< std::future<long> > fs;
    for(long n=1; n<= 42; ++n) {
        fs.emplace_back( std::async(std::launch::async, fibCall, n) );
    }
    for(auto &f : fs) {
        std::cout << f.get() << " ";
    }
    std::cout << std::endl;
}
```

Listing 29.31 Warten auf einen Lock mit einem »timed_mutex«

Die Funktion fibX soll einfach »lange dauern«, und zwar umso länger, je größer das Argument n ist. Nehmen Sie bitte an, fibX sei nicht multithreadingfähig – keine zwei Threads dürfen sie gleichzeitig betreten. fibCall ruft fibX sicher auf und darf auch parallel aufgerufen werden. Mit try_lock_for(1000ms) wird der fibX-Aufruf davor geschützt, dass ihn zwei Threads gleichzeitig betreten. Jedoch wird maximal eine Sekunde gewartet. Dauert es länger, liefert fibCall statt dem Ergebnis hier null zurück.

Die Ausgabe sieht in etwa so aus:

```
1 2 3 5 8 13 21 34 55 89 144 233 377 610 987 1597 2584 4181 6765
10946 17711 28657 46368 0 0 0 317811 0 0 0 0 0 0 9227465 0 0 0 0 102334155 0 0 0
```

918

29.6 Einmal warten mit »future«

Immer wenn ein Aufruf länger als eine Sekunde warten musste, erscheint eine Null. Am Anfang geht alles schnell genug, später muss ein Aufruf schon »Glück« haben, damit er fibX überhaupt betreten darf.

Der Code in main ist eine Möglichkeit, mehrere parallel ausgeführte Funktionen zu haben. async liefert sofort future-Ergebnisse zurück, die aber im Hintergrund weiter berechnet werden. Erst in dem Moment, wenn auf einem future die Methode get() aufgerufen wird, wartet das Programm auf die Berechnung.

29.6.1 Ausnahmebehandlung bei »future«

Wenn die Threadfunktion, die von async gestartet wurde, eine Exception wirft, dann müssen Sie sie dort behandeln, wo Sie mit get nach dem Ergebnis fragen. Schließlich kann es mit der Policy launch::deferred ja sein, dass die Berechnung noch gar nicht gestartet wurde und tatsächlich erst bei get passiert.

Anders als bei thread sind Sie nicht gezwungen, die Ausnahmebehandlung *innerhalb* der Threadfunktion zu erledigen, sondern können das im aufrufenden Thread erledigen. Das erhöht die Chance darauf, dass Sie die Ausnahmebehandlung zentral halten können und sich die catch-Blöcke nicht duplizieren.

Aber, so werden Sie vielleicht fragen, was passiert denn, wenn die Exception in einem von async gestarteten Thread bei der Policy launch::async ausgelöst wird? Die Antwort: Sie wird vom Framework abgefangen und zwischengespeichert. Sie wird im *aufrufenden* Thread ausgelöst, wenn Sie mit get() nach dem Ergebnis fragen.

```
#include <future> // async
#include <vector>
#include <algorithm> // max
#include <iostream>

int berechneHoehe(int count, int maxCount, int scale) {
  if(maxCount == 0)
     throw std::logic_error("Alle Hoehen 0");
  return (count * scale) / maxCount;
}

void balken(const std::vector<int> &counts) {
  // Berechung starten
  auto maxCount = *std::max_element(counts.begin(), counts.end());

  std::vector< std::future<int> > futs;
  for(int count : counts) {
    futs.push_back(
        std::async(std::launch::async,
           berechneHoehe, count, maxCount, 200) );
  }
```

```
  // Ergebnisse einsammeln
  for(auto &fut : futs) {
    std::cout << fut.get() << ' ';                    // löst Exception aus
  }
  std::cout << '\n';
}

int main() {
  try {
    balken(std::vector<int> {10,23,13,0,33,4 });      // Ausgabe: 60 139 78 0 200 24
    balken(std::vector<int> { 0, 0, 0, 0 });          // löst Exception aus
  } catch(std::exception &ex) {
    std::cout << "Fehler: " << ex.what() << '\n';     // Ausgabe: Fehler: Alle Hoehen 0
  }
}
```

Listing 29.32 Exceptions kommen erst bei »get« beim äußeren Thread an.

Die Exception wird in berechneHoehe ausgelöst, also in der Threadfunktion, die mit async und der Policy launch::async auch wirklich im Hintergrund gestartet wurde.

Diese Programmlogik wäre mit thread gar nicht so einfach gewesen: Erst einmal überhaupt ein Ergebnis an den aufrufenden Thread zu schicken, hätte schon Synchronisation und irgendeine geteilte Variable benötigt. Und dann noch im Fehlerfall irgendwo in den Tiefen der Berechnung eine Nachricht zukommen lassen? Machbar, aber nur mit mehr Code.

Hier habe ich in main eine zentrale Behandlung aller Fehler. Es würde auch reichen, nur das get() mit try abzusichern:

```
#include <future> // async
#include <iostream>

int berechneHoehe(int count, int maxCount, int scale) {
  if(maxCount == 0) throw std::logic_error("maxCount ist 0");
  return (count * scale) / maxCount;
}

int main() {
  auto fut = std::async(std::launch::async, berechneHoehe, 0, 0, 200);
  try {
    std::cout << fut.get() << '\n';                   // löst Exception aus
  } catch(std::exception &ex) {
    std::cout << "Fehler: " << ex.what() << '\n';     // Ausgabe: Fehler: maxCount ist 0
  }
}
```

Listing 29.33 Nur das »get« muss in »try« gekapselt werden.

29.6   Einmal warten mit »future«

Auch wenn async die Berechnung sofort startet und die Exception im Thread auftritt, wird diese zunächst einmal gespeichert. Erst das get() löst die gespeicherte Exception aus.

29.6.2   »promise«

Ein Future kann nicht nur mit async erzeugt werden. Wenn Sie unter seine Haube schauen, dann finden Sie *Promise* (*Versprechen*) – das Mittel, um das Ergebnis oder die Exception vom ausführenden Thread an den Aufrufer weiterzureichen. So gesehen, könnten Sie ein Promise als eine Art *Kanal* (*Channel*) zur Kommunikation zwischen Threads sehen. Diesen Begriff findet man in manchen anderen APIs.

Das typische Vorgehen, wenn Sie mit Futures und Promises arbeiten, ist wie folgt:

► neues promise erzeugen

► ein zum promise gehörendes future anfordern

► neuen thread starten und ihm das promise mitgeben

► im neuen Thread die eigentliche Berechnung durchführen

► dem promise das Ergebnis zuweisen

► im Aufrufer warten, bis das future ein Ergebnis liefern kann

► den Wert des Ergebnisses vom future abholen

Der neue Thread, in dem die Berechnung asynchron ausgeführt wird, muss natürlich Zugriff auf das Promise haben, um mit dessen Hilfe zu kommunizieren. Sie können es dem neuen Thread zum Beispiel als Argument übergeben. So gehören ein Future und ein Promise immer zusammen. Das Future verbleibt beim Aufrufer zum Empfang der Nachricht mit get() (bei Channels entspricht das in etwa *receive*). Die aufgerufene Funktion bekommt das Promise und verwendet set_value, um ein Ergebnis zu senden (was bei Channels *send* entspräche). Tritt eine Exception auf, verwenden Sie stattdessen set_exception.

Kommunikation mittels »promise« und »future«

Konkret heißt das: Wenn Sie eine Funktion asynchron einen int berechnen lassen wollen, dann machen Sie ein »Versprechen«, dass Sie den int berechnen werden. Dieses erzeugen Sie mit

```
promise<int> intPromise;
```

Von diesem promise fordern Sie dann mit get_future() ein future für den Verbleib im Aufrufer an, während Sie das intPromise selbst in die asynchrone Funktion mit move() verschieben – ein promise können Sie nicht kopieren:

```
#include <future>
#include <thread>
#include <iostream>
#include <exception>
```

921

29   Threads – Programmieren mit Mehrläufigkeit

```
int ack(int m, int n); // Ackermannfunktion
void langeBerechnung(std::promise<int> intPromise) {
  try {
    int result = ack(3,12);
    intPromise.set_value(result);                       // Ergebnis mitteilen
  } catch (std::exception &e) {
    intPromise.set_exception(make_exception_ptr(e));   // Exception mitteilen
  } catch ( ... ) {
    intPromise.set_exception(std::current_exception());   // Exc. ohne Namen
  }
}
int main () {
  std::promise<int> intPromise;                         // Promise erzeugen
  std::future<int> intFuture = intPromise.get_future();  // Future anfordern
  std::thread th{ langeBerechnung,                       // starten
          std::move(intPromise) };                      // Promise übergeben
  th.detach();                                          // weiterlaufen lassen
  // könnte eine Exception werfen:
  int result = intFuture.get();                         // Ergebnis anfordern
  std::cout << result << std::endl;
}
```

Listing 29.34 Ein »future« und ein »promise« arbeiten zusammen.

In main() geschieht der eben geschilderte Ablauf. Zunächst wird ein neues promise für ein int-Ergebnis erzeugt. Von dem fordern Sie dann mit get_future ein assoziiertes Future an, das im Hauptthread verbleibt.

In diesem Beispiel erzeuge ich für die eigentliche Ausführung einen Thread. Aber Sie können sich hier ebenso gut eine ausgefallenere Methode einfallen lassen, die neue Aufgabe zu verteilen, zum Beispiel eine asynchrone Warteschlange, die Aufgaben abarbeitet, solange welche da sind. Das intPromise wird der im Thread auszuführenden Funktion als Parameter übergeben – kopieren ist nicht möglich, daher verschiebe ich intPromise mit move(). Das nachfolgende th.detach() löst den neu gestarteten Thread von der Variablen th. Ich hätte auch vor dem Verlassen von main() mit th.join() sicherstellen können, dass th erst ungültig wird, wenn der Thread auch fertig ist, das ist für das Beispiel irrelevant.

Die von thread gestartete Funktion langeBerechnung hat als Parameter das intPromise zur Kommunikation mit dem Aufrufer mitbekommen. Führt die Berechnung zum regulären Ergebnis, kommunizieren Sie dies über intPromise.set_value().

Weil innerhalb von thread unbehandelte Exceptions zu terminate() und damit zum Ende des Programms führen, ist hier die eigene Ausnahmebehandlung wichtig. Wollen Sie eine Exception kommunizieren, verwenden Sie intPromise.set_exception(). Das macht man meistens in einem catch-Block. Wenn Sie die Exception in einer Variablen e halten, können Sie sich mit make_exception_ptr(e) eine Referenz holen, die das promise bis zur

922

Abholung mit get() zwischenspeichern kann. Halten Sie die Exception *nicht* in einer Variablen, können Sie diese Referenz mit current_exception() erhalten.

Im Haupthread wird dann mit get() das Ergebnis angefragt. Dieser Aufruf wartet so lange, bis es bereitsteht. Das kann der reguläre Wert sein, der dann result zugewiesen wird, oder eine gespeicherte Exception, die dann hier im Haupthread ausgelöst wird.

Ein Zusammenspiel von Threads, Promises und selbst erzeugten Futures kann zum Beispiel *Asynchrone Ein- und Ausgabe* realisieren.

Zur Task zusammenschnüren

Wenn Sie async verwenden, taucht praktischerweise der Promise-Teil der Kommunikation gar nicht auf, da dieser im Normalfall ohnehin immer sehr ähnlich aussähe. Dafür wird die Ausführung aber entweder *sofort* oder im Moment des Aufrufs von get() gestartet.

Wollen Sie mehr Kontrolle darüber haben, wann die Berechnung ausgeführt wird, können Sie packaged_task verwenden. Auch hier hat der Benutzer nur mit dem Future-Teil der Kommunikation zu tun. Das Vorbereiten der Berechnungsfunktion und das Anstoßen der Berechnung werden hier voneinander getrennt.

```cpp
#include <future>
#include <thread>
#include <iostream>
int ack(int m, int n); // Ackermannfunktion
int main () {
    std::packaged_task<int(void)> task1 {     // Signatur der Restfunktion
      []{ return ack(3,11);}  };              // ack(3,11) vorbereiten
    auto f1 = task1.get_future();             // Kommunikationskanal
    std::thread th1 { move(task1) };          // In neuen Thread
    std::cout << "  ack(3,11):" << f1.get()   // Ergebnis abholen
        << '\n';                              // Ausgabe: ack(3,11):16381
    th1.join();
}
```

Listing 29.35 Packaged Task vorbereiten für die spätere Ausführung

Den Umgang mit get_future und get kennen Sie schon. Neu ist, dass Sie mit task1 den späteren Funktionsaufruf schon vorbereiten. Der Templateparameter von packaged_task spiegelt die Signatur der *später* aufzurufenden Funktion wider: int(void) ist eine Funktion ohne Parameter, die einen int zurückliefert. Hier ist das konkret ein Lambda, das·später die zeitintensive Berechnung durchführt.

Nun können Sie jederzeit die Ausführung der Funktion mit task1(); anstoßen. Im Beispiel soll dies aber in einem neuen Thread geschehen. Dafür erzeugen Sie ein thread-Objekt mit der Task als Parameter. Auch Tasks lassen sich nicht kopieren, sondern nur verschieben, deswegen ist move notwendig.

Die Task sorgt dafür, dass das Berechnungsergebnis intern über ein Promise kommuniziert wird und über das Future f1 abgefragt werden kann. Das join() stellt wieder sicher, dass der Thread sauber beendet ist, wenn th1 seinen Gültigkeitsbereich verlässt.

Für ein anderes Szenario, bei dem Sie noch nicht im Moment des Erzeugens der packaged_task alle Argumente festlegen wollen, sondern erst beim Starten des Threads, ergeben sich kleine Unterschiede:

```cpp
#include <future>
#include <thread>
#include <iostream>
int ack(int m, int n); // Ackermannfunktion
int main () {
    std::packaged_task<int(int,int)> task2 { &ack }; // andere Signatur
    auto f2 = task2.get_future();
    std::thread th2 { move(task2), 3, 12 };          // Parameter hier
    std::cout << "  ack(3,12):" << f2.get() << '\n'; // Ausgabe: ack(3,12):32765
    th2.join();
}
```

Listing 29.36 Packaged Task erst später mit Argumenten versorgen

Die Signatur, die beim Konstruieren von packaged_task angegeben werden muss, ist immer die, die für den wirklichen Aufruf – hier durch thread – übrig bleibt. Da ich ack ohne schon vorher gebundene Parameter in task2 einpacke, ist dies eine Funktion, die zwei int bekommt und einen zurückliefert, also int(int,int). Diese Signatur entscheidet darüber, ob ich jederzeit zum Beispiel task2(3,12); aufrufen könnte. Da diese Aufgabe aber nun thread übernehmen soll, werden diese beiden Parameter jetzt zusätzlich bei der Threaderzeugung mit angegeben.

29.7   Atomics

Ich möchte hier ausnahmsweise mal Tipps in Form von leichten Warnungen für den Umgang mit einem Bereich von C++ vorwegschicken.[7] Hier die wichtigsten Richtlinien beim Umgang mit atomic:

▸ Benutzen Sie kein atomic, außer wenn Sie müssen.

▸ Überprüfen Sie den Gewinn mittels Profiling vorher und nachher. Zu oft stellt sich eine geniale »Optimierung« als kontraproduktiv heraus.

▸ Bleiben Sie beim Default memory_order_seq_cst für den Operationsmodus von atomic. Die anderen Varianten haben nur in extremsten Situationen mehr Nutzen zur Laufzeit als Kosten bei der Implementierung.

▸ Und noch einmal: Benutzen Sie kein atomic, außer wenn Sie *wirklich* müssen.

---

7 *Safety: off – How not to shoot yourself in the foot with C++ atomics*, Anthony Williams, *https://youtu.be/ce_2AWH7UJU?t=58m59s*, 2016, [2017-04-24]

Ich empfehle Ihnen, dass Sie mit einer durch einen Mutex geschützten Variablen anfangen und Erfahrung sammeln, und dann experimentieren Sie – vielleicht – mit atomic.

Das im Hinterkopf, lassen Sie mich darauf eingehen, wofür Sie atomic benötigen.

Sie haben gesehen, dass Sie geteilte Daten zwischen Threads durch ein Sperren synchronisieren können. Nun, die Sperren haben einen Nebeneffekt: Sie sperren. Das heißt, es kann passieren, dass ein anderer Thread mal an einer Sperre warten muss, denn genau dafür sind sie gemacht. Das könnte man als suboptimal betrachten. Wo gewartet wird, geht Zeit verloren. Ja, vielleicht ein wenig, aber vergessen Sie nicht, dass durch das Warten auch Ressourcen frei werden, die ein anderer Thread nutzen kann. Der tatsächliche Verlust ist gering, aber er ist da. Zusätzlich gibt es Anwendungsbereiche, wo *jedes* Warten problematisch sein kann. Für diese Fälle brauchen Sie eine Alternative.

Sie möchten vielleicht eine der folgenden Stufen des »garantierten Fertigwerdens« erreichen, die Stufen der *sperrfreien Garantien* (engl. *lock-free guarantees*) sind Folgende:

▶ **hindernisfrei (obstruction free) als schwächste Garantie**
  Wenn außer einem Thread kein anderer wegen seines Sperrens laufen kann, dann sperrt dieser Thread maximal eine festgelegte Obergrenze an Schritten.

▶ **sperrfrei (lock free)**
  Wenn mehrere Threads auf einer Datenstruktur arbeiten, dann ist mindestens *einer* nach einer festgelegten Anzahl Schritten fertig.

▶ **wartefrei (wait free) als stärkste Garantie**
  Alle Threads, die auf derselben Datenstruktur arbeiten, sind spätestens bei Erreichen einer festgelegten Obergrenze an Schritten fertig.

Hindernisfrei erreichen Sie mit Mutexen, und das ist auch schon ein Erfolg. Sperrfrei ist noch ein erreichbares Ziel, wenn man bereit ist, sich sehr viel Mühe zu geben. Hier kommt dann atomic ins Spiel. Doch Achtung: Weder ist die Verwendung von atomic eine Garantie für ein sperrfreies Programm, noch benötigt ein sperrfreies Programm unbedingt atomic. Manchmal kann man mit erstaunlich einfachen Tricks viel erreichen (eine Kopie der Daten vielleicht?). Die höchste Garantie zu erreichen, wäre natürlich toll, ist aber wahnsinnig schwer und geht nur mit genauer Kenntnis des Systems und der möglichen beteiligten Daten bis hinunter ins kleinste Detail. Hier käme auch atomic ins Spiel, und Sie müssen dann wahrscheinlich sogar in die Trickkiste der memory_order-Möglichkeiten greifen.

Der Name atomic bezieht sich auf die *zeitliche Unteilbarkeit* einer Operation. Eine *atomare* Operation in einem Thread kann in einem anderen Thread nicht *teilweise* sichtbar werden. Die Operation hat entweder noch nicht begonnen, oder sie ist beendet.

atomic ist eine Templateklasse. Das heißt, Sie geben ihr einen Typ als Parameter mit, also atomic<T>. Im Prinzip kann dieser Typ alles sein, auch ein von Ihnen definierter. In der Praxis fällt das T in eine der folgenden Kategorien, die das Verhalten des atomic<T> beeinflussen:

29 Threads – Programmieren mit Mehrläufigkeit

▶ **atomic<B>, B ist ein eingebauter Typ**
Unterstützt alle atomaren Operationen; der Standard garantiert aber *nicht*, dass diese sperrfrei sind

▶ **atomic<U>, U ist ein benutzerdefinierter Typ**
U muss sich mit memcpy kopieren lassen (*trivially copyable*); besser noch mit memcmp vergleichbar; je größer die Datenstruktur, desto unwahrscheinlicher, dass Sperrfreiheit garantiert ist

▶ **atomic_flag, für boolesche Operationen**
Als einziger Datentyp garantiert sperrfrei – allerdings auch nur für die paar sehr wenigen Operationen, die er unterstützt

Übersicht über die Operationen

atomic<T> ist im klassischen Sinn nicht kopier- oder zuweisbar. Wenn Sie zuweisen, dann nicht mit einem anderen atomic<T>, sondern mit einem T, also dem enthaltenen Wert.

Hier ist eine grobe Übersicht der unteilbaren Operationen, die atomic<T> unterstützt.

▶ **load oder operator T**
Das Lesen des gespeicherten Werts; Letzteres ist die implizite Umwandlung in den eingeschlossenen Typ. Für einen atomic<bool> a entspricht if(!a.load())... also if(!a)...

▶ **store oder operator=**
Speichert einen Wert. Für einen atomic<bool> a entspricht a.store(true) also a = true.

▶ **exchange**
Setzt einen neuen Wert und liefert den alten zurück.

▶ **compare_exchange_weak und compare_exchange_strong**
Wenn o der aktuell gespeicherte Wert in atomic<T> a ist, dann führt a.compare_exchange_strong(e, n) in etwa aus: if(o==e) { a=n; return true; else return false; }. Auf diese Weise können Sie zum Beispiel etwas implementieren wie »speichere einen neuen Wert nur, wenn kein anderer ihn inzwischen geändert hat.« So können Sie verhindern, dass Sie aus Versehen etwas überschreiben. Beachten Sie, dass der Vergleich mit memcmp und die Zuweisung mit memcpy stattfindet und nicht mit eventuell überladenen Operatoren.

▶ **Arithmetik mit +=, -=, --, ++ sowie fetch_add und fetch_sub**
Die Operatoren führen die gewohnten Berechnungen aus. Die *fetch*-Methoden addieren bzw. subtrahieren und liefern gleichzeitig den alten Wert zurück.

▶ **Bitarithmetik mit |=, &=, ^= sowie fetch_or, fetch_and, fetch_xor**
Führt die gewohnten bitarithmetischen Operationen aus. Die *fetch*-Methoden liefern den alten Wert zurück.

▶ **Flaggenoperationen test_and_set, clear()**
atomic_flag kann genau diese beiden Methoden und keine anderen. Dafür sind diese auch garantiert sperrfrei. clear setzt den gespeicherten Wert auf false. test_and_set

926

setzt den gespeicherten Wert auf true und liefert den zuvor gespeicherten Wert zurück. Eine Methode, die den aktuellen Wert nur ausliest und nicht gleichzeitig verändert, gibt es nicht.

Es hängt von T ab, ob die einzelnen Operationen sperrfrei sind. Nur für atomic_flag mit seinen beiden schmalen Methoden ist die Garantie immer gegeben.

Ob die Operationen eines atomic<T> sperrfrei implementiert sind, können Sie mit einem Aufruf von is_lock_free() herausfinden. Sie sehen ein Beispiel in Listing 29.37.

```cpp
#include <iostream>
#include <atomic>

struct CArray { int a[100]; };
struct Einfach { int x, y; };

int main() {
    std::atomic<CArray> carray{};
    std::cout << (carray.is_lock_free() ? "sperrfrei" : "sperrt")
        << '\n';                                    // Ausgabe: sperrt
    std::atomic<Einfach> einfach{};
    std::cout << (einfach.is_lock_free() ? "sperrfrei" : "sperrt")
        << '\n';                                    // Ausgabe: sperrfrei
}
```

Listing 29.37 So finden Sie heraus, ob die Operationen sperrfrei sind.

Hier ist zum Beispiel auf MSVC 19 und GCC-6 auf x86 atomic<Einfach> sperrfrei, atomic<CArray> ist es aber nicht.[8]

Memory Order

Wenn Sie mit atomic beginnen, sollten Sie mit memory_order_seq_cst anfangen. Das ist für alle Operationen auch der Default. Andererseits, wenn Sie sich schon dazu entschlossen haben, atomic zu bemühen, dann geht es Ihnen um maximale Performance. Und dann sollten Sie auch die anderen Möglichkeiten im Auge haben, die Sie für die Einschränkungen auf die Operationen von atomic wählen können.

▶ memory_order_seq_cst

Dies ist der Default, wenn Sie bei den Methoden von atomic<T> keine weiteren Parameter für die Memory Order angeben. Jedoch ist es die restriktivste Regel. Sie besagt, dass andere Operationen auf diesem atomic vorher oder nachher vollendet sein müssen. seq_cst steht für »sequentially consistent«. Sie könnten also für eine gegebene Ausführung von Operationen auf einem atomic a in mehreren Threads trotzdem jede so mit anderen in Beziehung setzten, dass Sie sagen können, sie findet vorher oder nachher statt. Das nennt man eine »single total order«.

---

8 Nutzen Sie beim Compilieren mit dem GCC die zusätzlichen Flags -latomic.

- ▶ **memory_order_acquire** und `memory_order_release`

  Typischerweise markieren Sie eine Schreiboperation mit `release` und eine Leseoperation mit `acquire`. Diese werden dann in einer Vorher-nachher-Beziehung gebracht, schränken aber andere nicht ein.

- ▶ **memory_order_relaxed**

  Für so markierte Operationen legen Sie keine Vorher-nachher-Regeln fest. Dies ermöglicht zwar den potenziell schnellsten Code, benötigt aber andere Mechanismen zur Synchronisierung und ist daher definitiv nur für Experten gedacht.

- ▶ **memory_order_acq_rel**

  Manche Operationen, die lesen, diesen Wert modifizieren und dann zurückschreiben, können so markiert werden. Das ist außerhalb der Implementierung der Standardbibliothek wahrscheinlich selten der Fall.

- ▶ **memory_order_consume**[9]

  Diese Operation ist zur Optimierung von verketteten Datenstrukturen und wenn Sie von der Datenstruktur »hauptsächlich lesen und selten schreiben« gedacht. Ein typischer Fall wäre, Sie wollten einen Zeiger p dereferenzieren, dann tun Sie das mit `memory_order_consume`. Das Ändern des Zeigers markieren Sie mit `memory_order_release`. Auf diese Weise kommen sich die Leser nicht ins Gehege, der oder die Schreiber machen aber nichts kaputt. Weil es sich hier um einen eng gefassten Spezialfall handelt, ist dies nur etwas für Experten.

Auf der x86-Architektur wirkt sich eine von Ihnen angebende Memory Order nur beim `store` wirklich aus. Das heißt einerseits, dass sich eine detaillierte Optimierung selten lohnt, und andererseits, dass Sie die Auswirkungen auf Fehler und Performance auf einer Architektur wie ARM überprüfen müssen, wenn Sie etwas anderes als `memory_order_seq_cst` einsetzen.

Damit Sie ein Gefühl dafür bekommen, was Sie theoretisch gewinnen *könnten*, wenn Sie eine von Ihnen eingeführte Sperre mit optimalen Memory Order Angaben loswerden könnten, verweise ich Sie auf den genannten Vortrag von *Paul E. McKenney*. Manche Operationen in einem CPU-Register verbrauchen weniger als einen Taktzyklus. Das Lesen aus dem Speicher kann da 30-mal langsamer sein. Eine einfache zusätzliche Sperre zur Synchronisation verbraucht noch einmal zwischen doppelt bis zehnmal so viel Zeit. Sie haben viel erreicht, wenn Sie Ihre auf zwei Threads verteilten Lese-Schreiboperationen so schnell bekommen wie einen Zugriff auf den Speicher. Schneller, also Richtung »Register-schnell«, ist eine absolute Ausnahme.

Beispiel

An einem kurzen Beispiel möchte ich sowohl die generelle Benutzung von `atomic` als auch die der Memory-Order-Optionen zeigen.

---

9 *The sad story of memory-order-consume*, Paul E. McKenney, *https://youtu.be/ZrNQKpOypqU?t=4m*, CppCon 2015

Die Klasse `SpinlockMutex` implementiert einen Mutex, den Sie zusammen mit einer der lock-Klassen verwenden können. Der Vorteil gegenüber einem normalen `mutex` ist, dass der Thread nicht schlafen gelegt wird, wenn er versucht, den `SpinlockMutex` zu sperren. Stattdessen wartet er in einer engen Schleife darauf, dass die Sperre entfernt wird. Ein solches Vorgehen ist dann eine gute Idee, wenn Sie erwarten, dass Sie nur sehr kurz auf die Freigabe der Sperre warten müssen. Denn schlafen legen und wieder aufwecken kostet Zeit. Wenn der Mutex stattdessen nach ein oder zwei Schleifendurchläufen schon wieder entsperrt ist, ist das besser.[10]

```cpp
#include <atomic>

class SpinlockMutex {
  std::atomic_flag flag_;

public:
  SpinlockMutex()
  : flag_{ATOMIC_FLAG_INIT}
  {}

  void lock() {                                   // z. B. von lock_guard aufgerufen
    while(flag_.test_and_set(std::memory_order_acquire))  // hauptsächlich Lesen
      { /* nothing */ }
  }

  void unlock() {
    flag_.clear(std::memory_order_release);              // Schreiboperation
  }
};
```

Listing 29.38 Die Klasse »SpinlockMutex« verhindert das Schlafenlegen beim Warten.

Wenn Sie einen solchen `SpinlockMutex` m zum Beispiel mit `lock_guard<SpinlockMutex>` g{m} benutzen, dann ruft dieser `lock` auf. Die `while`-Schleife versucht dann so lange das Flag zu setzen, bis das tatsächlich gelungen ist. Da dies in einer sehr engen Schleife passiert, wird die CPU durchaus belastet. Mit `memory_order_acquire` sorgen Sie dafür, dass dies als Leseoperation eingestuft und *nach* einem `memory_order_release` eines anderen Threads einsortiert wird.

Genau dies passiert im `unlock`. Dort wird das Flag einfach gelöscht. Diese Schreiboperation ist mit `memory_order_release` markiert und findet somit vor Leseoperationen anderer Threads statt.

Der Gewinn, den der Einsatz der Memory-Order-Optionen gegenüber der Verwendung vom Default `memory_order_seq_cst` hier hat, ist, dass andere Lese- und Schreiboperationen gleichzeitig zueinander stattfinden dürfen.

---

10 *Concurrency in Action*, Anthony Williams, Manning 2012

29   Threads – Programmieren mit Mehrläufigkeit

29.8   Zusammenfassung

Ich fasse hier noch einmal die Elemente für das Multithreading der Standardbibliothek zur kurzen Übersicht zusammen.

Header »<thread>«

▶ `thread` – `join()`, `detach()`, `joinable()`, `get_id()`, `native_handle()`
Klasse zum Starten von Threads. `join()` wartet, bis der Thread fertig ist. `detach()` erlaubt dem Thread weiterzulaufen, auch wenn das `thread`-Objekt zerstört ist. `get_id()` liefert eine eindeutige Thread-Kennung zurück. `native_handle()` erlaubt die plattformabhängige Interaktion mit einem Thread.

▶ `this_thread::` – `get_id()`, `yield()`, `sleep_for`, `sleep_until`
Namensraum mit einigen Hilfsfunktionen zur Information und Manipulation des aktuellen Threads. `get_id` dient zum Identifizieren des aktuellen Threads. `yield` lässt andere Threads an die Reihe. `sleep_for` und `sleep_until` pausieren den Thread eine angegebene Zeit.

▶ `thread::id` – `operator<<`, `operator<` etc, `hash<thread::id>`
Typ für die eindeutige Kennzeichnung eines Threads. Lässt sich dank der überladenen Operatoren in assoziativen Containern verwenden und auf einem Stream ausgeben.

Header »<mutex>« und »<shared mutex>«

▶ `mutex` – `lock`, `unlock` und `try_lock`
Basisklasse zum Schutz eines kritischen Bereichs. `lock()` blockiert vor einem kritischen Bereich, bis der Thread an die Reihe kommt. `unlock()` gibt anderen Threads Zugang zur kritischen Sektion. `try_lock()` blockiert nicht, sondern gibt bei Erfolg `true` zurück.

▶ `timed_mutex` – zusätzlich `try_lock_for` und `try_lock_until`
Schutz mit Zeitlimit für Blockade. Die Methoden blockieren nur eine gewisse Zeit.

▶ `recursive_mutex`
Erlaubt, dass `lock()` mehrfach hintereinander vom selben Thread aufgerufen wird. Der Schutz ist dann erst freigegeben, wenn genauso oft auch wieder `unlock()` aufgerufen wurde.

▶ `recursive_timed_mutex`
Vereinigt die Eigenschaften von `timed_mutex` und `recursive_mutex`.

▶ `shared_timed_mutex` – in `<shared_mutex>`, zusätzlich `lock_shared()` und andere
Erlaubt zum Beispiel einem Schreiber, exklusiv eine Sperre zu errichten, während mehrere Leser sich eine Sperre teilen können.

▶ `lock_guard`
Erlaubt das Sperren und Entsperren eines Mutex nach RAII-Manier.

▶ `scoped_lock`
Sperrt mehrere Mutexe gleichzeitig nach RAII-Manier und verhindert somit Deadlocks.

930

▶ **unique_lock**
Ein Mutex, der ähnlich wie ein unique_ptr verschoben werden kann.

▶ **shared_lock**
Erlaubt das exklusive als auch das nicht-exklusive Sperren eines shared_timed_mutex.

▶ **lock und unlock – freie Funktionen**
Sperrt und entsperrt einen oder mehrere Mutexe nicht-RAII-mäßig.

▶ **once_flag und call_once**
Erlaubt das maximal einmalige Ausführen einer Funktion.

Header »<condition variable>«

▶ **condition_variable – notify_one, notify_all, wait, wait_for und wait_until**
Zur Kommunikation zwischen mehreren Threads mittels eines unique_lock, also im RAII-Stil. Mit notify werden wartende Threads über eine mögliche Änderung einer condition_variable informiert. Die wait-Methoden warten auf eine solche Änderung.

▶ **condition_variable_any**
Kommunikation zwischen Threads mit jeder Art von Sperre.

▶ **notify_all_at_thread_exit**
Hilfsfunktion, um andere Threads über das Ende des Threads einer condition_variable zu informieren.

Header »<future>«

▶ **async – freie Funktion**
Starten eines neuen Threads oder Verschieben der Ausführung einer Berechung; liefert ein future zurück.

▶ **future und shared_future – get(), valid(), wait… und share()**
Verpackt das Ergebnis einer Berechnung, das erst bei get() abgeholt wird. valid() prüft, ob das Ergebnis schon da ist. wait, wait_for und wait_until warten, bis das Ergebnis da ist oder nur eine gewisse Zeit. shared() wandelt ein future in ein shared_future um.

▶ **promise – get_future, set_value, set_exception, …at_thread_exit**
Erzeugt future manuell, wenn man nicht async verwendet.

▶ **packaged_task – operator(), get_future(), valid(), reset**
Bereitet eine Funktion zur späteren Ausführung vor und stellt das Ergebnis dann mittels future bereit.

Header »<atomic>«

▶ **atomic<T>, atomic_flag, atomic_int etc. – load, store, exchange, etc.**
Datentypen, deren Methoden nicht von anderen Threads unterbrochen werden können. Für alle eingebauten Datentypen und viele ihrer Aliase gibt es eine vordefinierte atomic-Entsprechung. Sie können auch ein atomic für einen eigenen Datentyp T bauen.

29 Threads – Programmieren mit Mehrläufigkeit

▶ memory_order – von cst_seq bis relaxed
je nach Anwendungsfall optionale Parameter für die Methoden der atomic Datentypen

▶ atomic_thread_fence, atomic_signal_fence
Erzeugt eine Barriere im Maschinencode, die Sie nutzen können um Nicht-atomic-Datenstrukturen ähnlich wie ein atomic zu synchronisieren oder mit einem solchen zu synchronisieren.

▶ atomic_load, atomic_store, atomic_exchange etc – freie Funktionen
Interaktion eines nicht-atomaren Datentyps mit einem atomaren.

29.9 Ausblick auf C++17

Die Unterstützung für parallele Programmierung nimmt in C++17 wieder enorm zu. Die in diesem Kapitel besprochen Datentypen erhalten einige Erweiterungen. Auch ganz neue Klassen und Konzepte gibt es. Ich gebe hier eine ganz kurze Übersicht.

Eine *Continuation* ist die *Fortführung* einer future. Mit then können Sie zum Beispiel welche verketten.

```
#include <future>
int main() {
  std::future<int> f1 = std::async([]() { return 123; });
  std::future<string> f2 = f1.then([](future<int> f) {
    return to_string(f.get());
  });
  auto myResult= f2.get();
}
```

Listing 29.39 Mit »then« können Sie mehrere »future«s verketten.

Außerdem können Sie sich mit when_all und when_any darüber benachrichtigen lassen, wenn alle oder eine future aus einer Menge fertig ist.

Mit *Latches* latch stehen Ihnen *Riegel* zur Verfügung, die herunterzählen und bis null blockieren können.

Ähnliches kann eine *Barriere* barrier, die Sie aber mehrfach verwenden können.

TEIL V
Über den Standard hinaus

Die Standardbibliothek ist zwar wichtig, aber ich kann unmöglich auf alle Bibliotheken von Drittanbietern eingehen. Daher beschränke ich mich in diesem Teil auf zwei Aspekte.

Zunächst beschreibe ich die aktuellen Anstrengungen einiger zentraler Mitglieder der C++-Community, die Qualität der C++-Entwicklung zu erhöhen. Ich gehe auf die C++ Core Guidelines und die damit verbundene Guideline Support Library ein. Ich erwähne zusätzlich noch andere nützliche Richtlinien.

Danach entwickeln Sie eine Fensterapplikation, was mit der Standardbibliothek alleine nicht geht. Daher beschreibe ich das Qt Framework, gebe einen knappen Überblick über die verfügbaren Module, auch jenseits der Fensterprogrammierung, und gehe auf die Konzepte von Qt ein.

Kapitel 30
Guter Code, 7. Dan: Richtlinien

Kapiteltelegramm

▶ **C++ Core Guidelines**
Sammlung von Richtlinien zum Programmieren guten C++-Codes; von C++-Nutzern gepflegt, initiiert und verwaltet von Bjarne Stroustrup und Herb Sutter

▶ **Guideline Support Library (GSL)**
Ein Teil der C++ Core Guidelines definiert ein paar Typen, deren Verwendung vor allem automatischen Werkzeugen das Auffinden typischer Fehler erlaubt. Es existiert mindestens eine Implementierung der GSL und mindestens ein Werkzeug, das sie schon nutzt.

C++ ist eine umfangreiche Sprache. Sie lässt dem Programmierer mit Absicht viele Freiheiten, damit dieser nötigenfalls das Letzte aus der Sprache herausholen kann. Sie erlaubt, eigene Ansätze zu verfolgen und mehr als andere Sprachen neue Wege zu gehen.

Diese Freiheit hat aber durchaus den Nachteil, dass nicht alles immer automatisch passiert. Für viele Features gibt es einen empfohlenen Weg, der mit größter Wahrscheinlichkeit zum Erfolg führt. Binnen Mannjahrhunderten an Programmierung hat sich für das eine oder andere der beste Weg herauskristallisiert. Um von dieser Erfahrung zu profitieren, lohnt es sich, die Empfehlung der Experten zu kennen.

In diesem Buch habe ich mich bemüht, Ihnen schon eine Richtung vorzugeben, die »modernes C++« genannt wird. Ich schrieb über die Vorteile von RAII und const sowie über die Verwendung der Standardbibliothek. Von diesen Tipps gibt es aber noch mehr. Sie finden eine Menge Literatur dazu. Eine neue Entwicklung möchte ich in diesem Kapitel aufgreifen. Der C++-Erdenker Bjarne Stroustrup und die C++-Koryphäe Herb Sutter von Microsoft haben eine Initiative für die Entwicklung der *C++ Core Guidlines* ausgerufen. Ich finde diesen Ansatz enorm gut und beobachte ihn von Anfang an.

Es gibt andere Tippsammlungen, andere Richtlinien, und viele mögen korrekt, tiefer, besser oder schlechter sein. Das Besondere an den C++ Core Guidlines ist, dass Sie das Zeug zu einem Quasi-Standard haben und als Fundament für weitere Richtlinien dienen.

In diesem Kapitel gebe ich eine Übersicht über die Richtlinien. Ansonsten empfehle ich die Lektüre der kompletten C++ Core Guidelines oder zumindest einer Auswahl. Dort finden sich auch Erklärungen, Beispiele und Diskussionen. In diesem Buch haben die kompletten Erklärungen leider keinen Platz, sie würden etwa 500 Seiten einnehmen. Ich gebe am Ende zu einigen Themen konkrete Tipps und liste die relevantesten Regeln dazu auf.

30 Guter Code, 7. Dan: Richtlinien

30.1   Guideline Support Library

Der Abschnitt »GSL: Guideline support library« führt einige neue Sprachelemente ein, die bei der Einhaltung der Regeln der C++ Core Guidelines helfen. Dabei handelt es sich um Dinge, die

▶ besonders häufig Quelle von Fehlern sind und

▶ besonders schwer mit automatischen Werkzeugen zu entdecken wären.

Zum Beispiel passiert es häufig, dass ein C-Array als roher Zeiger T* p auf dessen Beginn und die Länge size_t n übergeben wird. Ein automatisches Werkzeug kann schwer erraten, dass diese beiden Parameter eigentlich zusammengehören. Könnte es das erkennen, dann kann es Fehler erkennen. Und nicht nur das, auch das Interface einer Funktion ist leichter zu lesen, wenn zusammengehörige Parameter nicht getrennt übergeben werden.

Genau zu diesem Zweck definiert die GSL den Typ span<T>. Wenn Sie span<T> für Speicherbereiche statt T* und size_t verwenden, dann tun Sie zweierlei: Sie drücken die Intention der Parameter besser aus, und Sie ermöglichen automatischen Werkzeugen, Sie bei der Fehlersuche zu unterstützen.

Microsoft stellt eine Implementierung dieser GSL schon bereit.[1] Dabei handelt es sich um eine Sammlung von Headern, die Sie einfach mit #include <gsl/gsl> in Ihr Programm einbinden können. Wenn Sie das tun, dann bietet das Visual Studio auch ein Plugin, mit dem Sie ein paar typische Fehler aufspüren können.

Hier erhalten Sie einen Auszug der GSL-Konstrukte. Diese sind durchweg danach gestaltet, dass sie die Performance zur Laufzeit nicht negativ beeinflussen. In manchen Fällen, wie zum Beispiel owner, sind sie sogar nur eine Art semantische Auszeichnung und tun tatsächlich »nichts«.

▶ owner<T*>
  Diesen besitzenden rohen Zeiger setzen Sie an geeigneten Stellen statt T* ein.

▶ span<T> und string_span
  Statt Zeigerarithmetik verwenden Sie diesen Typ. So ersetzt span<T> zum Beispiel bei Parameterübergaben das Paar (T* data, size_t laenge). Früher hießen die beiden array_view und string_view.

▶ not_null
  So markieren Sie rohe Zeiger, die niemals nullptr sein können.

▶ Expects() und Ensures()
  Dient in Funktionen der formalen Definition von Vorbedingung und Nachbedingung.

▶ finally(…)
  Diese Hilfsfunktion erstellt ein Objekt, das am Ende des aktuellen Codeblocks ausgeführt werden soll und sich besser eignet als extra ein try-catch-Block, wenn Sie keinen eigenen RAII-Wrapper schreiben wollen.

---

1 *https://github.com/Microsoft/GSL*, [2017-05-14]

Die GSL ist noch im Fluss und lehnt sich an die C++ Core Guidelines an. Eine Motivation und Einführung finden Sie bei Herb Sutter.[2]

Kurz zusammengefasst: Beim Einsatz der blanken Sprache C++ ist es unmöglich, für ein gegebenes Programm dessen Fehlerfreiheit bezüglich Typsicherheit und Ressourcenkorrektheit zu beweisen bzw. von einem automatischen Werkzeug berechnen zu lassen. Die GSL soll dazu dienen, dies zu ermöglichen. Mit den Konstrukten aus der GSL ermöglichen Sie einem Werkzeug erst, dies automatisch zu tun. Die GSL selbst ist plattformunabhängig. Microsoft hat sie in Visual Studio integriert, und es existiert ein Plugin, das bei der Überprüfung der C++ Core Guidelines zusammen mit der GSL hilft.

30.2   C++ Core Guidelines

Um die Guidelines anwenden zu können, ist es wichtig, die Absicht der Autoren dieser Guidelines zu verstehen.[3] In diesem Abschnitt will ich Ihnen daher vor allem das »Wie und Warum« der Guidelines beschreiben. Im Anschluss daran greife ich problemorientiert einige Aspekte der alltäglichen Programmierung heraus und wende konkrete Richtlinien darauf an.

Jede Richtlinie hat eine Identifikation. Die besteht aus einem (oder mehreren) Buchstaben und einer Zahl, also zum Beispiel »F.22«. Der Buchstabe bestimmt die Sektion, aus der die Richtlinie stammt. Die Sektion »F« bezieht sich zum Beispiel auf »Functions«.

Die Sektionen sind wiederum in Abschnitte eingeteilt. Die Richtlinien »F.1« bis »F.9« bilden zusammen den Abschnitt »F.def«.

Im weiteren Verlauf werde ich die Identifikationen der Richtlinien und Abschnitte verwenden, damit Sie diese leicht wiederfinden können. Einige Richtlinien werde ich (ins Deutsche übersetzt) zitieren. Die gesamte Erklärung zur Richtlinie kann ich hier nicht auflisten, aber ich habe an einigen Stellen in [Klammern] ein paar erklärende Worte hinzugefügt.

30.2.1   Motivation

Ich kann es kaum besser als die Editoren der Guidelines sagen, darum gebe ich Ihnen hier einen Auszug der Übersetzung des Abstracts wieder.

> **Abstract**
>
> Die C++ Core Guidelines sind Richtlinien, um C++ gut zu benutzen. Das Ziel des Dokuments ist es, Leute dazu zu bewegen, modernes C++ effektiv einzusetzen. Mit »modern« meinen wir C++11 und C++14 (und bald C++17).

---

2   *Writing Good C++... By Default*, Herb Sutter, *https://www.youtube.com/watch?v=hEx5DNLWGgA*, 2015, [2017-05-14]

3   *https://isocpp.github.io/CppCoreGuidelines/CppCoreGuidelines*, [2017-05-14]

> Der Fokus dieser Richtlinien ist eher auf höherer Ebene wie Schnittstellen, Ressourcen- und Speicherverwaltung sowie Nebenläufigkeit. Solche Regeln beeinflussen die Architektur eines Programms und das Design von Bibliotheken. Den Regeln zu folgen, wird zu Code führen, der statisch typsicher ist, keine Ressourcenlöcher hat und viele andere Fehler verhindert, die in heutigem Code normal sind. Und der Code wird schnell sein – Sie können es sich erleichtern, das Richtige zu tun.
>
> Wir kümmern uns weniger um Dinge auf niedrigen Ebenen wie Namenskonventionen und Einrückungsstil. Andererseits streifen wir jedes Thema, das einem Programmierer helfen kann.
>
> Viele der Regeln sind so angelegt, dass Sie von Analysewerkzeugen unterstützt werden können. Das Verletzen von Regeln kann mit einem Verweis auf die relevante Regel oder Regeln versehen werden. Wir erwarten nicht, dass Sie sich alle Regeln einprägen, bevor Sie mit dem Programmieren loslegen. Die Regeln sind für die graduelle Integration in eine Codebasis gedacht. Wir denken bei diesen Richtlinien vor allem daran, sie als Spezifikation für automatische Werkzeuge zu verwenden, die zufällig auch für Menschen lesbar ist.

Das generelle Ziel der Richtlinien ist, dass im Laufe der Zeit weltweit eine Codebasis entsteht, die mehrere Entwickler teilen. Es soll ein Stil entstehen, der hier und dort ähnlich aussieht und ähnliche Ziele verfolgt. So kann sich jeder im Laufe der Zeit leichter in neue Projekte einarbeiten, und sein Code ist auch für andere schneller lesbar und somit selbst dokumentierend. Das Einhalten der Richtlinien erfüllt sich also teilweise selbst, denn eine Richtlinie ist, dass sich Code, so gut es geht, selbst dokumentiert.

Die Richtlinien sollen aber niemanden dazu zwingen, nur einen Teil der Sprache zu verwenden, ebenso wenig ist Code, der nicht den Richtlinien folgt, zwangsläufig schlecht. Als oberste Richtlinie gilt immer noch, dass C++ ausdrucksstark und performant ist und ein Autor dies ausnutzen können muss, wenn es richtig und wichtig ist.

Doch wenn Sie sich an die Richtlinien halten, dann können Sie erwarten, dass Ihr Code korrekter, sicherer und wartbarer wird, ohne langsamer zu werden.

30.2.2 Typsicherheit

Viele der Richtlinien haben das Ziel, Ihnen das Lebens insgesamt zu erleichtern, indem Sie sich mehr auf das statische Typsystem von C++ verlassen.

Weichen Sie die Typsicherheit von C++ nicht auf

Die Typsicherheit wird aufgeweicht durch die Verwendung von `void*`, `reinterpret_cast`, mit Einschränkung andere Formen von expliziten Typumwandlungen und (unmarkierte) `union`.

30.2 C++ Core Guidelines

Wenn Sie eine der oben genannten Operationen einsetzen müssen, weil ein Drittanbieter es verlangt, dann verbergen Sie sie hinter einer von Ihnen selbst gepflegten Schicht. Lassen Sie void* sich nicht in »Ihrem« Code ausbreiten.

Vermeiden Sie »Typmülleimer«

Verwenden Sie nicht für alles string und int. Seien Sie spezifischer, indem Sie zum Beispiel Month einführen.

Fangfrage: Was macht die folgende Funktion?

```
Color createColor(int a, int b, int c);
Color createColor(int a, int b, int c, int d);
```

Es gibt hier keine richtige Antwort. Sie sollten das Interface sauberer gestalten, wofür es viele Möglichkeiten gibt:

```
Color createColor(Red r, Green g, Blue b);
Color createColor(Cyan c, Magenta m, Yellow y, Black k);
```

Das ist noch besser als nur die Parameter r, g und b zu nennen. So können Sie zum Beispiel im Datentyp verbergen, ob der Rotanteil von 0 bis 100 oder von 0 bis 255 oder gar als double zwischen 0.0 und 1.0 angegeben wird.

Zusätzlich vermeiden Sie das versehentliche Vertauschen der Komponenten. Oder wenn Sie eigentlich createColor(a,b,c,d) aufrufen wollten, aber mit createColor(a,c,d) eine Komponente vergessen haben? Dann haben Sie die ganz falsche Funktion aufgerufen.

Relevante Richtlinien

Die hier relevanten Richtlinien sind also unter anderem:

- P.1: Drücken Sie Ideen direkt in Code aus.
- P.4: Ihr Programm sollte typsicher sein.
- I.1: Machen Sie Interfaces explizit.
- I.24: Vermeiden Sie benachbarte Argumente des gleichen Typs.
- Type.1: Verwenden Sie kein reinterpret_cast.
- Type.2: Verwenden Sie kein static_cast zum Heruntercasten. Verwenden Sie stattdessen dynamic_cast.
- Type.3: Verwenden Sie kein const_cast, um const wegzucasten (also gar nicht).
- Type.4: Verwenden Sie keine C-Stil-(T)expression-Casts, die mittels static_cast heruntercasten, einen const_cast oder reinterpret_cast durchführen.

Nutzen Sie std::chrono und std::time_point für Zeiteinheiten. Sie können auch die typsicheren boost::units für Berechnungen mit Zahleneinheiten verwenden.

939

30.2.3   Nutzen Sie RAII

Schreiben Sie Konstruktoren so, dass diese

▶ wenn Sie ein Objekt erzeugen, dieses im Destruktor auf jeden Fall wegräumen können,

▶ wenn Sie eine Ausnahme auslösen, keine Ressourcen mehr belegen.

Es muss also immer entweder ein ganzes oder gar kein Objekt erzeugt werden können. Ein ganzes Objekt kann hierbei eines sein, das einen Fehlerzustand hält. Hauptsache, es wird im Destruktor korrekt weggeräumt.

In diesem Buch habe ich das mehrfach propagiert. Aufbau und Zerstörung von Objekten sind ausführlich in Kapitel 16, »Der Lebenszyklus von Klassen«, erklärt. Die Probleme mir rohen Zeigern und deren Alternativen sind Thema in Kapitel 20, »Zeiger«.

Alle oder keine: Die Defaultoperationen

Zur Erinnerung, C++ definiert die folgenden *Default-Operationen*:

▶ einen Defaultkonstruktor: `X()`

▶ einen Kopierkonstruktor: `X(const X&)`

▶ eine kopierende Zuweisung: `operator=(const X&)`

▶ einen Verschiebekonstruktor: `X(X&&)`

▶ eine verschiebende Zuweisung: `operator=(X&&)`

▶ einen Destruktor: `~X()`

Sie machen es sich am einfachsten, wenn Sie die *Nuller-Regel* befolgen, also die Defaultoperationen weder definieren noch mit `=delete` löschen. Lassen Sie den Compiler seine Arbeit machen und die Defaultoperationen selbst generieren.

Das funktioniert natürlich nur, wenn die vom Compiler generierten Defaultoperationen auch das tun, was sie müssen. Das heißt: korrekt initialisieren, kopieren und verschieben und keine Ressourcen übrig lassen.

Das wiederum fällt am leichtesten, wenn Sie nur Datenfelder verwenden, die dies erlauben. Eingebaute Typen, Aggregate, Standardcontainer, smarte Zeiger und die meisten anderen Datenstrukturen der Standardbibliothek gehören dazu. Nicht dazu gehören rohe Zeiger `T*` und Referenzen `T&`, die ihr Objekt besitzen.

Natürlich benötigen manche Klassen – solche, die sich zu einer externen Ressource verbinden – besondere Aufmerksamkeit, angefangen mit dem Destruktor. Wenn das der Fall ist, dann gilt: Definieren oder löschen Sie *alle* Defaultoperationen (wenn möglich oder sinnvoll auch den Defaultkonstruktor). In der Praxis benötigen Sie genau dann einen selbst geschriebenen Destruktor, wenn Sie eine Ressource selbst zu verwalten haben. Und wenn das der Fall ist, dann muss dieser Ressource auch beim Kopieren und Verschieben und beim Zuweisen Rechnung getragen werden.

Daher die Faustregel: Alle oder keiner.

Kennen Sie die Richtlinien um Konstruktion, Zuweisung und Verschieben

Sollten Sie aber die Defaultoperationen selbst definieren müssen, dann bedenken Sie: Diese korrekt zu implementieren, ist möglich, aber nicht trivial. Sie sollten sich, wenn es geht, auf den Compiler verlassen.

Wenn Sie doch die Operationen definieren müssen, vergessen Sie nicht noexcept, lassen Sie keine Exception einen Destruktor verlassen, und nutzen Sie gsl::owner, um besitzende rohe Zeiger zu markieren.

Fußangel: Nicht erzeugtes Objekt belegt Ressourcen

Wenn der Konstruktor mit einer Ausnahme verlassen wird, dann gilt ein Objekt als nicht erzeugt. Der Destruktor wird dann nicht aufgerufen. Achten Sie darauf, dass trotz der Exception alle schon vorher belegten Ressourcen auch wieder freigegeben wurden.

Fußangel: Erzeugtes Objekt trotz Exception

Sie vermeiden Codeduplikation, indem Sie delegierende Konstruktoren verwenden. Erinnern Sie sich dabei aber daran, dass ein Objekt als erzeugt gilt, sobald der »innerste« Konstruktor durchlaufen ist. Sollte ein *delegierender* Konstruktor danach eine Exception auslösen, wird *dennoch der Destruktor aufgerufen*!

```
struct Tag {
    Tag(int a, int b) : Tag{} {        // delegiert
        if(a==0 || b == 0)
            throw 666; // löst Ausnahme aus
    }
    Tag() {}
};

int main() {
    try {
        Tag tag{1,2};
    } catch(int) {
    }
}
```

Hier delegiert der erste Konstruktor einen Teil der Initialisierungsaufgaben an den Konstruktor Tag(). Das ist auch in Ordnung, denn was auch immer an Initialisierung zu tun ist, kann so zentral gepflegt werden. Sie müssen nur beachten, dass bei der Exception throw 666 der Konstruktor Tag() schon komplett durchlaufen ist und das Objekt somit als konstruiert gilt. Das heißt, der Destruktor wird aufgerufen. In diesem einfachen Beispiel ist das kein Problem, kann aber in komplizierten Fällen zu einem werden.

Behalten Sie im Kopf, dass in Anwesenheit von delegierenden Konstruktoren nicht jede Exception bedeutet, dass der Destruktor nicht aufgerufen wird.

Relevante Richtlinien

Diese ziehen sich durch alle Richtlinien und Abschnitte. Hier einige der offensichtlichsten und relevantesten (mit Anmerkungen von mir in eckigen Klammern).

▶ P.8: Erzeugen Sie keine Lecks von Ressourcen.

▶ F.22: Benutzen Sie T* oder owner<T*> oder einen smarten Pointer, um auf ein einzelnes Objekt zu verweisen. [Das heißt, T* soll nicht für Zeigerarithmetik verwendet werden.]

▶ Die Sektionen C.defop, C.dtor, C.ctor sowie C.copy. [Hier finden Sie jede Menge Tipps, (ob und) wie Sie die Defaultoperationen implementieren sollten.]

▶ R.1: Verwalten Sie Ressourcen automatisch mittels Resource Handles und RAII.

▶ R.3: Ein roher Zeiger T* besitzt sein Ziel nicht. [T* p besitzt das Objekt nicht, also ist delete p zu vermeiden; stattdessen wäre owner<T*> p mit delete p in Ordnung etc.]

▶ R.4: Eine rohe Referenz T& besitzt ihr Ziel nicht. [Kein int& r = *new int{7} mit anschließendem delete &r]

▶ R.5: Bevorzugen Sie automatische Objekte (mit Bereichsgültigkeit), allozieren Sie nicht unnötigerweise auf dem Heap [– mit new oder malloc oder auf andere Weise.]

▶ R.20: Nutzen Sie unique_ptr oder shared_ptr, um Besitz darzustellen.

▶ R.21: Bevorzugen Sie unique_ptr vor shared_ptr, außer Sie brauchen geteilten Besitz.

▶ E.6: Nutzen Sie RAII, um Lecks zu vermeiden.

▶ E.13: Lösen Sie niemals eine Ausnahme aus, während Sie der direkte Besitzer eines Objekts sind [und so am eigentlich vorgesehenen delete (oder anderen Aufräumarbeiten) vorbeirauschen.]

▶ E.16: Destruktoren, Deallokation und swap dürfen niemals fehlschlagen. [Also weder eine Exception werfen, noch keinen Erfolg haben.]

▶ Die Sektion C.other beschäftigt sich hauptsächlich mit Wertklassen. [Dort steht, was Sie bei swap und == beachten sollten.]

30.2.4 Klassenhierarchien

Ein UML-Diagramm in eine Implementierung zu gießen, ist keine Eins-zu-Eins-Transformation, selbst wenn es sich dabei um eine Klassendiagramm handelt. Es gibt Implementierungsdetails, die zu beachten sind. Andersherum können Sie eine gegebene C++-Klassenhierarchie mit einem UML-Diagramm darstellen. Nicht jede »Methode« muss als Member implementiert sein. Eine (überladene?) freie Funktion ist zur Erweiterung besser geeignet, wenn Sie nicht auf Interna der Klasse zugreifen müssen.

Nein, eine gute Klassenhierarchie ist keine leichte Aufgabe. Und weil die meiste Softwareentwicklung sich als »bewegtes Ziel« darstellt, müssen Sie schon während des Designs sicherstellen, dass Ihre Hierarchie testbar ist, damit Sie auf Änderungen in den Anforderungen mit Erweiterungen von Neuem und Refactoring von Bestehendem reagieren können. Auch hierfür gibt es hilfreiche Richtlinien.

30.2 C++ Core Guidelines

Auch dazu finden Sie viel in diesem Buch. Kompakt in Kapitel 19, »Guter Code, 5. Dan: \newline Klassisches objektorientiertes Design«, aber auch schon in den technischeren Kapiteln wie Kapitel 15, »Vererbung«.

Multiple Vererbung ist schwierig, aber mächtig

Mit multipler Vererbung können Sie Designpatterns wiedererkennbar abbilden und sich viel Codeduplikation und Arbeit ersparen. Sie können Ihre Komponenten damit loser koppeln, modularer und erweiterbarer gestalten.

Multiple Vererbung ist aber auch in mehrerer Hinsicht ein Fluch: Falsch eingesetzt, wird Ihr Code undurchschaubar und starr. Vermeiden Sie, dass von allen möglichen Seiten Code in einer Klasse zusammenfließt. In der Praxis wird gerne zwischen Klassen unterschieden, die zur Implementierung beitragen, und solchen, die das Interface bereitstellen.

Sie sollten eine Haupthierarchie haben, die sich auf die Implementierung fokussiert. Sie vermeiden so Codeduplikation und nutzen das technische Hilfsmittel der Vererbung, um Ihren Code zu verbessern.

Ansonsten sollten Sie *Signaturklassen* nutzen, um die Interfaces zu deklarieren. Die Methoden dieser Interfaces können Sie dann zum Beispiel per *Delegation* bereitstellen. Das heißt, Sie schreiben eine Klasse, die das Interface implementiert, von dem Sie dann eine Instanz in der eigentlichen Klasse als Member einbinden und alle Aufrufe an diese weiterleiten. Manchmal sind diese delegierten Klassen sehr speziell und werden nur ein einziges Mal benötigt. Trotzdem: Sie trennen die Aufgaben und Verantwortlichkeiten. Ihr Code wird »objektorientierter«.

Virtuell oder nicht?

Technisch gesehen ist der Aufruf einer virtuellen Methode nur ein klein wenig aufwendiger als der einer nicht-virtuellen Methode. Jedoch gibt es andere Nachteile, die Sie dazu bringen sollten, nicht alle Methoden pauschal virtuell zu machen.

▶ Auf den ersten Blick ist der Aufruf einer virtuellen Methode nur mit einer zusätzlichen Indirektion durch die *virtuelle Methodentabelle* der Instanz verbunden.

▶ Eine virtuelle Methode kann extrem selten, wenn überhaupt, vom Compiler zu einer Inline-Methode gemacht werden.

▶ Außer dem Nicht-inline-Code der Methode bremst der Funktionsaufruf jede funktionsübergreifende Optimierung des Compilers *und* stellt eine zeitraubend synchronisierende Barriere beim Multitheading dar.

▶ Der Zeiger auf die virtuelle Methodentabelle ist bei kleinen (und zahlreichen) Datenstrukturen nicht zu vernachlässigen.

▶ Eine virtuelle Methode darf niemals in einem Konstruktor (und sollte nicht in einem Destruktor) aufgerufen werden.

Hinzu kommt noch eine weniger technische Angelegenheit. Was, wenn Sie eine virtuelle Methode niemals überschreiben? Nun, dann hätten Sie sie gar nicht virtuell machen sollen, oder? Ach, Sie wollten einen Konfigurationspunkt in einer Bibliothek zur Verfügung stellen? Das ist gut, erlaubt Erweiterbarkeit. Aber nun kommt der Benutzer Ihrer Bibliothek daher und erweitert tatsächlich. Kann die virtuelle Methode immer noch ihre Aufgabe erfüllen? Keine Ahnung, oder? Nicht mehr Ihre virtuelle Methode wird aufgerufen, sondern die Methode des Erweiterers. Das ist prinzipiell gut, ist aber eine nicht zu unterschätzende Verantwortung. Wessen? Des Überschreibers? Nein: Ihre! Sie sollten und dürfen nur dann eine Methode mittels `virtual` zum Überschreiben freigeben, wenn Sie es dem Erweiterer schwer machen, die Klasse verkehrt zu benutzen – und das trotz des »invasiven« Codes des Erweiterers.

Mit `final` ist es übrigens noch schlimmer: Wenn Sie an eine Methode `final` schreiben, dann sagen Sie damit implizit, dass sich das Verhalten des Objekts nicht mehr ändert. Aber halten Sie sich auch daran? Rufen Sie in der `final`-Methode eine andere virtuelle Methode auf? Wie können Sie dann sagen, dass die Methode noch tut, was sie soll? Haben Sie Vorbedingungen, Nachbedingungen oder Invarianten für diese `final`-Methode angegeben? Es wird Ihnen schwerfallen, diese zu garantieren, wenn Sie andere virtuelle Methoden aus Ihrer `final`-Methode aufrufen.

Verstehen Sie mich nicht falsch: Manchmal ist ein `final` nur eine Art der Dokumentation, aber technisch gesehen begeben Sie sich mit dem Versprechen, »diese Methode tut genau das, was ich sage«, auf dünnes Eis, wenn Sie eine andere virtuelle Methode aufrufen. Daher: `final` ja, aber in Grenzen.

Relevante Richtlinien

▶ C.2: Nutzen Sie `class`, wenn es eine Invariante gibt, und `struct`, wenn sich die Datenelemente unabhängig verändern können.

▶ C.3: Stellen Sie den Unterschied zwischen einem Interface und einer Implementierung mittels der Verwendung einer Klasse dar. [Zum Beispiel ist es mit einer Klasse leichter, Daten zu kapseln und die Methoden als Schnittstelle hervorzuheben, als wenn Sie nur freie Funktionen verwenden.]

▶ C.8: Verwenden Sie `class` statt `struct`, wenn ein Element nicht `public` ist.

▶ C.9: Minimieren Sie die Sichtbarkeit von Mitgliedern.

▶ C.35: Eine Basisklasse mit einer virtuellen Funktion benötigt einen virtuellen Destruktor.

▶ C.120: Nutzen Sie Klassenhierarchien (nur) zur Repräsentation von Konzepten mit einer inhärenten hierarchischen Struktur.

▶ C.121: Wenn eine Basisklasse als Interface benutzt wird, machen Sie sie zu einer pur abstrakten Klasse, [also zu einer Signaturklasse, die nur pur virtuelle (abstrakte) Methoden hat; alle Methoden `virtual` und `= 0`.]

> ► C.122: Nutzen Sie abstrakte Klassen als Interface, wenn eine komplette Trennung von Schnittstelle und Implementierung benötigt wird.

> ► C.128: Jede virtuelle Methode sollte genau eines von `virtual`, `override` oder `final` sein. [`override` und `final` implizieren `virtual`, Doppeltnennung ist also unnötig. Andererseits verwirrt ein fehlendes `virtual` oder `override` an einer überschreibenden Methode (»einmal `virtual`, immer `virtual`«).]

> ► C.130: Redefinieren oder verbieten Sie das Kopieren einer Basisklasse, präferieren Sie stattdessen eine virtuelle `clone()`-Methode. [Eine Basisklasse (mit mindestens einer virtuellen Funktion) zu kopieren, »schneidet« normalerweise und ist somit nicht, was man will.]

> ► C.132: Machen Sie keine Methode ohne Grund virtuell.

> ► C.133: Vermeiden Sie `protected` Datenfelder. [Entscheiden Sie sich für `public` oder `private`.]

> ► C.135: Verwenden Sie multiple Vererbung, um multiple getrennte Interfaces abzubilden.

> ► C.136: Verwenden Sie multiple Vererbung, um die Vereinigung von Attributen der Implementierung zu repräsentieren.

> ► C.137: Nutzen Sie virtuelle Basisklassen zur Vermeidung übermäßig genereller Basisklassen.

> ► C.139: Nutzen Sie `final` sparsam.

> ► C.145: Greifen Sie auf polymorphe Objekte mittels eines Zeigers oder einer Referenz zu. [Das reduziert die Gefahr versehentlichen »Schneidens«.]

> ► C.165: Nutzen Sie `using` für Anpassungsmöglichkeit für Benutzer. [Wenn Sie `using xyz` oder `using namespace abc` in einer Implementierung verwenden, dann erlauben Sie dem Benutzer, dort eine eigene Funktion unterzubringen.]

30.2.5 Generische Programmierung

Wenn Sie die Standardbibliothek nutzen, dann nutzen Sie Templates. Denn die sind ein mächtiges Werkzeug. Sie können unter Umständen Ihren Code verbessern, wenn Sie auch Templates schreiben.

Am einfachsten ist es, ein *generisches Lambda* zu schreiben, denn darin kommt die `template`-Syntax nicht einmal vor:

```
vector</*...irgendwas...*/> data;
// ..
... = std::find_if(data.begin(), data.end(), [](auto e) { return e<10; });
```

Hier ist `auto e` in Wahrheit ein Templateparameter, den Sie als Funktionstemplate so schreiben würden:

```
template<typename T>
auto func(T e) { return e<10; }
```

In beiden Schreibweisen müssen Sie sich um den Typ dessen, was in dem Container ist, keine Gedanken machen und ihn auch nicht mit anpassen, sollte sich der Typ einmal ändern.

Der nächste Schritt, dass Sie im geeigneten Fall wirklich eine eigene Templatefunktion schreiben, ist dann nicht mehr weit.

Für eine eigene Templateklasse liegen die Gründe etwas anders als für eine Funktion, aber auch hier: Sie machen Ihren Code genereller und vermeiden Codeduplikation. Außerdem sind Templates sehr schnell, der Compiler nimmt sich heraus, diese besonders häufig zu inlinen.

Und nicht zu vergessen: Maschinencode landet nur dann tatsächlich im Kompilat, wenn die Templatefunktion oder das Element der Templateklasse auch tatsächlich irgendwo im Programm verwendet wurde. Anders als bei nicht-Template-Funktionen, die durchaus auch dann im kompilierten Programm landen können (aber nicht müssen), wenn sie gar nicht verwendet wurden.

Nutzen Sie Templates für Container

Wenn Sie eine Funktion schreiben, die einen bestimmten vector auf eine bestimmte Art sortiert, dann sollten Sie nicht den vector als konkreten Typ übergeben. Machen Sie ihn entweder selbst zum Templateparameter oder nutzen Sie gleich Iteratoren, was am besten über Templateparameter geht.

Tun Sie es nicht so:

```cpp
void sortDataCont(vector<int> &data) {
    // ...exemplarisch...
    sort(data.begin(), data.end());
}
void sortDataIt(vector<int>::iterator b, vector<int>::iterator e) {
    // ...exemplarisch...
    sort(b, e);
}
```

Definieren Sie die Funktionen als Templates:

```cpp
template<typename Cont>   // oder wahlweise auch auf Elementtyp T
void sortDataCont(Cont &data) {
    // ...exemplarisch...
    sort(data.begin(), data.end());
}
template<typename It>
void sortDataIt(It b, It e) {
    // ...exemplarisch...
    sort(b, e);
}
```

Hier habe ich mit `Cont` den ganzen Container als Templateparameter verwendet. Ob Sie dies oder nur den Elementtyp `T` nehmen, hängt von der Anwendung ab. Hier macht die Funktion ein `sort`, das auf mehreren Containern funktioniert. Würde die Funktion etwas `vector`-Spezifisches machen, dann sollte der Teil konkret bleiben.

Vergessen Sie nicht, dass Sie (immer noch) sorgfältig darauf achten müssen, ob die templatisierten Parameter der Funktionen Referenzen &, Zeiger * oder `const` sein müssen. Iteratoren werden normalerweise als Wert übergeben.

Universelle Referenzen

Wenn Sie Verschiebeoperationen selbst schreiben, dann werden diese als Parameter RValue-Referenzen && erhalten. Wenn Sie diese &&-Syntax mit Templates mischen, dann müssen Sie eine Sache beachten: Der &&-Parameter ist nicht unbedingt eine RValue-Referenz, wie ich es schon in Kapitel 23, »Templates«, gesagt habe.

Im Normalfall wollen Sie den &&-Parameter in einem Template nur per `std::forward` an eine andere Funktion weiterreichen (und mehr nicht). Oder Sie wollten etwas ganz anderes, und dann war && für den Templateparameter wahrscheinlich verkehrt und tut nun nicht, was Sie wollten.

Relevante Richtlinien

- ▶ T.1: Nutzen Sie Templates, um den Abstraktionslevel des Quellcodes zu steigern.

- ▶ T.2: Nutzen Sie Templates zur Beschreibung von Algorithmen, die sich auf viele Argumenttypen anwenden lassen.

- ▶ T.3: Nutzen Sie Templates zur Beschreibung von Containern und Bereichen.

- ▶ T.40: Nutzen Sie Funktionsobjekte zur Übergabe von Operationen an Algorithmen. [Ein Funktionsobjekt kann mehr Informationen tragen als ein einfacher Funktionszeiger und ist meist schneller.]

- ▶ T.43: Bevorzugen Sie `using` vor `typedef` für Typaliase.

- ▶ T.68: Nutzen Sie {} statt () innerhalb von Templates, um Mehrdeutigkeiten zu vermeiden. [`T v{}` definiert immer eine Variable `v`. `T v()` könnte aber eine Funktiondefinition sein. `T{v}` ist ein Konstruktoraufruf, `T(v)` könnte auch ein Cast sein.]

- ▶ T.69: Rufen Sie in einem Template keine freie Funktion ohne genauen Bereichsnamen auf (»unqualified nonmember function call«), außer Sie beabsichtigen dies als Anpassungsmöglichkeit für den Benutzer.

- ▶ T.83: Deklarieren Sie ein Methodentemplate nicht `virtual`.

- ▶ T.144: Spezialisieren Sie keine Funktionstemplates. [In den meisten Fällen ist eine Überladung besser.]

- ▶ F.19: Für »weiterzuleitende« Parameter übergeben Sie diese per `TP&&` und wenden einzigst `std::forward` auf den Parameter an.

30 Guter Code, 7. Dan: Richtlinien

30.2.6 Lassen Sie sich nicht von Anachronismen verwirren

Es gibt ein paar »Nicht-Richtlinien« oder auch Gerüchte, die sich lange halten und die entweder nie wahr waren oder es schon lange nicht mehr sind. In den Core Guidelines ist ihnen ein Anhang gewidmet. Ich greife sie hier auf und erkläre sie Ihnen, damit Sie nicht in Fallen tappen und Gerüchten aufsitzen, die Sie vielleicht irgendwo aufgeschnappt haben.

► **NR.1: Nicht: Alle Deklarationen sollten am Anfang einer Funktion stattfinden.**
In originalem C und Pascal war es so, dass Variablen am Anfang einer Funktion aufgelistet werden müssen. Es ist erstaunlich, dass man diese Unpraktik sogar in manchem Java- oder JavaScript-Code noch findet. Nein, eine Variable sollte kurz vor Ihrer Verwendung deklariert und gleichzeitig initialisiert werden. In seltenen Ausnahmefällen kann man mal eine Variable aus einer engen Schleife ziehen.

► **NR.2: Nicht: Es sollte nur eine einzige »return«-Anweisung aus einer Funktion geben.**
Ja, es war mal so, dass gewisse Compiler besser darauf reagiert haben, wenn es nur ein einziges return in einer Funktion gab. Dem ist heute nicht mehr so. Wenn man dieser Regel folgt, dann wird eine Funktion häufig komplizierter und der Code schwerer zu lesen. Fehlerprüfung innerhalb der Funktion blähen den Funktionskörper unnötig auf.

► **NR.3: Nicht: Verwende keine Exceptions.**
In den frühen Tagen von C++ war die Ausnahmebehandlung in vielen wichtigen Implementierungen fehlerbehaftet (zum Beispiel gcc kleiner Version 2.95). Schlechte Erfahrungen der Programmierer aus jener Zeit wirken immer noch nach. Zudem meinen viele, Fehlerbehandlung mit Exceptions sei langsam. Es stimmt, die Anwesenheit von Exceptions ist das einzige C++-Feature, das gegen das *Zero-Overhead-Principle* verstößt – *was Sie nicht verwenden, kostet auch nichts.* Wenn Sie die Behandlung von Exceptions generell einschalten (der Standard bei allen Compilern), aber keine Exception werfen, dann wird Ihr Code minimal langsamer oder größer (in Größenordungen zwischen 0.5 % und 2 %). Doch Sie verzichten dann auf ordentliches RAII und einen Großteil des Nutzens von modernem C++. Sie programmieren dann von Hand drumherum, und Ihr Code wird ... größer und langsamer. Es gibt allerdings tatsächlich einen Grund, auf Exceptions zu verzichten: In Realtime-Systemen, die eine Reaktionszeit garantieren müssen, darf an bestimmten Stellen keine Exception auftreten. Eine *ausgelöste* Exception kann prinzipiell eine Menge Aufwand bedeuten, wie viel das ist, kann im generellen Fall nicht vorausgesagt werden. Zumindest in diesem Programmpfad muss dann auf Exceptions verzichtet werden.

► **NR.4: Nicht: Jede Klasse muss in ihre eigene Datei.**
Während dies als Basis ein guter Anfang ist, sollten Sie sich aber nicht davon abhalten, Ihren Code noch sinnvoller zu schneiden. Außerdem: Mehrere winzige Klassen in einer Datei zusammenzufassen, ist besser als Hunderte winziger Dateien zu haben. Sie können solche Klassen zum Beispiel in einem eigenen Namensraum zusammenfassen und haben einen besseren Grund für eine eigene Datei. In C++ ist auch nicht

alles innerhalb von Klassen, wir haben freie Funktionen. Die gehören auch an einen sinnvollen Ort.

▶ **NR.5: Nicht: Der Konstruktor sollte möglichst wenig tun; nutzen Sie Zwei-Phasen-Initialisierung.**
Es gibt Gründe für das Trennen von Initialisierung im Konstruktor und einer weiteren Initialisierungroutine. Zum Beispiel könnten die beiden Phasen unterschiedliche Semantiken haben, wie dies in der Fensterprogrammierung der Fall ist: Initialisierung der Daten und Initialisierung der Ansichten. Der Grund darf aber *nicht* sein, dass es zu viel Code ist oder zu lange dauert. Das Wichtigste ist, dass Sie eine Exception werfen, wenn ein Fehler passiert, damit das Objekt als nicht konstruiert gilt. Dafür eignet sich sowohl ein kleiner als auch ein großer Konstruktor. Es ist auch nicht so, dass das Erzeugen von Objekten von einem zentralen Thread gemacht wird und andere Threads blockiert.

▶ **NR.6: Nicht: Packen Sie alle Aufräumaktionen ans Ende einer Funktion und nutzen Sie goto exit.**
Diese Technik gilt für C, aber nicht mehr für C++ in Anwesenheit von RAII. Wenn Sie kein RAII nutzen, dann verwenden Sie `gsl::finally`.

▶ **NR.7: Nicht: Machen Sie alle Datenfelder protected.**
Entweder ein Feld ist öffentlich, oder es ist privat. Wenn Sie etwas `protected` machen, dann haben Sie nicht unter Kontrolle, wer dieses Datenfeld an allen Zugriffsmechanismen vorbei manipuliert, denn jemand kann von Ihrer Klasse ableiten. Und somit ist das eigentlich `protected` Datenfeld so gut wie `public`. Hier passt auch die Nicht-Richtlinie, dass ein Datenfeld auf jeden Fall privat und nur über einen Getter und Setter erreichbar sein soll. Tun Sie das in C++ nicht. Schreiben Sie keinen trivialen Getter und Setter, nur um ein öffentliches Feld privat machen zu können. Machen Sie stattdessen einfach das Feld öffentlich.

Kapitel 31
GUI-Programmierung mit Qt

Kapiteltelegramm

▶ **Qt**
Eine umfangreiche C++-Bibliothek rund um GUI-Programmierung, aber nicht nur

▶ **Qt Creator**
IDE zur Unterstützung der Entwicklung von Qt-Programmen

▶ **Qt Designer**
GUI-Editor für Qt-Dialoge

▶ **Qt Assistant**
Hilfesystem im Qt Creator

▶ **Widget**
Ein GUI-Element in Qt, zum Beispiel Buttons, aber auch ganze Fenster.

▶ **Objektbaum**
Qt verwaltet Zeiger auf Objekte selbst, und man muss sich normalerweise nicht um das Wegräumen kümmern.

▶ **Signals and Slots**
Außer normalen Funktionsaufrufen nutzen Sie in Qt auch einen zentralen Zustellmechanismus für Ereignisse wie das Drücken eines Buttons.

▶ **Meta Object Compiler – MOC**
Hilfsprogramm, das aus Qt-C++-Quellcode ein Modul erstellt, das zum Programm hinzugelinkt werden muss

▶ **UI-Compiler – UIC**
Hilfsprogramm, das aus den Formular-Definitionen einer `.ui`-Datei C++-Quellcode für Ihr Programm macht

Früher oder später stellt sich jeder Programmierer mal die Frage: »Wie kann ich Anwendungen mit einer grafischen Oberfläche schreiben?« Die Grundvoraussetzung, um sogenannte GUI-Toolkits (GUI = Graphical User Interface) zu benutzen, sind fundierte Kenntnisse der jeweiligen Programmiersprache. Wenn Sie das Buch bis zu diesem Kapitel durchgearbeitet haben, dürfte dies für C++ kein Problem mehr darstellen. Als Nächstes stellt sich dann die Frage, welches GUI-Toolkit man dafür verwenden sollte. Hierfür gibt es eine Menge interessanter GUI-Toolkits. In diesem Buch werde ich das Qt-Framework verwenden.

Doch warum ausgerechnet Qt? Warum nicht MFC von Microsoft? Oder X oder Y von Z? Einen Vergleich mit anderen GUI-Frameworks anzustellen, macht meistens wenig Sinn.

31 GUI-Programmierung mit Qt

Zunächst habe ich mich für Qt entschieden, weil sich dieses Framework mittlerweile zu einem der Platzhirsche gemausert hat und sehr beliebt ist. Topsoftware wie u. a. Adobe Photoshop Elements, Google Earth, Skype, Spotify, Mathematica wurden mit Qt erstellt, um einige bekannte Anwendungen zu nennen.

Die Liste der Firmen, die Qt verwenden, ist enorm und auch recht beeindruckend. Natürlich bedeutet das noch lange nicht, dass es das Nonplusultra ist, nur weil Firmen wie Adobe, Google, Samsung, Walt Disney Feature Animation, NASA etc. ein Framework verwenden, aber es hat schon was. Viele Anwendungen, die mit Qt erstellt werden, bekommt man sowieso nie zu Gesicht, weil es sich hierbei meistens um speziell für Firmen erstellte Programme handelt.

Vor allem von der technischen Seite hat Qt eine Menge zu bieten. Das Framework ist sehr flexibel für den Einsatz auf vielen gängigen Systemen. Sie können mit Qt Ihren Quellcode so schreiben, dass die Anwendung sowohl unter MS-Windows, Mac OS X und Linux/X11 übersetzt und dort zur Verfügung gestellt werden kann.

---

iOS und Android

Qt unterstützt auch die Entwicklung für iOS und Android. Für iOS brauchen Sie allerdings — so verlangt es Apple — XCode und somit einen Mac. Im Falle von Android benötigen Sie das Android SDK und NDK, die es für mehrere Betriebssysteme gibt.

Ich gehe in diesem Buch nicht speziell auf die Entwicklung für mobile Geräte ein. Einige Spezialitäten sind zu beachten. Die Beispiele und Tutorials im Qt Creator helfen Ihnen nach dem Erlernen der Grundlagen in diesem Kapitel weiter.

Als Beispiel finden Sie mit »Qt5 Everywhere« im Google Play Store sowie im Apple Store eine Demonstrations-App. Die App wurde mit dem Qt-Framework entwickelt.

Neben dem portablen Quellcode ist auch der Reichtum an Funktionalität ein gewaltiger Grund, das Qt-Framework zu verwenden. Einige Entwickler verwenden Qt allein deshalb, um seine Netzwerkfunktionalität in ihrem Programm zu verwenden, da sie im aktuellen C++-Standard noch nicht enthalten ist, sondern sich noch in der Planungsphase befindet. Auch hier wiegt der Vorteil der Portabilität sehr stark.

Bei der gewaltigen Vielfalt, die Qt bietet, wurde trotzdem beachtet, dass sich das Framework auch relativ einfach anwenden lässt. Auch die Dokumentation ist vom Feinsten.

Was können Sie von diesem Kapitel erwarten

Ich will Ihnen in diesem Kapitel das Qt-Framework etwas näherbringen und auch auf die grundlegenden Konzepte eingehen. Wenn Sie von diesem Framework überzeugt sind, kommen Sie allerdings nicht darum herum, sich eingehender mit dem Framework zu befassen, was allerdings angesichts der exzellenten Dokumentation und den vielen Beispielen, die dem Framework beiliegen, kein allzu großes Problem darstellen sollte. Trotzdem ist das Kapitel hier nicht mehr als nur ein kleiner Leitfaden zum Qt-Framework, der Sie befähigen soll, kleinere GUI-Anwendungen mit Qt zu schreiben.

Hier noch ein paar Checkpunkte, was Sie in diesem Kapitel erfahren werden:

▶ Umgang mit Qt Creator, Qt Designer und der Hilfe (Qt Assistant)

▶ Signal-Slot-Verbindung (Kommunikation zwischen Widgets)

▶ eigene Widgets erstellen (manuell und mit dem Qt Designer) und verwenden

▶ Erstellen von Dialogen, daneben Übersicht der vorgefertigten Dialoge von Qt

▶ Übersicht der grundlegenden Steuerelemente von Qt für eine grafische Anwendung

▶ Anwendung mit einem Hauptfenster erstellen

Bibliotheksaufbau (Übersicht)

Die Bibliothek ist extrem umfangreich und in mehrere Module aufgeteilt. Mehrere Module bringen den Vorteil, dass die Programme schlanker sind, weil nur die verwendeten Module zum Programm hinzugelinkt werden. Des Weiteren hilft diese Modularisierung enorm, um sich einen Überblick zu verschaffen und gegebenenfalls das herauszupicken, was man für sein Programm benötigt.

Unter »Essentials« fallen die folgenden Module des Qt-Frameworks.

▶ **Qt Core**
Kernklassen ohne grafische Oberfläche, die von allen anderen Modulen verwendet werden

▶ **Qt GUI**
Enthält die Komponenten zur Erstellung von grafischen Oberflächen (inkl. OpenGL).

▶ **Qt Multimedia**
Klassen für Audio-, Video-, Radio- und Kamera-Funktionalitäten auf einer niedrigeren Ebene

▶ **Qt Multimedia Widgets**
Widget-basierte Klassen für die Multimedia-Funktionalitäten

▶ **Qt Network**
Klassen für die Netzwerkprogrammierung

▶ **Qt SQL**
Klassen für die Datenbankintegration mit SQL

▶ **Qt Test**
Werkzeuge zum Testen der eigenen Anwendungen

▶ **Qt Widgets**
Klassen zur Erweiterung von Qt GUI um weitere C++-Widgets

Auch noch zu den Essentials gehören »Qt QML« und einige »Qt Quick«-Module, die es erlauben, mit anderen Sprachen als C++ (XML und JavaScript) Qt-Programme zu entwickeln.
Sie bilden sozusagen ein eigenes Framework innerhalb des Qt-Frameworks. Ich gehe in
diesem Buch nicht darauf ein.

Diese Essentials sind für alle Plattformen verfügbar und bilden das Fundament des
Frameworks.

Darauf aufbauend gibt es eine Fülle an weiteren Modulen »Qt Add Ons« genannt. Sie sind
für Spezialanwendungen gedacht und möglicherweise nicht auf allen Systemen verfügbar.
Die Liste ist so lang, dass ich hier nur einen kurzen Auszug wiedergeben kann:

- **Active Qt**
  Unter Windows können Sie über COM und ActiveX mit anderen Applikationen kommunizieren.

- **Qt 3D**
  Das Modul erlaubt die Darstellung in 2-D und 3-D.

- **Qt Concurrent**
  Erlaubt das Schreiben von mehrläufigen Programmen auf die Qt-Art.

- **Qt Sensors**
  Hiermit haben Sie Zugriff auf die Sensoren, vor allem für mobile Geräte.

- **Qt WebEngine**
  Sie können hiermit einen Chromium-Webbrowser in Ihr Programm einbetten.

- **Qt WebSockets**
  Ihr Programm kann als Webserver dienen und mit *Websockets* reaktive Webapplikatio-
  nen bedienen.

- **Qt XML und Qt XML Patterns**
  Neben XML, SAX und DOM erhalten Sie XPath-, XQuery-, XSLT-Transformationen und
  XML-Schema-Validierung.

Wie gesagt, das ist nur ein kleiner Auszug. Sie können auf der Webseite die komplette Liste
einsehen.[1]

Was brauche ich?

Für Windows, Mac OS X und Linux wird ein komplettes SDK (Software Development Kit)
zum Download angeboten. Dieses Kit beinhaltet alle nötigen Qt-Bibliotheken, gegebenenfalls den passenden Compiler, eine umfangreiche Qt-Dokumentation und den Qt Creator.
Der Qt Creator ist eine komplette und mächtige Entwicklungsumgebung, mit der Sie auch
gewöhnliche Standard-C++-Projekte programmieren können. Bei Mac OS X wird der *clang*
als Compiler verwendet (und auf Wunsch mit installiert).

---

1 *All Modules, https://doc.qt.io/qt-5/qtmodules.html*, 2017-05-28

Das komplette und neueste SDK (zur Drucklegung war 5.8 aktuell) können Sie von *https://www.qt.io/download/* herunterladen und dann den Installationsanweisungen auf dem Bildschirm folgen. Für die Versionen 5.6 und 5.9 wird ein besonders langer Support mit Updates garantiert, was durch die angehängten Buchstaben »LTS« für »Long Term Support« angezeigt wird. Das ist wahrscheinlich vor allem bei der kommerziellen Nutzung interessant.

Qt Creator installieren

Auf Ubuntu geben Sie einfach auf der Konsole ein

```
sudo apt-get install qtcreator qt5-default
```

und erlauben den Zugriff mittels der Eingabe Ihres Passworts. Alternativ können Sie auch einen visuellen Paketmanager wie *Synaptic* verwenden. Sie bekommen die Liste der abhängigen Pakete präsentiert (bei mir etwa 40), deren Installation Sie dann zustimmen müssen. Wenn Sie später optionale Qt-Module benötigen, können Sie die auf ähnliche Weise nachinstallieren.

Auf anderen Unixen geht die Installation mit dem entsprechenden Paketmanager ähnlich.

Für Windows und andere Systeme finden Sie unter *https://www.qt.io/download-open-source/* die benötigten Dinge zum Herunterladen und Installieren.

Was kostet Qt?

Zunächst müssen Sie sich über die Kosten keine Gedanken machen, sofern Sie Qt einfach nur kennenlernen wollen. Auch wenn Sie Qt-Anwendungen für private Zwecke oder den Open-Source-Bereich entwickeln, kostet Qt Sie nichts. Erst wenn Sie kommerzielle Anwendungen (zum Beispiel für Ihr eigenes Unternehmen) erstellen, wird eine Lizenzierung nötig. Qt verwendet ein duales Lizenzsystem und steht somit unter einer kommerziellen und einer Open-Source-Lizenz. Wenn Sie eine kommerzielle Lizenz erwerben wollen, finden Sie unter *https://www.qt.io/buy-product/* mehrere Optionen zur Auswahl.

31.1   Ein erstes Miniprogramm

Um ein erstes Programm zu schreiben, werden wir hier auch gleich die im SDK mitgelieferte Entwicklungsumgebung Qt Creator verwenden. Zwar gibt es durchaus auch die Möglichkeit, eine andere Entwicklungsumgebung zu verwenden oder gar die Listings in der Kommandozeile zu übersetzen, aber der Vorteil von Qt Creator ist, dass es auf allen Systemen mit dem gleichen, beschriebenen Weg funktioniert, was Ihnen das Nachvollziehen erleichtert. Ich gehe daher davon aus, dass Sie das komplette SDK (mitsamt Qt Creator) heruntergeladen und installiert haben. Jetzt müssen Sie nur noch den Qt Creator starten.

31.1.1 Kurze Übersicht über die Oberfläche von Qt Creator

Ich beschreibe kurz die Oberfläche von Qt Creator. Eine umfassende Beschreibung finden Sie in der tollen mitgelieferten Dokumentation.

Abbildung 31.1 Der Qt Creator nach dem Start

Nach dem Start von Qt Creator finden Sie am linken Rand sechs oder sieben (je nach Version und OS) verschiedene Arbeitsmodi (Abbildung 31.1):

▶ WILLKOMMEN: Auf dem Willkommens-Bildschirm finden Sie einen tollen Einstieg zur Benutzeroberfläche und viele Anleitungen und Dokumentationen zu Qt. Wenn Sie in Qt einsteigen wollen, finden Sie hier eigentlich alles, was Sie über Qt und die Entwicklung von Software damit wissen wollen. Hier können Sie auch gleichzeitig die unzähligen Beispiele von Qt öffnen und anschließend übersetzen und ausführen. Der Clou an den Projekten ist außerdem, dass zusätzlich noch ein Fenster geöffnet wird, in dem die wichtigen Codestellen des Projekts genauer beschrieben werden.

▶ EDITIEREN: In diesem Modus können Sie das Projekt und die Codedateien editieren. In einer weiteren Seitenleiste werden die einzelnen Dateien aufgelistet. Der Editor bietet im Grunde alles, was das Entwicklerherz begehrt, um einen Code zu entwerfen, zu editieren und darin zu navigieren. Neben der Codehervorhebung bietet der Editor auch Autovervollständigung, Kontext-Hilfe und eine Fehlerüberprüfung während der Eingabe an.

▶ DESIGN: Hier stehen Ihnen gleich zwei integrierte grafische Editoren zur Erstellung von Benutzerschnittstellen zu Verfügung: der *Qt Designer*, der die Benutzerschnittstellen mit *Qt Widgets* erstellt, und der neuere *Qt Quick Designer* für animierte Benutzeroberflächen per QML. Bei der Projektübersicht können Sie durch Anklicken der entsprechenden Datei den dazugehörigen Designer öffnen. Die Dateiendung .ui wird von Qt

Designer und `.qml` von Qt Quick Designer verwendet. In diesem Buch gehe ich nur auf den Qt Designer ein.

▸ DEBUG: Auf der Suche nach Fehlern finden Sie auch hier, wie es sich für eine Entwicklungsumgebung gehört, einen Debug-Modus.

▸ PROJEKTE: Hier können Sie alle Einstellungen zu einem Projekt vornehmen, und zwar vom Bauen einer Debug- oder Release-Version bis hin zur Ausführung. Wenn mal etwas nicht klappt oder fehlt, können/sollten Sie hier nachsehen.

▸ ANALYSE: Hier ist eine Analyse von QML-Code möglich. Dieser Punkt kann je nach Version und OS fehlen.

▸ HILFE: Hier finden Sie die komplette Dokumentation, die vom *Qt Assistant* registriert ist. Mit dabei sind die Dokumentationen der verschiedenen Qt-Tools (inklusive des Qt Creators). Die umfangreiche Dokumentation hat sehr viel dazu beigetragen, dass Qt mittlerweile eines der beliebtesten Frameworks überhaupt ist.

Direkt nach dem Start ist unterhalb der Arbeitsmodi Freiraum. Wenn Sie in einem Projekt sind, dann finden Sie dort drei weitere Schaltflächen, mit denen Sie Ihr Projekt ausführen, debuggen und erstellen können.

Die Ausgaben, die beim Bauen, Kompilieren und Linken gemacht werden, finden Sie unterhalb des Editors. Diese Informationen können Sie auch über die fünf Schaltflächen am unteren Rand des Bildschirms aufrufen (BUILD-PROBLEME, SUCHERGEBNISSE, AUSGABE DER ANWENDUNG, KOMPILIERUNG und QML/JS-KONSOLE) .

Im Haupbereich des Fensters finden Sie links eine Leiste mit mehreren auffälligen Knöpfen. Dort können Sie die Hauptansicht zwischen Ihren Projekten, Beispielen und Anleitungen umschalten. Darunter finden Sie NEU BEI QT? mit einer Chance zum SCHNELLEINSTIEG und Links zu diversen Bereichen der »Qt Community.«

31.1.2 Ein einfaches Projekt erstellen

Programme mit einer grafischen Oberfläche können Sie mit Qt entweder explizit Zeile für Zeile schreiben oder mit dem Designer gestalten. In der Praxis verwendet man gerne eine Mischung aus beidem. Zur Einführung dürfte ein manuell erstellter Code zunächst noch hilfreicher und verständlicher sein. Als ersten Schritt erstelle ich ein leeres Qt-Projekt und bringe es zur Ausführung.

1. Nachdem Sie Qt Creator gestartet haben, erstellen Sie ein neues Projekt über das Menü DATEI • NEU.

2. Wählen Sie im nächsten Dialog unter den Vorlagen ANDERES PROJEKT aus, sodass Sie in der Mitte EMPTY QMAKE PROJECT auswählen können. Wenn es bei Ihnen mit der deutschen Übersetzung geklappt hat, mag das auch LEERES QT-PROJEKT sein. Klicken Sie anschließend auf die Schaltfläche AUSWÄHLEN (Abbildung 31.2).

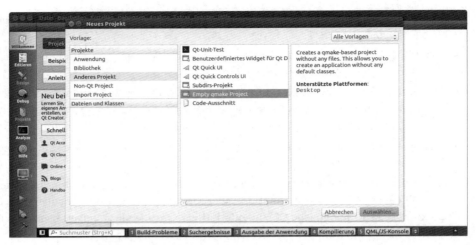

Abbildung 31.2 Ein leeres Qt-Projekt erstellen

3. Anschließend geben Sie einen Namen ein und wählen den Pfad in Ihrem Dateisystem aus, unter dem das Projekt gespeichert werden soll (Abbildung 31.3). Klicken Sie dann auf WEITER.

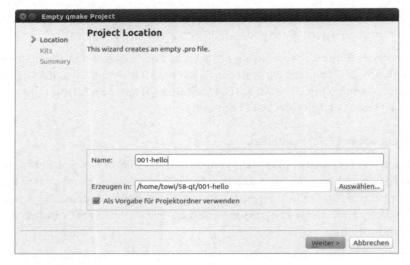

Abbildung 31.3 Verzeichnis und Namen für das Projekt auswählen

4. Im nächsten Fenster können Sie jetzt die Kits für das Projekt auswählen. Ein Kit wird für die Erstellung und Ausführung des Projekts benötigt. Darunter fallen verschiedene Qt-Versionen, verschiedene Compiler und weitere Einstellungen. Für dieses Beispiel lassen Sie die Einstellung DESKTOP bestehen (Abbildung 31.4).

31.1 Ein erstes Miniprogramm

Abbildung 31.4 Ein Kit einstellen

Wenn Sie »Kein gültiges Kit gefunden« erhalten, fehlt vielleicht das Paket `qt5-default`.

5. Am Schluss können Sie Ihr Projekt noch einer Projektverwaltung unterstellen, und es wird alles nochmals in einer Zusammenfassung aufgelistet. Mit einem Klick auf die Schaltfläche FERTIG schließen Sie den Assistenten ab.

6. Jetzt erscheint der Editor im Modus EDITIEREN, wo Sie ein leeres Projekt mit der Projektdatei mit Endung `.pro` vorfinden. Diese Projektdatei wurde von *qmake* erstellt (und weiter verwaltet) und wird dazu benötigt, um auf dem jeweiligen System ein `Makefile` zu bauen. Als Nächstes fügen Sie eine C++-Quelldatei mit Ihrem Qt-Code hinzu. Klicken Sie hierzu mit der rechten Maustaste auf den Projektordner und wählen Sie im Kontextmenü den Befehl HINZUFÜGEN aus (Abbildung 31.5).

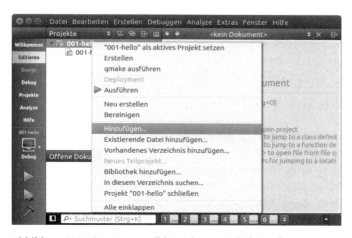

Abbildung 31.5 Eine C++-Quelldatei dem Projekt hinzufügen

31 GUI-Programmierung mit Qt

7. Jetzt öffnet sich ein weiterer Assistent, in dem Sie bei den Vorlagen C++ und dann C++ SOURCE FILE auswählen (Abbildung 31.6). Mit einem Klick auf AUSWÄHLEN geht es weiter.

Abbildung 31.6 Neue C++-Quelldatei auswählen

8. Neben dem Pfad, unter dem Sie die Datei speichern, müssen Sie hier auch den Namen für die C++-Datei angeben (Abbildung 31.7).

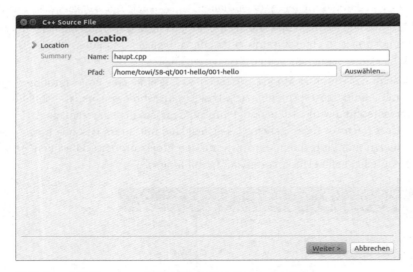

Abbildung 31.7 Namen und Pfad für die C++-Datei auswählen

9. Zum Schluss müssen Sie nur noch bei der PROJEKTVERWALTUNG die Quelldatei dem entsprechenden Projekt hinzufügen (Abbildung 31.8), damit *qmake* auch weiß, welche Datei es mit übersetzen muss. Zusätzlich können Sie auch hier eine Versionskontrolle für diese Datei der Verwaltung hinzufügen. Mit einem Klick auf die Schaltfläche FERTIG wird die Quelldatei dem Projekt hinzugefügt.

31.1 Ein erstes Miniprogramm

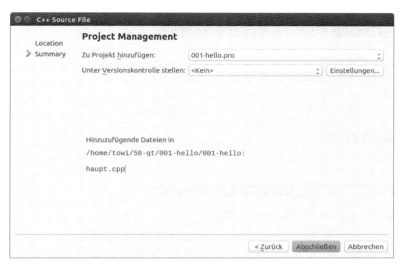

Abbildung 31.8 Dem Projekt die C++-Quelldatei hinzufügen

10. Jetzt finden Sie in der Projektverwaltung bei PROJEKTE die Quelldatei (hier `haupt.cpp`) wieder. Wenn Sie diese Datei doppelklicken, können Sie den Quelltext eingeben (Abbildung 31.9).

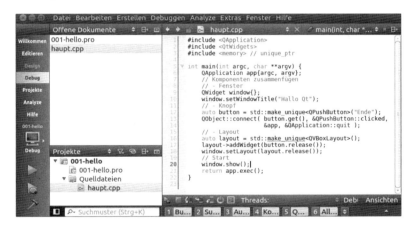

Abbildung 31.9 Bereit für die Eingabe des Quelltexte

11. Weil Sie mit einem »Leeren Qt-Projekt« gestartet sind, weiß Qt Creator (in der .pro-Datei) noch nicht, welche Qt-Module Sie benutzen wollen. Fügen Sie daher zuerst in der Datei `hello-001.pro` die Zeile `QT += core gui Widgets` hinzu. Sie öffnen die .pro-Datei mit einem Doppelklick im linken Bereich. (Abbildung 31.10).

Abbildung 31.10 Qt-Module dem Projekt zufügen

Es kann während der Entwicklung immer mal wieder vorkommen, dass Sie ein Qt-Modul auf diese Weise hinzufügen müssen. Besonders, wenn Sie einen Header das erste Mal in einem Projekt verwenden, dann könnte ein »No such file or directory« während der Übersetzung hier ein Hinweis sein.

12. Fügen Sie außerdem unbedingt der .pro-Datei die Zeile CONFIG += c++14 hinzu. Nur dann können Sie die angenehmen Features von C++ nutzen. Das geht so nur mit Qt5 (und höher). Wenn Sie noch Qt4 nutzen, dann lautet die Zeile gcc:CXXFLAGS += -std=c++14.

Für das erste Beispiel 001-hello wurde folgender Quelltext verwendet:

```
#include <QApplication>
#include <QtWidgets>
int main(int argc, char **argv) {
    QApplication app{argc, argv};
    // Komponenten zusammenfügen
    // - Fenster
    QWidget window{};
    window.setWindowTitle("Hallo Qt");
    // - Button
    auto button = new QPushButton{"Ende", &window};
    QObject::connect(
        button, &QPushButton::clicked,
        &app, &QApplication::quit );
    // - Layout
    auto layout = new QVBoxLayout{&window};
    layout->addWidget(button);
    window.setLayout(layout);
    // Start
    window.show();
    return app.exec();
}
```

Ich gebe zunächst eine grobe Beschreibung des Quellcodes: Die Basis eines jeden Qt-Programms startet mit `QApplication`. Damit wirklich etwas passiert, wird auf der Instanz `app.exec()` aufgerufen. Diese beiden Zeilen sind die Mindestvoraussetzung für eine Qt-Anwendung, weil damit die *Ereignisschleife* (engl. *event loop*) gestartet und auf die Eingabe vom Anwender gewartet wird.

Mit `QWidget window{}` erzeuge ich ein neues Fenster, dem ich dann mit `setWindowTitle` einen Titel gebe.

Dann erzeuge ich eine neue Schaltfläche mit dem Text »Ende«. Diesen `QPushButton` erzeuge ich diesmal als Zeiger. Auf die Gründe dafür gehe ich ein paar Absätze weiter unten genauer ein. Hier nur soviel: Der Konstruktorparameter `&windows` setzt den Vater des Qt-Elements, der den Besitz übernimmt und sich somit auch um das Wegräumen kümmert. Daher finden Sie kein `delete` für `button`, und das ist richtig so. Sobald ein Qt-Element einen Vater hat, ist der Besitz geklärt. Daher sollten Sie immer schon im Konstruktor ein Vater mitgeben. Sollte das nicht möglich sein, verwenden Sie zum Beispiel `unique_ptr` für das `new` und dann `release()`, sobald Sie den Vater setzen.

Als Nächstes richte ich mit `QObject::connect` eine Signal-Slot-Verbindung für die Schaltfläche ein. Diese Verbindung reagiert, sobald der Button angeklickt (`QPushButton::clicked`) wird, mit dem die Beendigung der Qt-Anwendung eingeleitet werden soll, indem die Methode `quit` an `QApplication` gesendet wird.

Die Schaltfläche stecke ich noch in ein horizontales Layout und packe es in das Fenster. Am Ende zeige ich mit `window.show()` das Fenster mit samt seinem Inhalt an.

Wenn Sie dieses Programm übersetzen, dann kann es passieren, dass der Compiler Bibliotheken nicht findet. Sie sehen dann ein »No such file or directory« beim Übersetzungsvorgang. Jedes verwendete Include des Qt-Frameworks benötigt ein bestimmtes Qt-Modul, das in der `.pro`-Datei angegeben sein muss. Zum Glück ist sowohl das Include als auch das benötigte Modul zu jeder Qt-Klasse in der Dokumentation aufgelistet. Für das kleine Beispiel benötigen Sie die Module `core gui widgets`.

Fehlendes OpenGL unter Linux

Bei Linux kann sich der Compiler auch beschweren, dass er *GL/gl.h* oder *-lGL* also die OpenGL-Headerdatei bzw. -Bibliothek nicht finden kann. In dem Fall müssen Sie das OpenGL-Paket zur Entwicklung nachinstallieren. Bei Linux finden Sie dieses als Mesa-Paket vor (beispielsweise *libglu1-mesa-dev*).

Das Programm können Sie jetzt mit einem Klick auf die Schaltfläche AUSFÜHREN übersetzen und gleich ausführen lassen. In Abbildung 31.11 sehen Sie das Programm bei der Ausführung.

31 GUI-Programmierung mit Qt

Abbildung 31.11 Das Programm unter Linux (Ubuntu)

Windows und seine DLLs

Auch hier gilt: Sofern Sie die Qt-Beispiele unter MS-Windows aus einem Verzeichnis heraus mit einem Mausklick ausführen wollen, müssen auch die entsprechenden DLLs von Qt für das Programm vorhanden sein. Sollten Sie eine Fehlermeldung bekommen wie »Qt...dll auf dem Computer fehlt«, dann kopieren Sie zum Beispiel die nötigen DLLs in das Verzeichnis, in dem das Programm ausgeführt wird.

Dazu hält Qt einen eigenen Abschnitt »Deploying Windows Applications« in seiner Dokumentation vor. Sie benötigen für eine Qt5.4-Applikation zum Beispiel icudt53.dll, icuin53.dll, icuuc53.dll, libgcc_s_dw2-1.dll, libstdc+-6.dll, libwinpthread-1.dll, platforms/qwindows.dll als Basis sowie speziell Qt5Core.dll, Qt5Gui.dll, Qt5Widgets.dll und weitere, je nach verwendeten Qt-Modulen.

Zur Auslieferung der Applikation wollen Sie das dem Kunden natürlich nicht zumuten. Nutzen Sie dann das auf der Seite beschriebene *Qt Installer Framework* zum Erstellen eines auf Ihr Programm zugeschnittenen Setup-Programms.

Auch wenn hier gezeigt wurde, wie Sie Qt-Anwendungen mit der Entwicklungsumgebung Qt Creator entwerfen können, so sind Sie nicht davon abhängig. Theoretisch könnten Sie auch in der Kommandozeile den Code übersetzen:

```
qmake
make
```

Der erste Schritt erzeugt aus 001-hello.pro ein Makefile, der zweite startet anhand des Makefiles die reguläre Kompilierung aller nötigen Komponenten. Wenn Sie Quelltextdateien geändert haben, brauchen Sie nur make neu auszuführen. Haben Sie aber auch die *.pro-Datei geändert – zum Beispiel wegen weiterer Includes für Qt-Module –, dann müssen Sie auch qmake ausführen.

Übrigens können Sie auch die *.pro-Datei automatisch erstellen lassen. Das tun Sie mit qmake -project. Hier sucht Qt in Ihrem Quellcode nach verwendeten Qt-Modulen. Manchmal ist das ein guter Start, aber Ihre manuellen Änderungen werden überschrieben.

In diesem Buch wird auf das Bauen per Kommandozeile nicht weiter eingegangen.

Nur noch ein Tipp: Wenn Sie mehrere gcc-Versionen installiert haben, können Sie einfach zwischen mehreren Versionen umschalten, indem Sie die Version konkret angeben. Bei mir zum Beispiel:

```
make CC=gcc-6 CXX=g++-6
```

Dies baut mit dem bei mir installierten g++-6 statt dem Standard g++. Sie können an den Anfang des generierten Makefile schauen, um weitere Konfigurationspunkte zu sehen.

Wenn Sie das dauerhaft verankert haben wollen, können Sie solche Modifikationen auch in der .pro-Datei verewigen. Zum Beispiel sorgen die folgenden Zeilen dafür, dass der Aufruf von qmake die entsprechenden CXX- und CXXFLAGS-Variablen ins Makefile schreibt, sodass Sie dann nur noch make eingeben müssen.

```
QMAKE_CXXFLAGS += -std=c++14
QMAKE_CXX = g++-6
```

Modernes Qt

Im Beispiel habe ich C++14-Konstrukte benutzt. Insbesondere auf RAII und klare Besitzverhältnisse habe ich Wert gelegt. Beachten Sie den folgenden Codeausschnitt:

```
auto button = new QPushButton{"Ende", &window};
```

Hier erzeuge ich einen rohen Zeiger mit einem »blanken« new (also nicht mit einem smarten Pointer). Und Sie werden kein delete dieses Zeigers in meinem Code finden. Aber – und das ist ganz wichtig – ich übergebe dem Konstruktor den *Vater*. Der Effekt ist, dass dieser Vater den Besitz des neuen Elements übernimmt. Somit ist er für das Entfernen verantwortlich, und alles ist in Ordnung.

Sie sollten *immer* einen Vater als Konstruktorargument übergeben. Wenn Sie das nicht tun, dann sind Sie für das Entfernen des Elements verantwortlich. In Beispielcode sieht man häufig, dass *zuerst* der rohe Zeiger und getrennt davon dann der Vater gesetzt wird. Das sollten Sie *nicht* tun:

```
auto button = new QPushButton{"Ende"};     // Vater fehlt
// ... mehr Code ...
auto layout = ...
layout->addWidget(button);
```

Hier könnte bei »mehr Code« zum Beispiel eine Exception ausgelöst werden, und button wird nicht freigegeben.

Wenn Sie das Konstruieren vom Setzen des Vaters trennen *müssen*, dann empfehle ich, den Besitz mit einem unique_ptr so lange zu übernehmen, bis Sie den Vater explizit setzen:

```
auto button = std::make_unique<QPushButton>("Ende");   // Vater fehlt noch
// ...
auto layout = ...
layout->addWidget(button.release());                    // Vater setzen
```

Der Umweg über einen unique_ptr hat in einem solchen Fall mehrere Vorteile:

31 GUI-Programmierung mit Qt

▶ Sie schreiben in den Code, an welcher Stelle Sie *wissen*, wann der Besitz von einem Verwalter zum nächsten wechselt. Jemand, der Ihren Code liest, kann somit auf die Schnittstelle rückschließen.

▶ Sie sichern sich gegen Fehler zwischen dem Erzeugen und dem Besitztransfer ab. Eine Exception hinterlässt so keine Ressourcen.

▶ Potenziell ist der Code besser automatisch prüfbar. Ein Tool könnte erkennen, dass der Besitz an dieser Stelle transferiert wird. Das entspricht den C++ Core Guidelines von Kapitel 30, »Guter Code, 7. Dan: Richtlinien«.

Der Weg über `unique_ptr` ist aber umständlicher, als den Vater im Konstruktor direkt zu setzen. Sie sollten das direkte Setzen wenn möglich bevorzugen. Was »Vater« sein in Qt genau bedeutet, sehen Sie im nächsten Abschnitt.

31.2   Objektbäume und Besitz

Alle Klassen in Qt sind von `QObject` abgeleitet. Eine der wichtigsten Eigenschaften von `QObject` ist, dass eine Instanz einen *Vater* und ein *Kinder* haben kann – im Englischen *Parent* (also eigentlich ein *Elternteil*) und *Children*. Jede `QObject`-Instanz *besitzt* seine Kinder. Das heißt, wenn es per Destruktor zerstört wird, dann

▶ sorgt es zunächst für das Entfernen seiner Kinder und dann

▶ benachrichtigt es seinen eigenen Vater, dass es bitte aus dessen Liste der Kinder zu entfernen ist, um dann

▶ seine eigene Zerstörung zu komplettieren.

Die Methoden, mit denen Sie auf diese Hierarchie zugreifen, sind hauptsächlich `children()` und `parent()`, es gibt aber noch weitere für Suche und Iteration.

Abgeleiteten Klassen können Sie oft schon im Konstruktor ein oder mehrere Kinder mitgeben, die dann in dessen `children` aufgenommen werden. Manchmal sind es aber `add...`- oder `set...`-Methoden, mit denen Sie Vater-Kind-Beziehungen herstellen. Diese Methoden nehmen zwangsläufig niemals ein Kind als Wertparameter. In Qt ist dies immer ein Zeiger. Das erlaubt auch den dynamischen Polymorphismus. Der Besitz wird mit dem entsprechenden Funktionsaufruf transferiert.

Insgesamt entsteht so zur Laufzeit ein Baum von `QObject`-Instanzen.[2] Unter einem einzelnen Vaterobjekt sind dann eine ganze Familie von Kindobjekten »aufgehängt«. Diese Struktur kommt gerade in der Programmierung mit Fenstern (aber nicht nur) häufiger vor und ist das Hauptmerkmal des *Kompositum Entwurfsmusters* (engl. *Composite Pattern*).

Dieses Vorgehen hat zur Folge, dass Sie sich im Allgemeinen um das Entfernen eines beliebigen Qt-Objekts nicht kümmern müssen, sobald es in einem solchem Objektbaum eingefügt wurde.

---

2 Verwechseln Sie das nicht mit der statischen Vererbungshierarchie, die ja auch Baumstruktur hat.

Sie können den Zustand eines Objektbaums mit der Methode `dumpObjectTree()` jederzeit überprüfen.

Ich empfehle, dass Sie das oberste Vaterobjekt auf dem Stack, ohne `new`, anlegen. Dadurch müssen Sie sich auch um dessen Ende nicht explizit kümmern. Und dessen Kinder werden ebenfalls alle weggeräumt.

31.3 Signale und Slots

Im Prinzip läuft die GUI-Programmierung mit Qt immer recht ähnlich ab. Wenn sich beispielsweise der Zustand eines Kontrollelements (bei Qt auch Widget genannt) verändert hat (etwa eine Schaltfläche wurde angeklickt), will man ein anderes Kontrollelement darüber informieren. Die grafischen Kontrollelemente werden also im Programm mit einer Funktion verknüpft, die ausgeführt wird, sobald der Anwender dieses, beispielsweise durch einen Mausklick, aktiviert hat. Drückt der Anwender etwa eine ÖFFNEN-Schaltfläche, wird eine entsprechende Funktion aufgerufen, die gegebenenfalls einen neuen Dialog zum Öffnen einer Datei präsentiert.

Viele grafische Toolkits verwenden zur Kommunikation zwischen den Widgets eine Callback-Funktion. Ein solcher Callback ist nichts anderes als ein Zeiger auf eine Funktion. Allerdings haben solche Callbacks zwei kleine Makel. Zum einen sind sie nicht typsicher. Man ist dabei nie sicher, dass die gerade ausführende Funktion den Callback mit den richtigen Argumenten aufruft. Und zweitens ist der Callback fest mit der ausführenden Funktion verbunden, weil diese Funktion wissen muss, welcher Callback aufgerufen werden soll.

Qt geht für die Kommunikation zwischen den Kontrollelementen mit dem *Signal-und-Slot-Konzept* einen anderen Weg. Beim Signal-und-Slot-Konzept hat man den Vorteil, dass Qt die Verbindung automatisch trennt, wenn eines der kommunizierenden Objekte zerstört wird. Dadurch werden viele Abstürze vermieden, weil Versuche, auf ein nicht vorhandenes Objekt zuzugreifen, nicht mehr möglich sind.

Qt-Signale versus UNIX-/Posix-Signale

Qt-Signale haben nur den Namen mit Signalen von UNIX/Posix gemeinsam, sie sind etwas völlig anderes. Beim Versenden von Qt-Signalen werden mitnichten Posix-Signale versendet, und man muss auch keinen Handler mit `signal()` oder `sigaction()` aus `<signal.h>` installieren.

31.3.1 Verbindung zwischen Signal und Slot herstellen

Am einfachsten lässt sich das Signal-und-Slot-Konzept anhand unseres ersten Beispiels `001-hallo.cpp` beschreiben. Sie haben sicher bemerkt, dass sich beim Anklicken des Buttons die Anwendung beendet. Hier die relevante Codezeile:

31   GUI-Programmierung mit Qt

```
QObject::connect(
    button.get(), &QPushButton::clicked,
    &app, &QApplication::quit );
```

connect() ist eine statische Methode, die eine Verbindung zwischen einem Signal und einem Slot herstellt. Hierzu eine genauere Syntax:

```
MetaObject::Connection QObject::connect(
    const QObject* sender,  PointerToMemberFunction signal,
    const QObject* receiver, PointerToMemberFunction method,
    Qt::ConnectionType type = Qt::AutoConnection);
```

Mit sender legen Sie das Qt-Objekt fest, das das Signal aussendet. Mit signal wird das Signal angegeben, das abgefangen werden soll. receiver ist dann die Instanz einer Klasse, die die Methode method aufruft, wenn das Signal signal von sender ausgesendet wurde. Zusammengefasst: Geschieht in der Applikation ein Ereignis, das dem Objekt sender und dem Signal signal entspricht, wird es zunächst dem Slot übergeben und das Ereignis eingetragen. Dann nimmt das Objekt receiver das Ereignis vom Slot entgegen und führt method aus. Bezieht man dies auf die folgende Zeile

```
QObject::connect(
    button.get(), &QPushButton::clicked,
    &app, &QApplication::quit );
```

verbinden Sie hiermit das Objekt button von der Klasse QPushButton mit dem Objekt app. Als Aktion legen Sie Folgendes fest: Sollte bei der Schaltfläche button das Signal clicked eingegangen sein, wird bei app die Methode quit() ausgeführt, was in diesem Fall das Ende des Programms wäre. connect() gibt das Handle Connection der Signal-Slot-Verbindung zurück. Dieses Handle können Sie verwenden, um eine Signal-Slot-Verbindung wieder zu trennen oder um zu überprüfen, ob eine Verbindung erfolgreich hergestellt werden konnte.

Wie Sie sehen, geben Sie Signal und Slot als Zeiger auf Methoden an. Sie müssen also den Klassennamen vor den Namen der Methode schreiben, also &QPushButton::clicked und &QApplication::quit. In Abschnitt 23.3.2, »C-Funktionspointer«, werden Zeiger auf Ausführbares erklärt.

Weiteres optionales Argument

Das letzte Argument type von QObject::connect() ist optional und beschreibt den Typ der Verbindung, auf dem diese aufbaut.

Somit handelt es sich bei den Slots um ganz normale Methoden einer Klasse, die auf Signale einer anderen Klasse reagieren, wobei die Signale im Grunde wiederum nur einfache Methoden einer Klasse sind. Natürlich ist es auch möglich, einen Sender mit mehreren Empfängern und umgekehrt zu verknüpfen. Ist beispielsweise ein Signal mit zwei oder mehreren Slots verbunden, so werden die Slots der Reihe nach so ausgeführt, wie diese im

968

Code geschrieben wurden. Jede Unterklasse von QObject kann somit solche Signale und Slots definieren.

Überladenes »connect()«

Was ich Ihnen hier gezeigt habe, ist die hauptsächliche Verwendung von connect() mit C++14 und Qt5. Es gibt noch weitere Überladungen.

Zunächst einmal gibt es noch eine »traditionelle« Variante mit Makros und Namen:

```
QMetaObject::Connection QObject::connect(
    const QObject* sender, const char* signal,
    const QObject* receiver, const char* method,
    Qt::ConnectionType type = Qt::AutoConnection);
```

Diese Variante verwenden Sie so:

```
QObject::connect(
    button.get(), SIGNAL( clicked(void) ),
    &app, SLOT( quit(void) ) );
```

Die Signale und Slots sind hier durch Funktionsdeklarationen repräsentiert, die Sie *unbedingt* in die Makros SIGNAL und SLOT einpacken müssen. Die Makros »stringifizieren« diese Funktionsdeklaration, machen sie also zu dem nötigen const char*, in diesem Beispiel:

```
QObject::connect(
    button.get(), "2""clicked(void)",
    &app, "1""quit(void)" );
```

Das registriert die Verbindung auf eine völlig andere Weise über Namen, die dann zur Laufzeit des Programms aufgelöst werden. Wie das genau funktioniert, müssen (und sollten?) Sie gar nicht wissen, denn was hinter der Bühne passiert, kann sich im Detail ja vielleicht ändern. Trotzdem ist es hilfreich, zumindest im Groben zu wissen, dass sich dieser traditionelle Mechanismus vom modernen in den folgenden Punkten unterscheidet:

▶ Bei der modernen Syntax garantiert der Compiler, dass die Methoden für Signal und Slot existieren.

▶ Die traditionelle Variante verlangt, dass der Slot vorher als solcher deklariert wurde. Mit der modernen Syntax können Sie jede (passende) Methode ohne vorige Bekanntmachung als Slot wählen.

▶ Dafür verlangt die moderne Syntax, dass Sie die Klasse genau angeben müssen, wie es C++ für Methodenzeiger eben verlangt, das bleibt Ihnen in der traditionellen Syntax erspart.

▶ Mit der traditionellen Syntax können die Slotfunktionen Defaultargumente haben, das geht nicht mit der modernen Variante über Methodenzeiger.

Sie können sich von Fall zu Fall entscheiden, welche Variante Sie wählen. Beide haben ihre Existenzberechtigung.

Es gibt auch noch weitere Überladungen. So kann das Ziel der Verbindung statt einer (Slot)-Methode auch eine normale Funktion sein. Das sieht in der Dokumentation so aus:

```
connect(
    sender, &Sender::valueChanged,
    someFunction);
```

Und daraus folgt beinahe automatisch, dass dies auch ein Funktor oder Lambda sein kann:

```
connect(
    sender, &Sender::valueChanged,
    [=]( const QString &newValue ) {
        receiver->updateValue( "senderValue", newValue );
    }
);
```

31.3.2 Signal und Slot mithilfe der Qt-Referenz ermitteln

Sicherlich stellt sich für Sie jetzt die Frage, woher Sie die Informationen bekommen, welche Signale und/oder Slots Sie wofür verwenden können. Hierzu sind zwar tiefere Kenntnisse von Qt und dessen Klassen von Vorteil, aber die einzelnen Signale und Slots kann man unmöglich auswendig wissen. Für solche Fälle ist es ratsam, den Qt Assistant über den HILFE-Modus zu verwenden, der beim SDK mitinstalliert wurde (Abbildung 31.12).

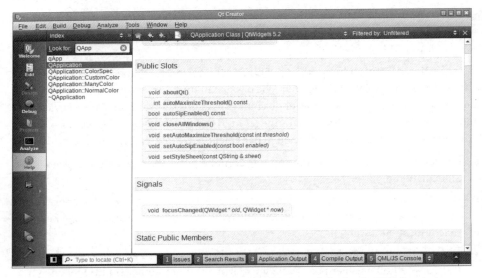

Abbildung 31.12 Mit dem Modus »Hilfe« ist der Qt Assistant nahtlos in die IDE integriert.

Wollen Sie beispielsweise ermitteln, welche Signale bei der Klasse QPushButton auftreten können, müssen Sie zunächst im Indexverzeichnis von Qt Assistant nach der entsprechenden Klasse suchen (Abbildung 31.13). Als Ergebnis erhalten Sie die Klassenreferenz zu QPushButton mit all ihren Eigenschaften, Methoden, Signalen und Slots (Abbildung 31.14). Wichtig ist hierbei auch der Inhalt von geerbten Mitgliedern.

31.3 Signale und Slots

Abbildung 31.13 Mithilfe des Index auf der Suche nach der Dokumentation zur Klasse

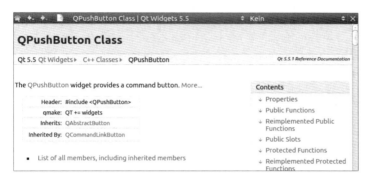

Abbildung 31.14 Referenz aller Methoden und Funktionen zu »QPushButton«

Bei der Durchsicht der Dokumentation von QPushButton fällt auf, dass sich hier zwar öffentliche Slots befinden, aber keine direkten Signale. Erst bei den geerbten Mitgliedern finden Sie einen Eintrag (mit Verweis) wie beispielsweise »4 signals inherited from QAbstractButton«. Also folgen Sie dem Link zur Klasse QAbstractButton, und siehe da, Sie finden die gewünschten Signale, die auch an QPushButton weitervererbt wurden (weil public). Neben clicked() finden Sie hier auch noch die Signale pressed(), released() und toggled(). Zudem finden Sie hier noch zwei weitere Signale, die je von QWidget und QObject geerbt wurden (Abbildung 31.15).

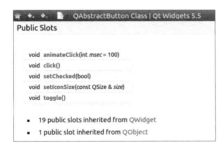

Abbildung 31.15 Geerbte Signale der Klasse »QAbstractButton«

Wollen Sie noch mehr zu einem Signal erfahren, folgen Sie einfach wieder dem entsprechenden Verweis.

971

Im Beispiel zuvor habe ich einen Slot (quit()) der Klasse QApplication verwendet. Um auch hier an den (die) entsprechenden Slot(s) einer Klasse zu kommen, gehen Sie ebenso vor, wie schon für die Signale vorhin beschrieben wurde, und nehmen den Qt Assistant zu Hilfe. In der Klassenreferenz von QApplication finden Sie dann unter dem Eintrag PUBLIC SLOTS die entsprechenden Slots (Abbildung 31.16). Wie Sie sehen, sind für QApplication hier mehrere Slots definiert, nicht aber der Slot quit(). Auch hier wurde der Slot quit() von einer anderen Klasse geerbt, in diesem Fall von QCoreApplication. Dies können Sie dem entsprechenden Verweis »1 public slot inherited from QCoreApplication« entnehmen (Abbildung 31.17). Die Verwendung des Qt Assistants ist unerlässlich für jeden Qt-Programmierer. Das Prinzip ist immer dasselbe, man sucht nach der entsprechenden Klasse (Widget) im Indexverzeichnis und dann eben nach dem entsprechenden Signal, Slot, der Eigenschaft oder eben der Methode, die man mit einem Widget ausführen will.

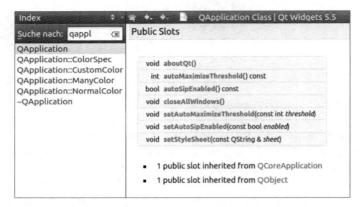

Abbildung 31.16 Klassenreferenz von »QApplication«

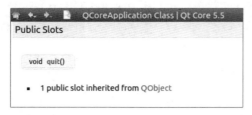

Abbildung 31.17 Slot gefunden in der Referenz von »QCoreApplication«

Signal-Slot-Verbindung mit dem Designer

Noch einfacher wird es, die passende Signal-Slot-Verbindung herzustellen, wenn Sie Anwendungen im Modus DESIGN erstellen. Hier brauchen Sie nur noch im wahrsten Sinne des Wortes die Signal-Slot-Verbindung zwischen den Widgets auszuwählen und »zusammenzuklicken«.

Gegenseitiges Signal- und Slot-Konzept

Häufig kommt es vor, dass zwei Widgets voneinander abhängig sind. Wird zum Beispiel ein Widget verändert, so muss das andere ebenfalls an diese Veränderung angepasst werden – und umgekehrt genauso.

Im folgenden Beispiel wurden die Klassen QSpinBox (Eingabefeld mit Pfeiltasten) und QSlider (ein Schieberegler) verwendet, die beide jeweils bei einer Veränderung den Wert des anderen Widgets anpassen müssen. Wurde also der Wert des Eingabefelds verändert, wird das Signal valueChanged() ausgelöst. Ist dies der Fall, soll hier bei dem Schieberegler (QSlider) der entsprechende Wert des Eingabefelds mit dem Slot setValue() angepasst werden. Andersherum haben Sie denselben Fall. valueChanged() ist jeweils das Signal und setValue() der Slot der beiden Widgets. Wie Sie weitere Signale und Slots in Erfahrung bringen können, wurde im Abschnitt zuvor beschrieben. Hier nun das Beispiel:

```cpp
// 002-signal-slot/signal_slot01.cpp
#include <QApplication>
#include <QtWidgets>
int main(int argc, char **argv) {
    QApplication app(argc, argv);
    QWidget win{};
    win.setWindowTitle("Signal-Slot-Verbindungen");
    // Neues Eingabefeld
    auto spin = new QSpinBox{&win};
    spin->setMinimum(0);        // Minimum
    spin->setMaximum(100);      // Maximum
    // Neuer Schieberegler
    auto slider = new QSlider{Qt::Horizontal, &win};
    slider->setMinimum(0);      // Minimum
    slider->setMaximum(100);    // Maximum
    // Signal-und-Slot Verbindungen einrichten
    QObject::connect(
        spin, SIGNAL( valueChanged(int) ),
        slider, SLOT( setValue(int) ) );
    QObject::connect(
        slider, SIGNAL( valueChanged(int) ),
        spin, SLOT( setValue(int) ) );
    // Neue horizontale Box
    auto layout = new QVBoxLayout{&win};
    layout->addWidget(spin);
    layout->addWidget(slider);
    win.show();
    return app.exec();
}
```

Listing 31.1 So verknüpfen Sie zwei Widget gegenseitig.

Abbildung 31.18 zeigt das Programm bei der Ausführung.

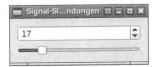

Abbildung 31.18 Hier wird der Wert der Eingabebox mit den Pfeilen an den gerade verschobenen Schieberegler angepasst. Umgekehrt verhält es sich genauso zwischen den beiden Widgets.

Um diese beiden Widgets miteinander zu verbinden, waren nur zwei Verbindungen mit connect() nötig. Ich musste hier auf die traditionelle Syntax mit den Makros SIGNAL und SLOT zurückgreifen, weil die beteiligten Methoden mehrere Überladungen haben. Verändern Sie hierbei den Schieberegler, wird automatisch auch die Eingabebox mit entsprechendem Wert versehen/verändert. Verändern Sie die Eingabebox mit den Pfeilen oder als gültigen Wert durch die Tastatureingabe, wird auch der Schieberegler entsprechend an die Position angepasst. Voraussetzung dafür, dass dies auch sinnvoll funktioniert, ist, dass beide Widgets denselben Minimal- und Maximalwert haben, die für beide mit setMinimum und setMaximum auf 0 und 100 gesetzt werden.

Argumente von Signal-Slot-Verbindungen

In Listing 31.1 hatten die Signal-Slot-Verbindungen beide dieselben Argumenttypen, also sowohl valueChanged(int) als auch setValue(int) hatten als Argument einen int. Dies muss unbedingt beachtet werden, weil bei einer solchen Signal-Slot-Verbindung keine automatische Typumwandlung erfolgt. Bei einem connect() muss die Funktionssignatur der Signal-Slot-Verbindung übereinstimmen.

Benötigen Sie aber zum Beispiel einen String statt eines Integer-Werts, müssen Sie für eine passende Umwandlung selbst sorgen. Dafür gibt es mehrere Möglichkeiten.

- Sie können von der Klasse ableiten und den entsprechenden Slot implementieren. Darin konvertieren Sie das Argument und rufen anschließend den eigentlichen Slot auf.
- Mit der modernen Syntax können Sie ein Lambda definieren, das die Umwandlung durchführt und den eigentlichen Slot aufruft.

Es ist außerdem nicht möglich, eine Verbindung herzustellen, wenn ein Slot mehr Argumente erwartet, als das Signal beinhaltet. Einfachstes Beispiel:

```
QObject::connect( button, SIGNAL( clicked(void) ),
    label, SLOT( setText(const char*) ) );
```

Die Anzahl der Argumente von clicked() passt einfach nicht zu setText(const char*).

Ebenso ungültig ist es, wenn Sie den Slot so behandeln, als könnten Sie dort einen Funktions*aufruf* unterbringen:

```
QObject::connect( button, SIGNAL( clicked(void) ),
    label, SLOT( setText("Neuer Titel") ) );
```

Sie bringen an der Stelle eine Funktions*deklaration* unter, keinen -aufruf.

Auch hier hilft die Syntax per Funktionszeiger. Wahrscheinlich war dies gemeint:

```
QObject::connect( button, &QButton::clicked(void),
    [&label](bool checked) { label->setText("Neuer Titel"); } );
```

Sie können das obige Beispiel um die folgenden Zeilen erweitern und ausprobieren:

```
// Button und Label
auto button = new QPushButton{"Button", &win};
auto label = new QLabel{"Titel", &win};
QObject::connect(
    button, &QPushButton::clicked,
    [label](auto) { label->setText("Neuer Titel"); } );

// Neue vertikale Box
auto layout = new QVBoxLayout{&win};
layout->addWidget(spin);
layout->addWidget(slider);
layout->addWidget(button);
layout->addWidget(label);

// ab hier wie gehabt:
win->show();
```

Das Lambda benötigt im Capture das Label, daher [label]. Der eigentliche Parameter des Lambdas ist vom Typ bool, denn genau das verlangt QPushButton::clicked, der auch einen bool-Parameter hat. Das kann der Compiler aber selbst herausfinden, weswegen auto hier reicht. Und weil ich diesen Parameter im Lambda gar nicht benutze, brauche ich auch keinen Namen wählen, sonst hätte ich zum Beispiel (bool checked) oder (auto checked) geschrieben.

Rückgabe von »connect()«

Der Rückgabewert von connect() ist ein Handler vom Typ QMetaObject::Connection auf die Verbindung, wenn eine zwischen dem Signal und dem Slot hergestellt werden konnte. Ist es nicht möglich, eine gültige Verbindung herzustellen, können Sie den Rückgabewert vom Typ QMetaObject::Connection auf Gültigkeit hin überprüfen, indem Sie diesen in ein bool konvertieren. Zum Beispiel:

```
if( ! QObject::connect(
        slider.get(), SIGNAL(valueChanged(int)),
        spin.get(), SLOT(setValue(int))) ) {
    // Fehler bei der Signal-Slot-Verbindung
}
```

31   GUI-Programmierung mit Qt

Eigene Klasse mit Signalen und Slots definieren bzw. erweitern

Mit kleinen Lambdas kann man viel erreichen. Aber irgendwann lohnt es sich, eine eigene Klasse zu schreiben um das gewünschte Verhalten ordentlich gekapselt zu bekommen.

Um eine Klasse mit eigenen Signalen und Slots zu versehen, gilt es, folgende Regeln einzuhalten:

▸ Eigene Signale und Slots können nur in Klassen definiert werden, die von der Klasse QObject direkt oder indirekt abgeleitet sind. Da QObject die Basisklasse aller Objekte ist, sollten Sie, speziell bei den GUI-Elementen, keine Probleme damit bekommen. Im Falle einer Mehrfachvererbung muss QObject oder die davon abgeleitete Klasse als erste Elternklasse notiert werden.

▸ In der neu definierten Klasse muss das Makro Q_OBJECT (ohne Semikolon) gesetzt werden (mehr dazu gleich).

▸ Slots werden im Grunde wie gewöhnliche Methoden implementiert und aufgerufen. Nur müssen Sie hierfür das Schlüsselwort slots nach einem Zugriffsspezifizierer (public, private, protected) verwenden.

▸ Signale hingegen müssen mit dem Schlüsselwort signals ohne einen Zugriffsspezifizierer gekennzeichnet werden. Beachten Sie außerdem, dass Signale niemals implementiert, sondern lediglich deklariert werden. Zur besseren und deutlicheren Lesbarkeit kann (muss aber nicht) ein solches Signal mit dem Schlüsselwort emit ausgelöst werden.

Am besten sehen wir uns diese Aufzählungspunkte in der Praxis an:

```cpp
class MyClass : public QObject {
    Q_OBJECT
public:
    // Zugriffsmethoden
    int value() const { return val; }
public slots:   // spezieller Qt-Spezifizierer
    void setValue(int);
signals:        // spezieller Qt-Spezifizierer
    void valueChanged(int);
private:
    int val;
};
```

Nachdem Sie Ihre Klasse von QObject abgeleitet haben, können Sie Signale und Slots im Grunde wie normale Methoden deklarieren.

Wichtig ist auch das Makro Q_OBJECT am Anfang der Klassendefinition (Achtung, ohne Semikolon!). In der Deklaration der Signal- und Slot-Elementfunktionen verwende ich auch die Qt-eigenen Spezifizierer slots und signals. Abhängig von der gewünschten Sichtbarkeit nach außen ist vor slots noch einer der normalen C++-Spezifizierer private, public oder protected zu setzen.

976

31.3 Signale und Slots

Von Ihnen als Programmierer werden nur die Slots als gewöhnliche Methoden definiert. Einsteiger in Qt, die Quellcode studieren, sind häufig verwirrt, weil Sie die Definition zu Signal-Methoden nicht finden. Der Code für Signal-Methoden wird aber nicht vom Programmierer geschrieben, sondern dies erledigt ein in Qt verwendeter Codegenerator, der *Meta Object Compiler* (kurz *MOC*).

Meta Object Compiler (MOC)

MOC ist ein in Qt verwendeter Codegenerator, der C++ um Fertigkeiten erweitert, die der Sprachstandard nicht unterstützt, wie beispielsweise Signale und Slots. Vereinfacht heißt dies, der MOC liest einen Code ein und generiert daraus einen C++-Code. Der so vom MOC erzeugte C++-Code kann dann mit einem üblichen Compiler übersetzt werden. Daher ist für die Nutzung des Signal-Slots-Konzepts die Verwendung des MOC-Codegenerators unerlässlich, da dieser die zur Prüfung notwendigen Laufzeitinformationen zu den entsprechenden Klassen hinzufügt.

Die Dateien, die MOC dabei erzeugt, haben häufig das Präfix `moc_`. Somit würde aus Dateien wie `myclass.hpp` und `myclass.cpp` die Datei `moc_myclass.cpp` erzeugt. Allerdings bekommen Sie diese vom MOC generierten Dateien nur auf ausdrücklichen Befehl für den MOC zu Gesicht (cmdline-Argument für den MOC).

Die »magischen« Wörter des MOC sind `signals`, `slots`, `Q_OBJECT`, `emit`, `SIGNAL`, `SLOT`. Den C++-Compiler stören sie nicht, weil im Header `qobjectdefs.h` als Makros recht simpel definiert sind. Der MOC jedoch erkennt diese als etwas Besonderes und erzeugt Code in die `moc_...`-Dateien hinein. Diese müssen dann ebenfalls vom C++-Compiler übersetzt und am Ende zum Programm gelinkt werden.

Hierzu ein echtes Beispiel, das allerdings zunächst noch keine »richtigen« GUI-Elemente verwendet. Ich erstelle eine einfache Klasse mit einem Integer-Wert als Eigenschaft. In dieser Klasse deklariere ich das Signal `valueChanged(int)`, das dann ausgelöst wird, sobald der Integer-Wert des Objekts sich verändert. Natürlich implementiere ich hierbei auch den entsprechenden Slot `setValue(int)`, um zwei Objekte der Klasse mit `connect()` verknüpfen zu können. Hier zunächst die Deklaration der Klasse `MyClass`:

```
// 004-my-class/my_class.hpp
#ifndef MY_CLASS_HPP    // Include Guard
#define MY_CLASS_HPP
#include <QObject>

/* Eine Klasse, die Signals und Slots besitzt. */
class MyClass : public QObject {
    Q_OBJECT
public:
    int value() const { return val_; }
public slots:
```

```
    /* Wert ändern, triggert Signal */
    void setValue(int newVal);

signals:
    /* Wird nur gesendet, wenn Wert sich tatsächlich ändert */
    void valueChanged(int);

private:
    int val_;
};
#endif // MY_CLASS_HPP
```

Dem Projekt weitere (Quell- und Header-)Dateien hinzufügen

Wie Sie dem Projekt eine Quelldatei hinzufügen können, haben Sie bereits in der Anleitung in Abschnitt 31.1.2, »Ein einfaches Projekt erstellen«, gesehen. Genauso gehen Sie auch vor, wenn Sie eine Headerdatei hinzufügen, nur dass Sie eben eine C++-Headerdatei statt einer C++-Quelldatei auswählen.

Die Definition der Klasse ist ebenso einfach. Da wir das Signal nicht definieren müssen, reichen in diesem Fall der Konstruktor und die Slot-Methode setValue(int val) aus:

```
// 004-my-class/my_class.cpp
#include "my_class.h"
void MyClass::setValue(int newVal) {
    if(val_ != newVal) { // nur wenn wirklich geändert
        val_ = newVal;
        emit valueChanged(val_);   // Signal senden
    }
}
```

Auffällig ist hier die Zeile mit dem emit-Signalbezeichner. Mit dem Bezeichner emit machen Sie deutlich, dass es sich bei dem Aufruf nicht um einen normalen Funktionsaufruf handelt, sondern um einen Signalaufruf. Allerdings erreichen Sie dasselbe auch ohne emit. Der Bezeichner ist nur dafür gedacht, dass man sofort erkennen kann, dass es sich hierbei um einen Signalaufruf handelt.

Nun folgt noch eine Hauptfunktion, die, abgesehen von den Nachrichtenboxen (QMessageBox), auch ohne GUI-Elemente auskommt und das eigene Signal-Slot-Konzept demonstriert:

```
// 004-my-class/main.cpp
#include "my_class.hpp"
#include <QApplication>
#include <QMessageBox>
#include <sstream>   // stringstream
```

31.3 Signale und Slots

```
void show(MyClass& a, MyClass& b, const char* title) { // Nachrichtenbox
    std::stringstream ss;
    ss << title << "\na: " << a.value() << "\nb: " << b.value();
    QMessageBox::information(0, "MyClass Information",
        QString::fromStdString(ss.str()), QMessageBox::Ok);
}

int main(int argc, char **argv) {
    QApplication app(argc, argv);
    MyClass a{};                       // MyClass-Objekt Nummer 1
    MyClass b{};                       // MyClass-Objekt Nummer 1
    QObject::connect(                  // MyClass-Objekte verbinden
        &a, &MyClass::valueChanged,
        &b, &MyClass::setValue);
    // b.val bekommt den Wert 100
    b.setValue( 100 );
    show(a, b, "b->setValue(100)");    // Ausgabe: a:0, b:100
    // a.val bekommt den Wert 99. Durch die Signal-Slot-Verknüpfung
    //   bekommt jetzt auch b.val den Wert 99
    a.setValue( 99 );
    // Der Beweis
    show(a, b, "a->setValue(99)");     // Ausgabe: a:99, b:99
    return app.exec();
}
```

Die Funktion show können Sie ignorieren. Hier gebe ich nur eine Nachrichtenbox mit dem Inhalt der Integer-Werte der beiden Objekte auf dem Bildschirm aus, die ich in main erzeuge.

In main verknüpfe ich die beiden Objekte mit connect(), und zwar wird der Wert von Objekt a verändert, sodass das Signal valueChanged ausgelöst und mit Objekt b und dessen Slot setValue verbunden wird. Sobald ich also den Wert vom Objekt a verändere, wird der Wert von Objekt b durch den selbst erstellten Slot setValue() angepasst. In diesem Beispiel erhält das Objekt b durch setValue() denselben Wert wie Objekt a.

Bei b.setValue(100) bekommt das Objekt b mit 100 einen neuen Wert zugewiesen. In diese Richtung habe ich keine Signal-Slot-Verknüpfung eingerichtet, sodass a und b die in Abbildung 31.19 zu sehenden Werte enthalten.

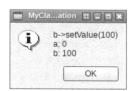

Abbildung 31.19 Nur Objekt b hat einen Wert erhalten

Danach weise ich per a.setValue(99); Objekt a einen neuen Wert zu. Und hierbei wird die eingerichtete Signal-Slot-Verbindung aktiv, sodass auch Objekt b denselben Wert erhält, wie Objekt a. Dadurch ergeben sich die Werte, die Sie in Abbildung 31.20 sehen.

Abbildung 31.20 Das Signal wurde ausgelöst, und beide Werte sind gleich.

Sie hätten hier auch die traditionelle Syntax in connect() verwenden können, also

```
QObject::connect(
    &a, SIGNAL( valueChanged(int) ),
    &b, SLOT( setValue(int) ) );
```

und auch das hätte automatisch funktioniert. MOC, SLOT- und SIGNAL-Makros und der versteckten Arbeit von Qt sei Dank.

Ein Widget mit einem eigenen Slot

Häufig wird man seinen Widgets eigene Slots hinzufügen wollen. Ein gerne zitiertes Beispiel zeigt der folgende Codeausschnitt:

```
QObject::connect( button, SIGNAL( clicked() ),
    label, SLOT( setText("neuer Text") ) );
```

Hier haben wir eine versuchte Signal-Slot-Verknüpfung, die keinerlei Effekt haben wird. Der Programmierer wollte hiermit erreichen, dass beim Anklicken eines Buttons (wie QPushButton) der Text des Labels (QLabel) verändert wird. Der Button verwendet dabei das Signal clicked() und das Label den Slot setText(). Dass dieses Beispiel nicht funktioniert, liegt allerdings nicht an der falschen Signatur, sondern schlicht und einfach daran, dass hier gar keine Verbindung aufgebaut wurde. Denn setText("neuer Text") ist ein Funktionsaufruf, benötigt wird aber ein Funktionszeiger.

Widget

Sie werden im Verlauf des Buchs noch häufig mit diesem Begriff konfrontiert, daher hierzu eine kurze Erklärung. Ein *Widget* ist im Grunde ein Element eines grafischen Fenstersystems (Fenstermanager). Ein solches Widget besteht aus einem Fenster, in dem Maus- und-/oder Tastaturereignisse empfangen und verarbeitet werden können. Ein Widget kann aber auch einen nicht sichtbaren Bereich enthalten, worin wiederum andere Elemente (ebenfalls Widgets) oder Daten gespeichert werden. Widgets dienen der Interaktion mit dem Anwender und/oder anderen Widgets auf dem Fenstersystem.

31.3 Signale und Slots

Um das folgende Beispiel zu realisieren, leiten wir unsere neue Klasse `MyWindow` von `QWidget` ab. Zunächst die Headerdatei mit der Klasse:

```cpp
// 005-my-window/my_window.hpp
#ifndef MY_WINDOW_HPP
#define MY_WINDOW_HPP
#include <QtWidgets>
#include <QVBoxLayout>
#include <QPushButton>
#include <QLabel>
#include <QObject>

class MyWindow : public QWidget {
    Q_OBJECT

public:
    MyWindow(QWidget* parent = nullptr);

private: // nicht selbst Besitzer dieser QWidgets:
    QLabel* label_;
    QPushButton* button0_;
    QPushButton* button1_;
    QVBoxLayout* layout_;
    int cnt_ = 0; // zählt die Klicks mit

private slots:
    void setText();
};
#endif // MY_WINDOW_HPP
```

Verglichen mit dem Beispiel zuvor, in dem wir eigene Signale und Slots verwendet haben, finden Sie auch hier nichts wirklich Neues, nur dass wir jetzt statt von `QObject` von der Klasse `QWidget` ableiten und dass hier nur ein Slot verwendet wird. Da `QWidget` bereits von `QObject` abgeleitet ist, lässt sich dies auch so realisieren. Die Definition des Konstruktors und der Slot-Ereignisfunktion finden Sie in der folgenden Quelldatei wieder:

```cpp
// 005-my-window/my_window.cpp
#include "my_window.hpp"
#include <QApplication>

MyWindow::MyWindow(QWidget *parent)
: QWidget{parent}
, label_{new QLabel{"alter Text", this}}      // immer mit this als parent
, button0_{new QPushButton{"Label aktualisieren", this}}
, button1_{new QPushButton{"Beenden", this}}
, layout_{new QVBoxLayout{this}}
{
```

981

```
    layout_->addWidget(button0_);
    layout_->addWidget(button1_);
    layout_->addWidget(label_);
    setLayout(layout_);
    connect(button0_, &QPushButton::clicked, this, &MyWindow::setText);
    connect(button1_, &QPushButton::clicked, qApp, &QApplication::quit);
}
void MyWindow::setText() {
    label_->setText(tr("Label aktualisiert %1-mal").arg(++cnt_));
}
```

Zunächst erzeuge ich wie gewohnt die einzelnen Widgets, wie Buttons (QPushButton) und Labels (QLabel), und füge sie der vertikalen Box (QVBoxLayout) hinzu. Anschließend richte ich die Signal-Slot-Verknüpfungen mit connect ein. Es ist wichtig, beim nackten new der Widgets jeweils gleich den Vater als Konstruktorargument mit anzugeben, da im Fehlerfall sonst Reste übrig bleiben könnten.

Richten Sie besonderes Augenmerk auf den Slot der Verbindung zwischen button0_ und this: Hier handelt es sich nicht mehr um den von QLabel zur Verfügung gestellten Slot setText(), sondern den von mir selbst definierten Slot ohne Argumente, dessen Implementierung Sie am Ende in MyWindow::setText() vorfinden.

Klicken Sie jetzt im Beispiel auf den Button mit dem Label LABEL AKTUALISIEREN, wird das Signal clicked() ausgelöst. Dieses Signal ist allerdings nicht mit dem Label verbunden, sondern mit dem Fenster bzw. QWidget. Daher ist der Slot hier der this-Zeiger. Erst mit der Slot-Ereignisfunktion MyWindow::setText() ändert sich das Text-Label.

qApp

Was hat das qApp im zweiten connect zu suchen? Wo kommt es her?

qApp ist ein Zeiger auf eine globale Variable in <QApplication>. Er verweist auf die eindeutige Instanz der Anwendung. Ich verwende diesen globalen Zeiger, um die Anwendung zu beenden.

Jetzt fehlt nur noch die Hauptfunktion, die jetzt kaum noch Code enthält:

```
// 005-my-window/main.cpp
#include <QApplication>
#include "my_window.h"
int main(int argc, char **argv) {
    QApplication app(argc, argv);
    MyWindow window{};
    window.show();
    return app.exec();
}
```

Abbildung 31.21 und Abbildung 31.22 zeigen das Programm bei Ausführung.

Abbildung 31.21 Das Programm nach dem Start

Abbildung 31.22 Nach fünfmaligem Drücken von »Label aktualisieren«

Ein Widget mit einem eigenem Signal

Natürlich will ich Ihnen Ähnliches auch mit einem Signal demonstrieren. Hierzu will ich die QPushButton-Klasse um das Signal clicked(int) erweitern. Ursprünglich gibt es bei dieser Klasse ja nur das Signal clicked() ohne ein Argument. Ich will ein neues clicked(int) mit Argument hinzufügen, das beim Drücken einer Schaltfläche ein Signal mit einer Identifikationsnummer (ID) der Schaltfläche mitschickt.

Hierzu zunächst die Klasse MyButton, die ich von der Klasse QPushButton ableite:

```
// 006-my-button/my_button.hpp
#ifndef MY_BUTTON_HPP
#define MY_BUTTON_HPP
#include <QString>
#include <QWidget>
#include <QPushButton>
class MyButton : public QPushButton {
    Q_OBJECT
public:
    MyButton(const QString& text, int id, QWidget* parent = 0);
    explicit MyButton(const QString& text, QWidget* parent = 0);
private:
    static int nextId_;
    int id_;
public slots:
    void click();          // click() überschreiben
signals:
    void clicked(int id); // ein neues Signal hinzufügen
};
#endif // MY_BUTTON_HPP
```

Zusätzlich zu dem neuen Signal clicked(int) überschreibe ich den Slot click(), der in der Klasse QAbstractButton definiert ist. Der Slot click() führt einen wortwörtlichen Klick durch.

Slots sind nicht virtuell

Beachten Sie, dass Signal- und Slotmethoden normalerweise keine virtuellen Methoden sind. Das Zustellen der Signale geschieht mit den internen Qt-Mechanismen (für die der MOC sorgt). virtual muss hier nicht sein. Das heißt, dass der überschriebene Slot click() kein override haben darf, denn das würde virtual bedingen.

Um den Vorgang besser zu verstehen, benötigen Sie die Implementierung der Klasse MyButton:

```cpp
// 006-my-button/my_button.cpp
#include "my_button.hpp"

MyButton::MyButton(const QString& text, int id, QWidget* parent)
    : QPushButton{text, parent}, id_(id) {
    connect(this, SIGNAL(clicked()), this, SLOT(click()));
}

MyButton::MyButton(const QString& text, QWidget* parent)
    : MyButton{text, nextId_++, parent} {
}

void MyButton::click() {
    emit clicked(id_);
}

int MyButton::nextId_ = 0;
```

Zunächst fällt das connect() im Konstruktor auf. Hiermit verbinde ich das alte (oder nennen Sie es das originale) clicked()-Signal mit dem eigenen hausgemachten Slot click() der Klasse MyButton. Es ist maßgebend entscheidend, dass hierbei wirklich die Slot-Elementfunktion von MyButton::clicked() ausgeführt wird. Würde die Methode QPushButton::click() verwendet, so hätte dies eine Endlos-Rekursion zur Folge, weil QPushButton::click() wieder das Signal clicked() auslöst. Sobald der Slot MyButton::click() ausgelöst wurde, können Sie das neue Signal mit der Identifikationsnummer mittels emit clicked(id_) verschicken.

Um aus diesem Beispiel ein Qt-Programm zu machen, will ich noch eine Klasse MyWindow (abgeleitet von QWidget) mit unseren eigenen Schaltflächen (MyButton) und einem Slot implementieren, der sich um die Ausgabe auf dem Bildschirm kümmert. Hier die Headerdatei der Klasse my_window.hpp:

31.3 Signale und Slots

```cpp
// 006-my-button/my_window.hpp
#ifndef MY_WINDOW_HPP
#define MY_WINDOW_HPP
#include <QWidget>
#include <QVBoxLayout>
#include <QMessageBox>
#include <array>
#include "my_button.hpp"
class MyWindow : public QWidget {
    Q_OBJECT
public:
    explicit MyWindow(QWidget* parent = 0);
private:
    std::array<MyButton*,3> myButton_;
public slots:
    void myMessageBox(int id); // Slot für die Ausgabe
};
#endif // MY_WINDOW_HPP
```

Hier finden Sie die neuen Schaltflächen MyButton mit eigenem implementiertem Signal wieder. Mit myMessageBox(int) deklariere ich noch einen eigenen Slot für die Klasse MyWindow. Die Slot-Elementfunktion ist im Grunde eine einfache Nachrichtenbox (QMessageBox), welche die Identifikationsnummer des Signals clicked(int) unserer Buttons anzeigt. Nun fehlt noch die Implementierung der Klasse MyWindow:

```cpp
// 006-my-button/my_window.cpp
#include "my_window.hpp"
#include "my_button.hpp"
#include <QtCore>
#include <QtGui>
MyWindow::MyWindow(QWidget* parent) : QWidget{parent}
, myButton_{new MyButton{tr("Drück mich"), this},
    new MyButton{tr("Mich auch"), this},
    new MyButton{tr("Und mich"), this} }
{
    QVBoxLayout* layout = new QVBoxLayout{this};
    for(auto w : myButton_) {
        layout->addWidget(w);
        connect(w, &MyButton::clicked, this, &MyWindow::myMessageBox);
    }
}
void MyWindow::myMessageBox(int id) {
    QMessageBox::information(this, tr("Ein Button wurde betätigt"),
        tr("Button ID: %1").arg(id), QMessageBox::Ok);
}
```

Listing 31.2 Die Implementierung der Klasse »MyWindow«.

In der for-Schleife verbinde ich das neue clicked(int)-Signal mit dem Ausgabe-Slot my-MessageBox. Sobald also das neue Signal eintrifft, wird eine Nachrichtenbox mit der ID der Schaltfläche ausgegeben.

Jetzt zum Schluss noch unser Hauptprogramm zur Demonstration:

```cpp
// 006-my_button/main.cpp
#include <QApplication>
#include "my_window.hpp"
int main(int argc, char *argv[]) {
    QApplication app(argc, argv);
    MyWindow window{};
    window.show();
    return app.exec();
}
```

> **»QString« und seine Hilfsfunktionen**
>
> Das meiste, was in Qt mit Text zu tun hat, ist ein QString. Sie werden diesen Typ überall finden. Es ist sehr nützlich, die zahlreichen Hilfsfunktionen zu kennen. In Listing 31.2 sind dies tr und arg.
>
> Mit tr übersetzen Sie einen const char* in einen QString. Hier meint »übersetzen« tatsächliches Übersetzen in eine andere Sprache. Sie können einer Qt-Applikation beibringen, alle Texte, die Sie in tr schreiben in andere Sprachen zu übersetzen. Das nutze ich hier nicht, aber so lässt sich auch aus einem Textliteral ein QString machen.
>
> Mit arg können Sie printf-ähnliches Ersetzen von %-Mustern im Qstring veranlassen.

Abbildung 31.23 und Abbildung 31.24 zeigen das Programm bei der Ausführung.

Abbildung 31.23 Das Programm nach dem Start

Abbildung 31.24 Die Schaltfläche »Mich auch« mit der ID 1 wurde betätigt.

> **»QObject::disconnect()«**
>
> Es ist auch möglich, ein Signal von seiner Verbindung, die mit `connect()` hergestellt wurde, mit `QObject::disconnect()` wieder zu trennen.

31.4   Klassenhierarchie von Qt

Das Qt-Framework umfasst mittlerweile mehrere Hundert Klassen. Hierbei die Übersicht zu behalten, ist für Einsteiger nicht einfach. Qt basiert auf einer Ableitungshierarchie. Um sich eingehender mit Qt zu befassen, müssen Sie den Aufbau des Frameworks kennen. Wenn Sie erst einmal wissen, wie Qt tickt, werden Sie sich schnell zurechtfinden. Dieses theoretische Kapitel geht grob auf den Aufbau des Qt-Frameworks ein.

31.4.1   Basisklasse »QObject«

`QObject` wurde bereits im Abschnitt zuvor, wo es um das Signal-Slots-Konzept ging, mehrmals erwähnt. Dabei werden Sie sicherlich festgestellt haben, dass es sich hierbei um eine ziemlich wichtige Klasse in Qt handelt. Und in der Tat ist `QObject` die Basisklasse von den meisten Qt-Klassen. Alle Widgets, die auf dem Bildschirm dargestellt werden, leiten von der Klasse `QWidget` ab. `QWidget` wiederum wurde von der Klassen `QObject` abgeleitet.

Wie Sie bereits im vorigen Abschnitt erfahren haben, fordert auch das Signal-Slot-Konzept, dass die beteiligten Klassen von der Klasse `QObject` abstammen. Aber auch viele andere nicht grafische Klassen basieren auf `QObject` als Basisklasse. Zum Beispiel Klassen, die der Kommunikation zwischen den Prozessen dienen, sind von `QObject` abgeleitet, damit sie über Signale und Slots kommunizieren können.

31.4.2   Weitere wichtige Klassen

Es gibt aber auch viele Klassen, die *nicht* von QObject abgeleitet wurden. Dies sind jene Klassen, die *kein* Signal-und-Slot-Konzept und keine automatische Speicherverwaltung benötigen. Bekanntester Vertreter dürfte hier `QString` sein. `QString` ist das, was für den C++-Programmierer die Klasse `std::string` aus der Standardbibliothek ist.

Den besten Überblick über die Klassenhierarchie von Qt bekommen Sie hierbei wieder mithilfe des Assistenten von Qt. Suchen Sie in der Hilfe einfach nach INHERITANCE HIERARCHY, um die gesamte Hierarchie zu sehen (siehe Abbildung 31.26). Hierbei werden Sie feststellen, dass `QObject` den größten Anteil von abgeleiteten Klassen besitzt.

> **»QString« oder »std::string«**
>
> Es wird empfohlen, in Qt die Klasse `QString` der Standardklasse `std::string` vorzuziehen. `QString` speichert und verarbeitet den Text im Unicode-Format und erlaubt somit, fast alle Schriftsysteme dieser Erde zu verwenden. Oder kurz, mit `QString` müssen Sie sich nicht um eine Decodierung des Zeichensatzes kümmern.

31 GUI-Programmierung mit Qt

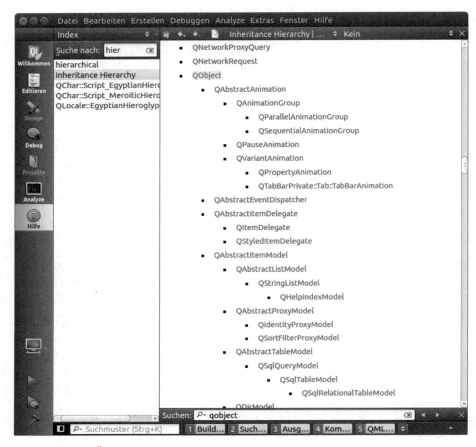

Abbildung 31.25 Übersicht zur Klassenhierarchie von Qt

Trotzdem werden Sie hier auch Klassen wie `QPaintDevice` entdecken, von der auch `QWidget` wiederum einen Teil geerbt hat, womit sie auch bei den sichtbaren GUI-Elementen eine Rolle spielt. Ebenso gilt dies beispielsweise für die Klasse `QLayout`. Die Klasse ist ebenfalls von `QObject` abgeleitet, hat aber auch die Superbasisklasse `QLayoutItem`. Die Klasse `QLayout` beinhaltet Widgets, die zur Anordnung der GUI-Elemente auf dem Fenster benötigt werden. Sie haben mit `QVBoxLayout` bereits einen solchen Abkömmling der beiden Klassen kennengelernt. Abbildung 31.26 können Sie einen kleinen Überblick zum Aufbau der Qt-Klassenhierarchie entnehmen. Sie können erkennen, dass viele Klassen zum Teil von mehreren Klassen abgeleitet wurden. Andere Klassen wiederum, wie beispielsweise `QString`, haben gar keine Basisklasse.

Gerade für Einsteiger sind solch umfangreiche Frameworks zunächst ziemlich erdrückend, und es fällt schwer, irgendwo anzufangen. Aber auch hier gehen Sie am einfachsten mit dem Qt Assistant die Klassenhierarchie nach oben (oder nach unten).

31.4 Klassenhierarchie von Qt

Um zum Beispiel auf die Schaltfläche QPushButton zurückzukommen, finden Sie ganz am Anfang bei seiner Klassenreferenz im Assistant eine Zeile wie INHERITS: QABSTRACTBUTTON, also abgeleitet von QAbstractButton. Klicken Sie auf den Verweis zu QAbstractButton. Bei dieser Klassenreferenz erfahren Sie, welche weiteren Widgets aus QAbstractButton erstellt wurden. Dies steht dann unter INHERITED BY, und es sind bei QAbstractButton die Klassen QButton, QCheckBox, QPushButton, QRadioButton und QToolButton. Das Eltern-Widget von QAbstractButton hingegen (*Inherits*) ist QWidget. Hier (bei QWidget) finden Sie endlos viele GUI-Elemente, die davon abgeleitet wurden. Und QWidget wiederum wurde abgeleitet von QObject und QPaintDevice (siehe Abbildung 31.27).

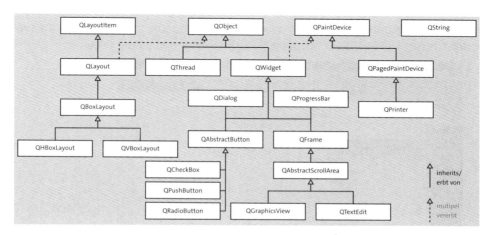

Abbildung 31.26 Ausschnitt der Klassenhierarchie von Qt

Dieses Durchlaufen der Klassen mit dem Assistant von Qt ist unerlässlich, wenn es darum geht, nach Funktionen, Methoden, Eigenschaften, Slots oder Signalen bestimmter Klassen zu suchen oder eben eigene Widgets zu implementieren.

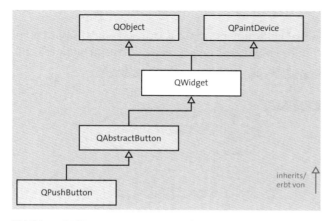

Abbildung 31.27 Zur Demonstration die Klassenhierarchie von »QPushButton«

31.5 Eigene Widgets mit dem Qt Designer erstellen

Nicht immer hat man Zeit oder Lust, eigene Widgets manuell zu schreiben. Für solche Zwecke wurde der Qt Designer entwickelt. Mit diesem klicken Sie sich quasi Ihre Anwendung zusammen. Wie dies aussehen kann, zeige ich Ihnen in der folgenden Schritt-für-Schritt-Anleitung, in der ich ein neues Widget mit dem RAD-Tool (Rapid Application Development) in Qt Designer erstelle.

Im Beispiel gehe ich davon aus, dass Sie bereits ein »leeres Qt-Projekt« erstellt haben, wie in Abschnitt 31.1.2, »Ein einfaches Projekt erstellen«, bis einschließlich Arbeitsschritt 5 geschehen, wo Sie ein leeres Projekt nur mit der Projektdatei *.pro vorfinden.

1. Klicken Sie mit der rechten Maustaste auf den Projektordner und wählen Sie im Kontextmenü den Befehl HINZUFÜGEN bzw. ADD NEW aus (Abbildung 31.28).

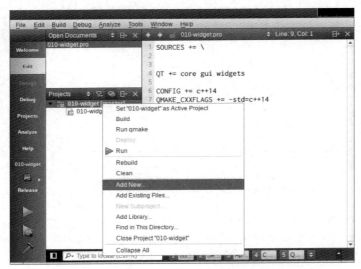

Abbildung 31.28 Etwas dem »noch« leeren Projekt hinzufügen

2. Wählen Sie in der folgenden Dialogbox unter CHOOSE A TEMPLATE die Gruppe QT aus. Daneben wählen Sie QT DESIGNER FORM CLASS und klicken CHOOSE (Abbildung 31.29).

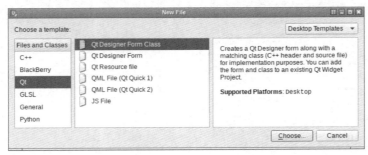

Abbildung 31.29 Neue Qt-Designer-Formularklasse erstellen

3. Wählen Sie im nächsten Schritt bei TEMPLATES/FORMS die Art der Formularvorlage aus. Im Beispiel reicht WIDGET aus. Klicken Sie auf die Schaltfläche NEXT (Abbildung 31.30).

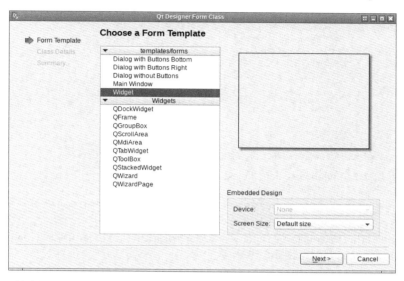

Abbildung 31.30 Formularvorlage auswählen

4. Im nächsten Dialog können Sie den Namen für die Klasse und für Header-, Quelldatei und Formdatei angeben sowie den Pfad, unter dem die Klasse gespeichert werden soll (Abbildung 31.31). Klicken Sie auf NEXT, wenn Sie diese Angaben gemacht haben.

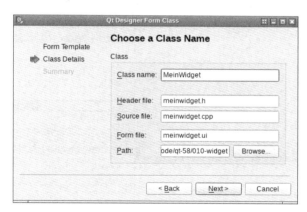

Abbildung 31.31 Hier machen Sie Angaben zu Klassenname, Header-, Quell- und Formdatei und dem Pfad.

5. Im letzten Schritt müssen Sie noch angeben, welchem Projekt Sie diese Qt-Designer-Formularklasse hinzufügen wollen, und können gegebenenfalls noch eine Versionskontrolle verwenden. Schließen Sie diesen Schritt mit der Schaltfläche FINISH ab (Abbildung 31.32).

31 GUI-Programmierung mit Qt

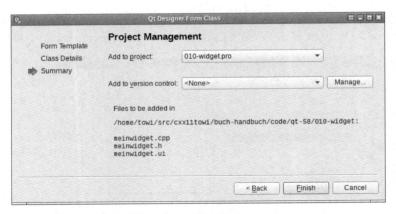

Abbildung 31.32 Formularklasse dem Projekt hinzufügen

> **UI-Datei**
>
> Die Qt-Formdatei hat im Projekt die Endung *.ui. Doppelklicken Sie diese UI-Datei, schaltet Qt Creator in den Modus DESIGN um.

Wenn alles geklappt hat, dann sollten Sie Qt Creator jetzt im Modus DESIGN vorfinden, es sollte also das entsprechende Icon ganz links am Rand ausgewählt sein (Abbildung 31.33). Der Design-Modus ist ordentlich eingeteilt:

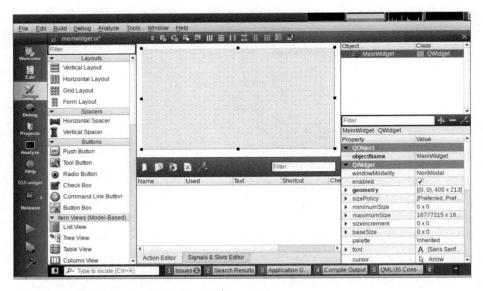

Abbildung 31.33 Qt Creator im Design-Modus

31.5 Eigene Widgets mit dem Qt Designer erstellen

- Zentral oben sehen Sie die noch leere graue Fläche des *Layouts* des zu erstellenden Widgets.
- Unterhalb des Layouts finden Sie den *Aktionseditor* und – noch wichtiger – die Möglichkeit, Signale und Slots miteinander zu verbinden.
- Den linken Bereich nimmt eine lange Auswahlliste der einzelnen *Qt-Widgets* ein, die Sie jederzeit einzeln per Drag-and-drop auf das graue Layout ziehen können.
- Rechts oben sehen Sie einen hierarchischen *Überblick* des Inhalt Ihres Widgets, hier im Augenblick nur das äußerste Element MeinWidget, das vom Typ QWidget ist.
- Rechts unten finden Sie die *Eigenschaften* des im Layout selektierten Widgets, wo Sie auch die Werte anpassen können.

Ich führe Sie nun schrittweise durch einige typische Arbeiten im Designer – ohne allerdings jetzt zu sehr auf das Layout und dessen Schönheit zu achten. Auf das Layout gehe ich in Abschnitt 31.6, »Widgets anordnen«, genauer ein. Hier machen Sie sich zuerst ein wenig mit dem Design-Modus von Qt Creator vertraut.

1. Ziehen Sie aus den Qt-Widgets links aus dem Abschnitt Layouts das Layout Vertical (QVBoxLayout) mit gedrückt gehaltener Maustaste auf die mittige graue Fläche und lassen Sie es dort fallen, sodass Sie einen roten Rahmen sehen können (Abbildung 31.34). Die Größe des Rahmens können Sie nachträglich über die Seiten- und Eckpunkte anpassen. Das Gleiche können Sie auch mit der Größe des Widgets selbst machen.

Abbildung 31.34 Eine vertikale Box (QVBoxLayout) hinzugefügt

2. In diese vertikale Box können Sie jetzt per Drag-and-drop weitere Qt-Widgets hineinziehen, und diese werden jetzt immer vertikal angeordnet. Im Beispiel habe ich hier noch ein Label und einen Push-Button in die vertikale Box gezogen (Abbildung 31.35). Rechts oben lässt sich die Hierarchie der Widgets betrachten.

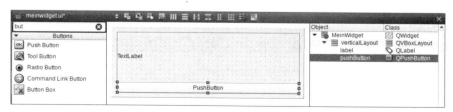

Abbildung 31.35 Nach dem Hinzufügen eines Text-Labels und einer Schaltfläche

31 GUI-Programmierung mit Qt

3. Im nächsten Schritt habe ich die Texte des Labels und der Schaltfläche angepasst. Das lässt sich per Doppelklick auf den Text editieren. Die Ausrichtung des Labels habe ich noch rechts unten bei den Eigenschaften unter ALIGNMENT auf HORIZONTAL zentrieren gesetzt. Dazu müssen Sie auch das Widget ausgewählt haben (Abbildung 31.36).

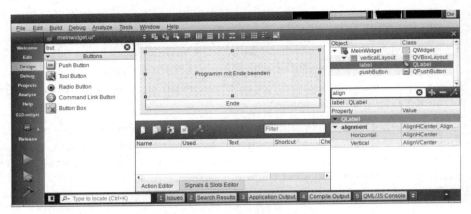

Abbildung 31.36 Der Text für Label und Schaltfläche wurde editiert.

4. Wählen Sie jetzt im Aktionseditor am unteren Rand den Tab SIGNALE UND SLOTS aus. Klicken Sie dann auf das grüne Plus-Symbol ganz links, um eine neue Signal-Slot-Verbindung einzurichten (Abbildung 31.37). Wählen Sie jetzt als SENDER den Bezeichner der Schaltfläche (hier `pushButton`), als SIGNAL `clicked()`, der RECEIVER ist das neue Widget (hier `MeinWidget`), und der SLOT lautet hier `close()`.

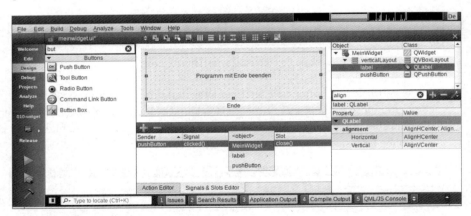

Abbildung 31.37 Signal-Slot-Verbindung einrichten

994

5. Wenn Sie das Widget fertiggestellt haben, brauchen Sie noch eine main()-Funktion, die dieses Widget auch erzeugt und verwendet. Wechseln Sie daher am ganz linken Rand in den Modus EDITIEREN und fügen Sie dem Projekt noch eine C++-Quelldatei main.cpp hinzu, in der Sie das Widget erzeugen und anzeigen (Abbildung 31.38).

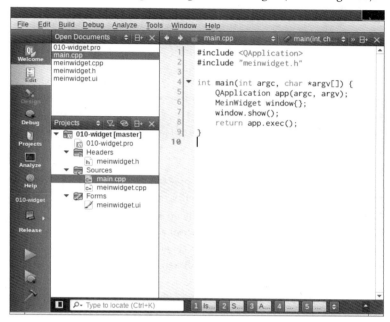

Abbildung 31.38 Die »main()«-Funktion, die »MeinWidget« erzeugt und anzeigt

Im Beispiel wurde folgender C++-Quellcode dem Projekt hinzugefügt:

```
#include <QApplication>
#include "meinwidget.h"

int main(int argc, char *argv[]) {
    QApplication app(argc, argv);
    MeinWidget window{};
    window.show();
    return app.exec();
}
```

Jetzt prüfen Sie noch, ob die *.pro-Datei alles Nötige enthält. Vor allem die Zeile QT += core gui widgets sollte es geben.

Das Beispiel ist nun im Grunde fertig. Sie brauchen das Projekt jetzt nur noch zu speichern, zu übersetzen und auszuführen (Abbildung 31.39). Die UI-Datei können Sie nach wie vor weiter im Modus DESIGN bearbeiten, um Änderungen daran vorzunehmen.

Abbildung 31.39 Fertig ist das eigene mit dem Qt Designer erstellte Widget.

> **Weitere Widgets**
> Auf diese Art und Weise können Sie Ihrem Projekt viele weitere UI-Dateien bei Bedarf hinzufügen und sie verwenden.

> **Dialoge und Hauptfenster mit dem Qt Designer entwerfen**
> Wie Sie eigene Widgets mit dem Qt Designer erstellen können, war hier erst der Anfang. In Abschnitt 31.9, »Eigenen Dialog mit dem Qt Designer erstellen«, und in Abschnitt 31.11, »Anwendungen in einem Hauptfenster«, erfahren Sie, wie Sie eigene Dialoge und Hauptfenster-Anwendungen entwerfen und verwenden können.

31.6 Widgets anordnen

Ein weiteres sehr wichtiges Thema ist das Layout der Anwendungen. Mit dem Layout ist hierbei die Anordnung der Widgets gemeint, zum Beispiel ob die einzelnen Widgets horizontal oder vertikal angeordnet werden sollen oder was passiert, wenn der Anwender die Größe des Fensters verändert etc.

Der eine oder andere wird mir jetzt hierbei entgegnen, das Thema Layout ist doch Sache des Designers von Qt (ein RAD-Tool). Im Grunde ist das auch richtig. Es beansprucht wesentlich mehr Zeit, das Layout Zeile für Zeile selbst zu schreiben. Hierfür kann man bei einem vernünftigen Framework auch immer ein RAD-Tool verwenden. Allerdings ist es unerlässlich für den Einstieg in Qt, zu wissen, was für grundlegende Layout-Widgets es gibt.

31.6.1 Grundlegende Widgets für das Layout

Bevor wir das grundlegende Qt-Layout-Konzept näher erläutern, wollen wir uns zunächst seine Klassenhierarchie ansehen (Abbildung 31.40).

In der Praxis verwenden Sie die Klassen `QGridLayout`, `QStackedLayout`, `QVBoxLayout` und `QHBoxLayout` am meisten direkt. Alle Klassen sind hierbei von der Basisklasse `QLayout`, und `QLayout` wiederum wurde von der Superbasisklasse `QObject` und `QLayoutItem` abgeleitet.

Von `QLayoutItem` allein sind die beiden Klassen `QSpaceItem` und `QWidgetItem` abgeleitet. Letzteres wird allerdings gewöhnlich nicht direkt verwendet. `QBoxLayout` kann wiederum direkt verwendet werden, was aber auch eher seltener der Fall ist, weil die beiden Klassen `QVBoxLayout` und `QHBoxLayout` die meisten Fälle abdecken.

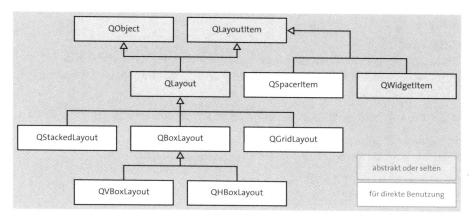

Abbildung 31.40 Klassenhierarchie für Layouts von Qt-Widgets

»QGridLayout«, »QVBoxLayout« und »QHBoxLayout«

Der einfachste und schnellste Weg, Ihrer Anwendung ein gutes Layout zu verpassen, dürften die vorgefertigten Layouts `QHBoxLayout`, `QVBoxLayout` und `QGridLayout` sein (auch *Layout-Manager* genannt). Alle drei Klassen sind von der Klasse `QLayout` abgeleitet (siehe Abbildung 31.40). Die einzelnen Layouts lassen sich recht schnell beschreiben:

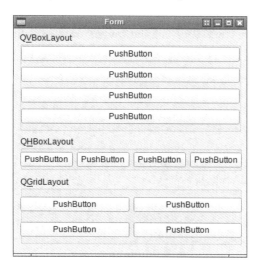

Abbildung 31.41 »QVBoxLayout«, »QHBoxLayout« und »QGridLayout«

31   GUI-Programmierung mit Qt

▶ QVBoxLayout
Ordnet die Widgets in einer vertikalen Spalte von oben nach unten an

▶ QHBoxLayout
Ordnet die Widgets in einer horizontalen Reihe von links nach rechts an (in Ländern, wo die Schrift von rechts nach links erfolgt, ist auch die Anordnung dann entsprechend)

▶ QGridLayout
Ordnet die Widgets in einem zweidimensionalen Raster an. Man kann sich dies ähnlich wie bei einer Tabellenkalkulation vorstellen. Ein Widget kommt beispielsweise in Zeile 1 und Reihe 3. Die Zählung fängt hier bei 0 an.

In Abbildung 31.41 können Sie alle drei grundlegenden Layouts von Qt näher betrachten.

Wenn Sie dieses Layout nicht mit dem Qt Designer, sondern programmatisch erstellen, erzeugen Sie zum Beispiel die Knöpfe in dem QGridLayout wie folgt:

```
allBox = new QVBoxLayout[this};
this->setLayout(allBox);
// ...
grid = new QGridLayout{};
grid->addWidget(button0, 0, 0);    // Zeile 0, Spalte 0
grid->addWidget(button1, 0, 1);    // Zeile 0, Spalte 1
grid->addWidget(button2, 1, 0);    // Zeile 1, Spalte 0
grid->addWidget(button3, 1, 1);    // Zeile 1, Spalte 1
gridGroup = new QGroupBox{"Q&GridLayout"};
gridGroup->setLayout(grid);
allBox->addWidget(gridGroup);
```

Damit die Knöpfe in dem Raster noch eine hübsche Überschrift und einen dünnen Rahmen haben, sind sie hier in einer QGroupBox verpackt. Das sieht besser aus, ist aber nicht unbedingt nötig.

Tastenkürzel und Gruppen

Übrigens können Sie in vielen Beschriftungen ein Ampersand & vor einem Buchstaben verwenden, um diesen als Tastenkürzel für das Widget festzulegen. In Abbildung 31.41 sind die Beschriftungen der QGroupBox-Instanzen Q&VBoxLayout, Q&HBoxLayout und Q&GridLayout. Die Buchstaben werden dann automatisch unterstrichen dargestellt, und Sie können die Gruppe mit ⎇Alt+V, ⎇Alt+H und ⎇Alt+G schnell auswählen.

Das Raster ist beinahe nur durch Ihre Vorstellungskraft eingeschränkt. Sie können es auch ganz anders befüllen:

998

```
grid->addWidget(button0, 0, 1);    // Zeile 0, Spalte 1
grid->addWidget(button1, 1, 0);    // Zeile 1, Spalte 0
grid->addWidget(button2, 2, 1);    // Zeile 2, Spalte 1
grid->addWidget(button3, 2, 2);    // Zeile 2, Spalte 2
```

Das ergibt dann eine Anordnung wie in Abbildung 31.42.

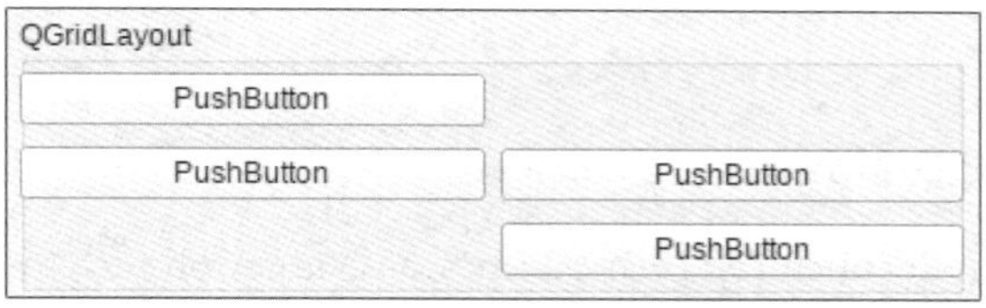

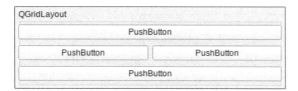

Abbildung 31.42 Eine andere Anordung im Grid

Hier stehen die Buttons relativ verloren herum. Wollen Sie, dass die restliche Fläche auch ausgefüllt wird, können Sie bei den Schaltflächen zusätzlich noch angeben, wie weit sich die Abgrenzung der Schaltflächen erstrecken soll. Dies erledigen Sie mit der folgenden Angabe:

```
grid->addWidget(button0, 0, 0, 1, 2);
grid->addWidget(button1, 1, 0);
grid->addWidget(button2, 1, 1);
grid->addWidget(button3, 2, 0, 1, 2);
```

Bezogen auf die erste Zeile addWidget(button0, 0, 0, 1, 2) bedeutet dies: Lege die Schaltfläche in Zeile 0 und Spalte 0. Die Schaltfläche soll sich dabei nur über eine Zeile, aber über zwei Spalten erstrecken. Durch diese weiteren Angaben bei addWidget() ergibt sich folgende Anordnung in Abbildung 31.42.

Abbildung 31.43 »QGridLayout« mit Ausdehungen

Methoden für die Layout-Widgets

Die Widgets für das Layout enthalten enorm viele Methoden, um weitere Dinge wie Ausrichtung, Ausdehnung, Ausfüllen, Abstand etc. einzustellen. Diese an dieser Stelle auf mehreren Seiten abzudrucken, wäre ein Unding. Hier müssen Sie den Qt Assistant zu Rate ziehen. Bevor Sie jetzt allerdings hergehen und alles haarklein durcharbeiten, empfehle ich Ihnen, Abschnitt 31.9, »Eigenen Dialog mit dem Qt Designer erstellen«, zu lesen, wo ein wenig darauf eingegangen wird, wie Sie Ihre Widgets mit dem Qt Designer anordnen können. Gerade für solche Dinge bietet sich ein RAD-Tool geradezu an.

Wie dem auch sei, wenn Sie ein wenig in der Dokumentation zu den Methoden für das Layout stöbern wollen, dann sollten Sie etwas höher angelegt bei QLayout (Layout-Hierarchie, siehe Abbildung 31.40) anfangen, wo Sie viele allgemeine Methoden für die weiteren Layout-Widgets vorfinden. Dann können Sie sich nach unten durcharbeiten und die Methoden von QStackedLayout, QFormLayout, QBoxLayout (inklusive QVBoxLayout und QHBoxLayout) und QGridLayout studieren.

31.7 Dialoge erstellen mit »QDialog«

Ein Dialogfenster ist ein *Hauptfenster* (oder auch *Top-Level-Fenster*), das Sie gewöhnlich für kurze Anwendereingaben, Einstellungen oder auch nur Informationen für den Anwender verwenden werden. Ein solches Dialogfenster basiert auf der Klasse QDialog, die wiederum von QWidget abgeleitet ist (siehe Abbildung 31.44).

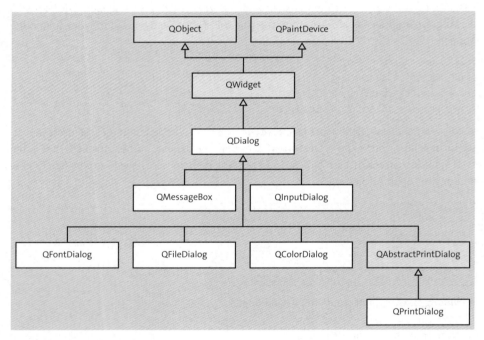

Abbildung 31.44 Klassenhierarchie von »QDialog«

Qt bietet eine Menge an vordefinierten Dialogen, wie beispielsweise Anwendereingaben von Zahlen oder Text, Farbauswahl, Dateiauswahl, Schriftauswahl. Darauf gehe ich in Abschnitt 31.8, »Vorgefertigte Dialoge von Qt«, näher ein. Hier beschreibe ich zunächst die »Basisklasse« aller Dialoge mit QDialog.

31.7 Dialoge erstellen mit »QDialog«

Ein solcher Dialog mit QDialog kann *modal* oder *nicht modal* sein. Modal bedeutet, dass der Dialog immer vor dem Elternfenster liegt und das Elternfenster so lange blockiert, bis der Dialog geschlossen ist. Damit zwingt man den Anwender, die Interaktion erst auszuführen, bevor er Zugriff auf andere Fenster derselben Anwendung bekommt.

Die exec()-Funktion zu verwenden ist der normale Weg, einen modalen Dialog anzuzeigen. Bei QDialog ist diese Methode auch als Slot implementiert. Wenn der Anwender den Dialog schließt, liefert exec() einen Rückgabewert. Üblicherweise wird eine Standardschaltfläche (wie OK) mit accept() und eine weitere Schaltfläche mit reject() (zum Beispiel ABBRECHEN) verknüpft.

> **Alternative zu »exec()«**
>
> Alternativ zu exec() kann auch die Methode setModal(true) und dann show() aufgerufen werden, um ein modales Dialogfenster anzuzeigen. Andersherum wird so auch ein nicht modales Dialogfenster angezeigt. Man verwendet die Methode setModal(false) und ruft dann show() auf.

Hierzu wieder ein kleines Beispiel: Ich erstelle ein einfaches Fenster (QWidget) mit einer Schaltfläche (quasi das Hauptfenster der Anwendung). Wird die Schaltfläche betätigt, wird ein Dialogfenster angezeigt. Das heißt, das Projekt besteht aus den Dateien, die Sie in Abbildung 31.45 sehen.

Abbildung 31.45 Dateien im Projekt

Zunächst das Grundgerüst für das Hauptfenster:

```
// 012-dialog/mywidget.hpp
...
#include "mydialog.hpp"
class MyWidget : public QWidget {
    Q_OBJECT
public:
    explicit MyWidget(QString title = tr("Bitte Button betätigen"),
                      QWidget* parent = nullptr);
private slots:
    void checkInputDialog();
```

31   GUI-Programmierung mit Qt

```cpp
private:
    QPushButton* button0_;
    QLabel* label1_;
    QLabel* label2_;
    QVBoxLayout* layout_;
    MyDialog* dialog_;
};
```

Nach dem Grundgerüst des Hauptfensters folgt jetzt das Grundgerüst der Headerdatei mydialog.hpp für den Dialog:

```cpp
// 012-dialog/mydialog.hpp
...
#include <QDialog>

class MyDialog : public QDialog {
    Q_OBJECT
public:
    explicit MyDialog(QWidget *parent = nullptr);
};
```

Natürlich müssen Sie hierbei auch das Makro Q_OBJECT verwenden, wie für alle direkten (und indirekten) Ableitungen von Basisklassen (hier QObject), sonst würde das Signal-Slot-Konzept nicht funktionieren. Dies ist ein gerne gemachter Fehler, der häufig auch nicht gleich als solcher bemerkt wird, weil weder Compiler noch Linker hier eine Fehlermeldung ausgeben. Eingerichtete Signal-Slot-Verbindungen ohne das Makro haben keine Auswirkung.

Weiter mit der Implementierung der Klasse MyWidget, dem Hauptfenster:

```cpp
// 012-dialog/mywidget.cpp
#include "mywidget.hpp"
#include "mydialog.hpp"
#include <QApplication>

// Neue Widget-Klasse von QWidget ableiten
MyWidget::MyWidget(QString lab, QWidget *parent)
    : QWidget{parent}
    , button0_{new QPushButton{"Dialog starten",this}}
    , label1_{new QLabel(lab, this)}
    , label2_{new QLabel{this}}
    , layout_{new QVBoxLayout{this}}
    , dialog_{new MyDialog{this}}
{
    // Elemente des Widgets anordnen/anpassen
    layout_->addWidget(label1_);
    layout_->addWidget(button0_);
    layout_->addWidget(label2_);
```

1002

31.7 Dialoge erstellen mit »QDialog«

```
    // Signal-Slot-Verbindungen einrichten
    connect(button0_, &QPushButton::clicked, dialog_, &MyDialog::exec);
    connect(dialog_, &MyDialog::accepted, this, &MyWidget::checkInputDialog);
    connect(dialog_, &MyDialog::rejected, this, &MyWidget::checkInputDialog);
    setWindowTitle("Hauptfenster - Anwendung");
}

void MyWidget::checkInputDialog( ) {
    int val = dialog_->result();
    if(val == QDialog::Accepted) {
        label2_->setText(tr("'Ok' wurde gewählt"));
    } else if( val == QDialog::Rejected ) {
        label2_->setText(tr("'Abbrechen' wurde gewählt"));
    }
}
```

Listing 31.3 Der Header des Hauptfensters

Mit dialog_{new MyDialog{this}} erzeuge ich das neue Dialogfenster. Bei der Ausführung sieht das Hauptfenster zunächst aus wie in Abbildung 31.46.

Abbildung 31.46 Das Hauptfenster bei der Ausführung

Die Signal-Slot-Verbindung für den Button lege ich wie üblich mit connect fest. Erhält der Button das Signal clicked(), wird der Slot exec() von QDialog ausgeführt. Damit wird dann ein modales Dialogfenster angezeigt (siehe Abbildung 31.47). Es folgen noch zwei weitere Signal-Slot-Verbindungen: Die erste reagiert auf das Signal dialog_.accepted(), die andere auf dialog_.rejected().

Für beide Signale wird die selbst geschriebene Slot-Methode checkInputDialog() aufgerufen – deswegen ist diese Methode auch unter public slots im Header aufgeführt. Wie die Signale ausgelöst werden, erfahren Sie gleich.

In der eigenen Slot-Methode checkInputDialog() werte ich das Ergebnis des Signals mit der Methode result() aus. Hierbei wird entweder Accepted oder Rejected vom enum-Typ QDialog::DialogCode zurückgegeben. Entsprechend des Rückgabewerts von result() ändere ich die Beschriftung von label2_.

Jetzt fehlt noch die Implementierung des Dialogfensters aus mydialog.cpp:

```
// 012-dialog/mydialog.cpp
#include "mydialog.hpp"
...
MyDialog::MyDialog(QWidget *parent)
    : QDialog{parent}
{
    setFixedSize(150, 100);
    auto vbox = new QVBoxLayout{this};
    auto *label = new QLabel{"Ok oder Abbrechen?", this};
    auto *bOk = new QPushButton{"Ok", this};
    auto *bAb = new QPushButton{"Abbrechen", this};
    bAb->setDefault(true);
    vbox->addWidget(label);
    vbox->addWidget(bOk);
    vbox->addWidget(bAb);
    setLayout(vbox);
    connect(bOk, &QPushButton::clicked, this, &MyDialog::accept);
    connect(bAb, &QPushButton::clicked, this, &MyDialog::reject);
}
```

Die Ausführung des Dialogs sieht wie in Abbildung 31.47 aus.

Abbildung 31.47 Der Dialog bei der Ausführung

Mit bAb->setDefault(true) lege ich die ABBRECHEN-Schaltfläche als Standardschaltfläche fest. Das bedeutet, drückt der Anwender auf ⏎, wird die ABBRECHEN-Schaltfläche als gedrückt ausgelöst.

Am Ende richte ich mit connect die Signal-Slot-Verbindungen ein. Erhält bOk (die OK-Schaltfläche) das clicked()-Signal, dann wird der Slot accept() von MyDialog ausgeführt. Dieser wurde von QDialog geerbt und sorgt dann dafür, dass das Signal accepted() ausgelöst wird. Ebenso wird bAb->clicked() (die ABBRECHEN-Schaltfläche) mit this->reject() verbunden. In beiden Fällen wird hierbei die Slot-Methode checkInputDialog() von MyWidget aufgerufen und entsprechend ausgewertet, denn in Listing 31.3 habe ich die QDialog-Signale accepted und rejected damit verbunden. Der Slot reject() wird ebenfalls ausgeführt, wenn der Anwender die Esc-Taste betätigt oder das Fenster schließt. Beides entspricht hierbei ebenfalls dem »Anklicken« der ABBRECHEN-Schaltfläche. Wurde beispielsweise die OK-Schaltfläche betätigt, wird das Dialogfenster wieder geschlossen und im Hauptfenster ein entsprechendes Text-Label gesetzt (Abbildung 31.48).

31.7 Dialoge erstellen mit »QDialog«

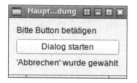

Abbildung 31.48 Die »Ok«-Schaltfläche im Dialog zuvor wurde betätigt.

Beachten Sie dabei, dass das Dialogfenster hierbei nur »versteckt« und nicht zerstört wird.

Nochmals genauer: Wurde die OK-Schaltfläche betätigt, wird das Signal clicked() ausgelöst und der Slot accept() ausgeführt. Bei MyWidget wiederum wird das Signal accepted() ausgelöst und der eigene Slot checkInputDialog() gestartet. Darin wird mit der Methode result() überprüft, ob QDialog mit Accepted oder Rejected verlassen wurde. Accepted wurde in diesem Fall an der OK-Schaltfläche und Rejected an der ABBRECHEN-Schaltfläche des Dialogs vergeben. Analog verhält sich dies beim Betätigen der ABBRECHEN-Schaltfläche, nur eben mit reject() und rejected().

Hier noch einmal der Signal-Slot-Verlauf zur Übersicht, exemplarisch für den OK-Fall:

- Button bOk sendet das Signal clicked() und löst im Dialog den Slot accept() aus.
- QDialog sorgt dafür, dass aus dem empfangenen Slot accept() das Signal accepted() wird. Als Nebeneffekt merkt sich der Dialog Accepted als Ergebnis für später.
- Das Signal accepted() des Dialogs habe ich mit dem selbst geschriebenen Slot checkInputDialog() des Hauptfensters verbunden.
- Im Slot checkInputDialog() frage ich den Dialog mit result() danach, wie er verlassen wurde.
- Beim Ergebnis Accepted ändere ich den Text des Labels entsprechend.

Hierzu noch eine main()-Funktion, mit der Sie das Ganze auch in der Praxis testen können:

```
// 012-dialog/main.cpp
#include <QApplication>
#include "mywidget.hpp"
int main(int argc, char *argv[]) {
    QApplication app(argc, argv);
    MyWidget window{};
    window.show();
    return app.exec();
}
```

Listing 31.4 Das Hauptptogramm des Projekts startet das Hauptfensters »MyWidget«.

Benutzerdefinierten Wert aus einem Dialog zurückgeben

Den einen oder anderen dürfte jetzt brennend interessieren, wie man denn nun einen anderen Wert als Accepted und Rejected aus einem Dialogfenster zurückgeben kann.

Erweitern Sie dazu am besten zunächst unseren bereits erstellten Dialog `MyDialog` um einen Slot:

```
// 013-dialog/mydialog.hpp
...
class MyDialog : public QDialog {
    Q_OBJECT
public:
    explicit MyDialog(QWidget *parent = nullptr);
public slots:
    void mySetResult();
};
```

Fügen Sie jetzt bei der Definition der Klasse eine neue Schaltfläche der vertikalen Layoutbox hinzu (siehe Abbildung 31.49):

```
// 013-dialog/mydialog.cpp
...
MyDialog::MyDialog(QWidget *parent) : QDialog{parent} {
    ...
    auto vbox = new QVBoxLayout{this};
    auto *bIg = new QPushButton{"Ignorieren", this};
    vbox->addWidget(bIg);
    ...
    connect(bIg, &QPushButton::clicked, this, &MyDialog::mySetResult);
```

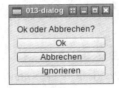

Abbildung 31.49 Eine weitere Schaltfläche »Ignorieren« wurde hinzugefügt.

Für diese Schaltfläche richtet ein zusätzlicher `connect`-Aufruf eine Signal-Slot-Verbindung zu dem neu implementierten Slot `mySetResult` ein.

Die Implementierung des Slots, der aufgerufen wird, wenn die neue Schaltfläche betätigt wurde, sieht folgendermaßen aus:

```
// 013-dialog/mydialog.cpp
...
void MyDialog::mySetResult() {
    int result = 99;
    emit done(result);
}
```

Hierbei rufen Sie die echte Slot-Methode `done()` mit dem Rückgabewert 99 auf, womit der Dialog geschlossen wird.

Jetzt fügen Sie noch in mywidget.hpp einen weiteren Slot hinzu:

```
// 013-dialog/mywidget.hpp
class MyWidget : public QWidget {
....
private slots:
    void checkInputDialog();
    void checkInputDialogArg(int);
```

Natürlich richten Sie auch hier eine neue Signal-Slot-Verbindung ein, die auf den Slot done(int) der Klasse MyDialog reagiert. Hierzu eignet sich das Signal finished(int), das ebenfalls ein Integer als Parameter hat. Als Slot für das Signal verwenden Sie die gerade definierte Slot-Methode:

```
// 013-dialog/mywidget.cpp
...
MyWidget::MyWidget(QString lab, QWidget *parent) { ...
    ...
    connect(button0_, &QPushButton::clicked, dialog_, &MyDialog::exec);
    connect(dialog_, &MyDialog::accepted, this, &MyWidget::checkInputDialog);
    connect(dialog_, &MyDialog::rejected, this, &MyWidget::checkInputDialog);
    connect(dialog_, &MyDialog::finished, this, &MyWidget::checkInputDialogArg);
```

Jetzt noch die Definition der überladenen Slot-Methode in mywidget.cpp hinzufügen:

```
// 013-dialog/mywidget.cpp
...
void MyWidget::checkInputDialogArg(int val) {
    if(val == 99)
        label2_->setText("'Ignorieren' wurde gewählt");
}
```

Mehr ist nicht nötig, um jetzt auch auf andere Rückgabewerte als Accepted oder Rejected zu reagieren. Im Beispiel wurde auf den Rückgabewert 99 reagiert (Abbildung 31.50).

Abbildung 31.50 Unsere Anwendung reagiert jetzt auch auf andere Rückgabewerte vom Dialog.

> **»QDialog« und seine Methoden**
> Sie kennen jetzt die grundlegende Verwendung von Dialogen (mit QDialog) in Qt. Trotzdem kommen Sie auch hier nicht um ein intensiveres Studieren der Klassen rund um QDialog und seiner Mitglieder herum.

31.8 Vorgefertigte Dialoge von Qt

Es wurde bereits im Abschnitt zuvor erwähnt, dass Qt bereits sinnvolle und vorgefertigte Dialoge anbietet. In diesem Abschnitt finden Sie einen kurzen Überblick dazu. Wie immer gilt auch hier, für detailliertere Informationen sollten Sie die sehr gute Referenz von Qt mit dem Assistant verwenden.

31.8.1 »QMessageBox« – der klassische Nachrichtendialog

Relativ häufig wird die von `QDialog` abgeleitete Klasse `QMessageBox` eingesetzt, um dem Anwender kurze Informationen zu vermitteln oder diesen gewisse Entscheidungen treffen zu lassen. Gewöhnlich wird dieser modale Dialog mit einer kurzen Nachricht, einem Icon und Schaltflächen angezeigt. Das Aussehen der Icons bzw. des Buttons hängt vom aktuellen Fensterstil und zum Teil auch vom System ab.

Der einfachste Weg, eine solche Nachrichtenbox anzuzeigen, ist, die statischen Funktionen `QMessageBox::information()`, `QMessageBox::question()`, `QMessageBox::critical()` und `QMessageBox::warning()` zu verwenden. In Abbildung 31.51 und in Abbildung 31.52 sehen Sie das Ergebnis des folgenden Quellcodes:

```
auto res = QMessageBox::question(this, "Frage",
    "Sein oder nicht sein?",
    QMessageBox::Yes | QMessageBox::No);
if(res == QMessageBox::Yes) {
    QMessageBox::warning(this, "Na dann", "Du hast es so gewollt");
}
```

Abbildung 31.51 »QMessageBox::question«

Abbildung 31.52 »QMessageBox::warning«

Sie können mit anderen Parametern die Schaltflächen und das Icon verändern.

Alternativ können Sie hierbei auch den Konstruktor von `QMessageBox` verwenden, um eine Nachrichtenbox mit Icon und Schaltflächen zu erzeugen. Das könnte dann folgendermaßen aussehen:

31.8 Vorgefertigte Dialoge von Qt

```
QMessageBox box(QMessageBox::Warning, "Wählen", "Welche Aktion?",
        QMessageBox::Cancel | QMessageBox::Yes | QMessageBox::No
        | QMessageBox::YesToAll | QMessageBox::NoToAll );
    box.addButton("Unentschlossen", QMessageBox::RejectRole);
    auto res2 = box.exec();
    switch(res2) {
        case QMessageBox::Yes: ...
        case QMessageBox::Rejected: ....
```

Das angezeigte Fenster sehen Sie in Abbildung 31.53.

Abbildung 31.53 Frei konstruierte »QMessageBox«

Wie Sie sehen, können Sie box nach dem Erzeugen mit dem Konstruktor und vor dem Anzeigen und Ausführen mit exec() noch verändern. Zum Beispiel können Sie mit addButton weitere Knöpfe hinzufügen. Von addButton existieren mehrere Überladungen. Neben der gezeigten, bei der Sie nur Text und Rolle des Buttons wählen können, gibt es auch eine, die einen QAbstractButton* nimmt. Da können Sie dann einen selbst abgeleiteten Button mit allen Schikanen, die Sie sich ausdenken und programmieren, unterbringen.

QMessageBox hat sehr viele weitere Methoden, mit denen Sie Aussehen und Verhalten verändern können. Der Qt Assistant ist die beste Quelle für die komplette Erklärung.

31.8.2 »QFileDialog« – der Dateiauswahldialog

Mit QFileDialog können Sie den Benutzer einen Datei- oder Verzeichnisnamen zum Laden oder Speichern auswählen lassen. Auch mehrere Auswahlen sind möglich. Sie können auch hier das Verhalten und Aussehen weitgehend verändern.

Abbildung 31.54 Ein Beispiel für einen »QFileDialog«

1009

31 GUI-Programmierung mit Qt

Den Dialog des folgenden Listings sehen Sie in Abbildung 31.54.

```cpp
void MyWidget::myopenfile() {
    QFileDialog dlg{this, "Bitte eine Datei auswählen"};
    dlg.setFileMode(QFileDialog::ExistingFiles);
    dlg.setDirectory(QDir::homePath());
    dlg.setNameFilter("Dateien (*.cpp *.cxx *.cc)");
    dlg.setViewMode(QFileDialog::Detail);
    QStringList fileNames{};
    if(dlg.exec())
        fileNames = dlg.selectedFiles();
    auto info = tr("Ihre Auswahl: %1\n")
        .arg(fileNames.join("\n"));
    QMessageBox::information(
        this, "Ihre Auswahl", info, QMessageBox::Ok );
}
```

Die legen mit `setFileMode` fest, ob nur eine existierende Datei – zum Beispiel beim Laden – oder auch ein noch nicht existierender Dateiname ausgewählt werden kann – zum Speichern. In Tabelle 31.1 sehen Sie die Optionen, zwischen denen Sie wählen können.

Konstante	Beschreibung
AnyFile	der Name einer Datei, egal, ob diese existiert oder nicht
ExistingFile	der Name einer einzelnen existierenden Datei
Directory	Der Name eines Verzeichnisses. Trotzdem werden Dateien und Verzeichnisse angezeigt.
DirectoryOnly	Der Name eines Verzeichnisses. Außerdem werden auch nur Verzeichnisse angezeigt.
ExistingFiles	der Name einer oder mehrerer existierenden/r Datei(en)

Tabelle 31.1 Modus für »QFileDialog::setMode()«

Mit `setDirectory` legen Sie fest, mit welchem Verzeichnis der Dialog starten soll. Wenn Sie hier wie im Beispiel `QDir::homePath()` übergeben, startet der Dialog im Ihrem Benutzerverzeichnis.

`setNameFilter` legt fest, welche Dateien angezeigt werden sollen. Sie können auch mehrere Einträge erlauben.

Mit `setViewMode` setzen Sie die Art der Ansicht. Dabei gibt es `QFileDialog::List`, bei denen hauptsächlich nur die Dateinamen zu sehen sind, und `QFileDialog::Detail`, was auch Größe, Dateityp etc. anzeigt.

1010

Die wichtigste Funktion, wenn Sie einen eigenen Dateiauswahldialog mit exec() anzeigen, ist selectedFiles() (es gibt auch selectedFile() für eine einzelne Auswahl). Wenn der User OK (oder OPEN bzw. ÖFFNEN) drückt, werden mit selectedFile() die selektierten Dateinamen zurückgegeben.

Im Beispiel mache ich aus der Liste mit QStringList::join() einen einzelnen langen QString, den ich dann anschließend mit dem Nachrichtendialog in Abbildung 31.55 anzeige.

Abbildung 31.55 Mehrere Dateinamen wurden ausgewählt

31.8.3 »QInputDialog« – Dialog zur Eingabe von Daten

Für die Eingabe von Zahlen und Zeichenketten bietet Qt mit QInputDialog (ebenfalls von QDialog abgeleitet) auch vorgefertigte statische Eingabedialoge an. In diesem Fall gibt es nur die statischen Methoden und keine Möglichkeit, eigene Instanzen dieser Klasse zu erzeugen (was allerdings auch gar nicht nötig ist). Alle Dialoge bieten jeweils die Buttons OK und ABBRECHEN (bzw. CANCEL) an. Folgende vier statische Funktionen können dabei verwendet werden:

- QInputDialog::getText()
  Liest einen eingegebenen String vom Anwender ein
- QInputDialog::getDouble()
  Damit kann eine Gleitkommazahl eingelesen werden.
- QInputDialog::getInt()
  Liest eine Ganzzahl vom Anwender ein
- QInputDialog::getItem()
  Lässt den Anwender aus mehreren vorgegebenen Strings auswählen.

Für die genaue Syntax und die einzelnen Parameter empfehle ich Ihnen, wieder die Dokumentation von Qt zu verwenden.

Hierzu soll nur kurz Code gezeigt werden, der alle vier Eingabedialoge (inklusive ihrer Auswertung) in der Praxis demonstrieren soll:

Das Projekt besteht aus den üblichen Dateien meiner Demo-Projekte:

31 GUI-Programmierung mit Qt

```
014-input
    014-input.pro
    Headers
        mywidget.hpp
    Sources
        main.cpp
        mywidget.cpp
```

main.cpp sieht exakt aus wie in Listing 31.4. Das Gerüst von mywidget.hpp, dem Header für das Hauptfenster, enthält hauptsächlich vier Aktionsknöpfe: einen für jeden zu startenden QInputDialog. Deren Ausführung ist in je einem private slot untergebracht:

```cpp
// 014-input/mywidget.hpp
...
class MyWidget : public QWidget {
    Q_OBJECT
public:
    explicit MyWidget(QWidget* parent = nullptr);
private slots: // je ein Handler pro Button:
    void myGetText();
    void myGetDouble();
    void myGetInt();
    void myGetItem();
private: // ein Button pro Demo:
    QPushButton* bGetText_;
    QPushButton* bGetDouble_;
    QPushButton* bGetInt_;
    QPushButton* bGetItem_;
    QLabel* lResult_;
    QVBoxLayout* layout_;
};
```

Hier gibt es nichts Besonders. Sie dürfen wie immer nicht vergessen, Q_OBJECT in der Klasse zu erwähnen.

Die Implementierung ordnet die Knöpfe im vertikalen Layout an und verbindet deren clicked-Signale je mit dem entsprechenden privaten Slot von MyWidget:

```cpp
// 014-input/mywidget.cpp
#include <QInputDialog>
...
MyWidget::MyWidget(QWidget *parent) : QWidget{parent}
    , bGetText_{new QPushButton{"get Text",this}}
    , bGetDouble_{new QPushButton{"get Double",this}}
    , bGetInt_{new QPushButton{"get Int",this}}
    , bGetItem_{new QPushButton{"get Item",this}}
    , lResult_{new QLabel{this}}
    , layout_{new QVBoxLayout{this}}
```

1012

```
{
    layout_->addWidget(bGetText_);
    layout_->addWidget(bGetDouble_);
    layout_->addWidget(bGetInt_);
    layout_->addWidget(bGetItem_);
    layout_->addWidget(lResult_);
    connect(bGetText_,  &QPushButton::clicked, this, &MyWidget::myGetText);
    connect(bGetDouble_,&QPushButton::clicked, this, &MyWidget::myGetDouble);
    connect(bGetInt_,   &QPushButton::clicked, this, &MyWidget::myGetInt);
    connect(bGetItem_,  &QPushButton::clicked, this, &MyWidget::myGetItem);
    setWindowTitle("Hauptfenster - Anwendung");
}
```

Die vier Slots rufen jeweils eine der statischen Methoden von QInputDialog auf und präsentieren Ihnen im Label lResult_ das Ergebnis, wenn Sie OK gedrückt haben. Sie sehen in Abbildung 31.56, wie der zentrale Dialog aussieht.

Abbildung 31.56 Hinter jedem Button versteckt sich ein »QInputDialog«

Das Grundprinzip sehen Sie in MyWidget::myGetText():

```
void MyWidget::myGetText() {
    bool ok = false;
    auto res = QInputDialog::getText(this, "Frage",
        "Was ist Ihr Name?", QLineEdit::Normal, "", &ok);
    if(ok) {
        lResult_->setText(tr("Antwort: %1").arg(res));
    }
}
```

Die statische Methode QInputDialog::getText(…) erhält als Parameter mindestens das Elternfenster, einen Fenstertitel und ein Labeltext, der am Eingabefeld dargestellt wird.

Abbildung 31.57 »QInputDialog::getText«

In ok überträgt der QInputDialog, ob Sie den Dialog mit OK oder anders beendet haben. Dieser Parameter ist vom Typ bool*. Wenn Sie nicht am Ergebnis interessiert sind, können Sie nullptr übergeben, was auch der Defaultwert ist. Auch die beiden Parameter vorher haben Defaultwerte, aber ich musste sie hier angeben, um überhaupt ok übergeben zu können. Diese Parameter sind die Art des Eingabefelds und der vorausgefüllte Text. Weitere Parameter könnten von Ihnen übergeben werden, um das Verhalten des Dialogs zu beeinflussen, worauf ich hier aber verzichtet habe.

```
// 014-input/mywidget.cpp
...
void MyWidget::myGetDouble() {
    bool ok = false;
    auto res = QInputDialog::getDouble(this, "Frage",
        "Was ist Pi?", 0., -1000., +1000., 8, &ok);   // Start, Min, Max, Stellen
    if(ok) {
        lResult_->setText(tr("Antwort: %1").arg(res));
    }
}
void MyWidget::myGetInt() {
    bool ok = false;
    auto res = QInputDialog::getInt(this, "Frage",
        "Was ist Ihr Alter?", 0, 0, 150, 1, &ok);   // Start, Min, Max, Inkrement
    if(ok) {
        lResult_->setText(tr("Antwort: %1").arg(res));
    }
}
```

getDouble() und getInt() erhalten leicht andere Parameter: Die können Minimum und Maximum festlegen sowie die Anzahl der Dezimalstellen bzw. die Schrittweite des Drehschalters.

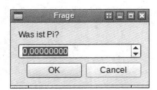

Abbildung 31.58 »QInputDialog::getDouble«

Abbildung 31.59 »QInputDialog::getInt«

```
// 014-input/mywidget.cpp
...
void MyWidget::myGetItem() {
    bool ok = false;
    QStringList items{"rot", "schwarz", "0"};        // Möglichkeiten
    auto res = QInputDialog::getItem(this, "Frage",
        "Rien ne va plus!", items, 0, false, &ok);   // Vorauswahl, editierbar
    if(ok) {
        lResult_->setText(tr("Antwort: %1").arg(res));
    }
}
```

getItem() geben Sie eine vorbereitete QStringList mit den Optionen zur Auswahl mit. Sie legen außerdem den Index des vorausgewählten Elements vor (hier 0) sowie ob der Eintrag vom Benutzer noch editiert werden kann (hier false).

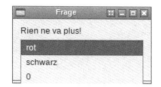

Abbildung 31.60 »QInputDialog::getItem«

31.8.4 Weitere Dialoge

Es gibt noch weitere vorgefertigte Dialoge von Qt, auf die ich nicht im Detail eingehe:

- QFontDialog
  Erlaubt die Auswahl von Schriften. Die Schriftarten selbst werden bei Qt mit der Klasse QFont verwendet.

- QColorDialog
  Für die Auswahl einer Farbe für QColor

- QPrintDialog
  Dieser wählt einen QPrinter in einem Druckdialog aus.

31.9 Eigenen Dialog mit dem Qt Designer erstellen

In der gängigen Praxis wird kaum noch einer hergehen und einen Dialog von Hand codieren, wie dies in Abschnitt 31.7, »Dialoge erstellen mit QDialog«, gezeigt wurde. Hierfür wird gerne entweder auf vorgefertigte Dialoge zurückgegriffen, worauf in Abschnitt 31.8, »Vorgefertigte Dialoge von Qt«, zuvor eingegangen wurde, oder man verwendet auch den Qt Designer. Gerade das anspruchsvolle Layout eines Dialogs lässt sich mit dem Designer von Qt wesentlich einfacher und häufig auch schneller realisieren. In diesem Abschnitt werden Sie erfahren, wie Sie mithilfe des Qt Designers einen eigenen, komplexeren Dialog erstellen können. Dabei erfahren Sie auch gleich noch, wie Sie eine Designer-Datei in einer Qt-Anwendung verwenden können.

1. Starten Sie ein neues leeres Qt-Projekt über das Menü DATEI • NEU, wie Sie dies in Abschnitt 31.1.2, »Ein einfaches Projekt erstellen«, gemacht haben.
2. Klicken Sie jetzt die Projektdatei mit der rechten Maustaste an und wählen Sie im Kontextmenü HINZUFÜGEN aus.
3. Entscheiden Sie sich im nächsten Dialog unter den Vorlagen bei DATEIEN UND KLASSEN für die Gruppe QT, sodass Sie in der Mitte QT-DESIGNER-FORMULARKLASSE auswählen können. Klicken Sie auf die Schaltfläche AUSWÄHLEN (siehe Abbildung 31.61).

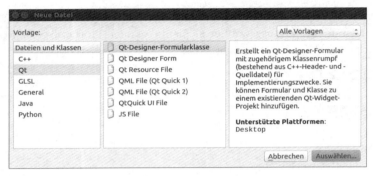

Abbildung 31.61 Eine neue Qt-Designer-Formularklasse erstellen

4. Im nächsten Schritt erscheint ein Fenster, in dem Sie auswählen können, was Sie erstellen wollen. In diesem Beispiel wollen wir zunächst eine Dialogbox ohne Schaltflächen erstellen, die wir dann noch ausstatten werden. Wählen Sie daher DIALOG WITHOUT BUTTONS aus. Klicken Sie dann auf die Schaltfläche WEITER (siehe Abbildung 31.62).

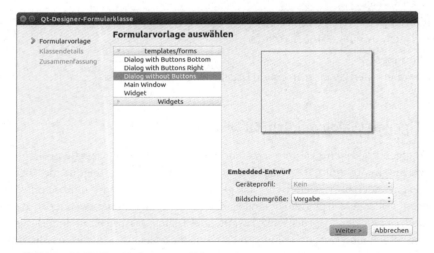

Abbildung 31.62 Eine Vorlage auswählen

31.9 Eigenen Dialog mit dem Qt Designer erstellen

5. Als Nächstes werden Sie nach dem Klassennamen, den Namen der Headerdatei, der Quelldatei und der Formdatei sowie dem Speicherort für das künftige Dialogfenster gefragt. Ich verändere die Vorgaben nur leicht: Klassenname `Dialog` und den Dateinamen `dialog.cpp`, `dialog.h**pp**` und `dialog.ui`.

6. Am Ende erhalten Sie eine Zusammenfassung Ihrer Eingaben und können noch eine Projektverwaltung hinzufügen. Mit der Schaltfläche FERTIG sollten Sie eine Dialogbox im Modus DESIGN von Qt Creator vorfinden (siehe Abbildung 31.63).

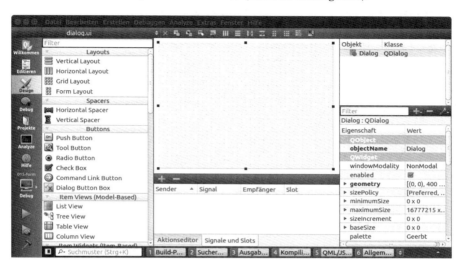

Abbildung 31.63 Eine leere Dialogbox im Design-Modus

Layout entwerfen

1. Von der linken Widgetbox ziehen Sie jetzt per Drag-and-drop die gewünschten Bedienelemente (Widgets) in die Dialogbox. In unserem Fall verwenden wir zwei Labels `QLabel`, ein einzeiliges Textfeld `QLineEdit`, eine Spin-Box `QSpinBox`, eine Group-Box `QGroupBox`, zwei Radioschaltflächen und eine normale Schaltfläche. Zusätzlich verwende ich noch zwei vertikale und einen horizontalen Spacer (siehe Abbildung 31.64).

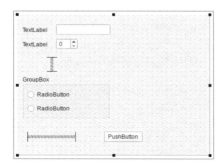

Abbildung 31.64 Ein erster grober Entwurf unserer Dialogbox

1017

2. Zunächst ist es nicht wichtig, dass alles millimetergenau an seinem Platz ist. Dies erledigen wir im nächsten Arbeitsvorgang. Priorität haben das Layout für die beiden Text-Labels, das einzeilige Eingabefeld und die Spin-Box. Hierzu markieren Sie mit gedrückter linker Maustaste bzw. auch mit gehaltener [Strg]-Taste diese vier Widgets.

3. Im Beispiel bietet sich hervorragend das Tabellen-Layout (QGridLayout) an. Hierzu finden Sie in der Werkzeugleiste einen entsprechenden Button (siehe Abbildung 31.65), oder Sie verwenden die Tastenkombination [Strg]+[G].

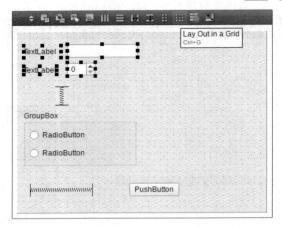

Abbildung 31.65 Das Tabellen-Layout (»QGridLayout«) auswählen

4. Wenn Sie das Tabellen-Layout aktiviert haben, erhalten Sie eine saubere Formatierung der markierten Widgets (siehe Abbildung 31.66).

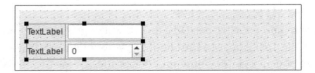

Abbildung 31.66 Saubere Formatierung dank »QGridLayout«

5. Ähnliches wollen wir jetzt auch mit der Group-Box und den Radioschaltflächen machen, nur dass wir hierbei statt des Grid-Layouts ein vertikales Layout verwenden (Tastenkombination [Strg]+[L]: also zunächst wieder die Radioschaltflächen und die umgebende Group-Box markieren und dann das vertikale Layout auswählen.

Abbildung 31.67 Group-Box und Radioschaltflächen markieren und senkrecht anordnen

31.9 Eigenen Dialog mit dem Qt Designer erstellen

6. Markieren Sie jetzt noch den horizontalen Spacer und die Schaltfläche und ordnen Sie diese waagerecht an (siehe Abbildung 31.68).

Abbildung 31.68 Der Spacer und die Schaltfläche werden waagerecht angeordnet.

7. Zum Schluss markieren Sie nochmals alle Bedienelemente und ordnen sie erneut senkrecht mit dem vertikalen Layout (QVBoxLayout) an. Danach können Sie noch die Größe des umgebenden Formulars an die Größe der Elemente anpassen.

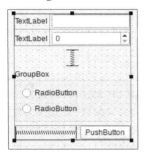

Abbildung 31.69 Nochmals alle Elemente des Dialogs auswählen und senkrecht anordnen

Befehle über das Menü

sämtliche Befehle des Designers auch über das Menü EXTRAS • FORMULAREDITOR aufrufen.

Ergebnis in einer Vorschau betrachten

Nun können Sie den Dialog über EXTRAS • FORMULAREDITOR • VORSCHAU oder die Tastenkombination [Alt]+[Strg]+[R] ansehen (siehe Abbildung 31.70).

Abbildung 31.70 Vorschau der Dialogbox

1019

Eigenschaften der Bedienelemente anpassen

Im Designer können Sie sich jetzt die Hierarchie der einzelnen Widgets im Dock-Widget-Objekt-Inspektor rechts im vom Qt Designer ansehen (siehe Abbildung 31.71).

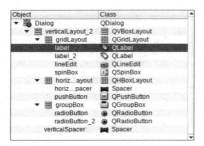

Abbildung 31.71 Rechts oben bietet der Objekt-Inspektor einen sehr guten Überblick zur verwendeten Hierarchie.

Um jetzt die Eigenschaften der Widgets zu bearbeiten, können Sie entweder auf einen entsprechenden Eintrag im Objekt-Inspektor oder aber auch direkt im Design-Modus der Dialogbox auf ein entsprechendes Widget klicken. Für das Anpassen eines Widgets und dessen Eigenschaften gibt es dann den Eigenschaft-Editor. Klicken Sie beispielsweise im Objekt-Inspektor auf QDialog oder auf den Fensterrahmen, finden Sie alle möglichen Eigenschaften des Widgets im Eigenschaft-Editor wieder (siehe Abbildung 31.72).

Abbildung 31.72 Im Eigenschaft-Editor können Sie die Eigenschaften der Widgets betrachten und modifizieren.

In diesem Eigenschaft-Editor finden Sie zwei Spalten. Auf der linken Seite befindet sich der Name der Eigenschaft und auf der rechten Seite der Wert. Den Wert können Sie ändern. Wollen Sie zum Beispiel einen modalen Dialog verwenden, müssen Sie einfach in der zweiten Spalte von WINDOWMODALITY klicken, und es erscheint eine Liste mit den möglichen Werten für diese Eigenschaft, die Sie verwenden können (siehe Abbildung 31.73).

31.9 Eigenen Dialog mit dem Qt Designer erstellen

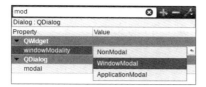

Abbildung 31.73 Hier können Sie den Dialog modal machen.

Um den Fenstertitel zu ändern, müssen Sie einfach nach der Eigenschaft WINDOWTITLE suchen und in der Spalte WERT den entsprechenden Titel eintragen (siehe Abbildung 31.74).

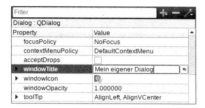

Abbildung 31.74 Einen Fenstertitel für den Dialog vergeben

So können Sie praktisch alle Beschriftungen und Eigenschaften eines Widgets anpassen. Besonders bei der Spin-Box sind Anpassungen an MINIMUM, MAXIMUM und VALUE nötig. (siehe Abbildung 31.75).

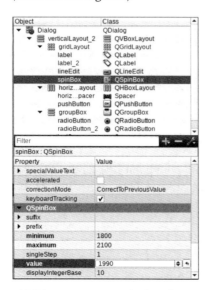

Abbildung 31.75 Eigenschaften der Spin-Box modifizieren

Nach einigen weiteren Anpassungen der einzelnen Widgets mit dem Eigenschaft-Editor sieht unsere Dialogbox in der Vorschau nun aus wie in Abbildung 31.76. Beachten Sie, dass ich auch das umgebende Formular und das äußerste `QVBoxLayout` wieder verbreitert habe. Die darin befindlichen Widgets haben sich praktischerweise mitvergößert.

Abbildung 31.76 Die zusammengeklickte Dialogbox

Wenn man ein wenig Übung mit dem Qt Designer hat, lässt sich ein solcher Dialog in zwei bis drei Minuten zusammenklicken. Mit reinem C++-Code wäre man da schon erheblich länger beschäftigt, besonders, was das Layout betrifft.

> **Experimentieren erwünscht**
> Die Verwendung des Eigenschaft-Editors lädt geradezu zum Herumexperimentieren ein, was Sie auf keinen Fall versäumen, sondern unbedingt tun sollten.

Signal-Slot-Verbindung(en) hinzufügen

Auch für die Signal-Slot-Verbindungen sieht der Designer etwas Besonderes vor. Im Menü BEARBEITEN finden Sie einen Eintrag SIGNALE UND SLOTS BEARBEITEN, den Sie auch mit F4 aktivieren können. Zurück kommen Sie im selben Menü wieder mit WIDGETS BEARBEITEN oder F3.

Aktivieren Sie also das Bearbeiten einer Signal-Slot-Verbindung mit F4. Jetzt wählen Sie hier das Widget für das Signal aus und ziehen es per Drag-and-drop auf das Widget mit dem Slot. Ich beginne damit, auf ein Signal von `QPushButton` zu reagieren, und den Slot stellt der Dialog (`QDialog`) zur Verfügung (siehe Abbildung 31.77).

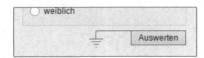

Abbildung 31.77 Eine Signal-Slot-Verbindung per Drag-and-drop

Die Verbindung wird vom Designer angezeigt, angefangen beim Widget, das das Signal auslöst, hin zum Widget, das den Slot enthält. Für das Ziel-Widget wird eine Art Erdungssymbol angezeigt. Als Nächstes erscheint ein Dialog, in dem Sie sich die passende Signal-Slot-Verbindung aussuchen können (siehe Abbildung 31.78).

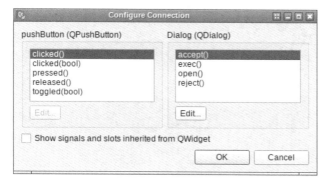

Abbildung 31.78 Signal-Slot-Verbindung auswählen

Im Beispiel wurde für `QPushButton` das Signal `clicked()` eingerichtet, das im Fall eines Auftretens mit dem Slot `accept()` von `QDialog` reagiert.

Haben Sie die neue Signal-Slot-Verbindung eingerichtet, wird dies beim Dialog im Designer auch angezeigt (solange der Modus SIGNALE UND SLOTS BEARBEITEN ist) (siehe Abbildung 31.79).

Abbildung 31.79 Virtuelle Übersicht der Signal-Slot-Verbindung

Neben dem eben gezeigten Weg können Sie auch über den Editor SIGNALE UND SLOTS unterhalb des Qt Creators die Signale-Slot-Verbindungen einrichten (Abbildung 31.80).

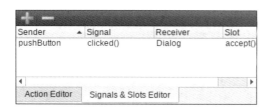

Abbildung 31.80 Signale-und-Slots-Editor

Tabulatorenreihenfolge anpassen

Ein weiteres Tool vom Designer ist die Überprüfung der Tab-Reihenfolge. Viele Anwender verwenden bei Dialogen gerne die Tabulatortaste, um in das nächste Widget zu wechseln. Gerade wenn man mit dem Designer sein Layout zusammenklickt und das eine oder

1023

andere Widget hinzufügt, stimmt die Reihenfolge oft nicht mehr. Den Überblick verschaffen Sie sich mit dem Menü BEARBEITEN • TABULATORENREIHENFOLGE BEARBEITEN (siehe Abbildung 31.81).

Abbildung 31.81 Die Tabulatorenreihenfolge passt so vermutlich nicht.

Die Tabulatorenreihenfolge in Abbildung 31.81 dürfte wohl nicht das sein, was der Programmierer wollte. Um die bevorzugte Reihenfolge einzurichten, klicken Sie einfach so lange auf die Zahlen, bis der gewünschte Wert darin erscheint. Den Vorgang wiederholen Sie mit den anderen Widgets so lange, bis Sie die von Ihnen präferierte Reihenfolge erhalten (siehe Abbildung 31.82).

Abbildung 31.82 Jetzt passt die Tabulatorenreihenfolge.

Buddies bearbeiten

Auch die Tastaturkürzel und Buddies können Sie über das Menü BEARBEITEN • BUDDIES BEARBEITEN beim Designer einrichten. Hierbei geht man ähnlich wie beim Einrichten von Signal-Slot-Verbindungen vor. Wählen Sie in diesem Beispiel das Label, das Sie verwenden wollen, und ziehen Sie dieses per Drag-and-drop auf das zugehörige Widget (Buddy) (siehe Abbildung 31.83).

31.9 Eigenen Dialog mit dem Qt Designer erstellen

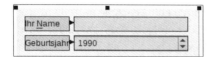

Abbildung 31.83 Einzeiliges Eingabefeld als Buddy vom Label »Ihr Name«

Buddies und Tastenkürzel

Ein Buddy ist ein mit dem Eingabefeld verknüpftes Label. Wenn Sie einem Label mit einem Tastenkürzel versehen, dann wird nicht das Label, sondern der Eingabefeld-»Buddy« selektiert. Ein Tastenkürzel können Sie zum Beispiel festlegen, indem Sie ein kaufmännisches Und & vor einen Buchstaben im Label einbauen, zum Beispiel für das Tastenkürzel [Alt]+[N] schreiben Sie Ihr &Name.

Jetzt müssen Sie noch mit dem Eigenschaft-Editor vor dem Buchstaben (bei der Eigenschaft »text«), mit dem Sie auf das Zeilenfeld springen wollen, ein kaufmännisches Und & setzen, wodurch dieser Buchstabe dann im Label unterstrichen ist (Abbildung 31.84). So erzeuge ich die Label IHR &NAME und GEBURTS&JAHR. Bei der Group-Box setze ich die Eigenschaft TITLE auf &GESCHLECHT. Einen Buddy braucht die Group-Box nicht. Der Push-Button braucht auch kein Kürzel, denn als Default-Button reagiert er auf [↵].

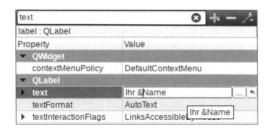

Abbildung 31.84 Mit dem kaufmännischen Und vor »Name« kann künftig per Tastatur direkt auf das entsprechende Editierfeld gesprungen werden.

Erstellten Dialog in einer Qt-Anwendung verwenden

Dass Sie das komplette Projekt abgespeichert haben, versteht sich von selbst. Wenn Sie mit dem Modus DESIGN fertig sind, können Sie wieder in den Modus EDITIEREN wechseln, wo Sie in der Projektverwaltung alle nötigen Dateien vorfinden. Das Hauptaugenmerk liegt hierbei auf der Formulardatei mit der Endung .ui. Im Beispiel wurde diese Datei unter dem Namen dialog.ui im Projektverzeichnis gespeichert. Diese Datei können Sie sich auch im Modus EDITIEREN ansehen. Dabei werden Sie feststellen, dass es sich hierbei um nichts anderes als um eine Datei im XML-Format handelt.

Der Qt Creator sollte in der Projektdatei (.pro) automatisch die Formulardatei dem Eintrag FORMS hinzugefügt haben. Trotzdem ist dies ein guter Zeitpunkt, das zu kontrollieren.

```
FORMS += \
    dialog.ui
```

1025

31   GUI-Programmierung mit Qt

Weitere Designer-Dateien (.ui) können Sie getrennt durch eine Leerzeile hinten anfügen. Wenn Sie qmake ausführen und das Projekt erstellen (oder einfach ALLES ERSTELLEN) wird diese Formulardatei von einem UI-Compiler (*User Interface Compiler*, kurz *UIC*) verwendet. Dieser speziell für UI-Dateien benötigte Compiler erstellt eine entsprechende Headerdatei mit dem entsprechenden Code. Der Name dieser Datei hängt vom Namen der gespeicherten UI-Datei ab. In unserem Fall wird aus der UI-Datei dialog.ui die Headerdatei mit dem Namen ui_dialog.h hinter den Kulissen vom UI-Compiler erstellt. Es wird also immer aus NAME.ui der Headername ui_NAME.h generiert.

Logischerweise müssen Sie im Quellcode, wo Sie den Dialog verwenden wollen, die entsprechende Headerdatei mit #include (hier "ui_dialog.h") hinzufügen.

Wenn Sie den Anweisungen im Buch gefolgt sind, dann sind alle Dateien schon für Sie vorbereitet. Das Grundgerüst der Klasse finden Sie in unserem Beispiel in dialog.h und den Code, der das GUI erzeugt, in dialog.cpp. Wenn Sie sich die Datei ansehen, finden Sie dort mit setupUi() eine Methode, die den kompletten Widget-Baum (also das komplette GUI) für das Eltern-Widget aus der Formdatei erzeugt.

Anpassen oder nicht anpassen?

Weil die Datei ui_dialog.h immer wieder aus dialog.ui erzeugt wird, ist es nutzlos, diese manuell anzupassen. Deswegen sehen Sie ui_dialog.h auch nicht in der Liste der Projektdateien im Qt Creator.

Die einmal vorgenerierten Dateien dialog.hpp und dialog.cpp sind aber für eigene Anpassungen gedacht. Diese werden von keinem automatischen Schritt überschrieben, weshalb sie diese in den Projektdateien auch gelistet sind.

Zum Beispiel könnten Sie die Datei dialog.cpp wie folgt leicht abändern:

```
// 015-form/dialog.cpp
#include "dialog.hpp"
#include "ui_dialog.h"
Dialog::Dialog(QWidget *parent)
    : QDialog{parent}
    , ui{std::make_unique<Ui::Dialog>()}    // war: ui(new Ui::Dialog)
{
    ui->setupUi(this);
}
Dialog::~Dialog() {
    /* delete ui; */                        // wg. make_unique nicht mehr gebraucht
}
```

Dann müssen Sie in dialog.hpp ebenfalls auf unique_ptr umrüsten:

▶ Fügen Sie #include <memory> hinzu.

▶ Ändern Sie den Typ von ui auf std::unique_ptr<Ui::Dialog>.

1026

Der Klassenname (hier Dialog) wird aus dem OBJECTNAME-Attribut des Dialogs gesetzt, den Sie im Designer verwendet haben (siehe Abbildung 31.85).

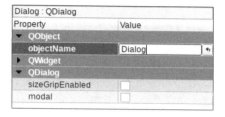

Abbildung 31.85 »objectName«-Attribut der Klasse »QObject« legt den Klassennamen fest.

Sollten Sie den Namen nachträglich löschen oder ändern, würden Sie die vom Designer erstellte Headerdatei nicht verwenden können, weil Sie hiermit eine anonyme Klasse ohne Namen erzeugt hätten. Der UI-Compiler fügt dem Klassennamen dann noch ein Ui_ vorne an, sodass aus dem Objektnamen DIALOG im Beispiel die Klasse Ui_Dialog wird.

Um mit einem Bezeichner auf die vom Designer verwendeten GUI-Elemente (Widgets) zugreifen zu können, wird ein eigener Namensraum Ui generiert und die Klasse Dialog öffentlich von Ui_Dialog abgeleitet. In der Praxis bedeutet das, dass Sie ein Objekt des vom Designer entworfenen Dialogs folgendermaßen erzeugen können:

```
Ui::Dialog myUi;
```

Das ist für Sie in der vorgenerierten Datei dialog.hpp schon gemacht worden. Dort ist in einer Wrapper-Klasse Dialog die Membervariable UI::Dialog *ui definiert (oder Sie haben es auf std::unique_ptr<Ui::Dialog> geändert).

Ich modifiziere die vorgenerierte Datei dialog.hpp. Neben ein paar Kleinigkeiten füge ich vor allem einen private slot ein, der beim Drücken auf den Button AUSWERTEN reagieren soll.

```
// 015-form/dialog.hpp
#ifndef DIALOG_HPP
#define DIALOG_HPP
#include <QDialog>
#include <memory>
namespace Ui {
    class Dialog;
}
class Dialog : public QDialog {
    Q_OBJECT
public:
    explicit Dialog(QWidget *parent = 0);
    ~Dialog() noexcept;
private:
    std::unique_ptr<Ui::Dialog> ui;   // sicherer mit unique_ptr
```

```cpp
private slots:
    void analyseDialog();
};
#endif // DIALOG_HPP
```

Listing 31.5 Der Header der Klasse »Dialog«

Die vom UI-Compiler generierte Klasse hatte Qt als privaten Zeiger eingefügt. Ich habe daraus nur einen unique_ptr gemacht. Hier eine kleine Liste von Anmerkungen zu dem Listing:

▶ **Warum unique_ptr statt roher Zeiger?**
Der von Qt generierte Code rief delete ui manuell im Destruktor auf. Das ist mit unique_ptr nicht nötig und zudem sicherer. Performancenachteile gibt es nicht.

▶ **Warum überhaupt Zeiger statt direktes Mitglied?**
Wie beim *Pimpl-Pattern* in Listing 14.4 (Seite 347) verbergen Sie so die Implementierung und kommen hier mit der Vorwärtsdeklaration namespace Ui { class Dialog; } statt #include "ui_dialog.h" aus.

▶ **Warum ein Destruktor?**
Mit dem Pimpl-Pattern muss die Implementierung (auch wenn sie leer ist) auch in die *.cpp-Datei.

▶ **Warum ein explicit am Konstruktor und noexcept am Destruktor?**
Beides ist guter Stil und manchmal wirklich von Vorteil. explicit sollten Sie normalerweise an Konstruktoren mit einem oder keinem Argument verwenden. noexcept sollte an jedem Destruktor stehen, *und* der sollte dann auch wirklich keine Exception auslösen.

Die Implementierungsdatei sieht so aus:

```cpp
// 015-form/dialog.cpp
#include "dialog.hpp"
#include "ui_dialog.h"
#include <QMessageBox>
Dialog::Dialog(QWidget *parent)
    : QDialog{parent}
    , ui{std::make_unique<Ui::Dialog>()} // unique_ptr statt roher Zeiger
{
    ui->setupUi(this);        // generiertes Layout aufrufen
    connect(ui->pushButton,   // Button verbinden mit neuem privatem Slot
        &QPushButton::clicked, this, &Dialog::analyseDialog);
}
Dialog::~Dialog() noexcept {    // leerer Destruktor nötig fürs Pimpl-Pattern
}
void Dialog::analyseDialog() { // privater Slot
    QString str{};
    if( ui->lineEdit->text().isEmpty()) {
```

31.9 Eigenen Dialog mit dem Qt Designer erstellen

```cpp
        str += tr("Name: keine Angaben\n");
    } else {
        str += tr("Name: %1\n").arg(ui->lineEdit->text());
    }
    if( ui->spinBox->cleanText().isEmpty()) {
        str += tr("Geburtsdatum: keine Angaben\n");
    } else {
        str += tr("Geburtsdatum: %1\n").arg(ui->spinBox->cleanText());
    }
    if( ui->radioButton->isChecked()) {
        str += tr("Geschlecht: männlich\n");
    } else {
        str += tr("Geschlecht: weiblich\n");
    }
    QMessageBox::information(nullptr, tr("Die Auswertung"), str);
}
```

Listing 31.6 Die Implementierung der Klasse »Dialog«

Das Wichtigste und Erste, was ich im Konstruktor erledige, ist, setupUi() aufzurufen, um überhaupt die UI-Klasse verwenden zu können. Sollten Sie setupUi() zu spät aufrufen und das Programm greift bereits auf eine Mitgliedsvariable der vom Designer generierten Oberfläche zurück, stürzt das Programm ab, weil auf einen undefinierten Speicherbereich zugegriffen wird.

Mit connect richte ich dann einen Signal-Slot-Handler ein, der auf das Signal clicked() von ui->pushButton mit dem neuen privaten Slot analyseDialog() reagiert. Der Slot, der unsere Eingabe im Dialog auswertet, ist ab Dialog::analyseDialog() ebenfalls definiert.

Zugriff auf die Bezeichner der Formdatei

Auch hier gilt für den Zugriff auf die einzelnen Bezeichner im Designer, dass diese aus der Eigenschaft OBJECTNAME generiert werden. Ein Blick in ui_DATEINAME.h oder den Objekt-Inspektor im Modus DESIGN hilft aus, falls man die Bezeichner der einzelnen Widgets nicht mehr genau weiß oder man es dem Designer überlassen hat, wie diese lauten.

Jetzt fehlt nur noch die Hauptfunktion, um unser GUI auszuführen:

```cpp
// 015-form/main.cpp
#include <QApplication>
#include "dialog.hpp"
int main(int argc, char *argv[]) {
    QApplication app(argc, argv);
    Dialog dialog{};
    dialog.show();
    return app.exec();
}
```

Wie Sie sehen, gibt es keinen Unterschied zu den bisherigen `main()`-Funktionen. Diesmal ist das Hauptfenster eine Instanz von `Dialog`, was ja von `QDialog` abgeleitet ist. Sonst hatten wir ein von `QWidget` abgeleitetes Objekt.

In Abbildung 31.86 finden Sie nochmals einen kurzen Überblick über alle Dateien in unserem Projekt. Wenn Sie auf der Suche nach `ui_dialog.h` sind, werden Sie gewöhnlich im Ausgabeverzeichnis `build/` fündig, wo sich auch die ausführbare Anwendung befindet.

Abbildung 31.86 Alle Dateien des Projekts im Überblick

Abbildung 31.87 und Abbildung 31.88 zeigen das Programm bei der Ausführung.

Abbildung 31.87 Der Dialog bei der Ausführung

Abbildung 31.88 Die Auswertung des Dialogs

31.10 Grafische Bedienelemente von Qt (Qt-Widgets)

Nachdem jetzt die Dialoge von Qt behandelt wurden, gebe ich Ihnen noch einen kurzen Überblick über die gängigeren Widgets. Für mehr Details (und mehr Widgets) sei wie immer der Assistent von Qt empfohlen.

31.10.1 Schaltflächen (Basisklasse »QAbstractButton«)

Die Basisklasse QAbstractButton (abgleitet von QWidget) ist die abstrakte Basisklasse der Widgets für Schaltflächen (Buttons) und stellt die grundlegenden Methoden, Signale und Slots für alle anderen Schaltflächenarten zur Verfügung (Abbildung 31.89).

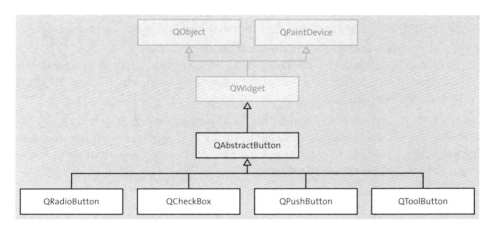

Abbildung 31.89 Basisklasse »QAbstractButton«

QAbstractButton unterstützt neben den gewöhnlichen Schaltflächen (QPushButton) auch Auswahlkästchen (QCheckBox) und Radioschaltflächen (QRadioButton). Auswählkästchen und Radioschaltflächen werden gewöhnlich zu einer Gruppe zusammengefasst, innerhalb derer sie ausgewählt werden können. Während bei den Auswahlkästchen mehrere Auswahlen in einer Gruppe erlaubt sind, wird bei den Radioschaltflächen in der Regel nur ein Element in der Gruppe ausgewählt.

Zu den gewöhnlichen Schaltflächen (QPushButton) gehört auch die Klasse QToolButton. Beide unterstützen auch den niedergedrückten bzw. angewählten Zustand (engl. *toggled*).

- **QPushButton – einfache Schaltfläche**
  Einfache Schaltflächen haben Sie schon in mehreren Beispielen gesehen. Mit setCheckable() können Sie sie auch als »auswählbare« Schaltfläche verwenden, die gedrückt und losgelassen sein kann, ähnlich wie ein Auswahlkästchen mit QCheckButton. Wird der Zustand umgeschaltet, sendet die Schaltfläche das Signal toggled(bool) aus.

- **QCheckBox – Auswahlkästchen**
  Sie können mit einem Häkchen oder Kreuz die Schaltfläche als ausgewählt (Qt::Checked) oder nicht ausgewählt (Qt::Unckeched) markieren. Ändert sich der Zustand, wird das Si-

gnal `stateChanged(int)` ausgelöst. `setCheckState()` und `checkState()` setzen und prüfen den Zustand des Kästchens. Mit `setTristate()` und `isTristate()` können Sie einen dritten Zustand für »weder ausgewählt noch nicht ausgewählt« (`Qt::PartiallyChecked`) erlauben und verwalten.

▶ `QRadioButton` – Radioschaltflächen
Dem `QCheckButton` ähnlich, nur dass hierbei gewöhnlich statt mehrerer nur eine Auswahl aus einer Gruppe von Radioschaltflächen getroffen wird, und die Auswahl ist meist mit einem Punkt dargestellt. Radioschaltflächen sind per Voreinstellung immer `autoExclusive`. Dies bedeutet, Sie können aus mehreren Radioschaltflächen innerhalb einer Gruppe nur eine aktiv haben, wie beispielsweise `QButtonGroup` oder `QGroupBox`. Das Umschalten löst das Signal `toggled()` aus. Ob eine Schaltfläche ausgewählt ist, prüfen Sie mit `isChecked()`. Mit `setChecked()` können Sie eine Schaltfläche vorbelegen.

▶ `QToolButton` – aktivierbare Werkzeugschaltfläche
Für gewöhnlich enthält eine Werkzeugleiste (`QToolBar`) diese Schaltflächen. Im Gegensatz zu normalen Schaltflächen enthalten solche Tool-Buttons in der Regel kein Text-Label, sondern ein Icon.

Die Basisklasse `QAbstractButton` vergibt den Text und das Icon an die Schaltflächen. Der Text wird mit `setText()` gesetzt (es sei denn, dieser wird beim Erzeugen mit dem Konstruktor schon vergeben) und das Icon mit `setIcon()`. Beispielsweise lässt sich ein Icon folgendermaßen auf die Schaltfläche setzen:

```
button->setIcon(QIcon("images/icon.png"));
```

In diesem Beispiel wird das Icon `icon.png` der Schaltfläche hinzugefügt, das sich im Verzeichnis `images` des laufenden Programms befindet. Ist das Icon größer als die Schaltfläche, wird die Größe automatisch angepasst. Alle Schaltflächen in Qt unterstützen sowohl Text als auch die Anzeige von Icons.

Wollen Sie dem Button ein Tastaturkürzel zuweisen, so stehen Ihnen gleich zwei Möglichkeiten zur Verfügung. Entweder verwenden Sie das kaufmännische Und &, und `QAbstract`-`Button` erzeugt automatisch ein Tastaturkürzel für das darauf folgende Zeichen, zum Beispiel:

```
button = new QPushButton ("A&uswerten");
```

Hiermit können Sie mit dem Tastaturkürzel [Alt]+[U] die Schaltfläche auswählen. Dadurch wird auch gleich der Slot `animateClick()` ausgeführt. Oder Sie können ein solches Tastaturkürzel mit der Methode `setShortcut()` setzen, also zum Beispiel:

```
button->setShortcut(tr("Alt+M"));
```

Damit kann nun die Schaltfläche mit der Tastenkombination [Alt]+[M] betätigt (`clicked()`) werden.

Da `QAbstractButton` die gängigen Signale und Slots für alle darunterliegenden `Q*Button`-Klassen definiert, liste ich hier zumindest die gängigen Signale kurz auf:

- `void clicked(bool checked = false)`
  Dieses Signal wird ausgelöst, wenn der Button betätigt wurde (wie zum Beispiel niedergedrückt und losgelassen, wenn der Mauscursor innerhalb des Buttons war).
- `void pressed()`
  Dieses Signal wird ausgelöst, wenn der Button niedergedrückt wurde.
- `void released();`
  Dieses Signal wird erst ausgelöst, wenn der Button losgelassen wurde.
- `void toggled(bool checked)`
  Das Signal wird ausgelöst, wenn ein ankreuzbarer oder dauerhaft niederdrückbarer Button seinen Zustand verändert. `checked` ist `true`, wenn der Button angekreuzt oder niedergedrückt ist.

31.10.2 Container-Widgets (Behälter-Widgets)

Als Container-Widget werden hier Klassen bezeichnet, die andere Widgets als »Behälter« verwalten. Im Grunde könnte man ja auch `QDialog` und `QWidget` als ein solches Container-Widget bezeichnen, da die hier beschriebenen Container-Widgets nicht ohne die Klassen `QDialog` oder `QWidget` sichtbar sind. Somit sind diese Container-Widgets weitere Sammelbehälter innerhalb von `QDialog` oder `QWidget` (Abbildung 31.90).

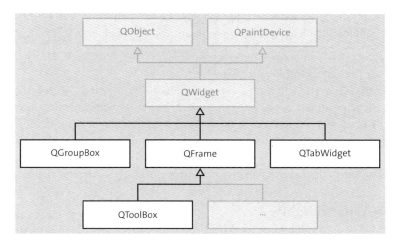

Abbildung 31.90 Klassenhierarchie der Container-Widgets

- **QGroupBox** – in einer Gruppe zusammenfassen
  Dies ist ein Widget, das einen Rahmen mit Titel um eine Gruppe von Widgets besitzt. Zusätzlich kann ein Tastaturschnellzugriff eingerichtet werden, sodass der Fokus auf eines der Kind-Widgets in der Box fällt. Und es ist möglich, die ganze Box mit allen Kindern mit `setCheckable()` zu aktivieren oder zu deaktivieren.

- **QTabWidget – Registerkarten**
  Hier verstecken sich mehrere Seiten jeweils mit Widgets hinter Tabs (Registerkarten), die Sie durch Anklicken umschalten können. Sie kennen das wahrscheinlich vom Webbrowser, wo Sie mit Tabs über mehrere gleichzeitig geöffnete Webseiten die Übersicht behalten. Die Tab-Leiste ist normalerweise oben, doch das können Sie ändern. Jeder Seite kann ein Tastenkürzel zugeordnet werden. Das Signal currentChanged(int) wird ausgelöst, wenn sich der Seitenindex ändert.

- **QFrame – verschiedene Rahmen**
  Dies ist eine Basisklasse für Widgets mit einem Rahmen, der verschiedene Formen annehmen kann. QFrame kann (und wird) auch als reiner Platzhalter ohne Inhalt verwendet. Zentrale Methoden sind setFameShadow() für einen 3-D-Effekt sowie setFrameShape() für den Typ des Rahmens. Die Stärke können Sie zum Beispiel mit setLineWidth(int) beeinflussen.

- **QToolBox – Klappregister**
  Von der Funktionalität QTabWidget recht ähnlich, nur funktioniert dieses in vertikaler Richtung. Ähnlich zu aufklappbaren Registerkarten öffnen und schließen Sie eine von mehreren Sektion. Immer nur eine Sektion ist sichtbar.

31.10.3 Widgets zur Zustandsanzeige

In der Kategorie »Zustandsanzeige« stecken alle Widgets, die einen bestimmten Vorgang bzw. Zustand auf dem Bildschirm anzeigen können, allerdings selbst keinerlei Interaktion anbieten.

- **QLabel – einfacher Text oder Grafik**
  Sie können nicht nur einen einfachen Text mit setText(), sondern sogar *Rich-Text (RTF)* darstellen, also Formatierungen benutzen; mit setTextFormat() schalten Sie Erlaubtes um. Mit setNum() können Sie einen double oder einen int darstellen. Mit setPixmap() können Sie eine Pixelgrafik (GIF, PNG und andere) setzen, mit setMovie() sogar ein bewegtes Bild. Ein Label kann ein Buddy zu einem Eingabefeld sein, also den Fokus an dieses weitergeben, wenn das Label zum Beispiel mittels eines Tastenkürzels selektiert wird.

- **QProgressDialog – Fortschrittsdialog**
  Hiermit können Sie den Anwender über den relativen Fortschritt einer Operation (Kopieren, Verschieben, Herunterladen etc.) in einem eigenen Dialog informieren. Sie initialisieren ihn mit einem maximalen Wert und können mit setValue() dann die Länge des Balkens beeinflussen.

- **QProgressBar – Fortschrittsbalken**
  Als einzelnes Widget in einem größeren Dialog können Sie zur Fortschrittsanzeige dieses Element verwenden.

31.10 Grafische Bedienelemente von Qt (Qt-Widgets)

Unterstützte Grafikformate

Welche Formate unterstützt werden, müssen Sie dem Verzeichnis `plugins/imageformats` der Qt-Distribution entnehmen. Darin finden Sie die Librarys bzw. DLLs, die dazu benötigt werden. Hierbei können jederzeit weitere Formate nachinstalliert werden. Wichtig ist auf jeden Fall, dass Sie die Grafikdatei in ein Verzeichnis `imageformats` legen, das im selben Verzeichnis sein muss wie die auszuführende Datei.

31.10.4 Widgets zur Eingabe

Bei den jetzt folgenden Klassen handelt es sich um die gängigen Widgets, die für die Anwender-Interaktion benötigt werden und ohne die keine grafische Oberfläche auskommen würde.

▶ `QLineEdit` – **einzeiliges Textfeld**
  Für ein einzeiliges Textfeld verwenden Sie `QLineEdit`. Es unterstützt Kopieren, Ausschneiden, Einfügen und Drag-and-drop. Sie können das Verhalten auf vielfältige Weise anpassen: automatische Vervollständigung (*Completer*), Ausrichtung (*Alignment*), Eingabeprüfung (*Validation*) und vieles mehr.

▶ `QTextEdit` – **mehrzeiliges Textfeld**
  Dies ist neben einem mehrzeiligen Eingabefeld auch ein ziemlich fortgeschrittener Text-Betrachter bzw. -Editor, der Rich-Text-Format (RTF) mit HTML-Formatierung unterstützt: `setText("<b>Wort</b>")` stellt in fetter Schrift dar, doch Sie können auch Bilder, Listen, Tabellen etc. verwenden. Obwohl umfangreiche Texte unterstützt werden, sollten Sie dieses Widget nicht als kompletten Office-Editor verwenden.

▶ `QTextBrowser` – **umfangreiches Textfeld**
  Hier können Sie tatsächlich große und umfangreiche Dokumente darstellen. Sie erhalten Hypertext-Navigation, jedoch nur zum Lesen.

▶ `QListWidget` – **List-Box**
  Hier können Sie aus einer Liste von möglichen Text- oder Bildelementen eines oder mehrere (`selectionMode`) auswählen lassen. Gegenüber der Basisklasse `QListView` ist hier das Verwalten der Einträgen vereinfacht. Einzelne Einträge sind Instanzen von `QListWidgetItem`, die Sie mit `insertItem()` oder `insertItems()` hinzufügen können. Das aktuelle Element ermitteln Sie mit `currentItem()`. Wenn dieses sich ändert, erhalten Sie das Signal `currentItemChanged()`.

▶ `QComboBox` – **Auswahl aus einer Liste**
  Dies kombiniert einen Button und eine Auswahlliste. Wenn aus der Liste etwas ausgewählt wurde, ändert sich der Wert des Buttons. Es ist auch möglich, dass der Anwender den Inhalt wie bei einem Textfeld editieren kann.

▶ `QSpinBox`, `QDoubleSpinBox`, `Q[Date/Time]Edit` – **Spin-Boxen**
  Diese von `QAbstractSpinBox` abgeleiteten Widgets sind eine Mischung aus einem Textfeld und einem Button mit Pfeilen (oder Plus/Minus), womit Werte angezeigt und ver-

1035

31 GUI-Programmierung mit Qt

ändert werden können. Die Werte können hierbei wie bei einem gewöhnlichen Textfeld durch Eingabe oder eben über die Buttons verändert werden. QSpinBox ist für Ganzzahlen zuständig und QDoubleSpinBox für Fließkommas. QDateTimeEdit, QDateEdit und
QTimeEdit sind für Datums- und Zeiteingaben. Sie beeinflussen die Darstellung mit
vielen Methoden, zum Beispiel setSuffix(), setButtonSymbols() und die Bedienung
mit setRange(), setSingleStep(), setWrapping() und setAccelerated(). Das nützlichste
Signal dürfte valueChanged(...) sein.

▶ **QSlider und QDial – verschiedene Schieberegler**
Mit diesen von der Basisklasse QAbstractSlider abgeleiteten Widgets können Sie einen
Wert aus einem Bereich einstellen. QSlider ist ein horizontaler Schieberegler, QDial ein
auffälliger drehbarer Knopf. Verwenden Sie setRange() und setValue() für die Position
des Reglers. Sie können Markierungen (*Ticks*) und Kerben (*Notch*) beeinflussen. Als
wichtigstes Signal wird valueChanged(int) ausgelöst.

▶ **QScrollBar – Scrollbar**
Diese Klasse als einzelnes Widget zu verwenden, wäre ungewöhnlich, sie ist oft Teil
größerer Widgets wie Listen und Drop-down-Elementen. Wenn Sie einen Bereich brauchen, in dem Sie scrollen müssen, verwenden Sie QScrollArea.

31.10.5 Onlinehilfen

Dem Anwender Hilfe zum Programm mit an die Hand zu geben, ist das A und O einer
guten Anwendung. Dies wird von vielen Programmierern gerne vernachlässigt. Häufig
gehen Entwickler davon aus, dass etwas schon selbsterklärend ist. Aus Erfahrung kann ich
aber sagen, dass dies leider nicht immer der Fall ist. Häufig muss man nicht mal ganze
Dokumentationen erstellen, sondern es reicht aus, kleine Tipps und Direkthilfen bereitzustellen.

▶ **QWidget::setStatusTip() – Statuszeilentipp**
Ein Hauptfenster hat oft eine Statuszeile. Außer dem automatischen Erklären von
Menüeinträgen können Sie zu jedem Zeitpunkt mit der Methode setStatusTip() den
Text in der Statuszeile verändern.

▶ **QWidget::setToolTip() – Tooltips**
Auch ein kleines überlagertes Minifenster kann fast jedes Widget mit setToolTip()
definieren. Wenn Sie mit dieser Methode einen Text festlegen, dann erscheint ein Tipp,
wenn Sie mit einem Mauszeiger eine bestimmte Zeit über einem Widget verweilen.
Insbesondere für Icons ist dies sinnvoll, da sich manchmal die Funktion aus dem Bild
nicht sofort erschließt.

▶ **QWidget::setWhatsThis() – Direkthilfen**
Die Erklärung von setWhatsThis() verkraftet mehr Inhalt als ein Tooltip. Wenn Sie ein
Widget so vorbereiten, dann gelangen Sie mit einem Klick in das Fragezeichen in der
Titelleiste eines Fensters oder mit ⇧+F1 in einen Modus, in dem Sie hilfsbereite
Widgets anklicken können. Hier sind auch HTML-Formatierungen möglich.

> **HTML-geführte Dokumentation mit »QTextBrowser«**
>
> Sollten Sie eine etwas umfangreichere Anleitung oder Dokumentation für Ihre Anwendung erstellen wollen, so eignet sich hierzu die Klasse QTextBrowser. Sie ist eine Erweiterung von QTextEdit im Read-only-Modus und bietet zusätzlich Navigation und Verlinkung.

31.11   Anwendungen in einem Hauptfenster

Ich habe den Begriff »Hauptfenster« bisher informell als das erste (oder einzige) geöffnete Fenster des Programms verwendet. Ein wirkliches *Hauptfenster* hat eigentlich andere Eigenschaften. Es ist meist über die Dauer des Programmlaufs offen und enthält Möglichkeiten zur Verzweigung in andere Dialoge. Um das zu ermöglichen, hat ein Hauptfenster zum Beispiel die folgenden Elemente:

- ▶ **Menüstruktur**
  Oben am Fenster- oder Bildschirmrand sind Aufklappmenüs eingeblendet. In Qt sind dies QMenu-Instanzen. Jede von ihnen enthält QAction-Elemente, die die Menüeinträge oder weitere Submenüs darstellen.

- ▶ **Statusbar**
  Am unteren Rand des Hauptfenster können dem Benutzer kurze, flüchtige Meldungen angezeigt werden, zum Beispiel Kurzinformation über einen Menüeintrag. Im QStatus-Bar können auch spezielle Widgets eingefügt werden.

- ▶ **Toolbar**
  Die QAction-Elemente der Menüs können auch einer iconbasierten Leiste für den einfacheren Zugriff hinzugefügt werden. Die QTooBar kann vom Benutzer platziert werden.

- ▶ **Dock**
  Ein QDockWidget ist ein frei platzierbarer immer präsenter Dialog. Im Beispielprogramm nutze ich es nicht.

- ▶ **Zentralbereich**
  Das wichtigste Element ist das centralWidget() des Hauptfensters. Es ist die hauptsächliche Interaktionsfläche mit dem Benutzer. Meist passt es sich der umgebenden Fenstergröße an.

Als Grundlage für ein Qt-Hauptfenster dient die Klasse QMainWindow. An dieser Klasse lassen sich dann ohne großen Aufwand all diese Dinge anbringen (Abbildung 31.91).

31.11.1   Die Klasse für das Hauptfenster »QMainWindow«

Wie bereits zuvor erwähnt, ist die Klasse QMainWindow für das Hauptanwendungsfenster in Qt verantwortlich. Das Prinzip von QMainWindow entspricht wieder dem üblichen GUI-Prinzip, indem man von dieser Klasse eine eigene ableitet. Im Grunde ist eigentlich alles so, wie Sie es schon im Abschnitt zuvor mit dem Ableiten von QWidget bzw. QDialog gemacht haben. Zur Demonstration zeige ich ein einfaches Grundgerüst eines Hauptfensters:

```cpp
// 021-mainwin/mainwindow.hpp
#ifndef MAINWINDOW_HPP
#define MAINWINDOW_HPP
#include <QMainWindow>
#include <QAction>
#include <QMainWindow>
#include <QMenuBar>
#include <QStatusBar>
#include <QTableWidget>
#include <QToolBar>
#include "dialog.hpp"  // Dialog aus vorigen Listings
class MainWindow : public QMainWindow {  // ableiten
    Q_OBJECT
public:
    explicit MainWindow(QWidget *parent = 0);
private: // die wichtigen Widgets des Hauptfensters:
    QAction *actNeu_;
    QWidget *centralWidget_;
    QTableWidget *tblWidget_;
    QMenuBar *mebMain_;
    QToolBar *tobMain_;
    QStatusBar *stbMain_;
    // ich nutze den Dialog aus vorigen Listings:
    Dialog *dialog_;
public slots:
    void addEntry(QString name, int jahr, QString geschl);
};
#endif // MAINWINDOW_HPP
```

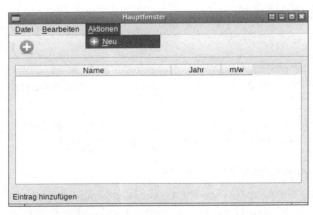

Abbildung 31.91 Grober Aufbau eines Hauptfensters. Natürlich ist die Anordnung abhängig vom System. So finden Sie beim Mac beispielsweise die Menüleiste im Desktop oberhalb des Bildschirms wieder. Die wirkliche Anordnung hängt auch vom verwendeten Fenstersystem ab.

Das Wichtigste ist, dass ich hier von QMainWindow ableite. Diese Klasse ist für den Umgang mit typischen Widgets eines Hauptfensters vorbereitet. Von centralWidget_ bis stbMain_ bereite ich für diese schon mal Membervariablen vor. Ich gehe bei der Besprechung des Konstruktors auf die Einzelheiten ein.

Ich möchte außerdem den Dialog aus Listing 31.5 nutzen und spendiere diesem hier deshalb auch eine Membervariable. Ich kopiere aus dem Projekt 015-form/ die Dateien dialog.ui, dialog.hpp und dialog.cpp (siehe Listing 31.5 ff.) und füge sie dem Projekt mittels ADD EXISTING FILES hinzu. Ich werde noch kleine Anpassungen vornehmen, vor allem bei den Signalen und Slots, doch darauf gehe ich später ein.

Die Implementierung des Hauptfensters beginnt mit einer langen Liste Initialisierungen und einem gut gefüllten Konstruktor:

```cpp
// 021-mainwin/mainwindow.cpp
#include "mainwindow.hpp"
#include <QApplication>
#include <QMenu>
#include <QVBoxLayout>

MainWindow::MainWindow(QWidget *parent)
: QMainWindow{parent}
, actNeu_{new QAction{QIcon{":/icon/neu.png"}, "&Neu", this}}
, centralWidget_{new QWidget{this}}
, tblWidget_{new QTableWidget{centralWidget_}}
, mebMain_{new QMenuBar{this}}
, tobMain_{new QToolBar{this}}
, stbMain_{new QStatusBar{this}}
, dialog_{new Dialog{}}
{
    // Layout
    resize(480, 300);
    auto layout = new QVBoxLayout{centralWidget_};
    layout->setSpacing(6);
    layout->setContentsMargins(10, 10, 10, 10);
    layout->addWidget(tblWidget_);
    setCentralWidget(centralWidget_);
    // Menüs
    auto menuDatei = new QMenu{"&Datei", mebMain_};
    mebMain_->addAction(menuDatei->menuAction());
    auto menuBearbeiten = new QMenu{"&Bearbeiten", mebMain_};
    mebMain_->addAction(menuBearbeiten->menuAction());
    auto menuAktionen = new QMenu{"&Aktionen", mebMain_};
    mebMain_->addAction(menuAktionen->menuAction());
    menuAktionen->addAction(actNeu_);
    setMenuBar(mebMain_);
```

```
    // Toolbar und Statusbar
    tobMain_->addAction(actNeu_);
    addToolBar(Qt::TopToolBarArea, tobMain_);
    setStatusBar(stbMain_);
    // tblWidget auf Inhalte vorbereiten
    tblWidget_->setColumnCount(3);
    tblWidget_->setHorizontalHeaderLabels({"Name","Jahr","m/w"});
    tblWidget_->setColumnWidth(0, 250);
    tblWidget_->setColumnWidth(1, 80);
    tblWidget_->setColumnWidth(2, 50);
    // weitere Texte
    setWindowTitle("Hauptfenster");
    actNeu_->setStatusTip("Eintrag hinzufügen");
    // connect
    connect(actNeu_, &QAction::triggered, dialog_, &Dialog::exec);
    connect(dialog_, &Dialog::addEntry, this, &MainWindow::addEntry);
}
...
```

Ich beginne damit, die Membervariablen zu initialisieren. Wie immer achte ich dabei darauf, dass ich this als Konstruktorparameter mitgebe, damit die rohen Zeiger der Objekte unter den Besitz von Qt kommen und ich mich nicht um das Wegräumen kümmern muss.

Die Membervariablen sind alle Widgets der entsprechenden Klassen:

▶ Die Menuleiste mebMain_ ist vom Typ QMenuBar.

▶ Der Toolbar tobMain_ ist vom Typ QToolBar.

▶ Der Statusbar stbMain_ ist vom Typ QStatusBar.

Das zentrale Widget

Das zentrale Widget hat eine Sonderrolle: Es wird als Container alle weiteren Widgets enthalten, die Sie im Hauptfenster haben wollen. Somit benötigt es ein eigenes Layout (hier QVBoxLayout). Dabei ist der Aufruf von setCentralWidget() wichtig. QMainWindow weiß damit unter anderem, welches Widget den Hauptbereich des Fensters einnimmt und kann es zum Beispiel mit vergrößern und verkleinern, wenn die Größe des Hauptfensters verändert wird.

In meinem Beispiel besteht der Inhalt des zentralen Widgets nur aus einem weiteren Widget, nämlich einem QTableWidget, einer Art zweidimensionalen Tabelle mit Zeilen und Spalten. Im Konstruktor bereite ich tblWidget_ schon darauf vor, dass ich drei Spalten nutzen werde, setze die Beschriftungen dieser Spalten und deren Breite.

Menüleiste, Menüs und Aktionen

Das gesamte Menü ist in mebMain_ untergebracht, einem QMenuBar. Darunter hängen Sie mit addAction() dann Untermenüs oder direkt Aktionen ein.

Eine *Aktion* ist dabei etwas, das bei der Auswahl durch den Benutzer ein Signal abgibt, das Sie mit connect() verbinden können. Typischerweise ist sie wie die Membervariable actNeu_ vom Typ QAction. Das Reagieren auf das Auslösen der Aktion geht ganz einfach. So führen Sie zum Beispiel den Dialog aus:

```
connect(actNeu_, &QAction::triggered, dialog_, &Dialog::exec);
```

Ein *Untermenü* ist vom Typ QMenu. Wenn Sie dessen Methode menuAction() aufrufen, dann erhalten Sie eine Action zurück, die Sie ebenfalls mit addAction() in die Menüleiste einfügen können.

Nicht nur dort: auch QMenu hat addAction, wie Sie bei menuAktionen->addAction(actNeu_) sehen. Hier hänge ich also actNeu_ ein. Der Effekt ist, dass in der Menüleiste im Menü Aktionen der Menüpunkt Neu erscheint, der bei Auswahl das Signal triggered sendet.

Toolbar und Aktionen

Die Werkzeugleiste erlaubt schnelleren Zugriff auf die Aktionen. Sie muss nur dem Hauptfenster bekannt gemacht werden:

```
addToolBar(Qt::TopToolBarArea, tobMain_);
```

Dieser Toolbar füge ich dieselben Aktionen hinzu, die ich schon im Menü verwendet habe:

```
tobMain_->addAction(actNeu_);
```

Es erscheint ein Bild, wie es sich für Werkzeugleisten gehört. Das lässt sich nämlich ganz einfach schon im Konstruktor von QAction setzen:

```
new QAction{QIcon{":/icon/neu.png"}, "&Neu", this}
```

Der erste Parameter ist ein Icon, das Sie auf viele Weisen erzeugen können (siehe Abschnitt »Standard-Icons und Style und Themes« etwas weiter unten). Der zweite ist der Text für das Menü, inklusive der Schnellzugriffstaste mit dem kaufmännischen Und & davor. Wenn Sie kein Icon angeben, dann erscheint der Text auch im Toolbar. Der dritte Parameter ist wie immer der Besitzer des Qt-Objekts fürs Wegräumen.

Ressourcen

Der Pfad zum Bild beginnt hier mit ":/" und zeigt somit auf einen Eintrag in einer Ressourcendatei. Das ist eine Datei, die Sie mit Add New · Qt · Qt Resource file erstellen dem Projekt hinzufügen, siehe Abbildung 31.92.

Alle Inhalte sind dann Teil des Programms. Inhalte haben drei Elemente:

▶ ein *Präfix* – hier habe ich icon gewählt

▶ ein *Alias*, unter dem Sie die Ressource laden können – hier neu.png

▶ eine Datei, die dann Teil der Ressourcendatei wird – hier add1.png

31 GUI-Programmierung mit Qt

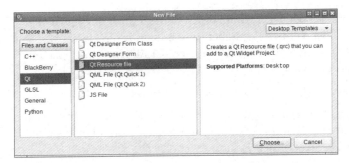

Abbildung 31.92 Eine neue Ressourcendatei erstellen

In Abbildung 31.93 können Sie die Ressourcendatei sehen, die ich in dem Projekt verwende. Sie enthält nur ein einziges Bild. Mit dem Präfix icon, dem Alias neu.png kann ich aus dieser Ressource mit dem Pfad :/icon/neu.png im Konstruktor von QIcon ein Bild machen.

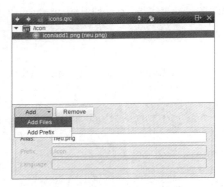

Abbildung 31.93 Ein Bild der Ressourcendatei hinzufügen

Statusleiste

Die Statusleiste füge ich als besonderes Element einfach nur dem Hauptfenster hinzu.

setStatusBar(stbMain_);

Wie in Abschnitt 31.10.5, »Onlinehilfen«, schon erwähnt, hat jedes QWidget die Methode setStatusTip(), mit der es Text in der Statuszeile einblenden kann.

Dies geschieht aber auch automatisch, wenn Sie zum Beispiel einen Menüpunkt anwählen, aber noch nicht auslösen. Damit die Aktion ausgelöst wird, muss die entsprechende QAction auch den einzublendenden Text kennen. Im Konstruktor ist dafür diese Zeile da:

actNeu_->setStatusTip("Eintrag hinzufügen");

Zu jedem Zeitpunkt, den Sie bestimmten, nicht das Widget, können Sie der Statusleiste aber auch direkt sagen, es soll seinen Text ändern. Das sehen Sie, wenn ich die Slotmethode beschreibe:

stbMain_->showMessage(tr("Eintrag hinzugefügt"));

1042

Signal-und-Slot-Verbindungen

Sie kennen das eigentlich schon, aber bei der Verknüpfung der Signale wird deutlich, wie die Applikation arbeiten soll:

```
connect(actNeu_, &QAction::triggered, dialog_, &Dialog::exec);
connect(dialog_, &Dialog::addEntry, this, &MainWindow::addEntry);
```

Wenn die Aktion `actNeu_` das Signal `triggered` sendet, dann soll der (geerbte) Slot `exec` vom eigenen Dialog aufgerufen werden. Das blendet den schon bekannten Dialog ein (mit leichten Änderungen, zu denen ich gleich komme).

Wenn jener Dialog das Signal `addEntry` feuert (Geduld, Geduld), dann soll vom Hauptfenster der Slot `addEntry` ausgeführt werden. Und genau den zeige ich Ihnen nun.

Slots

```
// 021-mainwin/mainwindow.cpp
...
void MainWindow::addEntry(QString name, int jahr, QString geschl) {
    tblWidget_->insertRow(0); // Zeile 0 hinzufügen
    tblWidget_->setItem(0, 0, new QTableWidgetItem{name});
    tblWidget_->setItem(0, 1, new QTableWidgetItem{tr("%1").arg(jahr)});
    tblWidget_->setItem(0, 2, new QTableWidgetItem{geschl});
    stbMain_->showMessage(tr("Eintrag hinzugefügt"));
}
```

Diese Slotmethode hat somit drei Parameter, aus denen ich eine neue Zeile in dem zentralen `QTableWidget` erstelle. Ist das erfolgt, ändere ich noch den Text der Statuszeile.

Signale

Der Slot, der tatsächlich der Tabelle einen Eintrag hinzufügt, ist nun da. Jetzt brauche ich noch ein Signal dazu und den passenden Zeitpunkt dieses, zu versenden.

Da ich `Dialog` direkt mit `exec` aus der `QAction` `actNeu_` ausführe, liegt es nah, das Senden des Signals an das Bestätigen des Dialogs zu binden.

Daher komme ich jetzt endlich zu den versprochenen Änderungen an `dialog.hpp`:

```
// 021-mainwin/dialog.hpp
...
class Dialog : public QDialog {
...
private slots:
    void done();
signals:
    void addEntry(QString name, int jahr, QString geschl);
};
#endif // DIALOG_HPP
```

Hier habe ich mir einen neuen Slot und ein neues Signal ausgedacht. Das Signal habe ich schon erwähnt, denn ich habe es im Konstruktor von MainWindow schon verbunden gehabt:

connect(dialog_, &Dialog::addEntry, this, &MainWindow::addEntry);

Den Slot done benötige ich, um ihn mit dem Button im Dialog zu verbinden und um tatsächlich das Signal auszusenden. Das geschieht in dialog.cpp:

```
// 015-form/dialog.cpp
#include "dialog.hpp"
#include "ui_dialog.h"
#include <QMessageBox>
Dialog::Dialog(QWidget *parent)
    : QDialog{parent}
    , ui{std::make_unique<Ui::Dialog>()}
{
    ui->setupUi(this);
    connect(this, &Dialog::accepted, this, &Dialog::done);
}
Dialog::~Dialog() noexcept
{}
void Dialog::done() {
    emit addEntry(ui->lineEdit->text(), ui->spinBox->value(),
        ui->radioButton->isChecked() ? "m" : "w");
}
```

Im Falle, dass der Dialog »akzeptiert« wird, benachrichtige ich den neuen Slot done. Sie erinnern sich, dass ich im Qt Designer, die Schaltfläche accept des Dialogs verbunden habe? Das heißt, die Daten werden nur hinzugefügt, wenn die Schaltfläche betätigt oder ⏎ gedrückt wird, nicht aber, wenn das Fenster geschlossen oder Esc gedrückt wird. Ich habe noch die Beschriftung der Schaltfläche auf HINZUFÜGEN geändert, mehr nicht. Den Dialog und seine Signal-Slot-Verbindung sehen Sie in Abbildung 31.94.

Abbildung 31.94 Nur die Beschriftung der Schaltfläche habe ich geändert.

1044

Hauptprogramm

Das Hauptprogramm enthält keine Überraschungen:

```
// 021-mainwin/main.cpp
#include <QApplication>
#include "mainwindow.hpp"
int main(int argc, char **argv) {
    QApplication app(argc, argv);
    MainWindow window{};
    window.show();
    return app.exec();
}
```

Damit Sie selbst noch einmal im Geiste eine Checkliste durchgehen können, sehen Sie in Abbildung 31.95 alle beteiligten Projektdateien:

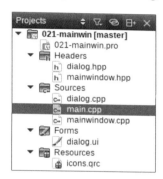

Abbildung 31.95 Alle Dateien des Hauptfenster-Projekts

Die andere Ansicht ist der Blick in die Projektdatei `021-mainwin.pro`, die ich der Vollständigkeit halber gerne zeige:

```
SOURCES += \
    main.cpp \
    mainwindow.cpp \
    dialog.cpp
HEADERS += \
    mainwindow.hpp \
    dialog.hpp
FORMS += \
    dialog.ui
RESOURCES += \
    icons.qrc
QT += core gui widgets
CONFIG += c++14
QMAKE_CXXFLAGS += -std=c++14
QMAKE_CXX = g++-6
```

Wie Sie sehen, ist das einzig Ungewöhnliche hier, dass ich mit CONFIG und QMAKE_...-Anpassungen den Compiler zur Nutzung von C++14 überrede.

Das Ergebnis

Wenn Sie das Programm ausführen, dann können Sie durch Druck auf die Toolbarschaltfläche oder Auswahl des Menüpunkts NEU nacheinander Einträge im zentralen Widget – bzw. dessen Kind, dem QTableWidget – hinzufügen. Sie sehen das in Abbildung 31.96.

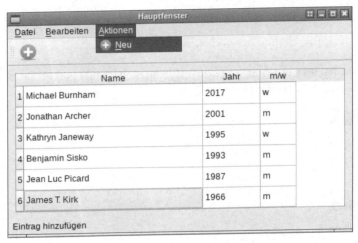

Abbildung 31.96 Das fertige Programm mit echtem Hauptfenster

Natürlich ist dies nur eine klitzekleiner Einblick in die Fähigkeiten einer QMainWindow-Applikation. Aber Sie haben dabei die Nutzung von QMenuBar, QAction, QToolBar und QStatusBar kennengelernt.

Es sollte Ihnen ein Leichtes sein, das Gelernte anzuwenden und recht komplexe Applikationen zusammenschustern zu können.

Qt Designer für »QMainWindow«

Auch das Grundgerüst eines QMainWindow-Programms können Sie im Qt Designer zusammenklicken. Beginnen Sie ein neues Projekt mit FILE • NEW FILE OR PROJEKT... und wählen Sie unter TEMPLATES die Gruppe QT und darin dann QT WIDGET APPLICATION aus.

Sie erhalten auf QMainWindow basierendes neues Widget, das Sie ebenso bearbeiten können, wie Sie es im Qt Designer mit Dialog auch gemacht haben. Statusleiste, Toolbar, Menüs und Aktionen sind per Klick und Drag-and-drop editierbar.

31.11 Anwendungen in einem Hauptfenster

Standard-Icons und Style und Themes

Sie müssen nicht alle Pixmaps selbst erstellen. Wenn es sinnvoll ist, können Sie aus dem Vorrat von Standard-Icons schöpfen. Tatsächlich ist das Erstellen von guten Icons wie das meiste in der GUI-Programmierung keine triviale (doch meist unterschätze) Aufgabe. Wollen Sie das Bild zum Beispiel an einem Element verwenden, das an/aus, aktiv/inaktiv und/ oder unselektiert/selektiert sein kann, können/sollten Sie acht verschiedenen Darstellungen berücksichtigen. Wenn Sie eine vorgefertigte Pixmap verwenden, dann müssen Sie sich darum nicht kümmern.

Sie können einer QAction zum Beispiel auf die folgende Weise ein vorgefertigtes Icon zuweisen, das dann in Menü und Toolbar angezeigt wird:

```
auto icon = QApplication::style()->standardIcon(QStyle::SP_DesktopIcon);
ui->actionDesktop->setIcon(icon);
```

QApplication::style() ist statisch und liefert einen QStyle* zurück. Mittels der Methode standardIcon() erzeugen Sie das gewünscht Icon. Die Liste der möglichen Icons ist sehr lang. In Tabelle 31.2 sehen Sie einen kurzen Auszug.

Konstante	Beschreibung
SP_MessageBoxInformation	Information
SP_MessageBoxWarning	Warnung
SP_DirIcon	Verzeichnis
SP_FileIcon	Datei
SP_DialogOkButton	Ok
SP_DialogCancelButton	Abbrechen
SP_DialogHelpButton	Hilfe
SP_DialogOpenButton	Öffnen
SP_DialogSaveButton	Speichern
SP_DialogYesButton	Ja
SP_ArrowUp	Pfeil nach oben
SP_ArrowDown	Pfeil nach unten
SP_MediaPlay	Medium abspielen
SP_MediaStop	Medium stoppen

Tabelle 31.2 Ein kurzer Auszug aus den Standard-Pixmaps von Qt

31 GUI-Programmierung mit Qt

> **Style umschalten**
>
> Bein Start der Applikation kann der Benutzer einen anderen Stil einschalten, der das Aussehen vieler Aspekte des Programms beeinflusst. Zum Beispiel:
>
> ```
> ./myapplication -style motif
> ```
>
> Mit QStyleFactory::keys() können Sie ermitteln, welche Stile zur Verfügung stehen.

Ein anderer praktischer Weg ist, sich vorgefertigte Icon-Packs herunterzuladen und als *Theme* im Ressourcen-Ordner icons/ abzulegen. Wenn Sie zum Beispiel ein *Freedesktop Icon Theme* verwenden, dann erhalten Sie so ein hübsches Icon:

```
auto icon = QIcon::fromTheme("document-open");
ui->actionOpen->setIcon(icon);
```

Sie können natürlich auch den vollständig manuellen Weg wählen:

```
auto icon = QIcon(":/images/page_white.png");
ui->actionPage->setIcon(icon);
```

Sie erzeugen dann ein Icon aus einer (selbst erstellten?) Pixmap. Diese sammlen Sie am besten in einer *Ressourcedatei*, die Sie im Projekt ADD NEW • QT • QT RESOURCE FILE erstellen können. Der Pfad des Bilds in der Datei ist dann der, den Sie nach dem ":/"-Präfix angeben müssen.

31.12   Zusammenfassung

Die können nun Widgets benutzen, sogar selbst welche erstellen. Die können neue Dialoge im Quellcode und im Qt Designer erzeugen.

Sie wissen, wie man ein Hauptfenster mit Menüs, Statusleiste, Toolbar und Aktionen ausstattet.

Sie haben über Qt schon eine ganze Menge gelernt! Und doch ist dies alles nur die Spitze des Eisbergs. Qt hat sehr viel mehr Widgets, prima Portabilitätsdatentypen, ein tolles Testframework, gute Debug- und adäquate Analysemöglichkeiten. Und nicht zuletzt gibt es für Qt eine Myriade von Modulen, auf die ich außer der Nennung der Namen gar nicht eingegangen bin. Ich rate Ihnen, zu experimentieren und zu stöbern.

Wenn Sie nämlich das Prinzip von Qt verstanden haben, fällt es Ihnen nicht schwer, sich im Selbststudium weiterzuhangeln. Ob der Code nun manuell geschrieben oder mit dem Qt Designer erstellt wird, das Prinzip ist fast immer dasselbe: Sie legen fest, ob Sie ein Widget, einen Dialog oder ein Hauptanwendungsfenster erzeugen. Dann erstellen Sie die einzelnen Bedienelemente dafür. Mithilfe von Containern ordnen Sie diese Bedienelemente und layouten sie. Dann müssen Sie für die Bedienelemente noch Signal-Slot-Verbindungen einrichten und gegebenenfalls benutzerdefinierte Signale und Slots erstellen.

1048

Das Qt-Framework bietet auch unglaublich viele Funktionalitäten zur Ein- und Ausgabe von Daten, was ich Ihnen hier komplett unterschlagen habe. Die Verwendung von Ein- und Ausgabefunktionen für Dateien, Verzeichnisse, Puffer, Prozesse (Interprozesskommunikation), Threads, Datenbanken oder die Netzwerkkommunikation mit Qt hat den Vorteil, dass Sie alle diese Techniken ohne Probleme auf andere Systeme portieren können. Gerade bei Dingen jenseits des C++-Standards (wie zum Beispiel der Netzwerkkommunikation) wird einem das Programmiererleben hiermit enorm vereinfacht, wenn man ein auf dem Windows-Rechner erstelltes Programm auf Mac OS X oder Linux/Unix portieren will.

Und wo wir beim Portieren sind: Juckt es Sie nicht, Ihre C++- und Qt-Kenntnisse für Ihr Android- oder iOS-Handy auszuprobieren?

Qt ist sehr mächtig und integriert sich wunderbar in den Alltag von C++.

Anhang

Cheat Sheet

Operation	array	vector	deque	forward_list	list	set
begin/ end	*	*	*	→	↔	↔
rbegin/ rend	*	*	*		↔	↔
assign		assign	assign	assign	assign	
at	at	at	at			
operator[]	operator[]	operator[]	operator[]			
front	front	front	front	front	front	
back	back	back	back		back	
empty	empty	empty	empty	empty	empty	empty
size	size	size	size		size	size
max_size	max_size	max_size	max_size	max_size	max_size	max_size
resize		resize	resize	resize	resize	
capacity		capacity				
reserve		reserve				
shrink_to_fit		shrink_to_fit	shrink_to_fit			
clear		clear	clear	clear	clear	clear
insert		insert	insert	insert_after	insert	insert
emplace		emplace	emplace	emplace_after	emplace	emplace
emplace_hint						emplace_hint
erase		erase	erase	erase_after	erase	erase
push_front			push_front	push_front	push_front	
emplace_front			emplace_front	emplace_front	emplace_front	
pop_front			pop_front	pop_front	pop_front	
push_back		push_back	push_back		push_back	
emplace_back		emplace_back	emplace_back		emplace_back	
pop_back		pop_back	pop_back		pop_back	
swap	swap	swap	swap	swap	swap	swap
merge	<algo>	<algo>	<algo>	merge	merge	<algo>[3]
splice				splice_after[1]	splice	
remove	<algo>	<algo>	<algo>	remove	remove	
remove_if	<algo>	<algo>	<algo>	remove_if	remove_if	
reverse	<algo>	<algo>	<algo>	reverse	reverse	
unique	<algo>[2]	<algo>[2]	<algo>[2]	unique	unique	
sort	<algo>	<algo>	<algo>	sort	sort	(sortiert)
count	<algo>	<algo>	<algo>	<algo>	<algo>	count
find	<algo>	<algo>	<algo>	<algo>	<algo>	find
lower_bound	<algo>[2]	<algo>[2]	<algo>[2]	<algo>[2]	<algo>[2]	lower_bound
upper_bound	<algo>[2]	<algo>[2]	<algo>[2]	<algo>[2]	<algo>[2]	upper_bound
equal_range	<algo>[2]	<algo>[2]	<algo>[2]	<algo>[2]	<algo>[2]	equal_range

[1]unterschiedliche Komplexität, [2]muss sortiert sein, [3]als Quelle

O(1)   O(log n)

Cheat Sheet

multiset	map	multimap	unordered_set	unordered_multiset	unordered_map	unordered_multimap
$\leftrightarrow$	$\leftrightarrow$	$\leftrightarrow$	$\rightarrow$	$\rightarrow$	$\rightarrow$	$\rightarrow$
$\leftrightarrow$	$\leftrightarrow$	$\leftrightarrow$				
	at				at	
	operator[]				operator[]	
empty	empty	empty	empty	empty	empty	empty
size	size	size	size	size	size	size
max_size	max_size	max_size	max_size	max_size	max_size	max_size
			reserve	reserve	reserve	reserve
clear	clear	clear	clear	clear	clear	clear
insert	insert	insert	insert	insert	insert	insert
emplace	emplace	emplace	emplace	emplace	emplace	emplace
emplace_hint	emplace_hint	emplace_hint	emplace_hint	emplace_hint	emplace_hint	emplace_hint
erase	erase	erase	erase	erase	erase	erase
swap	swap	swap	swap	swap	swap	swap
<algo>[3]	<algo>[3]	<algo>[3]				
(sortiert)	(sortiert)	(sortiert)				
count	count	count	count	count	count	count
find	find	find	find	find	find	find
lower_bound	lower_bound	lower_bound				
upper_bound	upper_bound	upper_bound				
equal_range	equal_range	equal_range	equal_range	equal_range	equal_range	equal_range

O(n)	O(n log n)	O(1) oder O(n)	O(1) oder O(log n)

Index

!-Operator (Negation) 87
*-Operator (Dereferenzierung) 87, **94**
*-Operator (Multiplikation) **87**, 109
++-Operator (Inkrement) 67, 87, **92**
+-Operator (Addition, Positiv) **87**, 109
,-Operator (Sequenzoperator) 95
--Operator (Negativ) **87**, 109
--Operator (Subtraktion) **87**, 109
->-Operator (Mitgliedszugriff) 94
-- -Operator (Dekrement) **68**, 87
/-Operator (Division) 109
::-Operator (Scope) 58, 65, 215, 289
< 619
<-Operator (kleiner) **92**, 635
<<-Operator (Bitshift links) 89
<<-Operator (Streamausgabe) 149
>-Operator (größer) **92**, 635
>>-Operator (Bitshift rechts) 89
>>-Operator (Streameingabe) 149
[]-Operator (Indexzugriff) 634, 816
%-Operator (Modulo) 109
^-Operator (bitweises Xor) 89
_1 (placeholders) 867

A

Abfluss-Entwurfsmuster → Entwurfsmuster,
  Abfluss
abs (complex) 130
Abstrakt → Abstrakte Klasse
Abstrakte Klasse **412**, 431, **442**, 469, 594
Abstrakte Methode 52, 183, 439, **442**, 456, 469
accumulate 632, **844**, 846, 903
Ackermannfunktion 883
acos (complex) 132
acosh (complex) 132
Adapter 609
Addition 109
adjacent_difference 845
Adresse 103
Adressoperator, unärer 485
Aggregat **254**, 265, 266
aggregate 844
Akteur (OOP) 465
Aktion (Qt) 1041
<algorithm> (Header) 158, 242, 547, **722**, 844, 873
Algorithmus 161, 721
Aliasing 111, 171, 485–487
Alignment 105

Allokator 605, 653, 666
Alternatives Token 94
Anführungszeichen (einfaches-, Zahlen-
  literal) 108
Anonymer Namensraum 314, 530
Anweisung 55, **61**, **70**
Anweisungsblock 61, **70**
Äquivalenz 852
Äquivalenzgruppe → Vergleichsgruppe
arg (complex) 130
Arithmetische Typumwandlung 110
<array> (Header) 149, 158, 319, 456, 542, **631**, 753
Array, C- 219
array (Container) 149, 156, 319, 456, 542, 595, 612,
  631, 753
ASCII-Standard 106
asin (complex) 132
asinh (complex) 132
assert 335, 343
Assignment, Compound 87, 92
Assoziativcontainer 294
async **914**, 919
at (array) 634
atan (complex) 132
atanh (complex) 132
<atomic> (Header) 927
atomic 927
atomic_flag 929
atomics 892
Attrappe 333
Aufrufbar 555
Aufzählungsklasse → enum class
Ausdruck 55, 62, **72**, 192, 213, 382
Ausführbare Datei 36
Ausführungs-Policy → parallel
Ausgabe 83
Ausgabeiterator 601
Ausnahme → Exception
Automatisches Testen 328
Automatische Variable 489
auto_ptr 492
auto (Schlüsselwort) **291**, 806
AVL-Tree 433

B

Backend (Compiler) **36**
back_inserter 723, 873
Backslash 61

1055

bad_alloc 231
bad_array 231
badbit (ios) 857
Balancierter Baum 433, 650
Barriere 932
basic_string 538, 707
Basisklasse 363
Baum, balanciert 433, 650
Baum, binär 433
Bedingung 193
begin 160, **599**, **623**, 640
Behälter → Container
Benutzerdefiniertes Literal 130, 457, **580**, 666, 847
Bereich → Scope
Bereichsauflösungsoperator → ::-Operator
Besitzer 53, **360**, 417, 465, 491, 501, 966
Bezeichner **64**, 140, 580
Beziehung 360
Bibliothek 36, 528
Bibliothek, dynamische 36
Bidirektionaler Iterator 601, 640
Bi-Endian 108
Big Endian 106
Binärdatei 64
Binärer Baum 433
Binäre Suche 735, 752
Binärsystem **88**, 102, 108
Binary Operator → Operator, zweistelliger
bind (functional) 867
binomial_distribution 826
Binomialverteilt 826
Bit 77, 102
<bitset> (Header) 91, 548, **708**
bitset 91, 126, 548, **708**
Bitweise Arithmetik 87, **88**
bool 78, 92, 125
boolalpha 636, 772, 810
Boolescher Ausdruck 125, 193
bool-Konvertierung mit explicit 425
Boost 861
Boost.Test 339
Boyer-Moore 874
Bubblesort 598
Buchstaben 818
Bucket 684
bucket_count (unordered_set) 684
Buckets → Eimer
Buildtool 36
Byte 103
Byte-Reihenfolge 106

C

C 49
Call-by-Reference 49, **169**
Call-by-Value 49, **168**, 279
call_once 905
CamelCase 140, 140
capacity (vector) 631
Capture Clause → Lambda-Ausdruck
C-Array 219
Carrige Return → Zeilenwechsel
Cast-Operator 426
catch-all 51
cbegin **623**, 640
C++ Core Guidlines 935
cend 623
CG 36
Channel 921
char (eingebauter Datentyp) 96, **127**, 550
char16_t (eingebauter Datentyp) **128**, 588
char32_t (eingebauter Datentyp) **128**, 588
Children (Qt) 966
<chrono> (Header) 324, 514, 679, 825, 830, 883
chrono (namespace) 514, 679, 825, **830**, 883
chrono_literals 847
Clang 38
clear 629
clear (atomic_flag) 929
CLion 40
cmatch 813
<cmath> (Header) 113, 120, 165
code (system_error) 857
Codeduplikation 359
Codegenerierung 36
Codepage 147
Codierung 147
collapsing, reference 546
Collation → Vergleichsgruppe
Comparator 653, 666
Compiler 38
<complex> (Header) **131**, 587
complex_literals 847
Composite Pattern (OOP) 966
Compound Assignment → Verbundzuweisung
Compound Statement 188
compress 844
<condition_variable> (Header) 909
condition_variable 909
conj (complex) 130
const 123, 323
const char* 78
const char[] → Zeichenkette

1056

constexpr 123, 666
constexpr if 586
const_iterator **323**, 512
Const-Korrektheit 279, 288, **323**
Container 155, 187, 200, **594**, 724
contiguous 626
Continuation 932
continue 207
copy 547
Copy Constructor → Kopierkonstruktor
Copy Elision **280**, 399, 534
copy (Funktion) 547
cos (complex) 132
cosh (complex) 132
count (duration) 514, 679, **830**
count_if 161
cout **83**
CR → Zeilenwechsel
crbegin 623
crend 623
critical section 894
CR+LF → Zeilenwechsel
CUDA 713
C++14 und Qt 1045
current_exception 921
Custom Deleter 385, 418, 532
cv-qualifier 324

D

data (vector) 626, 792
Data Race 895
Data Transfer Objects 376
Datenhaltende Klassen → Klasse
Datenstrom 148
Datenwort 103
Deadlock 901
deallocate 605
dec (ios) 773
decay → Verfallen
declaration, forward 173
decltype 665
defaultfloat (ios) 774
Defaultkonstruktor 269, 270, 940
Defaultoperationen 940
default_random_engine 500, **822**, 825
Definition **72**, 80, 164, 167, 189, 263, 380
Degradieren (Performance) 609
Deklaration 60, 73, 80, 164, 191, 263, 382
Dekrement-Operator → -- -Operator
Delegieren (Konstruktor) 941
Delegieren (OOP) 268, 456, 943

delete (Speicher freigeben) 96
Deleter, Custom 385, 418, 532
Denormalisierte Zahl **119**
deprecated 492, 514
<deque> (Header) 621, **636**, 909
deque 621, 636, **636**, 909
Dequeue → deque
Dereferenzieren 623, 759
Dereferenzierungsoperator, unärer 485
Design 287, 359, 375
Destruktor 33, 183, 242, **380**, 383, 940
detach (thread) **878**, **921**
Dezimalsystem 102
diamond problem → Rautenproblem
digits (numeric_limits) 550
Direktive, Präprozessor- 38, 517
distance 649
divides (functional) 864
Division ohne Rest 109
Dokumentation 136
Doppelwort 103
double **113**, 550
Double Colon → Bereichsauflösungsoperator
Doxygen 136
Drain 497
Dummy (Unittest) 333
duration_cast 514, 679, **835**
Dynamische automatische C-Arrays auf dem
    Stapel 509
Dynamische Bibliothek 36
Dynamische Polymorphie 449, 462, 470
Dynamischer Speicher → Heap
Dynamisches C-Array 509

E

ECMAScript 816
EEXIST 852
Eigene Löschfunktion 532
Eimer (Hashtabelle) 679, 684
Eingabe 83
Eingabeiterator **601**, 743
Eingebauter Datentyp 98
Eingebetteter Namensraum 308
Einrücktiefe 137
Element (Container) 610
else-Zweig 194
Embedded-System 850, 889
encoding 147, 588
end 160, **599**, **623**
endl **83**
End of File 766

End-to-End-Test → Testen
enthropy (random_device) 824
Entwicklungsumgebung, integrierte 39
Entwurfsmuster, Abfluss 497
Entwurfsmuster, Fabrik 304, 497
enum class 413, 853
EOF 766
Epoch 843
equal_range 649
Equivalence Groups (regulärer Ausdruck) 818
equivalent (Container-Ordnung) 852
erase 599, 629
Ereignisschleife 963
errc 850
errno 851
ERROR_ALREADY_EXISTS 852
error_category 850
error_code 850
Escape-Zeichen 61, 147
event loop → Ereignisschleife
Exception 97, 180, 185, 210, 222, 226, 420
    auslösen 226
    behandeln 222
exception 233
exception (stdexcept) 231
Exception-Safe 900
Exklusiv-Oder 89
exp (complex) 132
explicit 283
Exponent 117
Expression → Ausdruck

F

Fabrik-Pattern → Entwurfsmuster, Fabrik
fabs 113
Factory → Entwurfsmuster, Fabrik
failbit (ios) 857
failure (ios) 857
Fake (Unittest) 333
Fälschung (Unittest) 333
false 78, 125
Faltausdruck 579, 586, 587
fclose 626
Feld (array) 595
Fibonaccizahl 883
file_exists (errc) 852
fill
    array 634
    ios_base 782
finally (Java) 231
first (pair) 806

First-In-First-Out 636
fixed
    iomanip 113
    ios 774
Fixture (Unittest) 335, 355
flags (iostream) 781
Fließende Programmierschnittstelle 287
Fließkomma-Literal 115
Fliesskommazahl 100, **112**
flip (bitset) 708
float **113**, 550
Flüchtig → volatile
fold 844
fopen 626
Formaler Datentyp 566
format_first_only (regex_constants) 814
for-Schleife 61, **71**, 185, 200, 599, 756
Fortführung → Continuation
forward 810
<forward_list> (Header) 642
forward_as_tuple 810
forward declaration 173
forwarding, perfect 546
forward_list (Container) **612**, 642
fpclassify **119**, 120
FP_SUBNORMAL 119
Fragmentierter Speicher 749
fread 626
Freie Funktion 164, 166, 258, **339**, 581
friend
    Klasse 429
friend (Funktion) 404
Frontend (Compiler) 36
<fstream> (Header) 223, 261, 530, 769, **793**
Füllgrad (Hashtabelle) 684
function 552, 553, 653, **864**
<functional> (Header) 552, 653, 844, **864**
Funktion **59**, 258, 541
Funktionskörper 59
Funktionsobjekt 50, 532, 553, **557**
Funktionsparameter 59
Funktionstemplate 524, **538**
Funktionszeiger → Funktionsobjekt
Funktor **555**, 741, 877
<future> (Header) **914**, 932
future 917
future_status 917
fwrite 626

G

g++ 38, 39
Ganzzahl 77, 99
   Überlauf 110
   Datentyp 99
   Literal 108
Garbage Collection 50, 52, 501
Gauss, Carl Friedrich 278
gcc 38
Genauigkeit 100, **112**, 116
generic_category 850
Generics (Java) 51
Generierter Konstruktor 274
Generisches Lambda 945
Geordneter Assoziativcontainer 295
Geschweifte Klammer 62, 139
get
   array 634
   future 919, 921
   tuple 806
get_future
   packaged_task 924
   promise 921
GetLastError 851
Globale Funktion 258
Globale Variable 172, 187, 260
Gnu-C++-Compiler 849
Gnu Compiler Collection 38, 39
GSL → Guideline Support Library
Guard, Include- 264
Guide°-line Support Library 53
Guideline Support Library 53
Gültiges Objekt (RAII) 420
Gültigkeitsbereich → Scope

H

Halbwort 103
Handle 420, 529
HappsAllocator 605
Hashen 609, 678, **679**
Hat-ein-Beziehung 359
Haufen → Heap
Hauptfenster (Qt) 1000, 1037
Headerdatei → include
Heap 50, 97, 462, 470, 490, **615**, 737
Heap-Sort 737
Heron-Formel 121
hex (ios) 773
hexadezimal 108
hexfloat (ios) 774

H

h (hours, Literal-Suffix) 834, **848**
hours 834
HUGE_VAL 121
Hyperthreading 889

I

i (complex, Literal-Suffix) 848
Identifier 56, 215
IEEE-754 117
if-Anweisung 61, 71, 92, 193
if (complex, Literal-Suffix) 848
ifndef (Präprozessor-Direktive) 520
ifstream 223, 530, **793**
ignore (tuple) 808
il (complex, Literal-Suffix) 848
imag (complex) 130
Implementiert-mittels 437
Implementierung 286
Implementierungsspezifisches Verhalten 133
Implizite Typumwandlung 81, **110**, 126, 282, 853
include 36, 58, **81**, 82
Include-Guard 264
Includepfad 528
Index-Zugriff 218, 623
INFINITY 121
Infix-Schreibweise 403
Information Hiding 273
Initialisieren **60**, 73, 80, 191, 381, 394, 420
Initialisierungsanweisung 62
Initialisierungsliste 146, **616**, 621, 649, 684
Initialisierung, späte 904
Initialisierung, vereinheitlichte 56, 80
Initialisierung, Wert- 101, 255
Initialization, lazy 904
Inkrement-Operator → ++-Operator
Inline 263, 544
inline namespace **308**, 350
Inneres Produkt 844
Inputiterator 601
insert 628
inserter 723
Instanziieren 541, 609
Instanzvariable 257
Integrationstest → Testen
Integrierte Entwicklungsumgebung 39
int (eingebauter Datentyp) **77**, 101, 550
Intel Byte Order Convention 107
Interface 286, 377, 469
Interface Segregation Principle (OOP) 474
Intermediate Representation (Compiler) 36
internal (ios) 775

1059

Index

int_fast16_t 113
int_least64_t 113
int64_t 113
int8_t 113
invalid_argument 226, 231, 798
<iomanip> (Header) 113, 276, 364, 383, 444, 636, **772**
ios 857
iota 158, 161, 503, 547, **846**, 898, 903
IR (Compiler) 36
is_error_code_enum 850
is_error_condition_enum 850
isfinite 121
isinf 121
is_literal_type 457
isnan 121
isnormal 121
is_signed (numeric_limits) 550
Ist-ein-Beziehung 359
istream_iterator 723
istreamstream 797
<iterator> (Header) **513**, 547, 604, 643, 736, 752, 845, 873
iterator 95, 160, 219, **511**, 512, **598**, 623, 640, 724
Iterator, bidirektional 601, 640
Iterator-Kategorie 723
Iterator mit wahlfreiem Zugriff **601**

J

Java 49
join (thread) 877, 909
JUnit 355
JVM 50

K

Kahan-Verfahren 121
Kanal (Channel) 921
Kapazität (Container) 617
Kapiteltelegramm 32
Kapselung **273**, 284, 405
Kernsprache 82
Klammer, geschweifte 62, 139
Klasse 271, 376
Klasse, abstrakt 412, 431, 442, 469, 594
Klassentemplate 538
knuth_b 825
Kollision → Hashen
Komma
   Sequenzoperator 95
   Variablendeklaration 192

Kommandozeile 39
Kommentar 58, **65**, 135
Komplexität 597
Komposition 360, 966
Konstante 80
Konstante Methode 279, **312**
Konstanter Ausdruck 319
Konstante Referenz 279
Konstruktor 183, **265**, 381
Konstruktor (array) 633
Konstruktor, generierter 274
Kopieren 146, 877
Kopieren-und-Vertauschen 656
Kopierkonstruktor 33, 242, 294, 391, **398**, 462, 940
Kopierkonstruktor (array) 633
Kopieroperator 33, 242
Kopierzuweisung 940
Kritischer Bereich 894, 908
Kurzschluss-Auswertung **93**, 94, 487

L

Label 185
Lambda-Ausdruck 50, 532, **560**, 561, 564, **877**
Lambda, generisches 945
Latch 932
Laufzeit 75, 370
Laufzeit-Polymorphie **374**
Laufzeit-Typinformation 75
launch (async) 919
Launch Policy (async) 915
Layout-Manager 997
Lazy Initialization 904
least significant byte (LSB) 106
Leere Anweisung 72
Leerzeichen **64**, **137**, 154, 818
left (ios) 775
Lexer (Compiler) 36
Lexikografische Ordnung 635, 657, 809
LF → Zeilenwechsel
<limits> (Header) 120, 550
Line Feed → Zeilenwechsel
Linker (Compiler) **36**, **38**, 164, 528
Linksassoziativ **98**
Linux Subsystem 40
<list> (Header) **639**, 736, 758, 893
list (Container) 612, **639**, 736, 758, 893
Listing 31
Literal 65
Literal, benutzerdefiniert 130, 457, 580, 666, 847
Literaler Datentyp 182, 411, 456

1060

literals (namespace) 707, 806, 847
Literal-Suffix 847
Little Endian **106**
LLVM 38
load factor (Hashtabelle) 684
Load-Test (Testen) 328
Lock 420, 893
lock-free 925
lock_guard 893
log (complex) 132
log10 (complex) 132
Lokale Variable 172
Lokalitätsverhalten 747
long double (eingebauter Datentyp) **113**, 583
long (eingebauter Datentyp) 101, 550
long int (eingebauter Datentyp) 103
long long (eingebauter Datentyp) 101, 550
long long int (eingebauter Datentyp) 103
long word 103
lower_bound 649
LSB → least significant byte

M

main (Funktion) **68**
make_error_code 855
make_error_condition 854
make_exception_ptr 921
Makefile 43
make_move_iterator 620
make_pair 666, 806
make_shared 53, 418, **498**
make_tuple (Initialisierungsliste) **806**, **808**
make_tuple (Parameter-Pack) 580
make_unique 431
Makro 36
Manipulator 83, 149, 153
Mantisse 117
<map> (Header) 47, **663**, 809, 859
map (Container) 47, 294, 647, **663**, 809, 859
mask (valarray) 716
match_results 814
Matrixmultiplikation 718
max
    duration 834
    numeric_limits 550
    tuple 806
max_load_factor 684
Member-Funktion 258
<memory> (Header) 53, 418, 431, **494**, 498, 906, 1027
memory_order_acquire 929

memory_order_release 929
merge 735, 736
Mergesort 735
Meta Object Compiler (Qt) 977
Methode 145, 166, 257, **258**
Methode, abstrakt 52, 183, 439, 442, 456, 469
Methodenaufruf 166
Methodentabelle, virtuelle 943
Methodenzeiger 554, 906
Meyers-Singleton **307**, 905
microseconds 834
Microsoft Visual Studio **38**, 39
milliseconds 324, 514, 679
min
    chrono 834
    duration 834
    minutes, Literal-Suffix 848
    numeric_limits 120, 550
    tuple 806
minstd_rand 825
minstd_rand0 825
minus
    functional 864
    substract 867
minutes 834
Mischmenge → merge
Mixed Endian 106
MOC → Meta Object Compiler
Mock (Unittest) 333
modal 1001
Model View Controller **463**
Model View Viewmodel 463, 464
Modulo 109
modulus (functional) 864
most significant byte (MSB) 106
move_cast 497
move (Funktion) **497**, 620, 921
move_iterator 723
ms 834
MSB → most significant byte
ms (milliseconds, Literal-Suffix) 848
mt19937 825
mt19937_64 825
multimap (Container) 647
Multiple Vererbung 51, 441
multiplies 844
multiplies (functional) 864
Multiplikation 109
Multiplikation, Matrix- 718
multiset (Container) 647
Multithreading 875
mutable 563, 894

1061

Mutex 423, 892
<mutex> (Header) **893**, 903, 918
mutex **893**, 903, 918
MVC → Model View Controller
MVVM → Model View Viewmodel

N

Nachbedingung 197, 936
Name 216
name (typeid) 859
Namensraum 297
Namensraum, anonym 314, 530
Namensraum, eingebetteter 308
namespace (inline) 308
namespace (Schlüsselwort) 309, 580, 666
NaN (Not a Number) 120, 121
nanoseconds 834
Narrowing 621
Negative Unendlichkeit 120
network byte order 107
Netzwerk 106
Neuordnung (Hashtabelle) 684
Newline 83
new (Schlüsselwort) 96, 490
next 640, 643
NFA (Non-deterministic Finite Automata) 637
Nibble 103
Nicht-Exception-Safe 900
noboolalpha (iomanip) 772
norm (complex) 130
Not-a-Number (NaN) 120
nothrow-new 427
notify_all (condition_variable) 909
notify_one (condition_variable) 909
not_supported (errc) 855
now (steady_clock) 514, 679, 830
ns 834
ns (nanoseconds, Literal-Suffix) 848
Nuller-Regel 886, 940
Null-Initialisierung 274
Nullpointer 421
nullptr 487
<numeric> (Header) 158, 161, 503, 632, **844**, 898
numeric_limits 120, 550

O

Objektorientierte Programmierung 359, 459
oct (ios) 773
ofstream 261, 769, **793**
Oktal 108

once_flag 905
O-Notation 597
Operand 72, 76, **86**, 403
Operator 72, 76, **85**, 86
  arithmetischer 87
  besonderer 87
  dreistelliger **87**
  einstelliger 86
  funktionsähnlicher 87
  logischer 87, **93**
  Präfix 67
  Reihenfolge 97
  relationaler 87
  Seiteneffekt **67**
  Typumwandlung 97, 220, 425
  zweistelliger 86, 383, 403
Optimierer (Compiler) 36
optimize (regex) 816
Ordnung, streng schwache 653
Osterformel 278
ostream 426
ostream_iterator 513, 547, 604, **723**, 736, 752, 845
ostreamstream 797
out_of_range 231
Outputiterator 601
Overflow 110
overflow_error 231
overload → überladen
override (Schlüsselwort) 371

P

packaged_task **923**
pair 666, 806, 806
Palindrom 637
par (parallel) 726
parallel 726, 876
Parameter 63, 66
Parameter-Pack 578
Parametrisierter Typ 155, 538
param_type (random) 827
param_type (Wahrscheinlichkeits-
  verteilung) 827
Parent (Qt) 966
Parser (Compiler) 36
Partition (Algorithmus) 734
par_vec (parallel) 726
Patt → Deadlock
perfect forwarding 546
Performance-Test (Testen) 328
Periode (Fließkomma) 118
Pimpl-Pattern 242, 1028

placeholders 867
placement new 740
Platzhalter (tie) 867
plus (functional) 845, 864
Pointer → Zeiger
Pointerliteral 581
Pointeroperator 87
polar (complex) 130
Polymorphie 374
Polymorphie, dynamische 449, 462, 470
Polymorphie, Laufzeit- 374
pop_back 629
Positive Unendlichkeit 120
POSIX 855
Postfix-Opertator 68
pow (complex) 132
Prädikat 727
Präprozessor 36, 38, 81, **517**
Präprozessor-Direktive 38, **517**
Präzedenz 97
precision (ios_base) 782
Prioritätswarteschlange 706
Produkt, inneres 844
Produzierende Funktion → Entwurfsmuster,
  Fabrik
Professionalität 327
proj (complex) 130
promise 921, 921
Proxy-Objekt (Unittest) 708
Pseudozufallsgeneratoren 823
Pseudozufallszahl 824
ptrdiff_t 113
public (Schlüsselwort) 272
Punkt- vor Strichrechnung **87**, 97
pure virtual → Rein virtuell

Q

<QApplication> (Header) 962
QApplication 962
Q-Gramme 239
qmake (Qt) 959
<QMessageBox> (Header) 978
QMessageBox 978
Qt Designer 956
Qt Installer Framework 964
Qt und C++14 1045
Qt Widgets 956
quad word 103
Queue 595, 706
Quicksort 598, 734
<QWidget> (Header) 962

QWidget 962
qword 103

R

RAII → Resource Acquisition is Initialization
Randfälle 338
<random> (Header) 498, **822**
random_device 498, 500
Ranged For → for-Schleife
range_error 231
ranlux24 825
ranlux48 825
ranlux24_base 825
ranlux48_base 825
<ratio> (Header) **830**, 838
ratio 838
Rautenförmige Vererbung 452
Rautenproblem 453
rbegin 623
real (complex) 130
Realtimesystem 850
receive 921
Rechtsassoziativ 98
recursive_mutex 907
Red-Black-Tree 433
reduce 844
Refactoring 329
reference collapsing 546
Referenz 52, **167**, 218, 315, 486, 667
<regex> (Header) 812
regex 812
regex_constants 814
regex_iterator 815
regex_match 812
regex_replace 812
regex_search 812
Regex-Syntax 816, 817
regex_traits 815
Regulärer Ausdruck 812
Regular Expression (ECMAScript) 817
rehash 684
reinterpret_cast 449
Rein virtuell 52, 183, 439, 442, 469
Rekursiv 883
Relationaler Operator 92
Relative Uhr 830
rend 623
reserve **486**, 684
reset (bitset) 708
resetiosflags (iomanip) 775

1063

Resource Acquisition is Initialization 50, 231, 387, 420
Ressourcedatei (Qt) 1048
Rest, Division 109
rethrow 229, 420
Return-Anweisung 59, 62, 806
Return-Value-Optimization 534, 620
reverse_iterator 723
Riegel → Latch
right (ios) 775
Roher Zeiger 491, 626
RTTI → Laufzeit-Typinformation
Rückgabewert 69
Runde Klammer 139
Rundung 112, 344
runtime_error 231, 389
RValue-Referenz → Tempwert-Referenz
RVO → Return-Value-Optimization

S

s 834
sample (algorithm) 873
scanf 800
Schleife 92
Schlüssel (assoziativer Container) 610, 651
Schlüsselwort 73
Schneiden → Slicing
Schnittstelle 236
Schrägstrich, umgekehrter 61
scientific (ios) 774
Scope 60, 62, 215, 298, 380, 381, 599
Scope-Operator → :::-Operator
second (pair) 806
seconds 834
seed 823
Seiteneffekt 67, 74, 164, 333
Seiteneffekt-Zuweisung 68
Semaphore 423, 893
send 921
Sequenzcontainer 295
<set> (Header) 290, 548, **651**, 863
set (bitset) 708
setbase (iomanip) 775
set (Container) 294, 647, **651**, 736
set_exception (promise) 921
setf (iostream) 781
setfill (iomanip) 276, 364, 444
setiosflags (iomanip) 775
setprecision (iomanip) 113, 775
Set-up (Unittest) 335
set_value (promise) 921

setw (iomanip) 276, 364, 383, 444, **775**
shadowing 438
shared_ptr 53, 418, 492, **498**, 906
Shared States 333
short 550
Short-Circuit Evaluation → Kurzschluss-Auswertung
short word 103
Signal-und-Slot-Konzept 967
Signatur 367
Signatur-Klasse 51, **439**, 469, 943
signbit 121
signed 101
signed char (eingebauter Datentyp) **127**, 550
Signifikant 117
sin
  complex 132
  double 165
Singleton **307**, 855
sinh (complex) 132
Sink 497
size 631, 684
sizeof-Operator **96**, 127
size_t 111
sleep (this_thread) 324
sleep_for (this_thread) 324, **883**
slice 716
Slicing 470, 474
Smartpointer 228, 491, **616**
smatch 815
Smoke-Test → Testen
snake_case 140
Sockets 423
SOLID (OOP) 462
Solitäre Tests (Unittest) 331
Sonst-Zweig 194
sort (Funktion) 547
Sortieren (geordneter Container) 290
Soziale Tests 331
Späte Initialisierung 904
Speicher 484
Speicherausrichtung 105
Speicher, dynamischer 97, 462, 470, 490
Speicher, fragmentierter 749
Sperrfreie Garantie 925
Spezialisierung 708
Spion (Unittest) 333
Splicen 613
Sqlite 423
sqrt
  complex 132
  double 122

sregex_iterator **812**, 815
s (seconds, Literal-Suffix) 848
<sstream> (Header) **797**, 909, 978
s (string, Literal-Suffix) 848
Stack 50, 421, 489, 596, **615**, 706
Standardausgabe 148
Standardbibliothek 38, 58, 78, 82, 98, 593
Standardeingabe 148
Standard Template Library **593**
Stapel → Stack
Start-Strategie (Algorithmus, Parallel) 915
Startwert (Random) 823
Statement → Anweisung
static_cast 96, 449
static_cast (enum class) 854
static (Schlüsselwort) 309
<stdexcept> (Header) **226**, 389, 798
std (Namensraum) 83
steady_clock 514, 679, 830
Stichprobe (Alorithmus) 873
Stil 1048
Stream 91, 148, 426, 724, **761**
stream (io_errc) 857
Streamausgabeiterator 846
streamstream 798, 909, 978
Streng schwache Ordnung 653
strict weak ordering → Streng schwache
    Ordnung
string 78, 707
string (als Container) 702
Stringifizieren (Macro) 344
stringify (Macro) 344
string_literals 847
struct 254
structured binding (C++17) 808
Struktur 266
Strukturiertes Binden (C++17) 808
Stub (Unittest) 333
Stummel → Stub
Subnormale Zahlen **119**
substract (functional) 867
Subtraktion 109
Suchen ohne konkreten Schlüssel 691
Suffix **580**, 581
Suite (Unittest) 334
Synaptic (Paketmanager) 955
Synchronisieren (Thread) 892
<system_error> (Header) 850
system_category **850**, 856
system_error 857

T

Tabulator **137**
Tabulieren 46
tan (complex) 132
tanh (complex) 132
Tear-down (Unittest) 335
Template 51, 538, 540
Templatefunktion 541
Template-Spezialisierung 584, 585
Template, variadisches 576, 584
Temporary → Tempwert
Tempwert 91, 256, 382
Tempwert-Referenz 379, 400, 497, 546, 947
test_and_set (atomic_flag) 929
Test Doubles (Unittest) 333
Testen 261, 327, 328, 338
Testen, automatisch 328
Textdatei 64
Textliteral 73, 127
Theme (Qt) 1048
then (future) 932
then-Zweig 193
this 287
Thread 307, 876
<thread> (Header) 877
thread **877**, **930**
thread_local 908
Thread-Pool 889
throw 96
tie 656, 657, 808
timeout (future_status) 917
time_t 113
tmpfile 626
Token 36, 64
Top-Level-Fenster (Qt) 1000
to_string 731, 799
transform 242, 844
trivially copyable 926
true 78, 125
try_lock_for (mutex) 918
<tuple> (Header) 575, 580, 656, **808**
tuple 575, 657, **806**, **808**, 809
tuple_element
    array 635
    tuple 811
tuple_size
    array 635
    tuple 811
Typ **75**, 165, 191, 214, 539
Typdeduktion → auto
<type_traits> (Header) 457, 854

Type Cast → Typumwandlung
typedef (Schlüsselwort) 111, 289
typeid 859
<typeindex> (Header) 859
type_index 859
<typeinfo> (Header) 859
typename 551
Type-Trait 376, 812, 854
type_traits 457
Typinferenz 81
Typinformation, Laufzeit → Laufzeit-Typinfor-
    mation
Typ, parametrisierter 155, 538
Typsicherheit **77**, 939
Typumwandlung → Operator, Typumwandlung
Typumwandlung, arithmetische 110
Typumwandlung, implizite 81, 110, 126, 282, 853

U

Überladen 176, **176**, 215, 318, 523, 539
Überlauf 99, 110, **112**, 119, 174, 211
Überschreiben 367, 369
Übersetzter Typ (assoziativer Container) 610
Uhren 830
UIC (Qt) → User Interface Compiler
Unärer Adressoperator 485
Unärer Dereferenzierungsoperator 485
Unary Operator → Operator, einstelliger
Undefiniertes Verhalten 132, 174, 191, 220, 523
underflow_error 231
Unendlich 119
Unendlichkeit, negative 120
Unendlichkeit, positive 120
Ungeordnete Container 862
Unicode 129, 581
Unified Initialization → Initialisierung,
    vereinheitlichte
uniform_int_distribution 498, 500, **822**, 827
uniform_real_distribution 827
unique_lock 903
unique_ptr 418, 431, 492, **494**, 1027
Unity-Builds 249
Universelle Referenz 546, 755
unlock 893
<unordered_map> (Header) 693
<unordered_set> (Header) 679, 809
unordered_map (Container) **647**, 693
unordered_multiset 679
unordered_set (Container) **647**, 679, 809
unsetf (iostream) 781
unsigned char (eingebauter Datentyp) 127

unsigned (eingebauter Datentyp) 101, 550
unsigned int (eingebauter Datentyp) 103
unsigned long long (eingebauter Datentyp) 583
Unspezifiziertes Verhalten 132
Unterlauf (Fließkomma) 119
Untermenü (Qt) 1041
upper_bound 649
us 834
User Interface Compiler (Qt) 1026
using
    namespace **83**, 580
    Typalias 111, **289**
using (Schlüsselwort) 309, 438
us (microseconds, Literal-Suffix) 848
UTF-8 588, 589
<utility> (Header) 806

V

<valarray> (Header) 711
valarray 711
Variable 60, **60**, 80
Variable, automatische 489
Variadisches Template 576, 584
vector<char> 707
vector (Container) **158**, 294, 595, 612
Vektor → vector
Veraltet → deprecated
Verantwortlichkeit → Besitzer
Verbundzuweisung 87, 92
Vereinheitlichte Initialisierung 80
Vererbung 359, 459
Vererbung, multiple 51, 441
Vererbung, rautenförmige 452
Verfallen 508, 633
Vergleichsgruppe **818**
Verhaltensorientierte Klasse → Klasse
Verschiebekonstruktor 33, 242, 400, 655, 940
Verschiebekonstruktor (array) 633
Verschiebeoperation 33, 242, 400
Verschiebezuweisung 940
Versprechen → promise
Verteilung 824, 826
Verzweigung → if-Anweisung
Vierfachwort → quad word
virtual **370**, 943
    Basisklasse 452
Virtuelle Maschine 50
Virtuelle Methode 271, **370**, 411, 419
Virtuelle Methodentabelle 943
Virtuelle Vererbung 454
Visual Studio → Microsoft Visual Studio

void* 449
volatile 324
Vorbedingung 936
Vorwärtsdeklaration 173, 263
Vorwärtsiteratoren 690, 743
Vorzeichen 117

W

Wagenrücklauf → Zeilenwechsel
Wahlfreier Zugriff, Iterator 601
Wahrheitswert 100, **125**
wait_for (future) 917
Wartbarkeit 461
Warteschlange → Queue
Warteschlange (zweiendig) → Dequeue
wchar_t (eingebauter Datentyp) 128
wcmatch 815
weak_ptr 492
Websockets 954
Wert 167, 168, **278**, 279, 314, 539, 610
Wert-Initialisierung 101, 255
Whitespace → Leerzeichen
Widget 980
width (ios_base) 782
Wiederverwendbarkeit 359, 460
Wissenschaftliche Schreibweise
    (Fließkomma) 118
word 103
wsmatch 815
Würfel → random_device

X

xUnit (Unittest) 335

Y

Yoda-Bedingung 387

Z

Zahlenbereich 103
Zahlenliteral 73
Zeichenkette 78, 510
Zeichenkettenliteral 510
Zeichentyp 100, 127
Zeiger 94, 162, 167, 219, 421, 483, **553**
Zeigerarithmetik 506
Zeilenvorschub → Zeilenwechsel
Zeilenwechsel 64
Zeitmessung 514, 679, 825, **830**
Zeitspanne 830, 832
Zerhacken 678
zero (duration) 834
Zero-Overhead-Principle 948
Zieltyp (assoziativer Container) 610
Ziffer 818
zlib 528
Zugriffsklausel → Lambda-Ausdruck
Zugriffsvariablen-Initialisierungsklau-
    sel → Lambda-Ausdruck
Zusammenfügen (Compiler) → Linker
Zusammenführen (Algorithmus) → merge
Zusammengesetzte Anweisung 62, 188, 255
Zusammengesetzte Zuweisung 91
Zuweisung 33, 61, 67, **74**, 80, 192, 294, 394, **398**
Zweierkomplement 90

- Testen Sie Ihr Wissen mit kniffligen Code-Knobeleien!
- Design und Stil, Sicherheit, Doku, Refactoring, Teamwork, Continuous Integration, Parallelität, Refactoring, Testabdeckung u. v. m.
- Best Practices und wertvolle Profi-Tipps

Uwe Post

Besser coden

Zwölf humorvolle, aber ernst gemeinte Kapitel voller Codebeispiele in Java und C#, garniert mit Best Practices, kniffligen Aufgaben und wertvollen Tipps aus der Entwickler-Werkstatt: All das bietet Ihnen dieser Coding-Leitfaden von Erfolgsautor Uwe Post! Kommentare und sprechende Variablennamen sind schon ein guter Anfang, aber längst nicht alles. Hier erfahren Sie, worauf es wirklich ankommt, damit alles wie geschmiert läuft: geeignete Entwurfsmuster, bewährte Tools und Frameworks sowie ein gut gepflegtes Methoden-Repertoire. Vergessen Sie hitzige Stildiskussion, gehen Sie Qualitätsfragen professionell an!

388 Seiten, broschiert, 24,90 Euro
ISBN 978-3-8362-4598-2
www.rheinwerk-verlag.de/4405

Ausführliche Leseproben im Rheinwerk-Shop – gleich reinlesen!